PUBLIC FINANCE

재정학

유태현
임상수 공저

상경사
www.SKBOOKS.co.kr

2ND EDITION

유태현(柳泰鉉)

고려대학교 정경대학 경제학과 졸업
고려대학교 경제학 박사(재정학 전공)

현, (사)재정성과연구원 지방세센터 센터장
행정안전부 지방재정관리위원회 위원
국가보훈부 자체평가위원회 위원
서울시 재정계획심의위원회 위원

전, 남서울대 세무학과 교수
한국지방세연구원 부원장
국무총리 조세심판원 비상임 조세심판관
행정안전부 정책자문위원회 지방재정경제분과 위원장
한국지방재정학회 회장
한국재정정책학회 회장
한국지방세학회 회장
한국지방세협회 회장
세무사시험 출제위원

임상수(林想秀)

서울대학교 경제학사(농경제학과 졸업)
서울대학교 경제학 박사(농경제사회학 전공)

현, 조선대 경제학과 교수
행정안전부 정책자문위위원회 위원
행정안전부 지방교부세위원회 위원
광주광역시 지방재정투자심사위원회, 예산성과금심사위원회 위원
전남도청 정책자문위원회, 지방재정투자심사위원회 위원
한국은행광주전남본부 자문위원
한국지방세학회 부회장

전, 현대경제연구원 실장
한국지방세연구원 연구위원
대통령소속 자치분권위원회 전문위원
대통령직속 국가균형발전위원회 자문위원
광주지방국세청 국세심사위원회 민간위원
행정안전부 지방재정위기관리실무위원회 위원
국토교통부 부동산서비스산업정책위원회 위원
한국지방재정학회 부회장
한국재정정책학회 편집위원장 등

재정학

지은이 유태현 · 임상수

2022년 9월 5일 1판 1쇄 펴냄
2025년 8월 11일 2판 1쇄 펴냄

펴낸곳 상경사
펴낸이 김희철
영업·마케팅 김병훈 · 김희은
편집·북디자인 성진우 · 배정영 · 이은정 · 임경순
경영지원 배정민

등록일 1988년 6월 27일
등록번호 제 1-753 호

06784 서울특별시 서초구 동산로12길 13-8 B01,02 (양재동,담덕궁)
전화 02-577-3835, 팩스 02-573-2240, https://www.skbooks.co.kr

- ISBN 979-11-6137-404-8 93320

- 저자와의 협의에 의해 인지를 생략합니다.
- 값은 표지 뒷면에 있습니다.
- 파본은 구입하신 서점에서 교환해드립니다.

PUBLIC FINANCE

재정학

유태현
임상수 공저

상경사
www.SKBOOKS.co.kr

2ND EDITION

머리말

1999년에서 2000년으로 넘어가는 그 해에 인류는 뉴 밀레니엄(New Millennium)을 앞두고 희망찬 기대와 더불어 막연한 두려움으로 흥분의 분위기에 휩싸였었다. 세월은 참으로 쏜살같다. 2000년대가 시작된 지 벌써 25년이 흘렀다. 지난 사반세기(四半世紀) 동안 우리의 일상생활 방식과 인식(사고)의 방향과 내용이 눈에 띄게 달라졌다. 소위 4차산업혁명의 본격화, AI를 활용한 영역의 급속한 확대 등에 따라 우리는 그간 겪은 적도 없고, 상상하지도 못했던 세상에서 살고 있다.

AI의 기능과 역할이 날로 커지고 있고, 그 끝이 가늠조차 되지 않는 지경이다. 현재의 우리는 인류가 지구상에 출현한 이래 가장 편리한 생활을 하고 있다고 해도 과언이 아닐 것이다. 반면 우리의 존재감과 가치는 그 반비례로 약화하는 추세이다. 세상의 급속한 변화가 두렵기만 하다. 환경오염의 심화에 따른 지구촌 기상 이변의 상시화, 대형 사건과 사고의 빈발, 세계 경제 침체의 지속 등 인류의 앞날은 혼란과 불투명의 먹구름이 잔뜩 드리워져 있다.

미래의 불안에 맞서기 위해서는 민간 영역과 공공부문(정부)이 역할을 합리적으로 분담하는 한편 맞닥뜨린 사안별로 맞춤형 대책을 수립하여 실효성 있게 추진해야 한다. 작금의 위기에서 벗어나려면 국가를 구성하는 각 부문 간 유기적 연계에 기초한 종합적이고 체계적인 대책 수립과 그것의 전략적 실행이 요구된다. 세상이 어지럽고 힘들어질수록 사회 곳곳을 관리하고 여러 당면과제를 해결해야 하는 공공부문의 중요성과 책임이 커질 수밖에 없다.

이 책은 2002년에 처음 발간되었다. 그 이후 다섯 차례에 걸쳐 개정을 단행하였고, 2022년부터는 공저체계로 바꾸었다. 그러니 이전 책의 계승까지 포함하면 이번 판은 일곱 번째 개정인 셈이다. 20년 이상 교과서로 이 책의 명맥이 이어진 점에 대해 독자는 물론 세상에 진심으로 감사하고 감사하다.

이번 개정판은 이전 판과 비교할 때, 다음과 같은 점에 좀 더 주의를 기울였다.

첫째, 이 책의 첫 페이지부터 마지막 페이지까지 모든 문장을 꼼꼼히 읽고, 가독성을 높이고자 노력했다. 각 문장을 반복적으로 읽으면서 어색한 표현과 불필요한 내용을 수정하고 삭제하였다.

둘째, 이 책에서 다룬 제도와 조치(정책)의 근거가 되는 법률이 언제부터 시작되었는가와 관련하여 법률의 제정 시점과 시행 시점을 혼용한 표기를 해서 일관성을 담보하지 못했다. 이것을 이번 판부터 법률의 제정 시점으로 통일하여 정돈하였다.

셋째, 이번 개정판 이전까지 이 책을 여섯 차례에 걸쳐 개정했음에도 일부 서술 내용에서 오류가 발견되었다. 저자들의 역량 부족을 통감하며, 독자들께 죄송하다는 사과의 말씀을 드린다. 이번 개정판에서는 더 이상 오류가 발생하지 않았으면 하는 마음으로 책 내용을 정성껏 다듬었다.

넷째, 이 책에서 인용하고 적용했던 재정 관련 통계자료를 최신 것으로 대체하였다. 재정 현황(실태)의 현주소를 정확하게 파악하고 이해할 수 있도록 통계자료는 2025년 기준으로 바꾸었다.

이 책의 출간까지 많은 분들이 도움을 주었다. 먼저 상경사 김희철 사장님께 진심으로 감사하다. 김희철 사장님의 배려가 없었다면 이 책을 20년 이상 끌고 올 수 없었다. 정말 머리 숙여 감사하다. 또한 김병훈 부장님을 비롯한 상경사 식구들께도 너무너무 고맙다는 말씀을 전한다. 끝으로 성진우 부장님께 글로나마 감사의 인사를 드린다. 이 책이 처음 출간되었던 2002년부터 이번 개정판까지 상경사 성진우 부장님이 책 내용의 수정과 도표의 추가 및 보정을 맡아주었다. 그분의 헌신이 없었다면 이 책의 일곱 차례에 걸친 개정은 애초에 가능하지 않았다. 이번 개정에서도 성진우 부장님은 저자들이 수정한 문구를 일반 독자와 같은 입장에서 읽어주었고, 어색한 표현과 부자연스러운 문구를 바로 잡는데 저자들과 똑같은 역할을 했다. 정말로 감사할 뿐이다.

2025년 7월 16일

저자 일동

일러두기

본서를 본격적으로 공부하기에 앞서 독자들이 유의해야 할 몇 가지 사항을 일러두고자 한다. 경제학의 한 분야인 재정학은 정치학, 회계학, 행정학 등 여러 학문과 밀접하게 연계되어 있기 때문에 재정학을 바르게 이해할 수 있기 위해서는 이들 관련 학문에 대한 기초 지식을 사전에 쌓는 노력이 필요하다. 또한 현대 재정학은 빠른 속도로 새로운 이론을 수용하고 있기 때문에 급변하는 재정환경의 변화를 주목하는 한편 지속적인 관심을 기울여야 한다. 이러한 현실을 간과하고 단순히 암기위주의 방식으로 재정학을 공부하여 방대한 지식을 얻고자 한다면 재정학의 기본체계에 대한 파악조차 요원할 수 있다. 지엽적인 내용에 집착하는 암기 위주의 재정학 공부는 기본 실력향상에 도움이 되지 않는다. 재정학 지식의 체계적인 습득을 위해서는 이해를 바탕으로 논리적 사고를 우선하는 학습을 해야 한다.

이하에서는 사회과학의 한 분야로서 경제학이 갖는 특성을 알아봄으로써 그 범주에 속하는 재정학을 효과적으로 학습하는 방법을 제안하도록 하겠다.

사회과학을 간결하게 정의하면 '인간의 사회생활과 관련된 각종 행태(행동, 행위)를 연구하는 학문분야'라고 할 수 있다. 인간의 사회생활과 관련된 여러 행위 가운데 경제행위를 대상으로 하는 학문이 경제학이고, 정치행위를 대상으로 하는 분야가 정치학이며, 법률행위를 대상으로 하면 법학이다.

사회과학의 한 분야로서 경제학은 대체로 다음과 같은 논의전개 방식 내지 절차를 따라 경제현상을 설명하는 한편 경제문제의 해결방안을 모색한다고 할 수 있다.

1단계 : 어떤 경제행위를 대상으로 선정하여 연구할 것인가를 결정해야 한다. 이를 연구의 주제설정 단계라고 할 수 있다.

2단계 : 설정된 연구주제에 대한 결론(결과)을 이끌어 내기 위해서는 그 경제행위를 하는 모든 사회구성원(경제주체)을 대상으로 그들이 어떤 방식으로 행위 하는가를 관찰해야 한다. 그런데 현실적으로 모든 사회구성원을 대상으로 그들이 하는 행위의 구체적인 양상을 알아보는 것은 불가능하다고 해도 과언이 아니다. 따라서 연구대상을 단순화·축약화하는 과정이 요구된다. 이것이 가정의 도입 단계이다. 경제학은 가정의 도입을 통해 복잡한 현실 경제를 단순화한 경제모형(모델)을 설정하고, 그것을 이용하여 연구대상으로 삼은 경제현상을 설명하는 특징을 갖는다[1].

3단계 : 가정을 도입하여 설정한 경제모형 내에서 연구대상인 특정 경제행위가 어떻게 이루어지고 있는가를 알아 보아야 한다. 이 과정이 내용파악 또는 내용전개의 단계라고 하겠다.

4단계 : 고안된 경제모형에서 관찰(파악)한 내용에 근거하여 연구주제에 대한 결론을 맺는다. 이때 도출된 결과는 제한된 상황에서의 결론(단순화·축약된 경제모형에서 도출한 결론)이기 때문에 가설(hypothesis, 假說)이라고 한다.[2]

5단계 : 목표로 했던 연구주제에 대해 얻은 결론이 현실을 설명함에 있어 어떤 한계 내지 문제점이 있는지를 확인하는 수순이 필요하다.

6단계 : 연구 결과의 문제점을 개선할 수 있는 대안의 모색을 위해 향후 어떤 보안을 강구해야 하는가를 검토해야 한다.

이와 같은 경제학의 논의전개 방식 및 절차는 재정학에서도 크게 다르지 않다고 하겠다. 이런 방식을 따를 경우 한계효용이론(기수적 효용접근)에서 소비자가 추구하는 목표의 도출 과정은 다음과 같은 순서로 설명될 수 있을 것이다.

- 특정 경제행위와 관련한 연구 주제(목표) 설정
- 가정의 도입(범위 등의 제한)
- 내용 파악(관찰)
- 연구의 결론(hypothesis, 가설) 도출
- 연구의 한계 내지 문제점 파악
- 연구의 한계 개선을 위한 대안의 모색

(1) 연구주제(목표)의 설정

경제활동은 생산활동과 소비활동으로 나눌 수 있다. 자본주의 경제체제에서는 경제활동이 기본적으로 시장에서 이루어진다. 이때 생산활동은 생산요소시장(자원시장), 소비활동은 생산물시장을 무대로 한다.

이하에서는 생산물시장을 대상으로 소비자(수요자)인 가계(개인)가 어떻게 원하는 목표대로 소비활동을 실현할 수 있는가를 알아본다.

1) 이런 까닭에 일반적으로 경제모형의 유용성은 그 모형체계 또는 내용의 합리성(적절성)보다는 현실에 대한 설명능력이나 예측력과 규범적인 시사점에 중점을 두어 평가하게 된다.

2) 이필상·강호진, 『관리경제학』, 법문사, 1999, p.21에서는 모형과 현실의 관계를 지도에 비유하여 설명하고 있다. 특정 지역을 보여주는 지도는 그 지역의 주요한 사항만을 표시한다. 그럼에도 우리는 지도를 비현실적이라고 생각하지 않는다. 왜냐하면 우리는 그 지도를 활용하여 원하는 목적지를 찾아갈 수 있기 때문이다. 특정 지역의 전체 모습이 현실이라면 그 지역을 축약하여 보여주는 지도는 모형에 해당한다.

(2) 가정의 도입

첫째, 소비활동의 주체로서 가계(또는 개인)는 합리적이고 자기이익극대화(구체적으로 효용극대화)를 추구한다. 이때 설명의 단순화를 위해 가계(또는 개인)는 하나만 존재(대표적인 소비자)하는 경우를 상정하여 내용을 살핀다.

둘째, 주어진(일정한) 소득을 상품 구입에 모두 사용한다.

셋째, 생산물시장은 외부성이 없는 완전경쟁시장이다.

넷째, 상품 소비로부터 얻는 효용은 수치(數値)로 측정된다(기수적 효용).

(3) 내용파악(전개)

대표적인 소비자(가계)가 위의 가정을 준수하면서 합리적인 소비활동을 한다고 할 때, 목표로 하는 소비의 실현(효용극대화의 소비)은 주어진 소득을 상품의 구입에 모두 사용하고, 각 상품의 '원' 당 한계효용(k)이 같아질 때 이루어진다. 이때 소비자는 효용극대화를 실현한다.

$$I = P_X \cdot X + P_Y \cdot Y \quad \cdots\cdots (1)$$

$$\frac{MU_X}{P_X} = \frac{MU_Y}{P_Y} = k \quad \cdots\cdots (2)$$

분석의 단순화를 위해 I(소비자의 소득수준), P_X, P_Y, k가 일정하다고 하면 식 (1)과 (2)가 동시에 충족되는 소비선택에서 소비자의 효용극대화가 달성된다.

(4) 결론

생산물시장에서 소비자(수요자)로 행동하는 대표적인 가계는 식 (1)과 (2)가 동시에 충족되는 소비점을 따라 소비활동을 할 때, 효용극대화를 달성한다. 그런 소비점들을 찾아 일련의 체계화된 관계를 도출하면 그것이 목표로 하는 연구주제에 대한 결론에 해당하는 수요곡선이다.

이런 까닭에 소비자는 수요곡선을 따라 소비활동을 할 때 자기이익극대화(효용극대화)를 이룩할 수 있으며, 그것이 이상적인 소비활동을 실행하는 방법이라고 할 수 있다.

(5) 한계 내지 문제점

위의 결론(한계효용이론을 이용한 수요곡선 도출)은 제한된 상황에서 얻어진 것이기 때문에 현실을 온진하게 반영하지 못한 한계 내지 문제점을 내포한다. 앞에서의 네 가지 가정 및 I, P_X, P_Y, k가 일정하다는 가정 등은 현실과는 상당한 거리가 있다. 그 가운데 두 가지 문제점만 지적하면, 첫째, 기수적 효용의 가정이 너무 비현실적이다. 둘째, 일반적으로 소비자는 상품구입을 개별 상품별로 하지 않고 묶음으로 선택한다. 현실적으로 한계효용이론(기수적 효용이론)에서처럼 X재 구입이 Y재 구입과 무관하게 이루어지는 것이 아니라 X재의 구입은 Y재와 상호 연계되어 결정된다는 점을 간과해서는 안 된다.

(6) 대안의 모색

한계효용이론이 갖는 문제점을 개선하여 소비자의 행태를 좀 더 적절하게 설명할 수 있는 새로운 접근에는 무엇이 있을까? 한계효용이론의 여러 가지 문제점 가운데 두 가지 사항(비현실적인 기수적 효용에 대한 가정과 소비활동이 상품 간의 연계없이 상품별로 이루어진다는 가정)의 극복에 초점을 둘 경우 서수적 효용을 이용한 무차별곡선이론이 대안이 될 수 있을 것이다.

재정학을 공부하고자 하는 독자들은 경제학의 한 분야인 재정학 역시 앞에서 제시한 절차를 그대로 원용하는 논의전개를 따르고 있음을 유념하여야 한다. 재정학을 공부하고자 하는 독자들은 방대한 재정학의 내용을 이해하고 파악함에 있어 단편적이고 지엽적인 내용에 집착하지 말고 위에서 언급한 여섯 단계의 절차를 염두에 둔 흐름 위주의 공부를 하기 바란다.

차례

제 3 장 공공재이론

제 5 장 조세총론(Ⅰ)

제 6 장 조세총론(Ⅱ)

제 9 장 재정정책

제 10 장 사회보장

부록 : 재정학을 위한 기초경제이론

제1장
재정학의 기초

PUBLIC FINANCE

제1절 재정학의 변천

재정(public finance)은 간략히 말하면 공공부문 내지 정부에 의한 경제활동이며, 이를 학문으로 발전시킨 분야가 재정학이다. 재정학이 독립적인 학문영역을 구축하기 시작한 유래는 대체로 15세기 경 이탈리아의 도시국가(city-republic)와 독일의 자유시(free town, 自由市)에서 그 연원을 찾을 수 있다. 그 근거로 이 시기에 이들 지역에서는 화폐경제의 성립, 공사(公私)의 구분, 기업과 가계의 분리가 이루어짐으로써 공공경제 또는 재정의 필수적 성립요건이 충족되는 여건이 조성되었다는 점을 들 수 있다.

유럽 각국의 경우 17세기 이후 근대적 중앙집권국가의 형성을 기점으로 재정에 대한 관심이 높아지면서 그 연구도 본격적인 진전을 보게 되었다. 영국에서는 중상주의와 초기 자본주의 시대를 거치면서 조세 중심의 재정학이 정립되었고, 독일에서는 절대군주의 가계(家計) 및 왕실재정의 관리·운영에 관련한 관방학(官房學)을 체계화한 관방학파를 중심으로 독자적인 재정학이 자리 잡아 가고 있었다.

대체로 19세기 말까지의 재정 연구에 관한 사조를 보면 수입(특히 조세) 측면이 강조되는 영국적인 전통이 그 주류를 형성하였다. 이후 북구학파의 공공선택이론과 이탈리아의 재정학 (이탈리아학파)에 의해 지출측면까지 그 관심이 확대되면서 재정학의 연구 분야가 다양화되었다. 19세기 후반에 피구(A.C. Pigou)는 재정학에 후생경제이론을 결합하여 재정학의 새로운 지평을 열었으며, 1930년대에는 케인스(J.M. Keynes) 혁명이 반영되어 경제불황 극복을 위한 재정의 경제안정화 기능이 재정학의 핵심 연구과제로 부상하였다.

1950년대에 이르러 사뮤엘슨(P.A. Samuelson)에 의해 미시경제학을 응용한 공공재이론이 정립되면서 현대 재정학은 다른 경제학 분야와 구분되는 독립적인 영역을 구축하였다. 최근에는 공공분야의 모든 경제활동을 연구대상으로 하고 있기 때문에 재정학이라는 명칭과 더불어 공공부문의 경제학(Economics of the Public Sector)이라는 이름으로 일컬어지고 있다.

시대별로 재정의 기능은 상이하게 인식되었으며, 그에 따라 재정학의 내용과 특징은 지속적으로 변화되어 왔다. 이런 변화는 앞으로도 이어질 것으로 예상된다.

1. 중상주의의 재정학

15세기 중엽에서 18세기 중엽까지를 대상으로 주요 유럽국가의 상황을 살펴보면 정치적으로는 봉건제도가 붕괴되고 국민(민족)의식이 확산되면서 근대적 중앙집권국가가 탄생하였고, 경제적으로는 상업자본이 형성되고 현물경제를 대신한 화폐경제가 점점 확대되어 나아갔다. 이 시기에 각국은 자국 내에서 상업자본을 형성하면서 해외로 진출하기 위해 노력을 기울이고 있었으며, 이를 지원하는 것이 국왕의 주요한 책무로 여겨졌다. 상업자본의 형성과 해외진출을 위해 각국의 최대 관심사는 부국강병을 위한 금·은의 축적에 집중되었으며, 각국은 절대왕권을 바탕으로 강력한 상비군제도를 구축하였다[1]. 상업자본이 축적됨으로써 화폐경제가 확립되었고 종래의 관유지수입(官有地收入)이나 특권수입(特權收入)을 대체하여 조세수입이 재정지출을 뒷받침하는 중심적 재원으로 자리 잡게 되었다. 당시 국가는 왕실 소유적인 성격이 강하였으므로 국가가 곧 왕실로 여겨졌다고 할 수 있다. 이와 같이 국가의 위상이 막강하였기 때문에 이미 이 시기에는 국가에 의한 경제정책이나 공채의 발행 등이 이루어졌으며, 공공지출의 중요성도 부각되었다.

이 시대의 재정사상으로는 중상주의(重商主義, Mercantilism)와 관방주의[2](官房主義, Cameralism)를 들 수 있다. 상업자본이 지배하던 이 시기에는 국가(왕실) 혹은 정치가 경제에 대하여 우위에 있었기 때문에 민간경제는 강력하게 통제되었다. 따라서 국가주도에 의한 상업자본 발전이 이루어졌다. 이렇게 국가주도를 통해 상업자본이 발전하면서 형성된 경제사상을 중상주의라고 한다. 이러한 중상주의 사상은 주로 영국과 프랑스에서 크게 자리 잡고 있었다. 근대적 중앙집권국가의 성립과 상업자본의 발전이 뒤늦은 독일에서는 관방주의가 주류를 이루고 있었는데, 이는 중상주의의 독일적인 변형이라고 할 수 있다.

중상주의 시대의 재정은 근대적 재정과 거리가 있는 왕실의 살림살이 성격이 강하였고, 재정수입 확보 측면에서는 소비세를 바람직한 조세로 권장하는 분위기였으며, 재정지출의 생산성 내지 중요성이 강조되었다. 또한 재정운영에 필요한 재원을 왕실이 소유하고 있던 관유지를 중심으로 조달하고 있었으므로, 이 시대의 국가는 그 속성상 유산국가(有産國家, have state)에 해당한다. 대표적인 학자로는 페티(W. Petty), 로크(J. Locke), 홉스(T. Hobbes), 존넨펠스(J. von Sonnenfels), 유스티(J.H.G. v. Justi) 등이 있다[3].

---

1) 상업자본이 취적되면서 주요 유럽 국가들은 외국제품의 수입(輸入)과 전매(轉賣)를 통한 부의 축적에 만족하지 않았다. 제조업자에게 생산해야 할 상품의 품목과 수량을 지정하였고, 그것의 실현에 필요한 자금을 대출해 주는 선대제도(先貸制度, putting-out system)를 활성화시켰다. 선대제도는 시간이 흐르면서 과학기술의 발달과 결합하여 근대적 대량생산 조직으로 발전하였고, 이는 18세기 중엽 이후 산업혁명과 자본주의(산업자본주의)의 탄생을 촉매 하는 역할을 하였다.

2) 관방학(官房學, 독일식 중상주의)은 16세기 중엽부터 18세기 말까지 약 200년간에 걸쳐 독일, 오스트리아 등 절대주의 국가에서 재정관리 틀의 역할을 하였다. 국가 차원에서 국내자원을 개발하여 군주의 권력을 강화하고 대외 경쟁력을 확보하는 것을 핵심 과제로 삼았다.

3) 중상주의를 반대하는 흐름으로 18세기 후반에 케네(F. Quesnay)를 창시자로 하는 중농주의(重農主義,

2. 고전학파[4)]의 재정학

1760년 경 영국에서 시작된 산업혁명을 계기로 출범한 자본주의 경제체제는 중상주의와는 구분되는 특징을 갖는다. 이 시기에는 산업혁명을 통해 산업자본이 형성되면서, 지주(地主)보다는 자본가가 경제활동의 중추적인 존재로 인식되었다. 또한 국가에 의한 민간경제의 통제를 원치 않는 분위기가 확산되면서 작은 정부와 자유방임(laissez faire) 사조가 강조되었다. 따라서 국가에 의한 공공지출을 비생산적으로 보는 견해가 지배적이었으며, 중상주의와 달리 무산국가(無産國家, have-not state), 즉 조세국가(租稅國家)의 국가관이 형성되었다. 자본주의 경제체제는 경제활동에 있어서 재정의 역할은 최소한에 그쳐야 한다는 야경국가론(夜警國家論)을 기반으로 하는 한편 민간부문이 경제행위를 주도하는 새로운 패러다임의 경제질서를 탄생시켰다.

민간부문은 시장을 근간으로 하여 경제활동을 전개하였기 때문에 자본주의는 곧 시장경제를 지칭하였다고 해도 과언이 아니었다. 또한 자본가를 옹호하는 기류 속에서 자본축적과 자유무역이 주요한 흐름으로 자리 잡게 되었다[5)]. 이 시기의 대표적인 학자인 스미스(A. Smith)는 국가의 역할이 국방, 사법제도 운영, 치안의 유지, 대규모 토목사업 및 공공사업으로 한정되어야 한다고 주장하면서 개인의 경제활동에 대한 국가의 간섭을 강하게 반대하였다.

대표적인 학자로는 스미스(A. Smith), 밀(J.S. Mill), 리카르도(D. Ricardo), 마샬(A. Marshall) 등이 있다.

스미스(A. Smith)는 이익설에 입각한 조세부과를 제안하였고, 밀(J.S. Mill)은 모든 사람의 희생이 균등하도록 과세할 때 정치적·경제적 자유가 실현된다고 주장하였다. 리카르도(D. Ricardo)는 조세가 생산적 활동을 억제하므로 작을수록 좋다고 역설하였고, 마샬(A. Marshall)은 조세부담의 전가와 귀착문제를 가격이론의 틀 속에서 분석하였다.

---

physiocracy)가 프랑스에서 나타났다. 중농주의는 자연법사상에 기초하여 국가의 인위적 간섭 대신 자연질서에 순응하는 경제활동을 강조하였다. 중농주의는 부의 원천을 토지로 보았기 때문에 토지에서 생산되는 순생산물에만 과세하는 토지단세론(土地單稅論)을 주장하였고, 자유주의를 근간 사상으로 삼았다. 이런 까닭에 중농주의는 자본주의의 핵심 가치인 자유방임주의의 선구적 역할을 했고, 프랑스식 자본주의 성격을 띤다.

4) 일반적으로 스미스(A. Smith)에 의해 1776년에 저술된 『국부론』을 자본주의 경제체제의 본질과 특성을 체계화한 경제학 교과서의 시발로 본다. 이런 연유로 스미스는 경제학의 아버지로 일컬어지고 있다. 스미스의 경제학은 1930년대의 세계 대공황에 직면하여 당시 경제상황의 원인 규명 및 대책 제시에 한계를 드러내게 된다. 이는 케인스(J.M. Keynes)의 거시경제학을 태동케 하는 빌미가 된다. 케인스는 스미스에 의해 정립되어 내려오던 기존 경제학의 틀과는 다른 방식으로 경제현상을 이해하면서 기존 경제학을 추종하는 경제학자 집단을 고전학파(Classical School)라고 명명한다. 이에 따라 스미스에 의해 구축된 경제학을 통상 고전학파 경제학이라고 한다. 여기서 언급하는 고전학파의 재정학은 자본주의 경제체제가 막 출범하기 시작한 초기 자본주의 시대에 전개된 재정학을 말한다.

5) 중상주의 시대에는 금, 은의 축적(부의 축적)을 위해 국가가 금의 유입을 가져오는 수출을 장려하고 금의 유출을 초래하는 수입을 억제하는데 중심적 역할을 맡는 보호무역주의(국가의 무역통제주의)가 강조되었다. 반면 자유주의 시대(자본주의 출범 초기)에는 자유주의 사조에 편승하여 국가 간 자유교역을 통해 상호이익을 증진하고자 하는 자유무역이 중심적 무역관으로 자리 잡게 되었다.

3. 사회주의 시대의 재정학

1870년대 이후 서유럽을 비롯한 서구 열강은 자국을 번영시키는 한편, 자본주의 체제의 유지를 위해 제국주의 정책을 따랐다. 이에 따라 군사비와 식민지 경영을 위한 경비 그리고 국내의 빈부격차 등 사회문제 해결을 위한 사회정책적인 경비를 증대시킬 필요성이 컸다. 이렇게 시대의 상황이 변화됨에 따라 재정사상도 자유방임적 자본주의의 성격에서 이탈하였다.

1870년대 초에 스위스의 왈라스(L. Warlas), 영국의 제본스(W.S. Jevons)나 마샬(A. Marshall), 오스트리아의 멩거(C. Menger) 등이 등장하여 한계효용학설을 근간으로 하는 재정이론을 정립하였는데, 이를 주관가치설의 재정이론이라고 한다. 주관가치설의 재정이론을 주장한 학자 가운데 한 사람인 삭스(E. Sax)는 한 단위의 소득으로부터 얻는 개인적 효용이 저소득자보다 고소득자가 더 작다는 관점에서 과세를 시행할 때는 개인이 희생당하는 효용의 크기를 개인 간에 동등하게 하여야 한다고 주장하였다. 따라서 고소득층에 중과하고 저소득층에 경과함으로써 빈부격차를 조정하는 조치를 통해 사회정책적인 성과를 얻으면서 세수증대를 기대할 수 있는 누진과세를 정당화하려고 하였다. 결과적으로 주관가치설의 재정이론은 개인주의·자유주의를 근간으로 하는 자본주의 정통 재정학설의 틀을 지키면서 재정수요의 증대가 불가피하게 된 재정현실과의 절충을 모색하였다. 이와 같은 특징을 갖는 주관가치설의 재정이론은 스웨덴의 빅셀(K. Wicksell)이나 린달(E. Lindahl) 및 이탈리아의 마르코(Antonio de Viti de Marco)를 거쳐 오늘날까지 계승되고 있다.

1870년대 이후 경제현실에 대한 정확한 인식과 문제점 개선을 위한 합리적 대안 제시 등에 주관가치설이 한계를 드러나면서 사회개량적 재정이론과 사회주의 재정이론이 등장하였다. 사회개량적 재정이론은 자유자본주의 영향을 상대적으로 강하게 받지 않았던 독일에서 발전하였다. 이 이론이 등장하게 된 것은 1872년에 슈몰러(G. Schmoller)와 바그너(A. Wagner, 와그너)가 주도하는 사회정책학회가 창설되면서부터이다. 이들은 자유자본주의의 틀 안에서는 현실의 사회·경제문제를 근본적으로 해결할 수 없다는 인식을 갖고 있었지만, 자본주의 체제를 근본적으로 부정하는 사회주의 재정이론에는 찬동하지 않았다.

결국 사회개량적 재정이론(사회정책학파 재정이론, 반스미스적 재정론)은 자본주의 경제체제를 유지하면서 그 모순(빈부격차 심화, 계급갈등 등)을 국가가 주도하는 사회정책을 활용하여 해결하고자 하는 입장을 나타내었다[6]. 다시 말해 이 이론에 따르면 공공지출은 생산적이며, 정치(精緻)한 재무행정의 시행은 자본주의 경제의 모순을 치유하는 효과가 크다는 것이다. 대표적인 학자로는 바그너(A. Wagner), 슈타인(L.von Stein), 샤플(A. Schäffle) 등을 들 수 있으며, 이들에 의해

6) 이 시기에 자본주의 경제체제가 실업, 장래소득의 불안정 등의 문제점을 드러내면서 그에 대한 대책으로 실업보험을 비롯한 각종 사회보장제도가 등장하게 되었다.

독일의 정통파 재정학이 성립되었다[7].

한편 19세기 후반에 출현한 사회주의 재정이론은 당시 바그너(A. Wagner)를 대표로 하는 사회정책적 재정이론보다는 현실적인 영향력이 뒤떨어지는 것으로 평가되었다. 사회주의자들은 자본주의 경제체제를 근간부터 변혁시키는 것을 이상으로 삼고 있었는데, 이들은 현실 재정을 비판하면서 간접세의 폐지, 고도의 누진소득세 도입, 고도의 누진적 재산세나 상속세의 실시 등을 구체적인 재정정책으로 제안하였다. 따라서 사회주의자들의 주장은 사회개량적 재정이론 주창자들의 정책제안과 내용면에서 본질적인 차이가 없다고 하겠다. 사회주의 재정이론을 대표하는 학자로는 랏살(F. Lassalle), 맑스(K. Marx), 엥겔스(F. Engels) 등이 있다.

4. 신재정학설

19세기 후반부터 1920년대에 이르는 반세기 동안 독일뿐만 아니라 영국, 프랑스, 미국, 일본 등 세계의 주요 국가에서 바그너(A. Wagner)의 재정학설 혹은 재정학은 주류의 위치를 점하고 있었다. 그러나 1차 세계대전을 전후해서는 바그너의 재정학설 혹은 재정학의 논리를 통해 현실의 난제[8]를 극복하는 데 많은 한계를 드러냄에 따라 자연스럽게 신경제학파와 재정사회학파의 재정이론이 등장하였다. 이러한 새로운 재정학설은 변화된 시대 상황을 극복·치유하기 위해 종래와는 다른 재정의 역할이 모색되어야 한다는 인식을 배경으로 하였다.

신경제학파는 바그너(A. Wagner)의 사회정책학파 재정학과 삭스(E. Sax)의 주관가치설의 재정이론을 비판적으로 수용하면서 당시 흐름을 반영한 체제를 구축하였다. 신경제학파에 속하는 독일 재정학자로는 리츨(H. Ritschl)이나 노이마르크(F. Neumark), 콜름(G. Colm) 등이 있다.

재정사회학은 1차 세계대전 이후 독일의 붕괴를 계기로 탄생하였다. 재정사회학은 독일 사회민주당의 사상을 근간으로 하였고, 재정학설 측면에서는 바그너나 샤플(A. Schäffle)의 재정이론을 토대로 하였으며, 경제학이나 사회학의 방법 및 내용에 있어서는 좀바르트(W. Sombart)나 베버(M. Weber)의 학설을 기초로 하였다.

신경제학파와 재정사회학은 기본적으로 재정이 사회·정치 그리고 경제와 밀접하게 관련되어 있음을 강조하면서, 재정과 연관되어 있는 사회·정치 및 경제의 여건을 고려한 재정활동(재정조치)을 통해 현실의 난제를 치유하려는 접근을 따랐다.

---

7) 이들 3인을 독일 정통파 재정학의 삼거두(三巨頭)라고 한다.

8) 당시 독일의 경우 1차 세계대전에서 패배하였고, 그에 따라 극심한 인플레이션과 엄청난 배상문제에 직면해 있었다. 아울러 파산 상태인 국가재정의 복구를 위해 중세문제(重稅問題)를 해결해야 할 처지에 놓여 있었다.

5. 현대 재정이론

1930년대에 불어 닥친 경제 대공황을 치유하는 과정에 등장한 케인스(Keynes) 혁명의 영향으로 재정학의 성격도 크게 변화되었다. 그 이전 재정학이 후생경제학적 문제에 주로 관심의 초점을 맞추어 왔던 것과 비교하여 1930년대부터는 경제안정과 관련된 재정의 기능이 재정학 연구의 주류를 이루게 되었다. 이에 따라 재정학과 거시경제학의 구분이 모호해지는 양상이 상당기간 지속되었다.

그 후 1950년대에 이르러 재정학의 주요 관심대상이 다시 미시적인 자원배분의 문제로 전환되었고, 그와 같은 양상이 현재까지 이어지고 있다. 따라서 요즈음 재정학은 미시적인 자원배분의 문제를 핵심적 내용으로 취급하고 있다. 이처럼 재정학의 주요 연구대상이 공공재나 그 밖의 미시적 자원배분의 문제로 옮겨감에 따라, 현대의 재정학은 과거와 달리 거시경제학과 구분되는 고유한 영역을 확보할 수 있게 되었다.

최근에는 재정 관련 법제도 등을 망라한 분야를 다루는 전통적인 재정학보다는 재정이 경제활동(경제측면)에 미치는 영향을 중점적으로 거론하는 공공경제학 또는 공공부문의 경제학이 부각되는 경향이 심화되고 있다. 한편 현대 재정은 사회후생의 극대화를 위해 공공재의 최적공급뿐만 아니라 경기조정, 자본축적, 소득재분배기능 등을 적극적으로 수행하고 있다. 이는 현대 재정학이 과거보다 광범위하게 연구대상을 확장해 나가고 있음을 의미한다.

제2절 시장경제와 공공경제

생산과 소비를 두 축으로 하는 경제활동은 가계, 기업, 정부, 해외부문의 네 경제 주체에 의해 수행된다. 해외부문을 제외한 국민경제를 가정할 경우 가계와 기업을 합하여 민간부문(사경제, 사적부문, private sector)이라고 하며, 정부를 공공부문(공경제, 공적부문, public sector)이라고 한다. 자본주의 경제체제는 민간부문이 주도하는 시장(가격기구)의 작동만으로 모든 경제활동을 바람직하게 수행할 수 있다고 믿는 민간부문을 우선하는 경제 운영 시스템이라고 할 수 있다. 하지만 현실은 그렇지 못하다. 따라서 민간부문을 보완할 목적으로 이루어지는 정부의 시장개입은 필연적인 현상이 아닐 수 없다. 이런 까닭에 국가 내에서의 경제활동은 민간부문과 공공부문이 상호 협력·보완하는 방식으로 이루어진다고 할 수 있다.

이하에서는 민간부문의 경제활동과 공공부문의 그것을 시장경제와 공공경제로 구분하여 상세히 비교·설명함으로써 재정의 의의와 중요성을 알아보도록 하겠다.

1. 시장경제

산업혁명을 촉매로 하여 출범된 초기 자본주의 경제체제에서 국내의 경제활동(국민경제활동)은 민간부문이 수행하는 경제활동이 핵심이었다. 따라서 당시 재정행위의 범주(크기)에 대한 인식은 작은 정부론(cheap government) 내지 야경국가론에 그치고 있었다.

한편 민간부문(가계와 기업)이 경제활동을 펼치는 중심 무대가 시장이기 때문에 극단적으로 표현한다면 자본주의 경제체제는 시장경제를 의미했다고 해도 과언이 아니다. 이는 민간경제의 발전은 시장경제의 활성화로 이어지고, 궁극적으로 자본주의 경제체제의 발달과 공고화를 가져온다는 것이다. 다시 말해 초기 자본주의 경제체제 성립 시점에서 보면 자본주의 경제체제와 시장경제, 그리고 민간경제는 동일한 의미로 사용되었다고 해도 지나친 말은 아니다(자본주의 경제체제 ≒ 시장경제 ≒ 민간경제).

1) 시장경제의 원활한 작동을 위한 전제

시장이 원활하게 기능(자원의 효율적인 배분 등)할 수 있기 위해서는 개인의 재산권 보장 및 교환(거래)규칙이 마련되어 있어야 한다. 이는 시장에 참여하는 개별 경제주체들이 자율적으로 재량껏 거래할 수 있도록 뒷받침하기 위한 것이며, 시장경제의 원활한 작동을 위한 전제라고 할 수 있다. 개인의 재산권 보장 및 교환(거래)규칙이 안정성을 담보 받을 수 있기 위해서는 법과 제도에 그 기반이 구축되어야 한다. 이때 관련된 법과 제도를 강구함에 있어 정부가 주도적인 역할을 담당하게 된다. 따라서 정부의 역할이 완전히 배제된 순수한 민간경제의 힘만으로 시장이 원만하게 가동되는 상황을 기대하기는 어렵다고 할 수 있다.

2) 시장경제의 특징

(1) 자발적 교환(분권적 의사결정)

시장에서 경제활동을 수행하는 가계와 기업은 독립적인 지위를 갖고 있으며, 누구의 간섭도 없이 자유롭게 그들이 원하는 재화·용역(서비스)과 생산요소를 생산물시장과 생산요소시장에서 자발적으로 교환(거래)하는 방식으로 경제활동(행위)을 할 수 있도록 허용 받고 있다.

(2) 소비자 주권

시장에서의 경제활동은 기본적으로 소비자의 선호를 바탕으로 이루어진다. 기업은 소비자의 선호에 따라 재화를 생산하고 1원1표주의 원칙[9]에 따라 거래를 하게 된다. 이렇게 생산과 소비를 수행함에 있어 소비자가 주도적인 역할을 담당하도록 인정하는 소비자 주권은 시장경제의 근간이며, 핵심적인 특징에 해당한다.

(3) 편익과 비용의 일치

시장에 참여하는 수요자와 공급자의 서로 다른 입장이 절충되어 적절한 거래(합의)가 이루어진 상태를 균형(equilibrium, 시장청산)이라고 한다. 이와 같은 시장의 균형 상태에서는 수요자가 재화(서비스 포함) 구입을 통해 얻는 편익(수익)과 그 재화 공급에 소요되는 비용(지출)이 일치하게 된다. 일반적으로 시장은 균형의 성립(달성)을 지향하는 작동을 하고 있기 때문에 편익과 비용의 일치 현상은 시장경제의 주요한 특징이라고 할 수 있다.

---

9) 과일가게 진열대에 놓여있는 탐스럽고 맛있어 보이는 사과를 보고 갑은 500원, 을은 1,000원, 병은 1,500원의 지불의사를 표시했다고 하자. 그러면 사과는 병의 차지가 된다. 왜냐하면 갑, 을, 병이 표시한 지불의사가격은 사과라는 후보(선택대상)에 대해 그들이 보내는 지지표(선호)와 같은 구실을 하기 때문이다. 이와 같이 시장경제의 의사결정방식은 정치적 의사결정방식(1인1표주의)과 달리 1원이 1표의 역할을 하게 된다.

(4) 개별적 보상원리

시장경제에서는 수요자가 특정 재화의 구입을 원하여 가격을 지불하면 그에게만 재화의 소비가 허용되고, 그는 소비를 통해 편익을 얻게 된다. 이렇게 가격지불자에게만 상품의 소비가 허락되는 관계를 개별적 보상원리라고 한다.

(5) 배제성과 경합성 및 소비의 분할성

시장에서 거래되는 사적재는 대가(代價)의 지불 없이는 사용할 수 없다(배제성). 또한 시장에 공급되는 사적재 생산량은 자원의 희소성 때문에 한정되어 있다. 반면 수요자가 원하는 사적재량은 생산된 그것보다 크므로 구입(소비)과정에 경합이 발생하게 된다(경합성). 한편 현실적으로 사적재는 똑같은 외형과 품질을 갖춘 상태로 대량생산되어 각 소비자에게 낱개로 판매되어 소비되는 특징을 나타낸다. 이와 같이 대량생산된 동일한 사적재가 각 소비자에게 판매되어 소비되는 현상을 소비의 분할성(分割性)이라고 한다(분할성, 가분성).

(6) 사익성 추구

수많은 시장참여자들이 갖는 상이한 개별적 욕구(사적욕구)는 다양한 사적재의 구입(소비)을 통해 충족된다. 이와 같이 시장에 참여하는 개별 경제주체는 각자의 이익(사익)을 실현시키기 위해 노력하게 된다. 이는 시장이 민간부문의 사익성 추구를 뒷받침하는 장소(광장)의 역할을 하게 됨을 의미한다.

3) 시장의 유형

스미스(A. Smith)를 비롯한 자본주의 경제학을 처음 체계화한 경제학자들(고전학파)은 가계와 기업의 경제활동(민간경제활동)을 근간으로 하여 국민경제가 운영되어야 한다는 견해를 갖고 있었다. 따라서 그들에게는 가계와 기업의 경제활동(시장경제활동)을 연구·분석하는 미시적인 경제활동이 중심적인 연구주제가 되었다.

경제활동이 생산과 소비로 대별되고, 그것이 시장을 통해 수행된다면 자본주의 경제체제 내의 시장은 크게 생산활동과 관련된 생산요소시장과 소비활동과 관련된 생산물시장의 두 가지 유형으로 나뉜다[10].

10) 한편 거시생산물시장, 금융시장, 외환시장, 노동시장 등 거시경제학에서 말하는 시장은 1930년대 대공황 이후 거시경제현상의 규명을 위해 고안된 가상의 시장 성격을 갖는다. 자세한 내용은 본서의 '제9장 재정정책' 부분을 참조하기 바란다.

4) 시장경제의 장·단점

(1) 장점

시장에 참여하는 각 경제 주체들은 강제적 속박을 받지 않고 스스로의 자발성(자발적 의사교환 내지 분권적 의사결정)을 발휘하여 최대의 이익을 추구한다(자유계약, 자유선택). 이와 같이 경제주체들의 자발적인 의사결정을 근간으로 하고 있는 시장경제는 궁극적으로 경제적 성과를 극대화함으로써 경제적 효율성을 제고할 수 있는 장점을 갖는다(경제적 효율성 달성).

(2) 단점

소득분배 측면(공평성 기준)에서 보면 시장에서 이루어지는 경제활동은 능력이 있는 자와 없는 자의 경제적 격차를 더욱 확대시키는 결과를 가져올 수 있다. 시장은 경제주체들로 하여금 능력을 마음껏 드러낼 수 있도록 허용하고 있기 때문에 소득계층 간 부익부 빈익빈 현상으로 집약되는 극심한 소득분배의 불공평 문제를 발생한다.

한편 자원배분 측면(효율성 기준)에서 보면 시장경제는 사유재산제도를 근간으로 하고 있으며 자유로운 경제활동을 보장하기 때문에 능력이 우월한 특정 개인 또는 집단의 경제적 자원에 대한 지배력을 비대화시킴으로써 독·과점을 형성하고, 그에 따라 소비자주권의 침해와 시장진입에 대한 장애를 가져옴으로써 비효율을 심화시킬 우려를 지적받는다. 나아가 시장경제는 부문 간 또는 개인 간 경제행위의 상호의존성에서 비롯되는 문제들(외부성 문제)을 해결할 수 없다는 한계를 갖고 있다.

2. 공공경제

공공경제(재정)는 정부(국가 또는 지방자치단체)가 의회의 의결을 거쳐 확정된 공공수요를 충족시키기 위하여 자원을 획득, 관리, 처분하는 일련의 경제활동을 말한다.

1) 공공경제의 주체로서 정부

민간부문과 구분되는 정부는 첫째, 국민에 의해 선출된 사람이나 그에 의해 임명된 사람에 의해 운영되고, 둘째, 일반국민에 대해 강제력을 가지며, 셋째, 시장거래(교환) 방식과 다른 방법으로 재화나 서비스를 배분하는 특징을 갖고 있다.

재정행위의 주체로서 정부의 성격에 대해서는 상이한 두 견해가 존재한다. 유기체적 견해(organic view)와 기계론적 견해(mechanistic view)가 그것이다. 유기체적 견해는 국가(사회)를 하나의 자연적 유기체로 인식한다. 이 견해에 따르면 각 개인은 국가라는 유기체의 한 부분을 구성하는 요소이며, 정부는 그 유기체의 심장부에 해당한다. 정부는 개인 위에 존재하는 월등히 우월한 실체로 간주된다. 유기체적 견해는 개인의 자유와 권리를 위해서 정부가 존재한다는 따위의 사고방식을 배격한다. 따라서 전체주의적인 성향을 띤다. 정부가 유기체적 입장에서 민간부문과 관계를 맺는 사례로는 징병(국방의 의무), 조세부과, 사유재산의 수용 등을 들 수 있다.

한편 기계론적 견해에서의 정부는 단지 개인의 목표달성에 도움이 될 수 있도록 편의(便宜)에 의해 고안된 존재에 불과하다. 정부의 존립이유는 오로지 개인을 위한다는 데서 찾을 수 있을 뿐이다. 정부는 스스로 독자적인 목표를 갖고 그것의 달성을 위해 개인을 동원할 수 있는 능력을 갖고 있지 않다고 본다. 따라서 기계론적 견해는 개인주의적인 성향을 띠며, 정부와 개인은 대등한 입장에서 상호 관계를 맺게 된다. 정부가 민간부문을 대상으로 공기업을 통해 여러 가지 서비스를 제공하고, 그 대가로 공공요금을 부담 지우는 등의 활동은 기계론적 입장에 토대를 두고 있다.

2) 공공경제의 역할

(1) 공공경제의 범주

오늘날 공공경제(재정)는 소비자, 생산자(공공재의 생산자), 고용자(雇傭者, 공기업 경영)로서의 역할을 하고 있다. 또한 화폐를 매개로 다양한 경제활동을 직접 담당한다. 더하여 시장에서는 충족이 불가능하거나 불충분한 공공욕구의 해소를 보완하는 역할을 하고 있다. 머스그레이브(R.A. Musgrave)는 이러한 공공욕구를 사회적 욕구와 가치욕구의 두 가지 범주로 구분하였다[11].

① 시장에서 충족될 수 없는 욕구(사회적 욕구)

국방과 치안 등 시장에 맡길 경우 충족될 수 없는 욕구의 특성을 가지며, 이를 사회적 욕구라고 한다. 사회적 욕구는 공공부문의 순수공공재(사회재) 공급을 통해 충족된다.

② 시장에서 충족이 미흡한 욕구(가치욕구)

사회간접자본, 의무교육, 공영주택 등은 사회구성원 모두가 적정한 양만큼은 소비해야 할 가치가 있는 소비 대상물이기 때문에 이를 가치재(merit goods, 준공공재)라고 한다. 그런데 이것들의 생산과 소비를 민간의 자율에 맡길 경우 과소공급(또는 소비)되는 경향을 나타내는 것이 일반적이다. 따라서 정부는 온정적 간섭주의(溫情的干涉主義, paternalism)를 바탕으로 이와 같은 가치욕구 충족의 대상물인 가치재의 공급에 관여하게 된다.

---

11) 공공부문(정부)은 민간부문(시장)에 의해 적절히 공급될 수 없는 공공욕구의 대상물(공공재)을 제공하는 역할뿐만 아니라 민간의 경제 주체가 시장에서 원활하게 경제활동을 전개할 수 있는 기반(예컨대 경제법규의 제정, 불공정한 거래행위의 규제 등)을 마련해 주는 역할을 담당하고 있다. 이와 같은 공공부문의 역할을 운동경기에 비유하면 전자는 운동선수의 역할에 해당하고, 후자는 심판의 역할이라고 하겠다.

(2) 공공경제와 시장경제의 관계

경제활동은 자원배분, 소득분배 경제성장의 세 가지 영역으로 구분되며, 자본주의 경제체제에서는 시장을 통해 이와 같은 경제활동이 이루어지고 있다. 그런데 시장에서 경제활동이 원활하게 수행되지 못할 경우 정부의 보완 내지 시장개입이 요구된다. 머스그레이브(R.A. Musgrave)는 정부(공공경제)가 수행해야 할 세 가지 핵심적 기능(역할)으로 자원배분기능, 소득재분배기능, 경제안정화기능을 지적하였다(재정의 3기능). 자원배분기능은 한정된 자원을 민간부문과 공공부문(재정)에 적절하게 할당(배분)하여 그 사회가 필요로 하는 사적재와 공공재 생산에 사용함으로써 사회후생의 극대화를 모색하는 경제활동을 가리킨다. 소득재분배기능은 정부가 주도하는 빈부격차 조정기능을 말한다. 경제안정화기능은 정부가 중심적인 역할을 통해 경기의 불안정 상황을 조절하기 위해 시행하는 일련의 조치이다.

정부는 세분화하면 중앙정부와 지방정부로 구분할 수 있는데, 중앙정부는 위에서 설명한 세 가지 기능을 모두 수행한다. 반면 지방정부는 원칙적으로 자원배분기능을 근간으로 수행하며 나머지 두 기능은 중앙정부를 보완하는 입장에 있다. 중앙정부에 의한 자원배분기능은 순수공공재 공급기능으로 볼 수 있으며, 지방정부에 의한 자원배분기능은 지방공공재 공급기능에 해당한다.

3) 공공경제의 특징

(1) 계획성

공공부문이 확정하는 다양한 의사결정은 미래를 대상으로 한다. 따라서 현재 시행되고 있는 공공부문에 의한 경제적 의사결정은 사전 계획(예산)에 입각하여 추진되는 특징을 나타낸다.

(2) 강제성(비자발적 교환원리)

국가(지방자치단체 포함) 또는 공공단체는 일반국민에 대해 강제력을 갖는다. 특별히 공공부문이 필요로 하는 경제적 자원의 획득 과정에는 강제성(예 수용, 징발 등)이 더욱 두드러지게 나타날 수 있다.

(3) 공익성

공공부문에 의해 수행되는 각종 경제활동은 원칙적으로 사회 또는 국가 전체의 이익을 우선하고 있다. 이는 공공부문이 특정 개인 또는 집단의 이익을 옹호하거나 돕는 의사결정을 해서는 안 됨을 의미한다.

(4) 화폐경제적 성격

통상 공공부문의 경제활동(재정행위)은 화폐를 매개로 하여 이루어지는 화폐경제적 성격을 갖는다. 공공부문이 시행하는 각종 조치가 원활하게 추진될 수 있기 위해서는 재원의 뒷받침이 필수적이며, 이는 화폐로 계수화된 자원(재원)의 조달이 전제되어야 함을 의미한다.

(5) 일반적 보상원리

시장경제에서는 특정 상품에 대해 가격을 지불한 개인에게만 그 상품의 소비(사용)가 허용되도록 되어 있다(개별적 보상원리). 반면 공공경제의 경우 공공재 공급에 필요한 재원을 분담하는 개개의 납세자(공공재의 소비자) 입장을 일일이 반영하여 공공재의 공급이 이루어지는 것이 아니라 전체적 차원에서 공공재가 공급되는 일반적 보상원리가 작용한다.

(6) 편익과 비용의 불일치

납세자 개개인이 공공재로부터 얻는 편익(수익)과 이용대가로 지불하는 비용(부담)은 상이하다. 다시 말해 공공부문에 의해 공급되는 공공재로부터 각 개인이 얻는 편익(수익)과 그들의 부담(비용)은 일반적으로 일치하지 않는다[12].

4) 공공경제의 범위

국민경제에서 공공부문이 차지하는 위상은 일반적으로 다음과 같이 나타낼 수 있다.

- 국민경제
  - 민간부문(가계+기업)
  - 공공부문
    - 공공기관
    - 정부
      - 지방정부의 재정 (지방재정)
      - 중앙정부의 재정 (중앙재정)
        - 예산
          - 일반회계
          - 특별회계
        - 기금

오늘날 공공경제는 공공부문이 수행하는 모든 경제활동을 포괄한다. 우리나라의 경우 국가재정(중앙재정+지방재정)에서 중앙재정이 차지하는 비중이 더 높은 중앙편중적 재원(세원) 배분구조를 나타낸다[13]. 중앙재정은 일반회계·특별회계상 세입, 세출 및 기금으로 구성되어 있다.

12) 시장경제(민간경제)는 양입제출(量入制出, 수입에 맞추어 지출을 계획함)을 기본으로 하는 반면 공공경제는 양출제입(量出制入, 지출에 따라 수입계획을 세움)을 따른다. 하지만 현대 사회에서는 이런 원칙이 반드시 지켜지지는 않는다.

13) 2025년 당초예산(일반회계+특별회계) 순계 기준으로 볼 때 중앙정부(국가) 예산은 510조 901억원 수준이고, 지방정부(지방자치단체) 예산은 326조 149억원이며, 지방교육예산은 94조 619억원이다. 따라서 중앙과 지방을 합한 국가예산의 전체규모는 930조 1,669억원에 이르고 있다. 여기서 순계 기준은 회계간, 중앙과 지방 간, 상위지방정부와 하위지방정부 간 예산의 중복 부분을 공제한 것이다. 자세한 내용은 행정안전부 『2025년도 지방자치단체 예산 및 기금 개요(상)』, 2025, pp.23~24를 참조하기 바란다.

▶ 현행(2025년) 조세체계

- 조세
  - 국세(14개)
    - 내국세
      - 직접세 : 소득세, 법인세, 상속세, 증여세 종합부동산세
      - 간접세 : 부가가치세, 개별소비세, 주세, 인지세, 증권거래세
    - 관세
    - 목적세 : 교육세, 교통·에너지·환경세, 농어촌특별세
  - 지방세(11개)

(1) 중앙정부 일반회계상 세입

우리나라의 중앙정부 일반회계상 세입은 내국세, 관세, 차관수입, 세외수입(각종 사용료, 공공요금 등), 기타 수입으로 구성되며, 내국세와 관세를 합한 조세수입이 일반회계의 90% 이상이다.

(2) 중앙정부 일반회계상 세출

우리나라 중앙정부의 일반회계상 세출은 소관별, 기능별, 품목별로 분류될 수 있다[14].

① 소관별(所管別) 세출분류

세출의 소관별(기관별) 분류는 행정부처별로 배정된 세출규모를 말한다. 2025년 당초예산 기준으로 볼 때 교육부의 세출규모(약 99조 3,221억원)가 가장 높은 수준을 나타내고 있으며, 그 다음으로 보건복지부, 행정안전부, 국방부, 기획재정부의 세출규모가 뒤를 잇고 있다. 소관별 세출분류는 장 (章), 관(款), 항(項), 세항(細項), 목(目)의 순서로 세출의 내용을 세분화하여 표시하는 특징을 갖는다.

② 기능별(목적별) 세출분류

기능별 세출은 2025년 당초예산 기준으로 보면 일반·지방행정, 공공질서 및 안전, 통일·외교, 국방, 교육, 문화 및 관광, 환경, 사회복지, 보건, 농림수산, 산업·중소기업 및 에너지, 교통 및 물류, 통신, 국토 및 지역개발, 과학기술, 예비비의 16가지 범주로 분류되고 있다. 2025년 예산을 기준으로 할 때 일반·지방행정이 약 112.8조원으로 가장 많고, 그 다음은 교육, 사회복지의 순서이다.

③ 품목별(성질별) 세출분류

품목별 세출은 인건비, 물건비, 이전지출, 자산취득, 상환지출, 전출금 등, 예비비 및 기타의 7

14) 이하의 자세한 내용은 기획재정부, 『2025 나라살림 예산개요』, 2025.2를 참조하기 바란다.

가지 범주로 나눌 수 있다. 2025년 당초예산 기준으로 볼 때 이전지출이 약 270조 4,817억원으로 가장 많고, 그 다음으로 전출금 등, 인건비, 물건비의 순서이다.

(3) 중앙정부의 특별회계

우리나라 중앙정부의 특별회계는 기업 특별회계와 기타 특별회계로 분류된다. 특별회계의 존재는 예산의 통일성 원칙을 위배하지만 행정기관에 자유재량의 여지를 부여함으로써 행정능률과 경영능률의 향상에 기여하는 긍정적인 측면이 있다.

(4) 기금

기금은 특별한 목적을 수행하기 위해 특정한 자금을 예산과는 독립적으로 운영할 필요가 있을 때 설치하며, 특정자금을 예산의 범주 밖에서 탄력적으로 운영하기 위한 수단이다. 따라서 예산보다는 운용과 관리면에서 덜 제약적이다. 또한 정부가 수입을 특정목적 지출에 사용할 수 있도록 하기 위해 설립된 것이므로 목적에 맞도록 유용하게 활용하면 긍정적인 성과를 창출하지만, 현실적으로 남용의 우려가 있다.

기금은 국가재정(중앙재정) 운영의 한 방식에 해당한다. 따라서 국회의 심의·의결을 거쳐 기금설치와 운영계획이 수립되고 결산이 이루어진다는 점은 예산과 동일하다. 기금은 중앙정부(국가)뿐만 아니라 지방정부(지방자치단체)도 활용하고 있다.

2025년 현재 국가 기금은 사회보험성기금(국민연금기금 등), 계정성기금(공공자금관리기금 등), 금융성기금(기술보증기금 등), 사업성기금(과학기술진흥기금 등)의 4개 분야에 걸쳐 67개가 운영 · 관리 중이다.

▶ 재정학과 공공경제학의 비교

1. 재정학

1) 의의

재정학은 정부의 경제활동을 제도적, 사회적, 정치적 측면까지 포괄하여 설명한다. 정부의 경제활동을 수입과 지출측면으로 나누고, 그에 따라 이루어지는 다양한 활동을 파악하는 방식의 접근을 따른다. 최근의 재정학은 정부가 수행하는 모든 경제적 역할을 포괄하여 설명하는 경향이 강하며, 응용 미시경제학의 한 분야로서의 성격이 두드러지고 있다.

2) 구성

재정학은 일반적으로 다음의 세 가지 분야에 초점을 두고 정부의 경제활동을 설명한다.

첫째, 정부의 경제적 역할과 그것이(행위) 이루어지기까지 거치는 의사결정 과정을 강조한다.

둘째, 정부의 행동이 경제에 어떠한 결과를 가져올지를 예측하고, 관련된 문제점을 파악한다.

셋째, 정부가 추진하는 경제활동과 관련된 목표들을 충족시킬 수 있는 여러 가지 대안이 있을 때 이들 가운데 어떤 것이 더 좋고 나쁜가를 평가한다.

2. 공공경제학

공공경제학은 공공부문의 기능과 역할을 경제적 효과(영향) 중심으로 설명하는 특징을 갖는다. 공공경제학은 후생경제학적 분석 틀을 바탕으로 정부의 경제활동을 설명하기 때문에 재정학과 비교하면 경제적 측면을 더욱 강조한다.

▶ 후생경제학

1) 정의

응용 미시경제학의 한 분야에 해당하는 후생경제학은 어느 사회가 직면하는 특정 경제 상태에서의 사회후생을 또 다른 상태에서의 그것과 비교하여 그 우열을 가려내는 체계의 정립을 핵심 내용으로 하고 있다. 또한 어떤 경제 상태(상황)가 얼마나 높은 사회후생을 가져다주는가를 평가할 수 있는 이론적 기준의 제시를 주요한 연구과제로 삼는다. 따라서 후생경제학은 정부(또는 다른 경제 주체)의 행위나 경제 상태의 변경에 대해 그 정당성을 판정할 수 있는 기준을 제공하는 역할을 한다.

2) 발전

후생경제학의 시원과 관련해 중상주의에서 그 연원을 찾는 것이 불가능하지는 않지만, 일반적으로 스미스(A. Smith) 경제학을 그 시작으로 본다. 본격적인 의미의 후생경제학은 피구(A.C. Pigou)에 의해 체계화되었다. 리카르도(D. Ricardo), 마샬(A. Marshall), 피구(A. Pigou) 등에 의해 정립되었던 구후생경제학(舊厚生經濟學)은 효용의 측정이 가능하다는 입장에서 기수적 효용개념을 이용해 경제 상태들 간의 우열을 비교하는 방식을 따랐다. 반면 애로우(K.J. Arrow)로 대표되는 신후생경제학(新厚生經濟學)은 1930년대의 서수적 효용혁명에 기초하여 효용을 구체적인 단위로 측정할 수 없고, 그럴 필요조차 없다는 입장을 근간으로 하였다. 신후생경제학은 파레토 기준 등을 중심적 내용으로 다뤘다(애로우의 불가능성 정리, 비관론적 색채). 한편 최근의 후생경제학에 해당하는 신신후생경제학(新新厚生經濟學)은 파레토 기준의 비현실성을 보완하는 방안으로 보상 기준을 사용하여 경제 상태들 간의 우열을 비교하는 방식을 제시하였다(B-C분석, 낙관론적 입장).

제3절
경제상태의 평가기준

좁은 의미로 경제활동을 정의하면 우리가 삶을 살아가는데 필요한 재화, 서비스 등을 만드는 생산활동과 그 결과에 해당하는 생산물을 사용하는 소비활동을 두 축으로 하는 일련의 활동을 말한다. 다르게는 자원배분행위, 소득분배행위, 경제성장행위를 포괄하여 경제활동이라고 할 수 있다[15]. 이와 같은 경제활동이 그 사회에서 바람직하게 이루어지고 있는지의 여부를 알아보기 위해서는 적절한 평가 기준의 설정이 중요할 수밖에 없다. 평가 기준에 부합하지 않는 경제활동을 하거나 바람직하지 않은 경제상황이 초래되었다면 개선방안을 모색해야 할 것이다. 일반적으로 어느 사회의 경제 상황(상태)이 적정한지의 여부는 자원배분, 소득분배, 경제성장의 세 가지 측면에서 평가하게 된다[16].

본 절에서는 자원배분과 소득분배 측면에서 특정 사회의 경제 상태가 바람직한지 그렇지 않은지를 평가하는 기준에 대해 설명할 것이다. 또한 경제 상태의 변경 전·후의 우열을 비교하는 방법에 대해서도 알아보도록 하겠다.

---

15) 자원배분(resource allocation)은 최종 소비대상물에 해당하는 재화나 서비스 등(생산물, product)을 만드는데 필요한 재료(자원, 생산요소)를 나누어 주는 행위를 말한다. 반면 소득분배(income distribution)은 만들어진 생산물을 이용(사용)하기 원하는 부문에 나누어 주는 조치를 가리킨다. 이 경우 생산물분배라고 부르지 않고 소득분배라고 표현하는 이유는 생산물(실물측면)을 화폐로 평가하면 소득(화폐측면)이 되기 때문이다. 경제성장(economic growth)은 경제상황이 현재보다 미래에 더 바람직한 모습이 될 수 있도록 조율해 나가는 과정을 말한다. 어느 사회나 한정된 자원을 적절하게 배분하여 그 사회가 필요로 하는 소비대상물을 만들어야 하고(자원배분), 만들어진 생산물은 소비를 원하는 각 부문에 적절하게 나누어 주어야 하며(소득분배), 오늘의 경제상황보다 미래의 그것이 더 나아지도록 다양한 노력을 기울여야 하는 과제(경제성장)를 안고 있다고 하겠다. 따라서 각 사회에서 이루어지는 경제활동은 자원배분, 소득분배, 경제성장의 세 모습으로 표현될 수 있다.

16) 그 이외 경제활동이 얼마나 자유롭게 이루어지고 있는가를 나타내는 '경제활동의 자유'도 중요한 경제상태 평가기준이라고 할 수 있을 것이다.

1. 효율성

특정 사회(경제)가 자원배분 측면에서 바람직한 성과를 이룩하였을 때 효율(엄밀히 말하면 파레토 효율)이 달성되었다고 한다. 따라서 자원배분 측면에서 특정 사회가 적정한 결과를 거두었는가를 판정하는 판단규범은 효율성이다[17].

1) 부분균형접근

어느 사회가 유지될 수 있기 위해 요구되는 소비대상물이 쌀, 주택서비스, 옷의 세 가지 품목이라면, 그 사회는 그것들을 필요한 만큼 확보할 수 있어야 한다. 이럴 경우 그 사회는 당면과제 해결을 위해 보유하고 있는 한정된 자원(생산요소)을 이 세 가지 생산물의 생산을 위해 배분하게 된다. 이와 같이 그 사회가 필요로 하는 모든 생산물(쌀, 주택서비스, 옷)을 대상으로 바람직한 자원배분을 모색하는 경우를 일반균형접근(일반균형분석)이라고 한다.

그 사회가 한정된 자원을 적절히 배분하여 만들어낸 쌀, 주택서비스, 옷으로부터 얻을 수 있는 가치(효용 또는 후생)가 극대화되었다면, 이런 결과를 가능케 한 배분상황이 일반균형적 파레토 효율 상태이다. 한편 특정 생산물을 대상으로 그것의 적정 생산을 도모하는 자원배분은 부분균형접근(부분균형분석)에 해당한다. 주택서비스 부문에 적절한 자원배분을 실현함으로써 생산에서 얻을 수 있는 성과(효용 또는 후생)가 극대화되었다면, 이런 경우가 부분균형적 파레토 효율 상태이다. 정리하면 공급해야 할 전체 생산물을 대상으로 자원배분의 적정성 여부를 파악하는 것이 일반균형접근이고, 특정 생산물을 대상으로 그 부문에 한정하여 자원배분이 적절하게 이루어졌는지를 파악하는 것이 부분균형접근에 해당한다.

X재를 생산하는 경우, 이 부문에 대한 효율적 자원배분은 어떤 상황에서 이루어지는지를 알아보자. X재 시장이 완전경쟁이라면 X산업은 [그림 1-1]의 E점에서 사회후생극대화를 이룩하게

---

17) 자원배분의 적정성 여부를 판정하는 규범인 효율(파레토 효율)의 의미는 다음과 같이 설명될 수 있다. A기업과 B기업에 각각 100만큼의 자원(생산요소)을 배분하여 생산물을 만든 결과 A기업의 생산량은 150이고, B기업의 생산량은 200이었다고 하자. 이때 투입된 자원 대비 생산량의 크기 면에서 보면 B기업의 그것이 더 크기 때문에 A기업보다 B기업에 대한 자원배분이 더 바람직(효율적)하다고 할 수 있다. 그러나 A기업의 생산물은 재화(goods)인데 B기업의 그것은 비재화(bads, 쓰레기, 매연, 마약 등)라면 거꾸로 A기업에 대한 배분이 더 효율적이 된다. 효율성은 사회구성원의 가치관 형성에 따라 그 판정 결과가 달라지는 규범이 아니다. 일단 A기업에 대한 배분이 B기업에 대한 배분보다 효율적이었다면, 이런 상황은 뒤집어지지 않는다. 따라서 자원배분 행위의 평가기준인 파레토 효율은 탈가치(value-free, 脫價値) 규범이다. 효율성 여부는 자원배분의 결과로 만들어진 생산물의 크기(생산측면)뿐만 아니라 그 생산물의 쓰임새에 해당하는 가치(소비측면)도 고려하여 평가되어야 한다. 다시 말해 효율성은 생산측면(공급측면)과 소비측면(수요측면)을 모두 반영하여 판정해야 한다는 것이다. 구체적으로 생산물을 통해 얻을 수 있는 만족감(효용 또는 후생)이 높은 부문에 대한 배분이 그렇지 않은 부문에 대한 배분보다 더 효율적으로 평가된다. 이런 까닭에 자원배분의 우선순위는 각 부문에서 만들어진 생산물로부터 얻을 수 있는 효용 수준이 높은 차례로 결정되어야 한다.

되고, 이에 대응되는 OX^*의 생산량은 최적생산량이 된다.

[그림 1-1]에서 X산업의 공급곡선은 한 단위씩 생산량을 증가시킬 때 생산자(공급자)가 부담해야 할 비용(한계비용, MC)의 궤적을 의미하며, 수요곡선은 한 단위씩 X재 수요(소비)를 늘릴 때 소비자(수요자)가 얻게 되는 편익(한계편익, MB)의 흐름이라고 할 수 있다. 소비자(수요자)가 X재를 소비할 수 있기 위해서는 그것을 통해 얻는 편익(한계편익) 만큼의 대가를 지불해야 한다. 소비자가 지불하는 대가는 생산자(공급자) 입장에서 보면 수입(평균수입, AR)이 된다.

일정량의 X재가 거래(교환)되었을 때, 그로부터 얻는 순편익(사회적 잉여, 사회후생)은 수요곡선과 공급곡선 사이의 면적이 된다. [그림 1-1]에서 X^0만큼 X재가 거래된 경우 소비자(수요자)가 얻는 총편익은 $\square acX^0O$이고, 생산자(공급자)가 부담하는 총비용은 $\square bdX^0O$이다. 따라서 X^0만큼의 거래에 따른 순편익은 $\square acdb(=\square acX^0O-\square bdX^0O)$가 된다. 그러나 X^0의 거래는 최적균형이 아니다. 왜냐하면 X^0의 거래 대신 X^*를 거래할 경우 더 큰 순편익($\triangle cdE$만큼의 추가적인 순편익)을 얻을 수 있기 때문이다.

X산업에 배분되어야 할 적정 자원량은 그 배분을 통해 생산되어 거래된 X재량에 의한 순편익(사회적 잉여, 사회후생)이 극대화되는 크기($\triangle abE$)이어야 한다. [그림 1-1]에서 X^*의 거래량이 순편익을 극대화하는 거래량이 되며, 이런 거래가 가능하도록 X산업에 자원이 배분되어 생산이 이루어졌다면 파레토 효율을 실현하게 된다.

[그림 1-1]의 E점에서 파레토 효율을 달성하는 거래(교환)가 이루어지며, 이는 X부문(산업)에 X^*의 생산을 이룰 수 있는 만큼의 자원량이 할당될 때 부분균형접근에서 효율적 자원배분이 실현됨을 나타낸다.

파레토 효율은 완전경쟁시장에서만 이루어질 수 있으며, 그것이 달성되었다는 것은 그 상황에서의 사회후생(사회적 잉여, 순편익)이 최대 수준임을 의미한다.

그림 1-1 특정 생산물의 최적생산

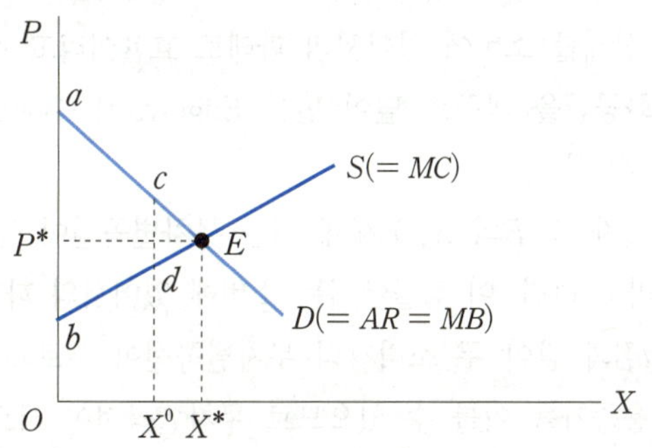

2) 일반균형접근

특정 사회가 필요로 하는 모든 생산물을 대상으로 한정된 자원을 적절하게 배분함으로써 효율적 자원배분을 모색하는 경우가 일반균형접근이다. 한정된 자원이 적절하게 배분됨으로써 만들어진 전체 생산물을 통해 얻을 수 있는 가치(효용 또는 후생)가 극대화 되었을 때 일반균형적 파레토 효율이 실현되었다고 한다.

바람직한 자원배분을 통해 효율적인 생산을 도모하는 것은 궁극적으로 적정소비를 뒷받침하기 위한 것이다. 따라서 일반균형적 파레토 효율은 한정된 자원을 적절하게 배분하여 생산물을 바람직하게 생산하는 측면뿐만 아니라 만들어진 생산물의 적정한 소비도 보장할 때 달성된다고 할 수 있다. 이는 소비의 적정성까지도 동시에 달성하는 바람직한 자원배분에 의해 일반균형적 파레토 효율이 이루어짐을 의미한다.

이하에서는 먼저 생산측면을 고정시킨 상황에서 만들어진 생산물을 어떻게 소비할 때 적정한 소비가 이루어지는가를 나타내는 소비(교환)에 있어서의 파레토 효율조건에 대해 알아보도록 하겠다. 다음으로 소비측면은 고정시킨 상황에서 한정된 자원을 각 생산물 생산에 어떻게 배분할 때 적정 자원배분이 달성되는가를 나타내는 생산에 있어서의 파레토 효율조건에 대해 설명할 것이다. 마지막으로 앞의 두 결과를 결합하여 소비측면과 생산측면을 모두 반영한 일반균형적 파레토 효율(종합적인 파레토 효율)조건을 제시하도록 하겠다.

(1) 파레토 효율의 개념

파레토 효율(Pareto efficiency)은 어느 한 사람의 후생감소 없이는 다른 사람의 후생을 증가시킬 수 없는 상태를 말한다. 이는 더 이상 전체 사회후생을 증진시킬 수 없는, 바람직한 배분을 모색할 수 없는 상태이며, 파레토 개선이 가능하지 않은 상황이다.

(2) 소비(교환)에 있어서의 파레토 효율조건

생산측면을 고정시킨 상태에서 사회구성원은 A, B 두 명이고, 이들은 그 사회의 X재와 Y재를 나누어 소비한다고 하자($\overline{X} = X_A + X_B$, $\overline{Y} = Y_A + Y_B$). 이때 A, B 두 명으로 구성된 사회는 $\overline{X}$, $\overline{Y}$의 생산물을 어떻게 나누어 소비할 때 사회후생의 극대화를 의미하는 파레토 효율을 실현할 수 있는가? 그 실현 상태를 소비에 있어서의 파레토 효율이라고 하며, 이는 A와 B 두 사람의 소비선택 영역인 재화공간을 거꾸로 덮어 만든 Edgeworth-Bowley 상자를 이용하여 유도(파레토 효율적 소비점)할 수 있다.

[그림 1-2]에서 두 소비자 A, B의 X, Y재에 대한 무차별곡선이 접하는 점들을 각각 E_1, E_2, E_3 ⋯⋯ (O_A와 O_B 포함)라고 하면, 이 점들에서는 소비에 있어서의 파레토 효율조건이 충족된다. 왜냐하면 [그림 1-2]의 a점과 같이 두 소비자의 무차별곡선이 서로 교차하는 상태에서 b점으로 이동하면, A, B 모두 효용증가를 이룰 수 있으므로 무차별곡선이 서로 교차하는 상태에서는 사

회후생의 극대화가 이루어지지 않기 때문이다. 반면 E_1, E_2, E_3 ……의 점에서는 한 사람의 효용이 증가할 수 있기 위해서는 다른 사람의 효용이 감소할 수밖에 없다. 따라서 이런 점들은 파레토 효율상태에 해당한다.

E_1, E_2, E_3 …… 등을 연결한 곡선($MRS^A_{XY} = MRS^B_{XY}$ 성립)을 소비에 있어서의 계약곡선(contract curve)이라고 하며, 계약곡선상의 모든 점에서는 더 이상 파레토 개선이 가능하지 않다(사회후생극대화 상태). 따라서 계약곡선상의 모든 점들은 소비에 있어서의 파레토 효율조건을 충족하게 된다.

결론적으로 소비에 있어서의 파레토 효율은 다음의 두 조건이 모두 성립할 때 이루어지고, 소비에 있어서 계약곡선상의 모든 점은 이를 충족한다. 따라서 소비에 있어서 파레토 효율점은 무수히 많이 존재한다.

> 1차 조건(필요조건) : $MRS^A_{XY} = MRS^B_{XY}$ (단, X재와 Y재에 대한 초과수요는 없는 상태)
> 2차 조건(충분조건) : 무차별곡선이 원점에 대해 볼록할 것

* MRS_{XY}는 한계대체율(marginal rate of substitution between X and Y)이라고 하며, 이는 무차별곡선상 한 점에서의 접선 기울기에 해당하고, 효용수준에 변화 없이 X재 1단위를 소비하기 위해 희생되어야 하는 Y재의 소비량을 의미한다.

▶ 완전경쟁일 때 소비의 효율성 조건

$$MRS^A_{XY} = P_X/P_Y = MRS^B_{XY}$$

소비에 있어서의 파레토 효율은 완전경쟁 생산물시장에서 형성되는 상대가격$\left(\frac{P_X}{P_Y}\right)$을 매개로 하여 달성된다. 여기서 P_X, P_Y는 각각 X재 및 Y재의 가격을 나타낸다. 완전경쟁시장에서만 소비에 있어서의 파레토 효율이 실현된다. 파레토 효율조건에서 상대가격은 상품에 대한 소비자들의 한계효용을 반

그림 1-2 소비에 있어서의 효율성

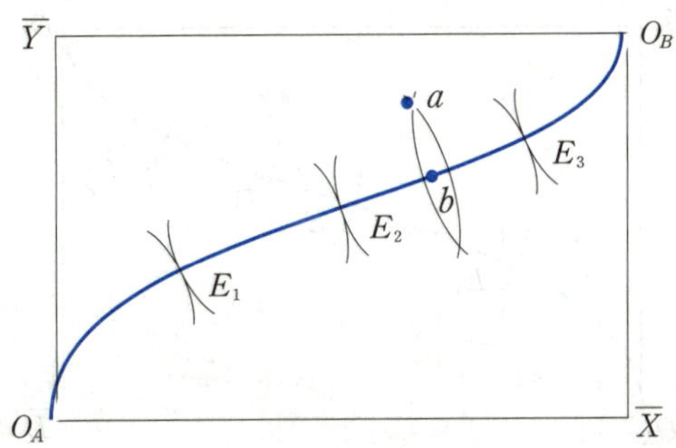

영한다. 또한 상품가격은 그 상품에서의 한계편익을 나타내며 사회적 한계가치의 척도로 이용될 수 있다. 이상의 조건은 소비자가 다수로 확대되어도 마찬가지로 유효하다.

▶ 효용가능곡선(utility possibility curve)

Edeworth-Bowley 상자 내의 소비에 있어서의 계약곡선을 두 개인의 효용공간으로 옮겨 나타내면 효용가능곡선이 된다. 따라서 효용가능곡선상의 모든 점은 소비에 있어서의 파레토 효율조건을 충족한다. 효용가능곡선상의 모든 점은 파레토 효율적 소비점이다.

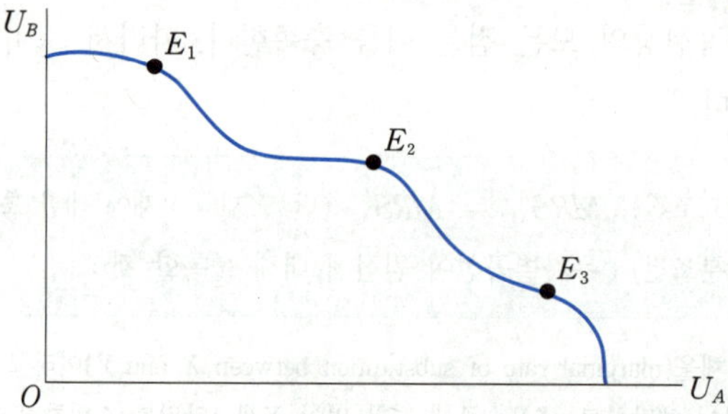

(3) 생산에 있어서의 파레토 효율조건

소비측면은 고정시킨 상태에서 그 사회의 한정된 자원을 X재와 Y재 생산에 배분하여 사회후생의 극대화를 도모한다고 하자($\overline{L} = L_X + L_Y$, $\overline{K} = K_X + K_Y$). $\overline{L}$, $\overline{K}$의 한정된 자원을 X재와 Y재 생산에 어떻게 배분할 때 파레토 효율적인 생산을 이룩할 수 있는가? 그것이 달성된 상태를 생산에 있어서의 파레토 효율이라고 하며, 이는 X, Y 두 생산물과 관련된 생산요소공간을 거꾸로 덮어 만든 Edgeworth-Bowley 상자를 이용하여 유도(파레토 효율적 생산점)할 수 있다.

그림 1-3 생산에 있어서의 효율성

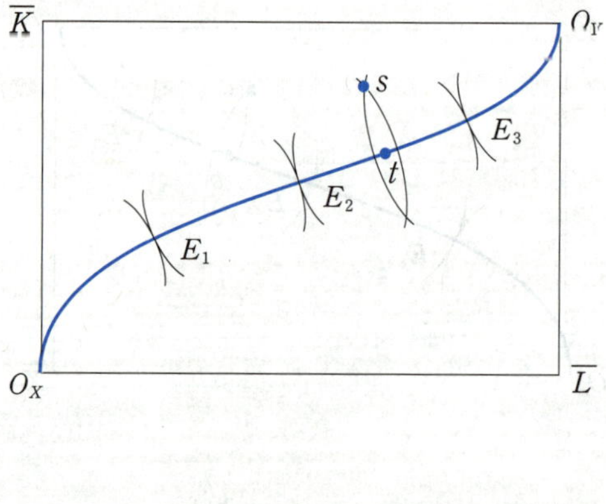

X재와 Y재의 등량곡선이 서로 접하는 점들을 각각 E_1, E_2, E_3 ⋯⋯ (O_X와 O_Y 포함)라고 하면, 이 점들에서는 생산에 있어서의 파레토 효율조건이 충족된다. [그림 1-3]에서 등량곡선이 서로 교차하는 s점의 경우 t점으로 이동하는 자원배분을 도모하면 X재와 Y재 모두 생산량이 증가한다. 따라서 s점은 파레토 효율적 배분점이 아니다. 반면, E_1, E_2, E_3 ⋯⋯ 의 경우 한 재화의 생산량 증가를 위해서는 다른 재화의 그것을 줄여야 하기 때문에 파레토 효율 상태이다.

E_1, E_2, E_3 ⋯⋯ 등을 연결한 곡선($MRTS^X_{LK} = MRTS^Y_{LK}$ 성립)을 생산에 있어서의 계약곡선(contract curve)이라고 하며, 계약곡선상의 모든 점에서는 더 이상 파레토 개선을 기대할 수 없다(사회후생극대화 상태). 따라서 계약곡선상의 모든 점들은 생산에 있어서의 파레토 효율조건을 충족한다.

결론적으로 생산에 있어서의 파레토 효율은 다음의 두 조건을 동시에 실현할 때 이루어지고, 생산에 있어서 계약곡선상의 모든 점은 이를 달성하게 된다. 따라서 생산에 있어서 파레토 효율점은 무수히 많이 존재한다.

1차 조건(필요조건) : $MRTS^X_{LK} = MRTS^X_{LK}$ (단, 노동과 자본에 대한 초과수요는 없는 상태)

2차 조건(충분조건) : 등량곡선이 원점에 대해 볼록할 것

* $MRTS_{LK}$는 한계기술대체율 또는 기술적 한계대체율(marginal rate of technical substitution between L and K)이라고 하며, 이는 등량곡선상 한 점에서의 접선 기울기로 생산량에 변화 없이 L을 1단위 증가시킬 때 희생되어야 하는 K의 양을 의미한다.

▶ 완전경쟁일 때 생산의 효율성조건

$$MRTS^X_{LK} = w/r = MRTS^Y_{LK}$$

완전경쟁 요소시장에서는 $MRTS^X_{LK} = w/r = MRTS^Y_{LK}$가 성립하므로 생산에 있어서의 파레토 효율은 오로지 완전경쟁 요소시장에서만 달성된다. 여기서 w와 r은 각각 임금률과 이자율을 나타낸다. 이때 기업입장에서 보면 요소가격은 요소의 한계가치를 반영하고 있다. 생산자는 요소의 한계생산물가치(value of marginal product : VMP)와 요소가격이 같을 때까지 생산요소를 고용하게 된다. 따라서 $w = p \cdot MP_L = VMP_L$, $r = p \cdot MP_K = VMP_K$이 성립한다. 이상의 조건은 다수의 상품이 존재할 때도 여전히 유효하다.

▶ 생산가능곡선(production possibility curve)

Edgeworth-Bowley 상자 내에서 도출한 생산에 있어서의 계약곡선을 상품(재화)공간에 옮겨 나타내면 생산가능곡선이 된다. 따라서 생산가능곡선상의 모든 점은 생산에 있어서 파레토 효율조건을 충

족한다. 생산가능곡선상의 모든 점은 파레토 효율적 생산점이다. 생산가능곡선은 특정 사회(또는 국가)의 요소부존량과 생산기술이 주어졌을 때 모든 요소가 완전고용 상태에 있고 최상의 기술이 사용된 상황에서 만들어질 수 있는 두 재화 생산량의 배합을 나타낸다.

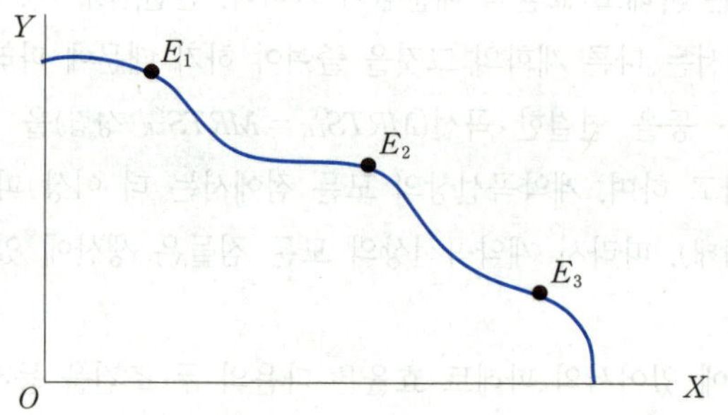

완전경쟁시장일 때 생산가능곡선상 한 점에서의 접선 기울기를 MRT_{XY}(marginal rate of transformation between X and Y, 한계변환율, 한계변형률, 한계전환율)라고 하며, 다음의 관계가 성립한다.

$$MRT_{XY} = \frac{MP_L^Y}{MP_L^X} = \frac{MP_K^Y}{MP_K^X} = \frac{MC_X}{MC_Y} = \frac{P_X}{P_Y} \text{(완전경쟁시장일 때, } P_X = MC_X, P_Y = MC_Y\text{)}$$

(4) 생산과 소비의 종합적 파레토 효율조건

소비측면과 생산측면의 파레토 효율조건이 모두 성립하는 일반균형적 파레토 효율상태는 어떻게 달성되는지 알아보자. 이와 같은 종합적 효율성 조건은 앞의 두 결론을 결합하여 도출된다. [그림 1-4]의 생산가능곡선상 a점에서 생산이 이루어졌다고 하자. 이 점은 생산에 있어서 파레토 효율을 충족하는 생산점에 해당한다.

생산가능곡선상 a점에 대응하는 X_0와 Y_0 생산량이 [그림 1-4]에서처럼 두 소비자에게 E_1, E_2,

그림 1-4 종합적 효율성

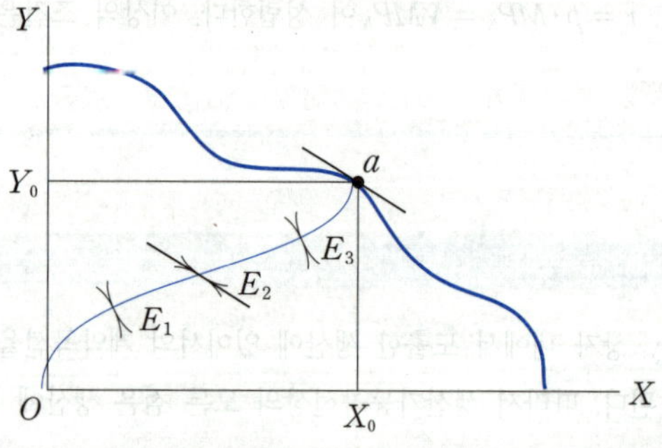

E_3 …… 점을 따라 배분될 때 소비에 있어서의 파레토 효율이 달성된다. 이때 a점에서의 접선 기울기(MRT_{XY})와 E_2점에서의 접선의 기울기(MRS_{XY}, $MRS^A_{XY} = MRS_{XY}$)가 동일하다고 하자. 그러면 E_2점은 생산에 있어서의 파레토 효율을 충족하면서 소비에 있어서의 파레토 효율도 동시에 실현하게 된다. 이 점에서는 생산과 소비에 있어서의 파레토 효율이 동시에 충족되는 종합적 효율성이 이루어진다. 따라서 무차별곡선의 기울기(MRS_{XY})와 생산가능곡선의 기울기(MRT_{XY})가 일치하는 상황에서 종합적 효율성이 달성된다.

생산과 소비의 종합적 파레토 효율을 실현하기 위해서는 다음과 같은 두 조건을 동시에 충족할 수 있어야 한다.

> 1차 조건(필요조건) : $MRS_{XY} = MRT_{XY}$
> 2차 조건(충분조건) : 무차별곡선이 원점에 대해 볼록할 것
> 등량곡선이 원점에 대해 볼록할 것
> 생산가능곡선이 원점에 대해 오목할 것

* MRT_{XY}는 한계변환율 또는 한계전환율(marginal rate of transformation between X and Y)로서 생산가능곡선(생산변환곡선)상의 한 점에서의 접선 기울기이다.

생산에 있어서의 파레토 효율조건이나 소비에 있어서의 파레토 효율조건이 충족된다고 해도 종합적 파레토 효율조건이 달성되는 것은 아니다. 반면 종합적 파레토 효율조건이 충족되면 생산에 있어서의 파레토 효율과 소비에 있어서의 파레토 효율은 동시에 이루어진다.

▶ 완전경쟁일 때 종합적 효율성 조건

$$MRS_{XY} = P_X/P_Y = MRT_{XY}$$

$MRS_{XY} = MRT_{XY}$가 성립할 때, 소비측면과 생산측면이 동시에 만족하는 파레토 효율적 배분이 실현된다. 이는 완전경쟁시장에서만 달성될 수 있다. 이 조건은 소비자와 상품의 수가 다수로 확대되어도 그대로 유효하다.

▶ 효용한계곡선(utility frontier curve)

[그림 1-4]의 a점 이외의 점에서 생산이 이루어지는 경우에도 종합적 효율성을 충족하는 점들이 존재한다. 이러한 점들의 궤적을 효용한계곡선(GG)이라고 한다. 효용한계곡선(총효용가능곡선, 효용변경곡선, 효용가능경계)은 효용가능곡선의 포락선이며, 효용한계곡선상의 한 점은 하나의 효용가능곡선에 해당하는 생산물 구성을 나타내며 생산물의 분배까지 결정한다. 따라서 효용한계곡선상의 모든 점에서는 종합적 효율성이 달성된다.

효용한계곡선상의 어떤 점을 선택할 것인가는 공평(형평)에 대한 가치판단이 개입되어야 해결가능하다. 경제적 효율을 충족하는 효용한계곡선상의 무수한 점들 가운데 그 사회가 바람직하다고 평가(사회적 공평, 형평, 공정)하는 특정 점을 선택할 수 있기 위해서는 그 사회의 가치판단을 대변하는 사회후생함수의 도입이 필요하다. 왜냐하면 사회후생함수의 형태는 그 사회의 가치판단이 반영되어 결정되기 때문이다. 특정 선택이 효율성 측면에서 우월하다면, 이는 공평성 측면에서는 결함을 갖는 경향이 있다. 이와 같은 효율과 공평 사이의 상충(trade-off)의 정도는 효율을 강조함으로써 발생하는 공평의 저해와 역으로 공평을 우선함으로써 수반되는 효율의 상실(효율비용)을 어느 선에서 절충(타협)할 것이냐에 의해 결정된다.

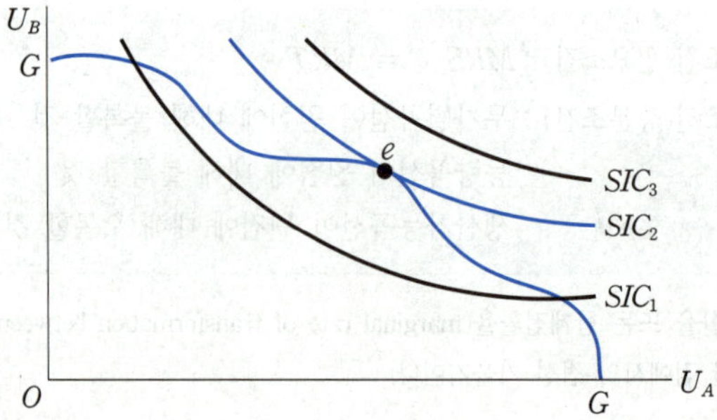

효용한계곡선(효율)과 사회무차별곡선(사회후생무차별곡선, 공평)이 접하는 e점은 효율성과 공평성이 동시에 충족되는 최상의 파레토 최적점(optimum optimorum, 최적 중의 최적)이다. 따라서 e점에서는 한계분배대체율[사회무차별곡선(SIC)의 기울기]과 한계효용대체율(효용한계곡선의 기울기)이 일치한다.

(5) 동태적 파레토 효율조건(소비와 저축의 기간별 선택)

현재소비(C_p)와 미래소비(C_f, 저축) 간에는 어떤 선택을 할 때 효용의 극대화(효율)를 이룰 수 있는가? 그것이 이루어진 상태를 동태적 파레토 효율이라고 한다. 이는 현재소비와 미래소비 간 한계대체율($MRS_{C_pC_f}$)과 한계변환율($MRT_{C_pC_f}$)이 일치할 때 달성된다.

① 한계대체율($MRS_{C_pC_f}$)

현재소비를 한 단위 더 늘릴 때 동일한 수준의 만족(효용수준)을 유지하기 위해 포기해야 하는 미래소비의 양을 말한다. 현재소비와 미래소비 간 한계대체율($MRS_{C_pC_f}$)은 소비의 한계효용 비율로 표시된다.

$$MRS_{C_pC_f} = \frac{MU_{C_p}}{MU_{C_f}}$$

② 한계변환율($MRT_{C_pC_f}$)

현재소득(현재소비) 한 단위를 소비에 사용하지 않고 생산에 투자했을 때 미래에 얻어지는 생산량(미래소비의 양)을 나타낸다. 이때 한계변환율은 현재와 미래 간 한계비용 비율을 의미한다.

$$MRT_{C_pC_f} = \frac{MC_{C_p}}{MC_{C_f}}$$

종합적 효율성(동태적 파레토 효율)은 $MRS_{C_pC_f} = MRT_{C_pC_f}$인 E점에서 달성된다.

동태적 파레토 효율(종합적 효율성)은 완전경쟁자본시장에서만 이루어지며, 이때는 다음의 관계가 성립한다.

$$MRS_{C_pC_f} = \frac{MU_{C_p}}{MU_{C_f}} = 1+r$$

$$MRT_{C_pC_f} = \frac{MC_{C_p}}{MC_{C_f}} = 1+r$$

$$MRS_{C_pC_f} = 1+r = MRT_{C_pC_f}$$

[그림 1-5]에서 $(1+r)$은 미래소비를 위한 상품의 생산을 목적으로 희생되는 현재소비의 가치로서 상품을 생산하는데 필요한 한계비용의 의미를 갖는다. 또한 소비자가 미래소비를 기준으로 현재소비를 평가하는 한계가치에 해당한다. 따라서 r(이자율, 할인율)은 한계가치와 한계비용을 반영하고 있다.

▶ 파레토 효율의 시사점

파레토 효율의 실현 상태는 다음과 같은 점을 시사한다.

첫째, 파레토 효율은 완전경쟁시장에서만 달성 가능하다.

둘째, 파레토 효율의 달성은 사회후생이 극대화되었음을 의미한다.

그림 1-5 동태적 효율성

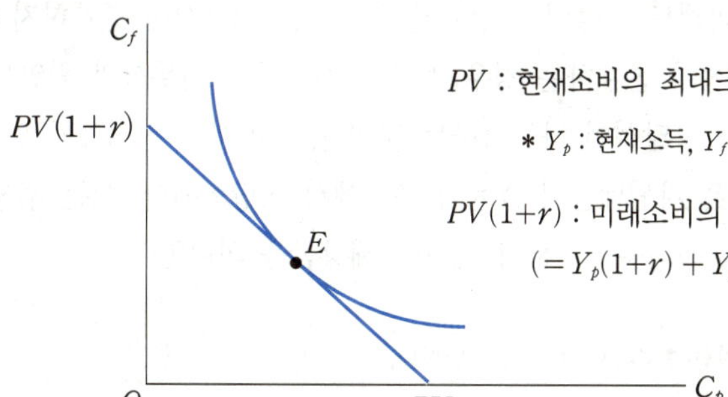

PV : 현재소비의 최대크기$\left(= Y_p + \frac{Y_f}{(1+r)}\right)$

* Y_p : 현재소득, Y_f : 미래소득

$PV(1+r)$: 미래소비의 최대크기 $(= Y_p(1+r) + Y_f)$

셋째, 생산·소비·종합 각 측면에서 파레토 효율을 충족하는 점은 무수히 많이 존재하며, 각 점은 모두 사회후생극대화를 실현한 상태를 의미하므로 이들 중 어느 점이 더 나은지는 판정할 수 없다. 판정을 위해서는 공평(형평)의 고려 등 다른 대안이 모색되어야 한다.

넷째, 효용한계곡선(생산과 소비의 종합적 파레토 효율이 이루어진 상황)상에서 사회적으로 바람직한(이상적인) 한 점을 도출하기 위해서는 공평(사회무차별곡선, 소득분배)의 반영이 필요하다.

다섯째, 효용한계곡선과 사회무차별곡선이 접하는 점은 효율과 공평을 동시에 충족하는 최적 중의 최적(bliss point, 최상의 최적)이라고 한다.

3) 완전경쟁과 후생경제학의 정리

완전경쟁시장에서는 자원배분의 효율성 조건이 자동적으로 달성된다. 한편 효율성과 관련된 후생경제학의 두 가지 기본정리는 시장이 안고 있는 장점과 단점을 드러낸다(K.J. Arrow).

(1) 후생경제학의 제1정리

모든 소비자의 선호체계가 강단조성[18]을 나타내고 외부성이 존재하지 않는다면, 일반경쟁균형을 충족하는 자원배분은 파레토 효율적이다. 완전경쟁일 때 시장(가격기구)은 정부의 개입 없이도 효율적인 자원배분을 이룰 수 있다. 다시 말해 외부성이 없는 완전경쟁시장에서는 가격기구의 신축적 작동에 의해 효율적 자원배분이 실현된다는 것이다. 이와 같은 후생경제학의 제1정리는 스미스(A. Smith)의 '보이지 않는 손(invisible hand, 가격기구)'의 존재를 정당화하는 역할을 한다. 또한 가격기구의 신축성을 이론적 기반으로 삼고 있다.

(2) 후생경제학의 제2정리

(초기 부존자원이 적절히 배분된 상태에서) 모든 소비자의 선호체계가 볼록성[19]을 띠면, 파레토 효율적인 자원배분은 일반경쟁균형이 된다. 이와 같은 후생경제학의 제2정리는 제1정리의 역에 해당한다고 할 수 있다. 이는 어떤 효율적인 자원배분 상태가 존재한다고 할 때, 그것이 일반경쟁균형이 될 수 있게 하는 가격체계가 가능할 수 있는가를 규명하는 근거가 된다.

시장이 완전경쟁이더라도 파레토 효율이 달성되기 위해서는 외부성이 존재하지 않아야 한다. 후생경제학의 제2정리는 외부성이 존재하는 경우 정부가 개입하여 외부성의 원인을 제거한다면 경쟁을 통해 다시 파레토 효율의 달성이 가능하다는 것이다. 따라서 시장실패가 발생한 경우 그 치유를 위한 정부의 시장개입은 자원배분의 효율성 측면에서 정당화된다. 이는 후생경제학의 제2정리가 정부의 시장개입을 정당화하는 이론적 근거에 해당함을 의미한다.

18) 선호체계의 강단조성은 다다익선(多多益善)의 원칙을 말한다.

19) 선호체계의 볼록성은 무차별곡선이 원점에 대해 볼록하다는 것이다.

2. 공평성

특정 사회(경제)가 소득분배 측면에서 적정한 성과를 실현하였을 때 공평(equity, 형평)이 달성되었다고 본다. 더불어 소득분배가 바람직하게 이루어졌을 때 분배적 정의(分配的 正義, 正義로운 分配)가 실현되었다고 한다[20]. 따라서 소득분배 측면에서 특정 사회가 소망스런 결과를 달성했는가에 대한 판단규범이 공평성(형평성)이라고 할 수 있다.

공평이 실현되었다는 것은 사회구성원들이 바람직한 소득분배의 구체적인 모습에 대해 합의를 도출했다는 의미를 내포한다. 그렇기 때문에 공평한 분배의 실현을 위해서는 공평(형평성)을 어떻게 정의할 것인가에 관한 사회구성원들 간의 합의(가치판단의 도입)가 반드시 요구된다. 이런 특성으로 말미암아 공평성은 효율성과 달리 가치판단 규범이다.

적정분배의 달성을 의미하는 공평성의 개념은 다음과 같이 설명할 수 있다. 갑, 을, 병 세 집단으로 구성된 어떤 사회가 100의 생산물을 만들어 적정한 분배를 모색해야 할 상황에 있다고 하자. 이때 갑, 을, 병 세 집단이 어떻게 합의를 도출하느냐에 따라 다음과 같이 다양한 적정분배 방식이 존재할 수 있다.

첫째, 100의 생산물을 만들기 위해 갑, 을, 병, 세 집단이 각각 50, 30, 20의 기여(역할)를 했고, 세 집단이 역할에 따른 분배가 적정하다고 합의를 도출했다. 이럴 경우 갑, 을, 병에게 50, 30, 20씩 분배가 이루어졌다면 공평한 분배가 실현된 것이다. 이와 같이 생산과정의 역할만큼 분배하는 방식을 merits 원칙에 따른 분배라고 하며, 자본주의 경제체제는 기본적으로 이 방식을 이용해 분배를 한다.

둘째, 갑, 을, 병이 필요한 만큼 분배받는 방식에 대해 합의를 이룸으로써 그렇게 분배가 이루어졌다면, 이 또한 공평한 분배를 실현하게 된다. 이러한 필요에 따른 분배를 needs 원칙에 따른 분배라고 한다. 이는 만들어진 생산물의 양이 그 사회구성원들이 요구(필요)하는 양을 충족할 수 있어야 실행이 가능한 분배방식이다. 이 방법은 유토피아(utopia) 또는 공산사회에서나 가능한 분배방식이라고 하겠다.

셋째, 갑, 을, 병 세 집단이 100의 생산물을 동등(균등)하게 분배받는 방식을 적정한 분배로 합의를 이끄는 경우가 있을 수 있다. 이는 평등(equality)을 준수하는 분배방식이라고 할 수 있다.

한편 이상의 방법과 다른 분배 방식에 대해 사회구성원들이 바람직하다고 합의를 도출한다면, 그 방법을 통한 분배 역시 적정한 것이기 때문에 공평성을 실현하게 된다. 따라서 공평성(분배적 정의)이 무엇이냐에 대해서는 사회의 가치판단에 따라 다양한 견해와 주장이 존재할 수 있다. 다음의 네 가지 요건은 공평한 소득분배를 도모함에 있어 근간 항목에 해당한다. 따라서 이

---

20) 소득분배가 적절하게 실현된 상태를 공평 내지 분배적 정의(정의로운 분배)의 달성으로 규정할 때, 공평(형평성) 개념은 경제학적 접근에 해당한다. 분배적 정의는 그 개념의 기반을 철학에 두고 있다.

들 요건이 동시에 충족된 분배가 이루어졌을 경우 공평이 달성되었다고 할 수 있다[21]. 물론 여기에 제시된 공평성(형평성)의 성립을 위한 네 가지 요건도 주관적인 것일 뿐이다.

> 평등성(equality)을 충족하는 분배
> 정당한 권리(rights)를 침해하지 않는 분배
> 공정한(fairness) 규칙을 준수하는 분배
> 각자의 받을 만한 자격(deserts)에 상응하는 분배

현실적으로 위의 네 가지 조건을 동시에 충족하는 분배의 실현은 가능하지 않다. 따라서 네 가지 조건 중 어느 항목을 강조하느냐에 따라 다양한 공평관(公平觀) 내지 분배적 정의관(正義觀)이 성립하게 된다. 다시 말해 사회의 가치판단(가치관, 가치규범)에 따라 이상적인 분배(공평, 형평)에 대하여 다양한 견해가 존재한다는 것이다.

3. 경제상태 변경의 개선여부 판정

어떤 경제가 바람직한 상황인가의 여부는 효율성과 공평성 등 관련 규범에 의하여 평가될 수 있다. 한편 어떤 경제가 한 상태에서 다른 상태로 옮겨갔을 때 과연 이를 개선이라고 할 수 있는가, 아니면 그 반대인가를 평가하는 기준(혹은 규범)의 정립은 매우 중요한 과제가 아닐 수 없다. 이에 대한 판단 기준으로는 파레토 기준, 보상 기준 및 사회후생함수 기준 등이 있다.

이들 기준은 다음과 같은 두 가지 역할을 하게 된다.

첫째, 두 경제 상태(또는 다양한 경제 상태)의 사회후생을 파악(측정)하는 역할을 통해 그것들의 우열비교를 가능케 한다.

둘째, 두 경제 상태의 차이가 특정 공공투자사업 시행에 기인한 결과라고 하면 그 공공투자사업의 채택여부를 결정하는 기준이 된다. 예를 들어 한국 사회가 새로운 복지시스템 도입 전(A상태)과 후(B상태)의 두 상태에 직면할 경우 파레토 기준, 보상 기준, 사회후생함수 기준은 사회후생을 측정하여 A와 B 두 상태의 우열을 비교하는 기준의 역할을 하게 된다. 또한 A상태를 B상태로 변경하고자 할 때, 그 매개가 되는 복지시스템 도입이 타당한지를 판정하는 규범이 된다.

1) 파레토 기준

변경된 상태가 원래의 상태에 비해 파레토 우위인 경우만을 개선으로 간주하여 상태 변경을 허용하는 규범(기준)을 말한다. 상태 변경으로 모든 사회구성원의 후생이 증가하는 상황이 초래

21) 자세한 내용은 이준구, 『재정학』, 다산출판사, 1997, pp.81~84와 본서의 '제10장 제2절 최적분배이론'을 참조하기 바란다.

되거나, 사회구성원들 가운데 후생감소자는 없으면서 일부의 후생증가가 있는 경우에만 상태 변경을 허용하는 기준이다. 이때 변경된 상태를 파레토 개선(우위)이라고 한다. 이와 같이 파레토 기준은 파레토 개선(우위)을 이룩할 수 있으면 상태 변경을 허용하기 때문에 사회구성원들이 상태 변경으로 서로 다른 효용 수준(공평성 측면)에 직면하게 될 수 있는 문제를 고려하지 못하는 한계가 있다[22].

파레토 기준은 주관적인 후생(효용)을 이용하여 상태들 간의 우열을 비교하기 때문에 그것이 가능하기 위해서는 각 사회구성원의 효용이 측정되고 비교될 수 있어야 한다. 한편 상태 변경으로 사회구성원 모두의 후생증가가 초래되거나, 사회구성원들 중 후생감소자는 없으면서 일부의 후생증가가 있는 경우에 한하여 상태 변경을 허용하므로 파레토 기준은 범주적으로 최선의 이론(first-best theory)의 특성을 갖는다. 이런 결과에 대해서는 사회구성원들이 반대하지 않을 것을 예상할 수 있으므로 상태 변경에 대해 모든 사회구성원이 동의하는 만장일치가 성립할 것이다.

그러나 현실적으로 변경된 상태가 파레토 기준을 만족하는 경우는 극히 예외적이기 때문에 이 기준은 보편적인 지지를 얻기가 어렵고, 경제 내에서 발생할 수 있는 모든 유형의 변화를 설명할 수 없는 한계를 드러낸다. 왜냐하면 현실 경제에서 어느 한 사람의 후생증가는 다른 사람의 후생감소를 초래하는 경우가 허다하기 때문이다.

2) 보상 기준

경제 상태를 변경했을 때 사회구성원들 중에는 이득을 보는 자도 있고 손해를 보는 자도 있는 것이 일반적이다. 그런데 상태 변경으로 이득을 본(이득을 볼) 사회구성원들의 화폐적 이득이 손해를 본(손해를 볼) 사회구성원들의 화폐적 손실보다 커서 이를 보상하고도 남는 경우가 발생할 수 있다. 이때 파레토 기준을 적용하면 상태 변경은 허용되지 않는다. 그러나 이 경우 변경된 상태를 잠재적 파레토 개선(potential pareto improvement)으로 간주하여 상태 변경을 허용하는 기준을 보상 기준(compensation principle, 보상 원칙)이라고 한다. 다시 말해 보상 기준은 후생(효용)의 변화를 화폐액으로 환산하여 상태 변경에 따른 후생의 증감이 정(正, +)의 화폐액으로 나타나면 바람직한 변화로 간주한다.

보상 기준을 충족하는 새로운 상황은 이득을 본 자와 손해를 본 자를 동시에 발생시키므로 상태 변경에 대해 모든 사회구성원의 찬성을 유도할 수 없다. 따라서 보상 기준은 차선의 이론(second-best theory) 범주에 속하지만, 파레토 기준보다 보편적이고 현실적이라고 할 수 있다.

22) 갑, 을 두 명을 구성원으로 하는 특정 사회가 상태 변경을 겪었다. 그 결과 갑의 효용 수준은 100에서 150(50%)으로 증가하였고, 을의 효용 수준은 200에서 220(10%)으로 증가하였다면 서로 다른 영향을 받은 것이다. 이 경우 상태 변경은 갑, 을의 효용 수준에 상이한 영향을 미쳤음에도 불구하고 사회구성원 모두의 효용 수준을 향상시켰기 때문에 파레토 기준을 충족하게 된다. 이와 같이 파레토 기준은 상태 변경이 개개의 사회구성원에게 미치는 구체적인 영향에 해당하는 분배적 측면(공평성)은 고려하지 않는 효율성만 반영한 판단 기준이다.

또한 주관적이고 추상적인 후생(효용)을 이용하여 경제 상태 간의 우열을 평가(판정)하는 파레토 기준과 달리, 보상 기준은 객관적이고 구체적인 화폐액을 이용하여 경제 상태 간의 우열을 비교하는 특징을 갖는다.

이와 같은 보상 기준으로는 칼도(N. Kaldor) 기준, 힉스(J.R. Hicks) 기준, 시톱스키(T. Scitovsky) 기준 등 여러 방식이 존재한다.

(1) 칼도(Kaldor) 기준

상태 변경으로 이득을 본(이득을 볼) 사회구성원의 화폐적 이득이 손해를 본(손해를 볼) 사회구성원의 화폐적 손실을 보상해 주고도 남음이 있다면, 변경된 상태를 잠재적 파레토 개선(우위)으로 간주하여 상태변경을 허용하는 기준이다.

(2) 힉스(Hicks) 기준

상태 변경으로 화폐적 손실을 보게 될 사회구성원이 화폐적 이득을 볼 사회구성원을 상태 변경에 반대하도록 매수하는데 실패했을 경우, 변경된 상태를 잠재적 파레토 개선(우위)으로 간주하여 상태 변경을 허용하는 기준이다.

칼도 기준과 힉스 기준은 동일한 상황에 대해 다른 측면에서 정의하고 있기 때문에 이를 칼도-힉스 기준이라고도 한다.

(3) 시톱스키(Scitovsky) 기준

어떤 상태 변경에 대해 칼도 기준을 적용하여 그것이 개선임이 판명되고, 동시에 그 역으로의 상태 변경이 칼도 기준에 의해 개선이 아니라는 것이 확인되었을 경우, 그 변경을 잠재적 파레토 개선으로 간주하는 기준이다.

다시 말해 칼도 기준을 이중(二重)으로 적용(어떤 변화와 그 역으로의 변화에 칼도 기준을 모두 적용)하여, 그러한 이중의 판정과정을 모두 통과할 수 있는 변화를 잠재적 파레토 개선으로 인정하여 상태 변경을 허용하는 기준을 말한다. 따라서 시톱스키 기준을 이중 기준(검정)이라고도 부른다. 또한 시톱스키 기준은 칼도 기준과 힉스 기준이 동시에 성립되는 경우에만 보상 기준이 충족되는 것으로 간주한다.

(4) 보상 기준에 대한 비판

파레토 기준의 한계를 개선하고자 등장한 칼도(N. Kaldor), 힉스(J.R. Hicks), 시톱스키(T. Scitovsky) 등의 보상 기준 역시 다음과 같은 한계를 나타낸다.

첫째, 보상 기준(보상 원칙)은 객관적으로 비교 가능한 화폐단위에 의해 개선의 여부를 평가한다고 표방하고 있지만, 실제로는 감추어진 방법으로 개인 간 효용을 비교하고 있다. 보상 기준은 사회구성원들이 1원에 대해 똑같은 사회적 의미(1원에서의 효용)를 부여한다는 암묵적인 가정을 전제로 하여 한 사람에게 생긴 이득과 다른 사람에게 생긴 손실을 비교하는 방식을 따른다. 왜냐하면 상태 변경으로 발생하는 화폐적 이득이 화폐적 손실보다 더 큰 상황을 개선으로 판정할 수 있기 위해서는 사회구성원들이 1원에 대해 동일한 효용을 얻는다는 전제를 필요로 하기 때문이다.

둘째, 보상 기준은 실제로 보상이 이루어지는 것까지 요구하지는 않고 가상적으로 이득 볼 자가 손해 볼 자에게 보상을 해도 남는 것이 있을 경우(잠재적으로 사회후생증대가 가능한 상황) 상태 변경을 허용한다. 다시 말해 보상 기준은 상태 변경으로 손해를 볼(손해를 본) 자의 손해에 대해 실제로 보상이 이루어지느냐와 관계없이 상태 변경 여부를 판정하는 방식이다. 그런데 손해를 볼 사회구성원 입장에서 보면 보상여부는 매우 중요한 의미를 갖는다. 따라서 보상 기준은 상태 변경의 당위성(적합성) 판정을 변경된 상태에서 전체적으로 얻는 이득에 초점을 둘 뿐이며, 그 이득이 사회구성원들에게 어떻게 분배되는지와 관련한 공평성은 고려하지 못하는 한계를 내포하고 있다[23]. 예컨대 보상 기준에 의하면 상태 변경에 따른 이득이 한 개인에게만 귀속되어도 변경 전보다 변경 후의 전체이득이 더 클 수 있다면 상태 변경을 허용할 수 있게 된다.

한편 보몰(W. Baumol)과 버그슨(A. Bergson)은 감추어진 방법으로 온당치 못한 근거를 가지고 개인 간의 효용비교가 가능하다는 전제를 통해 경제 상태 간의 우열비교를 시도하는 보상 기준에 반대하는 입장을 밝혔다. 그들은 명백한 가치판단을 전제로 하는 경제 상태 간의 우열비교를 주장하였는데, 구체적으로 기수적 사회후생함수인 버그슨–사뮤엘슨(Bergson-Samuelson)형 사회후생함수 기준을 이용한 경제 상태 간의 우열비교를 제안하였다.

3) 사회후생함수 기준

파레토 기준과 보상 기준은 모두 효율성만 고려하여 경제 상태를 비교한다는 한계를 드러내고 있다. 두 기준은 공평성을 배제한 채 상태 변경의 결과에 근거하여 전체적으로 사회후생(효용)의 증가를 초래한다면 상태 변경을 허용하는 효율성에 초점을 둔 판단 기준이다. 따라서 공평성을 포함한 경제 상태 변경의 적정성 여부를 보다 합리적으로 판단하는 기준의 마련이 요구된다.

사회후생함수 기준은 효율성과 공평성을 동시에 고려하여 경제 상태 변경이 바람직한가의 여부를 판단하는 특성을 갖는다. 이하에서는 먼저 사회후생함수의 존재가능성에 대해 알아보고자

23) 보상 기준은 상태 변경으로 이득을 볼 자와 손해를 볼 자가 있는 상황에서 이득 볼 자의 이득이 손해 볼 자의 손해를 능가하면 상태 변경을 허용할 뿐이며, 사회구성원들 가운데 누가 이득 볼 자인가? 손해 볼 자와 관련한 분배적 측면(공평성 측면)은 고려하지 않는다. 다시 말해 보상 기준은 상태 변경의 결과 전체적으로 이득이 발생한다면 상태 변경을 허용하도록 하기 때문에 공평성을 배제한 효율성에 국한된 판단 기준이다.

한다. 그리고 사회후생함수의 제 유형을 살펴보고 사회후생함수를 효용공간으로 옮겨 표현한 사회무차별곡선의 여러 가지 형태에 대해 살펴보는 한편, 그 역할에 대해 설명하도록 하겠다.

(1) 사회후생함수의 존재여부

사회후생함수는 개인들의 다양한 선호를 반영한 사회적 선호를 토대로 하여 도출되며, 그 사회의 후생 수준(정도)을 알려주는 역할을 한다. 사회후생함수는 다음과 같은 형태를 갖는다.

$$SWF = F(U_1, U_2, \cdots, U_N)$$

사회후생함수는 개인들의 선호를 반영하여 도출한 사회적 선호가 집단적 합리성(완전성, 이행성), 파레토 원칙(원리), 비독재성, 제3의 선택으로부터의 독립성(무관한 선택대상으로부터의 독립성), 선호의 비제약성 등의 다섯 가지 요건을 동시에 충족할 때 존재한다. 그런데 이런 상황이 불가능하다는 증명이 애로우(K.J. Arrow)의 불가능성 정리이다. 따라서 이론적으로 보면 완벽한 사회후생함수는 존재할 수 없다. 한편 현실적으로도 사회후생함수는 존재할 수 없다는 근거(사례)가 '제3장 제3절 공공선택이론'에 언급되어 있는 투표의 역리(역설)이다.

이론 전개와 여러 분석 등을 목적으로 사회후생함수 성립을 위한 이와 같은 다섯 가지 요건 가운데 일부를 완화한 여러 유형의 사회후생함수가 활용되고 있다.

(2) 사회후생함수

애로우의 불가능성 정리 등을 통해 증명되어 있듯이 사회구성원들의 선호를 완벽하게 반영할 수 있는 사회후생함수(Arrow의 최선의 사회후생함수)는 존재하지 않는다. 위 다섯 가지 조건을 완화한 차선의 사회후생함수가 존재할 뿐이다. 다시 말해 사회구성원들이 어떻게 합의(가치판단의 형성)를 하느냐에 따라 다양한 차선의 사회후생함수가 만들어지게 된다.

① 버그슨-사뮤엘슨(Bergson-Samuelson)의 사회후생함수

버그슨-사뮤엘슨의 사회후생함수는 가장 보편적인 사회후생함수이며, 이는 $SWF = F(U_1, U_2, \cdots, U_N)$의 형태를 나타낸다.

버그슨-사뮤엘슨(Bergson-Samuelson)의 사회후생함수를 따르면 사회후생은 개인 후생에 의해 좌우되므로 이는 개인주의적 사회후생함수라고 할 수 있다. 이 유형은 후생분배에 대한 모든 개인의 가치 기준이 동일하게 선험적으로 주어져 있다고 가정하기 때문에 사회후생함수 성립을 위한 요건 가운데 선호의 비제약성을 위배하게 된다.

② 공리주의 사회후생함수(고전적 효용학파, classical utilitarian *SWF*)

공리주의 사회후생함수는 최대다수의 최대행복을 이상(理想)으로 설정하며, $SWF = U_1 + U_2 + \cdots + U_N = \sum_{i=1}^{N} U_i$의 형태를 갖는다.

공리주의 사회후생함수는 개인 간의 후생이나 효용비교가 가능하다고 전제하므로 독립성 조건에 위배되고, 모든 사회구성원의 선호 출발점 혹은 0(zero, 원점)에 대한 평가가 동일하다고 가정하기 때문에 분배에 대한 동일한 가치체계를 전제로 한다는 단점을 내포하고 있다.

③ 일반적 공리주의 사회후생함수(일반적 효용학파, generalized utilitarian *SWF*)

일반적 공리주의 사회후생함수는 $SWF = 1/\alpha \cdot \sum_{i=1}^{N} U_i^{\alpha}$의 형태로 표시된다.

이 유형은 사회구성원들이 갖는 선호의 원점이 같다는 공리주의 사회후생함수(고전적 효용학파)의 가정을 수용하지 않는다(A. Atkinson). 각 사회구성원에 대하여 상이한 분배 가중치(α)를 부여한다. 가중치를 어떻게 설정하느냐에 따라 사회후생함수의 형태가 달라진다. $\alpha = 1$이면 공리주의 사회후생함수이고, $\alpha = -\infty$이면 롤즈(J. Rawls)의 사회후생함수이며, $\alpha = +\infty$이면 최상층 우대(maximax) 사회후생함수가 된다. 따라서 분배에 대한 가중치가 $-\infty < \alpha < +\infty$일 때 그 구체적인 크기에 따라 다양한 형태의 사회후생함수가 만들어진다.

④ 롤즈의 사회후생함수

롤즈(J. Rawls)의 사회후생함수는 $SWF = \min(U_1, U_2 \cdots, U_N)$의 형태를 띤다. 롤즈는 후생분배를 무시하는 공리주의 사회후생함수를 비판하고, 사회계약 측면에서 개인의 순수한 도덕적 가치관(최빈자 우대)을 중시하여 규범적 규율을 반영한 최빈자 우대(maximin)의 사회후생함수를 제시하였다. 따라서 이 유형은 비독재성 조건을 위배하는 단점을 갖는다.

⑤ 평등주의 사회후생함수

평등주의 사회후생함수는 $SWF = F(a, E)$의 형태이다. 여기서 a는 일반적 공리주의 사회후생함수의 분배적 가중치이고, E는 소득이나 효용의 평등한 분배 상태이며, F는 a와 E의 상충(trade-off) 관계를 나타낸다. 평등주의 사회후생함수를 따를 때 사회후생을 결정함에 있어 개인의 선호에만 기초를 두지 않고 평등 그 자체를 사회적으로 바람직한 요인으로 간주한다. 따라서 평등주의 사회후생함수는 롤즈 분배원리의 연장이며, 극단적인 롤즈의 사회후생함수를 보완하는 특성을 갖는다. 예컨대 고소득자 H와 저소득자 L의 2인 경제의 경우, 평등주의 사회후생함수는 $SWF = \alpha U_H + \beta U_L$(단, $\alpha<\beta$, $\alpha+\beta=1$)과 같이 나타낼 수 있다.

⑥ 기타 사회후생함수

최상층 우대 사회후생함수(maximax or elites SWF)는 $SWF = \max(U_1, U_2 \cdots, U_N)$의 형태를 띤다. 따라서 최상층(엘리트계층) 우대 사회후생함수를 따르면 사회후생은 가장 높은 효용 수준 획득자의 그것과 일치한다.

내쉬(J. Nash) 사회후생함수에서 사회후생은 각 사회구성원 효용의 곱으로 이루어지므로 $SWF = U_1 \cdot U_2 \cdots\cdots U_N = \Pi U_i$의 형태이다. 따라서 내쉬 사회후생함수를 따르면, 사회구성원 가운데 어느 한 사람의 효용 수준이 0(zero)이면 전체 사회후생도 0(zero)이 된다.

(3) 사회무차별곡선

사회구성원이 A, B 두 사람만 있고, 그들의 효용 수준이 주어졌을 때, 사회후생함수(Social welfare function : *SWF*)는 다음과 같이 정의할 수 있다.

$$SWF = F(U_A, U_B)$$

$*\ U_A$: A의 효용, U_B : B의 효용

이러한 사회후생함수는 한 사회의 소득분배 상황의 실태를 보여주는 공평성을 반영하므로 사회구성원들의 가치관에 따라 다양한 형태로 존재한다. 사회후생함수를 효용공간으로 옮겨 표현하면 사회무차별곡선[24]이 된다. 사회무차별곡선은 사회후생함수로부터 도출되며, 이는 동일한 수준의 사회후생(*SW*)을 나타내는 U_A와 U_B의 조합들을 연결시킨 궤적이다.

사회무차별곡선의 형태는 사회후생함수에 대한 가치판단에 따라 달라지며, 그 가치판단은 크게 공리주의, 평등주의, 롤즈적 가치관(극단적인 평등주의) 등으로 나눌 수 있다.

① 공리주의적 사회무차별곡선

공리주의 입장에서는 개인들의 효용을 단순히 합계하여 도출한 사회후생이 가장 크게 되는 상황을 이상적인 분배 상태로 간주한다(효율성만 고려). 따라서 사회후생이 개별 사회구성원에게 어떻게 분배되는가는 고려하지 않는 형태의 사회후생함수를 설정하고 있다. 공리주의적 가치판단에 기초를 두고 있는 사회후생함수(사회무차별곡선)를 따를 때 사회후생은 단순히 $SW = U_A + U_B$와 같은 형태로 표시된다.

공리주의적 가치판단을 따르면, 각 사회구성원의 효용이 얼마인가에는 관심을 두지 않고, 사회 전체의 후생이 극대화되는 분배를 이상적인 것으로 간주한다.

그림 1-6 공리주의적 사회무차별곡선

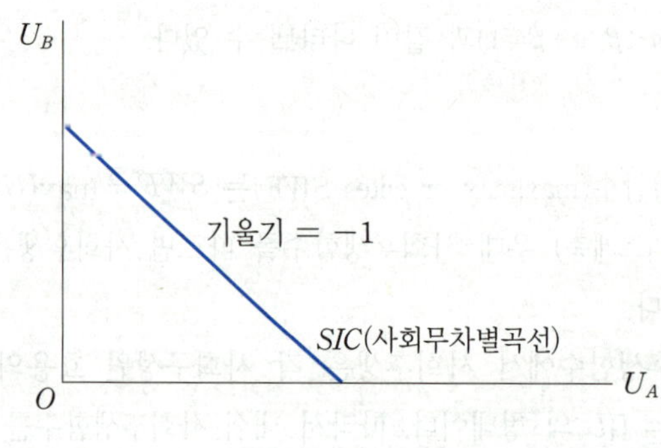

24) 사회무차별곡선의 형태는 사회후생함수가 내포하고 있는 가치판단을 반영하여 결정된다.

② 평등주의적 사회무차별곡선

평등주의 입장에서는 개인들의 효용을 단순하게 합계하는 것이 아니라, 저소득층의 효용수준에 더 큰 가중치를 부여하고 고소득층의 효용 수준에 작은 가중치를 부여하여 이를 합계하여 사회후생을 도출한다.

평등주의적 가치판단을 반영한 사회후생함수(사회무차별곡선)에서는 사회후생이 $SW = \alpha \cdot U_A + \beta \cdot U_B$와 같이 표시된다($\alpha + \beta = 1$). 따라서 평등주의적 가치판단은 고소득층보다 저소득층을 중시하는 분배를 특징으로 한다.

③ 롤즈적 사회무차별곡선

롤즈 입장에서는 경제적으로 가장 열위한 처지에 있는 계층의 후생수준을 극대화하는 분배를 이상적인 것으로 간주한다. 그런 까닭에 롤즈적 가치판단을 기초로 하는 사회후생함수(사회무차별곡선)를 따를 때 사회후생은 $SW = \min[U_A, U_B]$과 같이 표시된다. 따라서 롤즈적 가치판단을 반영한 사회후생함수는 극단적인 평등주의 사회후생함수에 해당한다.

그림 1-7 평등주의적 사회무차별곡선

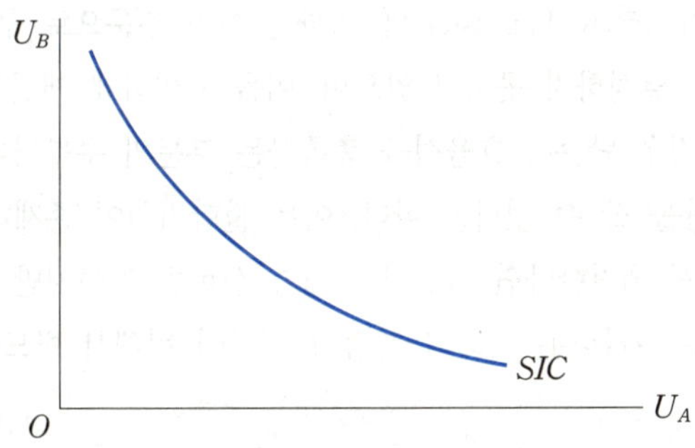

그림 1-8 롤즈적 사회무차별곡선

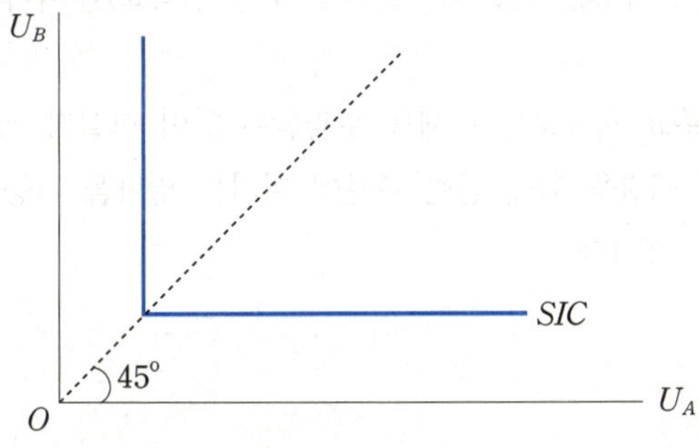

(4) 사회후생함수 기준에 의한 경제 상태 평가

경제 상태 평가 기준으로서 사회후생함수 기준은 다음의 두 가지 역할을 한다.

첫째, 사회구성원들이 합의를 통해 선택한 특정 형태의 사회후생함수를 이용하여 그 사회가 직면할 수 있는 다양한 경제 상태들의 사회후생을 측정하여 최고 수준의 사회후생을 실현할 수 있는 경제 상태를 가장 바람직한 목표로 판정하는 역할을 한다.

둘째, 한 사회가 A상태(대규모 다목적 댐 건설 전)에서 B상태(대규모 다목적 댐 건설 후)로 상태를 변경했을 때 그 선택의 적정성을 판단하는 기준이 된다. 그 사회가 선택한 사회후생함수를 이용하여 A상태의 사회후생과 B상태의 사회후생을 측정하고, 그 결과를 비교하여 B상태의 사회후생이 더 높다면 대규모 다목적 댐 건설행위가 채택될 수 있도록 허용(판정)하는 규범의 역할을 한다.

4. 차선의 이론

사회후생함수가 존재하지 않는다는 사실은 우리가 경제적 선택(경제활동)을 실행함에 있어 사회구성원 모두가 동의하고 만족하는 집단(전체) 차원의 결정을 도출할 수 없음을 시사한다. 따라서 우리는 현실적으로 불가능한 최선을 고집하는 대신 차선의 선택을 모색하게 된다.

립시(R. Lipsey)와 랭카스터(K. Lancaster)에 의하면 여러 부문으로 구성된 경제 내에서 두 부문 이상이 효율성 조건을 달성하지 못하고 있으며, 이를 완벽하게 개선하여 모든 부문이 효율성 조건을 충족할 수 없는 경우 단순히 효율성을 충족하는 부문의 수를 늘린다고 해서 사회후생이 보다 더 증진된다는 보장을 할 수 없다고 한다. 이는 불합리성이 존재하는 상황에서 모든 불합리성을 한꺼번에 완벽하게 제거한다면 최선의 상태가 실현될 것이지만 그 중 일부의 제거만 가능한 경우라면 그 결과로 나타나는 사회의 상황이 예전에 비해서 반드시 더 나아진다고 할 수 없다는 것이다.

결국 불합리성이 존재하는 상황에서 모든 불합리성을 한꺼번에 제거할 수 없는 경우 그 중 가장 나은 상태를 모색하게 된다. 이런 접근은 범주적으로 차선의 이론(차선의 정리)에 해당한다. 공공부문의 각종 의사결정 과정은 현실적으로 차선의 결과(목표)를 추구하는 것이 일반적이라고 할 수 있다.

차선의 이론에 대한 주요 사례로는 조세를 부과함에 있어 현실적 제약을 반영하여 적정과세를 모색하거나 환경문제 해결을 위해 관련 부문에 미치는 영향을 가능한 줄일 수 있는 대안을 찾는 등의 접근이 해당할 것이다.

01 재정은 공공부문 또는 정부에 의한 경제활동을 말하며, 재정학은 사뮤엘슨이 공공재 이론을 정립하면서 미시경제학과 구분되는 독립적인 영역을 구축하게 되었다. 최근에는 공공분야의 모든 경제활동을 연구대상으로 하기 때문에 재정학(Public Finance)은 공공부문의 경제학(Economics of the Public Sector) 또는 공공경제학(Public Economics)이라고 불린다.

02 어느 사회의 경제 상태가 적정한지 여부는 자원배분의 효율성, 소득분배의 공평성, 경제(경제성장)의 안정성을 대상으로 하여 평가하게 되며, 재정은 이와 같은 세 가지 분야를 보완하는 역할(재정의 3대 기능)을 한다.

03 효율성의 평가는 통상 파레토 효율을 따른다. 파레토 효율이 실현되었다는 것은 파레토 개선이 가능하지 않은 상태를 말한다. 이는 사회후생이 극대화되었기 때문에 어떤 경제 주체의 손실 없이는 사회 전체적으로 후생이 증가될 수 없는 상황을 가리킨다.

04 자원배분의 효율성 조건이 자동적으로 달성되는 완전경쟁균형과 파레토 효율성 간의 관계는 이론적으로 후생경제학 제1정리와 후생경제학 제2정리에 의해 설명된다.

05 후생경제학 제1정리는 '모든 소비자의 선호체계가 강단조성을 띠고 외부성이 존재하지 않는다면, 일반경쟁균형을 충족하는 배분은 파레토 효율적이다'로 요약된다.

06 후생경제학 제2정리는 '모든 소비자의 선호체계가 볼록성을 나타내는 경우, 파레토 효율적인 배분은 일반경쟁균형이다'를 시사한다.

07 소득분배의 공평성 실현 여부를 판정함에 있어 ① 평등성을 충족하는 분배, ② 정당한 권리를 침해하지 않는 분배, ③ 공정한 규칙을 준수하는 분배, ④ 받을만한 자격에 상응하는 분배를 주요 점검 항목으로 설정할 수 있다. 이를 따를 경우, 이 네 가지 항목이 동시에 충족하면 공평한 소득분배가 이루어진 것으로 간주한다.

08 경제 상태의 개선 여부를 판단하는 규범(기준)인 파레토 기준은 현실 적용성이 낮다. 이를 보완하는 보상 기준은 이득을 본 경제 주체가 손실을 본 경제주체의 화폐적 손실을 보상하고도 이득이 남는 경우를 경제 상태의 개선으로 판정한다.

09 파레토 기준과 보상 기준은 효율성에 초점을 맞추어 경제 상태를 비교하지만 사회후생함수 기준은 효율성과 공평성을 함께 고려하는 특징이 있다. 사회후생함수는 사회무차별곡선의 형태에 따라 공리주의적, 평등주의적, 롤즈적 등으로 구분된다.

제2장
시장실패

▶ 시장실패에 관한 개관

시장[1)]을 매개로 하여 이루어지는 다양한 경제활동은 생산과 소비활동을 두 축으로 한다. 이를 좀 더 구체화하면 자원배분행위, 소득분배행위, 경제안정화(경제성장과 변동)행위로 나눌 수 있다. 이와 같은 시장에서의 경제활동이 바람직하게 이루어지지 못했을 때 시장실패가 초래되었다고 한다. 따라서 시장실패의 여러 원인은 다음과 같은 세 가지 유형[2)]의 범주 가운데 하나에 해당한다고 할 수 있다.

1) 시장에서 효율적인 자원배분이 이루어지지 못한 경우

① 시장구조에 기인하는 경우

불완전경쟁, 비용감소산업, 위험과 불확실성, 불완전한 정보 등

② 거래대상물의 특성에 기인하는 경우

외부성, 공공성(공공재)의 존재 등

2) 시장에서 공평(형평)한 소득분배가 실현되지 못한 경우

시장에서 소득분배 후 부익부 빈익빈(부의 편재) 현상 초래 등

3) 시장을 통해 경제안정을 달성하는데 실패한 경우

인플레이션, 실업, 국제수지의 불균형(적자 및 흑자) 등

시장실패(market failure, 시장결함, 시장장애)는 시장(가격기구)을 매개로 이루어지는 경제활동이 바람직한 결과(성과)를 달성하지 못한 경우를 말한다. 이는 가격기구의 원활한 작동에 장애가 발생함으로써 실제 경제활동이 적정한 모습과 괴리가 빚어진 상황이다. 이와 같은 시장실패의 치유를 위해서는 민간부문(시장경제)의 한계를 보완할 수 있도록 정부의 역할이 요청된다. 정부에 의한 적절한 시장개입은 시장실패의 원인을 제거함으로써 바람직한 경제상황을 만들 수 있다. 시장실패의 교정을 위해 정부의 시장개입은 필요하며 정당하다는 이론적인 근거를 후생경제학의 제2최적정리라고 한다.

---

1) 시장은 크게 겉테두리에 해당하는 구조(틀)와 거래대상물로 구성된다. 덧붙여 말하면 모든 시장은 틀로서의 시장구조와 거래대상물이 어우러져 구성된 조직체라고 할 수 있다. 이때 시장을 통한 효율적 자원배분은 시장구조가 완전경쟁적이어야 하고, 거래대상물은 외부성을 띠지 말아야 실현된다. 따라서 시장을 구성하는 두 요소인 시장구조나 거래대상물이 이와 같은 조건에 위배되면 파레토 효율적 자원배분은 이루어질 수 없게 된다.

2) 학자에 따라서는 1)을 미시적 시장실패요인이라 하고, 2)와 3)을 거시적 시장실패요인이라 하기도 한다.

제1절
불완전경쟁

파레토 효율적인 자원배분은 완전경쟁시장[3]에서 실현된다. 좀 더 엄밀하게는 외부성이 없는 완전경쟁시장에서 파레토 효율적 자원배분이 이루어진다. 따라서 시장이 완전경쟁 조건을 충족하지 못하는 독점, 과점 등 불완전경쟁 상황일 때는 자원배분의 결과가 사회후생의 극대화를 달성하지 못하는 시장실패를 초래하게 된다. 불완전경쟁시장일 때 가격(가격기구)은 그 경제 내의 각종 정보를 효율적으로 전달하는데 장애를 드러내고, 이에 따라 효율적 자원배분 기능을 발휘하지 못한다. 이런 까닭에 불완전경쟁은 시장실패의 주요한 원인이다.

1. 불완전경쟁이 시장실패를 초래하는 이유

불완전경쟁은 완전경쟁이 아닌 시장 상황을 말하며, 독점, 과점, 독점적 경쟁이 그에 해당한다. 이하에서는 독점을 중심으로 불완전경쟁이 왜 시장실패를 초래하는지 알아보도록 하겠다.

1) 이윤극대화를 추구하는 독점기업의 시장균형

독점기업이 시장에서 이윤극대화를 목표로 활동한다면 한계수입과 한계비용($MR = MC$)이 일치하는 산출량에서 시장균형을 이루게 된다. [그림 2-1]의 c점에서 독점기업의 이윤극대화 균형이 형성된다.

독점기업은 시장에서 독점적 지위를 활용(가격설정자, price maker)할 수 있기 때문에 각 가격별로 상품공급량을 결정하는 것이 아니라 주어진 수요곡선 아래서 자기에게 가장 유리한 하나의 상품공급량(단일의 공급량)만 선택하게 된다. 따라서 독점기업의 공급곡선은 존재하지 않으며,

3) 다음의 네 가지 요건이 동시에 충족되어야 시장구조는 완전경쟁적이 된다.
첫째, 무수히 많은 수요자와 공급자가 시장에 참여한다(수요자와 공급자는 가격수용자의 입장).
둘째, 동질적인 상품이 거래된다(동질적인 상품).
셋째, 시장에 관한 정보가 완전하다(완전한 정보).
넷째, 시장에로의 진입과 탈퇴가 자유롭다(시장 진입·탈퇴의 자유, 생산요소의 자유로운 이동성).

결정된 하나의 공급량에 대응하는 가격만 성립(단일의 공급점)할 뿐이다.

한편 한 경제의 전체 산업이 X산업과 나머지 모든 산업들을 의미하는 Y산업으로 구성되어 있으며, X산업은 독점이고 Y산업은 완전경쟁이라면 [그림 2-2]의 E'점에서 균형이 이루어진다.

[그림 2-2]에 제시되어 있듯이 X산업과 Y산업이 모두 완전경쟁이면 생산가능곡선과 사회무차별곡선(SIC)이 접하는 E점에서 균형이 이루어진다($MRS_{XY} = MRT_{XY}$). 반면 X산업이 독점이고, Y산업이 완전경쟁이라면 X산업에는 자원이 과소하게 배분되지만 Y산업에는 자원이 과잉배분되므로 E'점에서 균형이 성립한다.

이때는 $MRS_{XY} = \frac{P_X}{P_Y} > MRT_{XY} = \frac{MC_X}{MC_Y}$이기 때문에 완전경쟁과 비교하여 Y산업이 독점이면 X재 생산·소비는 감소하고 Y재 산업의 생산·소비는 증가한다[4].

독점은 다음과 같은 결과를 초래하며, 이는 본서 '제1장 제3절 경제상태의 평가기준'에서 설명한 파레토 효율조건과는 상이하다.

> 부분균형접근에서 독점기업의 이윤극대화 균형 : $P > MR = MC$
> 일반균형접근에서 독점이 존재할 때의 균형 : $MRS_{XY} \neq MRT_{XY}$

그림 2-1 독점기업의 시장균형

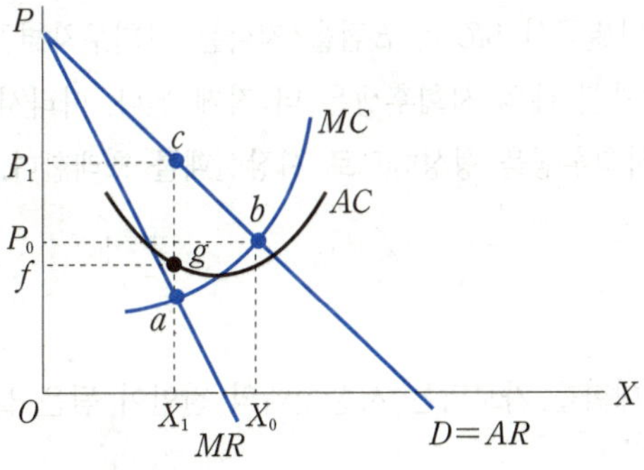

그림 2-2 독점과 완전경쟁의 일반균형 비교

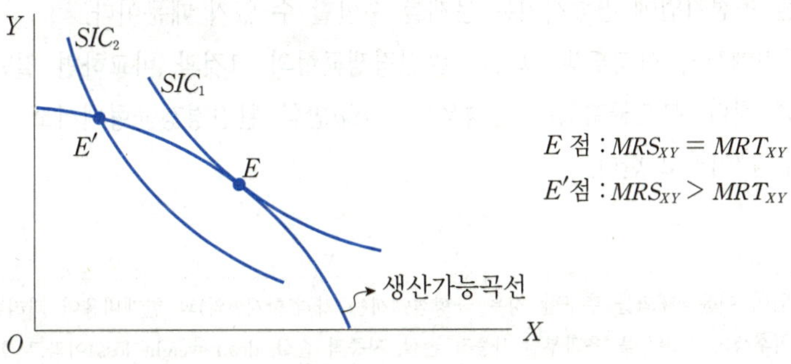

4) 독점인 X산업은 $P_X > MC_X$이고, 완전경쟁인 Y산업은 $P_Y = MC_Y$이다.

2) 독점이 시장실패를 초래하는 이유

부분균형접근을 따를 때 독점기업이 이윤극대화를 추구한다고 가정하면, 그 균형은 $P > MR = MC$인 산출량 수준에서 이루어진다. 그러므로 [그림 2-1]에서 독점기업의 시장균형점에 해당하는 이윤극대화생산점($MR = MC$)과 사회적 최적배분점($P = MC$)은 괴리를 나타낸다. 독점기업의 시장균형인 c점에서는 $P > MC$이기 때문에 완전경쟁에서의 균형인 b점보다 X_0X_1 만큼 산출량이 작고, 가격은 높게 형성된다.

[그림 2-1]의 a점(수요곡선상 c점과 대응)에서 독점기업의 이윤극대화($MR = MC$)를 위한 산출량이 결정되고, b점은 완전경쟁일 때 달성되는 사회적 최적배분점($P = MC$)이다. 완전경쟁에서 달성되는 사회적 최적배분을 충족하는 생산량(X_0) 대신 독점기업의 이윤극대화 생산량(X_1)을 선택할 경우 $\square abX_0X_1$만큼의 자원절약이 이루어지지만 소비자의 편익은 $\square cbX_0X_1$만큼 줄어들게 된다. 따라서 완전경쟁에서 독점으로의 전환은 오히려 $\triangle cba$만큼의 순편익 감소(사중적 손실)를 발생한다. 이는 독점균형이 완전경쟁균형보다 낮은 사회후생을 형성함으로써 자원배분이 비효율적인 시장실패를 초래하게 된다는 것이다.

한편 일반균형접근에서 독점이 존재할 경우는 [그림 2-2]에 제시되어 있는 것처럼 E점($MRS_{XY} = MRT_{XY}$) 대신 E'점($MRS_{XY} > MRT_{XY}$)에서 균형을 실현하게 된다. E'점은 E점과 비교할 때 X재는 과소생산이며, Y재는 과잉생산을 야기함으로써 비효율적인 자원배분을 나타낸다. E'점을 지나가는 사회무차별곡선 SIC_2는 E점을 지나는 사회무차별곡선 SIC_1보다 원점에 더 가까이 있으므로 독점이 존재할 때의 사회후생은 더 작게 된다. 따라서 독점의 존재(불완전경쟁)는 완전경쟁에서보다 낮은 사회후생을 형성하므로 시장실패를 초래한다.

3) 독점의 폐단

독점은 사회후생의 극대화를 가로막는 시장실패의 원인이 됨은 물론 다음과 같은 폐단을 초래하게 된다.

첫째, 독점이윤($\square P_1cgf$)의 존재는 소득분배상 불공평을 초래할 수 있다. 왜냐하면 독점이윤의 존재는 부(富)를 독점기업에 편중시키는 문제를 수반할 수 있기 때문이다.

둘째, 독점균형에서의 사회후생 크기는 완전경쟁균형의 그것과 비교하면 일반균형접근일 때 $SIC_1 - SIC_2$만큼 작다. 부분균형접근의 경우는 $\triangle cba$만큼 완전경쟁균형에서보다 사회후생이 적다. 이를 초과부담[5]이라고 한다.

5) 독·과점기업이 이윤극대화를 추구할 경우 균형점에서는 가격(한계편익)과 한계비용이 괴리된다. 이에 따라 발생하는 사회후생의 순손실을 초과부담(사중적 손실, 자중적 손실, dead-weight loss)이라고 한다. [그림 2-1]에서 $\triangle cba$가 그에 해당하며, 이것을 하버거의 삼각형(Harberger's triangle)이라고도 부른다.

셋째, X−비효율(X-inefficiency)[6]을 초래한다.

넷째, 한 기업에 의해 상품이 공급되므로 소비자의 다양한 욕구를 제약하게 된다.

다섯째, 현실적으로 독·과점의 형성은 정치권력의 도움을 통해 이루어지는 경우가 많다. 따라서 독·과점은 정경유착을 야기하여 민주정치의 발전을 저해할 수 있다.

2. 불완전경쟁에 대한 대책

독점의 존재는 시장실패를 초래한다. 따라서 정부에 의한 시장개입이 요청되고 이를 통해 시장실패는 치유 또는 완화될 수 있다(후생경제학의 제2최적정리). 여기서는 독·과점을 중심으로 불완전경쟁에 대한 대책을 알아보도록 하겠다.

1) 직접적 규제

독·과점에 대한 대책에 해당하는 직접적 규제 방안으로는 독과점금지법의 시행 및 생산량 규제 등의 조치가 있다.

독과점금지법의 제정은 독·과점이 초래하는 자원배분상 왜곡과 높은 가격설정으로 말미암아 소비자가 불리해지는 상황을 타개할 목적으로 규제법을 만들어 운영하는 방안을 말한다. 한편 산업의 특성상 상품생산에 사용되는 자원이 희소하여 단일기업에 의한 상품공급이 비효율적인 경우에는 [그림 2-1]의 b점에 대응하는 X_0의 수준으로 전체 생산량을 직접 규제하는 방안이 합리적일 수 있다.

이와 같은 직접적 규제 방안은 강제성과 통제성이 강하기 때문에 시행 초기에는 가시적 효과를 볼 수 있으나 지속적인 감시와 감독이 필요하다는 단점을 갖는다.

2) 최고가격제(ceiling price system) 실시

독점기업의 시장균형은 [그림 2-1]의 c점에서 이루어지고 이때 P_1의 가격을 형성한다. 최고가격제는 P_1의 시장가격을 이것보다 낮은 가격 수준에서 묶어 통제함으로써 소비자의 부담을 완

6) 라이벤슈타인(H. Leibenstein)은 독점이 초래하는 자원배분상 비효율과 구분되는 X−비효율의 개념과 그 문제점을 지적하였다. X−비효율(내부 비효율성)은 독점적인 지배력을 갖춘 거대 기업이 비용극소화의 노력을 게을리하고 새로운 기술의 개발이나 도입에 열의를 띠지 않음으로써 발생하는 자원의 낭비를 말한다. X−비효율의 정도는 초과비용/실제비용으로 측정(파악)하는데, 그 크기가 클수록 X−비효율이 심한 상황이다. X−비효율에 따라 야기되는 손실은 배분상 비효율을 나타내는 사중적 손실보다 더 심각할 수 있다. 예컨대 독·과점 형태를 갖는 공기업의 경우 사기업보다 이윤극대화 동기가 미약하기 때문에 경영의 비효율성을 초래하기 쉽고, 이에 따라 커다란 X−비효율을 수반하는 경향이 있다.

화시키는 조치를 말한다. P_1에 대응하는 공급량에 대해 P_0보다 높은 가격을 받지 못하도록 하는 것이 그 예가 될 수 있다.

독점기업의 시장균형이 P_1의 가격에서 형성된 상황에서 판매가격을 P_0로 통제하는 최고가격제가 실시되면 소비자는 X_1의 공급량을 낮은 가격에 구입할 수 있게 된다. 하지만 소비자는 X_1의 공급량에 대해 P_0보다 높은 P_1의 가격까지도 기꺼이 지불할 의향이 있기 때문에 암시장(black market)이 형성될 수 있다[7].

3) 조세 부과

일반적으로 종량세 또는 종가세 형태의 물품세 부과는 기업의 상품 생산에 있어 평균비용과 한계비용을 인상시킴으로써 조세 부과 전보다 생산량을 줄이고 가격을 상승시켜 사중적 손실을 심화시키는 문제점을 초래한다. 다시 말해 물품세 부과는 자원배분의 비효율성을 더욱 악화시키는 한계를 드러낼 수 있다.

이에 비해 기업이윤에 과세하는 이윤세와 정액세는 거래(판매)가 종료된 이후 형성되는 이윤을 과세대상으로 하기 때문에 평균비용만 인상시킬 뿐 한계비용에는 영향이 없으므로 조세 부과 후 가격과 생산량은 조세 부과 전과 동일하게 된다. 따라서 자원배분상의 효율성에는 영향을 미치지 않는다.

한편 이윤세, 물품세의 부과를 통해 조달된 재원이 적절히 활용되어 독점기업의 기술향상을 이룩할 수 있다면 앞으로 소비자들이 낮은 가격으로 상품을 구입할 수 있으므로 배분과 분배상 왜곡을 줄이는 효과를 가져올 수 있다.

4) 보조금 지급

정부가 보조금을 수요자에게 지급하면 수요곡선의 우측(상방)이동(수요의 증가)을 초래하여 가격상승과 생산량 확대로 이어지지만, 공급자에게 지급하면 비용곡선의 하방(우측)이동(공급의 증가, 비용의 감소)을 가져옴으로써 가격하락과 생산량 확대가 가능해진다. 이와 같이 보조금은 생산량의 확대를 통해 배분의 효율을 증진시키는 장점을 나타내지만 그에 필요한 재원을 어떻게 조달하느냐에 따라 소득분배상 상이한 영향을 미치게 된다.

독·과점 상품을 구입하는 소비자만을 대상으로 목적세의 형태로 보조금 지급을 위한 재원을 조달하면 소득분배상 불공평은 완화될 수 있을 것이다. 반면 모든 소비자를 대상으로 한 일반세 부과는 불공평을 심화시킬 수 있다.

7) [그림 2-1]에서 P_0의 가격으로 최고가격을 설정함에 따라 야기되는 초과수요를 조정하는 방안으로는 선착순(줄서기) 판매, 추첨제 판매, 단골고객 중심의 판매 등이 있다.

5) 시장의 경쟁성 제고

독·과점시장 상황을 완전경쟁으로 전환하기 위해 시장의 경쟁성을 제고(진입장벽 제거)하는 일련의 조치를 강구하면 비효율성은 줄어들게 된다. 구체적으로 기업들의 시장유입을 촉진하기 위한 조세유인 조치, 기업설립조건 완화, 자기자본비율 완화, 특허규정 및 기술제약의 철폐 등은 시장의 경쟁성을 제고시키는 역할을 한다[8].

이와 같이 다양한 방법을 활용한 시장의 경쟁성 제고는 가장 바람직한 독·과점 대책으로 평가되고 있지만, 실효성 있는 유효경쟁을 유도할 수 있기 위해서는 장기간이 소요된다는 한계가 있다.

6) 국유화

독·과점기업의 효율성과 공평성 저해 문제를 원천적으로 막기 위해 국유화(공유화)하는 경우를 말한다. 그러나 국유화된 독·과점기업의 운영 담당자인 관료나 준관료가 비합리적으로 행동할 경우에는 오히려 더 큰 문제(X-비효율)를 야기할 수 있다. 또한 국유화를 통해 자원배분의 효율성을 도모하려면 $P = MC$에서 균형을 이루어야 하는데, 국유화 대상 부문은 대체로 비용감소산업에 해당하므로 이 경우 손실(잔차비용)이 발생하게 된다.

7) 가격규제[9]

정부(관료)가 독·과점기업의 이윤극대화가격을 규제함으로써 독·과점의 폐해를 제거하거나 줄이기 위한 여러 가지 가격대책을 말한다. 이 대책은 정치적으로 관료의 지나친 시장개입에 따른 부작용을 단점으로 초래할 수 있다.

(1) 한계비용가격설정(MC pricing)

독점기업이 $P = MC$일 때 실현하는 생산량을 선택하도록 유도하는 방법이다. 이 방법은 효율성을 보장할 수 있으나 독점기업(자연독점, 비용감소산업)이 손실(잔차비용)을 감수해야 하는 한계를 갖는다. 이는 독점의 규제를 내세워 기업의 손실을 강요하는 문제점을 드러낼 수 있다.

---

8) 이외 독점기업이 그 생산시설의 일부나 혹은 판매지역의 일부를 축소 조정하여 새로운 기업들의 시장진입을 허용하거나 정부가 독점산업의 생산시설을 직접 구축하여 자본이 부족한 기타 유사기업에 제공함으로써 시장을 경쟁적 구조로 개선하는 방안이 있다. 자세한 내용은 이만우, 『공공경제학』, 태진출판사, 1993, pp.73~74를 참조하기 바란다.

9) 가격규제 방식은 정부가 시장수요뿐만 아니라 규제대상이 되는 기업의 비용구조를 잘 알고 있을 때에만 실행이 가능하다. 이하에서 설명되는 가격규제 방법에 관한 좀 더 자세한 내용은 본서의 '제8장 제2절 2. 공공요금의 책정원리' 부분을 참조하기 바란다.

(2) 평균비용가격설정(*AC* pricing)

자연독점일 때, 한계비용가격설정($P = AC > MC$)에 의해 초래되는 잔차비용 문제를 보완하는 차선의 가격설정 방법이다. 이 방법은 독점기업으로 하여금 적어도 손실은 보지 않게 하면서 가능한 한 많은 상품을 가장 낮은 가격에 공급할 수 있도록 유인하는 장점이 있다. 반면 효율적 자원배분은 달성할 수 없는 한계를 갖는다.

(3) 이중가격설정(two-tier pricing)

한계비용가격설정의 장점(파레토 효율 달성)을 살리면서 독점기업의 손실을 극소화하도록 유도하는 이중가격설정(two-tier pricing)을 허용하는 조치이다. 이는 독점기업이 소비자를 구분하여 두 가지의 상이한 가격을 설정하는 가격책정 방식(차별가격제도)을 말한다. 구체적으로 일부 소비자에게는 한계비용만큼 가격을 요구하고, 다른 일부 소비자에게는 한계비용보다 높은 가격을 책정하는 것이다.

이 방법은 독점기업의 손실을 줄여주는 장점은 있지만 효율성을 담보하지 못하고, 상이한 가격을 부담할 소비자를 구분하는 것이 현실적으로 쉽지 않다는 한계가 있다.

(4) 수익률규제(rate of return regulation)

수익률규제는 정부(규제당국)가 독·과점기업의 수익률을 일정한 수준에서 통제하는 조치를 말한다. 독점기업이 투자한 자본에 대한 공정한 수익률(fair rate of return)[10]을 산정하여 정부가 그 수준에서 실제의 수익률을 통제하는 방법이다. 이는 정부가 독·과점의 시장수요뿐만 아니라 규제대상이 되는 기업의 비용구조에 대해서도 잘 알지 못할 때 이용한다. 이때 공정한 수익률은 경제주체 간에 명확한 합의가 도출된 개념은 아니다.

한편 독점기업에 대한 수익률규제는 독점기업으로 하여금 항상 일정 수준의 수익률을 보장받게 함으로써 기업이 비용절감에 적극성을 띠지 않게 하는 문제점이 있다. 또한 애버취－존슨(H. Averch & L. Johnson)효과[11]를 초래할 우려도 작지 않다.

더 나아가 규제가 오래 지속되면 뜻하지 않게 규제자와 피규제자 사이에 친밀한 관계가 형성됨으로써 규제자는 피규제자가 원하는 방향으로 규제를 해나가는 문제를 발생시킬 수 있다. 이와 같은 현상을 규제의 포로이론(Capture theory of regulation)이라고 한다.

---

10) 공정한 수익률은 일반적으로 한 경제 안에서 사용되는 자본이 평균적으로 얻는 수익률을 말한다.

11) 공정한 수익률이 경쟁적인 시장(산업)에서의 수익률보다 높게 책정된다면, 공정한 수익률의 규제를 받는 독점기업은 유리해지므로 자본을 더 많이 투입하게 된다. 따라서 공정한 수익률이 높은 경우 수익률규제는 독점기업의 과도한 자본투입을 불러 일으켜 규제가 없었더라면 고려하지 않았을 요소결합비율이 선택되는 왜곡을 초래할 수 있다. 이에 따라 비용극소화를 실현할 수 있는 합리적 요소결합비율을 스스로 포기하게 만드는 부작용을 발생시킬 우려가 작지 않다. 이와 같이 정부에 의한 독점기업의 수익률규제가 자본과 노동의 투입비율에 교란을 초래하는 영향을 애버취－존슨효과(Averch-Johnson effect)라고 한다.

제2절 비용감소산업

1. 비용감소산업의 의의

비용감소산업(decreasing cost industry)은 철도, 고속도로, 댐, 비행장(공항), 항만, 전신전화, 가스, 상하수도 사업 등과 같이 초기에 막대한(거대한) 고정자본(자금)이 소요되는 산업을 말한다. 이들 산업은 생산량을 확대함에 따라 장기적으로 평균비용이 감소하는 현상을 나타낸다. 따라서 생산량 증대에 따라 장기평균비용이 하락하는 특징을 나타내는 이들 산업을 비용감소산업이라고 한다[12].

비용감소산업에서 장기평균비용(long-run average cost, *LAC*)곡선의 총체적(전체적) 모양은 *U*자 형태를 띠게 되는데, 특별히 우하향하는 영역에서 생산이 이루어질 경우 생산량이 증가하면 장기평균비용은 하락하게 된다. 비용감소산업은 장기평균비용곡선 가운데 우하향 영역에 속하는 비용조건을 갖는 산업을 가리킨다.

모든 생산요소의 투입량을 동시에 일정한 배수로 늘릴 때 생산량이 그 일정한 배수 이상으로 증가하는 현상을 규모에 대한 수확체증 또는 규모의 경제(Economies of Scale)라고 한다. 이러한 규모의 경제를 나타내는 산업(또는 업종)을 비용 측면에서는 비용감소산업이라고 부른다. 이는 대규모 생산으로 말미암아 발생하는 내부경제(internal economies), 생산요소가격의 하락에 따른 화폐적 외부경제(pecuniary external economies) 또는 효율성의 증가에 기인하는 기술적 외부경제(technological external economies)의 발생 등을 원인으로 하여 초래된다고 할 수 있다[13].

12) 교과서에 따라서는 이런 산업을 비용체감산업이라고도 부르는데, 엄밀히는 정확한 표현이 아니다. 일반적으로 체감(또는 체증)은 한계(미분)개념을 의미하며, 감소(또는 증가)는 평균개념을 나타낸다. 따라서 여기서 열거된 산업들은 장기평균비용이 감소하는 특징을 갖기 때문에 비용감소산업에 해당한다. 한편 비용감소산업의 발생원인으로는 규모의 경제, 자본재의 비분할성, 시장협소 등을 지적할 수 있다.

13) 내부경제는 대량생산을 위해 생산공정을 합리화하고 새로운 기술을 개발함으로써 자원사용량을 줄이고 비용을 떨어뜨리는 일련의 성과를 말한다. 화폐적 외부경제의 예로는 대량생산에 필요한 재료(생산요소)와 기계·시설을 대량 구매함으로써 얻게 되는 구입단가 절감효과 등을 들 수 있다. 기술적 외부경제는 대량생산을 위해 고안된 새로운 생산공법이나 생산기술이 다른 분야에 활용되어 부수적으로 창출하는 편익(혜택, benefit) 발생효과를 가리킨다. 화폐적 외부경제와 기술적 외부경제는 모두 외부경제(외부성)의 속성을 갖는다. 하지만 후자만 시장실패를 초래하는 원인이 된다. 자세한 내용은 '본 장의 제4절 외부성' 부분을 참조하기 바란다.

2. 비용감소산업의 특징

생산량의 확대에 따라 장기평균비용(long-run average cost, *LAC*)이 감소하는 비용감소산업은 다음과 같은 특징을 갖는다.

첫째, 자본재의 비분할성[초기에 거대한 자본(자금)소요]을 특징으로 나타낸다. 비용감소산업은 대규모의 생산설비(시설)를 온전하게 구축해야 비로소 생산이 가능하기 때문에 막대한 자금이 초기에 필요한 대형의 공공사업과 밀접하게 연결되어 있다.

둘째, 비용감소산업은 생산설비를 확충할수록 생산물 생산에 소요되는 비용이 줄어드는 규모의 경제를 수반하기 때문에 자금력이 취약한 기업은 진입장벽에 직면하게 된다. 이는 자금력이 빈약한 기업은 이 산업에 진입하기 쉽지 않다는 것이다.

셋째, [그림 2-3]의 b점에 대응하는 Q_0생산량은 $P=MC$를 충족하기 때문에 효율(효율성)을 달성한다. 그런데 이때는 비용감소(규모의 경제)의 영향으로 평균비용곡선(*LAC*)이 한계비용곡선(*MC*)의 상방에 위치하게 된다.

넷째, 생산설비의 구축과 관련된 비용(고정비용)은 막대하지만 생산물 생산에 들어가는 직접적 비용은 크지 않다. 다시 말해 비용감소산업은 생산시설 또는 설비의 구비를 뒷받침하는 고정비용은 크지만, 경상비용은 적은 특징이 있다.

다섯째, 비용감소산업의 사례는 전체 국민을 대상으로 광범위한 영향을 미치는 공익사업(철도, 항만, 전신전화, 상하수도 사업 등)의 경우에서 흔히 볼 수 있다.

여섯째, 풍부한 자금력을 갖고 생산설비를 확충할 수 있는 기업이 유리하기 때문에 시간이 흐

그림 2-3 비용감소산업의 균형

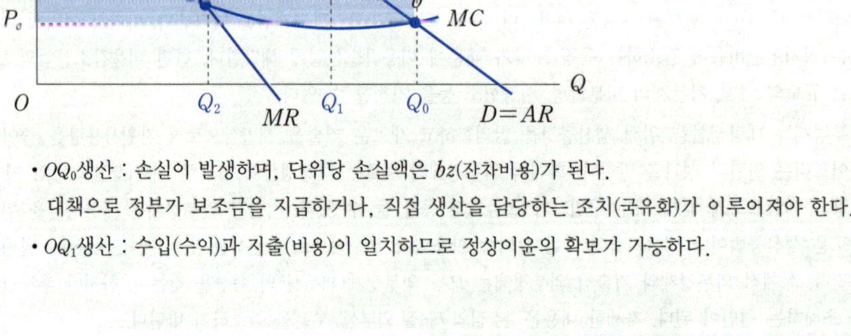

- OQ_0생산 : 손실이 발생하며, 단위당 손실액은 bz(잔차비용)가 된다.
  대책으로 정부가 보조금을 지급하거나, 직접 생산을 담당하는 조치(국유화)가 이루어져야 한다.
- OQ_1생산 : 수입(수익)과 지출(비용)이 일치하므로 정상이윤의 확보가 가능하다.

름에 따라 많은 기업들이 차례로 도태되고 시장에 한 기업만 남는 자연독점(natural monopoly)을 형성하기 쉽다.

일곱째, [그림 2-3]에 나타나 있는 바와 같이 최적배분점($P=MC$)인 b점에서는 단위당 bz만큼의 손실이 발생한다. 이 손실을 잔차비용(residual cost)이라고 한다. 모든 독점기업이 비용감소산업에 속하는 것은 아니다. 따라서 독점기업 가운데 비용감소산업의 범주에 속하는 경우만 잔차비용에 해당하는 손실을 입게 된다.

3. 비용감소산업과 배분의 왜곡

비용감소산업(기업)은 사회적 최적배분점(b점)에서 단위당 bz만큼의 손실을 보게 되므로 b점을 이탈하여 a점(이윤극대화점)에서 생산을 결정하는 한계를 드러내기 때문에 시장실패를 초래하게 된다. b점으로부터 a점으로의 이동은 $\square abQ_0Q_2$만큼의 자원절약에 따른 이익(이득, 편익)을 가져오지만 동시에 소비자의 편익을 $\square dbQ_0Q_2$만큼 줄이기 때문에 전체적으로 $\triangle dab$만큼의 순편익 감소를 발생시킨다.

이와 같이 비용감소산업(기업)의 경우 b점에 대응하는 Q_0의 생산량에서 손실을 보지만 그 생산량은 파레토 효율적인 자원배분을 실현한다는 점에 유의하여야 한다. 결론적으로 장기평균비용의 감소현상은 기업으로 하여금 b점으로부터 이탈하도록 영향을 미치기 때문에 시장실패의 원인이 되는 것이다.

4. 비용감소산업에 대한 대책

비용감소산업에 대해서는 국·공유화를 통해 정부가 관련된 재화 및 서비스의 공급에 직접 관여하거나 민간의 운영을 지원하는 조치가 그 대책이 된다. 그 이외 다음과 같은 가격정책[14)]을 수립하여 시행할 수 있다.

(1) 한계비용가격정책($P=MC$)

[그림 2-3]의 b점에 대응하는 P_c의 가격을 책정하고, Q_0를 생산하는 경우이다. 이는 파레토 효율적 자원배분을 보장하지만 기업의 손실(단위당 bz, 잔차비용)에 대한 보조금의 지급이 필요하며, 그 재원을 어떻게 마련할 것이냐의 문제를 발생시킨다.

14) 비용감소산업에 대한 이하의 네 가지 가격정책 가운데 한계비용가격정책만이 파레토 효율적인 자원배분을 달성할 수 있다. 각각의 가격책정 방법이 갖는 특성에 관한 자세한 내용은 본서의 '제8장 제2절 2. 공공요금의 책정원리' 부분을 참조하기 바란다.

(2) 평균비용가격정책($P=AC$)

[그림 2-3]의 c점에 대응하는 가격을 책정하는 경우이며, 이때는 총수입과 총비용이 일치함으로써 해당 기업은 정상이윤을 보장받게 된다. 따라서 평균비용가격정책은 비용감소기업의 독립채산운영을 가능하게 한다. 반면 파레토 효율적 배분은 이룰 수 없는 한계를 갖는다.

(3) 차별가격정책

차별가격정책은 동일한 재화·서비스에 대해 각 소비자가 나타내는 수요의 가격탄력성이 상이함을 고려하여 소비자별로 다르게 가격을 적용하는 경우이다. 예컨대 수요의 가격탄력성이 높으면 낮은 가격을 설정하고, 수요의 가격탄력성이 낮으면 높은 가격을 책정한다.

(4) 최대부하가격정책

최대부하가격정책은 생산설비의 최대부하기(완전가동기, peak-load period)와 비최대부하기(불완전가동기, non peak-load period)를 구분하여 상이하게 가격을 설정하는 경우를 가리킨다. 최대부하기의 가격은 생산설비에 관련된 일체의 비용을 부담하도록 가격을 높게 책정하고, 비최대부하기 가격은 생산설비의 가동에 소요되는 비용정도만 부담하도록 낮게 책정한다.

제3절 위험과 불확실성 및 불완전한 정보

1. 위험과 불확실성

1) 위험과 불확실성의 의의

위험(risk)과 불확실성(uncertainty)은 이론적으로 엄연히 구분되는 개념이다. 위험은 미래에 발생할 수 있는 상황 내지는 사건의 확률분포를 알고 있는 경우를 말하며, 불확실성은 그 확률분포 조차도 모르는 경우를 말한다. 예컨대 내일의 날씨가 맑을지, 흐릴지에 대한 확률분포를 알 수 있는 경우가 위험에 해당하고, 그 확률분포 조차도 모르는 경우가 불확실성이다.

파레토 효율적 자원배분을 실현하는 경쟁적 시장기구는 확실성의 세계를 전제로 하지만, 현실에는 적지 않은 불확실성이 존재한다. 일반적으로 위험과 불확실성은 선물시장(先物市場, future market)이나 조건부청구권시장(條件附請求權市場, contingency market)에서 나타나게 된다. 외환, 주식, 채권, 주가지수 등을 장래의 일정시점에 미리 정한 가격으로 사고 파는 선물(futures)거래나 입도선매(立稻先賣)가 이루어지는 시장이 선물시장의 예에 해당한다. 미래에 거래될 상품의 가격을 미리 정해놓고 계약을 체결함으로써 가격변동에 따른 자본손실을 피하기 위해 고안된 대표적인 금융상품이 선물이다[15].

한편 옵션(option)은 미래의 일정 시점 또는 기간 동안 미리 정해진 가격으로 어떤 상품을 사거나 팔 수 있는 권리를 부여하는 계약을 말한다. 옵션은 상품을 사거나 팔 수 있는 권리를 가지되 그것을 반드시 이행해야 할 의무는 없다는 점에서 선물과 다르다. 이는 선물은 예정된 미래시점에 반드시 상품거래를 해야 하지만 옵션은 그럴 필요가 없음을 의미한다. 옵션거래의 경우 주가가 오를 것으로 예상하면 콜옵션(call option, 살 수 있는 권리)을 사들이게 되고, 반대로 주가가 내려갈 것 같으면 풋옵션(put option, 팔 수 있는 권리)을 사들이게 된다. 예컨대 *A*주식을 주당 3만원에 살 수 있는 콜옵션을 매입했는데 얼마 후 5만원으로 오르면 이익이 발생한다. 왜냐

15) 매매장소, 거래조건 등이 표준화되어 조직화된 거래소에서 거래되는 것만을 선물이라고 하며, 거래소 이외의 장소에서 표준화되지 않은 형태로 거래되는 것은 선도(先導, forwards)라고 한다. 이준구·이창용, 『경제학원론 Ⅰ』, 법문사, 1997, pp.477~478.

하면 콜옵션을 이용하여 5만원짜리를 3만원에 매입할 수 있기 때문이다. 반면 *B*주식을 주당 5만원에 팔 수 있는 권리를 매입한 뒤 주가가 7만원으로 상승하면, 7만원짜리 주식을 5만원에 팔아야 하기 때문에 손해가 발생하게 된다. 이와 같은 콜옵션과 풋옵션 매입 후 장래에 어떤 상황이 벌어질지는 알 수 없기 때문에 옵션시장은 위험과 불확실성이 내포되어 있는 대표적인 시장에 해당한다.

한편 자동차보험, 화재보험, 생명보험 등 각종 보험시장은 사고가 발생했을 경우 보험가입자에게 보험금을 지급하도록 되어 있다. 따라서 이와 같이 일정조건이 성립하는 경우(예컨대 자동차보험에서의 자동차사고)에 한해서 상품(보험금)이 인도되므로 보험시장은 조건부청구권시장에 속한다. 언제 자동차사고가 날지, 화재가 날지 알 수 없기 때문에 조건부청구권시장은 위험과 불확실성을 내포하고 있다. 오늘날 선물시장이나 조건부청구권시장이 일상생활에서 차지하는 비중은 점점 증대하는 상황이다.

애로우(K.J. Arrow)는 위험과 불확실성이 있더라도 일정한 조건이 성립하면 파레토 효율적 자원배분이 달성된다는 것을 이론적으로 증명하였다. 그에 따르면 위험과 불확실성이 존재할 때 발생할 수 있는 모든 상황을 반영한 완전한 시장(완전한 선물시장, 완전한 조건부청구권시장)이 개설될 수 있다면, 효율적인 자원배분의 달성이 가능하다는 것이다. 그러나 현실적으로 완전한 시장을 개설하는 데는 많은 장애가 존재하므로 위험과 불확실성은 시장실패의 원인이 된다.

2) 완전한 시장형성의 장애요인과 대책

(1) 완전한 시장의 개설을 저해하는 요인

위험과 불확실성이 존재하는 상황에서 완전한 시장의 형성을 저해하는 요인으로는 다음의 두 가지 경우를 지적할 수 있다.

첫째, 시장설립에 소요되는 거래비용이 그에 따른 이득보다 클 수 있다. 이런 경우에는 시장을 개설하면 파레토 효율적 자원배분을 이룩할 수 있다고 할지라도 비용부담 때문에 시장개설 자체가 어렵게 된다.

둘째, 시장의 개설은 가능할지라도 정보를 더 많이 가진 경제 주체에 의해 시장 상황이 좌우될 수 있다 시장에 대한 정보의 비대칭성 문제가 발생한다는 것이다. 정보의 비대칭성이 존재하면 거래의 결과가 사회후생극대화를 실현하지 못할 수 있다.

(2) 정보 비대칭성의 문제점과 대책

대개의 보험시장에서는 수요자가 공급자보다 더 많은 정보를 갖고 있으며, 반대로 인력(노동)시장과 중고자동차시장에서는 공급자가 수요자보다 더 많은 정보를 갖고 있다. 이러한 정보의 비대칭성은 가격기구의 효율적 작동을 방해하게 된다.

① 문제점

정보의 비대칭성이 존재하면 수요자와 공급자는 서로에 대하여 알고 있는 정보의 정도가 다를 뿐만 아니라 해당 시장에 대한 이해의 수준도 상이하기 때문에 도덕적 해이와 역선택이 초래됨으로써 시장실패를 발생하게 된다.

㉠ 도덕적 해이(moral hazard, 도덕적 위해, 도덕적 모험)

도덕적 해이는 정보가 비대칭적인 상황(불완전한 정보상황)에서 특정 경제 주체의 도덕성이 예상과 다른 양상을 보이는 경우를 말한다. 예컨대 보험가입 후 위험에 대한 경계심이 약화되어 위험발생 확률의 증가를 초래했다면 도덕적 해이가 발생한 것이다. 화재보험가입자가 화재보험 가입 후에는 화재에 대한 대비를 소홀히 하는 경우가 그 예가 된다. 또한 실업보험(고용보험) 가입자가 실업기간 동안 실업보험금이 지급되는 점을 악용하여 구직활동을 소홀히 하는 것도 도덕적 해이에 해당한다. 의료보험의 경우 의료비 일체를 의료보험에 의해 지불하면 과도하게 의료서비스를 사용하는 도덕적 해이가 나타나게 된다. 좀 더 넓게 규정하면 국민이 관료에 대한 정보가 부족하다는 현실을 이용하여 관료가 자신의 사적인 이익을 추구하는 행동도 도덕적 해이의 예로 볼 수 있다[16].

㉡ 역선택(adverse selection, 상반된 선택)

역선택은 정보가 비대칭적인 상황(불완전한 정보상황)에서 거래(교환) 당사자들의 의사가 일치하지 않는 방향으로 선택(거래, 결과)이 이루어진 경우를 말한다. 다시 말해 정보가 비대칭적일 때 정보가 부족한 거래 당사자가 가장 바람직하지 않은 상대방과 거래할 가능성이 높아지는 현상을 가리킨다. 특정보험에 위험이 높은 그룹과 낮은 그룹이 골고루 가입하기를 기대하는 보험회사의 의도와는 달리 보험금을 탈 확률이 높은 사람(위험이 높은 사람)이 주로 보험에 가입하게 되어 보험료는 증가되고, 보험가입이 더욱 감소하는 현상이 그에 해당한다. 이때 수요자(보험가입자)와 공급자(보험회사)는 서로 다른 입장에서 선택을 하게 된다[17]. 역선택이 발생하는 시장의 사례로는 중고차 시장(lemon market), 골동품 시장, 노동(인력) 시장 등을 들 수 있다. 이들 시장은 보험시장의 경우와 다르게 수요측보다 공급측이 더 많은 정보를 갖는다.

---

16) 법·제도적 불비(不備)를 악용하여 사익을 추구하거나 관료·정치가 등 공익을 실천하는 데 솔선해야 할 집단이 지위에 상응하는 책임을 다하지 않는 행위도 넓은 의미로 볼 때 도덕적 해이의 사례에 해당한다. 더 나아가 공익을 저해하는 지역이기주의, 직장인의 자기업무 소홀, 기업주의 고의부도와 재산은닉, 부실금융기관의 자구노력 부족과 방만한 경영 등도 도덕적 해이의 유형이라고 할 수 있다.

17) 그 이외 우량기업은 돈을 빌리려 하지 않고, 부도 위험이 높은 부실기업만 돈을 빌리려 하는 현상도 은행 입장에서 보면 역선택에 해당한다. 역선택은 매매 쌍방이 만족하는 상품의 거래를 실현할 수 없게 함으로써 결국 시장실패를 야기하게 된다.

결론적으로 정보의 비대칭성에 기인하여 도덕적 해이나 역선택이 초래되면, 가격기구(시장)는 사회후생극대화를 이루지 못함으로써 시장실패가 발생하게 된다.

② 대책[18]

㉠ 도덕적 해이의 축소

손해(화재)보험의 경우 손해발생의 정도에 따라 보험금을 차등하여 지불함으로써, 가입자의 주의를 환기시키는 방법을 통해 도덕적 해이를 줄일 수 있다. 한편 의료보험에 대한 대책으로는 일정 의료비 이하(예 경미한 질환)에 대해서는 의료보험을 통한 의료비 지불을 불허하는 감면제도(deduction system)를 도입하거나 의료비의 일부를 환자도 분담하도록 하는 공동보험(co-insurance)이 활용된다.

㉡ 역선택의 차단

생명보험의 경우 보다 엄격한 사전신체검사 등을 요구하여 보험회사(공급자)가 보험가입자(수요자)에 대한 정보를 최대한 확보하면 역선택을 완화할 수 있을 것이다.

노동(인력)시장에서 초래될 수 있는 역선택에 대한 대책으로는 특정교육과정(또는 인력연수계획)의 도입, 전문기술·영업면허의 요구 등을 들 수 있다. 자동차보험의 경우 운전자의 연령, 결혼 여부, 자식의 유무, 음주 여부, 과거의 운전경력 등을 상세히 조사하여 가입자별로 차등의 보험료를 부과하면 역선택을 크게 줄일 수 있을 것이다.

중고차시장(lemon market)에서 발생할 수 있는 역선택의 해소를 위한 방안으로는 해당 중고차를 일정 기간 사용해보고 문제가 발생하면 거래를 취소하거나 무상수리를 약속하는 조건부계약을 맺는 대책이 제시될 수 있다(계약에 의한 해결). 이는 골동품시장에서도 마찬가지 방식으로 적용될 수 있을 것이다. 한편 나쁜 평판을 두려워하는 분위기를 조성함으로써 양질의 물품이 거래되도록 압력을 가하는 방법도 제안될 수 있다(평판에 의한 해결)[19].

㉢ 정보의 확산(공시)

도덕적 해이나 역선택이 발생하는 근본적인 이유는 정보가 공유되지 않고 있기 때문이다. 따라서 거래당사자, 거래대상물, 거래여건 등에 관련된 정보를 제대로 알리고, 확인할 수 있도록 하는 시스템이 구축 되어야 한다. 이는 정보의 확산을 위한 정보공시체계의 정비와 지속적인 관리가 필요하다는 것이다.

18) 이하의 도덕적 해이와 역선택에 대한 대책은 근본적이고 완벽한 해결책이 될 수 없으므로 위험과 불확실성이 존재하면 자원배분의 비효율은 불가피할 수밖에 없다.

19) 이준구·이창용, 『경제학 들어가기』, 법문사, 2003, pp.234~236.

2. 불완전한 정보

1) 불완전한 정보의 의의

완전경쟁시장에서 이루어지는 효율적인 자원배분은 확실성에 기초를 두고 있다. 소비자나 생산자들이 현재나 미래의 상품가격, 품질, 상품의 존재 여부 등을 확실하게 알고 있다는 전제를 충족할 때, 완전경쟁시장에서 효율적 자원배분이 달성된다.

그러나 현실 시장의 경우 상품가격, 품질, 상품의 존재 여부 등에 대하여 완전한 정보가 제공되지 못하고 있다. 따라서 불완전한 정보 상황에서의 선택(거래)은 파레토 효율적 자원배분을 실현하기 어렵다. 아울러 과대광고의 영향으로 소비자가 왜곡된 선택을 할 수밖에 없는 상황에 직면해 있는 경우나 위험과 불확실성이 내포되어 있는 상황도 불완전한 정보 상태라고 할 수 있다. 다시 말해 위험과 불확실성은 넓게 볼 때 불완전한 정보에 포함된다. 왜냐하면 일반적으로 불완전한 정보일 때 위험과 불확실성이 초래될 수 있기 때문이다.

2) 불완전한 정보가 시장실패를 초래하는 이유

소비자가 거주 지역의 제약으로 말미암아 X재 가격에 대해서는 완전한 정보를 갖고 있으나 Y재 가격에 대해서는 불완전한 정보에 처해 있다고 하자. 이때는 다음과 같은 이유 때문에 시장실패가 발생한다.

소비자가 X재와 Y재의 가격에 대해 완전한 정보를 갖고 있는 경우 소비자는 AB의 제약선에서 I_1의 효용수준을 얻을 수 있으나, Y재의 가격이 왜곡되어 높게 형성되어 있다는 사실을 알지 못하는 경우 소비자는 AC의 제약선에 직면하게 되어 I_2의 효용 수준을 얻게 된다. 소비자의 거주지가 서울의 남대문 시장 근처일 때 그곳의 Y재 가격은 500원(AC제약선)이지만, 동대문 시장의 Y재 가격은 400원일 경우(AB제약선)가 그 예에 해당한다. 이와 같이 불완전한 정보(균형 E점)일 때 소비자가 달성하는 I_2의 효용수준은 완전한 정보(균형 E′점)에서 이룰 수 있는 효용수준(I_1)보다 낮으므로 불완전한 정보는 시장실패의 원인이 된다.

그림 2-4 불완전한 정보일 때의 선택

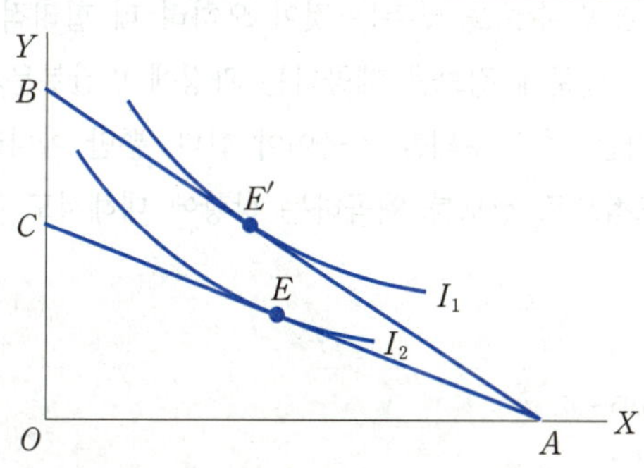

E점 : 불완전 정보에서의 선택점

E'점 : 완전 정보에서의 선택점

마찬가지로 상품의 품질, 상품의 존재 여부 등에 대하여 제대로 알지 못하는 상황에서도 적절한 거래(교환)가 이루어지지 않음으로써 사회후생의 극대화가 달성되지 않는다. 그 결과 시장실패를 초래하게 된다. 더 나아가 과대광고에 의해 발생하는 상품, 시장여건 등에 대한 왜곡 역시 시장실패를 가져올 가능성이 크다.

정보의 불완전성 문제가 해소됨으로써 이런 선택이 한 번만으로 종료된다면, 이때 정보의 가치는 완전한 정보 아래 선택에서 얻는 효용수준(I_1)과 불완전한 정보일 때 선택을 통해 얻는 효용수준(I_2) 간 차이($I_1 - I_2$)로 나타낼 수 있다. 반면 그렇지 못할 경우 정보의 가치는 잘못한 선택의 반복회수만큼 커지게 된다.

3) 불완전한 정보에 대한 대책

불완전한 정보에 기인하는 시장실패를 치유하는 방법으로는 정보의 확산과 정부에 의한 정보의 제공을 들 수 있다. 정부에 의한 정보제공은 다음과 같은 의의를 갖는다[20].

첫째, 정보는 다수에게 편익을 제공하지만 더불어 그에 대한 대가지불을 하지 않는 다수의 무임승차자(free-rider)를 발생시킨다는 점에서 볼 때 공공재의 성격이 강하기 때문에 민간부문에 의한 공급은 적정 수준을 보장하기 어렵다는 문제점이 있다. 따라서 이런 문제점을 보완하기 위해 정부에 의한 정보공급이 필요하다.

둘째, 정부는 정보제공 과정에서 정보를 독점하여 경제적 이득을 얻고 있던 부문의 부당행위를 시정할 수 있다. 정부의 정보제공은 정보로부터 소외되었던 부문에도 정보를 공급해 줌으로써 불공정한 경제행위를 바로 잡는 역할을 하게 된다.

셋째, 정부에 의한 정보제공은 규모의 경제를 발생한다. 민간부문에 의한 소량의 정보제공보다 정부가 주도하는 대량의 정보제공은 그에 소요되는 비용절감을 할 수 있어 규모의 경제를 가능케 할 수 있다.

한편 정보의 수집·제공 과정에 불가피하게 비용이 발생하기 때문에 정보의 제공 수준 결정에는 신중함이 요구된다. 외형적으로 보면 100%의 정보(완전한 정보)제공이 바람직할 수 있으나, 엄청난 비용이 소요됨을 감안해야 한다. 다시 말해 완전한 정보제공이 가져오는 이득보다 정보제공에 수반되는 비용이 클 경우는 정보제공 수준을 낮추는 것이 오히려 더 합리적일 수 있다. 그 이외 정부 역시 완전한 존재는 아니기 때문에 정보를 제공하는 과정에 민간부문과 마찬가지로 적지 않은 문제점을 파생시킬 수 있다는 점도 주의를 기울여야 한다. 뿐만 아니라 집권당의 정략적 목적 등에 편승하여 정부가 의도적으로 정보를 왜곡하는 상황에 대해서도 각별한 경계가 필요할 것이다.

20) 이만우, 『공공경제학』, 태진출판사, 1993, pp.95~97.

제4절 외부성

1. 외부성의 개관

1) 외부성의 의의

외부성(외부효과)[21]은 어떤 경제주체의 경제행위가 가격기구를 거치지 않고 거래 당사자 이외의 타인에게 편익과 비용을 발생시켰으나 적정한 보상이 이루어지지 않은 상태를 말한다. 의도하지 않은 혜택이나 손실이 다른 경제주체의 소비나 생산활동에 영향을 미쳤지만 그에 대한 대가(代價)를 받지도 지불하지도 않을 때[22], 외부성이 발생하였다고 한다.

외부성은 경제행위가 가격기구를 이탈한 상태를 의미(어떤 경제행위에 의한 영향이 가격에 반영되지 않았다는 의미)하므로 비가격효과(non-price effects)의 속성을 가지며, 인접 또는 관련 경제주체에게 그 영향을 파급시키는 특성을 나타내기 때문에 인근(인접)효과(neighborhood effects) 혹은 파급효과(spill-over effects)라고도 한다.

외부성이 존재할 때는 시장구조가 완전경쟁적이라도 파레토 효율이 달성될 수 없고, 자원의 비효율적 배분이 초래된다. 이는 외부성이 존재할 경우 그런 상황에서 자원의 파레토 효율적 배분은 사회적 한계대체율(social marginal rate of substitution between X and Y, $SMRS_{XY}$)과 사회적 한계변환율(social marginal rate of transformation between X and Y, $SMRT_{XY}$)이 같을 때 이루어지지만, 양자를 정확히 파악하여 일치시키는 조치의 시행이 현실적으로 쉽지 않기 때문이다. 일반적으로 외부성이 존재하면 그 영향으로 사회적 한계대체율이 사적 한계대체율(private marginal rate of substitution between X and Y, $PMRS_{XY}$)과 상이하게 되고, 마찬가지로 사회적 한계변환율도 사적 한계변환율(private marginal rate of transformation between X and Y, $PMRT_{XY}$)과 일치하지 않게 된다. 이와 같이 사회적 평가와 사적 평가가 불일치할 때는 사회적 평가에 기초한 사회적 최적배분과 사적 평가를 토대로 한 시장적 배분은 서로 다를 수밖에 없다. 이에 따

21) 본서에서는 외부성(externality)과 외부효과(external effect)라는 표현을 동일한 개념으로 사용하겠다.

22) 이때 영향에 대한 대가를 지불하거나 지불받으면 외부성이 내부화(internalization)되었다고 하며, 그럴 경우 외부성은 더 이상 시장실패의 요인이 되지 않는다.

라 시장적 배분(사적 균형, 시장균형)은 사회적 최적배분(사회적 균형)을 보장할 수 없는 시장실패를 초래하게 된다.

▶ 뷰캐넌(J.M. Buchanan)과 스튜블레빈(W.C. Stubblebin)의 외부성 정의

외부성은 한 개인의 효용함수 또는 한 기업의 생산함수가 다른 개인 또는 다른 기업의 통제를 받는 변수를 포함할 때 나타나는 영향(효과)을 말한다.

2) 외부성의 구분

외부성은 비가격효과로서 시장경제의 가격기구 내에서는 해명(파악)이 어려운 현상을 말한다. 다시 말해 외부성이 존재하면 시장가격이 사회적 편익이나 사회적 비용을 정확히 반영할 수 없기 때문에 자원배분의 왜곡을 초래하게 된다. 이러한 외부성은 다음의 8가지 범주로 구분할 수 있다.

효과 \ 행위	소비행위		생산행위	
	소비자	생산자	소비자	생산자
긍정적인 경우	*A*	*B*	*E*	*F*
부정적인 경우	*C*	*D*	*G*	*H*

A : 한 경제주체의 소비행위가 다른 소비자에게 긍정적인 외부효과로 작용하는 경우

예 정원의 꽃과 잔디[23], 담벼락의 아름다운 장식

B : 한 경제주체의 소비행위가 다른 생산자에게 긍정적인 외부효과로 작용하는 경우

예 소비자의 기호 변화를 반영한 기업의 신제품 개발

C : 한 경제주체의 소비행위가 다른 소비자에게 부정적인 외부효과로 작용하는 경우

예 이웃집 잔디에 자동차 주차

D : 한 경제주체의 소비행위가 다른 생산자에게 부정적인 외부효과로 작용하는 경우

예 자동차, 수상스키, 모터보트 운행에 의한 생업인 낚시 방해

E : 한 경제주체의 생산행위가 다른 소비자에게 긍정적인 외부효과로 작용하는 경우

예 기술의 진보 → 생산비 하락 → 상품가격 하락

23) 갑이 안락한 휴식을 목적으로 자기 집 정원의 꽃과 잔디를 잘 가꾸었다면 그것은 갑의 소비행위 대상물이 된다. 그런데 이웃한 을이 때때로 자신의 베란다에서 갑이 조성한 정원의 꽃과 잔디를 무상으로 감상한다면 갑이 가꾼 정원의 꽃과 잔디는 한 경제 주체의 소비행위가 다른 소비자에게 긍정적인 외부경제로 작용하는 예가 된다. 독자들은 나머지 예들도 왜 각 상황의 예가 되는지 유추해 보기 바란다.

F : 한 경제주체의 생산행위가 다른 생산자에게 긍정적인 외부효과로 작용하는 경우[24)]

예 과수원업과 양봉업

G : 한 경제주체의 생산행위가 다른 소비자에게 부정적인 외부효과로 작용하는 경우

예 공장 및 자동차 매연으로 인한 대기오염

H : 한 경제주체의 생산행위가 다른 생산자에게 부정적인 외부효과로 작용하는 경우

예 정유공장 → 바닷물오염 → 양식업 피해

▶ 외부성의 제유형

외부성은 다음과 같이 유형화할 수 있다.

- 외부경제 : 다른 경제주체에게 긍정적 외부성을 초래하는 경우(A, B, E, F)
- 외부 불경제 : 다른 경제주체에게 부정적 외부성을 초래하는 경우(C, D, G, H)

- 소비외부성 : 소비행위로 인해 외부성이 발생하는 경우(A, B, C, D)
- 생산외부성 : 생산행위로 인해 외부성이 발생하는 경우(E, F, G, H)

- 금전적 외부성[25)] : 어떤 행동(경제활동)이 상대가격의 변동을 가져오고, 이로 말미암아 외부성이 발생하는 경우
- 실질적 외부성[26)] : 외부성이 제3자의 효용함수나 생산함수에 영향을 미치는 경우

---

24) 이와 같이 한 경제주체의 생산행위가 다른 생산자에게 긍정적인 외부성을 제공하는 경우(F)를 소유외부성이라고 부른다. 예로 들고 있는 과수원업과 양봉업의 관계를 살펴보면 양봉업의 대상인 벌들은 과수 사이를 옮겨 다니면서 과실이 열매를 맺도록 수분(受粉)을 돕는 외부경제의 역할을 하게 된다. 한편 과수(과일)가 함유하고 있는 당분(糖分)은 무상으로 벌들에게 제공됨으로써 양봉업에 대해 외부경제로 작용하게 된다.

25) 대학교육 정책에 일대 변혁이 일어나 대학의 입학정원(入學定員)을 대학의 자율에 맡기기로 했다고 하자. 대학근처의 하숙촌시장 입장에서 보면 대학의 입학정원 확대는 외부적 영향(외부성)이 아닐 수 없다.

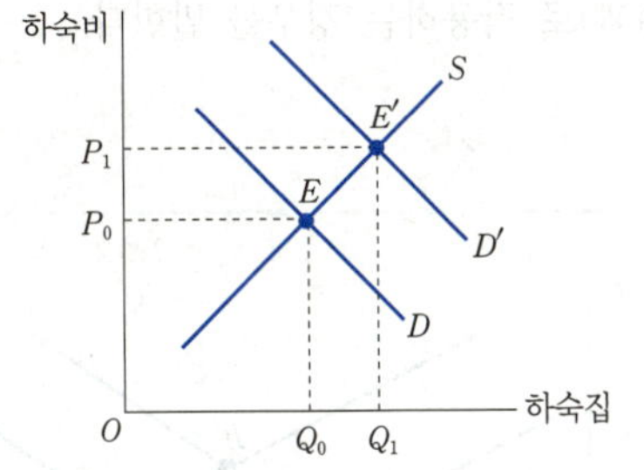

그림이 보여주는 바와 같이 대학의 입학정원이 확대되면서 하숙집 수요가 D에서 D'로 증가하고, 하숙촌시장의 균형이 E에서 E'로 바뀌었다면, 외부적 영향이 가격기구에 반영된 것이다. 이와 같이 가격기구에 반영되는 외부성을 금전적 외부성(pecuniary externality)이라고 한다. 금전적 외부성은 시장의 수요공급원리에 따라 외부적 영향이 가격기구 내에 반영된 것이기 때문에 시장실패 요인으로 작용하지 않는다. 따라서 금전적 외부성은 진정한 의미의 외부성(기술적 외부성)과는 구분되는 개념이다.

26) 시장실패요인으로서의 외부성은 기술적 외부성(technological externality, 실질적 외부성)을 말한다.

- 가역적 외부성 : 두 부문이 상호간에 서로 외부성을 초래하는 경우 (reversible externality)
- 불가역적 외부성 : 어느 한 쪽만 일방적으로 외부성을 초래하는 경우 (irreversible externality)

- 사용재적 외부성 : 외부성이 경합성을 갖고 있는 경우 (소진가능한 외부성, exhaustible externality)
  - 예 기업에 의한 특정 기술숙련 근로자 육성
- 공공재적 외부성 : 외부성이 경합성을 수반하지 않는 경우 (소진불가능한 외부성, inexhaustible externality)
  - 예 공해에 의한 대기오염

2. 외부성과 자원배분

피구(A.C. Pigou)는 사적 한계편익(private marginal benefit, *PMB*)과 사적 한계비용(private marginal cost, *PMC*), 그리고 사회적 한계편익(social marginal benefit, *SMB*)과 사회적 한계비용(social marginal cost, *SMC*)을 구분하여 외부성(외부경제 및 외부불경제)이 자원배분에 미치는 영향을 분석하였다.

1) 외부경제의 경우

특정 시장을 살펴볼 때 사회적 한계편익(*SMB*)이 사적 한계편익(*PMB*)보다 크거나, 또는 사회적 한계비용(*SMC*)이 사적 한계비용(*PMC*)보다 작은 상황이라면, 그 특정 시장은 다른 시장에 대해 유리하게 영향(외부경제, external economies)을 미치게 된다. 이는 특정 시장이 인접시장에 대해 외부경제(긍정적 외부효과)로 작용하는 경우를 말한다.

그림 2-5 외부경제

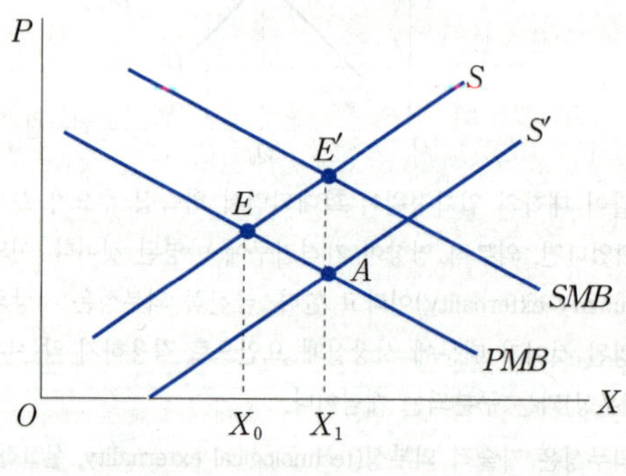

가격을 지불하고 특정 재화를 구입한 사람뿐만 아니라 그렇지 않은 사람에게도 그 특정 재화의 편익이 파급되는 경우 그 특정 재화가 거래되는 시장은 다른 부문에 대해 외부경제(긍정적 외부효과)로 작용하게 된다(예 잘 훈련된 방범용 진돗개). 이럴 경우 그 특정 시장에서는 $SMB > PMB$ 또는 $SMC < PMC$가 성립한다.

[그림 2-5]는 외부경제가 초래되는 경우 시장균형(사적 균형)은 $PMB = S$인 E점에서 이루어짐으로써 $SMB = S$인 사회적 균형점 E'와 다름을 보여주고 있다. 위 그림에 제시되어 있듯이 외부경제를 초래하는 X부문에는 OX_1의 생산량을 가능케 하는 자원이 배분되어야 하지만 시장(민간의 자율)에 맡길 경우 OX_0의 생산량을 보장하는 자원만 배분됨으로 효율적 자원배분을 이룰 수 없게 된다.

> 외부경제 : $SMB > PMB$ 또는 $SMC < PMC$

이와 같이 외부경제를 유발하는 부문은 재화를 과소공급하게 되며, 그 영향을 받는 부문은 거꾸로 과잉공급을 나타낸다. 이때는 효율적인 자원배분을 위해 외부경제 유발부문에 대해 정부의 보조금(subsidy)을 지급하는 등의 조치를 함으로써 생산량(또는 소비량)을 증대시키는 대책의 마련이 이루어져야 한다.

보조금($E'A$)을 생산자에게 지급하면 한계비용(MC)이 감소($S \rightarrow S'$)되고, 소비자에게 지급하면 수요(D)가 증가($PMB \rightarrow SMB$)하는 결과를 낳는다. 두 경우 모두 생산량(또는 수요량)을 증가시키게 된다. 그러나 보조금 지급을 위한 재원조달은 분배상 불공평을 야기할 수 있는데, 재원을 모든 사람을 대상으로 한 일반세로 조달하면 불공평이 심화되고 외부경제 관련 당사자에 한정한 목적세 형태로 조달하면 불공평은 완화될 수 있을 것이다.

▶ 소비외부성의 예외적 현상(사례)

일반적으로 외부경제를 야기하는 부문의 상품 생산량(시장 균형량, 사적 균형량)은 사회적으로 바람직한 생산량(파레토 효율적 산출량, 사회적 균형량)보다 적기 때문에 과소생산을 초래함으로써 시장실패를 발생하게 된다. 그러나 외부경제 상황이 전혀 다른 결과를 초래하는 예외적인 경우가 있다. 소비행위로 간주할 수 있는 전염병 예방접종이 대표적인 사례에 해당한다.

전염병 예방접종이 갖는 특수성 때문에 그 예방접종을 시장(민간)의 자율에 맡길 경우 사적 균형의 예방접종 수준은 파레토 효율적 예방접종 수준보다 높게 나타날 수 있다. 이는 일반적으로 외부경제 상황에서 초래되는 결과와는 상반된 양상이라고 하겠다. 이런 현상은 첫째, 예방접종으로 얻는 면역이라는 편익에 규모의 경제가 나타남으로써 파레토 효율적 예방접종 수준이 감소(규모의 경제)하거나, 둘째, 예방접종으로 인한 외부효과(외부경제효과)가 강하게 발생함으로써 파레토 효율적인 예방접종 수준이 감소(강력한 외부효과)하는 데에서 기인한다.

이와 같이 외부경제 상황임에도 불구하고 파레토 효율적 산출량(사회적 균형량)이 시장균형 산출량(사적 균형량)보다 작아 시장에서 과잉생산을 초래하는 경우를 소비외부성의 예외적 현상(異例)이라고 한다. 일반적으로 외부경제 상황은 그 치유를 위해 생산(또는 소비)을 늘려야 하지만 이런 상황에서는 거꾸로 반대의 조치가 필요하다고 하겠다.

2) 외부불경제의 경우

특정 시장에서 사회적 한계편익(*SMB*)이 사적 한계편익(*PMB*)보다 작거나, 또는 사회적 한계비용(*SMC*)이 사적 한계비용(*PMC*)보다 큰 경우에는 그 특정 시장이 다른 시장에 대해 불리하게 영향(외부불경제, external diseconomies)을 미치게 된다.

[그림 2-6]에서처럼 *X*재 시장의 경우 *PMC*가 *SMC*보다 낮아 외부불경제(부정적 외부효과)를 초래하고 있다면 사적 균형을 형성하는 *E*점과 사회적 균형에 해당하는 *E′*점이 상이함을 알 수 있다. 외부불경제의 예로는 오염물질의 배출을 수반하며 재화를 생산하는 공장 등이 해당한다. 이 경우 해당 공장(기업)은 직접적 생산비용 이외에 추가적으로 수반되는 오염물질 방출이 초래하는 비용을 자신들이 부담해야 할 비용으로 인식하지 않기 때문에 과잉생산을 하게 되고 이에 따라 효율적 자원배분을 달성하지 못하게 된다.

외부불경제 : $SMB < PMB$ 또는 $SMC > PMC$

이와 같이 외부불경제를 유발하는 부문은 재화를 과잉공급하게 되며, 그 영향을 받는 부문은 반대로 과소공급에 직면한다. 자원배분의 왜곡을 시정(교정)하기 위해서는 외부불경제 유발 부문에 대해 조세부과(*E′A*) 등의 조치를 취함으로써 수요를 낮추어($D \rightarrow D'$) 생산량(또는 소비량)을 축소시키는 대책의 강구가 요구된다[27].

그림 2-6 외부불경제

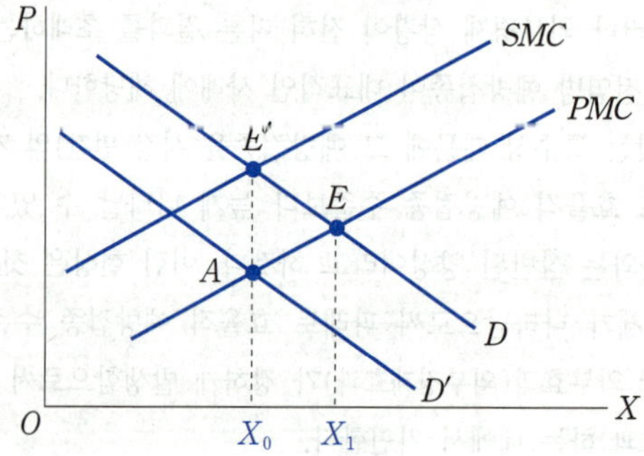

27) 이상에서 보았듯이 외부경제이든 외부불경제이든 외부성의 존재는 효율적인 자원배분을 저해하는 결과를 낳는

3. 외부성이 존재할 때의 파레토 효율조건

파레토 효율적 자원배분은 사적 편익과 사회적 편익이 일치(수요측면)하는 한편 사적 비용과 사회적 비용이 일치(공급측면)해야 실현된다. 그런데 외부성이 존재하면 사적 편익과 사회적 편익이 불일치하거나 사적 비용과 사회적 비용이 서로 다르다. 따라서 사적 가치(평가)와 사회적 가치(평가)는 상이하게 된다. 이런 외부성을 치유함으로써 효율적 자원배분을 실현하기 위해서는 사적 평가와 사회적 평가를 일치시키는 조치가 이루어져야 한다.

외부성이 존재하면 그렇지 않은 경우와 비교할 때 파레토 효율조건이 달라지며, 부분균형접근과 일반균형접근에 미치는 영향도 상이하게 나타난다.

1) 부분균형접근

특정 재화 또는 서비스의 거래(교환)가 최적의 성과(사회후생극대화)를 이룩할 수 있기 위해서는 그것의 수요 측면에서는 $PMB = SMB$가 성립하고, 아울러 공급 측면에서는 $PMC = SMC$가

다. 따라서 외부성은 시장실패의 원인으로 작용한다. 이를 다음의 그림를 통해 다시 한번 확인할 수 있다.

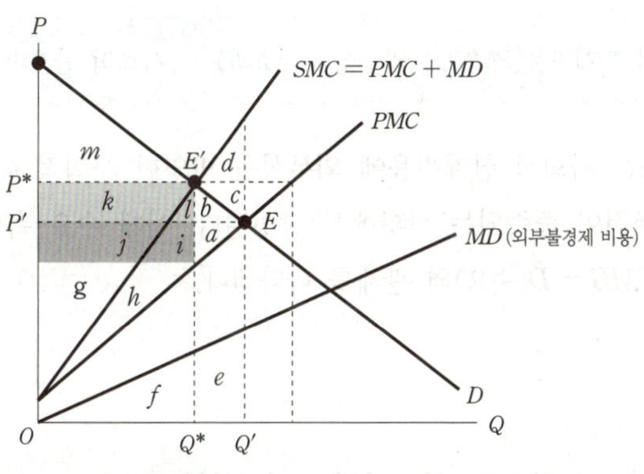

외부불경제는 사회적으로 피해를 발생시키지만, 공급자는 이러한 사회적 피해를 비용으로 고려하지 않는다. 이에 따라 E점에 대응하는 Q'에서 생산을 하는데, 이는 사회적 피해를 감안한 E'점에서의 생산 수준인 Q^*에 비해 크다. 그 결과, 외부불경제로 인해 과잉 생산되는 경우, 자원배분의 효율성은 악화된다. 외부불경제 상황에서 사적균형(시장균형)이 E점인 경우 소비자잉여는 $b+l+k+m$이며 생산자잉여는 $a+i+j+g+h$가 된다. 한편 외부불경제에 따른 피해 규모(외부불경제 비용)는 $f+e$가 되기 때문에 사적균형(시장균형)이 E점에서 형성되면 사회 전체적인 순잉여(S')는 $[b+l+k+m$(소비자잉여)$+a+i+j+g+h$(생산자잉여)$]-(f+e$, 외부불경제 피해)가 된다. 반면, 외부불경제에 따른 피해 규모를 비용으로 인식하는 사회적 균형(E'점)의 경우, 소비자잉여는 m이고, 생산자잉여는 $g+h+i+j+k+l$이며, 사회적 피해는 f이다. 따라서 이때 사회 전체적인 순잉여(S^*)는 $[m$(소비자잉여)$+g+h+i+j+k+l$(생산자잉여)$]-f$(외부불경제 피해)가 된다. 두 경우를 비교해 보면 사회적 순잉여의 차(S^*-S')는 $-a-b+e$가 된다. 그런데 $e = a+b+c+d$이므로 Q^*의 생산량(사회적 균형 생산량)일 때 사회적 순잉여가 Q'(사적 균형 생산량)에서의 사회적 순잉여보다 $c+d$만큼 크다. 이는 외부불경제가 존재하면 시장 균형에서 사회적 균형보다 $c+d$만큼 사회적 잉여 감소가 발생함을 의미한다.

충족되어야 한다(부분균형접근). 수요 또는 공급 측면에서 이와 같은 조건이 성립하지 않을 경우 외부성이 존재하며, 이런 상황에서 파레토 효율적 자원배분을 실현하기 위해서는 외부성을 고려하는 조치가 이루어져야 한다.

(1) 수요 측면에 외부성이 존재하는 경우

수요 측면에만 외부성이 존재하는 경우는 그 영향으로 다음의 관계가 성립한다.

> 사적 한계편익(*PMB*) + 외부성(외부효과) = 사회적 한계편익(*SMB*)

파레토 효율적 균형은 사적 한계편익에 외부성(외부효과)을 포함한 사회적 한계편익과 공급(S)이 일치하는 $SMB = S$의 조건이 성립할 때 달성된다. 이때 공급 측면은 외부성을 수반하지 않기 때문에 $PMC = SMC = S$(공급)의 관계가 성립한다.

(2) 공급 측면에 외부성이 존재하는 경우

공급 측면에만 외부성이 존재하는 경우는 사적 한계비용(*PMC*)과 사회적 한계비용(*SMC*)이 서로 다르며 다음의 관계를 형성하게 된다.

> 사적 한계비용(*PMC*) + 외부성(외부효과) = 사회적 한계비용(*SMC*)

파레토 효율적 균형은 사회적 한계비용에 외부성을 반영한 사회적 한계비용이 수요(D)와 일치하는 $D = SMC$의 조건이 충족되는 상황에서 달성된다. 이때 수요 측면은 외부성이 존재하지 않기 때문에 $PMB = SMB = D$(수요)의 관계를 나타낸다.

2) 일반균형접근

한정된 자원을 그 사회가 필요로 하는 전체 소비대상물(생산물, product)을 만드는데 적절하게 배분함으로써 만들어진 소비대상물들로부터 얻을 수 있는 후생이 최고 수준을 달성했을 때 일반균형측면에서 파레토 효율적 자원배분이 실현된다. 이는 전체 소비대상물에 대하여 적정 자원배분을 모색하는 경우이기 때문에 일반균형접근 또는 일반균형분석에 해당한다. 반면 특정 소비대상물에 한정하여 그것의 적정 생산(파레토 효율적 생산)을 달성하기 위하여 바람직한 자원배분을 모색하는 경우는 부분균형접근(부분균형분석)이라고 하겠다.

일반균형접근에서 파레토 효율적 자원배분을 실현할 수 있기 위해서는 한정된 자원을 적절하게 할당(배분)함으로써 바람직한 생산을 이룩(생산측면)하는 한편 만들어진 소비대상물은 소비자들이 원하는 형태에 부합(소비측면)해야 한다. 이는 일반균형접근에서 파레토 효율적 자원배분을 실현할 수 있기 위해서는 생산과 소비 양 측면에 걸쳐 일정한 조건을 충족해야 한다는 것이다. 만일 생산 또는 소비 어느 한 측면이라도 외부성이 존재하면 시장(민간부문)의 힘만으로는 그 상황을 스스로 극복하기 어려우며 정부에 의한 보완이 요구된다.

(1) 소비의 외부성이 존재하는 경우

생산은 외부성과 무관한 반면 소비의 외부성만 존재하면 다음의 관계가 성립한다.

> 사적 한계대체율($PMRS_{XY}$) + 외부성(외부효과) = 사회적 한계대체율($SMRS_{XY}$)

파레토 효율적 균형은 사적 한계대체율에 외부성을 고려한 사회적 한계대체율과 사회적 한계변환율이 일치하는 $SMRS_{XY}$(= $PMRS_{XY}$+외부성) = $SMRT_{XY}$의 조건이 충족되는 상황에서 이루어진다. 이때 생산 측면은 외부성이 존재하지 않기 때문에 $PMRT_{XY} = SMRT_{XY}$의 관계를 갖는다.

(2) 생산의 외부성이 존재하는 경우

소비가 외부성의 영향을 받지 않는 상황에서 생산의 외부성만 존재하면 사적 한계변환율($PMRT_{XY}$)은 사회적 한계변환율($SMRT_{XY}$)과 불일치한다. 이때 양자는 다음의 관계를 나타낸다.

> 사적 한계변환율($PMRT_{XY}$) + 외부성(외부효과) = 사회적 한계변환율($SMRT_{XY}$)

파레토 효율적 균형은 사적 한계변환율에 외부성을 반영한 사회적 한계변환율과 사회적 한계대체율이 일치하는 $SMRT_{XY}$(= $PMRT_{XY}$+외부성) = $SMRS_{XY}$의 조건이 충족되는 상황에서 이루어진다. 이때 소비 측면은 외부성이 존재하지 않기 때문에 $PMRS_{XY} = SMRS_{XY}$가 성립한다.

3) 완전경쟁과 외부성

시장구조가 완전경쟁적이고 소비의 외부성이 없다면 사적 한계대체율($PMRS_{XY}$)과 사회적 한계대체율($SMRS_{XY}$)은 일치하며 시장균형(사적 균형, 완전경쟁균형)은 파레토 효율적이다(단, 생산의 외부성 부존재). 하지만 시장이 완전경쟁이라도 소비의 외부성이 존재하면 완전경쟁균형($PMRS_{XY} = SMRT_{XY}$)과 파레토 효율적 균형($SMRS_{XY} = SMRT_{XY}$)은 상이하게 되며, 이런 상황에서는 파레토 효율적 자원배분이 이루어지지 못하는 시장실패가 발생한다. 이럴 경우 정부에 의한 시장개입(보조금 지급이나 조세의 부과)은 시장실패를 치유하는 역할을 하게 된다(후생경제학의 제2최적정리).

그러나 경제주체들이 외부성에 대해 양심효과(conscience effect)[28]를 보이게 되면 그렇지 않은 경우보다 정부의 시장개입 수준은 훨씬 축소되어야 한다.

4) 외부성과 파레토 효율조건

외부성이 존재하는 경우에는 그것을 반영한 사회적 비용 또는 사회적 편익(부분균형접근)과 사회적 한계대체율($SMRS_{XY}$) 또는 사회적 한계변환율($SMRT_{XY}$)(일반균형접근)을 이용하여 파레토 효율조건을 도출해야 한다.

부분균형접근을 따를 때 수요에 외부성이 존재하면 사적 한계편익(PMB)에 외부성을 반영하여 사회적 한계편익(SMB)을 도출하고 이것을 한계비용(MC)과 일치시켜야 파레토 효율이 이루어진다. 마찬가지로 공급에 외부성이 존재하면 사적한계비용(PMC)에 외부성을 반영하여 사회적 한계비용(SMC)을 유도하고 이것을 한계편익(MB)과 일치시킬 때 파레토 효율이 달성된다.

일반균형접근에서 생산의 외부성이 존재하면 사적 한계변환율($PMRT_{XY}$)에 외부성을 반영하여 사회적 한계변환율($SMRT_{XY}$)을 도출하고 그것을 한계대체율(MRS_{XY})과 일치시킬 때 파레토 효율이 이루어진다. 마찬가지로 소비의 외부성이 존재하는 경우라면 사적 한계대체율($PMRS_{XY}$)에 외부성을 반영하여 사회적 한계대체율($SMRS_{XY}$)을 유도하고 그것을 한계변환율(MRT_{XY})과 일치시킬 때 파레토 효율이 실현된다.

---

28) 부정적 외부효과(외부불경제)를 초래하는 사람이 자신의 생산·소비활동으로 타인이 예상치 못한 피해를 본다는 사실을 인식하게 되면 자신의 생산이나 소비행위를 스스로 자제하게 되는 모습을 나타낼 수 있는데 이를 양심효과(conscience effect)라고 한다.

제5절
환경문제와 대응

어떤 재화 또는 서비스의 생산과정에서 오염물질이 방출됨으로써 발생하는 환경문제(또는 공해문제)에 대한 관심과 중요성이 커지고 있다. 이하에서는 외부불경제의 대표적인 사례인 환경오염이 초래하는 문제점과 그 대책에 대해 알아보도록 하겠다.

1. 환경오염의 영향

파레토 효율적 자원배분의 달성을 위해서는 시장구조가 완전경쟁적이어야 하고 거래대상물은 외부성이 없어야 한다. 하지만 생산과정에서 오염물질이 방출되는 경우(외부불경제)는 이러한 조건들을 충족하기 어렵게 된다. 이때는 사회적 한계비용(*SMC*)이 사적 한계비용(*PMC*)을 초과함으로써 오염을 수반하는 생산물이 과잉생산(공급)되는 결과를 초래한다.

[그림 2-7]에 제시되어 있는 것처럼 대개 외부불경제를 야기하는 부문은 다른 부문에 미치는 부정적 영향을 감안하지 않은 채 사적 한계비용(*PMC*)과 수요(*D*)가 일치하는 *E*점에서 시장균형(사적 균형, 완전경쟁균형)을 형성하게 된다. 그러나 환경오염에 따른 외부불경제의 영향을 사회적 한계피해액(*SMD*, social marginal damage)으로 파악할 수 있다면, 파레토 효율을 보장하는 사회적 균형은 사적 한계비용(*PMC*)에 사회적 한계피해액(*SMD*)을 반영한 사회적 한계비용(*SMC*)

그림 2-7 외부불경제와 시장균형

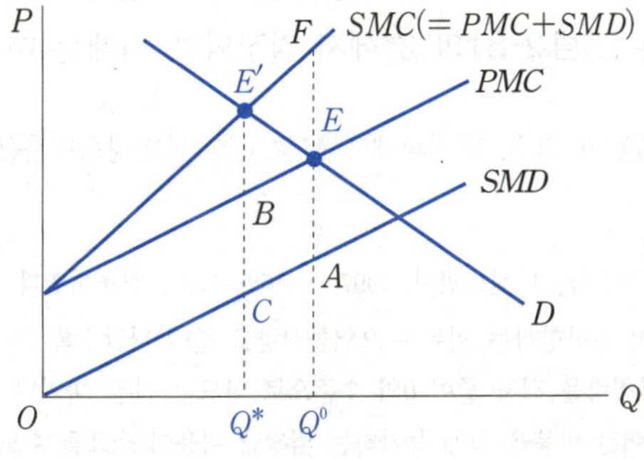

과 수요(D)가 일치하는 E'점에서 이루어져야 한다. 그 이유는 Q^*에서 Q^0로 생산이 늘어나면 편익은 □$E'EQ^0Q^*$만큼 증가하지만 비용이 □$E'FQ^0Q^*$만큼 발생하여 결과적으로 $\triangle E'FE$의 비용 순증을 초래하기 때문이다. 따라서 오염을 수반하는 외부불경제의 경우는 E점(시장균형, 사적 균형, 완전경쟁균형)이 E'점(파레토 효율적 균형, 사회적 균형)의 오른쪽에 위치하기 때문에 과잉공급(생산)을 초래함으로써 자원배분을 왜곡시키고 그에 따라 시장실패를 야기한다.

> 시장균형 (완전경쟁균형, 사적 균형) : $PMC = D$
> 사회적 균형 (파레토 효율적 균형) : $SMC = D$
> * $PMC + SMD = SMC$

2. 오염물질의 최적배출 수준

생산과정에서 오염물질의 배출이 필연적으로 수반된다면 적절한 배출 수준을 파악하는 것은 실효성 있는 환경대책의 수립을 위해 매우 중요한 과제라고 할 수 있다. 왜냐하면 다양한 환경대책은 궁극적으로 오염물질을 적정한 수준에서 통제하는 조치에 해당하기 때문이다.

오염물질의 최적배출량은 오염물질에 의해 발생하는 비용을 최소화하는 상황에서 결정될 수 있을 것이다. 현실을 단순화하여 오염물질의 배출은 국민 건강침해, 건축물 부식 등의 직접적인 비용(damage cost, 피해비용)과 오염을 정화하는데 소요되는 비용(abatement cost, 정화비용)을 초래한다고 하자[29].

> 총피해비용(TDC, total damage cost) * 한계피해비용(MDC)
> 오염물질(공해물질)의 배출량이 커짐에 따라 나타나는 피해액
>
> 총정화비용(TAC, total abatement cost)[30] * 한계정화비용(MAC)
> 오염물질(공해물질)의 배출량을 줄이는 과정에 소요되는 비용

이럴 경우 오염물질 방출에 의해 빚어지는 총비용(TC)은 총피해액(TDC)과 총정화비용(TAC)의 합으로 정의될 수 있을 것이다. 그렇다면 오염물질의 적정배출 수준은 오염물질과 관련된 총비용이 최소화되는 [그림 2-8]의 Z^*에서 결정되며, 이때는 다음의 관계가 성립한다.

> TC의 최소, 한계피해액(MDC) = 한계정화비용(MAC)

29) 이하의 설명은 이준구, 『재정학』, 다산출판사, 1997, pp.168~170을 참조하였다.

30) 총정화비용(TAC) 곡선이 우하향하는 이유는 오염물질량을 줄여 나갈수록 그에 소요되는 비용이 커지기 때문이다. 예컨대 100의 오염물질량을 점차 줄여 0의 수준으로 만드는 경우, 마지막 1의 오염물질량을 제거하여 0으로 만들 때는 그 이전에 들어간 비용을 크게 능가하는 엄청난 비용이 소요될 수도 있음을 이해하기 바란다.

오염물질의 최적배출 수준 Z^*는 [그림 2-7]에서 외부불경제를 반영하여 도출되는 파레토 효율적 균형(E'점)에서의 오염배출 수준(CQ^*)과 동일하다고 할 수 있다. 따라서 오염(공해)에 대한 대책은 동시에 외부불경제가 초래하는 자원배분의 왜곡을 교정하는 방법에 해당한다.

3. 환경정책 수단

현재 활용되고 있는 환경정책의 수단은 [그림 2-9]에서와 같이 크게 직접규제, 간접적인 유인정책, 정부투자조치 등 세 가지 유형으로 나눌 수 있다[31].

직접규제는 정부가 오염배출시설에 대해 인·허가, 지도·점검을 하거나 배출 기준을 설정하여 오염원인자에게 그 기준을 그대로 따르도록 의무를 부과하는 것이다. 오염원인자가 의무를 위반할 경우에는 개선명령, 사용중지, 조업정지, 허가취소, 벌금형 및 징역형 등의 법적·행정적 제재를 받게 된다. 직접규제의 방법으로는 정부에 의한 오염물질배출허용 기준의 설정, 특정원료·기술사용의무규정 등의 조치가 있다.

한편 간접적인 유인정책은 환경세제도, 거래가능배출권제도, 보조금제도 등 가격기구(시장)를 보완하는 방법을 활용하여 환경오염문제를 해결하는 조치들을 말한다. 반면 정부투자조치는 정부가 직접투자를 통해 환경재를 생산하여 오염을 억제하고 연구와 교육프로그램을 실시하여 환경개선을 모색하는 특징을 갖는다.

1990년대 이전의 국내외 주요 환경정책 수단은 배출시설의 인·허가 및 지도·점검이나 환경기준을 설정하여 지시·통제하는 직접규제 중심이었다. 반면 1990년대 이후는 지속 가능한 경제성장(개발)에 대한 중요성이 강조되면서 지구기후 변화와 같은 환경문제를 해결하기 위해 직접적 규제수단 외에 여러 가지 경제적 유인제도가 적극적으로 활용되고 있다.

그림 2-8 오염물질의 최적배출 수준

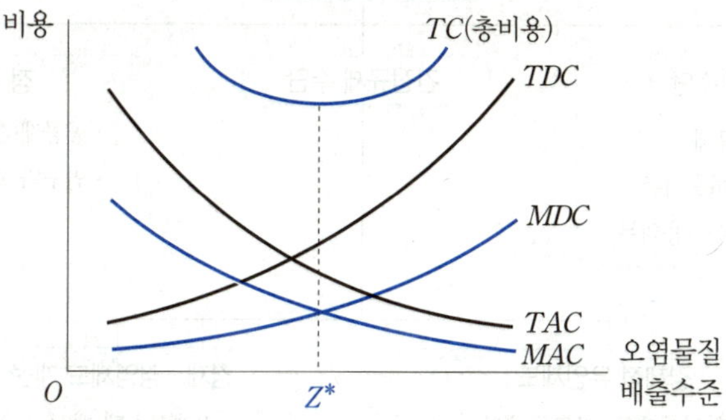

31) 이하의 내용은 유한성·유태현, "지방환경세 도입방향에 관한 연구", 『재정정책논집』, 제3집, 한국재정정책학회, 2001.2, pp.136~142를 인용하였다.

본 절에서는 각국이 폭넓게 채택하고 있는 환경세제도, 보조금제도, 배출부과금제도 등 경제적 유인의 성격을 갖는 전통적 환경정책 수단에 대해 알아보도록 하겠다.

1) 환경세제도

(1) 의의

환경세제도는 정부가 오염물질 배출기업에 사회적 한계피해액(*SMD*)만큼의 환경세(Pigouvian tax, 공해세)를 부과하는 환경대책을 말한다. 이는 환경오염 유발자에게 부담을 지우는 PPP원칙(Polluters Pay Principles, 오염자부담원칙, 원인자부담원칙))을 충족하는 특징을 갖는다. 환경세 부과는 기업이 부담하는 비용을 사적 한계비용(*PMC*)에서 사회적 한계비용(*SMC*)으로 인상시켜 과잉생산을 줄여주는 역할을 하게 된다. 환경세는 정부가 오염물질 방출행위에 대해 조세부담을 지움으로써 오염물질 배출 기업이 낮게 인식하는 사적 생산비용을 사회적 생산비용 수준으로 인상시켜 환경오염을 줄이고 자원배분의 비효율을 시정하도록 유인하는 환경정책에 해당한다.

조세제도를 활용하여 환경오염 문제에 대한 해결책을 찾고자 했던 시도는 피구(A.C. Pigou)의 연구가 선구적이다. 따라서 이러한 목적의 조세를 피구세(Pigouvian tax)라고 하며, 이를 정통의 환경세(正統의 環境稅)라고 한다. 환경세 부과는 가격기구를 이용한 환경문제 대책에 해당하며, 이때 최적환경세율은 [그림 2-7]에서 최적배분점인 E'점에서 오염물질에 의해 발생하는 한계피해액($E'B$ 또는 CQ^*)이다.

(2) 문제점

환경세는 기본적으로 환경오염 문제를 시장(가격기구)의 틀 내에서 해결하려는 환경정책 수단

그림 2-9 환경정책 수단의 기능별 분류

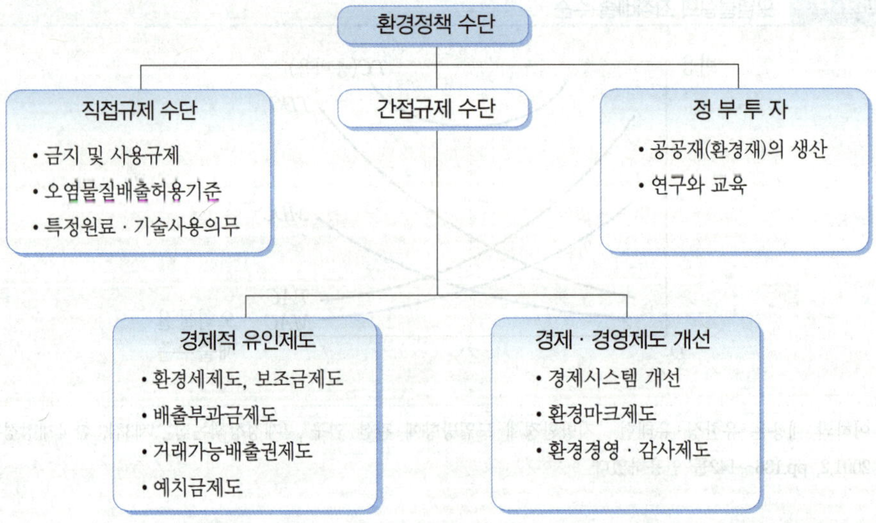

이다. 이와 같은 환경세제도는 다음과 같은 문제점을 안고 있다.

첫째, 현실적으로 최적환경세율의 도출이 용이하지 않다. 보몰과 오츠(W. Baumol & W. Oates)는 시행착오의 반복을 통해 최적환경세율의 도출이 가능하다는 주장을 하고 있으나 이것은 불완전한 대안일 뿐이다.

둘째, 위에서 제시하고 있는 최적환경세율은 완전경쟁시장을 전제로 한다. 따라서 시장구조는 완전경쟁을 충족하고 있을 때에 한해서 최적환경세율을 적용한 환경세 부과가 자원의 효율적 배분을 달성하게 된다. 그러나 현실의 시장은 불완전하기 때문에 최적환경세율은 훨씬 더 복잡한 과정을 거쳐야 비로소 도출이 가능할 것이다.

셋째, 실제로 환경세를 누구에게 어떻게 부과해야 하는가의 결정이 쉽지 않다. 오염물질 배출기업에 과세할 것인가? 오염물질 방출 상품 소비자에게 과세할 것인가? 상품(생산물)에 과세할 것인가? 생산에 투입되는 생산요소(투입물, 원료)에 과세할 것인가? 이에 대해 고민이 필요하다.

넷째, 환경세 부과의 성과를 확인하기 위해서는 오염물질 배출에 대한 지속적인 감시가 요구되는데 그와 같은 감시(monitoring)의 문제가 쉽지 않다.

다섯째, 환경세 부과에 의해 비록 최적자원배분이 달성된다고 하더라도 오염물질은 여전히 존재한다([그림 2-7]에서 *CQ**만큼의 오염물질은 여전히 발생).

이러한 문제점에도 불구하고, 이 제도는 시장(가격기구) 내에서 환경문제의 해결을 모색하는 한편 안정적인 조세부과 방식을 활용하여 환경오염의 억제와 개선을 위한 재원의 확보를 도모하는 장점 때문에 OECD 국가를 중심으로 채택되어 실행되고 있다. 외부불경제에 대한 대책으로서의 조세(환경세, 피구세) 부과는 오염물질을 완전히 제거시키는 것이 아니라 최적자원배분의 실현을 유도하는 역할을 하게 된다.

2) 보조금제도

(1) 의의

보조금(subsidy)제도는 정부가 오염물질배출 기업을 대상으로 오염방지시설비용, 오염물질처리시설비용, 오염물질처리비용 등을 지원함으로써 환경오염 문제를 해결하고자 하는 환경정책을 말한다. 이 제도는 오염물질배출 기업이 자체정화시설을 구비하려고 하지만 많은 초기투자비용이 소요되므로 이를 실행에 옮기지 못하고 있을 때 보조금의 지급을 통해 자체정화시설의 설치를 유도하는 한편 오염물질의 배출을 자발적으로 억제할 경우 그 노력에 상응하는 비용을 지급함으로써 환경오염 문제를 해결하고자 하는 조치라고 하겠다[32]. 다시 말해 정부가 기준이 되는 오염물질의 배출량을 정해 놓고 실제의 배출량이 이 보다 적으면 그 차이에 대해 오염물질 단

32) 기업의 자체정화시설비용을 지원하는 보조금을 간접보조금이라고 하며, 오염배출의 자발적인 억제 노력에 대해 지급되는 보조금을 실적보조금이라고 한다.

위당 일정 금액의 보조금을 지급하는 것이다.

(2) 장·단기적 영향

① 단기적 영향

환경세 부과는 오염물질 배출 기업의 부담을 늘려 한계비용을 높이는 영향을 미치게 된다. 반면 보조금제도의 시행은 생산량을 늘리는 유인으로 작용하여 오염물질배출량을 증가시키는 결과를 낳게 되고, 이는 보조금의 삭감으로 이어질 수 있다. 따라서 보조금을 지급(혜택)받기 위해서는 해당 기업이 자체정화시설을 확충하는데 지속적으로 투자해야 한다.

보조금제도는 보조금을 받기 위해 기업이 비용을 들여 시설을 설치해야 하기 때문에 실질적으로 한계비용을 상승시키는 결과를 초래하게 된다. 이런 까닭에 단기적으로 오염물질 단위당 환경세율과 보조율을 똑같게 설정하면 환경세 부과와 보조금 지급은 기업의 한계비용에 동일한 영향을 미친다.

단기에 오염물질 단위당 환경세율과 보조율이 같다면 환경세 부과와 보조금 지급이 자원배분에 미치는 영향은 동일하게 나타날 것이다. 반면 소득분배 측면에서 환경세를 부과 받는 기업과 보조금을 지급받는 기업 중 어느 기업이 더 유리한 지는 비교하기 어렵다.

② 장기적 영향

환경세 부과는 한계비용과 평균비용의 상승을 초래한다. 하지만 보조금 지급은 한계비용을 인상시키지만 평균비용을 하락시키는 영향을 미치게 된다[33]. 따라서 장기적으로 환경세와 보조금 지급이 자원배분에 미치는 효과는 상이하다.

환경세 부과는 정부가 오염물질 배출기업을 대상으로 부담을 지우는 것이고 보조금 지급은 반대로 유인을 제공하는 것이기 때문에 장기적으로 양자의 분배적 귀결은 서로 다를 수밖에 없다. 장기적으로 보조금수혜 기업이 환경세 부담 기업보다 유리하게 된다. 한편 보조금 지급을 위한 재원을 조달함에 있어 그 부담을 누가 지게 되느냐에 따라 소득분배에 상이한 영향을 미침은 물론이다.

(3) 문제점

환경오염정화시설 등을 갖춘 기업에 대해 그에 소요된 비용을 지원하는 보조금제도는 운영과정에서 다음과 같은 문제점을 발생시킬 수 있다.

첫째, 보조금 지급은 장기적으로 오염물질을 생산하는 기업을 더 많이 존속시킴으로써 환경오염의 문제를 한층 더 심화시킬 가능성이 높다.

---

33) 생산자가 부담한 비용에서 보조금으로 받은 부분을 차감한 것을 생산량으로 나눈 몫이 평균비용이기 때문에 보조금 지급은 평균비용의 하락을 초래한다.

둘째, 오염물질 배출자에 대한 보조금 지급은 도덕적 거부감을 불러일으킬 수 있다. 왜냐하면 오염물질 배출로 사회에 해악을 초래하는 오염원인자에게 지원금(보조금)을 지급하는 방식은 일반국민의 정서상 용납이 쉽지 않기 때문이다(PPP원칙의 위배).

셋째, 현실적으로 정부에 의한 오염물질의 적정한 배출 수준 결정이 쉽지 않으며, 보조금지급을 위한 재원조달 과정에서 효율성의 상실이 수반될 가능성이 크다.

이러한 단점에도 불구하고 과거와 오늘날에 걸쳐 캐나다, 덴마크, 핀란드, 독일, 프랑스, 미국 등 적지 않은 OECD 국가들이 보조금제도를 시행하고 있다. 이는 이 제도가 갖는 실용성 때문이다. 그러나 환경오염 유발기업이 오염을 줄이기 위하여 들인 비용을 암묵적인 편법을 사용하여 가격 인상으로 연결하면 소비자에게 전가시킬 수 있기 때문에 납세자 부담을 재원으로 하는 보조금 지원은 불합리한 조치라는 목소리가 작지 않다.

3) 거래가능배출권제도

(1) 의의

거래가능배출권제도(marketable permit system)는 정부가 일정량의 오염물질을 배출할 수 있는 권리를 증서(pollution permits or licenses, 오염허가서 또는 면허)의 형태로 발행하고, 오염을 유발시키는 기업으로 하여금 그것을 구입하게 하는 환경정책을 말한다[34]. 거래가능배출권제도를 도입할 경우 배출권은 시장을 통해 자유롭게 거래할 수 있도록 되어 있다. 오염물질배출 기업이 구입한 배출권이 허용하고 있는 오염 수준보다 적은 오염물질을 배출하면서 생산을 실현하였다면 그 차이(절약)에 해당하는 배출권의 권리를 다른 기업에 판매하는 것이 허용된다[35]. 한편 생산량의 확대에 따라 오염물질의 배출이 증가하기 때문에 생산을 늘리고자 하는 기업은 다른 기업으로부터 배출권을 구입한 후에 오염물질을 배출해야 한다.

(2) 장·단점

거래가능배출권제도는 정부가 계획하는 적정 오염 수준을 기준으로 하여 배출권의 총발행량을 결정하기 때문에 확실하게 오염억제를 이룰 수 있을 뿐만 아니라 다음의 장점을 갖는다.

34) 거래가능배출권제도는 배출권시장제도(marketable pollution rights), 오염허가권제도, 배출권거래제도라고도 한다. 거래가능배출권제도는 데일즈(J.H. Dales)가 1968년에 처음 제안한 제도로 알려져 있다. 자세한 내용은 J.H. Dales, *Pollution, Property and Price*, Toronto: University of Toronto Press, 1968을 참조하기 바란다.

35) *A*기업이 100 수준의 오염물질을 배출할 수 있는 배출권을 구입하였지만, 생산 종료 후 오염물질의 배출량이 70이었다면 *A*기업은 30의 오염물질을 배출할 수 있는 권리를 다른 기업에 판매할 수 있다는 것이다. 한편 선진국은 후진국이나 개발도상국에 에너지 절약 기술 또는 자금을 제공하여 온실가스 배출량을 줄이고, 그 만큼을 자국에 부여된 이산화탄소배출량을 삭감시키는 활동을 강화하고 있다. 이는 1997년에 체결된 교토의정서의 규정을 준수하기 위한 노력의 일환이며, 거래가능배출권제도의 구체적인 실천 방안에 해당한다.

첫째, 거래가능배출권제도에 따르면 관련 당사자들이 시장을 통해 거래가능배출권을 자유롭게 교환(거래)하는 것이 허락된다. 따라서 그 거래과정에서 관련 당사자들로 하여금 오염유발상품 또는 환경오염(환경보존)에 관한 각자의 진정한 선호를 표출하게 만드는 장치의 역할을 한다.

둘째, 거래가능배출권이 자유롭게 거래되는 과정에서 오염물질을 덜 방출하는 기술 또는 환경오염을 낮은 비용으로 정화하는 기술을 개발하는 기업은 그 만큼 비용을 줄일 수 있기 때문에 환경친화적 기술개발의 유인으로 작용할 수 있다.

셋째, 환경세 부과 및 보조금 지급과 달리 주변여건의 변화에 따른 불확실성이 없다. 왜냐하면 이 제도는 정해진 양 이내의 오염물질만을 방출할 수 있도록 배출권을 발행하고 있기 때문에 언제나 확실하게 환경 기준을 달성할 수 있다.

넷째, 거래가능배출권제도는 자유로운 거래 과정에서 그때그때의 경제상황을 잘 반영할 수 있기 때문에 경제상황의 변화에 대해 신축적으로 대응할 수 있는 환경대책이라는 평가를 받는다.

반면 배출권을 거래하는 시장이 실제 형성될 수 있어야 그 효과를 볼 수 있는데, 거래가능배출권시장의 개설과 정착에는 적지 않은 시간과 비용이 소요될 뿐만 아니라 다음과 같은 단점이 나타날 수 있다.

첫째, 거래가능배출권을 배정받기 원하는 기업들을 대상으로 불만이 발생하지 않도록 합리적인 배정 기준을 마련하는 것이 현실적으로 쉽지 않다. 왜냐하면 거래가능배출권의 양은 한정되어 있고, 그것을 배정받고자 하는 기업은 많기 때문이다.

둘째, 거래가능배출권은 시장거래가 인정되므로 소수의 기업에 의해 거래가능배출권의 소유집중 현상이 야기되어 경쟁질서의 저해현상 발생이 우려된다. 배출권의 자유로운 거래의 결과, 배출권이 소수 기업에 집중됨으로써 생산물시장이 독·과점화하여 시장의 효율성이 떨어지는 문제를 초래할 수 있다.

셋째, 거래가능배출권의 소수 기업에 의한 소유집중은 자원배분의 효율성을 저해할 수 있으며, 더 나아가 배출권의 구입은 오염원인자에게 환경을 오염시킬 수 있는 권리를 부여함으로써 환경의식을 저하시키는 부정적 영향의 발생이 불가피하다.

이상의 장·단점을 갖는 거래가능배출권제도는 기업활동의 신축성을 보장하고 시장거래를 활성화함으로써 경제적 효율성을 높일 수 있으며, 국고수입을 증대시킬 수 있다는 점 때문에 선진국을 중심으로 그 이용이 증가하고 있다.

4) 배출부과금제도

배출부과금(effluent charge, 배출부담금)제도는 일정한 환경 기준을 초과하는 대기 및 수질오염물질 배출량에 대해 정해진 부과금 요율을 곱하여 산정되는 금액을 오염물질배출 기업에 부담시키는 환경정책을 말한다. 이 제도는 배출되는 오염물질량에 일정한 부과금 요율을 곱하여 배출부과금액을 결정하기 때문에 과세표준에 일정한 세율을 곱하여 납부세액을 산정하는 환경세제도와 그 방식이 유사하다[36].

배출부과금제도는 현실적으로 적정 부과금 요율의 산정이 쉽지 않고, 실효성 확보를 위해서는 해당 기업의 오염물질 배출량에 대한 지속적인 감시와 정확한 배출량 계측이 필요하지만 정부가 행정적인 측면이나 기술적인 측면에서 이와 같은 업무를 제대로 수행하기 어렵다는 단점이 있다.

배출부과금제도의 실시는 오염배출량을 줄이기 위해 들여야 하는 비용부담이 작은 기업에 대해서는 적극적으로 오염물질 배출을 억제하도록 유인함으로써 부과금을 피하도록 유도하게 된다. 반면 오염배출량 삭감에 따른 비용부담이 큰 기업은 오염제거보다 부과금의 납부를 통해 그 기업이 배출하는 오염물질에 의해 초래된 피해에 대하여 사회적 책임을 지도록 영향을 미친다. 따라서 오염물질을 줄이지 못한 기업에 대하여 부과금을 부담시키는 배출부과금제도는 부분적으로 오염제거에 일조하는 환경대책이라고 하겠다.

배출부과금제도는 오염물질배출 기업으로 하여금 합리적인 선택을 하도록 유도하는 방식을 채택하고 있으므로 높은 경제적 효율성을 가져올 수 있기 때문에 미국, 일본, 프랑스, 독일 등 적지 않은 국가가 과거와 현재에 걸쳐 적극 활용하고 있다.

5) 예치금제도

예치금제도(deposit-refund system)는 오염물질을 배출하는 원인자에게 예치금을 적립하도록 하여 환경오염에 대한 책임을 지우는 동시에 발생된 오염물질을 적절히 처리하여 사회가 부담해야 할 환경비용을 감소시켰을 경우에는 적립된 예치금을 반환해주는 환경정책을 말한다. 이는 오염물질 배출이 유발하는 외부불경제에 의한 사회적 해악을 오염자에게 부담시켜 기업이 인식하는 사적 비용을 사회적 비용으로 적정화하는 환경세(피구세)제도와 오염정화시설을 갖춤으로써 오염물질 방출량을 줄일 경우 그 시설 관련 비용을 보조해 주는 보조금(피구보조금)제도의 성격을 동시에 내포하는 환경대책이라고 하겠다.

예치금제도는 적절히 회수하지 않을 경우 심각한 환경오염을 야기할 수 있는 제품과 재생 및 재활용이 가능한 제품을 생산하는 기업에 의한 환경오염을 줄이는 대책으로 매우 유용하다. 이 제도는 환경의 질(質)뿐만 아니라 에너지와 자원(원료)의 절약을 고려하는 환경정책이라는 점에서 그 역할이 증대되고 있으며 미국, 일본, 덴마크, 핀란드, 노르웨이 등에서 적극적으로 이용되고 있다.

36) 환경세가 단위세 방식으로 부과되면 배출부과금이라고 한다. 따라서 배출부과금제도는 환경세제도의 한 유형이라고 할 수 있다.

6) 직접통제

(1) 의의

앞에서 살펴 본 다양한 환경정책 수단들은 시장기능(시장원리)을 활용한 환경오염 문제의 간접적인 치유방안에 속한다. 환경오염 문제 대책으로 오염유발 기업이 만드는 제품의 가격 및 수량에 대한 직접적 규제(통제)의 방안을 강구할 수 있다. 예를 들면 정부에 의한 환경오염 유발기업의 산출량 통제 및 오염방지시설 장치의 의무화 등의 조치가 그에 해당한다.

(2) 장·단점

환경오염에 대한 직접통제는 그 효과가 가장 강력하며 직접적이다. 하지만 너무 경직적이고, 수많은 기업을 대상으로 일일이 오염물질 배출량을 배정하는 것이 쉽지 않으며, 감시(monitoring)에 적지 않은 비용이 수반된다는 문제점을 안고 있다. 따라서 오츠(W. Oates)는 직접통제 방식이 환경세 부과, 보조금 지급 등 시장기능을 활용하는 환경정책의 경우보다 훨씬 많은 경제적 비용을 필요로 한다는 지적을 하였다.

7) 소유권의 설정

현실에서 발생하는 외부경제와 외부불경제 현상은 근본적으로 외부성에 대한 소유권 혹은 재산권이 설정되어 있지 않거나 불합리하게 배정된 경우에 초래된다고 할 수 있다[37]. 대기, 하천 등의 주인이 분명할 경우(외부성에 대한 소유권이 설정된 경우) 그것들을 함부로 오염시키는 상황이 발생하지 않을 것이며, 혹여 오염(훼손)이 초래되었다면 그 원인자는 상응하는 부담(책임)을 지게 됨으로써 관련한 문제의 해결을 위해 별도의 조치를 강구할 필요가 없을 것이다.

외부성에 대한 소유권이 설정되지 않는 경우에 야기될 수 있는 대표적인 문제점의 하나는 '공동재산의 남용'이다. 이에 대한 대책으로 외부성 관련 당사자들은 합리적 해결 방안을 모색하게 된다. 이때 그와 관련한 이론적 틀이 코즈(N. Coase) 정리이다.

(1) 공동재산의 남용

공유재산(자원)인 공동어장(바다)과 공동목초지(주인이 없는 광활한 초지) 등은 외부경제(외부성)를 유발하지만 이에 대한 소유권이 설정되어 있지 않음으로써 남획에 따른 어자원(魚資源)의 고갈이나 소(牛)의 과도한 방목으로 인한 공동목초지의 황폐화 현상을 초래할 수 있다. 이와 같은 비극적인 현상을 공동재산의 남용(The Tragedy of the Commons, 공용지의 비극)이라고 한다[38].

37) 법률적으로 재산권과 소유권은 구분되는 개념이지만 여기서는 양자를 동일한 의미로 간주하고자 한다. 어떤 대상물에 대해 소유자가 될 수 있는 권리를 소유권(재산권)으로 정의하겠다.

38) 공용지의 비극(The Tragedy of the Commons)이라는 용어는 미국의 미생물학자 하딘(G. Hardin)에 의해 1968년 Science지를 통해 처음 소개되었다.

공동재산의 남용은 근본적으로 보면 외부성을 발생시키는 공동어장과 공동목초지에 대한 소유권이 설정되어 있지 않기 때문에 발생한다고 할 수 있다(불명확한 소유권). 외부성에 소유권을 설정함으로써 정부의 직접적인 관여 없이 외부성 관련 당사자들 간의 자발적인 협상을 통해 외부성 문제에 대한 치유방안을 모색하는 시도가 코즈 정리이다.

(2) 코즈 정리

① 조건

코즈 정리(Coase theorem)는 사적 외부성[39]에 한정하여 외부성 관련 당사자가 소수이며, 협상과정에서 소요되는 협상비용(거래비용, 정보의 획득·가격교섭 등을 하는데 드는 비용)이 적고, 협상 이후 수반되는 소득재분배에도 불구하고 외부성에 관한 당사자들의 한계효용(또는 한계비효용)이 불변(파레토 효율적 배분조건의 성립)인 경우에만 적용이 가능하다. 덧붙여 말하면 사적 외부성 상황에서 모든 자원에 대한 소유권(재산권)이 합리적으로 배정(설정)되고, 소유권을 자유롭게 거래하는 것이 가능한 완전경쟁시장이라면 사적 비용과 사회적 비용이 일치되어 외부성 문제가 당사 간 자발적 교섭을 통해 해소된다는 것이다.

② 결과

정부의 직접적인 개입 없이 외부성에 관한 소유권이 설정될 수 있다면, 외부성에 관한 소유권이 누구에게 설정되든지[40] 당사자 간에 성공적으로 자발적 협상이 이루어진 이후에 나타나는 자원배분의 결과는 동일하며 파레토 효율적이다.

③ 의의

코즈 정리는 외부성의 문제를 법적·제도적 측면에서 해결하고자 하는 시도의 선구적 역할을

---

39) 사적 외부성은 인접한 목장에 외부경제효과를 가져다주는 '주인이 없는 넓은 목초지'와 같이 외부성 관련 당사자의 범위를 한정할 수 있는 경우를 말한다. 반면에 공적 외부성은 모든 사람에게 무상으로 혜택을 주는 대기(大氣)가 대표적인 예가 된다. 코즈 정리는 사적 외부성에만 적용되며, 공적 외부성에는 적용할 수 없다. 대기에 소유권을 설정했을 때 야기될 수 있는 엄청난 결과를 상상해 보라.

40) 50명의 주민이 거주하고 있는 마을 인근에 시멘트회사가 설립되어, 시멘트 생산과정에서 발생하는 먼지가 주민의 건강을 해치는 외부불경제로 작용한다고 하자. 만약 정부가 지역주민의 보건보다는 국가경제 발전을 우선시하여 시멘트 생산을 규제하지 않는다면, 이는 외부성에 대한 소유권이 시멘트회사에 설정된 것을 의미한다. 이때 지역주민들은 시멘트회사로 하여금 생산을 줄이거나 다른 지역으로 이주하도록 요구하는 협상을 할 것이다. 협상이 성공하면 지역주민으로부터 시멘트회사로 소득이전(소득재분배)이 나타난다. 한편 정부가 지역주민의 보건을 우선시하는 조치를 취하면(외부성에 대한 소유권이 지역주민에게 설정된 경우), 반대로 시멘트회사로부터 지역주민에게 소득이전(소득재분배)이 이루어진다. 이와 같이 외부성은 주민과 시멘트회사 입장에서 보면 각자에게 유리하게 외부성에 대한 소유권이 설정되면 상대방에게 피해를 미치게 되는 상호성(相互性, reciprocity)을 수반하게 된다. 그럼에도 불구하고 코즈 정리에 따르면 외부성에 대한 소유권이 지역주민에게 설정되느냐 시멘트회사에 설정되느냐와 관계없이 외부성에 대한 소유권이 설정되면 효율적인 자원배분이 이루어진다는 것이다.

하였다. 또한 정부의 개입 없이 민간부문의 관련 당사자들만의 자발적 협상으로 외부성 문제를 치유할 수 있는 가능성을 열었다는 점이 큰 의의로 평가된다. 이는 정부의 개입을 배제한 민간부문에 의한 시장실패 치유방안에 해당한다.

④ 문제점

외부성 문제 해결을 위한 새로운 각도의 접근이라는 점에서 볼 때 그 참신성은 인정되지만 코즈 정리를 현실에 적용하는 데는 적지 않은 어려움이 있다.

첫째, 외부성의 관련 당사자를 명확하게 구별하는 것이 쉽지 않다.

둘째, 협상비용이 큰 경우에는 적용하기 어렵다.

셋째, 대기(大氣) 등과 같은 공적 외부성에 대해서는 적용할 수 없다.

넷째, 이해당사자들의 협상이 공정한 해결책을 낳게 될지 의문이다. 환경오염문제의 피해자는 제대로 조직화되지도 못한 서민들인 반면, 가해자는 자금력과 협상력을 갖추고 있는 기업인 경우가 많다는 점을 간과해서는 안 된다.

다섯째, 오염물질의 방출자와 그로 인한 피해자 가운데 누구라도 관계없이 소유권이 설정될 수 있다면 외부성 문제는 해결될 수 있다는 접근은 피해 당사자들이 받아들이기 어려운 발상일 수 있다.

여섯째, 효율만을 고려한 문제해결 방식이다. 따라서 공평(소득재분배, 형평)을 반영하지 못하는 치유방안이라는 한계를 갖는다. 왜냐하면 코즈 정리는 협상 이후 저소득층으로부터 고소득층으로 소득재분배가 이루어져 분배가 더욱 악화되어도 효율적 자원배분이 이루어질 수 있다면 이를 허용하기 때문이다.

4. 공평성을 고려한 환경정책

앞에서 설명된 환경정책(공해대책)은 기본적으로 외부성에 의한 자원배분의 비효율성 극복에 치중하고 있다. 이는 효율성 측면에서의 환경정책에 해당한다. 환경정책이 실효성을 담보할 수 있기 위해서는 그것이 자원배분(효율성)에 미치는 영향뿐만 아니라 소득분배(공평성, 형평성)에 미치는 영향도 동시에 고려할 수 있어야 한다.

이하에서는 먼저 환경정책을 수립할 때 고려해야 하는 두 가지 핵심 요소로서 효율과 공평(형평) 간의 관계를 알아보도록 하겠다. 이어서 환경정책을 수립할 때 공평성을 어떻게 반영해야 하는가를 설명하고자 한다.

1) 환경정책 결정에 있어 효율과 공평의 관계

환경오염을 수반하는 생산활동은 외부불경제를 초래하고, 이는 자원배분의 왜곡(비효율)을 야기할 수밖에 없다. 따라서 전통적으로 이에 대한 대책은 과잉생산을 줄임으로써 자원배분의 비효율성을 극복하는 방안의 모색에 치중하여 왔다고 할 수 있다.

대체로 어느 나라를 막론하고 경제발전 초·중기나 소득 수준이 낮은 상황에서는 환경문제에 대한 사회의 관심이 크지 못한 것이 현실이다. 저개발국가들은 낙후된 경제수준의 향상을 위해 환경오염의 해소보다는 국가의 생산능력 제고와 소득증대에 더 많은 역량을 기울이는 것이 일반적일 수 있다. 이러한 이유 때문에 환경정책(공해대책)은 주로 중진국(개발도상국) 또는 선진국의 관심사였으며, 사회계층적으로는 중·상류층의 이익에 봉사하는 측면이 농후하였다. 그러나 성장 위주의 과도한 개발이 불러온 환경오염은 인류의 미래에 어두운 그림자를 드리우게 되었고, 이제 환경문제는 지구촌이 함께 대응해야 할 공동과제가 되었다.

합리적인 환경정책은 효율성 측면뿐만 아니라 정책의 결과가 소득계층별로 상이한 영향을 미치는 점(공평성)도 고려해야 한다. 특정 환경정책의 시행이 과잉생산 문제를 해결함으로써 자원배분의 왜곡을 시정할 수 있다고 해도 그 정책의 혜택이 고소득계층에 집중된다면 적절한 정책이라고 보기 어렵다. 또한 그 정책시행이 초래하는 비용을 각 계층이 분담함에 있어 저소득계층이 불리하다면 합리적인 정책으로 받아들이기 곤란하다. 따라서 어떤 환경정책이 바람직한가 또는 실행가능한가를 판단할 때는 효율성뿐만 아니라 공평성(소득분배)을 함께 고려해야 한다.

환경정책의 분배적 측면에 대한 영향은 환경정책 실시가 창출하는 혜택의 소득계층별 영향(혜택의 분배)과 환경정책 실시에 소요되는 비용의 소득계층별 영향(비용의 분담)을 동시에 감안하여 평가하는 접근이 요구된다.

환경문제의 치유를 목적으로 하는 각종 환경정책의 실시는 혜택(편익)과 비용을 동시에 초래할 것이다. 따라서 환경정책의 분배적 영향(공평성)에 대한 바른 평가를 위해서는 환경정책이 각 소득계층에 미치는 혜택과 비용의 분담을 함께 반영해야 한다.

2) 환경정책 혜택의 분배

혜택의 분배라는 측면에서는 어떤 목적의 환경정책이냐에 따라 소득계층별로 상이한 혜택이 제공된다는 점에 주의가 필요하다. 국립공원이나 도립공원과 같은 휴식공간 확충을 위한 환경정책 프로그램은 그 성격상 중·상류층에 더 많은 혜택을 제공하지만, 수질개선을 위한 환경정책 프로그램은 상대적으로 저소득층에 더 많은 혜택을 제공할 것이다. 따라서 혜택의 분배라는 측면에서는 다양한 환경정책의 소득계층별 영향을 획일적으로 단정할 수 없게 된다.

3) 환경정책 비용의 분담

비용의 분담이라는 측면에서는 대체로 저소득층에게 더 많은 비용부담이 초래된다고 할 수 있다. 왜냐하면 환경정책 실시에 소요되는 총비용을 조달할 경우 소득계층별 조세 부담액은 표면적으로 고소득층이 많이 부담하도록 결정되지만 보이지 않는 실질적 부담을 고려하면 그렇지 않기 때문이다. 가장 대표적인 환경정책인 굴뚝산업의 제거를 생각해 보라. 굴뚝산업의 폐쇄를 통한 환경개선 정책은 결과적으로 저소득층의 소득원까지도 소멸시키는 결과를 야기할 수 있다. 따라서 환경정책에 소요되는 비용은 상대적으로 저소득층이 더 많이 부담하게 된다고 하겠다.

이상을 통해 볼 때 바람직한 환경정책은 효율성의 확보를 실현할 수 있어야 하고, 아울러 소득분배 측면에서 공평성을 반영하는 방향으로 추진되어야 한다. 특정 환경정책이 효율성은 보장하지만 공평성을 위배한다면 그 채택 내지 시행이 적절하지 않다. 더 나아가 환경정책의 선정과 실행에 있어서는 이와 같은 효율성, 공평성에 추가하여 정치적 요인, 기타 사회경제적 요인[41] 등을 함께 고려해야 보다 바람직한 결과를 얻을 수 있을 것이다.

41) 환경정책의 결정에 있어 고려해야 할 그밖의 사회·경제적 요인으로는 생태계의 보호, 인간이 추구하는 가치(예 인명의 안전·존중, 환경의 쾌적성 등) 등을 들 수 있다.

제6절
기타 시장실패 원인

1. 한계비용이 0(zero)인 특수한 서비스

라디오 방송서비스, TV 방송서비스 등과 같이 단기적으로 한계비용이 0(zero)인 서비스의 공급은 시장실패를 초래한다. 이런 공동소비재의 경우는 일단 그 서비스를 공급(제공)하는 시설 또는 설비(예 반경 100km를 대상으로 하는 방송장비 등)가 완성되어 소비자들에게 혜택을 제공할 수 있게 되면 시설 또는 설비의 용량 범위 내에 있는 소비자들이 추가적으로 소비량을 늘려도 이에 따라 한계비용은 발생하지 않는다(단기적으로 $MC = 0$). 그러나 범위 밖의 소비자들이 이용을 원할 경우에는 더 큰 설비를 마련하거나 추가적인 설비가 있어야 하므로 범위 밖의 소비자에 의한 추가 소비에는 비용이 발생한다(장기적으로는 $MC > 0$).

단기적으로 $MC = 0$이지만, 시설(설비)범위 밖의 소비자가 추가 소비를 하고자 할 경우 비용을 부담해야 하기 때문에 장기적으로 $MC > 0$이 되는 공동소비재는 [그림 2-10]의 a점에서 공급이 결정되므로 시장실패를 초래하게 된다.

단기적으로 한계비용이 0(zero)인 특수한 서비스의 공급이 시장실패를 초래하는 이유는 해당 기업(공급자)이 시장에서 이윤극대화를 추구하기 때문에 [그림 2-10]의 b점이 아닌 a점에서 생산을 결정함으로써 사회후생의 극대화를 달성할 수 없기 때문이다. 다시 말해 단기에 $MC = 0$이

그림 2-10 한계비용이 0인 특수한 서비스

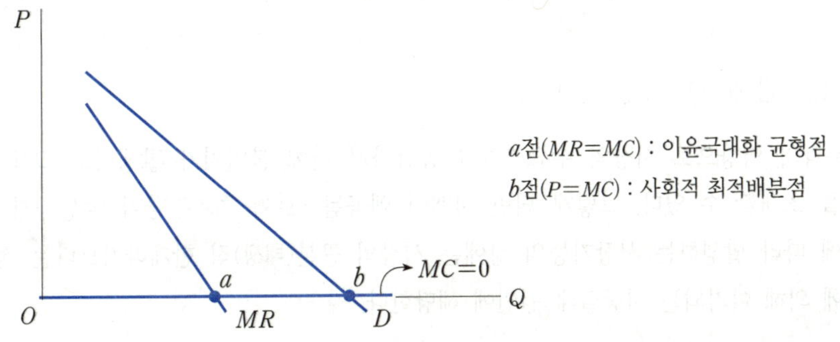

므로 설비(시설)범위 내의 모든 소비자들이 대가(代價)를 치르지 않고 *b*점까지 이용할 때 효율적인 자원배분이 이루어진다. 하지만 해당 기업이 더 큰 이윤을 얻고자 *a*점을 선택하게 된다. 이는 단기 한계비용이 0(zero)인 서비스의 경우 시장에 맡기면 *a*점에 대응하는 생산이 이루어짐으로써 이 부문에 과소하게 자원이 배분되고 그에 따라 효율적인 자원배분을 달성할 수 없게 된다는 것을 의미한다.

2. 공공재의 존재

우리 삶에 긴요한 재화나 서비스임에도 불구하고 시장(민간부문의 자율)을 통해서는 적정한 공급을 기대할 수 없는 공동소비의 대상물을 공공재라고 할 수 있다.

이런 공공재는 비배제성(무임승차), 비경합성 등의 특성 때문에 시장거래가 불가능하며, 시장에서 그에 대한 정확한 선호파악이 어렵다. 따라서 시장경제에서 공공재를 적정 수준만큼 공급하는 것은 가능하지 않기 때문에 시장실패가 발생하게 된다. 더 자세한 내용은 본서의 '제3장 공공재이론'에서 언급하고 있다.

3. 기타 미시적 시장실패 원인

1) 가격기구의 경직성

유통기구의 결합, 자원의 비가동성(非可動性) 등에 기인하여 가격이 비신축적으로 작동하는 경우에는 시장을 통해 효율적인 자원배분을 이룰 수 없다.

2) 자원이 희소하거나 유일하여 보전이 필요한 경우

지하자원이나 희귀 동식물은 모든 사람에게 편익(가치)을 제공한다는 점을 감안하면 그 성격상 공공재에 해당한다. 그런데 이런 대상물의 경우 그 소유권이 명확하지 않기 때문에 무분별하게 남용·남획됨으로써 고갈되는 결과를 초래하기 쉽다.

3) 조세부과에 의한 시장의 왜곡

조세부과의 영향으로 시장의 수요가격과 공급가격 간에 불일치가 발생하고 그에 따라 선택의 왜곡을 초래할 수 있다. 그렇게 되면 선택이 왜곡됨으로써 초과부담이 발생하게 된다. 조세의 부과에 따라 발생하는 시장기능의 장애는 시장의 근본(태생)적 한계라기보다는 정부의 인위적 개입에 의해 야기되는 시장실패 원인에 해당한다.

4. 불공평한 소득분배

시장경제에서 각 개인의 소득은 그가 갖고 있는 생산요소의 보유량, 생산요소의 한계생산력, 생산물의 시장가격에 의해 결정된다. 생산과정에 참여하여 각 부문이 이룩한 기여(역할)의 정도에 따라서 해당 몫의 분배가 이루어진다. 이런 방식의 분배결정을 기능적 분배라고 한다. 그런데 기능적 분배는 현실적으로 '부익부 빈익빈'이라는 부의 편재를 초래함으로써 소득계층별 분배의 불공평성을 심화시킬 수 있다.

자본주의 경제체제에서 시장경제는 기능적 분배방식을 적용하여 계층별 소득수준을 결정하는 메커니즘을 작동시킨다. 그 결과 소득계층별 분배의 불공평은 범주적으로 시장실패의 한 유형에 해당한다. 따라서 현실적으로 이를 해소하기 위한 정부의 시장 개입이 필요하게 된다.

그 대책으로 재산관련세제의 누진도를 제고하거나, 사회보장제도를 강화하거나, 교육기회를 확대하는 등의 방법이 강구될 수 있다. 자세한 내용은 본서 **'제5장~제7장의 조세론 분야 및 제10장 사회보장'** 등에서 언급하도록 하겠다.

5. 경제의 불안정

시장가격의 하방경직성과 유동성함정 등이 존재할 경우, 시장경제(가격기구)는 경제의 안정을 달성하지 못하고 인플레이션, 디플레이션(실업), 국제수지의 불균형(흑자 또는 적자) 등을 초래하게 된다. 이와 같은 경제적 불안정성을 초래하는 원인들은 국민경제의 바람직한 발전에 심각한 문제를 야기할 수 있다.

시장경제에서 나타나는 거시경제 불안정의 원인 및 치유방안을 놓고 고전학파와 케인스 학파가 서로 다른 견해와 처방을 제시하며 대립 발전해 왔다. 고전학파는 총공급관리정책 중심의 대책을 근간으로 하며, 케인스 학파는 총수요관리정책을 통한 치유책에 무게 두고 있다. 자세한 내용은 본서의 **'제9장 재정정책'**과 거시경제학 교과서를 참조하기 바란다[42].

---

42) 이상에서 설명한 시장실패는 정부의 시장 개입을 정당화하는 필요조건일 뿐이며 충분조건은 아니다. 그 이유는 시장의 가격기구가 원활하게 작동하면 정부의 시장 개입은 불필요하고, 정부에 의한 시장 개입이 자원배분을 왜곡하는 결과를 초래할 수도 있기 때문이다. 시장실패 상황은 정부의 시장 개입만으로 충분하게 해소되지 않을 수 있다.

01 경제활동은 자원배분, 소득분배, 경제성장으로 이루어진다. 시장경제에서 자원배분, 소득분배, 경제성장이 바람직하게 이루어지지 못한 상황을 시장실패(시장결함, 시장장애)라고 하는데, 이를 보완 또는 개선하기 위해서는 정부의 시장관여(재정의 3대 기능)가 요구된다.

02 자원배분과 관련된 시장실패는 그 범주를 시장 구조에 기인하는 경우와 거래대상물의 특성에 기인하는 경우로 구분할 수 있다.

03 시장구조에 기인하는 시장실패에는 불완전경쟁(독점, 과점, 독점적 경쟁), 비용감소산업, 위험과 불확실성, 불완전한 정보 등이 해당되고, 거래대상물의 특성에 기인하는 시장실패에는 외부성, 공공재 등이 속한다.

04 독점시장에서 기업은 이윤 극대화를 위해 완전경쟁시장 균형에서의 생산 수준보다 적게 생산한다. 그 결과 자원의 과소사용과 그에 따른 자원배분의 왜곡(비효율성)이 나타난다.

05 비용감소산업은 장기평균비용이 감소하는 특징을 갖기 때문에 파레토 효율을 달성하는 생산수준(완전경쟁시장에서의 생산량)에서는 손실(잔차비용)이 발생한다. 따라서 비용감소산업에 속하는 기업은 손실을 피하기 위해 완전경쟁시장에서의 생산량보다 적은 이윤극대화의 생산량을 선택하고, 이는 자원배분의 비효율성을 낳는다.

06 파레토 효율적 자원배분의 실현은 확실의 세계(상황)를 전제한다. 그런 까닭에 위험과 불확실성이 존재하면 현실적으로 시장개설이 어렵거나(예 시장 개설의 비용>이득), 시장개설은 할 수 있어도 도덕적 해이나 역선택으로 말미암아 시장실패를 초래하게 된다.

07 외부성은 어떤 경제주체의 경제행위가 가격기구를 거치지 않고 거래 당사자 이외의 타인에게 편익과 비용을 야기하지만 적정한 보상이 이루어지지 않은 상태를 의미하며, 편익이 발생하는 경우를 외부경제라고 하고 비용이 발생하는 경우를 외부불경제라고 한다.

08 외부경제에서 생산수준은 완전경쟁균형에서의 생산수준보다 적고, 외부불경제에서의 생산수준은 완전경쟁균형일 때의 생산수준보다 많아 시장실패가 빚어진다.

09 시장실패의 대책은 정부가 개입하는 방법과 소유권을 설정하여 민간이 해결하는 방법으로 구분되고, 정부가 개입하는 방법은 직접통제와 시장을 활용하는 방식으로 나뉜다.

10 코즈 정리에 따르면 외부효과를 발생시키는 대상에 대한 소유권을 분명하게 설정하면 당사자들 간의 자발적 협상에 의해 효율적인 자원배분이 이루어질 수 있다.

제3장
공공재이론

PUBLIC FINANCE

제1절 공공재의 개관

1. 공공재의 개념

공공재(public goods)는 비경합적이며 배제불가능 또는 배제하기 어려워 시장실패를 초래하는 재화나 서비스로서 정부(공공부문)의 일반재원으로 공급되는 소비의 대상물을 말한다. 그 예로는 국방, 치안, 교량, 도로, 소방시설, 댐(Dam) 등이 있다.

공공재는 그 속성상 공공부문이 공급을 담당할 수밖에 없는 소비대상물이다. 하지만 공공부문이 공공재를 직접 생산할 것까지 요구하지는 않는다. 예를 들면 집단소비가 이루어지는 교량의 경우 직접적인 건설행위는 민간기업에 의뢰할 수 있다. 그러나 그 공급(제공)의 주체는 공공부문이어야 한다는 것이다.

공공재의 개념은 고전학파 학자인 스미스(A. Smith) 등에 의해 최초로 논의되었다. 고전학파는 중상주의(重商主義)의 사상을 반대하며 자유방임을 강조하는 입장이었으므로 정부의 역할을 보호적 기능에 국한시키고자 하였다. 따라서 공공재(경비)에 대한 관심이 적었다.

스미스는 작은 정부를 옹호하였지만 순수자유방임주의자는 아니었다. 따라서 상당한 자원을 공공부문에 배분하여 활용해야 한다는 입장을 보였다. 그는 정부의 기능을 국방, (시장경제 운영을 위한)사법권의 확립, 주권유지를 위한 재정권의 행사(치안), 공공토목사업과 공공시설의 유지 및 확충으로 한정할 것을 주장하였다. 그가 주장한 정부의 네 가지 기능 가운데 공공토목사업과 공공시설의 유지 및 확충과 관련된 분야는 오늘날의 공공재 공급과 유사한 성격을 갖는다.

학자들에 따라 공공재에 대해 서로 다른 정의를 하고 있다. 사뮤엘슨(P.A. Samuelson) 등은 공공재를 한 개인의 추가적인 소비에도 불구하고 그 서비스에 대한 다른 개인의 소비를 감소시키지 않는 소비대상물이라고 정의하였다(비경합성). 또한 공공재는 불가분성의 속성 때문에 공동소비 (수요)를 특징으로 하는 집합적 소비재라고 불렀다. 더 나아가 외부효과를 공공재의 기본적 특성으로 간주하였고, 결합공급을 공공재의 주요한 특징이라고 지목하였다.

머스그레이브(R.A. Musgrave)에 따르면 공공재(사회재)는 비배제성과 비경합성의 특징을 나타내기 때문에 모든 개인이 동량(등량) 소비하는 소비대상물을 가리킨다.

우리는 생존을 위해 TV, 냉장고, 신발, 옷, 의사의 진료, 영화관람 등의 사적재(private goods)와 더불어 공공재(public goods)에 해당하는 국방서비스, 치안서비스, 사법서비스 등을 필요로 한다. 오늘날 공공재는 과거와 비교하여 그 종류와 규모가 크게 확대되었으며, 중요성과 역할도 눈에 띄게 커졌다. 다시 말해 이제 더 이상 공공재가 없는 우리의 일상생활은 상상하기 어렵게 되었다는 것이다.

어느 국가나 사회를 막론하고 공공재의 적정공급은 중대한 당면과제가 아닐 수 없다. 공공재의 적정공급에 관한 본격적이고 체계적인 이론의 정립은 19세기 말 스웨덴 학자인 빅셀(K. Wicksell)과 린달(E. Lindahl)에 의해 이루어졌다. 이들은 가격설적인 입장에서 공공재 공급이론을 제시하였는데, 이를 자발적 교환이론이라고 한다. 자발적 교환이론은 이후 보웬(H.R. Bowen), 사뮤엘슨(P.A. Samuelson), 머스그레이브(R.A. Musgrave) 등에 의해 계승되어 발전하였다. 보웬은 공공재의 적정공급에 관한 부분균형접근을 발전시켰고, 사뮤엘슨과 머스그레이브는 공공재 공급에 관한 일반균형접근을 체계화시켰다.

이후 공공재이론은 1950년대부터 공공선택이론과 접목되면서 더욱 괄목할 만한 발전을 이룩하였고, 현재는 재정학을 구성하는 핵심적이고 독립적인 분야로서의 위상을 구축하고 있다.

2. 공공재의 특성

공공재는 비배제성, 비경합성, 외부성 등 다양한 특성을 갖는다. 이러한 특성 때문에 현실적으로 공공재는 시장을 통해 적정공급을 달성하기 어렵다. 공공재의 존재는 효율적인 자원배분을 저해함으로써 시장실패를 유발하는 원인이 된다.

1) 비경합성

비경합성(non-rivalry)은 한 개인이 추가적으로 소비에 참여하여도 기존 소비자들이 얻는 편익이 감소되지 않아 소비에 경합(경쟁)이 필요 없는 특성을 말한다. 추가적인 소비자의 등장으로 기존 소비자들이 소비에서 얻을 수 있는 편익이 감소되면 혼잡(congestion, 정체, 과밀)이 초래되었다고 하며, 이런 상황에서는 소비자들 간에 소비를 놓고 경합할 수밖에 없다. 반면 추가적인 이용 또는 소비에도 불구하고 혼잡이 발생하지 않으면 각 소비자는 소비에서 더 많은 편익을 얻기 위해 굳이 경합할 필요성이 없을 것이다. 덧붙여 말하면 비경합성은 추가적인 이용(사용)에도 불구하고 기존 이용자의 편익 감소가 야기되지 않는 특성을 가리킨다. 이는 어떤 사람이 추가적으로 소비에 참여한다고 해서 다른 사람의 소비가능성이 줄어들지 않는 양상을 말한다. 비경합성이 존재하면 새로운 소비자가 공공재를 추가적으로 소비할 때 드는 한계비용은 단기적으로 0(Zero)이 된다.

비경합성은 소비가 상호 배타적(독립적)이지 않고 연결되어 이루어지도록 작용하며, 이에 따라 사회 전체의 공공재 수요는 개인들의 공공재에 대한 수요를 [그림 3-6]에서처럼 수직적으로 합하여 도출해야 한다[1].

예 등대의 경우, 추가적인 새로운 선박이 등대의 불빛을 보고 안전한 항로를 찾았다고 하여 기존 선박들이 등대로부터 얻을 수 있는 편익(등대가 제공하는 안전한 항로 인도)의 정도는 감소하지는 않는다.

▶ 비경합성(경합성)을 기준으로 하는 공공재와 사적재의 구분

어떤 재화(또는 서비스)의 1인당 소비량은 q이고, 그 재화의 총생산량은 X이며, 재화의 소비에 참여하는 사람(이용자, 소비자)의 수는 N명이다. 이때 그 재화에 대한 경합성 정도(a)는 다음과 같은 산식으로 표시할 수 있다.

$$q = \frac{X}{N^a}$$

$a = 0$이면 순수공공재(pure public goods)이고, $a = 1$이면 순수사적재(pure private goods)이며, $0 < a < 1$이면 준사적재(quasi private goods) 또는 준공공재(quasi public goods)가 된다. 따라서 a가 0에 가까우면 준공공재이고, 1에 가까우면 준사적재에 해당한다.

2) 비배제성

비배제성(non-excludability, 배제불가능성)은 대가(代價)를 지불하지 않았음에도 불구하고 재화의 소비에서 얻을 수 있는 혜택(편익)으로부터 배제(제외)할 수 없는 특성을 말한다. 이는 대가(가격)를 지불하지 않아도 그 재화의 소비로부터 배제시키지 않는 공공재의 속성을 가리킨다.

배제가 불가능하거나 가능하여도 배제에 따르는 비용이 너무 과다할 때는 그런 특성을 나타내는 재화를 시장에서 적정하게 공급하기 어렵다. 따라서 비배제성은 시장실패의 원인이 된다.

비배제성의 특성은 대가를 지불하지 않고 무상으로 공공재를 이용하려는 무임승차자(free-riders, 無賃乘車者)의 문제를 발생시킬 수 있다.

예 등대의 경우, 등대가 위치한 지역을 통과하는 모든 선박은 대가지불 여부와 관계없이 그 편익을 무상으로 수혜할 수 있다.

---

1) 소비가 상호 배타적이라는 것은 소비자 갑이 소비하고 있는 대상물은 다른 소비자 을이 동시에 소비할 수 없음을 의미한다. 반면 소비가 상호 배타적이지 않다면 동일한 소비대상물을 소비자 갑과 을이 함께 소비할 수 있다는 것이다. 소비가 상호 배타적이지 않은 공공재에 대한 사회 전체의 편익(수요)은 공공재를 이용하는 개별 사회 구성원들의 편익을 수직으로 합계하여 파악할 수 있다. 자세한 내용은 [그림 3-6]를 참조하기 바란다.

3) 대규모 집단에 의한 소비

사적재의 경우 대가를 지불하고 그것을 구입한 소비자에게만 독점적(배타적)으로 소비할 수 있는 권한이 주어진다. 그러나 공공재는 집단적으로 공동소비되는 특성을 갖고 있다. 따라서 특정 공공재를 소비할 때 나타나는 각 개인의 소비량 수준은 동일하게 된다(공동소비, 동등소비, 동량소비, 등량소비).

4) 소비의 불가분성

공공재는 공동소비되기 때문에 현실적으로 그것에 대한 각 개인의 소비량(소비정도)을 분할하여 측정(파악)하는 것은 용이하지 않다(공공재 편익의 spill-over 현상). 이는 각 개인이 공공재로부터 얻는 만족감(효용)이 구체적으로 얼마인지를 파악하기 쉽지 않음(효용의 불가분성)을 의미한다. 이와 같은 공공재의 특성이 소비의 불가분성(비분할성, nondivisibility)이다.

5) 결합공급

공공재는 여러 지역 또는 다수의 이용자들이 동시에 사용할 수 있도록 공급되는 특성을 갖는다. 이와 같은 공공재의 공급방식을 결합공급(joint supply)이라고 한다.

예 여름철에 각 지방자치단체(지방정부)가 해충박멸을 위해 방역활동을 시행하면 그 대상이 되는 모든 지역이 동시에 혜택을 수혜하게 된다.

6) 외부성

공공재는 시장에서 파악되지 않는 편익(가격(금액)으로 표시할 수 없는 편익)을 이용자들에게 제공한다. 이를 통상 외부성, 더 정확하게는 외부편익(외부경제)이라고 부른다. 따라서 준사적재(準私的財)가 나타내는 외부성(externality)과 공공재의 속성인 외부성은 본질적으로 차이가 없다. 다만, 그 정도의 차이(크기)에 따라 양자가 구분되어질 뿐이다. 이런 까닭에 공공재를 광의의 소비외부성이라고도 한다[2].

[그림 3-1]은 공공재와 준사적재에 의해 초래되는 외부성(외부효과)의 범위와 그 특성을 정리하여 나타내고 있다.

2) 본서의 '제2장 제4절 외부성' 부분에서 언급했듯이 외부성(외부경제)을 창출하는 부문은 과소생산을 초래하게 된다. 마찬가지로 별도의 보완 조치가 없는 상태에서 외부성을 나타내는 공공재를 시장(민간부문)에 맡겨 공급(생산)할 경우 과소생산될 수밖에 없다.

[그림 3-1] (가)에서처럼 X재 시장을 외부성이 없는 완전경쟁시장이라고 하면 사회적 한계편익(SMB)과 사적 한계편익(PMB)은 일치하게 되고, X재가 초래하는 외부편익(EB, external benefit, 외부경제)은 0(zero)이 된다. 이때에는 X재를 소비하는 개인이 얻는 편익(PMB)과 그것이 사회에 제공될 때 얻을 수 있는 사회적 편익(SMB)이 일치한다. 구체적으로 순수사적재를 X^0만큼 소비(수요)하는 경우라면 X^0의 소비 수준에서 $PMB = SMB(= eX^0)$, $EB = 0$의 관계가 성립하게 된다.

그러나 [그림 3-1] (나)에서처럼 X재가 사적 편익뿐만 아니라 외부편익의 발생을 수반하는 경우에는 $PMB + EB = SMB$의 관계를 형성한다. 이때에는 X재를 구입하여 소비하는 개인이 얻는 편익과 그것이 사회에 제공될 때 얻을 수 있는 사회적 편익은 불일치하게 된다. 따라서 X^0의 소비 수준에서 $aX^0 + bX^0 = cX^0$이 성립하게 된다. 이 경우 외부성에 해당하는 aX^0와 그것을 반영한 bc는 그 크기가 동일하다.

재화 또는 서비스는 외부성의 정도를 기준으로 다음과 같이 분류할 수 있다.

> 순수사적재(외부성을 전혀 발생시키지 않는 경우) : $PMB = SMB$, $EB = 0$
> 준사적재(외부성을 수반하는 사적재) : $PMB + EB = SMB$, $PMB > EB$
> 준공공재 : $PMB + EB = SMB$, $PMB < EB$
> 순수공공재 : $EB = SMB$, $PMB = 0$

이와 같은 구분은 X재가 초래하는 외부편익(외부성)인 EB를 측정할 수 있을 때 가능한 접근이다. 그러나 현실적으로 EB의 측정은 쉽지 않거나 가능하지 않다. 한편 순수공공재의 경우 $PMB = 0$이라는 것은 순수공공재로부터 개인들이 얻는 편익이 없다는 의미가 아니며, 그것이 시장에서 측정(파악)되지 않음을 나타낸다. 또한 $EB = SMB$는 현실적으로 순수공공재의 수요(선호)를 파악하는 것이 가능하지 않음을 의미한다.

그림 3-1 외부성(외부효과)

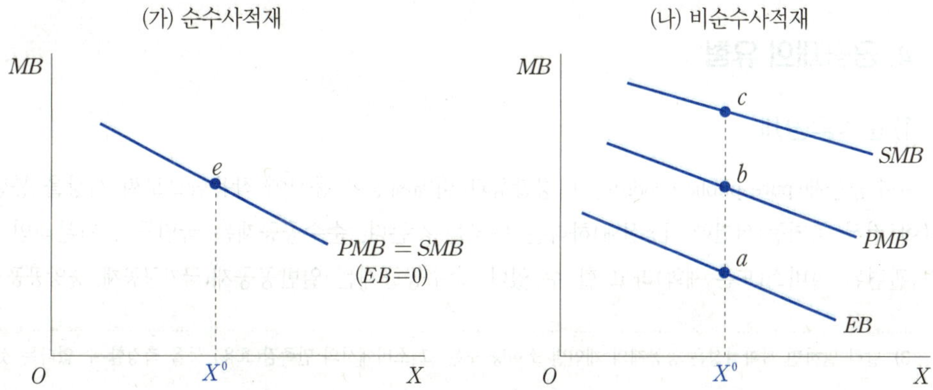

7) 공공재의 기타 특성

(1) 희소성

지하자원이나 바다의 수산자원은 공동소비의 대상이기 때문에 범주적으로 공공재에 해당한다. 그런데 이런 것들은 매장량이나 서식량이 유한하다. 따라서 자원의 희소성도 공공재가 갖는 또 하나의 특성으로 지적할 수 있다.

(2) 불확실성

다수가 동시에 이용하는 소비대상물이라는 점에서 볼 때 비상벨이나 소방서비스, 보험서비스는 공공재에 속하지만 사건이나 화재가 발생해야 비로소 그 이용(소비)이 이루어지게 된다. 따라서 이런 공공재는 언제 소비가 이루어질지 불확실하다는 특성을 내포하고 있다[3].

3. 공공재(public goods)와 사적재(private goods)의 비교

공공재와 사적재는 그 특성이 상이하다. 그런 까닭에 공공재의 전체 수요함수와 사적재의 시장수요함수(사적재의 전체 수요함수) 도출은 다른 방식을 따른다. 시장수요함수는 사적재가 경합성과 배제성을 특성으로 하기 때문에 개인 또는 가계의 수요함수들을 수평으로 합하여 유도한다. 반면 공공재는 비경합성과 비배제성의 특성을 가지므로 공공재의 전체 수요함수 도출은 개별수요함수들을 수직으로 합하는 방식을 적용하게 된다.

공공재와 사적재의 전체 수요함수와 개별 수요함수는 [그림 3-2]와 같은 관계를 갖는다. 사적재의 경우는 소비자들이 똑같은 가격을 지불하되 각자의 선호에 따라 구입량을 다르게 할 수 있기 때문에 동일한 가격($P_a=P_b=P$), 상이한 소비량($Q_a \neq Q_b$, $Q=Q_a+Q_b$)을 나타낸다. 한편 공공재의 경우는 소비자들이 다른 가격(조세 납부)을 부담하지만 똑같은 양을 소비할 수 있기 때문에 상이한 가격($P_a \neq P_b$, $P=P_a+P_b$), 동일한 소비량($Q_a=Q_b=Q$)을 형성한다.

4. 공공재의 유형

1) 순수공공재

순수공공재(pure public goods)는 비경합성과 비배제성이 동시에 작용함으로써 시장을 통한 공급이 전혀 불가능(완전한 시장실패)하다는 특성을 갖는다. 순수공공재는 국민들의 기본적인 욕구와 관련된 서비스(또는 재화)라고 할 수 있다. 순수공공재는 일반공공재(국가공공재, 중앙공공재)에

---

3) 달리 말하면 불확실성은 공공재의 개인별 소비량 또는 그 소비에서의 만족감(효용) 등을 측정할 수 없다는 것이다.

해당하며, 머스그레이브(R.A. Musgrave)는 이를 사회재(social goods)라고 하였다. 그 예로 국방과 치안서비스를 들고 있다[4].

2) 지방공공재(지역공공재)

어떤 공공지출의 편익이 국가의 전 지역에 걸쳐 동시에 고르게 영향을 초래하는 것이 아니라, 특정 지역에 한정하여 편익의 효과가 배타적으로 미치는 경우 이를 지방공공재(local public

그림 3-2 공공재와 사적재의 전체 수요함수

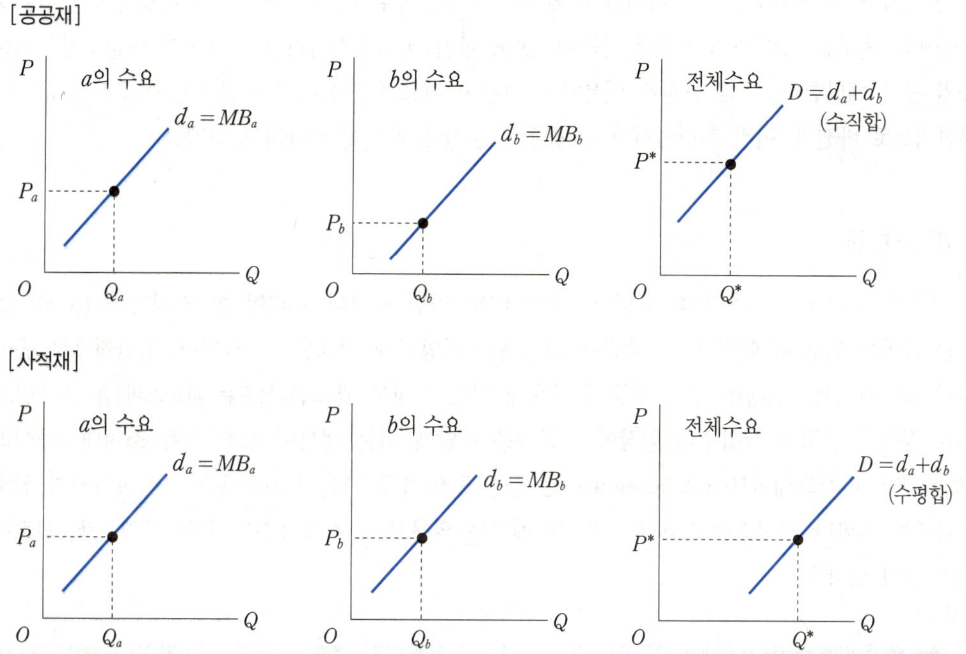

공공재 : $MB(\text{전체}) = MB_a + MB_b\ (D = d_a + d_b$, 수직합)

$$P^* = P_a + P_b, \quad Q^* = Q_a = Q_b$$

사적재 : $MB(\text{전체}) = MB_a = MB_b\ (D = d_a + d_b$, 수평합)

$$P^* = P_a = P_b, \quad Q^* = Q_a + Q_b$$

---

4) 외교나 국방과 같은 순수공공재는 편익의 대상을 확정할 수 없는 특성을 나타낸다. 따라서 중앙정부에서 통일적으로 공급하는 것이 효율적이다. 한편 순수공공재는 아니지만 편익의 파급이 전국적인 서비스도 중앙정부에 의한 공급이 요구된다. 이런 까닭에 국가기반시설인 고속도로는 편익을 누리는 대상을 특정할 수 있음에도 불구하고 전국적 영향을 고려하여 중앙정부에서 공급하고 있다.

goods, 지역공공재)라고 한다. 지방공공재는 특정 지역에 한정되어 비경합성과 비배제성의 성격을 지니고 있다는 점에서 순수공공재와 구분된다. 예를 들면 시·군이나 읍·면 단계에서의 행정서비스와 소방서비스 등이 그 사례에 해당한다.

3) 비순수공공재

비순수공공재(impure-public goods)는 비경합성과 비배제성을 동시에 나타내지는 않는 공동소비 대상물이라고 할 수 있다. 이와 같은 비순수공공재는 사적재와 공공재의 성격을 모두 내포하고 있다는 점에서 혼합재(mixed goods)라고 부르기도 한다. 이 때문에 비순수공공재는 경합적이지만 비배제적이거나 비경합적이지만 배제적인 특성을 갖는다. 배제적이지만 비경합적인 비순수공공재의 예로는 케이블 TV 등을 들 수 있다. 한편 비배제적이지만 경합적인 비순수공공재는 공원 등이 해당한다. 이때 공원은 이용하는 사람이 적으면 경합적이지 않지만 이용객이 많으면 경합적으로 바뀐다. 이런 측면에서 보면 공원은 혼잡재 가운데 하나라고 하겠다.

4) 가치재

가치재(merit goods)는 사회 통념(通念)상 국민이라면 누구나 누려야 할 가치가 있는 서비스 또는 재화를 말한다. 이런 이유 때문에 가치재는 다양하게 정의될 수 있지만, 일반적으로 공급 내지 소비에 관한 결정을 민간 부문의 자율에 일임할 경우 과소공급(또는 과소소비)을 초래함으로써 정부가 온정적 간섭주의 입장에서 공급을 떠맡게 되는 성향이 강한 공동 소비대상물이라고 하겠다. 머스그레이브(R.A. Musgrave)는 공공(공적)욕구 가운데 가치욕구를 충족시키기 위해 공급하는 재화나 서비스라고 하였으며, 그 예로는 의무교육, 저소득층을 위한 공영주택, 의료서비스 등이 있다[5].

▶ 머스그레이브의 욕구 구분

머스그레이브는 인간의 욕구를 그 개인의 개성이 반영되어 나타나는 사적욕구(private wants)와 모든 개인들이 공통적으로 갖는 공공(공적)욕구(public wants)로 구분하였다. 갑은 붉은색 계열의 옷을 좋아하고, 을은 검은색 계열의 옷을 좋아하는 취향이 사적욕구의 예가 될 수 있으며, 이런 사적욕구는 시장에 공급되는 사적재(private goods)의 구입을 통해 충족될 수 있다.

5) 한편 비가치재(demerit goods)는 정부가 온정적 간섭주의 입장에서 공급을 제한하거나 금지하는 재화나 서비스를 말한다. 마약이나 주류판매, 도박행위 등이 그 예이다.

외적의 침입으로부터 국토가 방위되어야 한다거나 늦은 밤 치한으로부터 보호를 받고 싶어 하는 바람은 누구에게나 공통적인 기초욕구로서 이것을 공공욕구라고 한다. 머스그레이브는 공공욕구를 시장에서 부분적으로 충족되는 가치욕구와 시장에서 충족이 불가능한 사회적 욕구(social wants)로 구분하였으며, 각각을 충족시키는 대상물을 가치재와 사회재(social goods)로 정의하였다.

- 사적욕구 : 사적재(private goods, 사용재, 민간재, 시장재)에 의해 충족된다.
- 공공(공적)욕구
  - 가 치 욕 구 : 가치재는 시장(민간부문)에서 공급이 가능하지만 적정공급을 이룰 수 없어 정부가 온정적 간섭주의 차원(paternalism)에서 공급하는 준공공재를 말한다. 가치재는 부분적 시장실패를 초래하며, 정부에 의한 가치재 공급은 개인의 자유 또는 소비자 주권의 이상(理想)과 어느 정도 상충되는 문제를 안고 있다.
  - 사회적 욕구 : 사회재는 순수공공재로서 시장을 통한 공급이 불가능하며, 완전한 시장실패를 유발한다.

5) 차별적 공공재

차별적 공공재(differential public goods)많은 경제 주체가 동시적·집합적으로 이용하지만, 그것으로부터 얻는 편익의 정도가 동일하지 않은 공공재(공공지출)을 말한다. 치수용(治水用) 제방처럼 하천 인근 주민에게 더 편익을 제공하고 점차 그 정도가 약화되는 공공시설을 그 예로 들 수 있다.

6) 중간재적 공공재

중간재적 공공재는 최종적인 소비대상물로서의 공공재가 아니라, 집단이 공동으로 사용하는 생산요소와 같은 성격을 내포하고 있는 공공재를 말한다. 새로운 발견, 공적 정보(公的 情報), 일기예보, 인력연수계획 등이 그 사례이다.

7) 불확정소비재

젝하우저(R. Zeckhauser)는 앞으로 발생할지도 모르는 위험에 대비하기 위한 공공재를 불확정소비재(probabilitic individual preference goods, PIP재)라고 정의하였다. 따라서 공공보험서비스, 소방서비스 등이 불확정소비재에 해당한다.

현실의 일상생활 속에서 접하게 되는 다양한 재화나 서비스는 경합성과 배제성을 기준으로 [그림 3-3] 과 같이 그 위치(자리)를 배열할 수 있다.

[그림 3-3]에 제시되어 있는 다양한 재화(또는 서비스)들이 앞에서 언급된 여러 유형의 공공재 중 어느 범주에 속하는지 확인해 보기 바란다.

▶ 혼잡재의 적정공급

이용자수(또는 이용횟수)가 증가할수록 혼잡현상이 심화되는 준공공재(비순수공공재)를 혼잡재(congested public goods, 정체공공재, 과밀재, 배제가 가능한 혼합형 공공재의 일종)라고 한다. 소방서비스, 경찰서비스, 각종 지방공공재, 국방서비스, 각종 클럽재(club goods, 공설수영장, 골프장, 정구장 등) 등을 그 예로 들 수 있다. 흔히 경찰서비스와 국방서비스는 혼잡현상을 야기하지 않는 순수공공재의 대표적인 사례로 지목된다. 그러나 이들 공공재도 인구증가에 따라 개개의 국민이 누릴 수 있는 국방과 치안서비스의 혜택 수준이 줄어든다는 점에서 보면 혼잡재가 아닐 수 없다. 예를 들면 마을 주민이 100명에서 150명으로 늘어났는데 관할파출소의 경찰관 수는 10명으로 고정된 경우(마을 주민이 늘어도 파출소의 경찰관 수는 크게 변하지 않는 경우), 경찰관 1인당 보호해야 할 주민의 수가 10명에서 15명으로 증가하므로 각 주민에게 제공되는 치안서비스의 혜택이 감소하는 혼잡을 초래하게 된다.

클럽재는 범주적으로 혼잡재(정체공공재, 과밀재)에 속하고, 또한 준공공재(비순수공공재)에 해당한다. 다시 말해 준공공재의 한 유형이 혼잡재이고, 그 대표적인 예로 클럽재를 들 수 있다는 것이다. 이런 관계 때문에 클럽재를 혼잡재와 구별 없이 같은 의미로 사용하는 경향도 있다. 이하에서는 클럽재를 중심으로 혼잡재의 적정 공급방안을 알아보도록 하겠다[6].

1. 뷰캐넌의 접근

뷰캐넌(J.M. Buchanan)은 이용자수가 증가할수록 기존 이용자가 얻고 있던 편익의 감소를 심화시키는 집합재를 클럽재라고 정의하였다. 그는 클럽재에서 발생하는 정체(혼잡)현상의 직접적인 원인을

그림 3-3 재화(또는 서비스)의 구분

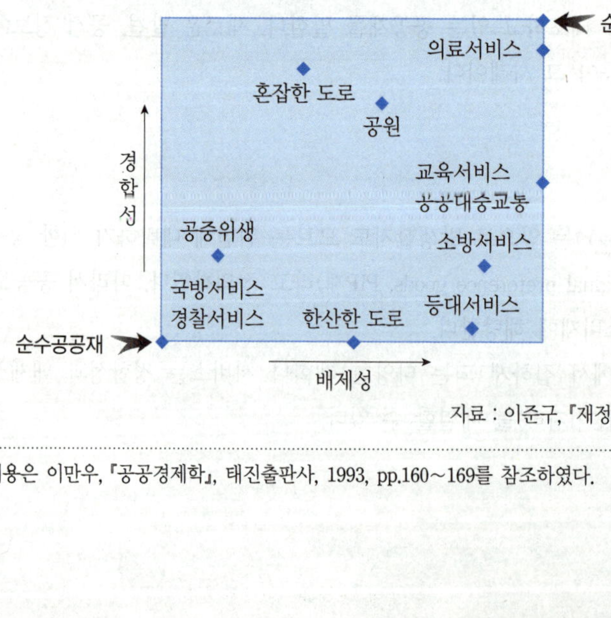

자료 : 이준구, 『재정학』, 다산출판사, 1997, p.107

6) 이하의 내용은 이만우, 『공공경제학』, 태진출판사, 1993, pp.160~169를 참조하였다.

이용자수(클럽의 회원수)의 증가에서 찾았다.

그러므로 뷰캐넌의 클럽재 이론은 클럽재의 적정규모와 적정 이용자수의 도출을 핵심 과제로 삼고 있다. 뷰캐넌은 이용자(회원)의 클럽 가입에 대해 일정액의 회원비(입회비)를 부과하는 배제원칙을 적용하면 혼잡현상이 제거되고 적정 이용자수를 도출할 수 있다는 결론을 제시하였다. 또한 클럽의 이용자(회원)수가 주어졌다면, 클럽재의 적정 산출량(적정규모)은 사뮤엘슨(P.A. Samuelson) 조건을 충족할 때 달성됨을 보였다.

① 최적이용자수 조건

$$-N \cdot MB = C/N$$

* 단, N은 클럽재의 이용자수이고, C는 클럽재 공급의 총비용이다. C/N는 클럽재를 추가적으로 이용할 자가 그 혜택의 대가로 지불하는 한계편익이며, $-N \cdot MB$는 이용자수 한 명 증가에 따라 발생하는 한계정체(혼잡) 비용이다.

클럽재 이용자가 한 명 더 늘어나 N명이 되었다면 클럽의 회원들이 부담해야 하는 회비는 C/N가 된다. 왜냐하면 클럽의 회비는 클럽재 공급에 소요되는 총비용을 C라고 할 때 모든 이용자들이 C/N만큼 균등하게 분담해야 하기 때문이다. 이는 공공재를 이용함으로써 혜택을 얻게 되는 이용자들이 그 대가로 지불하는 것이기 때문에 공공재의 추가이용에 따라 얻는 한계편익이라고 할 수 있다.

한편 이용자수 증가에 의해 나타나는 정체(혼잡)의 피해액은 $-N \cdot MB$가 된다. 그 이유는 클럽재의 추가이용에 따라 기존 이용자들에게 동일한 정체피해($-MB$)를 초래하고 모든 이용자가 N명이므로 이용자 1인 증가에 따른 정체(혼잡)의 피해(한계정체비용)는 $-N \cdot MB$가 되기 때문이다.

따라서 최적이용자수는 $-N \cdot MB = C/N$을 충족하는 N이 된다.

② 최적산출량 조건

$$N \cdot MRS_{GX} = MRT_{GX}$$

* 단, 이용자들의 선호는 동일하다고 가정한다. MRS_{GX}는 공공재가 한 단위 더 공급될 때, 각 이용자가 얻는 편익을 나타낸다. MRT_{GX}는 공공재가 한 단위 더 공급될 때, 소요되는 비용을 나타낸다(G : 공공재(클럽재), X : 사적재).

이용자수가 N명이고 그들의 선호가 동일하다고 가정하는 상황에서 클럽재가 한 단위 더 공급되면 모든 회원의 편익은 증가된다. 모든 이용자가 공공재로부터 MRS_{GX}의 동일한 편익을 얻는다면 클럽재 한 단위 증가에 따른 총편익은 $N \cdot MRS_{GX}$가 된다. 한편 공공재 한 단위가 추가적으로 공급될 때 소요되는 비용은 MRT_{GX}로 표시할 수 있다.

결론적으로 클럽재 한 단위 추가공급은 $N \cdot MRS_{GX}$의 편익과 MRT_{GX}의 비용을 초래하기 때문에 양자가 일치하는 상황에서 클럽재의 최적 공급규모가 결정된다. 이때 클럽재의 최적 공급규모 결정은 사뮤엘슨 조건(Samuelson condition)과 일치한다[7].

7) 사뮤엘슨 조건에 대해서는 '본 장 제2절 2. 이익설적 접근'을 참조하기 바란다.

2. 오크랜드의 접근

오크랜드(W.H. Oakland)는 이용자수보다 이용횟수의 증가가 기존 이용자의 편익 감소(정체, 혼잡)를 심화시키는 원인이라고 지적하였으며, 이런 특성을 갖는 재화나 서비스를 클럽재라고 정의하였다.

따라서 오크랜드의 클럽재 이론은 클럽재의 적정 규모 도출과 더불어 적정 이용자수 대신 적정 이용횟수의 결정을 핵심 목표로 설정하고 있다.

① 최적소비 수준(적정 이용빈도) 조건

$$MRS^i_{GX} = \sum_j MRS^j_{\Sigma X}$$

* 단, MRS^i_{GX}는 소비자 i가 클럽재 추가소비를 통해 얻는 한계편익을 나타내며, $\sum_j MRS^j_{\Sigma X}$는 소비자 i의 추가소비가 모든 소비자에게 끼친 한계정체비용을 나타낸다.

오크랜드의 클럽재 모형에 있어 최적이용(소비) 횟수는 추가적인 소비(소비자 i의 클럽재 추가소비)에 따른 한계편익(MRS^i_{GX})과 그에 따라 모든 소비자에게 미치는 정체(혼합)의 피해를 합한 한계정체비용($\sum_j MRS^j_{\Sigma X}$)이 일치하는 상황에서 결정된다.

② 최적산출량 조건

$$\sum_i MRS^i_{GX} = MRT_{GX}$$

* 단, $\sum_i MRS^i_{GX}$는 클럽재의 추가생산에 의해 소비자들이 얻는 편익(추가생산이 가져오는 정체 감소의 편익)을 합하여 도출한 한계편익이며, MRT_{GX}는 클럽재의 한계비용을 나타낸다.

클럽재를 1단위 더 추가생산하면 모든 소비자들이 편익을 얻게 되며, 이를 합계하면 클럽재 추가생산에 따른 한계편익($\sum_i MRS^i_{GX}$)이 된다. 한편 클럽재 1단위 추가생산에 의해 발생하는 한계비용은 MRT_{GX}이다. 따라서 클럽재 추가생산에 따른 편익이 $\sum_i \mathrm{MRS}^i_{GX}$이고, 비용이 MRT_{GX}이므로 클럽재의 최적규모는 양자가 일치하는 상황에서 이루어진다.

뷰캐넌과 오크랜드의 클럽재 모형이 시사하는 바는 시장에서 거래가 되는 사적재와 마찬가지로 클럽재(혼잡재, 정체공공재)의 경우도 그 이용자(소비자)에게 동일한 가격을 요구함으로써 정체를 적절히 조절할 수 있을 뿐만 아니라 적정공급도 실현할 수 있다는 것이다. 뷰캐넌 모형에서 클럽재의 추가적인 이용자가 부담해야 할 가격은 C/N이며, 이는 모든 소비자에게 동일하다. 오크랜드 모형에서 클럽재의 추가적인 소비 대가(가격)는 추가소비에 따라 수반되는 한계비용($\sum_j MRS^j_{\Sigma X}$)만큼이어야 한다. 이때 추가소비에 따라 발생하는 한계비용은 모든 경우 똑같이 $\sum_j MRS^j_{\Sigma X}$의 크기를 나타낸다. 따라서 오크랜드 모형에서 추가적인 소비의 대가(가격)는 동일하게 된다.

제2절 공공재의 최적공급이론

사적재는 시장을 통해 효율적인 공급을 달성할 수 있지만, 공공재는 그것이 갖는 비배제성, 비경합성 등의 특성 때문에 시장(민간부문)에 맡길 경우 적정한 공급을 실현할 수 없다. 현실적으로 공공재가 시장에서 적정 공급될 수 없는 근본적인 원인은 공공재에 대한 개별 사회구성원의 선호(수요)를 정확하게 파악할 수 없기 때문이다. 만일 공공재에 대한 개별 사회구성원의 선호(수요)를 정확히 알 수 있다면 시장의 의사결정원리를 이용하여 공공재를 적정 공급하는 방안의 도출이 이론적으로 가능하게 된다.

본 절에서는 공공재에 대한 개별 사회구성원의 선호(수요)가 정확히 시현될 수 있는 경우를 가정(상상)하고, 그때 시장 메커니즘을 적용하면 어떤 상황에서 공공재의 최적 공급이 이루어지게 되는가에 대하여 알아보도록 하겠다. 이는 공공재의 선호 시현을 가상하여 공공재의 최적 공급방안을 이론적으로 모색하는 접근에 해당한다. 이러한 접근은 '시장원리를 원용한 공공재의 최적공급이론'이라고 할 수 있다[8].

시장원리를 적용한(원용한) 공공재의 최적공급이론은 능력설적 접근과 이익설적 접근으로 구분된다[9]. 능력설적 접근(능력원칙)의 예로는 피구(A.C. Pigou)의 한계효용접근이 대표적이다. 한편 이익설적 접근(이익원칙)으로는 부분균형접근에 해당하는 린달(E. Lindahl)의 자발적 교환이론, 보웬(H.R. Bowen)의 모형과 일반균형접근에 속하는 사뮤엘슨(P.A. Samuelson) 및 머스그레이

8) 본 절에서는 공공재에 대한 이용자(소비자)의 수요가 파악될 수 있다는 가정 아래 시장 메커니즘을 적용하여 공공재의 최적공급은 어떤 조건을 충족할 때 달성되는가를 알아보고자 한다. 따라서 이와 같은 접근은 엄밀히 말하면 '가상의 공공재 공급이론 또는 시장원리를 원용한 공공재의 최적공급이론'이라고 할 수 있다.

9) 능력설적 접근은 공공재의 적정공급이 개별 사회구성원의 처지 등을 일일이 반영하여 이루어지는 것이 아니라 전체 차원에서 결정된다는 입장이다. 이는 그 사회가 필요로 하는 공공재의 최적규모 등을 파악할 수 있을 경우 그것을 반영한 적정 공급을 실행하고, 그에 따라 소요되는 비용부담은 개별 사회구성원이 수혜한 혜택을 고려하지 않고 능력(경제적 능력)을 감안하여 결정하는 접근을 따른다. 반면 이익설적 접근은 공공재를 사용하고, 그 공급에 필요한 재원을 부담해야 하는 개별 사회구성원의 선호(편익, 혜택, 수요)가 수합(收合)되어 공공재의 적정공급이 결정된다는 것이다. 능력설적 접근에서 사회구성원들이 공공재 사용(소비) 대가로 지불해야 할 부담액은 공공재로부터의 편익(선호, 수요)과는 무관하게 결정되는 반면, 이익설적 접근에서는 사회구성원들에게 공공재로부터 얻는 편익(선호, 수요)만큼만 공공재의 사용대가를 부담(지불) 지우게 된다.

브(R.A. Musgrave)의 모형 등이 있다.

▶ 시장(가격기구) 원리를 원용한 공공재의 최적공급이론

- 능력설적 접근 ── 피구의 한계효용접근
- 이익설적 접근
  - 부분균형접근
    - 린달의 자발적 교환이론
    - 보웬 모형
  - 일반균형접근
    - 사뮤엘슨 모형
    - 머스그레이브 모형

1. 능력설적 접근

1) 공공재의 적정규모 결정

피구(A.C. Pigou)는 한계효용이론(기수적 효용이론)을 구성하는 핵심 내용인 한계효용체감의 법칙, 한계효용균등의 법칙 등을 재정이론에 원용하여 공공재의 최적공급이 어떤 상황에서 실현될 수 있는가의 조건을 제시하였다(한계효용분석에 의한 접근)[10].

공공재의 소비를 통해 얻을 수 있는 한계효용과 재원조달을 위해 부과되는 조세가 초래하는 한계비효용을 기수적으로 측정할 수 있다면, 공공재로부터의 사회적 한계효용(MU_{PG}, Marginal Utility of public goods)과 조세납부에 따른 사회적 한계비효용(MD_T, Marginal Disutility of tax, 사회적 한계불이익)이 일치하는 상황에서 공공재의 최적공급 수준(최적예산규모)이 도출된다. 다시 말해 능력설적 접근(한계효용접근)에서는 공공재로부터의 사회적 한계편익과 공공재 공급을 위한 재원조달 과정에서 조세납부가 초래하는 사회적 한계비효용이 일치하는 [그림 3-4]의 E점에서 공공재의 최적공급 규모가 결정된다는 것이다.

10) 피구(A.C. Pigou)의 접근은 달튼(H. Dalton)의 사회이익극대화원칙을 기초로 하고 있다. 달튼의 사회이익극대화원칙을 한계효용이론과 접목시켜 만들어진 공공재공급이론이 피구적 접근이다. 달튼의 사회이익극대화원칙은 다음을 기본원칙으로 한다. 첫째, 공공재 공급은 어느 것이나 사회적 편익을 발생시킨다. 그러므로 공공재의 공급을 통해 사회이익을 극대화할 수 있기 위해서는 그 공급으로부터 얻어지는 사회구성원들의 한계이익이 균등해야 한다. 둘째, 조세부과는 어느 것이나 사회적 불이익을 초래한다. 따라서 과세에 의한 사회적 불이익을 극소화하기 위해서는 조세를 부과함으로써 발생하는 사회구성원(납세자)들의 한계불이익이 균등하도록 조세를 분담시키지 않으면 안 된다. 셋째, 공공재의 최적규모는 공공재가 제공하는 한계사회이익과 조세부과에 의해 발생하는 한계사회불이익이 일치되는 상황에서 이루어진다. 따라서 피구의 한계효용접근과 달튼의 사회이익극대화원칙은 본질적으로 동일한 의미를 갖는다고 할 수 있다.

[그림 3-4]의 D점에서는 MU_{PG}가 MD_T보다 크다. 이때는 공공재 공급 수준을 늘림으로써 공공재 공급에서 얻는 순효용(순편익, $MU_{PG}-MD_T$)을 증가시킬 수 있다. 따라서 D점에 대응하는 공공재 공급 수준은 적정 규모에 미달하는 과소공급을 나타낸다.

반면 F점에서는 MU_{PG}보다 MD_T가 더 크므로 공공재 공급 수준을 줄여야 공공재로부터 얻는 순효용이 증가하게 된다. 이에 따라 F점에 대응하는 공공재 수준은 적정 공급을 능가하는 과잉공급을 초래한다.

2) 한계

공공재공급이론으로서 능력설적 접근은 가정이 충족되는 가상의 세계에서만 그 유용성을 가지며, 현실적으로는 다음과 같은 한계를 안고 있다.

첫째, 공공재의 사회적 한계효용(MU_{PG})이나 조세납부에 따른 사회적 한계비효용(MD_T)을 기수적으로 측정(파악)하는 것이 현실적으로 용이하지 않을 뿐더러 측정수단도 없다. 다시 말해 MU_{PG}와 MD_T 모두 주관적(추상적)으로 파악될 수밖에 없는 개념이기 때문에 그것을 객관적인 수치로 전환하여 표시하기가 쉽지 않다는 것이다.

둘째, 이 접근에 의해 결정되는 공공재의 공급 수준은 사회 전체를 대상(기준)으로 한 총체적 공급량이기 때문에 개별 사회구성원의 견해(선호, 수요)가 일일이 반영된 진정한 이상적 공급 수준 결정과는 거리가 있을 수 있다. 또한 공공재의 한계효용과 조세납부에 의한 한계비효용을 사회적 차원에서 일치시키는 작업은 현실적으로 용이하지 않은 과제이다.

셋째, 이 접근에서는 개별 납세자가 부담해야 하는 구체적 조세분담액을 결정할 수 없기 때문에 정책적 활용에는 한계가 있다. [그림 3-4]의 E점은 공공재의 최적 수준을 나타낼 뿐이며, 이

그림 3-4 능력설적 접근에서의 공공재 최적규모 결정

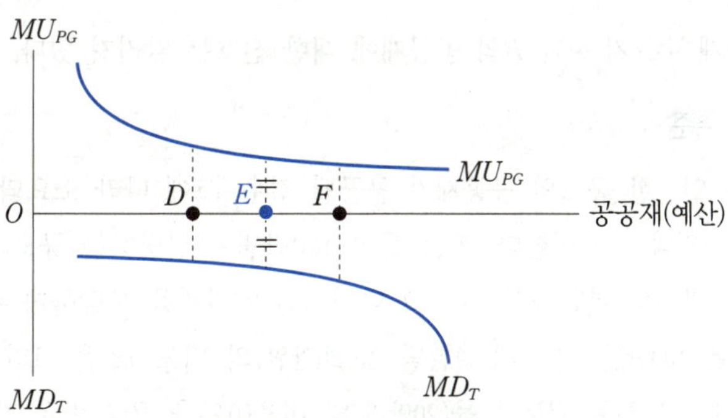

• D점 : 공공재의 과소공급, 사적재의 과다공급
• E점 : 균형, 공공재와 사적재의 최적공급
• F점 : 공공재의 과다공급, 사적재의 과소공급

때 그것을 이용할 각 사회구성원(납세자)이 얼마만큼의 부담을 해야 하는가에 대한 정보는 제시하지 못한다.

2. 이익설적 접근

공공재의 최적공급에 대한 이익설적 접근은 부분균형접근과 일반균형접근으로 구분된다. 부분균형접근은 공공재만을 대상으로 그 적정공급이 어떻게 실현되는지를 파악한다. 반면 일반균형접근은 공공재와 사적재 모두를 대상으로 적정공급(적정 자원배분)이 어떤 상황에서 달성되는지를 다룬다.

1) 부분균형접근

(1) 린달의 자발적 교환이론

① 가정

린달(E. Lindahl)의 자발적 교환이론(theory of voluntary exchange)은 다음과 같은 가정을 전제로 하여 공공재의 최적공급이 어떻게 실현되는가를 설명하고 있다.

첫째, 2인(A, B)의 공공재 수요자(납세자)가 한 종류의 순수공공재를 공동소비한다.

둘째, 공공재의 공급에 의해 수요자 A와 B가 이익(편익)을 얻고, 공공재 공급에 소요되는 총비용은 2인이 분담한다.

셋째, 공공재 수요자 A와 B 사이에는 공평한 소득분배가 이루어져 있다.

넷째, 각각의 공공재 수요자는 자신의 일방적인 의사를 상대방에게 강요하지 않는다. 이는 공공재 공급이 사회구성원들의 의사를 존중하고 반영하는 방향(자발적 의사교환의 원칙)에서 이루어짐을 의미한다.

다섯째, 공공재 수요자 A와 B의 공공재에 대한 선호는 알려져 있다.

② 최적공급 수준

린달 모형은 일정한 규모의 공공재가 공급될 경우, 그에 따라 소요되는 총비용을 A, B 두 수요자에게 분담시킨다고 가정한다. 예를 들면 100만원에 상당하는 규모(금액)의 공공재가 공급되는 경우 A가 80만원을 분담하면 B는 그 나머지인 20만원을 분담하게 된다. 이때 공공재 공급에 소요되는 총비용(100만원) 가운데 A분담 몫(80만원)의 비율(0.8)을 A의 린달 가격(h^A)이라고 하며, 그 나머지에 해당하는 B분담 몫(20만원)의 비율(0.2)을 B의 린달 가격(h^B)이라고 한다. 따라서 $h^A(0.8) + h^B(0.2) = 1$의 관계이다.

[그림 3-5]에서 O_A를 기준으로 종축은 공공재량(G)이며, 횡축은 A의 린달 가격(h^A)을 표시하면 A가 선호하는 공공재량과 린달 가격의 관계는 AA곡선과 같이 그려진다. 왜냐하면 높은 린달 가격에서는 작은 공공재 규모를 선택하고, 낮은 린달 가격에서는 큰 공공재 규모를 선호할 것이기 때문이다. 한편 O_B를 기준으로 B의 경우를 표시하면 BB곡선과 같다.

공공재의 최적 공급 수준은 A와 B의 공공재에 대한 선호를 나타내는 AA곡선과 BB곡선이 만나는 [그림 3-5]의 E점에서 결정되며, 이때 파레토 효율이 달성된다.

A는 G^*규모의 공공재 공급에 소요되는 총비용 가운데 O_Ah^*만큼을 분담하고, B는 O_Bh^*만큼을 분담한다(A와 B : 동일한 규모의 G^*소비, 등량소비). 이때 O_Ah^*는 A의 린달(Lindahl) 가격이며, O_Bh^*는 B의 린달 가격이다. E점에서 공공재의 최적규모와 각자가 분담해야 할 린달 가격이 결정된다($O_Ah^* + O_Bh^* = 1$).

③ 문제점

린달 모형[11)]은 공공재의 최적규모와 그 이용(수요)자가 부담해야 할 비용의 비율을 나타낼 수 있다는 장점이 있지만, 동시에 다음과 같은 한계를 갖는다.

첫째, 린달 모형의 가정이 비현실적이다. 왜냐하면 현실적으로 공평한 소득분배가 사전(事前)에 실현되기 어렵고, 공공재 수요자 A와 B가 동등한 교섭력을 갖기 쉽지 않다. 또한 시장에서 각 사회구성원의 공공재에 대한 선호(수요)를 파악하는 것이 현실적으로 어렵다.

그림 3-5 린달 모형

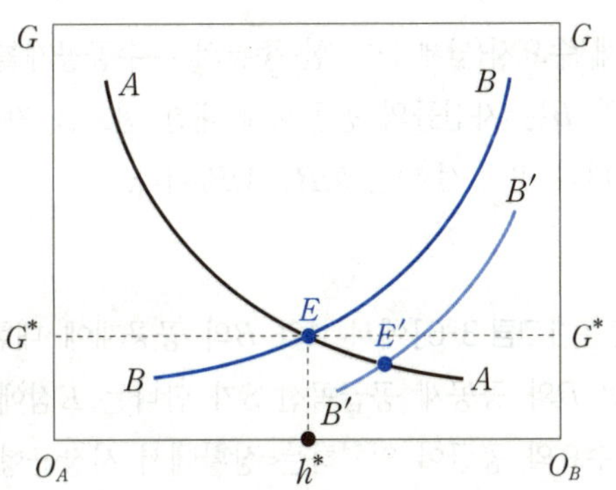

• AA곡선 : A의 공공재에 대한 수요(선호)곡선으로서 A가 일정한 공공재량에 대해 지불하기를 원하는 금액의 총비용에 대한 비율(린달 가격)과 공공재량 간의 관계를 나타낸다.
• BB곡선 : B의 공공재에 대한 수요곡선
• E점 : AA와 BB가 교차하는 균형점(파레토 효율 달성)

11) 린달(E. Lindahl)의 자발적 교환이론은 이후 발전을 거듭하여 다양한 분야에서 활용되고 있음은 물론 일반균형 접근으로까지 확장되었다.

둘째, 공공재 수요자가 3인 이상 존재하는 경우, 린달 모형으로는 공공재의 적정규모가 어떻게 도출될 수 있는지를 설명할 수 없다.

셋째, 린달 모형에서는 공공재 수요자 A와 B의 구체적인 조세부담액이 결정되는 것이 아니며, 분담률만 결정될 뿐이다. 각각의 공공재 수요자가 부담해야 할 세액의 확정이 불가능하기 때문에 정책적 활용에는 한계를 드러낸다.

넷째, 린달 모형은 각각의 공공재 수요자가 부담해야 할 세액결정 과정에서 소득계층별 비용분담의 역진성을 초래할 수 있다(L. Johansen). [그림 3-5]에서 A가 저소득층이고 B가 고소득층일 때, B의 선호가 BB에서 $B'B'$로 변화되면 새로운 균형이 E'점에서 이루어진다. 이에 따라 E'점에 대응하는 공공재 규모는 작아지고 저소득층이 분담해야 할 린달 가격은 오히려 커지므로 역진성이 나타나게 된다.

(2) 보웬 모형

① 가정

보웬(H.R. Bowen) 모형은 순수공공재의 가격과 그 수요량을 결합시켜 공공재에 대한 전체 수요곡선[pseudo-demand curve, 가상(의사, 유사)수요곡선]을 도출하는 한편 공공재의 최적규모 결정 과정을 체계적으로 제시하였다. 보웬 모형에 따르면 공공재에 대한 전체 수요곡선은 개별수요곡선을 수직으로 합하여 도출하게 된다[12].

범주적으로 린달 모형의 연장이라고 할 수 있는 보웬 모형에서는 다음과 같은 가정을 기초로 하여 공공재의 최적공급이 어떻게 달성될 수 있는가를 제시하였다.

첫째, 2인(A, B)의 공공재 수요자(납세자)가 한 종류의 순수공공재를 공동소비한다.

둘째, 공공재 수요자 A와 B는 자신들의 공공재에 대한 선호를 자발적으로 시현한다. 구체적으로 A와 B의 공공재로부터의 편익(선호)은 MB_A, MB_B이다.

② 최적공급 수준

공공재의 최적공급 수준은 [그림 3-6]에서 A와 B의 공공재에 대한 개별수요를 수직으로 합하여 도출한 전체 수요곡선 D와 공공재 공급곡선 S가 만나는 E점에 대응하는 G^*이다. 이러한 접근은 특정 상품에 대한 수요와 공급이 일치하는 상황에서 시장균형이 형성되는 것과 같은 원리를 따르고 있다.

균형상태를 나타내는 E점에서는 $MB_A + MB_B = MC$가 성립하며, 균형량은 G^*이고 각자가 지불해야 할 공공재 가격은 P_A, P_B이다. 이때 각각의 공공재 수요자는 동일한 공공재량을 소비하며, 상이한 가격[조세분담액, 공공재의 소비에서 얻는 혜택(MB)의 크기에 해당하는 가격]을 부담한다.

---

12) 순수공공재는 비경합성, 공동소비의 특성을 가지므로 사회구성원들의 개별수요를 수직으로 합하여 사회 전체의 수요를 도출하게 된다.

반면 순수사적재의 경우 전체 수요곡선은 개별수요곡선을 수평적으로 합계하여 도출하며 소비자는 동일한 가격에 상이한 수량을 소비하게 된다.

③ 장·단점

보웬 모형은 린달의 자발적 교환이론과 달리 3인 이상의 공공재 수요자가 있는 경우에도 공공재 규모결정을 이끌 수 있다. 또한 각각의 공공재 수요자(납세자)가 공공재로부터 얻는 혜택만큼 조세를 부담하도록 되어 있기 때문에 공공재 수요자가 부담해야 할 세액이 확정적이며, 이런 부담방식에 대해 수요자들의 합의를 유도하기가 용이하다.

반면 이 모형이 갖는 단점으로는 다음을 지적할 수 있다.

첫째, 현실적으로 각 개인의 공공재에 대한 선호(편익)를 온전하게 파악할 수 있는 장치가 존재하지 않는다. 따라서 각 개인의 공공재에 대한 선호(수요)를 기초로 하여 전체 수요곡선을 도출하는 것은 이론적으로만 가능할 수 있다.

둘째, 동일한 양의 공공재를 소비하고 있는 각 개인을 대상으로 그의 공공재에 대한 선호(편익)에 따라 차별적인 조세징수를 하기는 현실적으로 쉽지 않다.

셋째, 사적재를 제외한 공공재의 적정공급만을 독립적으로 다루고 있는 부분균형접근에 불과할 뿐이다. 이 점은 린달의 자발적 교환이론이 갖는 문제점이기도 하다.

그림 3-6 보웬 모형

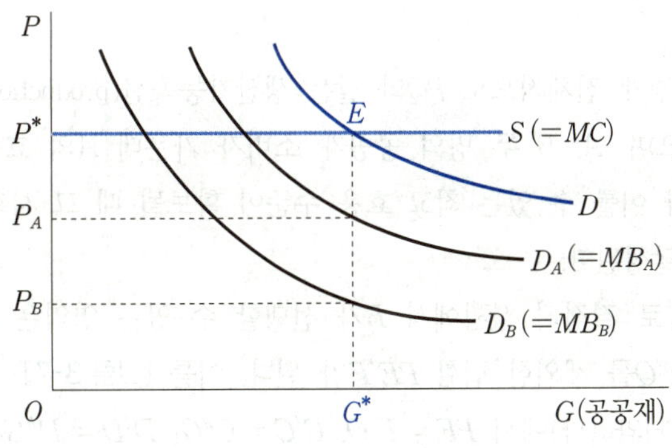

• D_A와 D_B : A와 B의 공공재에 대한 개별수요곡선(의사수요곡선)이며, 각 수요곡선 아래의 수직거리는 공공재로부터 얻은 한계편익(MB)을 나타낸다.

• D : 공공재에 대한 사회 전체의 수요곡선으로서 D_A와 D_B의 수직 합으로 도출한다. 그 이유는 공공재가 갖는 등량소비의 특성 때문이다.

• E점 : D와 S(공공재의 공급곡선)가 교차하는 균형점(파레토 효율 달성)

2) 일반균형접근

(1) 사뮤엘슨 모형

① 가정

공공재[13)]의 최적공급 방안 모색을 위한 일반균형접근은 한 경제 내의 한정된 자원을 민간부문과 공공부문에 적절하게 배분함으로써 사회후생의 극대화를 이룰 수 있는 공공재와 사적재의 최적 규모 도출을 목표로 한다. 이런 접근은 공공재와 사적재의 이상적 공급 수준을 동시에 찾는다는 점에서 일반균형접근이라고 부른다.

사뮤엘슨 일반균형 모형의 기본가정은 다음과 같다.

첫째, 순수사적재와 순수공공재가 각각 한 종류만 존재하고, 이것들의 생산을 위해 그 사회가 보유하고 있는 한정된 가용자원이 배분된다.

둘째, A와 B, 2인의 공공재 소비자(납세자)만 있는 경제를 가정한다.

셋째, A와 B 두 소비자의 순수사적재 소비량은 서로 다르지만 순수공공재의 소비량은 동일(동등소비)하다.

넷째, 순수사적재와 순수공공재는 완전한 정보를 갖고 있는 한 기업에 의해 공급된다. 이는 전지전능한 계획자에 의해 공공재가 바람직하게 공급된다는 것이다.

다섯째, 순수공공재에 대한 자원배분은 공공재 소비자의 개인적 선호에 의해 좌우되며, 이러한 개인적 선호는 이미 알려져 있다.

② 공공재의 최적공급을 위한 조건

공공재의 최적공급 조건은 [그림 3-7]에 의해 다음과 같이 설명될 수 있다.

㉠ 효율성 조건

[그림 3-7]에서처럼 경제 전체적으로 PQ와 같은 생산가능곡선(production possibility curve, 변환곡선)을 형성하고 있으며, A, B 두 명의 공공재 소비자 가운데 A의 효용 수준이 I_2^A로 이미 결정되었다. 그러면 B가 이룰 수 있는 최고 효용 수준이 확보될 때 그 사회의 후생수준이 극대화되는 파레토 효율이 달성된다.

A의 효용 수준이 I_2^A로 결정된 상황에서 B가 선택할 수 있는 영역은 [그림 3-7] (가)의 집합 OPQ에서 집합 $OFE'Q$를 제외한 집합 $PE'F$가 된다. 이를 [그림 3-7] (다)에서 표시하면 집합 $OF'E''$이다. 이때 (가)와 (다)에서 $PF=F'O$, $C'C=C''G_1$ $D'D=D''G_2$의 관계가 성립한다. 따라서 집합 $PE'F$와 집합 $OF'E''$는 동일하며, 이는 A의 효용 수준이 I_2^A인 경우 B가 선택할 수

13) 이하에 설명되어 있는 바와 같이 공공재의 최적공급을 위한 사뮤엘슨 조건은 원래 순수공공재만을 대상으로 유도되었다. 그러나 혼잡재, 지방공공재, 소비자별 이용 수준이 상이한 공공재(교량, 도로)의 경우도 그것의 최적공급은 사뮤엘슨 조건을 따를 때 달성된다. 구체적으로 이러한 비순수공공재들도 이용자의 수 또는 이용횟수가 제약되면 최적공급을 위한 조건은 순수공공재의 경우와 동일하다.

그림 3-7 사뮤엘슨 모형

(가) 경제 전체

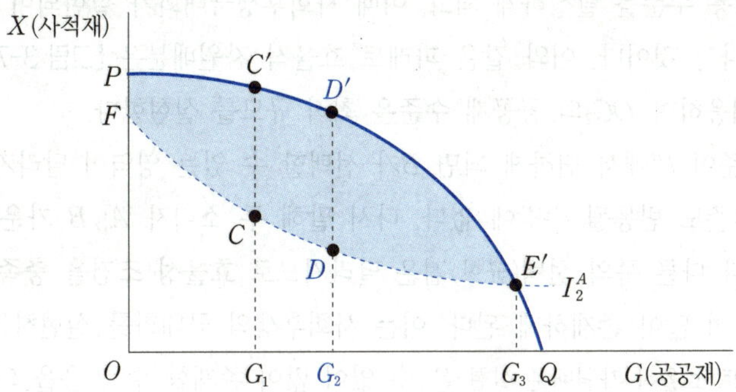

• PQ : 생산가능곡선 혹은 변환곡선

(나) A의 경우

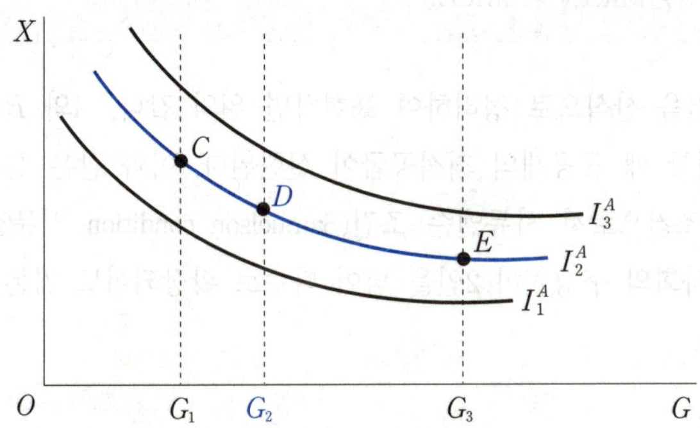

• A는 자신의 소득제약을 준수하며 D점에서 균형을 이루고, 이때 I_2^A의 효용을 얻는다.

(다) B의 경우

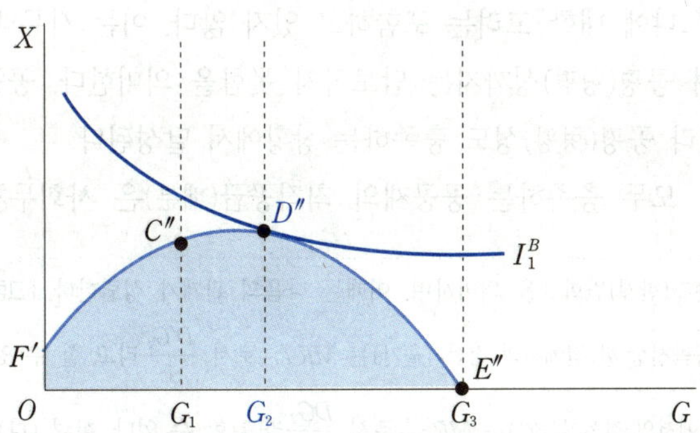

• B는 P의 효용이 I_2^A인 상황에서 자신이 이룰 수 있는 가장 높은 효용수준을 D''점에서 달성하게 된다. 이때 사회후생극대화가 실현되며, 이는 생산가능곡선상 D'점에 대응한다.

있는 영역을 나타낸다. 이런 상황에서 B는 자신의 선택영역 내에 있는 D''를 선택할 때 얻을 수 있는 최고 효용 수준인 I_1^B를 이루게 된다. 이는 A의 효용 수준이 I_2^A인 경우 B는 I_1^B에서 자신이 이룰 수 있는 최고 효용 수준을 달성하게 되고, 이때 사회후생극대화가 실현되며 파레토 효율적 자원배분이 이루어진다는 것이다. 이와 같은 파레토 효율적 자원배분은 [그림 3-7] (가)의 생산가능곡선에서 D'에 대응하며, OG_2의 공공재 수준은 최적 규모를 실현한다.

한편 A의 효용 수준이 I_2^A에서 변하게 되면 B가 선택할 수 있는 영역이 달라지며, 그에 따라 공공재의 최적공급 수준도 변동될 수밖에 없다. 다시 말해 두 소비자 A, B 가운데 한 쪽의 효용 수준이 변할 때마다 다른 쪽의 선택(균형)점은 달라지므로 효율성 조건을 충족하는 공공재의 적정공급 규모는 무수히 많이 존재하게 된다. 이는 사회후생의 극대화를 실현하는 공공재와 사적재의 생산배합(파레토 효율적 자원배분 실현)은 수 없이 많이 존재할 수 있음을 의미한다.

$$MRS_{GX}^A + MRS_{GX}^B = MRT_{GX}$$ 13)

$$\sum MRS_{GX} = MRT_{GX}$$

(G : 공공재, X : 사적재)

이상의 효율성 조건을 산식으로 정리하여 표현하면 위와 같다. A와 B의 한계대체율의 합계가 한계변환율과 일치할 때 공공재의 최적공급이 실현된다. 이와 같은 산식은 공공재의 파레토 효율적 공급을 위한 조건으로서 사뮤엘슨 조건(Samuelson condition, 사뮤엘슨 정리)이라고 한다. 사뮤엘슨 조건은 그 사회의 구성원이 2인을 넘어 다수로 확장되어도 기본 틀이 유지될 뿐만 아니라 여전히 유효하다.

㉡ 공평성 조건

사뮤엘슨 조건을 충족하는 공공재 규모는 사회후생극대화를 실현(효율성 보장)할 뿐이다. 따라서 극대화된 사회후생이 사회구성원들에게 적정 분배되고 공공재 공급에 소요되는 비용의 적정 분담을 실현할 수 있느냐에 대한 고려는 포함하고 있지 않다. 이는 사뮤엘슨 조건의 충족은 효율성만 보장할 뿐이며 공평(형평)성까지는 담보하지 못함을 의미한다. 공공재의 진정한 최적공급은 효율성뿐만 아니라 공평(형평)성도 충족하는 상황에서 달성된다.

효율성과 공평성을 모두 충족하는 공공재의 최적공급(배분)은 사회무차별곡선(사회후생함수)

---

14) 접선의 기울기는 순간(한계)변화율을 의미하며, 이때는 다음의 관계가 성립한다. [그림 3-7] (가)에서 D'에서의 접선기울기(생산가능곡선상 한 점에서의 접선기울기)는 MRT_{GX}로서 $\frac{D'G_2}{1}$라고 할 수 있으며, D에서의 접선기울기(무차별곡선상 한 점에서의 접선기울기)는 MRS_{GX}^A로서 $\frac{DG_2}{1}$라고 할 수 있다. 한편 (다)의 D''에서의 접선기울기는 MRS_{GX}^B로서 $\frac{D''G_2}{1}\left(=\frac{D'D}{1}\right)$이다. 따라서 $MRS_{GX}^A + MRS_{GX}^B = MRT_{GX}$가 성립한다. 이는 공공재의 경우 공동소비되므로 공공재 1단위 공급에 따라 관련된 소비자들이 얻는 편익의 합계($MRS_{GX}^A + MRS_{GX}^B$)와 공공재 1단위 공급에 소요되는 한계비용(MRT_{GX})이 일치하는 상황에서 최적공급이 이루어진다는 것이다.

과 효용한계곡선이 접하는 [그림 3-8]의 *E*점에서 이루어진다. 이때 사회무차별곡선은 공평성(형평성)을 반영하고, 효용한계곡선(효용가능경계)은 효율성을 충족하는 궤적에 해당한다. *E*점에서는 두 곡선의 기울기인 한계분배대체율(사회무차별곡선 기울기)과 한계효용대체율(효용한계곡선 기울기)이 일치하게 된다. 따라서 효율과 공평을 동시에 실현한다.

현실적으로 각 사회구성원의 입장을 반영한 사회무차별곡선을 제대로 도출할 수 있겠는가는 문제점으로 지적될 수 있는데, 사뮤엘슨은 사회무차별곡선이 주어진 상황을 가정하였다. 이는 사뮤엘슨 모형의 경우 공평성은 고려하지 않는 공공재의 최적공급조건을 제시하고 있음을 의미한다. 비현실적인 가정이긴 하지만, 사회구성원 개개인들의 선호가 동일할 경우에는 1인의 사회구성원만 존재하는 상황과 같으므로 공평성을 고려할 필요가 없어진다.

③ 문제점

일반균형접근을 적용한 공공재 공급이론의 선구에 해당하는 사뮤엘슨 모형은 다음과 같은 문제점을 내포하고 있다.

첫째, 사회구성원들이 어떻게 관계를 맺느냐에 따라 공공재 적정 공급의 양상이 달라진다. 사뮤엘슨 모형에 따르면 무수히 많은 해가 존재하게 된다. 다만, 모든 수요자들의 공공재에 대한 선호가 똑같을 경우에는 유일한 최적해의 도출이 가능하다. 또는 사회후생함수를 도입할 경우에도 유일한 해의 유도가 실현될 수 있다.

둘째, 현실적으로 공공재의 규모결정은 소득이 큰 자의 선택에 의해 좌우되는 것이 일반적이다. 반면 사뮤엘슨 모형에서는 선택의 우선권이 *A*에게 주어진 상황에서 효율적 배분점을 찾고 있다. 따라서 결정의 우선권을 가진 자는 자기 선호를 쉽게 실현할 수 있게 된다. 이는 경제주

그림 3-8 효율과 형평을 동시에 충족하는 최상의 최적

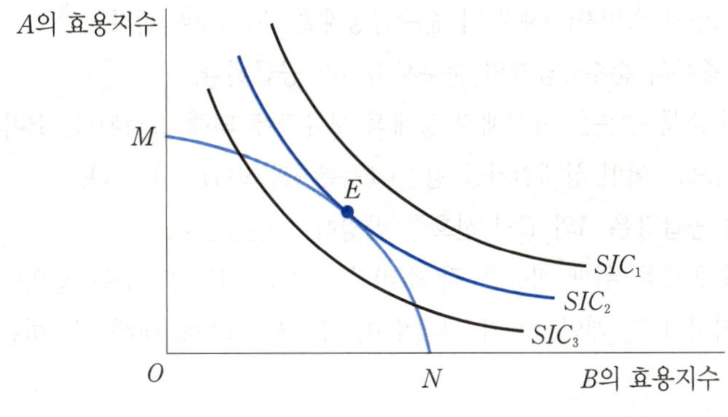

• *SIC* : 사회무차별곡선
• *MN* : 효용한계곡선
• *E*점 : 효율과 공평을 동시에 충족하는 최적 중의 최적

체를 이기적인 존재로 간주하는 시장경제의 기본가정과 다르게 사뮤엘슨 모형에서는 최소한 한 사람(B)의 이타심을 전제해야 파레토 효율이 달성될 수 있음을 의미한다.

셋째, 각 수요자들의 공공재에 대한 선호의 차이가 클수록 파레토 효율점은 쉽게 결정될 수 없다. 따라서 다양한 생각과 선호를 갖고 있는 구성원들로 이루어진 사회에서 모두가 동의할 수 있는 공공재의 바람직한 공급을 실현하는 것은 현실적으로 가능하지 않은 목표일 수 있다.

넷째, 사뮤엘슨 조건을 따를 때 공공재 공급이 파레토 효율적으로 실현된다고 하더라도 그것이 사회 전체적으로 볼 때 공공재의 이상적인 규모와 일치한다고는 할 수 없다. 왜냐하면 사뮤엘슨 모형은 공평성(소득분배) 측면을 고려하지 않은 채 효율에 초점을 두고 공공재의 최적공급을 모색하고 있기 때문이다.

다섯째, 실제의 공공재 규모 결정은 정치과정(투표과정)을 통해 이루어진다. 따라서 사뮤엘슨의 접근은 가상의 이론에 불과하다.

여섯째, [그림 3-7]에서 OG_2는 공공재의 최적 수준을 나타낼 뿐이며, 그것을 실현할 수 있도록 각 공공재 수요자가 부담해야 할 구체적인 부담액(조세액)은 얼마인가에 대한 정보는 담고 있지 않다. 그런 까닭에 사뮤엘슨 모형을 정책적으로 활용하는 데는 한계가 있을 수밖에 없다.

(2) 머스그레이브 모형

① 가정

사뮤엘슨 모형은 공공재의 공급이 실제로 어떻게 이루어질 수 있는가에 대한 구체적인 수단(방법)을 제시하지 못하였다. 소비자 A, B 각각이 공공재 공급에 소요되는 재원 가운데 얼마만큼을 조세로 부담해야 하는가에 대한 언급이 없다. 이러한 한계를 보완한 접근이 머스그레이브(R.A. Musgrave) 모형이다[15].

머스그레이브 모형은 다음과 같은 가정에 따라 공공재의 최적공급 방안을 제안하고 있다.

첫째, A와 B, 2인의 소비자(납세자)가 순수공공재를 수요(소비)한다.

둘째, 각각 한 종류의 순수공공재와 순수사적재가 공급된다.

셋째, A와 B의 소득 수준은 사적재의 상대적 보유량에 의해 결정된다. 소비자 A, B의 소득분배(분포)가 구체적으로 어떤 상태인가를 감안(소득분배의 고려)하고 있다.

넷째, 공공재의 공급량은 A와 B의 선호를 반영하여 결정된다.

다섯째, 공공재 공급을 위한 비용은 각 소비자가 공공재로부터 얻는 편익만큼 부담(응익과세)시켜 충당한다. 따라서 각 개인(소비자, 납세자)이 공공재 소비에 대해 지불하는 가격(조세부담)은 상이하게 된다.

여섯째, 공공재를 공급하는 계획입안자(공공재 공급자)는 공공재 소비자인 A와 B의 선호를 정

---

15) 이하의 내용은 R.A. Musgrave and P.B. Musgrave, Public Finance in Theory and Practice, 3rd ed.(New York : McGraw-Hill, 1980), pp.70~73을 참고하였다.

확히 알고 있다.

② 공공재의 적정공급

머스그레이브 모형에서 공공재의 최적공급 수준은 다음과 같은 과정을 거쳐 결정된다. [그림 3-9]에서 경제 전체의 생산가능곡선은 한계변환율(MRT_{GX})이 일정한 경우를 가정한다[16]. 이럴 경우 생산가능곡선은 직선의 모습을 띠게 된다. 경제 전체가 생산할 수 있는 최대 사적재량은 OC이며, 이는 공공재 소비자 A, B에게 각각 OM, ON만큼 분배된다($OC = OM+ON$). 이때 OM, ON은 A와 B의 소득 수준을 나타낸다.

공공재 소비자 A는 (나)에서 보여주는 바와 같이 제약선 MR에서 F점을 선택하여 I_A^1의 효용을 달성하게 된다. 이때 A는 OH수준의 공공재를 소비하게 되며, 그 대가로 OM의 소득 가운데 MK만큼을 지불한다. 다른 조건은 불변인 상태에서 공공재의 가격이 하락하면 A는 새로운 제약선 MP에 직면하게 되고, 이때는 Q의 선택을 하게 된다. 이렇게 공공재의 가격이 변화할 때 A가 선택하는 점들의 궤적이 MV(A의 가격소비곡선, price-consumption curve)이다.

한편 공공재 소비자 B는 (다)에서 보여주는 바와 같이 제약선 NU에서 S점을 선택하여 I_B^1의 효용을 달성하게 된다. 이때 B는 OH의 공공재를 소비하게 되며, 그 대가로 ON의 소득 중 NL만큼을 지불한다. 공공재 가격의 변동에 따라 B가 직면하는 제약선이 달라질 경우 새롭게 형성되는 B의 최적선택점을 연결하여 도출한 가격소비곡선은 NW로 표시된다. 그리고 NJ는 A가 MV를 따라 움직일 때 B가 그에 대응하여 선택할 수 있는 최적의 선택점들을 연결한 궤적이다.

공공재 소비자 A가 먼저 그림 (나)의 MV를 따라 최적화를 추구하여 F점을 선택했다면, B는 그림 (다)에서 NJ와 NW가 교차하는 S점을 선택하게 된다. 이때 A, B 소비자는 모두 최적선택을 달성한다. 그 결과 A와 B는 각각 OH만큼의 공공재를 공동소비하게 된다. 그리고 A는 OK만큼의 사적재를 사용하게 되며, B는 OL만큼의 사적재를 소비한다. 한편 A와 B는 OH수준의 공공재를 등량(동량) 소비하는 대가로 각각 MK와 NL을 지불하게 된다. 이렇게 이들이 부담하는 지불액의 합은 (가)의 CI와 같다($CI = MK+NL$).

사회후생극대화를 실현하는 최적 자원배분 상황은 생산가능곡선상의 E점으로 표시된다. E점에서는 $MRS_{GX} = P_G/P_X$가 성립하므로 공공재와 사적재의 최적공급이 이루어진다. 이때 공공재와 사적재의 최적공급량은 OH와 OI가 된다. 균형점 E는 A에게 우선권이 주어진 경우에 도출되는 해에 해당한다.

한편 B에게 우선권이 주어지는 경우는 E점과는 다른 해가 도출된다. 따라서 머스그레이브 모형은 A에게 우선권이 주어지는 경우와 B에게 우선권이 주어지는 경우 서로 다른 해를 형성한다. 그런 까닭에 머스그레이브 모형에서는 이중해(二重解)가 나타난다.

16) 한계변환율이 일정하지 않은 생산가능곡선(예 원점에 오목한 생산가능곡선)을 가정해도 이하에서 설명하는 머스그레이브 모형의 결론은 근본적으로 달라지지 않는다.

그림 3-9 머스그레이브 모형

(가) 경제 전체

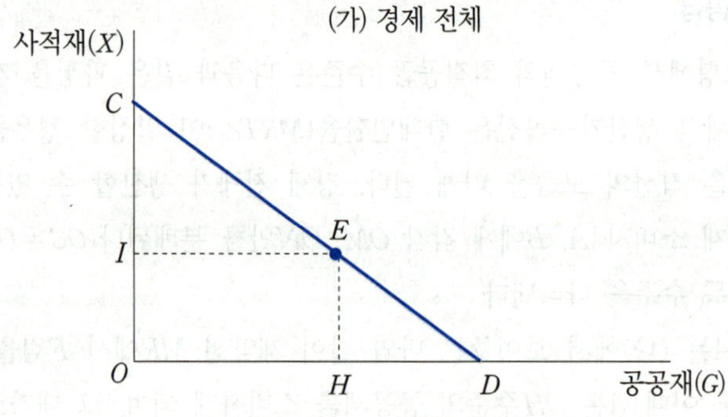

• CD : 한계변환율(MRT_{GX})이 일정한 생산가능곡선

(나) A의 상황

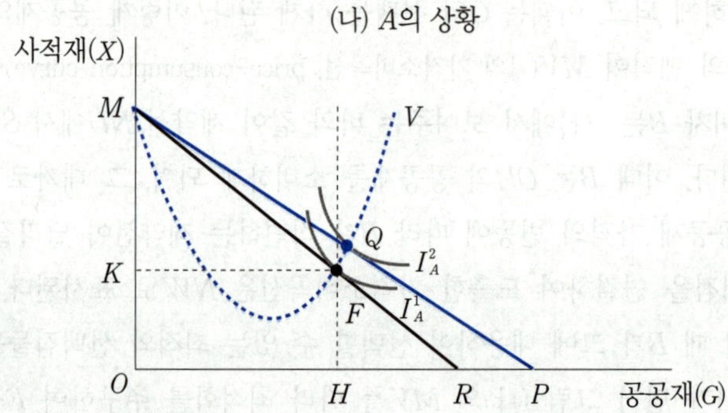

• MR : 소비자 A가 직면하는 가격선(사적재와 공공재 간의 상대가격)

• MV : 공공재와 사적재 간의 상대가격(가격비율) 변화에 따라 소비자 A가 선택하는 사적재와 공공재의 최적선택점들의 궤적(A의 가격소비곡선)

(다) B의 상황

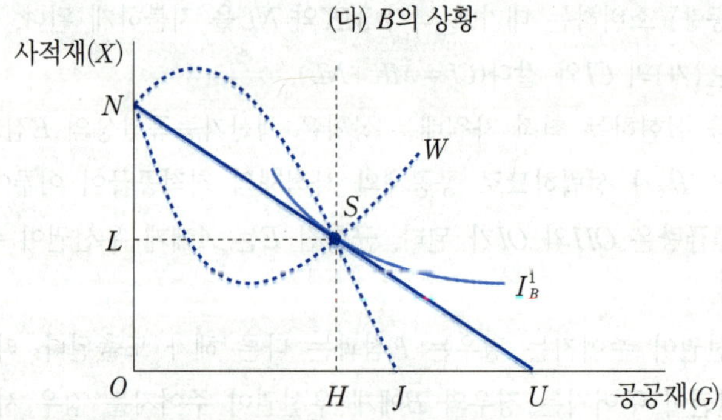

• NU : 소비자 B가 직면하는 가격선

• NW : 공공재와 사적재 간의 상대가격(가격비율) 변화에 따라 소비자 B가 선택하는 사적재와 공공재의 최적선택점들의 궤적(B의 가격소비곡선)

• NJ : A의 위치(선택)가 주어질 때 이에 대응하여 B가 도달 가능한 위치들의 궤적

③ 특징

사뮤엘슨 모형의 한계를 크게 보완하는 장점을 갖고 있는 머스그레이브 모형의 주요한 특징으로 다음과 같은 점을 지적할 수 있다.

첫째, 소비자 A와 B의 상대적인 사적재 보유량에 의해 그 사회 최초의 소득분배(분포)가 결정된다. A의 소득점유 비율은 $\frac{OM}{OC}$이고, B의 그것은 $\frac{ON}{OC}$이다. 이는 그 사회의 소득분배 상태를 나타낸다.

둘째, A와 B 모두는 소비를 실행함에 있어 사적재에 대한 공공재의 한계대체율이 상대가격과 같도록 그 대가(조세)를 지불한다($MRS_{GX} = P_G/P_X$)

셋째, A와 B가 지불하는 조세부담의 합계($MK+NL$)는 사회 전체적으로 볼 때 공공재 공급에 필요한 비용(CI)과 같다.

넷째, 생산가능곡선상 E점에서의 기울기인 MRT_{GX}는 $\frac{CI}{OH}\left(=\frac{CI}{IE}=\frac{HE}{HD}\right)$로 표시될 수 있으며, 무차별곡선 I_A^1과 I_B^1상의 F점과 S점에서의 접선기울기인 MRS_{GX}^A와 MRS_{GX}^B는 각각 $\frac{MK}{OH}\left(=\frac{MK}{KF}=\frac{FH}{HR}\right)$, $\frac{NL}{OH}\left(=\frac{NL}{LS}=\frac{SH}{HU}\right)$로 나타낼 수 있다. 따라서 $MRS_{GX}^A + MRS_{GX}^B = MRT_{GX}$ ($\because MK + NL = CI$)의 관계가 성립한다.

결론적으로 머스그레이브 모형에 따르면 공공재의 적정공급을 위해서는 한계대체율의 합계가 한계변환율과 같아야 한다는 것이다($\Sigma MRS = MRT$). 이는 머스그레이브 모형도 사뮤엘슨 모형에서의 효율성 기준(사뮤엘슨 조건)을 충족하며, 사뮤엘슨 모형과 동일한 결론을 제시하고 있음을 의미한다[17].

▶ 사뮤엘슨 모형과 머스그레이브 모형의 비교

공공재의 최적공급을 위한 방안을 모색함에 있어 사뮤엘슨 모형은 소득분배(공평, 형평)문제는 고려하지 않고 자원배분 중심의 논의를 전개하였다. 반면 머스그레이브 모형은 자원배분뿐만 아니라 소득분배까지 고려하여 공공재의 최적공급방안을 다루었다. 머스그레이브 모형은 공공재 소비자(수요자)들의 소득 수준을 그들이 보유하고 있는 사적재의 양으로 측정하여 반영하였다.

무수히 많은 해가 존재하는 사뮤엘슨 모형과 다르게 머스그레이브 모형에서는 A에게 우선권이 주어졌을 때와 B에게 우선권이 주어졌을 때를 구분하여 최적선택을 모색한다. 이에 따라 머스그레이브 모형에서는 최적 선택점을 두 개의 해(이중해)로 압축할 수 있다.

17) 머스그레이브 모형은 사뮤엘슨 모형보다 우월한 장점을 갖고 있다. 하지만 동 모형의 가정과 달리 현실적으로 납세자 개개인의 공공재에 대한 선호는 정확히 알 수 없다. 따라서 실제의 공공재 공급은 정치적 메커니즘(투표제도)을 통해 이루어지게 된다.

한편 각 공공재 수요자가 부담해야 할 조세액을 결정할 수 없는 사뮤엘슨 모형과 달리 머스그레이브 모형에서는 구체적인 세액의 크기가 확정된다.

▶ 죄인(罪人, 수인)의 딜레마(Prisoner's Dilemma)

2명(A, B)으로 구성된 사회를 가정할 경우 그 사회의 최적 공공재 공급은 A, B의 선호가 정확하게 반영된 사회적 한계효용과 사회적 한계비용이 일치할 때 이루어진다. 그런데 현실적으로 공공재는 무임승차(free-ride)의 특성이 있기 때문에 A는 B에 의해 공공재가 공급되면 관련된 비용을 부담하지 않고 무상으로 공공재를 사용하려 할 것이다. 마찬가지로 B의 경우도 자신의 선호를 나타내지 않고 A에 의해 공공재가 공급되면 그것을 이용하려는 행태를 보일 가능성이 높다. 이처럼 공공재의 공급을 민간의 자율에 맡기면 '죄인의 딜레마'와 유사한 상황이 빚어질 수 있어 공공재 공급이 실패하거나 과소공급 될 수 있다. 따라서 공급재 공급 결정은 정치적 과정이나 정부의 관여 등을 따르게 된다. '죄인의 딜레마'는 범죄 연루자들이 각자 자신만을 위해 행동(자신에게 유리한 진술을 하는 행태)하면 범죄 연루자 모두가 불리한 처지에 놓이게 되는 것을 말한다.

제3절 공공선택이론

본 장의 제1절에 언급되어 있는 공공재의 여러 특성들 때문에 공공재에 대한 수요자들의 선호(수요)는 시장에서 정확하게 시현(파악)될 수 없고, 그에 따라 현실적으로 가격기구(시장)를 통해 공공재의 적정공급을 모색하는 접근은 실패하게 된다(시장실패).

한편 공공재의 선호가 시장에서 파악될 수 있다고 가상할 경우 어떤 상황에서 공공재의 적정공급이 실현되는가를 이론적으로 설명하는 분야가 '공공재의 최적공급이론'에 해당한다. 다시 말해 본 장의 제2절은 공공재가 시장에서 적정하게 공급될 수 없는 것이 현실임에도 불구하고, 시장메커니즘을 원용하여 공공재를 공급한다면 어떻게 공급하는 것이 파레토 효율적인가를 제시하고 있다. 반면 실제 공공재는 시장메커니즘과 구분되는 방법을 통해 공급된다.

현실에서 이루어지고 있는 공공재 공급결정은 시장에서의 거래와는 상이한 방식을 따른다. 현실의 공공재 공급과정은 '공공선택이론'의 틀 내에서 설명된다.

1. 공공선택이론의 개관

1) 공공선택이론의 개념

시장메커니즘과는 다르게 정부가 주도하고, 비시장적인 의사결정방식을 사용하는 현실의 공공재 공급과정을 설명하는 분야가 공공선택이론(public choice theory)이다.

어느 국가나 국민생활의 원활한 뒷받침을 위해서는 필요한 만큼의 공공재가 충실하게 공급되어야 한다. 하지만 각국은 그 공급을 위한 재원이 한정되어 있다. 따라서 각국마다 공급할 공공재의 우선순위 및 규모를 결정하는데 많은 애로를 겪는다. 현실적으로 공공재의 종류 및 규모 결정은 시장경제에서 민간재 공급행위와는 다른 방법으로 이루어진다. 행정부(재정당국), 정당, 정치가, 납세자[18], 각종 이익집단, 여론 등 여러 부문이 자신들의 입장을 비시장적 방법을 통

18) 공공재의 수요자(소비자)인 일반국민은 공공재 공급을 뒷받침하는 재원조달을 위해 조세를 부담해야 하므로 납세자라고도 한다. 또한 현실적으로 일반국민(납세자)을 대표하는 정치가들의 의견 조율을 통해 공공재 공급이 이루어지고, 정치가들은 일반국민의 선거(투표행위)에 의해 선출된다. 따라서 일반국민의 또 다른 역할은 투표 행

해 드러내고, 그것들의 수합(收合)·절충과정을 거쳐 최종적으로 공공재 공급이 확정된다. 이때 각 부문들의 의사전달 방식은 시장적 의사결정방법 대신 정치적 방법을 따르게 되며, 일반적으로 투표제도를 이용한다. 따라서 이러한 일련의 과정을 집단적 의사결정 과정[또는 정치적(사회적) 의사결정 과정, 공공선택 과정]이라고 부른다[19].

현실적으로 공공재의 공급은 공공부문이 주도하고 비시장적인 방법을 통해 이루어진다. 공공선택이론은 공공부문의 의사결정방식(정치학의 영역)을 원용한 공공재 공급이론(경제학의 영역) 분야를 말한다. 따라서 공공선택이론은 경제학과 정치학의 중간영역의 성격을 띠며, 시장메커니즘과 다른 방식(비시장적 방법)을 따르는 공공재 공급이론이라고 하겠다.

공공선택이론은 현실의 공공재 공급과정을 체계적으로 설명할 수 있는 길을 개척함으로써 재정학 발전에 크게 공헌하고 있다. 한편 현실의 공공재 공급과정에서는 국가(재정당국), 정당, 정치가, 관료, 각종 이익집단, 투표제도 등이 중요한 역할을 한다. 따라서 공공선택이론은 국가이론, 투표제도, 관료제, 정당정치, 각종 이익집단 등과 밀접하게 연관되어 있다.

2) 공공선택이론의 시원 및 연구대상

사회선택이론(social choice theory)의 부분집합이라고 할 수 있는 공공선택이론은 19세기 말 스웨덴 학자인 빅셀(K. Wicksell)에 의해 본격적인 논의가 시작되었다. 그 후, 이 분야는 1950~60년대를 거치면서 좀 더 체계화되었고 진일보한 이론적 진전을 이룩하였다. 공공선택이론에 기여한 학자로는 뷰캐넌(J.M. Buchanan), 애로우(K.J. Arrow), 블랙(D. Black), 다운즈(A. Downs), 올슨(M. Olson), 니스카넨(W.A. Niskanen) 등이 있다. 특히 공공선택이론은 1950년대에 이르러 독립된 연구 분야로 발전하기 시작하였는데, 그렇게 되기까지는 뷰캐넌(J.M. Buchanan)의 공헌이 지대하였다.

공공선택이론은 대체적(代替的)인 사회 상태에 대한 개인들의 선호를 집계하여 바람직한 사회 상태를 찾는 집합적 선택을 이끄는 규칙에 관한 문제(집합적 결정에 관한 문제)와 여러 사회 상태들을 대상으로 사회후생을 측정(파악)하여 그것들의 우선순위를 평가(판정)하는 문제를 핵심연구대상으로 삼는다. 구체적으로 공공선택이론은 다음의 세 분야를 주요한 내용으로 한다.

첫째, 집합적(집단적) 의사결정 과정의 성격을 분석하고, 그 특징을 알아본다.

둘째, 수많은 사회구성원들의 상이한 선호(의사)를 반영하여 이루어지는 집합적 의사결정(공공선택)의 결과로 나타나는 자원배분의 의의(사회후생극대화 실현 여부)를 파악한다.

위자(투표자, 유권자)이다. 이하에서는 공공재 수요자의 또 다른 이름인 소비자, 납세자, 투표자 등을 구분하지 않고 사용하기로 한다.

19) 이러한 과정을 거쳐 이루어지는 상황(결과)이 사회적 선택, 공공선택, 집합적 선택, 집단적 선택이라고 할 수 있다. 이와 같은 표현들은 엄격히 말하면 다소 차이가 있지만 본서는 동일한 의미로 간주하여 구분하지 않고 혼용하도록 하겠다.

셋째, 정부의 다양한 행동양태를 예측하고 설명한다.

3) 공공선택이론의 두 방향

공공선택이론은 실증적·규범적 두 가지 방향의 접근을 한다. 이때 실증적·규범적 공공선택이론은 각각 실증·규범경제학과 그 성격이 유사하다.

(1) 실증적 공공선택이론

실증적 공공선택이론은 공공선택 과정에 참여하는 여러 부문들(정치가, 관료, 정당, 각종 이익집단 등)이 이기적이고, 합리적이며 자기이익극대화(사익극대화)를 추구한다는 전제를 하고 있다. 실증적 공공선택이론에 따르면 공공선택과정에 참여하는 각 부문은 투표를 통해 그들의 수요(선호)를 표시하게 된다. 이러한 선호시현 과정은 시장에서 수요자와 공급자가 가격을 매개로 교환행위를 하는 것과 본질적으로 동일한 메커니즘이라고 할 수 있다.

시장에서 이루어지는 경제활동에 따라 나타나는 실제 경제현상의 특징과 그 영향에 대한 분석(What is)을 주목적으로 하는 실증경제학은 시장균형의 존재여부, 시장균형의 안정성, 파레토 효율의 실현 가능성 등을 핵심 내용으로 다룬다.

실증적 공공선택이론은 실증경제학의 경우와 마찬가지로 공공선택(사회적 선택)이 이루어졌을 때 균형의 존재여부, 균형의 안정성 등을 주요한 내용으로 하고 있다. 구체적으로 공공선택 과정에 참여하는 여러 부문의 선호가 반영되어 결정되는 공공선택(공공재 공급) 행위에 균형(의견합의)이 존재할 수 있는가, 균형이 존재한다면 안정적인가, 그리고 균형은 파레토 효율적인가 등을 파악하여 설명하는 것을 핵심적인 내용으로 구성한다.

한편 실증적 공공선택이론은 공공재의 공급과정에 수반되는 외부성, 규모의 경제 등의 문제를 극복하면서 효율적인 자원배분을 실현하기 위해서는 어떤 조치를 강구해야 하는가를 근간 연구과제로 삼고 있다. 이런 까닭에 실증적 공공선택이론은 시장실패를 초래하는 공공재를 정부가 효율적으로 공급할 수 있도록 그 방안을 제시하는 것을 주요한 연구대상으로 한다.

공공재가 시장에서 적정 공급되지 못하는 근본적인 원인은 공공재에 대한 사회구성원들의 선호를 정확히 파악할 수 없기 때문이므로 사회구성원들의 공공재에 대한 선호시현을 가능케 할 수 있는 방안의 모색이 필요하다. 만일 공공부문이 사회구성원들의 공공재에 대한 선호(수요)를 강제적으로 파악할 수 있는 장치를 고안할 수 있다면, 그 장치를 통해 공공재 수요를 알 수 있으므로 공공재의 적정 공급을 달성할 수 있을 것이다. 공공재에 대한 선호를 강제적(또는 자발적)으로 시현시킬 수 있는 장치의 모색을 공공재 선호 유인제도에 관한 연구라고 하며, 이는 실증적 공공선택이론의 주요 내용에 속한다.

(2) 규범적 공공선택이론

규범적 공공선택이론은 공공선택 과정에 참여하는 여러 부문(납세자로서의 일반국민, 정당, 정치가, 관료, 이익집단 등)의 선호가 주어졌을 때(완전히 시현되었을 때), 어떤 사회적 선택(예컨대 어떤 공공재를 얼마만큼 공급해야 하느냐의 문제)을 채택해야 하느냐의 문제에 관심을 집중한다. 그러므로 규범적 공공선택이론은 합리적인 결론의 도출을 위해 공공선택 과정에 참여하는 각 부문의 선호를 전체적으로 가산(加算)할 수 있는 방법의 모색(마련)을 주요한 연구과제로 삼고 있다.

공공선택 과정에 참여하는 각 부문의 선호가 완전하게 가산될 수만 있다면, 그것을 토대로 하는 공공선택(공공재 공급)은 효율적이 된다. 따라서 규범적 공공선택이론에서는 각 부문의 선호를 집계하여 도출하는 전체 사회집단의 가치(선호)를 대변하는 사회후생함수 또는 사회적 선택함수에 대한 연구를 핵심적인 주제로 하고 있다.

2. 집합적 선택의 합리성 조건

공공선택이론은 공공선택 과정에 참여하는 여러 부문의 선호를 완전하게 집계하여 모두가 만족하는 집합적(집단적) 결정을 도출해 낼 수 있는 대안의 모색을 가장 중요한 과제로 설정하고 있다. 이하에서는 공공선택 과정에 참여하는 여러 부문들의 선호를 집계하는 틀에 해당하는 사회후생함수가 성립하기 위한 요건은 무엇이며, 그것이 이론적으로나 현실적으로 존재(가능)할 수 있는지의 여부에 대해 설명하도록 하겠다.

애로우(K.J. Arrow)는 집합적 결정에 다수결의 투표원칙을 적용할 때, 투표과정에 참여하는 여러 부문의 선호가 얼마나 정확하게 표명될 수 있는가를 알아보았다. 그는 이 과정에서 여러 부문의 개별적 선호가 정확히 반영되는데 필요한 조건을 제시하였다. 이하에 제시되어 있는 다섯 가지 조건들이 동시에 충족된다면 개별 부문의 선호가 완벽하게 반영되는 사회후생함수가 존재할 수 있다는 것이다. 그러나 그는 이러한 사회후생함수가 존재할 수 없음을 증명하였으며, 이를 애로우의 불가능성 정리(impossible theorem)라고 한다. 따라서 애로우의 불가능성 정리는 사회후생함수가 이론적으로 존재할 수 없다는 근거가 된다[20].

한편 현실적으로 우리는 여러 유형의 투표제도를 이용하여 사회구성원들의 다양한 선호를 집계하고 있다. 이때 투표제도 역시 사회구성원들의 다양한 선호를 완벽하게 집계할 수 없음을 보여주는 것을 투표의 모순(투표의 역설)이라고 하며, 이는 현실적으로도 사회후생함수가 존재할 수 없음을 나타내는 증거에 해당한다.

정리하면 이론적으로나 현실적으로 완전한(이하에서 제시되고 있는 다섯 가지 조건을 모두 충족하는) 최선의 사회후생함수는 존재하지 않는다는 것이다.

---

20) 애로우는 1951년도 저서에서 사회의사결정에 관한 그의 주장(정리)을 일반가능성정리(general possibility theorem)라고 하였다. 하지만 이에 대한 모순 지적을 반영하여 1963년도 저서 2판과 1967년도 논문에서 이를 수정해 불가능성정리(impossibility theorem)로 불렀다.

1) 집단적 합리성

개인들의 선호를 반영하여 도출된 사회적 선호는 이행(移行)적이고 일관성 있는 형태(양상)를 띠어야 한다. 이는 사회적 선호가 개인들의 입장을 정확하게 대변하는 한편 그것에 근거한 사회적 선택(집합적 선택)이 합리적이기 위한 필수적인 요건이다. 이를 집단적 합리성(collective rationality)이라하며, 사회적 선호가 완전성과 이행성을 동시에 충족할 때 성립한다. 집단적 합리성이 충족될 때 사회후생함수는 선택 대상들의 사회적 선호순위를 유일하게 결정하는 역할을 할 수 있다.

2) 파레토 원칙(파레토 원리)

사회적 선호순위는 어떤 한 개인의 순위변화에 대하여 부(−)의 방향이 아닌 정(+)의 방향으로 대응(변동)되어야 한다. 이는 정책순위가 $W < X < Y < Z$인 상황에서 X에 대한 순위가 변화되어 W보다 열위에 있게 된다면, 정책순위는 $X < W < Y < Z$로 조정되어야 한다는 것이다.

이것은 사회적 평가와 개인적 평가 간에 정(+)의 의존관계를 가져야 함을 의미하며, 이를 파레토 원칙(pareto principle, 파레토 원리)이라고 한다. 다시 말해 모든 개별 사회구성원이 X보다 Y를 선호하면 사회적 선호도 X보다 Y가 앞서야 한다는 것이다. 이 원칙이 충족되어야 사회후생의 극대화를 실현할 수 있게 된다.

3) 무관한 선택대상으로부터의 독립성(제3의 선택으로부터의 독립성)

사회후생함수가 존재하기 위해서는 선택대상 간에 상호 의존성이 없어야 하고(독립성, independence), 선택대상에 대한 선호는 서수적 순위(ordering)로 표현되어야 한다. 예를 들면 두 선택대상(대안)을 놓고 우선순위를 결정하는 경우 그것들과 별개의 존재인 또 다른 선택대상이 영향을 미쳐서는 안 된다[21]. 구체적으로 X와 Y간 순위를 결정하는 경우 X와 W간 관계가 변화하더라도 그 변화가 X와 Y간 순위화에 영향을 미치지 말아야 한다는 것이다.

다시 말해 이는 어떤 하나의 선택대상이 제거 또는 추가될 때, 그런 변동이 다른 선택대상들 간의 순위결정에 영향을 미치지 않아야 한다는 것으로 무관한 선택대상으로부터의 독립성(independence of irrelevant alternatives, *IIA*)이라고 한다(서로 다른 대안간 상호의존성의 부존재).

---

21) 함수는 독립변수와 종속변수 간의 1 : 1 대응관계를 말한다. 이 조건이 충족되지 않으면 함수관계가 성립하지 않는다. 사회후생함수는 선택대상이 독립변수이고, 그것에 의해 결정되는 사회후생 수준을 종속변수로 하는 함수라고 할 수 있다. 따라서 사회후생함수의 독립변수에 해당하는 선택대상들 간에 독립성이 지켜지지 않거나, 특정 선택대상이 다른 선택대상으로부터 영향을 받아 상황에 따라 상이한 결과(상이한 사회후생)를 나타낸다면, 이는 더 이상 함수관계라고 할 수 없다.

4) 선호의 비제약성

집합적 선택과정(사회적 선택과정)에 참여하는 각 부문은 모든 대안(선택대상)에 대해 선호의 제약 없이 자유롭게 선택할 수 있어야 한다. 이 조건은 선택대상에 대한 선호표현에 제약이 있어서는 안 된다는 것이다(비제한적 범위, unrestricted domain).

5) 비독재성

사회적 선택(사회적 선호)이 개별 사회 구성원의 다양한 선호를 무시하고 특정인에 의해 독재적(독단적)으로 결정되어서는 안 된다(non-dictatorship). 그렇지 않고 독재적으로 결정된 사회 선택은 그 사회구성원들의 선호를 왜곡할 수밖에 없다.

현실적으로 공공재는 행정부(관료), 정치가, 정당, 납세자, 각종 이익집단 등의 의사가 반영되어 공급된다. 이러한 결정과정을 체계화한 분야가 공공선택이론이다. 우리는 공공선택 과정에 참여하는 각 부문이 갖고 있는 공공재에 대한 다양한 선호를 반영·집계하는 수단으로 투표제도를 이용한다. 이런 점을 고려하여 공공선택 과정에 이용되는 각종 투표제도의 특성을 알아보는 한편, 공공선택 과정에 참여하는 여러 부문의 행태를 설명하도록 하겠다.

3. 투표제도

공공선택 과정에 참여하는 여러 부문들은 자신들의 선호를 정치적 방법(구체적으로는 투표행위)을 통해 표출하고, 그 결과가 집계되어 공공선택(사회적 선택)을 결정하게 된다. 따라서 공공선택이론에서는 개별 부문의 의사(구체적으로 공공재에 대한 선호)를 집계하는 수단인 각종 투표제도에 관한 연구가 매우 중요한 의의를 갖는다.

이하에서는 각종 투표제도를 통해 개별 부문의 선호를 전체적으로 가산(加算)하는 문제와 사회적 의사결정에 관한 규칙(rule)에 대해 알아보도록 하겠다.

1) 만장일치제

만장일치제(absolute unanimity rule, 전원일치제, 전원합의제)[22]는 의안(議案)의 채택 내지 통과를 위해 투표자 전원의 동의가 필요한 투표방식을 말한다. 만장일치로 사회적 합의(집단적 의사결정, 공공선택)가 이루어졌다면, 이때는 경제적 측면에서도 가장 효율적이다. 또한 이 제도는 한 사람(투표자)의 반대만으로도 의안(선택대상) 채택을 허용하지 않기 때문에 소수자의 의사(입장)를 가

22) 만장일치제를 더욱 세분화하여 100% 찬성제인 전원합의제를 절대적 만장일치제라고 하고, 2/3찬성제, 3/4찬성제, 4/5찬성제, 5/6찬성제, 6/7찬성제, 7/8찬성제, …… 등을 상대적 만장일치제(qualified majority)라고도 한다.

장 존중하는 특징을 갖는다. 반면 다음과 같은 단점을 드러낼 수 있다.

첫째, 모든 투표자를 만족시킬 수 있는 의안을 찾는데 너무 많은 시간과 비용이 소요된다. 그러므로 투표자의 수가 증가할수록 합의에 도달할 가능성이 작아진다.

둘째, 어떤 투표자가 더 큰 몫을 차지하기 위해 전략적으로 반대하는 방식으로 결정을 지연시키거나 의사진행을 비효율적인 방향으로 이끌 가능성이 존재한다. 결국 언제나 현재의 상태(status quo)가 다른 의안에 비해 월등한 우위를 점하게 될 수 있다. 그러므로 100% 만장일치제의 채택은 현실적으로 매우 곤란하다.

한편 빅셀(K. Wicksell)은 여러 표결방식 중에서 전원합의제 방식(절대적 만장일치제)이 공공재의 최적배분을 실현하는 최선이라고 보았다. 하지만 동 제도가 안고 있는 현실적인 문제점들 때문에 차선의 방법으로 상대적 만장일치제인 2/3찬성제, 좀 더 엄밀하게는 5/6찬성제를 제안하였다. 이때 상대적 만장일치제에 의한 결정은 차선의 파레토 최적을 실현하게 된다.

2) 다수결제

다수결제(단순다수결제, majority voting)는 집합적 의사결정에 참여하는 투표자들의 1/2 이상이 찬성하는 선택대상을 채택한다. 따라서 다수결제는 1/2찬성제 또는 과반수투표제이다.

이하에서는 보웬(H.R. Bowen)과 블랙(D. Black)의 모형을 중심으로 다수결제에 의해 이루어질 수 있는 공공재 공급규모 및 그 결정과정을 설명하고자 한다. 또한 투표의 모순과 그 해결방안에 대해서도 알아보도록 하겠다.

투표제도를 활용한 공공재 공급모형은 보웬 등에 의해 선구적으로 제시되었다. 보웬은 공공재의 최적공급 방안 모색을 위해 다음과 같은 모형을 설정하였다[23].

(1) 가정

첫째, 공공재의 한계비용(MC)은 일정(불변)하다.

둘째, 공공재의 한계비용은 N명의 소비자(투표자)가 동등하게 분담한다(MC/N).

셋째, 공공재에 대한 소비자들의 선호(수요)는 그 평균이 $\frac{\sum MRS_i}{N}$인 정규분포를 따른다[24].

---

23) 이하의 보웬 모형에 관한 설명은 H.R. Bowen, "The Interpretation of Voting in the Allocation of Economic Resources", *Quarterly Journal of Economics*(Nov.,1943), pp.27~48과 김완순, 『재정학원론』, 다산출판사, 1988, pp.95~96을 참조하였다.

24) 공공재 소비자(납세자) i가 공공재 소비로부터 얻는 한계편익을 MRS_i라면 모든 소비자가 얻는 편익의 합은 $\sum MRS_i$와 같이 표시된다. 따라서 각 소비자가 얻는 평균적 한계편익(공공재에 대한 소비자들의 평균선호)은 $\frac{\sum MRS_i}{N}$가 된다.

(2) 공공재 규모 결정

공공재 1단위 공급에 따른 한계비용(MC)과 공급된 공공재를 소비자들이 공동소비함으로써 얻게 되는 편익의 합인 $\sum MRS_i$가 일치할 때 공공재의 적정규모가 결정된다. 다시 말해 공공재의 최적규모는 $\frac{\sum MRS_i}{N} = \frac{MC}{N}$의 조건이 충족되는 상황에서 이루어진다.

$$\sum MRS_i = MC, \qquad \frac{\sum MRS_i}{N} = \frac{MC}{N}$$

[그림 3-10]의 E점에서는 평균적 한계편익$\left(\frac{\sum MRS_i}{N}\right)$이 1인당 한계비용$\left(\frac{MC}{N}\right)$과 일치하며, 이때 G^*는 최적공공재량에 해당한다.

한편 공공재 소비자(투표자)들의 공공재에 대한 선호가 정규분포를 나타내면 중위투표자[25]가 선호하는 공공재 규모는 [그림 3-10]의 G^*와 일치하게 되며, 이런 상황은 다수결제를 통해 달성될 수 있다. 따라서 투표자들의 공공재에 대한 선호가 정규분포하는 제한된 상황에서는 다수결제(1/2찬성제)를 적용하여 도출한 공공재 공급은 최적(Pareto 효율)이 된다[26]. 하지만 선호가 정

그림 3-10 보웬의 다수결제 모형

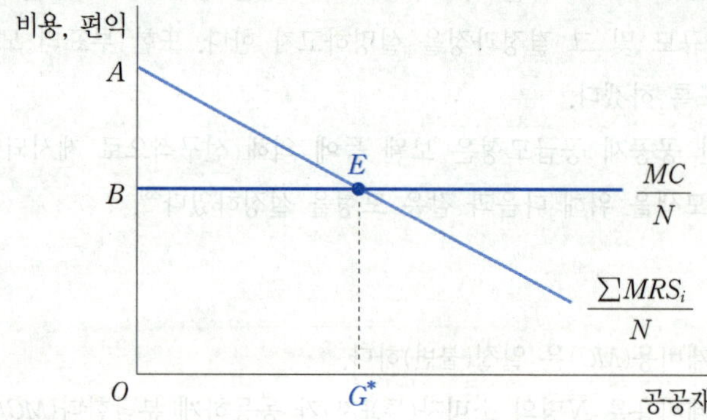

25) 사회적 선택의 결과가 그 과정에 참여하는 특정 투표자의 선호와 일치할 때, 특정 투표자를 중위투표자라고 한다. 예컨대 투표자들을 소득 수준 기준으로 고소득층, 중산층, 저소득층으로 구분하고, 그들의 구성비를 각각 20%, 60%, 20%라고 하면 궁극적으로 중산층이 선호하는 선택대상이나 공공재 규모가 사회적 선택으로 채택될 것이다. 이때 중산층을 중위투표자라고 한다. 한편 투표자들을 연령 분포 기준으로 20~30대, 40~50대, 60대 이상으로 구분할 경우 이들의 구성비가 각각 60%, 20%, 20%라고 하면 20~30대가 중위투표자가 된다. 따라서 중위투표자는 사회적 선택과정(투표과정)에서 사회적 선택을 결정하는 역할을 하는 투표자를 말한다. 이는 중위투표자의 선호에 의해 사회적 선택이 결정된다는 것이다.

26) 공공재에 대한 투표자들의 선호가 정규분포를 하면 중위투표자와 평균투표자의 선호는 일치하게 된다(평균값 = 중위값). 따라서 이때는 평균치(평균값)와 중위치(중위값)에 해당하는 공공재 규모는 동일하게 되며, 이것은 [그

규분포하지 않으면 평균치[27]에 해당하는 공공재 규모와 중위투표자가 선호하는 공공재 규모는 달라진다. 따라서 이런 경우 중위투표자에 의해 결정되는 공공재 규모는 최적(평균치에 해당하는 공공재 규모)에서 이탈하게 된다.

블랙(D. Black)은 다수결제를 적용할 경우 중위투표자의 선호에 의해 사회적 선택(공공선택)이 이루어질 수 있는 상황을 일반화하였다. 선택대상에 대한 투표자들의 선호가 [그림 3-11]의 V_1, V_2, V_3, V_4, V_5와 같이 단봉형일 경우에는 중위투표자가 선호하는 공공재 규모(G_m)는 사회적 선택이 되며, 이는 최적(Pareto 효율)이 된다는 것이다. 그러나 만약 투표자의 선호가 다봉형이라면 이행성을 위배하므로 선택대상들의 순위는 순환(선택대상들의 순위 결정에 실패하는 상황)을 초래하고 이에 따라 투표의 모순이 발생하게 된다.

이상의 설명을 통해 사회적 선택과정(공공선택과정, 공공재 공급결정 과정)에 참여하는 투표자들의 선택대상에 대한 선호의 분포가 정규분포(H.R. Bowen)를 하거나 단봉형(D. Black)일 경우에는 다수결제에 의해 사회적 선택을 이끄는데 성공할 수 있음을 알 수 있다. 그리고 이때 사회적 선택은 중위투표자의 선호와 일치하게 된다. 따라서 다수결제에 의한 사회적 선택의 도출은 제한적 상황에서만 가능함을 알 수 있다.

그림 3-11 단봉형 선호

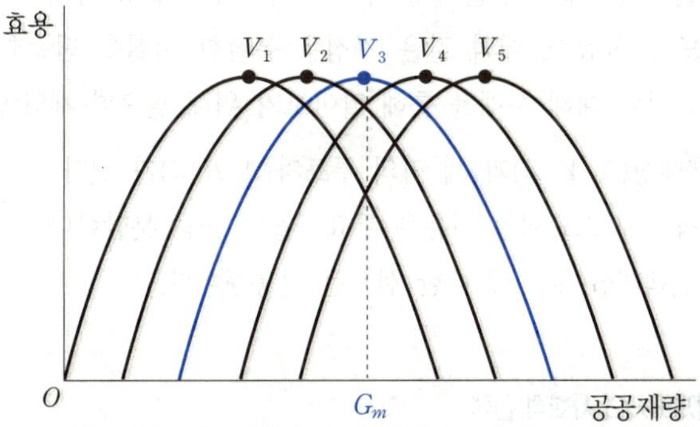

* 그림에서 중위투표자인 V_3이 선호하는 공공재 규모(G_m)가 최적

림 3-10]의 G^*이다. 한편 후술하는 바와 같이 다수결제를 적용할 경우 공공재 규모는 중위투표자의 선호에 의해 결정되므로 평균치와 중위치가 일치하는 상황에서는 중위투표자에 의해 G^*의 최적규모가 선택된다.

27) 사회적 선택과정(공공선택 과정)에 참여하는 투표자들이 상이한 규모의 공공재를 선호한다고 할 때, [그림 3-10]이 보여주는 바와 같이 그것들의 평균값에 해당하는 G^*규모에서 순편익이 극대화되므로 그 규모는 최적이 된다. 이는 G^*에서 순편익(△ABE)이 극대화되므로 G^*가 공공재의 최적규모에 해당한다는 것이다.

▶ 중위투표자와 평균투표자의 관계

사회적 선택과정에 참여하는 투표자들의 선택대상에 대한 선호분포가 정규분포를 한다면 평균값(mean)과 중위값(median)이 같아진다. 다수결제를 따를 때 평균값에 해당하는 선택대상(또는 규모)이 최적을 형성하기 때문에 투표자들의 선택대상에 대한 선호분포가 정규분포를 하면 중위투표자의 선호에 의해 결정되는 선택은 최적이 된다.

한편 투표자들의 선택대상에 대한 선호가 동일한 경우는 한 명의 투표자만 있는 상황과 마찬가지이므로 평균값과 중위값은 일치한다.

4. 투표의 모순

1) 다수결제에 의한 사회적 순위결정이 성공하는 경우

다수결제(다수결투표)는 민주주의제도를 유지하는 기본 틀로서 일반적으로 균등한 투표권에 기반을 두며, 1인이 1표를 행사하는 투표방식을 말한다. 현대 민주주의에서는 일반적 안건의 표결에 단순다수결(1/2찬성제)을 적용하고 주요 안건의 표결에는 조건부다수결(상대적 만장일치제)을 채택하고 있다.

다음과 같은 가정을 따를 때 다수결제에 의한 사회적 순위결정 방식이 어떤 결과를 가져오는가에 대하여 알아보도록 하겠다. 이와 같은 가정은 복잡한 현실을 단순화하여 투표제도(다수결제)가 어떻게 작동하는가에 대해 사례를 통해 알아보기 위해 필요한 제약에 해당한다.

첫째, 세 개의 선택대상(X, Y, Z)과 세 명의 투표자(A, B, C)가 있다.
둘째, 선택대상의 공급에 소요되는 비용은 투표자들이 균등 분담한다.
셋째, 투표자들의 선택대상(대안)에 대한 선호는 단봉형이다.

그림 3-12 다수결제에서의 사회적 선택

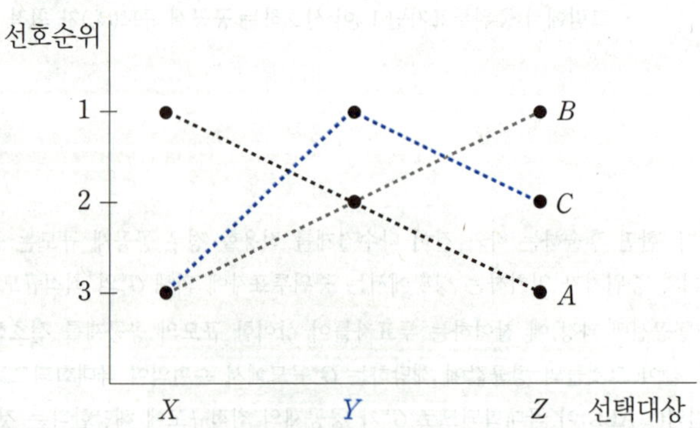

이와 같은 가정을 전제로 할 때 투표자 세 명의 선호는 [그림 3-12]와 같다. 이때 다수결제를 적용하여 X, Y, Z의 세 가지 선택대상(대안)에 대한 사회적 순위를 결정한다면 다음과 같은 절차를 거쳐야 한다.

먼저 X와 Y간 사회적 순위를 결정해 보자[28]. A는 X지지이고, B는 Y지지이며, C는 Y를 지지하므로 X와 Y를 놓고 사회적 순위를 결정하면 $X < Y$가 된다. 마찬가지로 Y와 Z간 사회적 순위는 $Y > Z$이고, X와 Z간 사회적 순위는 $X < Z$이다. 이상의 결과를 종합하면 $Y > Z > X$의 사회적 순위가 도출된다. 따라서 [그림 3-12]에서처럼 모든 투표자들의 선호분포가 단봉형이면 다수결제를 채택할 경우 선택대상 Y가 1순위의 사회적 선택으로 결정된다. 이는 투표자 C의 선호와 일치한다. 이때 투표자 C가 중위투표자이다.

[그림 3-12]의 경우처럼 투표자들의 선택대상에 대한 선호분포가 단봉형인 제약 상황에서는 다수결제(투표제도)가 사회적 합의(1순위의 사회적 선택 도출)를 유도하는데 성공적인 역할을 수행하게 된다. 이런 제약 상황에서는 투표제도(다수결제)가 실효성 있는 사회후생함수의 역할을 하게 됨을 알 수 있다. 이는 투표자들이 선택대상에 대해 일관성 있게 선호를 나타낼 경우 투표를 통해 모든 투표자들이 동의할 수 있는 집합적 선택(사회적 선택)을 이끌 수 있음을 시사한다.

▶ 중위투표자원리

일정한 제약조건(투표자의 선택대상에 대한 선호가 정규분포 또는 단봉형을 이루고 있는 경우)을 충족하는 경우, 다수결제(투표제도)를 적용하면 중위투표자가 가장 선호하는 정책(선택대상)이 공공선택(집합적 선택)으로 채택된다.

단봉형 선호를 가진 투표자들이 다수결제 방식으로 공공선택을 하는 경우 중위투표자가 선호하는 정책이 선택되는데, 이를 중위투표자원리(정리)라고 한다.

① 가정

첫째, 투표자(유권자)의 선택대상에 대한 선호는 대칭적 단봉형(정규분포)이다.
둘째, 투표행위를 실시함에 있어 투표자의 기권은 없다.
셋째, 선택대상에 대한 투표자의 지지태도는 달라지지 않는 일관성을 나타낸다.

② 결론

[그림 3-13]에서처럼 A, B 정당만 있는 경우 양당은 득표극대화를 위해 서로의 정책(선택대상)을 근접시키는 경향을 보이며, 결과적으로 양당 모두 중위점에 해당하는 정책을 제안한다. 이에 따라 중위투표자가 선호하는 중위점에 해당하는 정책이 집합적 선택으로 채택된다. 이는 집권당의 영구 집권 가능성을 줄이는 영향을 미칠 수 있다.

28) 여러 대안 간에 순위를 결정할 때, 모든 대안들을 서로 짝을 지워 경쟁을 시키고 그 결과를 통해 최종적인 승자(1순위의 선택대안)를 가리는 방법을 꽁도세(condorcet)방식이라고 한다. 꽁도세 방식에 의해 1순위로 선택된 대안을 꽁도세 승자(condorcet winner)라고 하며, [그림 3-12]에서는 선택대상 Y가 꽁도세 승자가 된다.

③ 문제점

첫째, 현실적으로 투표자들이나 그들에 의해 선출되는 정치가는 선택대상에 대하여 불완전한 정보를 가지는 것이 일반적이다. 따라서 그들의 행동은 예측불가능하며, 그에 따라 사회가 필요로 하는 공공재의 적정 수준을 정확히 알 수 없다.

둘째, 중위투표자원리는 다수의 정당이 존재하는 경우에는 적용이 불가능하며, 이 경우에는 과점형 교섭모델이 고려되어야 한다.

2) 다수결제에 의한 사회적 순위결정이 실패하는 경우

다수결제 방식으로 선택대상들에 대한 사회적 순위의 결정에 실패하는 상황을 투표의 모순(voting paradox, 투표의 역리, 투표의 역설)이라고 하며, 이는 현실적으로도 사회후생함수가 존재하지 않는다는 근거가 된다.

투표에 의한 결정이 합리적이기 위해서는 투표결과가 비순환적[29]이어야 하고, 모든 투표자의

그림 3-13 중위투표자원리

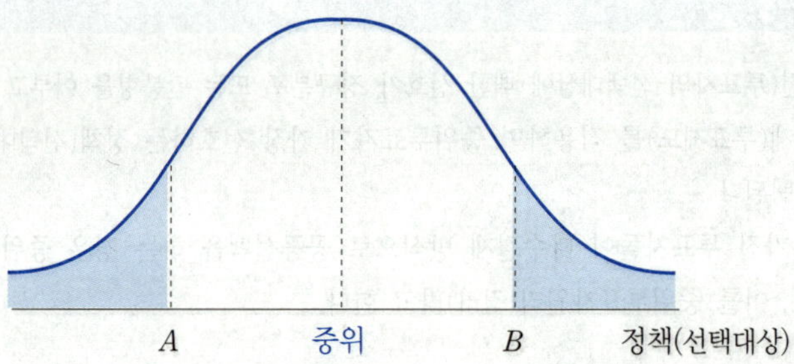

그림 3-14 투표의 모순

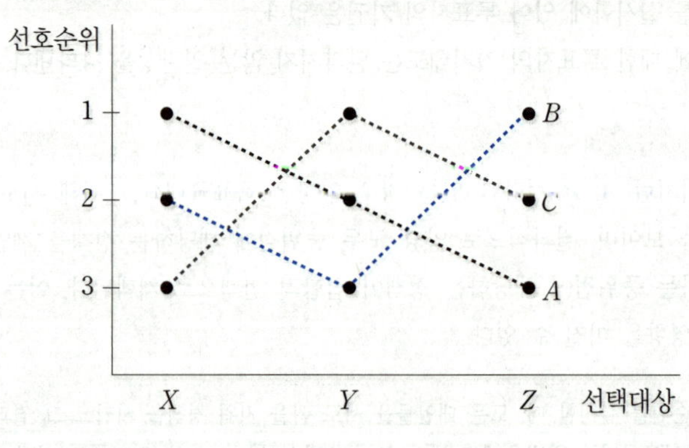

29) 비순환성은 투표결과가 선택대상을 어떻게 배합하느냐에 의해 좌우돼서는 안 된다는 것이다.

선호를 온전하게 반영해야 하며, 전략적 행동(투표자들 간 담합 등)에 의해 교란이 발생하는 일이 없어야 한다.

만약 이러한 조건이 갖추어지지 않는다면(투표자들의 선호가 [그림 3-14]과 같은 경우), 투표의 모순이 발생하게 된다. 이러한 투표의 모순은 특히 다수결제에서 자주 발생한다. 만약 각 투표자의 선호가 단봉형이라면 투표의 모순이 발생하지 않는다. 반면 투표자 중 다봉형 선호를 가진 자가 있다면 투표의 모순이 발생할 수 있다. 투표자들의 선호가 [그림 3-14]과 같은 경우에는 투표자 B가 다봉형(쌍봉형) 선호[30]를 띰으로서 꽁도세 방식을 적용하여 사회적 순위를 결정하면 $X > Y > Z > X$ ……의 결과를 얻게 된다. 이런 상황(다봉형 선호 존재)에서는 다수결제를 통해 선택대상에 대한 사회적 순위를 결정하는데 실패하는 투표의 모순을 초래한다.

투표의 모순이 초래되는 경우, 투표과정을 주관하는 의사진행자는 의사진행조작(agenda manipulation)을 함으로써 투표결과에 영향을 미칠 수 있다.

한편 모든 투표자의 선호가 단봉형의 형태를 띠고 있다고 하더라도 투표의 모순이 나타날 수 있다는 점을 유의해야 한다. 2차원 이상에 걸친 복합적 선택문제를 고려하게 될 때는 모든 사람이 단봉형선호를 갖고 있는 경우에도 투표의 모순이 나타날 수 있다[31]. 이는 투표자들이 일관성 있는 태도를 가져도 복잡한 문제의 선택은 모순적인 결과를 초래할 수 있음을 의미한다[32].

3) 다수결제의 한계에 대한 대책

바람직한 집합적 선택(사회적 선택)을 이끌기 위한 수단으로 폭넓게 활용되고 있는 다수결제의 한계로는 다음과 같은 점을 지적할 수 있다.

첫째, 투표의 모순 발생을 차단하기 어렵다. 일관성 없는 선호를 갖는 투표자가 투표과정에 참여하면 투표를 통해 사회적 선택을 이끌 수 없게 된다.

둘째, 소수파의 보호가 곤란하다. 100명의 투표자들이 투표에 참가하여 어떤 안(案)이 51대 49로 채택되었다면 반대를 한 49명(소수자)의 견해는 무시된다.

셋째, 선택대상에 대해 개별 투표자가 갖고 있는 선호의 강도가 반영되지 않는다.

30) 투표자의 선택대상에 대한 선호분포가 다봉형일 경우에는 선택대상을 어떻게 배합하느냐에 따라 투표의 결과가 바뀌게 된다. 다봉형 선호는 이행성을 보장하지 못하므로 투표의 모순을 유발한다. 다봉형 선호의 예로는 중간 수준의 교육비지출이 필요한 교육기관을 가장 싫어하고 아주 값싼 공립학교가 아니면 아주 비싼 사립학교가 사교육비 측면에서 유리하다고 판단할 경우 또는 중간 크기의 예산 수준을 가장 싫어하고 아주 작거나 아주 큰 예산규모를 이보다 선호하는 경우 등을 들 수 있다.

31) [(㉮,㉯), (㉰,㉱)]와 같은 선택대상들의 묶음을 놓고 순위를 결정하는 경우를 복합적 선택문제라고 하며, 2개 항목의 묶음으로 선택대상이 구성되면 2차원이고, 3개 항목일 때는 3차원이라고 한다. 2차원 이상의 복합적 선택대상 묶음에 대하여 순위를 결정하는 경우라면 투표자들의 선호가 단봉형이어도 투표의 모순이 발생할 수 있다.

32) 다수결제를 따르는 공공선택을 통해 공공재를 공급하는 경우 효율성의 달성이 보장되지 않으며, 또한 중위투표자에 의해 공공재 공급이 결정되기 때문에 공평성의 실현도 담보되지 못한다.

다수결제의 한계를 제거하거나 보완하는 방안으로 다음과 같은 조치가 강구될 수 있다.

(1) 초과득표제와 점수투표제

① 초과득표제

초과득표제(plurality voting system)는 투표자가 선택할 수 있는 각종의 정책대안에 대하여 자신의 선호에 따라 등급(순위)을 매기고, 각 정책대안에 대해서 여러 투표자가 할당한 등급을 합계하여 얻어지는 총점에 근거하여 정책대안들의 우선순위를 결정하는 투표방식을 말한다. 따라서 이 제도는 다수결제보다 소수파의 의견을 적절하게 보호할 수 있다는 장점을 갖는다.

예를 들어 10개의 쟁점(정책대안, 선택대상)에 대하여 최상위로 선호하는 것에 1점을 부여하고 최하위로 선호하는 것에 10점을 부여하는 초과득표제를 채택하였다고 하자. 이럴 경우 각 투표자가 쟁점에 부여한 점수들을 합하여 최소점을 획득한 쟁점이 승리(1순위의 선정)하게 된다. 반대로 최상위로 선호하는 것에 10점을 부여하고, 최하위로 선호하는 것에 1점을 부여한다면 최고점을 얻은 쟁점이 승리(채택)를 얻는다. 초과득표제는 복수투표제, 순위평점제, 보다방식(de Borda rule)이라고도 부른다.

② 점수투표제

점수투표제(point voting system)는 각 투표자에게 미리 정해진 점수를 부여하고 그들로 하여금 선택대상에 대한 각자의 선호강도에 따라 부여된 점수를 적절히 배분하여 투표하게 하는 방식이다. 초과득표제에서는 선택대상의 수가 n개일 때 최선의 선택대상과 최악의 선택대상에 배분되는 점수비중의 비율은 $n:1$의 관계를 갖는다. 반면 점수투표제의 경우에는 투표자가 가장 선호하는 선택대상에 대해 부여된 모든 점수를 배분할 수 있으므로 그 비율이 무한대가 된다. 따라서 점수투표제는 투표자로 하여금 선택대상에 대한 그들의 개인적인 선호 강도(정도)를 가장 잘 반영할 수 있는 장점이 있다.

예를 들어 점수투표제를 채택하여 각 투표자에게 100점의 점수를 부여하고 각자는 자신의 선호정도에 따라 선택대상에 점수를 배분한다고 하자. 이때 선택대상이 10개라면 가장 선호하는 것에 100점 전부를 부여하고, 나머지 선택대상에는 0점을 부여하는 등 다양한 점수배분이 이루어질 수 있다. 이렇게 선택대상들에 대해 각 투표자가 배분한 점수들을 모두 집계하여 가장 높은 점수를 얻은 선택대상이 승리(채택, 1순위 선정)하게 된다.

이상의 초과득표제와 점수투표제는 다수결제가 초래하는 순환성의 문제를 해결하고, 선택대상에 대한 투표자의 선호강도를 잘 반영하는 장점이 있다. 또한 소수파의 의사를 존중하는 강력한 수단이 되기도 한다[33].

---

33) 소수파의 의사를 가장 잘 존중하는 투표제도는 전원합의제이지만 이는 실현 가능성이 매우 희박하다. 따라서 소수파의 의사를 존중할 수 있는 투표제도로는 점수투표제와 초과득표제가 좀 더 현실적이라고 할 수 있다. 또한 초과득표제나 점수투표제는 순환성의 발생(투표의 역리)을 완화하거나 줄이는 역할을 한다.

반면 초과득표제와 점수투표제 역시 항상 성공적으로 사회적 선택을 이끄는 것은 아니며, 현실적으로 다음과 같은 문제점을 갖고 있다.

첫째, 선택대상들에 부여된 최종점수가 똑같게 되는 경우(동점)가 발생할 수 있으며, 그렇게 되면 선택대상들의 우선순위를 매길 수 없게 된다.

둘째, 선택대상에 대한 투표자의 선호가 기수적으로 표시될 수 있다고 가정하는데 이는 비현실적이다. 실제 선택대상에 대한 투표자들의 선호를 수치로 측정(파악)하는 것이 쉽지 않다.

셋째, 전략적 행위가 나타날 경우 상대방의 투표행태에 따라 투표의 결과가 불규칙적으로 변경될 수 있다. 이러한 전략적 행위(투표자들 간의 담합)는 선택의 왜곡을 초래한다.

넷째, 두 제도 모두 복잡하고 그 운영에 많은 비용이 소요된다.

다섯째, 점수투표제의 경우 각 투표자에게 얼마만큼의 총점수를 부여해야 하는가의 결정이 현실적으로 쉽지 않다.

(2) 투표거래와 제휴

보웬(H.R. Bowen)과 블랙(D. Black) 모형은 선택대상(대안)에 대한 투표자들의 선호에 강도 차이가 없고, 선택대상들에 대한 의사표현(투표행위)은 연관성 없이 서로 독립적으로 결정되며 투표행위는 불연속적이라는 가정을 하고 있다.

모든 투표자의 선택대상에 대한 선호의 강도가 동일하다고 가정하는 보웬과 블랙의 다수결제 모형에서는 어떤 선택대상의 채택이 이루어지면, 그것에 찬성표를 던진 승자들이 얻는 편익의 합이 패자(반대자)들이 잃는 손실의 합보다 많게 된다. 따라서 이런 경우 다수결제에 의한 결정은 파레토 효율을 충족한다. 그러나 투표자들이 선택대상에 대해 갖는 선호의 강도가 다르면 다수결제에 의한 결정이 파레토 효율을 보장할 수 없다.

뷰캐넌(J.M. Buchanan)과 툴록(G. Tullock)은 보웬(H.R. Bowen)과 블랙(D. Black)의 다수결제 모형을 개선·연장하여 투표자들의 선택대상에 대한 선호의 강도는 상이하며, 투표행위는 단속적이지 않고 연속적으로 이루어진다고 하는 보다 현실적인 모형(logrolling 고려)을 통해 다수결제의 한계를 보완하는 성과를 제시하였다.

선택대상에 대한 투표자들의 선호의 강도가 상이하고 투표행위가 연속적이면 표의 교환행위가 발생하게 된다[34]. 완전한 표의 교환행위가 허용된다면 표의 교환 이후 파레토 최적인 선택이

34) 표의 교환행위는 특정 회기(會期)에 자신이 원하는 대안을 통과시키기 위해 다른 투표자로부터 지지표를 얻고, 다른 회기에는 협조했던 투표자들이 원하는 대안이 통과될 수 있도록 지지표를 지원하는 방식으로 투표자들 간에 표를 서로 주고받는 행위를 말한다. 이에는 완전한 표의 교환행위와 부분적인 표의 교환행위가 있다. 완전한 표의 교환행위는 투표에 참여하는 투표자가 100명일 때, 특정 투표자가 자신이 선호하는 대안을 통과시키기 위해 자신을 제외한 99명 모두로부터 지지표를 얻고, 다른 회기에는 지원했던 99명이 원하는 대안이 통과되도록 지지표를 약속하는 경우를 말한다. 한편 다수결제(1/2찬성제)에서는 100명의 투표자 중 51명의 지지를 얻는 대안이 통과된다. 이 경우 99명 중 50명으로부터 지지표를 유도하여 원하는 대안을 통과시키는 것을 부분적 표의 교

가능하지만 이러한 완전한 표의 교환행위는 현실적으로 용이하지 않다. 따라서 부분적인 표의 교환행위를 통해 투표자들 간에 타협이 이루어지게 된다. 이러한 부분적인 표의 교환행위의 유형으로는 투표거래와 제휴가 있다.

① 투표거래

투표거래(logrolling, vote trading, 정치적 계약, 정치적 결탁)는 다수결제에서 승자 입장인 다수파들이 얻게 되는 편익합계가 패자 입장인 소수파들이 입게 되는 비용 합계보다 작을 경우 소수파가 그런 상황을 방지하기 위해 시도하는 노골적이거나 은밀한 표의 교환 행위에 해당한다. 이는 사회적으로 효율성의 증진을 도모하기 위한 목적을 가지며, 모든 투표자가 동일한 교섭력을 갖고 있을 경우 가능한 행위이다.

투표거래는 제휴와 달리 개별 대안을 놓고 우선순위를 결정하는 경우에 발생한다. 이것은 사회후생의 증진과는 관계없이 단순히 정치적 목적으로 연방의회 의원(국회의원)이 출신지역의 환심을 사면서 자신이 추진하는 정책을 관철시키기 위해 자신에 대한 지지를 전제로 출신지역에 보조금을 지원하는 조치인 Pork barrel(구유통정치)과는 구분된다[35]. 따라서 투표거래와 제휴는 똑같이 그 행위전보다 행위후의 사회후생을 증진시킨다는 보장이 있어야 실행이 가능하다는 특징이 있다.

결국 투표거래는 사익극대화 행위의 연장이며, 다수결제의 한계를 보완하는 수단이고 궁극적으로 사회후생의 극대화를 목표로 한다. 투표거래는 재정적 문제만이 아니라 비재정적 문제를 대상으로 우선순위를 결정하는 투표행위에도 적용된다. 하지만 투표거래는 거래 참여자의 이익만 고려하기 때문에 사회적으로(국가적으로) 불공평과 비효율을 발생시킬 수도 있다.

한편 투표거래는 그것이 허용되지 않는 다수결제에 의해서는 채택될 수 없었던 공공재의 공급을 가능케 하므로 공공재의 과잉공급(과다 공공지출)을 초래하는 원인이 될 수 있다[36].

② 제휴

제휴(coalition, 연합)는 투표거래와 마찬가지로 투표자들의 대안에 대한 선호의 강도에 차이가 존재하고 투표행위가 연속적일 때 나타나는 부분적인 표의 교환행위를 말한다. 제휴는 투표거래와 달리 대안의 묶음을 놓고 선택을 결정할 때 나타난다. 개별 안건들의 묶음에 해당하는 정강

한행위라고 한다. 따라서 표의 교환행위는 투표행위가 히기마다 연속적으로 이루어지며 투표자들의 대안에 대한 선호의 강도 차가 클 경우에 나타나는 현상이라고 하겠다.

35) 포크배럴(Pork barrel)은 19세기 미국 가정에서 돼지고기를 보관하던 통을 가리킨다. 미국의 남북전쟁 이후 미국 의회에서 의원들이 경쟁적으로 지역구 예산을 따내는 행태를 통에 돼지고기를 던져주면 몰려드는 노예들에 비유하면서 유래된 용어이다. 정부예산을 특정집단이나 특정 지역구의 의원(議員)을 이롭게 할 목적으로 배분하는 것을 말한다. 한편 logrolling은 '통나무 굴리는 기술'이라는 의미를 갖는데, 이권이 결부된 법안을 그와 관련된 의원들이 서로 협력 또는 담합하여 통과시키는 행태에서 만들어진 용어이다.

36) 제휴 역시 투표거래와 마찬가지 이유로 공공재의 과잉공급을 초래하는 원인이 된다.

또는 강령에 대한 선택을 할 때 제휴가 발생한다.

제휴를 활용하여 자신이 원하는 대안의 묶음이 채택되도록 하는데 성공했다면, 그는 투표자들의 상이한 선호의 강도를 반영한 대안의 묶음을 결합하는데 능란한 정치가라고 할 수 있다. 또한 앞에서도 언급했듯이 제휴는 그 행위전보다 행위후 사회후생의 증진을 이룩할 수 있어야 실행이 가능하다는 점에 유의해야 한다.

투표거래와 제휴는 각 대안(선택대상)에 대한 투표자의 이해관계와 평가(인식)하는 중요도가 다르므로 각자의 선호강도가 상이하고, 투표행위가 연속적으로 이루어지는 현실 때문에 나타난다. 선택대상에 대한 선호의 강도를 반영할 수 있는 장점은 있지만 불공평과 비효율을 발생시킬 우려가 있다. 투표거래와 제휴를 통해 과반수를 확보한 대안은 채택되어 공공지출로 연결된다. 따라서 부분적 표의 교환행위인 투표거래와 제휴는 대안의 통과를 용이하게 함으로써 과다한 공공지출(공공재의 과잉공급)을 불러옴으로써 비효율을 발생시킬 수 있다. 또한 투표거래와 제휴를 통해 특정 대안이 채택되면 그 대안에 동의하지 않는 반대자에게도 부담을 요구하게 되므로 불공평을 야기할 수 있는 문제점을 갖는다.

5. 최적의사결정원칙

1) 의의

투표자들이 100명일 경우 그 가운데 몇 명의 찬성으로 특정 대안(예 공공재 공급 결정)을 통과시키는 것이 합리적인가는 정치적 결정비용이론을 통해 알아 볼 수 있다. 정치적 결정비용은 외부비용과 의사결정비용의 합이고, 거래비용의 성격을 갖는다(정치적 결정비용 = 거래비용). 정치적 결정비용이론에 따르면 투표라는 정치적 결정행위에 소요되는 일체의 비용을 합산하여 가장 낮은 비용을 나타낼 때의 지지자수가 공공재 공급을 결정하는 최적찬성자수이다.

이렇게 정치적 결정과정에 소요되는 비용에 근거하여 최적찬성자수를 파악하기 때문에 정치적 결정비용이론이라고 하며, 이때 최적찬성자수가 도출되므로 최적다수결제 또는 최적의사결정원칙이라고도 부른다.

2) 최적의사결정조건

최적의사결정원칙에 관한 연구는 뷰캐넌(J.M. Buchanan)과 툴록(G. Tullock)의 업적이 대표적이다. 그들은 정치적 결정비용이 최저일 때의 찬성자수로 사회적 선택(대안, 공공재 공급)을 통과시켜야 한다고 하였다. 그들의 모형에 따르면 사회적 선택은 정치적·제도적 측면을 고려하여 결정되어야 하며, 정치가나 관료는 원칙적으로 사익적 동기(자기이익 우선)에서 행동하는 특징을 나타낸다. 이는 최적찬성자수의 결정 원리가 개인주의적 접근을 따르고 있음을 의미한다.

(1) 외부비용(external cost)

특정 대안이 일부의 반대에도 불구하고 다수의 지지를 얻어 통과되었다. 이럴 경우 외부비용(E, 비효율비용)은 통과된 특정 대안에 반대를 한 투표자들이 원치 않는 대안이 채택됨으로써 입게 되는 피해(효용의 상실)라고 할 수 있다.

외부비용은 특정 대안이 투표를 거쳐 채택되었을 때, 그 대안으로부터 얻을 수 있는 효용 수준과 그 대안이 전원합의로 채택되었을 때 얻을 수 있는 효용 수준 간의 차이를 말한다. 또는 채택된 특정 대안에 대해 반대투표를 한 투표자가 원치 않은 결과 발생에 따라 감수해야 하는 불편, 불만 등과 관련하여 부담하게 되는 비용이다. 정리하면 어떤 대안이 통과되었을 때 그로 인해 자신이 손해를 본다고 느끼는 사람이 부담하는 비용을 외부비용이라고 할 수 있다.

(2) 의사결정비용(decision-making cost)

의사결정비용(D)은 특정 투표자가 어떤 대안이 채택되기를 원할 때, 다른 투표자들로부터 지지를 이끌어내기 위하여 시도하는 각종 협상에 소모된 시간의 가치(기회비용), 직접적인 노력(토론·설득·교섭 등), 물량 및 자본지출(실질적 자원비용), 제도운영과 의사결정 과정에의 참가비용 등을 말한다. 이와 같은 의사결정비용은 대안의 통과에 필요한 찬성표의 비율이 높을수록 커지며, 만장일치제(100% 찬성제)에서 가장 크다.

(3) 최적찬성자수

사회적 선택(집합적 선택)과 관련한 정치적 결정비용(거래비용, transaction costs)은 외부비용(E)과 의사결정비용(D)의 합으로 이루어진다. 따라서 [그림 3-15]에서 정치적 결정비용($E+D$)이 최소인 N^*의 찬성자수가 최적(효율적)찬성자수이다. 정치적 결정비용(정치적 상호의존비용)이 최소인 상태에서는 외부비용의 한계감소분과 의사결정비용의 한계증가분이 서로 일치한다(외부비용의 한계감소분 = 의사결정비용의 한계증가분).

정치적 결정비용이 최소일 때의 찬성률$\left(\frac{N^*}{N_{max}}\right)$이 최적찬성률이 된다. 만약 이 비율이 과반수다수결(1/2 찬성)과 일치하였다면 그것은 순전히 우연한 결과일 뿐이다. 최적의사결정원칙 모형이 제시하는 결론은 다음과 같이 요약될 수 있다.

첫째, 대안을 50%의 지지(과반수다수결)로 통과시킬 때, 정치적 결정비용은 최소가 되는 것은 아니다. 또한 과반수다수결이 비용측면에서 효율적이라고 할 근거는 없다.

둘째, [그림 3-15]의 E와 D로서 다수결제(1/2 찬성제)와 전원일치제의 의의를 설명할 수 있다. $E+D$가 N^*(1/2 찬성제를 충족하는 찬성자수) 부근에서 최저라면 다수결제가 적합하지만 의사결정비용(D)이 외부비용(E)에 비해 낮은 수준에 위치하면 비용극소화는 전원일치에 가까운 찬성자수로 채택되어야 한다.

셋째, 만장일치제(전원합의제)에서 의사결정비용(D)이 가장 크고 외부비용(E)이 가장 적다. 외부비용이 가장 적은 이유는 통과된 대안에 대한 반대자가 없기 때문이다.

3) 운용상 제약

상당한 논리적 설득력은 갖추고 있지만 현실적으로 최적의사결정원칙을 실제의 투표행위에 적용하는 데는 다음과 같은 어려움이 나타날 수 있다.

첫째, 정치적 결정비용이 가장 낮은 찬성률로 공공재 규모를 결정했을 때, 그것이 사회적으로 요구되는 공공재의 최적량과 일치된다는 보장이 없다.

둘째, 특정 대안이 채택되었을 때 그것에 대해 각 투표자가 느끼는 비용부담이 다르기 때문에 의사결정비용과 외부비용의 측정이 곤란하다. 따라서 현실적으로 정치적 결정비용곡선을 이용하여 최적찬성률을 도출하기는 어렵다.

6. 대의제 민주주의와 공공선택

현실의 공공선택 과정에 참여하는 무수히 많은 개별 국민은 직접적으로 의사(견해)를 드러내기보다는 자신들이 대표로 선출한 정치가를 통해 선호(입장)를 전달한다. 이와 같이 직접민주주의가 아닌 간접민주주의(대의제)를 따라 공공선택이 이루어지는 것이 일반적이다. 여기서는 공공선택 과정에 참여하는 여러 부문들이 공공선택 과정에서 보이는 다양한 행태에 대하여 알아보도록 하겠다.

그림 3-15 최적찬성자수의 도출

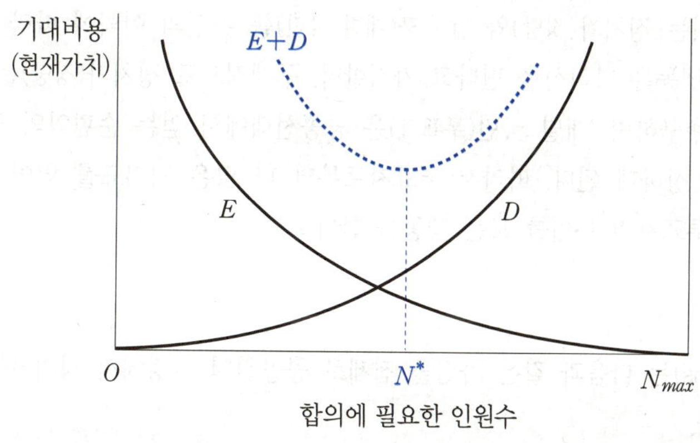

• $E+D$: 정치적 결정비용(거래비용) 곡선

1) 대의제의 의의와 장 · 단점

(1) 의의

대의제민주주의(代議制民主主義)는 각 사회구성원이 집합적 의사결정 과정에 직접 참여하지 않고 대표자를 선출하여 그에게 자신의 입장을 대변하도록 위임하는 의사결정방식을 말한다. 사회구성원의 선호와 대표자의 그것이 연계된 정도에 따라 대의제가 사회구성원의 선호를 얼마만큼 잘 반영하는가를 결정하게 된다.

(2) 장·단점

대의제의 가장 두드러진 장점은 무수히 많은 개별 국민을 대신해서 정치가(대표자)에 의해 투표가 이루어지므로 투표와 관련한 비용을 절약할 수 있다는 것이다. 이때 비용은 투표자(유권자)에게 정보를 제공하는 과정에 소요되는 것으로 정책에 관한 정보를 획득하는데 드는 비용, 획득된 정보를 투표자에게 전달하는데 드는 비용, 투표자가 그러한 정보를 흡수·소화하는데 드는 비용 등을 말한다.

반면 대의제민주주의의 단점으로는 개별 국민의 선호와 정치가의 그것이 불일치함으로써 국민의 의사(입장)가 왜곡되는 상황이 초래될 수 있다는 점을 들 수 있다. 또한 정치가가 국민의 의사를 충실하게 수행하지 않는 도덕적 해이가 나타날 개연성이 작지 않다.

2) 정치가의 행태

(1) 의의

공공선택 과정에 참여하는 정치가(정당)는 정권의 장악(선거에서의 당선)을 위해 득표극대화에 초점을 맞추어 행동하는 성향이 뚜렷하다. 공공선택 과정에서 정치가가 보이는 득표 극대화의 행태를 설명하는 대표적인 연구로 다운즈(A. Downs) 모형이 있다.

다운즈 모형에서는 정치가(정당)와 납세자(개별 국민)를 자신의 이익에 따라 행동하는 존재로 간주하며, 그들의 행동은 합리성을 띤다고 가정한다. 구체적으로 정치가(정당)는 권력 장악을 위해 득표극대화를 추구하며, 개별 국민(투표자)은 공공선택에서 얻는 순편익의 극대화 실현을 위해 행동(선택)을 조정하게 된다. 따라서 투표자로부터 더 많은 지지표를 얻어 권력을 장악하기 원하는 정치가는 투표자의 눈치를 보는 행동을 한다.

(2) 다운즈 모형

다운즈(A. Downs)는 다음과 같은 가정을 전제로 공공선택 과정에서 정치가(정당)가 나타내는 행태를 설명하였다.

① 가정

첫째, 정치가(정당)는 정권창출(획득)을 위해 지지표를 극대화하려는 목적으로 행동한다.

둘째, 투표자(개별 국민)는 자신의 욕구와 이익을 극대화하려고 행동한다.

② 모형의 내용

정치가의 목적은 투표자들이 선호하는 공공재의 적정규모를 제시하여 그들로부터 다수의 득표를 얻어 정권을 장악(선거에서의 당선)할 때 달성된다. 따라서 정치가가 득표극대화를 이룩하였을 때는 투표자가 원하는 공공재 규모와 정치가가 원하는 공공재 규모는 일치할 것이다. 이는 투표자들의 사회경제적 욕구(선호)를 가장 정확하게 적중시킬 수 있는 공약을 제시한 정치가(정당)가 정권을 잡게 된다는 것을 의미한다.

투표자는 공공재로부터의 총편익과 총비용의 차이인 순편익이 극대화되는 공공재 규모(최적 공공재 규모)를 선호하게 된다. 따라서 이러한 투표자의 행태가 정치가에게 어떻게 전달되느냐에 따라 실제(현실의) 공공재 규모가 달라진다.

㉠ 완전한 정보(세계)의 경우

정치가는 투표자(유권자)가 선호하는 공공재 규모를 정확히 알고 있으며, 투표자는 정치가가 나타내는 행태에 대한 정보를 완전히 파악할 수 있는 경우를 말한다. 이때 정치가는 투표자가 추구하는 순편익극대화를 이룰 수 있는 공공재 규모가 공급될 수 있도록 행동함으로써 득표극대화(선거에서의 당선)를 실현하고자 할 것이다. 다시 말해 정치가는 투표자가 선호하는 것과 동일한 최적의 공공재 규모(순편익극대화의 공공재 규모)가 공급되도록 노력하게 된다. 따라서 완전한 세계에서는 정치가(정당)가 최적규모의 공공재 공급자로 행동한다.

㉡ 불완전한 정보(세계)의 경우

정치가는 투표자가 선호하는 공공재 수준을 제대로 알지 못하고, 투표자도 정치가에 대한 정보를 정확하게 파악할 수 없는 경우이다. 이런 경우 정치가는 투표자의 합리적 무지(rational ignorance of voter, 투표자가 공공재로부터 얻는 편익은 과소평가하고 세부담은 과중하게 인식하는 태도)와 자신들의 정권장악을 위한 이기적인(현실적인) 행태[37]를 반영하여 공공재가 과소하게 공급되도록 행동한다.

불완전한 세계에서는 정당이나 정치가가 공익목적과 위배되는 행태를 나타내며, 그들은 공공재의 과소공급자로 행동하게 된다.

③ 문제점

공공선택과정에서 나타나는 정치가의 행태를 체계적으로 설명한 선구적인 연구에 해당하는

---

37) 불완전한 정보 상황에서 정치가는 사회가 필요로 하는 공공재를 일시에 모두 공급할 경우 차기 선거에서 당선을 위한 공약(公約)의 제시가 곤란하기 때문에 공공재가 적정공급 수준보다 과소 공급되도록 행동한다. 이는 부족한 공공재를 차기에 공급한다고 약속함으로써 다음 선거에서 다수표를 획득하기 위한 전략을 구사한다는 것이다.

다운즈 모형의 문제점으로 다음을 지적할 수 있다.

첫째, 현실적으로 공공재의 규모와 내용은 일부 강력한 이해집단의 욕구 및 선호에 의해 결정될 가능성이 크다.

둘째, 정치가(정당)는 차기 집권을 위해 전략적으로 투표자의 공공욕구를 완전히 충족시키지 않을 수 있다(공공재 과소공급 초래).

셋째, 개별 국민의 공공재에 대한 선호표명은 현실적으로 불완전하고, 정치가가 국민의 선호를 제대로 파악할 수 있는 시스템이 미흡하다. 따라서 정치가가 국민들의 선호를 반영하여 결정하는 공공재 규모는 진정한 최적 수준과 다를 수 있다.

3) 관료의 행태

(1) 관료의 특성

관료는 행정을 담당하고, 공공재의 공급에 책임을 지고 있는 부처의 집합체를 말한다. 베버(M. Weber)는 관료를 국가목적과 모순 없이 효율적으로 그 직무를 수행하는 공복(public servant) 또는 봉사자이며, 사심(私心) 없는 행동자라고 하였다.

반면 니스카넨(W.A. Niskanen)은 관료에 대해 자기의 효용극대화(사익극대화)를 위해 행동하며, 예산극대화와 권위나 특권의 증대를 추구하는 존재라고 보았다. 다운즈(A. Downs), 툴록(G. Tullock), 브레튼(A. Breton) 등도 관료는 자신의 효용극대화를 위해 행동한다고 하였다.

관료가 자신의 효용극대화를 목적으로 행동한다고 가정할 경우 관료의 효용함수는 봉급, 승진, 부하수(직원수), 공적인 신망, 권한(권력확대)과 신분 등에 의해 결정될 것이다. 이 경우 관료의 효용 수준을 결정하는 변수의 대부분은 예산과 관련되기 때문에 관료의 효용극대화는 예산극대화와 직결된다고 볼 수 있다.

또한 관료는 자기가 속한 부처의 합리적인 존립 근거의 마련과 그 존속에 관심을 기울인다. 이는 관료가 안전(安全)의 극대화를 추구함을 의미한다. 한편 부처의 존속은 예산의 확보에 의해 가능하게 되며, 부처가 존속될 때 관료는 효용을 향유할 수 있고, 권한·위신·안전이 증대된다. 이는 관료의 효용극대화가 예산극대화에 의해 이루어진다는 것이다.

(2) 공공재 규모 결정에서 관료의 역할

관료는 공공재의 공급자와 수요자(소비자)로서의 역할을 동시에 수행한다. 공공재 규모결정 과정에서 관료는 투표자로서 개인적이고 이기적인 행태를 보일 수도 있고, 반대로 헌신적이고 이타적인 행태를 보일 수도 있다.

① 일반균형접근

공공재와 사적재를 동시에 공급하는 경우 관료가 공공재 규모의 결정과정에서 보이는 행태를 다음과 같은 가정을 통해 알아볼 수 있다.

첫째, 관료와 비관료는 같은 수준의 효용을 얻고, 양자에 의해 공공재의 규모가 결정된다.

둘째, 두 경제 주체의 공공재와 사적재에 대한 상대가격은 다르다. 구체적으로 관료가 직면하는 공공재의 상대가격이 비관료의 그것보다 낮다. 따라서 관료는 비관료보다 상대적으로 큰 규모의 공공재 공급을 요구한다.

[그림 3-16]에서 관료가 직면하는 가격선 bb는 비관료의 가격선 aa보다 완만하다. 이는 관료의 사적재(X)에 대한 공공재(G)의 상대가격이 비관료보다 낮기 때문이다.

비관료는 aa의 제약선을 따라 E_a점을 선택하고, 관료는 bb의 제약선을 따라 E_b점을 선택함으로써 효용극대화를 이룬다. 따라서 [그림 3-16]에 제시되어 있는 바와 같이 관료는 비관료보다 더 큰 규모의 공공재를 선택하게 된다. 이는 관료가 E_b점을 선택하기 때문에 비관료의 G_a보다 더 큰 G_b를 수요(선호)하게 된다는 것을 나타낸다.

② 부분균형접근

공공재만을 대상으로 그 공급규모 결정과정에서 관료가 보이는 행태를 파악하는 것은 부분균형접근에 해당한다. 이때 관료의 목표는 부처 예산규모의 극대화에 있다. 이는 예산(공공재)을 통해 얻는 총편익이 그에 따른 총비용보다 적어지지 않는 범위 내에서 이룰 수 있는 최대 예산규모의 확보를 추구한다는 것이다. [그림 3-17]에서 G_b수준의 예산규모가 그에 해당한다.

G_b의 공공재 규모에서 총편익과 총비용이 동일($\square OcbG_b = \triangle OaG_b$)하다고 하면, 관료는 이 규모를 선호하게 된다. 이는 허용될 수 있는 최대 예산규모로서 효율적인 예산규모(순편익 극대화

그림 3-16 관료의 행태에 대한 일반균형접근

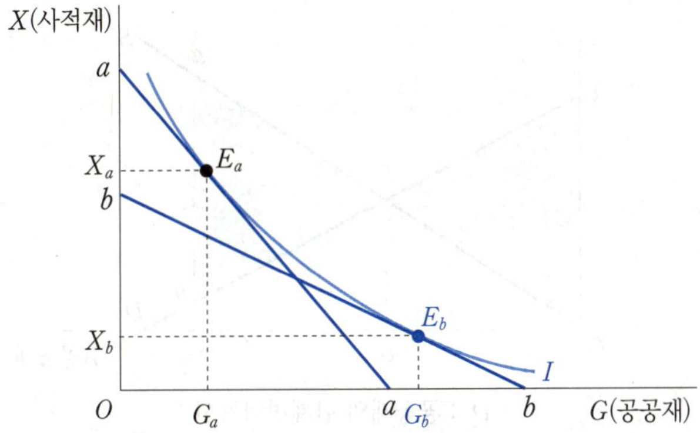

• I : G(공공재)와 X(사적재)에 대한 선호를 나타내는 무차별곡선

• 예산제약 ┬ 관　료 : bb
　　　　　└ 비관료 : aa

예산규모)[38]인 G^*보다 크다. 관료가 비관료보다 더 큰 예산규모를 선호(선택)하는 것은 예산규모가 커질수록 관료의 효용수준이 증가하기 때문이다.

③ 니스카넨 모형

니스카넨(W.A. Niskanen)은 임의로 설정한 편익함수와 비용함수를 이용하여 관료가 선호하는 공공재 규모 결정과정을 설명하였다. 니스카넨 모형에 따르면 공공재 규모에 의해 총편익함수의 형태가 결정된다. 구체적으로 공공재 규모(G)와 그것에 의해 결정되는 편익과의 관계를 아래 식과 같은 2차 함수로 나타내었다.

$$TB = aG - bG^2 \left(0 \le G \le \frac{a}{2b}\right) \cdots\cdots\cdots\cdots\cdots\cdots\cdots\cdots \text{①}$$

TB(total benefit)는 공공재로부터의 총편익이고, G는 공공재의 공급량이며, a와 b는 정(正)의 계수이다. 한편 총편익함수를 나타내는 ①식을 한계개념으로 전환하여 표현하면 ②식과 같은 한계편익(MB, marginal benefit)을 유도할 수 있다.

$$MB = \frac{dTB}{dG} = a - 2bG \cdots\cdots\cdots\cdots\cdots\cdots\cdots\cdots\cdots\cdots \text{②}$$

한 단위 공공재 생산에 소요되는 한계비용이 c로 일정하다고 가정하면, 총비용함수는 ③식과 같이 공공재 생산량(G)에 한계비용(c)을 곱한 관계로 표시된다.

그림 3-17 관료의 행태에 대한 부분균형접근

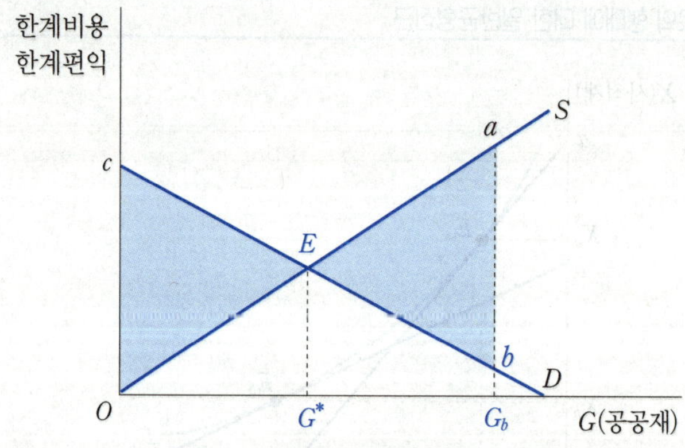

• D : 공공재의 한계편익곡선

• S : 공공재의 한계비용곡선

38) 공공재(예산)의 효율적 규모는 한계비용과 한계편익이 일치하는 [그림 3-17]의 E점에 대응하는 G^*의 공공재 수준에서 달성된다. 이때 공공재로부터의 순편익이 극대화되기 때문에 일반국민(투표자)은 이 규모를 선호한다.

$$TC = cG\left(G \geqq 0,\ c > \frac{a}{2}\right) \cdots\cdots\cdots\cdots\cdots\cdots\cdots\cdots \text{③}$$

TC(total cost)는 공공재 생산의 총비용이고, c는 $0 < c \leq a$인 정의 계수이다. 한편 총비용함수를 나타내는 ③식을 한계비용으로 전환하여 표시하면 ④식과 같이 된다.

$$MC = c \cdots\cdots\cdots\cdots\cdots\cdots\cdots\cdots\cdots\cdots \text{④}$$

이상의 가정을 따를 때 관료의 효용극대화는 $TB \geq TC$라는 제약조건을 충족하면서 총편익(TB)의 극대화를 달성할 때 이루어진다.

관료의 목적함수 : Max TB

제약조건 : $TB \geq TC$

그림 3-18 니스카넨 모형의 편익함수

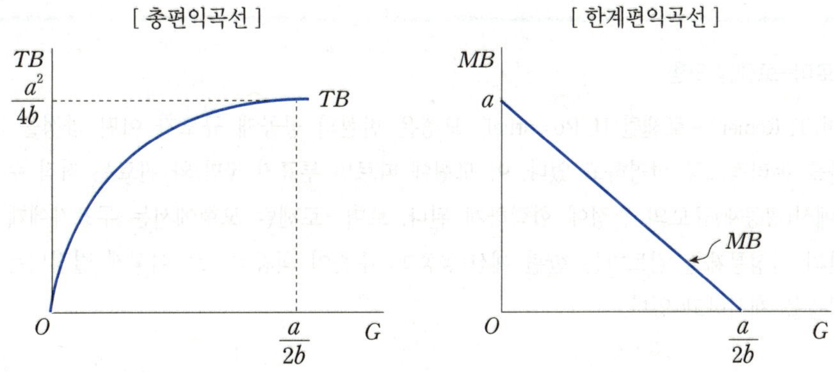

그림 3-19 니스카넨 모형의 비용함수

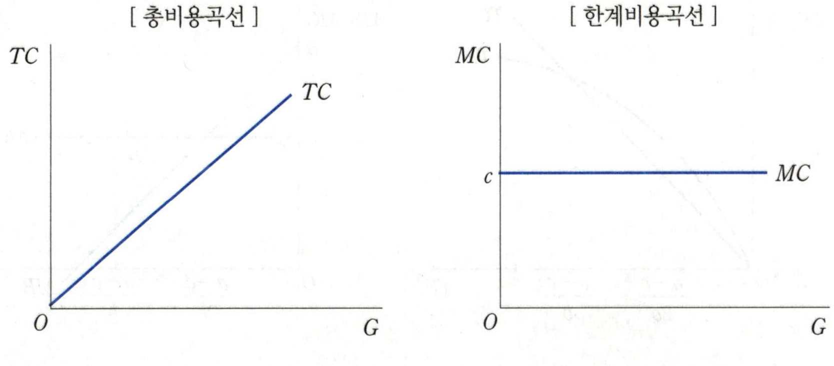

[그림 3-20]에서 관료는 공공재로부터의 총편익과 총비용이 같아지는 $(a-c)/b$의 공공재 규모를 선호한다. 왜냐하면 $(a-c)/b$의 공공재 규모는 허용될 수 있는 최대수준이 되며, 이때 관료의 효용극대화가 달성되기 때문이다. 이 공공재 규모는 정치가들이 선호하는 공공재 규모 $[(a-c)/2b]$의 2배가 되며, 공공재로부터의 순편익(정치가 잉여)이 줄어들기 시작하는 출발점이다. 그 이상의 공공재 규모에서는 편익보다 비용이 크므로 받아들여질 수 없다.

한편 정치가의 목표는 득표극대화를 통해 정권을 장악하는데 있기 때문에 일반국민(투표자)으로부터 지지를 얻기 위해 그들과 동일한 공공재 규모를 선호한다. 따라서 공공재로부터의 순편익이 최대화되는 공공재 규모($MB = MC$)에 해당하는 [그림 3-20]의 $(a-c)/2b$를 선택하게 된다.

▶ 미구에-벨랑저 모형

미구에(J-L. Migué)-벨랑저(G. Bélanger) 모형은 관료의 효용이 행정부처의 규모뿐만 아니라 그가 수행하는 직책에서 얻어지는 특권으로부터도 영향을 받게 된다는 좀 더 현실적인 가정을 도입하여 관료가 선호하는 공공재 공급규모를 파악하여 제시하였다. 구체적으로 미구에-벨랑저 모형에 따르면 현실의 공공재 규모는 니스카넨(Niskanen) 모형에서의 규모보다는 작지만, 여전히 정치가(일반국민)가 선호하는 공급규모(공공재의 최적 규모)보다는 큰 크기라는 것이다(공공재의 과잉공급).

④ 로머-로젠탈 모형

로머(T. Romer)-로젠탈(H. Rosenthal) 모형은 현실의 공공재 규모가 어떤 과정을 거쳐 결정되는가를 논리적으로 설명하고 있다. 이 모형에 따르면 투표자(국민)와 관료는 최적 수준을 뛰어넘는 예산(공공재)규모의 결정에 협력하게 된다. 로머-로잰탈 모형에서는 투표자에게 제시되는 예산안의 편성문제를 검토하는 한편 예산(공공재) 수준이 최종적으로 어떻게 결정되는지에 대한 메커니즘을 제시하고 있다.

그림 3-20 관료와 예산규모 극대화

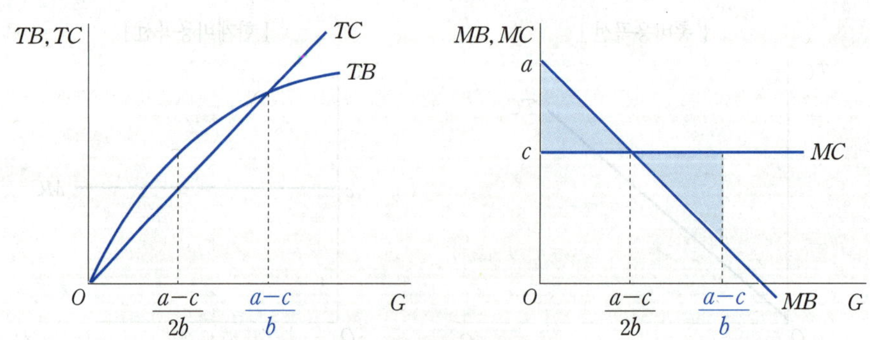

투표자(투표자 집단)의 선호가 U_0, U_1과 같은 무차별곡선으로 표시되고 한계조세가격(사적재에 대한 공공재의 상대가격)에 의해 제약이 AB로 주어지면, [그림 3-21]에서 무차별곡선 U_0와 가격선 AB가 접하는 E점에 대응하는 G^*가 최적예산(공공재) 규모이다.

한편 관료는 자신이 선호하는 예산안(공공재 규모) G_B를 편성하여 의회의 심의를 거친 후 그 예산안이 통과되면 G_B 수준의 예산을 집행할 수 있다. 그러나 그 예산안이 의회 심의에서 부결되면 예산은 회귀 수준에서 확정된다. 행정부처가 직면하게 되는 회귀수준예산은 일반적으로 G^*(최적예산)보다 작은 G_R과 같은 수준이 되며, 이때 투표자가 얻는 효용(후생) 수준은 U_1이다. 그런데 이런 상황이 초래될 것으로 예상되면 투표자는 너무 낮은 회귀수준예산 G_R대신 차라리 더 큰 효용을 보장하는 G^*와 G_B 사이의 G'와 같은 예산규모에 찬성(지지)투표를 한다.

결론적으로 예산의 회귀 수준(공공재 공급규모)이 너무 작아 투표자의 효용이 낮아지는 상황이 발생할 수 있다면 투표자는 그것을 회피하기 위해 관료가 선호하는(제안하는) 과다한 예산규모(예 G')를 받아들이게 된다는 것이다[39].

▶ 헌신적이고 이타적인 관료의 행태

공공부문의 효율적 운영과 공익에 이바지하는 관료를 공복(公僕)이라고 부른다. 이러한 관료는 정부운용에 중심적·건설적 역할을 담당하는 한편 다음과 같은 기여를 한다.

첫째, 공공프로그램 설계에 있어서 기술적이고 전문적인 의견을 제시함으로써 선출된 대표자(정치가)로 하여금 이상적인 선택을 할 수 있도록 보조하는 역할을 맡는다.

그림 3-21 로머-로젠탈 모형

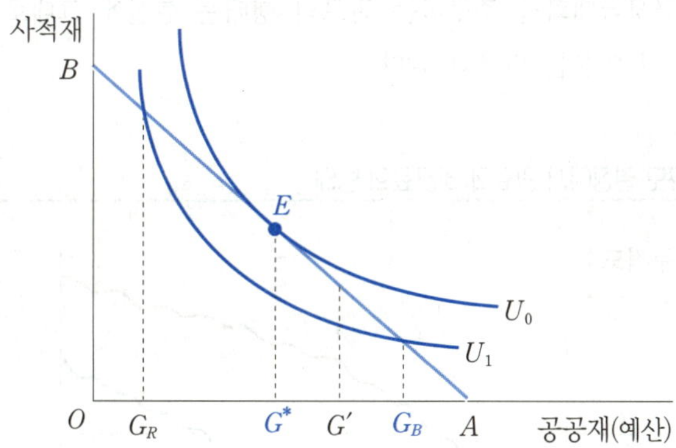

• 투표자의 선호 : U_0, U_1

• AB : 투표자가 지불하는 공공재의 한계조세가격

39) 이런 까닭에 회귀수준예산은 관료를 도와 그들에게 유리한 예산결정을 이끄는 작용을 할 수 있다. 이와 같은 회귀수준예산의 역할은 로머-로젠탈 모형이 시사하는 주요한 결론의 하나이다.

둘째, 채택된 공공프로그램을 시행하고, 운영함으로써 정부활동의 연속성을 마련하는 한편 그 운영의 합리성을 제고시킨다.

헌신적이고 이타적인 관료는 정치과정에서 합리적인 조정력을 발휘하게 되며 성공적인 공공선택을 위해 자신의 사심을 배제하고 긍정적인 성과의 창출을 뒷받침하게 된다.

(3) 투표과정에서 관료의 선택

관료는 일반국민과 마찬가지로 공공재에 대한 수요자(소비자)로서의 역할을 수행한다. 그들은 많은 예산을 확보하여 자신들의 효용 수준을 높이고자 하기 때문에 공공재에 대해 높은 수요를 나타낸다. 공공재 수요자로서 관료가 투표과정에서 나타내는 행태는 다음과 같은 단순모형을 통해 확인할 수 있다.

첫째, 관료와 비관료의 투표에 의해 공공재 규모가 결정된다.

둘째, 공공재 규모는 단순다수결(1/2찬성)의 결과를 따른다(중위투표자정리).

[그림 3-22]에서 A선은 투표자(n명)가 모두 비관료일 때, 각 공공재 수준을 지지하는 찬성자수의 누적도수분포선을 말한다. B선은 관료가 투표자로 참가한 경우 각 공공재 수준을 지지하는 찬성자수의 누적도수분포선이다.

A선을 따를 때는 찬성자수가 m명이면 적정공공재 수준은 G_m이고, $(n/2)+1$(다수결)에서는 G_a의 공공재 수준을 선택한다. 반면 B선을 따를 때는 $(n/2)+1$에서 G_b의 공공재 수준이 선택된다. 따라서 A선보다 B선을 따를 때, 선호(선택)되는 공공재의 규모가 더 커진다. 이는 관료가 비관료보다 더 큰 공공재 규모를 선호함을 보여준다.

한편 공공재(예산) 규모극대화를 추구하는 관료의 행태는 현실에 그대로 적용될 수 없는 한계를 내포하고 있는데, 그 이유는 다음과 같다.

그림 3-22 공공재 규모 결정에서 관료와 비관료의 행태

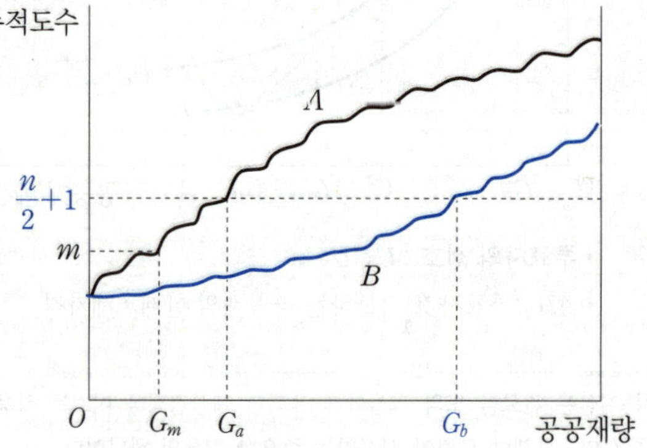

첫째, 현실적으로 예산규모의 지나친 확대를 억제하기 위한 다양한 제동장치가 작동하고 있다. 비용편익분석, 비용효율성분석, 영점기준예산제도 등 행정의 효율화를 위한 많은 장치(조치)가 여러 분야에 걸쳐 운영된다.

둘째, 작은 정부를 지향하는 국가들이 적지 않다.

셋째, 공공재 생산에 사기업(私企業)의 경쟁원리를 도입하면 과도한 공공재 팽창에 따른 비효율의 발생을 크게 줄일 수 있다.

나아가 적정 수준을 넘어 과도하게 공공재(예산) 규모의 극대화를 추구할 경우 다음과 같은 부작용 유발이 우려된다.

첫째, 예산낭비, 예산경직성으로 말미암아 자원배분의 비효율이 나타난다.

둘째, 공공재 규모를 증대하기 위해 예산을 확대하면, 이는 곧바로 물가상승(Inflation)을 낳아 국민생활 전반에 걸쳐 부정적인 영향을 야기할 수 있다.

4) 이익집단의 행태

각종 이익집단(제3의 의회, 로비스트, 특수이해집단)은 사안에 따라서는 투표자(일반국민)의 관심사를 조직화하여 반영함으로써 공공선택 과정에서 건설적인 영향을 미치기도 한다[40]. 그러나 일반적으로 각종 이익집단은 공공선택 과정에서 자신들의 이익이 먼저 실현될 수 있는 방향으로 공공재의 종류와 규모가 결정되도록 행동한다고 할 수 있다. 따라서 그들의 존재는 공공재 과잉공급의 원인이 된다. 이런 관점에서 보면 이익집단의 존재는 공공재를 과다하게 공급시킴으로써 효율적 자원배분을 저해하는 문제를 초래할 수 있음을 시사한다.

각종 이익집단은 자신들의 이익을 관철시키기 위하여 다양한 요구를 함으로써 공공재의 과잉공급자로 행동할 뿐만 아니라 정경유착과 연결된 부작용 초래, 소득계층간 위화감 조성, 합리적 의사결정 시스템의 붕괴 등 적지 않은 문제점을 발생시킨다는 지적을 받는다. 그 사례로 선박산업의 생산시설(설비)에 대한 특혜적 감가상각 요청, 사업자 단체[전국경제인연합회(전경련), 한국경영자총협회(경총) 등]의 과도한 규제완화 요구 등을 들 수 있다.

▶ 공익적 접근

다운즈(A. Downs), 뷰캐넌(J.M. Buchanan), 빅셀(K. Wicksell) 등의 예산규모(공공재 규모) 결정이론은 사익적 접근 또는 개인주의적 접근이라는 공통적인 특징을 갖고 있다.

반면 린드블롬(C. Lindblom)과 콜름(G. Colm) 등은 예산규모 및 예산구조가 전체사회의 이익이라는 관점에서 결정되어야 한다는 입장이다. 이런 사고는 국가를 독립적이고 유기체적 존재로 인식하는

40) 현대 미국의 정치적 의사결정 과정(공공선택 과정)에서 가장 커다란 역할을 수행하는 세 부문인 정치가, 관료, 특수이해집단을 철(鐵)의 삼각형(iron triangle)이라고 한다.

데에서 기인한다. 이들은 예산(공공재 공급)을 통한 후생의 극대화원리를 포기하고, 집행가능하고 실현될 수 있는 예산규모와 예산구조를 모색하는 것이 보다 현실적이라는 입장이다.

이러한 공익적 접근은 대체로 증분주의 예산편성 방식을 따르며, 중앙과 지방 간 역할을 분산하여 지방분권적으로 예산(공공재 규모)을 편성하는 특징을 나타낸다.

7. 정부실패

케인스 학파(Keynesian)는 시장실패 상황이 공공부문(정부)의 시장개입으로 치유될 수 있다는 입장이다. 이런 케인스 학파의 견해에 대한 반론으로 공공부문 역시 결함을 갖고 있기 때문에 시장실패를 완전하게 치유할 수 없으며 공공부문이 경제활동을 수행하는 데도 여러 가지 장애가 존재한다는 지적을 정부실패(government failure, 정부결함)이라고 한다. 통화주의(Monetarism), 합리적 기대론(rational expectation), 공급측 경제학(supply-side economics)에 따르면 고실업과 고물가(stagflation) 등 경제문제의 발생은 정부(공공부문)의 지나친 시장개입과 그로 인해 비대해진 정부의 비합리적 행태에 의해 빚어진 부작용이라는 것이다. 이와 같은 정부실패에 대한 지적은 작은 정부를 지향하는 고전학파 계열이 케인스 학파(Keynesian)의 시장개입을 비판하는 한편 공격하는 주요한 논거에 해당한다.

공공선택과정에서 이루어지는 공공재 공급 결정이 파레토 효율을 달성하지 못하는 정부실패(정부결함)을 초래할 수밖에 없는 원인으로 다음과 같은 점을 들 수 있다.

1) 투표자의 합리적 무지

공공선택의 결과에 대해 특정 투표자(개별 국민)가 미치는 영향은 거의 없다. 투표자들은 이런 현실을 잘 알고 있다. 따라서 그들은 최적의 공공선택을 위해 필요한 정보확보 노력을 게을리하고, 투표를 포기하는 행태를 나타낸다. 또한 투표자들은 공공재 공급에 의해 얻는 편익은 작게 평가하고, 조세부담은 크게 인식하는 태도를 보인다. 이와 같은 투표자의 이중적인 행태를 합리적 무지(rational ignorance)라고 한다.

현실적으로 투표자들은 후보자, 정당, 매스미디어, 이익집단으로부터 유출되는 무료정보를 참고하여 자신들의 공공재에 대한 선호를 표시하게 된다. 이렇게 표현된 투표자의 선호를 토대로 정부가 공공재를 공급한다면 그것은 최적규모와 상이할 수밖에 없다. 왜냐하면 이런 매체들에 의해 정보의 왜곡이 발생할 수 있기 때문이다.

2) 각종 이익집단의 존재

매스컴은 투표자에 큰 영향을 미치기 때문에 정치가들은 매스컴을 장악하기 원한다. 정치가들이 매스컴을 장악하는 작업에 착수하면 자금이 필요하게 되며, 이에 따라 정치가는 각종 이익집단(압력단체)에 의존하여 자금을 조달하게 된다. 또한 정치가가 투표자들을 대상으로 득표활동을 하는 과정에도 자금이 필요하며, 이런 자금 역시 각종 이익집단을 통해 마련하는 것이 일반적이다. 이런 까닭에 각종 이익집단은 공공선택 과정에서 정치가에게 무시 못 할 영향력을 발휘하게 되며 자신의 이익을 위해서는 정부에 대해서도 서슴없이 압력을 행사함으로써 공공재의 적정공급에 걸림돌로 작용하게 된다.

3) 투표자의 근시안적 태도

투표자(유권자)는 현실의 편익만 추구하고 미래의 편익이나 비용은 무시하는 경향이 있다. 정치가들은 득표극대화를 위해 이러한 투표자들의 근시안적 선호에 부응하는 공공재 규모를 선택하게 된다. 이에 따라 공급되어지는 공공재의 규모는 최적과 상이하게 될 수 있다.

4) 관료제의 한계(효율화 유인기능의 미흡)

공공경제는 경쟁의 결여 등으로 말미암아 시장경제보다 경비절감 노력이 미흡하다는 평가를 받는다. 현실적으로 관료가 경비절감을 위해 총력을 기울여도 인정을 받지 못할 수 있다. 이런 제약 때문에 관료는 자리유지 혹은 자리확보에 치중하며, 이에 따라 예산(공공재)규모는 팽창하는 양상을 나타낸다.

5) 투표자 선호의 불충분한 반영

현실적으로 정치가는 일반국민(투표자, 소비자)의 단순한 대리자에 불과하므로 그들의 선호를 완전하게 대신하지 못한다. 또한 정치가는 소속 정당의 지침에 따라 행동하는 특성을 갖는다. 따라서 공공선택 과정에서 관련 당사자들의 완전경쟁을 기대하기 어렵고, 그 결과 공공재의 적정공급이 보장되지 않는다.

투표자의 선호를 온전하게 반영한 적정 공공선택을 저해(방해)하는 요인으로는 다음과 같은 사항을 지적할 수 있다.

(1) 불완전한 정보

현실적으로 공공선택 과정에 참여하는 여러 투표자들이 나타내는 공공재에 대한 선호는 완전하다고 보기 어렵다.

(2) 정당에 의한 정치가의 행동 제약

정치가는 자신이 소속된 정당의 기본 틀(운영방향)과 방침을 준수해야 하므로 투표자의 선호를 완전히 반영하는 행동을 할 수 없는 것이 현실이다.

(3) 선거에 소요되는 많은 비용

선거에는 많은 비용이 소요되므로 정치가들은 그들에게 재정지원을 하는 후원자의 요구와 압력으로부터 자유롭지 못하다. 정치가는 정치자금 후원자의 요청을 거절하기 어렵고, 이런 제약 때문에 공공재의 적정 공급에 차질이 빚어질 수 있다[41].

8. 현실의 공공재 공급 수준

공공선택 과정(정치적 결정과정)을 거쳐 이루어지는 현실(실제)의 공공재 공급규모는 어떤 수준일까? 다시 말해 공공선택 과정에 참여하는 일반국민, 정치가, 정당, 의회, 행정부, 각종 이익집단, 여론 등이 나타내는 공공재에 대한 다양한 선호가 반영되어 이루어진 현실의 공공재 공급규모는 적정한가? 이에 대해서는 공공재의 과소공급설과 과잉공급설이 대립한다.

1) 공공재의 과소공급설

(1) 갤브레이드

갤브레이드(J.K. Galbraith)는 의존효과(dependence effect)[42]를 근거로 하여 공공재의 과소공급설을 주장하였다. 사적재는 대중매체(TV, 라디오 등)를 이용한 광고선전의 덕택으로 충분하게 홍보됨으로써 적정한 공급이 이루어지지만 공공재는 그럴 수 없으므로 과소공급이 불가피하다는 것이다.

(2) 머스그레이브

머스그레이브(R.A. Musgrave)에 따르면 소비자(일반국민)들은 공공재 공급을 위한 조세납부 행위에 대해 부정적인 인식을 갖고 있으며, 그에 따라 충분한 세수(재원)의 확보가 용이하지 않

---

41) 정부실패에 대한 대책으로 다음의 조치를 시행할 수 있다.

첫째, 비대한 관료조직, 정부부처간 상호 견제 기능 미흡, 공무원들의 명확한 직무분담 결여 등을 개선하는 관련 제도개혁이 필요하다(제도 혁신).

둘째, 민간부문처럼 공무원들이 능력을 발휘할 수 있는 여건 조성과 더불어 실효적 유인을 제공한다(유인 제공).

셋째, 정부부처간 경쟁을 유도하여 성과 향상을 이루어나간다(경쟁체계 구축).

42) 의존효과(dependence effect)는 사적재에 대한 소비자의 선호가 방송매체의 광고선전에 의존하여 적절하게 드러날 수 있고, 그것을 반영하여 사적재 공급이 이루어지는 현상을 말한다.

기 때문에 공공재의 공급규모는 적정 수준 이하가 된다.

(3) 다운즈

다운즈(A. Downs)는 투표자(공공재 소비자)가 충분하지 않은 정보를 토대로 공공재에 대한 자신의 선호를 표명하며, 공공재로부터 얻는 편익을 과소하게 평가하기 때문에 부담해야 할 비용을 높게 인식하는 합리적 무지(rational ignorance of voter)가 나타난다고 하였다. 이와 같은 합리적 무지의 영향으로 공공재는 과소 공급될 가능성이 높다.

(4) 만장일치제

공공선택 과정에서 특정 공공재의 공급여부를 만장일치제를 적용하여 결정한다면, 만장일치의 달성은 현실적으로 쉽지 않으므로 공급이 허용되는 공공재의 종류는 적을 수밖에 없다. 따라서 만장일치제를 채택하면 공공재의 과소공급이 발생한다.

2) 공공재의 과다공급설

(1) 재정의 구조적 측면

다음과 같은 상황(또는 현상)에서는 재정지출을 늘려야 하는 압박 요인이 발생하고, 그에 따라 공공재가 적정 수준을 상회함으로써 과다 공급되는 결과가 나타나게 된다.

① 시장의 불완전성과 경기조정기능의 약화
② 파킨슨(Parkinson) 법칙[43]
③ 인구성장 및 기술진보
④ 정부지출에 치중되는 예산편성 경향의 심화
⑤ 예산에 대한 심사의 세분화
⑥ 국방비의 확대
⑦ 사회·경제발전과 관련된 비용의 증가
⑧ 관료제의 재정경직성 심화

위에서 나열하고 있는 여러 상황들은 재정구조적 측면에서 정상적인 재정지출(공공지출, 정부지출)을 뛰어넘어 보다 많은 대책의 강구를 요구하게 되고, 이는 과도한 예산편성(공공재 공급)으로 이어지는 경향이 강하다.

43) 파킨슨(Parkinson) 법칙은 행정기관(행정부처)이 그 실질적인 기능과는 관계없이 지금까지의 우월한 지위를 이용해 계속적으로 확대되고 팽창되는 현상을 말한다. 이는 행정기관이 실제의 업무량과 관계없이 소속 공무원의 승진, 승급 등을 목적으로 조직에서 필요로 하지 않는 직책을 만들고, 그에 따라 늘어난 인원을 관리하기 위해 새로운 기구 내지 직제를 신설함으로써 외형적 확대와 예산팽창을 초래하는 경향을 가리킨다.

(2) 투표방식에 기인하는 공공재의 과다공급

다수결제(1/2 찬성제)를 채택할 경우 특정 공공재의 공급여부는 과반수 찬성으로 결정된다. 따라서 만장일치제라면 채택되지 않았을 공공재의 공급이 쉽게 이루어질 것이다. 결과적으로 다수결제의 적용은 공공재의 과다공급을 초래하는 원인이 된다.

다수결제는 공공재 선택여부를 결정하는 기본적인 수단(도구)이며, 투표에 참여하는 투표자들 가운데 절반 이상이 찬성하면 그 공공재의 공급을 허용한다. 따라서 다수결제를 채택하면 표결에 회부되는 대부분 공공재가 쉽게 통과됨으로써 공공재의 과잉공급을 초래하게 된다.

9. 공공재 선호시현을 위한 유인제도

공공재의 여러 특성 때문에 그것에 대한 정확한 선호는 시장에서 파악되지 않는다. 따라서 현실적으로 시장에서 공공재의 적정공급은 어렵다. 공공재가 시장실패를 초래하는 근본적인 원인은 그에 대한 정확한 선호(수요)를 파악할 수 없기 때문이다.

이하에서는 정부가 어떤 조치를 강구해야 공공재에 대한 소비자(일반국민)들의 선호를 진실되게 시현시킬 수 있는가에 대해 알아보도록 하겠다. 정부가 어떤 대책을 시행해야 소비자의 공공재에 대한 선호가 진실 되게 숨김없이 드러날 수 있는가를 알아보는 유인제도 연구는 실증적 공공선택이론의 한 분야에 해당한다.

유인제도 연구는 크게 두 가지 방향에서 진행될 수 있다.

첫째, 공공선택의 구체적인 대상의 선정과 관련하여 진실 되게 선호를 표현하게끔 유인하는 방안이 모색되어야 한다(공공선택대상 결정에서의 유인제도).

둘째, 선정된 공공선택(공공재)의 규모와 관련하여 그에 대한 선호를 진실 되게 나타내도록 이끄는 방안을 찾아야 한다(공공재 규모 결정 과정에서의 유인제도).

1) 공공선택대상 결정에서의 유인제도

(1) 유인제도의 기본 체계

4명의 주민으로 구성된 한 마을의 환경개선을 위한 대책으로 화단조성(X)과 휴지통(Y) 설치의 방안이 제안되었다(공공선택의 대상).

주민들은 선호하는 선택대상(X 혹은 Y)이 채택될 경우 기꺼이 지불하려고 하는 최대 화폐액으로 선택대상에 대한 선호를 표시한다(선택대상에 대한 선호표시 방법).

다음 표에서 주민 A는 X가 채택되면 8백만원을 낼 의향이 있는 반면, Y가 채택되면 부담을 전혀 하지 않는다는 입장을 드러내고 있다. 이런 방식으로 마을 주민들의 선택대상에 대한 선호가 표시되면 X를 선호하는 A, B 주민의 지불의도액을 합한 금액은 2천만원이고, Y를 선호하는 주민 C, D의 지불의도액의 합은 1천 9백만원이 된다. 따라서 주민들의 선호가 진실하게 시현되었다면 마을의 환경개선을 위한 대책으로 X가 선택되어야 한다.

정부가 다음과 같은 방식으로 운영하는 조세제도(Clarke-Groves 조세)[44]의 도입은 주민들의 진실한 선호표명을 유인하는 역할을 하게 된다.

주민(투표자)	최대 화폐액(백만원)	
	X	Y
A	8	0
B	12	0
C	0	9
D	0	10
합계	20	19

공공선택이 이루어졌을 때 어떤 주민이 실제로 지불해야 하는 부담은 그가 표명한 최대 화폐액이 아니다. 이는 그의 투표(혹은 선호시현)에 의해 한 선택대상이 다른 선택대상 대신 선택되었을 때 발생하는 기회비용 가운데 선택된 대상에 찬성을 한 그를 제외한 주민들이 부담할 금액(지불의도액)을 뺀 나머지 금액이다. 이와 같은 방식의 부담을 클라크-그로브즈 조세라고 한다.

예 A의 클라크-그로브즈(Clarke-Groves) 조세액 = X선택의 기회비용 − B의 지불의도액

= 19 − 12 = 7(백만원)

(2) 유인제도의 성립 가능성

이상의 유인제도(클라크-그로브즈 조세)가 모든 주민들로 하여금 자신의 진실한 선호를 시현하도록 작용하는 이유는 다음과 같다.

예를 들어, 주민 C의 경우 9백만원이 휴지통에 대한 자기의 진실한 선호이지만 그가 자신의 선호를 과장한 결과, 공공선택을 전환시키는 영향을 미침으로써 Y가 채택되었다고 하자. 이때 주민 C가 실제 지불해야 하는 액수는 1천만원이 된다. 왜냐하면 선택대상 Y가 채택되었을 때 C의 클라크-그로브즈 조세액은 Y선택의 기회비용(2천만원)에서 주민 D의 지불의사액(1천만원)을 뺀 나머지인 1천만원이다.

이런 경우 C가 부담해야 할 클라크-그로브즈 조세액 1천만원은 그가 진실로 지불하려고 했던 9백만원보다 더 크기 때문에 과장된 선호표명으로 C는 오히려 손실을 입게 된다. 이런 까닭에 클라크-그로브즈 조세가 부과되면 정직한 선호 표시가 최선의 전략이라고 할 수 있다. 이러한 메커니즘을 갖는 클라크-그로브즈 조세가 부과될 경우 모든 사회구성원들은 선택대상에 대

44) 유인제도는 처음 클라크(E.H. Clarke)와 그로브즈(T. Groves)에 의해 조세제도를 활용한 방법으로 고안되었다. 따라서 유인제도 역할을 하는 조세제도를 클라크-그로브즈(Clarke-Groves) 조세라고 한다.

하여 자신의 선호를 진실하게 시현하는 대응이 최선의 선택이 된다.

(3) 문제점

마을 주민들이 담합 또는 전략적 행동으로 진실한 선호를 왜곡시켜 시현하면 이와 같은 방식의 유인제도는 제대로 작동되지 않는다. 예를 들어 주민 C와 D가 담합하여 Y에 대한 자신들의 선호를 주민 A와 B가 X의 채택에 대해 지불하려고 하는 최고액의 합인 2천만원보다 크게 왜곡하여(거짓으로) 표명하면(예컨대 C : 25백만원, D : 30백만원), Y가 사회적 선택으로 채택된다. 이렇게 되면 주민 C와 D가 부담해야 할 클라크-그로브즈 조세액은 전혀 없게 된다.

2) 공공재 규모 결정과정에서의 유인제도

공공선택대상 결정에서의 유인제도는 마을의 환경개선 사업을 추진함에 있어 화단조성이 진실한 공공선택대상이냐, 휴지통 설치가 진실한 공공선택대상이냐와 관련하여 사회구성원(마을의 주민)의 진정한 선호를 유인하는 방법에 대한 것이다. 반면 공공재 규모 결정과정에서의 유인제도는 특정 공공선택대상이 선정되었다면, 그 규모는 어느 정도이어야 하는가와 관련해 진실을 유도하기 위한 장치를 말한다.

이제부터는 화단조성이 공공선택대상으로 선정되었을 때 몇 개의 화단이 필요한가와 관련해 사회구성원의 선호를 진실 되게 시현시키는 방법에 대해 알아보도록 하겠다. 이것의 실제 적용에는 적지 않은 어려움이 있지만 공공재에 대한 무임승차자 문제(현상)를 해결할 수 있는 이론적 토대를 제공해 준다는 데에 의의가 있다.

(1) 유인제도의 기본체계

이하에서는 다음과 같은 가정을 설정하여 공공재 규모 결정과정에서 클라크-그로브즈 조세가 어떻게 사회구성원들의 선호를 진실 되게 드러내도록 작용하는가를 알아보도록 하겠다.

첫째, 사회구성원들은 각자의 공공재에 대한 수요(선호)를 정책입안자(공공재 공급에 대한 계획수립자)에게 알린다.

둘째, 각 사회구성원이 알린 공공재로부터의 한계편익(선호)을 수직적으로 합하여 전체 수요곡선을 도출한다. 수요곡선과 공급곡선이 만나는 상황에서 공공재의 최적규모가 결정된다.

셋째, 사회구성원들은 정책입안자가 이러한 의사결정 과정을 거쳐 공공재를 공급하게 된다는 것을 잘 알고 있다.

넷째, 공공재 공급에 필요한 총비용은 모든 사회구성원들이 분담하며, 공공재의 한계비용은 일정하다.

① 클라크-그로브즈 조세

모든 사회구성원들이 공공재에 대한 각자의 진실한 선호를 정책입안자에게 알린다면, 공공재의 공급곡선(MC)과 수요곡선(AD)이 만나는 [그림 3-23]의 e점에서 결정되는 공공재량 G^*가 최적공급 수준이 된다.

문제는 여타 사회구성원들의 공공재에 대한 선호표시의 진실성 여부에 관계없이 각 사회구성원이 자신의 선호를 정직하게 정책입안자에게 알리도록 유인하는 방안을 고안할 수 있느냐 하는 것이다.

사회구성원 i가 자신은 공공재로부터 전혀 편익을 얻지 않았다고 거짓말을 하면, i를 제외한 사회구성원들의 편익 합을 나타내는 수요곡선($AD-D_i$)과 그를 제외한 사회구성원들이 부담하는 한계비용($MC-T_i$)이 만나는 f점에 대응하는 G_1의 공공재량이 공급된다. 이는 사회구성원들 가운데 누군가가 공공재에 대한 자신의 선호를 정직하게 표명하지 않으면 공공재의 적정공급이 이루어질 수 없음을 의미한다.

이때 사회구성원 i에게 다음과 같은 두 가지의 조세부담을 부과하면, 그는 공공재에 대한 자

그림 3-23 공공재 규모 결정과정에서의 유인제도

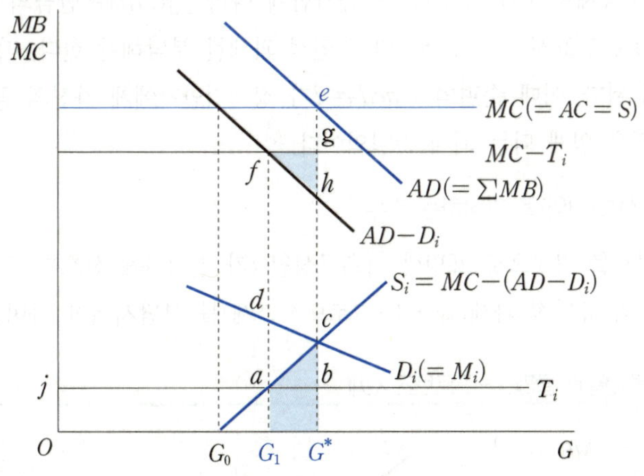

- AD : 모든 사회구성원들이 정직하게 알린 공공재로부터의 한계편익을 수직으로 합하여 도출한 총수요곡선
- D_i : 사회구성원 i의 공공재에 대한 수요곡선
- $AD-D_i$: i를 제외한 모든 사회구성원들이 알린 공공재로부터의 한계편익을 수직으로 합하여 도출한 수요곡선
- T_i : 한계비용(MC) 가운데 i가 분담해야 할 몫을 나타내는 정액의 부담곡선
- S_i : 한계비용(MC)에서 i를 제외한 수요($AD-D_i$)를 뺀 나머지 부분으로 i가 직면하는 공급곡선

신의 선호를 거짓 없이 표현할 수밖에 없게 된다.

첫째, 사회구성원 i에게 추가적인 정액세를 부과한다. 가정에 의해 사회구성원들은 그들의 공공재에 대한 선호에 관계없이 공공재의 총공급비용을 분담하도록 되어 있다. i가 자신의 공공재에 대한 선호를 거짓으로 표명한 경우에도 공급된 G_1의 공공재량에 대한 총공급비용에서 i는 $T_i \cdot G_1(=\square jaG_1O)$만큼의 정액세를 부담해야 했다. 그런데 공공재에 대한 진실한 선호표명을 위해서는 이에 추가하여 i에게 $\square aG_1G^*b$만큼의 정액세 부과가 필요하다.

둘째, G_1을 G^*로 확대할 때 발생하는 비용과 편익의 차이에 해당하는 조세부담(유인적 과세)을 부과한다. 사회구성원 i가 공공재에 대해 거짓으로 표명했던 자신의 선호를 진실하게 나타내면 공공재는 G_1에서 G^*로 확대된다. 이때 i를 제외한 사회구성원들이 얻는 편익은 $\square G_1fhG^*$만큼 증가하는데 비해, 부담은 $\square G_1fgG^*$만큼 증가한다. 따라서 i를 제외한 사회구성원들은 $\triangle fgh(=\triangle abc)$만큼의 순손실을 입게 된다. 이때 순손실을 사회구성원 i에게 유인적 과세(incentive tax)로 부담시킨다.

한편 사회구성원 i의 공공재에 대한 진실한 선호는 개별 수요곡선으로 표시되며, 이는 [그림 3-23]의 D_i이고 이에 대응하는 개별 공급곡선은 S_i로 나타나는데 양자가 만나는 c점에서 형성되는 공공재 규모는 최적 수준 G^*와 일치하게 된다.

사회구성원 i는 공공재량이 G_1에서 G^*로 증가함에 따라 $\square G_1dcG^*$만큼의 편익을 얻는다. 반면 $\square aG_1G^*b$와 $\triangle abc$로 표시되는 정액세와 유인적 과세를 부담해야 한다. 따라서 i는 $\triangle acd$만큼의 순편익을 얻게 된다. 이때 순편익 $\triangle acd$는 i가 정책입안자에게 자신의 공공재에 대한 선호를 진실하게 알린 경우 얻게 되는 최대 순편익이다.

② 공공재에 대한 선호(편익)을 과장하는 경우

공공재에 대한 선호를 거짓으로 표명한 사회구성원 i가 진실하게 선호를 드러내도록 유도하기 위해서는 $\triangle abc$만큼의 유인적 과세(클라크-그로브즈 조세)를 부담시켜야 하며, 이럴 경우 $\triangle acd$

그림 3-24 과장선호일 때 클라크 - 그로브즈 조세

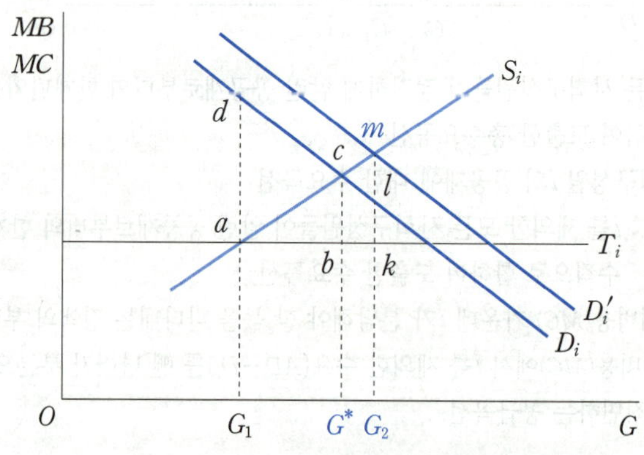

만큼의 순편익을 얻는다. 그런데 i가 자신의 공공재에 대한 선호를 [그림 3-24]에서처럼 D_i'로 과장하여 정책입안자에게 알렸다면 공공재는 G_2수준으로 공급된다. 그렇게 되면 i는 $\triangle akm$만큼의 유인적 과세를 부담하게 되고, 순편익은 $(\triangle acd - \triangle clm)$수준으로 감소될 것이다. 따라서 클라크-그로브즈 조세제도를 시행할 때 선호를 과장하여 시현하면 오히려 순편익이 감소하는 결과를 낳는다.

③ 공공재에 대한 선호(편익)을 축소하는 경우

사회구성원 i가 자신의 공공재에 대한 선호를 [그림 3-25]에서처럼 D_i''로 축소하여 정책입안자에게 알리면, 공공재 공급규모는 G_3으로 결정된다. 이때 i는 $\triangle anp$만큼의 유인적 과세를 부담하게 되지만 순편익은 $(\triangle acd - \triangle pcq)$수준으로 감소한다. 따라서 클라크-그로브즈 조세제도를 시행할 때 사회구성원은 자신의 선호를 축소하여 시현하면 오히려 순편익이 줄어들게 된다.

이상을 통해 볼 때 클라크-그로브즈(Clarke-Groves) 조세가 부과되는 상황에서는 사회구성원들이 각자의 공공재에 대한 선호를 과소 또는 과장하지 않고 정직하게 드러내는 것이 최선의 전략이라고 하겠다.

(2) 실제 적용상 문제점

이와 같은 공공재 규모 결정과정에서의 유인제도는 체계적인 논리성을 갖추고 있지만 실제 적용에 있어 다음과 같은 문제점을 드러낼 수 있다.

첫째, 사회구성원들이 공공재로부터의 편익을 확인하고, 그 편익을 정책입안자에게 알리는 데 필요한 시간과 노력을 기꺼이 감수한다는 전제는 비현실적이다.

둘째, 사회구성원들이 서로 제휴하고 집단적인 편익을 얻기 위해 공동으로 담합(전략적 행위)한다면 공공재의 최적 공급은 불가능하다.

셋째, 유인제도에서 정액세 성격의 과세부담($\square aG_1G^*b$) 결정은 임의적이다. 모든 사회구성원

그림 3-25 과소선호일 때 클라크-그로브즈 조세

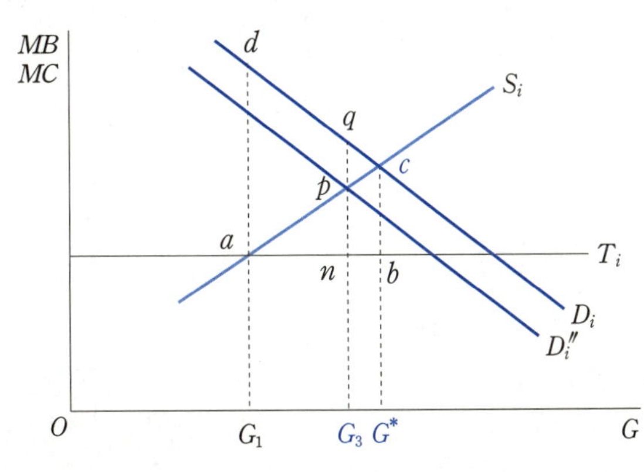

을 대상으로 공공재 총공급비용을 균등하게 분담시키는 것은 현실적으로 용이하지 않다.

넷째, 현실적으로 위와 같은 과정을 따르면 균형예산이 보장되기 어렵다. 앞의 가정(사회구성원 간 공공재 총공급비용의 분담)에 의해 공공재 공급에 필요한 일체의 재원(비용)을 확보할 수 있고, 이에 추가하여 공공재에 대한 선호 왜곡자를 대상으로 유인적 과세를 하면 공공재의 총공급비용보다 세수(수입)가 더 많은 재정흑자가 발생할 수 있다. 반면 그런 가정을 하지 않는다면 공공재에 대한 선호 왜곡자에게 유인적 과세만 하여 공공재 공급에 소요되는 모든 재원을 조달해야 한다. 이런 경우 무임승차가 나타날 수 있으므로 재정적자가 초래될 우려가 있다.

01 공공재는 비경합성, 비배제성 등의 특성으로 말미암아 시장실패를 초래하는 재화나 서비스로서 정부가 공급하는 소비의 대상물이다.

02 공공재와 사적재의 전체 수요함수는 서로 다른 방식을 적용하여 도출한다. 공공재의 전체 수요함수는 개별 수요함수를 수직으로 합하여 유도하는 반면 사적재의 전체 수요함수는 개별 수요함수를 수평으로 합하는 방식을 따른다.

03 비경합성과 비배제성을 동시에 나타내는 재화 또는 서비스를 순수공공재라고 하며, 머스그레이브는 이를 사회재라고 하였다.

04 공공욕구(공적욕구)를 사회적 욕구와 가치욕구로 나눌 경우 전자는 사회재를 통해 충족되고, 후자를 위해서는 가치재의 공급이 필요하다. 가치재는 부분적 시장실패를 발생하며, 정부가 온정적 간섭주의 입장에서 공급을 맡는 준공공재에 해당한다. 사회재는 완전한 시장실패를 초래하는 순수공공재의 특징을 나타낸다.

05 클럽재의 최적 공급 수준과 관련하여 뷰캐넌은 적정 이용자 수에 초점을 맞추어 $N \cdot MRS_{GX} = MRT_{GX}$의 조건을 제시하였고, 오클랜드는 적정 이용 횟수를 강조하여 $MRS^i_{GX} = \sum_{j=1}^{N} MRT^j_{\Sigma X}$의 조건을 충족해야 한다고 하였다.

06 사뮤엘슨 모형에 따르면 $\sum_{i=1}^{N} MRS^i_{GX} = MRS_{GX} = MRT_{GX}$의 조건을 충족할 때 공공재의 공급량은 최적수준이 된다.

07 머스그레이브 모형은 사뮤엘슨 모형이 소득분배의 공평성은 고려하지 않고 자원배분의 효율성 측면만을 강조한 한계를 보완하는 특징을 갖는다.

08 현실에서 공공재 공급은 시장메커니즘 대신 공공부문이 중심적인 역할을 하는 비시장적 방법을 따르는데, 이는 공공선택이론에 이론적 기반을 두고 있다.

09 투표제도는 사회적 선택(집합적 결정)을 성공으로 이끌지 못할 수 있는데, 이런 상황을 투표의 역설(voting paradox)이라고 한다. 이와 같은 투표의 역설이 초래되는 원인으로는 투표자의 비일관적 행태, 다봉선호 등을 들 수 있다.

10 시장실패의 해결을 위하여 정부가 시장에 개입해도 투표자의 합리적 무지, 각종 이익집단의 존재, 투표자의 근시안적 태도, 관료제의 한계, 투표자 선호의 불충분한 반영(불완전한 정보, 정당에 의한 정치가의 행동 제약, 선거에 소요되는 많은 비용) 등이 나타나면 시장실패는 치유되지 못한다. 이런 정부의 한계를 정부실패라고 부른다.

제4장 공공지출과 비용편익분석

PUBLIC FINANCE

제1절 예산의 개관

1. 예산의 개념과 기능

1) 예산의 개념

예산[1)]은 일정기간 내에 이루어질 정부의 각종 경제활동을 수입과 지출의 형태로 집계한 계획서이다. 이때 일정기간은 회계연도를 의미하며, 오늘날 대부분의 국가나 조직은 1년을 회계연도로 하고 있다. 예산은 정부의 수입과 지출에 관한 예정 계획을 수치(금액)로 표시하며, 예산에 의해 뒷받침되는 정부의 경제활동은 단순히 정책의 방향만을 나타내는 것이 아니라 구체적이고 세밀한 사업의 계획을 담아야 한다. 따라서 예산은 미래의 정부 수입과 지출에 대한 예견이고 평가이며, 수입과 지출의 대비표라고 할 수 있다[2)].

예산은 총액 측면에서 그 수입과 지출이 일치해야 하며, 양자의 상호균형(실질적 균형)을 중시한다. 또한 예산은 일정기간의 재정활동에 대해 확정적 구속력을 가지게 되는데, 이러한 성향은 세출예산에서 더욱 뚜렷하게 나타난다.

예산은 편성, 심의·확정, 집행, 결산·평가의 네 단계를 거치며, 그 과정에서 국가의 정치적 의사(입장)와 일반국민의 견해를 반영하게 된다. 예산은 현금주의 회계방식을 따르기 때문에 조세납부가 물납(物納)으로 이루어진 경우 납세행위는 인정되지만 그것이 국가 수입으로 계상되지는 않는다. 그것을 매각하여 현금화 했을 때 예산상 세입의 일부로 계상된다. 마찬가지로 국가가 공채를 발행하여 채무를 이행한 경우도 현금지출이 아니므로 세출예산에 계상되지 않는다.

---

1) 예산(budget)이란 말의 어원은 가죽 포대(包袋)의 뜻을 가진 라틴어 bulga에서 유래되었다. 라틴어 bulga는 고대 불어(佛語)인 bougette로 변천하였고, 그 후 영어화하여 bouget가 되었고 오늘날에는 budget로 달라졌다. 중세 영국에서 재정담당관은 왕의 재정수요를 설명하기 위한 자료를 담은 큰 가방을 들고 다녔는데, 시간이 지나면서 이 가죽가방 속에 든 서류를 예산(budget)이라 부르게 되었고, 이 서류들을 준비(예산편성)하고 실행(예산집행)하는 활동을 일컬어 예산활동(budgeting)이라고 지칭하게 되었다. 따라서 예산(budget)이란 말은 가방 또는 지갑을 의미했던 중세영어 bouget에서 유래한 것으로 알려져 있다. 차병권, 『재정학개론』, 박영사, 1992, p.107, 황윤원, 『재무행정론』, 법문사, 1998, p.149.

2) 수입과 지출은 현금주의 회계(실현주의)를 기준으로 한 표시라면, 수익과 비용은 발생주의 회계를 기준으로 한 파악을 말한다.

2) 예산의 기능

예산은 국가경제활동을 뒷받침하는 토대이며, 국가존립의 기초라고 할 수 있다. 예산은 국가 운영 전반에 걸쳐 다양한 기능을 수행하게 되는데, 민의(民意)와 국가(정부)정책의 우선순위에 따라 그 구체적인 내용이 결정된다[3].

조세법률주의와 작은 정부론이 강조되었던 근대 자유주의국가 성립 초기의 예산은 의회를 통한 행정부 통제와 국민경제에 중립적인 위치를 견지하는 소극적인 기능을 중심적으로 수행하였다. 반면 현대 복지국가의 예산은 건전재정원칙(예산수지균형)을 준수하는 소극적인 입장에서 탈피하여 자원배분기능, 소득재분배기능, 경제안정 및 성장촉진기능 등을 적극적으로 담당하도록 요구받고 있다.

예산기능은 무엇인가를 선구적으로 체계화한 학자는 윌로비(William F. Willoughby)이며, 그는 미국의 예산제도 개혁과정을 근거로 하여 예산의 기능을 설명하였다. 윌로비는 예산이 수행하는 기능을 민주주의 실천수단, 의회와 행정부의 연계수단, 행정 효율성과 경제성 확보수단, 지방정부 개혁수단으로 나누었다.

쉭(Allen Schick)은 예산제도가 전통적·품목별예산제도, 성과주의예산제도, 계획예산제도, 영점기준예산제도의 순서로 발달하였고, 이들 예산제도가 중심적으로 수행하는 핵심 기능은 상이하다고 지적하였다. 그에 따르면 모든 예산제도는 기본적으로 통제기능, 관리기능[4], 계획(기획)기능의 세 기능을 함께 맡지만, 전통적·품목별예산제도는 통제기능에 우월하고, 성과주의예산제도와 영점기준예산제도는 관리기능에 장점을 나타내며, 계획예산제도는 계획기능을 중심적으로 수행한다는 것이다. 결론적으로 쉭(Allen Schick)에 따르면 예산의 기능은 통제기능, 관리기능, 계획(기획)기능의 세 가지 영역으로 구분된다.

하디(Albert C. Hyde)와 샤프리츠(Jay M. Shafritz)는 예산의 기능을 정치적 기능, 관리적·행정적 기능, 경제적 기능, 회계적 기능의 네 가지 범주로 구분하였다. 예산이 담당하는 한정된 공공재원의 배분과 관련된 역할은 정치적 기능에 해당한다. 한편 예산을 통해 공공사업의 실행에 필요한 방법, 비용, 기준 등을 제시하고 평가의 기준을 마련해 주는 과정은 관리적·행정적 기능이다. 그리고 국가경제의 성장·발전을 뒷받침하는 예산의 역할은 경제적 기능이며, 예산지출이 담당하는 회계기법에 관련한 역할은 회계적 기능으로 분류된다.

머스그레이브(R.A. Musgrave)는 예산의 기능을 자원배분기능, 소득재분배기능, 경제안정기능의 세 가지 분야로 구분하였고, 노이마르크(F. Neumark)는 예산의 기능을 가계와 같이 균형예산을 이루고자하는 재정정책적 기능, 입법부의 행정부에 대한 정치적 통제기능, 강제력을 갖는 제도적·법적 기능, 낭비와 불합리를 억제하고자 하는 재무통제적 기능의 네 가지 영역으로 구별하였다.

---

3) 이하의 내용은 황윤원, 『재무행정론』, 법문사, 1998, pp.167~171에서 참조하였다.

4) 정부 관리(官吏)에 의해 예산집행이 적절하게 이루어지는지를 관리(管理)하는 기능을 말한다.

2. 예산의 제원칙

예산원칙은 예산을 편성·심의·의결·집행·결산하는데 있어서 준거 내지 기준이 되는 규범이라고 할 수 있다. 따라서 예산원칙은 적정 재정행위(활동)를 이끌기 위해 요구되는 최소한의 합리성에 해당한다. 각국은 그간 겪어 온 역사적·사회적·정치적 경험과 그것들의 영향으로 형성된 사회 환경을 반영한 고유의 예산원칙을 적용하고 있다. 이는 국가마다 예산원칙이 다를 수 있음을 의미한다. 정리하면 예산원칙은 각국의 예산 편성·집행·결산을 위한 규범이며, 현실의 예산이 적절하게 운용되고 있는지를 평가하는 척도라고 할 수 있다.

이하에서는 전통적 예산원칙, 입법부 우위의 예산원칙, 행정부 우위의 예산원칙에 대해 알아보도록 하겠다.

1) 전통적 예산원칙

1760년경 영국의 산업혁명을 시발로 하여 자본주의 경제체제가 출범한 이래 가장 기본적인 예산 관련 규범은 전통적 예산원칙이라고 할 수 있다.

전통적 예산원칙의 구체적인 항목으로는 완전성(예산의 내용), 단일성과 명료성(예산의 형식), 엄밀성과 사전성(예산의 준비), 한정성(예산의 집행), 그리고 예산의 전(全) 과정과 관련한 공개성을 들 수 있다.

완전성의 원칙은 예산을 편성할 때 그와 관련된 일체의 내용을 빠짐없이 모두 반영해야 한다는 것으로 총괄성(포괄성, 총계주의)의 원칙이라고도 한다. 단일성의 원칙은 예산이 단일의 회계(체계)로 집계되어 표현되어야 한다는 것으로 통일성의 원칙(예외 : 특별회계 설치, 목적세 등)이라고도 부른다[5]. 단일성의 원칙에 따르면 특별회계, 추가경정예산 등은 허락될 수 없게 된다. 명료성의 원칙은 예산의 형식이 복잡하지 않아서 그 내용을 일목요연하게 파악할 수 있어야 한다는 것으로 통관성(개관성)의 원칙을 가리킨다. 엄밀성의 원칙은 예산의 항목이 정확하고 분명하게 표시되어야 하며, 예산은 결산과 일치해야 한다는 것으로 정확성의 원칙과 같은 의미로 사용된다. 사전성의 원칙은 예산이 회계연도 시작 이전에 확정되어야 한다는 것으로 사전승인(사전의결)의 원칙을 말한다. 한정성의 원칙[6]은 특정 부문에서 사용하도록 배정된 예산액은 다른 부문에 전용하지 말고 그 부문에서만 사용되어야 한다는 것으로 개별성의 원칙이라고도 불린다. 공개성의 원칙은 예산의 편성, 심의, 의결, 집행, 결산 등 예산의 전(全) 과정이 국민에게 온전하게 알려져야 한다는 것이다.

5) 노이마르크(F. Neumark)는 단일성의 원칙과 통일성의 원칙을 구분하였다. 그에 따르면 정부의 회계 전체를 종합적으로 밝히고 양적·질적으로 균형을 유지하기 위해 예산은 하나이어야만 한다. 이것이 단일성의 원칙이다.

6) 한정성의 원칙을 위배하는 예산운용방식으로 이용(移用)과 전용(轉用)이 있다. 이용은 예산이 정한 기관(機關)·장(章)·관(款)·항(項), 즉 입법과목(立法科目) 사이에서 이루어지는 상호융통이며, 전용은 세항(細項)·목(目)·절(節), 즉 행정과목(行政科目) 간 융통을 말한다.

2) 입법부 우위의 예산원칙

행정부가 편성한 예산안은 의회(입법부)의 심의·의결을 거쳐 신년도 예산으로 결정된다. 이때 예산에 관한 심의·의결권을 갖고 있는 의회(입법부)는 국민을 대표하며, 국민에 의해 구성되기 때문에 예산의 최종적 확정은 결과적으로 국민에 의해 이루어진다고 할 수 있다.

입법부 우위의 예산원칙은 예산에 관한 결정권이 국민에게 있다는 인식을 바탕으로 하고 있으며, 입법부(국민)의 입장을 중심적으로 반영하여 예산을 결정하는 경우를 말한다. 일반적으로 전통적인 예산원칙은 입법부 우위의 예산원칙이라고 하겠다.

입법부 우위의 예산원칙을 구성하는 세부항목으로는 총괄성의 원칙(완전성, 포괄성의 원칙), 사전의결의 원칙, 통일성의 원칙(단일성의 원칙), 개별성의 원칙(한정성의 원칙), 수지균형의 원칙, 명료성의 원칙[통관성(通觀性)의 원칙], 엄밀성의 원칙(정확성의 원칙), 공개성의 원칙 등이 있다. 수지균형의 원칙은 예산상 수입(세입)과 지출(세출)이 일치되어야 한다는 예산원칙을 말한다.

3) 행정부 우위의 예산원칙

행정부 우위의 예산원칙은 행정능률의 확보와 국민생활 전반을 조화롭게 이끌어가기 위한 안정장치의 역할을 목표로 하는 예산관리원칙으로 스미스(Harold Smith)에 의해 정식화되었다. 이는 전통적인 예산원칙을 보완하는 행정국가론적 예산원칙이라는 특징을 갖는다.

스미스가 제안한 행정부 우위의 예산원칙은 계획의 원칙(계획성), 책임의 원칙(책임성), 보고의 원칙(보고성), 수단구비의 원칙(수단 구비성), 다원적 절차의 원칙(다원적 절차성), 재량의 원칙(재량성), 탄력성과 타이밍의 원칙(시기 신축성), 복선적 예산기관의 원칙(예산기구 간 상호연결성)의 여덟 가지 항목을 말한다[7].

계획의 원칙은 예산이 전체적인 정부계획과 밀접하고 직접적인 관련을 맺고 편성되어야 함을 말한다. 책임의 원칙은 예산을 집행하는 행정수반이 각 행정기관의 계획을 의회의 의사와 부합하도록 조정하고 예산을 합리적으로 집행할 책임이 있다는 것이다. 보고의 원칙은 예산의 편성·집행 등 예산에 관한 내용은 관련 부문에 보고가 이루어져야 한다는 것이고, 보고를 수반하지 않는 예산화는 맹목적이고 자의적이 된다. 수단구비의 원칙은 예산을 집행하는 행정수반은 확정된 예산에 대한 배정 권한과 예비비 설정 권한을 갖고 있어야 하며, 이 원칙에 따르면 이러한 권한을 수행하기 위한 기관(예산기관)을 갖추어야 한다. 다원적 절차의 원칙은 모든 정부기능이 예산에 반영되어야 하지만, 예산에 의해 정부계획을 수행하는 방법은 경상적 기능, 장기건설, 개발계획 또는 정부의 준상업활동에 따라 그 내용을 달리해야 한다. 재량의 원칙은 효율적이고 경제적인 예산관리를 위해 정부의 기능을 넓게 구분하여(재량화하여) 세출항목을 정해야 한다는

7) 이하의 내용은 차병권, 『재정학개론』, 박영사, 1992, pp.158~160에서 참조하였다.

것이다. 탄력성과 타이밍의 원칙은 경제여건의 변화에 대응하여 즉시 조정조치를 취할 수 있는 권한을 예산기관에 부여하는 예산운용을 가리킨다. 복선적 예산기관(複線的 豫算機關)의 원칙(예산기관 상호관련의 원칙, 예산기구 상호성)은 예산편성과 그 집행이 행정부의 직무에 속하지만 그 효율적 운영을 위해서는 각 기관의 예산담당자 상호 간에 적극적인 협력이 이루어져야 한다.

이상 스미스의 예산원칙은 정부계획의 능률적 수행을 위해 종래의 제한적인 예산기능을 가급적 지양하고 효과적인 행정관리를 위해 예산의 편성과 집행과정에서 더 많은 권한을 행정부에 인정하여 재정운영의 신축성을 부여한다는데 그 특징이 있다.

4) 기타 예산원칙

예산원칙을 체계적으로 연구한 대표적인 학자로는 세이(Leon Say), 노이마르크(F. Neumark), 선델슨(Wilner Sundelson), 스미스(Harold Smith), 게로프(W. Gerloff), 마쓰노(松野賢吾) 등을 들 수 있다. 특히 스미스는 전통적인 예산원칙과 더불어 이를 수정한 현대적 예산원칙을 동시에 제안하였다.

1885년에 세이(Leon Say)는 통일성의 원칙, 예산단년도의 원칙, 의결전 편성의 원칙, 회계적 성격의 원칙으로 요약되는 네 가지 예산원칙을 제시하였는데, 이것이 최초의 체계적인 예산원칙이었다고 할 수 있다.

1929년에 노이마르크(F. Neumark)는 공개성, 명료성, 사전승인(사전의결성), 한정성, 목적구속금지(통일성), 단일성, 엄밀성, 완전성의 여덟 가지 예산원칙을 제안하였다. 그의 여덟 가지 예산원칙은 지금까지도 가장 폭넓은 활용과 지지를 받고 있다. 목적구속금지(non-affection)원칙은 예산을 편성할 때, 세입과 세출이 연결되지 말아야 한다는 것이다. 이는 특정 부문에서 거두어들인 수입을 특정 부문에만 사용하도록 하는 연계를 허용하지 않는다. 목적구속금지원칙(目的拘束禁止原則)이 충족될 때 예산의 통일성원칙이 달성된다.

1935년에 선델슨(Wilner Sundelson)은 포괄성(완전성), 배타성, 통일성, 공개성, 명세성(한정성, 개별성), 단년성, 엄밀성(정확성), 명료성(명확성, 통관성)의 여덟 가지 예산원칙을 주창하였다. 명세성의 원칙은 예산을 편성할 때 세입세출예산을 보다 구체적으로 항목화하여 수입의 원천과 지출의 방향을 파악할 수 있도록 해야 한다는 것이다. 따라서 명세성의 원칙에 의하면 예산의 분류 내지 편성은 원칙적으로 품목별(品目別)로 이루어져야 한다.

1945년에 스미스(Harold Smith)는 각각 여덟 가지 항목으로 이루어진 전통적 예산원칙과 현대적 예산원칙을 동시에 제안하였다. 그가 제안한 전통적 예산원칙의 항목으로는 공개성, 명료성, 포괄성, 통일성, 명세성, 사전승인성, 정기성, 정확성이 있다. 그리고 현대적 예산원칙으로는 계획성, 책임성, 보고성, 수단구비성, 다원적 절차성, 재량성, 시기신축성, 예산기구상호연결(연락)성을 제시하였다. 그의 현대적 예산원칙은 행정능률의 확보와 정부에 의한 경제활동 수준의 통제를 허용하는 행정국가론적 예산원칙(행정부 우위의 예산원칙)에 해당한다[8].

게로프(W. Gerloff)는 통일성, 총괄성, 진실성, 공개성의 네 가지 예산원칙을 제안하였다. 진실성의 원칙은 예산에 관한 일체의 사항이 하나도 숨김없이 진실하게 표시되어야 한다는 예산원칙을 말한다.

마쓰노(松野賢吾)는 전통적인 예산원칙을 망라하여 기존의 예산원칙을 종합 정리한 예산원칙을 제시하였다. 그는 선행성(사전성, 사전의결의 원칙), 진실성, 명확성, 총합성, 완전성, 통일성, 균형성, 단년성, 특정성, 공개성의 열 가지 예산원칙을 제안하였는데, 이것은 가장 최근에 제안된 예산원칙이라는 의의를 갖는다[9].

3. 예산의 유형

예산의 유형(종류)은 회계 형태, 예산성립 내용의 수정 여부, 회계연도 개시 전 예산불성립에 대한 대처방식, 예산기법, 예산형식 등을 기준으로 분류할 수 있다.

예산은 회계 형태에 따라 국가의 일반적인 세입세출을 계리(計理, 계산하여 정리함)하는 일반회계예산, 특별한 목적(사업)의 수행을 뒷받침하는 특별회계예산, 그리고 국가가 특수한 사업운영상 필요한 일정자금을 독립적으로 운용하는 기금으로 나누어진다. 일반회계예산, 특별회계예산, 기금을 합쳐서 통합예산이라고 부른다.

1) 회계 형태별 예산

(1) 일반회계예산

일반회계예산은 정부예산의 중추적인 분야이다. 통합예산의 핵심 구성요소에 해당하는 일반회계예산은 조세수입을 대종으로 세입을 확보하며, 순수공공재(국방, 치안, 일반행정 등)의 공급을 위해 대부분의 세출을 사용한다고 할 수 있다. 다시 말해 일반회계예산은 보편적이고 상시적인 국가활동을 지원하는 세입과 세출을 포괄하는 예산으로 정부회계의 근간을 이룬다.

일반회계는 일반세입과 일반세출로 구성되는데, 일반세입의 재원은 조세수입과 차입금, 공채, 수수료 및 기타 수입으로 구성되며, 일반세출은 대체로 국방, 교육, 사회개발, 경제개발, 일반행정 등 순수한 의미의 행정서비스 제공에 사용된다.

예산의 단일성 원칙(통일성의 원칙)에서 보면 일반회계예산만이 진정한 의미의 예산에 해당한다. 그러나 일반회계예산의 운영만으로는 재정운영의 효율화와 행정능률의 향상을 담보하는데 한계가 있다. 이를 보완하는 것이 특별회계예산과 기금이다.

---

8) Administration Review, Summer 1944, pp.181~188.

9) 松野賢吾, 『改訂財政學原理』, 東京 : 千倉書房, 1979, pp.49~60.

(2) 특별회계예산

특별회계예산은 국가의 재정 관련 역할이 증대하고 복잡·다양화되면서 재정운영의 효율화와 행정능률의 향상을 위하여 일반회계예산과 구분하여 설치되는 별도의 예산을 말한다. 특별회계예산의 존재는 예산의 단일성 원칙(통일성의 원칙)을 저해하며, 특별회계예산이 지나치게 늘어나면 그 본래 취지와 달리 행정의 비효율을 심화시키고 입법부에 의한 행정부 통제가 어려워지는 단점이 초래될 수 있다.

2025년 현재 우리나라의 특별회계는 첫째, 국가에서 특정한 사업을 운영하고자 할 때(기업특별회계), 둘째, 특정한 자금을 보유하여 운용하고자 할 때(자금특별회계), 셋째, 특정한 세입으로 특정한 세출에 충당함으로써 일반회계와 구분하여 계리할 필요가 있을 때(구분경리특별회계) 법률로써 설치하도록 되어 있다(국가재정법, 제4조 제3항). 이와 같은 특별회계 가운데 자금특별회계와 구분경리특별회계를 묶어 기타특별회계로 분류한다. 이럴 경우 특별회계는 기업특별회계와 기타특별회계로 구분된다.

국가는 정부기업별로 특별회계를 설치하고, 그 예산 등의 운용에 관한 사항을 규정하고 있다. 정부기업예산법 제2조에 따르면 정부기업은 기업형태로 운영하는 우편사업, 우체국예금사업, 양곡관리사업 및 조달사업을 말한다. 정부기업의 운영은 우편사업특별회계, 우체국예금특별회계, 양곡관리특별회계, 조달특별회계, 책임운영기관특별회계의 5가지 기업특별회계로 관리된다.

기타특별회계(자금특별회계 + 구분경리특별회계)는 2025년 기준으로 농어촌구조개선, 교통시설, 등기, 교도작업, 에너지 및 지원사업, 환경개선, 소재·부품·장비산업 경쟁력강화 및 공급망 안정화, 우체국보험, 주한미군기지이전, 행정중심복합도시건설, 국방·군사시설이전, 혁신도시건설, 아시아문화중심도시조성, 지역균형발전, 유아교육지원, 고등·평생교육지원, 양곡관리, 책임운영기관, 조달, 우편사업, 우체국예금을 대상으로 하고 있다[10].

다양한 설치목적과 종류로 구분되는 특별회계예산은 다음과 같은 특징을 나타낸다.

첫째, 특별회계는 세출예산의 이월을 인정할 때가 많다. 왜냐하면 특별회계는 일반적으로 수년간의 기간이 소요되는 특정 사업을 관리하는 기능을 하기 때문이다.

둘째, 특별회계는 그 설치목적을 달성하기 위하여 필요한 경우 차입에 의해 재원을 조달할 수 있는 권한이 부여되어 있다.

셋째, 기업특별회계의 예산안과 결산자료를 국회에 제출할 경우, 일반회계에서의 첨부서류 이외에 대차대조표, 손익계산서 등 특정한 서류가 요구된다.

넷째, 특별회계는 독립채산제를 채택하는 경우가 많다.

10) 특별회계의 설치는 법률에 근거를 두고 있는데, 그와 관련된 법률로는 정부기업예산법, 등기특별회계법, 교통시설특별회계법 등이 있다(국가재정법 [별표 1] 참조).

예산을 일반회계예산과 특별회계예산으로 구분하여 계리하는 것은 예산운영상 탄력성과 능률을 높이기 위한 것이다. 그러나 특별예산제도의 설치는 다음과 같은 문제점을 발생할 수 있다.

첫째, 특별회계의 설치는 회계 간 복잡한 전출입을 초래하고 이로 인해 정확한 예산규모의 파악과 이해를 어렵게 만든다. 특별회계의 부족자금을 일반회계 전출금으로 보전하게 되면 일반회계의 건전성을 저해하는 문제점과 더불어 재정운용의 투명성을 훼손시키는 영향을 발생한다.

둘째, 적지 않은 특별회계가 부족한 재원 조달을 위해 일반회계로부터 차입하는 편법을 사용하고 있기 때문에 일반회계 재정의 압박요인이 되고 있다.

셋째, 일부 특별회계는 당초 목적을 제대로 수행하지 못한다. 임시방편의 성격을 띠는 일부 특별회계는 정권이 교체되면 존속을 둘러싸고 논란을 불러일으키는 사례가 적지 않다.

넷째, 불필요한 특별회계의 존치는 예산의 명료성 원칙을 저해하고, 예산편성의 방만성과 낭비를 초래할 우려가 있다[11].

2) 기금

정부는 법률에 근거하여 별도의 기금(Fund)을 설치할 수 있다. 기금은 일반회계나 특별회계와는 달리 예산 이외로 운영될 수 있다. 기금은 국가가 특정한 목적을 위하여 특정한 자금을 신축적으로 운용할 필요가 있을 때에 한하여 법률로써 설치할 수 있다. 정부의 출연금 또는 법률에 따른 민간부담금을 재원으로 하는 기금은 규정된 법률에 의해서만 설치할 수 있다(국가재정법 제5조 제1항). 기금설치근거 법률에는 고용보험법, 공공자금관리기금법, 공무원연금법, 국민연금법 등이 있다(국가재정법 [별표 2]).

국가(중앙정부) 예산은 크게 일반회계, 특별회계(기업특별회계 + 기타특별회계), 기금의 3가지 영역으로 구분된다. 이들 3가지 영역을 모두 포괄하여 국가예산을 파악하는 방식을 통합예산이라

11) 예산은 성립내용의 수정 여부에 따라 본예산, 추가경정예산, 수정예산으로 구분된다. 예산이 회계연도 개시 전에 확정되지 못한 경우 경직성 경비의 지출을 인정하는 방법으로 잠정예산, 가예산, 준예산이 있다. 본예산은 당초예산이라고도 부르며, 회계연도 개시 전에 행정부(기획재정부)에 의해 편성되어 의회의 심의·의결을 받기 위해 최초로 입법부(의회)에 제출된 예산을 말한다. 수정예산은 행정부가 입법부에 예산안(당초예산)을 제출한 후 그 예산이 확정적으로 의결되기 전에 조정 작업을 거쳐 변경이 이루어진 예산을 가리킨다. 추가경정예산은 입법부의 심의·의결을 통과하여 성립된 예산이 집행되는 도중에 생긴 부득이한 사유(자연재해복구비의 책정 등)로 인하여 이미 성립된 예산에 변경을 가할 필요가 있을 때 행정부에서 편성·제출하고 입법부의 의결로 성립되는 예산이다. 잠정예산은 새로운 회계연도가 개시될 때까지 의회(국회)의 해산 등 부득이한 사유로 예산안이 입법부에 의해 확정되지 못한 경우 본예산이 성립할 때까지 전년도 수준의 예산집행을 허용하는 예산을 말한다. 가예산은 새로운 회계연도가 개시될 때까지 예산안이 의결되지 못한 경우 관행의 준수를 전제로 1개월 이내에서만 그 집행을 허용하는 예산이다. 준예산은 새로운 회계연도 개시까지 입법부에서 예산안이 의결되지 못한 경우, 예산안 의결 전까지 행정부가 특정 부문에 대해 전년도에 준한 예산집행을 할 수 있도록 허용하는 방식을 따른다. 우리나라는 준예산 제도를 채택하고 있는데, 이는 헌법이나 법률에 의하여 설치된 기관 또는 시설의 유지운영, 법률상 규정된 지출의무의 이행, 이미 예산으로 승인된 사업의 계속을 위한 목적의 경비지출 등으로 한정하고 있다.

고 한다. 이때 기금을 관리하는 틀이 기금특별회계라고 할 수 있다. 따라서 국가예산을 일반회계예산과 특별회계예산으로 이분하면 기금특별회계는 그 범주에서 제외된다.

현재 우리나라의 경우 수십 개의 기금이 난립되어 있는데, 이는 크게 보면 특정 부문의 육성을 촉진하거나 특정 사업에 수반되는 자금의 원활한 수급관리를 위한 기금(남북협력기금, 국민연금기금, 군인연금기금 등)과 금융적 성격을 갖는 기금(산업기반신용보증기금, 신용보증기금, 무역보험기금, 농림수산업자신용기금 등)의 두 가지 유형으로 나눌 수 있다[12].

2025년 현재 우리나라는 일반기금(= 사회보험성기금 + 계정성기금 + 사업성기금) 59개와 금융성기금 8개를 포함하여 67개의 기금을 운영 중이다. 일부 기금은 재원과 목적 사업 간의 관계가 불명확하고 또한 관련 사업을 반드시 기금으로 집행해야 하는 근거도 미흡하다는 지적을 듣는다. 이처럼 일부 기금은 설립목적이나 필요성이 불분명한 데다 예산의 범주 밖에서 방만하게 운영되고 있기 때문에 국가재정의 효율성과 투명성을 저해하는 부작용을 발생하고 있다.

기금의 설치와 운영은 공적자금의 공급과 관리에 탄력성을 부여하는 장점이 있으나, 지나치게 많은 개별 목적기금의 난립은 국가재정 운영 전반에 걸쳐 비효율과 낭비 초래의 원인이 된다. 현재 우리나라의 기금제도는 지나친 난립과 비효율적이고 계획성이 부족한 운영으로 말미암아 많은 문제점을 드러내고 있다. 이러한 문제점을 개선하기 위해서는 각 기금마다 미래지향적이며 실효성 있는 중장기 목표를 설정해야 한다. 또한 합리적이고 객관적인 기준을 적용하여 사업성과를 평가하는 한편 그 결과에 근거하여 기금의 존폐를 결정하는 체계의 구축이 필요하다. 아울러 중복적인 기금 간의 통폐합과 본래 취지를 살리지 못하는 기금은 과감하게 폐지하는 조치가 이루어져야 한다. 더 나아가 시의에 영합하거나 임시방편적인 기금의 조성(설치)을 차단하고 억제하는 장치의 강구가 요구된다.

4. 각종 예산제도

1) 품목별예산제도

현재 시행되고 있는 각국의 예산제도는 대체로 품목별예산편성 방식을 기본골격으로 하고 있다[13]. 품목별예산제도는 각 행정부처별로[구체적으로는 예산의 목(目)을 중심으로] 예산의 인상요인을 평균적으로 고려하여 전년도 규모보다 증액하는 예산편성 방식을 따른다.

품목별예산제도(line-item budgeting system)는 합리적이고 정확한 근거를 토대로 하지 않은

12) 국가재정법 제70조 제3항에 근거해 볼 때, 금융성 기금은 금융적 성격을 갖는 기금으로서 신용보증 등 특정 목적을 위하여 설치된 것을 말한다.

13) 모든 예산제도는 정도의 차이가 있을지언정 통제, 관리, 계획(기획)의 세 가지 기능을 수행한다(A. Shick). 특히 통제기능은 품목별예산제도(전통적 예산제도)의 장점이고, 관리기능은 성과주의예산제도에서 잘 수행되며, 계획기능은 계획예산제도의 핵심기능이다.

채 신년도 급여는 얼마를 지급하고, 여비·수수료와 비품 및 소모품은 얼마만큼 책정하고 구입하라는 등 주먹구구식으로 예산을 편성하게 된다. 따라서 이 제도는 합리성과 효율성 및 과학성과는 거리가 있는 예산편성 방식이라고 할 수 있다. 그럼에도 불구하고 품목별예산제도는 각국 예산편성의 기본이 되는 전통적 예산제도라고 하겠다[14).

오랜 전통과 폭넓은 활용에도 불구하고 품목별예산제도가 안고 있는 문제점으로 다음과 같은 점을 지적할 수 있다.

첫째, 입법부(국민)에 의한 행정부 통제기능에 치중된 예산제도이다.

둘째, 예산의 확보(input), 즉 수입(세입)에 치중하여 예산편성을 하며, 그 성과(output)를 상대적으로 소홀히 취급하는 경향이 있다.

셋째, 정부지출의 효율성을 중시하지 않는 예산편성 방식을 적용한다.

넷째, 상황변동에 대한 신축성이 결여되어 있고, 경기변동에 대한 대처 측면에서 취약하다.

다섯째, 예산의 성과를 경시하는 단순한 증분주의(incrementalism) 예산편성 방법[15)을 따르므로 사회·경제의 전체적인 구조나 체계의 변화에 대하여 신축적인 대응이 어렵다.

여섯째, 한 번 설치된 예산항목은 그 필요성이 소멸되어도 쉽게 폐지되지 않기 때문에 예산의 경직화를 초래한다.

각국의 예산제도는 품목별예산제도를 근간으로 하면서 예산운영상 효율성과 합리성을 제고할 수 있는 그 이외의 예산편성제도를 병용한 형태를 취하고 있다고 하겠다. 우리나라의 예산제도도 마찬가지로 품목별예산제도를 기본으로 하면서 일반회계·특별회계·기금을 포괄하고 있는데, 이를 통합예산제도라고 한다.

우리나라 예산제도의 주요한 특징으로는 다음과 같은 점을 들 수 있다.

첫째, 특별회계 및 기금의 난립으로 말미암아 예산규모의 정확한 파악과 분석이 곤란하며, 이에 따라 예산구조가 매우 복잡한 양상을 나타낸다.

둘째, 실제의 예산편성은 목(目)을 중심으로 하는 품목별예산제도를 못 벗어나고 있다. 이는 매년 예산이 전년도의 사례를 대체로 답습하고 있음을 의미한다.

---

14) 각종 예산제도는 전년도보다 규모가 증액되는 성향이 있다. 따라서 모든 예산제도는 증분주의방식을 취하고 있다고 해도 과언이 아니다. 그런 가운데 품목별예산제도는 증분주의예산편성을 더욱 두드러진 특징으로 나타내기 때문에 품목별예산제도를 증분주의예산제도와 동일시하는 경향이 있다.

15) 증분주의 예산편성 방법의 단점으로 다음과 같은 점을 들 수 있다.

첫째, 증분주의 예산편성 방식을 따르면 재정규모의 단순 팽창이 불가피하다. 따라서 여유가 있는 예산은 지속적으로 그 상황을 유지하게 되고 부족한 예산은 계속해서 어려움에 직면하게 된다.

둘째, 많은 재원이 필요한 부문의 예산도 단순히 전년도 예산을 일정하게 증액하는 방식으로 결정되기 때문에 재원의 부족이 심한 부문은 이를 극복할 방법이 없다.

셋째, 예산의 결정 또는 편성은 최종적으로 최고결정자에 의해 이루어지는데, 그가 모든 정보를 알 수 없기 때문에 자원(자금, 재원)의 효율적 배분이 쉽지 않다.

셋째, 매년의 예산편성은 세입·세출에 대한 장기적 전망을 포함하지 못하고, 증분주의를 기본 골격으로 하는 전년도 답습주의를 따르고 있다.

넷째, 예산을 활용한 정책조정기능이 미흡하다.

2) 복식예산제도

복식예산제도는 전통적 예산제도(품목별예산제도)가 일상의 경상적 경비지출을 중심으로 편성하기 때문에 불황 등 비상사태에 능동적으로 대처할 수 없는 한계를 극복하기 위한 대안으로 1930년대부터 채택되기 시작하였다. 이 제도는 케인스 학파(Keynesian)의 영향을 받아 북구 스칸디나비아 국가들에서 처음 도입되었고, 예산을 경상예산과 자본예산으로 이분하여 계리한다.

경상예산의 세입은 주로 조세를 통해 충당하도록 하고, 경기불황을 극복하기 위한 목적으로 고안된 자본예산은 차입(주로 공채 발행)을 활용하여 재원을 조달하도록 함으로써 예산의 경기대응 기능을 새롭게 부각시킨 예산제도라고 할 수 있다.

복식예산제도는 경상예산을 통해 일상의 재정(세입과 세출) 현황을 표시하고, 자본예산에서는 임시적이고 뜻하지 않은 비상시의 재정상황을 관리한다. 특히 자본예산은 경기대책 등 생산적인 목적으로 운영하는데 주안점을 두고 있다. 경상예산은 정부 경제활동을 오로지 현금의 출납에 의해서만 기록하는 현금주의(cash base) 회계방식을 따르는 반면, 자본예산은 발생주의(accrual base) 회계방식의 기법을 활용한다. 따라서 자본예산은 공채발행의 허용, 정부의 유형자산에 대한 투자, 감가상각비의 계상 등을 반영한 예산이다.

복식예산제도는 전통예산제도가 고수하던 균형예산편성 관행에 탄력성을 부여하고 있다. 경상예산은 균형을 원칙으로 하지만, 자본예산은 불균형을 용인한다. 그러나 최근에는 상황에 따라 자본예산뿐만 아니라 경상예산의 불균형도 인정하고 있다.

복식예산제도가 드러내는 주요한 특징은 다음과 같다.

첫째, 복식예산제도의 도입은 예산원칙 가운데 한정성의 원칙, 단일성의 원칙, 단년도예산주의의 원칙, 목적구속금지(non-affection)의 원칙을 위배한다.

둘째, 경제 불황의 타개 등을 목적으로 하는 공채발행의 합리적 근거를 제공함으로써 정부의 재원조달방법을 증세 이외의 방안으로까지 확대시켜주고 있다.

셋째, 자본예산에 근거하여 불황극복을 위해 집행되는 정부지출은 단기적인 국민소득창출효과(유효수요증대효과)와 더불어 장기적으로 생산력증대효과를 낳는다.

넷째, 자본예산을 통한 자금조달은 재정정책의 신축성을 확보해 준다.

다섯째, 경기대책과 관련된 세입과 세출을 자본예산으로 계리하기 때문에 예산집행의 결과를 파악하는 경제효과분석(경제성과 파악)에 유효한 수단이 된다.

여섯째, 자본예산의 설치는 정부의 투자확대에 유리한 여건을 제공하며, 적극적인 불황정책에 대한 정치적 반대를 완화시킬 수 있다.

일곱째, 경제상황에 따라 불가피한 경우 일시적 예산불균형을 허용하는 순환적 균형예산원칙의 병용이 가능하기 때문에 경상예산의 일시적 적자를 정당화한다.

여덟째, 복식예산제도는 경제안정과 재정의 건전성을 동시에 도모할 수 있는 예산제도로서 경제성장정책의 수립에 유용한 수단이 될 수 있다.

예산운영에 합리성 내지 신축성을 제공할 수 있다는 평가에도 불구하고 복식예산제도는 실제 시행과정에서 다음과 같은 문제점을 갖는다.

첫째, 복식예산제도는 민간기업의 회계운영 방식을 수용하고 있지만, 재정(공공부문)과 민간기업을 완전히 똑같이 취급할 수는 없다.

둘째, 자본예산(자본적 지출)을 통해 획득되는 특성이 다른 많은 정부자산을 어떻게 구분하여 계리할 것인가의 결정이 쉽지 않다.

셋째, 자본예산의 항목이 되는 정부보유자산에 대한 감가상각처리가 어렵고 복잡하다.

넷째, 예산(경비)팽창의 우려가 있다. 왜냐하면 실업해소 등 경기조정을 구실로 자본예산의 불균형(팽창)을 허용하기 때문이다.

다섯째, 성격이 다른 수많은 정부예산(경비)을 경상예산과 자본예산으로 명확히 구별하는 것이 현실적으로 용이하지 않다.

여섯째, 자본예산은 투자수익이 분명한 분야 중심으로 편성될 가능성이 농후하기 때문에 불균형적인 투자계획의 수립을 고착화하는 문제를 발생시킬 수 있다.

일곱째, 자본예산은 그때그때의 인플레이션 상황을 반영한 자산재평가와 감가상각비의 개정을 추진해야 하는데, 현실적으로 정부부문에 의해 이런 작업이 제대로 진행되기가 어렵다. 또한 자본예산의 재원을 차입에 의존하면 인플레이션이 더욱 심화될 우려가 있다.

3) 성과주의예산제도

1949년 미국의 후버(Hoober)위원회에 의해 처음 제안된 성과주의예산(performance budget)제도는 예산집행이 나타내는 결과(성과, 효율성)에 초점을 두고 있는 예산제도이다. 성과주의예산제도는 예산(경비)지출에 의해 이루어지는 성과와 실적에 역점을 두며, 그 성과(실적)가 높은 분야에 우선적으로 예산을 배정·편성하는 방식을 따른다.

성과주의예산제도는 경비지출을 적절하게 집행함으로써 그 결과물인 최종생산물의 가치(성과)를 극대화하는 예산운영을 강조한다. 또한 예산편성 과정에서 성과측정 및 평가방법이 중요한 역할을 하게 되며, 예산의 관리기능을 가장 중시한다고 하겠다.

행정부처의 특정 사업에 배정되는 예산액은 그 사업의 업무량에 단위 원가를 곱하여 책정된다(예산액 = 단위원가 × 업무량). 그리고 행정부처가 수행하는 여러 사업에 대한 예산액이 합계되어 그 행정부처의 총예산액이 된다. 국가 전체예산을 성과주의방식으로 편성할 경우 이와 같은 과정을 거쳐 산출된 각 행정부처의 예산액을 망라하여 합계한 집계를 신년도 정부예산안으로 확정하는 결과를 낳는다.

예산의 효율적 운영을 중시하고 강조하는 등 관리기능 측면에서 장점을 갖는 성과주의예산제도의 주요한 특징으로는 다음과 같은 점을 지적할 수 있다.

첫째, 성과주의예산제도에서 예산과목은 기능(functions, 목적), 사업계획(programs), 사업활동(activities) 또는 세부사업(projects)의 세 단계로 분류된다. 성과주의예산제도는 예산(경비)지출이 추구하는 목표(목적)가 세워지면 그것을 실현하기 위한 핵심적인 사업계획과 그에 대한 보다 구체적인 세부사업을 설정하여 예산을 편성한다.

둘째, 각 세부사업의 최종생산물을 수량으로 표시하고 이를 업무량으로 간주한다.

셋째, 업무량에 대한 원가계산은 예산액 결정에 있어 중심적 역할을 한다. 왜냐하면 업무량에 단위원가를 곱하여 예산액을 책정하게 되기 때문이다.

넷째, 성과주의예산제도는 충실한 보고제도를 적용하여 최종생산물과 원가에 대한 계획과 실적을 대비함으로써 합리적인 예산관리 및 능률향상을 도모한다.

성과주의예산제도는 예산집행이 초래하는 성과(결과물)에 무게를 둠으로써 예산의 관리기능이 탁월하지만 실제 운영과정에서는 다음과 같은 문제점을 나타낼 수 있다.

첫째, 업무량의 수량적 측정과 원가계산이 용이하지 않다.

둘째, 여러 담당부서가 관련되어 있는 복잡하고 소요 예산의 규모가 큰 사업은 그에 대한 회계책임의 소재가 불분명하다.

셋째, 1년 이상의 장기간이 소요되는 정부 투자활동의 경우 각 연도마다 예산집행에 따라 나타나는 효과를 정확히 파악하는 것이 현실적으로 가능하지 않다.

4) 계획예산제도

일반적으로 예산제도는 그 정도의 차이가 있을 뿐 통제·관리·계획(기획)의 세 가지 기능을 수행하는데, 계획기능을 가장 적절하게 수행하는 예산제도가 계획예산제도(Planning-Programming-Budgeting System : *PPBS*)이다. 이 제도는 장기적인 계획수립(planning)과 단기적인 예산편성을 계획작성(programming) 과정에서 연계하여 자원배분에 관한 정부의 의사결정을 보다 합리적으로 이끄는 특성을 갖는다.

계획예산제도는 예산의 효율화를 도모하는 장점을 가진 대표적인 예산제도로서 기획예산제도, 프로그램예산제도라고도 부른다. 계획예산제도는 1950년대에 미국의 랜드연구소(Rand Corporation)에서 개발되어 국방부 예산편성 과정에 처음으로 도입되었고 이후 다른 부처와 각국으로 전파되었다.

계획예산제도는 예산을 통제적인 수단이나 관리를 위한 방편보다는 정책결정의 도구로 이용한다. 계획예산제도는 계획기능을 중앙에 집중시키지만 그 이외 관리와 통제의 1차적 책임은 감독 및 실시단계에 위임하고 있다.

계획예산제도의 궁극적인 목표는 설정된 공공목표를 달성하는데 사용되는 여러 가지 대체적인 수단의 비용과 편익에 대한 분석결과에 근거하여 설정된 목표를 효과적으로 달성할 수 있도록 산출(성과)의 측정치(測定値)를 제시함으로써 합리적인 정책결정을 이끄는데 있다.

계획예산제도가 나타내는 핵심적인 특징은 다음과 같다.

첫째, 비용편익분석을 이용하여 목표 실현을 위한 대안들을 체계적으로 비교한다.

둘째, 예산을 목표지향적으로 편성한다.

셋째, 계획기능을 중심적으로 수행한다.

넷째, 장기재정계획(공공투자사업)과 단년도 예산을 유기적으로 결합시킨다.

계획예산제도를 도입할 경우 예산편성은 계획단계(Planning), 프로그램작성단계(Programming), 예산편성단계(Budgeting)의 3단계를 거치며, 각 단계는 다음과 같은 내용으로 이루어진다. 계획단계(Planning)에서는 정부가 특정한 목표를 설정하고, 그 목표의 달성을 위한 대안을 결정한다. 따라서 이 단계에서는 목표와 수단의 평가 및 선택이 이루어지며, 예산지출의 효율성을 높게 실현하는 차례로 대안들의 우선순위가 결정된다. 프로그램 작성단계(Programming)에서는 예산이 투입(비용)과 산출(효과)면에서 실천 가능한가를 세부적으로 검토하여 총체적인 측면에서 비용과 효과(성과)를 파악하는 비용편익분석(cost benefit analysis 또는 비용효과분석) 과정을 거친다. 예산편성단계(Budgeting)에서는 이와 같은 절차를 통해 만들어진 각 프로그램을 집행하는데 필요한 자금의 조달과 예산의 배정이 추진된다[16].

계획예산제도에서의 구체적인 예산편성 과정은 다음과 같은 예로서 설명할 수 있다. 첨단무기의 개발, 군조직의 합리화, 일반장병의 자질개선 등 세 가지 대안(방안) 가운데 하나를 택하여 국방력의 강화를 도모하려고 한다. 이 경우 먼저 세 가지 대안 중 하나(예컨대 군조직의 합리화)를 채택하고(계획단계), 선정된 대안에 대한 프로그램을 만든다(프로그램 작성단계). 다음으로 구체적인 프로그램이 확정되면 각 프로그램별로 예산을 배정하고, 그것들의 총합을 목표(국방력 강화)에 대한 최종예산으로 확정하게 된다(예산편성단계).

예산의 계획기능을 강조함으로써 예산운영의 합리성과 효율성을 추구하는 계획예산제도(*PPBS*)는 복잡한 절차와 현실적 제약으로 말미암아 다음과 같은 문제점을 드러낼 수 있다.

첫째, 현실적으로 행정부처의 예산을 편성함에 있어 그 부처가 수행하는 여러 가지 사업들을 대상으로 독립적인 프로그램을 구성하고, 각 프로그램과 관련된 여러 활동을 묶어 단일의 체계를 만드는 것은 쉽지 않은 작업이다.

16) 프로그램(programming)은 어떤 최종 목표를 실현시키는데 필요한 제 활동의 총체를 말한다.

둘째, 프로그램을 구성하는 각종 요소의 정확한 비용추정이 어렵기 때문에 자의적인 방법을 사용한 비용추정이 이루어질 개연성이 높다.

셋째, 프로그램의 기본 구성요소로서의 개별 프로그램 기본단위는 상호 독립적으로 설계되어야 하지만 현실적으로 상호 의존적일 수밖에 없다.

넷째, 관련 행정부처의 이해관계가 서로 다르기 때문에 제도화(제도의 도입)에 상당한 저항이 나타날 수 있다. 또한 최종 예산 결정이 최고정책결정자의 정치적 판단에 좌우될 우려가 높다.

다섯째, 계획예산제도는 현실적으로 예산편성에 있어 절대적 요인이라고 할 수 있는 정치적 요인을 제대로 반영하지 못하는 한계를 갖는다.

여섯째, 예산에 기초하여 제공되는 공공재(공공투자사업)가 발생시키는 다양한 효과를 정량적(定量的)으로 계량화하기가 용이하지 않다.

일곱째, 현실적으로 정확한 예산편성을 이끌기 위해 뒷받침되어야 할 기초자료의 수집과 정리에 엄청난 비용과 노력이 필요하다.

여덟째, 체계적이고 포괄적인 프로그램 평가가 이루어지기 위해서는 제도적으로 행정부처 간의 상호 협조가 요구되는데, 이것이 현실적으로 쉽지 않다.

아홉째, 계획예산제도는 지출분석을 예산편성과 너무 밀접하게 연결시킴으로써 그것이 용이한 분야가 아니면 채택이 곤란한 단점이 있다.

열번째, 비용편익분석을 적용하기가 비교적 쉬운 국방부(국방성)의 예산편성 방식을 성격이 상당히 다른 그 이외 부처의 예산결정에까지 원용하는 것은 무리이다.

이러한 문제점들로 인해 국가 예산편성에 계획예산제도(*PPBS*)를 전면 적용하는 방안은 쉽지 않은 난관에 봉착하였다. 이에 따라 미국에서는 1970년대에 목표관리제(Management by Objectives : *MBO*)[17]와 영점기준예산제도(Zero-Based Budgeting System : *ZBBS*)가 등장되었다. 이 제도들은 계획예산제도의 장점(기획과 예산의 유기적 연결)과 분석기법(비용편익분석)을 계승하고 있다. 우리나라에서도 계획예산제도의 도입을 위한 연구가 활발하게 진행되었고, 그 의의와 중요성이 작지 않은 상황이다.

5) 영점기준예산제도

영점기준예산제도(Zero-Based Budgeting System : *ZBBS*)는 기존예산(전년도 예산)을 관습적으로 답습하지 않고 원천적인 측면에서 새해의 정부사업 및 활동의 목적, 방법, 소요재원 등을 전반적으로 파악하여 이를 토대로 신년도 예산을 편성하는 방식을 따른다. 영점기준예산제도는 줄

17) 목표관리제는 민간부문의 경영관리기법을 행정분야에 도입하여 그 성과를 높이기 위한 장치에 해당한다. 이는 개인별로 담당하고 있는 업무에 대한 최종적인 목표를 설정하여 그 직원이 주도적으로 목표를 달성하도록 하는 경영기법이라고 하겠다.

여서 영기준예산제도라고도 부르며, 동 제도는 1970년대에 이르러 미국에서 처음으로 예산편성 과정에 적용되었다.

영점기준예산제도는 예산요구 총액에 초점을 두고, 기존활동을 새로운 심사대상으로 간주하는 것이 그 특징이다. 영점기준예산은 각 부처별로 당해연도에 수행해야 할 사업을 토대로 소요되는 금액을 측정하여 전년도 예산 수준과는 무관하게 신년도 예산을 편성한다. 따라서 각 행정부처의 예산편성액은 전년도 수준과는 관계없이 백지 상태에서 결정된다.

영점기준예산제도를 따를 때 각 정부부처의 예산편성은 기본적으로 의사결정단위 및 목표의 식별(identification of decision units and objectives), 의사결정단위의 분석과 의사결정패키지의 작성(analysis of decision units and the formulation of decision packages), 의사결정패키지의 순위화(ranking all decision packages), 예산안의 책정(preparation of the detailed operating budget)의 네 가지 단계를 거쳐 이루어진다.

의사결정단위는 예산이 편성되고 관리자가 지출액과 업무수행의 범위 또는 그 질(質)에 관해 의사결정을 할 때 중심이 되는 기초적인 프로그램이나 행정조직단위를 말한다. 목표는 일정기간 내에 달성되어야 할 합리적이고 측정 가능한 특정한 성과를 가리킨다. 이는 프로그램 또는 조직으로부터 기대되는 현실적이고 궁극적인 산출량(성과)을 나타내는 주요 목표와 예산연도 중 일정한 자금공급 수준에서 공급해야 할 업무 내지 서비스의 기대성과에 해당하는 단기목표로 구별된다. 주요 목표는 의사결정단위의 주목적이 되고, 단기목표는 의사결정패키지의 목적이다. 의사결정패키지는 프로그램 또는 활동의 수준과 예산규모에 대해 관리자가 적절한 판단을 하는데 필요한 정보 등 자료들의 묶음이며, 이는 의사결정단위마다 작성된다. 각 의사결정단위마다 작성된 일련의 의사결정패키지는 당해 의사결정단위의 예산요구 총액을 누계적으로 표시한다. 의사결정패키지의 순위화는 각 조직계층의 관리자가 의사결정패키지 형태로 표시된 프로그램 또는 활동 수준을 우선순위가 높은 것으로부터 차례로 배열하는 과정이다. 특정 정부부처의 의사결정단위가 작성한 의사결정패키지와 그 순위표는 해당 부처의 상위관리자에 의해 여러 단계에 걸쳐 검토, 평가, 수정을 반복한 후 최종적으로 최소 수준의 의사결정패키지로 통합되고 순위가 매겨진다. 이상의 과정을 거친 후 당해(當該) 정부부처는 이를 기초로 자기 부처의 예산요구서를 작성하여 예산당국(우리나라의 경우 기획재정부)에 제출한다. 예산당국은 정부 각 부처의 예산요구를 검토·사정하여 정부의 전체 예산안을 확정하게 된다.

▶ 계획예산제도와 영점기준예산제도의 비교

예산편성과 운영에 있어 효율성을 강조하는 계획예산제도(*PPBS*)와 영점기준예산제도(*ZBBS*)의 주요한 차이로는 다음과 같은 점을 지적할 수 있다.

첫째, 계획예산제도는 설정한 목표의 달성에 역점(목표지향적)을 둔 예산편성을 추진하는 반면, 영점기준예산제도는 특정 공공사업을 가장 잘 수행할 수 있는 수단의 확보(수단지향적)에 초점을 맞추어

예산편성을 한다.

둘째, 계획예산제도는 예산배정이 필요한 사업계획에 관한 의사결정을 할 경우 조직의 상위층만이 참여(거시적 의사결정 중시)하는 경향이 강하다. 반면 이와 대조적으로 영점기준예산제도는 상위층과 중·하위층 모두의 참여에 의한 의사결정(미시적 의사결정에 의한 보완)이 이루어진다. 이는 영점기준예산제도가 예산을 편성할 때 실무계층에 해당하는 중·하위층의 견해를 중시함을 의미한다.

셋째, 계획예산제도는 현재 집행 중에 있는 업무계획에 대한 지속적인 평가를 의무화하지 않지만, 영점기준예산제도는 현재 집행 중에 있는 업무계획에 대한 지속적인 평가와 그것을 토대로 한 예산편성을 의무화하고 있다.

예산의 효율화를 장점으로 하는 영점기준예산제도는 다음과 같은 문제점을 갖는다.

첫째, 기존예산을 백지 상태로 놓고 방대한 국가사업을 전면적으로 영점(원점)에서 분석하여 그 시행에 필요한 예산을 편성하는 것은 현실적으로 쉽지 않다.

둘째, 전년도 예산보다 금년도 예산을 높여야 하느냐 낮추어야 하느냐(증감 수준)를 결정함에 있어 설득력 있는 근거의 확보가 현실적으로 어렵다.

셋째, 현실적으로 예산배정의 우선순위를 결정할 때 일부 특정 사업은 금액이 적다는 이유로 순위가 뒤로 밀리게 될 가능성이 있다.

넷째, 정치적 이유로 사업에 대한 예산배정의 우선순위가 변경될 여지가 크다.

다섯째, 오랫동안 존속되어 왔던 경직적 예산을 백지 상태에서 재평가하여 예산배정 여부를 결정한다는 것은 현실적으로 쉽지 않은 작업이다.

여섯째, 영점기준의 지속적 적용을 통해 매년 예산을 백지 상태에서 배정하면 예산정책의 일관성과 계속성을 약화시킬 수 있고, 담당자가 그런 작업을 할 수 있는 능력(역량)을 갖추고 있다는 보장이 없다.

일곱째, 매년 방대한 국가사업을 전면적으로 영점에서 분석하는 과정에 소요되는 정보비용과 그 이외의 비용이 막대하다.

여덟째, 예산편성과 관련된 결정권한이 상위관리층에 집중되는 경우, 영점기준예산제도가 장점으로 내세우는 중간관리자의 예산편성 과정 참여는 유명무실해진다.

우리나라는 1983년도부터 영점기준예산제도(*ZBBS*)를 도입하여 행정부처나 정부사업 예산편성에 활용하고 있다. 그러나 아직은 예산절감을 유인하는 수단으로만 활용되고 있을 뿐이다. 하지만 국가부채 누적 등의 영향으로 그 중요성이 커지고 있다.

제2절 공공지출

1. 공공지출의 개관

1) 공공지출의 의의

공공지출은 중앙정부(국가), 지방정부 및 기타 공공부문이 공공욕구를 충족하기 위하여 집행하는 화폐 또는 실물 형태의 각종 지출을 말한다. 다시 말해 공공부문이 그 직무수행을 위해 집행하는 다양한 지출을 포괄하여 공공지출이라고 할 수 있다.

한편 공공지출을 비용 측면에서 파악하여 표현할 때는 공공경비(경비)라는 별도의 명칭으로 부른다. 공공경비는 공공부문이 직무를 수행하는데 필요한 비용을 화폐단위로 표시한 것이다. 공공지출(공공경비)의 결과로 만들어져 국민에게 제공되는 소비대상물이 공공재라고 할 수 있다.

흔히 공공지출(공공경비)과 정부지출은 혼용되어 쓰이는데, 양자는 다음과 같이 구분할 수 있다. 공공지출은 넓은 의미의 공공부문(중앙정부 + 지방정부 + 기타 공공부문)이 시행하는 지출을 의미하는 반면, 정부지출[18]은 좁은 의미의 공공부문(중앙정부 + 지방정부, 정부부문 한정)에 의한 지출을 의미한다. 따라서 공공지출(또는 공공경비)은 정부지출보다 더 넓은 의미를 갖는다[19].

전통적으로 공공지출 분야는 재정학에서 무시되거나 경시되는 경향이 강했다. 그 이유로는 다음과 같은 점을 지적할 수 있다.

첫째, 재정학의 역사에서 그 원인이 기인한다. 공공지출은 공공부문 직무의 수행을 뒷받침하는 지출을 의미한다. 그런데 전통적으로 재정학은 국가 및 지방정부(지방자치단체)의 수입에 관한 학문으로 간주되는 경향이 두드러졌기 때문에 공공지출이 소홀하게 다루어져 왔다.

둘째, 작은 정부(cheap government)를 지향하는 사회적 분위기의 확산은 공공지출을 축소시

18) 정부지출은 다시 좁은 의미로서의 정부지출과 넓은 의미로서의 정부지출로 나눌 수 있다. 좁은 의미의 정부지출은 국민소득계정상 구성 항목인 정부소비와 정부투자의 합(비이전지출)으로 이루어진다. 넓은 의미의 정부지출은 좁은 의미의 정부지출에 이전지출을 합한 것이다. 한편 일반적으로 정부지출은 지방정부(지방자치단체)를 제외하고 중앙정부에 의한 지출로 한정하기도 한다.

19) 이상의 공공지출, 공공경비, 정부지출에 대한 정의는 저자의 주관적인 견해를 반영한 구분일 뿐이다. 따라서 이와 다른 정의가 존재할 수 있다. 각종 재정학 교과서에서는 이들을 엄격한 구분 없이 혼용하여 표현하고 있다.

키는 결과를 낳게 된다. 정부의 경제활동은 작을수록 바람직하다고 여기는 작은 정부론(small government)이 강조되면 공공지출(공공경비)을 줄이기 위한 다양한 대책의 수립이 요구될 수밖에 없다.

▶ 숨은 경비

숨은 경비는 국가가 당연히 부담해야 되는 비용이지만 여러 가지 명목으로 은폐되어 결과적으로는 그 부담이 국민에게 귀착되는 공공경비를 말한다. 징병제도, 국가에 대한 노동봉사, 명예직을 활용한 인적 수단의 획득, 징발과 수용에 의한 물적 수단의 확보, 조세지출(tax expenditure, 조세경비) 등을 그 예로 들 수 있다. 국가는 이와 같은 숨은 경비에 해당하는 것을 정당한 대가(시장가치에 상응하는 지불)를 치루지 않고 사용함으로써 실질적 국민부담을 증가시키는 영향을 미친다.

대표적인 숨은 경비에 해당하는 조세지출의 유형으로는 비과세, 면세, 감면, 세율우대, 특별공제, 특별상각공제, 뒷거래(back door spending) 등이 있다.

2) 공공지출에 관한 입장

(1) 개인주의적 견해

공공지출(공공경비)의 본질은 무엇이냐에 관한 개인주의적 접근으로는 고전학파의 견해가 대표적이다. 고전학파는 공공지출을 비생산적이라고 여겨 그것은 적을수록 바람직하다는 입장을 갖고 있었다(야경국가관, 개인주의적 국가관).

스미스(A. Smith)에 의해 고전학파의 공공지출관이 정립된 자본주의 성립 초기(고전학파 시대)에는 자유주의 사조와 작은 정부론이 강조되었기 때문에 재정학의 내용으로 공공지출에 대한 논의는 거의 제외되었다. 고전학파 학자인 세이(J. Say)는 가장 좋은 재정계획을 지출규모가 적은 것이라고 하였고, 밀(J.S. Mill)은 정부가 공공지출을 사용하여 시장경제(민간경제활동)에 간섭하는 것은 개인의 자유를 제한하는 부정적인 영향을 미친다고 보았다.

(2) 보편주의적 견해

공공지출(공공경비)의 본질에 관한 보편주의적 견해는 독일을 중심으로 전개되었는데, 국가에 의한 공공지출은 생산적이라는 입장을 근간으로 하였다(보편주의적 국가관).

보편주의적 공공지출관의 대표적인 주장자로는 독일의 디첼(C. Dietzel), 바그너(A. Wagner) 등을 들 수 있다. 이들은 공공지출을 통해 국가의 성장을 앞당길 수 있으며, 민간의 생산기반 강화와 소득증대가 촉진될 수 있다고 보았다. 보편주의적 공공지출관을 대변하는 독일의 정통파 재정학은 후에 케인스(J.M. Keynes)에게 영향을 미쳐 거시경제학을 출현케 하는 씨앗의 역할을 하였다. 더 나아가 경기불안정을 교정하는 역할을 하는 다양한 경제정책의 필요성과 유효성을 뒷받침하는 이론적 토대가 되었다.

(3) 현대적 견해

20세기 초 달톤(H. Dalton)과 골드샤이드(R. Goldscheid)에 의해 정립된 공공지출(공공경비)론은 그것의 중요성을 새롭게 부각시켰으며, 이후 이러한 경향은 보편화의 길을 걸었다. 이는 더욱 진전되어 공공지출의 경제적 작용(영향)을 분석하는 시도로 발전하였다.

공공지출의 필요성과 긍정성(생산성)에 대한 인식이 확산되면서 공공지출의 유형을 세분화하고 그 영향을 연구하는 활동이 활발하게 이루어지고 있다. 피구(A.C. Pigou)는 공공지출을 이전지출과 비이전지출로 분류하였고, 달톤(H. Dalton)은 공공지출을 민간에 대한 보조금과 재화·서비스의 구입으로 구분하였다.

1930년대에 발생한 세계 대공황을 계기로 케인스 경제학이 출현하면서 공공지출의 역할과 중요성은 크게 강화되었으며, 이런 추세는 오늘날에도 이어지고 있다. 최근 경기침체가 만성화되면서 경기대책으로서 공공지출의 중요성은 더욱 커지고 있는 상황이다.

2. 공공지출의 경제적 효과

공공부문(정부)은 조세 부과 등의 수단을 이용하여 확보한 재원으로 재화(또는 서비스)를 구입하거나, 이전지출에 사용한다. 공공부문이 공급하는 재화(또는 서비스)를 공공재라고 하며, 민간부문을 대상으로 지원되는 이전지출도 넓게 보면 공공재 공급행위라고 하겠다. 정부가 수행하는 경제활동 가운데 많은 부분이 이러한 지출행위를 통해서 이루어지고 있다. 정부에 의한 공공지출 행위는 왜곡된 자원배분의 교정, 소득재분배, 경제안정수단 등의 역할을 한다.

이하에서는 공공지출을 정부소비 및 정부투자를 위한 지출(비이전지출, non-transfer expenditure)과 이전지출(transfer expenditure)로 구분하여 각각이 초래하는 경제적 효과에 대해 알아보도록 하겠다.

1) 공공지출의 자원배분에 미치는 영향

(1) 비이전지출의 자원배분에 미치는 영향

정부는 재화 및 서비스 구입을 위해 직접 지출하기 때문에 이러한 지출을 직접지출 또는 비이전지출이라고 한다. 비이전지출은 경제 전체의 효율성을 유지 또는 달성시키는 방향으로 운영될 수도 있고, 비효율적 운영으로 말미암아 경제 전반의 효율성을 저하시킬 수도 있다. 정부의 재화 및 서비스 구입을 위한 공공지출은 그 사회의 소비대상물을 늘려주는 결과를 가져오기 때문에 정부의 공공재 공급행위와 유사한 역할을 한다. 따라서 공공지출은 경제 전체의 효율성을 높일 수도 있고, 저하시킬 수도 있다. 한편 공공지출이 시장실패의 치유 기능을 한다면 자원배분의 효율성은 제고될 것이고, 반대로 자원배분을 왜곡시키는 영향을 미친다면 효율성을 떨어뜨리게 될 것이다.

예를 들어, 정부가 치안과 관련된 서비스에 직접 지출하기로 했다면 그로 인해 치안과 관련된 민간 부문은 위축될 수 있는데, 이를 구축효과(crowding-out effect)라고 한다. 이러한 구축효과로 발생하는 사회적 잉여 감소(−)와 정부의 치안 서비스 공급에 따른 사회적 잉여 증가(+)의 합계가 0보다 작다면 자원배분의 효율성은 저하된다.

(2) 이전지출의 자원배분에 미치는 영향

정부에 의한 이전지출은 소득보조(cash transfer, 현금보조), 현물보조(in-kind transfer, 물품보조), 가격보조(price subsidy) 등의 형태로 이루어질 수 있다[20].

① 소득효과만 초래하는 이전지출의 경우(소득보조와 현물보조)

소득보조(cash transfer)와 현물보조(in-kind transfer)는 현금 또는 물품을 제공하는 조치이기 때문에 그 수혜자가 직면하는 선택영역을 확장시킬 뿐이며, 선택조건(상대가격)에는 영향을 미치지 않는다. 소득보조와 현물보조는 대체효과 없이 소득효과만 발생하므로 자원배분상 비효율은 초래하지 않으면서 똑같이 수혜자의 효용수준을 I_0에서 I_1로 높이는 효과($a \to b$)를 나타낸다. 다만, 현금보조와 현물보조의 차이는 현금보조가 현물보조에 비해 선택의 제약이 없다는 것이다. 즉, 현금보조의 예산제약식이 현물보조에 비해 삼각형 ACE만큼 더 크다.

그림 4-1 현금보조와 현물보조의 비교

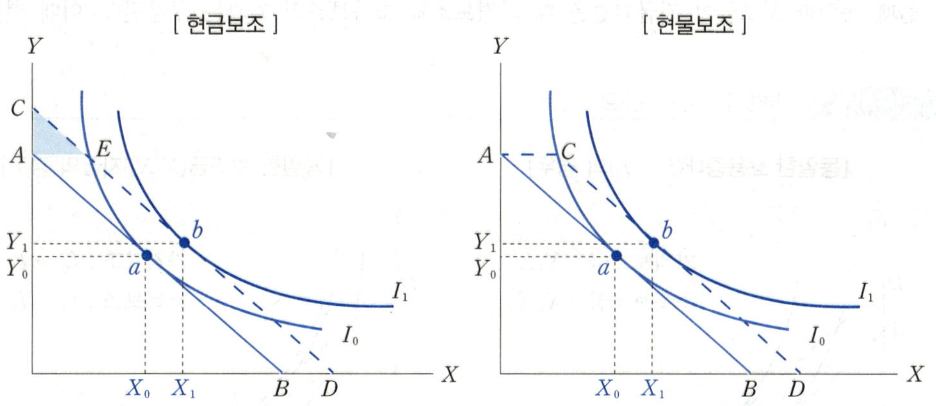

20) 정부에 의한 이전지출은 저소득층을 위한 지원의 성격이 강하다. 이때 그 지원은 기본적으로 저소득층의 생계에 필요한 물품(생활필수품)을 정부가 직접 제공(현물보조)하거나, 낮은 가격으로 물품구입이 가능하도록 돕거나(가격보조), 물품을 구입할 수 있도록 현금을 지급(소득보조)하는 세 가지 방식으로 이루어질 수 있다. 정부의 이와 같은 보조금은 소비자의 예산제약식을 변하게 만들고 이로 인해 그 효과 역시 달라진다. 소비자는 효용극대화문제에 직면해 있고, 현금보조는 소득(M)을 증가시키며 가격보조는 해당 재화의 가격을 하락시킨다.

② 소득효과와 대체효과가 모두 수반되는 경우(가격보조)

저소득층이 생활필수품을 낮은 가격으로 구입할 수 있도록 도와주는 가격보조(price subsidy)의 경우 소득효과와 대체효과를 모두 초래한다. 이때 대체효과의 영향으로 선택의 왜곡이 발생하고, 그에 따라 자원배분상 비효율성이 나타난다. 덧붙여 말하면 가격보조는 수혜자(저소득층)의 효용(후생)을 높여주지만 대체효과를 수반하기 때문에 앞의 소득보조와 현물보조와 비교할 때 효용증진의 정도가 낮다. 이는 가격보조보다 소득보조와 현물보조를 받는 수혜자의 보조를 받은 이후 효용수준이 더 높다는 것이다.

③ 정책 목표와 이전지출 선택

이전지출의 성격에 따라 자원배분의 효율성과 함께 소비량 역시 달라진다. 예를 들어, 풍년으로 인해 쌀 생산량이 급증하여 쌀 가격이 하락하는 경우 자원배분의 효율성 제고와 함께 쌀 소비량 역시 증가시키는 것이 정부의 목표가 될 수 있다. 이때 정부는 3가지 이전지출 중 바람직한 방안을 검토해야 한다. 정부가 시행하는 이전지출의 목표가 생필품 소비확대와 같이 특정 재화나 서비스의 소비 증진에 있다면 가격보조가 바람직하고, 이전지출 수혜자들의 후생증진을 도모하는데 있다면 소득보조(현금보조)가 더 효과적이다.

소득보조와 가격보조의 효과는 다음과 같이 비교된다([그림 4-2]).

첫째, 효용수준을 동일하게 증가($I_0 -> I_1$)시키는데 소요되는 재원의 크기가 다르다. 보조금의 크기를 X재화 양으로 나타낼 때, 가격보조는 (X_1-X_0)이고 소득보조는 (X_2-X_0)이다. 따라서 소득보조가 후생증진을 도모하는데 더 효과적이라고 하겠다. 반면 소비량에 있어서는 가격보조의 경우 X_0에서 X_1만큼 증가되지만 소득보조는 X_0에서 X_2만큼 늘어난다.

둘째, 동일한 보조금이 지급되었을 때 가격보조와 소득보조의 효과는 구분된다. 이때 현금보

그림 4-2 가격보조와 소득보조의 비교

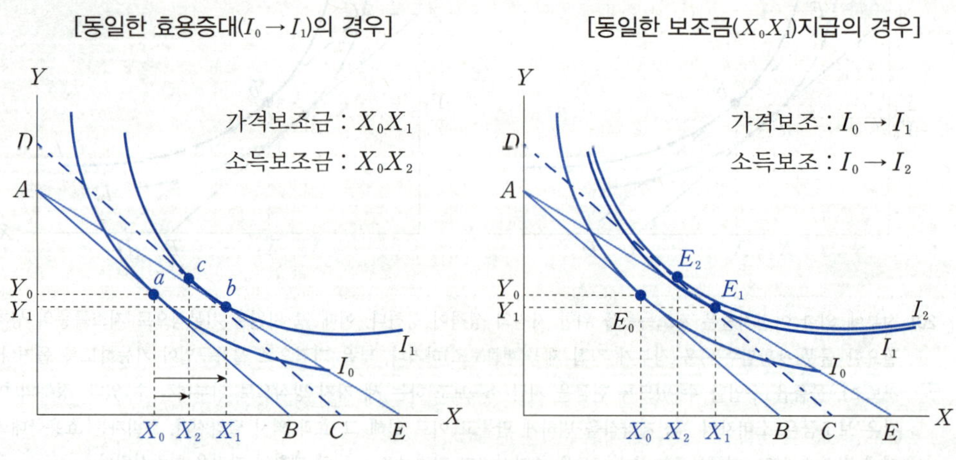

조금과 가격보조금은 (X_1-X_0)로 동일하다. 양자의 방식으로 보조금을 지급하는 경우 소득보조는 후생을 I_0에서 I_2로 증대$(E_0 \rightarrow E_2)$시키지만 가격보조는 I_0에서 I_1으로 변동$(E_0 \rightarrow E_1)$시키기 때문에 소득보조의 후생증진 효과가 더 크다. 한편 현금보조금을 지급하면 소비량은 X_2 수준이지만 가격보조금을 지급하는 경우 소비량은 X_1으로 가격보조금을 지급할 때의 소비량이 더 많다.

④ 특정 대상물의 확대를 위한 이전지출의 역효과(특수 보조)

정부가 무주택자에 한하여 무상의 소형주택을 제공함으로써 주택보급률을 높이기 위한 이전지출을 시행하기로 한 경우 이전지출은 당초 의도와는 달리 오히려 보조 전과 비교하여 주택보급 수준의 저하를 초래할 수 있다. 왜냐하면 일부 계층이 무상으로 소형주택을 얻기 위해 자신이 살고 있던 중·대형 주택을 매각함으로써 주택보급률을 떨어뜨리는 현상이 나타날 수 있기 때문이다. 뿐만 아니라 무주택자들이 소형주택을 선호하지 않는 경우에는 정부의 이와 같은 이전지출은 시장에 영향을 미치지 않게 된다.

2) 공공지출의 소득분배에 미치는 영향

공공지출이 각 소득계층에 미치는 소득분배상 영향은 공공지출을 위해 필요한 재원을 마련함에 있어 적용하는 분담방법 및 그 혜택의 전가와 귀착을 모두 반영하는 방식으로 파악하여야 제대로 알 수 있다.

(1) 비이전지출의 소득분배(소득재분배)에 미치는 영향

정부의 비이전지출은 그 성격상 순수공공재와 비순수공공재(준공공재)의 공급을 목적으로 하는 공공지출에 해당한다. 순수공공재(국방, 치안 등) 공급을 위한 비이전지출은 고소득층에게 더 많은 부담을 지워 재원을 조달하므로 재원조달 측면에서 어느 정도 재분배효과를 갖는다. 반면 각 소득계층은 순수공공재로부터 동일한 편익을 얻으므로 수혜 측면에서는 재분배효과가 거의 없다고 할 수 있다.

한편 비순수공공재(가치재, 공영주택서비스·의무교육 등) 공급을 위한 비이전지출은 상대적으로 고소득층에게 더 많은 부담을 요구하고, 그 혜택은 저소득층에게 더 많이 제공되므로 상당한 재분배효과를 나타낼 것이다.

(2) 이전지출의 소득분배(소득재분배)에 미치는 영향

이전지출은 정부가 무상으로(대가지불을 요구하지 않고) 민간부문에 제공하는 각종 지원을 말한다. 현실적으로 이전지출은 다양한 방식으로 이루어지며, 모든 사회구성원의 기초생활을 보장하거나 특별히 저소득층을 배려하여 그들에게 더 많은 혜택을 제공함으로써 최저생계를 지원하는 역할을 맡는다.

각종 이전지출은 저소득층이 전혀 부담을 않거나 적은 부담을 하면서 많은 혜택을 받도록 되어 있다. 따라서 이전지출은 저소득층을 좀 더 배려하기 때문에 대체로 뚜렷한 재분배효과를 갖는다[21].

3) 공공지출의 거시경제활동에 미치는 영향

공공지출은 거시경제지표인 *GDP*(*GNP*), 실업률, 물가 수준 등에 영향을 미쳐 경제안정화기능을 하거나 경제성장의 기반을 강화(사회간접자본 확충)해 주는 역할을 할 수 있다. 공공지출의 *GDP*, 실업률, 물가상승률, 국제수지 등 거시경제지표에 미치는 영향에 대해서는 고전학파 계열과 케인스 학파(Keynesian)가 서로 상이한 입장(견해)을 드러낸다. 자세한 내용은 본서의 '제9장 재정정책' 부분을 참조하기 바란다.

3. 공공지출 팽창현상에 관한 제학설

1) 바그너 가설

공업화가 진전되고 있는 국가에서는 공공부문의 비중이 상대적으로 증대되는 추세가 나타난다. 이에 따라 국민총생산에 대한 공공지출의 몫이 증가하는 현상을 볼 수 있다. 다시 말해 1인당 국민소득(생산량)이 증가할 때, 국민경제에서 차지하는 공공부문의 상대적 크기가 증대하는 현상이 발생한다는 것이다. 이를 바그너(A. Wagner, 와그너) 가설(법칙)[22] 또는 국가활동증대의

그림 4-3 바그너 가설

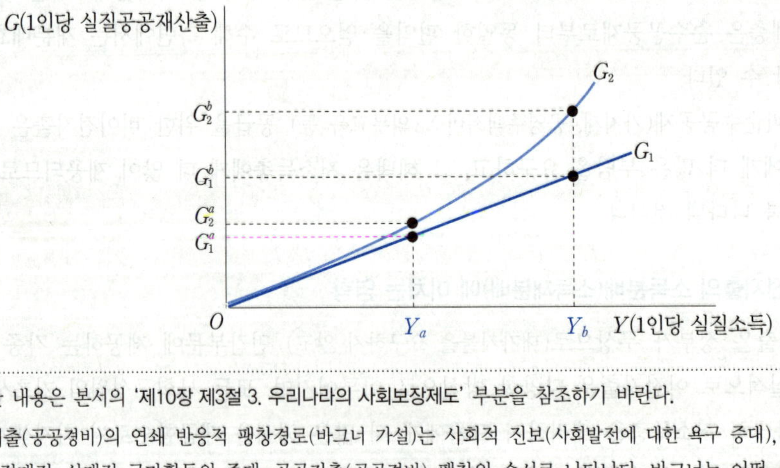

21) 자세한 내용은 본서의 '제10장 제3절 3. 우리나라의 사회보장제도' 부분을 참조하기 바란다.

22) 공공지출(공공경비)의 연쇄 반응적 팽창경로(바그너 가설)는 사회적 진보(사회발전에 대한 욕구 증대), 정부기능의 팽창, 절대적·상대적 국가활동의 증대, 공공지출(공공경비) 팽창의 순서로 나타난다. 바그너는 어떤 사회의 산업화(공업화)가 진전됨에 따라 가격기구(시장)의 작동이 더욱 복잡해지고, 이는 정부가 수행해야 할 진보적이고 적

법칙(국가활동증대가설)이라고 한다.

국가활동증대가설은 국가 유기체설에 기반을 두고 단기보다 장기에 있어 공공지출의 팽창현상을 설명하고 있다. 이는 국가활동이 끊임없이 외연적·내포적으로 확장하여 왔으며, 이에 따라 화폐가치의 등락(화폐가치의 변동)을 반영한 실질적 공공지출도 확대되는 경향을 갖는다는 역사적 경험과 사실을 정식화(定式化)한 것이다.

▶ 바그너(A. Wagner) 가설에 대한 허버(B.P. Herber)의 분석

- G_1 : 국민경제의 총생산에 대한 공공부문의 비중이 일정한 경우

$$\frac{G_1^b}{Y_b} = \frac{G_1^a}{Y_a} \;(a : \text{기준연도},\ b : \text{비교연도})$$

- G_2 : 국민경제의 총생산에서 공공부문이 차지하는 비중이 증가하는 경우
- G_2를 따라 공공부문이 팽창할 때, 바그너 가설 성립

$$\frac{G_2^b}{Y_b} = \frac{G_2^a}{Y_a} \;(a : \text{기준연도},\ b : \text{비교연도})$$

바그너는 공공지출 팽창현상을 공공부문의 활동영역 확대에 따른 결과라고 하였다. 사회발전에 따라 국가의 새로운 기능이 발생(외연적 팽창)하고, 동시에 기존의 기능은 종전보다 더욱 충실하게 수행(내연적 팽창)되기 때문에 국가활동이 증대된다. 다시 말해 실직적 공공지출이 팽창되는 현상은 사회발전에 대한 욕구와 그로 인한 국가(공공경제)와 민간경제 간 결합관계의 변화에서 기인한다.

바그너는 정부가 여러 가지 국가목표를 달성하기 위해서는 공공지출(공공경비)이 충실하게 뒷받침되어야 한다고 하였다. 그는 이와 같은 공공지출을 공통비와 개별비로 나누었다. 공통비는 경제성장 및 생산의 증가와 더불어 증가하며, 이것이 공공지출의 팽창을 주도하는 영향을 초래한다고 설명하였다. 하지만 바그너의 국가활동증대가설은 개인적 선호를 기초로 하여 사회적 선택이 결정되는 측면을 반영하지 못했고, 공공지출 팽창의 원인에 대한 구체적이고 명확한 근거를 제시하지 못하는 한계를 드러내었다.

2) 피콕 - 와이즈만의 전위효과론

바그너의 국가활동증대가설은 국가의 활동규모(영역)가 커지기 때문에 공공지출이 증대된다

극적인 책임영역을 늘리도록 영향을 미침으로써 정부에 의한 공공지출이 팽창하게 된다는 주장(가설)을 하였다. 이는 경제개발 수준과 공공부문 성장 간에 정(+)의 상관관계가 있음을 의미한다. 바그너 가설은 공공지출(정부지출)을 경제성장의 원인이 아닌 내생적 요인(산출물)으로 파악하고 있다. 한편 바그너는 이러한 공공지출이 어떻게 절대적으로 증가하는지 그리고 어떤 과정을 거쳐 공공지출이 국민총생산(국민소득)의 증가에 비해 상대적으로 더 빠른 속도로 증가하는가에 대한 명확한 근거는 제시하지 못하였다.

는 경험적 현상을 말한다. 이는 현실적으로 공공지출 팽창이 영속적·직선적인 모습을 띤다는 것이다. 반면 피콕(A. T. Peacock)과 와이즈만(J. Wiseman)에 따르면 사회적 격변의 극복을 위해 필요한 재원이 커지고, 그에 따라 민간부문의 부담이 늘어나면 공공수입은 확대되고 이는 궁극적으로 공공지출의 팽창을 초래하게 된다[23]. 그들은 1890~1955년의 기간 동안 영국 재정을 대상으로 전위효과(displacement effect) 개념을 적용하여 공공지출(공공경비)의 단계적인 확대과정을 설명하였다. 피콕-와이즈만은 공공지출이 기존의 지출패턴을 뛰어넘어 전위효과를 야기하는 원인으로 전쟁과 불황 같은 커다란 사회적 격변(사회적 동란)을 들었다.

전위효과는 [그림 4-6]의 (나)처럼 공공지출의 낮은 수준에서 보다 높은 수준의 단계로 발전하여 지속되는 현상을 말한다. 전위효과는 먼저 문턱효과에 의해 발생하며 그 후 점검효과나 집중효과 등을 통해 올라간 높은 지출 수준이 계속해서 그대로 유지될 때 나타난다.

그림 4-4 전위효과

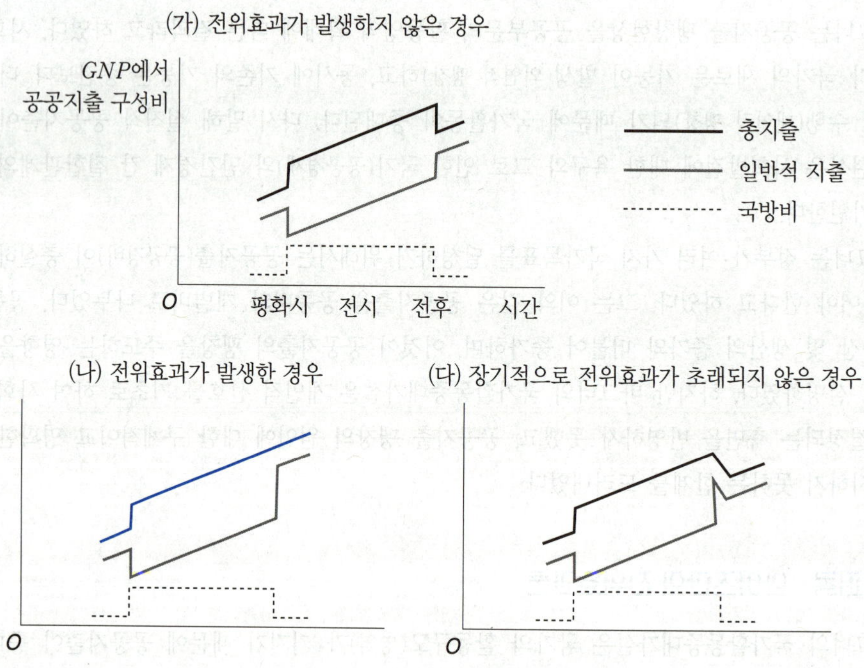

23) 피콕과 와이즈만이 지적하는 바그너 법칙(가설)의 한계는 다음과 같다.
첫째, 바그너 법칙은 모든 서구국가에서 통용될 수 있는 이론은 아니다.
둘째, 공공지출 팽창의 핵심적 원인에 해당하는 전쟁 등 사회적 격변(변동)의 영향을 간과하여 이를 제외하고 있다.
셋째, 공공지출의 동태성 혹은 성장과정을 간과한 채 공공경제활동의 장기적 추세만을 강조하였다.

(1) 문턱효과

머스그레이브(R.A. Musgrave)는 전쟁, 외환 등 긴급한 사태의 발생으로 국방비 지출을 늘려야 할 경우 높은 조세부담에 대한 국민저항이 누그러짐으로써 문턱효과(threshold effect, 문지방효과)가 나타난다고 하였다. 이는 전쟁 같은 사회적 격변에 의해 그 이전과는 다른 패턴의 높은 공공지출이 필요하게 됨으로써 공공지출의 팽창이 시작된다는 것이다.

(2) 점검효과

사회적 격변을 수습하기 위한 조치의 일환으로 교육·보건·기타의 행정활동이 추가적으로 확대되기 때문에 사회적 격변은 종료되었지만 증대된 공공지출 수준을 그대로 유지할 수밖에 없는 영향을 말한다. 전쟁이 종료되었음에도 불구하고, 전후복구를 위해 이전의 전비(戰費)지출을 전후복구비가 대신하게 되면 증대된 공공지출은 지속된다는 것이다. 따라서 점검효과(inspection effect, 감시효과, 시찰효과, 정사효과)는 사회적 격변 이후 사태수습을 위해 점검해야 할 분야가 산재함으로써 전위된 공공지출 양상을 지속·유지시키는 영향을 가리킨다.

(3) 집중효과

경제가 발전하는 시기에는 다른 부문과 비교할 때 국가의 활동영역이 더욱 빠른 속도로 확대되고 분권보다는 집중적인 재정운영의 양상을 보인다. 이와 같은 집중화 현상(concentration effect)은 확대된 공공지출 수준을 지속시키는 역할을 하게 된다.

(4) 규모효과

공공부문은 사업을 시행함에 있어 민간부문보다 상대적으로 규모의 확장이 용이하다. 사업규모의 확장은 규모의 이익(scale effect, 규모의 경제)을 수반하기 때문에 전체 국민을 위한 주요 사업을 실시할 때, 공공부문에 맡겨 추진하는 방식을 확대하면 공공지출이 팽창되는 현상이 나타나게 된다.

3) 머스그레이브의 공공지출팽창이론

피콕-와이즈만의 전위효과론은 공공지출이 변화되어 온 양상을 논리적으로 설명하는 동시에 사회적 격변을 기축으로 한 경제발전과 정부활동 간의 시간적인 상관관계를 적절하게 해명하고 있다. 반면 머스그레이브는 경제발전과 정부활동의 상관관계를 보다 포괄적으로 파악하기 위하여 횡단면적 분석[24]을 시도하였고, 이를 통해 공공지출의 팽창현상을 설명하였다.

24) 통계자료의 분석을 통해 특정 경제현상의 원인과 그 영향의 정도를 파악할 때, 오랜 기간(10년 이상)에 걸친 자료를 활용하는 것을 시계열 분석(time series analysis)이라고 한다. 반면 어느 한 해의 통계자료만을 대상으로 하면 횡단면 분석(cross section analysis)이다.

머스그레이브는 공공지출의 기능을 국방적 기능(비시민적 기능)과 그 이외의 기능(시민적 기능)으로 나누었다. 그는 공공지출 가운데 국토를 수호하고 외적의 침략에 대비할 목적으로 이루어지는 국방 관련 지출이 비시민적 기능을 수행한다고 하였고, 그것이 공공지출을 팽창시키는 주요한 원인이라고 지적하였다.

(1) 횡단면 분석의 대상

머스그레이브는 고소득국과 저소득국으로 구분하여 조세수입 총액과 국민소득(*GNP*) 내지 1인당 국민소득과의 상관관계에서 국민소득이 증대함에 따라 나타나는 공공지출의 증가 양상에 대한 추세선을 도출하기 위한 실증분석을 하였다.

구체적으로 시간적 경과를 배제하고 40여개 국가의 1953~1958년 통계자료의 평균치를 이용하여 공공부문의 지출 측면과 수입(조세) 측면의 실태를 알아보았다.

(2) 공공지출 팽창의 원인

머스그레이브는 횡단면 분석 결과에 근거하여 현실적으로 경제적 요인·환경적 요인·사회적 요인 등이 복합적으로 결합되어 공공지출이 팽창된다는 주장을 하였다.

① 경제적 요인

공공지출은 비이전지출과 이전지출로 구분할 수 있으며, 비이전지출은 공공소비지출과 공공투자지출(공공자본 형성)로 나누어진다.

공공투자지출, 공공소비지출, 이전지출은 경제발전 단계에 따라 그 양상(규모)이 상이하게 나타난다. 이들 가운데 이전지출은 재분배정책의 구체적 목표가 어떻게 설정되느냐에 따라 *GNP*(국민총생산)에 대한 비중이 달라진다.

㉠ 공공자본 형성(공공투자지출)

경제발전 초기에는 도약(take-off)을 위한 사회간접자본 형성의 필요성이 증대하므로 공공자본 형성을 위한 공공지출 비중이 증가한다. 경제발전 중기(take-off)에는 공공자본 형성을 위한 지출비중은 감소하고, 민간투자의 증대가 이를 대체하게 된다. 경제발전 후기에는 노후화된 기존의 공공투자시설을 대체하여야 하므로 새로운 공공자본 형성을 위해 공공지출 비중이 다시 늘어난다.

㉡ 공공소비지출

경제발전 초기에는 국민들의 여가소비에 대한 욕구가 낮다. 따라서 낮은 공공소비지출이 이루어진다. 경제발전 중기(take-off)에는 소득 수준이 상승함에 따라 서서히 공공소비지출 수준이 증가한다. 소득 수준이 크게 향상된 경제발전 후기에는 여가산업에 대한 수요증대 때문에 그런 상황을 뒷받침하기 위해 *GNP*에 대한 공공소비지출의 비중이 증가하게 된다.

ⓒ 이전지출

일반적으로 경제가 발전(성장)할수록 이전지출의 비중은 증대하는 경향이 있다. 경제의 성숙단계에서는 교육, 보건, 의료 등의 가치재 공급과 복지서비스 확대를 위한 이전지출이 늘어나고, 대량소비단계에서는 소득보장이나 소득재분배를 목적으로 하는 이전지출이 증가한다.

한편 재분배정책의 목표에 따라 이전지출은 상이한 영향을 미친다. 재분배정책의 목표를 지니(Gini)계수에 의해 측정되는 소득불평등도의 완화에 둘 경우, *GNP*에 대한 이전지출의 비중은 불변이거나 증가한다. 왜냐하면 고소득층보다 저소득층에 대한 이전지출을 늘리는 방법뿐만 아니라 동일한 이전지출 규모를 유지하면서 저소득층에 대한 지원을 늘리는 처방을 통해서도 소득불평등도는 완화될 수 있기 때문이다.

반면 재분배정책의 목표를 최저생계비의 절대적 수준을 유지하는데 둘 경우, 이전지출의 *GNP*에 대한 비중은 경제발전에 따라 감소하게 된다. 그 이유는 일반적으로 소득 수준 향상 폭보다 최저생계비 상승폭이 작기 때문이다.

② 환경적 요인

환경적 요인에 해당하는 그 사회의 인구변화(인구구조, 인구수, 연령구성)와 기술변화는 공공지출의 항목을 다변화시키기 때문에 결과적으로 공공지출을 확대시키는 영향을 미치게 된다.

③ 사회적 요인

문화적·사회적 가치관의 변화, 정치적 구조의 변동, 전쟁, 기타 사회적 격변은 그런 변화에 대응하기 위한 국가적 차원의 대책 강구를 요구하게 되며, 이는 자연스럽게 공공지출의 팽창으로 이어진다.

머스그레이브는 횡단면 분석을 통해 경제적, 환경적, 사회적 요인이 복합적으로 결합되어 공공지출이 팽창하게 된다는 결론을 제시하였다. 따라서 머스그레이브의 공공지출팽창이론은 공공지출 팽창의 원인에 대한 기존의 단편적인 접근을 종합적으로 체계화했다는 의의를 갖는다.

4) 보몰의 비용병이론

일반적으로 공공부문은 민간부문에 비해 생산성이 낮으며, 이에 따라 공공서비스의 단위당 생산비용은 민간재와 비교하면 높은 양상을 나타낸다.

보몰(W. Baumol)은 공공부문의 생산성이 낮아 공공서비스의 단위당 생산비용이 민간재의 단위당 생산비용보다 높은 양상을 비용병(費用病) 현상이라고 하였다. 이런 비용병 현상이 존재하는 경우 공공서비스에 대한 수요의 가격탄력성이 비탄력적이거나 또는 공공서비스에 대한 소득탄력성이 1보다 클 때는 공공지출(공공경비)의 팽창이 발생할 수밖에 없게 된다.

비용병 현상은 공공부문의 불합리한 팽창을 초래하는 원인으로 작용하기 때문에 적절한 대책의 수립을 통해 개선하는 노력이 요구된다. 비용병의 극소화 내지 제거방안으로 다음과 같은 조치가 제안될 수 있다.

첫째, 공공서비스의 생산기술을 향상시켜 공공부문의 노동생산성을 높이는 실효성 있는 대책을 강구한다.

둘째, 불필요한 공공기구(조직)는 과감하게 재정비 또는 축소한다.

셋째, 공공부문도 노동생산성에 입각한 임금제를 실시한다.

넷째, 정치가와 관료의 무분별한 공공지출 확대성향을 억제시킨다.

다섯째, 납세자의 재정환상[25]을 지양시킨다.

5) 브라운과 잭슨의 공공지출팽창이론

브라운과 잭슨(C. Brown & P. Jackson)은 중위투표자의 효용극대화 과정을 미시적으로 분석하여 공공지출 팽창현상을 설명하였다(중위투표자 모형). 그들에 따르면 중위투표자의 공공서비스에 대한 수요가 소득증가에 대해 매우 탄력적이라면, 경제 전체의 소득 수준이 향상되어 중위투표자의 소득 수준이 올라갈 경우 그가 원하는 공공서비스의 양은 급격히 증가하게 된다. 다시 말해 공공지출의 규모(공공서비스의 공급규모)는 중위투표자의 선호에 의해 결정되기 때문에 중위투표자의 공공서비스에 대한 소득탄력성이 충분히 크면, 공공지출의 상대적 비중도 커진다. 그리고 그에 따라 나타나는 공공지출의 팽창은 불가피한 현상이라는 것이다.

더 나아가 브라운과 잭슨은 경제 전반의 소득 수준이 향상됨에 따라 공공서비스 생산의 평균비용이 상승하게 되면, 공급되는 공공서비스의 양 자체에는 변화가 없다 하더라도 공공지출은 늘어나게 된다고 주장하였다. 그러나 이들의 이론은 경제 전반의 소득 수준이 상승함에 따라 공공부문의 생산비용이 특별히 빠르게 상승할 수밖에 없는 이유를 명쾌하게 설명하지 못하는 한계를 내포하고 있다.

그 밖에 소득재분배에 의해 중위투표자의 지위가 개선되는 경우, 중위투표자가 느끼는 세부담이 감소하는 경우, 공공서비스의 상대가격이 하락하는 경우에는 중위투표자의 공공서비스에 대한 수요는 증가하고 그에 따라 공공지출은 팽창하게 된다.

---

25) 공공부문이 공공재 공급재원을 직접세 부과 대신 간접세나 공채를 이용하여 조달하면 민간부문은 간접세나 공채에 의한 부담을 자신의 직접적 부담이 아닌 것으로 착각을 일으킨다. 이에 따라 공공재 수요와 공급은 확대되는 결과를 초래할 수 있다. 이러한 착각을 재정환상(fiscal illusion, 재정착각)이라고 한다. 그러나 재정환상이 지양(止揚)되면 납세자인 국민들의 공채 구입이나 간접세 부담이 현실화됨으로써 공공재 공급재원의 조달이 어렵게 되고, 그에 따라 무분별한 공공지출 성향을 줄일 수 있게 된다.

6) 기타 공공지출 증대요인

(1) 산타크로스 가설

일반적으로 국민들은 정부를 산타크로스(Saint-Claus)로 여기는 태도를 가지는데 이것이 공공지출을 팽창시키는 원인으로 작용한다. 국민이 정부를 바라는 것은 무엇이든 들어주는 산타크로스같은 존재로 인식하는 분위기가 확산되면 국민들이 표출하는 다양한 욕구를 충족시키기 위해 공공지출은 팽창할 수밖에 없을 것이다.

(2) 뷰캐넌의 리바이어던 가설

뷰캐넌(J.M. Buchanan)은 오늘날 대의제 민주주의 체제가 드러내는 공공부문의 과도한 팽창을 유발시키는 속성을 리바이어던(Leviathan) 가설로 설명하였다. 공공부문(행정부)은 상상 속의 거대한 괴물인 리바이어던과 같아 끊임없이 성장하므로 그 외형의 지탱을 위해 지속적으로 공공지출을 확대하게 된다는 것이다.

(3) 팀의 공공지출 증대요인

팀(H. Timm)은 공공지출 팽창의 원인으로 시간적 지연(자연적 지연)과 제도적 지연을 지적하였다. 공공부문이 공공욕구를 충족시키는 데는 준비시간이 필요하고, 그에 따라 필연적으로 시간의 지체가 발생하게 된다는 것이다. 공공서비스 공급 여건을 갖추기 이전까지는 시간적 지연이 나타나며, 공급되는 그 시점에는 공공지출이 급격하게 팽창하는 것이 일반적이다[26].

한편 공업화가 진전되면 경제발전이 이루어지고 1인당 국민소득이 증가하는 반면, 소득분배의 불공평이 심화되어 이를 개선하기 위한 재분배정책이 필요하게 된다. 재분배정책 실시에 필요한 제도를 구비하는 데는 상당한 시일이 소요되며(제도적 지연), 제도가 온전하게 갖추어지는 시점에는 공공지출의 급격한 팽창이 나타난다.

(4) 슈뫨더스의 공공지출 증대요인

슈묄더스(G. Schmöders)는 기술혁신, 인구증가, 전쟁, 현대복지국가의 목표(성장, 완전고용, 사회보장), 전위효과, 파킨슨(Parkinson)적 지출(공공부문이 실제업무와 관계없이 기구 확대 욕구 때문에 공공지출을 늘리는 태도)이 공공지출의 증가를 초래한다고 하였다.

(5) 버드의 공공지출 증대요인

생산기술의 발전에 따라 국가가 대규모의 자본을 조달하거나 물적인 생산에 직접 참여해야 할 필요성이 커진다. 또한 기술진보에 따라 우정(郵政), 의무교육 등의 공공재 생산에 국가가 직접 참여하는 것이 더욱 바람직하게 된다. 버드(R.M. Bird)는 이와 같은 현상의 결과 공공지출의

26) 시간적 지연은 자연스러운 현상이므로 달리는 자연적 지연이라고도 부른다.

팽창이 발생한다고 보았다.

(6) 니티의 공공지출 증대요인

니티(F. Nitti)는 국방비 증가, 공공사업의 확장, 다양한 형태의 사회적 배려정책 실시, 공채의 증가, 일반대중의 공공부문 활동에 대한 참여의 확대 등으로 인해 공공지출은 팽창할 수밖에 없다고 지적하였다.

(7) 현대 자본주의의 속성

현대 자본주의는 선거권의 신장과 저소득계층의 정치과정 참여증대, 이익집단 영향력의 확대, 정당의 이념변화 등 정치환경의 변화로 말미암아 공공지출의 팽창을 겪고 있다(정치적 요인에 의한 공공지출 증대).

한편 공공서비스를 확장하려는 정부 각 부처의 행태와 행정조직 확대에 따른 비용증가로 말미암아 공공지출은 팽창한다(관료에 의한 공공지출 증대).

더 나아가 사회적 약자에 대한 지원 강화, 소득재분배 목적의 공공지출 증가 및 자본축적에 유리한 조건을 확보하기 위한 정부의 시장개입 필요성 증대, 국민 삶의 질 향상을 위한 복지수요의 급증 등으로 인해 공공지출이 팽창하는 결과를 낳고 있다(계층 간 이해관계 조정을 목적으로 한 공공지출 증대).

제3절 비용편익분석

본 절에서는 정부와 민간부문이 투자사업을 선정하는데 준거 틀로 사용하는 비용편익분석의 절차와 방법에 대하여 설명한다. 또한 비용편익분석은 정부와 민간부문의 투자사업을 선정할 때 어떤 역할을 하며, 그것의 특징과 한계는 무엇인가를 살펴보도록 하겠다.

1. 비용편익분석의 개관

1) 의의

비용편익분석(cost benefit analysis)은 목표 달성을 위한 대체수단이 주어졌을 때, 소요비용과 그 결과로 산출되는 편익을 측정·평가하여 대체수단의 채택 여부 및 우선순위의 결정을 가능케 해주는 분석의 틀이다. 다시 말해 비용편익분석은 어떤 투자사업(공공투자 및 민간투자 포함)에서 나오는 편익과 그것을 수행하는데 드는 비용을 파악·검토함으로써 그 사업이 갖는 경제성을 평가하여 사업의 시행 여부 및 투자규모 등을 결정하는데 필요한 판단자료를 제공하는 기법이라고 할 수 있다.

현실적으로 비용편익분석은 민간투자보다는 공공사업(공공투자)의 선택이나 공공시설의 가동수준 혹은 공공사업이나 활동의 배합에 관한 의사결정에 더 폭 넓게 적용된다. 비용편익분석은 투자에서의 편익과 비용을 화폐단위로 표시하여 분석하며, 공공지출 혹은 예산결정에 있어서 하나의 전략적인 수단 역할을 한다. 그리고 자원배분의 변화에 기인하여 발생하는 순경제적 편익의 측정에 유용한 도구가 된다.

비용편익분석은 특정 투자 이후의 상태가 잠재적 파레토 개선(보상원칙의 충족)을 이루는지의 여부를 알려주는 판독기의 역할을 한다. 투자에 따른 편익의 현재가치가 비용의 그것보다 크다면, 투자 이후의 상태는 잠재적 파레토 개선이 된다.

비용편익분석의 기초개념이 공식적으로 처음 등장한 것은 19세기 말 프랑스 경제학자인 뒤퓌(J. Dupuit)의 연구에서 비롯되었다는 견해가 일반적인 통설이며, 20세기에 들어와서 후생경제학이 등장하면서 본격적으로 발전하기 시작하였다.

현대적 비용편익분석기법은 미국의 수자원 관리를 위한 강 유역 사업들에 대한 타당성분석 보고서(Green Book, 1958)에서 최초로 소개되었다.

비용편익분석은 범주적으로 신신후생경제학(新新厚生經濟學)의 영역에 속하며, 그 개념의 도입 역사를 고려할 때 괄목할 만한 발전을 이룩하였다는 평가를 받고 있다.

2) 목적

비용편익분석은 특정한 정책 또는 투자의 사회적 이익이나 불이익을 화폐단위로 측정·평가·설명하는데 초점을 두고 있다. 부연하면 비용편익분석은 주어진 여건을 준수하면서 설정된 목표를 달성하기 위해 현재가치로 평가한 비용을 극소화하고 편익을 극대화하는 선택을 할 수 있도록 판단 근거를 제시하는 것을 목적으로 한다. 따라서 비용편익분석은 궁극적으로 사회 전체의 복지향상(사회후생극대화)을 이끌 수 있는 유용한 투자가 선택되도록 판단자료를 제공하는 역할을 하는 투자사업의 타당성분석(feasibility analysis) 수단이라고 할 수 있다.

2. 비용편익분석의 특징과 절차

1) 특징

비용편익분석은 공공투자뿐만 아니라 민간투자에 대하여 그 시행 여부와 투자순위를 결정할 때 준거의 역할을 한다. 이와 같은 비용편익분석의 주요한 특징으로 다음을 지적할 수 있다.

첫째, 설정된 목표를 달성하는 수단으로 각종 대체적인 투자들을 체계적으로 비교·검토하여 가장 나은 투자가 이루어지도록 이끈다.

둘째, 대체적인 투자 또는 정책의 소요비용(경제적 비용)과 편익을 측정·평가한다.

셋째, 분석대상이 되는 투자들은 장기간을 대상으로 한다(5년, 10년 또는 그 이상).

넷째, 투자에서 얻어지는 편익은 그 성격상 미래에 발생하기 때문에 편익의 측정(분석)과정에 대체로 불확실성이 나타날 수 있다.

다섯째, 비용편익분석은 기업차원의 재무분석과 달리 사회적 관점 또는 국민경제 전체의 관점에서 해당 투자사업의 비용과 편익을 파악한다.

여섯째, 비용편익분석은 수량적인 분석방법(定量分析)을 이용하지만, 이것이 불가능한 분야는 비용효과분석과 같은 정성적 분석(定性的 分析)에 의한 보완이 필요하다[27].

27) 비용편익분석은 공공지출에 대한 정치적 압력이나 관료적 팽창주의를 억제 또는 방어하는 제어장치의 역할을 하는 장점을 갖는다. 반면 화폐단위로 측정할 수 없는 분야에는 적용이 곤란하기 때문에 이런 경우는 비용효과분석(비용효율성분석)을 이용해야 하는 단점이 있다. 비용효과분석은 어떤 사업의 편익을 화폐로 측정할 수 없는 경우 그 사업이 추구하는 목적을 달성하는데 최소비용이 드는 대체안을 찾는 방식을 따른다.

일곱째, 비용편익분석의 주목적은 정책(목표) 결정을 도출하기 위한 것이 아니라 대체안을 비교·검토함으로써 가장 바람직한 의사결정이 이루어질 수 있도록 직관과 판단을 예리하게 만드는데 있다.

여덟째, 비용편익분석은 현실적이고 실무적인 경제성 분석의 한 분야이다.

2) 절차

비용편익분석은 투자가 발생하는 모든 유형의 편익과 비용을 파악하여 화폐(금액)로 표시하는 등 다음과 같은 여러 단계와 절차를 거친다.

첫째, 투자사업의 목표를 설정한다. 투자사업이 지향하는 목표는 단순하면서도 분명하게 설정되어야 하며, 일반적으로 편익이 유형적일수록 목표가 명확하게 정의된다.

둘째, 목표달성을 위한 대안을 제시한다. 이 경우 비교 가능한 모든 대안을 망라하여 제시하면 너무 많은 정보비용이 필요하기 때문에 중요한 몇 개의 대안을 제시하는 접근이 바람직하다.

셋째, 대안의 시행 및 운영에 소요되는 사업비용을 추정한다. 이때 비용발생 시점이 다른 대안들의 비용을 비교하기 위해서는 각 시점에서 발생한 비용을 적절한 할인율을 적용하여 현재가치로 환산하는 작업이 필요하다(단, 화폐적 비용은 제외).

넷째, 비용의 시간적 흐름과 대응하는 편익의 시간적 흐름을 파악한다. 이때 무형의 편익과 부차적인 편익 등도 고려의 대상이다. 그리고 편익의 시간적 흐름을 적절한 할인율을 사용하여 현재가치로 환산한다(단, 화폐적 편익은 제외).

다섯째, 현재가치로 환산된 편익(B)이 비용(C)을 상회하는 사업($B/C \geq 1$)은 채택이 가능한 것으로 판정하며, B/C비율이 클수록 채택의 우선순위가 올라간다.

3. 비용편익분석의 이론적 토대 및 적정 투자규모의 결정

1) 이론적 토대

최초의 상황을 변경하고자 할 때 변경된 상황이 잠재적 파레토 개선(또는 우위)인지의 여부를 파악하는 수단으로 비용편익분석을 이용한다.

잠재적 파레토 개선은 변화 이전 상황과 비교하여 변화 이후의 상황이 사회구성원 일부의 후생 수준을 감소시키지만 사회 전체적으로 보면 후생수준을 증진시키는 경우이다. 예컨대 우리나라 사회(경제)가 직면할 수 있는 상황을 우주선 개발 성공 이전과 그 이후의 두 상황만으로 한정할 때, 우주선 개발 성공 이후의 상황이 잠재적 파레토 개선인지의 여부는 우주선 개발사업이 초래하는 비용(C)과 편익(B)을 비교하여 $B/C > 1$이면 우주선 개발 성공 이후의 상황을 잠재적 파레토 개선으로 판정한다.

잠재적 파레토 개선 여부는 상황변화를 초래한 특정 사업(또는 투자)이 발생시킨 사회적 편익이 사회적 비용보다 커야 하는데, 이를 계산하기 위해 보정적 변차(compensation variance, 보상적 변화)[28]의 개념을 이용할 수 있다.

사회를 구성하는 각 개인의 보정적 변차를 합한 순계가 정(+)의 값을 갖게 되는 경제적 변화는 잠재적 파레토 개선이라고 판정된다. 보정적 변차의 발상은 칼도-힉스(Kaldor-Hicks)의 보상원리에 근거를 두고 있다.

이상을 종합하면, 어떤 투자사업의 선택은 잠재적 파레토 개선을 실현하거나 보정적 변차의 합이 0보다 클 때(보상원리를 충족할 때) 이루어지며, 이러한 판정을 이끄는 수단(도구)이 비용편익분석이다.

2) 투자사업의 평가 기준

비용편익분석을 이용하여 특정 투자사업의 채택 여부를 결정하려고 할 때, 다음의 조건이 성립하는 경우에 한하여 그 투자사업의 채택이 정당화될 수 있다.

첫째, 투자의 사회적 편익이 사회적 비용보다 클 경우

둘째, 투자 이후 상황(상태)이 잠재적 파레토 개선을 실현하는 경우

셋째, 투자에 따라 발생하는 보정적 변차의 합이 0보다 클 경우

넷째, 투자가 초래하는 순편익의 현재가치가 정(+)의 값을 갖는 경우(순편익 기준)

다섯째, 투자에서 발생하는 편익의 현재가치가 비용의 현재가치보다 클 경우

여섯째, 현재가치로 환산하여 측정한(파악한) 총비용에 대한 총편익의 비율이 1보다 클 경우(편익-비용 비율 기준)

일곱째, 내부수익률[29]이 사회적 할인율보다 클 경우

3) 적정 투자규모의 결정

여러 투자대상 사업이 있을 경우 어떻게 한정된 재원(자원)을 배분하는 것이 바람직할까? 투자사업에서 발생하는 모든 편익과 비용을 계량(計量)으로 측정할 수 있다면, 각 투자사업을 대상으로 한계편익과 한계비용의 비율이 일치하도록 각 투자사업에 재원을 배분할 때 각 투자사업

---

28) 보정적 변차는 어떤 경제 상태의 변화 후에 지불하거나 받게 되는 화폐액이 그 변화 이전의 상태와 비교할 때, 개인의 후생을 개선하지도 않고 악화시키지도 않는 화폐액을 뜻한다.

29) 내부수익률(internal rate of return, *IRR*)은 투자사업의 순현재가치를 0으로 만드는 할인율이다. 이는 투자사업의 총비용을 모두 회수하여 손익분기점(break-even)을 유지한다고 할 때, 그 상황에서 기대할 수 있는 사업의 최대 수익률을 가리킨다.

에서 얻는 순편익의 합이 최대가 된다. 따라서 이때는 각 투자사업에 배분되는 재원의 양이 그 부문의 적정 투자규모에 해당한다.

X와 Y 두 투자사업을 시행한다고 할 때, X와 Y사업에 대한 한계편익과 한계비용의 비율이 일치하는 상황에서 X와 Y 두 사업의 적정 투자규모가 결정된다.

$\frac{MB_X}{MC_X} = \frac{MB_Y}{MC_Y}$ 또는 $MB_X = MB_Y(MC_X = MC_Y = 1$일 때)에서 적정 투자규모 결정

▶ 투자에 대한 의사결정의 기준

투자에 대한 의사결정 기준으로는 고전학파의 현재가치법, 케인스의 내부수익률법, 편익-비용비율법(B/C ratio법) 등이 있다.

1. 고전학파의 현재가치법

투자에서 예상되는 편익과 비용의 흐름을 사회적 할인율로 할인하여 순편익(=편익-비용)의 현재가치(present value, PV)를 구한 다음, PV가 0보다 클 경우는 투자의 채택이 가능하다고 판정하고, PV가 클수록 채택의 순위가 우선하도록 투자를 결정하는 방법이다. 이 방법을 따르면 현재가치화된 편익과 현재가치화된 비용을 뺀 순편익이 0보다 큰 사업은 실행 가능한 사업이 된다. 또한 순편익이 크면 클수록 우선순위가 높은 사업으로 평가한다.

$$NPV(\text{Net Present Value}) = PB - PC$$
$$= \sum_{t=0}^{N} \frac{B_t}{(1+r)^t} - \sum_{t=0}^{N} \frac{C_t}{(1+r)^t} = \sum_{t=0}^{N} \frac{B_t - C_t}{(1+r)^t}$$

2. 편익-비용비율법(B/C ratio법)

편익-비용비율을 적용한 평가는 이 비율이 1보다 크거나 같은 투자계획을 채택 가능하다고 판정하며, 비율이 클수록 투자의 순위가 우선하도록 하는 방법이다. 이 방법에서는 편익과 비용을 어떻게 정의하느냐에 따라 평가의 결론(결과)이 변경될 수 있다.

$$BC \text{ ratio} = PB/PC$$
$$= \frac{\sum_{t=0}^{N} \frac{B_t}{(1+r)^t}}{\sum_{t=0}^{N} \frac{C_t}{(1+r)^t}}$$

3. 케인스의 내부수익률법

내부수익률법은 현재가치법의 방법론을 확장하여 적용한 특징을 갖고 있다. 투자에서 예상되는 편익과 비용흐름을 할인한 순편익의 현재가치가 0이 되게 하는 할인율을 내부수익률(internal rate of return, ρ)이라고 한다. 내부수익률과 사회적 할인율(사회적 이자율, r)을 비교하여 내부수익률이 사회적 할인율과 같거나 크다면 투자의 채택이 가능하다고 판정하고, 내부수익률이 높은 투자일수록 채택의 순위가 앞서도록 투자를 결정하는 방법이다. 내부수익률이 사회적 할인율보다 높을 경우 내부수익률에 의한 순편익흐름의 현재가치는 0이지만, 사회적 할인율을 적용한 순편익흐름의 현재가치는 0보다 크게 되므로 그 투자는 채택이 가능하게 된다. 구체적으로 특정 사업이 실행 가치가 있으려면 사회적 할인율(r)을 적용한 NPV는 0보다 크거나 같아야 한다. 이 때문에 내부수익률은 사회적 할인율보다 크거나 같으면 그 사업은 실행 가치가 있고, 내부수익률과 사회적 할인율의 격차가 크면 클수록 우선순위가 높은 사업이 된다.

$$\sum_{t=0}^{N}\frac{B_t-C_t}{(1+\rho)^t} = 0 \leqq NPV = \sum_{t=0}^{N}\frac{B_t-C_t}{(1+r)^t}$$

4. 현재가치법과 내부수익률법 및 편익－비용비율법의 비교

할인율이 변동하면 현재가치법을 이용한 투자결정의 결과와 내부수익률법을 적용한 투자결정의 결과가 상이하게 나타날 수 있다. 이럴 경우 적절한 할인율이 선정(채택)되었다면 내부수익률법보다 현재가치법에 의한 투자결정이 더 타당하다.

N기간 동안 영향을 미치는 투자의 시행 여부를 내부수익률법을 적용하여 판정할 경우 내부수익률이 다수(N개) 존재할 수 있는데, 이때는 N개의 내부수익률 가운데 어떤 내부수익률을 사용해야 하느냐의 선정 문제에 직면하게 된다.

내부수익률법과 편익－비용비율법은 다음의 예와 같이 사회적 순후생 증가를 제대로 반영한 투자결정을 이끄는데 한계를 드러낼 수 있다.

예 A투자 : 편익 = 200, 비용 = 100, λ_A(A투자의 내부수익률) = 0.3

예 B투자 : 편익 = 190, 비용 = 92, λ_B(B투자의 내부수익률) = 0.5

위와 같은 경우 내부수익률법이나 편익－비용비율법 모두 A투자보다 B투자를 선택하지만 사회순후생의 증가 측면(사회후생 기여도)에서는 A투자에서의 순편익(200－100 = 100)이 B투자에서의 순편익(190－92 = 98)보다 크므로 A투자가 채택되어야 한다.

현재가치법의 가장 큰 취약점은 일반적으로 대규모 사업에서 순편익의 현재가치가 소규모 사업의 그것에 비해 크므로 대규모 사업이 유리하게 평가된다는 점이다.

4. 비용과 편익의 제유형과 측정의 고려사항

1) 비용과 편익의 제유형

투자에서 발생하는 편익과 비용은 다음과 같이 다양하게 구분되어질 수 있다. 공공투자가 초래하는 모든 유형의 편익과 비용은 원칙적으로 망라하여 집계(파악)해야 하지만 사회후생의 증감을 수반하지 않는 화폐적 편익과 비용은 제외시킨다. 다시 말해 비용편익분석을 위해 측정하여 합산하는 편익과 비용은 엄밀하게 말하면 사회후생을 증감시키는 것에 한정한다.

(1) 실질편익과 화폐편익

실질편익은 공공투자의 최종 소비자가 얻는 편익이며, 이는 사회 전체의 이익을 반영하고 있다. 실질편익은 사회후생의 증가를 수반하는 편익을 말한다.

화폐편익은 공공투자에 의해 야기된 상대가격의 변화 때문에 발생하는 편익이며, 이는 사회 구성원들 간에 소득재분배만 초래할 뿐이며, 사회 전체적으로 후생을 증가시키지는 않는다. 따라서 비용편익분석의 측정(파악) 대상이 아니다.

(2) 실질비용과 화폐비용

실질비용은 특정 공공투자를 채택함으로써 다른 대체적(代替的) 투자에서 사용될 예정이던 자원이 그렇지 못하고 특정 공공투자에 투입되었을 때 발생하는 그 투입자원의 기회비용을 말한다.

화폐비용은 공공투자가 빚어낸 상대가격의 변화 때문에 발생하며 사회후생의 감소는 수반하지 않는 특징을 갖는다. 이는 비용편익분석의 대상에서 제외된다.

(3) 직접편익과 간접편익

직접편익은 공공투자의 일차적인 목적이 실현될 때 얻어지는 편익을 말한다.

간접편익은 공공투자가 부수적으로 발생시키는 이차적인 편익(부산물)으로 외부경제가 이에 해당하는 것이 보통이다.

(4) 직접비용과 간접비용

직접비용은 공공투자가 추구하는 일차적인 목적을 실현시키기 위해 부담해야 하는 비용을 말한다.

간접비용은 공공투자의 시행과정에 의도하지 않게 추가적으로(부수적으로) 발생하는 비용(이차적인 비용)이다.

(5) 유형편익과 무형편익

공공투자의 유형편익은 시장에서 평가(파악)될 수 있는 편익을 말한다. 완전경쟁시장일 경우 유형편익과 사회적 가치는 그 공공투자가 창출하는 서비스(산출물)의 시장가격을 이용하여 측정하여야 하고, 불완전시장에서 발생하는 유형편익을 측정하기 위해서는 시장가격 대신 잠재가격을 적용할 수 있도록 보완 조정이 요구된다. 한편 공기업이 생산한 재화나 서비스를 시장에서 판매할 때도 유형편익이 발생할 수 있음을 고려해야 한다.

공공투자의 무형편익은 대체로 시장에서 평가될 수 없는 외부편익이라고 하겠다.

(6) 유형비용과 무형비용

공공투자의 유형비용은 시장에서 평가될 수 있는 비용이다. 시장이 불완전경쟁이면 시장에서의 비용(사적 비용)은 사회적 비용과 일치하지 않음을 고려해야 한다.

공공투자의 무형비용은 시장에서 평가될 수 없는 비용이고, 외부비용이 이에 해당하며 그 측정이 용이하지 않다.

(7) 현재편익과 미래편익

여타 조건이 일정하다면 사람들은 미래편익보다 현재편익을 선호하며, 현재의 지불보다는 미래의 지불을 선호하는 경향이 있다. 따라서 장기공공투자의 편익은 미래에 발생하기 때문에 미래의 편익을 측정하는 방법의 마련이 필요하다. 또한 미래에 발생하는 편익의 현재가치는 시간 기다림(시간선호)의 대가인 기회비용만큼 할인하여 측정되어야 한다.

(8) 현재비용과 미래비용

공공투자가 초래하는 미래비용은 현재비용보다 측정이 쉽지 않다. 또한 현재비용보다는 미래비용이 낮게 평가되는 경향이 있다. 이는 미래가 갖는 불확실성 때문이다.

(9) 지역내 편익과 지역외 편익

지역내 편익은 공공투자가 실시된 특정 지역 내에 한정하여 발생하는 편익을 말한다. 지역내 편익에 대해서는 해당 지역주민에게 대가의 요구가 용이하다.

지역외 편익은 공공투자가 이루어진 특정 지역을 넘어 다른 지역으로 유출(spill over)되는 편익을 말한다.

2) 비용과 편익측정에 있어 고려사항

(1) 편익의 측정에서 고려해야 할 사항

공공투자는 장기간에 걸쳐 시행되므로 최초 설계단계와 종료단계의 상황이 달라질 수 있으며, 발생되는 편익의 유형도 다양하기 때문에 다음과 같은 점에 유의하여 편익을 측정해야 한다.

첫째, 투자가 초래하는 결합된 편익은 명확한 구분과 측정이 곤란하지만 적절히 반영해야 한다. 예를 들면 공공건설공사를 통한 지식·기술·훈련의 축적은 추가적으로 건설비용의 절감효과를 초래하는데 이러한 편익의 포함이 필요하다.

둘째, 투자의 간접적 편익은 확인이 쉽지 않지만 고려해야 한다.

셋째, 측정된 편익은 화폐액으로 환산하여 평가해야 한다. 편익을 평가하는 기준은 시장가격이며, 그것을 알 수 없을 때는 편익에 귀속되는 가치를 측정하여 반영시키는 조치가 필요하다. 예컨대 같은 목적을 달성하는데 소요되는 투입자원의 비용으로 평가하는 방법이 있다.

넷째, 편익의 측정과 평가를 위한 최선의 방법은 일반적인 경제원리를 따르는 것이다. 따라서 관련 편익을 망라하여 파악하고, 객관적 기준을 적용하여 평가해야 한다.

다섯째, 순수공공재 공급을 위한 투자에서의 편익을 수요곡선에 의해 측정하는 것은 불가능하다. 반면 공해방지투자와 같이 기회비용의 추정으로 측정이 가능한 분야도 있다. 이런 점을 고려한 편익 측정이 이루어져야 한다.

여섯째, 준사적재 공급을 위한 투자에서의 편익은 수요곡선 또는 기회비용에 의하여 간접적으로 측정할 수 있다. 고속도로 건설, 고등교육 등이 그 예라고 하겠다.

일곱째, 투자가 초래하는 무형의 편익을 평가하는 경우 시간절약의 화폐적 가치도 고려되어야 한다. 이는 특별히 교통부문에 대한 투자에서 중요한 의의를 갖는다.

(2) 비용측정에서 고려해야 할 사항

공공투자는 여러 유형의 비용을 발생시키며, 각 비용은 그 성격이 다양할 뿐만 아니라 정확한 측정이 쉽지 않기 때문에 다음과 같은 점에 주의를 기울여야 한다.

첫째, 투자가 초래하는 간접비용을 화폐액으로 평가한다는 것은 거의 불가능하지만, 투자의 가치를 제대로 파악하기 위해서는 반드시 고려가 필요하다.

둘째, 기존의 시설을 활용(재사용)하는 투자를 시행할 경우, 그 시설의 매몰비용(sunk cost)[30]은 물적 시설이든 소모품이든 간에 이미 쓰인 지출이므로 투자의 평가에 있어서는 원칙적으로 제외하여야 한다.

셋째, 실물자원을 투입하는 투자를 할 경우 그 비용의 평가에는 좀 더 세심한 주의가 요구된다. 투입되는 실물자원 또는 산출물의 진정한(사회적) 가치(비용)을 파악하기 위해서는 완전경쟁시장의 가격을 적용해야 한다. 그런데 관련 시장이 완전경쟁적이지 않으면 조정된 시장가격 또는 잠재가격의 적용이 필요하며, 이때 가격은 자원이용의 참된 기회비용(또는 가치)과 일치시키는 조정이 요구된다.

---

30) 매몰비용(sunk cost)은 공장건설비용, 설비구입비용 등과 같이 이미 지불되어 회수가 불가능한 비용으로 전환 또는 이전이 불가능한 초기 고정비용을 말한다.

(3) 편익과 비용을 화폐가치로 전환할 때 사용되는 평가 기준

공공투자가 초래하는 편익과 비용을 화폐가치로 환산할 때 사용되는 평가 기준으로는 완전경쟁 시장가격, 잠재가격, 조정된 시장가격이 있다.

① 완전경쟁 시장가격

완전경쟁시장에서 형성된 시장가격은 그 성격상 사회적 가치(또는 사회적 비용)를 정확하게 반영하고 있다. 따라서 관련된 시장이 완전경쟁시장이라면 시장가격을 이용하여 투자에서 발생한 편익과 비용을 화폐액으로 환산한다.

② 잠재가격(shadow price)

완전경쟁 시장가격과 마찬가지로 진정한 사회적 가치를 반영할 수 있는 가격이다. 이것은 시장이 완전경쟁일 때 형성되는 사회적 가치(또는 사회적 비용)를 반영한 시장가격과 동일한 역할을 하는 가상의 가격이라고 하겠다.

현실의 시장이 완전경쟁적이지 않은 경우 사회적 가치를 반영한 잠재가격을 이용하여 투자에서의 편익과 비용을 화폐가치로 환산해야 한다[31].

③ 조정된 시장가격

현실의 시장가격이 완전경쟁 시장가격 또는 잠재가격과 다르면 사회적 가치를 반영할 수 없다. 이때는 현실의 시장가격을 잠재가격으로 전환시켜 사용하여야 하지만 그것이 용이하지 않다. 따라서 현실의 시장가격을 잠재가격 내지 완전경쟁 시장가격에 가깝게 조정하여 투자의 비용과 편익을 화폐가치로 환산하게 된다.

다음과 같은 경우에는 조정된 시장가격(또는 잠재가격)을 이용하여 공공투자에서 발생하는 편익과 비용을 화폐액으로 환산하는 작업이 필요하다. 조정된 시장가격을 적용하여 공공투자의 편익과 비용을 화폐액으로 환산해야 하는 이유는 시장가격의 불완전성(사회적 가치 또는 비용의 미반영)으로 말미암아 채택되지 말아야 할 투자가 선정되는 왜곡이 발생할 수 있기 때문이다.

- 생산물시장 및 생산요소시장이 불완전경쟁 상황인 경우
- 조세에 의해 시장가격의 왜곡이 발생한 경우
- 정부개입으로 외환시장이 왜곡되어 있는 경우
- 외부성(외부경제 또는 외부불경제)의 영향으로 시장이 교란되어 있는 경우
- 노동시장에 실업이 존재하는 경우

31) 완전경쟁시장이 존재한다면 완전경쟁 시장가격과 잠재가격은 정확히 일치하게 된다. 그러나 완전경쟁시장은 존재하지 않기 때문에 잠재가격은 추정만 가능할 뿐이다. 이는 투자의 사회적 가치(또는 사회적 비용)를 산정함에 있어 그 평가기준은 추정된 완전경쟁시장가격(혹은 잠재가격)에 근사하도록 조정한 시장가격을 적용할 수밖에 없음을 의미한다.

(4) 편익과 비용평가의 장애요인과 대책

① 편익과 비용의 평가 기준으로 사용되는 시장가격이 변화하는 경우

[그림 4-5]에 제시되어 있듯이 X재 시장은 E점에서 최초의 균형을 형성하였다. 그런데 공공투자로 말미암아 E'점에서 새로운 균형이 이루어졌고, 그 결과 X_0X_1생산물량 증가(유형편익)가 발생되었다.

[그림 4-5]와 같이 공공투자가 생산물의 가격에 영향을 미치는 경우에는 원래의 가격이나 새로운 가격 가운데 어느 것도 편익(증가된 생산량)을 화폐가치로 평가하는데 적절한 기준이 되지 못하기 때문에 제3의 방법(원래의 가격과 새로운 가격의 평균)을 모색해야만 한다. X_0X_1의 유형편익을 P_0의 가격으로 평가하면 그 금액은 $\square EAX_1X_0$가 되어 과대평가($\triangle EAE'$)되며, P_1의 가격으로 평가하면 $\square BE'X_1X_0$로 과소평가($\triangle EE'B$)된다. 이때는 원래가격(최초가격)과 새로운 가격의 평균인 $\left(\frac{P_0+P_1}{2}\right)$을 적용하여 평가해야 X_1X_0의 진정한 화폐환산액($\square EE'X_1X_0$)을 산출할 수 있다.

② 시장에서 파악되지 않는 결과(무형편익 또는 비용)의 평가

시장에서 거래되지 않는(파악되지 않는) 편익과 비용(무형편익 내지 비용)일지라도 적절하게 파악하여 공공투자의 편익과 비용에 합산하여야 한다.

㉠ 시간의 가치평가

공공투자의 영향으로 관련 당사자들이 시간절약의 편익을 얻었다면, 시간의 가치는 당사자들의 세후 임금률 등 간접적인 방법을 적용하여 추정할 수 있다. 예를 들면 공공투자가 기술혁신을 초래함으로써 10시간의 노동 시간감축이 이루어졌고, 관련 당사자(근로자)의 시간당 세후 임금률이 2만원이라면 시간절약의 가치는 20만원(= 10시간×2만원)으로 추정될 수 있다는 것이다.

㉡ 생명의 가치평가(측정)

공공투자의 시행에 따라 관련 당사자들의 생명이 연장되거나 단축되었다면, 생명의 가치는

그림 4-5 유형편익의 측정

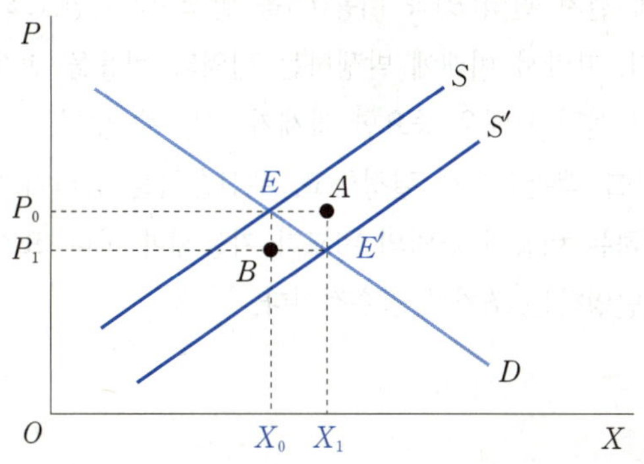

인적자본접근법과 지불의사접근법에 의해 추정될 수 있다.

인적자본접근법에서는 어떤 사람의 죽음으로 말미암아 상실된 소득(계속 생존했다면 얻었을 소득)금액을 생명의 가치로 평가하는 방식을 적용한다. 지불의사접근법에서는 사람들이 안전성의 증대(예컨대 죽음을 피하기 위한 조치)를 위해 지불할 용의가 있는 금액을 측정(추정)하여 그것을 생명의 가치로 평가하고 있다.

상대적으로 인적자본접근법에 의한 생명의 가치보다 지불의사접근법에 의한 생명의 가치가 더 높게 평가되지만, 두 방법 모두 진정한 생명의 가치를 과소평가할 가능성을 갖는다. 왜냐하면 지불의사접근법을 따를 경우 죽음(생명)의 직접적 당사자만을 대상으로 생명의 가치를 평가할 뿐이며, 주변의 관련 당사자(가족 등)에 미치는 영향은 고려하지 않기 때문이다.

그 밖에 공공투자 차원에서 추진된 우주탐험 프로그램의 부수적 성과에 해당하는 국위선양, 희귀생물 보호사업의 성공적 완수를 통해 조성된 국민감정의 순화 등도 무형의 편익으로서 이와 같은 편익에 대해서도 적절한 평가가 이루어져야 한다.

무형편익(또는 비용) 평가가 어려운 상황이라면, 비용편익분석을 포기하고 비용-효율성분석(cost-effectiveness analysis, 비용효과분석)이라는 우회적인 방법을 이용하는 방안 등의 강구가 필요하다.

③ 투자사업에서 발생하는 편익과 비용을 의도적으로 왜곡한 경우

공공투자사업을 반드시 시행하겠다는 의욕이 지나쳐 그 공공투자사업에서 발생하는 편익과 비용을 의도적으로 왜곡시킬 수 있다. 이러한 경우는 공공투자사업이 초래하는 편익이 비용보다 작음에도 불구하고, 의도적인 왜곡으로 말미암아 그 공공투자사업이 채택되어 시행되지 않도록 주의가 요망된다.

5. 공공투자의 적정 할인율

1) 적정 할인율의 중요성

공공투자는 장기간에 걸쳐 편익(B)과 비용(C)을 발생시키지만, 그 투자의 채택 여부는 현재 시점에서 결정해야 한다. 따라서 미래에 발생하는 편익과 비용을 현재가치로 평가하기 위한 매개체로서 적정 할인율의 선정이 매우 중요한 과제가 아닐 수 없다.

공공투자의 채택여부를 객관적으로 결정하고, 우선순위를 합리적으로 판정하기 위해서는 각기 다른 시점에서 발생하는 비용과 편익의 비교가 가능해야 한다. 또한 편익과 비용의 현재가치를 정확하게 측정하여 반영하는 조치가 필수적이다.

$$PV = \frac{B_1 - C_1}{(1+r)^1} + \frac{B_2 - C_2}{(1+r)^2} + \cdots\cdots + \frac{B_n - C_n}{(1+r)^n}$$

* PV : 공공투자 순편익의 현재가치

공공투자에 소요되는 초기 투자비용이 K라고 할 때, $PV \geq K$이면 그 투자는 채택이 가능한 것으로 판정한다. 순편익(편익과 비용의 차액) 흐름의 현재가치(PV)가 초기 투자비용(K)보다 클 때 그 투자는 가능한 것이다. 이때 r을 할인율이라고 하며, 그것이 사회적 가치를 정확히 반영하고 있을 때 사회적 할인율이라고 한다. 하지만 사회적 할인율은 개념적인 성격이 강하며, 현실적으로 정확한 크기 파악은 용이하지 않다.

공공투자의 채택과 순위결정에 이용될 할인율을 적절하게 선정하는 것은 투자행위의 적합성과 정당성의 확보를 위해 무엇보다 중요하다. 할인율이 떨어지면 편익의 현재가치가 증가하기 때문에 할인율이 높을 때는 단기투자가 유리하고, 반대로 할인율이 낮을 때는 장기투자가 유리해진다.

2025년 1월 1일 현재 100만원을 갖고 있는 갑은 자신의 돈을 1년간 은행에 예금하면 2026년 1월 1일에 110만원을 받는다고 하자. 이때 최초의 100만원에 대해 증가된 10만원을 이자라고 하며, 1원에 대한 증가 몫인 0.1원을 이자율이라고 한다. 0.1의 이자율은 갑이 1년간의 시간을 참은 대가이므로 시간선호율이라고 할 수 있으며, 1단위의 자금(1원)에 대한 기회비용(자본의 기회비용)이라고 하겠다. 또한 갑은 2025년 1월 1일에는 100만원을 소비(현재소비)할 수 있는 반면, 2026년 1월 1일에는 110만원을 소비(미래소비)할 수 있으므로 0.1은 현재소비와 미래소비 간의 한계대체율을 의미한다. 한편 우리는 미래보다 현재를 중시하므로 미래의 가치를 현재 크기로 환산할 경우 할인하여 평가하게 된다. 미래인 2026년의 110만원은 현재(2025년 1월 1일)의 크기로 환산하면 100만원이 된다. 이때 할인율은 0.1이다. 따라서 0.1은 할인율, 이자율, 시간선호율, 현재소비와 미래소비 간의 한계대체율, 자본의 기회비용을 의미하며, 이것들은 사회와 개인의 차원에서 평가가 이루어질 수 있다[32].

완전경쟁 자본시장에서는 할인율, 이자율 등에 대한 사회적 평가와 사적(개인) 평가가 일치하기 때문에 다음의 관계가 성립한다.

(사회적·사적) 할인율 ≒ (사회적·사적) 이자율 ≒ (사회적·사적) 한계대체율
≒ (사회적·사적) 시간선호율 ≒ (사회적·사적) 자본의 기회비용

32) 미래의 소비보다 현재의 소비를 더 선호하는 정도를 시간선호율(rate of time preference)이라고 한다. 이는 이자율의 의미를 갖는다.

2) 불완전한 자본시장에서의 적정 할인율

완전경쟁 자본시장에서는 현재소비(C_p)와 미래소비(C_f) 간의 한계대체율($MRS_{C_pC_f}$)과 한계변환율($MRT_{C_pC_f}$)이 일치한다($MRS_{C_pC_f} = MRT_{C_pC_f}$)[33]. 따라서 이때는 자본시장에서 형성되는 시장할인율(사적 할인율)이 현재와 미래소비에 대한 소비자의 선호를 정확하게 반영하기 때문에 공공투자의 할인율로 적합하며 사회적 할인율과 일치하게 된다.

그러나 각종 투자의 목적은 다양하며, 그 기간, 재원조달방법, 관리방식 등이 다르기 때문에 직면하는 위험부담의 정도가 상이할 수밖에 없다. 또한 투자수익에 대한 소득세·법인세 부과의 영향으로 $MRS_{C_pC_f}$와 $MRT_{C_pC_f}$는 일치하지 않는다.

이런 이유 때문에 일반적으로 시장할인율(사적 할인율)과 사회적 할인율은 괴리를 보이며, 보통 시장할인율이 사회적 할인율보다 높은 경향을 나타낸다.

자본시장이 불완전할 경우 자본시장에서 결정된 할인율(이자율)은 공공투자의 할인율로 적합하지 않다. 이에 대한 해결책으로 다음의 방법이 제안될 수 있다.

(1) 시장할인율의 조정

민간부문(시장)에서 적용하고 있는 시장할인율을 조정하여 바람직한 사회적 할인율에 근접시킴으로써 민간부문도 공공부문과 똑같은 할인율을 사용하여 투자계획의 경제성을 판정하도록 하는 방법을 말한다. 이 방법은 정확한 사회적 할인율을 파악하는 것이 어렵기 때문에 현실 적용은 쉽지 않다는 한계가 있다.

(2) 공공투자와 민간투자 적용 할인율의 구분

미래편익의 현재가치를 측정함에 있어 민간투자는 시장할인율을 적용하고, 공공투자는 사회적 할인율로 계산하는 차선의 방법을 말한다. 이 방법은 실행상 어려움은 적지만 왜 민간투자와 공공투자의 현재가치를 서로 다른 할인율을 적용하여 산정(파악)하는가에 대한 설득력 있는 근거제시가 쉽지 않은 문제점이 있다. 또한 사회적 할인율이 어느 수준에서 결정되어야 하느냐의 판단(결정)이 쉽지 않다.

3) 사회적 할인율과 시장할인율의 관계

현실적으로 사회적 할인율의 측정(파악)이 곤란하므로 사회적 할인율과 시장할인율(사적 할인율) 간의 관계에 대해서는 구체적으로 알 수 없다. 다만, 어느 쪽이 낮아야(또는 높아야) 한다는 상반된 견해가 대립하고 있을 뿐이다.

---

33) $MRS_{C_pC_f}$는 소비자의 시간선호율을 반영하고, $MRT_{C_pC_f}$는 투자의 한계효율을 반영하고 있다.

(1) 사회적 할인율이 시장할인율보다 낮아야 한다는 견해

공공투자는 민간투자와 비교하여 더욱 중요한 역할을 한다는 입장에서 보면 공공투자를 늘리기 위해 사회적 할인율이 낮아야 할 것이다. 이런 입장을 따를 때 사회적 할인율이 시장할인율보다 낮아야 하는 근거로는 다음을 지적할 수 있다.

첫째, 민간투자의 채택(시행)은 주로 자신의 세대에 미치는 영향을 반영하여 결정되지만, 공공투자는 미래세대에 미치는 영향까지 고려하여 결정하게 된다. 따라서 공익성이 강한 공공투자 확대를 위해 사회적 할인율은 시장할인율보다 낮아야 한다.

둘째, 공공투자의 확대는 미래세대의 소득기반을 강화시킴으로써 그들의 소득 수준을 향상시키고 그에 따라 정부의 세수증대에 기여하게 된다. 따라서 공공투자의 확대를 위해 사회적 할인율은 시장할인율보다 낮아야 한다.

셋째, 공공투자는 민간투자와 비교하면 상대적으로 더 광범위하게 긍정적인 외부효과(외부경제)를 창출하는 것이 보통이다. 따라서 낮은 할인율을 적용함으로써 적정 수준의 공공투자가 이루어질 수 있도록 배려해야 한다.

(2) 사회적 할인율이 시장할인율보다 높아야 한다는 견해

민간부문과 공공부문의 생산성을 비교해 보면, 공공부문이 민간부문보다 비효율적이다. 따라서 공공투자의 확대보다는 민간투자의 증대가 더 바람직하기 때문에 민간투자의 촉진을 위해 시장할인율은 사회적 할인율보다 낮아야 한다는 것이다.

4) 적정 할인율의 선정

공공투자에서 발생하는 편익과 비용이 사회적 가치(평가)를 제대로 반영한 현재가치로 환산될 수 있도록 적정 할인율이 선정되어야 한다. 적정 할인율은 공공투자 재원의 조달 방식 등 여건에 따라 다르게 설정된다.

(1) 민간부문 투자의 세전수익률

민간투자에 쓰일 자금이 공공투자에 투입된 경우, 민간투자의 세전수익률이 적정 할인율이 된다. 민간투자에 사용될 자금이 공공투자로 전환되었다면 그 자금의 기회비용은 민간투자에서 창출했었을 가치(세전수익률)이며, 이것이 공공투자의 현재가치 환산을 위해 적용해야 할 적정 할인율이 된다.

(2) 민간부문 투자의 세후수익률 또는 소비자이자율

민간소비에 쓰일 자금이 공공투자에 투입된 경우, 그 자금의 기회비용은 민간투자의 세후수익률 또는 소비자이자율이며 이것이 적정 할인율에 해당한다. 한편 민간부문에 의해 시점 간(현재와 미래 간) 최적 자원배분이 실현되었다면, 소비자의 주관적인 시간선호율과 소비자이자율, 민간투자의 세후수익률은 동일하게 된다(소비자의 주관적 시간선호율 = 소비자이자율 = 민간투자의 세후수익률).

(3) 민간부문 투자의 세전수익률과 세후수익률(또는 소비자이자율)의 가중평균치

공공투자에 쓰인 자금이 민간투자 및 민간소비에 사용될 자금에 의해 조달된 경우, 두 부문에서 이전된 자금의 기회비용을 알아보기 위해서는 먼저 그 자금을 소비단위로 통일시켜 정확한 규모를 환산 평가해야 한다. 다음으로 환산 평가된 자금 전액이 민간소비에 쓰였을 경우 형성될 수 있는 시간선호율(소비자이자율)의 도출이 필요하다. 이런 과정을 거쳐 도출된 시간선호율은 민간투자와 민간소비에서 이전된 자금의 기회비용이며, 동시에 적정 할인율이 된다. 다시 말해 이런 경우는 민간투자의 세전수익률과 세후수익률(또는 소비자이자율)의 가중평균치가 적정 할인율이라고 하겠다.

▶ 공공재원 1원을 개인소득세로 조달할 경우의 기회비용

개인소득세를 부과하여 민간부문으로부터 이전시킨 1원의 공공재원 가운데 β(*MPC*, 한계소비성향)의 비율만큼은 민간소비의 희생으로 이전되었고, 나머지 $(1-\beta)$의 비율은 민간투자의 감소를 통해 이루어졌다고 한다. 그러면 이때 1원의 공공재원 가운데 β(민간소비의 희생분)는 현재소비의 희생이므로 그 기회비용은 이전된 민간소비 자체$(\beta \cdot 1)$, 즉 β이다.

한편 공공부문으로 이전된 1원의 공공재원 중 민간소비 희생분을 제외한 나머지 $(1-\beta)$의 부분은 민간투자의 희생으로 조달된 것이기 때문에 이 부분의 기회비용은 $(1-\beta) \cdot \rho/r$와 같이 된다. 왜냐하면 매년 ρ의 수익률을 영구적으로 보장하는 민간투자의 가치는 사회적 할인율이 r인 경우 ρ/r가 되며, 1원의 공공재원 가운데 민간투자의 희생을 통해 조달된 비율이 $(1-\beta)$이므로 그 기회비용은 $(1-\beta) \cdot \rho/r$가 되기 때문이다.

정리하면 개인소득세로 조달된 공공재원 1원은 민간소비와 민간투자의 희생을 수반하므로 그 기회비용 A는 아래와 같이 나타낼 수 있다.

$$A = \beta + (1-\beta)\frac{\rho}{r} \quad (\rho : \text{민간투자의 수익률}, \ r : \text{사회적 할인율})$$

6. 비용편익분석의 한계 및 대책

1) 한계

(1) 불확실성과 위험의 존재

공공투자는 장기간에 걸쳐 비용과 편익을 발생시키므로 불확실한 미래의 영향을 받게 된다. 역으로 공공투자는 미래의 기간에 걸쳐 영향을 미치기 때문에 불확실성(또는 위험)을 수반한다. 따라서 편익과 비용을 현재가치로 환산함에 있어 미래에 발생할 수 있는 불확실성(또는 위험)에 대한 고려가 필요하다. 문제는 불확실성(또는 위험)의 존재가 위험부담자에게 추가적인 기회비용을 초래하지만, 그것을 정확하게 반영한 비용편익분석이 쉽지 않다는 것이다[34].

(2) 비용과 편익의 복잡한 성질에 대한 고려의 미흡

공공투자가 초래하는 성격이 다른 여러 가지 유형의 편익과 비용을 완벽하게 측정하여 반영하는 것이 현실적으로 용이하지 않다. 다목적 공공투자사업일수록 그것의 시행 여부 및 순위결정에 있어 비용편익분석을 적용하는 것이 어렵다.

(3) 적정 할인율 선정의 곤란

공공투자가 창출하는 사회적 가치를 정확히 평가할 수 있는 적정한 사회적 할인율의 선정이 현실적으로 난제가 아닐 수 없다. 왜냐하면 사회적 할인율은 사회적 시간선호와 연결되어 있고 사회구성원들의 상이한 가치판단을 포괄할 수 있어야 하기 때문이다.

(4) 소득재분배(공평)의 간과

비용편익분석은 공공투자에서 발생하는 편익이 비용을 능가할 경우 해당 공공투자는 시행이 가능한 것으로 평가한다. 이는 공공투자에 의해 발생한 편익의 규모가 비용의 그것보다 크기만 하면 관련된 당사자 각각에게 얼마만큼의 편익을 제공하고 비용을 분담 지우느냐는 반영하지 않는다는 것이다. 이처럼 비용편익분석은 분배적 측면(공평성, 형평성)은 고려하지 않고, 그 공공투자의 시행여부를 판정한다.

이와 같이 비용편익분석은 특정 공공투자에서의 편익이 비용을 압도하는 성과를 보이면 그것의 구체적인 영향은 무시하기 때문에 효율성(성과)에 치중된 평가기법이라고 할 수 있다. 따라서 비용편익분석을 이용한 공공투자의 채택은 소득계층 간·지역 간의 불공평을 초래할 가능성을 내포한다. 하지만 바람직한 투자결정을 위해서는 투자가 초래하는 편익과 비용이 소득계층별

34) 비용편익분석은 공공투자(사업)의 불리한 간접적인 효과를 비용으로 처리하느냐 아니면 부(負, −)의 편익으로 보느냐에 따라 B/C 비율이 다르다. 마찬가지로 유리한 효과를 편익으로 계산할 수도 있고, 부의 비용으로 간주할 수도 있는데 양자의 B/C 비율은 상이하다. 이런 점도 비용편익분석의 한계라고 하겠다.

로 미치는 영향을 감안한 비용편익분석이 이루어져야 함은 물론이다. 이는 비용편익분석이 공평성(소득재분배효과)을 반영할 수 있도록 조정되어야 한다는 것이다.

(5) 정확한 잠재가격 추정방법의 결여

정확하고 합리적인 비용편익분석이 이루어지기 위해서는 관련된 시장은 완전경쟁 상태이어야 한다. 그렇지 않을 경우 잠재가격을 추정하여 그것을 매개로 공공투자에서 발생하는 편익과 비용을 현재가치로 환산해야 사회적 가치(비용)가 반영된다. 그러나 현실적으로 정확한 잠재가격의 추정이 쉽지 않다.

(6) 다른 부문과의 관계 미반영

현실적으로 각 부문들은 서로 연결되어 영향을 주고받는다. 하지만 비용편익분석은 공공투자의 효과가 다른 부문과 무관하다고 가정한 상태에서 그 공공투자의 편익과 비용을 파악하여 채택(시행) 여부를 판정하는 문제점을 갖고 있다.

2) 대책

비용편익분석이 직면하는 위험과 불확실성[35], 동태적 상황변동 등의 한계를 보완하는 방법으로 다음과 같은 조치를 모색해야 한다.

(1) 위험과 불확실성 반영 방안

① 공공재원 기회비용 추정의 수정

위험과 불확실성이 없다면 민간투자 희생으로 조달된 1단위 공공투자 자금(공공재원)의 기회비용은 ρ/r이다. 반면 위험과 불확실성이 존재한다면 민간투자의 수익률은 그것을 감안하여 조정되어야 하기 때문에 공공재원의 기회비용(A)은 아래와 같이 수정되어야 한다. 위험이나 불확실성은 미래를 포함한 오랜 기간을 대상으로 이루어지는 투자분야에서 주로 발생하며, 이때는 당초 수익률(ρ)에서 위험부담비용(k)을 차감한 새로운 수익률($\rho-k$)의 설정이 필요하다[36].

$$A' = \beta + (1-\beta)\frac{(\rho-k)}{r} \quad (k: \text{위험부담비용})$$

35) 비용편익분석 과정에 나타나는 위험과 불확실성에 대한 대책으로 다음과 같은 처방이 제시될 수 있다.

첫째, 충분한 예비비를 비용산정에 추가하여 설정한다.

둘째, 상황에 따라 추가적인 별도의 민감도분석을 시행한다. 이는 공공투자의 최종 결정자가 불확실성을 감안하여 보다 합리적인 의사결정을 할 수 있도록 돕기 위한 것이다.

36) 위험의 존재는 그것을 감수해야 하는 부문에 추가적인 비용인 위험부담비용(k)을 부담 지우게 된다. 위험부담비용은 특정 부문이 직면한 위험을 해소하기 위해 보상해야 할 최소의 금액을 말한다.

그러나 이 방법은 k(위험부담비용)를 정확하게 측정하여 반영하는 것이 현실적으로 쉽지 않다는 한계를 내포하고 있다.

② 위험부담비용의 직접 추정 및 반영

공공투자에 수반되는 위험부담비용을 직접 추정하여 그 공공투자의 순기대치로부터 위험부담비용을 공제하여 다시 산출한 순편익(순기대치)을 대상으로 비용편익분석을 시행하는 경우를 말한다. 그러나 공공투자에 수반되는 위험부담을 직접 측정한다는 것이 결코 쉬운 작업이 아니라는 한계가 있다.

③ 할인율 인상을 통한 고려

위험과 불확실성이 존재하는 공공투자사업의 비용이 주로 사업 시행의 초기에 발생하고 편익은 장기간에 걸쳐 나타나는 경우라면, 그 공공투자사업의 현재가치를 평가할 때 더 높은 할인율을 적용하는 것이 합리적이다. 그러나 비용이 사업계획이 종료될 때 집중적으로 발생하는 경우라면, 위험과 불확실성을 고려하기 위해 높은 할인율을 적용하면 그 사업계획 평가의 왜곡이 초래될 수 있다.

④ 확실동등액을 적용한 조정

위험성을 내포하고 있는 특정 투자가 그것이 존재하지 않는다고 가정할 경우 어떤 확실한 일정금액과 동일한 가치(효용)의 편익을 발생시킨다고 할 때, 그와 같은 확실한 금액을 확실동등액(certainty equivalents, 확실대등액)이라고 한다. 이때 위험이 있는 공공투자에서 얻어지는 편익과 확실동등액의 차이가 위험성을 나타내므로 확실동등액을 사용한 투자평가를 하게 되면, 투자에서 발생하는 위험성을 고려하는 방법이 된다[37].

(2) 민감도분석(sensitivity analysis)

민감도분석은 미래에 발생할 수 있는 상황변동이 투자에 미치는 예상하지 못한 영향을 파악하여 반영하는 도구에 해당한다. 비용편익분석의 대상이 되는 공공투자가 불확실성 또는 위험을 수반할 때, 투자의 지속 여부 등을 판정하는 수단이 민감도분석이며, 이것은 다음과 같은 과제를 주요한 파악 대상으로 설정하고 있다.

첫째, 투자에 의해 얻어지는 산출물의 가격과 수량이 예상과 달리 변동되었을 때, 그 투자가 여전히 타당한가를 분석하여 판정한다.

둘째, 투자와 관련한 투입물의 가격과 투입량이 당초 계획과 달리 변동되었을 때, 그 투자의 타당성 여부를 재평가한다.

37) 현실적으로 공공투자사업의 사회적 위험부담비용은 무시할 수 있을 정도로 작다. 왜냐하면 각종 공공투자사업의 경우 당면할 수 있는 위험에 대한 대책으로 위험분산(risk-spreading)과 위험통합(risk-pooling) 등의 장치를 마련해 놓고 있기 때문이다.

셋째, 투자와 관련된 시설의 가동률이 당초 계획과 달라졌을 때, 그것이 투자의 비용과 편익 흐름에 미치는 영향을 파악한다.

넷째, 투자의 진행속도가 지연될 경우 원인을 파악하는 한편 그런 원인이 적절하게 시정될 수 있는가에 대한 검토 등을 거쳐 향후 투자를 지속할 지의 여부를 판단한다.

다섯째, 투자의 공사기간이라든가 혹은 시설가동률을 목표 수준까지 끌어올리는데 소요되는 시간 등이 예상보다 길게 늘어날 경우 그것이 투자의 타당성에 미치는 영향을 분석하여 원인을 파악한다.

여섯째, 할인율이 변동되었을 때, 투자의 순현재가치 변화를 파악한다. 이때 할인율 변동의 원인을 알아보고, 그런 변동이 일시적인가와 항구적인가를 구분한 영향 검토가 필요하다.

(3) 예비비 설정

장기간을 대상으로 하는 투자과정에는 예기치 못한 일들이 무수하게 발생한다. 이런 문제들에 대한 사전예방조치로 예비비를 설정하여 예상하지 못한 비용이 발생했을 때 적절하게 대응할 수 있도록 반영하는 보완은 필수적이다.

예비비는 물량예비비와 물가예비비로 구분할 수 있으며, 각기 다른 의미를 갖는다[38]. 물량예비비는 계획기간에 발생할지도 모르는 예기치 못한 물량변동에 대한 예비비이며, 이는 일괄적으로 설정(일괄예비비)하는 것이 바람직하다. 물가예비비는 계획기간 중 발생할지도 모르는 물가상승에 대비한 예비비를 말한다. 편익과 비용을 불변가격으로 표시하면 물가상승을 고려할 필요가 없게 된다. 두 가지 유형의 예비비 가운데 비용편익분석에서 비용항목으로 취급되는 예비비는 오직 물량 예비비일 뿐이다. 물가예비비는 편익과 비용을 불변가격으로 표시하면 물가변동이 발생하지 않기 때문에 그것을 고려하지 않아도 된다.

(4) 공평을 반영하는 방법

투자로부터 혜택을 얻게 되는 소비자 그룹을 소득 수준별로 나누고, 각 구분 그룹에 대해 적절한 사회적 분배가중치를 적용함으로써 비용편익분석 과정에 공평(소득재분배효과, 형평)을 고려할 수 있다. 그러나 투자의 평가과정에 분배적 요소를 반영하기 위해 소득계층별로 적정한 분배가중치를 적용하는 방안이 의도만큼 용이하지는 않다.

엑스타인(O. Eckstein), 미샨(E. Mishan), 머스그레이브(R.A. Musgrave) 등은 투자사업의 평가기준으로 효율성 기준만을 강조하였고, 바이스브로드(B. Weisbrod), 마그린(S. Marglin), 맥과이어(M. McGuire)와 간(H. Garn), 마스(A. Maass) 등은 효율성과 공평성 기준을 동시에 고려하는 방안을 제안하였다.

비용편익분석 과정에 공평(소득재분배효과)은 다음의 방법으로 반영할 수 있다.

---

38) 김동건, 『비용·편익분석』, 박영사, 1997, p.61.

① 가정된 분배적 가중치의 적용

효율과 공평은 서로 상충관계에 있다. 이때 효율과 공평의 두 기준을 충족시킬 수 있는 최적의 상쇄비율을 도출할 수 있다면, 그런 상황에서 사회후생이 극대화된다. 따라서 최적의 상쇄비율을 실현할 수 있는 공공투자의 크기를 적정규모로 간주한다. 이런 방법을 따를 경우 최적 상쇄비율의 선택은 의회(국회)에서 정치적 의사결정 과정을 거쳐 이루어지게 될 것이다(A. Maass).

② 과거 공공투자 결정에 이용된 분배가중치의 적용

효율과 공평을 동시에 반영한 총합효율의 개념을 정의하고, 최적의 총합효율을 충족하는 투자를 선택한다. 정부가 선택한 과거 공공투자의 결과를 분석함으로써 각 계층(집단)에 대한 분배가중치를 찾는다. 그리고 과거 각 집단에 적용되었던 분배가중치를 지키는 방향에서 공공투자의 채택 여부를 결정한다(B. Weisbrod).

③ 정책결정자가 추구하는 분배가중치의 반영

정책결정자의 공공투자에 대한 주관적 평가와 분배가중치 산정을 연계하여 공평을 고려하는 방법을 말한다. 공공투자에서 발생하는 편익과 비용이 각 소득계층에 미치는 영향을 정책결정자가 적절하게 반영할 수 있다고 인정하여 그의 판단에 맡겨 비용편익분석 과정에 공평을 고려하는 접근이다(M. McGuire와 H. Garn).

이상의 공평 고려 방안은 이론적으로 보면 상당한 합리성을 띠지만 실행을 위해서는 여러 장애를 넘어야 한다. 따라서 현실의 비용편익분석은 효율성 중심으로 시행된다.

▶ 비용편익분석에서 추가적으로 고려해야 할 기타 사항

1. 인플레이션효과

공공투자는 미래의 오랜 기간을 대상으로 하기 때문에 인플레이션이 수반될 수 있다. 따라서 비용편익분석이 적절하게 이루어질 수 있기 위해서는 인플레이션의 영향을 고려해야 한다. 이때 장래에 발생하는 비용과 편익을 기준연도의 불변가격으로 측정하면 인플레이션효과를 무시할 수 있다.

2. 고용효과

독립적인 공공투자는 승수효과를 통해 고용을 증대시킨다. 따라서 공공투자에 대한 정확한 비용편익분석을 위해서는 고용효과를 고려해야 한다. 그러나 실업이 존재하는 상황일 때는 공공투자에 필요한 근로자를 기존의 실업자로 충원하면 소요되는 기회비용은 0(zero)이므로 고용효과의 고려가 불필요하게 된다.

한편 노동력이 유휴 상태(실업)에 있다고 하더라도 잠재임금이 비용편익분석에 적절히 반영되었다면 고용효과는 이미 고려된 것이므로 별도의 고용효과를 편익측정에 추가시키면 실제보다 공공투자의 편익을 과대평가할 우려가 있다.

01 정부는 국민이 낸 세금으로 운영되기 때문에 정부지출은 국민의 동의를 얻어야 하며, 이와 관련하여 일정 기간 내에 이루어지는 정부의 수입과 지출을 집계한 계획서가 예산이다.

02 정부지출은 크게 비이전지출과 이전지출로 구분되며, 자원배분의 효율성, 소득분배의 공평성(형평성), 경제의 안정 및 성장에 영향을 미친다.

03 이전지출의 방식은 소득보조, 현물보조, 가격보조 등으로 나뉘며, 소득효과만 초래하는 소득보조 및 현물보조와 달리 가격보조는 소득효과와 대체효과를 발생한다.

04 정부의 정책 목표에 따라 이전지출의 선정이 달라질 수 있는데, 국민의 후생증진이 목적이라면 소득보조가 현물보조와 가격보조에 비해 우월하다.

05 반면, 국민에게 긴요한 재화 또는 서비스의 소비량 증대가 목적이라면 가격보조가 소득보조 및 현물보조와 비교할 때 효과적인 정책이 된다.

06 공공지출이 팽창하는 원인을 설명하는 이론에는 바그너 법칙(가설), 피콕－와이즈만의 전위효과론, 머스그레이브의 공공지출팽창이론, 보몰의 비용병이론, 브라운과 잭슨의 공공지출팽창이론 등이 있다.

07 바그너 가설은 국민경제에서 차지하는 공공부문의 상대적 크기가 증대하는 현상을 말하며, 피콕－와이즈만의 전위효과론은 사회적 격변 극복을 위한 소요재원이 커짐에 따라 민간부문 부담이 늘어나고, 이것이 궁극적으로 공공지출을 증가시키는 상황을 가리킨다.

08 보몰의 비용병이론에 따르면 공공부문이 민간부문에 비해 생산성이 낮기 때문에 공공서비스의 단위당 생산비용이 높고, 이 때문에 공공부문의 지출이 늘어나는 양상이 나타난다.

09 공공투자 등의 시행여부 및 여러 대안 간 우선순위 판정을 위한 대표적인 기준으로 비용편익분석이 사용된다. 이는 현재가치화된 비용과 현재가치화된 편익의 비율 값이 0보다 크면 실행을 허용하고, 그 값이 클수록 채택 순위를 높게 판정한다.

10 투자(공공투자 및 민간투자 등)에 대한 의사결정 기준으로는 현재가치화된 편익과 비용의 차인 현재가치화된 순편익을 적용하는 순현재가치법, 현재가치화된 편익과 비용의 비율을 비교하는 편익−비용 비율법, 순편익을 0으로 만드는 내부수익률과 사회적 할인율을 비교하는 내부수익률법 등이 있다.

제5장
조세총론(I)

PUBLIC FINANCE

제1절 조세의 기초

1. 조세의 개념과 기능

1) 조세의 개념

어느 국가를 막론하고 존립과 번영을 위해서는 충실한 물질기반의 구축이 무엇보다 중요하다. 국가의 수입은 조세, 공채, 수수료 등 다양한 방법으로 조달된다. 여러 유형의 공공수입원(公共收入源) 가운데 재원의 규모나 역할에서 볼 때 그 핵심은 조세라고 할 수 있다. 조세는 민간부문에서 공공부문으로 이전된 실물 또는 화폐자원(재원)을 말한다[1]. 조세의 부과·징수과정에는 공권력이 수반된다. 따라서 조세는 강제성과 무보상성(비보상성, 엄밀히는 일반적 보상원리)을 두드러진 특징으로 나타낸다. 다시 말해 조세는 국가가 수입을 조달할 목적으로 민간을 대상으로 개별적 보상없이 강제적으로 징수하는 화폐 또는 실물 형태[2]의 자원(재원)을 가리킨다.

조세인지의 여부는 명칭을 불문하고 실체(실질)에 의해 파악해야 한다. 조세라는 명칭에도 불구하고 조세가 아닌 경우와 명칭은 조세가 아님에도 실질적으로 조세인 경우가 있다. 조세라는 명칭을 사용하고 있지만 강제성과 무보상성을 수반하지 않으면, 이는 진정한 의미의 조세가 아니다[3].

(1) 명칭은 가격이지만 실질상 조세인 경우

강제적립의 고용보험, 과거의 전매이익금, 애국공채 등은 명칭과 달리 강제성과 무보상성을 수반하므로 그 작용이 조세와 같다. 이런 공공수입은 비록 조세라는 명칭을 사용하지 않지만 실질적으로 조세에 해당하기 때문에 잠세(潛稅)라고도 한다.

---

1) 공공부문의 다양한 수입원 가운데 조세를 통한 수입이 가장 높은 비중을 차지하고 있기 때문에 현대국가를 수입 측면에서 조세국가라고 부른다.

2) 화폐경제가 확립된 근대 이후 조세납부는 화폐를 매개로 한 금납이 원칙이지만, 우리나라의 법인세·상속·증여세 등 일부 세목에서는 예외적으로 물납을 인정하고 있다.

3) 조세의 순환(작동, 흐름)은 부과, 징수, 소멸, 구제, 처벌의 다섯 가지 과정과 모습을 나타낸다. 조세의 징수가 이루어지면, 그 세금은 소멸되지만 경우에 따라서는 부과 없이 소멸[제척기간(除斥期間)경과]되기도 하고, 부과된 후 징수없이 소멸[소멸시효(消滅時效)종료]되기도 한다.

(2) 명칭은 조세이지만 실질상 가격인 경우

범주적으로 수익자부담에 속하면서 명칭은 조세인 경우가 이에 해당한다. 구체적으로 지역자원시설세, 교육세, 농어촌특별세 등 각종 목적세가 그 예이다.

목적세는 정부가 제공하는 공공서비스로부터 편익을 수혜하는 자들에게 그 편익에 비례해서 부담을 요구하고, 조달된 재원을 공공서비스 공급에 사용하는 방식으로 운영된다. 따라서 각종 목적세는 명칭이 조세임에도 불구하고 강제성을 수반하지 않으며, 편익을 얻는 자에게 부담을 지우므로 무보상적이지도 않기 때문에 그 실질상 조세가 아니다. 이와 같이 각종 목적세는 강제성과 무보상성을 수반하지 않으므로 명칭만 조세일 뿐이며, 진정한 의미의 조세가 아니라는 것이다.

2) 조세의 기능

조세는 국가(정부)가 수입을 조달할 목적으로 개별적 보상없이 민간에서 강제적으로 징수하는 화폐 또는 실물(재화)이라고 정의할 수 있는데, 이러한 조세의 기능은 크게 국고적 기능(재원조달기능)과 비국고적 기능으로 대별될 수 있다.

(1) 국고적 기능

사회구성원이 표출하는 사회적 욕구를 충족시키기 위한 목적으로 이루어지는 공공재의 공급 및 기타 국가의 활동은 재원이 뒷받침되어야 원활하게 시행될 수 있다. 각국은 다양한 방법을 이용하여 공공재원을 조달하고 있지만, 그 핵심을 이루는 것은 조세수입이다. 이와 같이 조세는 공공부문 활동에 필요한 재원조달기능을 중추적으로 수행한다. 이것을 조세의 국고적 기능(재원조달기능)이라고 하며, 고전학파 이래로 가장 중심적인 조세의 기능으로 간주되고 있다. 바그너(A. Wagner)는 조세가 담당하는 재원조달기능을 조세의 제일(第一)기능이라고 하였다.

(2) 비국고적 기능

조세는 재원조달기능 이외에도 각종 정책적 기능을 수행한다. 조세가 수행하는 재원조달 이외의 다양한 정책기능이 조세의 비국고적 기능이다. 조세가 수행하는 비국고적 기능은 구체적으로 자원배분기능과 소득재분배기능(사회정책적 기능) 및 경제안정화기능으로 구분할 수 있다.

① 자원배분기능

조세는 공공부문과 민간부문 간 자원배분에 영향을 초래할 뿐만 아니라, 시장실패에 기인하는 자원배분의 비효율을 제거하는 기능을 한다. 오염물질의 배출을 수반하는 제품을 생산하는 기업(산업)은 과잉생산을 초래하게 되는데, 이는 이 부문에 자원을 과잉 투입하여 자원배분의 왜곡을 발생시킨다. 이때 이런 환경오염 유발기업에 대해 환경세(공해세)를 부과하면 생산량을 적정 수준으로 낮추어 자원배분의 왜곡을 교정하는 역할을 하게 된다.

② 소득재분배기능(사회정책적 기능)

조세는 빈부격차, 소득·재산·부의 불공평을 시정하는 수단으로 폭넓게 이용되고 있다. 이와 같은 소득재분배기능을 조세의 사회정책적 기능(바그너, A. Wagner)이라고 하며, 이런 기능을 수행하는 예로 누진구조를 채택하고 있는 소득 및 재산관련 세제를 들 수 있다.

③ 경제안정화기능(경제정책적 기능)

조세는 경제적 불안정(인플레이션, 실업 등)을 해소하는 수단으로 활용되며, 경제성장을 촉진하는 투자유인 수단의 역할을 한다[4]. 이러한 역할을 조세의 경제정책적 기능이라고 부른다. 조세를 통한 각종 투자유인 조치, 소득세의 경기자동안정화기능 등은 조세가 수행하는 경제정책적 기능의 구체적인 사례에 해당한다.

케인스 학파(Keynesian)인 러너(A.P. Lerner)는 조세가 담당하는 경제정책적 기능을 조세의 제일(第一)기능이라고 하였다.

2. 조세의 근거학설

정부의 민간부문에 대한 조세부과가 어떠한 이유에서 정당화될 수 있는지를 밝히는 이론 분야를 조세의 근거학설이라고 한다. 조세의 근거학설은 시대상황·사회경제 환경 등에 따라 상이하게 형성되었지만, 대체로 그 시대의 철학적 배경이 가장 큰 결정요인이었다. 조세의 근거학설은 크게 이익설과 능력설로 구분될 수 있다.

1) 이익설

국가활동(예 공공서비스 공급)이 국민에게 이익(편익)을 제공하기 때문에 국가는 공공서비스 급부(제공)에 대한 대가로 조세를 징수한다는 조세부과의 근거학설을 이익설이라고 한다. 다시 말해 이익설은 공공서비스가 민간부문에 편익을 제공하기 때문에 정부는 그에 대한 대가로 국민에게 조세의 부담을 요구할 수 있다는 견해(주장)라고 하겠다.

이익설은 자연법 사상과 루소(J.J. Rousseau)의 사회계약설을 이론적 기초로 하고 있으며, 시민국가적·개인주의적 국가관에 바탕을 두고 있다. 따라서 이익설은 자유와 권리를 강조하던 시대(초기 고전학파 시대)의 산물이었다.

---

4) 조세가 담당하는 투자유인의 역할은 범주적으로 경제정책적 기능에 속하지만 그 중요성 때문에 별도로 조세의 투자유인기능으로 분류하기도 한다.

(1) 장점

정부가 민간부문에 제공한 편익의 대가를 조세로 요구한다는 측면에서 볼 때, 이익설은 납세자의 설득(납세협력의 유도), 이론적 정당성 확보 등에 유리하다고 할 수 있다. 이와 같은 이익설의 그 밖의 장점은 다음과 같다.

첫째, 이익설은 시장경제원리를 원용한 조세부과 논리에 해당하며, 각각의 납세자는 공공서비스로부터 수혜한 혜택만큼만 조세부담을 하기 때문에 개별 국민의 공공서비스에 대한 선호(수요)를 정확히 파악할 수 있다는 장점을 갖는다. 개별 국민의 정확한 선호에 근거하여 공공서비스를 공급하고, 그들이 공공서비스로부터 얻는 편익만큼 과세하여 공급비용을 조달한다면, 시장경제에서 이루어지는 재화(서비스 포함)에 대한 수급원리를 공공부문에 적용한 것과 마찬가지이므로 공공서비스의 적정 공급(효율적 공급)을 실현할 수 있게 된다.

둘째, 이익설은 원칙적으로 비례과세를 적용하며, 이를 통해 자원배분 측면에서 효율을 달성할 수 있다. 이익설의 과세방식인 비례과세는 과세대상을 차별하지 않고 동등하게 취급하므로 선택의 왜곡을 초래하지 않는다. 따라서 자원배분을 교란하지 않기 때문에 이익설은 효율을 실현할 수 있는 장점을 갖는다.

(2) 단점

이익설은 효율의 달성에 적합하고 논리적 타당성이 높다는 장점이 있다. 반면 조세의 본질에 해당하는 공권력에 기초한 강제성과 무보상성을 반영할 수 없는 한계를 갖는다. 이익설의 단점으로는 다음과 같은 점을 지적할 수 있다.

첫째, 이익설을 따르면 국가(정부)가 제공하는 공공서비스로부터 편익을 수혜한 자들에게만 납세를 요구할 수 있으므로 조세가 갖는 기본적 특성인 강제성을 반영할 수 없다. 이는 현실의 조세가 공공서비스로부터의 편익 수혜 여부와 관계없이 과세되는 상황을 설명하지 못한다는 것이다.

둘째, 이익설을 적용할 경우 공공서비스 공급에 소요되는 비용은 그것으로부터 편익을 얻은 수혜자들의 편익만큼 부담시켜 조달해야 한다. 그러나 공공서비스가 외부성을 수반하면 외부성에 해당하는 편익은 그 수혜자를 파악할 수 없으므로 조세를 부담시킬 수 없게 된다. 따라서 이 이설을 따를 때는 외부성을 초래하는 공공서비스 공급에 필요한 비용을 완전하게 조달할 수 없는 한계가 발생한다.

셋째, 이익설을 근거로 할 때는 경제안정정책 수행을 위해 필요한 재원조달이 곤란하며, 현실적으로 이루어지고 있는 복지적 지출의 행태를 제대로 설명하기 어렵다. 경제안정정책을 실시하여 불황을 극복하거나 실업을 구제하려 할 때, 이익설을 적용하여 그에 필요한 재원을 마련한다면 정책에 의해 편익을 수혜하는 실업자에 집중하여 비용부담을 시켜야 하는 모순이 발생하게 된다. 한편 국가가 시행하는 복지적 지출은 상대적으로 저소득층에게 더 많은 혜택이 돌아가도록 되어 있다. 이때 복지적 지출에 소요되는 재원을 이익설을 적용하여 조달한다면 저소득층에게 더 많은 조세부담을 지워야 하는 문제점을 초래하게 된다.

넷째, 이익설에 따르면 현실적으로 존재하는 이중과세 현상을 설명할 수 없다. 현재 법인단계에서 발생하는 법인소득에는 법인세가 과세되며, 법인세를 납부하고 남는 몫은 법인의 정관규정에 따라 일부는 사내유보소득이라는 이름으로 법인부문에서 활용되고, 나머지는 주주의 배당소득이 되어 소득세(배당소득세)가 부과된다. 따라서 배당소득은 법인단계에서 법인세를 부담해야 하고, 추가하여 주주단계에서 또 다시 배당소득세를 부담해야 하므로 이중과세의 대상이 되는 셈이다. 이익설에 따르면 어떤 과세대상이든 정당하게 1회에 한해서 조세부담을 하도록 되어 있다. 따라서 현실적으로 이루어지고 있는 배당소득에 대한 이중과세가 왜 가능한지 그 논리적 근거를 확보할 수 없게 된다.

(3) 유형

이익설에는 여러 유형이 있지만, 조세를 국가가 국민의 생명 및 재산을 보호하는 국가활동에 대한 가격(대가) 또는 보상으로 인식하는 점에서는 공통적이다.

① 교환설(구이익설, 보상설)

교환설(구이익설)은 고전학파 시대에 주류를 이루었던 조세부과의 근거학설이다. 조세를 정부가 제공하는 공공서비스로부터 혜택을 얻은 민간부문이 그에 대한 대가로 지불하는 부담으로 파악하기 때문에 납세자(민간부문)와 국가의 관계를 보상(quid pro quo) 또는 교환이라는 관점에서 설명한다. 이를 보상설이라고도 하며, 그로티우스(H. Grotius), 홉스(T. Hobbes), 로크(J. Locke), 흄(D. Hume), 벤담(J. Bentham), 스미스(A. Smith) 등이 대표적인 주장자들이다.

② 보험료설

보험료설에서는 조세를 인명의 안전과 자신의 재산 보호를 위해 국민이 국가에 지불하는 보험료로 간주한다. 이는 사회계약설에 기초를 두고 있으며, 국가는 보험회사이고 국민은 피보험자에 해당하는 관계이다. 보험료설에 따르면 국가는 공통목표를 지향하는 목적사회로 인식되며, 그에 따라 국가는 사회안정망(social safety)의 구축을 위한 치안, 국방서비스를 제공하고 국민은 소요 재원을 부담하게 된다. 몽테스키외(C. S. Montesquieu), 루소(J.J. Rousseau)[5] 등이 대표적인 주장자들이다.

③ 가격설(신이익설, 자발적 교환설, 근대적 이익설)

가격설에서는 조세를 납세자의 개인적 평가에 따라 공공서비스로부터 얻는 혜택에 대한 대가로 납부하는 가격 또는 자발적 지불로 본다. 따라서 가격설을 따를 때, 조세부담은 주관적 평가에 의해 결정되며 자원배분의 효율을 달성할 수 있게 된다.

5) 이익설(구이익설)은 프랑스의 루소(J.J. Rousseau, 1712~1778)에 의해 완성된 것으로 알려져 있다.

가격설에 따르면 조세는 시장경제에서의 재화가격과 유사한 역할을 하며, 조세납부는 자발적 지불행위이므로 납세의무의 절대성(강제성)이 상실된다. 가격설은 판타레오니(M. Pantaleoni), 마졸라(U. Mazzola), 마르코(Antonio de Viti de Marco)[6], 삭스(E. Sax), 빅셀(K. Wicksell), 린달(E. Lindahl)[7], 사뮤엘슨(P.A. Samuelson), 보웬(H.R. Bowen), 뷰캐넌(J.M. Buchanan) 등에 의해 주장되었다.

(4) 의의

이익설은 고전학파 시대에 와서 본격적으로 논리적 체계를 구축하게 되었다. 최근에는 사회·경제 환경이 변화됨에 따라 이에 대한 관심이 커지고 있다. 고전학파 시대에는 시장경제의 자율화를 위해 이익설이 요구되었지만, 최근에는 재정위기 및 공평의 차원(이익설적 공평)에서 조세부과의 근거학설로서 이익설이 강조된다. 이익설에 근거한 조세부과의 예로는 각종의 수익자부담금 및 목적세를 들 수 있다. 이익설을 근거로 하는 정부에 의한 민간부문 부담요구는 그 명칭이 조세일지라도 강제성과 무보상성을 띠지 않으므로 진정한 의미의 조세가 아니다.

현재 이익설을 근거로 하는 정부에 의한 민간부문 부담요구는 능력설을 근거로 하는 조세를 보완하고 있으며, 점차로 그 역할과 적용 범위가 확대되고 있는 추세이다.

2) 능력설

능력설에서는 조세납부를 국가구성원인 국민이 유기체(有機體)인 국가가 유지·발전할 수 있도록 부담해야 하는 의무로 파악한다. 능력설은 아리스토텔레스(Aristotle)의 보편주의적 국가관[8]과 헤겔(G.W.F. Hegel)의 유기체적 국가관[9]에 철학적 배경을 두고 있으며, 다분히 권위주의적이고 역사주의적 입장에서 국가를 인식하고 있다.

국가가 유지되고 발전하기 위해서는 국가의 구성원으로서 국민들이 자신들의 능력범위 내에서 일정한 역할 또는 기여를 해주어야 한다. 왜냐하면 개인은 국가라는 유기체 테두리 내에서만 존재 의의와 가치를 가질 수 있기 때문이다. 따라서 국가(정부)는 개별 국민이 공공재로부터 얼마만큼의 편익을 얻고 있느냐와 무관하게 개별 국민의 경제적 지위(능력)에 따라 차등적으로 조세를 부과하는 것이 허용된다(조세부과의 강제성).

---

6) 마르코는 조세를 공공서비스가 제공(급부)되었을 때 그것으로부터 편익을 수혜하는 개인이 얻는 편익만큼 지불하도록 요구받는 가격이라고 하였다.

7) 린달은 조세를 국가활동에 대해 납세자 개인이 인정하는 한계효용(주관적 가치)을 근거하여 산출하는 가격이라고 하였다.

8) 국가의 목적은 일상생활 속에서 선(善)을 실현하는 데 있다. 따라서 국가목적이 달성될 수 있도록 모든 시민(국민)은 능력에 따라 국가에 기여해야 한다.

9) 국가는 인간생활의 역사적 발전에 따라 형성되는 자연적·필연적 산물이며, 인간생활의 최고양식이다.

능력설에 따르면 정부가 국민들에게 어떤 편익을 제공하느냐와 관계없이 강제성을 수반하는 조세부과가 가능하게 되며, 이에 따라 조세를 통한 재원조달이 용이해진다. 또한 배당소득에 대하여 법인단계와 주주단계에서 각각 별도로 과세하는 현상이 능력설에서는 이중과세가 아닌 정상과세가 된다. 법인은 독립적인 유기체이므로 경영성과인 법인소득에 대해 법인세가 부과되는 것은 당연한 조치이며, 주주는 배당소득을 가득하면 능력이 증대되기 때문에 또 다른 독립적 유기체인 주주의 배당소득세 부담은 마땅한 것으로 간주한다. 다시 말해 능력설을 따르면 법인과 주주는 별개의 독립적 유기체이며, 그들이 자신의 능력을 나타내는 법인소득과 배당소득에 대해 납세를 해야 함은 당연한 것이고, 이는 이중과세가 아니라는 것이다. 더 나아가 능력설은 납세자의 능력에 따라 세부담을 지우는 누진과세를 채택하고 있기 때문에 이를 통해 공평을 제고할 수 있다.

능력설은 조세부과의 중심 학설로서 오늘날 시행되고 있는 세목의 대부분은 능력설을 근거로 하는 조세에 해당한다고 해도 과언이 아니다. 환언하면 진정한 의미의 조세는 능력설을 근거로 하는 조세라고 할 수 있다.

능력설은 19세기 말 셀리그만(E.R.A. Seligman)에 의해 체계적으로 논의되기 시작하였다. 능력설의 대표적인 주장자로는 밀(J.S. Mill), 에즈워드(F. Edgeworth), 피구(A.C. Pigou), 마샬(A. Marshall), 바그너(A. Wagner)[10], 리스트(F. List), 디첼(C. Dietzel), 스타인(L.von Stein) 등이 있다.

(1) 주관적 능력설(희생설)

일반적으로 소득 수준이 높은 사람은 그렇지 않은 사람보다 소득으로부터 더 큰 효용을 얻게 된다. 따라서 각 개인의 경제적 지위(능력)는 그들이 경제활동을 통해 획득한 소득의 크기(좀 더 구체적으로는 각자가 소득으로부터 얻는 효용 수준)에 의해서 결정된다고 할 수 있다. 이와 같이 납세자의 경제적 지위를 주관적인 효용수준을 기준으로 파악하여 소득이 높은 사람에게 중과하고 그렇지 않은 사람에게 경과하는 과세논리를 주관적 능력설이라고 한다.

주관적 능력설에 따르면 납세자의 주관적 지불능력은 소득 수준에 의해 결정되며, 그것의 크기에 따라 조세부담을 배분할 때, 조세부담의 공평을 달성하게 된다.

한편 납세자의 조세납부 행위는 소득감소를 초래하고, 그들의 효용수준을 하락시킨다. 조세부담에 의해 빚어지는 효용감소는 납세자 입장에서 보면 희생을 의미하므로 주관적 능력설을 희생설이라고도 부른다.

조세납부에 따라 소득은 감소하고, 이는 각 납세자가 주관적으로 느끼는 효용의 감소를 초래한다. 납세자들의 경제적 지위(소득 수준)가 상이하면 각각 차등적인 세부담을 하게 된다. 한편 과세 전에 납세자들의 소득수준이 서로 다르고 각자의 소득에서 얻는 효용 수준이 상이한 상황일 때 과세에 따라 납세자들이 부담하는 세액은 차등적이라도 그들이 납세에 따른 주관적 효용

10) 능력설은 독일의 바그너(A. Wagner, 1835~1917)에 의해 완성된 것으로 알려져 있다.

의 감소가 동일하다면 경제적 지위가 높은 자와 낮은 자 간에 공평한 조세부담이 이루어졌다고 볼 수 있다. 이와 같이 납세자들의 경제적 지위와 관계없이 조세부담에 따른 희생(효용감소)이 균등할 때 공평(희생설적 공평, 형평)이 실현된다. 이때 세율구조는 누진과세를 형성할 수 있으며, 누진구조는 공평측면만 고려하고 효율측면은 제외하는 한계를 나타낸다.

희생설은 그 철학적 배경을 공리주의 사상에 두고 있으며, 경제학적 측면에서는 기수적 효용이론(한계효용이론)을 토대로 하고 있다.

주관적 능력설의 대표적인 주장자로는 밀(J.S. Mill), 에즈워드(F. Edgeworth), 피구(A.C. Pigou) 등을 들 수 있다.

(2) 객관적 능력설(의무설)

객관적 능력설을 따를 때, 납세자의 경제적 지위는 그들이 경제활동을 통해 획득하는 자유소득에 의해 결정된다. 자유소득은 총수입에서 최저생계비를 제외한 크기(자유소득 = 총수입 − 최저생계비)이며, 최저생계비는 정치적·사회적 요인을 고려해야 한다. 객관적 능력설을 따르면 각 개인의 객관적 지불능력의 크기(자유소득)에 따라 조세부담을 배분할 때, 공평한 과세를 이룰 수 있게 된다. 이와 같은 조세부과 논리를 객관적 능력설이라고 부르는 이유는 납세자의 경제적 지위를 나타내는 지표인 자유소득이 객관적으로 결정되는 최저생계비에 기초하여 도출되기 때문이다. 객관적 능력설에서는 납세자의 조세부담을 그들의 의무로 본다(헤겔, G.W.F. Hegel). 따라서 객관적 능력설은 의무설이라고도 하며, 합리성·논리성보다는 정치적 요인을 더욱 중시하는 조세부과의 근거라고 할 수 있다.

객관적 능력설을 근거로 조세부과를 할 경우 자유소득이 높은 사람에게 중과하고 그렇지 않은 사람에 대하여 경과하므로 누진과세가 가능하게 된다. 오늘날 누진과세의 정당성은 객관적 능력설에 토대를 두고 있다[11].

객관적 능력설은 소득원천별 차등과세와 정치·사회·경제적 요인을 고려한 누진세율의 결정 등을 강조하는 특성을 갖는다. 객관적 능력설의 주장자로는 셀리그만(E.R.A. Seligman), 샨츠(G. von Schanz) 등이 있으며, 셀리그만은 부(소득)의 원천에 따라 납세자의 지불능력(부담능력)을 상이하게 평가해야 한다고 제안하였다. 이는 상속·증여소득과 근로소득을 구별하여 근로소득보다는 상속·증여소득에 상대적으로 중과해야 한다는 것이다.

3. 조세부담의 배분원칙

조세부담의 배분원칙은 정부(국가)가 민간부문으로부터 1조원을 징수하기로 했다면, 사회구성

11) 주관적 능력설과 객관적 능력설 모두 소득의 크기에 의해 납세자의 경제적 지위(능력)를 파악한다. 따라서 두 학설을 엄격하게 구별하지 않고 동일한 주장(견해)으로 간주하는 경향이 있다.

원들이 1조원의 조세부담을 어떻게 나누어 분담하는 것이 합리적인지와 관련된 원칙을 말한다. 납세자들 간에 조세부담 배분이 적절하게 이루어졌을 때, 공평(equity, 형평)한 조세부담 배분이 달성된다.

1) 공평한 조세부담 배분의 의의

국민이 납부하는 세금은 복지사회 구현 등을 뒷받침하는 한편 균형적 발전을 위한 토대 구실을 한다. 일반적으로 선진국일수록 조세부담률이 높으며 조세규모도 크다.

조세수입을 재원으로 하는 정부지출이 어느 계층에 편익을 집중시키느냐에 따라 사회의 복지 수준은 달라질 수 있다. 정부지출의 영향을 고려대상에서 제외하면, 동일한 조세부담률이나 동일한 조세규모일지라도 그 조세부담의 배분방법에 따라 사회의 복지 수준은 상이하게 나타난다. 따라서 공평한 조세부담 배분은 사회의 복지 수준 결정에 중요한 역할을 하게 된다. 이런 연유로 재정학에서는 스미스(A. Smith) 이전부터 조세부담 배분의 공평성에 관한 논의를 주요한 주제로 취급하여 왔다.

조세부담 배분의 원칙은 크게 응익설(응익원칙)과 응능설(응능원칙)로 나뉜다. 따라서 각각의 원칙을 충족하는 조세부담 배분이 이루어지면, 응익설적 공평과 응능설적 공평을 달성하게 된다.

2) 응익설

각각의 납세자가 공공재로부터 얻는 편익의 크기에 따라 조세를 분담(응익원칙)할 때, 조세부담 배분의 공평이 달성된다는 주장을 말한다. 이는 시장경제의 교환 메커니즘을 공공부문에 확대 적용한 조세부담의 배분원칙이다. 따라서 응익설을 따르면 납세자들이 공공재로부터 얻은 편익만큼 조세부담을 할 때, 공평한 조세부담 배분을 실현하게 된다. 또한 응익설에 따르면 정부가 제공한 공공재로부터 혜택을 전혀 수혜하지 않은 국민은 조세부담의 의무가 없다. 응익설을 편익원칙, 이익원칙, 응익원칙 등으로 부르기도 한다.

(1) 의의

응익설은 납세자에게 그가 얻은 혜택만큼 부담을 지우므로 반발이 적다는 특성이 있다. 구체적으로 다음과 같은 의의를 갖는다.

첫째, 공공부문을 시장경제의 일환(동일한 범주)으로 간주하여 조세현상을 논리적으로 설명하고 있다.

둘째, 응익설은 공공재로부터 얻은 편익만큼 세액을 부과하므로 납세자의 선택에 왜곡을 초래하지 않기 때문에 효율을 실현한다.

셋째, 거두어들인 조세수입을 투입한 정부지출의 효과까지 고려하면, 응익설을 따르는 세목 가운데 린달(E. Lindahl) 조세가 가장 효율적이다.

넷째, 그 성격상 응익설은 국세보다 지방세의 세부담 배분원칙으로 더욱 적합하다.

다섯째, 개별 공공재(준공공재)에 대해서 응익설을 적용하는 사례가 늘고 있다. 개별 공공재에 대해 응익설을 적용하여 부담을 부과하는 것을 특정수익자부담세라고 한다.

(2) 장·단점

① 장점

조세부담의 배분원칙으로서 응익설은 편익(혜택) 수혜자에게만 세부담을 요구하기 때문에 관련된 납세자가 세부담하도록 설득하는 것이 용이하고, 협조적 분위기 속에서 납세가 이루어질 수 있다는 장점을 갖는다. 그 이외의 장점으로는 다음과 같은 점을 들 수 있다.

첫째, 공공재로부터 얻은 편익만큼만 조세를 부담지우기 때문에 공평하다(응익설적 공평). 편익만큼만 과세하므로 납세자의 불만을 야기하지 않는 방식으로 세수 확보가 가능하다.

둘째, 응익설에서는 납세자가 공공재로부터 얻는 편익만큼 납세하므로 조세와 편익의 동시적 파악이 가능하고, 균형예산을 달성할 수 있다.

셋째, 지방정부(지방자치단체)는 주민들의 복지에 직결되는 지방공공재를 제공하기 때문에 응익설(응익원칙)은 지방재정 분석에 유용하다.

넷째, 응익설은 시장원리를 따라 편익 수혜자에 한정하여 그 편익만큼의 부담을 지우므로 선택의 왜곡을 초래하지 않아 효율적인 과세를 실현할 수 있다.

② 단점

응익설은 합리적이고 논리적인 근거를 갖추고 있지만, 그 적용범위가 한정적이라는 한계를 지적받는다. 또한 다음과 같은 단점을 들 수 있다.

첫째, 현실적으로 공공부문에 자발적 교환원리를 적용하는 것은 쉽지 않다. 시장 메커니즘을 그대로 공공부문에 적용하는 방식은 무리가 따른다.

둘째, 응익설에 따르면 공공재로부터의 편익을 납세자별로 분할하여 그 크기만큼 조세를 부과해야 하는데 현실적으로 용이하지 않다.

셋째, 응익설적 공평은 현대적 공평 개념(수평적·수직적 공평 개념)에 위배된다.

넷째, 응익설은 현실에서 이루어지는 복지적 지출의 행태에 대한 설명이 곤란하다. 복지적 지출은 저소득층에게 더 많은 편익을 제공하므로 응익설에 따르면 고소득층보다 저소득층이 더 많은 조세를 부담해야 하지만 현실적으로는 그렇지 않다.

다섯째, 실업자 구제 등 경제안정정책의 시행에 필요한 재원을 응익설을 적용하여 확보하기 어렵다. 그 이유는 응익설을 적용하면 정부의 정책 시행으로 혜택을 수혜하는 실업자에게 그 부담을 요구해야 하는데, 이는 비현실적이기 때문이다. 경제안정을 위한 정부지출 재원은 현실적으로 공채 등에 의존하여 조달되고 있다.

(3) 응익설의 적용

① 일반수익자부담세

공공재가 모든 국민에게 편익을 제공(국방, 치안 등 순수공공재)하고, 개개의 국민에게 돌아가는 편익이 분할될 수 있는 상황이라면 응익설을 적용하여 공공재 공급 재원을 확보하는 것이 가능할 수 있다. 이때 재원조달은 공공재로부터 편익을 얻는 모든 국민을 대상으로 그들이 얻는 편익(수익)만큼 부담을 지우는 방식을 따를 수 있을 것이다. 이런 재원조달 방법이 일반수익자부담세라고 하겠다. 다시 말해 일반수익자부담세는 공공재 공급으로 모든 국민이 편익을 수혜하고, 그 편익을 파악할 수 있을 때 각각의 국민에게 그들이 공공재로부터 얻은 편익만큼 조세부담을 하도록 하는 방식으로 고안된다. 하지만 공공재의 특성상 이용자들이 얻는 편익의 측정(파악)이 가능하지 않으므로 이와 같은 일반수익자부담세를 현실에 적용하기는 어려우며 이론적 측면의 접근에 불과할 뿐이다.

일반수익자부담세를 적용할 때 각 납세자가 직면하는 세율구조는 그들의 공공재에 대한 수요(선호)를 따른다. 예를 들어 2025년도에 공급되는 공공재에 대해 각 국민(납세자)이 부담해야 할 일반수익자부담세의 세율구조는 다음과 같이 결정된다. 2024년보다 2025년의 국민소득이 상승한다고 보면, 이는 정상재인 공공재 수요를 늘리는 영향을 미칠 것이다. 한편 공공재 수요의 증가는 국민(납세자)이 부담해야 할 공공재 가격(조세부담액)을 상승시킴으로써 국민의 공공재 수요 확대에 제동을 걸게 된다.

이런 일련의 과정을 거쳐 최종적으로 2025년도의 공공재 공급규모가 형성된다고 할 수 있다. 그런데 국민소득의 상승이 초래하는 공공재 수요의 변화는 공공재 수요의 소득탄력성으로 파악할 수 있고, 공공재 가격 상승에 따라 나타나는 공공재 수요의 변화는 공공재 수요의 가격탄력성으로 알 수 있을 것이다. 이럴 경우 공공재 수요의 소득탄력성과 공공재 수요의 가격탄력성 크기에 의해 공공재 규모가 결정된다고 하겠다.

공공재 수요의 소득탄력성이 공공재 수요의 가격탄력성보다 큰 개별 국민(납세자) 또는 계층은 응익설을 따르면 공공재로부터의 편익(수요)만큼 조세부담을 해야 하므로 그들에게 적용되는 세율은 누진구조가 되어야 한다. 왜냐하면 공공재 수요의 소득탄력성이 공공재 수요의 가격탄력성보다 크다면 소득(국민소득) 상승분보다 더 크게 공공재의 수요를 늘렸다는 의미이기 때문이다. 이런 상황에서는 소득이 증가할 때 그에 따른 조세부담(공공재 수요)이 더욱 커지는 누진세율구조를 형성하게 된다[12].

일반수익자부담세를 부과할 경우 각 납세자(공공재 수요자)가 부담해야 할 세율구조는 공공재

12) 독자들은 이런 방식으로 공공재 수요의 소득탄력성이 공공재 수요의 가격탄력성보다 작은 경우와 양자가 같은 경우는 어떤 세율구조를 형성하게 되는가를 이해하기 바란다.

수요의 소득탄력성과 그 가격탄력성에 의해 결정되며, 구체적으로 그 적용 세율구조는 다음과 같이 요약될 수 있다.

공공재 수요의 소득탄력성 > 1 : 누진구조
공공재 수요의 소득탄력성 = 1 : 비례구조
공공재 수요의 소득탄력성 < 1 : 역진구조

공공재 수요의 가격탄력성 < 1 : 누진구조
공공재 수요의 가격탄력성 = 1 : 비례구조
공공재 수요의 가격탄력성 > 1 : 역진구조

공공재 수요의 소득탄력성 > 공공재 수요의 가격탄력성 : 누진구조
공공재 수요의 소득탄력성 = 공공재 수요의 가격탄력성 : 비례구조
공공재 수요의 소득탄력성 < 공공재 수요의 가격탄력성 : 역진구조

이상은 공공재 수요의 소득탄력성이 가격탄력성보다 크다면, 응익설을 적용하더라도 누진의 세율구조가 정당화될 수 있음을 시사한다. 다시 말해 응익설을 적용한 일반수익자부담세에 의해서도 누진세율구조는 가능할 수 있다.

일반수익자부담세는 순수공공재로부터 그 이용자(납세자)들이 얻는 편익만큼 부담을 요구하므로 공공재 수요에 따라서 조세를 부과하는 것과 마찬가지의 경우에 해당한다. 따라서 응익설적 공평을 이룰 수 있다. 반면 모든 국민에게 편익을 제공하는 순수공공재의 공급재원을 일반수익자부담세로 조달하려면 다음과 같은 문제를 극복해야 한다.

첫째, 순수공공재에 대한 개별 국민(납세자)의 편익을 구체적으로 분할하여 파악하는 것은 현실적으로 가능하지 않다.

둘째, 순수공공재에 대하여 개별 국민(납세자)이 나타내는 수요의 소득탄력성과 가격탄력성을 파악하는 것은 가능하지 않을 수 있다.

② 특정수익자부담세

특정수익자부담세는 특정 공공재(준공공재)가 한정된 범위 내의 이용자들에게만 편익을 제공할 때, 응익설을 적용하여 그 공급을 위한 재원을 조달하는 과세방식을 말한다. 특정수익자부담세를 적용하여 특정 공공재 이용자에게 부담을 요구할 경우 각 이용자(납세자)에게 부과되는 세율구조 역시 그들의 공공재 수요에 따라 결정되므로 일반수익자부담세의 세율결정 방식과 다르지 않다. 이는 특정 공공재에 대한 수요의 소득탄력성이 가격탄력성보다 큰 이용자(납세자)에게는 누진과세를 적용해야 응익설적 공평이 이루어진다는 것이다.

이와 같은 특정수익자부담세를 적용하여 공공재의 공급재원을 조달할 수 있기 위해서는 다음과 같은 조건의 충족이 요구된다.

첫째, 공공재의 각 이용자(소비자, 납세자)가 얻는 편익을 파악할 수 있어야 한다. 이 조건을 따르는 특정수익자부담세로는 수수료, 사용료, 부담금 등이 있다.

둘째, 공공재에서 얻는 편익(이익) 수혜에 대한 대가 요구 방식을 조세(목적세) 형태로 연결시킬 수 있어야 한다. 이 조건을 적용하고 있는 특정수익자부담세로는 석유류세(휘발유세, 교통·에너지·환경세), 지역자원시설세 등의 목적세가 있다.

셋째, 배제성을 적용할 수 있는 가치재(merit goods)의 공급을 모색하는 경우이어야 한다. 가치재이면서 배제성을 적용할 수 있는 공공서비스에 대해 특정수익자부담세를 부과하는 사례로는 공영주택의 임대료 등을 들 수 있다.

특정수익자부담세의 적용분야(목적세, 수수료, 사용료, 부담금 등)는 점차 확대되는 추세에 있으며, 지방정부(지방자치단체)가 지역주민을 대상으로 지방공공재 공급재원 조달을 위한 주요한 수단 역할을 한다. 특정수익자부담세는 보통세의 세수부족분을 보완할 수 있고(세수측면), 공공재의 효율적 공급을 가능케 하며(효율성 측면), 부담의 적정화(응익설적 공평)를 실현할 수 있는 장점을 갖고 있다.

3) 응능설

공공재로부터 얻는 편익과 관계없이 각 납세자의 지불능력(부담능력, 경제적 능력)에 따라 조세를 분담시킴으로써 세부담의 공평을 도모하는 조세부담 배분원칙을 가리킨다. 따라서 응능설을 따를 때는 공공재로부터 전혀 혜택을 수혜하지 못한 국민일지라도 그가 높은 경제적 능력의 소유자라면 그것에 상응하는 많은 조세부담을 해야 한다.

응능설을 따를 때, 조세부담의 공평은 동일한 경제적 지위에 있는 납세자들에게는 동일한 조세부담을 부과(수평적 공평)하고, 경제적 지위가 상이할 경우에는 높은 지위에 있는 납세자에게 더 큰 조세부담을 부과(수직적 공평)해야 실현된다. 다시 말해 수평적 공평과 수직적 공평이 동시에 충족될 때 응능설적 공평을 이룩할 수 있다.

경제적 지위(경제적 능력, 지불능력)를 파악할 수 있는 측정지표로는 소득, 소비, 자산(재산)[13] 등이 사용된다. 그 가운데 소득은 스미스(A. Smith) 이래 지불능력의 보편적 측정지표로 간주되어 왔다. 반면 칼도(N. Kaldor) 등 지출세 주장자들은 경제적 능력의 측정지표로서 소비지출이 소득보다 더 바람직하다는 입장이다. 이와 같은 의의를 갖는 응능설을 능력원칙, 부담능력의 원칙, 응능원칙이라고도 한다.

13) 국어사전에서는 재산(財産)을 재화와 자산(資産)을 통틀어 이르는 말이라고 정의하고 있다. 이를 따르면 재산이 자산보다 넓은 개념이다. 하지만 동산, 부동산 등 금전적 가치를 갖는 물건과 그에 대한 권리의무를 가리키는 재산은 회계학적 개념인 자산(資産)과 크게 다르지 않은 의미로 사용되고 있다.

(1) 경제적 지위(능력)의 측정지표

경제적 지위(능력)는 그 의미가 추상적일 뿐만 아니라 주관적이다. 펠드스타인(M. Feldstein)은 경제활동을 통해 얻는 효용 수준에 의해 경제적 지위가 결정된다고 하였다. 따라서 높은 효용 수준을 얻고 있는 경제 주체는 경제적 지위 역시 높은 것으로 간주할 수 있다는 것이다.

하지만 효용 수준 역시 추상적이며 주관적인 성격을 내포하고 있기 때문에 효용을 대신할 수 있는 대리변수의 설정이 필요하다. 대리변수로는 소득, 소비, 재산(자산), 기회집합(예산집합), 임금률 등을 들 수 있다[14]. 현실의 조세제도는 이러한 대리변수를 담세력의 지표로 삼는다. 소득세, 소비세, 재산(자산)세는 각각 소득, 소비, 재산(자산)에 대해 과세한다.

① 소득

경제적 지위(능력)의 대리변수로서 소득은 그 수준이 높은 사람이 더 높은 경제적 지위에 있는 것으로 판정한다. 그런데 상대적으로 노동보다 여가를 선호하는 사람은 그렇지 않은 사람보다 소득이 적을 것이 분명하다. 따라서 소득을 대리변수로 삼을 경우, 어떤 사람의 처지가 아니라 그 사람이 내린 결정의 결과만을 놓고 그 사람의 경제적 능력을 평가하게 될 우려가 있다[15]. 동일한 처지에 있는 두 사람 가운데 한 사람은 노동을 더 선호하여 높은 소득을 얻었고, 다른 사람은 여가를 더 선호하여 낮은 소득을 얻었다면 노동을 선호하여 높은 소득을 가득한 사람에게 더 많은 조세를 부담시킬 수밖에 없는 문제가 발생한다.

② 소비

소득을 은닉하기는 쉬워도 소비를 감추기는 어렵기 때문에 경제적 지위를 파악하는 대리변수로 소비를 사용하는 것이 합리적일 수 있다. 소비를 경제적 지위의 대리변수로 사용할 경우 소비 수준이 높은 자는 그렇지 않은 자보다 더 높은 경제적 지위에 있다고 판정한다. 그러나 소비도 소득처럼 선택의 결과만을 놓고, 납세자의 경제적 지위를 평가하게 될 우려가 있다. 왜냐하면 소비에 사용된 재원이 어떻게 조달되었는지는 불문하고, 소비의 규모(크기) 기준으로 경제적 지위를 판정하기 때문이다. 어떤 사람이 하는 소비의 출처가 설혹 자신의 수입이 아니고 차입한 것일지라도 그 수준이 높으면, 그를 높은 경제적 지위자로 판정하는 모순을 초래할 수 있다. 또한 소비의 파악과정에 해당 당사자의 사생활을 침해할 우려도 내포한다.

---

14) 소득, 소비, 자산(재산), 예산집합, 임금률 등은 경제적 지위를 대리할 수 있는 나름대로의 장점이 있다. 하지만 개인의 진정한 경제적 지위는 이와 같은 개별 대리변수를 종합한 지표를 고안하여 평가(파악)해야 정확할 것이다. 현실적으로 완벽한 종합지표를 만들 수 없기 때문에 개별 대리지표를 사용하여 차선의 차원에서 경제적 지위를 파악할 수밖에 없다.

15) 경제적 지위의 대리변수로서 소득은 대부분의 일반인들이 인정하는 경제적 능력의 척도이고, 소득원천의 조사(파악)를 통해 과세자료를 확보하기가 비교적 용이하기 때문에 효용의 대리지표로 가장 많이 이용된다. 다시 말해 소득은 보편적인 세원이며, 그런 까닭에 세계 각국은 소득세를 중심적 세목으로 활용하고 있다.

③ 재산(자산)

경제적 지위를 납세자가 보유하고 있는 재산(자산)의 크기로 파악하는 방법은 상당히 객관적일 수 있다. 하지만 각 개인이 보유하고 있는 재산을 완벽하게 파악한다는 것은 심히 어려운 일이 아닐 수 없으며, 저축의 성격을 가지고 있는 재산에 대한 과세는 자본축적을 저해하여 경제성장을 제약하는 부작용의 원인이 되기도 한다. 또한 유동성 부족에 직면해 있는 납세의무자는 조세납부를 위해 재산을 처분해야 하는 상황에 처할 수 있다.

④ 예산집합

개인의 효용 수준이 여가와 근로(근로소득)에 의해 결정된다고 할 때, 그가 선택할 수 있는 여가와 근로(근로소득)의 영역을 예산집합이라고 할 수 있다.

[그림 5-1]은 갑, 을, 병 세 개인이 선택할 수 있는 예산집합(기회집합)의 영역을 나타낸다. 횡축은 여가이고, 종축은 소득(근로소득)이라고 할 때 갑의 선택영역은 □$OABC$이며, OC는 그가 주어진 모든 시간을 여가에 사용할 경우 여가의 최대량을 가리킨다. 또한 C점에 대응하는 BC는 모든 시간을 여가에 투입한 상태에서 갑의 소득 수준을 나타내므로 이것은 비근로소득을 의미하고, AB선의 기울기는 임금률이다. 그림이 보여주는 바와 같이 병은 갑, 을 보다 더 우위의 예산집합에 직면해 있으므로 병은 갑, 을보다 더 높은 경제적 지위자로 평가할 수 있다. 반면 갑, 을은 서로의 예산집합이 교차하고 있어 누구의 경제적 지위가 더 우월한지 판정할 수 없게 된다. 따라서 예산집합은 소득을 경제적 지위의 대리변수로 삼는 경우의 문제점을 보완할 수 있지만, 비교대상이 되는 개개인의 예산집합이 서로 교차하는 경우에는 이를 이용하여 경제적 지위의 순위를 매길 수 없다는 한계가 있다.

⑤ 임금률

경제적 지위의 대리변수로서 임금률을 사용할 경우 시간당 임금률이 높은 사람이 낮은 사람보다 경제적 지위(능력)가 높다고 평가한다. 이때 임금률은 각 납세자가 갖고 있는 고유의 능력

그림 5-1 예산집합

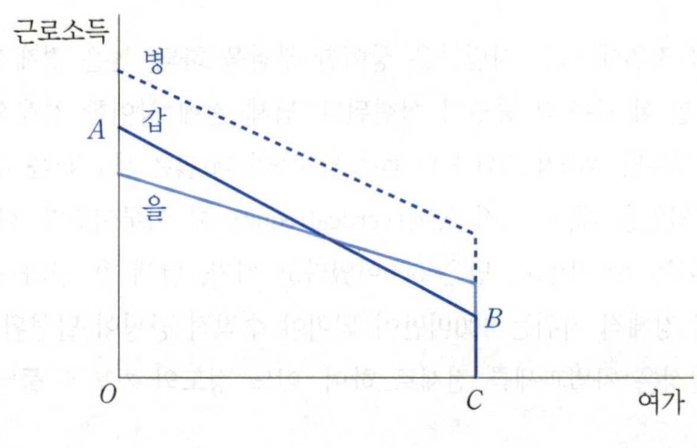

뿐만 아니라 교육이나 인적투자 등 외적인 요인에 의해서도 영향을 받는다. 능력이 낮은 사람도 교육, 훈련을 통해 기능을 연마함으로써 높은 임금(임금률)을 수령할 수 있다. 따라서 임금률이 경제적 지위(능력)를 완전히 대신하지는 못한다. 또한 임금률을 경제적 지위의 대리변수로 사용할 경우, 부동산임대수입, 은행의 이자수입 등 비근로소득을 주요한 소득원으로 삼고 있는 개인의 진정한 경제적 지위는 과소평가된다. 뿐만 아니라 개개인의 임금률을 정확하게 수치로 환산하는 것이 현실적으로 쉽지도 않다.

(2) 수평적 공평

수평적 공평(horizontal equity)은 동일한 경제적 지위에 있는 사람들에게 동일한 조세부담을 부과할 때 실현된다. 납세 전에 동일한 경제적 지위에 있던 납세자들이 납세 후에도 동일한 경제적 지위를 유지할 때 수평적 공평을 달성한다. 예컨대 납세 전에 갑과 을의 경제적 지위가 100으로 동일하였다고 하자. 이때 갑의 납세후 경제적 지위가 80이 되었다면, 을도 80이 되어야 수평적 공평이 실현된다는 것이다.

수평적 공평을 적용하기 위해서는 먼저 언제 두 사람이 동등한 경제적 지위를 갖게 되는지를 객관적으로 확인할 수 있어야 한다. 문제는 경제적 지위 또는 경제적 지불능력을 적정하게 판단하는 작업이 현실적으로 용이하지 않다는 데에 있다. 이에 대해 경제적 능력을 대리하는 합리적인 지표의 설정을 놓고 소득세 우월론자는 소득의 크기를 중시하고, 소비세 우월론자는 소비(지출)의 크기를 강조하는 입장이다.

수평적 공평은 소득 또는 소비의 규모가 동일한 사람들 간의 세부담 적정화를 모색하는 것이기 때문에 먼저 납세자별 과표(소득 또는 소비) 크기의 정확한 파악이 이루어져야 한다. 이런 까닭에 수평적 공평은 원초적으로 과표의 포괄화와 밀접한 관련이 있다. 소득세 우월론자는 두 사람의 소득 크기가 똑같은 상황에서 납세 후에 비록 소득은 하락하지만 동일한 수준을 유지할 때 수평적 공평이 실현된다고 판정한다. 반면 소비세우월론자는 소득 대신 소비를 이용하여 수평적 공평을 설명하고 있다.

(3) 수직적 공평

서로 다른 경제적 지위에 있는 사람들은 상이한 부담을 하되, 높은 경제적 지위에 있는 사람이 더 많은 부담을 할 때 수직적 공평이 실현된다. 납세 전에 상이한 경제적 지위에 있던 납세자들에게 차등적 조세부담(경제적 지위가 더 높은 납세자가 더 많은 세부담)을 부과한 후에 그들 간 경제력 격차가 완화되었을 때, 수직적 공평(vertical equity)이 이루어진다. 예컨대 납세 전에 갑과 을의 경제적 지위는 100이었고, 병은 500이었다고 하자. 납세 후 갑과 을의 경제적 지위가 80이 되었다면, 병의 경제적 지위는 400미만이 되어야 수직적 공평이 달성된다.

수직적 공평의 달성은 차별과세를 전제로 하며, 어느 정도의 차별을 둘 것인가는 사회적 합의(정치적 판단)에 의존하여 결정될 사안이라고 할 수 있다.

결국 수직적 공평은 본질적으로 소득계층 간 조세부담 배분의 적정화와 관련되어 있기 때문에 세율구조의 누진도 결정문제로 귀결된다고 하겠다[16)].

4) 조세 근거학설과 조세부담 배분원칙의 관계

대표적인 고전학파 학자인 스미스(A. Smith)는 조세의 근거학설로 이익설을 지지하였으나 조세부담의 배분원칙은 응능원칙을 수용하였다. 이와 같이 이익설이 응익원칙과 연결되지 않고 응능원칙과 연결된 것은 무수히 많은 납세자들이 공공재로부터 수혜하는 편익을 분할(파악)하기가 어렵다는 현실적 한계 때문이다.

조세부과 근거학설로서 이익설과 응익적 조세부담 배분원칙이 연결된 것은 20세기 초 이탈리아에서 비롯되었다고 한다. 그 이후 최근에 이르러서는 목적세, 사용료, 수수료 등 수익자부담의 확대에 따라 이익설과 응익원칙이 더욱 밀접히 연결되면서 공공부문의 효율성 증진에 기여하고 있으며, 그 적용범위도 증가하는 추세에 있다.

한편 조세부과 근거학설로서 능력설은 응능적 조세부담 배분원칙과 연결되며, 이를 통해 납세자들 간 경제적 격차를 완화시킴으로써 공평성을 제고하는 역할을 한다.

4. 조세의 원칙

조세제도(세제)가 이상적인 형태 또는 체제를 갖추기 위해서는 다음과 같은 요건의 충족이 요구된다[17)]. 이를 조세의 원칙이라고 하며, 이것은 바람직한 세제가 갖추어야 할 기본적인 조건인 동시에 현실 세제의 적정성 여부를 평가하는 규범(준칙)에 해당한다.

1) 효율성의 원칙

정부의 민간부문에 대한 과세는 민간의 자원을 공공부문으로 이전시키는 역할을 하기 때문에 민간부문과 공공부문 간 자원배분에 영향을 미친다. 더 나아가 과세는 각종 선택(소비, 투자, 재화선택, 자산선택 등)을 변경시키는 영향을 초래한다. 이에 따라 민간부문은 선택의 왜곡을 겪게 됨

16) 수직적 공평이 어떻게 고려되든 수평적 공평의 충족 없이는 진정한 의미의 공평한 조세부담 배분이 달성될 수 없다. 그러므로 조세부담 배분의 공평을 위해서는 수평적 공평이 먼저 실현되어야 한다.

17) 조세체계는 조세의 성질과 작용을 고려하고 조세원칙에 따라 편성된 통일적이고 정연한 조세의 조직형태를 말한다. 이는 역사적 산물로서 국민의 합의를 바탕으로 하며 경제관계, 관습, 제도 등에 의해 규정된다. 따라서 조세체계는 다수의 조세가 혼합된 조세군(租稅群)을 형성한다.

으로써 조세액 이외의 추가적인 부담을 감수해야 하는데, 이것을 초과부담(excess burden)이라고 부른다.

초과부담은 과세에 따라 각종 선택의 기준(상대가격)이 변동됨으로써 그 영향 때문에 발생하며(대체효과 때문에 발생하며), 그 크기가 클수록 조세가 초래하는 비효율(왜곡)은 커지게 된다. 따라서 합리적인 세제는 민간의 선택에 대한 교란(왜곡)을 극소화함으로써 효율성(중립성)을 충족시킬 수 있어야 한다. 보다 자세한 내용은 본 장의 '제2절 효율적인 과세와 초과부담' 부분에서 설명하도록 하겠다.

2) 공평성의 원칙

조세부과는 납세자들의 소득수준을 떨어뜨리는 영향을 미친다. 아울러 납세자들의 세부담액이 서로 다르기 때문에 과세 전과 과세 후의 소득분배(소득분포) 상태를 변동시킨다. 이와 같이 정부가 민간부문에 부과한 조세액은 민간의 구성원들(납세자들) 간에 분담되어 과세 전과 과세 후의 소득분배 상태를 달라지게 만든다. 이때 세제는 납세후 형성되는 소득분배의 결과에 대해 납세자들로부터 지지받을 수 있는 체계를 갖추어야 한다. 다시 말해 세제는 세부담을 마친 납세자들 간에 세부담의 적정화를 달성함으로써 소득분배상 공평성을 담보할 수 있어야 한다는 것이다. 보다 자세한 내용은 본 장의 '제3절 공평한 조세부담' 부분에서 설명하도록 하겠다.

3) 세수충분성의 원칙

현대국가는 조세를 근간으로 하여 재정활동에 필요한 재원을 조달하고 있다(조세국가). 따라서 세제는 정부가 필요로 하는 재원을 충실하게 확보할 수 있어야 한다. 오늘날 국가는 사회복지기반 강화를 통한 국민 삶의 질 개선 등 활동영역이 과거보다 더욱 확장되는 추세에 있기 때문에 이를 뒷받침할 재원의 확보가 가장 중요한 국가적 과제의 하나라고 할 수 있다. 현재 많은 국가들이 직접세로는 소득세와 법인세를 근간으로 하고 있으며, 간접세로는 부가가치세를 중심으로 세수를 확보하는 유사한 양상을 나타낸다.

4) 최소징세비의 원칙

세제를 운영하는 과정에는 여러 가지 형태의 비용이 들기 마련이다. 세제운영에 필요한 비용의 최소화는 바람직한 세제가 갖추어야 할 주요한 요건이 아닐 수 없다. 세제가 초래하는 비용은 가시적 비용과 비가시적 비용으로 나눌 수 있다. 가시적 비용은 세제운영에 수반되는 비용가운데 그 크기의 측정이 가능한 것을 말하며, 비가시적 비용은 구체적인 크기의 파악이 용이하지 않은 비용을 말한다.

(1) 가시적 비용

그 구체적인 크기를 측정할 수 있는 대표적인 가시적 비용에는 징세당국이 부담하는 징세비와 납세자가 조세납부 과정에서 지게 되는 납세협력비용이 있다.

① 징세비(徵稅費)

과세과정에서 징세당국이 세금을 부과하고 징수하는데 소요되는 비용(세무공무원에 대한 급료, 각 세무서 운용비용 등)을 가리킨다. 원칙적으로 징세당국은 목표로 설정한 세수를 최소의 비용으로 확보할 수 있도록 노력해야 한다.

징세비(administrative cost)는 규모의 경제가 작용하는 반면, 세수단위당 징세비는 세법의 복잡성과 관련되어 있다. 예컨대 임금세와 인두세는 그 체계가 복잡한 소득세보다 징세비가 작게 소요된다. 따라서 징세비의 극소화를 위해서는 가급적 세제가 간편해야 한다.

② 납세협력비용

납세신고 및 조세상담을 위해 납세자가 세무사, 회계사, 변호사 등에게 지불하는 일체의 비용(세무서 방문비용, 납세를 위한 각종 관련 서류작성비용 등)을 말한다. 납세협력비용을 납세순응비용(compliance cost)이라고도 부른다. 일반적으로 납세협력비용은 징세비보다 큰 경우가 많다. 납세협력비용은 세제가 간편하고 명확하면 감소될 수 있다.

납세협력비용은 신고납세제도와 원천징수제도에서 두드러지게 발생된다. 신고납세제도가 시행될 경우 세법의 내용을 제대로 모르는 일반인은 세무전문가의 도움을 받아 세금납부를 할 수밖에 없고, 그에 따라 많은 비용을 부담해야 한다. 원천징수제도는 그 징수의무자에게 징수업무, 관련 서류의 정리·보관 등을 처리하는 과정에 상당한 부담을 초래하게 된다.

(2) 비가시적 비용

가시적이지 않지만, 세제운영 과정에 수반되는 기타의 모든 비용을 말한다. 조세의 도입은 세부담 이외 민간부문에 초과부담을 초래하게 된다. 또한 조세의 도입에 반대하는 입장에 있는 사람들에게는 원치 않는 조세의 도입에 따라 불편(불만)을 겪게 하는 등의 추가적인 효용감소(외부비용)를 가져올 수밖에 없다. 초과부담과 외부비용은 세제가 초래하는 비가시적 비용이다. 세제는 어쩔 수 없이 가시적 비용과 비가시적 비용을 발생시키기 마련이기 때문에 두 유형의 비용을 합한 세제관련 총비용을 극소화하는 형태를 갖추어야 한다.

(3) 최적조세행정규모

세제를 관할하는 행정당국(징세당국, 조세당국)은 최적조세행정규모를 징세비뿐만 아니라, 납세협력비용, 공평 또는 불공평 과세에 따른 그 밖의 비용, 초과부담 등 세제운영이 초래하는 사회적 비용 전반을 고려하여 모색한다.

세제와 관련된 비용을 크게 가시적 비용(징세행정비용)과 비가시적 비용(초과부담)으로 나누면 최적조세행정규모는 [그림 5-2]에 제시되어 있듯이 징세의 사회적 비용 크기에 의해 결정된다[18].

① 모형의 가정

세제운영을 담당하는 행정당국의 적정한 규모는 관련비용을 최소화하는 상황에서 결정되며, 구체적으로 다음과 같은 가정을 통해 도출될 수 있다.

첫째, 징세에 따른 사회적 비용은 징세행정비용과 초과부담[19]으로 구성된다. 이때 징세행정비용은 징세당국(조세당국)이 징세를 위해 행정기관을 운영하는 과정에 발생하는 비용으로서 가시적 비용에 해당한다. 초과부담은 징세업무를 담당하는 징세당국의 설치와 정비가 충분하지 않아 납세자들이 조세납부 과정에 겪게 되는 불편, 시간낭비 등과 관련한 비용으로 그 성격상 비가시적 비용이라고 할 수 있다.

둘째, 징세행정비용은 과세당국을 운용하는 과정에 소요되는 비용이기 때문에 행정규모의 확대에 따라 증가하는 경향을 나타낸다.

셋째, 초과부담은 행정력(행정규모) 증가에 따라 감소한다. 그 이유는 징세당국을 나타내는 조세행정 규모가 커질수록 납세자가 겪는 불편 등이 완화될 수 있기 때문이다. 한편 동일한 규모의 세수(세입)을 확보함에 있어 단일세목을 이용하는 것보다 세목을 확대할 때 초과부담을 작게 할 수 있다. 이는 단일세목일 경우 고율로 과세해야 하기 때문에 선택의 왜곡을 크게 초래함으

그림 5-2 최적조세행정규모

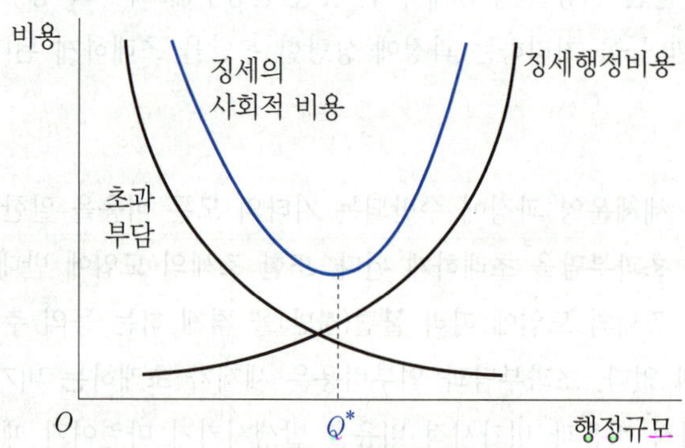

18) 우리나라의 경우 아직까지는 세제운영에 따른 사회적 비용을 최소화하려는 노력이 미흡하다는 평가를 받고 있다. 이는 그간 조세행정규모가 주로 세수실적 및 징세행정비용 측면만을 고려하여 결정되고 있는 점에서 비롯된 결과라고 하겠다.

19) 재정학이나 경제학에서 초과부담(excess burden)은 여러 가지 의미로 사용되고 있다. 가장 일반적으로는 과세에 따른 민간부문의 조세액 이외의 부담을 가리킨다. 그 이외 완전경쟁시장이 독점시장으로 전환되면 사회순후생의 감소를 초래하는데 이를 지칭하기도 하고, 징세당국의 규모가 충분하지 못해 납세자가 겪게 되는 불편, 시간낭비 등을 의미하기도 한다.

로써 심각한 비효율(왜곡)을 발생하지만 여러 세목이면 저율과세가 가능하므로 선택의 교란(비효율)을 줄이면서 필요한 만큼의 세수를 확보할 수 있기 때문이다.

② 최적조세행정규모의 도출

징세행정비용과 초과부담을 합친 징세의 사회적 비용이 최소화되는 상황에서 최적조세행정규모가 결정된다. [그림 5-2]에서 Q^*가 그에 해당한다.

그러나 현실적으로 조세행정규모와 관련된 징세행정비용 및 초과부담에 대한 구체적인 크기 파악이 어렵기 때문에 최적조세행정규모의 도출은 쉽지 않다.

5) 합리성과 간편성의 원칙

세제는 납세자가 쉽게 이해하고 받아들일 수 있도록 합리성(rationality)과 간편성(simplicity, 단순성)을 반영한 체계를 구축해야 한다. 세제가 합리적이고 간편하기 위해 갖추어야 할 요건은 다음과 같다.

첫째, 어떤 것이 과세대상이 되는지를 납세자가 명확하게 알 수 있어야 한다.

둘째, 과표의 정확한 정의문제와 밀접하게 관계된 것으로 납부세액이 확실하게 결정되어야 한다. 납세자가 겪을 수 있는 혼란 방지를 위해 그가 부담해야 할 세액이 얼마인지를 정확하게 확정할 수 있어야 한다.

셋째, 세제는 전체적인 일관성 내지 체계성을 갖추어야 한다.

넷째, 조세행정상 그 운용이 용이한 체계를 형성해야 한다.

이상적인 세제가 되기 위해서는 세제 자체의 합리성과 간편성도 중요하지만, 더불어 세정의 민주화와 과학화가 요구된다. 이를 위해서는 세정당국의 합리화 노력, 계몽·홍보를 통한 세무공무원 및 납세자에 대한 교육 강화, 사회 전체의 납세도의(納稅道義) 제고 등 조세문화 전반에 걸쳐 발전이 이룩되어야 한다.

6) 신축성의 원칙

세제는 경기가 불황일 때는 경기를 진작시킬 수 있는 기능을 할 수 있어야 하고, 지나친 과열경기는 가라앉힐 수 있도록 역할을 해야 한다. 이는 세제(조세제도)가 경제상황의 변동에 신축적으로 대응할 수 있는 형태로 구축되어야 한다는 것이다.

7) 정치적 책임성의 원칙

어떤 정권이 집권기간 동안 고소득층보다 중·저소득층에게 상대적으로 과중한 조세부담을 부과하는 불공평한 세제를 운영했다면, 그에 대한 책임을 지고 차기에는 정권에서 물러나야 한다. 이를 위해서는 조세부담액(세액)이 소득계층별로 어떻게 귀착(분담)되었는지를 파악할 수 있어야 할 것이다. 이와 같이 조세제도는 각 소득계층별 조세분담의 실상을 드러냄으로써 그것에 근거하여 정권 담당자에게 정치적 책임을 묻는 것이 가능한 형태이어야 한다.

세제가 이상적인 형태로 구축되기 위해 갖추어야 할 요건은 다양하고, 학자나 국가(사회)에 따라 다른 주장(견해)을 제시하고 있다. 그러나 궁극적으로 조세의 적정성 여부를 판단하는 핵심적인 두 기준은 효율성과 공평성이라고 하겠다.

조세총론은 각각의 조세원칙(효율성, 공평성, 최소징세비 등)이 갖는 의미와 특성을 알아보는 분야라고 할 수 있으며, 조세각론은 특정 조세가 조세원칙과 관련하여 어떤 의의를 갖는지를 설명하는 분야라고 할 수 있다.

▶ 우리나라 조세체계의 특성

1. 일부 세목 중심의 체계

우리나라 세제를 보면 직접세는 소득세(법인세 포함)가 중추적인 역할을 하고 있으며, 간접세는 부가가치세를 중심으로 세수를 확보하고 있다. 그간 간접세인 부가가치세가 세수 측면뿐만 아니라 수출 등 경제활동 전반에 걸쳐 역할이 컸다.

하지만 최근에는 직접세수의 비중이 간접세수의 그것을 뛰어넘어 섰다. 근간 세목인 소득세, 법인세, 부가가치세가 세수 규모 등에서 비슷한 위상을 나타내고 있다. 아울러 우리나라의 세제는 여전히 국가정책을 뒷받침하는 경향이 강하다.

2. 국세 중심

현재 전체 세수에서 점하는 국세와 지방세 비중은 대략 8대 2로 나타나고 있어 국세 중심의 세제를 형성하고 있다[20]. 이렇듯이 우리나라의 세제는 국고집중형이기 때문에 지방자치단체(지방정부)가 지방세를 통해 건전 지방재정을 꾸려나가는 것이 쉽지 않은 여건이다. 따라서 지방세 성격을 갖는 세원의 과감한 지방이양 등의 조치가 요구된다.

3. 낮지 않은 조세부담률

우리나라는 현재 20%를 약간 상회하는 조세부담률을 나타내고 있다. 하지만, 국민연금(사회보장세) 및 각종 준조세를 조세부담에 포함할 경우 이는 훨씬 올라가게 된다. 조세부담률의 크기는 국민의 조세부담 측면과 더불어 정부가 확보한 세수를 생산적 분야에 사용하느냐, 비생산적 분야에 투입하느냐

20) 자본주의의 성숙에 따라 대개 지방세/국세의 비율이 점차 하락하는 양상이 심화되는 경향이 있다. 이를 포피츠의 법칙(Popitz's law)이라고 한다.

의 지출측면도 고려해서 판단해야 한다. 정부가 조세재원(세수)을 비생산력 분야에 더 많이 쓴다면 실질적 조세부담률은 더욱 높게 올라간다.

4. 낮은 세수의 부양성

우리나라 세제는 세수탄력성[21), 즉 부양성[22)이 낮은 편이다. 현행 세제는 저소득계층의 세부담을 줄여주기 위해 소득세의 대폭적인 감면 등 재량적 감세조치(제도)를 시행하고 있기 때문에 소득이 증가하여도 그에 상응하는 증세가 미약한 구조로 되어 있다.

5. 지방세 세수의 불안정성

2025년 현재 11개 세목으로 구성되어 있는 우리나라 지방세제는 취득세, 지방소비세, 지방소득세, 재산세 등의 세목을 통해 많은 세수를 거두고 있다. 현행 지방세제는 세수 신장성 제고를 위해 소득과세, 소비과세의 비중을 높여야 하는 과제를 안고 있으며, 여전히 유통·거래 중심의 틀을 형성하고 있기 때문에 지방세수의 안정성을 담보하지 못하고 있는 상황이다. 또한 최근 경기침체의 만성화 등의 영향으로 지방세수의 신장률이 떨어지는 양상이 나타나고 있다.

6. 조세부담의 불공평

우리나라 세제는 납세자 간 조세분담에 있어 불공평하다는 평가를 듣는다. 그 원인으로는 첫째, 지하경제의 규모가 작지 않기 때문에 상당한 정도로 탈세가 성행하고 있으며, 둘째, 상속·증여세제의 기능이 불완전하여 부(富)가 손쉽게 세습되는 경향이 있고, 셋째, 각종 세목의 운영과정에 고소득층보다 저소득층이 불리한 상황(예를 들어 근로소득은 원천징수하는 반면 사업소득은 신고납부)이 적지 않다는 점 등을 지적할 수 있다.

7. 조세감면의 방만한 운영

조세감면제도는 그 동안 경제성장과 산업구조의 고도화에 기여하여 왔다 하지만 지나치게 방만한 운영과 조세감면을 적용받는 분야와 그렇지 않은 분야의 차별을 초래함으로써 조세의 중립성(효율성)과 조세부담의 공평을 저해하는 결과가 나타난다. 예를 들어 소득세의 경우는 각종 공제와 감면 등의 영향으로 전체 납세의무자의 절반 이하만 납세하는 문제가 발생하고 있다(국민개세주의 위배).

---

21) 세수탄력성은 세수의 변화를 가져온 여러 요인들 중 재량적 요인들은 배제하고, 오로지 *GNP*의 변화율에 대한 세수입의 자연증가율만으로 세수변화를 파악하는 지표를 말한다.

22) 현실적으로 세수탄력성은 그 크기의 파악이 쉽지 않기 때문에, 부양성(buoyancy)이라는 개념으로 세수탄력성을 대체해 사용하고 있다. 세원(*GNP*)의 변화에 따른 자동적 세수증감효과뿐만 아니라 세법개정 등 재량적 세수증감 요인을 모두 포괄하여 세수의 감응도를 파악하는 지표를 부양성이라고 한다.

8. 조세행정 및 납세절차의 불합리성

우리나라 세제는 여러 세목에 대하여 지나치게 많은 공제 및 감면을 허용하고 있기 때문에 체계가 너무 복잡하며, 불합리한 측면이 적지 않다. 또한 납세절차가 행정편의 위주로 이루어져 왔으며, 그 결과 납세자의 일상생활에 불편을 줄 정도로 행정규제 사항이 많다는 지적을 받고 있다.

5. 과세의 요건

과세가 가능하기 위해서는 과세권자, 과세물건, 과세표준, 납세의무자, 세율 등 과세를 위한 기본적인 요건이 충족되어야 한다.

1) 세원

세원(稅源, source of taxation)은 부과된 세액만큼의 금액이 지급되어지는 원천을 말한다. 따라서 세원은 소득, 재산 또는 자본 등 물질적 부(富)의 형태를 띠는 것이 일반적이다. 예컨대 소득과 재산은 각각 소득세와 재산세의 세원에 해당한다.

2) 과세물건(조세객체)

과세물건(조세객체)은 과세대상이 되는 물건 또는 사실 및 행위를 가리킨다. 세법에서는 과세물건과 과세대상을 구분하고 있다. 과세물건은 납세의무로 연결시킬 수 있는 생활사실로서 소득사실, 소비사실, 재산보유사실, 행위사실 등을 말한다. 반면 과세대상은 세금 부과의 대상이 되는 과세목적물을 말한다. 주요 세목별 과세물건을 보면 소득세의 소득, 소비세의 소비행위, 상속세의 상속행위, 재산세의 재산자체, 영업세의 영업행위 등을 들 수 있다. 재산세의 과세물건은 재산보유사실이고, 과세대상은 토지·건축물·주택·선박·항공기이다. 한편 주세의 과세물건은 주류의 출고행위이고, 과세대상은 주류로 되어 있다.

3) 과세표준

과세표준(tax base)은 세법의 규정에 따라 과세물건(조세객체)에 대해 각종 공제를 허용한 후 조세부과의 대상으로 다듬어 놓은 상태를 말한다. 엄밀히 말해서 조세의 부과는 과세물건이 아니라 과세표준을 대상으로 이루어진다. 구체적으로 조세객체의 가격, 용적, 수량이 과세표준에 해당한다[23]. 이와 같이 과세표준은 그 크기를 가격(금액)으로 표시하거나 수량으로 나타낸다. 이

23) 주요 세목의 세원, 과세물건(조세객체) 및 과세표준과의 관계는 다음과 같다. 소득세의 경우는 삼자가 일치한다. 영업세의 과세물건(조세객체)은 영업행위이고, 세원과 과세표준은 영업수익이다.

러한 과세표준에 세율을 곱하면 세액이 산출된다.

4) 조세주체

조세주체는 조세를 납부하고 부담하는 개별 경제주체를 가리킨다. 납세자(tax payer)는 정확히 말하면 세법상 납세의무자를 의미하고, 담세자(tax bearer)는 경제적(실질적) 납세의무자를 지칭한다. 납세자와 담세자는 일치할 수도 있고(예 토지에 대한 지세), 불일치할 수도 있다(예 주세의 납세자는 주조업자, 담세자는 소비하는 개인). 일반적으로 조세가 전가되는 경우에는 납세자와 담세자가 불일치한다.

5) 과세단위

과세단위(unit of tax)는 과세표준의 일정한 단위량(또는 단위금액)을 말한다. 과세단위는 금액 또는 수량으로 표시되며, 세액을 계산하는 기준이 된다. 종량과세냐 종가과세냐에 따라 과세단위는 다르다. 연필 12자루에 과세하는 경우 연필 12자루 전체는 과세표준이고, 그 1자루가 과세단위이다(종량과세의 경우). 한편 2025년 ㈜진천의 법인소득과표가 5,000만원이라면, 5,000만원을 과세표준이라고 하며, 그 한 단위에 해당하는 1원은 과세단위에 해당한다(종가과세의 경우). 정리하면 종가과세의 과세단위는 원이며, 종량과세의 그것은 개(또는 m, m^2, m^3, 등)가 된다.

6) 세율

과세표준에 대한 세액의 비율을 말한다. 일반적으로 세율은 1단위의 과세단위에 대해 부과된 조세액의 비율이다. 세율은 과세표준을 가격(금액)으로 표시하느냐 수량으로 표시되느냐에 따라 종가세율과 종량세율로 구분된다. 종가세율은 과세표준이 가격(금액)인 경우로서 백분율(혹은 천분율)[24]로 나타낸다. 예컨대 갑의 2025년도 소득과표가 4,000만원인데 400만원이 과세되었다면, 이럴 경우 세율(과세표준이 금액으로 표시된 경우이므로 종가세율)은 1원당 0.1원(즉 10%)이 된다.

한편 축구공 10개에 대해 1,000원의 세액이 부과되었다면, 축구공 1개당 100원이 과세된 셈이다. 이때 축구공 1개당 100원의 과세는 과세표준이 수량으로 표시된 경우이므로 종량세율[25](종량세)에 해당한다. 따라서 1원당 비율로 표시하면 종가세율이고, 1개(또는 m, m^2 등)당 금액으로 표시하면 종량세율(종량세)이다.

---

24) 백분율은 과세표준 산정에서 경비를 제외(고려)하는 경우에 적용한다(예 소득세, 법인세 등). 천분률은 과세표준 계산에 있어 경비를 고려하지 않는 외형표준과세 방식을 따르는 세목에서 채택하고 있다(예 취득세 등).

25) 이때의 세부담은 정액의 형태로 이루어지므로 비율의 의미가 내포된 종량세율이라는 표현 대신 종량세로 부르는 것이 일반적이다.

세율은 전체 과세표준에 대한 총세액의 비율을 나타내는 평균세율과 과세표준의 변화에 대응하는 세액으로 표시되는 한계세율로 나눌 수 있다.

(1) 세율의 종류

① 평균세율

평균세율은 과세액을 과세표준으로 나눈 비율$\left(\frac{T}{X}\right)$로 표시된다. 이때 T는 과세액이며, X는 과세표준을 의미한다. 일반적으로 과표가 상승함에 따라 평균세율이 상승하면 누진세율구조이고, 평균세율이 하락하면 역진세율구조이다. 반면 과표변화와 관계없이 평균세율이 일정하면 비례세율구조에 해당한다. 평균세율은 전체 과세표준에 대한 세부담을 말하며, 한계세율은 한 단위 과세표준 변동에 따른 세부담의 변화를 나타낸다.

② 한계세율(표면세율)

한계세율은 과세액 변화분을 과세표준 변화분으로 나눈 비율$\left(\frac{dT}{dX}\right)$을 말한다. 누진세율구조를 채택하고 있는 세목의 과표구간별 세율이 한계세율이라고 하겠다. 예컨대 소득세법상 소득구간별로 적용되는 세율은 바로 이 한계세율을 의미한다.

③ 실효세율

실효세율의 종류에는 실효한계세율과 실효평균세율이 있으며, 통상 실효평균세율을 의미한다. 실효평균세율은 관련된 각종 공제를 하기 이전의 실제소득으로 과세액(납세자가 납부한 조세부담액)을 나눈 값이다. 다시 말해 납세액을 포괄적 소득과표로 나눈 비율을 말한다. 이때 실제소득(포괄적 소득과표, 부가급여 등도 포함된 소득과표)은 학자에 따라 다양하게 정의된다. 따라서 여러 방식의 실효평균세율 개념이 존재한다. 진정한 누진구조 여부는 이러한 실효세율 개념을 기준으로 파악하는 것이 합리적이다. 일반적으로 세법상 평균세율은 실효평균세율보다 크다. 이것은 세법상 소득과표 결정과정에서 가족규모의 고려, 각종 공제 등이 허용되고, 소득구간별로 상이한 표면세율(한계세율)이 적용되며 세액공제가 이루어지기 때문이다.

예를 들어 갑의 소득이 3,500만원이고 세법상 소득공제가 500만원이라 하자. 한편 우리나라 소득세 세율체계는 2025년 현재 1,400만원까지는 6%이고 1,400만원 이상 5,000만원 미만은 15%이다. 이에 따라 갑의 소득세 과표는 3,000만원이 되고, 소득세액은 $(1{,}400 \times 0.06) + (1{,}600 \times 0.15) = 324$만원이라고 하겠다. 따라서 갑의 세법상 평균세율은 $324/3{,}000 = 10.8\%$이고, 실효평균세율은 $324/3{,}500 \fallingdotseq 9.3\%$이다.

(2) 세율의 구조

과세물건(과세표준)에 대한 상대적 부담배분 방법에는 비례세율, 누진세율, 역진세율의 세 가지 세율 구조가 있다. 보호기능이 강조되는 국가(고전학파)에서는 사회정의의 기준이 비례적 평등에 있었으므로 비례세율을 기본으로 하는 세율구조를 형성하였다. 반면에 사회정책적 기능이 강조되는 국가(사회정책학파)에서는 빈부격차의 조정(소득재분배)을 위해 누진세율을 근간으로 하는 세율구조를 나타내었다.

① 비례세율

과세표준이 증가하더라도 평균세율이 일정한 세율구조를 말한다. 비례세율 구조가 되기 위해서는 과세표준(X)이 변동해도 평균세율이 일정한 수준을 그대로 유지해야 하고, 한계세율$\left(\frac{dT}{dX}\right)$과 평균세율$\left(\frac{T}{X}\right)$이 일치하는 관계이다.

② 누진세율

과세표준이 증가하면 평균세율이 증가하는 세율구조이다. 누진세율 구조에서는 과세표준(X)이 증가하면 평균세율이 상승하고, 한계세율이 평균세율보다 커야 한다.

누진세율 구조의 형태로는 선형 누진구조, 비선형 누진구조가 있다. 선형 누진구조일 경우 일정 수준 이하의 소득에 대해 면세점이 설정되는데, 이에 따라 면세점 이하의 저소득자에게는 조세부담을 지우지 않으므로 간접적 누진을 형성하게 된다. 비선형 누진구조에는 체증적 누진구조(과표증가에 따라 한계세율 증가), 체감적 누진구조(과표증가에 따라 한계세율 감소) 등이 있다. 비선형 누진구조이면서 체증적 누진구조를 나타내면 직접적 누진에 해당한다.

한편 누진의 종류는 단순누진, 초과누진, 누퇴(제한)누진으로 구분된다.

첫째, 단순누진(전액누진)은 세율이 소득구간(과세표준)마다 일정하게 체증하는 경우를 말한다. 단순누진세율은 과세표준(소득수준)에 대해 여러 누진구간을 나누어 그 금액이나 물량이 적은 구간에 대해서는 낮은 세율을 적용하고, 금액이나 물량이 커지면 그 구간에 대해 점차 높은 세율을 부과하는 방식을 따른다. 어떤 소득수준(과세표준)일 때, 그것이 속하는 구간에 설정된 세율(해당 최고 누진세율)을 그 소득전체에 적용한다.

둘째, 초과누진(단계누진)은 각 소득구간(과세표준)마다 해당되는 초과 소득분에 대해 누진율을 적용하는 경우를 가리킨다.

셋째, 누퇴누진(제한누진)은 일정한 수준의 과표까지 누진율을 적용하고, 그 이상이 되면 비례세율을 적용하는 경우를 말한다. 예를 들면 현실의 소득세, 상속세 등은 누퇴누진을 적용하는 세목이라고 하겠다.

③ 역진세율

과세표준이 증가함에 따라 평균세율이 감소하는 세율구조를 말한다. 역진세율 구조일 때는 과세표준(X)이 증가할 때 평균세율이 하락해야 하는데, 이는 한계세율(표면세율)이 평균세율보다 작아야 가능하다. 다시 말해 역진세율은 한계세율이 평균세율보다 작으면서 과세표준이 증가할 때 평균세율은 하락하는 경우이다.

7) 세액

납세의무자가 세법에 따라 정부에 납부해야 하는 화폐액을 말한다. 과세표준(X)에 세법상 세율(t)을 곱하여 세액(T)을 산출하게 된다($T = t \cdot X$). 세액의 납부는 금납이 원칙이지만 일부 세목은 예외적으로 물납을 허용하고 있다. 세액의 납부는 세목에 따라 1회로 종료되는 경우(예 양도소득세, 등록면허세 등)와 매년 납부해야 하는 경우로 나뉜다. 한편 일부 세목(재산세, 자동차세 등)은 분납방식으로 세액의 납부가 이루어진다.

6. 조세의 분류

1) 국민경제 순환과 조세

국민경제는 가계와 기업이 생산물시장과 생산요소시장을 매개로 하여 상호거래(교환)하는 방식으로 경제활동이 이루어지는 메커니즘이라고 할 수 있다. 이때 기업과 가계는 시장에서 각각 판매자 또는 구매자의 입장에 서게 된다.

국민경제의 순환과정에 부과되는 조세는 다음의 네 가지 유형으로 분류된다.

① 생산물시장에 부과되는 조세와 생산요소시장에 부과되는 조세
② 시장의 판매자에게 부과되는 조세와 구매자에게 부과되는 조세
③ 기업에 부과되는 조세와 가계에 부과되는 조세
④ 소득의 원천측면에 부과되는 조세와 처분측면에 부과되는 조세

이상의 기준을 적용하여 국민경제의 순환과정에 부과되는 각 범주별 세목을 분류하여 정리하면 아래 표와 같다[26].

---

26) 다음과 같은 상황일 때 해당 조세는 동일한 결과를 초래하게 된다. ① 완전경쟁생산물시장에서는 판매자에게 과세하든 구매자에게 과세하든, 그 조세의 경제적 효과는 동일하다. 예를 들어 100원 짜리 물건에 대한 10% 판매세와 10%의 매입세 과세가 초래하는 세수·가격·산출량에 미치는 영향은 똑같다. ② 완전경쟁생산요소시장에서 고용주에 대한 10%의 급여세와 임금소득자에 대한 10%의 임금소득세는 동일한 결과를 초래한다. ③ 저축이 없고 일정률의 세율로 과세하는 경우 생산요소 구매에 대한 일반세, 요소소득에 대한 일반세(종합소득세), 생산물 구입에 대한 일반세(지출세), 생산물 판매에 대한 일반세(일반매상세 또는 V.A.T.) 등은 모두 동일한 효과를 발생하게 된다.

구분		기업		가계	
과세대상		판매자 입장	구매자 입장	판매자 입장 (소득의 원천)	구매자 입장 (소득의 처분)
생산물 시장	전품목	부가가치세 소매매상세			지출세
	일부상품	주세 개별소비세 등			석유류세 등
생산 요소 시장	전생산요소 (노동, 자본)		소득형 V.A.T		
	일부생산요소 (노동)		기업주가 부담하는 국민연금 분담금	근로자가 부담하는 국민연금 분담금, 임금세	
	일부생산요소 (노동)		법인소득세		

2) 세목의 특성

(1) 보완세

국가의 정책적 목적 달성 또는 재원확보(조달)를 위해 하나의 세목으로는 불충분할 때, 별도의 세목을 도입하여 보완하는 경우를 말한다. 소득세 보완의 재산세(19세기 말 독일), 영업세 보완의 행상세, 보험세 보완의 화재예방세, 부가가치세 보완의 개별소비세(특별소비세) 등이 그에 해당한다.

(2) 누적세

누적세는 최초의 과세가 여러 단계를 거치면서 전가를 통해 그 세부담을 계속적으로 누적시키는 양상을 나타내는 조세를 가리킨다[27]. 그 예로는 사탕세 등이 있다.

(3) 이중과세

이중과세는 세목 간에 부조화가 있는 경우에 발생한다. 그 예로는 배당소득에 대해 법인단계에서 법인세를 부과하고, 그 남은 몫(배당소득)을 배당받은 주주 단계에서 거듭 과세(배당소득세)하는 경우를 들 수 있다.

27) 적설세(snow ball tax)는 누적세의 극단적 형태로 최초의 과세가 이루어진 후 지속적으로 눈덩이처럼 세부담을 축적시키는 조세를 말한다. 매상세, 다단계거래세 등이 그 예이다.

(4) 균등화조세

세부담의 균등화를 목적으로 하며, 합법적 탈세·위장거래 등 납세자의 납세기피로 말미암아 발생하는 세원의 탈루 또는 과세의 불공평을 막기 위해 사전적으로 도입된 공평화 세목을 말한다. 양도소득세, 증여세 등이 그에 해당하는 세목이라고 하겠다.

(5) 다중분류세

동일한 납세자에게 부과되지만, 과세기술상 독립적인 세목의 성격을 갖는 경우를 말한다. 예를 들면 동일한 개인(납세자)에 대한 소득세는 근로소득세, 사업소득세, 기타소득세, 연금소득세, 배당소득세, 퇴직소득세 등으로 분류된다. 따라서 소득세가 대표적인 다중분류세에 해당한다.

(6) 정액세(lump-sum tax, 일괄세)

이론상 정액세는 대체효과와 소득효과 모두를 초래하지 않는 조세를 일컫는다. 그러나 대체효과와 소득효과 모두를 발생하지 않는 조세는 현실적으로 존재하지 않는다. 따라서 차선의 차원에서 정액세를 설정하는 것이 일반적이다.

차선의 정액세는 납세자의 경제적 능력이나 조세부담 능력 등에 관계없이 균등하게 부과되는 조세를 말한다[28]. 이때 정액세는 선택행위에 교란을 유발하지 않으므로 중립적(효율적)이지만, 납세자의 경제적 능력과 무관하게 부과된다는 점에서 불공평을 초래하게 된다. 다시 말해 차선의 정액세는 대체효과 없이 소득효과만 발생시키는 조세이다. 차선의 정액세는 선택행위에 왜곡(교란)을 야기하지 않으므로 다른 조세가 초래하는 왜곡(교란)의 정도를 측정하는 기준(준거)의 역할을 한다.

부연하면 차선의 정액세는 선택행위의 왜곡을 초래하지 않는 효율적인 조세이며, 이는 다른 세목이 발생하는 비효율을 평가하는 척도이다. 주민세 균등분, 경마장 입장에 대한 개별소비세 등이 그 예에 해당한다.

3) 과세권 및 세목의 독립성

(1) 국세와 지방세

과세 주체가 누구인가에 따른 조세분류에 해당한다. 국세는 과세 주체가 국가인 경우이며, 그 세목의 구성을 보면 능력설을 근거로 하는 세목이 대부분이다. 지방세는 과세 주체가 지방자치단체인 경우이고, 이익설을 근거로 하는 세목이 많다.

28) 이런 까닭에 정액세를 인두세(head or poll tax)라고도 한다.

(2) 독립세와 부가세

다른 조세에 부가(附加)되어 과징되는가의 여부에 따른 조세분류에 해당한다.

독립세는 개별세목이 독립적으로 부과·징수되는 경우를 말하며, 대부분의 국세는 이런 방식을 따른다. 부가세(sur-tax)는 어떤 세목의 세액을 징수할 때 함께 부가되어 징수되는 조세를 말한다. 부가세 방식의 세목으로 법인세액의 일정률로 징수하는 농어촌특별세, 재산세액의 일정률로 징수하는 지방교육세 등이 있다.

독립세 방식을 포기하고 부가세 형태로 지방세를 운용하면 징세비 절약의 장점은 가질 수 있으나, 지방세과세자주권을 저해할 우려가 있다.

4) 납세자 처지의 고려

납세자의 개인적 사정 고려여부를 기준으로 할 경우 조세는 인세와 물세로 분류된다. 이럴 경우 인적공제가 이루어지는 조세는 인세이고, 그렇지 않은 조세는 물세이다. 일반적으로 인세는 응능과세의 성격을 띠며, 수직적 공평 제고에 우월하다. 반면 물세는 응익과세원칙에 충실한 조세로서 효율의 담보에 적합하다.

(1) 인세(주체세, personal tax)

조세를 납부해야 할 납세자의 특별한 사정을 고려하는 조세를 말한다. 소득세, 종합소비세(인적소비세), 부유세가 이에 해당하며, 본질상 가계(개인)에만 부과하는 것이 일반적이다. 급여소득에 대한 소득과세, 종합소비세, 부유세 등의 경우 납세의무자가 처한 부양가족 상황 등을 고려하여 과표를 조정하므로 인세에 해당한다.

(2) 물세(객체세, real tax)

납세해야 할 납세자의 개별적 사정을 고려하지 않는 조세를 가리킨다. 소비세, 재산세가 이에 속하며, 가계 혹은 생산자(기업) 양측에 부과가 가능하다. 사회보장세, 일반 및 개별소비세, 현행 지방세법상 재산세 등은 납세의무자가 처한 개인적 사정을 감안하지 않는 물세에 해당한다.

5) 세수의 사용용도

(1) 보통세(일반세)

보통세는 목적구속금지원칙(non-affection 원칙)[29]을 지키면서 경상적 경비지출에 필요한 재원조달을 목적으로 부과되는 조세를 일컫는다. 대개의 조세는 그 세수의 사용용도가 지정되어 있

29) 목적구속금지원칙(目的拘束禁止原則, non-affection)은 조세수입이 특정 부문에만 사용되도록 용도가 제약되어서는 안 된다는 조세원칙을 말한다.

지 않기 때문에 보통세에 해당한다.

(2) 목적세(ear-marked tax)

목적세는 특정 경비조달 목적으로 부과되는 조세이며, 목적구속금지원칙에 위배된다. 일반적으로 목적세는 공공재(정확히는 준공공재) 공급을 위한 재원조달 목적으로 사용된다. 현재 우리나라의 목적세로는 국세 세목으로 교육세, 농어촌특별세, 교통·에너지·환경세가 있고, 지방세목으로 지역자원시설세, 지방교육세가 있다.

① 장점

거둔 세수의 사용용도를 제약함으로써 특정 사업의 성과를 높이고자 하는 취지를 갖는 목적세의 장점은 다음과 같다.

첫째, 목적세는 공공재(준공공재) 공급에 필요한 가변비용을 그 공공재로부터 편익을 얻는 수혜자에게 직접 부담시키는 방법으로 조달한다. 따라서 편익만큼 부담을 지우기 때문에 선택의 왜곡을 초래하지 않으므로 효율을 담보할 수 있고, 아울러 이익설적 공평을 동시에 달성할 수 있다.

둘째, 납세자들의 공공재(특정 지출)에 대한 선호표시를 유도할 수가 있으며, 그 결과 공공재의 적정 공급을 이끌게 된다.

셋째, 세수의 용도가 명확하므로 납세자를 납득시키기가 용이하다.

② 단점

목적세는 적절히 활용될 경우 재정운용의 효율성을 증진시킬 수 있는 장점과 아울러 다음과 같은 단점을 갖는다.

첫째, 보통세 수입의 효율적 배분을 방해할 수 있다. 왜냐하면 목적세의 세수부족은 종국적으로 보통세 세수를 통해 보전하게 되고, 이는 보통세 세수의 자유로운 사용을 제약하는 결과를 초래할 수 있기 때문이다.

둘째, 목적세와 보통세는 상호융통이 불가능하므로 재정의 경직성을 초래할 수 있다. 목적세와 연계된 특정 사업이 더 이상 존치될 필요가 없음에도 불구하고, 그 목적세가 폐지되지 않으면 목적세수가 해당사업에 계속 투입되는 문제가 발생한다.

셋째, 목적세 수입액과 그것을 사용할 부문이 필요로 하는 금액이 불일치할 경우 수입·지출간의 불균형을 야기할 수 있다.

넷째, 세수가 낭비되기 쉽다. 그 이유는 목적세 수입액이 그것을 사용할 부문이 필요로 하는 금액보다 클 경우 초과분은 다른 부문으로 전용(轉用)될 수 없기 때문에 방만하게 사용됨으로써 낭비를 초래할 수 있다.

6) 직접세와 간접세

직접세인가 간접세인가의 여부는 과세의 공평성과 효율성의 판단에 유용한 기준이 된다. 일반적으로 전가되는 조세를 간접세라고 하며, 그렇지 않는 조세를 직접세라고 한다. 직접세와 간접세의 구분은 케네(F. Quesnay)에 의해 시작되었으며, 대체로 인세는 직접세이고, 물세는 간접세이지만 예외도 있다. 일본의 고정자산세, 국민연금부담금 중 피고용자부담금, 주택에 대한 재산세는 물세이지만 직접세에 해당한다.

(1) 직접세의 장·단점

① 장점

대체로 인세이며, 누진세율을 적용하기 때문에 공평성의 제고에 우월한 직접세의 장점으로 다음을 지적할 수 있다.

첫째, 일반적으로 직접세는 경제적 능력이 높은 자에게 높은 세부담을 요구하므로 공평의 관점에서 간접세보다 유리하고, 세수가 안정적이며 확실하다.

둘째, 직접세(소득세)는 간접세(개별소비세)보다 자원배분(선택)의 왜곡을 작게 초래하기 때문에 상대적으로 효율적이다.

② 단점

직접세는 소득계층 간 경제력 격차를 시정하는데 유용하고 납세의무자의 구분을 명확하게 할 수 있는 과세방식으로 평가받는다. 반면 다음과 같은 단점을 드러낼 수 있다.

첫째, 직접세는 감지적(感知的) 조세이므로 납세자의 조세저항이 크다. 따라서 재원조달 측면에서 간접세보다 유리하지 않다.

둘째, 직접세는 징세비용이 크고, 세무행정상 복잡하다.

(2) 간접세의 장·단점

① 장점

현대국가는 정부의 활동영역이 확대되고 있기 때문에 그것을 뒷받침할 재원의 확보를 위해 다양한 노력을 기울이고 있다. 간접세는 납세자가 세부담을 인식하지 못하는 비감지적 특징 때문에 세수 확보가 용이한 첨단의 조세라고 하겠다. 그 주요한 장점으로는 다음과 같은 점을 들 수 있다.

첫째, 간접세는 비감지적(非感知的) 조세이므로 조세저항이 작고, 이에 따라 재원조달 측면에서 직접세보다 우월성을 나타낸다.

둘째, 간접세는 징세비용이 작고, 세무행정상 간편하다.

셋째, 간접세인 일반소비세는 모든 소비대상물에 대해 과세하므로 자원배분의 왜곡을 초래하지 않기 때문에 효율적이다.

② 단점

간접세는 세수확보가 용이하고, 자본축적을 뒷받침하기 때문에 경제성장 기반을 강화시켜 주는 장점이 있다. 반면 소비세를 중심으로 하는 간접세는 부담의 역진성과 그에 따른 불공평을 야기한다. 그 이외 다음과 같은 단점을 갖는다.

첫째, 납세자의 개인적 사정을 반영하지 못한다.

둘째, 간접세인 개별소비세는 특정 재화 또는 서비스만을 과세대상으로 한정하기 때문에 생산유통 과정에서 교란을 발생할 수 있다.

(3) 각국의 직·간접세 체계

후진국은 소득 수준이 낮고, 납세의식이 높지 않으며, 징세기술과 기구가 미비하기 때문에 간접세 중심의 조세체계를 형성하는 경향이 강하다. 후진국이 간접세 중심의 조세체계를 구축하는 또 다른 이유로는 경제개발 촉진의 필요성을 들 수 있다. 대표적인 간접세인 소비세는 소비를 억제시킴으로써 자본축적의 심화를 통해 경제성장 및 개발을 지원하는 역할을 한다.

소득 수준이 높은 선진국들은 대체로 응능과세에 초점을 맞춘 직접세 중심의 조세체계를 근간으로 하고 있다. 반면 프랑스와 이탈리아는 선진국임에도 불구하고 간접세 중심의 세제를 운영하는 대표적인 국가이다. 이는 이들 국가의 민족성(기질) 및 역사·사회·문화적 배경이 반영된 결과라고 하겠다. 따라서 각국의 직·간접세 비중은 그 나라의 역사적·사회적·문화적·경제적 여건의 산물이라고 할 수 있다.

7) 과세물건(과세표준)의 측정단위

(1) 종가세(從價稅, ad valorem tax)

종가세는 상품의 가격에 일정률로 과세하는 정률세(ad valorem tax) 방식을 따른다. 종가세의 과세표준은 화폐단위로 그 크기를 측정한다. 따라서 종가세의 과세표준은 금액(가액)으로 표시되며, 세율은 백분비(또는 천분비)로 나타낸다. 화폐경제가 발달한 현대에는 내부분의 조세가 종가세의 형태를 구축하고 있다.

종가세는 수요·공급 측면 모두에 부과할 수 있는데, 그 영향은 [그림 5-3]과 같다. 수요 측면에 종가세를 부과하면 수요곡선을 하방으로 회전이동($D \rightarrow D'$)시키는 영향을 미치게 된다. 반면 공급 측면에 부과하면 공급곡선을 상방으로 회전이동($S \rightarrow S'$)시킨다. 종가세를 동일한 세율로 수요와 공급 측면에 과세할 때, 최초의 출발이 E점(P_X^0, X_0)으로 같다면 양자의 법률적 귀착(세법상 귀착)은 상이하지만 경제적 귀착은 E'점(P_X^1, X_1)으로 동일하다[30].

① 장점

상품의 가격 또는 금액을 과세대상으로 일정률의 세율을 적용하여 세부담을 지우는 종가세는 다음과 같은 장점을 갖는다.

첫째, 독점시장에서 종가세는 종량세보다 초과부담을 작게 초래한다.

둘째, 시장가격 수준과 관계없이 일정액이 부과되는 종량세보다는 높은(낮은) 가격에 큰(작은) 세액을 부과하는 종가세가 더 공평하다.

셋째, 경기의 자동안정장치(built-in-stabilizer)기능을 수행한다. 왜냐하면 종가세의 도입은 자동적으로 높은 가격이 형성되는 호황기에는 많은 세수를 거둠으로써 과열된 경기를 가라앉히고, 불황기에는 적은 세수를 거둠으로써 침체된 경기를 진작시키는 기능을 하기 때문이다.

넷째, 호황기에 세수확보가 용이하다.

② 단점

종가세는 폭넓게 활용되고 있으며 세수확보의 용이성, 경기조정기능 등 많은 장점을 갖지만 다음과 같은 단점도 내포하고 있다.

첫째, 과세액의 결정(세율의 결정)이 쉽지 않다.

둘째, 불황기에는 낮은 가격이 형성되므로 걷는 세수가 적어 세수확보가 곤란하다.

그림 5-3 종가세의 부과

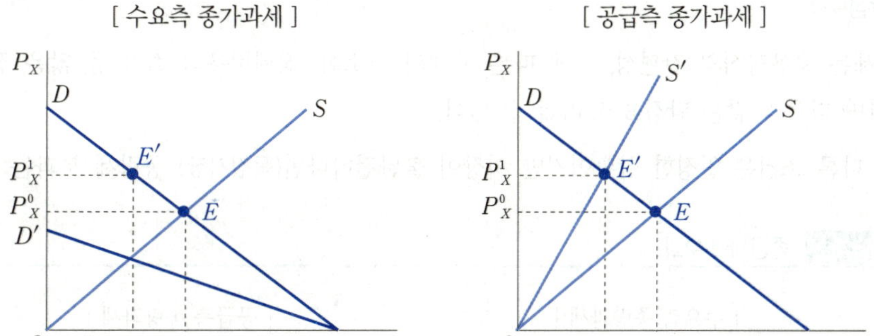

30) 법률적 귀착은 세법을 적용하여 고지한 세금고지서가 납세의무자에 의해 수령된 상황을 가리킨다. 세법(법률)의 규정에 따라 납세의무자 간에 이루어지는 조세분담을 법률적 귀착(세법상 귀착)이라고 한다. 현실적으로 조세부과는 전가를 초래하기 때문에 세법이 규정하고 있는 납세의무자 이외의 관련자에게도 조세부담을 지우게 된다. 특정 조세부과가 초래하는 최종적인 조세분담의 결과를 경제적 귀착이라고 한다. 따라서 전가가 발생하면 법률적 귀착(세법상 귀착)과 경제적 귀착은 상이하게 된다. 일반적으로 귀착은 경제적 귀착을 의미한다. [그림 5-3]에서 수요측 종가세는 수요자를 납세의무자로 한 과세이고, 공급측 종가세는 공급자를 납세의무자로 한 과세이므로 양자의 법률적 귀착은 상이하지만 그 결과가 같기 때문에 경제적 귀착은 동일하다.

(2) 종량세(從量稅, specific tax)

종량세는 상품(물량) 단위당 일정액을 부과하는 정액세로서 단위세(per unit tax)라고도 한다. 과세물건(과세표준)이 화폐단위 이외의 물량 단위(개, l, m^3 등)로 표시되는 조세이다. 종량과세의 과세표준은 수량으로 표시(파악)되고, 세율은 금액으로 표시된다. 인지세(印紙稅)와 주정(酒精)에 대한 주세 등이 그 예이다.

종량세도 종가세와 마찬가지로 [그림 5-4]와 같이 수요·공급 측면 모두에 대해 부과할 수 있으며, 수요측에 부과하면 그 영향은 수요곡선의 하방 평행이동($D \rightarrow D'$)으로 나타난다. 한편 공급측에 부과하면 기업의 단위당 가변비용을 상승시킴으로써 공급곡선의 상방 평행이동($S \rightarrow S'$)을 초래한다.

최초의 출발이 E점으로 같을 때 수요와 공급측에 똑같은 금액의 단위당 종량세를 부과하면 그 법률적 귀착은 상이하지만 경제적 귀착은 동일하게 된다.

① 장점

종량세는 과세단위에 대하여 일정액을 부담시키는 방식으로 세부담을 지우기 때문에 납세자가 그 운용방식을 쉽게 이해할 수 있는 장점을 갖는다. 그 이외의 장점으로는 다음과 같은 점을 들 수 있다.

첫째, 낮은 가격이 형성되는 불황기에도 상품 단위당 일정액이 과세되기 때문에 세수확보가 상대적으로 용이하다.

둘째, 가격 수준과 관계없이 일정액이 부과되므로 과세가 간편하다.

② 단점

종량세는 운용방식의 간편성, 그에 따른 세제의 간소화, 징세비용의 절약 등 많은 장점을 갖는다. 반면 다음과 같은 단점을 드러낼 수 있다.

첫째, 다른 조건은 일정한 상황이지만 시장이 불완전하다면(독점시장) 종량세 부과는 종가세보

그림 5-4 종량세의 부과

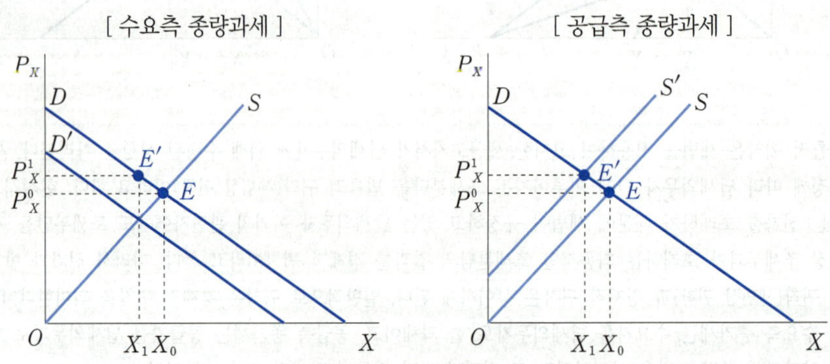

다 초과부담을 더 크게 발생시킨다.

둘째, 가격 수준과 관계없이 일정한 세액을 부과하는 방식을 따르므로 불공평을 초래한다. 그 이유는 높은 가격이 형성되든 낮은 가격이 형성되든 상품 단위당 동일한 세액을 부과하는 것은 높은 가격을 지불하고 상품구입을 할 수 있는 고소득 소비자와 낮은 가격에서만 상품구입이 가능한 저소득 소비자에게 같은 세부담을 요구하는 꼴이 되기 때문이다.

셋째, 경기상황을 가장 적절히 반영하는 대표적인 지표에 해당하는 가격(물가)과는 무관하게 과세가 이루어지기 때문에 경기조정기능이 미약하다.

(3) 종량세와 종가세의 과세방법

① 종량세의 과세방법

종량세는 상품 단위당 일정액을 과세한다. 공급측에 과세하는 경우, 구매자(수요자)가 지불하는 시장가격과 판매자(공급자)가 최종적으로 수령하는 순가격의 차이(간격)는 종량세의 단위당 세액에 해당한다. 종량과세의 사례로는 주류 매 l당, 연초 1갑당 일정액을 과세하는 경우 등을 들 수 있다.

② 종가세의 과세방법

종가세는 상품가격에 일정한 세율로 과세한다. 수요측에 과세하는 경우, 구매자가 지급하는 시장가격과 판매자가 받는 순가격 간의 차이가 단위당 세액이 된다. 예를 들어 종가세율은 세액/순가격의 분수 값이다(종가세율 = 세액/순가격).

(4) 종량세와 종가세의 전가·귀착 비교

① 완전경쟁시장

[그림 5-5]에 제시되어 있는 바와 같이 최초의 출발점을 E점이라고 할 때, 완전경쟁시장에서 종량세와 종가세의 단위당 세액을 똑같게 하는 과세를 하면 양자는 과세후 동일하게 A점에서 새로운 균형을 형성한다.

종량세와 종가세로 동액의 세수를 징수하면, 양자는 과세후 동일한 가격 상승과 산출량 감소를 초래하게 된다. 마찬가지로 종량세와 종가세 부과에 따라 형성되는 가격과 산출량이 똑같다면, 양자를 통해 징수하는 세수는 동일하다.

[그림 5-5]는 법률적 귀착점(E점)에서 볼 때 단위당 종가세액은 EM이고, 종량세액은 EN임을 나타내고 있다. 이 경우 $EM < EN$이 성립한다.

② 독점시장

독점시장일 때 [그림 5-6]에 제시되어 있는 것처럼 과세 전에는 E점에서 P_1의 가격과 Q_1의 산출량을 나타내는 최초 균형을 형성하고 있다.

이때 AB만큼의 단위당 종가세액이 부과되면, 새로운 균형은 수요곡선상 E점에서 A점으로 변동된다. 그에 따라 총세수는 □$ABCP_2$가 되고 가격은 P_1에서 P_2로 상승하며, 산출량은 Q_1에서 Q_2로 감소한다.

한편 종가세액과 동액의 단위당 종량세액(AB)을 부과하면, 새로운 균형은 F점에서 형성되어 가격은 P_1에서 P_3으로 상승하고 산출량은 Q_1에서 Q_3으로 줄어든다. 이는 독점시장일 경우 종량세 부과가 초래하는 산출량 감소와 가격 상승효과가 종가세 부과의 경우보다 크게 나타난다는 것이다.

과세후 동일한 가격 상승과 똑같은 산출량 감소를 초래했다면 종가세가 종량세보다 더 큰 세수를 거두게 된다. 이는 독점시장에서 종가세와 종량세를 부과하여 동일한 세수를 확보했다면 종량세와 비교할 때 종가세가 보다 많은 산출량과 낮은 가격을 형성하게 됨을 의미한다.

결론적으로 독점시장일 경우 종가세는 종량세보다 공평성, 효율성, 세수확보 측면에서 모두 유리하다고 할 수 있다.

그림 5-5 완전경쟁시장에서의 종량세와 종가세 비교

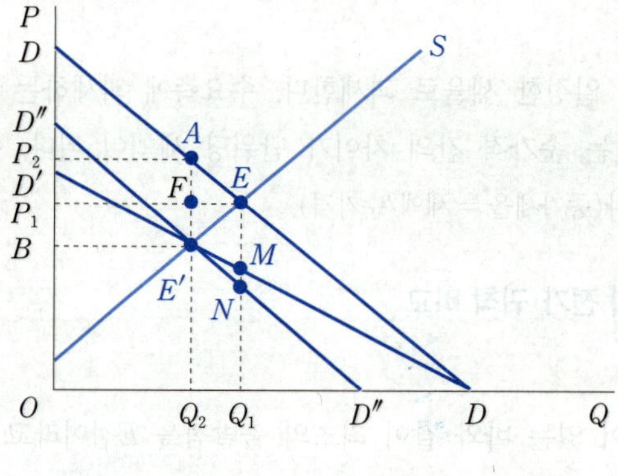

그림 5-6 독점시장에서의 종량세와 종가세 비교

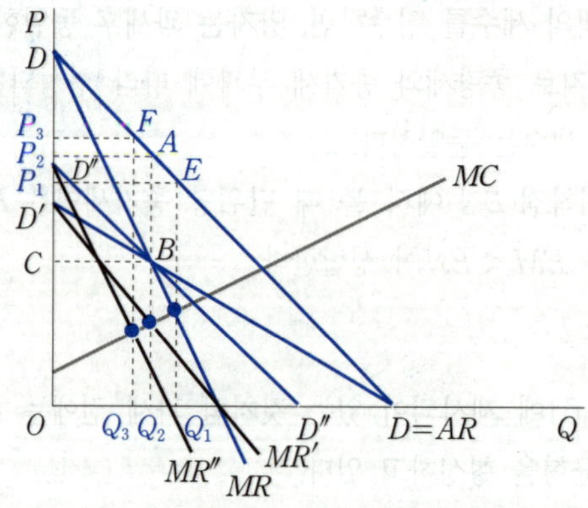

제2절
효율적인 과세와 초과부담

일반적으로 조세의 부과는 민간부문에 대해 조세액 이외 초과부담을 발생하게 된다. 그런데 특정 조세가 초과부담을 수반하지 않는다면 그 조세를 효율적인 조세라고 한다. 초과부담이 발생하지 않는 이유는 선택의 왜곡이 없기 때문이다. 따라서 선택의 왜곡을 초래하지 않는 효율적인 조세를 중립적인 조세라고도 한다.

1. 차선의 조세와 초과부담

1) 최선의 조세와 차선의 조세

민간부문의 선택행위(의사결정)에 왜곡을 초래하지 않는 조세를 효율적인(중립적인) 조세라고 부른다. 이와 같은 효율적인 조세는 민간부문의 선택행위에 전혀 교란을 초래하지 않으므로 최선의 조세라고 할 수 있다.

최선의 조세는 현실적으로 존재할 수 없다. 다만, 이론적으로 대체효과와 소득효과 모두를 초래하지 않는 정액세를 그 예로 들고 있을 뿐이다. 실제 과세에도 불구하고 대체효과와 소득효과 모두를 수반하지 않는 조세는 가능하지 않다. 따라서 현실적으로는 민간부문의 의사결정을 가장 작게 왜곡시키는 조세를 모색하게 된다. 이러한 조세를 차선의 조세라고 한다.

(1) 최선의 조세

이론적으로 최선의 조세는 대체효과와 소득효과 모두를 야기하지 않음으로써 선택행위를 왜곡시키지 않는 정액세(Lump-sum tax)를 그 예로 든다. 최선의 조세(first-best tax)는 과세 전에 파레토 효율적이었다면, 조세부과 후에도 파레토 효율을 그대로 유지시키는 중립적인(효율적인, 비왜곡적인) 조세를 말한다. 이와 같은 중립적인 조세는 이론적으로 논의될 수 있을 뿐이며, 현실적으로 존재하지 않는다.

한편 과세를 통해 민간부문의 비효율을 제거하는 역할을 하는 조세도 범주적으로 최선의 조세에 속한다고 할 수 있다. 환경세(공해세)가 그 예에 해당한다.

(2) 차선의 조세

현실적으로 모든 조세는 정도의 차이가 있을지언정, 필연적으로 민간부문의 의사결정을 왜곡시킴으로써 비효율을 야기한다. 이때 왜곡을 최소화하면서 정부가 필요로 하는 만큼의 세수를 보장하는 조세를 차선의 조세라고 할 수 있다.

대체효과는 수반하지 않고 소득효과만 초래하는 정액세(Lump-sum tax)가 차선의 조세에 해당한다. 효율적인 조세임에도 불구하고 정액세가 광범위하게 이용되지 않는 이유는 효율성 측면에서는 가장 우월하지만 소득 수준에 관계없이 모든 납세자에게 동일한 세부담을 지움으로써 수직적 불공평을 초래하기 때문이다.

2) 초과부담의 개념

조세의 부과는 상품의 종류와 생산량의 선택(자원배분), 생산요소의 배합, 상품의 출하시기, 여가와 근로시간 선택, 현재소비와 미래소비의 선택, 생산방법의 선택 등 각종 선택행위에 왜곡(교란)을 발생한다. 조세의 부과는 상대가격(선택의 기준)의 변동을 초래함으로써 각종 선택행위의 왜곡을 야기하는데, 이와 같이 과세에 따라 상대가격이 달라짐으로써 선택행위를 변경시키는 영향을 대체효과라고 한다. 대체효과는 납세자에게 조세부담 이외에 추가적인 부담을 유발시키는데, 이것이 초과부담이다. 다시 말해 초과부담(excess burden)은 과세로 인해 경제 주체에게 발생하는 조세부담액 이상의 부담을 말한다[31]. 구체적으로 특정 조세부과에 의해 발생[32]하는 사회 전체의 후생손실과 민간부문의 의사 결정을 왜곡시키지 않고 똑같은 세수를 보장하는 대체적 조세부담에 따른 사회 전체의 후생손실 간 차이를 가리킨다.

초과부담은 사중적 손실(死重的 損失, dead-weight loss), 자중적 손실(自重的 損失), 효용비용, 효율비용, 후생비용이라고도 한다.

초과부담은 각종 선택행위를 할 때 그 기준의 역할을 하는 상대가격의 변동으로 말미암아 빚어진다. 다시 말해 초과부담은 전적으로 대체효과 때문에 발생한다.

특정조세가 발생하는 초과부담을 측정(파악)할 때, 초과부담을 수반하지 않는 조세와 비교하는 방식을 따른다. 이때 비교의 준거가 되는 초과부담을 발생하지 않는 조세로는 대체효과가 없고 소득효과만 야기하는 차선의 정액세가 이용된다. 동일한 세수일 때 차선의 정액세와 특정 조세 부과 간 후생손실 차이가 초과부담이다.

---

31) 초과부담은 예산선(제약선)의 기울기가 달라질 경우, 상대가격이 변동할 경우, 거래량(산출량)이 변할 경우, 파레토 효율조건이 파괴되는 경우에 발생한다. 이는 결론적으로 초과부담이 대체효과에 기인하여 초래됨을 의미한다.

32) 상품생산에 대한 보조금 지급은 조세부과의 경우와 마찬가지로 초과부담을 초래할 수 있다. 또한 조세를 부과했지만 과세된 상품의 수요량이 불변이더라도 초과부담은 발생할 수 있다(예 : 생활필수품). 왜냐하면 과세되지 않은 다른 상품의 수요가 변경됨으로써 선택의 왜곡이 나타날 수 있기 때문이다.

3) 초과부담의 측정과 결정요인

(1) 초과부담의 측정

① 무차별곡선을 이용한 초과부담 측정(일반균형접근)

[그림 5-7]에 제시되어 있는 바와 같이 과세 전에는 예산선 $AB\left(\text{기울기}: \frac{P_X}{P_Y}\right)$와 무차별곡선 I_1이 접하는 E점에서 균형이 이루어지고 있다고 하자. 이때 E점에서의 선택은 MRS_{XY}(한계대체율) $= \frac{P_X}{P_Y}$이 성립하므로 파레토 효율적이다.

X재에 대해 t의 세율로 개별소비세를 부과하면 새로운 균형점은 E'점에서 형성되며, 이때의 후생 수준은 I_3이 된다. 그리고 상대가격은 $\frac{P_X}{P_Y}$에서 $\frac{P_X(1+t)}{P_Y}$로 달라진다. 이에 따라 후생 수준은 $(I_1 - I_3)$만큼 감소된다.

한편 개별소비세를 통해 걷는 세수와 똑같은 크기의 세수를 보장하는 정액세를 부과하면 E''점에서 균형을 이루며, 이때 후생수준은 I_2이다. 이처럼 동일한 세수를 전제로 할 때 개별소비세 부과가 정액세 부과의 경우보다 더 낮은 납세후 후생 수준을 형성한다. 그 이유는 정액세를 부과하면 소득효과만 초래되지만, 개별소비세 부과는 대체효과와 소득효과를 모두 발생시키기 때문이다.

다시 말해 개별소비세는 동액의 세수를 보장하는 정액세 부과의 경우보다 대체효과만큼 후생수준을 추가적으로 줄이는 초과부담을 발생한다. 따라서 X재에 대한 개별소비세가 초래하는 초과부담은 $(I_2 - I_3)$와 같이 표시된다.

② 수요곡선을 이용한 초과부담 측정(부분균형접근)

[그림 5-8]에서 최초의 균형점은 E점이라고 하자. 공급측에 종량세를 과세하면 새로운 균형은 E'점에서 형성된다. 이때 소비자 잉여와 생산자 잉여는 각각 □$P_2E'EP_1$와 □P_1EAP_3만큼

그림 5-7 무차별곡선을 이용한 초과부담 측정

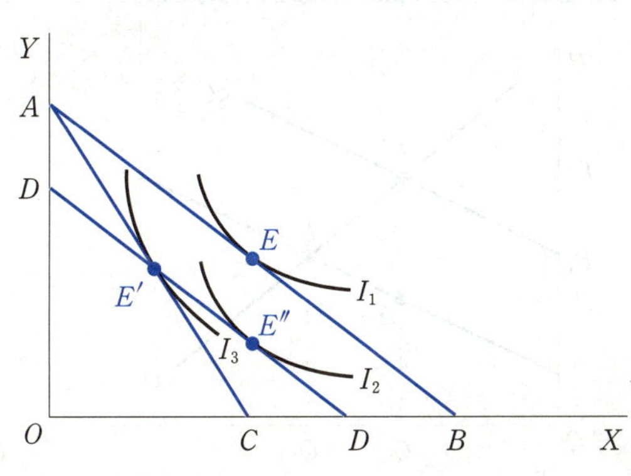

감소하고, 총종량세수는 $\square P_2E'AP_3$이 된다. 따라서 소비자 잉여와 생산자 잉여의 감소분의 합계에서 총종량세수를 제외하면 $\triangle E'AE$가 되고, 이것을 초과부담이라고 한다.

이러한 초과부담($\triangle E'AE$)을 산식으로 나타내면 다음과 같다.

$$\begin{aligned}\text{초과부담} &= \frac{1}{2} \times \text{단위당 세액} \times \text{높이} \\ &= \frac{1}{2} \times AE' \times Q_2Q_1 \\ &= \frac{1}{2} \times T \times \Delta Q\end{aligned}$$

[그림 5-8]에서 단위당 세액(T)는 수요자 부담(P_2-P_1)과 공급자 부담(P_1-P_3)의 합이다. 또한 수요자 부담은 수요의 가격탄력성으로 나타낼 수 있고, 마찬가지로 공급자 부담 역시 공급의 가격탄력성으로 나타낼 수 있다.

$$\text{수요의 가격 탄력성}: \eta = -\frac{\Delta Q}{P_2 - P_1}\frac{P_1}{Q_1}$$

$$\text{공급의 가격 탄력성}: \varepsilon = -\frac{\Delta Q}{P_3 - P_1}\frac{P_1}{Q_1}$$

수요의 가격탄력성 산식에서 수요자 부담(P_2-P_1)과 공급의 가격탄력성 산식에서 공급자 부담(P_1-P_3)을 구한 후, 이를 더하면 단위당 세액(T)이 된다. 그런데 거래량이 감소했기 때문에 부호가 음수이고 세금의 부호가 음수가 되면 안 되기 때문에 거래량의 변동을 양수로 전환시키기 위해 마이너스를 제거한다.

$$T = (P_2 - P_1) + (P_1 - P_3) = -\frac{\Delta Q}{\eta}\frac{P_1}{Q_1} - \frac{\Delta Q}{\varepsilon}\frac{P_1}{Q_1} = -\left(\frac{1}{\eta} + \frac{1}{\varepsilon}\right)\Delta Q \frac{P_1}{Q_1}$$

$$\therefore -\Delta Q = Q_1 - Q_2 = \left(\frac{1}{\frac{1}{\eta} + \frac{1}{\varepsilon}}\right) T \frac{Q_1}{P_1}$$

그림 5-8 수요곡선을 이용한 초과부담 측정

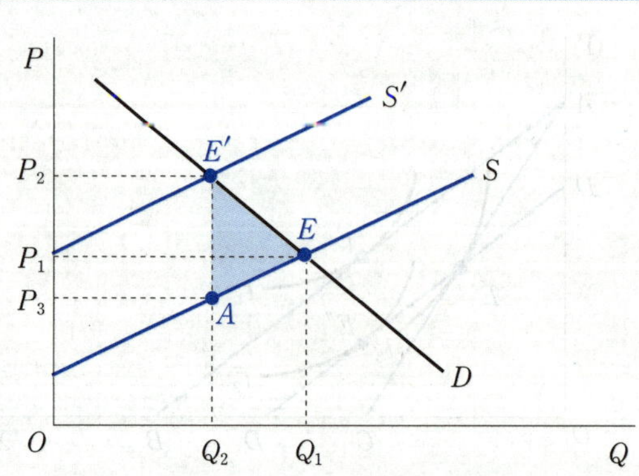

따라서 초과부담은 다음과 같이 나타낼 수 있다.

$$\text{초과부담} = \frac{1}{2}\cdot T\cdot T\cdot\left(\frac{1}{\frac{1}{\eta}+\frac{1}{\varepsilon}}\right)\cdot\frac{Q_1}{P_1} = \frac{1}{2}\cdot T^2\cdot\frac{Q_1}{P_1}\cdot\left(\frac{\eta\cdot\varepsilon}{\eta+\varepsilon}\right)$$

초과부담은 종량과세에 따라 소비자가 직면하는 가격이 P_1에서 P_2로 변동됨에 따라 수요량이 Q_1에서 Q_2로 줄어들었기 때문에 발생한다.

수요곡선상 $E\rightarrow E'$의 변동을 대상으로 측정되는 $\triangle E'AE$의 초과부담을 기업의 비용조건에 따라 구분하여 산식으로 정리하여 표시하면 아래와 같다.

㉠ 비용증가산업일 때 종량세 부과가 초래하는 초과부담

$$\text{초과부담} = \frac{1}{2}\cdot\frac{T^2}{P}\cdot Q\cdot\frac{1}{\frac{1}{\eta}+\frac{1}{\varepsilon}}$$

$$= \frac{1}{2}\cdot\frac{T^2}{P}\cdot Q\cdot\frac{\eta\cdot\varepsilon}{\eta+\varepsilon}$$

* 단, T : 단위당 세액, η : 수요의 가격탄력성, ε : 공급의 가격탄력성, P : 가격, Q : 거래량

㉡ 비용불변산업일 때 종량세 부과가 초래하는 초과부담

비용불변산업일 때 공급의 가격탄력성(ε)은 ∞이므로 초과부담은 아래와 같다.

$$\text{초과부담} = \frac{1}{2}\cdot\frac{T^2}{P}\cdot Q\cdot\eta$$

㉢ 비용증가산업일 때 종가세 부과가 초래하는 초과부담

$T=t\cdot P$의 식을 이용하여 ㉠의 공식을 다음과 같이 바꿀 수 있다(단, t는 종가세율).

$$\text{초과부담} = \frac{1}{2}\cdot t^2\cdot P\cdot Q\cdot\frac{1}{\frac{1}{\eta}+\frac{1}{\varepsilon}} = \frac{1}{2}\cdot t^2\cdot P\cdot Q\cdot\frac{\eta\cdot\varepsilon}{\eta+\varepsilon}$$

㉣ 비용불변산업일 때 종가세 부과가 초래하는 초과부담

공급의 가격탄력성이 ∞이므로(수평의 공급곡선) 초과부담은 아래와 같다.

$$\text{초과부담} = \frac{1}{2}\cdot t^2\cdot P\cdot Q\cdot\eta$$

③ 수요곡선과 무차별곡선에 의한 초과부담의 비교

수요곡선은 보통수요곡선(Marshall 수요곡선)과 보상수요곡선으로 구분할 수 있다. 보통수요곡

선은 소득효과와 대체효과를 모두 반영하여 유도하지만, 보상수요곡선은 소득효과를 제외하고 대체효과만 고려하여 도출한다. 따라서 보통수요곡선에 의한 초과부담 측정과 보상수요곡선에 의한 초과부담 측정은 상이하다.

보상수요곡선에 의해 측정한 초과부담은 대체효과만 반영한 것이다. 마찬가지로 무차별곡선을 이용하여 측정한 초과부담도 대체효과에 의해 발생한 초과부담을 나타낸다. 따라서 무차별곡선에 의한 초과부담과 보상수요곡선에 의한 그것은 소득효과를 제외한 대체효과에 기인한 크기를 파악한다는 점에서 동일하다.

반면 보통수요곡선에서 초과부담을 측정($\triangle dce$)하면 소득효과와 대체효과 모두를 포함하기 때문에 [그림 5-9]와 같이 보상수요곡선에서 측정하는 진정한 초과부담($\triangle bae$)보다 커진다(초과부담의 과대평가). 따라서 보통수요곡선 대신 보상수요곡선을 사용해야 정확한 초과부담을 측정할 수 있다.

이는 [그림 5-9]에 제시되어 있듯이 과세가 초래하는 보상수요곡선(D_C)에 의한 소비자 잉여의 변화와 보통수요곡선(D_O)에 의한 소비자 잉여의 변화는 서로 다르기 때문에 초과부담은 보상수요곡선에 의해 측정되어야 한다는 것이다.

X재가 정상재이고 최초가격이 P_1이며, 최초수요량이 Q_1일 때, t의 세율로 조세가 부과되면 소비자 잉여는 감소된다. 이때 보통수요곡선에 의해 측정되는 소비자 잉여의 감소분($\square P_2P_1Ed$)과 보상수요곡선에 의해 측정되는 소비자 잉여의 감소분($\square P_2P_1Eb$)은 다르다. 따라서 조세가 초래하는 정확한 초과부담의 측정은 보상수요곡선 또는 무차별곡선을 이용해야 한다.

④ 동등변화 개념을 이용한 초과부담 측정

[그림 5-10]에서 과세 전 제약선이 AB일 때 X재에만 개별소비세를 부과하면, 균형점은 E점에서 E'점으로 달라진다. 이때 E'점에 대응하는 무차별곡선(U^1)상의 한 점(E'')과 접하면서 최초의 제약선 AB와 평행하는 선을 그으면 HD가 된다. 한편 과세에 따라 효용 수준이 U^0에서 U^1로 하락하는데, 이 경우 효용감소분을 Y재로 표시하면 $AH(=LN)$로 나타난다. 이를 소득의 동

그림 5-9 보통수요곡선과 보상수요곡선에 의한 초과부담 비교

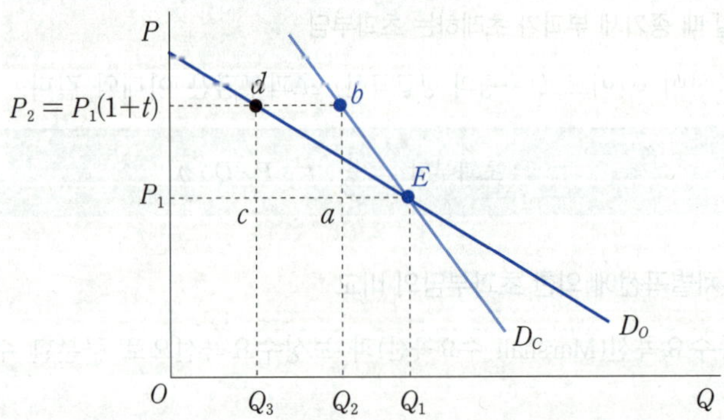

등변화(equivalent variation, 대등변화)라고 한다.

다시 말해 X재에 개별소비세를 부과하면 효용 수준이 U^0에서 U^1로 하락하는데, 이를 소득의 동등변화로 표시하면 $AH(=LN)$만큼이다. 이는 개별소비세가 초래하는 효용감소를 납세자 차원에서 측정(평가)하면 AH만큼의 소득감소로 표시된다는 것을 의미한다. 그러나 이때 정부가 징수하는 세수는 LE'에 불과하다. 따라서 $LN(=AH)$과 LE'의 차이에 해당하는 $E'N$은 개인적 차원에서 감수하는 초과부담에 해당한다.

(2) 초과부담의 결정요인

① 수요와 공급의 가격탄력성

수요와 공급의 가격탄력성이 클수록 초과부담은 커진다. 과세에 따라 상품가격이 변동되었을 때 수요의 가격탄력성이나 공급의 가격탄력성이 클수록 상품거래량의 변동 폭이 크게 나타난다. 이는 수요와 공급의 가격탄력성이 클 경우 과세에 따라 상품선택이 크게 교란(왜곡)되기 때문에 초과부담이 커짐을 의미한다.

② 세종(稅種)

과세방식 또는 세종에 따라 초과부담의 크기는 상이하게 나타날 수 있다. 독점시장에서 동액의 세수 확보를 위해 상품에 과세할 경우 종가세보다 종량세가 더 큰 초과부담을 발생시키게 된다. 한편 순세(純稅, 예 이윤세)냐 물품세냐에 따라 초과부담은 다르게 나타난다. 순세 부과는 초과부담을 발생하지 않는다.

③ 대체탄력성

상품 간 또는 요소 간 대체탄력성이 클수록 과세에 따라 가격이 변동했을 때 그에 대한 반응의 폭이 크다. 대체탄력성이 클 경우 과세는 상품 간 선택이나 요소배합을 크게 변경시키기 때문에 초과부담이 커진다.

그림 5-10 동등변화 개념을 이용한 초과부담 측정

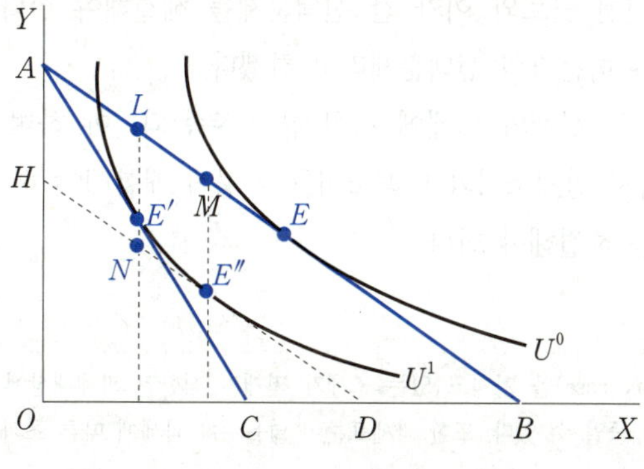

④ 세율

동일한 세수일 때, 낮은 세율로 구성된 여러 개의 조세가 높은 세율의 한 가지 조세보다 초과부담 발생이 작다. 하나의 조세에 대한 세율을 급격히 높이는 것보다 여러 가지 조세의 세율을 조금씩 높이는 과세방식이 초과부담을 줄인다.

소비세는 세율 또는 단위당 세액이 클수록 발생하는 초과부담은 그에 비례한다. 마찬가지로 소득세는 세율이 높을수록 초과부담이 커지며, 특히 세율구조의 누진도가 클수록 더욱 커진다. 이는 세율을 높게 책정할수록 납세의무자(또는 납세자)의 선택이 크게 변경됨으로써 초과부담이 커지게 됨을 의미한다.

⑤ 기간

장기일수록 조세부담을 회피하기 위한 선택의 조정이 크게 나타나므로 초과부담이 커진다. 과세로 말미암아 특정 상품의 가격이 크게 상승할지라도 단기에는 대체상품을 찾아 즉각 교체하는 것이 쉽지 않다. 반면 장기적으로는 대체상품의 발견이나 교체가 용이해진다. 따라서 장기일수록 선택의 변경이 크게 나타날 수 있기 때문에 초과부담이 커지게 된다[33].

2. 기본적인 경제선택과 조세

개인이나 사회는 현재와 미래에 걸쳐 생존 또는 존속한다고 할 수 있다. 이런 과정에서 각 개인과 특정 사회가 직면하는 가장 기본적인 경제선택의 과제(대상)는 다음의 세 가지로 집약될 수 있을 것이다.

첫째, 현시점(현재)에서 사회(또는 개인)가 필요로 하는 재화(생산물)를 어떻게 적절히 생산하여 소비해야 하느냐와 관련된 현재에 있어서 두 재화 선택문제를 해결해야 한다. 이때 두 재화 선택문제라고 표현하는 것은 사회가 필요로 하는 모든 재화를 두 재화만으로 단순화하여 나타내는 일반균형접근의 표현방식을 따르고 있기 때문이다.

둘째, 소득이 노동제공 대가로 창출된다고 할 때, 주어진 시간을 여가와 근로에 어떻게 배분해야 바람직한가와 관련된 근로와 여가 간 선택문제를 해결해야 한다. 이는 소득 창출을 위해 얼마만큼의 근로를 해야 하는가의 선택문제라고 하겠다.

셋째, 사회(또는 개인)는 현재와 미래에 걸쳐 유지(존속)되어야 하며, 이는 궁극적으로 소비에 의해 뒷받침 된다. 따라서 현재소비와 미래소비를 어떻게 배합해야 하느냐와 관련된 현재소비와 미래소비 간 선택문제를 해결해야 한다.

33) 광범위한 과세대상(tax base)을 가지고 있는 조세가 몇개의 제한된 과세대상에 과세하는 조세보다 자원배분의 왜곡현상(초과부담)을 줄일 수 있다. 또한 과세표준이 넓을수록 과세에 따른 초과부담은 줄어든다.

이와 같이 어느 개인 또는 사회를 막론하고 현재에 있어서 두 재화의 선택(정태적 경제문제), 여가와 근로시간(근로소득)의 선택, 현재소비와 미래소비의 선택(동태적 경제문제)이라는 세 가지 기본적인 경제선택을 해결해야 하는 과제를 안고 있다고 하겠다. 조세의 부과는 이러한 세 가지 기본적인 경제선택 행위에 교란을 초래하게 된다. 개별 조세는 세 가지 기본적인 경제선택 행위에 대해 서로 다른 영향을 미친다.

1) 현재에 있어서 두 재화 간 선택문제

모든 사회는 현시점에서 그 사회가 필요로 하는 재화(서비스 포함)를 효율적으로 생산하고 적절하게 소비할 수 있도록 이끄는 바람직한 선택을 해야 한다. 이것을 현재에 있어서 두 재화(X, Y) 간 선택문제라고 하며, 정태적 경제문제이다.

다음의 조건이 충족될 때, 현재에 있어서 두 재화의 선택은 파레토 효율적으로 이루어진다. 다시 말해 아래의 조건이 충족될 때, 정태적 경제문제는 파레토 효율적으로 해결된다[34].

$$MRS_{XY} = \frac{P_X}{P_Y} = MRT_{XY}$$

2) 근로와 여가 간 선택문제

경제활동의 궁극적인 목표는 적절한 소비를 통해 효용(후생)의 극대화를 달성하는 데 있다. 이때 소비를 가능케 하는 원천에 해당하는 소득 수준은 기본적으로 근로(노동)에 의해 결정된다. 따라서 주어진 시간을 여가와 근로에 각각 얼마만큼을 어떻게 배분할 것이냐의 선택은 핵심적인 경제 행위가 아닐 수 없다. 근로(근로소득)와 여가 간 효율적 선택은 다음의 조건이 충족될 때 달성된다.

$$MRS_{LI} = w = MRT_{LI}$$

* L : 여가, I : 근로소득, w : 임금률

3) 현재소비와 미래소비 간 선택문제

경제 주체들은 현재와 미래에 걸쳐 경제활동을 하며, 합리적인 소비를 통해 효용(후생)의 극대화를 추구한다. 따라서 현재소비와 미래소비 간 적절한 선택으로 효용극대화를 달성하는 것은 경제 주체(개인 및 사회)가 평생에 걸쳐 추구하는 궁극적인 목표라고 하겠다. 다음의 조건이 충족될 때, 현재소비와 미래소비 간 선택이 파레토 효율적으로 이루어진다.

34) 정태적 파레토 효율조건에 대해서는 본서의 '제1장 제3절 1. 효율성' 부분을 다시 한번 복습하기 바란다.

$$MRS_{C_pC_f} = (1+r) = MRT_{C_pC_f}$$

* C_p : 현재소비, C_f : 미래소비, r : 사회적 할인율

4) 각종 조세가 세 가지 경제선택 문제에 미치는 영향

기본적인 세 가지 경제선택의 효율성 조건이 과세로 인하여 어떻게 달라지는가를 요약하면 다음과 같다.

선택문제	초과부담을 초래하지 않는 조세	초과부담을 초래하는 조세
X와 Y의 선택 (L과 I, C_p와 C_f의 선택문제 고정)	정액세, 소득세 일반소비세	개별소비세
L과 I의 선택 (X와 Y, C_p와 C_f의 선택문제 고정)	정액세	일반소비세, 소득세 개별소비세
C_p와 C_f의 선택 (X와 Y, L과 I의 선택문제 고정)	정액세, 일반소비세 개별소비세	소득세
X와 Y, L과 I, C_p와 C_f의 선택 (상품과 요소시장 모두 고려한 경우)	정액세	소득세, 일반소비세 개별소비세

초과부담을 초래하지 않는 조세는 세 가지 기본적인 경제선택의 파레토 효율조건을 파괴하지(변동시키지) 않기 때문에 경제선택의 왜곡을 발생시키지 않는 중립적인 조세를 말한다.

현재에 있어서 두 재화 선택문제(정태적 선택문제)에 더하여 무엇을 추가적인 선택사항으로 고려하느냐에 따라 정태적·복합적 선택문제와 동태적·복합적 선택문제로 구분할 수 있다. 정태적·복합적 선택문제는 두 재화 및 여가의 선택을 동시에 결정해야 할 경우를 말하고, 동태적·복합적 선택문제는 현재소비·미래소비 및 여가의 선택을 함께 고려한 결정을 해야 하는 경우라고 하겠다.

정액세는 유일하게 세 가지 경제선택 문제 모두에 대하여 초과부담을 초래하지 않으므로 가장 효율적인 조세에 해당한다. 그러나 세 가지 경제선택 문제를 동시에 고려할 경우 효율성 측면에서 개별소비세, 일반소비세, 소득세 가운데 어느 세목이 더 우월한지는 알 수 없다. 이들 세 가지 조세는 각 경제선택에 서로 다른 영향을 미친다.

정액세가 가장 효율적인 조세임에도 불구하고 광범위하게 활용되지 않는 이유는 이상적인 조세가 되기 위해서는 효율성뿐만 아니라 기타의 조세원칙(공평성, 최소징세비, 세수충분성 등)도 충족해야 하기 때문이다. 정액세는 효율성만을 고려할 경우 가장 우월하지만 부담의 역진성으로 말미암아 불공평을 초래하는 단점이 있다[35].

35) 일반적으로 효율성과 공평성을 고려할 경우 소득세가 가장 합리적인 세목으로 평가되고 있다.

3. 초과부담 분석의 문제점

이상의 초과부담 분석은 조세부과가 발생시키는 조세액 이외 민간부문의 추가적 부담을 파악하여 합리적인 과세방안을 도출하고자 할 때 기초자료의 역할을 한다고 할 수 있다. 반면 다음과 같은 문제점을 갖고 있다.

1) 조세수입 사용 측면의 불고려

초과부담 분석은 조세수입을 어떻게 사용할 것이냐의 지출 측면에 대해서는 고려하지 않고 조세부담 과정에서의 폐해에 초점을 두고 있을 뿐이다. 조세를 통해 조달된 재원을 적절하게 사용(지출)할 경우 조세 부과가 초래하는 직접적 부담(직접비용)과 초과부담(후생비용)을 합친 것보다 더 큰 혜택을 제공할 수도 있다. 이런 경우는 초과부담의 문제가 심각하지 않게 된다.

2) 과세 전 상태에 대한 비현실적 가정

초과부담을 측정함에 있어 조세부과 전의 관련 시장은 항상 파레토 효율을 실현하는 적정 배분 상태라는 가정을 전제한다. 그러나 과세 전 시장이 완전하지 못한 경우(예를 들어 오염물질 배출과 같은 외부불경제가 있는 경우)에는 과세를 통해 오히려 효율성이 제고될 수 있다.

3) 조세가 초래하는 기타 비용의 미반영

과세에 의해 선택 기준이 변경(대체효과)됨으로써 선택의 교란이 발생하면 민간부문은 조세액 이외의 추가적인 초과부담을 감수해야 한다. 그런데 조세의 부과는 가격변동에 따라 나타나는 초과부담(후생비용)에 더하여 다른 형태의 비용을 발생시킬 수 있다.

정부의 조세 징수·관리비용, 납세자가 감수해야 할 각종 비용(변호사, 회계사, 세무사 수수료) 및 시간낭비 등을 포함하는 납세협력비용은 과세에 의해 추가적으로 초래될 수 있는 비용에 해당한다. 그러나 초과부담이 이와 같은 비용을 완벽하게 포함한다고 보기 어렵다. 따라서 조세부과에 따른 사회 전체의 순부담은 초과부담만이 아니라 다른 유형의 비용도 존재할 수 있음을 감안한 평가가 이루어져야 할 것이다.

제3절 공평한 조세부담

이상적인 세제는 자원배분 측면에서 효율성을 달성할 수 있어야 하고, 소득(재)분배 측면에서는 공평성을 충족해야 한다. 조세가 소득(재)분배 측면에서 공평성을 충족한다는 것은 납세자들 간에 조세부담이 적절하게 실현되었다는 의미이다.

경제적 지위가 동일한 납세자들 간에 공평한 조세부담이 이루어졌을 때 수평적 공평이 달성되었다고 하며, 경제적 지위가 상이한 납세자들 간에 공평한 조세부담이 실현되었을 때 수직적 공평이 이루어졌다고 한다. 본절에서는 과세가 최종적으로 귀착되기까지 일련의 과정을 설명하고, 귀착을 결정하는 여러 가지 요인과 그 영향에 대해 알아보도록 하겠다.

1. 수평적 공평

1) 수평적 공평의 개념

경제적 지위(경제적 능력)는 개인이 경제활동에서 획득하는 후생(효용) 수준에 의해 평가된다. 따라서 경제활동을 통해 확보하는 후생 수준이 높은 개인은 그렇지 않은 개인보다 경제적 지위가 높다고 판정한다. 수평적 공평은 동일한 경제적 지위에 있는 자들에게 동일한 조세부담을 지움으로써 과세 후에도 그들이 동일한 경제적 지위를 유지할 수 있을 때 실현된다.

2) 수평적 공평의 조건

일반적으로 동일한 소득 수준에 있는 사회구성원들에게 똑같은 세액을 부과하여 납세 후에도 그들이 동일한 소득 수준을 유지할 수 있도록 과세하면 조세분담과 관련해 수평적 공평(horizontal equity)이 실현되었다고 한다.

이와 같은 수평적 공평에 관한 정의는 소득이 사회구성원들의 경제적 지위(능력)를 완벽하게 대신할 수 있을 경우에만 타당하다. 동일한 소득을 가진 자들에게 똑같은 금액의 조세를 부담지우는 과세가 수평적 공평을 실현할 수 있기 위해서는 일정한 조건이 동시에 충족되어야 한다. 능력(ability), 선호(taste, 기호), 기회(opportunity set), 소득의 사회적 한계효용(marginal social utility)이 모두 동일한 개인들이 같은 소득 수준에 있다면, 그들에게 동일한 금액의 조세를 부과할 때 수평적 공평을 달성하게 된다. 이는 동일한 소득 수준에 있더라도, 그들의 선호가 상이하면 서로 다른 크기의 조세부담이 오히려 수평적 공평을 달성하게 된다는 것을 의미한다.

현실적으로는 위의 네 가지 요인들을 모두 반영하여 수평적 공평을 도모하기는 어렵다. 따라서 적절하게 세원(과표)을 선정하거나 국민에게 세제개혁안을 사전에 알리는 방법으로 수평적 공평을 도모하게 된다(M. Feldstein).

3) 수평적 공평에 대한 논의의 발전

개인의 경제적 지위(능력)를 대리할 수 있는 가장 이상적인 세원은 개인의 효용 수준이지만 효용은 주관성을 내포하고 있기 때문에 그것의 정확한 파악에는 많은 장애가 있다. 따라서 어떤 세원이 개인의 효용 수준을 가장 잘 대리할 수 있는가의 결정은 수평적 공평 달성에 있어 핵심적인 과제에 해당한다.

개인의 경제적 지위(효용 수준)를 대신할 수 있는 적정 지표의 선정과 관련해 지속적인 논쟁이 진행되어 왔다. 개인은 일반적으로 소비를 통해 효용증대를 도모하므로 소비와 그것의 원천인 소득이 효용 수준을 가장 잘 반영하는 세원(과세대상)이라고 보는 견해가 지배적이다. 또한 재산(자산)이 개인의 효용 수준을 적절하게 반영할 수 있다는 견해도 있다.

소득과 소비를 각각 명확하게 구분하여 이상적으로 정의할 수 있다면, 이것들은 수평적 공평을 모색할 때 납세자의 능력을 잘 반영할 수 있는 세원이 된다. 이때 소득이 세원이 되든, 소비가 세원이 되든 기본적으로 과표의 포괄화가 필요하다.

수평적 공평의 달성을 위해서는 1차적으로 경제적 지위를 잘 나타낼 수 있는 적합한 세원(과세대상)의 선정이 전제되어야 한다. 이후 세원이 적절하게 선택된 상황에서 동일한 크기의 세원(엄밀하게는 과세표준)을 갖고 있는 납세자들에게 동액의 세부담을 부과할 때 수평적 공평이 달성된다고 할 수 있다.

2. 수직적 공평

1) 수직적 공평의 개념

수직적 공평(vertical equity)은 경제적 지위가 상이한 자들에게 다른 세부담을 부과할 때 달성된다. 경제적 지위가 높은 자에게는 많은 세부담을 부과하고, 경제적 지위가 낮은 자에게는 적은 세부담을 부과하여 양자 간의 경제적 격차를 완화시킬 때 수직적 공평이 이루어진다. 따라서 수직적 공평은 기본적으로 누진율 결정과 밀접한 관련이 있다.

2) 균등희생설

납세자들의 조세부담 행위는 일종의 희생을 의미한다고 하겠다. 따라서 비록 납세자들의 경제적 지위(능력)가 상이하여 서로 다른 세액을 부담하였더라도 조세부담이 초래하는 주관적인 희생이 같다면, 경제적 지위가 상이한 자들 간에 세부담의 적정화(수직적 공평)를 실현하게 된다. 다시 말해 균등희생설에 따르면 각 납세자가 조세를 부담함으로써 지게 되는 희생이 동등(균등)할 때, 바람직한(공평한) 과세가 이룩된다는 것이다.

일반적으로 조세를 부담해야 할 납세자들은 경제적 지위가 상이하다. 이와 같이 다른 경제적 지위에 있는 납세자들의 조세부담에 따른 희생을 동등하게 하는 과세방안을 균등희생설(동등희생설, 동등희생의 원칙)이라고 한다. 따라서 균등희생설은 조세부담 배분을 어떻게 할 때 수직적 공평이 달성될 수 있는가를 보여준다. 이런 까닭에 밀(J.S. Mill)은 균등희생설(동등희생의 원칙)의 종국적인 과제를 누진도 결정 문제(수직적 공평)로 인식하였다.

균등희생설은 균등절대희생설, 균등비례희생설, 균등한계희생설의 세 가지 유형으로 나눌 수 있다. 이들 세 가지 유형은 균등희생의 개념을 서로 다르게 정의하고 있기 때문에 그 내용과 의의(시사점)는 상이하다.

(1) 가정

경제적 지위가 상이한 납세자들에게 적정한 세부담을 지움으로써 수직적 공평의 실현을 모색하는 균등희생설의 기본 가정은 다음과 같다.

첫째, 고소득자와 저소득자의 소득은 일정하며, 소득의 한계효용은 체감한다.

둘째, 소득의 한계효용은 측정 가능하며(기수적 효용), 각자의 효용은 비교할 수 있다.

셋째, 고소득자와 저소득자는 똑같은 효용함수 또는 선호를 갖는다. 고소득자와 저소득자가 직면하는 소득의 한계효용곡선 형태는 동일하다.

그림 5-11 소득의 한계효용곡선

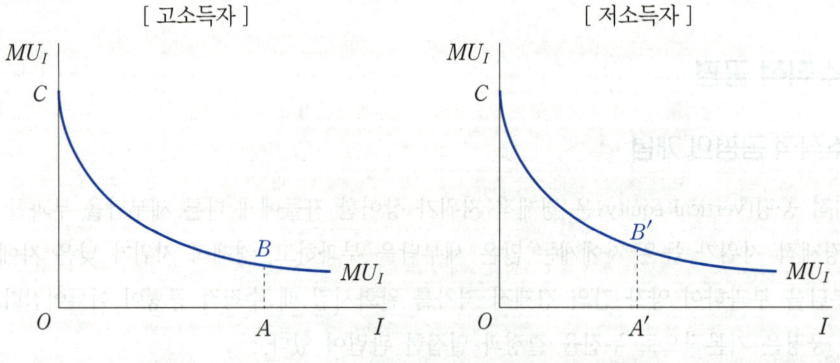

[그림 5-11]에서 종축은 소득의 한계효용(MU_I)을 나타내고, 횡축은 소득 수준(I)을 나타낸다. 고소득자의 납세 전 소득은 OA이고, 저소득자의 납세 전 소득은 OA'이다($OA > OA'$). 고소득자의 납세 전 총효용은 □$OABC$이고, 저소득자의 납세 전 총효용은 □$OA'B'C$이다.

(2) 유형

균등희생설은 균등에 대한 정의를 어떻게 하느냐에 따라 균등절대희생설, 균등비례희생설, 균등한계희생설의 세 가지 유형으로 구분된다.

① 균등절대희생설

과세로 인한 희생의 절대적 크기(효용상실의 절대적 크기)를 같게 할 때, 고소득자와 저소득자 간 조세부담의 공평이 달성된다는 견해를 말한다.

[그림 5-12]는 균등절대희생설에서 수직적 공평이 어떻게 달성되는가를 보여주고 있다. 동 그림에 따르면 납세 후 고소득자의 소득은 OA에서 OD로 줄어들고, 저소득자의 소득은 OA'에서 OD'로 감소된다. 이때 고소득자와 저소득자가 부담하는 조세부담액은 각각 DA와 $D'A'$이며, 양자의 합이 정부가 원하는 세수(T)와 일치한다($T = DA + D'A'$).

그 결과 고소득자의 조세부담액은 저소득자의 조세부담액보다 크고($DA > D'A'$), 고소득자와 저소득자의 효용은 □$DABE$와 □$D'A'B'E'$만큼 감소한다. 이때 고소득자와 저소득자의 감소된 효용의 크기가 서로 동일하면 양자 간 세부담의 적정화(조세분담의 수직적 공평)를 실현하게 된다(□$DABE$ = □$D'A'B'E'$, 균등절대희생).

균등절대희생설을 따를 때, 세율구조는 소득의 한계효용곡선 형태에 따라 상이하게 나타난다. 소득의 한계효용(marginal utility of income, MU_I)이 일정한 경우 균등절대희생설을 적용하면 고소득자와 저소득자 모두에게 동일한 정액세를 부과하는 것과 마찬가지의 결과를 초래한다. 반면 MU_I가 체감하는 경우에는 소득변화에 따라 MU_I가 체감하는 속도(MU_I의 소득탄성치)에 의해 세

그림 5-12 균등절대희생에 의한 조세부담

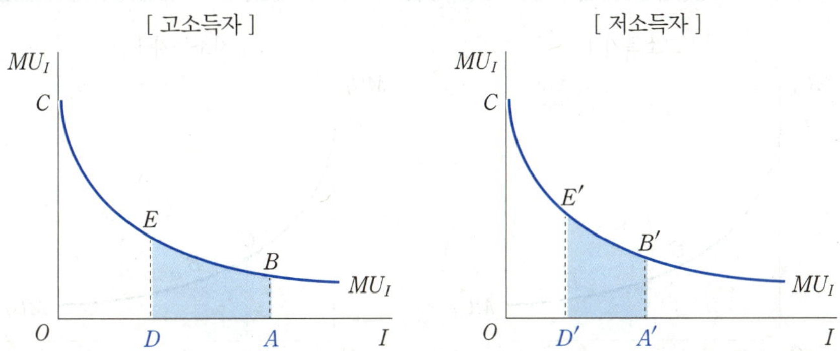

율구조가 결정된다. 구체적으로 MU_I(소득의 한계효용)의 소득탄성치가 1보다 클 때는 누진구조가 되고, MU_I의 소득탄성치가 1이면 비례구조를 형성한다. 그리고 MU_I의 소득탄성치가 1보다 작으면 역진구조가 된다.

결론적으로 균등절대희생설을 적용할 경우 MU_I의 체감속도에 따라 세율구조가 상이하기 때문에 MU_I가 체감한다고 해서 반드시 누진구조가 되는 것은 아니다. 따라서 균등절대희생설을 따르는 조세분담이 항상 누진구조를 보장하지는 않는다.

② 균등비례희생설

균등비례희생설은 고소득자와 저소득자의 과세 전 소득에 의해 결정되는 총효용에 대해 과세로 인해 초래된 효용손실(희생)의 비율을 같게 할 때, 고소득자와 저소득자 간 조세부담의 공평이 달성된다는 견해를 말한다.

균등비례희생설을 따를 때 수직적 공평은 다음과 같은 과정을 거쳐 달성된다. [그림 5-13]은 납세 후 고소득자의 소득은 OA에서 OF로 작아지고, 저소득자의 소득은 OA'에서 OF'로 줄어든 상황을 보여주고 있다. 이때 고소득자와 저소득자가 부담하는 조세부담액은 각각 AF와 $A'F'$이며, 이것의 합이 정부가 원하는 세수(T)와 일치한다($T = AF + A'F'$). 이런 상태에서 고소득자의 효용은 $\square FABG$만큼 감소하고 저소득자의 효용은 $\square F'A'B'G'$만큼 감소하며, $\frac{\square FABG}{\square OABC} = \frac{\square F'A'B'G'}{\square OA'B'C'}$(균등비례희생)의 관계가 성립하면 양자 간 세부담의 적정화(조세분담의 수직적 공평)를 달성하게 된다.

균등비례희생설을 따를 때, 고소득층이 납부하는 세액은 저소득층의 그것보다 크다($AF > A'F'$). 그러나 고소득층의 납세액이 크다고 해서 반드시 조세부담이 누진적이라는 보장은 없다. 소득의 한계효용곡선 형태를 살펴보아야 누진적인지 아닌지 알 수 있다. MU_I가 일정한 경우는 비례구조가 된다. 반면 MU_I가 체감하는 상황일 때 MU_I의 소득탄성치가 1보다 크거나 같을 때는 누진구조지만, 1보다 작을 때는 누진구조를 담보하지 못한다.

그림 5-13 균등비례희생에 의한 조세부담

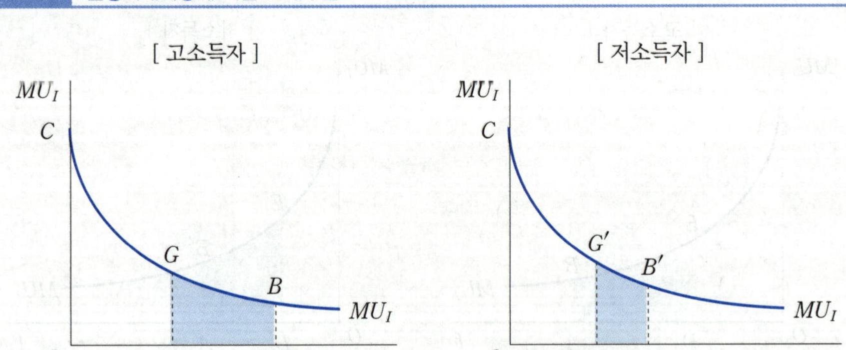

정리하면 균등비례희생설을 따를 때 MU_I가 체감한다면 세율이 누진구조를 성립할 가능성이 크지만, 항상 누진구조가 보장되는 것은 아니다.

③ 균등한계희생설

균등한계희생설은 고소득자와 저소득자의 납세 후 소득의 한계효용이 균등해질 때, 고소득자와 저소득자 간 조세부담 공평이 달성된다는 견해를 말한다. 이때는 납세 후 고소득자와 저소득자의 소득 수준이 같아지기 때문에 직관적으로 보아도 누진적인 조세분담 방식임을 알 수 있다.

균등한계희생설을 따를 때 수직적 공평은 다음의 과정을 거쳐 실현된다. [그림 5-14]는 납세 후 고소득자의 소득이 OA에서 OH로 되고, 저소득자의 소득은 OA'에서 OH'로 되며, 양자의 납세 후 소득이 동일해진 상황을 보여주고 있다($OH = OH'$). 이때 고소득자와 저소득자가 부담하는 조세부담액은 각각 HA와 $H'A'$이며, 이것의 합은 정부가 원하는 세수(T)이다($T = HA + H'A'$). 이럴 경우 고소득자의 조세부담액은 저소득자의 조세부담액보다 크며($HA > H'A'$), 고소득자와 저소득자의 조세납부 후 효용 수준은 서로 같아진다($\square OHIC = \square OH'I'C$, $HI = H'I'$ 균등한계희생).

균등한계희생설은 납세 후 고소득자와 저소득자가 동일한 소득 수준에 직면하게 될 때, 수직적 공평이 달성된다는 주장을 말한다.

균등한계희생설을 적용했을 때, 고소득자와 저소득자에게 초래되는 효용감소의 합계는 균등절대희생과 균등비례희생의 경우보다 작게 된다. 따라서 균등한계희생설을 과세에 따른 사회구성원의 효용감소가 가장 작은 최소총희생설이라고도 한다[36].

그림 5-14 균등한계희생에 의한 조세부담

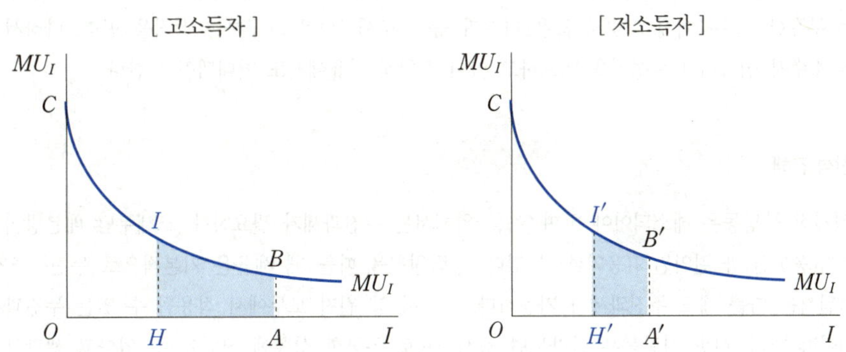

36) 균등한계희생설의 현대적 의의는 다음과 같다. 균등한계희생설은 누진구조에 대한 고전적 견해로서 공평 측면만을 고려해서 누진구조를 결정한다. 그러나 1960년대 이후 현대적 견해는 누진으로 인한 효율성의 상실을 극소화하는 것이 바람직하기 때문에 공평 측면과 효율 측면을 동시에 고려하여 누진도를 결정하려는 시도를 하고 있다. 결론적으로 누진구조는 사회후생함수 형태(공평 측면)와 노동공급탄력성(효율 측면)을 반영하여 결정하는 접근이 이상적이며, 이때 공평과 효율의 상충관계는 완화될 수 있다는 것이다.

납세 후 고소득자와 저소득자의 소득 수준이 동일해지므로 균등한계희생설을 적용하면 누진과세는 실현할 수 있으나 엄청난 비효율을 야기할 수 있다. 이때는 근로의욕과 저축 및 투자의욕의 커다란 상실이 불가피하다.

④ 균등희생설의 한계

경제적 지위가 상이한 납세자들에게 적정한 세부담을 지움으로써 수직적 공평의 실현을 모색하는 균등희생설의 한계로는 다음과 같은 점들이 지적되고 있다.

첫째, 소득의 한계효용은 측정이 용이하지 않으며, 개인 간 효용 비교도 곤란하다.

둘째, 소득의 효용함수가 모든 개인에게 동일할 수 없으며, 각 개인의 한계효용이 어떤 방식으로 체감되는지 정확히 알 수 없다.

셋째, 각 개인이 직면하는 소득의 한계효용은 체증할 수도 있다.

⑤ 균등희생설의 시사점

균등희생설은 균등한계희생설을 제외하고는 반드시 누진세율 구조를 보장한다고 할 수 없다. 소득세의 누진도는 소득증가에 따라 나타나는 소득의 사회적 한계효용이 체감되는 정도와 노동공급의 탄력성 등에 의해 결정된다고 할 수 있다. 다시 말해 노동공급의 탄력성과 사회후생함수의 형태 등이 반영되어 소득세의 누진도가 결정된다.

▶ 누진과세에 대한 찬·반 논쟁

1. 반대 견해

누진과세는 조세제도를 복잡하게 만들고, 경제적 효율을 저해하기 때문에 반대되어야 한다. 누진과세는 부유한 소수자에게 그렇지 않은 다수가 높은 조세부담을 요구하는 성격을 띤다. 따라서 다수에 의한 소수자 핍박이라는 성질을 내포하고 있어 정치적 이유에서도 반대되어야 한다.

2. 찬성 견해

경제적 불평등은 해소되어야 하며, 이를 위해서는 누진과세가 필요하다. 조세부담 배분방식에는 능력원칙(응능설)과 편익원칙(응익설)이 있다. 능력원칙을 따를 때 세율은 기본적으로 누진구조가 되며, 편익원칙을 따를 때도 누진과세가 가능하다. 따라서 양 원칙 모두에서 적용될 수 있는 누진과세는 지지되어야 한다. 한편 사람들은 살다보면 경제적으로 곤궁한 상황에 직면할 수 있다고 생각하기 때문에 자발적으로 누진세제를 선택하게 된다. 또한 동등희생의 원칙을 따를 때에도 누진과세가 가능하므로 누진세제는 바람직한 과세방식이다.

3. 전가와 귀착의 개관

조세부과는 소득의 분배 상태에 영향을 미친다. 따라서 누가 최종적으로 조세를 부담해야 하는가를 명확히 해야 한다.

조세의 부과는 1차적으로 경제 주체들의 실질소득 수준을 변화시킨다. 이에 따라 실질소득이 달라진 경제 주체들의 행위조정(소득효과)이 나타나고, 이는 사회구성원들 간의 소득분배(분포)에 변화를 발생한다. 다시 말해 조세부과로 영향을 받게 된 경제 주체들은 조세부담을 다른 부문으로 넘기는 행위(전가)를 하게 되며, 이것이 종료되면 최종적으로 조세부담이 낙착(귀착)되어 소득분배에 변화를 야기하게 된다. 따라서 전가와 귀착은 소득(재)분배, 소득효과, 공평(형평)과 밀접하게 연결되어 있다.

조세부과에 대한 납세자의 대응 및 적응능력은 시장구조(완전경쟁 또는 불완전경쟁 여부 등), 가격결정 방식, 기간의 장단 등에 의해 좌우된다. 따라서 조세의 전가와 귀착도 이와 같은 요인에 영향을 받는다.

1) 전가와 귀착분석의 필요성

조세의 전가와 귀착에 대한 분석(이해)은 특정 조세가 납세자들에게 공평한 세부담을 지웠는가를 판정할 때 가장 근간이 되는 절차에 해당한다. 그 이외 다음과 같은 이유 때문에 조세의 전가와 귀착에 대한 분석이 필요하다.

첫째, 누가 궁극적으로 조세를 부담할 것인가를 결정하는데 근거가 된다.

둘째, 특정 조세가 누진적인지, 역진적인지 또는 비례적인지를 판단하는데 필요하다. 이는 그 조세가 사회계층(소득계층)에 어떤 영향을 미쳤는가를 알려준다.

셋째, 조세의 공평성을 평가하는 도구(장치)가 된다.

넷째, 국민경제 전체에 대한 조세의 효과를 파악할 때 필요한 핵심적인 요건이다.

2) 전가와 귀착의 단계

(1) 조세충격단계

세법상 납세의무자에게 조세부담이 고지(납세고지서의 송달)되었을 때, 조세충격이 가해졌다고 한다. 납세의무자가 받는 최초의 조세충격은 조세납부 요구(요청)이다. 초기충격은 법적으로 조세를 납부해야 할 당사자로 확정된(규정된) 납세의무자에게 가해진다. 조세충격이 가해진 상황을 세법상의 귀착(법률적 귀착)단계라고 한다.

(2) 전가단계

조세부담이 납세의무자로부터 다른 경제 주체에게 이전되는 단계이다. 납세의무자가 세부담을 떠넘기는 전가가 발생하면 상품의 가격이 변동하고, 그 이외 다양한 질적·양적 변화가 나타난다. 이러한 조세부담의 전가는 세법상 납세의무자로부터 다른 경제 주체에게 세부담이 이전되는 현상을 가리키기 때문에 엄밀히 보면 일종의 조세회피라고 할 수 있다.

(3) 귀착단계

조세부담이 최종적으로 어떤 경제 주체에게 낙착되는 단계를 말한다. 이에 따라 조세의 최종적인 부담이 결정되고, 전가의 마무리가 이루어지게 된다. 이때 최종적인 조세부담자를 담세자라고 한다. 납세의무자와 담세자는 일치(직접세)하거나 불일치(간접세)할 수 있다.

3) 전가의 유형

(1) 전전(前轉)

유통과정에서 후자(後者, 생산자, 판매자)로부터 전자(前者, 소비자, 구매자)에게 조세부담이 이전되는 현상을 말한다. 상품에 대한 과세가 소비자 가격을 인상시킴으로써 소비자에게 그 부담이 떠넘겨진 경우에 전전(forward shifting)이 발생하게 된다. 전전은 진전(進前)이라고도 하며, 일상에서 전가를 말할 때 전전을 지칭하는 것이 일반적이다.

(2) 후전(後轉)

상품거래 과정에서 전자(생산자, 제조업자)로부터 후자(요소제공자)에게 조세부담이 이전되는 현상을 말한다. 제조업자에게 조세가 부과되었을 때, 원료가격의 인하, 임금의 삭감을 수반하는 경우이다. 후전(backward shifting)은 역전(逆轉)이라고도 부른다.

(3) 소전(消轉)

생산자에게 과세했을 때, 그 전보다 더 능률적·합리적으로 생산공정 또는 경영을 개선함으로써 그 조세액만큼 생산비를 절감시키는 경우를 말한다. 따라서 소전이 발생하면 부과된 세액(세금)을 부담하는 담세자는 존재하지 않게 된다.

생산성 향상을 자극하기 위해 부과되는 당위수익세(當爲收益稅)가 소전을 초래하는 대표적인 조세에 해당한다. 소전은 배전(排轉), 질변(質變), 흡수(吸收)라고도 부른다.

(4) 경전(更轉)

전전 또는 후전현상이 거듭하여 발생하는 경우를 말한다. 원재료인 철광석은 제철이 되고, 그 후 압연공정을 거쳐 기계로 만들어지며, 완성된 기계는 제품화되어 최종적으로 소비자에게 판매

된다. 이때 최초의 제철 생산업자에게 과세할 경우 그 세부담이 철광석공급자, 제철생산자, 기계생산자, 소비자에게 연속적으로 떠넘겨지는 현상이 나타난다. 이러한 일련의 세부담 전가가 경전(further shifting)이다. 경전은 복전(復轉)이라고도 한다.

(5) 조세의 환원(租稅의 還元)

조세환원(租稅還元)은 부동산이나 유가증권 등 자산에 대해 조세가 부과되었을 때, 그 자산의 소유자가 세부담을 다른 사람에게 전가시킬 수 없는 경우, 부과된 세액을 자본환원하여 그 자본환원액만큼 과세물건의 가격을 하락시킴으로써 세액의 충격을 흡수하는 현상을 말한다.

액면 가격 1,000원인 채권에 1% 조세(10원)가 부과되는 경우, 은행이자율이 5%라면, 채권의 판매가격은 1,000원에서 200원(10원의 세액을 5%의 이자율로 자본환원한 금액, 10/0.05 = 200)만큼 하락한 800원이 된다. 왜냐하면 채권을 구입하면 조세납부를 위해 5% 은행이자율일 때 200원을 사용하지 못하고 묶어 놓은 상태에서 그것(200원)으로부터 발생하는 매년 10원의 이자소득을 조세로 납부해야 하는 경우와 동일한 상황에 처하게 되기 때문이다. 따라서 채권구입자는 채권을 구입하여 보유할 경우 발생하는 조세부담을 감안한 가격으로 채권을 판매할 것을 요구하게 된다. 그 결과 채권가격은 1,000원에서 800원으로 하락하게 되는데, 이때 채권가격의 하락분인 200원을 조세환원이라고 한다.

조세환원(tax capitalization)이 발생하는 경우 담세자(실질적 조세부담자)는 과세 당시의 자산소유자이고, 납세자(형식적 조세부담자)는 자산(채권) 구입자가 된다. 따라서 조세환원은 성격상 일종의 후전이라고 할 수 있으며, 과세물건 자체가 조세를 부담(과세물건 가격의 하락)한다고 할 수 있기 때문에 물상부담(物上負擔)이라고도 한다.

여러 전가의 유형 가운데 전전, 후전, 경전은 유통과정에서 발생하는 반면, 소전은 생산과정에서 나타나는 차이가 있다.

4) 귀착의 제유형과 측정

(1) 세법상 귀착과 경제적 귀착

세법상 귀착(법률적 귀착)은 세법의 규정에 따라 송달된 세금고지서를 납세자가 수령한 상황을 가리키며, 경제적 귀착은 세법상 귀착 이후 전가과정을 거쳐 최종적으로 각 부문에 조세부담이 낙착된 상태를 가리킨다. 결국 경제적 귀착이 이루어졌다는 것은 부과된 조세에 대한 담세자가 최종적으로 확정되었음을 의미한다[37)].

37) 맥주판매자(생산자)에 대해 주세(酒稅)를 부과한 경우, 주세의 납세의무자인 맥주판매자에게는 세법상 귀착이 초래된다. 이때 주세의 세법상 귀착자인 맥주판매자는 부담의 전가를 모색하고, 구입자는 대체재를 찾을 것이다. 납세자(맥주판매자)에게 귀착되는 최종적 조세부담액은 상대방(맥주구입자)의 행동반응에 의해 결정된다.

(2) 절대적 귀착과 차별적 귀착 및 균형예산귀착

머스그레이브(R.A. Musgrave)는 귀착의 유형을 절대적 귀착, 차별적 귀착, 균형예산귀착의 세 가지 범주로 구분하여 각각의 특징을 제시하였다. 세 가지 유형의 귀착은 그 개념이 서로 다를 뿐만 아니라 특징과 활용의 용도가 상이하다. 다음과 같은 사례를 통해 세 가지 유형의 차이를 비교할 수 있다.

정부가 갑, 을, 병 세 집단을 대상으로 각각 10억, 20억, 70억의 개별소비세를 부과하여 총 100억을 징수하였다. 이럴 경우 개별소비세는 세입단계에서 갑, 을, 병 세 집단에 대해 각각 10억, 20억, 70억의 조세부담을 귀착시키는 영향을 초래하게 된다. 한편 정부가 거두어들인 조세수입(100억)은 공공지출(공공재)이 되어 민간부문에 편익을 되돌려준다. 갑, 을, 병 세 집단에 대해 각각 30억, 20억, 50억의 편익을 제공했다면, 개별소비세는 최종적으로 갑 집단 −20억, 을 집단 0, 병 집단 20억의 순귀착을 초래하게 된다.

① 절대적 귀착

절대적 귀착(absolute incidence)을 측정할 때는 세출단계(공공지출단계)는 일정하다고 가정한다. 따라서 절대적 귀착은 특정 조세가 세입(수입)단계에서 발생하는 분배효과만이 그 대상이 된다. 따라서 이것을 특정조세귀착(specific tax incidence)이라고도 한다.

절대적 귀착(특정조세귀착)은 세입단계에서 나타나는 특정 조세의 귀착을 파악하는 경우를 말하며, 그 조세부과가 초래하는 거시경제 변수의 변동도 반영하여 귀착을 측정한다. 앞의 예에서 개별소비세 부과로 민간소비(총수요)가 위축되어 국민소득이 50억 감소되었다고 하자. 이때 50억의 국민소득 감소는 갑, 을, 병 집단의 소득을 각각 15억, 10억, 25억 축소시키는 결과를 초래했다면, 개별소비세는 갑 집단 25(10+15)억, 을 집단 30(20+10)억, 병 집단 95(70+25)억의 특정조세귀착을 초래하게 된다. 그러나 현실적으로 특정 조세가 초래하는 거시경제 변수의 변화를 반영하는 것은 용이하지 않다[38].

② 차별적 귀착

차별적 귀착(differential incidence)은 총세입 및 총세출의 크기를 불변으로 유지하면서, 동일한 세수를 보장하는 두 조세를 서로 대체하였을 때 발생하는 소득분배상의 차이(분배효과의 차이)를 말한다. 절대적 귀착과 마찬가지로 세입단계만이 분석의 대상이다.

총세수 100억의 개별소비세를 동일한 세수 규모(100억)의 소득세로 대체했다면, 개별소비세

38) 다른 예를 들면 소득세를 인상한 경우 소득자의 가처분소득은 축소되고, 소득세 인상에 따른 디플레이션 압력으로 물가수준의 하락이 발생할 수 있다. 정부의 소득세 수입(세수)이 늘어나는 상황에서 정부가 실질적 정부지출을 일정하게 유지하려고 하면 소득세 수입과 디플레이션 영향으로 실질 정부수입이 증가함으로써 세수(정부수입)가 정부의 실질적 지출을 초과하여 정부는 감세를 추진해야 할 필요에 직면한다. 물가수준의 하락은 흑자예산(소득세 세수 > 실질적 정부지출)이 균형예산이 될 때까지 계속될 것이다. 이런 일련의 과정에서 특정조세귀착은 증세에 의한 분배영향(분배악화)과 디플레이션에 따른 실질소득 증가(분배개선)를 함께 반영하여 파악한다.

부과 후의 소득분배 상태와 소득세 부과 후의 소득분배 상태는 상이할 것이다. 이때 세입단계만을 대상으로 개별소비세 부과 후의 소득분배 상태와 소득세 부과 후의 소득분배 상태의 차이를 파악하여 그것을 소득세가 초래하는 차별적 귀착으로 정의한다.

차별적 귀착은 조세정책상 매우 유용하고, 조세부과가 발생시키는 분배 상태의 변화를 알아보는데 가장 적절하고 현실적인 귀착 개념으로 평가되고 있다.

③ 균형예산귀착

세입단계와 세출단계를 모두 고려하여 귀착을 파악한다. 일정한 액수의 조세가 징수되는 경우, 그에 따른 세입단계의 소득분배 변화와 징수한 조세를 모두 공공지출로 사용했을 때 나타나는 세출단계의 소득분배의 변화를 동시에 반영하여(결합분배효과) 조세의 귀착을 측정한다. 이때 세입액과 세출액은 동일하게 유지하므로 이런 접근을 균형예산귀착(balanced-budget incidence)이라고 부른다. 앞의 예에서 갑, 을, 병 세 집단에 대한 개별소비세의 최종적 부담을 갑 집단 −20억, 을 집단 0, 병 집단 20억으로 파악하는 것이 균형예산귀착에 해당한다.

소득분포상 특정 가계의 경제적 지위는 조세 및 공공지출정책의 공동결과이며, 양 효과는 분리될 수 없다는 면에서 볼 때 균형예산귀착은 이론적으로 가장 합리적인 귀착 개념이지만 공공재가 갖는 비분할성 때문에 공공지출(공공재)이 각 집단에 미치는 영향을 파악하기 쉽지 않으므로 현실성이 낮다. 다만, 목적세는 균형예산귀착 개념을 적용하면 그 귀착의 양상을 어느 정도 가늠(추측)하는 것이 가능할 수 있다.

(3) 귀착의 측정방법

① 소득계층별 납세비중을 산정하여 측정하는 방법

특정 조세를 부과하여 일정한 세수를 조달한 경우 징수된 총세수에 대해 각 소득계층이 분담한 납세비중을 산정하여 소득계층별 귀착의 크기를 파악하는 방법을 말한다. 페크만(J.A. Pechman)과 오크너(B.A. Okner)가 대표적인 주장자이며, 보통 소득세의 귀착 측정에 가장 폭넓게 이용되고 있다.

② 과세로 인한 상품가격이나 요소가격의 상대적 변화로 측정하는 방법

과세는 생산물시장과 생산요소시장에서 형성되는 재화와 요소의 상대가격을 변화시킨다. 이와 같은 재화의 상대가격과 요소의 상대가격 변화를 통해 귀착을 파악하는 방법을 말한다. 특정 조세의 부과가 생산물시장에서 P_X/P_Y를 상승시켰다면, 그 조세는 X재 선호자에게 상대적으로 큰 귀착을 초래하게 된다. 한편 요소시장에서는 w/r을 하락시켰다면, 그 조세는 노동자에게 상대적으로 큰 귀착을 초래하는 셈이다.

하버거(A.C. Harberger)가 대표적인 주장자이며, 상대가격의 종합적 변화가 귀착을 분석하는데 중심지표의 역할을 하게 된다.

③ 후생변화까지 연결시켜 측정하는 포괄적 방법

과세로 인한 개인이나 소득계층별 후생변화를 계측하여 귀착을 측정하는 방법이다. 특정 조세부과로 인한 민간부문 전체의 후생감소분을 측정하고, 총후생감소분에서 각 개인 또는 소득계층별 몫을 파악하여 그것을 특정 조세가 초래한 귀착으로 간주한다. 이는 가장 이상적인 귀착측정 방법이라고 하겠다. 하지만 조세부과에 따라 나타나는 전체 후생감소분을 측정하는 것이 가능하지 않으며, 각 개인 또는 소득계층별 해당분을 분리할 수 있는 방안도 존재하지 않는다. 쇼렌(J. Shoren)이 대표적인 주장자이며, ②의 방법은 ③에 이르는 중간 과정적 성격을 띤다.

4. 귀착의 부분균형분석

특정 재화(또는 생산요소)에 과세했을 경우, 초래되는 귀착의 결과를 다른 부문과의 관계를 단절시킨 채 파악하는 것을 귀착의 부분균형분석이라고 한다. 이와 같은 부분균형귀착분석은 생산물과 생산요소에 대한 과세를 대상으로 한다. 생산물과세는 종량과세와 종가과세가 모두 가능하며, 생산요소과세는 원칙적으로 종가과세 방식으로 이루어진다. 이는 시장상태에 따라 다른 결과를 나타낸다.

1) 완전경쟁시장

생산물(상품)에 대한 과세는 수요와 공급 측면에서 종량과세 및 종가과세 방식이 모두 가능하다. 여기서는 생산물에 대해 공급측 종량과세를 부과했을 경우 초래되는 부분균형귀착의 결과에 대해 알아보도록 하겠다.

X재가 거래되는 시장은 완전경쟁 생산물시장이다. 이때 X재에 대한 종량과세가 초래하는 귀착의 결과는 [그림 5-15]에 제시되어 있다. E점에서 과세 전 균형이 이루어지고 있는 상황일 때,

그림 5-15 완전경쟁시장 생산물과세의 귀착

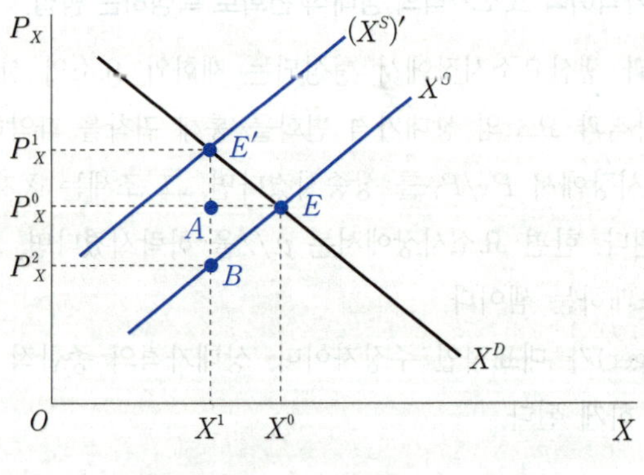

공급 측에 단위당 $E'B$만큼의 종량과세를 하면 E'점에서 새로운 균형이 형성된다. 이때 $E'B$의 단위당 세액 가운데 $E'A(=P_X^0P_X^1)$만큼은 소비자에게 귀착되고, $AB(=P_X^0P_X^2)$만큼은 생산자가 부담(귀착)한다. 따라서 완전경쟁시장의 생산물에 대한 과세가 초래하는 귀착은 수요곡선과 공급곡선의 형태(기울기, 탄력성)에 의해 결정된다. 수요탄력성이 공급탄력성보다 크면, 수요자에게로의 귀착분보다 공급자에게로의 귀착분이 더 크게 나타난다.

소비자 부담 : $\dfrac{T_1}{T}=\dfrac{P_X^1-P_X^0}{T}=\dfrac{\varepsilon}{\eta+\varepsilon}$

생산자 부담 : $\dfrac{T_2}{T}=\dfrac{P_X^0-P_X^2}{T}=\dfrac{\eta}{\eta+\varepsilon}$

수요의 가격 탄력성 : $\eta=-\dfrac{X^1-X^0}{P_X^1-P_X^0}\cdot\dfrac{P_X^0}{X^0}=\dfrac{X^0-X^1}{P_X^1-P_X^0}\cdot\dfrac{P_X^0}{X^0}$

공급의 가격 탄력성 : $\varepsilon=-\dfrac{X^1-X^0}{P_X^2-P_X^0}\cdot\dfrac{P_X^0}{X^0}=\dfrac{X^0-X^1}{P_X^0-P_X^2}\cdot\dfrac{P_X^0}{X^0}$

$$P_X^1-P_X^0=\frac{X^0-X^1}{\eta}\cdot\frac{P_X^0}{X^0}=\frac{1}{\eta}\cdot\triangle X\cdot\frac{P_X^0}{X^0}=\frac{1}{\eta}\cdot\frac{\eta\cdot\varepsilon}{\eta+\varepsilon}\cdot T=\frac{\varepsilon}{\eta+\varepsilon}\cdot T$$

$$P_X^0-P_X^2=\frac{X^0-X^1}{\varepsilon}\cdot\frac{P_X^0}{X^0}=\frac{1}{\varepsilon}\cdot\triangle X\cdot\frac{P_X^0}{X^0}=\frac{1}{\varepsilon}\cdot\frac{\eta\cdot\varepsilon}{\eta+\varepsilon}\cdot T=\frac{\eta}{\eta+\varepsilon}\cdot T$$

$$T=(P_X^1-P_X^0)+(P_X^0-P_X^2)=\frac{\eta\cdot\varepsilon}{\eta+\varepsilon}\cdot\triangle X\cdot\frac{P_X^0}{X^0}$$

2) 불완전경쟁시장

불완전경쟁시장은 완전경쟁이 아닌 모든 시장 유형으로서 독점, 독점적 경쟁, 과점 등이 그에 해당한다. 불완전경쟁시장 생산물에 대한 종량과세는 완전경쟁시장 생산물과세의 경우와는 다른 귀착의 결과를 나타내게 된다.

그림 5-16 독점시장 생산물과세(Ⅰ)

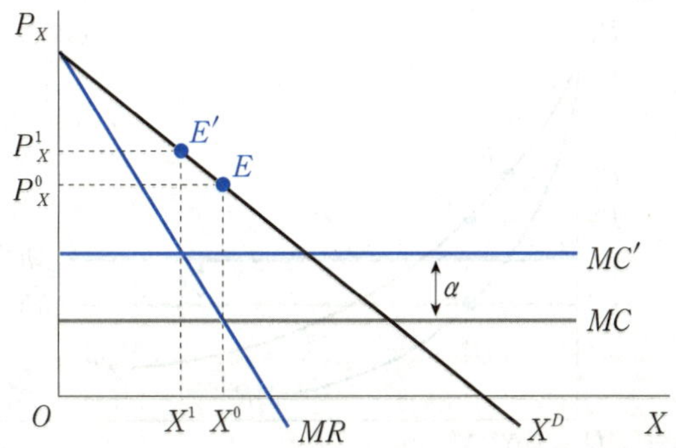

(1) 독점시장

이윤극대화를 추구하는 독점기업의 생산물에 대한 종량과세가 수요자와 공급자에게 미치는 귀착의 크기는 비용곡선과 수요곡선의 형태에 의해서 결정된다. 이는 독점을 포함한 불완전경쟁 시장은 공급곡선이 존재하지 않기 때문이다.

㉮ 독점시장, 선형의 수요곡선, 한계비용이 일정한 경우

[그림 5-16] 에서 α만큼의 공급측 종량세 부과는 균형점을 E점에서 E'점으로 이동시키고, 소비자 가격을 $P_X^0P_X^1$만큼 인상시키게 된다. 소비자 가격의 인상분($P_X^0P_X^1$)이 종량세의 소비자 귀착분인데, 이것은 $\alpha/2$의 크기이다. 따라서 이때는 종량세가 소비자와 생산자에게 각각 $\alpha/2$만큼의 귀착을 초래한다.

㉮ 독점시장, 비선형의 수요곡선, 한계비용이 일정한 경우

[그림 5-17] 에서 α만큼의 공급측 종량세 부과로 인해 균형점은 E점에서 E'점으로 이동하게 되고, 소비자 가격은 P_X^0에서 P_X^1으로 상승한다. 소비자 가격상승분 $P_X^0P_X^1$은 종량세가 초래하는 소비자 귀착분이며, 이는 단위당 세액인 α보다 크다. 따라서 이때는 종량세가 소비자에게 100% 이상 전가되어 귀착된다.

(2) 독점적 경쟁시장

독점적 경쟁시장은 많은 기업들이 서로 이질적인 상품을 가지고 치열한 경쟁을 벌이는 특징이 있다. 따라서 독점적 경쟁시장의 생산물에 대해 과세를 하면 해당 기업은 물론 기타 관련 부문에 상당한 영향을 미치게 된다. 독점적 경쟁시장의 생산물에 대한 종량과세는 상황에 따라 상이한 귀착의 양상을 나타낸다.

① 특정 수요자(단골)를 확보한 경우

독점적 경쟁시장에서 거래되는 재화(또는 서비스)를 크게 선호하는 특정 수요자(단골) 집단이

그림 5-17 독점시장 생산물과세(Ⅱ)

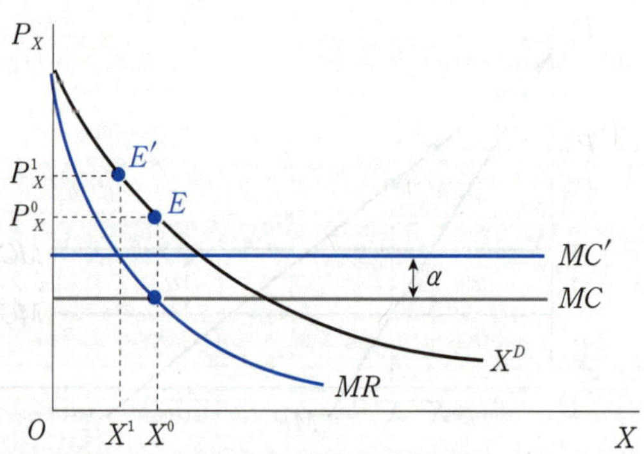

형성되어 있다면 조세부담을 전가(전전)하기가 용이하므로 수요자에게 큰 귀착을 초래한다.

② 독점적 경쟁시장 제품의 이질성(독창성)이 발휘되는 경우

독점적 경쟁시장에서 거래되는 재화가 다른 재화(서비스 포함)와 구별되는 독특한 특성(차별화된 브랜드 이미지 확보)을 갖게 되면, 조세부담을 전가(전전)시키기가 쉬워져 수요자에게 큰 귀착이 빚어진다.

③ 종량세 부과에 따라 한계적 생산기업들의 이탈현상이 발생할 경우

독점적 경쟁시장에서 생산의 명맥을 겨우 유지하던 한계적 생산기업들이 종량세 부과로 시장을 이탈(장기적 현상)하게 되면, 남아 있는 기업들의 독점력은 강화된다. 이럴 경우 종량과세는 전가(전전)가 쉬워져 수요자에게 큰 귀착을 초래한다.

(3) 과점

과점시장에서는 소수 몇 개 기업이 시장 전체의 공급을 분담한다. 따라서 과점시장에서 활동하는 기업들은 상호 의존적인 성향을 갖는다. 과점시장의 생산물에 대한 과세가 초래하는 귀착은 상황에 따라 상이하게 나타난다.

① 비용할증가격결정원리에 따라 가격을 책정하는 경우

과점기업이 비용할증가격결정원리(mark-up pricing, full-cost pricing)에 따라 가격을 책정하는 경우, 종량세 부과는 비용인상 요인으로 간주된다. 따라서 종량세 부과는 가격인상을 통해 전가(전전)되기 때문에 수요자에게 큰 귀착을 초래한다.

② 가격선도기업의 행위에 대해 다른 기업이 동조하는 경우

가격선도기업(price-leader firm)이 종량세 부담을 제품가격의 인상요인으로 인식하여 가격을 올리는 경우, 나머지 기업들도 이에 동조하게 된다. 이렇게 되면 종량세액은 전가(전전)되어 수요자에게 큰 귀착을 발생한다.

③ 기존기업은 큰 이윤을 얻고 있으나 신규기업은 한계적 이윤만을 얻고 있는 경우

기존기업은 시장에서 이미 큰 이윤을 확보하고 있기 때문에 종량세가 부과되어도 그것을 반영하여 무리한 가격인상을 시도하지 않는다. 이런 상황에서 신규기업이 가격을 인상하는 것은 부담이 크다. 따라서 종량세는 수요자에게 귀착을 초래하지 않는다.

④ 기존기업이 방어적 가격정책[39]을 실시하고 있을 경우

종량세부과가 기존기업과 신규기업 모두의 비용을 인상시키는 요인으로 인식되는 경우 종량

39) 일반적으로 방어적 가격정책은 신규기업이 시장에 진입하여 기존기업의 시장점유율을 침해하지 못하도록 낮게 가격을 책정하는 조치를 말한다.

세는 제품가격 인상을 통해 수요자에게 전가되어 귀착되기 쉽다. 다만, 종량세가 신규기업의 비용만 인상시킬 경우는 수요자에게로 전가가 곤란하다.

3) 완전경쟁 생산요소시장

생산요소에 대한 과세는 생산요소가격의 일정률을 세부담으로 요구하거나, 생산요소가 생산 또는 판매과정에서 창출한 성과를 과세대상으로 하기 때문에 일반적으로 종가세 형태를 띠게 된다. 완전경쟁생산요소시장에서 생산요소과세가 초래하는 부분균형귀착의 결과는 [그림 5-18]이 보여주는 바와 같다.

[그림 5-18]은 최초 E의 균형점에서 노동의 수요측에 종가과세를 했을 경우 새로운 균형과 조세분담이 어떻게 이루어지는지를 알려준다. 노동의 수요측에 종가과세를 하면 노동수요곡선은 DD에서 $D'D$로 이동하고, 최초 E점의 균형은 E'점으로 달라진다. 이때 $E'B$의 종가세액은 수요자에게 $E'A(=W_0W_2)$만큼 귀착되고 공급자에게 $AB(=W_0W_1)$만큼 귀착된다. 이는 완전경쟁생산요소시장에서 생산요소과세의 귀착은 수요곡선과 공급곡선의 형태(기울기, 탄력성)에 의해 결정됨을 의미한다[40].

수요탄력성이 공급탄력성보다 클 경우 생산요소에 대한 과세는 생산요소 수요자에게로의 귀착분보다 생산요소 공급자에게로의 귀착분이 더 크게 발생하게 된다. 이는 비탄력적인 쪽으로 더 큰 귀착이 초래됨을 의미한다.

한편 자본공급이 일정한 폐쇄경제를 상정할 경우 [그림 5-19]와 같이 자본공급곡선은 수직이 되며, 이때 자본에 대한 과세는 전적으로 자본의 공급자에게만 귀착된다.

[그림 5-19]에서 최초 E점의 균형은 자본공급이 고정된 상태에서 자본에 대한 수요(DD)에

그림 5-18 완전경쟁생산요소시장 생산요소과세의 귀착

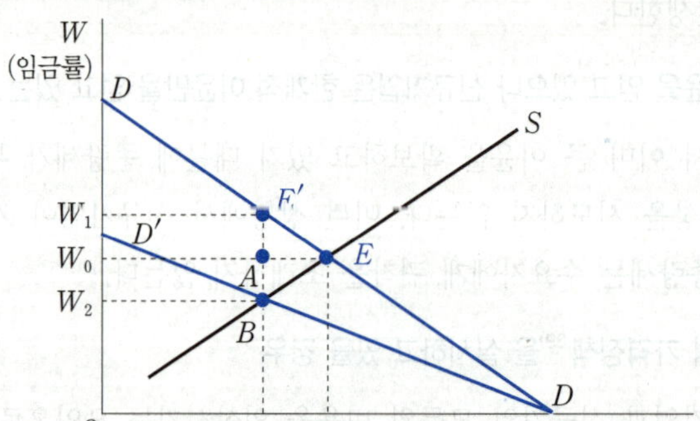

40) [그림 5-18]은 노동에 대해 과세했을 때 초래되는 귀착의 양상을 보여주고 있다. 자본에 대한 과세의 귀착도 동일한 분석 절차를 따르게 된다.

의해 형성된다. 이때 $\square r_1OK_0E$만큼의 자본제공대가(자본소득)를 발생시킨다. 이 경우 자본소득은 불로소득인 경제적 지대(economic rent)에 해당하며, 이에 대하여 $\square r_1EAr_0$만큼의 자본과세를 부과하면 그것은 전적으로 자본공급자에게 귀착되고 경제적 지대가 정부에 환수되는 결과를 가져온다. 이와 같이 폐쇄경제(공급이 고정된 경우)에서 자본과세는 전적으로 자본의 공급자에게만 귀착된다.

반면 자본공급이 무한 탄력적인 개방경제의 경우 [그림 5-20]과 같이 자본의 공급곡선은 수평의 형태를 띤다. 이는 해외로부터 얼마든지 자본이 공급될 수 있기 때문이다. 이때 자본과세는 전적으로 자본의 수요자에게만 귀착된다.

[그림 5-20]에서 최초의 균형은 E점이며, 이때 공급측 자본과세는 새로운 균형을 E'점에서 형성시킨다. 이는 개방경제일 때 자본공급자를 대상으로 불로소득을 환수할 목적으로 자본과세를 하면 부과한 α의 세액 전부가 가격인상으로 전가되어 자본의 수요자에게 귀착됨으로써 소기의 성과를 거둘 수 없게 된다는 것을 의미한다.

생산요소과세는 소득의 원천 측면뿐만 아니라 지출(사용, 용도) 측면에도 영향을 미친다. 소득

그림 5-19 폐쇄경제의 자본과세 귀착

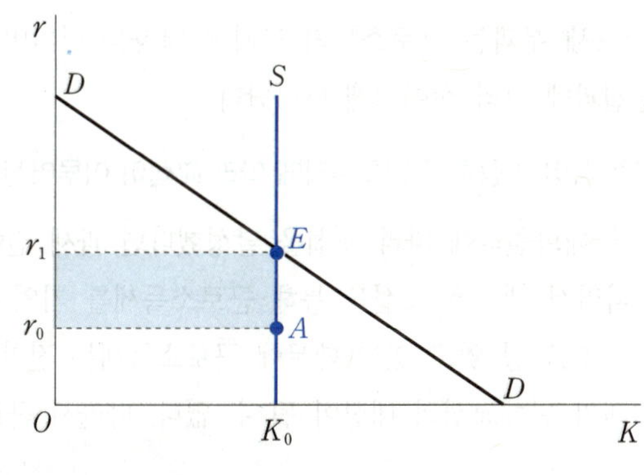

그림 5-20 개방경제의 자본과세 귀착

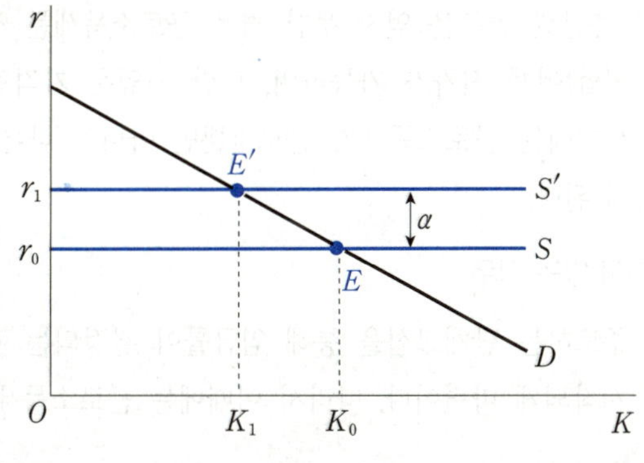

의 원천 측면에서 볼 때 특정 생산요소과세가 주로 저소득층에게 부담을 지우는 경우(근로소득세)는 역진성을 초래하며, 반대로 고소득층에게 더 큰 부담을 지운다면(자본소득세) 누진적인 영향을 미침으로써 공평을 제고하는 역할을 하게 된다.

소득의 지출(사용) 측면을 살펴보면 저소득층이 주로 이용하는 제품생산에 집중적으로 쓰이는 생산요소에 과세하면 역진성을 초래한다. 반면 고소득층이 주로 이용하는 제품생산에 집중적으로 투입되는 생산요소에 과세하면 누진성(누진과세)을 실현하게 된다. 구체적으로 필수품 생산에 주로 사용되는 생산요소에 대한 과세는 역진적인 부담을 발생시키고, 사치품 생산에 주로 사용되는 생산요소에 대한 과세는 누진적인 부담을 초래한다는 것이다.

4) 불완전경쟁 생산요소시장

생산요소시장은 크게 노동시장과 자본시장으로 구분할 수 있으며, 현실적으로 생산요소시장은 불완전경쟁적이다.

(1) 노동에 대한 과세(근로소득세)의 귀착

불완전경쟁인 노동시장에서 근로소득(또는 임금률) 수준은 일반적으로 노조와 경영주의 협상에 의해 결정된다. 근로소득세 부과는 근로소득의 크기에 영향을 미치며, 그 전가 유무 및 귀착은 노조와 경영주의 협상결과에 따라 상이하게 나타난다.

① 과세 전 노조와 경영주 사이에 상호 극대화원리에 따라 교섭이 이루어진 경우

노조와 경영주가 서로 극대화원리에 따라 교섭을 달성했다면 과세 전에 이미 각자가 얻을 것은 모두 얻은 상태이다. 따라서 새로운 교섭을 통해 근로소득세를 기업(생산요소 수요자)에 전가시키면 기업이 파산한다는 것을 잘 알고 있기 때문에 근로소득세는 전가가 곤란하다. 다시 말해 이 경우는 근로소득세 부과가 단체교섭의 대상이 될 수 없다. 따라서 근로소득세는 전적으로 근로자가 부담하게 된다.

② 과세 전 교섭이 극대화원리를 따르지 않았을 경우

노조와 경영주가 서로 충분한 만족을 얻지 못한 경우 근로소득세는 새로운 단체교섭을 통해 생산요소 수요자(경영주, 기업)에게 전가가 가능하며, 또한 기업은 가격인상을 통해 소비자에게 전전시킬 수 있다. 따라서 이때는 근로소득세가 근로자뿐만 아니라 다른 경제 주체(경영주, 소비자)에게도 귀착을 초래하게 된다.

③ 노조가 중앙집권화되어 있는 경우

중앙집권화된 노조가 주도하는 단체교섭을 통해 임금률이 결정되는 경우 근로소득세가 부과되면 새로운 임금협상이 시작되게 마련이다. 따라서 이때에는 근로소득세의 영향을 반영하여 새롭게 인상된 임금률이 책정된다. 근로소득세가 부과되면 개별기업은 속한 산업의 중앙집권화된 노조가 나타내는 행동과 결정을 따를 개연성이 높다.

④ 자유직업 종사자, 고급관리자층 및 전문직종 관리자의 보수에 대한 과세의 귀착

이들의 보수는 관행에 따라 소득세 부과를 감안한 순액임금을 기준으로 하여 결정된다. 따라서 이들의 보수에 대한 (근로)소득세는 형식적으로 볼 때 당사자가 부담하도록 되어 있지만, 실질적으로는 이들에게 귀착되지 않는다.

(2) 자본에 대한 과세의 귀착

생산요소시장이 불완전경쟁적일 때, 자본에 대한 과세가 초래하는 귀착은 자본의 수요와 공급이 어떻게 형성되어 있느냐에 따라 상이하게 결정된다.

생산요소에 대한 수요는 생산물 수요에 따라 발생하는 파생수요(derived demand)에 해당한다. 따라서 자본시장이 불완전경쟁일 때 자본에 대한 과세가 자본수요자(기업)와 자본공급자에게 미치는 귀착은 하나의 자본수요자와 다수의 자본공급자인 경우(monopsony, 요소수요독점), 다수의 자본수요자와 하나의 자본공급자인 경우(monopoly, 요소공급독점), 자본수요자와 자본공급자가 모두 하나인 경우(bilateral monopoly, 쌍방독점)로 나누어 볼 수 있다.

첫째, 하나의 자본수요자와 다수의 자본공급자가 있는 경우(monopsony)는 자본공급자들이 한 자본수요자에게 의존하여 요소(자본)를 파는(제공하는) 상황이므로 자본과세는 자본공급자에게 더 큰 귀착을 초래하게 될 것이다.

둘째, 다수의 자본수요자와 하나의 자본공급자가 있는 경우(요소공급독점)는 자본수요자들이 자본 확보를 위해 하나의 자본공급자에게 의존해야 하므로 자본과세는 자본수요자에게 더 큰 귀착을 초래할 수밖에 없게 된다.

셋째, 자본수요자와 자본공급자가 모두 하나인 경우(쌍방독점) 자본과세의 귀착은 자본수요자와 자본공급자의 교섭력(힘)을 따른다. 자본수요자가 자본공급자보다 우위의 교섭력을 갖고 있다면, 자본과세는 자본공급자에게 더 큰 귀착을 초래할 것이다. 역의 상황에서는 반대의 결과가 예측된다.

5) 이윤세의 귀착

(1) 이윤세를 생산요소과세로 보는 경우

각종 생산물을 만들기 위해서는 노동, 자본, 토지, 기업가의 역량 등 여러 가지 생산요소가 필요하고, 이때 각 요소공급자가 그 대가로 받는 것이 임금, 이자, 지대, 이윤이다. 따라서 노동에 대한 과세는 임금세, 토지에 대한 과세는 토지세(지대세)가 된다. 마찬가지로 이윤세는 원칙적으로 기업가의 역량에 대한 대가인 이윤에 과세하는 생산요소과세의 한 유형으로 간주하는 접근이 합리적일 것이다.

한편 생산요소를 노동과 자본으로 이분(二分)할 경우 노동의 제공대가는 임금이라 하고, 자본의 제공대가는 이윤으로 부르는 경향이 있다. 이럴 경우 이윤세는 자본에 대한 과세에 해당한다고 하겠다.

정리하면 생산요소로서 자본(좀 더 엄밀히는 기업가의 역량)이 활용되어진 결과를 이윤으로 간주하고 그에 대한 과세를 이윤세로 정의한다면, 이윤세도 생산요소과세로 분류된다. 생산요소과세로서 이윤세는 전술한 완전경쟁 생산요소시장과 불완전경쟁 생산요소시장에서 자본에 대한 과세가 초래하는 귀착과 동일한 결과 내지 유사한 양상을 나타낸다고 할 수 있다.

(2) 이윤세를 생산물시장에 대한 과세로 보는 경우

이윤세를 생산물시장 과세로 보면 생산물시장에서 이루어진 총판매액에서 총비용을 제외하고 남는 몫(일반적 의미의 이윤)에 대해 과세하게 된다. 이때 이윤세는 총매출에서 총비용을 제외한 나머지 부분에 대한 과세이므로 순세(net tax)에 해당한다. 이윤세는 제품판매가 종료된 이후 그 결과로 파악되는 이윤에 대해 과세하는 것이기 때문에 당장(단기)은 기업의 비용 조건 등에 영향을 미치지 않는다.

이윤세를 경제적 이윤(=총수입－총기회비용)에 대한 과세로 간주하고 생산물시장을 완전경쟁과 불완전경쟁으로 구분하면 그 귀착은 상이하게 나타난다.

① 완전경쟁기업에 이윤세를 부과하는 경우

생산물시장이 완전경쟁적인 경우 단기냐 장기냐에 따라 이윤세의 귀착은 상이하게 발생한다. 단기에는 경제적 이윤에 대한 이윤세가 한계비용이나 한계수입에 영향을 미치지 않기 때문에 전적으로 생산자에게만 귀착된다. 반면 장기에는 경제적 이윤이 0(zero)으로 형성된다. 따라서 이윤세의 과세는 가능하지 않게 된다.

② 독점기업에 이윤세를 부과하는 경우

일반적으로 독점기업은 이윤극대화를 추구하며, 이윤(독점이윤)에 대한 과세(이윤세)는 그 크기를 축소시키는 방식으로 세부담을 지우기 때문에 순세(純稅)에 해당한다. 따라서 이윤세는 한계비용에 영향을 미치지 않으므로 독점기업에 대한 이윤세 부과는 전적으로 생산자(독점기업)에게 귀착된다.

구체적으로 단기에 독점기업이 이윤극대화를 추구한다면, 이윤세 부담 후에도 최초의 이윤극대화 상태에서 납세 후 이윤이 아직도 가장 크기 때문에 균형가격과 균형수량은 불변이다. 따라서 이윤세는 생산자(독점기업)에게만 귀착된다.

장기에 독점기업은 독점적 지위를 이용하여 양(+)의 이윤을 얻을 수 있다. 그러므로 단기와 마찬가지로 이윤세 부담 후에도 처음의 이윤극대화 상태에서 납세 후 이윤이 여전히 가장 크므로 이윤세는 전적으로 생산자에게만 귀착된다.

③ 독점적 경쟁기업에 이윤세를 부과하는 경우

독점적 경쟁시장에 참여하는 기업은 다른 시장의 기업과 마찬가지로 이윤극대화를 추구하기 때문에 이윤세는 그대로 독점적 경쟁기업이 부담(귀착)한다.

④ 과점기업에 이윤세를 부과하는 경우

㉠ 과점기업이 일정 이윤율 확보를 목표로 추구할 경우

과점기업이 추구하는 일정 이윤율의 확보는 여러 생산량 수준에서 실현될 수 있을 것이다. 한편 이윤세의 부과는 과세 전 이윤율을 변동시키는 영향을 초래하게 된다. 따라서 과점기업이 일정 이윤율의 확보를 목표로 하는 상황에서 이윤세의 부과가 최초에 설정한 이윤율의 변동을 초래한다면 당해 기업은 생산량을 조정함으로써 원래의 목표를 유지하려 할 것이다. 이때 생산량의 조정은 전가의 발생을 의미한다.

이와 같이 과점기업이 일정 이윤이나 이윤율의 확보를 추구할 경우, 이윤세는 전가되어 일부는 수요자(소비자)에게 귀착된다.

㉡ 과점기업이 매출액(판매액)극대화를 추구할 경우

과점기업이 최저이윤확보의 제약이 없이 단순히 매출액극대화만 추구한다면, 이윤세는 전부 과점기업이 부담(귀착)해야 한다. 과점기업이 일정 이윤 또는 이윤율의 확보를 목표로 하지 않는다면 매출액극대화를 보장하는 생산량은 하나만 존재할 것이며, 이윤세의 부과는 그런 상황에 변동을 발생시키지 않는다. 이는 과점기업의 매출액극대화 생산량은 이윤세 부과 후에도 똑같이 유지되기 때문에 그 세부담은 과점기업에만 귀착된다는 것을 의미한다.

㉢ 과점기업이 이윤극대화를 추구하는 경우

과점기업이 이윤극대화를 추구한다면, 매출액극대화를 목표로 하는 경우와 마찬가지로 이윤세 부과는 그것을 보장하는 생산량 수준의 변동을 초래하지 않는다. 따라서 이윤세는 오로지 과점기업(생산자)에만 귀착된다.

▶ 이윤세와 법인소득세의 관계

법인기업이나 비법인기업 모두 이윤을 획득할 수 있다. 따라서 이윤에 대한 과세는 법인이윤세와 비법인이윤세로 구분할 수 있다. 통상 법인이윤세를 법인세(법인소득세)라고 한다. 이렇게 보면 이윤세가 법인세보다 더 넓은 의미를 갖는다고 하겠다. 이때 법인세(법인소득세)는 이윤에 대한 과세를 의미하지만, 이것은 경제학상 이윤이 아닌 회계학상 이윤이라는 점에 유의해야 한다. 이미 앞에서 언급하였듯이 경제학상 이윤에 대한 이윤세는 생산자에게만 귀착될 뿐이며, 전가를 초래하지 않는다. 반면 회계학상 이윤에 대한 이윤세(법인세)는 전가를 초래하게 된다.

▶ 사회보장세(국민연금부담금, 사회보장기여금, 사회보장각출금)의 귀착

공적연금의 재원조달을 위해 부과되는 사회보장세는 임금세(payroll tax) 형태를 따른다. 사회보장세는 고용주(기업주) 부담분과 피고용자(근로자) 부담분으로 구분되며, 일반요소세로 분류된다. 그 세율구조는 근로자의 임금총액에 일정비율로 부과되는 비례구조이다. 또한 원칙적으로 원천징수하며, 특히 피고용자 부담분은 반드시 원천징수한다.

피고용자 부담분은 단기일 경우 피고용자(근로자) 자신이 부담하므로 전가가 곤란하지만, 장기적으로는 노조의 임금협상 대상이기 때문에 고용주(기업주)에게로 전가가 가능하다. 피고용자 부담분 가운데 장기적으로 고용주에게 전가된 부분은 다시 소비자에게 전가(전전)되는 것이 일반적이다. 한편 고용주(기업주) 부담분은 장기·단기 모두 소비자에게 전가를 발생할 수 있다.

결국 장기적으로 보면 고용주 부담분과 피고용자 부담분 모두 소비자에게로 전가가 가능하며, 이는 사회보장세가 역진적임을 보여주는 것이다.

6) 귀착의 결정요인

(1) 세종(稅種)

부과되는 세종(稅種)이 단위세(單位稅, 종량세)냐 순세(純稅)냐에 따라 전가와 귀착의 양상은 다양하고 상이하게 나타난다.

① 단위세(종량세)

단위세(per unit tax)는 생산물의 단위를 과표로 하여 과세하는 조세를 말한다. 생산물 1개(또는 m, m^2, m^3 등)당 일정액의 세액을 부과하는 경우가 그 예이다. 생산물에 대한 단위세 부과는 한계비용(*MC*)에 영향을 초래하므로 세액은 전가(전전)되어 소비자에게 귀착된다.

② 순세(純稅)

순세는 총판매액에서 생산비용을 뺀 순수입에 대해 과세하는 경우를 말한다. 이와 같이 순세는 모든 거래가 끝난 결과에 과세하기 때문에 직접적으로 한계비용(*MC*)에 영향을 미치지 않으므로 소비자에게 전가가 곤란하다(예 순소득세, 순이윤세).

(2) 기업의 비용조건

생산물에 대해 종량세(또는 종가세)를 부과하는 경우 기업의 비용조건에 따라 상이한 귀착의 결과가 나타난다.

① 비용감소의 경우

[그림 5-21]은 비용감소기업의 생산물에 대한 종량과세가 초래하는 귀착의 양상을 보여주고

있다. 비용감소기업의 공급곡선(한계비용곡선)은 우하향하는 형태를 갖는다.

최초 E점에서 균형을 이루고 있는 상황에서 공급측에 α만큼의 종량과세를 하면 E'점에서 새로운 균형이 형성된다. 이때 소비자 가격은 P_X^0에서 P_X^1으로 상승하는데, 이는 부과된 단위당 종량세액 $\alpha(=E'A)$를 초과한다. 따라서 비용감소기업의 생산물에 대한 과세는 100% 이상 전가(전전)되어 소비자에게 귀착됨을 알 수 있다.

② 비용불변의 경우

비용불변기업의 생산물에 대한 종량과세가 초래하는 귀착의 결과는 [그림 5-22]를 통해 파악할 수 있다.

비용불변기업의 공급곡선(한계비용곡선)은 수평의 형태를 갖는다. 최초 E점에서 균형을 이루고 있을 때, 공급측에 α만큼의 종량세를 부과하면 E'점에서 새로운 균형이 형성된다. 이때 소비자 가격은 정확히 α만큼 상승하여 P_X^0에서 P_X^1으로 높아진다. 따라서 비용불변기업의 생산물에 대한 종량과세는 전적으로 소비자에게 전가되어 귀착된다. 이는 비용불변기업의 생산물에 대한

그림 5-21 비용감소기업 생산물과세

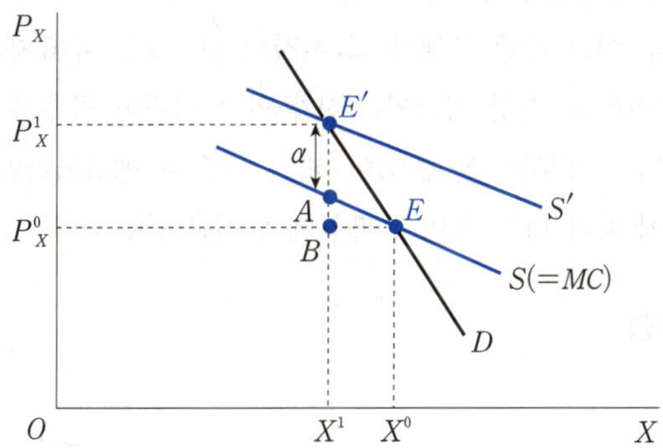

그림 5-22 비용불변기업 생산물과세

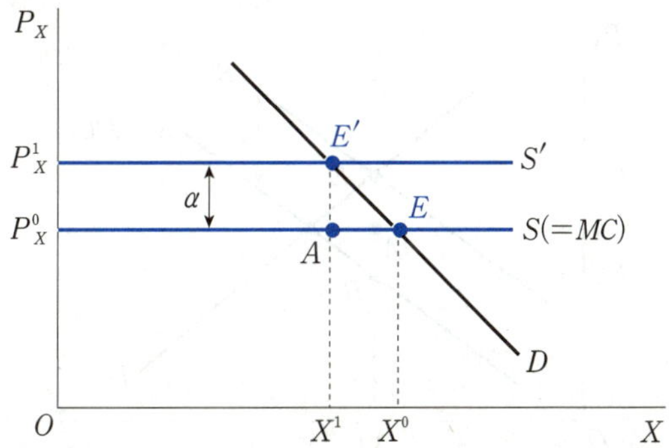

조세부과는 정확히 과세액만큼 소비자 가격을 상승시킨다는 것이다. 그 결과 과세액만큼 소비자에게 귀착을 초래하게 된다.

③ 비용증가의 경우

생산물을 늘려나가면 그에 소요되는 비용은 증가하기 때문에 기업의 비용조건은 비용증가의 모습을 띠는 것이 일반적이다. [그림 5-23]은 비용증가기업의 생산물에 대한 종량과세가 초래하는 귀착의 양상을 보여주고 있다. 비용증가기업의 공급곡선(한계비용곡선)은 우상향하는 형태를 갖는다. 최초 E점에서 균형을 이루고 있을 때, 공급측에 α만큼의 종량세를 부과하면 E'점에서 새로운 균형을 형성하게 된다.

이때 α의 종량세액은 소비자와 생산자에게 각각 $P_X^0P_X^1(=E'A)$, $P_X^0P_X^2(=AB)$의 귀착을 초래한다. 비용증가기업 생산물과세의 귀착은 수요와 공급곡선의 형태(기울기, 탄력성)에 의해 결정되며, 탄력성이 작은 쪽으로 귀착이 크게 나타난다. 따라서 소비자에게 귀착되는 몫(소비자 가격 인상액)은 과세액보다 작다.

(3) 경쟁조건

시장이 완전경쟁이냐 불완전경쟁(독점, 과점, 독점적 경쟁)이냐에 따라 각종 조세가 초래하는 귀착의 양상은 상이하다. 이는 각종 조세가 각 시장에 참여하는 수요자와 공급자에게 상이한 세부담을 지우게 됨을 의미한다. 시장 공급자(생산자)의 독점력이 클수록 완전경쟁의 경우와 비교하여 소비자에게 귀착되는 세부담 몫(전전)이 커질 것으로 예상되지만, 구체적인 결과(양상)는 상황(과세형태, 세율 등)에 따라 다를 것이기 때문에 단정은 곤란하다.

(4) 수요·공급의 탄력성

① 수요탄력성

수요의 탄력성(수요의 가격탄력성)이 작을수록 소비자(수요자)에게로의 귀착은 커진다. 그 이유

그림 5-23 비용증가기업 생산물과세

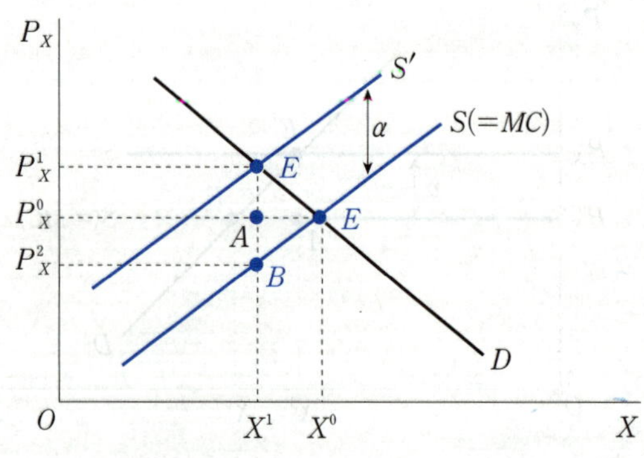

는 수요의 탄력성이 작을 경우 조세부과에 의해 상품가격이 상승했을지라도 그 수요량이 유지되므로 소비자에게 세부담이 크게 귀착될 수밖에 없기 때문이다. 반면 수요의 탄력성이 크면 과세 상품의 수요(구입)를 줄여 세부담을 회피하게 된다.

② 공급탄력성

공급의 탄력성(공급의 가격탄력성)이 작을수록 소비자(수요자)에게로의 귀착은 작아진다. 그러나 예외적으로 농산물처럼 오랜 재배기간이 필요하기 때문에 공급의 탄력성이 작은 경우 과세에 따라 상품가격이 상승하지만 그 농산물이 필수품이라서 수요자는 그 상황을 그대로 감수해야 한다면 소비자에게 큰 귀착이 발생하게 된다.

(5) 기간의 차이

① 즉시적 기간

너무 짧은 기간에는 조세부과의 영향을 반영한 조정이 어려우므로 조세부과는 거의 전가될 수 없고, 납세의무자에게 귀착된다.

② 단기

단기에는 조세부과에 대해 납세의무자가 대응(조정)하는 것이 어느 정도는 가능하다. 이는 단기일 경우 기업이 조세부과에 대해 그 정도는 작을지언정 공급량과 가격을 조정할 수 있음을 의미한다. 따라서 단기에 단위세는 가격인상을 통해 소비자에게 전가된다. 다만, 완전경쟁시장의 단기일 때는 단위세 부과가 전가되기 곤란하다.

③ 장기

장기에는 조세부과에 대해 납세의무자가 대응하는 것이 훨씬 용이해진다. 기업의 생산물에 대한 단위세 부과는 장기적으로 수요와 공급을 변화시킨다. 따라서 장기에 있어서 기업의 생산물에 대한 단위세 부과는 전가되어 소비자에게 귀착된다.

(6) 과세지역(또는 대상)의 범위

조세가 부과되는 지역의 크기가 작을수록 조세가 전가될 가능성은 줄어든다. 왜냐하면 재화나 자원이 조세를 회피할 수 있는 범위가 커지기 때문이다. 이런 경우 판매자가 가격을 안정시키기 위해 가격을 조정하더라도 조세액만큼 가격을 높이기는 쉽지 않다. 덧붙여 말하면 과세지역(또는 대상)이 광범위할수록 그렇지 않은 경우보다 납세의무자에 대한 과세가 다른 부문에 전가되어 귀착되기 쉽다.

(7) 기타 요인

그 밖에 조세의 귀착을 결정하는 요인과 그 양상으로 다음을 들 수 있다.

첫째, 조세가 한계적 생산자에게 영향을 미쳐 한계적 생산자의 시장 이탈을 초래하고 시장을 독·과점화하면, 조세부과는 전가되어 소비자에게 귀착되기 쉽다.

둘째, 소득 및 고용 수준이 높을수록(호황일수록) 납세의무자로부터 다른 부문으로의 전가가 쉬워진다.

셋째, 조세가 자연인에게 직접 과세될수록(직접세일수록) 전가가 곤란하다.

넷째, 노동조합의 역할이 강할수록 소비세(또는 임금세)는 후전이 어렵다.

다섯째, 특정 재화에 대한 개별세(개별소비세)보다 일반세(일반소비세)의 경우 전가가 용이하다. 하지만 개별세와 일반세 간 전가의 용이성 비교는 구체적인 상황에 따라 그 결과가 다르게 나타날수 있다는 점에 유의해야 한다.

01 조세부담의 배분원칙은 조세분담의 공평성과 관련하여 응익설과 응능설로 구분되며, 응익설은 납세자가 공공재로부터 얻는 편익의 크기에 따라 조세를 분담하는 원칙이고 응능설은 납세자의 지불능력(부담 능력, 경제적 능력)에 따라 조세를 분담하는 원칙을 말한다.

02 조세가 바람직하기 위해 갖추어야 할 요건인 조세의 원칙에는 효율성의 원칙, 공평성의 원칙, 세수충분성의 원칙, 최소 징세비의 원칙, 합리성과 간편성의 원칙, 신축성의 원칙, 정치적 책임성의 원칙 등이 있다.

03 과세물건(과세표준)에 대한 상대적 부담 배분 방법에는 과세표준이 증가하더라도 평균세율이 일정한 비례세율, 과세표준이 증가하면 평균세율 역시 상승하는 누진세율, 과세표준이 증가하지만 평균세율은 하락하는 역진세율의 세 가지 세율구조가 있다.

04 조세는 과세주체에 따라 국세(중앙정부)와 지방세(지방자치단체)로 구분되고, 조세 전가 여부에 따라 직접세(법적 납세자와 경제적 납세자 동일)와 간접세(법적 납세자와 경제적 납세자 상이)로 나뉘며, 세율에 따라 정률세(가격에 일정률 과세)와 정액세(가격에 관계없이 일정액 과세)로 분류된다.

05 효율적인 조세는 초과부담을 수반하지 않는다. 초과부담은 조세가 발생하는 실제 전체부담에서 세부담을 제외한 자중손실, 후생비용, 효율비용을 말한다. 일반적으로 조세가 부과되면 소득효과는 언제나 발생하고, 대체효과는 차별과세에 따라 나타나며 그 영향으로 초과부담이 초래된다.

06 부분균형분석을 통해 물품세의 초과부담을 측정하는 경우 물품세를 수요자 또는 공급자에게 부과한 결과는 동일하며, 자중손실과 똑같은 크기로 나타난다.

$$\text{초과부담} = \frac{1}{2}\cdot T\cdot T\cdot\left(\frac{1}{\frac{1}{\eta}+\frac{1}{\varepsilon}}\right)\cdot\frac{Q_1}{P_1} = \frac{1}{2}\cdot T^2\cdot\frac{Q_1}{P_1}\times\frac{\eta\cdot\varepsilon}{\eta+\varepsilon}$$

η : 수요의 가격탄력성, ε : 공급의 가격탄력성, T : 물품세의 세율

07 납세자에 대한 공평한 조세부담은 담세 부담 능력이 동일한 납세자들 간 공평한 조세부담과 담세 부담 능력이 다른 납세자들 간에 상이한 조세부담을 부과하는 경우로 나뉜다. 이때 전자를 수평적 공평성이라 하고, 후자를 수직적 공평성이라고 한다.

08 조세의 수직적 공평성과 관련하여 공평한 조세 부담 원칙으로 밀(J.S. Mill)은 균등희생설(동등희생의 원칙)을 주장했는데, 균등희생설은 과세로 인한 희생의 절대적 크기가 같은 균등절대희생설, 총효용 중 과세로 인해 희생된 효용 손실 비중의 크기가 같은 균등비례희생설, 과세 후 한계효용의 크기가 같은 균등한계희생설로 구분된다.

09 조세 전가는 세법상 조세부담을 지우는 법적 귀착과 실제 조세부담을 의미하는 경제적 귀착 간 차이를 발생한다. 이에 따라 전가와 귀착은 소득분배의 공평성에 영향을 미친다.

10 물품세에 대한 귀착을 생산자와 소비자로 구분하여 파악하는 경우, 조세부담의 크기는 생산자와 소비자의 수요곡선과 공급곡선의 모양에 의해 결정된다.

소비자 부담 : $\dfrac{T_1}{T} = \dfrac{P_X^1 - P_X^0}{T} = \dfrac{\varepsilon}{\eta + \varepsilon}$

생산자 부담 : $\dfrac{T_2}{T} = \dfrac{P_X^0 - P_X^2}{T} = \dfrac{\eta}{\eta + \varepsilon}$

제6장
조세총론(II)

제1절
귀착의 일반균형분석

1. 귀착의 부분균형분석과 일반균형분석

1) 귀착의 부분균형분석

특정 조세 부과에 따라 발생하는 영향을 온전하게 파악하기 위해서는 과세된 부분에 미치는 직접적인 영향뿐만 아니라 파급적인 영향도 고려해야 한다. 특정 상품에 대한 과세는 1차적으로 그 상품의 수요자와 공급자에게 영향을 미치며, 2차·3차적으로 과세되지 않은 다른 상품시장 및 생산요소시장 등에도 파급적인 영향을 초래하게 된다. 특정 조세 부과의 귀착을 직접 과세된 부문에 한정하여 파악하는 접근을 부분균형귀착분석이라고 한다.

운동화에 대해 개별소비세가 부과되면 운동화 가격이 상승하고, 수요는 감소하게 된다. 그에 따라 운동화 생산이 줄어든다. 이 경우 운동화에 대한 개별소비세 부과의 부분균형귀착은 그 조세(운동화에 대한 개별소비세)가 다른 상품시장 및 생산요소시장에 미치는 파급적인 영향을 제외하고 운동화의 수요자와 공급자 간에 이루어지는 조세분담으로 한정하여 귀착의 결과를 파악하는 접근을 말한다.

반면 운동화에 대한 개별소비세가 다른 상품시장 및 생산요소시장에 미치는 2차·3차 그리고 그 이상의 파급효과까지 고려하여 귀착을 파악하는 접근이 일반균형귀착분석이다.

2) 귀착의 일반균형분석

(1) 의의

조세의 부과는 1차적으로 경제 주체들의 소득수준에 영향을 미치고, 소득분배(분포) 상태에도 변화를 초래한다. 조세부과는 1차적으로 납세자(담세자)의 소득 수준을 줄임으로써(소득의 삭감) 사회구성원들의 소득분포에 변화를 발생시키게 된다.

현실적으로 생산요소시장과 생산물시장은 서로 연결되어 영향을 주고받는다. 따라서 특정 조세가 초래하는 귀착에 대한 온전한 이해를 위해서는 이들 시장들의 상호 연관성을 정확히 반영한 일반균형귀착분석을 따라야 한다.

일반균형귀착분석의 구체적인 절차는 실질가처분소득 개념과 밀접하게 연결되어 있다. 조세부과는 실질가처분소득의 변화를 초래한다. 이때 실질가처분소득을 구성하는 개별 항목의 변동에 따라 나타나는 영향을 파악하는 접근이 일반균형귀착분석에 해당한다.

특정 조세의 부과는 어떤 가계의 경제적 지위를 향상시키지만, 다른 가계의 지위는 저하시키는 상반된 효과를 불러올 수 있다(소득분배 상태의 변화초래). 또한 민간부문의 실질소득 및 부(富)의 분배 상태에도 적지 않은 영향을 미치게 된다.

가계(납세자)의 경제적 능력(담세력)을 나타내는 실질가처분소득(real disposal income, *RDI*)은 아래와 같은 산식으로 나타낼 수 있다. 이때 총수입에서 직접세를 제외한 부분이 명목가처분소득($E - T_D$)이고, 이것을 간접세 포함 물가($P + T_i$)로 나눈 것이 실질가처분소득이다.

$$RDI = \frac{E - T_D}{P + T_i}$$

* E : 총수입, T_D : 직접세, P : 물가, T_i : 간접세

특정 조세의 부과는 가계의 실질가처분소득 수준에 변화를 초래하게 되는데, 그 영향(변화)은 성격상 특정 조세 부과에 따른 귀착(일반균형귀착)이라고 할 수 있다.

경제활동은 크게 보면 생산활동(원천행위)과 소비활동(지출 또는 사용행위)으로 나뉜다. 위 산식에서 분모는 소비활동과 직접적인 관련이 있고, 분자는 생산활동과 직접적인 연관이 있다. 조세부과는 원천행위와 지출행위에 영향을 미침으로써 실질가처분소득의 크기에 변화를 발생시키게 된다. 직접세(소득세)의 부과는 실질가처분소득을 구성하는 분자를 변화시키고, 간접세(부가가치세)는 분모에 영향을 미침으로써 소득계층 간 소득분배 상태에 변동을 가져온다. 이는 모든 조세를 크게 원천행위와 지출행위에 대한 과세로 이분화할 수 있음을 의미한다.

만약 특정 조세 부과가 야기하는 생산과 소비활동에 미치는 영향을 동시에 반영하여 귀착의 양상을 파악했다면, 이것은 경제활동 전체를 대상으로 한 것이므로 일반균형분석이 된다. 마찬가지로 조세 부과가 원천행위 및 지출행위에 미치는 영향을 모두 고려한 경우도 일반균형분석에 해당한다[1].

특정 조세가 생산물시장과 생산요소시장에 미치는 영향을 동시에 고려하여 귀착을 파악하는 접근을 일반균형귀착분석이라고 부른다. 달리 표현하면 원천 및 지출에 미치는 영향을 동시에 고려하거나, 생산과 소비에 미치는 파급효과를 모두 반영하여 귀착의 양상을 파악하는 방식이 일반균형귀착분석이라고 하겠다.

1) 한편 소득계층별 귀착 결과를 분석하기 위해서는 조세부담 이후 나타나는 분배의 양태가 어느 정도 균등한가를 파악하는 지표로서 로렌츠곡선, 지니계수, 파레토계수, 십분위분배율 등을 활용한 평가가 필요하다. 그 자세한 내용은 본서의 '제10장 제1절 3. 소득분배 상태의 평가' 부분을 참조하기 바란다.

(2) 유형

일반균형귀착분석은 생산물시장과 생산요소시장이 연결되어 있음을 고려하여 귀착을 파악한다. 따라서 생산물과세일지라도 생산요소시장에 대한 영향을 고려해야 하고, 생산요소과세의 경우도 생산물시장에 대한 영향을 반영해야 하므로 생산물과세인가 생산요소과세인가의 구분 대신 양 시장이 어떤 상황인지가 중요하게 된다. 일반균형귀착분석에서 그 분석대상이 되는 생산물시장과 생산요소시장의 상황은 다음과 같이 네 가지 범주로 나눌 수 있다[2].

시장의 종류 / 분석대상	생산물시장	생산요소시장
분석대상 1	완전경쟁	완전경쟁
분석대상 2	완전경쟁	불완전경쟁
분석대상 3	불완전경쟁	완전경쟁
분석대상 4	불완전경쟁	불완전경쟁

2. 개별 조세의 일반균형귀착분석

일반균형귀착분석에서는 특정 조세부과가 초래하는 생산물 및 생산요소시장에 미치는 모든 파급효과까지 고려하여 귀착을 파악하게 된다.

일반균형귀착분석의 선구적 연구로는 하버거(A.C. Harberger)에 의한 정태적 신고전학파 모형이 대표적이다. 하버거는 이 모형에서 생산물시장과 생산요소시장이 모두 완전경쟁적인 경우를 가정하여 일반균형귀착분석을 하였다[3].

1) 하버거 모형의 기본구조

조세의 부과는 생산물시장과 생산요소시장의 상대가격을 변동시키는 영향을 초래하게 된다. 하버거(A.C. Harberger)는 조세 부과가 초래하는 상대가격의 변화를 이용하여 귀착의 정도를 파악하였다[4]. 하버거 모형의 기본가정은 다음과 같다.

---

2) 본서에서는 생산물시장과 생산요소시장이 모두 완전경쟁적인 경우(분석대상 1)를 대상으로 일반균형귀착분석을 설명하고자 한다.

3) 그 이외 좀 더 복잡하고 심도 깊은 일반균형귀착분석은 고급 조세이론을 참조하기 바란다.

4) 특정 조세 부과의 결과 생산물시장에서는 X재의 상대가격이 인상($P_X/P_Y\uparrow$)되었고, 생산요소시장에서는 노동의 상대가격이 인하($w/r\downarrow$)되었다. 이때 노동의 상대가격이 하락하였기 때문에 원천 측면에서는 자본가에 비해 노동자에게 상대적으로 더 큰 귀착을 발생한다. 한편 X재를 선호하는 사람들은 높은 가격을 지불하고 재화를 구입해야 하므로 지출측면에서 불리한 상황에 직면하게 된다. 따라서 지출 측면에서는 X재 선호자에게 상대적으

첫째, 노동(L)과 자본(K)을 이용하여 두 재화(X, Y)를 생산한다(2재 2요소시장). 재화 및 요소시장은 모두 완전경쟁적이며, 생산은 효율적으로 이루어진다($MRTS_{LK}=w/r$).

둘째, 생산함수(생산기술)는 규모에 대한 보수 불변(constant returns of scale, CRS)인 1차동차 생산함수이다. X, Y재 산업을 대상으로 모든 요소를 n배만큼 늘리면, 그들 산업의 생산량도 똑같이 n배만큼 늘어난다.

셋째, X, Y재 산업의 생산함수(등량곡선)는 상이하다. 이는 X재와 Y재 산업이 동일한 상대가격(w/r)에 대하여 상이한 요소배합(K/L)을 형성한다는 것이다[5]. 동일한 w/r일 때 K/L가 높으면 자본집약적 산업이고, K/L가 낮으면 노동집약적 산업이 된다.

넷째, 경제 전체적으로 노동과 자본의 양은 일정하며 완전고용을 전제한다. 또한 각 생산요소는 산업 간에 자유롭게 이동될 수 있다.

다섯째, 차별적 귀착 개념을 적용하는데, 구체적으로 부과된 조세가 야기하는 상대가격 변화를 측정하여 귀착을 파악한다[6].

여섯째, 소비자들은 선호나 부존자원 측면에서 동일한 입장에 있다[7].

▶ 생산요소 간 대체탄력성(σ)

생산요소시장에서 요소의 상대가격이 변했을 때, 그에 따라 요소의 투입비율은 어떻게 변화되는가를 나타낸다. 그 크기가 작은 생산함수일수록 생산요소의 투입비율이 일정한 고정투입계수형 생산함수에 가까운 모습을 띠게 된다.

$$\text{요소 간 대체탄력성}(\sigma) = \frac{\text{요소투입비율}(K/L)\text{의 변화율}}{\text{한계기술대체율}(MRTS_{LK})\text{의 변화율}}$$ [8]

로 더 큰 귀착을 나타낸다. 결과적으로 특정 조세는 X재를 선호하는 노동자에게 원천 및 지출 양(兩) 측면에서 상대적으로 큰 귀착을 초래한다.

5) 본서에서는 설명의 일관성을 위해 생산물시장에서의 상대가격은 P_X/P_Y로 표시하고, 생산요소시장에서의 상대가격은 w/r로 표기하기로 하겠다. 이에 따라 P_X/P_Y의 상승은 P_Y/P_X의 하락을 의미하고, w/r의 상승은 r/w의 하락을 의미한다.

6) 하버거 모형에서는 일괄세(정액세) 대신 특정 조세를 부과했을 때 초래되는 상대가격의 변화를 이용하여 특정 조세의 귀착(차별적 귀착)을 분석한다.

7) 이 가정 때문에 일반균형귀착분석은 특정 조세가 초래하는 원천 측면에 대한 영향만 파악하면 된다. 왜냐하면 소비자들이 선호와 부존자원 측면에서 동일하다면 특정 조세가 지출에 미치는 영향은 모든 소비자들에게 똑같게 나타나므로 그것에 대한 분석은 불필요하기 때문이다. 또한 이때는 모든 소비자들이 동일한 처지(상황)이므로 한 사람의 소비자만 있는 경우와 마찬가지가 된다.

8) $MRTS_{LK} = -\frac{\Delta K}{\Delta L} = \frac{MP_L}{MP_K}$, 비용극소화의 조건을 충족하는 경우 : $\frac{\Delta K}{\Delta L} = -\frac{MP_L}{MP_K} = -\frac{w}{r}$

따라서 비용극소화 조건이 충족될 경우 요소 간 대체탄력성(σ) $= \frac{\text{요소상대가격}(K/L)\text{의 변화율}}{\text{요소상대가격}(w/r)\text{의 변화율}}$ 이다.

① 등량곡선이 평평할수록(곡률이 낮을수록) σ는 커지며, 등량곡선이 직선이면 σ는 $\rightarrow +\infty$, 등량곡선이 직각(L자형)이면 σ는 0(zero)이 된다.
② 원점에 대해 볼록한 등량곡선일 경우 곡선상 각 점에 대응하는 σ값은 상이하다.
③ σ가 낮을 경우에는 상대적으로 한계기술대체율의 변동폭보다 K/L의 변동폭이 작다.
④ σ가 높을 경우에는 상대적으로 한계기술대체율의 변동폭보다 K/L의 변동폭이 크다.

▶ 재화 간 대체탄력성

두 재화 또는 여러 재화가 서로 대체될 수 있는 정도를 나타낸다. 그 정도가 클수록 두 재화는 밀접한 대체재 관계를 맺고 있는 것이다.

$$\text{재화 간 대체탄력성}(\sigma) = \frac{\triangle X/X}{\triangle Y/Y}$$

2) 각종 조세의 일반균형귀착

하버거 모형의 가정에 따라 2재 2요소가 거래되는 경제(사회)를 상정할 경우 분석대상이 되는 과세의 유형은 일반소비세(t, 비례소득세, 정액세), 개별소비세(t_X, t_Y), 일반요소과세(t_L, t_K), 부분요소과세(t_{KX}, t_{KY} t_{LX}, t_{LY}) 등으로 나눌 수 있다.

(1) 개별소비세의 귀착

기존의 일괄세(정액세)를 대체하여 개별소비세(부분물품세, 부분상품세, 개별물품세, individual sales tax)를 과세했을 경우 초래되는 상대가격의 변화를 이용하여 개별소비세가 발생시키는 차별적 귀착을 설명하면 다음과 같다[9].

9) 2024년에 A조세로 100억원을 징수하다가 2025년에는 이를 폐지하고 B조세를 신설하여 100억원을 징수하였다면, 2024년의 A조세 납부 후 소득분배 상태와 2025년의 B조세 납부후 소득분배 상태는 상이하다. 차별적 귀착에 따르면 2025년의 소득분배 상태와 2024년의 소득분배 상태의 차이를 2025년에 신설된 B조세가 초래한 귀착이 된다. 하버거 모형은 차별적 귀착 개념을 이용하되 특정 조세부과가 초래하는 상대가격의 변화를 이용하여 귀착을 파악한다. 일괄세로 일정액의 세수를 확보하던 상황에서 동액의 세수를 개별소비세로 대체하여 징수하는 경우 개별소비세 납부 후 생산물시장과 요소시장에서 형성되는 상대가격과 일괄세 납부 후 생산물시장과 요소시장에서 형성되었던 상대가격 간에는 차이가 나타날 것이다. 이런 차이를 개별소비세가 초래하는 차별적 귀착이라고 한다. 이때 일괄세 부과는 상대가격의 변화를 초래하지 않으므로 개별소비세 부과에 따른 상대가격 변화 자체가 그 개별소비세의 차별적 귀착이 된다. 이하에서는 일괄세를 특정 조세로 대체하는 경우를 상정하여 일반균형귀착분석을 하였다. 따라서 특정 조세 부과에 따른 상대가격 변화 자체가 그 조세가 초래하는 차별적 귀착이 된다.

① 요소공급이 고정된 경우

X재 산업은 노동집약적이라고 하자. X재에 대해 개별소비세(t_X)를 부과하면, X재의 상대가격(P_X/P_Y)은 인상된다. 이에 따라 X재의 수요와 생산이 감소되고, 과세되지 않은 Y재는 상대적으로 수요가 증가하여 생산을 확대해야 하는 상황에 직면한다. X재 수요감소에 따라 X재 생산에 이용되던 생산요소의 해고가 초래되는데, X재 산업이 노동집약적이기 때문에 상대적으로 자본보다 노동이 더 많이 해고된다.

한편 X재 산업에서 해고된 노동과 자본은 Y재 산업으로 이동하게 되며, 자본집약적인[10] Y재 산업은 수요확대에 따라 생산을 늘려야 한다. 이때 Y재의 생산 확대를 위해서는 노동보다 자본을 더 많이 필요하게 되고, 따라서 노동의 상대가격(w/r)은 하락하게 된다. 그 결과 노동집약적인 X재 산업에 개별소비세가 부과되면 노동자는 상대적으로 불리해진다. 이는 노동집약적인 X재에 대해 개별소비세를 부과하면 원천 측면에서 자본가보다 노동자에게 더 큰 귀착을 초래하게 된다는 것이다.

개별소비세는 과세부문뿐만 아니라 비과세부문에도 영향을 미친다. 따라서 이런 영향을 모두 반영한 귀착의 양상은 다음과 같이 요약될 수 있다.

> 특정 재화에 대한 개별소비세는 그 재화 생산에 집약적으로 이용되는 요소의 상대가격을 인하시켜, 그 산업에 집약적으로 쓰이는 요소의 공급자가 불리해진다. 다시 말해 그 산업에 집약적으로 투입되는 요소의 공급자에게 더 큰 귀착을 초래한다.

▶ 요소공급이 고정된 경우 귀착의 결정요인

① 두 산업의 요소집약도(K/L) 차이가 클수록, 개별소비세 부과에 따른 w/r의 변화가 크게 야기된다.

② X재의 수요탄력성(수요의 가격탄력성 또는 X재와 Y재 간 대체탄력도)이 클수록, 개별소비세 부과에 따른 w/r의 변화가 크게 나타난다.

③ X재 산업(또는 Y재 산업)의 요소대체탄력성이 클수록, 개별소비세 부과에 따른 w/r의 변화는 작게 초래된다.

② 상이한 선호를 가진 다수인 경제의 경우

가정을 완화하여 소비자들의 선호가 상이하다고 하면, 개별소비세 부과가 발생시키는 귀착을 파악할 때 원천뿐만 아니라 지출에 대한 영향도 추가적으로 고려해야 온전한 일반균형귀착분석이 이루어진다.

10) 앞의 가정에 의해 경제 전체적으로 노동과 자본의 양이 일정한 상황이기 때문에 X재 산업이 노동집약적이면 Y재 산업은 자동적으로 자본집약적이 된다.

모든 소비자들의 선호가 동일한 경우와 마찬가지로 원천 측면에서는 과세산업에 집약적으로 사용되는 요소의 공급자에게 더 큰 귀착이 발생하게 된다.

예 과세산업(X재)이 노동집약적이면 노동자에게 귀착이 크게 나타나고, 자본집약적이면 자본가의 귀착분이 크다.

지출(사용) 측면에서는 과세된 X재에 대한 구입비중이 높은 소비자들에게 귀착이 크게 나타난다. X재를 선호하는 소비자의 부담(귀착)이 크게 발생한다.

예 X재가 필수품인 경우는 저소득층(≒ 노동자)의 귀착이 크게 나타나고, X재가 사치품인 경우는 고소득층(≒ 자본가)의 귀착이 크게 초래된다.

필수품인 X재 산업이 노동집약적인 경우 개별소비세를 부과하면, 원천 및 지출 양(兩) 측면에서 노동자에게 귀착이 크게 초래된다.

사치품인 X재 산업이 노동집약적인 경우 개별소비세를 부과하면, 원천 측면에서는 노동자에게 귀착이 크게 나타나고, 지출 측면에서는 고소득층인 자본가의 귀착분이 크다.

③ 요소공급이 가변적인 경우

요소공급이 가변적인 경우는 앞의 가정을 현실화하여 경제 전체의 요소(노동과 자본)공급량이 변화될 수 있는 상황을 말한다. 요소공급량이 가변적일 경우는 고정적일 때보다 과세에 따라 초래되는 요소의 상대가격 변동 폭이 작아진다.

요소공급량이 가변적이라면, 노동집약적인 X재에 대해 개별소비세를 부과할 경우 임금률이 하락되어 노동공급은 줄어들게 된다. 이에 따라 앞의 분석에서 보여준 K/L의 변동 폭이 축소되고 w/r의 하락폭은 완화된다.

요소공급량이 일정하다고 가정한 앞의 분석에서 노동집약적인 X재에 대한 개별소비세로 인해 K/L는 감소하였는데, 노동공급이 가변적인 경우에는 개별소비세 부과가 초래하는 임금률 하락의 영향으로 K/L의 감소 폭이 완화된다. 이는 노동공급이 가변적일 때 노동집약적인 X재에 대한 개별소비세가 초래하는 w/r의 하락폭은 요소공급량이 일정한 경우보다 작게 된다는 것이다. 따라서 노동집약적인 X재에 대한 개별소비세가 원천 측면에서 노동자에게 미치는 귀착의 정도도 완화된다.

(2) 일반소비세의 귀착

기존의 일괄세(정액세)를 모든 재화(X, Y재)에 동률의 세율을 적용하여 과세하는 일반소비세(일반물품세, 일반재화세, general sales tax)로 대체할 경우 초래되는 상대가격의 변화를 이용하여 일반소비세 부과에 따른 차별적 귀착을 설명하면 다음과 같다.

① 요소공급이 고정된 경우

X재와 Y재에 동일한 세율을 부과하는 일반소비세(t)는 요소의 부존량이 일정한 경제(요소공급의 고정)일 경우 정액세 및 비례소득세와 동일한 귀착의 결과를 나타낸다. 왜냐하면 모든 재화

에 대해 동일한 세율을 적용하는 일반소비세 부과는 소득세의 경우와 마찬가지로 납세자의 소득제약선을 하방으로 평행 이동시키기 때문이다. 따라서 일반소비세 부과는 생산물시장의 상대가격을 변화시키지 않으므로(대체효과 없이 소득효과만 초래하므로) 두 재화(X, Y) 간의 선택에 왜곡을 발생시키지 않는다. 이는 과세 후에도 여전히 파레토 효율성 조건이 유지됨을 의미한다. 그 결과 일반소비세 부과는 생산물시장의 상대가격, 자원배분, 사회후생 수준에 영향을 미치지 않게 된다.

일반소비세가 초래하는 귀착은 각 납세자의 소득(또는 소비)이 전체 소득(또는 소비)에서 점하는 비중이라고 할 수 있다. 이는 납세자 갑의 소득(또는 소비)이 전체 소득(또는 소비)에서 5%의 비중을 차지하고 있다면, 일반소비세의 총부담 가운데 5%에 해당하는 부담이 갑에게 귀착된다는 의미이다.

② 상이한 선호를 가진 다수인 경제의 경우

납세자들의 선호와 소득 수준이 상이할 경우, 기존의 일괄세를 일반소비세(이때 일반소비세는 비례소득세의 성격)로 대체하면 다음과 같은 귀착의 결과가 나타난다.

일반소비세는 비례소득세 부과의 경우와 마찬가지로 납세자들의 소득 수준을 하락시키는 영향을 발생하는데, 소득 수준이 높은 계층의 그것을 더 크게 떨어뜨린다. 따라서 일반소비세의 부과는 원천 측면에서 저소득층의 소득을 상대적으로 증가시키는 영향을 초래한다. 이는 일반소비세를 부과하면 원천 측면에서 고소득자에게 더 큰 귀착(저소득층 유리)을 초래함을 의미한다.

반면 일반소비세는 지출 측면에서 다음과 같은 귀착의 결과를 가져올 수 있다. 예컨대 X재가 Y재보다 소득탄력성이 크다면, 상대적으로 X재는 사치품이고, Y재는 필수품의 성격을 띠게 된다. 앞에서 언급했듯이 일반소비세의 부과는 원천 측면에서 저소득층보다 고소득층의 소득을 상대적으로 더 크게 감소시킨다. 따라서 일반소비세는 고소득층이 더 많이 사용하는 사치품(X재)에 더 큰 영향을 미친다.

결론적으로 지출 측면에서 보면 일반소비세는 상대적으로 X재(사치품)에 대한 수요를 감소시키고 Y재 수요를 증가시킨다. 이에 따라 X재 생산이 감소되고 Y재 생산은 상대적으로 증가하게 된다. 그런데 만약 X재가 노동집약적이라면 일반소비세 부과는 큰 폭으로 노동을 해고시킴으로써 w(임금률)를 떨어뜨리기 때문에 저소득층(노동자)에게도 귀착을 초래하게 된다.

③ 요소공급이 가변적인 경우

요소공급이 가변적이면 일반소비세 부과가 초래하는 귀착은 생산물시장뿐만 아니라 요소시장에 미치는 영향도 고려하여 파악해야 한다. 따라서 이때는 일반소비세(비례소득세의 성격)가 중립적이라는 보장이 없다. 왜냐하면 일반소비세 부과에 따라 나타나는 노동 및 자본공급의 변화까지도 고려해야 하므로 일반소비세는 비중립적일 수밖에 없기 때문이다.

㉠ 노동공급이 가변적이고, 자본공급이 고정적인 경우

일반소비세(비례소득세)가 과세되면 자본공급은 고정적이므로 노동공급에만 영향을 초래하게 된다. 과세 후 임금률이 하락하여 노동공급이 감소되고, 이에 따라 K/L가 증가되어 w/r는 상승한다. 결과적으로 일반소비세(비례소득세)는 상대적으로 자본가에게 더 큰 귀착을 초래하게 된다. 요소공급이 고정되어 있는 경우와 비교해서 상대적으로 노동공급자의 부담은 작아지고, 자본공급자의 부담은 커진다.

㉡ 노동공급이 고정적이고, 자본공급이 가변적인 경우

일반소비세(비례소득세)가 과세되면 노동공급은 고정적이므로 자본공급에만 영향을 미치게 된다. 과세 후 자본수익률이 하락하여 자본공급이 감소되고[11], 이에 따라 K/L가 감소되어 w/r는 하락하게 된다. 결과적으로 일반소비세(비례소득세)는 상대적으로 노동자에게 더 큰 귀착을 초래한다. 요소공급이 고정되어 있는 경우와 비교해서 노동공급자의 부담은 커지고, 자본공급자의 부담은 작아진다.

④ 현실의 일반소비세(소비형 부가가치세)

현실의 일반소비세(소비형 부가가치세)는 투자재에는 비과세하고, 소비재에만 과세한다. 만약 X재는 소비재이고, Y재는 투자재라면 현실의 소비형 부가가치세는 Y재에는 비과세하므로 개별소비세와 동일한 성격을 갖는다. 따라서 현실의 일반소비세는 개별소비세가 초래하는 귀착과 동일한 양상을 나타내게 된다.

결론적으로 소비재 산업이 노동집약적이라면 현실의 일반소비세(소비형 부가가치세)는 원천 측면에서 노동자에게 더 큰 귀착을 초래하고, 지출 측면에서는 상대적으로 소비재 지출비율이 높은 계층(주로 저소득층)을 불리하게 하므로 역진적인 성격을 띈다. 실증분석에서도 대체로 이와 일치하는 결과가 제시되고 있다.

(3) 일반요소세의 귀착

일반요소세(general factor tax)는 요소가 어떤 부문에서 사용되고 있느냐와 상관없이 요소가 사용되고 있는 모든 부문을 대상으로 그 요소에 과세하는 것을 말한다. 따라서 일반요소세는 X재와 Y재 두 재화 생산과정에 사용되는 노동에 대한 과세(t_L)와 자본에 대한 과세(t_K)의 두 가지 유형으로 구분될 수 있다[12].

11) 이 경우 일반소비세는 비례소득세와 동일하게 소득 수준을 낮추는 역할을 한다. 따라서 일반소비세의 부과는 자본의 수익률을 떨어뜨리는 영향을 초래하게 된다.

12) X재와 Y재의 생산과정에 사용되는 자본에 대해 과세할 때 X재 생산에 사용되는 자본과 Y재 생산에 사용되는 자본은 전혀 별개의 것으로 간주된다. 따라서 자본에 대한 과세는 일반적으로 부분요소세로 분류한다. 정리하면 일반요소세는 노동에 대한 과세(t_L)와 자본에 대한 과세(t_K)로 유형화되지만 대체로 노동에 대한 과세만을 가리킨다는 것이다.

반면 부분요소세(partial factor tax)는 특정 부문이나 산업에 투입·사용되는 요소에 대한 과세를 말한다. 예를 들면 근로소득에 대한 사회보장세나 임금세(payroll tax, 노동소득세)는 일반요소세에 속하며, 법인 부문에서 발생한 자본소득에 대한 과세(법인세)는 그 성격상 부분요소세라고 하겠다.

기존의 일괄세(정액세)를 노동에 대한 일반요소세로 대체했을 때 발생하는 차별적 귀착은 상황에 따라 상이한 결과를 초래하게 된다.

① 요소공급이 고정된 경우

요소공급이 고정되어 있는 경우 일반요소세(사회보장세, 노동소득세, 임금세, 근로소득세)는 노동의 부문 간 이동을 야기하지 않으므로 상대가격의 변동을 초래하지 않는다[13]. 따라서 일반요소세는 자원배분을 왜곡시키지 않으며, 그 결과 초과부담을 발생시키지 않는다.

결론적으로 요소공급이 고정되어 있는 경우 일반요소세는 그 요소의 공급자(노동자)에게 전적으로 귀착된다. 이는 노동의 부문 간 이동이 발생하지 않는 경우에 타당하며, 그렇지 않다면 일반요소세는 노동자 이외의 부문에도 귀착됨은 물론이다.

② 상이한 선호를 가진 다수인 경제의 경우

납세자들의 선호가 상이하다면 일반요소세가 원천에 미치는 영향뿐만 아니라 지출(사용)에 미치는 영향도 추가적으로 반영해야 온전한 일반균형귀착분석이 이루어진다.

일반요소세는 노동소득에 대한 과세를 의미하므로 원천측면에서는 상대적으로 노동자에게 더 큰 귀착을 야기한다. 한편 지출 측면에서 볼 때 일반요소세는 노동자가 좋아하는 재화의 수요를 감소시키고 그 재화의 생산을 줄이는 영향을 초래하게 된다. 이에 따라 노동자가 선호하는 재화의 생산에 집중적으로 이용되는 요소의 공급자에게 귀착이 크게 나타난다. 노동자가 좋아하는 재화가 노동집약적이라면, 일반요소세를 부과할 경우(단, 요소공급이 고정된 상태) 원천·지출 측면 모두에 걸쳐 노동자에게 큰 귀착을 초래한다. 반면 노동자가 좋아하는 재화가 자본집약적이라면, 일반요소세는 자본가에게도 전가되어 귀착된다.

③ 요소공급이 가변적인 경우

일반요소세(사회보장세)의 부과는 과세 후 임금률(순임금률)을 하락시킴으로써 노동공급을 떨어뜨린다. 그 결과 경제 전체적으로 K/L가 증가되어 w/r는 상승함으로써 일반요소세 부담의 일부가 자본가에게 전가된다.

한편 요소공급이 가변적인 경우 일반요소세가 노동자에게 미치는 귀착의 정도는 요소공급이 고정적일 때보다 줄어든다. 또한 일반요소세는 노동집약적 재화의 상대가격을 상승시켜 노동집

13) 일반요소세는 X재 생산에 사용되든 Y재 생산에 사용되든 상관없이 노동이라면 무조건 과세한다. 따라서 과세대상인 노동은 어느 부문으로 이동해도 세부담을 피할 수 없기 때문에 일반요소세(구체적으로 노동에 대한 과세)는 노동의 이동을 초래하지 않는다.

약적 재화를 선호하는 소비자에게 세부담의 일부를 전가시킨다.

결론적으로 요소공급이 가변적인 경우 일반요소세의 귀착은 노동의 공급탄력성, 두 재화(X, Y) 간 대체탄력성, 노동집약적 재화의 수요탄력성 등에 의해 결정된다.

▶ 요소공급이 가변적인 경우 일반요소세의 귀착을 결정하는 요인

① 노동의 공급탄력성

노동의 공급탄력성이 클수록 일반요소세 부과에 따라 초래되는 w/r의 변화가 커져서 일반요소세(노동소득세)는 자본가에게 크게 전가되어 귀착된다.

② 요소의 대체탄력성

요소의 대체탄력성이 클수록 일반요소세 부과(노동에 대한 과세)는 w/r의 변화를 작게 초래하기 때문에 자본가에게로의 전가 가능성이 작아진다.

③ 노동집약적 재화의 수요탄력성

일반요소세는 노동집약적 재화의 수요탄력성이 작으면 작을수록 이들 재화를 선호하는 소비자에게 보다 큰 귀착을 초래하게 된다.

(4) 부분요소세의 귀착

부분요소세(partial factor tax)는 X재 산업의 노동에 대한 과세(t_{LX}), X재 산업의 자본에 대한 과세(t_{KX}), Y재 산업의 노동에 대한 과세(t_{LY}), Y재 산업의 자본에 대한 과세(t_{KY})의 네 가지 유형으로 구분될 수 있다. 기존의 일괄세(정액세)를 X재 산업의 자본에 대한 과세(t_{KX})로 대체했을 때 부분요소세의 귀착은 상황에 따라 상이한 결과를 나타낸다.

① 요소공급이 고정된 경우

부분요소세의 부과는 산출량효과와 요소대체효과를 발생한다. 특정 산업에 사용되는 특정 요소에 대한 과세는 생산물시장에서 상대가격을 변화시킨다. 이에 따라 과세된 산업에서 생산되는 재화의 상대가격이 상승하여 그 산업의 생산은 감소되고, 비과세된 재화의 생산은 증가하게 된다. 이와 같이 특정 산업에 사용되는 특정 요소에 대한 과세가 그 산업의 생산을 줄이도록 작용하고 비과세된 재화의 생산을 늘리도록 미치는 영향을 산출량효과(output effect)라고 한다. 다시 말해 특정 산업에 사용되는 특정 요소에 대한 과세가 생산물시장에 미치는 영향을 산출량효과라고 부른다.

한편 특정 산업에 사용되는 특정 요소에 대한 과세는 그 요소의 사용비용을 증가시킴으로써 과세된 요소 대신 비과세된 다른 요소를 구입(수요)하도록 영향을 미친다. 이와 같이 특정 산업에 사용되는 특정 요소에 대한 과세가 생산요소시장에 미치는 영향을 요소대체효과(factor substitution effect)라고 한다.

경제 전체의 요소공급량(L과 K)이 고정되어 있고, 생산요소의 산업 간 이동은 자유로운 경우, 기존의 일괄세를 X재 산업의 자본에 대해 과세하는 부분요소세(t_{KX})로 대체하였다고 하자[14]. 이때 X재 생산에 사용되는 자본에 대한 과세(t_{KX})는 산출량효과와 요소대체효과를 발생시킨다. 따라서 동 조세가 초래하는 일반균형귀착은 산출량효과와 요소대체효과를 동시에 고려하여 파악해야 한다.

X재 산업이 자본집약적이라면, X재 생산에 사용되는 자본에 대한 과세(t_{KX})는 생산물시장에서 X재의 상대가격을 상승시키기 때문에 X재 수요(생산)를 감소시킨다. 이에 따라 X재 생산에 사용되던 요소의 해고가 초래되며, 해고된 요소는 수요가 증가된 Y재 산업으로 이동한다. 수요증가에 따라 생산을 늘려야 하는 Y재 산업은 노동을 더 많이 필요로 하지만(Y재 산업이 노동집약적이므로) X재 산업으로부터 노동보다는 자본이 더 많이 유입되기 때문에 자본이 넘치는 상황에 직면하게 된다. 이에 따라 w/r의 상승을 초래한다.

X재 산업이 노동집약적인 경우에도 X재 생산에 사용되는 자본에 대한 과세(t_{KX})는 생산물시장에서 X재의 상대가격을 상승시켜 그 수요(생산)를 감소시킨다[15]. 이에 따라 X재 생산에 사용되던 요소의 해고가 초래되며, 해고된 요소는 수요가 증가된 Y재 산업으로 이동한다. 수요증가에 따라 생산을 늘려야 하는 Y재 산업은 자본을 더 많이 필요로 하지만(Y재 산업이 자본집약적이므로) 자본보다 오히려 노동이 과도한 사태가 발생하게 된다. 따라서 w/r의 하락이 나타난다.

한편 X재 생산에 사용되는 자본에 대한 과세(t_{KX})는 생산요소시장에서 자본의 사용비용을 인상시킴으로써 비싸진 자본 대신 노동으로 요소사용을 대체하도록 영향을 미친다. 이와 같이 자본을 노동으로 대체함에 따라 상대적으로 노동은 희소해지고, 그 결과 w/r의 상승을 초래하게 된다.

이상의 X재 산업에 사용되는 자본에 대한 부분요소세 부과가 초래하는 귀착의 결과는 다음과 같이 요약·정리할 수 있다.

첫째, 노동집약적인 X재 산업에 대한 자본과세가 자본가에게 더 큰 귀착을 초래할지 노동자에게 더 큰 귀착을 초래할지는 산출량효과와 요소대체효과의 상대적 크기에 의해 결정된다. 산출량효과가 요소대체효과보다 크면 노동자에게 더 큰 귀착이 초래되고, 산출량효과가 요소대체효과보다 작으면 자본가에게 더 큰 귀착이 발생한다.

둘째, 자본집약저인 X재 산업에 대한 자본과세는 산출량효과와 요소대체효과 양(兩) 측면에서 자본가의 귀착을 더 크게 만든다.

결론적으로 산출량효과는 과세된 부문의 요소집약도에 의존하며, 이 부문에서 집약적으로 사

14) 만약 X재 산업이 법인부문이라면 부분요소세는 법인세를 의미한다.

15) X재 산업이 자본집약적이든 노동집약적이든 X재 생산에 사용되는 자본에 대한 과세(t_{KX})는 X재 산업에 대한 과세를 의미하므로 생산물시장에서 X재의 상대가격을 상승시키는 결과를 초래한다.

용되는 생산요소의 상대가격을 낮추는 작용을 한다. 그리고 요소대체효과는 조세부과의 대상이 되는 생산요소의 상대가격을 하락시키는 영향을 미친다.

▶ 부분요소과세의 귀착 결정요인

① 과세된 X재 산업의 수요탄력성(또는 X, Y재 간 대체탄력성)

과세된 X재 산업의 수요탄력성(수요의 가격탄력성) 또는 X, Y재 간 대체탄력성이 클수록 산출량효과가 커지므로 w/r는 큰 폭으로 변동하게 된다.

② 두 산업 간 요소집약도(K/L)의 차이

요소집약도의 차이가 클수록 산출량효과가 커지므로 w/r는 크게 변동한다.

③ X, Y재 산업의 요소대체탄력성

X, Y재 산업의 요소대체탄력성이 클수록 산출량효과는 작아지기 때문에 w/r가 작게 달라진다.

④ X재 산업(과세산업)의 생산비에서 과세된 요소의 구입비용이 차지하는 비중

과세된 요소의 구입비용이 전체 생산비에서 차지하는 비중이 클수록 산출량효과와 요소대체효과는 크게 나타나며, 이에 따라 w/r가 크게 변동한다.

② 상이한 선호를 가진 다수인 경제의 경우

납세자들의 선호가 상이하다고 가정하면 부분요소세가 초래하는 지출 측면에 대한 영향도 고려해야 온전한 일반균형귀착분석이 된다.

지출 측면에서는 과세된 X재에 대한 지출비중이 높은 사람이 불리하다. 만약에 과세된 X재가 필수품이라면 저소득층이 불리해지고, X재가 사치품이라면 고소득층이 불리해진다. 다시 말해 X재가 필수품이면서 자본집약적이라면 X재 산업의 자본에 과세(t_{KX})했을 경우, 원천 측면에서는 노동자가 유리하고, 지출 측면에서는 노동자(저소득층)가 불리해진다.

③ 요소공급이 가변적인 경우

경제 전체의 요소공급량이 가변적이고, 생산요소의 산업 간 이동이 자유로운 경우 X재 산업에서 사용되고 있는 자본에 대해 과세하는 부분요소세(t_{KX})의 귀착은 요소공급이 고정적일 때와 비교하면 상이한 결과를 나타낸다.

자본과세로 인해 과세 후 자본수익률이 하락하면 경제 전체의 자본공급이 줄어들게 되며, 이에 따라 K/L는 감소하게 되고, 이는 w/r를 인하시켜 자본공급이 고정적인 경우(요소공급이 고정적인 경우)보다 자본가에게로의 귀착을 감소시킨다.

결국 자본집약적 X재 산업에 대한 자본과세는 자본가에게 불리한 영향을 미치지만 자본공급이 가변적이라면 그 정도는 좀 더 완화된다.

제2절 최적과세론과 최적세제개혁론

1. 최적과세론

1) 최적과세론의 의의

세제가 바람직한 체계를 갖추기 위해 요구되는 기본적인 요건들을 조세원칙이라고 하며, 이와 같은 조세원칙을 모두 충족하는 형태로 과세되고 있을 때 최적과세가 실현되었다고 한다. 그리고 이때의 세제를 최적조세제도라고 부른다. 다시 말해 최적과세(최적조세제도)는 조세원칙을 충족하는 세제운영을 말한다.

최적과세는 효율과 공평 및 기타 조세원칙을 모두 중시하지만 특별히 효율과 공평을 더욱 강조하는 과세논리라고 할 수 있다. 반면 현실적으로 세제가 이상적이기 위해 갖추어야 할 요건(조세원칙)을 동시에 충족하는 조세제도는 존재할 수 없다. 최적과세의 실현을 위해서는 여러 조세원칙을 모두 충족하는 과세방안을 마련해야 하지만 그것이 쉽지 않다는 제약 때문에 효율 또는 공평의 달성을 목표로 하며, 그 이외 조세원칙의 충족은 포기하는 접근을 따르는 것이 일반적이다. 따라서 차선의 차원에서 최적조세제도 내지 최적과세론이 모색된다(차선의 이론).

현실의 최적과세론(최적조세제도)은 조세원칙을 염두에 두되 차선의 차원에서 정부의 세수 목표를 달성하면서 사회정의의 실현(공평의 달성)이나 효율의 증진과 같은 사회목적함수를 극대화할 수 있는 과세방안을 모색하는 분야라고 할 수 있다.

최적과세론에 관한 원초적 기원은 밀(J.S. Mill)의 균등희생설에서 비롯되었고, 현대적 출발은 1927년 램지(F.P. Ramsey)에서부터 시작되었으며, 1960년대 말 이후 멀리즈(J.A. Mirrlees), 샌드모(A. Sandmo), 앳킨슨(A. B. Atkinson), 스티글리츠(J.E. Stiglitz), 스턴(N.H. Stern), 시어드(J. Seade) 등에 의해 발전되었다.

최적과세론은 크게 소비과세를 대상으로 하는 최적소비세론(최적상품세론, 최적물품세론)과 소득과세를 다루는 최적소득세론으로 구분된다[16].

---

16) 최적과세론에 대한 논의는 기본적으로 소비세와 소득세 중심으로 이루어지고 있으나, 그 외의 방법을 이용한 최적과세론도 제시되고 있음은 물론이다. 간접세(소비세)와 직접세(소득세)를 결합한 최적과세론 등 다양한 접근이 있다. 본서에서는 최적소비세론과 최적소득세론만을 취급하기로 한다.

2) 최적소비과세론

정부가 필요로 하는 만큼의 세수를 확보하면서 조세원칙을 충족시킬 수 있는 소비과세를 최적소비세라고 한다. 이는 최적상품세, 최적물품세라고도 부른다.

(1) 여가에 과세할 수 있는 경우

대표적인 소비자의 소득이 오로지 근로에 의해서만 확보되고, 그 소득 전부를 X상품과 Y상품 구입에 사용한다고 하자[17]. 그리고 X상품과 Y상품이 거래되는 시장은 완전경쟁시장이라고 하면, 다음의 관계가 성립한다.

$$(H-L)\cdot W = P_X\cdot X + P_Y\cdot Y \quad \cdots\cdots (1)$$

(H : 주어진 시간, L : 여가시간, W : 임금률, P_X : X상품의 가격, P_Y : Y상품의 가격)

식 (1)에서 우변은 X상품과 Y상품 구입을 위한 총지출이며, 좌변은 근로소득을 나타낸다. 여가도 상품으로 간주하면 식 (1)은 다음과 같이 표시될 수 있다.

$$W\cdot H = W\cdot L + P_X\cdot X + P_Y\cdot Y \quad \cdots\cdots (2)$$

식 (2)의 상황에서 파레토 효율적인 소비배분이 이루어지고 있다고 하자. 이때 소비세가 부과된다면 식 (2)의 우변에 변화가 발생하게 된다. 구체적으로 여가도 하나의 상품으로 간주하여 과세가 가능하다고 할 경우, 여가를 포함한 모든 상품에 대해 동일한 세율(t)을 적용하는 일반소비세(일률상품과세)는 다음과 같은 결과를 가져온다.

$$W\cdot H = (1+t)W\cdot L + (1+t)P_X\cdot X + (1+t)P_Y\cdot Y \quad \cdots\cdots (3)$$

식 (3)의 양변을 $(1+t)$로 나누면 다음과 같은 관계가 성립한다.

$$W\cdot H/(1+t) = W\cdot L + P_X\cdot X + P_Y\cdot Y \quad \cdots\cdots (4)$$

식 (2)와 (4)를 비교하면, 우변은 동일하다. 따라서 여가를 포함한 모든 상품에 동일한 세율을 적용하는 일반소비세(일률상품과세)[18]는 상대가격을 변동시키지 않으므로 초과부담을 초래하지 않는 효율적인 조세임을 알 수 있다.

---

17) 여기서는 대표적인 소비자를 설정하고, 그가 하는 소비를 뒷받침하는 원천인 소득이 오로지 근로에 의해서만 결정된다고 가정하여 분석을 단순화하고자 한다.

18) 일반소비세(일률상품과세)의 현실적인 예로는 부가가치세를 들 수 있다.

이상의 분석에서는 한 명의 대표를 설정하여 무수히 많은 소비자를 대신하였다. 모든 소비자들은 기본적으로 동일한 상황에 직면할 수 있으므로 일반소비세 부과는 각 소비자에게 식 (2)의 좌변과 식 (4)의 좌변의 차이에 해당하는 부담을 발생시킨다. 이는 일반소비세가 모든 소비자에게 동일한 부담을 초래하는 정액세와 같은 역할을 한다는 것이다. 따라서 이때 정액세 성격을 띠는 일반소비세는 역진성의 문제를 갖는다(공평 저해).

(2) 여가에 과세할 수 없는 경우

현실적으로 여가에 대한 직접적인 과세는 가능하지 않다. 따라서 여가에 과세할 수 없다는 현실을 고려한 최적소비과세 방안의 모색이 필요하다. 이는 역탄력성 명제 또는 비례적 체감법칙(Ramsey Rule)을 따르는 소비과세에 의해 실현된다.

① 램지(Ramsey)의 최적소비과세 모형

여가에 직접적으로 과세할 수 없는 경우 어떻게 최적소비과세를 실현할 수 있는가를 선구적으로 연구한 학자는 램지(F.P. Ramsey)이다. 램지의 최적소비과세 모형은 다음과 같은 기본 가정을 설정하고 있다[19].

첫째, 정부가 채택할 수 있는 조세체계는 각 상품에 대해 상이한 세율로 세부담을 지우는 선형의 소비세 체계이다.

둘째, 노동공급의 대가인 임금에 대한 과세(여가에 대한 과세)는 허용되지 않는다.

셋째, 소비세의 과세대상은 대표적인 가계에 의해 이루어지는 소비이다. 대표적 가계는 상품의 시장가격에 소비세를 합한 소비자 가격으로 상품을 구입하며, 효용극대화가 실현될 수 있도록 각 상품에 대한 소비(수요)량을 결정한다.

넷째, 소비세율은 정부가 목표로 하는 일정한 세수확보와 대표적 가계의 효용극대화가 동시에 달성될 수 있도록 각 상품별로 책정된다.

램지는 위의 가정을 지키면서 최적소비과세를 실현하는 방안으로 램지 법칙(비례성 명제, 비례적 체감법칙)과 역탄력성 명제(역비례 탄력성 원칙)를 제시하였다.

② 램지 법칙(비례성 명제)

여가에 과세할 수 없는 경우 최적소비과세 방법은 앞의 식 (1)의 우변에만 소비세를 부과하여 최적과세를 모색하는 것을 말한다.

[그림 6-1]에서 X상품과 Y상품 산업은 서로 독립관계이고, 비용조건이 동일하며, 과세 전에 e점과 f점에서 균형을 이루고 있다고 하자. X상품과 Y상품에 대한 소비세 부과는 a점과 c점에

19) 보다 자세한 내용은 F. P. Ramsey, "A Contribution to the Theory of Taxation", *Economic Journal*, Vol.37, 1927, pp.47~61를 참조하기 바란다.

서 새로운 균형을 형성시킨다. 이에 따라 X산업에서 확보되는 세수는 $\square P_X^1P_X^0ba$이고, Y산업에서 확보되는 세수는 $\square P_Y^1P_Y^0dc$이다. 또한 X산업에서 발생하는 초과부담은 $\triangle abe$이고, Y산업에서 발생하는 초과부담은 $\triangle cdf$으로 나타난다.

두 상품으로부터 징수하는 세액($\square P_X^1P_X^0ba + \square P_Y^1P_Y^0dc$)은 정부가 목표로 하는 세수이고 그에 따라 발생하는 초과부담의 합($\triangle abe + \triangle cdf$)이 최소일 때, 최적소비과세가 실현된다. 이것은 구체적으로 과세된 각 상품(산업)부문에서 발생하는 세수 1단위당 초과부담이 동일할 때 이루어진다. 다시 말해 과세에 의한 세수 1단위당 효용상실의 크기가 모든 상품에 대해 똑같을 때 최적소비과세가 달성된다($\triangle abe/\square P_X^1P_X^0ba = \triangle cdf/\square P_Y^1P_Y^0dc$).

한편 과세된 각 상품부문에서 발생하는 세수 1단위당 초과부담이 동일하기 위해서는 모든 상품의 수요량이 같은 비율로 감소되도록 상품마다 상이한 개별소비세율이 적용되어야 한다. 이는 상품마다 상이한 소비세율을 적용함으로써 각 상품의 상대적 수요량 감소가 똑 같아지는 세율구조를 가질 때 실현된다.

X상품에 대한 소비과세가 초래하는 세수 1단위당 초과부담은 $1/2 \cdot \Delta X/X$이고, Y상품의 경우는 $1/2 \cdot \Delta Y/Y$이다[20]. 따라서 두 상품의 세수 1단위당 초과부담이 동일($\Delta X/X = \Delta Y/Y$)할 때, 최적소비과세가 이룩된다. 이는 상이한 소비세율을 적용하여 각 상품의 상대적 수요량 감소가 똑 같아질 때 최적소비과세가 실현된다는 것을 의미한다. 이런 까닭에 이와 같은 소비과세

그림 6-1 상이한 수요탄력성일 때 초과부담

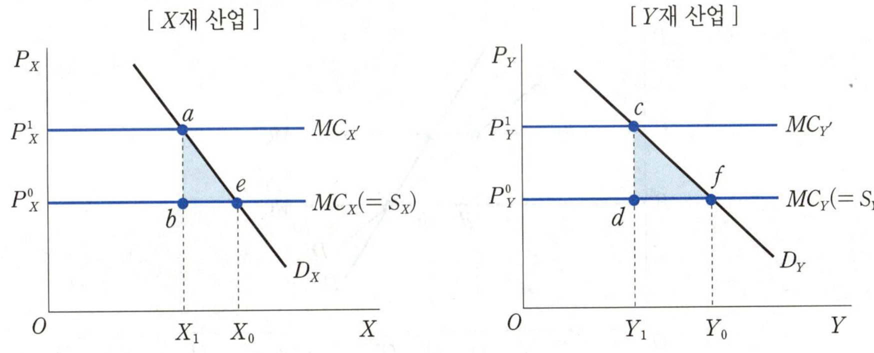

20) [그림 6-1]에서 X산업에 대한 소비세 부과에 따른 세수는 $\square P_X^1P_X^0ba = P_X^1P_X^0 \cdot OX_1$이며, 초과부담은 $\triangle abe = \frac{1}{2} P_X^1P_X^0 \cdot X_1X_0$이다. 따라서 $\triangle abe/\square P_X^1P_X^0ba = \frac{1}{2}\frac{X_1X_0}{OX_1}$이 성립한다. 이때 X_1X_0은 소비세 부과에 따라 발생하는 X상품의 수요량 감소분이므로 ΔX로 표시할 수 있고, OX_1은 과세 후 균형상품량이므로 X로 나타낼 수 있다. 이에 따라 $\triangle abe/\square P_X^1P_X^0ba = \frac{1}{2}\frac{\Delta X}{X}$가 성립한다. Y산업의 경우도 마찬가지로 소비세 부과가 초래하는 세수와 초과부담은 각각 $\square P_Y^1P_Y^0ba$와 $\triangle cdf$가 된다. 그리고 세수 1단위당 초과부담은 $\triangle cdf/\square P_Y^1P_Y^0ba = \frac{1}{2}\frac{\Delta Y}{Y}$의 관계가 성립한다.

방식을 비례적 체감법칙 또는 램지 법칙(램지 명제, 비례성 명제)이라고 부른다.

이상에서 살펴보았듯이 여가에 직접적으로 과세할 수 없을 때, 최적소비과세를 실현하는 세율은 균일세율이 아니라고 하겠다.

③ 역탄력성 명제(역비례 탄력성 원칙)

여가에 과세할 수 없는 경우 최적소비과세는 비례적 체감법칙을 따를 때 실현된다. 비례적 체감법칙은 상품의 자기가격탄력성(수요의 가격탄력성)에 역비례하도록 세율을 설정해야 최적소비과세가 됨을 시사한다. 각 상품의 수요가 상호 독립적(다시 말해 상품 간에 보완이나 대체관계가 없는 경우)이라고 가정할 때, 비례적 체감법칙이 성립하면 각 상품 수요의 가격탄력성과 적용 세율 간에는 역비례의 관계가 나타난다.

[그림 6-2]에 제시되어 있는 바와 같이 과세전 균형이 e점에서 형성되었을 때, 동일한 세율로 소비과세를 하면 세수 1단위당 초과부담은 수요의 가격탄력성이 큰 경우(D_e)는 $\triangle cde$이고, 작은 경우(D_i)는 $\triangle abe$이다($\triangle cde > \triangle abe$). 따라서 세수 1단위마다 상실되는 후생의 크기는 탄력적인 상품에 과세할 때 더 크게 발생한다. 최적소비과세는 과세된 각 상품 부문에서 발생하는 세수 1단위당 초과부담이 동일할 때 실현되므로 그것의 달성을 위해서는 수요의 가격탄력성이 크면 세율을 낮게 책정하고, 거꾸로 수요의 가격탄력성이 작으면 낮은 세율의 부과가 요구된다(역탄력성 명제, 역비례 탄력성 원칙)[21].

그림 6-2 역탄력성 명제

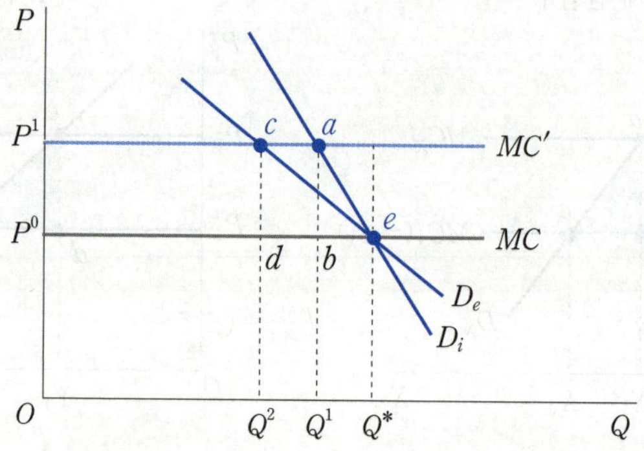

21) 역비례 탄력성 원칙(역탄력성 명제)은 다음과 같이 설명될 수 있다. 우선 두 상품(X재, Y재)에 대한 초과부담을 각각 EB_X, EB_Y라고 하자. X재에 대한 세금(T_X)은 종량세를 부과하면 $t_X \cdot X$이고, 종가세인 경우에는 $t_X \cdot P_X \cdot X$이다. 이에 근거하여 X재와 Y재에 대한 한계초과부담을 산출할 수 있고, 사회 전체적으로 초과부담의 최소화는 X재에 대한 한계초과부담(MEB_X)과 Y재에 대한 한계초과부담(MEB_Y)이 동일할 때 성립한다. 이하의 내용은 역탄력성 명제 도출과정이며, 복잡하기 때문에 반드시 이해할 필요는 없다. 관심 있는 독자들은 그 전개 과정을 차근차근 살펴보기 바란다.

$$EB_X = \frac{1}{2} t_X \cdot \triangle X, \quad EB_Y = \frac{1}{2} t_Y \cdot \triangle Y$$

극단적인 경우로서 수요가 완전비탄력적이라면 최적소비과세를 실현하는 개별소비세는 정액세(인두세)와 같은 효과를 나타내게 된다.

④ 역탄력성 명제(램지 법칙)의 문제점

㉠ 불공평의 초래

역탄력성 명제에 따르면 수요가 탄력적인 사치품에는 경과(輕課)해야 하고, 비탄력적인 필수품에는 중과(重課)해야 최적소비과세를 실현할 수 있다. 그러나 이러한 역탄력성 명제는 상대적으로 필수품에 대한 지출의 비중이 큰 저소득층에게 더 많은 세부담을 발생시킴으로써 역진성(수직적 불공평)을 초래하게 된다.

㉡ 현실 적용의 애로

역탄력성 명제의 실제적인 적용은 개별 상품에 대한 수요의 가격탄력성을 측정할 수 없고, 비록 그 측정이 가능하다 하더라도 많은 비용이 소요된다는 문제점이 있다.

⑤ 역탄력성 명제가 초래하는 불공평에 대한 대책

필수품에 대해서는 저율의 과세를 하고, 사치품 가운데 수요의 가격탄력성이 낮은 상품에 대해서는 고율의 과세를 하면 고소득층의 부담을 늘려 역탄력성 명제가 초래하는 역진성의 완화가 가능할 것이다[22]. 또한 고소득층이 집중적으로 소비하는 상품에 대해 고율의 과세를 하는 방안도 역진성을 줄이는 효과를 갖는다.

(3) 세 상품 경제의 가격탄력성 명제

여가와 2개의 상품이 있는 경제를 상정할 경우, 2개의 상품과 여가는 통상 대체적이거나 보완적인 관계를 형성한다고 할 수 있다. 2개의 상품은 X재와 Y재(X재 이외의 상품)를 말하며, 이는 세상에 존재하는 모든 상품을 단순화하여 표현한 것이다.

여가와 그 상품이 어떤 관계를 맺고 있느냐에 따라 상이한 세율을 적용함으로써 초과부담을

$$MEB_X = \frac{\partial EB_X}{\partial T_X} = \frac{\partial EB_X}{\partial t_X} / \frac{\partial T_X}{\partial t_X} = \frac{1}{2}\cdot \Delta X/X = \frac{1}{2}\cdot t_X \cdot \eta_X \ (\eta_X : X\text{재 수요의 가격탄력성})$$

$$\because \eta_X = -\frac{\Delta X}{\Delta P_X}\cdot\frac{P_X}{X} = -\frac{\Delta X}{X}\cdot\frac{P_X}{\Delta P_X} = -\frac{\Delta X}{X}\cdot\frac{P_X}{t_X\cdot P_X}$$

$$MEB_Y = \frac{\partial EB_Y}{\partial T_Y} = \frac{\partial EB_Y}{\partial t_Y} / \frac{\partial T_Y}{\partial t_Y} = \frac{1}{2}\cdot \Delta Y/Y = \frac{1}{2}\cdot t_Y \cdot \eta_Y \ (\eta_Y : Y\text{재 수요의 가격탄력성})$$

$$\because \eta_Y = -\frac{\Delta Y}{\Delta P_Y}\cdot\frac{P_Y}{Y} = -\frac{\Delta Y}{Y}\cdot\frac{P_Y}{\Delta P_Y} = -\frac{\Delta Y}{Y}\cdot\frac{P_Y}{t_Y\cdot P_Y}$$

$$\text{역비례탄력성 원칙} : \frac{t_X}{t_Y} = \frac{\eta_Y}{\eta_X} \ (\because MEB_X = \frac{1}{2}\cdot t_X\cdot\eta_X = \frac{1}{2}\cdot t_Y\cdot\eta_Y = MEB_Y)$$

22) 사치품 가운데 수요탄력성(수요의 가격탄력성)이 낮은 품목으로는 고가의 담배, 주류 등 집착적인 선호를 나타내는 상품, 베블렌(Veblen) 효과를 나타내는 상품을 들 수 있다.

최소화할 수 있다. 구체적으로 여가와 대체적 관계에 있는 상품보다 여가와 보완적인 관계에 있는 상품에 더 높은 세율로 과세해야 초과부담을 줄일 수 있게 된다. 이와 같이 여가와 보완적인 관계(여가보완재, 노동대체재)에 있는 상품에는 고율과세하고, 여가와 대체적인 관계(여가대체재, 노동보완재)에 있는 상품에는 저율과세함으로써 효율과 공평을 동시에 모색하는 과세방안을 콜렛-헤이그(Corelett-Hague) 명제라고 한다.

콜렛-헤이그 명제를 따르는 소비과세는 여가와 보완적인 상품이면서 고소득층이 선호하는 상품(바캉스용품, 레저용품 등)에 중과하고, 여가와 대체적인 상품인 작업복과 같이 저소득층과 관련이 깊은 상품에는 경과함으로써 공평(수직적 공평)을 도모할 수 있다. 더 나아가 여가보완재에 대한 고율과세는 여가에 중과하는 것과 마찬가지이므로 노동공급을 증가시켜 효율을 제고하는 효과를 발생한다.

이와 같은 특성 때문에 콜렛-헤이그 명제를 따르면 효율과 공평을 동시에 도모할 수 있게 된다. 콜렛-헤이그 명제는 여가와 보완적 관계에 있는 상품에 간접적으로 과세하면 최적소비과세가 실현될 수 있음을 보여주는 한편, 램지 명제를 진일보시켰다는 평가를 받고 있다.

3) 최적소득과세론

최적소비세론은 공평성을 저해하는 문제점을 드러낸다. 반면 소비세 대신 누진소득세를 과세하면 노동의욕을 저해함으로써 배분의 비효율을 발생시킬 우려가 있다. 멀리즈(J. A. Mirrlees)가 선구적 연구를 한 최적소득과세론은 이런 점을 감안하여 누진소득세에 의한 비효율성을 최소화하면서 공평성(형평성)을 도모할 수 있는 과세방안을 모색한다.

최적소득과세론은 사회후생함수를 도입하여 공평을 반영하는 한편 효율과 공평의 실현을 동시에 추구하면서 정부가 필요로 하는 만큼의 세수확보를 보장해 주는 최적소득세율의 도출을 목표로 하고 있다. 최적소득세론은 소득세의 세율이 소득(과표)변화에 대하여 일정한가, 가변적인가에 따라 최적선형소득세론과 최적비선형소득세론으로 구분된다.

(1) 최적선형소득세론

소득구간(크기)에 관계없이 소득세의 세율(한계세율)이 일정한 선형소득세함수를 대상으로 최적과세의 실현방안을 모색하는 접근이 최적선형소득세론이다. 여기에서는 스턴(N.H. Stern)이 최적선형소득과세 모형을 단순화하여 설명하도록 하겠다[23]. 스턴은 모든 사람의 소득과 노동에 대한 선호는 동일하고, 그 선호는 어디서나 똑같은 대체탄력성을 나타낸다고 가정하였다.

납세자, 정부, 사회 전체의 세 부문은 소득세 부과 및 납부와 관련하여 각각 다음과 같은 입장에 직면한다고 할 수 있다.

---

23) 자세한 내용은 N.H. Stern, "On the Specification of Models of Optimum Income Taxation", *Journal of Public Economics*, Vol.6, 1976을 참조하기 바란다.

납세자의 효용함수와 가처분소득은 다음과 같은 형태를 띤다고 설정한다[24].

> 효용함수 : $U = f(Y, L)$
> 납세자의 가처분소득 : $Y = w \cdot n \cdot (H - L) - t\{w \cdot n \cdot (H - L)\}$
> * w : 임금률, n : 노동의 효율단위, H : 주어진 시간, L : 여가시간,
> $(H - L)$: 근로시간, $t\{w \cdot n \cdot (H - L)\}$: 근로소득세

납세자의 효용 수준은 여가의 크기와 소득세 납부 후의 가처분소득에 의해 결정된다. 따라서 대표적인 납세자는 소득세 납부 후 효용극대화를 자신의 목표로 추구한다고 할 수 있다. 반면 정부는 다음과 같은 소득세함수(T)를 통해 목표로 하는 수입(세수)확보를 도모한다.

> 소득세함수 $T = t\{w \cdot n \cdot (H - L)\} \cdot N$
> * N : 납세자의 수

한편 사회 전체적으로는 $SWF = 1/a \cdot \sum_{i=1}^{N} U_i^a$와 같은 일반적 공리주의(일반적 효용학파) 사회후생함수를 채택하여 사회후생의 극대화를 추구한다고 하자[25].

위와 같은 전제를 따를 때 납세자와 정부가 추구하는 목표가 각각 이루어진 상태에서 사회후생극대화가 달성될 수 있도록 소득과세가 이룩되었다면 최적선형소득과세를 실현하게 된다.

최적선형소득과세론에서 제시하는 최적소득세율은 노동과 여가 간 대체탄력성뿐만 아니라, 사회후생함수의 형태에도 영향을 받는다. 스턴의 최적선형소득과세 모형에 따르면 최적소득세율은 다음과 같은 조건을 충족하는 방향으로 결정되어야 한다.

첫째, 최적소득세율은 0과 1 사이에서 결정되어야 한다($0 <$ 최적소득세율 < 1).

둘째, 소득세 부과의 영향으로 초래되는 노동의 여가에로의 대체탄력성이 클수록 소득세율은 낮게 설정되어야 한다(역탄력성 명제)[26].

---

24) 납세자의 효용 수준은 여가(L)와 가처분소득의 크기(Y)에 의해 결정되며, 여가와 가처분소득이 커질수록 효용이 증가한다고 가정한다. 가처분소득은 근로시간($H - L$)과 노동의 효율단위를 감안한 임금률($w \cdot n$)에 의해 결정된다. 이때 노동의 효율단위(n)는 다음과 같은 의미를 갖는다. 갑과 을이 1시간의 작업을 통해 각각 1개와 5개의 생산물을 만들었을 경우, 갑에게 시간당 1만원의 임금률(w)을 적용(제공)하였다면 을에게는 1만원 이상의 임금률을 적용하는 것이 합리적이다. 예컨대 을에게 4만원의 시간당 임금률을 적용했다면, 을의 노동의 효율단위는 4가 된다.

25) 사회구성원에게 부여되는 가중치(a)에 따라 일반적 공리주의 사회후생함수는 다양한 형태를 나타낸다. 자세한 내용은 본서의 '제1장 제3절 3. 경제상태 변경의 개선여부 판정' 부분을 참조하기 바란다.

26) 소득세 부과는 노동공급의 대가인 임금률을 떨어뜨림으로써 노동을 여가로 대체시키는 영향을 초래하게 된다. 따라서 노동의 여가에로의 대체탄력성이 클수록 낮은 소득세율을 적용해야 노동공급의 감소를 완화시킨다. 이는 노동의 여가에로의 대체탄력성과 세율이 역의 관계를 만족해야 최적소득과세를 실현할 수 있음을 의미한다.

셋째, 사회구성원들 간의 빈부격차를 줄이고자 하는 의지가 클수록(공평을 높이 추구할수록) 소득세율은 높게 형성되어야 한다.

넷째, 정부의 소득세수 목표가 클수록 소득세율은 높게 설정되어야 한다.

다섯째, 사회구성원들 간 소득창출 능력(노동의 효율단위)의 격차가 클수록 소득세율은 높게 책정되어야 한다[27].

(2) 최적비선형소득세론

최적비선형소득세론은 소득 수준이 변동함에 따라 각 소득구간에 적용되는 소득세의 한계세율도 달라지는 비선형소득세함수를 이용하여 최적과세의 실현 방안을 모색하는 접근을 가리킨다. 비선형소득세함수를 통해 최적과세를 실현할 수 있기 위해서는 최적소득세율의 크기가 다음과 같은 방향에서 결정되어야 한다[28].

첫째, 각 소득구간에 적용되는 한계소득세율은 0과 1 사이에 분포된다.

둘째, 최적선형소득세론의 경우와 마찬가지로 한계소득세율의 크기는 사회구성원의 능력분포 및 노동과 여가에 대한 선호 등을 따른다.

셋째, 한계소득세율은 대체로 선형소득세함수에서의 세율구조와 유사하다.

넷째, 각 소득구간에 적용되는 한계소득세율은 소득이 증가함에 따라 그 증가율이 감소하는 방식을 따라야 한다. 소득 수준의 상승에 따라 상위 소득구간의 한계소득세율을 적용받아야 하는 소득계층은 그 영향으로 소득창출 의욕이 크게 꺾이게 된다. 따라서 소득 수준의 상승에 따라 상위 소득구간에 적용될 한계소득세율은 그 상승률을 완화하는 것이 바람직하다. 이렇게 할 경우 소득 수준이 높은 자가 그렇지 않은 자보다 총조세부담이 커서 평균세율은 누진구조가 되지만, 상위 소득구간으로 갈수록 한계소득세율의 증가율이 감소하므로 한계세율은 역진구조를 나타내게 된다.

다섯째, 최고소득구간 및 최저소득구간에 적용될 한계소득세율은 0이 되어야 한다[29].

---

27) 사회구성원들 간에 소득창출 능력의 격차가 크다는 것은 노동효율단위(n)의 차이가 크다는 의미이다. 이는 사회구성원들 간에 빈부격차를 심화시키므로 이를 시정하기 위해서는 소득 수준이 높은 사람에게 중과할 수 있도록 소득세율을 높게 부과해야 한다.

28) 자세한 내용은 J. A. Mirrlees, "An Exploration in the Theory of Optimum Income Taxation", *Review of Economic Studies*, Vol.38, 1971, pp.175~208를 참조하기 바란다.

29) 그 이유는 비선형소득세제를 따를 때 최고소득구간에 적용하는 한계소득세율을 0으로 하면, 최고소득계층에 대해 추가적인 노동유인을 부여함으로써, 정부 입장에서 보면 적어도 전과 동일한 세수를 얻거나 그 보다 더 큰 세수를 얻을 수 있기 때문이다. 한편 최고소득계층의 추가적인 노동증가가 초래하는 그들의 후생증대는 다른 어떤 개인의 후생도 저하시키지 않기 때문에 사회적 차원의 효율 증진(파레토 개선)을 가져올 수 있다.

(3) 최적소득과세론의 문제점

최적소득과세론(선형 및 비선형소득세함수)은 최적소비과세론이 나타내는 공평(형평)저해의 한계를 보완하는 장점이 있지만 그 실행상 다음과 같은 문제점을 갖는다.

첫째, 후생경제학적 접근을 따르고 있는 최적소득과세론은 경제적 측면을 강조하기 때문에 조세변화가 각종 제도에 미치는 영향을 경시하고 있다.

둘째, 최적소득과세론은 서수적 효용을 기초로 하며, 효용은 여가와 근로소득의 크기에 의해 결정된다고 가정한다. 그러나 여가나 근로에 대한 개인적 가치(효용)는 주관적이기 때문에 서수적 효용을 기준으로 하면 여가와 노동의 질적 가치에 대한 올바른 평가가 어렵다. 뿐만 아니라 효용결정에 영향을 미치는 소득 이외의 요인인 윤리적 요소(명예, 권력, 심리적 가치, 건강, 인생관, 자기가치 실현 등)를 간과하게 된다.

셋째, 최적소득과세론은 조세의 행정적·심리적 측면을 소홀히 취급하고 있다. 현실적으로 정확한 과표의 포착, 과세소득의 합리적 측정 등 조세행정상 많은 애로가 존재한다. 또한 납세자의 조세부담감, 조세저항 등 심리적 요인은 조세작용에 적지 않은 영향을 미친다.

넷째, 최적소득과세론은 조세가 부과되었을 때 나타날 수 있는 납세자의 다양한 행동반응을 제대로 반영하지 못하고 있다. 또한 경제·사회 여건 변화에 따라 나타나는 세제환경 변동과 그것에 기인하는 납세자의 조세부담 회피 등의 행태를 제대로 고려하기 쉽지 않다.

2. 최적세제개혁론

1) 최적세제개혁론의 의의

최적세제개혁은 현실의 세제를 이상적인 세제(최적조세제도 또는 최적과세)에 접근시키기 위한 일련의 조치를 말한다. 반면 최적과세론(최적조세제도)은 현실의 세제와 무관하게 정부의 목표세수를 확보하면서 조세원칙을 충족시킬 수 있는 바람직한 세목을 설정하고, 그것의 실현을 뒷받침하는 최적세율을 모색하는 조세이론 분야이다.

기존의 세제개혁론은 단순히 세원의 정의(定義)에 초점을 맞추고 있는데 비해, 펠드스타인(M. Feldstein)은 공평과세, 세수변화 등 경제적 효과를 강조하는 세제개혁론을 정립하였다.

최적세제개혁론은 최적과세론을 준거로 하여 기존 세제를 합리적으로 개선하는 대안의 마련을 뒷받침하는 이론적 틀이라고 할 수 있다. 이하에서는 펠드스타인의 최적세제개혁론을 중심으로 그 내용과 한계를 알아보도록 하겠다[30].

30) 자세한 내용은 M. Feldstein, "On the Theory of Tax Reform", *Journal of Public Economics*, Vol.6, 1976, pp.77~104를 참조하기 바란다.

2) 펠드스타인의 최적세제개혁론

최적세제개혁은 최적과세론(최적조세제도)을 전형(典型)으로 하여 현실의 세제를 조정해 나가는 조세제도의 개선과정(tax reform)이라고 할 수 있다. 따라서 세제개혁에 의해 나타나는 세수변동 및 각종 경제변수의 변화에 유의하여야 한다.

펠드스타인(M. Feldstein)은 세제개혁으로 인한 민간부문의 후생손실이 극소화되어야 한다는 입장에서 최적세제개혁을 위해 유의해야 할 점을 다음과 같이 제시하였다.

첫째, 최적세제개혁을 위해서는 세제개혁으로 예상되는 경제 주체들의 불확실한 행동변화나 경제변수들의 변동에 대해서도 세심한 주의를 기울여야 한다. 세제개혁에 따른 기대이득이 기대손실보다 클 경우 비로소 세제개혁의 실행이 가능하게 된다.

둘째, 세제개혁이 있더라도 민간부문의 재산권을 침해해서는 안 되며, 수평적·수직적 불공평이 최소화되도록 조치가 필요하다.

셋째, 빈번한 세제개혁은 경제 주체들의 세제에 대한 신뢰도를 감소시키며, 또 다른 세제개혁에 대비케 하는 비효율적 행태를 유발시킬 수 있으므로 주의해야 한다.

세제개혁으로 인해 재산권의 침해, 수평적·수직적 불공평이 초래되었을지라도, 이에 대한 충분한 보상이 가능하다면 세제개혁은 원만하게 수행될 수 있다. 그러나 이것은 현실적으로 가능하지 않다. 따라서 현실의 세제개혁은 앞에서 제시한 최선의 세제개혁을 위한 유의점을 차선의 차원에서 충족시키는 방향으로 진행된다.

세제개혁에 따라 발생할 수 있는 부작용을 줄이는 차선의 세제개혁을 위해서는 다음 사항의 준수가 요구된다.

첫째, 세제개혁의 내용을 알리는 고시기간을 설정하여 경제적 교란을 최소화해야 한다. 세제개혁의 폭을 축소시킴으로써 세제개혁에 따른 부작용을 줄일 수도 있으나, 이는 원래 세제개혁의 의도를 포기해야 하는 문제점을 갖는다. 따라서 세제개혁의 효력발생 시기를 충분히 연장시킴으로써 경제 주체들이 적응케 하는 방법이 현실적인 대안이 된다.

둘째, 세제개혁의 두 대상인 세원과 세율의 결정을 분리하는 세제개혁을 시행한다. 효율과 공평의 적절한 조화를 위해 최적세원의 정의(定義)와 최적세율의 도출을 분리하는 세제개혁이 필요하다는 것이다. 구체적으로 최적세원을 정의할 때는 수평적 공평(효율)만 고려하고, 최적세율을 도출할 때 수직적 공평을 반영한다[31].

31) 세제는 기본적으로 세율과 과표로 구성($T = t \cdot X$)되기 때문에 개인소득세제를 개혁하고자 할 경우 그 개혁의 목표는 적정 소득과표의 선정(최적세원의 정의)과 소득과표에 대한 적정세율의 도출(최적세율의 도출)이 될 것이다. 이때 적정 소득과표의 선정은 납세자의 경제적 능력을 나타내는 다양한 유형의 소득을 동일하게 취급함으로써 달성된다. 납세자가 가득하는 다양한 유형의 소득은 그의 경제적 능력을 나타내므로 차별 없이 합산(포괄화)되어야 한다. 각 납세자의 소득이 차별 없이 합산되어 포괄화되었을 때 적정 소득과표의 선정이 이루어졌다고 할 수 있다. 이렇게 되면 모든 납세자들은 자신의 경제적 능력평가에 있어 동등한 입장에 서게 된다. 납세자들의 포

3) 조세제도 개혁의 과제

(1) 조세지출의 합리적인 개선

조세지출(tax expenditure)은 민간부문의 어떤 특별한 행위를 촉진하기 위해 조세상 특혜를 부여할 때 발생하는 조세수입의 상실분을 말한다[32].

조세지출의 유형에는 비과세(exclusion), 면세(exemption), 소득공제(deduction), 특혜적 세율(preferential tax rate), 세액공제(tax credit), 세액감면(tax deduction), 특정기간 조세감면(tax holidays), 준비금(reserves), 특별상각(accelerated depreciation) 등이 있다.

비과세는 처음부터 조세채권채무 관계가 성립되지 않는 경우이며, 면세(면제)는 일단 유효하게 성립된 조세채권채무 관계를 특정 요식행위에 의해 과세권자가 이를 포기한 것이다. 비과세, 면세, 소득공제, 특혜적 세율, 세액감면, 세액공제 등은 민간부문에 대한 직접적 지원이고, 특별상각(가속상각), 준비금 등은 간접적 지원에 해당한다. 간접적 지원은 과세이연(조세부담연기)의 역할을 하는 경제적 혜택이며, 이것은 무이자 대부와 같은 성격을 띤다[33]. 이때 그 실질적 혜택은 단순한 이자지급의 면제보다 훨씬 크다.

조세지출은 효율성, 공평성 등의 제고를 목적으로 시행된다. 하지만 지속적인 조세지출은 재정규모의 축소·왜곡, 비효율과 불공평의 초래, 세수의 감소(사실상 합법적 탈세의 출구, tax loophole)라는 부작용을 발생시킨다. 따라서 최초의 도입취지를 이탈하는 사례가 빈발하므로 불필요해진 조세지출은 과감하게 축소·폐지하는 합리적 개선이 요구된다. 또한 조세지출을 예산에 포함시키는 조세지출예산제도의 도입을 통해 효율 및 공평의 증진을 위한 조치가 이루어져야 한다[34]. 현재 미국 등 주요 선진국이 조세지출예산제도를 채택하고 있으며, 우리나라도 완전한 형태는 아니지만 동 제도를 시행하고 있다.

괄소득이 똑같을 때 동일한 세부담을 지우면 수평적 공평이 이루어진다. 한편 납세자들의 소득과표 크기가 다를 때 그것이 큰 자에게는 작은 자보다 높은 세율을 적용하는 것이 바람직하다. 이때 경제적 능력을 고려한 적정과세가 실현되므로 수직적 공평이 이루어지며, 소득과표에 대한 적정세율이 도출된다.

32) 조세지출은 조세지원(tax aids), 조세보조(tax subsidy), 조세특혜(tax preferences), 조세유인(tax incentive)이라고도 한다.

33) 특별상각(가속상각)은 보통(일반) 감가상각비의 일정률에 상당하는 금액을 추가하여 감가상각비로 인정하는 것을 말한다. 준비금(준비금제도)은 장래에 발생할 투자(또는 비용)에 쓸 수 있도록 일정한 기준에 근거하여 계산한 금액을 미리 비용으로 인정하는 조치를 가리킨다.

34) 지속적인 조세지출의 시행은 해당 부문과 비해당 부문을 차별함으로써 비효율과 불공평을 초래하게 된다. 더욱이 조세지출은 실질적 측면에서 볼 때 정부지출과 동일한 역할을 수행함에도 불구하고 예산에 포함되지 않음으로써 재정규모를 축소시키는 문제점을 안고 있다. 이에 대한 대책으로 조세지출을 예산에 산입하는 조세지출예산제도를 도입하면 재정규모의 왜곡을 시정할 수 있고, 자원배분상 비효율과 소득분배상 불공평을 완화하는 효과가 기대된다.

(2) 인플레이션을 고려한 세제운영

인플레이션은 경제 전반에 걸쳐 부정적인 영향을 미치며, 특히 조세부담의 불공평과 자원배분상 비효율을 발생시킨다. 따라서 세제는 이와 같은 인플레이션의 영향을 신축적으로 반영할 수 있어야 한다.

(3) 법인세와 소득세제의 개혁

현재 각국 세제의 근간을 이루고 있는 소득세와 법인세는 그 나라의 역사, 문화, 인구구성, 산업구조 등 여러 가지 요인이 결합된 산물이기 때문에 서로 다른 운영체계를 나타낸다. 이런 차이에도 불구하고 각국의 소득세와 법인세는 다음과 같은 방향의 개혁을 모색하고 있다.

① 소득세

각국은 과표의 포괄화와 세율의 인하를 목표로 하는 소득세제 개혁을 진행하는 추세이다. 이는 모든 수입(소득)을 망라한 과표를 과세대상화함으로써 납세자의 진정한 경제적 능력에 걸맞은 세부담을 지우기 위한 접근에 해당한다. 그런데 소득세의 세율체계는 초과누진구조로 되어 있기 때문에 여러 유형의 소득을 포괄함에 따라 나타나는 과표의 증가는 그에 대한 적용세율도 높임으로써 납세자의 세부담을 급증시킬 우려가 있다. 따라서 이에 대한 보완방법으로 세율인하를 병용하는 조치가 이루어진다.

② 법인세

각국은 대체로 방만하고 복잡한 특혜를 축소하고 세율을 인하하는 방향으로 법인세제의 개혁을 모색한다고 하겠다. 그 밖의 법인세제상 개혁 과제로는 저축 및 투자유인기능의 강화, 자기자본에 대한 귀속이자비용 공제의 시행, 가족경영체제를 갖는 회사가 유리한 여건의 개선, 사내유보에 의해 발생하는 자본이득에 대한 저율과세의 조정, 법인세와 소득세 간 합리적인 통합 등이 거론되고 있다.

(4) 기간세의 정착

각국은 서로 다른 역사적·경제적·사회적·문화적 배경을 반영하여 자국의 실정에 적합한 기간세(基幹稅) 체계 구축을 도모한다고 하겠다. 통상 직접세로는 소득세와 법인세가 대표적인 기간세이며, 간접세로는 부가가치세가 기간세의 위치를 자리매김해 나가는 추세이다[35].

---

35) 부가가치세는 간접세의 중심 세목으로 보편화되는 양상을 보지만, 미국은 예외적으로 아직 부가가치세를 도입하고 있지 않다. 한편 세계 각국은 과도한 사회보장을 지양하는 한편 진정한 국민 삶의 질 향상을 위해 사회보장제도(사회보장세)의 합리적 개선을 모색하고 있다.

3. 최적과세론과 최적세제개혁론의 비교

1) 최적세제개혁의 기본원칙

현재의 세제를 보다 바람직한 형태로 전환하기 위한 최적세제개혁이 제대로 추진되려면 다음과 같은 기본적 원칙이 준수되어야 한다.

첫째, 세제개혁은 효율성과 공평성 등 조세원칙을 고려하여 시행되어야 한다.

둘째, 세제개혁은 주어진 여건의 특수성(현행 세제)을 반영하여 추진해야 한다.

셋째, 세제개혁은 조세원칙들 간의 상호 충돌을 극소화하는 방향으로 실행되어야 한다. 어느 하나의 조세원칙을 강조하기 위해 다른 조세원칙을 간과해서는 안 된다.

넷째, 세제개혁은 국가의 경제적·사회적 목표와 일치하는 방향으로 이루어져야 한다. 지나치게 이상적인 개혁의 시도는 의도하지 않은 부작용을 불러올 수 있다.

이런 점들을 고려하면 최적세제개혁은 현실적 여건과 조세원칙을 적절히 절충함으로써 사회후생을 증진할 수 있는 방향으로 이루어져야 할 것이다.

2) 최적과세론과 최적세제개혁론의 비교

최적과세가 백지 상태에서 이상적인 세제를 구축하는 것이라면, 최적세제개혁은 기존 세제를 제약으로 설정한 상황에서 그것을 개선하는 새로운 세제를 모색한다.

최적과세는 조세설계(tax design) 차원에서 바람직한 조세제도를 고안하므로 대폭적 변경을 수반하는 반면, 최적세제개혁은 조세개혁(tax reform)의 틀 내에서 이루어지는 조정이기 때문에 소폭적 변화를 나타낸다. 최적과세는 신호효과를 염두에 두지 않지만, 최적세제개혁은 신호효과를 고려한다[36]. 최적과세는 납세순응비를 무시하지만, 최적세제개혁은 납세순응비를 중요한 고려요인으로 간주하고 있다.

최적과세는 적정세율의 도출에 초점을 두고 있는 반면, 최적세제개혁은 세율과 세원 가운데 적정세원의 결정에 치중한다. 이렇게 볼 때 최적과세론과 최적세제개혁론은 서로 이질적이지만 보완적인 관계를 형성하고 있음을 알 수 있다.

결론적으로 최적세제개혁은 현실의 세제를 보다 바람직한 모습으로 개선해 나아가는 과정이라고 할 수 있으며, 이때 그 준거(모범)가 되는 것이 최적과세 내지 최적조세제도라고 하겠다. 최적과세(최적조세제도)는 시대와 사회·경제 여건에 따라 그 구체적인 실현 방안이 다르게 설정될 수 있다. 이런 까닭에 최적과세를 준거로 하여 시행되는 최적세제개혁도 다양한 방향으로 추진될 수밖에 없으며, 그 나라의 여건과 사회환경에 따라 상이한 결과를 드러내게 된다.

36) 신호효과에 대한 내용은 본서의 '제6장 제4절 1. 조세의 심리적 효과' 부분을 참조하기 바란다.

제3절 조세의 경제적 효과

조세부과는 거시 경제상황[실업률, *GNP*(*GDP*), 인플레이션 등]뿐만 아니라 미시 경제활동에도 다양한 영향을 미친다. 조세부과가 거시적 경제상황 또는 미시적 경제활동에 미치는 영향을 조세의 경제적 효과라고 한다. 본 절에서는 조세의 경제적 효과를 미시 경제활동에 국한하여 이론적·실증적인 측면에서 알아보도록 하겠다[37].

1. 노동공급행위

조세 부과는 상대가격을 변화시켜 대체효과를 유발하고, 다른 한편으로는 실질소득의 크기를 변동시켜 소득효과를 초래한다. 그에 따라 경제 주체의 근로(여가), 저축, 취업선택 등 경제행위 전반에 걸쳐 커다란 영향을 미친다.

하루에 시간당 1만원의 임금을 받고, 10시간 노동을 하는 근로자가 있다면, 그의 하루 소득은 10만원이 된다. 이때 10만원의 근로소득에 대해 10%의 세율로 근로소득세가 부과된다면, 과세 후 시간당 임금(과세 후 임금률)은 9천원으로 하락하고(대체효과), 소득 수준(실질소득 수준)은 9만원으로 떨어진다(소득효과).

[그림 6-3]에서 종축은 노동(근로)시간에 의해 결정되는 임금(근로)소득 수준을 나타낸다. 횡축은 오른쪽으로 이동할수록 여가시간이 커지며, 반대로 왼쪽으로 이동할수록 노동시간이 늘어난다. 따라서 횡축의 B점은 최대한의 여가시간(노동시간 0)이고, 원점(O점)은 최대한의 노동시간(여가시간 0)을 나타낸다.

납세자의 효용함수는 $U=f(Y, L)$와 같은 형태를 띤다고 하자. 여기서 Y는 근로소득이고, L은 여가시간이다. 납세자는 과세 전에 AB의 제약선[38] 아래 E점에서 OL_0의 여가(BL_0의 노동)

37) 미시 경제활동은 가계(개인)에 의한 소비, 저축, 위험자산선택, 노동공급행위 및 기업에 의한 저축, 투자행위 등을 말한다. 조세의 부과는 이러한 미시 경제행위에 영향을 미친다. 조세가 거시 경제상황에 미치는 영향은 본서의 '제9장 재정정책' 부분을 참조하기 바란다.

38) [그림 6-3]에서 제약선 AB의 기울기는 임금률(w_0)을 나타낸다. 마찬가지로 비례적 근로소득세 부과에 따라 형성되는 제약선 BC의 기울기는 새로운 임금률(w_1)에 해당한다.

와 EL_0의 근로소득을 선택하고 그 결과 U^0의 효용을 얻고 있었다. 이때 비례소득세[39]를 부과하면 납세자가 직면하는 AB의 제약선이 BC로 변경된다. 이에 따라 근로소득 수준은 종축의 AO에서 CO로 작아지며(소득효과), 임금률은 w_0(AB선의 기울기)에서 w_1(BC선의 기울기)로 하락한다(대체효과). 납세자는 새로운 균형 E'점에서 OL_1의 여가(BL_1의 노동)와 $E'L_1$의 근로소득을 통해 U^1의 효용을 얻게 된다.

이와 같이 조세부과는 소득효과와 대체효과를 발생시키며, 소득효과와 대체효과의 상대적 크기에 따라 조세가 노동공급 행위에 미치는 영향이 결정된다.

조세부과가 초래하는 대체효과와 소득효과는 구체적으로 다음과 같은 일련의 과정을 거쳐 영향을 미친다. 대체효과는 과세에 따라 변동되는 (상대)가격이 선택행위에 불리하게 작용하느냐 아니면 유리하게 작용하느냐와 관련이 있다. 앞의 예는 비례소득세 부과에 따라 시간당 임금률이 1만원에서 9천원으로 하락한 상황(여가의 기회비용이 하락한 상황)이다. 이렇게 되면 과세로 인해 노동공급 행위는 불리해진다. 따라서 대체효과는 노동공급을 줄이도록(여가의 선택을 늘리도록) 영향을 미치게 된다.

한편 소득효과는 과세에 따라 실질소득 수준이 어떻게 변동하느냐와 관련이 있다. 앞의 예에서 비례소득세 부과로 실질소득 수준은 10만원에서 9만원으로 하락하였다. 이때 여가를 정상재라고 가정하면, 실질소득의 하락은 원래의 실질소득 수준(10만원) 유지를 위해 여가의 선택을 줄이도록(노동공급을 늘리도록) 영향을 미치게 된다.

이상을 종합하면 비례소득세 부과는 노동공급을 늘리도록(여가를 줄이도록) 작용하는 소득효과와 노동공급을 줄이도록(여가를 늘리도록) 영향을 미치는 대체효과를 동시에 발생시킨다. 따라서 비례소득세가 노동공급에 미치는 최종효과는 그 영향의 방향이 다른 소득효과와 대체효과의 상대적 크기에 의해 결정된다.

그림 6-3 소득세가 개인의 노동공급에 미치는 영향

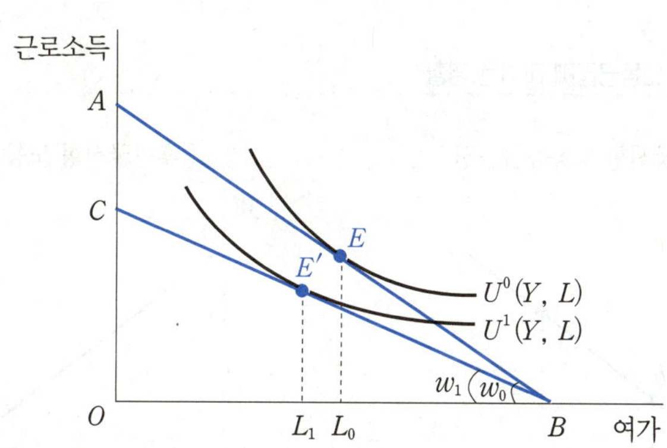

39) 소득이 오로지 근로(노동)에 의해서만 결정되는 경우를 가정하고 있다. 따라서 이때 비례소득세는 엄밀히 말하면 비례적 근로소득세를 의미한다.

이와 같은 소득세 부과 대신 조세감면 등의 조세혜택을 부여하는 경우는 이런 분석과 상반되는 효과(결과)를 초래한다.

1) 비례적 근로소득세의 노동공급효과

(1) 노동공급곡선 유형별 대체효과와 소득효과의 상대적 크기

노동공급곡선의 형태는 [그림 6-4]가 보여주는 것처럼 크게 전방상신형(前方上伸形)과 후방굴신형(後方屈伸形)으로 구분할 수 있다.

[그림 6-4]에서처럼 전방상신형(前方上伸形) 노동공급곡선은 노동공급량(L)을 횡축에 표시하고, 종축에 임금률(W)을 나타낼 때 우상향하는 모양을 가지며, 후방굴신형(後方屈伸形) 노동공급곡선은 우하향하는 모양을 갖는다.

비례소득세 부과에 따른 대체효과와 소득효과의 상대적 크기는 노동공급곡선이 전방상신형(前方上伸形)이냐, 후방굴신형(後方屈伸形)이냐에 따라 상이하게 나타난다.

전방상신형 노동공급곡선을 가정할 경우 비례적 근로소득세 부과는 다음과 같이 대체효과와 소득효과를 초래하게 된다. 비례적 근로소득세의 부과는 임금률의 하락을 발생하며, 그 영향을 전방상신형 노동공급곡선상에서 파악하면 최초에 a점(W_0의 임금률과 OL_0의 노동공급량)을 출발점으로 할 때 b점(W_1의 임금률과 OL_1의 노동공급량)으로 이동시키는 결과를 가져온다. 이에 따라 노동공급량은 OL_0에서 OL_1로 줄어들게 된다. 이와 같은 노동공급량의 하락은 대체효과와 소득효과의 영향이 결합된 결과이다. 구체적으로 비례소득세 부과는 여가와 노동 간 선택의 기준이 되는 임금률을 떨어뜨림으로써 노동공급을 줄이는(여가선택을 늘리는) 대체효과를 초래하며, 동시에 (실질)소득 수준을 하락시킴으로써 여가를 줄이는(노동공급을 늘리는) 소득효과를 발생시키게 된다. 이와 같이 대체효과와 소득효과가 상반되는 영향을 미침에도 불구하고 노동공급이 감소되었다는 것은 전방상신형 노동공급곡선의 경우는 대체효과가 소득효과보다 크게 발생함을 의미한

그림 6-4 조세가 노동공급에 미치는 영향

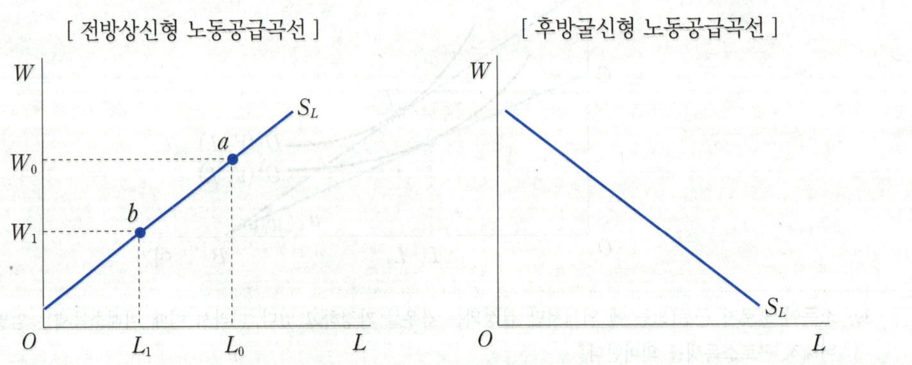

다. 반면 후방굴신형 노동공급곡선일 경우는 이상의 분석과 반대되는 결과를 나타내게 된다.

결론적으로 납세자(근로자)가 전방상신형 노동공급곡선 또는 후방굴신형 노동공급곡선을 가질 때 각각의 노동공급곡선이 내포하는 대체효과와 소득효과의 상대적 크기는 다음과 같다.

전방상신형 노동공급곡선 : 대체효과 > 소득효과
후방굴신형 노동공급곡선 : 소득효과 > 대체효과

(2) 조세부과에 따른 노동공급의 증감

소득효과와 대체효과의 상대적 크기(노동공급곡선의 형태)에 따라 조세부과 후의 노동공급의 증감이 결정된다. 이는 비례소득세가 부과되면 노동공급을 늘리도록(여가를 줄이도록) 영향을 미치는 소득효과와 노동공급을 줄이도록(여가를 늘리도록) 작용하는 대체효과가 발생하며, 두 효과의 상대적 크기에 의해 노동공급량의 증감이 결정된다는 것이다.

전방상신형 노동공급곡선일 경우에는 대체효과가 소득효과보다 더 크므로 비례소득세 부과에 따라 노동공급이 감소하고, 후방굴신형 노동공급곡선일 경우에는 대체효과보다 소득효과가 더 크기 때문에 비례소득세를 과세하면 노동공급이 증가하게 된다.

반면 노동공급곡선의 형태에 대한 전제가 없다면, 비례소득세 부과에 의해 노동공급이 증가될지 감소될지 알 수 없다. 이는 덧붙여 말하면 비례소득세 과세가 노동공급에 미치는 영향은 상황(근로자의 행태)에 따라 근로자가 노동공급을 늘릴 수도 있고, 줄일 수도 있다는 것이다[40].

정액세 부과는 상대가격을 바꾸지 않아 대체효과를 수반하지 않으므로 초과부담을 발생하지 않는다. 따라서 비례소득세를 동액의 정액세(대체효과 없이 소득효과만 초래)로 대체하면 납세자의 납세 후 효용 수준은 정액세를 부담할 때 비례소득세의 경우보다 더 높게 나타난다. 또한 비례소득세는 대체효과를 초래하므로 정액세 부과의 경우보다 노동공급을 크게 감소시킨다[41].

40) 여기서 분석하고 있는 비례소득세 이외의 여러 조세들이 노동공급에 미치는 영향에 대한 이론과 실증분석을 살펴보면 상이할 뿐만 아니라 다양한 결론을 나타내고 있다는 점을 유의하기 바란다. 한편 조세가 노동공급에 미치는 영향에 대한 실증분석방법으로는 설문조사, 계량경제학적 접근, 실험을 통한 방법 등이 사용된다. 이들 방법을 이용한 실증분석의 결과도 이론적 접근과 마찬가지로 다양하고 상이한 결론을 제시하고 있다.

41) 이상의 비례소득세가 노동공급에 미치는 영향에 대한 설명은 다음과 같은 문제점을 갖는다.
첫째, 대표적인 납세자를 설정하여, 그의 노동공급 행위가 타인들과 동일한 것으로 간주하고 있다.
둘째, 납세자들의 임금률은 조세가 부과된 후에도 변화하지 않는다고 가정한다.
셋째, 노동공급자(납세자)가 자유롭게 노동시간을 조절할 수 있다고 가정하는데, 이는 현실과는 거리가 있는 설정이 아닐 수 없다.

2) 비근로소득이 존재할 경우 비례소득세의 노동공급효과

소득의 크기가 동일할 때, 근로소득에만 비례소득세를 부과하는 경우 초래되는 노동공급효과는 근로와 비근로소득의 합으로 이루어진 소득에 대해 비례소득세를 부과하면 발생하는 노동공급효과와 다르게 나타난다. 예컨대 갑, 을의 소득이 2,000만원으로 동일한 상황에서 갑의 소득은 모두 근로소득이지만, 을의 소득은 근로소득 1,500만원과 비근로소득 500만원으로 구성된 경우, 비례소득세는 갑과 을의 노동공급에 상이한 영향을 미치게 된다는 것이다.

갑에 대한 비례소득세 부과는 노동공급을 저해하는 대체효과와 노동공급을 늘리는 소득효과를 초래하게 된다. 한편 을에 대한 비례소득세 부과는 그의 소득을 구성하는 근로소득과 비근로소득 모두를 하락시키는 영향을 미친다. 이때 비례소득세는 근로소득(1,500만원)에 대해 소득효과와 대체효과를 모두 초래한다. 반면 비근로소득(500만원)은 임금률과 무관하게 결정되는 소득이므로 비례소득세 부과는 비근로소득에 대해 소득효과만 유발시킨다.

결과적으로 비례소득세는 소득이 근로소득만으로 이루어진 경우와 비교할 때 소득이 근로와 비근로소득의 합으로 이루어진 경우 추가적인 소득효과를 초래한다. 따라서 근로소득에만 비례소득세를 부과하는 경우보다 납세후 노동공급이 더 높은 수준에서 형성된다.

3) 역진소득세의 노동공급효과

동일한 세수일 때, 역진소득세는 비례소득세보다 강력한 소득효과를 초래하기 때문에 비례소득세의 경우보다 노동공급을 작게 감소시키거나 오히려 노동공급을 증가시키게 된다.

4) 누진소득세의 노동공급효과

동일한 세수일 때, 누진근로소득세는 비례소득세보다 강력한 대체효과를 발생함으로 비례소득세의 경우보다 노동공급을 저해한다. 그 결과 노동공급을 더 크게 감소시킨다.

▶ 동일한 세수일 때 비례소득세와 정액세(lump-sum tax)의 비교

동일한 세수의 확보를 목표로 하여 비례소득세와 정액세를 부과할 경우, 비례소득세는 소득효과와 대체효과 모두를 초래하는 반면, 정액세는 소득효과만 초래하게 된다. 따라서 두 조세는 다음과 같은 결과를 발생시킨다.

① 납세 후 후생 수준 : 비례소득세 부과의 경우 < 정액세 부과의 경우

② 납세 후 노동공급량 : 비례소득세 부과의 경우 < 정액세 부과의 경우

▶ 정부의 이전지출

정부가 개인에게 무상으로 지급하는 이전지출은 그의 실질소득 수준을 변화시킴으로써(구체적으로 실질소득 수준의 상승) 노동공급을 줄이도록 영향을 미치는 소득효과를 초래한다. 반면 임금률에는 영향을 미치지 않으므로 대체효과는 발생하지 않는다. 따라서 정부의 이전지출은 소득효과만 초래하기 때문에 노동공급을 감소시키는 영향을 미치게 된다.

▶ 부(負)의 소득세가 노동공급에 미치는 영향

정부가 시간당 2천원의 임금(여가의 기회비용 2천원)을 받고 노동을 하고 있는 노동자에게 전혀 노동을 하지 않아도 시간당 1천원을 지급하는 부의 소득세를 도입하기로 했다고 하자. 이렇게 되면 여가의 기회비용은 2천원에서 1천원으로 하락하게 된다.

부의 소득세 도입은 그 이전과 비교하면 노동자의 실질소득 수준을 인상시키고(소득효과), 여가의 기회비용을 낮추는(대체효과) 영향을 발생한다. 따라서 여가를 정상재로 간주할 경우 소득효과는 여가를 늘리도록(노동공급을 줄이도록) 영향을 미치며, 마찬가지로 대체효과 역시 여가를 늘리도록(노동공급을 줄이도록) 영향을 미치게 된다.

결론적으로 부의 소득세 도입은 대체효과와 소득효과 모두 노동공급을 줄이는 영향을 초래할 것이다. 한편 부의 소득세 실시가 노동공급에 미치는 영향에 대한 실증분석 사례에 따르면 이 제도의 노동공급 감소효과가 작지 않은 것으로 알려져 있다.

2. 저축행위

조세는 개인(가계)과 기업의 저축행위 결정에 영향을 미친다. 이에 따라 한 나라 전체저축의 크기가 변동하게 된다. 이하에서는 조세가 개인과 기업의 저축행위에 미치는 영향을 설명하고, 더불어 국가 전체저축의 변화를 알아보도록 하겠다.

1) 조세의 개인저축에 미치는 영향

조세가 개인(가계)의 저축행위[42]에 미치는 영향은 단순모형을 이용하여 살펴볼 수 있다. 개인은 현재와 미래의 두 기간에 걸쳐 생존하며, 전(全) 생애 동안 효용극대화를 실현하는 것을 목

42) 개인이 저축을 하는 동기는 크게 세 가지로 나눌 수 있다.
첫째, 개인은 전(全)생애에 걸쳐 소득과 소비의 흐름을 일치시키고자 하며, 그 조정수단으로 저축을 한다(생애주기가설).
둘째, 개인은 예기치 못한 상황(질병, 사고 등)에 대처하기 위해 저축을 한다.
셋째, 개인은 후손(자식)에게 유산 증여를 목적으로 저축을 한다.

표로 하여 의사결정을 한다. 한편 현재소득과 미래소득은 근로(노동)를 통해서 얻어지며, 그 크기는 외생적으로 주어진다. 이에 따라 개인의 예산 제약식을 설정하면 다음과 같다. 개인은 현재와 미래의 두 기간에 걸쳐 소비 행위를 한다. 그러면 현재소득(y_0) 가운데 일부는 소비(c_0)하고, 나머지는 미래소비를 위해 저축을 할 것이다. 미래에는 더 이상 미래소비가 필요하지 않기 때문에 모두 소비한다. 따라서 미래소비(c_1)의 재원은 미래소득(y_1)과 현재저축(s_0)으로 구성되며, 현재저축은 미래 시점에 이자 소득이 발생하기 때문에 미래에는 $(1+r)\cdot s_0$이 된다. 이를 정리하면, 개인이 처한 예산 제약식은 다음과 같다.

예산 제약식 : $c_1 = y_1 + (1+r)\cdot(y_0 - c_0) = -(1+r)\cdot c_0 + (1+r)\cdot y_0 + y_1$

현재소득 : $y_0 = c_0 + s_0$

미래소비 : $c_1 = y_1 + (1+r)\cdot s_0$

[그림 6-5]에서 횡축은 현재소득(y_0)과 현재소비(c_0)를 나타내고, 종축은 미래소득(y_1)과 미래소비(c_1)를 나타낸다. 횡축의 A점은 현재에 소비할 수 있는 최대소비 수준으로 $y_0 + y_1/(1+r)$이고, 종축의 B점은 미래에 소비할 수 있는 최대소비 수준으로 $y_0(1+r) + y_1$이다. 따라서 제약선 AB의 기울기는 $(1+r)$이 되는데, 이때 r은 이자율(할인율)을 의미한다[43].

개인은 초기상황(initial endowment)을 나타내는 F점에서 y_0의 현재소득과 y_1의 미래소득에 직면해 있다. 이 개인은 전생애에 걸쳐 c_0^*의 현재소비와 c_1^*의 미래소비를 선택함으로써 E점에서 U^*의 효용을 얻게 된다. 이때 E점은 개인의 전생애(일생)를 대상으로 할 때 효용극대화를 실현하는 선택점에 해당한다.

그림 6-5 저축의 결정

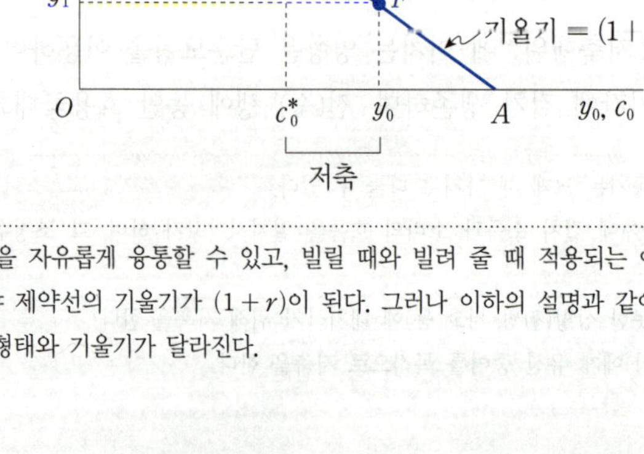

43) 원하는 만큼의 자금을 자유롭게 융통할 수 있고, 빌릴 때와 빌려 줄 때 적용되는 이자율(r)이 동일한 완전경쟁 자본시장을 전제해야 제약선의 기울기가 $(1+r)$이 된다. 그러나 이하의 설명과 같이 완전경쟁 자본시장이 아닐 경우에는 제약선의 형태와 기울기가 달라진다.

[그림 6-5]를 통해 알 수 있듯이 초기상황을 나타내는 F점과 효용극대화점(E)이 상이하기 때문에 전생애에 걸쳐 효용극대화를 이루기 위해서 개인은 현재소득 가운데 일부($y_0 - c_0^*$)를 저축함으로써 미래소득(y_1)보다 많은 미래소비(c_1^*)에 충당해야 한다. 이와 같이 저축은 개인이 전생애에 걸쳐 효용극대화를 도모하는 과정에 조정의 역할을 하게 된다.

이상의 설명에서는 현재소득의 일부가 저축되는 상황을 설정하였으나, 경우에 따라서는 미래에 갚는다는 명목으로 돈을 빌려 현재소득보다 많은 현재소비를 할 수도 있을 것이다. 그러므로 돈을 빌리고 빌려주는 자본시장이 완전경쟁적이냐 아니냐의 여부는 개인의 저축행위 결정에 큰 영향을 미치게 된다.

자본시장이 완전경쟁적이냐 불완전경쟁적이냐에 따라 여러 유형의 조세가 저축에 미치는 영향이 상이하게 나타난다.

(1) 자본시장이 완전경쟁적일 경우

소득에서 그 일부가 저축된다. 따라서 조세가 저축에 미치는 영향은 저축의 원천이 되는 소득을 어떻게 규정하느냐에 따라 상이하게 나타난다. 여기서는 저축의 원천인 소득을 근로소득과 이자소득(비근로소득)으로 구분하고 조세 부과가 그 소득의 크기를 변화시킬 때, 저축이 받는 영향에 대해 알아보도록 하겠다.

구체적으로 근로소득세, 이자소득세, 종합소득세(근로소득과 이자소득을 모두 과세하는 경우)가 저축에 미치는 영향을 그 대상으로 한다.

① 근로소득세 부과가 저축에 미치는 영향

근로소득세를 부과한다는 것은 근로소득으로 이루어진 현재소득(y_0)과 미래소득(y_1)에만 소득세를 부과할 뿐이며, 현재소득이 미래에 창출할 수 있는 이자소득에는 조세가 부과되지 않는 경우라고 하겠다.

그림 6-6 완전경쟁 자본시장에서 근로소득세가 저축에 미치는 영향

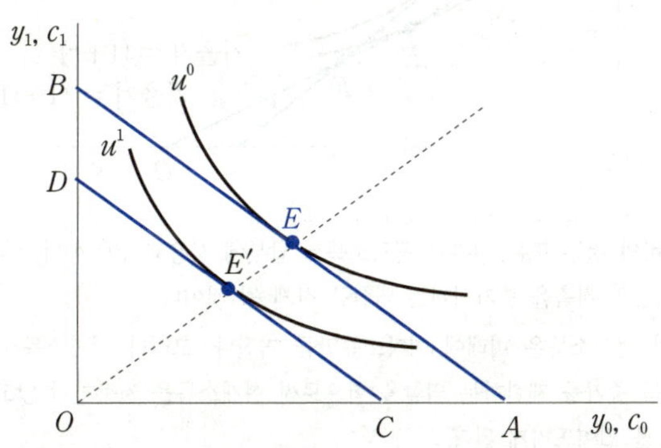

근로소득세 부과는 [그림 6-6]에서처럼 개인의 예산제약선을 AB에서 CD로 하방 평행이동시켜 E'점에서 새로운 균형이 이루어진다. 따라서 근로소득세 부과는 대체효과 없이 소득효과만 초래하게 된다.

근로소득세의 부과는 현재소득을 감소시킴으로써 정상재의 성격을 띠는 현재소비를 줄이는 영향을 초래한다. 왜냐하면 소비의 원천은 소득이므로 그것이 작아지면 소비가 줄어들게 되기 때문이다. 그러나 현재소득이 일정한 크기로 주어진 경우 개인의 현재소비가 감소된다고 하더라도 그것이 곧바로 저축의 증가로 이어지지는 않는다. 그 이유는 근로소득세 부과에 의해 감소된 현재소비는 근로소득세 납부를 위해 사용되어야 하기 때문이다[44]. 따라서 근로소득세가 부과되었을 때, 국가 전체의 저축이 어떻게 변화되는가는 정부가 근로소득세 수입을 어떤 용도로 얼마만큼 사용하느냐에 달려 있다.

정부가 조세수입의 전부를 정부부문의 저축으로 떼어놓는 경우라면 국가 전체적으로 저축은 명백하게 증가하게 될 것이다. 반면에 정부가 조세수입의 일부만 저축을 하거나, 전혀 저축을 하지 않는 경우에는 국가 전체적으로 저축이 증가할지 감소할지 단정하기 어렵다.

② 이자소득세 부과가 저축에 미치는 영향

이자소득세를 부과한다는 것은 이자소득에 해당하는 r_0Y_0에 과세하는 경우를 말한다. t의 세율로 이자소득세가 부과되면 실질소득 수준을 줄이는 영향(소득효과)과 현재소비의 기회비용을 줄이는 영향[45](대체효과)을 발생시킴으로써 [그림 6-7]에서와 같이 예산제약선을 AB에서 CD로 회전 이동시킨다. 새로운 예산제약선 CD의 기울기는 $\{1+(1-t)r\}$이 되고, CD의 예산제약일

그림 6-7 완전경쟁 자본시장에서 이자소득세가 저축에 미치는 영향

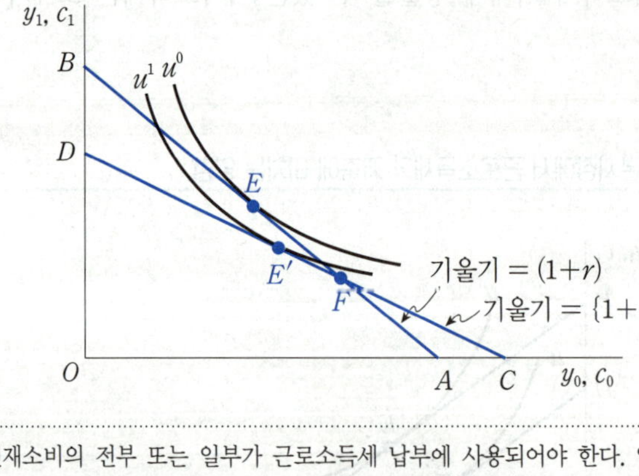

44) 이때 감소된 현재소비의 전부 또는 일부가 근로소득세 납부에 사용되어야 한다. 일부가 사용된다면 그것을 제외한 나머지 부분은 개인의 저축을 증가시키는 역할을 하게 될 것이다.

45) 이자소득세가 없다면 현재소득은 미래에 이자소득만큼 커진다. 그러나 이자소득세 부과는 현재소득이 얻을 수 있는 미래의 이자소득 증가를 제한하는 역할을 함으로써 현재소득을 저축하지 않고 소비할 경우 부담해야 하는 현재소비의 기회비용을 떨어뜨리게 된다.

때 E'점에서 새로운 균형이 형성된다.

이때 대체효과는 현재소비의 기회비용이 감소하기 때문에 현재소비를 확대하도록 영향을 미치며, 이는 저축을 줄이도록 작용한다. 한편 소득효과는 실질소득이 감소함에 따라 정상재 성격을 띠는 현재소비를 줄이는 영향을 미치며, 이는 저축을 늘릴 것이다. 따라서 이자소득세가 개인(민간)의 저축에 미치는 영향은 소득효과와 대체효과의 상대적 크기에 의해 결정된다.

결론적으로 이자소득세가 개인(민간)저축에 미치는 영향을 정확히 알 수 없기 때문에, 설혹 정부의 저축성향을 알 수 있다고 하더라도, 이자소득세 부과에 따라 국가 전체적으로 저축이 어떻게 변화할지의 예측은 쉽지 않다.

③ 종합소득세 부과가 저축에 미치는 영향

근로소득과 이자소득 모두에 소득세가 부과되었을 경우, 그것이 저축행위에 미치는 영향은 더욱 복잡한 양상을 나타낸다. 이때는 이자소득세 부과가 초래하는 대체효과·소득효과와 근로소득세 부과가 발생시키는 소득효과까지 함께 고려한 분석이 필요하다. 이 경우에도 물론 정부의 저축성향을 추가적으로 반영해야 한다.

현실적으로 근로소득세와 이자소득세 부과가 초래하는 소득효과와 대체효과를 알 수 없으므로 종합소득세가 저축에 미치는 영향에 대한 정확한 파악은 가능하지 않다고 할 수 있다.

(2) 자본시장이 불완전경쟁적일 경우

자본시장이 불완전경쟁적인 경우 개인(민간)이 직면하는 예산집합은 [그림 6-8]과 같다. 이때 초기상황을 F점이라고 할 때, AF의 기울기와 FB의 기울기가 다른 것은 불완전 자본시장에서는 자금의 차입이자율과 대부이자율이 상이하기 때문이다. 일반적으로 자금을 빌려줄 때(대부)보다 빌릴 때(차입) 더 높은 대가를 지불하기 때문에 AF의 기울기(대부이자율)가 FB의 기울기(차입이자율)보다 완만하게 나타난다.

그림 6-8 불완전 자본시장에서 개인의 선택점

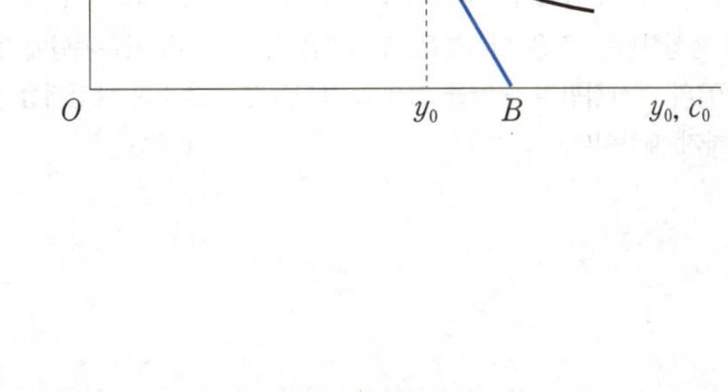

[그림 6-8]에서 B점은 현재소비의 최대크기를 나타내며, 이는 현재소득(y_0)과 미래소득을 현재가치로 할인한 금액[$y_0/(1+r)$]의 합에 해당한다. F점을 기준으로 볼 때 y_0B는 미래소득을 자본시장에서 차입한 금액에 해당한다. 그런데 자본시장이 불완전경쟁적이면 차입이자율이 대출이자율보다 높기 때문에 AF의 기울기보다 FB의 기울기가 더 가파르게 나타난다.

일반적으로 불완전 자본시장에서 개인이 직면하는 예산집합이 □$OAFB$일 때, 개인은 효용극대화를 위해 F점을 선택할 가능성이 크다.

① 근로소득세 부과가 저축에 미치는 영향

근로소득세가 부과되면, 예산집합은 모양을 그대로 유지하지만, 원점 쪽으로 축소되는 결과를 초래하게 된다. 따라서 [그림 6-9]와 같이 G점에서 새로운 균형을 나타낼 가능성이 크다.

근로소득세 부과에 따라 G점에서 새로운 균형을 형성한다면 개인의 저축행위에는 아무런 변화가 없게 된다[46]. 따라서 이때는 정부가 근로소득세로 징수한 조세수입을 어떻게 처리하느냐에 따라 전체 저축의 증감 여부를 알 수 있다. 정부가 조세수입 가운데 일부를 저축 몫으로 할당하면 국가 전체적으로 저축은 그만큼 증가하게 된다.

② 이자소득세 부과가 저축에 미치는 영향

이자소득세를 부과하면 [그림 6-10]에 제시된 것처럼 개인의 예산집합(예산제약선)이 □$OAFB$에서 □$OJFK$로 달라진다. 이때 개인이 최초 F점에서 선택을 하였다면 이자소득세 부과 후에도 여전히 F점에서 선택이 이루어질 가능성이 크다. 왜냐하면 개인은 이자소득세의 과

그림 6-9 불완전 자본시장에서 근로소득세가 저축에 미치는 영향

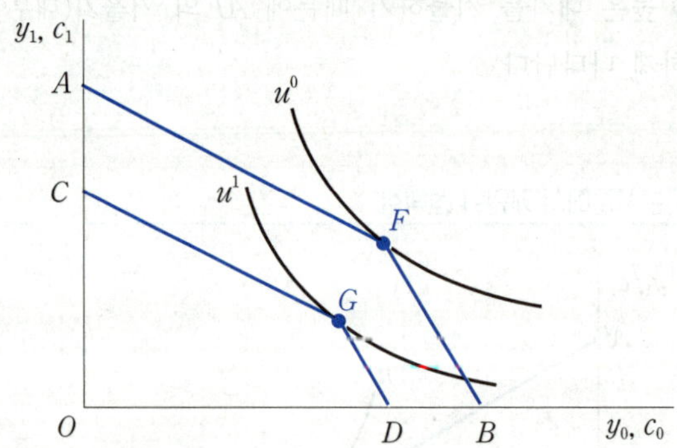

46) 국가 전체적으로 저축이 증가한다는 것은 저축의 절대액이 커지는 것을 의미하기보다는 국민소득에서 점하는 저축의 비중이 커지는 것을 말한다. 따라서 F점에서 균형을 이루고 있던 개인이 근로소득세 부과에 따라 [그림 6-9]의 G점에서 균형을 형성한다는 것은 민간부문(개인)만을 놓고 볼 때 저축패턴에 변화가 없음을 나타낸다. 왜냐하면 G점은 □$OAFB$의 예산집합의 모양을 그대로 유지하면서 축소된 예산집합 □$OCGD$에 대응해 도출된 새로운 균형점을 의미하기 때문이다.

세 여부와 관계없이 F점에서 효용극대화를 이룰 수 있기 때문이다. 그렇게 되면 이자소득세는 개인의 저축에 전혀 영향을 미치지 않는다[47].

결론적으로 불완전 자본시장에서 이자소득세의 부과는 개인(민간부문)의 저축행위에 영향을 발생시키지 않으므로 국가 전체의 저축증가 여부는 징수된 이자소득세의 세수가 정부저축을 늘리는데 사용되느냐 않느냐의 여부에 따라 결정된다. 정부저축이 늘어나게 되면 국가 전체적으로 저축은 증가하게 될 것이다.

③ 종합소득세 부과가 저축에 미치는 영향

자본시장이 불완전경쟁일 경우 종합소득세가 저축에 미치는 영향은 단정이 곤란하며, 근로소득세를 부과했을 경우와 비슷한 효과가 나타날 것으로 예상된다.

불완전경쟁적 자본시장에서는 개인들이 자유롭게 자금을 빌리거나 빌려 줄 수 없다. 따라서 사람들은 초기상황인 F점에서 이탈하지 않으려는 경향을 보이게 된다. 그 결과 조세의 부과가 저축에 미치는 영향의 정도는 완전경쟁적 자본시장에서보다 불완전경쟁적 자본시장에서 그 폭이 작아진다고 할 수 있다[48].

2) 조세가 기업저축에 미치는 영향

기업이 새로운 사업 분야에 진출하거나 또는 생산설비를 확충하는데 필요한 투자재원은 기업저축으로부터 조달된다. 따라서 충분한 기업저축의 확보는 기업의 미래발전을 뒷받침하는 원동

그림 6-10 불완전 자본시장에서 이자소득세가 저축에 미치는 영향

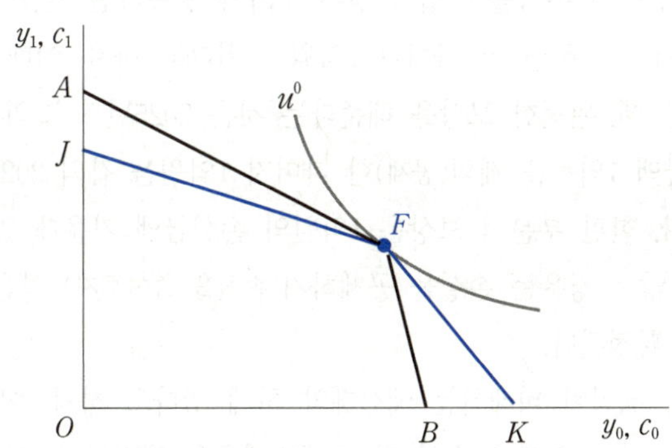

47) 최초의 선택점이 F점이 아닐 경우에는 개인저축의 변화가 초래될 수 있음은 물론이다.

48) 이상은 저축이 이루어지는 원천인 소득에 대해 과세했을 때, 초래될 수 있는 저축의 변화에 대한 설명이다. 소득세 이외의 조세도 저축에 적지 않은 영향을 미친다. 부유세는 개인의 저축을 줄이는 영향을 미치고, 소비세는 저축을 늘리는 영향을 발생시킨다. 한편 조세가 개인저축에 미치는 영향에 대한 실증분석은 매우 다양한 결과를 나타내고 있다.

력의 역할을 한다고 하겠다.

기업저축은 크게 감가상각충당금과 사내유보소득의 두 부문으로 구성되어 있다. 감가상각충당금은 기업이 구입한 기계, 설비 등에 대한 대금을 내용연수(내구연수)를 감안하여 매년 일정금액씩 돌려주어 적립케 함으로써 기계, 설비를 교체할 때 사용할 수 있도록 지원하는 적립금을 말한다. 사내유보소득은 조세부담을 마친 기업의 사업(법인)소득 가운데 기계, 설비 등의 구입을 목적으로 사내에 남겨진 적립금을 가리킨다.

조세(법인세)는 감가상각충당금과 사내유보소득의 크기에 영향을 미치게 된다. 조세제도를 어떻게 운영하느냐에 따라 감가상각충당금의 적립상황이 상이해지며, 조세의 부과는 사내유보소득을 줄임으로써 기업저축을 저해하는 영향을 초래한다.

현실적으로 법인(기업) 소득에 대한 법인세 부과는 감가상각충당금과 사내유보소득의 크기에 영향을 미침으로써 기업저축을 변동시키는 원인이 되고 있다. 많은 실증분석 연구들은 기업저축이 조세로부터 적지 않은 영향을 받고 있음을 보여준다.

투자 확대는 기업의 생산성 향상을 통해 대외경쟁력을 제고하는 한편 시장점유율을 높이는 등의 역할을 하게 된다. 따라서 투자를 늘릴 수 있도록 세제(법인세 등)를 활용하여 기업저축을 유인하는 조치는 핵심적인 기업정책에 해당한다.

3. 위험자산선택행위

조세가 위험자산선택행위[49](위험부담행위, 위험자산취득행위)에 미치는 영향은 위험자산취득에 따라 발생하는 손실에 대해 어떤 보상이 이루어지느냐에 따라 상이하게 나타난다. 예컨대 갑이 2025년도 초에 2억원 상당의 주식을 구입한 경우 주가가 상승하면 연말에 그 가치가 2억 8천만원이 되는 반면, 주가가 폭락하면 그 가치가 1억원이 된다고 하자. 이때 주가가 폭락하여 주식가치가 1억원 하락했을 때, 완전한 보상을 해준다는 것은 2025년도 갑의 주식 이외의 소득이 2억원이라면 주식손실금액 1억원을 제외(공제)한 나머지 1억원을 갑의 2025년도 소득과표로 조정해 주는 경우를 말한다. 한편 부분적 보상은 1억원의 손실금액 가운데 일부만을 공제하는 것이고, 전혀 보상을 하지 않는 경우는 손실을 공제하지(손실을 줄여주지) 않음으로써 갑의 2025년도 소득과표는 2억원으로 확정된다.

어떤 개인이 수익과 위험이 비례하는 예산제약 하에 있다고 하자. 이때 위험은 비재화이고, 한계효용체감의 법칙에 따라 위험과 수익 간 한계대체율은 체감한다. 이럴 경우 개인의 효용함수를 나타내는 무차별곡선은 [그림 6-11]과 같이 우상향하는 모양을 갖는다. 이 개인은 위험 r^*를 선택하여 수익 y^*를 얻는 포트폴리오를 구성했다. 자산 모두를 위험자산에 투자할 수도 있지

49) 성공했을 때는 이득이 크지만 실패할 경우에는 투자자금조차 회수가 어려운 각종 주식이나 채권 등의 유가증권을 구입하는 행위가 위험자산선택행위(위험부담행위)라고 하겠다.

만, r^* 수준의 위험만 감수하기 때문에 이 개인의 자산 가운데 위험자산의 비중은 $\frac{r^*}{\hat{r}}$이 된다. 이는 효용을 극대화하는 포트폴리오는 위험자산의 비중을 $\frac{OE}{OR}$으로 한다는 것이다.

$$\text{수익} : y = \sum_{i=1}^{N} p_i \cdot G_i, \qquad \text{위험} : r = -\sum_{i=1}^{N} q_i \cdot L_i$$

(G : 위험자산 투자량, L : 손실, p_i : 수익발생 확률, q_i : 손실발생 확률, $p_i + q_i = 1$)

1) 위험자산선택행위의 손실에 대해 완전한 보상을 해주는 경우

위험자산선택행위에서 발생한 손실에 대해 완전한 보상을 하면 정부가 민간의 위험자산선택행위에 대해 동업자 역할을 하게 된다[50]. 다시 말해 이는 위험을 특정 개인이 혼자서 떠맡지 않고 정부가 나누어서 분담하는 경우를 말한다. 따라서 이런 조치가 있게 되면 위험자산선택행위(위험부담행위)는 촉진된다.

한편 정부나 민간부문이 위험부담을 감수하는데 똑같은 비용을 들여야 한다면, 위험자산선택행위에 대한 완전손실보상의 결과로 나타나는 위험자산선택행위의 증가는 오히려 사회후생을 감소시킨다. 왜냐하면 완전손실보상이 초래하는 위험자산선택행위의 증가는 사회 전체적으로 위험부담비용을 늘려 사회후생을 줄이게 되기 때문이다.

반면 정부가 민간부문보다 더 적은 비용으로 위험부담을 할 수 있다면, 위험자산선택행위에 대한 완전손실보상의 영향으로 발생하는 위험자산선택행위의 증가는 오히려 사회후생을 증진시키는 결과를 가져올 수 있다.

위험자산선택행위의 손실에 대하여 조세를 통해 완전한 보상을 한다는 것은 발생된 수익에는

그림 6-11 위험자산선택행위에 있어 수익과 위험의 관계

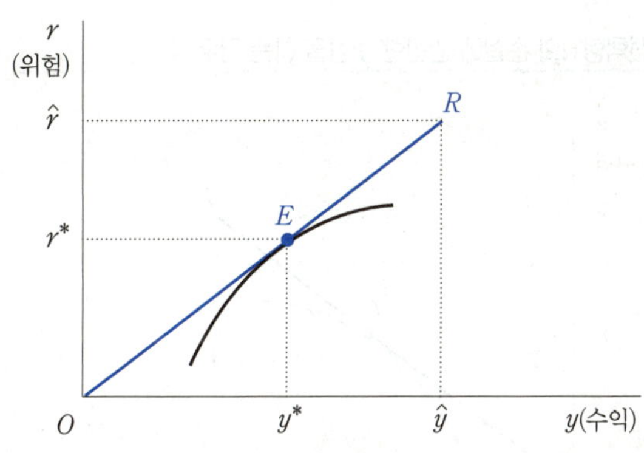

50) 손실의 완전한 보상(완전한 손실의 상쇄, full loss offset)은 손실이 발생했을 때, 손금에 세율을 곱해 산출된 금액을 투자자에게 환급해주는 조치를 말한다.

조세를 부과하고, 역으로 손실이 발생하면 조세를 돌려주는 조치를 말한다. 이에 따른 영향은 [그림 6-12]와 같이 표시될 수 있다. [그림 6-12]에 제시되어 있는 것처럼 효용극대화점(E)은 변화가 없지만, 예산제약식의 수익과 위험 모두 $(1-t)$만큼 감소하므로 자산 가운데 위험자산 비중은 $\frac{r^*}{\tilde{r}}$이 된다. 그 결과, 효용을 극대화하는 포트폴리오에서 위험자산의 비중은 $\frac{OF}{OR}$로 변화되고, 이는 조세를 부과하기 이전의 위험자산 비중인 $\frac{OE}{OF}$보다 크다.

$$수익: \tilde{y} = (1-t)\cdot\sum_{i=1}^{N} p_i\cdot G_i = (1-t)\cdot\hat{y}, \quad 위험: \tilde{r} = -(1-t)\cdot\sum_{i=1}^{N} q_i\cdot L_i = -(1-t)\cdot\hat{r}$$

2) 위험자산선택행위의 손실에 대해 보상을 해주지 않는 경우

위험자산선택을 통해 얻는 수익에 대한 과세는 수익률의 하락(대체효과)과 실질수익(실질소득)의 크기를 떨어뜨리는 영향(소득효과)을 동시에 초래한다. 이처럼 위험자산선택행위에 대한 과세는 대체효과와 소득효과를 함께 발생시킨다. 따라서 조세가 위험자산선택행위에 미치는 영향은 소득효과와 대체효과의 상대적 크기에 의해 결정된다.

대체효과의 양상을 살펴보면, 위험자산선택에서 발생하는 손실을 보상하지 않고 수익에 대해 과세하면 위험의 정도는 그대로 있는 상태에서 수익률만 줄어드는 결과가 나타나기 때문에 위험자산에 대한 상대적 매력이 떨어져 안전한 자산으로 대체하는 영향을 초래할 것이다. 반면 위험자산에 대한 과세는 위험자산 보유자의 실질소득을 감소시켜 소득효과를 야기한다. 구체적으로 위험부담행위의 소득탄력성이 양(+)의 값을 갖는다면 조세 부과는 위험부담행위를 줄일 것이며, 음(−)의 값을 가지면 조세 부과에 의해 위험부담행위는 늘어나게 될 것이다. 위험부담행위의 소득탄력성이 양의 값을 갖는다는 것은 소득(수익)이 증가하면 위험부담행위가 더불어 증

그림 6-12 위험자산선택행위의 손실에 완전한 보상을 하는 경우

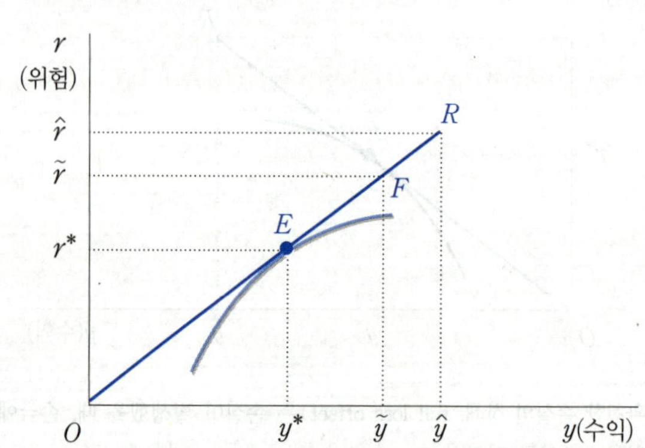

가하고, 소득이 하락하면 위험부담행위도 줄어드는 경우를 말한다. 반면 위험부담행위의 소득탄력성이 음의 값을 갖는다는 것은 소득의 변화와 그에 대한 위험부담행위의 반응이 상반되는 경우라고 하겠다. 이는 소득이 증가하면 위험부담행위가 줄어들고, 소득이 감소하면 위험부담행위가 늘어난다는 것을 의미한다.

결론적으로 위험자산선택에서 발생하는 손실에 대해 보상을 해주지 않으면 위험자산에 대한 과세가 초래하는 소득효과와 대체효과의 상대적 크기에 따라 위험자산선택행위가 확대될 수도 있고, 감소될 수도 있다는 것이다[51].

위험자산선택행위의 손실에 대해 보상을 하지 않는 것은 발생한 수익에만 조세를 부과하는 경우를 말한다. 이때 예산제약식은 수익에 대해서만 $(1-t)$만큼 감소하고, 그에 따라 기울기가 커진다([그림 6-13]). 이는 수익과 위험 간 상대가격 변화를 통해 대체효과와 소득효과를 초래하고, 양자의 크기에 의해 위험자산의 비중은 늘거나 줄게 된다는 것이다.

$$\text{수익} : \tilde{y} = (1-t)\cdot\sum_{i=1}^{N} p_i \cdot G_i = (1-t)\cdot\hat{y}$$

4. 인적투자

인적투자(human investment)는 근로자의 경제적 가치를 높이거나 노동생산성을 증대시킬 목적으로 이루어지는 여러 가지 유형의 지출을 가리킨다. 그 핵심은 교육, 현장훈련(on-the-job

그림 6-13 위험자산선택행위의 손실에 보상하지 않는 경우

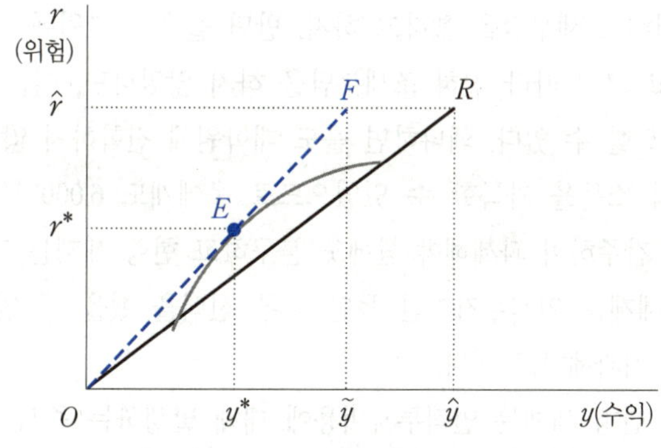

51) 위험자산선택행위에서 발생하는 손실에 대해 부분적 보상을 해주는 경우도 조세 부과가 초래하는 대체효과(위험자산선택행위를 줄이는 영향)와 소득효과(위험자산선택행위를 늘리는 영향)의 상대적 크기에 의해 위험자산선택행위가 줄지 늘지가 결정된다. 다만, 전혀 보상을 해주지 않는 경우보다 부분적 보상을 해주는 경우가 위험자산선택행위를 좀 더 늘리게 될 것이다. 한편 조세가 위험자산선택행위에 미치는 영향에 대한 실증분석 결과는 다양하고 상이하게 나타나고 있다.

training)을 위한 지출이며, 좀 더 넓게는 노동환경의 개선, 보건위생의 향상 등을 위한 지출도 포함한다[52]. 이런 인적투자가 조세부과에 따라 어떻게 달라지는가에 대해서는 상이한 견해가 맞서고 있다.

1) 인적투자 저해

각국의 세제는 기업이 기계, 설비 등 물적 자본재를 구입하기 위하여 지출한 금액에 대해서는 내용연수(내구연수)를 감안하여 돌려줌으로써 지속적인 투자를 통해 물적자본 형성이 가능하도록 지원한다.

반면 교육 및 현장훈련 등 인적자본 형성을 위해 지출한 금액에 대해서는 시간이 경과하여 과거에 습득한 지식과 기술이 낙후되어 새로운 교육 및 현장훈련이 필요해도 세제상 지원이 이루어지지 않는다. 이와 같이 현행 세제는 재교육, 재훈련 등을 위한 별도의 지원(조치)을 하지 않고 있다. 따라서 각국의 세제는 물적자본에 대해 감가상각 및 각종 세제상 우대조치를 시행하고 있지만, 인적자본에는 감가상각조차 허용하고 있지 않기 때문에 인적자본 형성을 저해하는 측면이 있다는 것이다. 이런 견해는 슐츠(T. Schultz)에 의해 체계화되었으며, 대부분의 나라에 적용 가능한 보편적인 주장에 해당한다.

2) 인적투자 우대

보스킨(M. Boskin)은 세제가 인적투자를 저해하는 영향을 미친다는 견해와 달리 세제는 상대적으로 인적투자를 우대하고 있다는 상반된 주장을 제기하였다. 예컨대 동일한 능력을 갖고 있는 갑과 을이 있는데, 갑은 대학 졸업 후 취업하여 매년 3,000만원씩 2년간 총 6,000만원의 소득을 가득했고, 그에 대해 조세부담을 했다고 하자. 반면 을은 대학원에 진학하여 외형적으로는 소득을 창출하지 않았고 그에 따라 전혀 조세부담을 하지 않았다면, 이는 세제가 인적 자본 형성을 우대하는 셈이라고 할 수 있다. 왜냐하면 을도 대학원에 진학하지 않고 취업했더라면 갑과 마찬가지로 6,000만원의 소득을 가득할 수 있었으므로 을에게도 6,000만원의 귀속소득(imputed income)이 있는 것으로 간주하여 과세해야 함에도 불구하고 현행 세제는 그렇게 하고 있지 않기 때문이다. 결과적으로 세제는 인적투자기간 동안 다른 선택을 했을 때 얻을 수 있는 귀속소득(인적투자의 기회비용)에 비과세하고 있다.

이런 관점에서 보면 현행 세제는 인적투자비용에 대해 발생하는 즉시 전액 비용으로 처리하고 있는 셈이다. 반면 물적투자에 대해서는 일반적으로 자본재의 내용연수에 따라 서서히 경비로 처리해 주는 방식을 적용하고 있다. 그렇기 때문에 세제는 물적투자보다 인적투자에 대하여

52) 그 이외 인적투자의 방법으로는 정보(information)의 제공이나 근로자를 적재적소로 재배치하거나 옮겨주는 이주(migration) 등의 조치를 들 수 있다.

상대적으로 유리한 대우를 해주고 있다는 것이다[53].

하지만 이러한 견해는 일반인 입장에서 보면 수용하기 어려운 논리일 수 있다. 학업을 연장(상급 학교진학)했기 때문에 수입(소득)을 가득할 수 없는 당사자에게 기회비용 개념을 적용하여 세부담을 요구할 경우 이를 받아들이는 당사자를 찾기는 쉽지 않을 것이다. 일반인을 대상으로 기회비용의 의미를 설명하고, 그것에 근거하여 세부담을 지우는 방법은 현실적으로 실행에 많은 제약이 따를 수밖에 없다.

5. 기업의 투자행위

기업의 투자결정론으로는 고전학파의 현재가치법, 케인스의 내부수익률법, 케인지언의 가속도 원리, 조르겐슨(D. Jorgenson)의 사용자비용이론, 토빈(J. Tobin)의 q이론, 킹과 플러턴(M. King & D. Fullerton)의 한계실효세율 접근법 등이 있다.

여기서는 조르겐슨의 사용자비용이론, 그리고 킹과 플러턴의 한계실효세율 접근법을 중심으로 조세가 투자결정 과정에서 미치는 영향에 대해 알아보도록 하겠다[54].

1) 사용자비용이론

조르겐슨(D. Jorgenson)의 사용자비용이론은 범주적으로 신고전학파의 투자이론에 속한다. 투자는 자본재(기계, 설비 등)의 구입 대수를 늘리는 행위라고 할 수 있다. 기계의 구입(자본재 구입)을 1대 늘릴 경우 한계비용이 발생하는 동시에 구입된 기계에 의해 한계수입이 창출된다. 기계의 구입 대수가 늘어날수록 한계생산물이 체감하므로 그에 따라 한계수입은 감소할 것이다. 따라서 기업의 기계구입 대수에 해당하는 투자규모는 자본의 한계수입(Marginal revenue of capital, MR_k)과 자본의 한계비용(Marginal cost of capital, MC_k)이 일치하는 상황에서 결정된다고 하겠다. 다시 말해 $MR_k = MC_k$에서 투자의 크기가 결정된다.

기업이 최초에 기계(자본)를 1대 구입했다면, 첫 구입한 기계에서 발생하는 한계수입이 한계비용보다 컸기 때문일 것이다. 그렇지 않은 경우(한계수입 < 한계비용)에 기계를 구입하는 것은 비합리적인 선택이 된다. 또 하나의 기계를 추가 구입했다면 이때도 구입한 기계의 한계수입이 한계비용보다 컸음을 의미한다. 이런 방식으로 기계의 구입 대수를 늘려 나가는 기업은 구입한 기계에서 얻는 한계수입이 한계비용과 일치할 때 기계구입을 중단하게 된다. 예컨대 열 번째 구

53) 과거 미국의 소득세를 대상으로 한 비교정태분석 결과에 따르면 소득세율의 상승은 인적투자의 증가를 초래한 것으로 알려져 있다. 이러한 분석결과는 당시 미국의 세제가 인적투자를 어느 정도 촉진하는 체계로 운영되었음을 시사한다. 그러나 모든 국가의 세제가 인적투자를 유인하는 동일한 결과를 나타낼 것인지는 알 수 없다.

54) 그 이외의 투자결정론의 내용에 대해서는 거시경제학과 투자론을 참조하기 바란다.

입을 했을 때 그 기계의 한계수입과 한계비용이 일치했다면, 기업의 기계구입은 열 대째에서 멈출 것이다. 따라서 기업의 적정 투자규모는 기계 열 대가 된다. 왜냐하면 기업은 각 기계구입에서 한계수입과 한계비용의 차이만큼의 순수입(순이득)을 얻게 되는데, 기계 열 대 구입에서 그 순수입의 총합이 가장 커지기 때문이다.

조르겐슨(D. Jorgenson)은 사용자비용(C) 개념을 이용하여 자본의 한계비용을 파악하였다. 사용자비용은 기계를 1대 구입(자본재 1단위 구입)했을 때 그 구입자가 부담해야 하는 비용을 말한다. 사용자비용이론에 따르면 기업의 투자 결정은 비용에 의해 좌우되며, 비용이 적을수록 투자규모는 커지게 된다.

자본의 사용자비용(C)은 다음과 같이 나타낼 수 있다[55].

$$C = q(r + \delta - g)$$

* q : 자본재가격, r : 금융비용, δ : 경제적 감가상각률, g : 자본재가격변화율
$r = \beta \cdot i + (1-\beta)\rho$ (단, i : 이자율, ρ : 배당률, β : 부채/자본비율)

자본재 1단위 구입에 따라 발생하는 자본의 한계비용(MC_k)은 사용자비용에 해당하므로 다음과 같은 관계가 성립한다.

$$MC_k = q(r + \delta - g)$$

한편 자본재 1단위 구입을 통해 얻을 수 있는 한계수입(MR_k)은 자본의 한계생산물(MP_k)에 생산물의 가격(P)을 곱한 것이 된다($MR_k = P \cdot MP_k$). 따라서 투자의 균형조건($MR_k = MC_k$)은 다음과 같이 정리할 수 있다.

$$P \cdot MP_k = q(r + \delta - g)$$

위 식은 항등식이므로 우변이 작아지면 좌변도 작아져야 균형을 이룰 수 있다. 따라서 우변(자본의 사용자비용)이 작아지면 투자가 확대되어야 함을 의미한다. 그 이유는 P가 일정할 때, 투자가 늘어나야만 자본의 한계생산물체감의 법칙에 따라 좌변이 작아지기 때문이다.

하지만 위와 같은 투자결정의 균형조건은 법인세를 부과하면 변동하게 된다. 왜냐하면 법인

55) 2025년에 A기업이 1억원을 지불하고 기계 1대(자본재 1단위)를 구입했다고 하자. 이때 A기업의 기계 1대 구입에 따른 비용은 구입대금(자본재 1단위 가격, q) 1억원이 아니다. A기업이 2025년에 부담해야 할 사용자 비용은 1억원의 기계 구입대금 마련을 위한 차입 또는 주식발행에 따른 금융비용(r)과 감가상각된 가치(δ) 및 기계(자본재) 가격의 변화분(g)이 된다. 예컨대 A기업이 2025년에 1억원 조달을 위해 10%의 금융비용(1천만원)을 부담했고, 경제적 감가상각률이 5%(5백만원)이며, 자본재가격변화율이 −10% (−1천만원)라면, A기업이 부담해야 할 사용자비용은 2천 5백만원으로 계산해야 한다는 것이다.

세 부과는 자본의 한계비용을 변동시키고 자본의 한계수입생산물가치($VMP_k = P \cdot MP_k$)를 떨어뜨리는 영향을 발생시키기 때문이다.

법인세가 부과되는 상황에서 투자를 촉진하기 위한 유인책으로 다음과 같은 조치를 강구할 수 있다. 이와 같은 조치는 사용자비용을 인하시킴으로써 투자확대를 유발하게 된다[56). 투자 유인책은 기업의 투자비용을 직접적으로 낮추는 조치와 간접적으로 줄여주는 조치로 나눌 수 있다.

> ① 가속상각제도(특별상각) 채택
> ② 투자세액공제제도
> ③ 이자비용, 감가상각비용 등 각종 비용공제를 통한 사용자비용 축소
> ④ 투자소득공제제도(투자액을 법인의 과세소득에서 공제해 주는 제도)
> ⑤ 법인세율 인하
> ⑥ 특정기간조세감면(tax holiday)제도
> ⑦ 각종 준비금제도
> ＊ ⑤, ⑥, ⑦ : 간접적으로 사용자비용을 낮추어 투자를 촉진하는 투자유인조치

이자비용 공제는 유용한 투자유인책이 된다. 그러나 현행 법인세제도는 타인자본을 통한 자금조달에 대해서는 이자비용 공제를 허용하지만 자기자본 조달에 대한 귀속이자비용 공제는 허용하지 않음으로써 타인자본에 대한 의존을 심화시키는 문제점을 드러내고 있다.

▶ 법인세의 중립성 조건

법인세가 기업투자 활동에 중립(무영향)적이기 위해서는 다음의 경우 가운데 하나에 해당해야 한다.

① 자본재의 구입비용에 대해 즉각적인 경비처리를 허용해 주되, 지급이자를 포함한 기타 자본비용에 대한 비용공제는 허용하지 않는다. 이를 위해서는 현금주의 과세를 따라야 한다.

② 진정한 경제적 감가상각에 해당되는 금액만큼의 감가상각 공제를 허용하고, 완전한 이자공제를 인정한다.

③ 자본재 감가상각의 현재가치를 자본재 구입가격과 일치시킨다.

2) 한계실효세율 접근

킹과 플러턴(M. King & D. Fullerton)은 한계실효세율을 이용하여 법인세 부과가 기업의 투자활동에 미치는 영향을 설명하였다. 한계실효세율(t)은 투자의 수익률과 밀접한 관련이 있으며, 구체적으로 다음과 같이 정의된다.

56) 각 조치의 운영방식과 의미는 법인세법의 영역에 해당하므로 본서에서는 언급하지 않기로 한다.

$$한계실효세율(t) = (p - s)/p$$

p = 특정 투자에서 발생하는 세전 실질수익률(단, 감가상각충당분 제외)
s = 특정 투자에 재원(자금)을 제공한 저축자에게 지급되는 세후 실질수익률

$p \neq s$가 빚어지는 이유는 법인세가 부과되기 때문이며, t의 크기에 따라 법인세가 투자에 미치는 영향은 다음과 같이 상이하다.

$t = 0$일 경우 : 법인세는 투자에 중립적이다.
$t > 0$일 경우 : 법인세는 투자에 저해적이다.
$t < 0$일 경우 : 법인세는 투자를 촉진한다.

$t = 0$는 $p = s$를 의미한다. 이는 투자에 소요되는 재원(자금)을 제공한 자가 투자에 의해 만들어진 수익만큼을 그대로 지급받는 경우이다. p와 s가 다른 것은 법인세 부과의 영향인데, 법인세 부과 후에도 $p = s(t = 0)$라면 법인세가 기업의 투자에 영향을 미치지 않음을 의미한다.

한편 $t < 0(p < s)$는 법인의 투자재원 제공자에게 투자수익보다 더 큰 대가를 지급하는 경우이다. 따라서 이때에는 저축자로부터 기업투자 자금유입이 증대되므로 투자가 증가한다. 반면 $t > 0$인 경우는 $t < 0$일 때와 반대의 영향을 미치게 된다[57].

6. 기업의 재무관리

기업의 재무관리는 기업가치의 극대화를 위해 필요한 자금을 조달(financing)하고, 조달된 자금을 운용(investment)하는 것과 관련된 일체의 조치를 말한다. 이는 기업의 재무(재정)상태를 더 낫게 이끌기 위한 조치를 가리킨다. 따라서 기업의 재무관리는 부채/자본 비율 선택과 배당률의 결정 등을 핵심적인 내용으로 하고 있다.

체계적이고 합리적인 재무관리는 기업의 재무(재정) 상태를 안정적으로 이끌고, 적기에 적정 투자를 시행할 수 있게 뒷받침 함으로써 기업성장을 견인하는 역할을 한다.

이하에서는 모딜리아니(F. Modigliani)와 밀러(M. Miller)가 제시한 여러 모형(MM 정리)을 이용하여 조세가 기업의 재무관리에 미치는 영향에 대하여 알아보도록 하겠다[58].

57) 조르겐슨(D. Jorgenson)의 사용자비용이론, 그리고 킹과 플러턴(M. King & D. Fullerton)의 한계실효세율 접근을 현실 경제에 적용하여 실증분석한 결과에 따르면 조세(법인세)가 기업투자에 미치는 영향은 대상국가와 산업별로 매우 다양할 뿐만 아니라 상이하다.

58) 이하의 설명은 이준구, 『재정학』, 다산출판사, 1997, pp.606~615와 박정식, 『현대재무관리』, 다산출판사, 2000, pp.389~426에서 참조하였다.

1) MM의 초기이론

(1) 가정

모딜리아니-밀러의 초기 모형(1958년)에서는 다음과 같은 가정을 전제로 기업의 부채/자본 비율, 배당률 수준 등 재무관리의 효과를 분석하였다. 동 모형에 따르면 기업의 재무관리 방식은 투자자가 주식구입 여부를 결정하는데 영향을 미치지 않는다.

모딜리아니-밀러의 초기 모형은 기업의 재무관리가 어떤 성과를 드러낼 수 있는가를 이론적으로 설명한 장점이 있지만 다음과 같이 지나치게 비현실적인 가정을 하였기 때문에 현실을 제대로 반영하지 못하였다.

첫째, 기업의 투자정책은 투자자들의 행태와 관계없이 이미 정해져 있으며, 투자자들도 이와 같은 관행에 대해 알고 있다.

둘째, 기업의 수익에 대해 어떤 조세도 부과되지 않는다.

셋째, 사람들은 주식을 거래비용 없이 자유로이 사고 팔 수 있다.

넷째, 완전한 자본시장이 존재하며, 어느 누구나 동일한 이자율을 지불하고 원하는 만큼의 자금을 대부 또는 차용하는 것이 가능하다.

다섯째, 모든 투자자들은 동일한 정보를 갖고 있으며, 더 나아가 투자자와 경영자(기업가)도 같은 수준의 정보를 공유하고 있다.

여섯째, 경영자는 항상 주주의 재산을 극대화하려고 노력한다. 따라서 주식의 보유와 관련된 본인-대리인의 문제[59]는 발생하지 않는다.

일곱째, 모든 투자자들과 경영자(기업가)는 미래의 일을 확실히 예측할 수 있으며, 기업이 도산할 위험은 없다.

(2) 결론

위와 같은 제한적인 가정이 성립하는 상황이라면 기업의 재무관리정책은 다음과 같은 결과를 초래할 것으로 예상된다.

첫째, 기업이 어떤 부채/자본 비율을 선택하든 투자자들은 전혀 관심을 갖지 않는다. 왜냐하면 기업이 선택한 자본구조(부채/자본 비율)가 그 기업주식의 시장가격(가치)에 영향을 초래하지 않기 때문이다. 이는 투자자들이 기업의 부채/자본 비율을 보고 그 기업의 주식을 구입하지 않

59) 본인-대리인의 문제(principal-agent problem)는 어떤 일을 하는데 여건상 자신이 직접 그 일을 할 수 없어 다른 사람에게 부탁하는 경우에 발생하는 문제를 말한다. 일을 부탁하는 사람을 본인(principal)이라고 하며, 의뢰를 받아 대신 일을 처리해 주는 사람이 대리인(agent)이다. 대리인은 나름대로 이해관계를 갖고 있기 때문에 언제나 본인이 원하는 대로만 행동하지는 않는다. 대리인은 자신의 이익을 추구하기 위해 본인의 이익에 해가 되는 행동을 할 수 있는데, 이때 본인-대리인의 문제가 발생했다고 한다. 예를 들면 주주(본인)의 의도를 제대로 반영하지 않은 경영자(대리인)의 행동이 본인-대리인의 문제라고 하겠다.

는다는 것을 의미한다.

둘째, 배당률에 대한 결정이 투자자(주주)의 행동에 아무런 영향도 미치지 않는다. 이는 배당률에 따라 투자자의 주식구입 여부가 결정되지 않는다는 것을 가리킨다.

이상을 요약하면 조세가 부과되지 않는 경우 기업의 부채/자본 비율, 배당률 결정 등 기본적인 재무관리정책은 기업의 가치(주식가치)에 영향을 미치지 않는다는 것이다. 이는 투자자의 주식구입 여부 결정에 기업의 재무관리정책이 영향을 초래하지 않음을 의미한다.

(3) 한계

모딜리아니-밀러 정리에서 설정하고 있는 아무런 조세도 부과되지 않는다는 가정 등은 매우 비현실적이다. 한편 기업이 결정하는 부채/자본 비율 및 배당률 등 재무관리정책은 투자자의 주식구입 결정에 적지 않은 영향을 미치고 있음을 많은 실증분석 결과가 보여주고 있다.

현실적으로 법인세 또는 소득세(배당소득세)가 부과되면 기업의 자본구조와 배당률이 달라지고, 이런 변화는 기업의 가치를 변동시킴으로써 투자자의 주식구입 결정에 적지 않은 영향을 미치는 것이 일반적이다. 이와 같이 법인세 등 조세 부과는 기업의 재무관리정책에 상당한 영향을 미치게 되며, 그에 따라 기업의 가치(주식가치)도 달라짐으로써 투자자의 주식구입 결정에도 변동을 초래한다고 하겠다.

2) *MM*의 수정이론

*MM*의 초기이론(1958년)은 완전한 자본시장을 가정하여 적합한 자본구조에 대해 설명하였다. 그러나 현실의 자본시장은 매우 불완전하다. 이런 점을 감안하여 모딜리아니와 밀러는 초기이론을 수정한 연구결과를 제시하였다.

그림 6-14 법인세의 존재가 기업가치에 미치는 영향

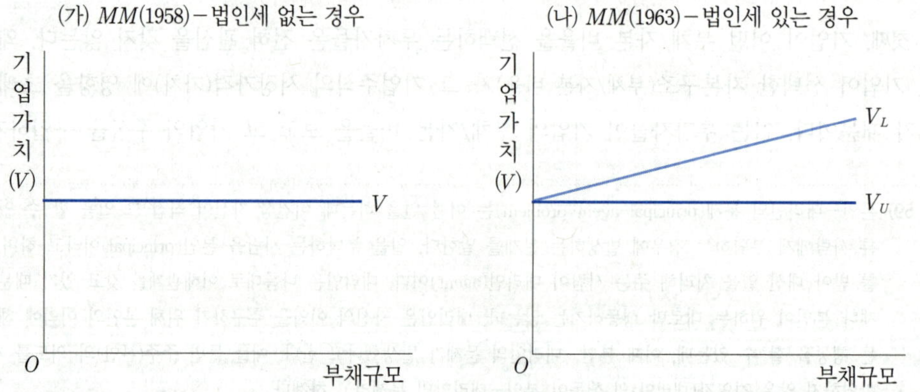

이하에서는 *MM*의 수정자본구조이론(1963년)과 밀러(M.H. Miller)의 균형부채이론(1977년)에 대해 알아보도록 하겠다.

(1) *MM*의 수정자본구조이론(1963)

*MM*은 1963년에 발표한 논문에서 법인세만 존재하는 완전한 자본시장을 가정하여 *MM*의 초기이론(1958년)에서 제시된 결론을 수정하였다.

*MM*의 수정자본구조이론에 따르면 부채기업의 가치(V_L)는 무부채기업의 가치(V_U)에다 법인세 절세액의 현재가치를 합한 것과 동일하기 때문에 부채의 사용이 증가할수록 기업가치는 증가한다는 것이다.

[그림 6-14]의 (나)에 제시되어 있는 바와 같이 완전한 자본시장일지라도 법인세가 존재하면 그렇지 않은 경우와 비교할 때 기업가치는 법인세의 절세효과 때문에 부채를 사용할수록 증가하게 된다. 이에 따라 기업(법인기업)이 100% 타인자본을 이용할 때 최적자본구조를 실현하게 됨을 의미한다.

(2) Miller의 균형부채이론(1977)

현실의 채권자나 주주는 이자소득과 배당소득 등 개인소득에 대해 개인소득세를 부담하고 있다. 따라서 투자자의 소비 가능한 부(富)는 개인소득세 등 제 세금을 제외한 이후의 소득이 되어야 한다. 밀러(M.H. Miller)는 1977년에 개인소득세를 고려하여 기업가치와 자본구조의 관계를 분석하였는데, 이를 밀러(M.H. Miller)의 균형부채이론이라고 부른다.

밀러의 균형부채이론은 다음과 같은 두 가정을 전제로 하고 있다.

첫째, 개인소득세는 누진세율 체계이며, 최고소득세율은 법인세율보다 높다.

둘째, 모든 기업에 적용되는 법인세율은 동일하다.

이와 같은 가정을 따를 때 타인자본 사용의 감세효과와 개인소득세의 존재를 고려한 자본구조는 기업가치와 무관하다는 것이다. 밀러는 기업의 투자자가 직면하는 개인소득세가 누진적 세율구조로 되어 있고, 그에 따라 이자비용의 절세효과를 완전히 상쇄하기 때문에 기업이 어떤 자본구조를 구축하든 기업가치는 영향을 받지 않으며, 경제 전체적으로 최적의 부채량이 존재할 뿐이라고 하였다.

밀러의 균형부채이론은 다음과 같은 한계를 갖는다.

첫째, 현실의 최고소득세율이 법인세율보다 낮다면 밀러의 이론은 균형점을 형성할 수 없기 때문에 성립될 수 없다.

둘째, 실제로 기업들은 동일한 법인세율을 부담하지 않을 수 있다. 이는 각종 투자세액공제나 특별 감가상각비의 적용 등을 고려하면 기업이 부담하는 유효법인세율은 기업들 간에도 차이가 발생하게 됨을 의미한다.

셋째, 기업의 부채비율이 높아질수록 이자비용의 절세효과를 얻기에 충분한 이익을 실현하지 못할 가능성이 커진다.

제4절 조세의 심리적 효과와 탈세이론

1. 조세의 심리적 효과

조세는 투자의욕, 저축의욕, 근로의욕 등에 영향을 미침으로써 생산 및 소비행태를 변화시키는 심리적 작용을 한다. 조세는 과세 이전부터 경제 주체들에게 심리적 영향을 미쳐 그들의 행위에 변동을 초래하는 것이 일반적이다. 당국의 새로운 조세도입에 관한 발표시점에서부터 조세는 경제활동 전반에 걸쳐 영향을 발생시키게 된다.

새로운 조세의 도입에 대한 발표는 조세가 과징된 것과 같은 작용을 한다. 현실적으로 새로운 조세의 도입에 관한 발표만으로도 가격이 변동하고, 재화의 구입 및 생산에 대한 계획이 변경되며 조세회피 혹은 절세를 위한 여러 수단이 강구된다.

슈묄더스(G. Schmölders)는 이와 같이 새로운 조세도입에 관한 발표만으로도 경제활동이 변화되는 영향을 조세의 신호효과(信號效果)라고 하였다[60]. 조세의 신호효과는 새로운 조세의 도입이 발표되었을 때 앞으로의 추가적 세부담과 그 이외 유·무형의 부담으로부터 벗어나려는 납세의 무자의 행동반응을 말한다. 따라서 신호효과는 새로운 조세도입에 관한 계획이 알려지면서 추가적인 세부담을 감지하는 단계에서 발생한다고 하겠다.

신호효과(signal effect)의 결정요인에는 납세자의 소득 수준, 기업의 생산조건, 구세(舊稅)와 신세(新稅)의 세율, 조세감지도, 조세의식 등이 있다. 이런 결정요인 가운데 조세감지도와 조세의식이 가장 중요한 역할을 한다.

결과적으로 새로운 조세의 도입은 신호효과를 초래하므로 이에 대한 충분한 고려를 통해 그 부작용을 최소화할 수 있도록 해야 할 것이다.

---

60) 피구(A.C. Pigou)는 신호효과를 조세의 공표효과(tax announcement effect, 公表效果)라는 개념을 이용하여 설명하였다. 신호효과와 공표효과는 모두 과세가 초래하는 심리적 효과를 나타내므로 그 작용면에서는 유사하다. 신호효과는 구세(舊稅)의 변화를 감지하여 그에 대해 나타나는 반응을 강조한다. 반면 공표효과는 새로운 조세도입 발표 이후의 작용에 초점을 두고 있다. 본서에서는 신호효과와 공표효과를 구별하지 않고 동일한 의미로 취급하기로 한다.

1) 신호효과의 유발조건 또는 원인

신호효과는 항간의 소문이나 풍문(rumor), 집권당의 정책위원회에 의한 새로운 정책 입안, 국무회의의 새로운 정책안 채택, 의회의 새로운 정책안 통과, 정부의 새로운 정책도입에 관한 공식발표 등이 원인으로 작용하여 발생한다. 이와 같은 조치나 결정이 이루어지게 되면 그것을 뒷받침하기 위해 새로운 조세가 도입되거나 기존 조세의 세부담을 높이는 조치가 뒤따른다. 따라서 이런 상황은 일반적으로 신호효과를 초래하게 된다.

2) 신호효과의 진행과정

새로운 조세도입에 관한 발표로부터 시작되는 신호효과는 궁극적으로 납세자로 하여금 세부담을 회피하도록 영향을 미치며, 다음과 같은 과정을 밟는다.

(1) 감지단계

새로운 조세가 도입된다는 조세충격을 감지하는 단계(OX_0)를 말한다. 이 단계에서 신호효과가 발생하며, 이에 따라 재화 간의 대체, 시간적 대체, 지역적 대체, 자본이동(이전), 생산 및 감가상각기간의 조정 등이 나타난다. 아직 조세 부과가 이루어지기 이전이므로 조세부담회피를 위한 행동자유도는 최대가 된다. 다시 말해 조세부담회피의 가능성이 가장 높다.

(2) 지불단계(납세단계)

납세자에게 납세의무가 발생하는 단계(X_0X_1)로서 조세부담회피를 위한 행동자유도가 제한된다. 이 단계에서는 시장(가격)효과를 통해 과세된 조세가 납세의무자로부터 다른 부문으로 전가되는 현상이 발생한다.

그림 6-15 신호효과의 진행과정

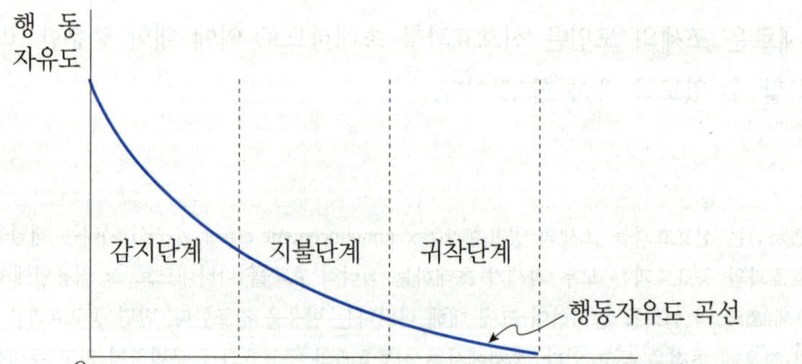

(3) 귀착단계

최종적으로 조세부담이 이루어지는 단계(X_1X_2)로서 조세부담 회피를 위한 행동자유도가 최소인 상황이다. 이 단계에서는 경제 주체들에게 조세분담이 완료되므로 소득효과가 발생한다. 아울러 자극효과(노동 및 생산의욕 증대) 및 감퇴효과(소비 및 저축감소)도 나타난다.

3) 신호효과의 특징

결과적으로 조세 부과와 동일한 효과를 나타내는 신호효과는 세원의 잠식, 선택행위의 변경 등 다양한 영향을 초래하게 된다.

첫째, 신호효과는 당국의 새로운 조세도입에 관한 공표시점부터 나타나기 시작한다. 현실적으로는 당국의 새로운 조세도입에 관한 발표 이전부터 작용한다고 하겠다.

둘째, 감지단계에서 조세부담을 회피할 수 있는 가능성이 가장 크다. 왜냐하면 감지단계는 납세고지서가 발부되기 이전이므로 납세의무자의 조세회피를 위한 행동의 자유도가 가장 높기 때문이다.

셋째, 신호효과는 그 성격상 과세표준의 잠식 내지는 세원잠식을 발생시킨다. 따라서 정부의 세수확보에 차질을 초래할 수 있다.

넷째, 과세대상이 되는 재화의 구입을 지연시키거나, 과세대상이 아닌 재화로 소비를 대체시키는 영향을 가져온다. 또한 기업의 공장입지 선정, 판매 및 생산계획에 변경을 초래할 수 있다. 이에 따라 자원배분의 왜곡을 야기한다.

다섯째, 신호효과는 결국 납세자들에게 조세부담을 피하도록 영향을 미치므로 조세의식의 해이(解弛)와 조세회피를 조장하는 부작용을 발생시킬 수 있다.

2. 탈세이론

납세자들이 조세부담을 줄이기 위해 나타내는 합법적·비합법적 행위를 총칭하여 넓은 의미의 조세회피라고 한다. 따라서 넓은 의미의 조세회피는 합법적으로 조세부담을 피하는 행동으로서의 조세회피(tax avoidance, 좁은 의미의 조세회피)와 비합법적으로 조세부담을 피하는 행동이라고 할 수 있는 탈세(tax evasion, 포탈)로 구분된다.

좁은 의미의 조세회피(tax avoidance)와 탈세(tax evasion) 가운데 더 심각한 문제를 안고 있는 것은 탈세이므로 여기서는 탈세에 대해 설명하도록 하겠다.

1) 탈세의 유형

크게 활용되고 있는 탈세의 대표적인 유형으로는 이중장부의 작성, 부수적(附隨的) 수입의 미신고(未申告), 물물교환(현물거래) 또는 현금거래, 영수증 미발급 및 부정기재, 팁(tip) 수입의 미신고, 소득의 탈루 등이 있다.

또한 기업이나 자영사업자가 사업외적인 지출을 비용으로 처리하는 불법과 지하경제에서의 부정한 사업소득(부정밀수품의 거래를 통한 소득)도 탈세의 수단으로 이용된다.

2) 탈세의 원인

(1) 사회심리적 요인

탈세는 여러 가지 원인에 의해 발생한다. 그 나라의 경제 수준(국민소득 수준), 민족적 특성, 민주주의 성숙도 등이 탈세행위에 큰 영향을 미치게 된다. 한편 사회심리적으로는 다음과 같은 요인이 탈세의 원인이 되고 있다.

첫째, 탈세는 그 사회의 지배적인 조세도의(租稅道義)에 영향을 받는다. 그 사회의 조세도의가 높을수록 탈세는 줄어든다.

둘째, 탈세 등 조세법 위반을 다스리는 조세범처벌법의 강도와 역의 관계를 갖는다. 탈세에 대한 법적 제재가 강할수록 탈세는 약화된다.

셋째, 탈세에 대한 사회적 제재가 해이할수록 탈세의 유인심리는 강해진다. 그 사회가 탈세자를 범죄자로 보지 않고, 탈세자의 적발에 대해 운이 나빠 발각되었다는 사고가 사회적으로 만연되면 탈세유인은 커진다.

넷째, 납세자는 조세정책수립에 관한 의사결정 과정에 참여할 수 없는 무력한 존재이기 때문에 불공평한 과세가 이루어질 경우 탈세를 통해 조세당국에 대항하는 행태를 나타낼 수 있다.

다섯째, 과세방식이 가시적(可視的) 부담을 높일수록 탈세가 조장된다. 납세자가 지는 조세부담에서 가시적인 직접세 부담이 차지하는 비중이 비가시적인 간접세 부담의 경우보다 크다면 탈세가 발생할 가능성은 커진다고 할 수 있다.

여섯째, 정부지출에서 차지하는 비이전지출의 비중이 이전지출의 그것보다 클수록 조세저항은 크게 유발되는 경향을 보인다. 이전지출은 정부가 민간부문을 무상 지원하는 역할을 하기 때문에 민간의 조세부담으로 조달된 재원에서 이전지출을 위해 사용되는 몫이 클수록 조세저항(탈세)은 작아질 것이다.

일곱째, 공공재 공급 수준이나 내용이 납세자 선호와 일치하지 않을 경우, 탈세심리가 크게 자극되는 양상이 나타날 수 있다. 납세자의 재정 관련 의식(인식)이 탈세에 영향을 미친다. 납세자가 부담한 조세로 그들이 원하지 않는 공공재 공급을 위해 사용한다면 납세자들의 조세저항(탈세)은 커지게 될 것이다.

(2) 경제적 요인

탈세행위의 근본적인 목적은 그것을 통해 경제적 이득을 얻는 데 있다. 따라서 탈세행위는 경제적 요인과 밀접한 관련성을 갖는다.

첫째, 세율이 높을수록, 또는 조세부담률이 높을수록 탈세는 늘어난다.

둘째, 납세협력비용이 클수록 탈세심리는 커진다. 이는 납세자가 자신에게 부과된 세금에 대해 변호사, 회계사, 세무사 등 조세전문가에게 도움을 받는데 지불하는 비용(납세협력비용)이 클수록 탈세의 가능성이 커진다는 것이다.

셋째, 소득 수준이 높은 부유한 사회일수록 탈세 가능성은 줄어든다.

3) 최적탈세 모형

갑의 2025년도 실제수입이 2억원이라고 하자. 이때 갑이 과세관청에 정직하게 자신의 소득(수입)을 신고하면 2억원의 소득에 대해 각종 공제가 허용된 후 소득세율이 적용되어 최종 소득세액이 결정된다. 그러나 만일 갑이 자신의 수입(소득)을 1억 5천만원으로 신고했다면, 갑은 5천만원을 탈세한 셈이다.

최적탈세 모형에서는 납세자들이 자신의 실제 수입(소득) 가운데 얼마만큼 탈세(미신고)하는가를 체계적으로 설명한다. 최적탈세 모형에 따르면 납세자들의 탈세규모는 기대소득극대화를 이룰 수 있는 수준에서 이루어진다. 앞의 예에서 갑의 신고소득 1억 5천만원에 대해서는 전혀 공제가 없고, 세율은 20%의 비례세율이라면 납세 후 소득은 1억 2천만원이 된다. 이때 갑이 탈세한 5천만원이 발각되지 않는다면 갑의 기대소득은 납세 후 소득 1억 2천만원(신고소득 1억 5천만원에서 소득세액 3천만원을 제외한 납세 후 소득)과 탈세에 성공한 5천만원을 합한 1억 7만원일 것이다. 한편 탈세행위가 적발되었다면 법정세율 20%보다 높은 30%의 세율(벌금률에 해당)이 부과된다고 하자. 이때 갑의 기대소득은 납세 후 소득 1억 2천만원에 탈세액 5천만원에서 탈세발각에 따른 벌금부담 1천 5백만원(= 탈세액 5천만원 × 벌금률 30%)을 제외한 소득인 3천 5백만원을 합한 1억 5천 5백만원이 된다.

탈세액이 클수록 탈세 행위의 발각 가능성은 커질 것이며, 적을수록 발각 가능성은 줄어들 것이다. 탈세가 성공(발각되지 않는 경우)하면 탈세액이 클수록 기대소득은 커지게 된다. 최적탈세 모형에 따르면 이런 점들이 고려되어 납세자의 기대소득이 극대화되는 상황에서 탈세의 최적규모가 결정된다는 것이다.

(1) 최적탈세 모형의 가정

첫째, 탈세의 목적은 기대소득극대화에 있다.

둘째, 탈세행위자는 위험에 대하여 중립적인 태도를 나타낸다.

셋째, 탈세에 따른 한계편익(MB)은 세율 t이다. 탈세 행위자가 탈세를 통해 거두는 편익은 소득과표 탈루에 따른 세액 포탈이므로 소득과표에 적용되는 세율이 한 단위 소득과표 탈세에서 얻는 한계편익에 해당한다.

넷째, 탈세행위의 발각확률은 p이고, 탈세행위가 발각되었을 때의 벌금률은 $p = f(m)$이다. 이때 m은 탈세시도액(미신고액)이며, 탈세시도액이 클수록 벌금률도 인상되므로 $f' > 0$가 성립한다. 따라서 탈세에 따른 한계비용(MC)은 $f' \cdot p$가 된다.

(2) 최적탈세 규모의 결정

최적탈세 규모는 탈세에 따른 한계편익과 한계비용이 일치하는 데($MB = MC$)에서 이루어진다. 다시 말해 $f' \cdot p = t$에서 최적탈세 규모가 결정된다. 이는 [그림 6-16]의 E점에 대응하는 m^*에서 최적탈세 규모가 결정됨을 의미한다.

(3) 탈세규모를 줄이는 방법(탈세의 방지대책)

① 세율(t)의 인하

세율의 인하 조치는 [그림 6-16]에서 MB곡선을 하방으로 이동시키는 영향을 미친다. MB곡선을 하방으로 이동시키면 새로운 균형에 대응하는 탈세시도액은 당초보다 줄어드는 탈세방지 효과를 발생하게 된다.

② 한계비용($f' \cdot p = t$)의 인상

벌금률(f')을 높이거나, 탈세에 대한 감시(p)를 강화하는 조치를 말한다. 이는 [그림 6-16]에서 MC곡선을 상방으로 이동시키는 방법을 가리킨다. MC곡선이 상방으로 이동하면 새로운 균형은 최초의 균형인 E점의 좌측에서 형성되므로 탈세규모(탈세시도액)를 줄이는 탈세방지 효과를 나타내게 된다.

그림 6-16 최적탈세 규모

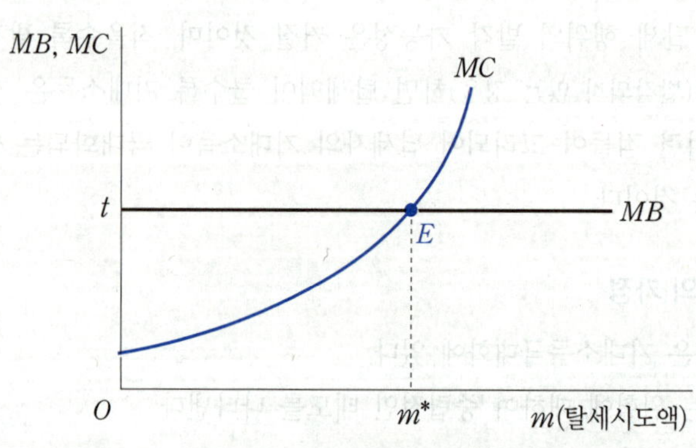

③ 컴퓨터의 활용

각 업종 또는 직업종사자의 소득신고 내용 가운데 일정한 기준치를 벗어나는 소득신고서를 컴퓨터로 검사하여 직접 조사하는 방법을 말한다. 최근 컴퓨터 시스템의 발전과 납세 관련 자료 구축이 크게 개선됨으로써 그 활용도가 증대되고 있는 탈세방지대책이라고 하겠다.

④ 근본적 대책

세부담의 수평적 공평을 높이기 위한 세제개편, 재정 관련 의식의 개선, 조세도의(租稅道義)의 증진 등 장기적 수단과 국가에 대한 인식을 긍정적으로 제고하는 방안을 강구하는 것은 탈세를 방지할 수 있는 근본적인 대책이라고 할 수 있다.

(4) 최적탈세 모형의 문제점

최적탈세 모형에 따르면 1단위 탈세에 따른 한계편익(*MB*)과 한계비용(*MC*)이 일치할 때 최적탈세 규모가 결정된다. 반면 이 모형은 다음과 같은 한계를 갖는다.

첫째, 탈세와 관련된 심리적 비용을 무시하고 있다. 예컨대 탈세행위가 적발되었을 때, 납세자가 겪게 되는 도덕적 비난이 현실적으로 가볍지 않다. 이러한 심리적 비용을 고려한다면 앞에서 결정된 탈세규모는 달라질 수 있다.

둘째, 일반적으로 사람들은 위험중립적이기보다는 위험기피적이다. 납세자가 위험기피적이라면 기대소득이 극대화되는 수준에서 최적탈세 규모를 결정하기보다는 기대효용이 극대화되는 수준에서 최적탈세 규모를 결정하게 될 것이다.

셋째, 최적탈세 모형에서는 납세자들이 단지 얼마만큼의 소득을 숨기려 하는가에 대해서만 문제 삼고 있는데, 현실에서 사람들은 애초에 탈세하기 좋은 직장을 선택할 수도 있다. 관행상 과세의 대상이 되지 않는 부수입이 소득의 대부분을 차지하는 직장으로 옮기면, 구태여 속이려 하지 않아도(탈세하지 않아도) 세부담을 줄일 수 있게 된다. 실제로 많은 사람들이 이와 같은 선택을 하고 있음에도 불구하고 이 모형으로는 이런 경우를 설명할 수 없다.

01 일반균형귀착분석을 따를 때 요소공급이 고정된 경우, 두 산업의 요소집약도 차이가 클수록, 수요의 가격탄력성 또는 교차탄력성이 클수록, 요소 대체탄력성이 작을수록 요소상대가격의 변화가 크게 나타난다.

02 콜렛-헤이그 명제는 여가와 보완적인 관계에 있는 상품에는 고율 과세하고, 여가와 대체적인 관계에 있는 상품에는 저율 과세함으로써 자원배분의 효율성과 소득분배의 공평성(형평성)을 동시에 모색하는 과세방안이다.

03 한계초과부담은 조세 1원 부과 시 초과부담 변동을 의미하며, 수식으로 나타내면 X재의 한계초과부담은 $\frac{1}{2}\cdot\frac{\triangle X}{X} = -\frac{1}{2}\cdot t_X\cdot\eta_X$가 되어 세율이 높거나 수요의 가격탄력성이 높을수록 한계초과부담은 커진다.

04 램지의 역탄력성 규칙은 자원배분의 효율성 측면에 초점을 맞추고 있을 뿐이며, 소득분배의 공평성은 고려하지 못한다. 역탄력성 규칙에 따르면 수요의 가격 탄력성이 낮은 재화에 대해 더 높은 세율을 부과해야 최적과세가 된다. 그런데 수요의 가격탄력성이 낮은 재화가 생활필수품이라면 소득분배의 공평성 측면에 역행하는 문제를 드러낸다.

05 조세지출에는 비과세, 면세, 소득공제, 특혜적 세율, 세액공제, 세액감면, 특정기간 감면, 준비금 특별상각 등이 있다.

06 근로소득에 대한 비례소득세 부과가 노동공급에 미치는 영향은 소득효과와 대체효과의 크기에 따라 결정되며, 소득효과는 노동공급을 늘리는 반면 대체효과는 노동공급을 줄인다.

07 이자소득세 부과가 저축에 미치는 영향은 소득효과와 대체효과의 크기에 따라 달라지는데, 소득효과는 실질소득 감소로 인해 정상재인 현재소비를 줄이고 대체효과는 현재소비의 기회비용 감소로 인해 현재소비를 늘리게 된다.

08 종합소득세 부과가 저축에 미치는 영향은 이자소득세 부과가 초래하는 대체효과 및 소득효과, 그리고 근로소득세 부과가 발생시키는 소득효과의 크기를 반영하여 판단해야 한다.

09 자산 중 위험자산 비중 선택과 관련하여 조세를 통해 발생되는 손실에 대하여 완전한 보상을 해주는 경우에는 위험자산 비중이 그런 조치 이전과 비교하여 상승하지만, 손실에 대해 보상을 해 주지 않는 경우에는 자산 중 위험자산 비중은 소득효과(위험의 소득탄력성)와 대체효과(안전자산으로의 대체)의 크기에 따라 달라진다.

10 사용자비용이론을 따를 때, 투자의 균형조건은 $P \cdot MP_k = q(r + \delta - g)$에서 성립한다. 이때 법인세 부과는 자본의 한계비용(우변, 자본의 사용자비용)과 한계수입생산물가치(좌변)를 변동시키고, 이는 법인기업의 투자에 영향을 미치게 된다. 이자비용, 감가상각비용 등 각종 비용공제를 통해 자본의 사용자비용을 낮추면 법인기업의 투자는 늘어난다. 그런데 이자비용 공제는 자기자본 조달에는 적용하지 않기 때문에 타인자본 의존도를 높이는 부작용을 수반할 수 있다.

제7장 조세각론

제1절 소득세

1. 소득세의 개관

1) 소득세의 의의

소득세(income tax)는 소득을 과세표준(세원)으로 하여 과세하는 조세를 말한다. 이는 세부적으로 개인소득세(individual income tax)와 법인소득세(corporate income tax)로 나눌 수 있다. 우리나라의 경우 일반적으로 개인소득세는 소득세라고 하며, 법인소득세는 줄여서 법인세라는 별도의 이름으로 부른다.

진정한 의미의 조세는 강제성과 일반적 보상원리를 특징으로 하며, 납세자의 경제적 능력(담세력)을 과세대상으로 한다. 하지만 납세자의 경제적 능력을 직접적으로 측정하기가 곤란하기 때문에, 일반적으로 소득을 대리변수로 삼아 과세하는 소득세가 중요한 역할을 하게 된다. 소득세는 개인(자연인)이 가득한 소득에 대하여 담세력을 인정하여 그 개인을 납세자로 하여 과세하는 조세이다.

소득세는 납세자의 경제적 능력을 나타내는 소득에 대해 과세(능력설)하는 세목이며, 각국에서 핵심적인 기간세 역할을 하고 있다. 소득세가 조세체계상 차지하는 위상은 다음과 같다.

첫째, 소득세는 그 과세권의 주체가 국가이므로 국세에 속한다. 또한 국제적 거래와는 직접 관련이 없기 때문에 내국세이다.

둘째, 소득세는 그 부담이 전가되지 않고 납세의무자와 담세자가 일치할 것을 예정하고 있으므로 직접세에 속한다.

셋째, 소득세는 그 수입의 용도를 특정하지 않기 때문에 보통세로 분류된다.

넷째, 소득세는 납세의무자의 인적 사정을 고려하여 과세(인적공제 적용)하는 조세이므로 인세에 속하고, 소득을 담세력으로 파악하여 과세하므로 수득세(收得稅)에 해당한다[1].

1) 소득세는 범주적으로 수득세(收得稅)에 속한다. 수득(收得)은 수익(收益)과 소득(所得)을 합친 조어(造語)인데, 수득은 회계학적 용어인 수익(예 매출액)과 비슷한 말이고, 세무실무에서는 외형(外形)이라고 부른다. 소득은 수익에서 경비(비용)를 제외한 나머지를 말하고 회계학 용어인 이익(순이익)과 비슷한 의미를 갖는다. 수득세는 수입(화폐 또는 그에 대신하는 경제가치의 취득)을 얻고 있다는 사실 자체에 담세력을 부여하여 과세하는 조세이다. 수

다섯째, 소득세는 과세물건을 측정하는 척도가 화폐단위로 표시되는 소득금액이기 때문에 범주적으로 종가세의 일종이다.

2) 소득세의 변천

소득세는 원래 인두세(계급세)에서 비롯되었다. 1799년 영국에서 프랑스 나폴레옹 침략에 대비하여 전비(戰費)조달 목적으로 피트(W. Pitt)가 제안한 것이 근대적 소득세의 첫 기원이라고 알려져 있다. 현행 누진소득과세방식의 확립은 1907년에 이르러 비로소 이루어졌다.

미국은 남북전쟁 때 처음 소득세를 부과하였고, 1913년에 연방소득세제를 도입하였다. 프랑스는 1914년에 시작하였고, 독일은 1920년에 연방세로 소득세를 도입하였으며, 우리나라는 일제에 의해 1926년에 소득세 도입이 결정되었고 1934년부터 시행되었다[2].

소득세가 세제를 구성하는 많은 세목들 중에서 가장 기본적인 세목임에도 이렇듯 발전이 부진했던 이유를 셀리그만(E.R.A. Seligman)은 직접세가 조세발달의 최종단계에 속하는 조세유형이고, 그 발달은 민주사회의 형성을 전제로 하기 때문이라고 하였다. 노이마르크(F. Neumark)는 소득세만큼 민주적이고, 인간적이며, 사회적인 조세는 없다고 보았다.

3) 소득세의 특징

오늘날 소득세는 정부가 필요로 하는 재원확보에 중추적 역할을 수행함은 물론 부수적으로 여러 정책기능을 담당한다. 소득세의 주요 특징으로 다음과 같은 점을 지적할 수 있다.

첫째, 소득세의 과세물건인 소득은 납세자의 담세력을 잘 반영한다.

둘째, 소득세는 개인적 사정을 고려해서 부담능력에 따라 과세할 수 있다(인세). 따라서 부담의 공평을 도모할 수 있고, 소득재분배의 기능을 수행한다.

셋째, 소득세의 세수는 경기(景氣) 상황에 따라 달라진다. 호황으로 소득 수준이 증대되면 소득세수도 증가하며, 불황이면 반대현상이 나타난다. 따라서 소득세는 경기조절기능을 하며, 단일세원으로 다액의 재원(세수)을 확보할 수 있는 세목이다.

4) 소득세에 대한 비판

소득세는 정부의 재원확보를 뒷받침하는 핵심 세목이며, 소득재분배를 통한 공평성의 제고와 경제안정을 도모하는 데도 큰 역할을 한다. 반면 다음과 같은 현실적 한계를 갖는다.

득세는 자연인의 종합적 담세력을 나타내는 소득(수익에서 비용을 차감한 순액)에 과세하는 소득세(income tax)와 자연인이 소유하고 있는 생산요소로부터 발생하는 수익(수입금액)을 담세능력의 지표로 간주하여 과세하는 수익세(produce tax, 收益稅, 외형표준과세) · 매상세(sales tax, turn-over tax)로 구분된다.

2) 우리나라는 1949.7.15. 소득세법을 제정함으로써 소득세의 독립적 과세기반을 마련하였다.

첫째, 부담의 불공평을 초래할 우려가 있다. 왜냐하면 소득개념이 불분명하여 소득세법에서 소득으로 명시하고 있지 않은 수입에 대해서는 조세회피가 가능하기 때문이다. 그리고 소득의 크기만을 대상으로 하여 납세자의 경제적 능력을 평가하기 때문에 재산(자산), 저축 및 소비를 통해서도 개인의 경제력(담세력)을 직접적으로 파악할 수 있다는 점을 간과함으로써 불공평을 야기할 수 있다. 한편 근로소득은 그 실상을 완전히 파악할 수 있고 원천징수되기 때문에 상대적으로 다른 소득(재산소득)을 기반으로 하는 사람들보다 근로소득자의 부담이 과중해지는 문제점을 내포한다.

둘째, 세무행정이 매우 복잡하다. 소득세의 과세물건은 소득이므로 산정과정이 복잡하고, 종합과세의 경우 모든 유형의 소득을 종합하는 것이 쉽지 않다. 이에 더하여 각종의 공제제도는 소득세의 세무행정을 더욱 복잡하게 만들고 있다.

셋째, 소득세는 직접세(감지적 조세)이므로 납세자에게 심리적 중압감을 준다.

넷째, 소득세는 저축에도 과세하므로 민간의 저축량과 투자를 감소시키는 영향을 초래한다. 따라서 자본축적을 위축시켜 경제성장에 저해효과를 유발하게 된다.

다섯째, 경제발전에 따라 소득개념이 변화되고 소득원천이 다양화되는데, 이를 소득세제가 제대로 반영하기가 어렵다. 소득개념 및 원천의 변동은 기존 징세기술의 조정과 새로운 소득원천에 대한 과세방안의 모색을 요구한다. 그러나 과세소득의 산정은 원칙적으로 개인의 신고에 의해 결정되므로 공정과세의 달성은 납세자의 조세도의에 의존할 수밖에 없다.

5) 소득의 개념

(1) 소득개념의 중요성

소득세는 납세자의 경제적 능력(담세력)을 소득이라는 대리변수로 파악하여 과세하는 조세라고 하겠다. 그러므로 소득세의 합리적 운용을 위한 최대의 관건은 소득을 어떻게 정의(定義)하느냐가 될 것이다. 납세자의 경제적 능력을 잘 대신할 수 있도록 소득이 결정되어야 납세자의 경제적 능력에 상응하는 공평과세를 실현할 수 있다.

일반적으로 소득은 원천설과 순자산증가설에 의해 정의된다. 양자는 상호 보완적인 역할을 한다. 납세자의 경제적 능력을 적절하게 대신하는 지표로는 순자산증가설을 기초로 하는 헤이그-사이몬스(R.M. Haig & H.C. Simons)의 포괄소득 개념이 폭넓게 이용되고 있다.

(2) 소득개념의 유형

① 소득원천설(所得源泉說)

자연인(개인)이 규칙적 · 주기적 또는 상시적으로 확보하는 수입만을 소득으로 간주하는 경우를 가리킨다. 직장에서의 월급, 정기예금의 이자, 부동산임대소득 등 규칙적이고 정기적으로 들어오는 수입만을 소득으로 간주한다. 이는 주기설(週期說)이라고도 하며, 노이만(F. Neumann)과 푸이스팅(B. Füisting)이 대표적인 주장자이다.

② 순자산증가설(純資産增加說)

자연인이 획득하는 규칙적이고 주기적인 수입뿐만 아니라 증여, 유증, 추첨이득, 보험금 등 우발적이고 불규칙적으로 얻어지는 수입도 소득으로 간주하는 경우를 말한다. 순자산증가설에 따르면 자산(재산)감소의 요인이 되는 경비(비용), 채무이자, 재산상실 등을 제외한 자산의 순증가분만을 소득에 포함시킨다. 따라서 순자산증가설에서의 소득은 일정기간 동안 형성된 경제력의 순증가를 화폐가치로 평가한 것이 된다. 이는 경제력증가설[3]이라고도 하며, 샨츠(G. von Schanz), 헤이그(R.M. Haig), 사이몬스(H.C. Simons)가 대표적인 주장자이다.

각국은 일반적으로 원천설과 순자산증가설을 병용한 소득개념을 사용한다. 우리나라, 프랑스, 영국은 소득원천설(주기설)을 근간으로 하는 반면, 독일과 미국은 순자산증가설(경제력증가설)에 중점을 두고 있다.

(3) 소득의 측정방법

① 소득을 화폐의 흐름으로 측정하는 경우

소득을 화폐의 흐름으로 측정하는 경우는 실현주의 원칙을 따른다[4]. 이때는 재화 및 용역의 판매로부터 발생하는 화폐적 순수입을 소득으로 측정하며, 정확한 크기 파악을 위해서는 재화 및 용역을 획득하기 위한 비용과 그것의 판매가격을 알아야 한다. 소득은 재화 및 용역의 판매수입에서 그것을 판매하기까지 들인 비용을 제외한 순수입이 된다.

② 소득을 재산의 소유권으로부터 발생하는 수익으로 측정하는 경우

소득을 재산의 소유권으로부터 발생하는 수익으로 측정하는 경우는 발생주의 원칙을 따라 소득을 파악한다. 이때 소득은 연간 소유재산으로부터 발생한 가치증가 또는 수익으로 측정된다. 다시 말해 일정기간 동안 개인에게 경제력의 순증가를 초래한 모든 수입을 합계하여 소득의 크기를 파악한다.

(4) 헤이그-사이몬스의 포괄소득

소득을 대리변수로 하여 납세자의 경제적 능력(지위)을 파악하는 경우 헤이그-사이몬스

---

3) 이와 같은 소득개념을 샨츠(G. von Schanz)는 순자산증가설이라고 하였으며, 헤이그(R.M. Haig), 사이몬스(H.C. Simons)는 경제력증가설이라고 하였다. 양자는 본질적으로 다르지 않은 의미를 갖는다.

4) 갑이 2025년 1월 1일에 3,000만원 상당의 주식을 구입했는데, 1년 후인 2026년 1월 1일에 3,500만원으로 시장가치가 상승했다고 하자. 이때 발생주의를 따르는 소득측정에서는 주식을 처분하든 그렇지 않든 주식가치 상승분에 해당하는 500만원을 갑의 2025년도 소득으로 간주한다. 반면 실현주의를 따를 때는 주식을 처분한 경우에만 500만원이 소득으로 포함된다.

(Haig-Simons)의 포괄소득 개념이 폭넓게 활용된다.

① 개념

일정기간 동안 발생한 개인(납세자)의 효용증가를 가능케 하는 모든 구매력 원천들의 합을 소득이라고 한다. 헤이그-사이몬의 포괄소득 개념은 일정기간(flow)에 걸쳐 창출된 상품구입을 뒷받침할 수 있는 모든 수입을 망라하여 소득이 산정된다.

② 산식

발생된 소득은 소비되거나 재산의 증감을 유발한다. 따라서 소득(Y)은 일정기간 동안[5]의 소비총액(C)과 순재산가치 증감($\triangle NW$, 인적 및 물적 포괄)의 합으로 이루어진다.

$$Y = C + \triangle NW$$

* C : 개인의 연간 소비총액, $\triangle NW$: 개인보유 재산의 연간 순가치 증감

③ 특징

헤이그-사이몬스의 포괄소득은 효용증가를 이끌 수 있는 모든 소득을 합산하여 파악(측정)하기 때문에 납세자의 경제적 능력을 적절히 대신할 수 있는 특징이 있다. 그 이외 헤이그-사이몬스의 포괄소득은 다음과 같은 특징을 갖는다.

첫째, 발생주의 원칙을 따르고, 과거에 축적된 부(富)는 소득합산에서 제외한다. 예컨대 갑이 2025년 1월 1일에 1억원 상당의 건물을 구입했는데, 1년 후인 2026년 1월 1일에 1억 3천만원으로 건물의 시장가치(시장가격)가 상승했다고 하자. 이때 합산대상은 새롭게 발생한 소득인 3천만원뿐이다. 처음 건물구입에 사용된 1억원은 과거에 축적된 부(富)로서 2025년도 소득합산에서 제외되어야 한다.

둘째, 원천 및 지출 용도(사용 용도)는 불문하는 방식을 따른다. 요소소득인 임금, 이자, 지대 및 이전소득, 상속 · 증여 등을 모두 포함하여 소득을 측정한다. 또한 소비를 위한 것이든 저축을 위한 것이든 상관없이 구매력의 원천들은 모두 합하여 소득이 된다.

셋째, 소득원천별로 물품세 · 증여세 · 상속세 · 재산세 · 법인세 등을 납부한 경우, 납부한 세액은 소득과표를 산정할 때 공제한다. 예컨대 갑이 3억원의 증여소득에 대해 5천만원의 증여세를 납부해야 하는 경우, 그가 증여를 통해 획득하는 소득은 증여세 5천만원을 제외한 2억 5천만원이 된다. 또한 개별소득의 획득과정에 소요되는 필요경비도 제외시킨다. 이는 헤이그-사이몬스의 포괄소득은 순개념을 적용한다는 것이다.

5) 소득은 일정기간을 대상으로 그 크기를 측정하는 유량변수(flow variable)에 해당한다. 일반적으로 1년간을 대상으로 그 크기가 측정된다.

넷째, 자본이득뿐만 아니라 자본손실도 반영되며[6], 저축은 금융자산 증가로서 순재산의 변동액($\triangle NW$)에 포함된다.

④ 헤이그-사이몬스 포괄소득 개념의 장 · 단점

헤이그-사이몬스의 포괄소득은 포괄주의와 발생주의 원칙에 따라 일정기간 동안 창출된 모든 수입을 합계하여 소득을 파악하기 때문에 납세자의 경제적 능력을 적절히 반영할 수 있는 장점을 갖는다. 그 이외 장점으로는 다음을 지적할 수 있다.

첫째, 모든 종류의 소득을 동등하게 취급하기 때문에 소득원천별로 서로 다른 대우를 할 때 발생하는 선택의 교란(왜곡)을 피할 수 있어 효율을 실현한다.

둘째, 발생된 원천이나 사용 용도가 다른 소득일지라도 동일하게 취급하므로 수평적 공평을 충족하게 된다. 헤이그-사이몬스(Haig-Simons)의 포괄소득 개념에 따라 개인의 소득을 파악하고, 동일한 소득 수준에 있는 사람들이 똑같은 조세부담을 한다면 수평적 공평이 이루어진다[7].

한편 헤이그-사이몬스의 포괄소득 개념은 수평적 공평과 효율을 달성하는 장점이 있지만, 현실에 적용할 때는 다음과 같은 단점을 드러낼 수 있다.

첫째, 물가가 변동하는 상황에서 자산가치의 순증가분을 측정 · 파악하여 과세소득에 산입하는 것이 그리 쉽지 않다.

둘째, 자본이득을 과세대상에 포함시키는 것은 이중과세의 위험성을 안고 있다. 왜냐하면 자본이득은 본질적으로 소유하고 있는 자산으로부터 미래의 소득증가를 예상할 수 있을 때 발생하기 때문이다. 이렇게 자본이득은 미래에 발생될 수 있는 소득의 증가를 반영하는 것임에도 불구하고, 자본이득에 일단 과세하고 미래에 소득이 발생했을 때 또다시 과세하게 되면, 같은 과세대상에 대해 이중으로 과세하는 셈이 된다.

셋째, 현실적으로 인적자본은 포괄소득과표의 산정에서 제외되고 있다. 인적자본의 가치도 개인의 경제적 능력을 증가시키는 요인이 되므로 포괄소득과표에 산입하여 과세해야 하지만 그렇지 못하고 있다는 것이다.

넷째, 진정한 포괄소득이 되기 위해서는 미처 소득으로 간주하지 못하고 있는 여러 가지 유사소득을 과세소득에 포함시켜야 하지만, 이를 실천에 옮기기가 쉽지 않다. 예를 들면 실질적으로 소득과 유사한 역할을 수행하는 여가, 내구자산의 귀속소득, 가정 내에서 생산되어 소비되는 재화와 서비스 등이 그에 해당한다.

---

6) 2025년도에 갑은 근로소득으로 3천만원과 부동산임대소득으로 5천만원을 획득하였다. 그리고 2025년 1월 1일에 3억원을 주고 구입한 건물이 2026년 1월 1일에 평가했더니 2억 5천만원이 되었다. 이에 따라 5천만원의 자본손실(capital loss)이 발생하였다. 이 경우 갑의 2025년도 소득과표는 3천만원(근로소득) + 5천만원(부동산임대소득) − 5천만원(자본손실) = 3천만원이 된다.

7) 그러나 이와 같은 설명이 타당하기 위해서는 소득이 납세자의 경제적 지위를 정확히 대신할 수 있고 소득원천에 관계없이 소득획득에 따른 비용이 동일해야 한다는 전제가 필요하다.

2. 과세소득의 산정

1) 과세소득

소득세의 과세표준은 총소득이 아니라 순소득 개념에 따라 규정된다. 그러므로 소득세의 과세소득 산정은 먼저 총소득에서 그 소득을 얻기 위하여 지불한 통상적인 각종 필요경비와 그 밖의 경비를 공제한다. 또한 응능원칙을 따라 과세하기 때문에 각종 인적공제가 요구된다.

2) 과세소득의 적정범위

현실의 과세소득은 헤이그-사이몬스(Haig-Simons)의 포괄소득과는 다르다. 따라서 소득이 동일한 납세의무자들에게 똑같은 세액을 부과하는 과세가 진정한 의미의 수평적 공평을 보장하지는 않는다. 따라서 임금, 이자, 지대 등 요소소득 이외 납세자의 경제적 능력을 나타내는 원천들을 망라하여 과세대상에 포괄적으로 산입하여 과세소득의 적정범위를 설정해야 한다.

이하에서는 현실의 과세소득이 납세자의 진정한 경제적 능력(지위)을 대신하는데 한계를 갖게 하는 요인들에 대해 알아보도록 하겠다.

(1) 귀속소득

귀속소득(imputed income)은 시장거래를 거치지 아니하고 개인에게 귀속되어 소비에 사용되는 소득을 말한다. 이와 같은 귀속소득은 원칙적으로 과세소득에 포함되어야 하지만, 세법에서 이를 비과세대상으로 취급하고 있어 세부담상 불공평을 초래하고 있다. 귀속소득에는 귀속임대소득, 농가에서 소비되는 농산물, 회사자동차 서비스의 무상 이용, 주부의 가사노동, 여가(화폐소득 대신 선택되는 실질소득) 등이 해당한다.

① 자기소유 주택의 귀속임대소득

자기소유 주택에서 거주하고 있는 사람은 그 주택을 타인에게 임대할 경우 받았을 임대소득에서 그 주택의 유지 및 관리 등을 위해 지불해야 하는 필요경비를 공제한 금액에 상당하는 귀속임대소득을 획득하고 있는 셈이다.

논리적 측면에서 보면 자기소유 주택거주자는 원칙적으로 동일한 가치의 주택을 임대하여 임대소득을 얻는 사람이 임대소득세를 내는 것과 마찬가지로 그 임대소득 상당액(귀속임대소득)을 자신의 과세소득에 포함시켜 소득세를 납부하여야 할 것이다.

하지만 현실적으로 다음과 같은 이유로 귀속임대소득과세는 이루어지지 않고 있다.

첫째, 객관적이고 정확한 귀속임대소득을 산정하기 쉽지 않다.

둘째, 귀속임대소득이라는 이론상의 개념은 일반인으로부터 인정받기 어렵고, 더불어 현금수입이 없는 소득에 대한 과세는 납세자의 불만을 초래할 수 있다.

셋째, 평생 동안의 귀속임대소득을 합산한 금액의 현재가치는 평생 동안 주택을 사용함으로써 얻는 혜택(편익)을 현재가치로 환산한 금액(주택에 대한 소비액)과 일치한다. 이때 평생 동안의 귀속임대소득을 합산한 금액의 현재가치는 주택을 통해 얻을 수 있는 총소득이라고 하겠다. 그러므로 주택에서 얻을 수 있는 순소득은 주택을 통해 얻을 수 있는 총소득(평생 동안의 귀속임대소득을 합산한 금액의 현재가치)에서 평생 동안 주택에 대한 소비액을 현재가치로 환산한 금액을 제외한 것이 된다. 이럴 경우 순소득은 0(zero)이 되므로 과세가 불필요하게 된다.

넷째, 현실적으로 주택의 소유에 대해 지방세법상 재산세가 부과되고 있으므로 귀속임대소득에 대한 과세는 이중과세를 초래한다.

이와 같은 이유로 귀속임대소득에 대해 비과세 조치를 취하고 있는 현실의 세제는 다음과 같은 과세상 불공평을 야기할 수 있다.

첫째, 자기소유 주택의 거주자는 다른 사람의 주택을 임대하여 거주하고 있는 무주택자보다 과세상 우대받고 있기 때문에 불공평하다. 이러한 문제점을 보완하기 위해 우리나라는 소득과표를 산정할 때 주택마련저축을 소득공제하는 등 제한적이나마 조정하는 조치를 시행한다.

둘째, 귀속임대소득에 대한 비과세는 거주용 주택에 대해 우대하는 결과가 되어 자원배분을 왜곡시키는 부정적인 영향을 미칠 수 있다.

② 가사노동

가사에만 종사하는 전업주부의 가사노동은 어떻게 취급해야 할 것인가? 가사노동은 가정의 후생을 증대시키므로 가사노동에 의해 창출되는 가치는 원칙적으로 과세소득에 포함되어야 하지만, 다음과 같은 이유로 과세가 이루어지지 못한다.

첫째, 가사노동의 화폐적 평가가 사실상 불가능하거나 곤란하다.

둘째, 가사노동의 평가가 가능하다 하더라도 비화폐소득에 대한 과세는 납세자의 반발을 불러올 가능성이 높다. 현실적으로 주부의 가사노동에 대해서는 그 대가로서의 소득이 제공되지 않는다. 그럼에도 불구하고 가사노동이 귀속소득을 창출하는 것으로 간주하여 이에 과세하면 납세자(주부)의 반발을 초래할 수밖에 없다.

③ 자가생산물

생산물은 자기소비 또는 판매(거래) 용도로 사용된다. 이때 판매용 생산물은 그 규모에 따라 세부담이 이루어진다. 마찬가지로 자가소비에 쓰이는 생산물에 대해서도 과세하는 것이 마땅하다. 예를 들면 농가의 생산물 가운데 자가 소비되는 몫도 개인의 효용을 증가시키는 원천이기 때문에 원칙적으로 과세소득에 합산되어야 한다. 하지만 농촌의 열악한 경제여건과 그간의 관행에 따라 농가의 자가소비용 생산물에 대해서는 과세가 이루어지지 않고 있다.

④ 여가

개인은 자신에게 주어진 시간을 근로나 여가에 사용한다. 근로에 투입하는 경우 그 대가로서 근로소득을 얻는다. 한편 근로소득과 마찬가지로 여가도 개인의 효용을 증가시키는 원천이 되며, 개인이 주어진 시간을 근로에 사용하느냐 여가에 사용하느냐는 전적으로 본인의 자율적인 선택에 의해 결정될 뿐이다. 따라서 근로소득을 과세소득에 합산하는 것처럼 여가도 과세소득의 대상으로 간주하는 것이 합리적이라고 하겠다. 다만, 현실적으로 그 실행 과정에서 직면할 많은 어려움을 해결할 수 있어야 한다.

(2) 변형급여

변형급여(fringe benefits, 부가급부)는 개인이 현금소득 이외의 형태로 얻는 모든 이익(혜택)을 가리킨다. 직장에서 제공하는 출퇴근 통근버스, 사내 운동시설, 사내 복지시설(탁아소 등), 교육훈련 과정 등이 그 예에 해당한다. 이때 변형급여를 노동의 대가로 지급받는 금전 이외의 경제적 이익으로 한정한다면, 이것이 과세소득의 대상으로 포함되어야 한다는 주장(견해)에 대해 이론(異論)의 여지가 없다.

(3) 미실현소득

포괄소득 개념을 따르면, 보유자산의 가치 상승으로 인한 자본이득은 당연히 과세소득에 포함되어야 한다. 그러나 이에 대한 반대 견해도 만만치 않은 바, 구체적인 내용에 대해서는 본 절의 '6. 자본이득에 대한 과세'에서 자세히 다루도록 하겠다.

(4) 상속 및 증여를 통해 취득한 재산

상속 또는 증여에 의해 취득한 재산을 과세소득으로 보아 소득세를 부과해야 하느냐에 대해서는 긍정설과 부정설이 대립하고 있다. 이론적으로 볼 때 이러한 재산에 대해 소득세를 부과해야 한다는 긍정설이 타당하지만, 현실적으로 대부분의 국가에서는 상속세 또는 증여세의 부과로 이를 대신하고 있다. 우리나라도 마찬가지이다. 다만, 일부의 수증자산에 대해서만 소득세를 과세하고 있다.

(5) 위법소득 등

위법소득, 무효인 법률행위 또는 취소할 수 있는 법률행위를 통해 얻은 경제적 이득이 과세소득에 포함되는지의 여부는 세법상 실질과세의 원칙과 관련하여 논의되어야 할 문제이다.

우리나라의 현행 종합소득세는 여가 · 이전지출 · 자가생산물 · 귀속소득 등을 과세대상으로 규정하지 않고 있다. 따라서 수평적 공평의 달성에는 한계를 갖는다. 그러나 이에 대한 보완방안으로 각종 인적공제나 특별공제 등을 허용함으로써 소득이 납세자의 진정한 경제적 능력을 대신할 수 있도록 조정해 주고 있다. 근로소득공제, 인적공제, 의료비 세액공제, 교육비 세액공제, 경로우대자공제, 장애인공제 등을 통해 수평적 공평의 증대를 도모한다[8].

▶ 현행 소득세제의 수평적 공평 달성을 장애하는 기타 요인

① 인플레이션

소득세는 명목소득을 기준으로 과세한다. 따라서 인플레이션이 초래하는 명목소득의 상승은 소득세의 누진적 세율구조로 인해 납세자에게 명목소득 상승분보다 더 큰 조세부담을 지우게 된다. 또한 인플레이션이 발생하면 누진적 소득세율구조로 인해 상대적으로 저소득층의 세부담 증가율이 더 크게 나타나는 불공평을 빚는다[9].

한편 인플레이션은 재산(자산)가치를 실질(실제)보다 과대평가되도록 하여 환영적(幻影的) 자본이득을 발생시킨다[10]. 환영적 자본이득의 공평한 처리를 위해서는 자본이득을 물가에 연동시켜 과세하는 조치가 필요하다. 이럴 경우 실질가치 기준으로 과세하여야 하는데 이런 조치가 쉽지 않다.

② 기복이 심한 소득

누진소득세가 적용(시행)되면 기복이 심한 소득을 획득하는 사람은 안정적 소득을 획득하는 사람보다 조세부담이 크다. 따라서 수평적 공평의 저해가 나타난다. 이에 대한 대책으로 수년간의 소득을 평균하여 도출한 과세표준을 기준으로 과세(소득의 평균화 조치)하는 방법을 이용하면 불공평의 정도가 완화될 수 있다.

③ 순소득 개념 적용의 애로

수평적 공평을 위해서는 순자산증가설의 포괄소득을 과세대상으로 해야 한다. 이때 소득획득에 필연적으로 소요되는 필요경비는 공제하는 방식을 따른다. 하지만 현실적으로 근로소득공제액이 소득획득에 들어가는 경비를 충당할 수 있는지는 의문이다.

④ 재산소득 및 근로소득의 차별

포괄소득 개념에서는 재산소득과 근로소득을 구분하지 않는다. 그러나 현실적으로 노동의 비효용성

---

8) 독자들은 소득세 운영과정에 허용되는 각종 공제가 수평적 공평을 저해하는 원인으로 작용하는 동시에 수평적 공평의 제고를 위한 조치가 될 수 있음에 유념하기 바란다. 모든 소득을 망라한 포괄소득이 완벽하게 파악되는 상황에서는 각종 공제조치가 납세자나 소득유형별로 차등을 초래함으로써 수평적 공평을 저해하는 원인이 된다. 그러나 그렇지 않을 때는 수평적 공평 증대에 기여하는 측면이 있다.

9) 인플레이션에 의해 명목소득이 상승하면, 면세자인 저소득층이 새롭게 납세자가 되는 현상이 발생할 수 있다. 따라서 인플레이션은 상대적으로 저소득층에게 더 큰 조세부담을 초래하게 된다.

10) 인플레이션의 진행은 재산(자산)가치의 실질적 증가와는 관계없이 물가상승에 기인하는 거품현상(환영적 자본이득)을 발생시킨다. 이와 같은 환영적 자본이득을 차감하지 않고 부풀어진 소득과표에 대해 과세하면 수평적 공평을 저해하게 된다.

과 저소득층에 대한 배려를 위해 근로소득은 경과하고, 재산소득은 중과하고 있다. 노동의 비효용성에 대한 감안은 직업별로 구분하는 것이 합리적이며, 저소득층에 대한 배려 방법으로는 비과세조치나 공제제도가 보다 직접적이다. 그러므로 현실 세제가 채택하고 있는 근로소득에 대한 경과와 재산소득에 대한 중과는 차별과세를 의미하므로 수평적 공평을 저해한다.

⑤ 이전지출

정부(혹은 다른 개인)가 개인(민간부문)에게 지급하는 각종 이전지출은 국민소득 계정상 소득은 아니지만, 소득세의 과세표준에서 제외될 이유는 없다. 그러나 현행 소득세법에서는 제외되고 있다. 이는 수평적 불공평의 원인이 된다.

⑥ 비과세소득의 존재와 분리과세 조치

비과세 혹은 분리과세 조치의 시행은 대상소득과 비대상소득을 차별함으로써 소득 간 수평적 불공평을 초래하기 때문에 결과적으로 소득과표의 축소를 가져온다. 이자, 배당소득에 대한 저율의 분리과세가 그 예에 해당한다.

⑦ 각종 인적공제와 조세특혜

인적공제는 우대적 조세조치로써 남용될 우려가 있다. 또한 과도한 조세특혜는 국고수입의 감소와 과세의 불공평을 야기하며, 합법적인 탈세출구로 이용되기도 한다. 따라서 이와 같은 인적공제와 조세특혜는 조세부담의 불공평을 초래하는 원인이라고 하겠다.

3) 우리나라의 과세소득

우리나라는 기본적으로 소득원천설을 바탕으로 소득을 규정하고 있다. 현행 소득세법은 구체적인 과세소득의 범위를 열거하는 방식을 따른다. 따라서 소득세법에 열거되지 아니한 소득은 비록 담세력이 있다 하더라도 과세되지 않는다(열거주의)[11].

(1) 과세소득의 체계

과세대상 소득은 크게 종합과세대상이 되는 종합소득과 분류과세대상이 되는 개별소득으로 구분된다. 우리나라의 과세대상 소득은 이자소득, 배당소득, 사업소득, 근로소득, 연금소득, 기타소득, 퇴직소득, 양도소득의 총 8개로 구성되어 있다. 이자소득, 배당소득, 사업소득, 근로소득, 연금소득, 기타소득의 6개 소득은 종합과세대상 소득에 해당하며, 나머지 2개 소득은 분류과세대상 소득에 속한다.

퇴직소득, 양도소득은 결집효과(bunching effect)의 완화목적과 소득금액계산 방법의 특수성으

11) 이하에서 언급되어 있는 소득세법상 규정이나 용어에 관한 자세한 내용은 김완석 · 정지선, 『소득세법론』, 삼일인포마인, 2022를 참조하기 바란다.

로 인하여 분류과세하고 있다. 그 속성상 이자소득, 근로소득은 비교적 세원포착이 용이하지만, 사업소득, 양도소득, 기타소득은 쉽지 않다.

한편 종합과세대상 소득 중 일부의 이자·배당소득, 일용근로자의 급여, 연금소득, 기타소득의 일부 등은 정책상 목적을 이유로 분리과세하고 있다.

① 종합소득

소득구분에 따라 각 소득을 대상으로 그것의 비과세소득·분리과세소득을 제외하고 소득별 총수입금액을 계산한다. 그 다음으로 소득별 총수입금액에서 필요경비 등을 공제하면 소득별 과세대상 소득금액이 결정된다.

각 소득별 과세대상 소득금액을 확정한 이후 이자소득·배당소득·사업소득·근로소득·연금소득·기타소득금액을 합계하여 종합소득금액을 산정하고, 여기에서 종합소득공제를 차감하여 최종적으로 종합소득 과세표준을 산출한다.

② 분류과세소득

퇴직소득, 양도소득은 그 과표산정의 어려움, 결집효과의 발생 등 처리과정에 상당한 문제점을 안고 있기 때문에 별도의 규정에 의해 과세표준이 계산된다. 이를 분류과세(schedular taxation)라고 한다.

(2) 비과세소득과 조세특혜

비과세 이자소득의 존재, 양도소득감면, 특별감가상각 등 조세감면 조치로 말미암아 세법상 소득과표와 이론상 포괄소득과표는 상당히 다르다. 그 결과 우리나라의 소득세제는 진정한 포괄소득 개념을 위배하고 있다.

각종 조세특혜는 특정 납세의무자에게 교부되는 보조금의 성격을 갖는다. 따라서 조세지출로 분류하여 예산의 세출(지출) 항목으로 계상하는 조치가 마땅할 것이다.

(3) 공제제도

소득세의 공제제도는 크게 소득공제(과표공제)와 세액공제로 나눌 수 있다. 소득공제는 과세대상인 소득의 규모(크기)를 세법규정에 따라 줄여주는 조치이며, 세액공제는 과표에 세율을 적용하여 산정한 납부세액을 줄여주는 조치를 말한다. 따라서 소득공제는 높은 한계세율을 적용받는 고소득자에게 상대적으로 유리하게 작용하고, 세액공제는 소득 수준이 낮은 저소득자에게 상대적으로 유리하다.

① 소득공제

소득공제는 납세자의 진정한 경제적 능력에 대해 과세가 이루어지도록 과세대상 소득을 적절하게 조정해 주는 조치를 가리킨다. 소득공제는 소득세의 과세대상이 되는 과표를 줄여주는 방식으로 이루어진다. 따라서 소득공제는 과표공제라고도 한다. 이와 같은 소득공제는 인적공제와 비인적공제(물적공제)로 구분된다.

㉠ 인적공제

인적공제는 납세자의 개인적 사정을 감안하여 소득과표를 적절하게 줄여주는 효과를 나타낸다. 이 제도는 납세의무자에게 최저생활을 보장하고, 부양가족의 상황에 따라 세부담을 차별화함으로써 부담능력에 상응하는 공평과세를 실현하는 역할을 한다.

인적공제는 기본공제와 추가공제가 두 축이다. 기본공제에는 본인공제, 배우자공제, 부양가족공제가 속하고, 추가공제에 해당하는 항목으로는 경로우대자공제, 장애인공제, 한부모공제, 부녀자공제[12)]가 있다.

소득 수준에 관계없이 모든 사람에게 소득세를 부과하면, 일부 저소득자들은 최저생활도 유지할 수 없는 상황에 직면할 수도 있을 것이다. 이러한 문제점의 대책이라고 할 수 있는 인적공제는 다음과 같은 기능을 한다.

첫째, 과세대상 소득에 대해 각종 인적공제를 하고도 남는 것이 소득세의 과표가 되므로 개인의 실제소득이 인적공제 금액보다 적을 때는 소득세가 부과되지 않는다. 따라서 인적공제는 과세최저한[13)]을 결정하는 기준이 된다.

둘째, 인적공제는 가족의 규모에 따라 세부담을 조정해 주는 역할을 한다. 가족규모의 증가에 따라 공제가 늘어나므로 세부담을 줄여주는 효과가 있다.

셋째, 소득세 부담을 조정하여 중 · 저소득 계층의 세부담을 적정화하는 기능을 한다. 인적공제를 적용하고 남는 소득에 대해 초과누진세율을 적용하기 때문에 상대적으로 저소득층을 더 많이 배려하게 된다.

인적공제는 지속적으로 상향 조정되어, 현재는 높은 수준의 인적공제가 이루어지고 있는 상황이다. 이에 따라 소득을 획득하는 모든 개인은 납세의 의무를 수행해야 한다는 국민개세주의(國民皆稅主義)를 지키지 못하게 하는 문제를 드러낸다.

㉡ 비인적공제

개인의 소득 중에는 필요경비 성격을 띠는 지출을 위해 사용된 몫이 있다. 이는 납세의무자가 지출하는 비용 중에는 자기의 재량으로 용이하게 조절할 수 없는 항목이 있다는 것을 의미

12) 부녀자공제는 종합소득 과세표준을 계산할 때 합산 종합소득금액이 3,000만원 이하인 거주자가 ① 배우자가 없는 여성으로서 부양가족이 있는 세대주이거나 배우자가 ② 배우자가 있는 여성을 대상으로 적용한다.

13) 과세최저한제도는 최저생활을 보장하기 위해 최저생계비(기준생계비)를 기준으로 그 이하의 소득자에게 과세하지 않기 위한 조치이다. 최근에는 가계의 저축 내지 재산형성의 유무를 감안하여 과세최저한을 설정하려는 시도가 나타나고 있다. 과세최저한은 세부담의 공평 실현이라는 명확한 목표를 갖지만 그럼에도 불구하고 어떤 수준이 적절하냐를 놓고 견해가 갈린다. 과세최저한 결정에는 수지균형점방식과 시장바구니(market basket)방식이 이용된다.

한다. 이것을 종합소득에서 공제해 주는 조치가 비인적공제이다. 비인적공제를 물적공제라고도 하며, 사회보장제도를 세제 측면에서 지원하고자 하는 목적을 갖는다.

비인적공제의 항목으로는 특별소득공제(근로소득자, 예 건강보험료 등 소득공제, 주택자금 소득공제), 연금보험료 공제(종합소득자), 주택담보노후연금 이자비용공제(연금소득자), 신용카드 등 사용액에 대한 소득공제(근로소득자), 그 밖의 소득공제 등이 있다.

비인적공제는 납세자가 지출한 금액의 크기에 따라 공제액이 달라지는 항목별공제(itemized deduction, 개별공제, 실액공제)와 모든 해당 납세자에게 동일액을 공제해주는 표준공제(standard deduction, 개산(槪算)공제)로 구분된다. 항목별공제에는 보험료공제, 의료비공제, 교육비공제, 주택자금공제, 기부금공제 등이 있다.

② 세액공제

세액공제(tax credit)는 국제 간 또는 세목 간 이중과세의 조정이나 저축 및 투자의 촉진, 저소득층의 부담경감, 그 밖의 특정한 정책목적을 달성하기 위하여 비과세 조치나 소득공제 대신 산출세액에서 일정세액을 공제해 주는 제도이다.

세액공제의 종류로는 배당세액공제, 외국납부세액공제, 재해손실세액공제, 근로소득세액공제, 자녀세액공제, 특별세액공제 등이 있다[14].

3. 과세방법

1) 종합과세제도

종합과세(global taxation)는 일정기간을 단위로 그 기간 동안 창출된 모든 소득을 합산하여 과세하는 방식이다. 구체적으로 모든 소득을 종합하여 과세소득을 산정하고, 이에 인적공제를 허용하여 과세표준을 도출한 후, 초과누진세율을 적용하여 납부세액을 결정한다. 독일, 미국을 중심으로 발달한 제도로서 각국의 소득세는 대체로 종합과세를 기본원칙으로 따른다.

(1) 장점

종합과세제도는 각종 인적공제를 통해 납세의무자의 개인적 사정을 반영할 수 있고, 누진세율과 소비단위주의 과세방법을 결합하여 응능부담(세부담의 공평)을 실현할 수 있다. 따라서 공평한 소득재분배에 기여한다.

---

14) 세액공제, 각종 감면 등의 시행은 납세자의 세부담을 줄여주는 효과를 나타내는데, 과도한 경우 오히려 더 큰 부작용을 초래할 수 있다. 이에 대한 대책으로 최저한세율(最低限稅率)제도가 활용된다. 최저한세율은 기업이나 개인사업자들이 각종 비과세, 세율우대 등을 통해 세금을 감면받더라도 반드시 내야 하는 최소한의 세율을 말한다.

(2) 단점

현실적으로 소득의 완전한 종합(포괄화)이 쉽지 않고, 종합과세제도의 납세절차와 징세절차가 복잡하게 되어 있다. 자진신고 납부방식을 따르기 때문에 세원의 탈루 가능성이 있으며, 장기간에 걸쳐 발생한 소득이 일시에 실현될 경우 이를 합산하면 결집효과가 나타난다. 따라서 종합과세제도는 잘못 운영되면 도리어 부담의 불공평을 초래한다.

(3) 우리나라의 종합과세제도

우리나라는 1975년부터 소득에 대해 종합과세제도를 시행하고 있다. 그러나 소득을 규정함에 있어 열거주의 과세방식(소득세법이 규정하는 소득만을 과세대상으로 간주)을 채택하고 있기 때문에 포괄주의(영, 미)를 충족하지는 못한다. 다만, 이자 · 배당 · 연금소득에 대하여는 부분적 포괄주의 과세방식이 적용되고 있다.

현행 소득세는 분류과세대상 소득(퇴직 · 양도소득)을 제외한 나머지 소득(이자 · 배당 · 사업 · 근로 · 연금 · 기타소득)을 합산하여 종합과세하는 방식을 따른다. 이때 일부 소득은 원천징수를 하기도 하지만, 이것이 분리과세를 의미하지는 않는다. 한편 이자소득, 배당소득 등 일부 소득은 예외적으로 지급할 때 원천징수함으로써 과세를 종결하는 분리과세제도를 병용하고 있다.

우리나라의 종합과세제도는 원천징수를 활용한 세원탈루의 최소화, 소득구분에 의한 원천별 차별과세, 분류과세 적용을 통한 장기발생소득의 결집효과 완화 등의 장점을 갖는다. 반면 분류과세소득이 존재하고 그것의 범위가 넓어서 종합과세원칙을 침해하며, 과세단위의 설정에 있어 개인단위주의를 취함으로써 응능부담의 실현에 부적합한 단점도 내포하고 있다.

2) 분류과세와 분리과세제도

(1) 분류과세제도

분류과세(schedular taxation)는 발생하는 원천에 따라 그 소득을 종류별로 구분하고, 각각의 소득에 대하여 별도로 과세하는 방식을 말한다. 개별적인 단일비례세율 또는 복수세율을 적용하며, 이탈리아, 프랑스, 영국을 중심으로 발달하였다.

① 장점

신고납부, 소득별 합산 등의 조치가 없으므로 징세절차가 간단하며, 과세대상인 특정 소득만을 별도 처리하는 방식을 채택하고 있기 때문에 해당 소득에 대한 탈세를 방지하기가 용이하다.

② 단점

분류과세대상 소득과 비대상 소득에 대한 차별과세가 불가피하여 세부담상 불공평을 야기할 수 있다. 왜냐하면 인적공제의 결여 등 제약이 있기 때문이다.

(2) 분리과세제도

우리나라의 경우 이자소득, 배당소득, 근로소득 중 일용근로자의 급여, 기타소득의 일부에 대해서는 종합과세하지 않고 별도로 취급하여 분리과세(separate taxation)를 하고 있다. 이때 분리과세대상 소득에 대해서는 기간별로 합산하지 않고, 그 소득이 지급될 때 소득세를 원천징수함으로써 과세를 종결한다.

4. 과세단위

과세단위(tax unit)는 소득세를 종합과세함에 있어 소득을 종합하는 인적범위(과세의 인적단위)를 가리킨다. 누진세율 구조일 때 과세단위를 어떻게 설정하느냐에 따라 납세자의 세부담 크기가 달라지므로 세부담의 공평을 결정하는 주요한 요인에 해당한다.

과세단위에는 개인마다 과세하는 방법(individual unit system, 개인단위주의)과 소비생활 단위마다 과세하는 방법(consumption unit system, 소비단위주의)이 있다[15).]

가족은 경제생활의 기본단위이기 때문에 그 구성원의 소득을 각각 별도로 과세하기보다는 모두 합산하여 과세하는 것이 부담능력에 따른 과세에 보다 합당하다. 이런 점 때문에 선진 세제일수록 소비단위주의가 보편화되고 있다.

1) 개인마다 과세하는 방법

소득을 획득하는 개개인을 과세단위로 하며, 부부와 독신자를 구분하지 않고 각 개인이 가득하는 소득에 대해 과세하는 경우이다. 개인단위주의는 납세의무자들의 소득을 기준으로 그 크기에 따라 세부담을 부과하므로 모든 납세자들을 차별 없이 동등하게 취급하기 때문에 단순하고 효율에 적합하다. 반면 개인단위주의를 따르면 갑과 을의 가정(家庭)이 동일한 5,000만원의 소득을 얻고 있을지라도 두 가정의 구성원들이 가득하고 있는 소득의 실태가 다르면, 두 가정의 소득세 납부액은 상이하다. 예컨대 갑의 가정은 5,000만원의 소득이 가장인 갑에 의해서만 가득되고 있지만, 을의 가정은 여러 가족구성원에 의해 5,000만원의 소득이 가득되고 있다고 하자. 이럴 경우 소득세의 세율은 초과누진구조이기 때문에 두 가정은 동일한 소득을 얻고 있지만 갑의 가정에 부과되는 소득세액이 더 많게 된다. 따라서 개인단위주의는 동일한 소득을 얻고 있는 가정에 상이한 소득세액을 부과함으로써 수평적 공평을 위배하는 단점이 있다. 우리나라 소득세는 원칙적으로 개인단위주의를 따른다.

15) 소비단위주의는 소비단위의 크기에 따라 부부단위주의와 가족단위주의로 나뉘며, 소득의 분할 여부에 따라 합산비분할주의와 합산분할주의(균등분할주의, 불균등분할주의)로 구분된다. 그리고 세율표의 차등 여부에 따라 단일세율표주의와 복수세율표주의가 있다.

2) 소비생활 단위마다 과세하는 방법

함께 소비생활을 영위하는 가계구성원을 묶어 과세단위로 설정하는 경우를 말한다. 일반적으로 부부 또는 가족이 이러한 소비생활의 단위에 해당한다고 할 수 있다. 이 방법은 가족 수의 증가에 따른 비용증가를 고려할 수 있는 장점을 갖는다. 소비생활 단위마다 소득세를 과세(소비단위주의)하는 방법으로는 다음과 같은 두 가지 유형이 있다.

(1) 부부합산과세방법

합산한 부부의 소득에 초과누진세율을 적용하여 납부세액을 결정한다. 부부단위로 과세할 경우, 결혼에 대해 비중립적인 효과(결혼세의 역할)를 유발할 수 있으며, 부녀자의 노동공급(노동시장 참여)을 저해할 우려가 있다. 이를 완화하기 위해 2분2승법을 도입하거나, 독신자와 부부에 각기 다른 세율표를 적용하는 방법 등이 고려될 수 있을 것이다.

(2) 세대합산과세방법

개별 가족구성원(세대구성원)의 소득을 전부 합산과세하는 방법을 말한다. 이 방법에 따라 소득세의 과표가 결정되고 그것에 초과누진세율이 적용되면 세부담은 크게 늘어난다. 이때 누진소득세율구조 적용으로 인한 과중한 세부담을 완화하는 방안으로는 n분n승법이 이용된다[16].

3) 적정 과세단위 선정을 위해 고려해야 할 사항

소득세의 적정 과세단위 선정은 공평성, 효율성, 과세행정의 간편성, 결혼에 대한 중립성 등을 종합적으로 고려하여 이루어져야 한다.

(1) 공평성

과세단위가 어떻게 선정되느냐에 따라 세부담의 공평성(형평성)에 적지 않은 영향이 발생하게 된다. 소득세의 이상적인 과세단위는 같은 소득수준의 가정(家庭)이 동일한 세부담을 지도록 설계되어야 한다(수평적 공평). 이와 같은 명제는 개인단위주의에서 성립될 수 없으며, 소비단위주의에서 충족될 수 있다.

(2) 효율성

누진 소득세율구조를 따르면 소득의 증가폭보다 그에 기인하는 세부담이 더욱 크게 상승하도록 되어 있다. 따라서 소비단위주의보다 개인단위주의일 때 경제활동이나 선택행위의 교란이 작게 나타난다. 이는 소비단위주의보다 개인단위주의가 더 효율적임을 의미한다.

16) 어떤 가계의 구성원이 n명이고, 각자의 소득이 b_1, b_2, b_3, ……, b_n일 때 n분n승법을 적용하면, 최종납부세액 = $\{(b_1 + b_2 + b_3 + \cdots\cdots + b_n)/n \cdot$ 초과누진세율$\} \times n$이다. 이때 n이 2이면, 2분2승법이 된다.

(3) 과세행정의 간편성

한 사람의 납세자를 대상으로 하는 개인단위주의보다 가계구성원 전부를 대상으로 하는 소비단위주의가 과세행정 측면에서 더 복잡하다. 하지만 개인단위주의도 은밀하게 이루어지는 가족 간 소득의 분산 여부 등을 조사하는데 추가적인 행정력의 소모를 필요로 한다.

(4) 부부재산제와의 관계

부부 간 재산취급 방식으로는 재산의 부부공유제와 부부별산제가 있다. 재산의 부부공유제(夫婦共有制)는 소비단위주의와 밀접하게 연결되어 있고, 부부별산제(夫婦別算制)는 개인단위주의와 서로 조화를 이룰 수 있을 것이다.

우리나라 민법은 원칙적으로 부부별산제를 채택하고 있기 때문에 현행 소득세법상 과세단위는 개인단위주의의 성격을 띤다. 하지만 민법이 규정하고 있는 부부공유재산의 범위가 지나치게 광범위하여 실제로는 개인단위주의의 적용에 상당한 어려움이 있다.

(5) 결혼에 대한 중립성

개인단위주의는 결혼에 대한 중립성을 훼손하지 않는다. 그러나 소비단위주의는 결혼한 두 남녀의 소득을 합산하여 누진세율을 적용하므로 결혼에 대한 제재로 작용할 수 있다. 따라서 소비단위주의는 결혼에 대해 중립성을 유지하기 힘들다. 그러나 소비단위주의의 한 유형으로 부부재산의 합산분할주의는 결혼에 대해 은전(恩典)으로 작용할 수 있다.

(6) 개인 비밀(privacy)의 보호

개인단위주의와 달리 소비단위주의는 부부 간 또는 가족 간 소득과 재산에 대한 정보가 다른 가족구성원에게 알려지므로 개인의 비밀보호가 어렵다.

우리나라 소득세의 과세단위는 원칙적으로 개인단위주의에 해당한다. 그러나 예외적으로 부부의 자산소득합산과세와 공동사업합산과세를 시행하고 있다. 부부의 자산소득합산과세는 자산소득(이자소득, 배당소득 등)을 동거가족(부부) 중 종합소득이 가장 많은 주된 소득자의 소득에 합산하여 소득세를 부과하는 것을 말한다. 그 취지는 첫째, 자산소득은 불로소득이므로 이를 중과하고, 둘째, 자산의 명의를 위장 분산함으로써 소득세의 누진부담을 회피하지 못하도록 하기 위함이다.

공동사업합산과세는 원칙적으로 공동사업에 대해 지분별로 과세하여야 하지만, 일정한 가족(동거가족 등의 특수관계자 등)이 특정 소득(부동산임대 관련 소득 · 사업소득)을 발생시키는 공동사업을 운영하는 경우에는 가족을 과세단위로 하여 과세하는 것을 말한다. 그 취지는 명의의 위장 분산을 통해 소득세의 누진부담을 회피하지 못하도록 하기 위한 것이다.

5. 세율구조

적절한 누진성을 확보함으로써 국민의 부담능력(담세력)에 상응하는 공평한 부담을 실현하고, 소득재분배기능을 충실히 수행할 수 있기 위해서는 합리적인 세율체계의 마련이 중요하다.

1) 세율의 종류

세율은 표면세율(한계세율, 명목세율), 평균세율, 실효세율 등으로 구분할 수 있다. 평균세율과 실효평균세율, 한계세율과 실효한계세율의 개념은 상이한데, 이는 각종 공제 및 소득구간별 차등세율(누진 세율구조)의 적용 등에 기인한 결과이다[17].

2) 세율의 누진도와 소득구간

(1) 세율의 누진도

과세표준이 증가하는 경우 일정한 소득구간을 초과하는 금액에 대해서만 높은 세율을 적용한다면 이때의 세율을 초과누진세율이라고 한다. 이에 반하여 과세표준이 증가할 때 증가분을 포함한 전체에 대하여 높은 세율을 적용한다면 이때의 세율은 단순누진세율(전액누진세율)이다. 따라서 초과누진세율구조를 적용하면 과세표준이 일정한 구간을 초과할 때, 세부담이 급격하게 늘어나는 현상을 방지할 수 있다.

소득세율 체계의 적정 누진성은 사회적 가치판단의 문제이지만, 높은 누진적 한계세율은 현실성이 없다는 경험과 근로의욕이나 위험부담행위에 부정적인 영향을 미친다는 사실을 고려해서 판단해야 한다. 이는 소득세의 누진도는 소득과 재산의 불평등도, 공평과세에 대한 여론, 소득세 과세의 경제적 효과 등을 감안하여 설계되어야 한다는 것이다.

(2) 소득구간

소득구간(tax bracket, 소득계급)의 단계가 어느 정도일 때 적정한가는 주관적 판단에 의존할 수밖에 없으며, 일반적으로 소득구간의 구분이 많을수록 누진도를 신축적으로 적용하는 것이 가능하게 된다. 그러나 이러한 경우에는 인플레이션으로 인해 명목소득이 증가하면 세부담이 과중하게 될 우려가 있다[18].

---

17) 자세한 내용은 본서의 '제5장 제1절 5. 과세의 요건' 부분을 참조하기 바란다

18) 소득구간의 축소는 누진율의 약화, 중간계층의 세율인하, 세제의 단순화, 성실한 납세풍토의 조성, 하위소득계층의 명목소득 증가에 따른 과중한 세부담의 완화 등이 나타날 것으로 예상된다.

3) 우리나라 소득세의 소득구간 및 기본세율

2025년 현재 종합소득과 퇴직소득에는 8단계의 소득구간과 기본세율(명목세율)이 적용되고, 양도소득은 별도의 세율을 따른다. 종합소득의 8단계 소득구간과 기본세율은 다음과 같다.

종합소득 과세표준	기본세율
0 ~ 1,400만원 이하	과세표준의 6%
1,400만원 초과 ~ 5,000만원 이하	84만원 + 1,400만원을 초과하는 과세표준의 15%
5,000만원 초과 ~ 8,800만원 이하	624만원 + 5,000만원을 초과하는 과세표준의 24%
8,800만원 초과 ~ 1억 5천만원 이하	1,536만원 + 8,800만원을 초과하는 과세표준의 35%
1억 5천만원 초과 ~ 3억원 이하	3,706만원 + 1억 5천만원을 초과하는 과세표준의 38%
3억원 초과 ~ 5억원 이하	9,406만원 + 3억원을 초과하는 과세표준의 40%
5억원 초과 ~ 10억원 이하	1억 7,406만원 + 5억원을 초과하는 과세표준의 42%
10억원 초과	3억 8,406만원 + 10억원을 초과하는 과세표준의 45%

6. 자본이득에 대한 과세

자본이득(capital gain)은 자본적 자산의 판매 또는 교환 등에 기인하여 생기는 이익 또는 자본적 자산의 가치증가분을 말한다. 자본적 자산의 가치증가분은 그것을 처분(판매 또는 교환 등) 했을 때 구체화 된다. 자본적 자산의 가치증가분을 놓고 그것을 처분하지 않았을 때를 미실현 자본이득이라고 하며, 처분했다면 실현된 자본이득이라고 부른다. 자본적 자산으로는 주식, 토지, 기타 재산 등이 있다[19]. 미국, 일본 등 각국은 대체로 자본이득에 대해 경과(輕課)하거나 우대하는 조치를 취한다. 반면 우리나라는 부동산투기억제를 위해 중과하고 있다.

1) 실현된 자본이득과 미실현된 자본이득

자본이득은 실현된 자본이득과 미실현된 자본이득으로 구분되는데, 실현된 자본이득에 대해서만 과세하는 것이 바람직한지 아니면 실현된 자본이득과 미실현된 자본이득 모두를 과세대상으로 하는 것이 바람직한지를 놓고 견해가 갈린다.

19) 갑이 2025년 1월 1일에 시가 5억원의 건물을 구입했는데, 2026년 1월 1일에 평가해 보니 5억 5천만원이 되었다고 하자. 이때 5억 5천만원과 5억원의 차이에 해당하는 5천만원을 자본이득(capital gain)이라고 한다. 5천만원의 자본이득은 다시 다음과 같이 구분된다. 건물을 처분했을 때는 실현된 자본이득(realized capital gain)이며, 처분하지 않았다면 미실현된 자본이득(unrealized capital gain)이다. 우리나라에서는 실현된 자본이득을 양도소득이라고 부른다.

(1) 실현된 자본이득

실제 자본이득은 정상적인 영업활동을 위해 보유하고 있는 자산 자체에서 창출되는 것이 아니라, 자산의 매도 또는 처분에서 발생하는 이득이라고 할 수 있다. 따라서 다른 소득과 구분해야 하느냐에 대해 상반된 주장이 제기된다.

실현된 자본이득을 과세하는 나라들은 대체로 그것에 대해 과세할 때 우대하고 있다[20]. 실현된 자본이득에 대한 과세상 우대의 근거는 다음과 같다.

첫째, 자본이득(실현된 자본이득)은 불연속적이고 변동적이기 때문에 정상소득과 동일하게 취급할 경우, 과중한 세부담을 초래할 우려가 있다. 하지만 이 견해에 대해서는 자본이득 발생으로 말미암아 나타나는 소득과표의 증대와 그에 따른 과중한 세부담은 평균화 과세 조치(income averaging)로 조정할 수 있다는 반론으로 대응이 가능할 것이다.

둘째, 자본이득은 처음부터 기대된 소득이 아니므로 과세해서는 안 된다. 이에 대해서는 소득세의 과세대상 소득은 발생에 대한 기대 여부와 관계없이 납세자의 경제적 능력을 증대시키는 요인이라면 과세되어야 한다는 반론이 있다.

실현된 자본이득에 대한 과세상 우대조치는 자본이득의 실현에 강한 유인을 부여하게 되며, 특히 높은 한계세율을 적용받는 소득계층의 유인효과가 클 것이다. 반면 자산소득에 대한 누진성을 잠식시켜 수평적 · 수직적 불공평을 야기할 수 있다.

납세자의 진정한 경제적 능력에 과세하기 위해서는 실현된 자본이득도 다른 소득과 같이 취급해야 한다. 자본이득은 실현 여부와 관계없이 명백히 납세자의 담세능력을 반영하고 있기 때문에 특별히 실현된 이득을 우대해야 할 이유는 없다.

(2) 미실현된 자본이득

헤이그-사이몬스(Haig-Simons)의 포괄소득 개념이나 순자산증가설에 따르면 자본이득이 실현되었든 미실현되었든 모두 과세소득에 포함시켜야 한다. 그 이유는 자본이득의 실현결정은 자산관리문제(자산운용문제)이지 소득창출문제는 아니기 때문이다. 하지만 현실적으로 미실현 자본이득의 정확한 측정이 쉽지 않은 한계에 따라 우리나라 등 많은 국가의 세제(稅制)는 자본이득이 실현될 때까지 과세를 하지 않고 있다.

미실현 자본이득의 크기는 단지 추측만 가능할 뿐이기 때문에 그에 대한 과세를 놓고 찬 · 반론이 나뉘고 있는데, 구체적인 내용은 다음과 같다.

첫째, 미실현된 자본이득은 소비에 충당할 수 없으므로 비과세해야 한다. 이에 대해서는 포괄적 소득과세의 실현을 위하여 모든 소득은 원천 및 용도에 관계없이 과세대상에 포함되어야 한다는 반론이 있다.

20) 각국은 대체로 단기자본이득보다 장기자본이득을 우대하는 경향을 나타내고 있다.

둘째, 미실현된 자본이득은 정확히 평가할 수 없기 때문에 비과세되어야 한다. 이에 대해서는 즉시 현금화할 수 있는 주식을 보유한 자에게는 현금주의 회계방식을 적용할 수 있고, 그 밖의 미실현된 자본이득에 대해서도 다양한 평가방법이 존재한다는 반론이 있다.

셋째, 미실현 자본이득과세는 현금화되지 않는 이득에 불합리하게 납세의무를 강요하기 때문에 비과세해야 한다. 미실현 자본이득세 납부를 위해 자산을 처분해야 하는 자산의 유동화를 불러올 수 있다. 이에 대해서는 마음만 먹으면 얼마든지 납세를 위해 납세의무자가 보유한 자산의 일부를 현금화할 수 있다는 점에서 타당성이 없다는 반론이 있다.

넷째, 미실현된 자본이득은 자산에 의해 발생하는 것이므로 일반적인 소득과는 다른 성격을 갖는다. 따라서 소득과 자산은 분리하여 생각해야 하며, 자본이득에 대해 소득세를 부과해서는 안 된다. 이에 대해서는 자산을 구입하느냐 은행에 저축을 하느냐는 투자선택의 문제[21]일 뿐이며, 저축이 초래하는 이자소득에 소득세가 부과되는 것처럼 자산가치가 늘어나면 소득이 증가한 것으로 간주하여 정상적으로 과세해야 한다는 반론이 있다.

2) 실현 기준 자본이득과세의 문제점

자본이득은 화폐가치의 변동(인플레이션 또는 디플레이션), 자산 자체의 가치증가(지하자원의 발견, 지역개발에 따른 부동산 가격 상승, 자산의 수익력 증가), 예측계산의 오류(감가상각 산정 내구연수와 실제 내구연수의 차이) 등에 의해 발생한다.

실현된 자본이득에 대해서만 소득세를 부과할 경우 발생할 수 있는 문제로는 다음과 같은 점을 지적할 수 있다.

(1) 이중과세

자본이득에 대한 과세가 이중과세를 초래하느냐와 관련된 쟁점인데 전통적으로 자산에 과세하고, 그 자산에서 발생하는 이득에 대해 다시 과세(자본이득과세)하는 것은 자산에 두 번 과세하는 결과를 가져오므로 이중과세라고 생각해 왔다. 하지만 포괄소득 개념의 적용범위가 넓어지면서 자본이득에 대한 과세는 이중과세가 아니라는 견해가 더 많은 지지를 얻고 있다.

(2) 소득의 결집

실현 기준에 따라 과세할 경우, 자본이득이 실현된 연도에 소득의 결집(bunching)이 크게 발생하기 때문에 납세자에게 실제 담세력보다 과중한 조세부담을 부과하게 된다. 소득의 결집은

21) 이와 관련하여 갑이 현금 2억으로 건물을 구입할 것인가 아니면 은행에 저축을 할 것인가에 대한 결정은 투자선택의 문제로 양자는 본질적으로 동일하게 취급되어야 한다는 것이다. 은행에 저축했을 때, 그 대가로 받는 이자소득에 소득세가 부과되어야 하는 것처럼 건물에서 발생하는 자본이득에 대해서도 소득세가 부과되는 것은 당연하다는 견해를 말한다.

특정연도에 정기적인 소득(근로소득, 부동산임대 관련 소득 등) 이외에 부정기적인 소득(퇴직, 양도 소득 등)과 뜻하지 않은 소득(증여, 상속, 복권당첨 등)이 발생하여 과세대상 소득이 크게 증가되는 현상을 말한다.

이에 대한 대책으로 첫째, 적용하는 세율의 경사를 낮추는 방법, 둘째, 발생시점에서 멀어질수록 당해 연도 몫의 자본이득을 작게 배분하는 방법, 셋째, 과세표준의 평균화 조치[22] 등을 시행하여 세부담을 낮출 수 있다.

(3) 인플레이션과 디플레이션에 의한 왜곡

인플레이션이나 디플레이션이 초래되는 경우 실현 기준에 따른 자본이득과세는 이에 대해 적절한 대책의 마련이 필요하다. 수평적 공평을 위해서는 인플레이션으로 인한 환영적 자본이득에 대해 과세하지 말아야 한다. 한편 디플레이션에 의해 자본손실(capital loss)이 초래되었다면, 이를 반영한 자본이득과세가 요구된다.

(4) 조세연기

실현 기준으로 과세하면, 자본이득자가 자본이득의 발생시점부터 실현시점(조세 납부시점)까지 조세납부를 연기(deferral)하는 문제가 발생한다. 실현 기준을 따르는 과세는 자본이득자에게 조세연기 기간 동안 정부가 이자 없는 대부(貸付)의 혜택을 제공하는 셈이 된다.

(5) 봉쇄효과(lock-in effect)

실현 기준에 따라 과세하면, 자본손실의 실현은 촉진되지만 자본이득의 실현은 연기됨으로써 자산(자본)의 흐름(거래)을 저해한다. 그에 따른 문제점은 다음과 같다.

첫째, 자산이동을 억제시켜 자산(자본)시장에 자산의 공급을 위축시킨다.

둘째, 자산이동의 억제는 자산의 생산성을 떨어뜨리는 결과를 가져올 수 있다.

셋째, 기업과 산업으로 하여금 새로운 투자의 시행을 망설이게 함으로써 투자선택을 왜곡시키는 상황이 빚어진다.

넷째, 가계의 자산선택을 왜곡시켜 가계의 후생(복지)을 감소시킨다.

(6) 자본이득 실현시기의 임의적 선택

실현 기준에 따른 과세는 납세자가 자본이득 또는 자본손실의 실현시기를 자유롭게 선택할 수 있도록 함으로써 조세부담을 회피하는 수단으로 악용될 여지가 있다. 이는 자본이득을 한계세율이 낮을 때 실현함으로써 조세회피가 야기된다는 것이다.

---

22) 평균화 조치는 자본이득이 발생하여 과세소득이 갑자기 증대된 경우, 과세소득을 여러 과세기간에 걸쳐 평균화하여 매년의 소득과표를 적절하게 조정해 주는 방법을 말한다.

특히 생전에 자본이득을 실현하기보다는 상속으로 재산을 이전하는 선택이 더 큰 조세부담의 경감을 가져오기 때문에 상속 때까지 재산(자산)을 보유하려는 경향이 만연할 수 있다.

3) 미실현된 자본이득 과세의 시행상 애로점

실현된 자본이득에 대한 과세는 시행상 큰 어려움을 수반하지 않지만, 미실현된 자본이득에 대해 과세하는 데는 적지 않은 기술적 곤란이 존재한다. 그러나 미실현된 자본이득을 과세하지 않고서는 실현된 자본이득을 효과적으로 과세할 수 없다.

(1) 미실현된 자본이득을 비과세하고, 실현된 자본이득을 완전과세할 경우

자산(자본)의 이동을 억제시키므로 자산(자본)시장에 불리하고, 봉쇄효과(lock-in effect, 동결효과, 고정화 효과)를 발생시킬 우려가 있다.

(2) 미실현된 자본이득을 경상가액 기준으로 과세하는 경우

미실현된 자본이득을 경상가격으로 환산하여 과세하면 봉쇄효과(lock-in effect)는 발생하지 않는다. 하지만 모든 자산가치를 매년 평가해야 하므로 비현실적이다.

모든 자산가치를 매년 평가해야 하는 문제를 보완하는 방법으로 상속, 증여를 할 때 자본이득이 실현된 것으로 보고 발생이득에 과세하는 추정적 실현화 방안이 있다. 이와 같은 추정적 실현화 방안은 다음과 같은 장점을 갖는다.

첫째, 모든 자산가치를 매년 정기적으로 평가하는 수고를 덜어준다.

둘째, 일정기간에 걸쳐 과세의 평균화 및 분납이 용인된다면, 납세를 위해 자산을 강제 처분할 때 발생되는 불공평을 방지할 수 있다.

4) 우리나라의 자본이득과세

우리나라는 실현된 자본이득(realized capital gain)과세를 근간으로 하는 자본이득과세를 운영한다. 이를 양도소득세라고 부른다. 구체적으로 1968년부터 도입한 부동산투기억제세를 대신하여 1975년부터 양도소득세가 시행되고 있다.

토지 · 건물, 부동산에 관한 권리(부동산을 이용하거나 취득할 수 있는 권리), 기타 자산(특정 주식, 특정시설물이용권, 영업권), 일부 주식 등이 양도소득세 과세대상이 된다. 현행 양도소득세는 운영 방식과 효과 측면에서 볼 때 다음과 같은 문제점을 갖고 있다.

첫째, 과세대상 자산이 한정적이다(동산과 대부분 주식의 미포함).

둘째, 미실현된 자본이득이 비과세되고 있다. 그간 폐지된 토지초과이득세(1989년 신설, 1998년 폐지)를 통해 미실현된 자본이득에 대해 제한적인 과세노력이 있었을 뿐이다.

셋째, 비과세 및 감면범위가 지나치게 넓다.

넷째, 크게 개선되었지만 아직은 완전한 실거래가격을 기준으로 한 자본이득 산정이 이루어지지 못하고 있어 소득금액 계산이 부정확하다. 그 결과 지역 간, 과세물건 간, 법인 · 개인 간에 불공평이 초래되고, 완벽한 투기억제와 개발이익의 환수효과를 기대하기는 어렵다.

다섯째, 실현된 자본이득에 대해서만 과세하기 때문에 상속 · 증여 때까지 자본이득의 실현을 연기하는 부작용이 작지 않다.

여섯째, 양도소득세는 부동산시장 안정화, 경기조절, 물가조정 등 국가정책 목적을 지원하기 위해 빈번하게 개편됨으로써 안정적인 운영 틀을 구축하지 못하고 있다.

7. 신고와 납부

조세의 부과방식은 조세부담액을 어떻게 확정하느냐에 따라 신고납세제도(자기부과제도)와 부과과세제도(정부부과제도)로 나뉜다. 또한 조세의 납부 및 징수방식에 따라 자진납부, 원천징수, 특별징수, 인지납부 등으로 세분화된다.

우리나라의 소득세는 신고납세제도를 원칙으로 하고 있으며, 징세의 편의상 여러 종류의 소득에 대해 원천징수제(Withholding Tax)를 채택하고 있다.

1) 신고납세제도와 부과과세제도

(1) 신고납세제도(자기부과제도)

우리나라의 소득세는 납부해야 할 세액이 납세자의 신고에 의해 확정되는 것을 원칙으로 하는 신고납세제도를 따른다. 다만, 그러한 신고가 없을 경우, 또는 그 신고된 세액계산이 법령규정에 어긋났거나 당해 세액이 정부가 조사한 것과 다를 경우에 한해 정부의 행정처분에 의해 납세의무자의 납부세액이 확정된다.

(2) 부과과세제도(정부부과제도)

납부세액이 정부의 행정처분에 의해 확정되는 제도이다. 과세의 신고가 요구되는 경우도 있으나, 신고 자체가 세액을 확정시키는 효력을 가지는 것은 아니다.

소득세의 성격상 신고납세제도가 바람직하다. 왜냐하면 신고납세제도는 납세자에게 국가의 행정상 · 재정상 어려움을 자주적 · 민주적으로 분담시키는 특성을 갖기 때문이다. 하지만 신고납세제도는 납세자의 높은 윤리성을 요구한다.

2) 원천징수제도(Withholding Tax)

원천징수제도는 원천징수의무자로 지정된 특정한 소득의 지급자가 소득을 지급할 때, 소정의 세율을 적용하여 계산한 소득세를 납세자로부터 징수하여 국가에 납부하는 제도를 말한다. 1803년 영국에서 처음 채택되었고, 1943년에 급여소득을 대상으로 즉시납세제도(*PAYE*, pay as you earn.)가 도입된 것이 그 출발점이다. 미국은 2차대전 중에 도입하였고, 일본은 1901년 공사채이자소득에 대해 처음 원천과세를 시행한 이래 계속 확대하였으며, 우리나라는 1965년의 세법개정에서 도입하였다. 이는 신고납세제도를 보강하는 중요한 장치이다.

원천징수제도는 탈세를 방지할 수 있고, 징세비를 절감할 수 있으며, 현재소득에 과세하므로 실현·미실현 여부를 구분할 필요가 없다는 장점이 있다. 반면 원천징수가 적용되지 않는 다른 소득과 달리 과표의 완전 양성화로 인하여 이 제도가 적용되는 소득(근로소득)에 상대적으로 중과하는 결과를 초래하고, 누진세율의 적용이 곤란한 한계를 갖는다. 또한 경제적 약자에게로 전가가 용이하여 부담의 불공평을 야기할 수 있다.

▶ 우리나라 소득세의 문제점

우리나라의 소득세는 중앙정부의 기간세로서 재원조달기능 이외 소득재분배기능, 경제안정화기능을 수행하지만 다음과 같은 문제점을 지적 받는다.

첫째, 기간세인 소득세의 세수가 전체 세수에서 차지하는 비중이 높지 않다.

둘째, 소득세를 납부하는 자의 비중이 낮다. 전체 근로소득자의 50% 안팎만 납세의무를 지고 있기 때문에 소득세는 과세의 보편성과 국민개세주의를 위배하고 있다.

셋째, 주식양도차익 등 소득의 상당 부분이 비과세소득으로 처리되고 있으며, 개인소득의 감면비율이 높기 때문에 *GDP*에 대한 소득세 징수비율이 낮다.

넷째, 과표산정 과정에서 소득공제 수준이 국민소득이나 경제여건에 비해 너무 높다. 하지만 이에 대해서는 반대론도 적지 않게 제기되고 있다.

다섯째, 모든 소득을 대상으로 완전한 종합과세가 이루어지지 못하는 상황이다. 따라서 세원 간 수평적 불공평이 초래되고 있다. 일부 이자, 배당소득에 대한 저율분리과세는 우리나라와 일본이 예외적으로 시행하고 있을 뿐이다.

여섯째, 비교적 높은 명목세율로 인하여 지하경제의 규모가 작지 않으며, 일부 계층에 의해 탈세가 자행되고 있다. 특히 부동산임대 관련 소득, 이자, 배당 등 자본소득의 탈세가 작지 않을 것으로 평가된다. 이에 따라 현행 소득세는 저축수익 비과세형 근로소득세의 성격이 강하다는 지적을 받고 있다.

일곱째, 지나친 감면조치로 말미암아 소득세의 기간세 기능(세수확보 및 소득재분배기능)이 완전하지 않다. 그 대책으로 비과세, 감면 등 조세특혜를 체계적으로 관리하는 조세지출예산제도의 온전한 자리매김 등의 보강이 필요하다.

여덟째, 전반적으로 세원(과표)포착 수준이 낮으며, 소득원별 포착비율이 불균형적이다.

제2절 법인세

1. 법인세의 개관

1) 법인세의 의의

법인세는(corporate income tax) 법인을 조세주체로 하고 법인소득을 과세표준으로 하는 조세를 말한다. 법인은 주식회사 등 법인격을 갖춘 기업을 가리킨다[23]. 따라서 법인세는 모든 기업을 대상으로 과세하는 것이 아니라 법인기업에 한정하여 부과되는 조세이다.

본래 소득세는 소득을 과세표준으로 하여 부과하는 조세를 말하는데, 우리나라의 경우 개인에게 부과되는 소득세는 개인소득세라고 하며, 법인을 대상으로 부과되는 소득세는 법인소득세(법인세)라는 별도의 명칭으로 부르고 있다. 법인세가 조세체계상 차지하는 위상을 살펴보면 다음과 같다.

첫째, 법인세는 그 과세권의 주체가 국가이므로 국세에 속한다. 또한 원칙적으로 국제적 거래와는 직접 관련이 없기 때문에 내국세이다.

둘째, 법인세는 그 부담이 전가되지 않고 납세의무자와 담세자가 일치할 것을 예정하고 있기 때문에 직접세에 속한다.

셋째, 법인세는 범주적으로 조세수입의 용도를 특정하지 않는 보통세이다.

넷째, 법인세는 과세물건을 측정하는 척도가 화폐단위로 표시되는 소득금액이기 때문에 종가세에 해당한다.

다섯째, 법인세는 소득세와는 달리 인적사정을 전혀 고려할 필요가 없는 물세(객체세)로 분류된다. 법인 단계의 소득(법인소득)은 총익금(총수입)에서 총손금(총비용)을 제외한 나머지이며, 이때 인적공제 조치는 이루어지지 않는다.

23) 좀 더 엄밀히 말하면 법인세는 법인기업뿐만 아니라 사단(社團), 재단(財團), 조건을 갖춘 종교단체도 과세대상으로 하고 있다.

2) 법인세의 특성

법인세의 과세대상이 되는 법인은 원칙적으로 영리법인이며, 비영리법인은 제외한다. 다만, 비영리법인의 경우 세법이 규정하고 있는 일정한 수익사업소득에 대해서만 법인세가 부과된다.

법인세는 다음과 같은 특성을 갖는다.

첫째, 법인세의 부과는 이익원칙(이익설)을 따르는 것이 일반적이다. 법인세는 인적공제를 적용하지 않고 산정한 법인의 순이익에 대해 과세하며, 이때 법인의 순이익은 자본수익률을 반영하지 않는다.

둘째, 법인세는 법인이 획득한 소득에 대해 과세하는 세목이다. 법인기업의 소득이 과세대상이므로 과표의 계산방법은 개인소득세와 큰 차이가 없다.

한편 법인소득에 대해 법인세 대신 소득세만을 부과하자는 견해가 있다. 그러나 그렇게 하면 주주에게 배당되지 않고 법인에 남겨지는 소득(사내유보)은 비과세되기 때문에 불공평을 초래한다. 따라서 소득세와 법인세의 완전한 통합은 적지 않은 문제를 발생시킨다. 이런 현실적 제약 때문에 법인소득은 개인소득과 구분하여 과세되고 있다.

3) 우리나라 법인세의 연혁

우리나라의 법인세는 일제 강점기였던 1916년 일본에 의해 도입되었다. 당시 법인소득에 대한 과세는 개인소득세의 틀 속에서 이루어졌다. 법인소득에 대한 과세가 개인소득세에서 분리된 것은 해방 후 최초의 세제개혁에서였다(법인세법 제정 1949.11.7).

현재의 법인세는 개인소득세, 부가가치세 등과 더불어 국세의 중추적인 세목을 형성하고 있으며, 수차례의 개정을 통해 상당히 합리적이고 발전된 모습을 갖추고 있다.

2. 과세소득 및 세율구조

1) 과세소득

법인세의 과세소득은 법인이 획득한 각 사업연도의 순소득이다. 우리나라에서는 법인의 청산소득과 토지 등 양도소득[24]에도 법인세를 부과하고 있다.

각 사업연도의 순소득은 총익금에서 총손금을 공제한 금액으로 파악된다[25]. 총익금은 자본불

24) 법인소유 토지 등의 양도소득(토지 등의 양도가액에서 그 장부가액 등을 공제한 금액)은 각 사업연도의 법인소득에 포함되어 법인세가 부과되고 있다. 이를 '토지 등 양도소득에 대한 법인세'라고 한다.

25) 여기서 익금은 순자산을 증가시키는 거래로 인하여 발생하는 수익의 금액을 말하며, 손금은 순자산을 감소시키는 거래로 인하여 발생하는 손비(비용)의 금액을 말한다.

입 이외의 원인에 의하여 발생한 법인 자산의 증가분을 말한다(순자산증가설). 이는 경제적 관점에서의 순이윤이 아니라 회계상의 순이윤이다. 그러므로 자기자본에 대한 귀속이자비용의 공제는 허용되지 않는다. 한편 총손금은 영업상 필요한 경비, 조세 · 공과금, 이자비용, 감가상각비 등의 제반 경비를 가리킨다.

법인세 과세소득의 계산은 소득세와 많은 부분에서 유사한 면이 있지만, 과세소득의 범위와 관련되어 법인세는 순자산증가설을 따르고 있지만, 소득세는 소득원천설을 기반으로 한다.

2) 세율구조

많은 국가에 있어 법인세는 단일 비례세율구조로 되어 있다. 그 이유는 개인소득세와 같이 능력원칙에 의하여 과세할 수 없기 때문이다. 법인소득은 직접적으로 법인의 자본수익률을 대표하는 것이 아니며, 담세력을 정확히 대신한다고도 볼 수 없다.

우리나라의 법인세율은 2025년 현재 다음과 같은 누진세율구조로 되어 있다. 법인세의 세율은 법인의 규모(자본규모 등)를 기준으로 하지 않고, 법인의 경영실적을 반영하고 있는 과세소득을 기준으로 하여 차등세율을 적용한다. 이는 방만한 경영으로 법인소득이 적은 법인을 상대적으로 우대하는 반면, 성실한 경영을 통해 많은 법인소득을 창출한 영세법인을 중과하는 문제를 초래할 수 있다.

과세표준	기본세율
0억원 초과 ~ 2억원 이하	과세표준의 9%
2억원 초과 ~ 200억원 이하	1,800만원 + 2억원을 초과하는 과세표준의 19%
200억원 초과 ~ 3,000억원 이하	37억 8,000만원 + 200억원을 초과하는 과세표준의 21%
3,000억원 초과	625억 8,000만원 + 3,000억원을 초과하는 과세표준의 24%

3. 법인세의 부과근거

1) 법인실재설

법인실재설에 따르면 법인기업은 독립적 인격과 행동양식을 갖춘 사회경제적 실체이며, 독립적으로 상황을 인식 · 판단할 수 있고, 자신의 의사결정을 근거로 한 행동의 결과에 책임을 질 수 있는 유기체이다. 따라서 법인실재설에서는 법인기업을 별개의 조세주체로 간주하는 것이 당연하다. 다시 말해 소유가 널리 분산되어 있고, 규모가 큰 오늘날의 법인기업은 개별 주주(株主)의 지배력에 구애받지 않고 선임된 전문 경영진의 운영을 통해 적절하게 경제적 및 사회적인 의사결정을 할 수 있는 강력한 법적 존재라는 것이다.

따라서 유기체로서 법인기업이 경영활동의 결과로 획득하는 법인소득에 대해 조세부담(법인세)을 하는 것은 당연한 일이 된다. 이와 같이 법인실재설에 따르면 법인세의 부과는 정당화될 수 있으며, 법인세의 존재는 절대적으로 인정될 수밖에 없다(법인세 절대주의).

법인실재설의 지지자들은 다음과 같은 논거를 가지고 법인세의 부과는 필요할 뿐만 아니라 정당하다는 주장을 하고 있다.

첫째, 기업이 법인 형태로 사업을 하는 경우 각종 편익을 얻게 되는데 이에 대한 대가로 법인세를 납부해야 한다.

둘째, 법인기업은 독립적인 인격과 그에 따른 담세력을 갖추고 있다. 따라서 법인기업의 담세력을 나타내는 법인소득에 과세하는 것은 당연한 일이다.

셋째, 법인기업은 담세력이 큰 경제 주체이며, 국가재정상 법인세는 재원확보(세수확보)를 위한 불가결한 수단이라고 하겠다.

넷째, 현행 소득세는 법인소득 중 배당소득만을 과세대상으로 삼고 있다. 따라서 법인세가 부과되지 않으면 법인소득 가운데 배당되지 않는 사내유보소득[26]은 비과세되는 문제를 발생시킨다. 따라서 사내유보소득에 대한 과세를 위해 법인세는 필요하다.

다섯째, 오늘날 사회 · 경제적으로 막강한 영향력을 행사하고 있는 법인기업의 행동 규제를 위한 수단으로 법인세는 부과되어야 한다.

2) 법인의제설

법인의제설에서는 법인기업을 독립적 인격체로 보지 않는다. 법인기업은 영리를 위하여 구성된 개개인(주주)의 집합체로 간주될 뿐이다[27]. 따라서 이에 따르면 법인세는 전가되지 않고 주주의 법인소득을 감소시킨다고 전제하며, 법인세는 궁극적으로 개인(주주)이 부담하게 된다. 다시 말해 법인의제설에 따르면 법인소득은 개인(주주)의 소득이므로 소득세가 부과되어야 한다는 것이다. 이는 법인세와 소득세는 통합되어야 한다는 입장으로 법인세를 인정하지 않는 견해라고 하겠다(법인세 부정주의).

그 지지자들은 공평과세의 개념이 오로지 개인(자연인)에게만 적용될 수 있으며, 소득은 그 원천과 종류에 관계없이 종합적으로 합산과세 되어야 한다는 입장이다. 이와 같은 법인의제설에 따를 때, 법인세는 다음과 같은 이유 때문에 부정된다.

첫째, 모든 조세의 최종적 부담자는 실질적으로 개인(주주)인 까닭에 다른 소득과 법인기업을

26) 사내유보소득은 법인소득 가운데 사외(社外)로 유출되지 않고 사내(社內)에 남아 있는 것을 말한다. 사내유보이윤 또는 사내유보(유보소득)라고도 부른다.

27) 법인기업이 단순히 개인(주주)들의 집합체라는 것은 법인기업의 주체(주인)가 개인이라는 의미이기 때문에 법인세 부과는 당위성이 확보될 수 없다.

통하여 획득한 소득을 구별할 이유는 없다. 따라서 법인소득에 대해 소득세를 부과하는 것이 필요하고 마땅하다.

둘째, 능력원칙을 따르는 과세는 개인을 중심으로 적용되어야 한다. 그러나 법인세는 주주인 개인의 능력(담세력)을 무시한 채 결정된다.

셋째, 현재 법인세제는 기업 형태에 따라 조세를 달리 부과하고 있는데, 이는 과세의 공평 및 중립성 원칙에 어긋난다.

넷째, 현행 세제는 법인세를 부담한 배당소득이 다시 소득세를 납부하는 방식으로 운용되고 있기 때문에 배당소득의 이중과세가 초래된다[28].

다섯째, 특별한 조치가 없는 한, 실제 사내유보소득은 배당소득에 적용되는 개인소득세율보다 낮은 법인세율로 과세되고 있다. 따라서 법인세는 사내유보소득과 배당소득을 차별적으로 취급하는 문제를 발생한다.

3) 현실의 적용

법인의제설 혹은 법인실재설의 구분은 경제학적으로는 무의미하다. 법인세 부과의 당위성은 그것이 어떤 경제적 효과를 초래하느냐에 의해 판정되어야 한다. 어떤 세제가 바람직한가는 그것이 자원배분, 소득분배 및 경제안정 등에 미치는 영향(경제적 효과)을 이론적 · 실증적으로 분석한 결과에 따라 평가되어야 할 것이다. 법인세의 인정 여부는 실재설과 의제설의 근거를 비교하여 결정될 문제가 아니다.

우리나라는 법인실재설을 기본으로 하고 있으나 귀속방식(Imputation method)을 채택하여 배당소득에 대한 이중과세를 조정하므로 의제설 입장을 가미하고 있다(불완전한 실재설 또는 변형된 실재설). 현행 법인세는 다음과 같은 점들을 감안하면 실재설을 근간으로 한다고 하겠다.

첫째, 현실적으로 법인세는 주주만이 부담하는 것이 아니다. 법인기업 근로자, 상품의 구매자 등에게도 전가가 나타날 수 있다. 이와 같이 법인세의 전가가 이루어지면 배당소득에 대한 이중부담이 완화되거나 발생하지 않는다.

둘째, 법인기업의 의사결정에 대한 주주의 영향력은 대법인이냐 중소법인이냐에 따라 다르다. 이런 점에서 보면 현실의 법인기업은 의제설의 주장처럼 개인투자가(주주)의 단순한 집합체가 아닌 그 이상의 존재이다.

28) 이 주장은 법인세가 전가되지 않고, 주주의 소득을 감소시킨다는 전제에서만 타당성을 가질 수 있다. 법인세가 전가된다는 것은 다른 부문에도 법인세가 부과되는 것과 마찬가지의 효과이므로 이런 상황에서는 배당소득에 대한 이중과세는 그 영향이 크게 줄어든다. 그러나 법인세가 전가되지 않는다는 것은 현실성이 낮다. 왜냐하면 현실의 법인세는 전전(前轉)(소비세의 성격일 때)되거나 후전(後轉)(임금세의 성격일 때)되는 경우가 많기 때문이다.

▶ 법인세가 초래하는 주주의 부담

법인세 부담이 전가되지 않고 법인소득에 귀착된다고 할 때, 주주의 부담은 총부담, 순부담, 추가부담의 세 가지 유형으로 나눌 수 있다. 이들 세 가지 부담이 소득계층 간에 어떻게 배분되느냐에 따라 법인세의 누진성 여부가 결정된다.

① 총부담

법인기업의 법인소득이 개별 주주에게 그들의 지분만큼 배당되었고, 그 배당분에 상응하는 법인세가 납부되었다고 하자. 총부담은 주주가 자기 몫인 법인소득에 대해 부담한 법인세(법인세수)의 크기(규모)를 말한다.

법인소득은 고소득층 주주에게 더 많이 배당되기 때문에 총부담은 고소득층에 더 크게 지워진다. 그러므로 총부담은 누진적이다.

한편 법인세의 누진도를 총부담만으로 측정하면 과대평가의 우려가 있다. 왜냐하면 법인세의 도입이 개인소득세의 세원 또는 부담에 미치는 영향을 고려해야 하기 때문이다.

② 순부담

순부담은 법인세와 개인소득세 부담의 합과 법인세가 없는 상태에서 개인소득세 부담의 차이로 정의된다. 이는 법인세 부과에 따라 주주가 부담하는 소득세 이외의 추가부담과 배당소득이 법인단계에서 법인세를 부담한 후 주주에게 배당되기 때문에 배당소득의 크기를 줄이는 영향(소득과표의 축소)으로 발생하는 개인소득세(배당소득세)의 감소(절세액)로 구성된다.

한 단위 배당소득에 대한 절세액은 높은 개인소득세율을 적용받는 고소득층 주주들에게 더욱 크다. 그러므로 순부담 가운데 이 부분은 역진적이라고 하겠다. 한편 과세전 법인소득에서 차지하는 배당소득의 비중은 소득 수준이 높은 계층일수록 증가하기 때문에 납세자의 과세전 법인소득에 대해 법인세가 초래하는 추가부담은 누진적이다.

이상을 정리하면 법인세 부과에 따른 순부담은 법인세가 초래하는 추가부담과 배당소득에 대한 개인소득세의 감소로 인한 절세액으로 구성되는데, 전자는 역진적이고 후자는 누진적이므로 순부담의 누진성 여부는 단정하기 어렵다.

③ 추가부담

추가부담은 법인세 부과에 따른 순부담과 사내유보소득에 (개인)소득세가 과세되지 않기 때문에 발생하는 절세액으로 구성되며, 순부담보다는 누진율이 약하다. 추가부담이 순부담보다 누진율이 약하다는 것은 현행 세제(법인세와 개인소득세의 합)가 부담 지우는 추가부담액보다 사내유보소득이 개인소득세를 부담하지 않는 데서 발생하는 절세액이 크다는 의미이다. 따라서 법인기업은 조세도피처가 되기도 한다.

소득세의 한계세율은 높고, 배당지급률이 낮다면 고소득층의 추가부담은 줄어든다. 이에 따라 배당을 줄이는 대신 사내유보소득을 늘리는 경향이 나타날 수 있다. 이러한 현상을 조정하기 위해서는 지상배당(紙上配當) 과세제도가 필요하다.

4. 배당소득에 대한 이중과세 조정

어떤 법인기업의 법인소득과표는 1,000만원이고, 법인세율, 배당률, 배당소득세율이 각각 20%, 50%, 30%라고 하자. 이럴 경우 법인기업이 부담해야 할 법인세액은 200만원(= 1,000만원×0.2)이고, 나머지 800만원은 사내유보소득(사내유보이윤)과 배당소득으로 각각 400만원씩 할당해야 한다. 그리고 주주[29]에게 배당되는 400만원의 배당소득에 대해 120만원(= 400만원×0.3)의 배당소득세가 부과된다[30].

이에 따라 배당소득은 법인단계에서 100만원의 법인세를 부담하고, 주주단계에서 120만원의 배당소득세를 추가로 부담해야 한다. 그 결과 법인세가 전혀 전가되지 않고(또는 일부만 전가) 주주에게 귀착된다면, 배당소득에 대한 이중과세를 조정하는 조치가 필요하다.

배당소득에 대한 이중과세를 조정할 경우 법인과 개인(주주)의 관계를 어떻게 보느냐에 따라 그 구체적인 방법이 달라진다.

1) 법인과 주주가 완전히 분리되는 경우

법인과 주주를 전혀 다른 별개의 유기체로 간주하는 경우이다. 법인이 법인세를 부담하고, 개인(주주)이 배당소득세를 납부하는 것은 양자가 전혀 다른 별개의 유기체이므로 당연한 일이 된다. 따라서 법인단계에서 배당소득을 대상으로 법인세를 부과하고, 주주단계에서 추가하여 배당소득세를 과세하는 것은 이중과세가 아닌 정상적인 과세로 간주한다.

법인과 주주를 완전히 별개의 유기체로 간주하는 접근은 과세방법이 단순하고, 이중과세 조정문제를 회피할 수 있는 장점이 있다. 이와 같이 법인과 주주를 완전히 분리하여 각각 독립적인 존재로 인정하는 방식은 범주적으로 법인실재설에 해당하며, 법인세 부과는 당연한 조치로 받아들인다. 따라서 이럴 경우 배당소득은 이중과세되는 것이 아니기 때문에 별도의 조정을 필요로 하지 않는다.

2) 법인과 주주가 완전히 분리되지 않는 경우

법인과 주주가 완전히 별개의 유기체가 아니라면 법인단계에서 배당소득을 대상으로 법인세를 부과하고, 주주단계에서 또다시 배당소득세를 과세하는 것은 이중과세가 된다. 따라서 이때는 이중과세에 대한 조정이 이루어져야 한다.

법인과 주주를 완전히 분리되지 않는 존재로 간주하는 경우, 이중과세에 대한 조정방법은 완

29) 본서에서는 설명의 편의를 위해 한 명의 주주만 있는 경우를 가정하기로 한다.

30) 법인세가 없다면, 배당률이 50%이므로 배당소득은 500만원이다. 그리고 배당소득세율이 30%이므로 주주는 150만원(= 500만원×0.3)의 배당소득세를 부담하게 된다.

전통합방식과 부분통합방식으로 나눌 수 있다.

(1) 완전통합방식

완전통합방식은 법인소득에 대해 법인세를 과세하지 않고, 법인소득이 주주(개인)의 소득이 되는 단계에서 소득세를 과세하는 방법이다. 이는 법인세를 소득세로 통합하는 경우에 해당한다. 이때 기업의 사내유보소득(사내유보이윤)에는 비과세하는 문제점이 발생하는데, 이에 대한 대책으로 다음의 두 가지 방법이 있다.

① 조합방식(Partnership method)

법인의 주주를 조합의 조합원(partner)과 같은 존재로 간주하여 법인소득을 주주에게 완전히 귀속시킨 다음 소득세만을 부과하는 방법이다. 사내유보소득에 대해서도 각 주주의 지분에 따라 배분하여 주주의 소득으로 귀속시켜 소득세를 부과한다.

조합방식의 시행 사례를 구체적으로 살펴보면 앞의 예에서 1,000만원의 법인소득을 주주에게 귀속시켜 30%의 배당소득세율을 적용하여 배당소득세만 300만원 부담시키고 법인세는 전혀 부과하지 않는 방법을 가리킨다. 이와 같은 조합방식은 다음과 같은 문제점을 갖는다.

첫째, 실현되지 않은 자본이득(사내유보소득)에 대해서까지 소득세를 부과하게 되면, 현금흐름에 문제가 있는 주주가 적지 않게 생길 수 있다. 이에 대한 보완방법으로 법인단계에서 법인소득을 주주에게 귀속시키기 전에 법인소득의 일정한 몫을 원천징수하는 조치를 추진할 수 있을 것이다[31]. 이를 법인단계원천과세방식이라고 한다.

둘째, 법인은 규모가 크고 소유가 광범위하게 분산되어 있는 실체이다. 또한 법인의 주식은 끊임없이 사고팔려 주인이 바뀌기 때문에 법인소득을 주주별로 귀속시키는 일이 쉽지 않다. 이런 까닭에 조합방식의 적용은 현실적으로 용이하지 않다.

셋째, 조합방식을 따를 경우 법인의 투자를 증진시키기 위한 수단으로써 투자세액공제가 소기의 성과를 거두기 어렵다. 왜냐하면 투자세액공제의 혜택을 개별 주주에게 귀속시키기도 어려울 뿐더러 투자를 유인하기 위한 투자세액공제가 주주에게 모두 제공되면 막상 투자증진효과를 기대할 수 없기 때문이다[32].

넷째, 외국인 투자자 혹은 장학재단이나 공익단체처럼 납세의 의무가 없는 단체가 주주인 경우 조합방식을 채택하여 법인세를 부과하지 않으면, 이들은 아무런 조세부담도 하지 않게 되는 문제가 발생한다.

다섯째, 조합방식은 주주에게 배당될 배당소득을 증가시키고, 이에 따라 적용되는 한계소득세율이 인상되어 누진도를 높이는 결과를 초래함으로써 주주의 반발이 우려된다. 그 이유는 일반

31) 예컨대 법인단계에서 100만원을 원천징수했다면, 주주는 200만원(=300만원－100만원)만 부담하면 된다.

32) 이것은 비단 조합방식뿐만 아니라 법인세와 소득세를 통합할 경우 공통적으로 나타나는 문제점이다.

적으로 법인세율보다 소득세율이 높기 때문이다.

② 자본이득과세방식(Capital gain method)

법인소득 중 배당된 부분은 주주의 소득이 되며, 사내유보가 된 부분은 주주의 자본이득이 된다는 점에 착안한 이중과세 조정방법에 해당한다. 법인세를 철폐하되 실현되지 않은 부분(사내유보소득)을 포함한 모든 자본이득에 대해 자본이득세를 부과하고, 배당소득에 대해서는 배당소득세를 부과하는 방법이다.

자본이득과세방식의 구체적인 적용 사례를 살펴보면 앞의 예에서 50%의 배당률을 따를 때 배당소득 500만원에 대해서는 배당소득세를 부과하고, 나머지 사내유보 500만원에 대해서는 자본이득세를 부과하는 방법을 말한다. 이와 같은 자본이득과세방식의 문제점으로 다음과 같은 점을 지적할 수 있다.

첫째, 정기적으로 각 주주가 얻은 자본이득을 알아내어 소득세(자본이득세)를 부과하여야 하는데 이것은 현실적으로 쉽지 않은 과제이다. 무엇보다도 자본이득의 발생시점을 정확하게 파악하는 것이 용의하지 않다.

둘째, 조합방식의 경우와 마찬가지로 법인의 투자를 증진시키기 위한 투자세액공제가 소기의 성과를 얻기 어렵다. 그 이유는 투자세액공제의 혜택을 개별 주주의 몫으로 분할하기도 쉽지 않을 뿐만 아니라 투자를 유인하기 위한 투자세액공제가 주주에게 모두 제공되면 막상 투자증진 효과를 기대할 수 없기 때문이다.

(2) 부분통합방식

배당소득이 이중과세되고 있는 점을 고려하여 이에 대해서만 조정을 하는 경우를 말한다. 따라서 부분통합방식에서는 법인세와 소득세의 존재를 모두 인정하게 된다. 이 방식은 법인소득에 대하여 법인세 또는 소득세(배당소득세) 가운데 하나만 부담 지우는 조정 방안이다. 부분통합방식은 배당소득에 대한 이중과세가 초래하는 불공평을 제거하거나 완화시키는 역할을 하게 된다. 이와 같은 부분통합방식은 법인단계에서의 조정과 주주단계에서의 조정으로 나뉜다.

① 법인단계에서의 조정

㉠ 이단계세율방법(Two-rate system)

법인소득 가운데 사내유보소득에 대해서는 높은 법인세율을 적용하고, 배당소득에 대해서는 낮은 법인세율을 부과하여 배당소득에 대한 이중과세(중과)를 조정하는 방법이다. 이단계세율방법의 적용은 구체적으로 앞의 예에서 사내유보소득 500만원에 대해서는 30%의 법인세율을 부과하고, 배당소득 500만원에 대해서는 10%의 법인세율을 부과하는 경우를 말한다. 독일에서 시행되고 있는 차등세율제도(Split rate system)가 대표적인 사례라고 하겠다. 이 방법은 지불배당 경과법이라고도 한다.

ⓛ 지불배당공제법(지급배당공제법)

법인소득 가운데 주주에게 배당될 몫을 법인세 과표에서 제외하고, 이 부분은 배당 후 배당소득세를 부담시키는 방법이다. 주주에게 지급할 배당을 법인세의 과세표준에서 공제하여 배당에 대한 이중과세를 회피하는 것은 결국 기업의 사내유보소득에만 법인세를 부과하게 된다.

앞의 예에서 사내유보소득 500만원에 대해서 100만원의 법인세(= 500만원×0.2)를 부과하고, 배당소득 500만원은 법인세 부과 없이 주주에게 모두 배당하여 150만원의 배당소득세(= 500만원×0.3)를 부담시키는 방법을 말한다.

이 방법은 법인소득 중 사내유보소득 부분만 법인세를 부과하고, 배당소득은 소득세를 과세하므로 기업의 배당성향을 높여 기업저축을 감소시킬 우려가 있다.

② 주주단계에서의 조정

배당소득에 대한 이중과세의 조정을 법인단계에서는 하지 않고, 주주에게 개인소득세를 과세하는 과정에서 하는 경우이다. 주주단계에서 이중과세를 조정하는 방법에는 귀속방식, 수취배당공제법, 수취배당세액공제법 등이 있다.

㉠ 귀속방식(Imputation method)

법인소득에 부과되는 법인세는 배당소득에 대한 법인세와 사내유보소득(사내유보이윤)에 대한 법인세로 구분된다. 왜냐하면 법인소득은 배당되거나 사내유보소득으로 남기 때문이다.

귀속방식은 먼저 주주단계에서 소득세 과표를 산정할 때 당해 배당소득에 대해 과세된 법인세 상당액[33]을 배당소득과 더불어 총수입금액(총배당소득)에 가산하여 종합소득 과표를 산출한다. 그리고 소득세율을 적용해 소득세를 계산한 다음, 그 귀속법인세를 공제하여 주주가 최종적으로 납부해야 할 소득세액을 확정하는 방식을 따른다.

귀속방식은 주주별로 귀속법인세를 산출하여 그의 종합소득을 계산하는데 포함시킨 다음, 이 금액을 이미 납부한 세금으로 간주하여 세액공제를 허용하는 형태로 배당세액공제를 하고 있다. 귀속방식은 귀속법인세를 주주의 배당소득금액에 합산(gross-up)하는 방법을 따르고 있기 때문에 합산방식(Gross-up method)이라고도 한다. 이 제도는 환급이 있다는 점에서 수취배당세액공제법과 다르다.

앞의 예에서 배당소득에 대한 귀속법인세 100만원 전부를 주주의 종합소득 과표에 합산하는 완전한 gross-up의 경우에 대해 알아보자[34]. 이때 주주의 종합소득 과표는 400만원(법인세 부담 후의 배당소득) + 100만원(귀속법인세) = 500만원이 된다. 여기에 30%의 배당소득세율이 적용되면 배당소득세액은 150만원이 된다. 따라서 주주가 납부해야 할 최종세액은 150만원 − 100만원

33) 이것이 귀속법인세이다. 귀속방식에서는 귀속법인세를 주주가 부담한 것으로 간주한다.

34) 이렇게 귀속법인세 전부를 합산하는 경우를 완전한 gross-up이라 하고, 1/2를 합산하면 1/2 gross-up, 1/3을 합산하면 1/3 gross-up이라고 한다.

(귀속법인세) = 50만원이다[35]. 완전한 gross-up의 경우 배당소득은 법인세를 전혀 부담하지 않고 배당소득세만 부담하게 된다. 반면 0(zero) gross-up의 경우는 배당소득에 과세된 법인세를 전혀 공제하지 않는다. 이에 따라 귀속법인세를 종합소득 과표에 합산하는 정도가 클수록 법인세 부담은 줄어든다.

한편 주주가 지급받은 당해 배당소득에 대한 귀속법인세액의 크기를 정확히 산정하기 위해서는 다음과 같은 절차를 밟아야 한다.

$$\frac{\text{귀속법인세}}{\text{배당소득 총수입금액}} = \frac{\text{법인세율}}{1-\text{법인세율}}$$

$$\therefore \text{귀속법인세} = \text{배당소득 총수입금액} \times \frac{\text{법인세율}}{1-\text{법인세율}} \text{(gross-up 비율)}$$

▶ 영국의 귀속제도(Imputation system)

영국의 귀속제도(방식)는 우리나라의 gross-up방식과 행정적인 절차에서만 약간의 차이를 가질 뿐이며, 기본적으로 거의 같은 제도이다.

영국의 기업들은 법인세를 납부해야 하는 기일이 도달하기 전에, 그 중의 일부를 선납법인세(advance corporation tax, *ACT*)의 형태로 납부해야 한다. 이 선납법인세는 그 기업이 주주에게 배당금으로 지급할 의도가 있는 금액에 기본적 소득세율(예 25%)을 적용하여 납부액이 결정된다. 이 선납법인세는 법인세라는 이름만 붙었을 뿐이며, 실제로는 기업이 주주를 위해서 소득세를 선납해 주는 조치라는 의미를 갖는다.

만약 어떤 주주가 적용받을 소득세의 한계세율이 일정수준(예 25%)이라면, 기업이 낸 선납법인세에 의해 그의 소득세는 이미 납부된 것과 마찬가지로 간주한다. 이 수준보다 높은 한계세율에 직면해 있는 주주라면 그 차액만 더 납부하면 되고, 이 수준보다 낮은 한계세율을 적용받아야 하는 주주라면 그 차액(환급금)을 되돌려 받을 수 있다.

한편 기업(법인)의 영업이윤에 대한 법인세 세율이 35%이면, 법인세의 납부기일이 도래했을 때 이미 주주를 위해 선납(예 25%)해 준 부분을 뺀 나머지(10%)만을 납부하면 된다.

ⓛ 수취배당공제법

법인세 납부 후 배당되는 배당소득을 주주단계의 소득세 과표에서 제외하는 방식을 말한다. 이 방법에 따르면 법인소득은 소득세를 부담하지 않고, 법인세만 부담하게 된다. 개인소득세의 과세표준에서 수취배당을 공제하는 방법이다. 앞의 예에서 법인세를 부담하고 주주에게 배당되

35) 한편 1/2 gross-up의 경우에는 주주의 종합소득 과표가 400만원 + 100·1/2 = 450만원이 되고, 종합소득세액은 450×0.3 = 135만원이다. 따라서 주주가 납부해야 할 최종세액은 135 − 100·1/2 = 85(만원)이 된다. 1/3 gross-up, 1/4 gross-up을 따를 때, 주주가 납부해야 할 최종세액은 어떻게 되는지 각자 계산해 보기 바란다.

는 400만원의 배당소득에 대해 배당소득세를 부과하지 않는 경우를 가리킨다.

수취배당공제법은 배당소득을 소득과표에서 제외하지 않을 경우 배당소득에 대해 높은 한계소득세율을 적용받는 부유층에 유리하게 작용하므로 역진성을 드러낼 수 있다.

ⓒ 수취배당세액공제법

법인으로부터 받은 배당소득을 주주의 종합소득에 합산하고, 이에 소득세율을 적용하여 종합소득세액을 산출한다. 이어서 종합소득세액에서 배당세액공제율을 배당소득에 곱하여 산정한 금액을 공제하면 최종납부세액으로 확정된다. 이와 같은 이중과세 조정방법을 수취배당세액공제법이라고 한다. 귀속방식과 달리 세액공제액이 종합소득세액을 초과하더라도 환급이 없어 불합리하며, 분리과세대상이 되는 소액주주에 대해서는 이 제도를 적용하지 않는다.

3) 법인세와 소득세의 완전통합을 반대하는 이유

법인세와 소득세를 완전통합하자는 일부의 목소리에도 불구하고 양자가 완전통합 되지 않는 이유로는 다음과 같은 점을 들 수 있다.

첫째, 현실적으로 법인에 대해 많은 특혜가 부여되므로 법인세 부과는 합당하다.

둘째, 배당되지 않은 사내유보소득에 대한 과세를 위해 법인세가 필요하다.

셋째, 법인세는 모든 나라에서 부과하고 있으며, 현존하는 가장 중심적인 직접세에 해당한다. 또한 폐지에 따른 이익이 일부 특정계층에만 귀속될 수 있다.

넷째, 법인세와 소득세의 완전한 통합제도를 운용하고 있는 나라는 없다.

5. 법인세의 귀착

법인세를 경제적 이윤에 대한 과세로 간주하면 완전경쟁의 장·단기에 걸쳐 모두 전가되지 않고 법인기업(생산자)에만 귀착된다. 하지만 법인세는 회계학적 이윤에 대한 과세이므로 법인기업의 반응과 행동양식, 그리고 법인세가 투자에 미치는 장기적 효과 등에 따라 다양한 양상의 전가를 초래할 것이다. 이 경우 전가의 정도는 시장의 경쟁조건, 법인기업의 수익조건, 수요의 가격탄력성 등에 의해 결정된다[36].

법인세의 성격을 특정 법인부문의 자본에 대한 과세라는 견해와 (경제적)이윤에 대한 과세라

36) 이 밖의 법인세 귀착의 결정 요인으로는 다음을 들 수 있다.

첫째, 자본의 회전속도가 빠를수록(법인기업의 상품판매 속도가 빠를수록) 법인세의 전가 가능성은 적다.

둘째, 법인소득(법인이윤)에서 주주에게 배당되는 배당소득의 비율이 높을수록 법인세의 전가 가능성은 크다.

셋째, 귀속이자는 법인의 비용으로 처리되지 않기 때문에 법인의 과세표준은 과대계산 된다. 이에 따라 법인세의 일부가 비용으로 가산되어 산출량 및 가격에 반영될 가능성이 높기 때문에 법인세는 전전(前轉)을 초래한다.

는 견해로 나누어 그 귀착의 양상을 살펴보면 서로 다른 결과를 나타낸다.

1) 법인세를 법인부문에 투자된 자본에 대한 과세로 보는 경우

하버거(A.C. Harberger) 등에 의해 체계화된 주장이며, 법인세가 생산물시장과 생산요소시장 모두에 대해 영향을 미친다고 간주하여 일반균형분석을 통해 법인세의 귀착을 파악한다. 법인세의 부과는 생산물시장에서 산출량효과를 초래하고, 생산요소시장에서는 요소대체효과를 발생시키게 된다. 따라서 두 시장에서 발생하는 산출량효과와 요소대체효과를 함께 고려하여 법인세 부담의 귀착을 파악하여야 한다.

법인세를 법인부문에 투자된 자본에 대한 과세로 보는 경우 과세된 부문(법인부문)과 비과세된 부문 간의 요소집약도 차이, 과세된 부문의 상품에 대한 수요의 가격탄력성, 요소 간의 대체탄력성, 자본의 공급탄력성(기간의 장단) 등에 의해 귀착의 양상이 결정된다. 구체적으로 단기와 장기에 있어 법인세의 귀착은 다음과 같이 상이하게 나타난다[37].

(1) 단기

단기는 자본공급이 고정된 상황을 말하며, 자본의 공급곡선은 수직(완전비탄력적)의 형태를 띠게 된다. 이때 법인세는 전적으로 법인부문에 투자된 자본의 소유주(주주)들이 부담(귀착)한다. 한편 일반균형분석을 따른지라도 자본의 공급이 고정된 단기일 경우 자본에 대한 과세(법인세)는 전적으로 자본의 공급자(주주)에게 귀착된다.

(2) 장기

장기는 자본이 국내의 법인부문 및 비법인부문 그리고 해외부문 사이에서 자유롭게 이동이 가능한 경우를 말한다. 따라서 법인부문에 대한 자본공급이 탄력적이어서 법인세 부과는 자본가뿐만 아니라, 노동자와 상품의 소비자에게 전가된다. 다시 말해 장기에 있어서 법인세는 상대가격의 변화, 생산량의 변화 및 생산요소의 대체라는 경로를 통해 경제 전반에 영향을 미치며, 부담의 분산(전가)을 초래한다.

결론적으로 법인세를 법인부문에 투자된 자본에 대한 과세로 보는 견해에 따르면, 법인세는 장기적으로 모든 경제주체에게 귀착을 초래한다고 할 수 있다.

2) 법인세를 경제적 이윤에 대한 과세로 보는 경우

경제적 이윤은 기업의 수입에서 모든 기회비용을 차감한 나머지를 말한다. 따라서 법인세를 경제적 이윤에 대한 과세로 간주하면, 법인세는 순세(純稅)의 성격을 띠게 된다. 이 경우 법인세

37) 자세한 내용은 본서의 '제6장 제1절 2. 개별 조세의 일반균형귀착분석' 부분을 참조하기 바란다.

는 주주에게만 귀착되고, 자원배분에 아무런 영향도 미치지 않는다. 초과부담을 야기하지 않으므로 효율적인(중립적인) 조세가 된다[38].

시장이 완전경쟁이냐 불완전경쟁이냐와 관계없이 기업이 이윤극대화를 추구한다면 법인세(이윤세)는 단기, 장기 모두 전가되지 않고 기업(생산자, 주주)에만 귀착을 초래한다. 그러나 현실의 법인세는 경제적인 이윤이 아닌 회계학상 이윤에 대한 과세이므로 다른 경제 주체에게 전가되어 귀착될 수 있는 개연성을 내포하고 있다[39]. 불완전경쟁은 물론 완전경쟁일지라도 기업이 이윤극대화를 추구하지 않을 경우(제한적 이윤확보 추구 등) 법인세(이윤세)는 전가되어 다른 경제주체에게 귀착될 수 있음은 물론이다.

6. 법인세의 기타문제

1) 감가상각

감가상각(자본소모충당금)은 고정자산(자본재)의 취득가액에서 잔존가액을 차감한 나머지 금액을 그 자산의 내용연수(내구연수) 동안 합리적이고 체계적인 방법을 적용하여 비용으로 배분하는 과정을 말한다. 이때 내용연수는 자산의 사용가능 기간이다.

각 사업연도의 법인소득과표는 비용의 성격을 띠는 감가상각액을 공제하여 산출한다. 그러므로 감가상각액은 각 사업연도의 법인소득과표 적정화에 중요한 역할을 하게 된다. 적절하게 감가상각 공제를 한 법인소득과표에 과세할 때 법인세의 적정 부과가 이루어진다. 진정한 의미의 경제적 감가상각은 세월이 경과함에 따라 자본재의 가치가 줄어드는 부분이라고 할 수 있다. 감가상각 측정을 위한 다양한 시도가 이루어지고 있음에도 불구하고, 아직도 완전한 측정방법은 제시되지 않고 있는 상황이다.

현실 법인세제의 감가상각은 진정한 의미의 경제적 감가상각과 상이하며, 일반적으로 정상상각과 특별상각(가속상각)을 핵심으로 하여 감가상각제도가 운영되고 있다. 정상상각은 내용연수의 기간 동안 자본재의 구입비용을 정해진 규칙에 따라 매년 일정하게 법인소득과표에서 공제해 주는 방법을 말한다. 반면 특별상각은 자본재 구입비용을 내용연수보다 짧은 기간 동안 법인소득과표에서 공제해 주는 방법을 가리킨다. 이는 상각기간을 정상상각의 경우보다 단축시켜주는 조치의 역할을 한다. 이에 따라 특별상각은 법인세 부담을 후기로 연기(특별상각은 내용연수 초기에 집중적으로 상각을 하기 때문에 일종의 무이자 대부 성격 내포)하는 영향을 미친다. 특별상각의

38) 법인세를 법인기업의 순수경제적 이윤(pure economic profits)에 과세하는 세목으로 보면 법인기업의 자기자본에 대한 정상이윤은 비용으로 간주되어 과세대상에 포함시키지 않는다. 이때 법인세는 장·단기 모두 전가되지 않고 법인기업에만 귀착된다. 법인세가 법인기업의 순수이윤에 부과되므로 법인기업은 행동을 변경시킬 이유가 없다.

39) 자세한 내용은 본서의 '제5장 제3절 4. 귀착의 부분균형분석' 부분에 언급되어 있다.

극단적인 형태로는 자본재 구입비용 전부를 구입한 당해 연도의 법인소득과표에서 공제해 주는 즉시경비처리(immediate write-off 또는 expensing)가 있다[40].

2) 인플레이션

일반물가의 지속적인 상승현상을 의미하는 인플레이션(inflation)은 채권자보다 채무자가 유리한 여건의 조성, 수출 차질, 금융자산소유자 처지의 약화(실물자산보유자 유리), 국가채무의 경감 등 여러 유형의 부작용을 초래하게 된다. 아울러 인플레이션의 발생은 법인세제 운영과정에도 적지 않은 문제점을 수반한다.

첫째, 인플레이션은 법인소득과표의 인상을 유발하고, 이에 따라 법인세 부담의 증가를 가져온다. 또한 감가상각의 실질가치를 하락시켜 법인세 부담을 가중시킨다.

둘째, 인플레이션은 법인이 어떤 방식으로 회계장부상 재고를 처리하느냐에 따라 법인소득과표를 과대 또는 과소평가하는 왜곡을 야기한다. 인플레이션일 때 선입선출법을 따르면 법인소득과표가 과대평가되어 법인세 부담이 증가하게 되고, 후입선출법을 따르면 법인소득과표가 과소평가되어 법인세 부담이 감소되는 결과가 발생할 수 있다.

셋째, 인플레이션 상황에서는 타인자본에 의존하는 법인이 상대적으로 유리하게 된다. 왜냐하면 인플레이션은 화폐가치를 떨어뜨림으로써 타인자본(부채)에 대한 이자비용을 경감시켜주는 영향을 미치기 때문이다.

이와 같은 인플레이션에 대한 대책으로는 감가상각액의 상향조정, 자본재의 내용연수 축소 등의 방안이 강구될 수 있다.

40) 특별상각(특별감가상각, 가속상각)은 해당 자본재의 내용연수 기간 중 초기에 감가상각이 집중되고 이후 남은 내용연수 동안은 감가상각액이 점차 감소하므로 후기에는 법인세수를 회복시키게 된다.

제3절 자산세

1. 자산세의 의의

납세자의 경제적 능력을 나타내는 대리변수는 크게 소득, 소비, 자산(재산)으로 나눌 수 있고, 그에 대한 과세를 소득세(개인소득세, 법인세), 소비세, 자산세(wealth taxation)라고 한다[41]. 그 중 자산세[42]는 저량(貯量, stock)변수인 자산에 대한 과세이고, 소득세와 소비세는 유량(流量, flow)변수인 소득과 소비에 대한 과세라고 하겠다.

자산세는 납세자의 경제적 능력을 그가 보유하고 있는 자산(재산)의 크기에 의해 파악할 수 있다는 점에 착안하여 자산의 보유량이 큰 자에게 더 많은 세부담을 부과하는 방식으로 운영되고 있다. 자산세는 국세인 소득세에 대한 일종의 보완세 역할을 한다.

자산세의 유형으로는 자산의 보유(소유) 사실에 대한 과세에 해당하는 재산세, 부유세와 자산의 이전에 대해 과세하는 상속세, 유산세, 증여세 등이 대표적이다.

자본주의 경제체제는 자유경쟁을 통한 부의 축적을 정당화하는 특성을 갖고 있다. 그런 까닭에 사회구성원 간에는 빈부격차가 존재하며, 자산세는 빈부격차를 시정하는 주요한 수단의 역할을 한다. 오늘날은 부(자산)의 분배가 소득분배에 비하여 훨씬 불균등한 것이 현실이다. 따라서 각국은 부(富)의 불균등한 분배를 시정하는 핵심적인 수단으로 자산세를 활용하고 있다. 이와 같이 자산세는 소득재분배기능과 더불어 지방자치단체(지방정부) 재원조달기능을 중심적으로 수행하는 세목이다.

---

41) 자산과 재산의 사전적 정의는 다르다. 국어사전에서는 재산을 재화와 자산을 통틀어 이르는 말이라고 하는데, 이를 따르면 재산이 자산보다 더 넓은 의미를 갖는 것으로 해석될 수 있다. 자산은 토지, 건물, 주택 같은 재산을 총칭하는 말이며, 크게 예금 · 주식 · 펀드 · 보험 등의 금융자산과 부동산, 내구재 같은 비금융자산의 두 유형으로 나뉜다. 덧붙여 말하면 일반적으로 재산이란 금전적 가치가 있는 물건 및 권리를 말하는데, 회계학적으로는 자산(asset)이라고 한다. 재산이라는 용어는 회계에서보다 법률용어로 많이 사용되고 있다.

42) 본서에서는 우리나라 현행 세목으로 재산세(지방세)가 과세되고 있는 현실을 감안하여 자산세를 재산세보다 넓은 범위의 조세로 정의하도록 하겠다. 이렇게 하면 자산세는 부유세, 토지세, 상속세, 증여세, 재산세 등 재산(자산) 관련 조세를 총칭하게 된다. 다시 말해 본서에서 자산세는 재산세(현재 시행 중인 지방세로서의 재산세)를 포함하는 좀 더 포괄적인 의미를 갖는다. 이런 접근은 저자들의 임의적 판단임을 밝힌다.

2. 자산세의 부과근거

자산세는 경제적 가치를 내포하고 있기 때문에 부(富, wealth)의 구성요소가 될 수 있는 토지, 건물, 고가의 장비, 유가증권 등을 과세대상으로 하며, 그 보유사실 또는 이전에 대해 과세한다. 또한 과세대상의 범위를 기준으로 볼 때 특정 재산에 한정하는 경우와 경제적 가치가 있는 모든 대상물을 포괄하는 경우 등으로 나눌 수 있다. 이와 같이 자산세는 여러 유형을 포함하고 있으며, 그 과세목적 내지 과세근거도 다양하다. 자산세는 이익설(이익원칙)과 능력설(능력원칙)을 부과근거로 하고 있다. 부유세, 증여세, 상속세 등은 능력설을 근거로 하는 자산세에 속하고, 재산세(지방세로서 재산세)는 이익설에 기반하는 자산세에 해당한다.

1) 이익설

자산세의 근거학설로서 이익설(이익원칙)은 공공부문이 제공하는 서비스에 의해 개인이 보유하고 있는 자산의 가치가 증가하기 때문에 그 대가로 자산에 대해 과세할 수 있다는 점을 강조한다. 이러한 주장의 연원은 국가의 임무가 사유재산의 보호에 있다고 보는 로크(J. Locke)의 야경국가론까지 소급된다.

이익설을 근거로 하여 자산세를 부과한다면 공공서비스로부터 혜택(편익)을 수혜 받는 개인의 모든 유·무형의 자산에 대해 과세하여야 한다. 또한 개인이 보유하고 있는 자산이 공공서비스로부터 수혜 하는 혜택의 정도를 정확히 파악할 수 있어야 과세가 가능하다. 이는 이익설을 근거로 하는 자산세는 공공서비스로부터의 혜택이 분명하고 그 정도를 가늠할 수 있는 자산분야에 적용하는 것이 합리적임을 의미한다.

일반적으로 이익설을 근거로 하는 자산세는 납세자의 개인적 사정을 고려하지 못하는 물세(객체세)에 해당하며, 비례과세를 적용하고 있다. 또한 공공서비스로부터의 혜택을 가늠할 수 있어야 하므로 국세보다는 지방세목으로 설치된다. 지방세목으로 설치되어 있는 우리나라의 재산세는 이익설을 근거로 하는 근간 자산세에 해당한다.

2) 능력설

소득수준만으로 개인의 경제적 능력을 파악하는 데는 한계가 있다. 왜냐하면 납세자의 경제적 능력을 높여주는 유증 또는 증여로 인한 순자산증가분은 온전하게 소득세의 과세대상이 되지 못하고 있기 때문이다. 이런 현실을 감안할 때 자산보유량에 따라 차등 과세하는 능력설을 근거로 하는 자산세는 이에 대한 보완이 될 수 있다.

개인의 자산보유량은 그의 경제적 능력(담세력)을 적절히 반영하는 지표라고 하겠다. 따라서 자산보유량이 많은 개인을 높은 경제적 능력의 소유자로 간주하여 그에 상응하는 많은 조세를 부과하는 것은 합당한 조치라고 할 수 있다.

일반적으로 능력설을 근거로 하는 자산세는 일체의 채무를 공제한 유·무형의 모든 자산을 과세대상으로 포함한다. 그리고 이는 통상 납세자의 개인적 사정을 고려하는 인세(주체세)에 해당하며, 초과누진과세를 따른다.

한편 능력설을 근거로 하는 자산세는 순자산(순재산소득)에 대한 과세이고, 총자산(총재산소득)에 대한 과세가 아니다. 이는 각종 인적·비인적 공제가 허용된 순자산(순재산소득)에 대해 과세한다. 이런 까닭에 능력설을 근거로 하는 자산세는 소득세를 보완하는 역할을 하게 된다.

능력설을 근거로 하는 자산세는 소득재분배기능을 중심적으로 수행하기 때문에 지방세보다는 국세로 적합하다. 부유세, 상속세, 증여세 등이 능력설을 근거로 하는 자산세에 속한다.

3. 자산세의 유형

1) 명목적 자산세와 실질적 자산세

(1) 명목적(名目的) 자산세

자산세는 자산(재산)을 과세물건으로 하여 과징하지만, 납세자는 당해 자산을 통해 만들어지는 소득으로 세부담을 하는 것이 일반적이다. 이런 특징을 갖는 명목적 자산세(형식적 자산세)의 경우 네덜란드와 스위스에서는 소득세의 대용으로 사용되고 있으며, 독일에서는 소득세의 보완세로 활용되고 있다. 부유세, 일반재산세(미국) 등이 그 예에 해당한다.

(2) 실질적(實質的) 자산세

실질적 자산세는 자산을 과세물건(조세객체)으로 하는 조세(재산의 이동 또는 재산가치의 증가에 대해 과세)로서 납세자의 실질적 보유자산 축소를 통해 세부담이 이루어지며, 이는 국가비상시 주요한 경비조달 수단이 된다. 그 사례로는 임시재산세, 유산세(estate duty), 상속세(inheritance tax), 증여세(gift tax), 자본과징(capital levy), 양도소득세 등을 들 수 있다.

실질적 자산세는 그 속성상 소득을 발생시키는 자산의 원본(재산 자체)을 침식하기 때문에 투자와 자본형성에 저해효과를 나타낸다. 또한 조세부과의 기본원칙에 해당하는 원본불가침의 원칙을 위배하는 문제점을 발생시킬 수 있다.

2) 동적 자산세와 정적 자산세

(1) 동적(動的) 자산세

자산(재산)의 이동 또는 자산가치의 증가에 대해 부과하는 조세를 가리킨다. 예를 들면 상속세, 증여세, 취득세, 등록면허세 등이 이에 속한다.

동적 자산세는 자산의 움직임, 즉 자산의 거래 또는 유통과정에 부과되기 때문에 세수의 안정성이 떨어지는 약점을 드러낼 수 있다.

(2) 정적(靜的) 자산세

자산(재산)의 소유사실 자체에 부과하는 조세를 말하며, 재산세, 과거의 종합토지세, 종합부동산세, 부유세 등이 이에 해당한다. 정적 자산세는 자산을 보유하고 있다는 사실 자체를 근거로 하여 과세가 이루어지기 때문에 동적 자산세와 비교할 때 세수의 안정성이 높다고 할 수 있다. 또한 자산의 보유 여부를 공식적 장부(등기 · 등록부)를 통해 확인하고, 그 내용을 토대로 과세가 이루어지므로 통상 대장과세를 따른다.

3) 개별재산세와 일반재산세

(1) 개별재산세

개별자산세는 특정 재산(자산)을 과세대상으로 하고, 인적공제 없이 비례과세 또는 누진과세를 적용하기 때문에 물세(物稅)의 성격을 띤다. 우리나라의 자동차세, 재산세 등이 그 예이다.

개별재산세는 특정 재산만을 과세대상으로 하기 때문에 비과세대상과의 차별을 초래함으로써 선택의 왜곡과 그에 따른 비효율(초과부담)을 발생시키게 된다.

(2) 일반재산세

일반재산세는 모든 유 · 무형의 재산(자산)을 평가하여 과세하기 때문에 개인의 자산선택을 교란시키지 않으며, 전가도 발생하지 않는다. 이는 재산총액에 과세하는 유형(미국의 일반재산세)과 재산순액에 과세하는 유형(부유세)으로 나뉜다.

미국의 일반재산세(일반자산세)는 유 · 무형재산을 과세객체로 하고, 인적공제가 허용되지 않으며, 그 총재산액(총자산액)을 과세표준으로 하여 비례세율을 적용하므로 물세(物稅)에 해당한다. 반면 부유세는 개인소유의 가치 있는 유 · 무형의 모든 재산(자산)을 과세대상으로 하여 인적공제를 거친 순재산액(순자산액)에 대해 누진세율을 적용하여 과세가 이루어진다. 따라서 부유세는 인세(人稅)의 성격을 갖는다.

4. 각종 자산세

1) 재산세

자산세는 인세적 자산세와 물세적 자산세로 구분된다. 물세적 자산세는 개인이 소유하고 있는 자산(재산)의 총액을 과세대상으로 하며, 그 소유자의 처지 등에 대한 고려 없이 과세가 이루어진다. 반면 인세적 자산세는 인적공제를 마친 자산순액을 과세대상으로 한다. 한편 자산세는 모든 자산을 과세대상으로 하는 일반자산세(일반재산세)와 특정 자산만을 과세대상으로 하는 개별자산세(개별재산세)로 나눌 수 있다. 일반자산세로는 부동산·동산을 모두 포함하여 과세하는 미국의 일반재산세(일반자산세)가 대표적이며, 우리나라의 재산세, 자동차세 등은 개별자산세(개별재산세)에 해당한다.

자산(재산) 관련 세제는 다양한 세목으로 구성되어 있으며, 세율체계도 복잡할 뿐만 아니라, 제반 정책목표를 실현하기 위해 과세범위와 세율이 빈번하게 조정되고 있기 때문에 일관성 있는 체계를 이루지 못하고 있다. 그 결과 납세자들의 자산거래에 관련된 의사결정을 왜곡시키는 정도가 크고, 조세마찰이 자주 일어나고 있을 뿐만 아니라 자산과세가 지향하는 정책의지(국토의 효율적 이용, 투기억제, 부동산가격의 안정 등)가 분산·약화되고 있다.

이하에서는 현재 지방세 세목으로 설치되어 운영되고 있는 우리나라의 재산세(property tax)를 중심으로 그 특징을 알아보도록 하겠다.

▶ 우리나라의 자산 관련 세제

① 보유과세 : 농어촌특별세, 종합부동산세, 재산세, 지역자원시설세 등
② 이전과세 : 양도소득세, 토지 등 양도소득에 대한 법인세, 상속세, 취득세, 등록면허세 등
③ 기　　타 : 각종 개발부담금, 과밀부담금, 기반시설부담금 등

(1) 특징

재산세는 중추적인 지방세 세목 가운데 하나이고, 통상 비례과세를 적용하며, 인적공제를 인정하지 않는 대표적인 물세이다. 그 이외 다음과 같은 특징을 갖는다.

첫째, 재산세의 과세표준은 재산총액이며 순재산액이 아니다. 따라서 재산세는 물세이다.

둘째, 과세객체인 재산가치는 교환가치(시장가격) 또는 임대소득에 의하여 평가된다.

셋째, 과세대상이 되는 재산은 동등한 취급이 원칙이다. 동일한 과세지역 내의 재산은 재산세를 부과할 때, 똑같은 취급을 받게 된다.

넷째, 재산세의 과세대상은 원칙적으로 유·무형의 모든 재산이다. 그러나 각국마다 재산세의 과세대상은 다소 상이하다. 우리나라는 건축물(주택 포함), 토지, 선박, 항공기를 재산세의 과세대상으로 설정하고 있다.

다섯째, 재산세는 비례과세방식을 채택하는 것이 일반적이다. 예외적으로 우리나라의 재산세는 건축물(주택 포함)과 토지에 대해 초과누진세율을 적용하고 있다.

여섯째, 재산세는 지방자치단체의 재원조달 수단으로 이용하는 것이 보통이다.

일곱째, 재산세는 이익설을 근거로 하는 과세에 해당한다.

(2) 재산평가의 기준

재산세 과세대상으로서 재산은 어떤 기준을 적용하여 평가하느냐에 따라 그 크기(가치)가 상이하게 측정(파악)된다. 판매가액(sales value, 판매가격, 시장가격)을 적용할 것이냐 또는 임대가액(rental value, 임대소득)을 적용할 것이냐에 따라 재산가치는 달라진다.

미국은 판매가액을 기준으로 재산가치를 평가하는 반면, 영국은 임대가액을 기준으로 재산가치를 평가하고 있다. 완전경쟁적인 재산(자산)시장을 가정하면, 판매가액과 임대가액에 의한 재산가치 평가는 일치하며, 모두 재산의 잠재가치(potential value)를 반영한다. 그러나 재산시장이 불완전하다면 양자는 불일치하게 된다. 이때에는 재산의 잠재가치를 반영할 수 있도록 정확하고 빈번한 시장조사를 통해 평가액을 수정할 필요가 있다.

(3) 세율

재산세의 세율은 명목세율(nominal rates)과 실효세율(effective rates)로 구분된다. 명목세율은 재산세액을 과세표준인 재산평가액으로 나눈 비율이고, 실효세율은 재산세액을 과세대상인 재산의 시장가격(판매가액)으로 나눈 비율을 말한다. 실효세율은 명목세율에 평가비율을 곱한 것과 같다. 이때 평가비율은 과세표준인 재산평가액을 재산의 시장가격으로 나누어 산출한다. 실효세율은 재산과세의 실질 수준을 평가하는 기준이 된다.

(4) 전가와 귀착

재산세는 건축물(자가주택, 임대가옥), 토지, 기타 재산 등 다양한 대상에 과세한다. 따라서 재산세의 과세대상이 무엇이냐에 따라 귀착은 상이한 양상을 나타낸다.

개별재산을 대상으로 부과된 재산세의 귀착을 파악하는 접근은 전통적인 재산세 귀착분석(부분균형분석)에 해당한다. 반면 과세된 재산이 다른 부문에 미치는 영향까지 고려하여 귀착을 파악하는 방식은 새로운 재산세 귀착분석(일반균형분석)으로 불린다.

① 전통적인 접근

특정 재산에 대한 재산세의 귀착을 다른 부문에 미치는 영향은 단절시킨 채 파악하는 경우이다. 따라서 이때의 재산세는 개별소비세(excise tax, 물품세) 부과와 유사한 양상을 띠게 되며, 그 귀착은 부분균형접근을 이용하여 파악하게 된다.

㉠ 토지

토지에 대한 재산세 과세의 귀착은 기간의 장 · 단기, 그리고 수요와 공급의 상황에 따라 상이한 결과를 초래한다.

토지의 공급이 일정한(고정적인) 단기에 재산세(토지세) 부과가 발생하는 귀착은 토지에 대한 수요와 공급의 관계에 의해 결정된다. 구체적으로 토지에 대한 수요보다 공급이 크다면, 재산세

부과는 토지임대료의 하락을 초래하여 토지투자의 매력을 감소시킨다. 또한 토지의 구매를 원하는 자는 재산세의 자본환원액만큼 토지가격의 인하를 요구하게 된다. 그 결과 재산세는 토지소유자가 토지 판매가격을 인하하는 방식으로 부담이 이루어진다. 따라서 단기이고 토지에 대한 수요보다 공급이 클 경우 토지에 대한 재산세는 공급자에게 전적으로 귀착된다.

반면 단기이지만 토지에 대한 수요가 공급보다 크다면, 재산세(토지세)는 토지가격의 인상을 통해 토지구매자(수요자)에게 전전(前轉)을 초래하게 된다. 그에 따라 토지수요는 감소한다.

토지공급이 어느 정도 가변적인 장기의 경우 재산세(토지세) 부과가 야기하는 귀착은 토지에 대한 수요와 공급의 탄력성에 의해 결정된다. 토지공급의 탄력성이 커짐에 따라 토지의 소유자가 재산세 부담을 토지의 사용자에게 보다 많이 전가시키는 양상이 나타난다.

결론적으로 전통적인 견해에 따르면 재산세(토지세)는 토지의 수요를 하락시키는 영향을 미치게 된다. 우리나라를 포함한 각국은 대체로 토지의 소유가 부유계층에 편중되어 있음을 감안할 때, 토지분 재산세의 부담은 누진적이라고 할 수 있다.

ⓛ 건물

전통적인 접근을 따르면 건물의 공급은 토지의 그것과 달리 어느 정도 탄력적이다. 따라서 건물에 대한 재산세(건물세)의 귀착은 건물의 공급탄력성에 영향을 받는다. 구체적으로 건물을 신축하기 위해 필요한 자본이 얼마나 신축적으로 공급될 수 있느냐에 의해 재산세(건물세)의 귀착이 결정된다.

건물의 공급이 비탄력적인 단기의 경우, 건물에 대한 재산세 과세는 그 건물의 주인과 임차인이 분담하게 되지만, 토지에 비해 건물의 공급이 더 탄력적이므로 건물에 대한 재산세는 임차인에게 전가될 가능성이 보다 크다.

건물의 공급이 탄력적인 장기의 경우, 건물에 대한 재산세는 세액만큼 건물의 임대가격을 상승시키기 때문에 재산세의 모든 부담은 전적으로 임차인에게 귀착된다. 물론 형식상 재산세의 납부자는 건물의 소유주이다. 그리고 고율의 건물세가 지속적으로 부과되면, 임대건물의 건축이 억제(건물공급의 감소)될 것이고, 그 결과 건물임대료의 상승을 통해 건물세는 전전(前轉)될 것이다. 다만, 건물에 대한 수요보다 공급이 더 크다면 전가가 곤란하게 된다.

선진국의 경우 거의 모든 소득계층이 주거공간인 건물(주택)을 소유하고 있으며, 고소득층일수록 그의 부(富)에서 건물이 차지하는 비중은 높지 않다(부동산보다는 주식 등 금융자산 중심의 부축적). 따라서 비례적 재산과세는 상대적으로 저소득층의 세부담을 크게 하므로 건물에 대한 재산세는 어느 정도 역진적 성격을 띤다고 할 수 있다. 그러나 고소득층이 부의 축적수단으로 다수의 건물을 보유하고 있는 우리나라의 경우 단정이 곤란하다[43].

43) 우리나라는 2005년부터 고가의 주택 등을 대상으로 높은 세부담을 지우는 종합부동산세(국세)를 과세하고 있는 상황이다. 이런 현실을 감안하면 우리나라의 경우 건물(주택)분 재산세는 누진적인 측면이 강하다고 할 수 있다.

한편 임대주택과 달리 자가주택에 대해 재산세(가옥세)를 부과하면 그 성격상 장·단기 모두 주택의 소유주가 재산세를 부담하게 된다.

ⓒ 재고(在庫)

기업의 재고상품에 대해 재산세를 부과할 경우 기업은 재고상품 가격의 인상을 통해 소비자에게 그 부담을 전전(前轉)할 가능성이 크다.

② 새로운 접근

재산세를 자본에 대한 과세의 일종으로 간주하는 경우이다. 재산세가 다른 부문에 미치는 영향까지 고려하여 일반균형분석의 틀에서 귀착을 파악한다. 재산세를 자본에 대한 과세로 간주하여 일반균형접근을 통해 귀착을 파악하는 경우, 그 결과는 자본의 공급이 얼마나 탄력적인가에 의존하게 된다. 구체적으로 재산세 부과의 전가와 귀착 효과는 다음의 두 가지 단계로 나누어서 고려해 볼 수 있다.

㉠ 모든 지역에 균일한 재산세율을 적용하는 경우

모든 지역에 소재한 자본(건물)에 대해 균일한 세율의 재산세를 부과하면 장·단기에 따라 재산세의 귀착이 상이하게 나타난다. 자본(건물)의 공급이 거의 고정되어 있는 단기의 경우, 재산세 부담은 자본의 소유주에게 전적으로 귀착된다. 또한 부유한 사람일수록 자본소득의 비중이 높으면, 단기에 있어서 재산세의 부담은 누진적이다.

장기에는 자본의 공급이 어느 정도 신축적이기 때문에 재산세 부담의 일부분이 노동과 같은 다른 생산요소에 전가되어 귀착된다.

㉡ 지역마다 다른 재산세율을 적용하는 경우

지역별로 재산세의 세율을 달리하는 경우 높은 재산세율이 적용되는 지역과 낮은 재산세율이 적용되는 지역에 상이한 귀착의 결과를 초래한다.

서울지역의 건물(자본)에 대해서는 높은 재산세율을 적용하고, 청주지역의 건물(자본)에 대해서는 낮은 재산세율을 적용했을 때 나타나는 재산세의 귀착은 다음과 같다. 건물을 구입하고자 하는 사람들은 높은 재산세율이 적용되는 서울지역의 건물 대신 청주지역의 건물을 구입하게 된다. 이는 자본이 높은 재산세율을 부과하는 지역을 피해 낮은 재산세율을 따르는 지역으로 이동하게 됨을 의미한다. 이때 자본의 이동은 두 지역의 세후 자본수익률이 서로 같아질 때까지 계속된다.

자본이동이 계속되면, 서울지역의 자본은 감소할 것이다. 이에 따라 서울지역의 자본/토지비율은 하락하며, 그 결과 이 지역 지주(地主)들의 지대(地代)소득은 감소하게 된다. 왜냐하면 자본의 감소에 따라 토지가 흔해지게 되고 그 영향으로 지주의 지대소득이 줄어들기 때문이다. 또한 서울지역 노동의 이동성이 그리 크지 않다면, 이 지역의 자본/노동비율도 하락함으로써 노동자들의 임금이 하락하는 현상을 발생하게 된다.

한편 서울지역보다 더 낮은 재산세율이 적용되는 청주지역은 자본의 유입[44] 때문에 자본/토지비율이 증가한다. 그에 따라 청주지역의 지주(地主)들이 얻는 지대(地代)소득은 증가하게 된다. 또한 청주지역 노동의 이동성이 그리 크지 않다면, 이 지역의 자본/노동비율도 증가하여 노동자들의 임금은 증가하는 결과를 낳는다.

이와 같이 부유한 지역에 높은 재산세율을 적용하고 빈곤한 지역에 낮은 재산세율을 적용하면, 부유한 지역에 거주하는 토지소유자와 근로자의 소득은 하락하고, 빈곤한 지역에 거주하는 토지소유자와 근로자의 소득은 상승하는 양상을 나타낸다. 그 결과 각 지역에 대해 상이한 재산세율을 적용하면 재산세는 어느 정도 누진적인 귀착을 초래한다고 할 수 있다.

재산세 귀착에 대한 이상의 설명은 선진국에서 나타날 수 있는 양상이며, 우리나라에서도 똑같은 결론이 유도될 수 있을지는 의문이다.

(5) 경제적 효과

① 저축 및 소비

현실적으로 저축과 소비는 소득에서 이루어지며, 재산세는 소득에 대한 과세가 아니므로 저축과 소비를 줄이는 대체효과를 작게 초래한다. 따라서 재산세는 소득세와 비교할 때 저축과 소비를 덜 저해할 것이다.

② 투자 및 위험자산 선택

모든 유 · 무형의 재산에 대해 과세하는 부유세와 달리 재산세는 부동산을 중심으로 과세하고 있다. 또한 재산세는 과세대상인 재산(부동산)이 발생시키는 수익 여부 및 크기와 관계없이 과세한다. 따라서 재산세는 부유세처럼 위험자산 선택과 투자를 증가시키는 효과가 크지 않다. 다만, 각국은 자본이득(양도소득)에 대해 우대조치를 하기 때문에 지가(地價)가 상승하고 있는 국가에 있어서는 투기목적의 토지보유가 확대되는 영향을 미칠 수 있다[45].

한편 토지보유에 대한 재산세 부과는 지주들로 하여금 자신들이 소유하고 있는 토지의 활용도를 높여 토지에서 얻을 수 있는 수익을 높이도록 유인할 수 있다. 그러므로 토지에 대한 재산세는 토지이용의 효율화를 유도하는 작용을 한다고 하겠다.

---

44) 건물(자본)을 임대하고자 하는 사람들이 재산세 부담이 높은 서울지역에서의 임대를 포기(서울지역의 자본수요 감소)함으로써 청주지역의 건물수요가 늘어나게 되면 건물의 신축 및 유휴건물의 활용 등을 가져와 청주지역의 건물공급은 확대된다. 이와 같은 청주지역 건물공급의 확대는 청주지역으로의 자본유입이 늘어난 것과 마찬가지의 의미를 갖는다.

45) 다른 국가의 예와 달리 우리나라는 대표적인 자본이득에 해당하는 부동산 양도소득에 대해 부동산투기 억제를 목적으로 중과하는 조치를 취하고 있다.

③ 노동공급

재산세는 노동으로 획득하는 근로소득에 직접적인 영향을 초래하지 않는다. 따라서 소득세와 비교하면 재산세의 노동공급에 미치는 영향은 상대적으로 작다.

④ 기타 선택행위

도심지역의 부동산에 대해 재산세를 중과(重課)하면, 지가(地價)가 낮은 도시외곽의 미개량 토지에 대한 투기목적의 수요를 늘리는 영향이 예상된다. 이에 따라 도시지역이 점차 외곽으로 확대되는 도시팽창(urban sprawl) 현상이 나타날 수 있다. 또한 재산세는 세부담이 무거운 부동산에 대한 투자를 다른 형태의 투자로 전환시키는 파장도 초래할 수 있을 것이다.

한편 재산세가 건물의 낙후 정도 및 외형을 기준으로 중과된다면, 일부 도시의 부동산 개량을 위한 투자는 저해된다. 그 결과 재산세는 건물의 보수(補修)를 방해함으로써 도시주변의 빈곤지역(slum)을 확대시킬 가능성이 있다.

(6) 문제점

재산세가 합리적으로 운영되기 위해서는 과세대상의 적정 선정, 정확한 과표 산정 시스템의 마련, 실효성 있는 부과 · 징수절차의 구축 등 여러 가지 조건이 구비되어야 한다. 이런 점에서 볼 때 우리나라의 건물(주택)분 재산세가 안고 있는 문제점으로 다음을 들 수 있다.

첫째, 재산세는 아직 합리적인 재산평가 시스템을 구축하지 못하고 있으며, 적절한 징세기구 및 징세기술의 결여 때문에 불공평한 과세행정을 지적받는다.

둘째, 재산세는 부동산 중심으로 과세가 이루어지고 있기 때문에 또 다른 재산으로서 동산과 무형재산에 대한 조세포탈(탈세) 가능성이 크다.

셋째, 현실적으로 재산 간 차별과세가 발생하며, 재산평가에 적지 않은 비용이 소요되고 세무행정이 복잡하다.

넷째, 연령, 소득 수준 등 납세자의 개인적 사정을 고려하지 못한다.

다섯째, 기업재산에 대한 재산세 부과는 전가되어 경제적 약자인 소비자에게 귀착되는 경향이 작지 않을 것이다.

여섯째, 재산세는 지방자치단체(지방정부)의 근간 세목임에도 불구하고 국가정책 목적의 실현을 뒷받침하기 위한 수단으로 폭넓게 활용되어 왔다. 그에 따라 아직 안정적 운영체계를 구축하지 못하고 있다.

2) 토지세

토지는 인간 생존을 뒷받침하는 기반의 역할을 하며, 그 생산(공급)이 거의 고정(한정성)되어 있는 등 공공재 성격이 뚜렷하다. 토지세는 과거부터 핵심적인 세목으로 존재해 왔으며, 각국은 다양한 방식으로 토지에 과세하고 있다. 우리나라의 경우 토지에 대해 양도소득세, 상속세, 증여세, 취득세, 등록면허세, 재산세 등을 과세한다.

(1) 토지에 대해 다양한 과세방식이 채택되는 이유

각국이 토지에 대해 다양한 과세방식을 채택하는 이유는 다음과 같다.

첫째, 토지는 소득과 함께 가장 중요한 세원이다.

둘째, 토지로부터 안정적 세수확보가 가능하다.

셋째, 토지투기에 따른 지가상승[46]으로부터 발생하는 자본이득(불로소득)에 대한 과세가 필요하기 때문이다.

▶ 토지를 과세대상으로 개별화하는 이유

토지를 과세대상으로 개별화하는 이유는 토지세가 효율성과 공평성 측면에서 장점을 갖기 때문이다. 토지의 공급이 고정되어 있으므로 토지사용에 대한 대가인 지대(地代)는 불로소득의 성격을 띤다. 이때 지대는 경제적 지대(economic rent)에 해당한다. 따라서 토지에 대한 과세(토지세)는 초과부담을 초래하지 않으며, 지주의 불로소득을 환수하는 역할을 하게 된다. 다시 말해 토지에 대한 과세는 토지의 공급량에 영향을 초래하지 않기 때문에 효율적이고, 부유층에 속하는 지주의 불로소득을 환수하는 역할을 하므로 공평하다는 것이다[47].

(2) 토지세의 기능

① 투기억제

전통적 견해에 따르면 토지공급이 완전비탄력적일 경우 토지세는 전가가 곤란하고, 토지수익

46) 지가상승은 다음과 같은 부작용을 초래할 수 있다.
첫째, 토지의 예상수익률을 높임으로써 토지투기를 조장한다.
둘째, 소수의 토지소유자에게 정당하지 못한 자본이득을 귀속시킴으로써 소득분배를 악화시키고 토지소유의 편중성을 더욱 심화시킨다.
셋째, 생산과 소비 측면에서 토지의 효율적 이용을 저해한다. 왜냐하면 자산가치 증식이나 보전을 위해 토지보유의 장기화 현상이 나타나기 때문이다.

47) 케네(F. Quesnay) 등 중농학파에 의해 토지단세론이 주장되었는데, 그들은 토지만이 순생산을 만들기 때문에 조세는 토지의 순생산에 직접과세하는 토지단세(土地單稅)가 바람직하다고 하였다. 토지순생산 이외의 것에 대한 조세부과는 전가를 통해 토지수익에 귀착될 뿐이며, 징세비를 높여 국민의 조세부담을 올리는 결과를 빚을 뿐이다. 중농학파 이후 미국의 헨리 조지(Henry George)가 토지단세론을 계승하였다. 헨리 조지는 대표적인 저서 「진보와 빈곤」(1897)에서 토지세가 갖는 이와 같은 특징을 강조하여 모든 조세를 폐지하는 대신 토지의 지대(토지의 임대가치)를 과세표준으로 삼아 가급적 100%에 가까운 균일세율로 과세하는 토지세 도입을 제안하였다.

률 및 토지가격의 하락을 통해 과세시점의 토지소유자가 토지세를 부담하게 된다. 따라서 토지세의 부과는 토지에 대한 투기억제효과를 나타낸다.

새로운 견해는 토지를 자본의 일종으로 간주하며, 전통적 견해와는 달리 완전한 자본환원화 현상을 부인한다. 일반균형접근(새로운 견해)에 따르면 토지세의 투기억제효과는 다른 자본의 수익률에 의해 좌우된다. 예컨대 토지수익률이 다른 자본의 수익률보다 크다면 토지세가 토지에 대한 투기억제효과를 갖는다. 반면 토지수익률보다 다른 자본의 수익률이 더 크다면 토지세는 토지에 대한 투기억제효과를 발생하지 못한다.

한편 토지세 부과에 따라 토지수익률이 하락하더라도 토지투기억제효과가 절대적인 것은 아니다. 왜냐하면 토지에 대한 고율과세는 봉쇄효과(lock-in effect, 동결효과, 고정화효과)를 통해 토지가격의 상승을 유발할 수도 있기 때문이다.

② 재분배효과

토지세의 부(富)와 소득에 대한 재분배효과는 토지세가 지가상승에 기인하는 부당 자본이득의 발생을 억제시킬 수 있느냐와 그 세부담이 누구에게 귀착되느냐에 의해 결정될 것이다. 지가상승에 의해 발생하는 부당 자본이득이 주로 고소득층에 귀속된다고 하면, 부당 자본이득에 대한 고율의 토지세는 재분배효과를 뚜렷하게 나타낼 것으로 예상된다.

전통적 견해에 따르면 토지소유자가 토지세를 부담하게 되기 때문에 토지세는 재분배효과를 나타낸다. 반면 새로운 견해에 따르면 토지세의 전가유무는 토지의 총공급이 자본수익률에 얼마만큼 민감하게 반응하느냐에 의해 결정된다. 만약 민감하게 변화한다면 토지세는 자본 이외의 생산요소 소유자와 소비자에게 전가가 가능하게 되므로 재분배효과가 축소될 것이다.

③ 중립성 확보

전통적 견해에 따르면 토지는 그 공급량이 고정(일정)되어 있다. 따라서 토지세가 부과되어도 토지량은 불변이기 때문에 토지세는 토지 선택에 왜곡을 초래하지 않는 중립적 조세(효율적 조세)의 역할을 하게 된다.

반면 일부 학자들은 전통적 견해를 부정하고 있다. 이들은 토지에 대한 과세가 토지의 활용도를 높임으로써 토지개발 촉진과 공한지 감소효과를 나타낸다는 입장이다. 이렇게 보면 토지세는 비중립적인 조세라고 할 수 있다.

(3) 토지세의 한계

토지세는 적절히 활용될 경우 토지에 대한 투기를 억제시키고, 불로소득(지대수입)의 환수를 통해 공평성을 제고하는 등 다양한 기능을 한다. 반면 토지세는 다음과 같은 한계를 갖는다.

첫째, 토지세의 역할은 유동적이고 보완적인 것에 지나지 않는다. 토지세의 부과가 토지투기의 억제와 토지이용의 효율화 등을 초래할 수 있을지는 불확정적이다. 다만, 토지세는 지가상승으로 지주가 얻는 불로소득을 환수함으로써 부의 편재를 시정하는 재분배적 기능을 어느 정도 수행할 것으로 예상된다.

둘째, 토지에 대한 정책과세가 남용되면 오히려 국고손실, 사회적 불공평만 초래할 뿐이며 기대했던 정책적 효과는 나타나지 않을 수 있다.

셋째, 토지에 대한 정책과세의 남용은 정책에 대한 신뢰도를 감소시킨다.

(4) 우리나라의 부동산보유세제

2025년 현재 우리나라는 부동산을 대상으로 [표 7-1]에 제시되어 있는 것처럼 거래, 보유 및 양도단계에 걸쳐 다양한 세목의 국세와 지방세를 과세하고 있다.

[표 7-1]이 보여주는 바와 같이 부동산 취득단계에는 국세 세목으로 상속세, 증여세, 인지세, 부가가치세 및 농어촌특별세가 과세된다. 지방세 세목으로는 취득세, 등록면허세 및 지방교육세가 과세되고 있다.

한편 부동산의 보유단계에서 보면 임대업자에 대한 소득세, 법인세와 농어촌특별세, 그리고 2005년부터 시행되고 있는 종합부동산세가 국세에 해당한다. 반면 지방세로는 재산세, 지역자원시설세, 지방교육세 등이 과세되고 있다. 또한 부동산 양도단계에는 국세인 소득세(양도소득세), 법인세, 부가가치세와 지방세인 지방소득세(법인분)가 부과된다.

이와 같이 부동산에 대하여 여러 가지 유형의 국세와 지방세가 부과되고 있다. 그렇지만 토지와 건물 등 부동산에 대하여 정례적이고 또한 광범위한 납세자를 대상으로 과세된다는 점을 고려할 때, 부동산세제의 근간을 이루고 있는 세목은 국세에서의 종합부동산세와 지방세 세목으

표 7-1 우리나라의 부동산세제 현황

구분	부동산 거래		부동산 보유
	취득 단계	양도 단계	
국세	상속세 증여세 인지세 부가가치세 농어촌특별세	소득세(양도소득세) 법인세 부가가치세(사업자)	소득세(임대 등) 법인세(임대 등) 부가가치세 농어촌특별세 종합부동산세
지방세	취득세 등록면허세 지방교육세	지방소득세	재산세 지역자원시설세 지방교육세

로서의 재산세라고 하겠다[48].

① 종합부동산세

종합부동산세는 기존 보유세부담의 불공평(불형평) 문제를 시정하고 부동산 가격의 안정을 도모하기 위하여 2005년도부터 도입된 국세이다. 이는 고액의 부동산 보유자에 대하여 지방세의 경우보다 높은 세율로 국세인 종합부동산세를 과세하여 부동산보유에 대한 조세부담의 공평성을 제고하고, 부동산의 가격안정을 도모함으로써 지방재정의 균형발전과 국민경제의 건전한 발전에 이바지하는데 그 취지가 있다.

종합부동산세는 주택에 대한 종합부동산세와 토지에 대한 종합부동산세로 구분된다. 토지에 대한 종합부동산세는 종합합산과세대상과 별도합산과세대상으로 나뉜다[49].

② 재산세

재산세는 토지 · 건축물 · 주택 · 선박 및 항공기의 소유에 대하여 매년 7월과 9월에 그 소유자에게 부과하는 조세이다[50]. 재산세는 과세대상 재산을 소유하고 있는 기간 중의 사용과 수익에 대해 과세하는 응익세의 성격을 띠고 있으며, 개인 · 법인의 구분 없이 같은 가액의 재산에 대해 동일한 세액을 부과하는 대표적인 물세에 해당한다.

---

48) 주요국에서 시행되었거나 시행되고 있는 부동산세제의 현황은 다음의 표와 같다.

구분		한국	미국	영국	독일	프랑스	일본	대만
보유	지방	재산세	지방재산세	의회세	부동산세	재산세 토지세 주거세	고정자산세 특별토지보유세	지가세 방옥세
	국가	종합부동산세	–	영업용 레이트	순부유세 (모든 자산)	순부유세 (모든 자산)	지가세	–
양도	개인	소득세 (양도소득세)	연방소득세 주소득세	자본이득세	비과세	소득세	소득세	토지증치세
	법인	법인세	법인세	법인세	법인세	법인세	법인세	–
거래	지방	취득세 등록면허세	소유권이전세 저당세	인지세	부동산취득세	부동산취득세	부동산취득세 등록면허세	계세 (소유권이전세)

독일과 프랑스의 순부유세는 재산적 가치를 갖는 자산총액에서 부채총액을 공제한 과세표준에 대하여 과세하는 것으로 이를 순수한 의미의 보유세로 보기는 어려우며, 일본의 지가세는 국세에 해당하며 부동산버블의 붕괴에 따라 1998년 이후 과세가 중단된 상태이다.

49) 종합부동산세의 과세대상, 과세표준, 세율, 납세의무자, 납세방식 등에 대해서는 종합부동산세법의 관련 조항을 참조하기 바란다.

50) 종전(2004년 이전)에는 건축물, 선박 및 항공기를 과세대상으로 지방세인 재산세가 부과되었고, 토지에 대하여는 별도의 지방세인 종합토지세가 과세되었다. 그러나 2005년 이후에는 기존의 재산세와 종합토지세를 재산세로 통합하여 토지, 건축물 및 주택에 대하여 1차적으로 지방세인 재산세를 과세하고 일정 금액 이상의 토지 및 주택 보유자에 대하여는 2차적으로 국세인 종합부동산세가 과세되도록 변경하였다.

재산세는 시 · 군세 및 자치구세이며, 대표적인 부동산보유과세라고 하겠다. 최근 이루어진 과표현실화의 결과 뚜렷한 세수신장을 나타내고 있다. 그 이외 주요한 특성은 다음과 같다.

첫째, 기초지방자치단체(지방정부)가 과세권을 갖는 핵심 지방세목이다.

둘째, 재산세는 보유하는 재산에 담세력을 인정하여 과세하는 부동산보유세에 속한다.

셋째, 재산세는 재산소유자의 개인적 사정을 고려하지 않고 개인 · 법인에 관계없이 동일한 가액의 재산에 대하여 똑같은 세액을 부과하므로 대표적인 물세이다.

넷째, 재산세는 재산가액에서 부채를 공제하지 않은 총재산가액을 과세표준으로 한다.

다섯째, 재산세는 재산을 소유하고 있음으로써 예상되는 수익에 대하여 과세하는 수익세(응익세)로 분류된다.

재산세는 시 · 군 · 구 안에 소재하는 토지 · 건축물 · 주택 · 선박 및 항공기에 대하여 부과한다. 재산세의 과세대상인 토지는 지적법에 의하여 지적공부의 등록대상이 되는 토지와 그 밖에 사용되고 있는 사실상의 토지를 말하며, 현황 부과의 원칙에 따라 과세대상인 토지가 공부상 등재사항과 사실상의 현황이 다를 경우에는 사실상의 현황에 따라 재산세 부과가 이루어진다. 다만, 주택의 부속 토지는 토지에서 제외한다[51].

③ 우리나라 부동산보유세제의 개선방향

우리나라의 부동산보유세제는 그동안 이루어진 여러 차례의 개편을 통해 상당히 합리적인 모습을 갖추었지만, 다음과 같은 점들에 대해서는 보완이 요구된다.

첫째, 재산세를 부동산보유세제의 근간으로 정착시키기 위한 대책을 적극 모색해야 한다. 각종 비과세 · 면세 · 감면조치의 대폭적 축소, 등기의 공신력 인정, 분산등기에 대한 대책 수립 등을 지속적으로 이루어나가야 할 것이다.

둘째, 2006년 이후 부동산거래금액이 실거래가로 파악되고 있으며, 과표현실화율도 급격히 제고되었다. 또한 부동산양도소득에 대한 세부담도 높아졌다. 그런데 이와 같은 세제개편이 단기간 내에 이루어짐으로써 부작용을 지적하는 목소리가 작지 않다. 따라서 향후 부동산보유세 개편은 철저한 사전준비와 충실한 의견수렴을 거침으로써 관련 부문이 동의하고 지지하는 방향으로 추진되어야 한다.

셋째, 토지와 건축물(주택 포함) 과표 산정의 적정화를 위해 합리적인 부동산과표 평가체계를 수립하여 시행함으로써 부동산보유세제의 불공평성을 개선하는 노력이 요구된다.

넷째, 부(富)의 두 축이라고 할 수 있는 부동산과 금융자산에 대한 과세를 보다 밀접하게 연계할 필요성이 있다. 이는 부동산실명제의 내실화와 금융자산 과세의 강화 등을 통해 부동산보유세의 기능을 실질적으로 보강해야 한다는 것이다.

51) 지방세법 규정된 재산세의 과세체계(과세대상, 세율, 납세의무자, 납세방식 등)는 관련 조항을 참조하기 바란다.

3) 부유세

(1) 의의

부유세(tax on net wealth)는 개인이 보유하고 있는 재산(자산) 및 재산권 등 가치 있는 부(富)를 과세대상으로 하는 조세이다. 재산소득을 중과하고 비수익재산에 대해서도 과세한다는 점에서 소득세보다 더 공평하다고 할 수 있다. 부유세의 과세단위는 가구(家口)이며, 가족의 재산은 가구주의 재산에 합산된다.

부유세를 실시하였거나 시행하고 있는 국가의 사례를 살펴보면 일부 국가(인도)는 법인에도 과세하였다. 또한 부유세는 거의 국세로 되어 있으나, 스위스, 노르웨이 등은 지방세의 세목(지방부유세)이다.

부유세는 모든 부를 과세대상으로 하며, 가구(가족)를 과세단위로 하기 때문에 납세자의 진정한 경제적 지위(경제적 능력)에 부합하는 과세의 실현을 목표로 한다. 그 이외 다음과 같은 이유 때문에 공평을 실현한다고 할 수 있다.

첫째, 소득세는 경상적 소득만을 대상으로 과세하기 때문에 진정한 담세력을 반영하지 못한다. 하지만 부유세는 가치 있는 모든 재산(자산)에 대해 과세하기 때문에 소득세가 과세되지 않는 재산을 과세대상으로 포함하고 있다. 따라서 근로소득보다 불로소득의 성격을 띠는 재산소득을 중과하는 효과를 나타낸다. 이는 부유세가 소득세의 보완세 기능을 한다는 것이다.

둘째, 모든 재산에 대해 수익과 관계없이 과세하기 때문에 부유세는 위험부담률이 높은 재산에서 발생하는 수익에 대한 소득세의 차별과세효과를 보상한다. 다시 말해 부유세는 소득세가 위험자산 선택으로부터 발생하는 수익에 대해 세제상 특혜를 줌으로써 야기될 수 있는 수평적 불공평을 시정할 수 있다.

셋째, 부유세를 누진적으로 과세하면, 경제력 집중(부의 편재)을 완화시킬 수 있다.

각국의 부유세 수입은 총세수입의 1~2%에 불과하다. 부유세는 주된 조세수입원이 아니다. 일본은 1955년에 부유세를 신설했으나 1958년에 폐지하였다. 그 이외 프랑스, 스페인, 노르웨이, 스웨덴, 핀란드, 스위스, 룩셈부르크, 아일랜드, 오스트리아, 독일, 덴마크, 네덜란드, 아이슬란드, 인도, 아르헨티나, 우루과이 등이 부유세를 실시했거나 시행하고 있다.

(2) 특성

실효성 있는 재분배 수단의 역할을 함으로써 부의 편재에 대한 시정과 수직적 공평(형평)의 제고에 기여할 수 있는 부유세는 다음과 같은 특성을 갖는다.

첫째, 부유세는 개인이 보유한 재산순액을 과세표준으로 한다. 이때 재산순액은 재산총액에서 부채총액을 제외하여 산출된다. 재산총액에는 부동산, 예금·주식 등 금융자산, 개인채권, 골프장회원권, 골동품, 귀금속 등이 포함되며, 부채총액은 은행 등 금융기관에서 빌린 차입금, 개인으로부터의 차입금 등을 말한다.

둘째, 부동산, 동산 그리고 수익 및 비수익재산, 유·무형의 재산이 과세대상이다(일반세). 이때 모든 재산가치는 시장가격에 의해 평가된다.

셋째, 인세이므로 인적공제를 적용하고 있다.

넷째, 비수익재산을 포함하기 때문에 저율의 세율로 과세한다. 높은 누진세율을 적용하여 부유세를 부과하면, 비효율을 초래하므로 제한적 누진율을 적용한 과세 또는 비례과세를 채택하고 있다. 대체로 비례세율이 적용되고 있으나, 부유층을 대상으로 과세하는 나라에서는 누진세율(0.5~1%에서 2~3%)로 과세하기도 한다.

다섯째, 소액의 재산에 대해서는 면세하고 있는데, 면세점은 1인당 국민소득의 2배에서 4배 정도에 달하고 있다. 왜냐하면 가치 있는 모든 대상물이 과세대상이므로 부유세의 과표가 1인당 국민소득 수준보다 월등히 높아지기 때문이다.

(3) 전가와 귀착

부유세는 일반세에 해당하고 개인의 순재산에 대한 과세이므로 대체로 전가되지 않는다. 그러나 부유세가 자본공급에 영향을 미치게 되면 전가될 가능성이 있다. 예컨대 부유세가 저축을 감소시키고, 그에 따라 자본공급이 감소되어 이자율이 상승하면 부유세의 부담은 자본차입자에게 전가가 나타난다.

(4) 경제적 효과

① 저축 및 소비

부유세는 개인이 소유하고 있는 부(富)에 대한 과세이므로 소득세와 마찬가지로 저축을 줄일 가능성이 있다. 그 이유는 저축된 부(富)도 부유세의 과세대상이고, 저축에 의해 만들어지는 이자수입도 부유세의 과세대상이 되기 때문이다. 반면 부유세는 소득세처럼 소비지출을 상대적으로 증가시키게 된다. 하지만 소득세와 부유세가 저축 및 소비에 미치는 영향의 정도는 단정적으로 말할 수 없다.

② 투자

부유세는 과세대상이 소득(수입)을 발생시키는가와 무관하게 과세한다. 따라서 투자의욕을 감소시키는 효과가 작아 완전고용의 달성을 촉진시킬 수 있다. 왜냐하면 수익을 발생시키는 재산에 대해서만 과세하면 수익재산 선택(투자)이 감소할 수 있지만, 부유세는 수익 여부와 관계없이 모든 재산을 과세하기 때문에 상대적으로 투자를 억제시키는 영향이 작다.

또한 현금이나 투기목적의 공한지(空閑地)를 보유하거나 수익률이 낮은 대상에 대해 투자하는 행위를 억제시킨다. 그 이유는 높은 수익을 발생시키는 재산과 수익이 없는 재산을 동일하게 취급하므로 개인은 상대적으로 높은 수익을 발생시키는 재산에 대한 선택을 늘리게 되기 때문이다. 따라서 부유세의 부과는 위험부담 의욕(위험자산 선택)을 자극하여 수익률이 높은 재산(주식투자)의 선택을 촉진시킬 가능성이 크다. 한편 수익률이 높은 재산에 대한 선택확대(투자확대)는 고용 수준을 증가시킴으로써 완전고용의 달성을 촉진하는 영향을 초래할 수 있다.

③ 노동공급

부유세의 부과는 임금률에 영향을 미치지 않는다. 따라서 부유세는 대체효과 없이 소득효과만 초래한다. 그 결과 부유세는 소득효과를 통해 노동공급을 늘리는 영향을 발생하게 된다.

④ 기타 영향

부유세는 과세대상이 되는 내구소비재보다 과세되지 않는 비내구소비재를 유리하게 취급함으로써 소비선택을 왜곡시킬 가능성이 있다.

법인을 대상으로 부유세가 부과될 경우, 자본집약적인 법인일수록 부유세 부담이 커지므로 노동집약적인 생산방법의 이용을 장려하게 된다.

한편 부유세는 개인의 부(富)에 직접 과세하므로 전가를 초래하지 않으며, 개인의 부(富)에 비례하여 그 부담이 결정된다는 측면에서 볼 때 대체로 공평하다. 그러나 소득 수준이 높을지라도 적은 부(富)를 소유하고 있으면 부유세 부담이 작게 되며, 소득 수준이 낮을지라도 많은 부(富)를 소유하고 있으면 더 많은 부유세를 부담해야 하므로 부유세가 공평하다고 일률적으로 단정할 수는 없다.

(5) 문제점

부유세는 공평성(형평성)의 제고 등 상당한 장점이 있지만 관련 세무행정 체계의 복잡성, 완전한 세원(과표)포착의 곤란 등 현실적으로 체계적인 시행을 어렵게 하는 적지 않은 장애를 안고 있다. 그 이외 다음과 같은 문제점을 갖는다.

첫째, 현실적으로 부(富)에 대한 정확한 가치평가가 용이하지 않다. 특히 매매되지 않는 재산(부)의 가치평가가 곤란하다.

둘째, 비공개법인, 조합 등에 의해 보유되는 개인의 재산 또는 현금 같은 동산의 포착이 쉽지 않다. 또한 미등록되거나 외형표시가 없는 부(富)의 포착이 어렵다.

셋째, 각 개인이 보유하고 있는 재산순액은 현실적으로 본인의 자발적 신고 없이는 정확한 파악이 가능하지 않다. 또한 과세당국이 납세의무자의 신고내용을 검증하는데 많은 인력과 비용이 소요되며, 그 과정에서 개인의 재산내역이 노출됨으로써 사생활을 침해할 소지가 크다.

넷째, 비수익재산 소유자에게 과중한 부담을 지우는 한편 유동성 부족의 어려움을 초래할 우려가 있다.

4) 상속세

(1) 의의

상속세는 상속 또는 유증행위에 의하여 재산(자산)이 이전되었을 때, 그 이전된 재산을 포착하여 과세하는 조세이다. 상속세는 사유재산제도가 확립되면서 본격적인 역할이 시작된 세목이라고 할 수 있다.

상속세는 부(富)의 세습에 의한 소득분배의 왜곡을 시정하는 목적으로 부과된다. 따라서 유증재산 그 자체보다 상속인의 순재산총액에 대해 누진세율을 적용하는 것이 바람직하다.

상속세의 유형은 개인이 사망했을 때, 그의 재산처분권을 제한할 목적으로 부과되는 유산세와 노력 없이 유증 형태로 개인이 재산을 획득하는 권리를 제한할 의도에서 상속인에게 부과하는 유산취득세로 구분된다. 유산취득세를 고유한 의미의 상속세라고 한다. 유산세나 유산취득세 모두 상속재산의 크기에 따라 누진세율을 적용하여 차별과세하고 있다. 상속세는 소득세를 보완하는 역할을 한다.

(2) 과세대상 및 세율

상속세의 과세방식은 크게 유산세방식과 유산취득세방식으로 나누어지는데, 어떤 과세방식을 채택하느냐에 따라 그 과세대상은 달라진다.

① 과세대상

㉠ 유산세(유산과세형)

유산세(estate duty, 遺産稅)의 과세대상은 사망한 사람이 남긴 유산총액이며, 그 과표는 총유산액에서 장례비용, 유산관리비, 피상속인의 채무 등을 공제한 순유산액이다(미국, 영국, 우리나라 등). 이는 피상속인 단계의 상속 전(前) 재산을 과세대상으로 한다.

㉡ 유산취득세(취득과세형, 고유한 상속세)

유산취득세(inheritance tax, succession duty, legacy duty, 遺産取得稅)의 과세대상은 상속, 유증에 의해 개인이 취득한 재산이며, 과표는 개인이 취득한 재산의 금액에서 채무 등을 공제한 잔여액이다(독일, 일본 등). 상속인이 상속받은 재산을 과세대상으로 한다.

② 세율

유산세와 유산취득세는 인세이기 때문에 기초공제, 배우자상속공제, 자녀공제, 미성년자공제 등 각종의 공제를 허용한다. 상속세는 소득과 재산의 재분배를 목적으로 고율의 누진세율을 적용하고 있다. 우리나라의 경우 10%~50%의 5단계 초과누진세율을 적용하고 있다.

(3) 경제적 효과

① 노동공급과 자본축적

상속세와 소득세 가운데 어느 것이 노동공급에 더 큰 영향을 미치는가에 대해서는 단정이 곤란하다. 다만, 일반적으로 상속세가 소득세보다 노동공급을 더욱 저해하지는 않는다. 그 성격상 상속세는 대체로 노동의욕을 감소시키지 않는 특성을 갖는다. 반면 상속세는 자본축적을 크게 저해한다는 평가를 받고 있다.

② 저축과 소비

상속세가 상속인의 경제행위에 미치는 영향은 그의 취향, 행태 및 상속재산의 크기에 따라 다르게 나타난다. 일반적으로 상속세는 상속인의 소비, 저축, 투자행위를 위축시킨다. 그러나 상속세가 모든 사람의 저축을 저해하고 소비감소를 조장한다고는 할 수 없다.

상속세의 납부세액은 상속재산에서 지급되므로 저축저해효과는 소득세보다 크지 않다. 또한 소비세에 비해 소비지출 감소효과도 작다. 그러나 납세를 위하여 재산의 유동화(재산을 처분해야 하는 상황)를 강요하는 문제를 발생시킬 수 있다. 이는 상속세 납부를 위해 상속재산을 헐값에 처분하게 함으로써 상속인의 손실을 가중시키고 효율적인 기업발전을 저해하는 영향을 미친다는 것이다.

③ 기타 영향

상속세는 소득재분배에 긍정적인 영향을 초래할 수 있다. 또한 유산세는 실질적으로 피상속인에게 귀착되므로 전가가 발생하지 않는다.

(4) 문제점

상속세는 부의 세습을 차단하고, 불로소득(상속재산)에 중과함으로써 건전한 사회풍조의 조성에 기여할 수 있는 장점이 있다. 반면 상속세의 부과와 징수를 완전하게 시행할 수 있기 위해서는 다음과 같은 적지 않은 문제점을 극복해야 한다.

첫째, 상속재산은 시장거래가 되지 않기 때문에 과세재산의 가치평가가 쉽지 않다.

둘째, 상속재산이 소액일 경우 탈세가 용이하다.

셋째, 재산소유자(피상속인)가 조세회피를 목적으로 상속행위를 실행에 옮기기 이전에 상속재산을 조정할 가능성이 크다.

▶ 상속세 부과가 정당화될 수 있는 근거

① 상속재산은 취득자의 경제적 후생을 증가시킨다. 따라서 상속세 부과가 필요하다.
② 불로소득인 상속재산에 과세함으로써 부의 편재를 완화시킬 수 있다. 상속세는 부의 집중을 시정하는 주요한 수단이 된다.
③ 상속재산도 그 성격상 소득이므로 다른 소득과 동일하게 취급하여 과세(상속세)하는 것이 이론적 측면에서도 합당하다.
④ 상속세는 비교적 과세가 용이하고 전가되지 않는다.

제4절 소비세

1. 소비세의 개관

1) 의의

소비세(consumption tax)는 직접적으로 효용을 창출하는 재화 및 서비스의 소비(구입)에 대해 과세하는 조세이다. 통상 소비세의 부담은 조세액이 포함된 가격을 소비자가 지불하고 재화(서비스)를 구입하는 형태로 이루어진다.

개인은 소비행위를 통해 자신의 소득 수준 또는 구매력을 적절히 드러낼 수 있다[52]. 소비 수준은 개인의 경제적 지위를 대신할 수 있기 때문에 소비액의 다과에 따라 납부세액이 결정되는 소비과세는 능력설에 부합하는 주요한 세목이 된다. 소비는 소득을 원천으로 하여 이루어지는 것이 일반적이다. 따라서 소비세의 과세객체는 소비 자체이지만 그 세원은 소득이다.

한편 소비세는 대체로 비례과세의 형식을 취하고 있는데, 이는 역진적 부담을 초래하여 수직적 공평을 저해한다. 왜냐하면 일반적으로 고소득층일수록 소비성향이 낮고, 저소득층일수록 소비성향이 높은 경향을 보이기 때문이다. 소비액의 크기에 따라 납부세액이 결정되는 비례적 소비세를 과세하면 저소득층의 경우 소득에 대비한 소비세 부담이 크게 나타나기 때문에 소비세는 역진성을 초래하게 된다.

2) 유형

소비세는 과세물품(재화 또는 서비스)이 국경을 넘어서 거래되는지의 여부에 따라 관세와 내국소비세로 나뉜다. 관세는 수입상품에 과세하는 수입관세와 수출상품에 과세하는 수출관세로 구분되는데, 일반적으로 수입관세를 의미한다.

내국소비세는 크게 물적소비세와 인적소비세로 분류할 수 있고, 물적소비세는 다시 개별소비세와 일반소비세로 구분된다. 인적소비세는 종합소비세라고도 부른다.

52) 소비를 많이 하는 사람은 그만큼 소득이 큰 것으로 간주할 수 있으며, 소비를 적게 하는 사람은 소득이 작다고 볼 수 있다. 따라서 소비 수준을 이용해 납세자의 경제적 지위를 가늠하는 것이 가능하다.

소비세 ┬ 물적소비세 ┬ 개별소비세 : 개별소비세(특별소비세), 주세, 인지세, 등
│ └ 일반소비세 : 소매매상세, 다단계거래세, 부가가치세 등
└ 인적소비세 : 종합소비세(지출세)

(1) 개별소비세

특정 재화나 서비스에 과세하는 개별소비세(excise tax, selective tax)는 크게 볼 때 다음의 네 가지 유형으로 나눌 수 있다[53].

① 기호품에 대한 조세(금지세) : 주세, 담배소비세

② 사치적 취미, 오락용 물품 · 서비스에 대한 조세(사치세) : 개별소비세(특별소비세)

③ 수익자부담적인 조세(목적세) : 석유류세, 전기가스세

④ 전시 등에 부과되는 조세(소비억제세) : 특별이득세

(2) 일반소비세

모든 재화 및 서비스를 과세대상으로 하는 물적 일반소비세(general consumption tax)는 제조, 도매, 소매단계 가운데 어느 한 단계에만 과세하는 단단계세(single stage tax)와 각 단계마다 과세하는 다단계세(multiple stage tax)로 구분된다.

다단계세는 다시 매거래단계의 거래액마다 과세하는 다단계거래세와 각 거래단계에서 새로이 창출된 부가가치에 대해 과세하는 부가가치세로 나뉜다.

① 단단계소비세 ┬ 소매단계소비세(소매매상세)
├ 도매단계소비세(도매매상세)
└ 제조단계소비세(제조매상세)

② 다단계소비세 ┬ 다단계거래세(누적과세 방식)
└ 부가가치세(전단계세액공제 방식)

(3) 인적소비세

인적소비세(personal consumption tax, 지출세)는 개인소득세를 대체할 목적으로 개인의 연간 소비지출의 총계에 과세하도록 고안된 인세적(人稅的) 일반소비세를 말한다.

---

53) 우리나라는 2010년부터 기존의 특별소비세(special excise tax)의 명칭을 개별소비세로 변경하는 조치를 단행하였다. 새로운 개별소비세는 사치성 소비재를 과세대상으로 하는 이전의 특별소비세를 그대로 따른다. 반면 일반소비세와 대칭관계를 갖는 개별소비세(보통명사)는 특정 재화나 서비스에 과세하는 조세를 말한다. 따라서 동일한 이름을 사용하고 있는 전자(특별소비세에서 명칭을 변경한 새로운 개별소비세, 우리나라의 국세 세목)보다 후자(일반소비세와 대칭관계를 갖는 개별소비세)가 더 넓은 의미를 내포하고 있다. 이런 까닭에 개별소비세는 무엇을 지칭하는지 주의하여 판단해야 한다.

2. 개별소비세

개별소비세는 특정한 재화 및 서비스의 제조 · 생산 또는 유통단계에서 부과되는 소비세를 가리킨다. 현재 우리나라에서 시행되고 있는 개별소비세로는 주세, 담배소비세, 개별소비세(특별소비세), 인지세 등이 있다.

1) 과세근거

각 개별소비세는 상이한 부과근거를 토대로 하여 과세되고 있다. 사치품의 소비는 높은 담세력을 나타내며, 사치적 소비의 만연은 제재가 요구된다. 이와 관련된 사치세적 개별소비세는 유흥음식세, 개별소비세(특별소비세), 입장세 등이 그 예이다.

금지적 소비세(sumptuary tax)로는 주세와 담배소비세가 있다. 이는 술과 담배의 지나친 소비가 국민보건에 심대한 해악을 초래할 수 있기 때문에 그것들의 소비를 억제할 의도에서 부과되는 경우이다. 하지만 금지적 소비세는 현실적으로 규제목적보다는 조세수입(세수확보) 목적으로 부과될 때가 더 많다.

이익원칙에 근거하여 특정 재화(서비스 포함)의 소비를 통해 얻은 이익을 대상으로 과세하는 개별소비세로는 전기가스세, 석유류세 등이 있다. 이는 수익자부담 성격의 조세로 목적세에 해당 한다.

전시나 인플레이션기(호황기)일 때, 특정 재화에 대한 지나친 수요를 억제시킬 목적으로 고율의 세율을 적용하여 과세하는 개별소비세는 소비억제세의 특성을 갖는다. 이런 유형의 개별소비세로는 인플레이션기에 부과되는 특별이득세가 대표적이며, 이는 한정된 물자의 공급을 정부가 직접적으로 통제하는 기능을 한다.

2) 과세방법

개별소비세는 과세방법에 따라 직접소비세와 간접소비세로 나눌 수 있다. 전자는 소비행위 자체나 직접적 소비행위자를 대상으로 과세하는 반면 후자는 납세의무자와 담세자가 다르다.

(1) 직접소비세

소비의 최종단계에서 직접 소비지출을 포착하여 과세하는 경우이다. 그 예로 유흥음식점이나 오락시설 이용세, 주택세, 클럽세, 입장세, 전기가스세 등이 있다.

(2) 간접소비세

소비의 최종단계 이전(以前)의 제조업자 등에 과세하고, 그 부담이 소비자에게 전가될 것을 예정하고 과세하는 경우이다. 그 예로 개별소비세(특별소비세), 주세 등이 해당한다.

3) 특성

개별소비세는 특정한 목적을 구현하거나 합리적인 소비행위를 진작할 목적으로 폭넓게 활용되고 있다. 개별소비세는 과세대상을 특정화하고 있기 때문에 소비선택의 왜곡을 초래함으로써 공평한 조세부담을 저해한다. 그러나 사치재에 대한 중과를 통해 일반소비세(부가가치세)의 역진성을 보완하는 역할을 하기도 한다.

3. 일반소비세

1) 의의

일반소비세는 특정 재화나 서비스에 한정하지 않고, 넓은 범위의 재화 및 서비스의 유통거래에 과세하는 소비세를 말한다.

각국은 정부 활동영역의 증대에도 불구하고, 이를 뒷받침할 수 있는 재원조달이 용이하지 않은 재정위기의 상황에 직면해 있다고 해도 과언이 아니다. 일반소비세는 이와 같은 재정위기를 치유할 수 있는 가장 강력한 대안이 된다. 왜냐하면 일반소비세는 비감지적(非感知的) 조세이므로 조세저항을 피할 수 있고, 세원이 광범위하여 다액의 세수확보를 보장할 수 있기 때문이다[54]. 반면 일반소비세를 온전하게 과세할 수 있기 위해서는 합리적인 부과징수 체계의 구축과 더불어 성실한 납세의식의 제고 등 일련의 여건 조성이 함께 요구된다.

2) 과세방법

제조된 물품은 최초 제조된 이후 최종소비에 이르기까지 도매, 소비 등의 여러 단계를 거쳐 유통된다. 물품이 제조된 이후 최종소비가 이루어지기까지의 과정은 범주적으로 소비에 해당한다. 따라서 일반소비세는 제조 이후 최종소비에 이르기까지 거치는 여러 단계 가운데 한 단계에만 과세하는 경우냐, 모든 단계에 걸쳐 과세하는 경우냐에 따라 단단계일반소비세와 다단계일반소비세로 구분된다.

---

54) 일반소비세는 다음과 같은 특성을 갖는다.
첫째, 납세자가 세부담을 의식하지 못하는 비감지적 조세이다.
둘째, 부담이 각 소비자의 소비지출에 비례하여 분산된다.
셋째, 간접세이므로 징세비의 절약이 가능하고 세무행정상 간편하다.

(1) 다단계과세방법

다단계과세방법으로는 부가가치세와 다단계거래세가 있다. 다단계거래세(multistage turn-over tax)는 거래횟수가 늘어날수록 누적적 가격상승을 발생시킨다. 부가가치세는 다단계과세방법에 의해 징수하지만, 과세표준은 총수입 또는 거래고(去來高)가 아니라 부가가치이다.

(2) 단단계과세방법

제조된 물품은 소비자에 의해 최종소비에 이르기까지 여러 단계를 거치게 된다. 이때 한 단계만을 대상으로 일반소비세를 부과하는 경우를 말한다. 따라서 제조단계소비세, 도매단계소비세, 소매단계소비세 등으로 구분할 수 있는데, 징세기술상 실행이 쉽지 않다.

3) 장·단점

(1) 장 점

일반소비세는 현대국가가 안고 있는 가장 큰 과제인 재원확충을 뒷받침하는 중추적인 기간세로서 다양한 장점을 갖고 있다.

첫째, 소비(지출)를 과세표준으로 하여 과세하지만, 인적소비세보다 징세행정이 간편하다. 왜냐하면 인적소비세와 달리 일반소비세는 물세이므로 각종 인적·비인적 공제와 초과누진세율을 적용하지 않기 때문이다.

둘째, 소득과세 및 재산과세에서 미처 파악하지 못하는 담세력을 포착하여 과세할 수 있다.

셋째, 일반소비세는 대체로 상품가격에 세액을 포함시키는 형태로 부담이 이루어지기 때문에 징세비가 크지 않고, 징세자 입장에서 볼 때 편리한 조세이다. 일반소비세의 실질적 세부담자는 소비자이지만 형식적으로 판매자에 의해 납세가 이루어진다.

넷째, 단단계일반소비세(단단계매상세)는 납세자가 과세에 적응하기 쉬운 조세이며, 인플레이션기(호황기)에는 소비지출을 억제시키기 때문에 반(反)인플레이션 수단으로 이용될 수 있다.

다섯째, 단단계일반소비세는 운영방식이 간편하기 때문에 지방자치단체의 유용한 재원확보 수단(지방세 세목)의 역할이 기대된다.

여섯째, 일반소비세는 소비행위(소비)를 억제시키며 상대적으로 저축과 자본축적을 증대시켜 경제성장 기반을 강화하는 기능을 한다.

(2) 단점

일반소비세는 세무행정의 간편성, 세수확보의 용이성, 자본축적의 지원 등 다양한 장점을 갖지만 다음과 같은 단점도 내포하고 있다.

첫째, 소비세이기 때문에 저소득층에게 상대적으로 더 큰 부담을 주는 역진성을 초래한다.

둘째, 일반소비세의 면세제도 운영과 관련하여 면세물품과 과세물품을 합리적으로 구분하는 것이 용이하지 않으며, 그러한 결정에는 자의적 요소가 개입하기 쉽다. 또한 차별과세에 따른 불공평을 야기할 수 있다.

셋째, 일반소비세는 그 속성상 소비지출을 억제시키는 효과를 갖는다. 따라서 디플레이션기(불황기)에는 더욱 소비를 위축시켜 불황을 심화시킬 수 있다.

넷째, 경기감응도가 높으므로 지방세로는 적합하지 않다. 일반소비세는 모든 재화와 서비스를 대상으로 과세가 이루어지기 때문에 약간의 세율변화에도 그 영향이 크게 나타나는 경기감응도가 높은 세목이다. 이와 같이 경제 전반에 미치는 영향이 심대하기 때문에 지방세 세목으로는 부적합한 한계를 갖는다.

4. 부가가치세

1) 의의

부가가치세(附加價値稅, value-added tax, V.A.T.)는 생산 및 유통의 각 단계에서 창출된 부가가치에 대하여 과세하는 일반소비세이다. 부가가치세는 각 유통단계에서 창출된 상품의 가치로부터 중간투입으로 사용된 상품의 가치를 뺀 부가가치에 과세하여 납부세액을 산정한다.

밀 재배 농가에 의해 5,000만원 상당의 밀이 생산되었고, 밀을 구입한 제분회사가 밀가루를 만들어 8,000만원을 받고 제빵회사에 판매하였다. 제빵회사는 빵을 만들어 소비자에게 판매하여 1억원에 매출수입을 얻었다. 이때 밀 재배 농가가 전혀 비용을 들이지 않고 5,000만원의 밀을 만들었다면, 밀 재배 농가에 의해 5,000만원의 부가가치가 창출된 것이다. 한편 제분회사는 5,000만원의 비용(밀 구입비용)을 들여 8,000만원의 가치를 만들었으므로 3,000만원의 부가가치를 창출한 셈이 된다. 마찬가지로 제빵회사에 의해서는 2,000만원의 부가가치가 만들어진 것이다. 10%인 현행 부가가치세의 세율을 적용하면 밀 재배 농가, 제분회사, 제빵회사는 각각 자신들에 의해 만들어진 부가가치에 대해 500만원, 300만원, 200만원의 부가가치세액을 부담해야 한다.

부가가치세는 1954년 프랑스에서 처음 도입되었다. 그 도입목적은 당시 유럽에서 간접세의 주종을 이루고 있었던 다단계거래세(multistage turn-over tax)가 적지 않은 문제점을 갖고 있었기 때문에 그 한계를 극복하기 위해서였다.

부가가치세의 도입으로 다단계거래세가 발생시키는 가격의 누적효과를 완화할 수 있었고, 수출상품이 수출 직전까지 부담한 세액을 수출업자에게 환급해 줌으로써 수출경쟁력의 제고를 이룩할 수 있었다. 또한 각 유통단계에 납부된 세액을 확인하는 과정에서 탈세를 방지할 수 있게 되었다. 더 나아가 다단계거래세 부과에 따라 조세부담을 회피하기 위해 이루어지던 기업통합이 더 이상 발생하기 어려운 여건(기반)을 마련하였다.

▶ 다단계거래세(multistage turn-over tax)의 문제점

- 누적효과(cascade effect) 초래
- 기업 간 수직적 결합 발생
- 수출상품에 대한 소비세의 환급조치가 없어 수출경쟁력의 약화 초래

2) 유형

소비는 소득에서 이루어진다. 따라서 개인이 보유하고 있는 소득의 크기는 그의 소비 수준 결정에 핵심적인 역할을 하게 된다. 부가가치세는 세원인 소비 수준(소비액)의 크기에 따라 다음과 같이 유형화할 수 있다.

(1) 국민소득형 부가가치세(총소득형 부가가치세)

좁은 의미의 국민소득계정상 *GNP*(국민소득)는 민간소비(C)와 민간투자(I)의 합으로 구성된다. 민간소비는 비내구재 구입을 위한 지출(소비)이고, 민간투자는 내구재 구입을 위한 지출이라고 할 수 있다. 비내구재와 내구재 구입을 위한 지출에 부가가치세를 부과한다면, 이때 부가가치세의 세원은 *GNP*(국민소득)와 일치하게 된다.

*GNP*형 부가가치세의 과세표준 총액은 이론상 *GNP*(국민소득)와 같으며, 모든 소비재(비내구재)와 자본재(내구재)를 과세대상으로 하는 일반매상세와 마찬가지의 성격을 띤다. 이는 내구소비와 비내구소비 모두에 소비세(부가가치세)를 부과하는 경우에 해당한다. *GNP*형 부가가치세의 세원은 민간소비와 민간투자의 합이며, 구체적으로는 임금, 이윤, 감가상각의 합으로 구성된다고 할 수 있다.

$$GNP = Y = C + I = W + P + D$$

∗ C : 민간소비(비내구소비), I : 민간투자(내구소비), W : 임금, P : 이윤, D : 감가상각

*GNP*형 부가가치세는 세원이 가장 광범위하므로 다른 유형의 부가가치세와 비교하면 동일한 세율을 적용할 때 최대의 세수확보가 가능하다. 반면 감가상각에도 과세하므로 자본재에 대한 세부담의 누적효과를 발생시켜 비효율성을 초래한다.

(2) 소득형 부가가치세(*NNP*형 부가가치세, 순소득형 부가가치세)

국민총생산(*GNP*)에서 연도 내의 감가상각액을 공제하여 산출하는 국민소득 계정상 순국민소득을 부가가치세의 과세표준(과세베이스)으로 하는 경우이다. 소득형 부가가치세의 세원은 *GNP*에서 감가상각(D)을 제외한 것이며, 임금과 이윤의 합으로 구성된다.

$$NNP = C + I - D = W + P$$

소득형 부가가치세는 세액계산이 복잡하지만, 투자촉진효과 측면에서는 감가상각을 비과세하므로 *GNP*형 부가가치세보다는 효과가 크고 소비형보다는 작다.

(3) 투자(자본)공제형 부가가치세

국민총생산(*GNP*)에서 민간투자를 제외한 부분이 부가가치세의 세원이 되는 경우이다. 투자공제형 부가가치세에는 임금형 부가가치세와 소비형 부가가치세가 있다.

① 임금형 부가가치세

임금형 부가가치세는 임금소득만이 소비에 사용되고, 이것에 부가가치세를 부과하는 경우를 말한다. 따라서 임금형 부가가치세의 세원은 임금이 된다.

$$NI - P = C + I - D - P = W$$

② 소비형 부가가치세

소비형 부가가치세는 자본재의 구입을 위한 지출 전액을 부가가치세의 과표에서 공제하는 경우이다. 다시 말해 비내구소비에 대해서만 부가가치세가 부과된다. 이는 자본재 구입에 대해 즉시 공제를 하거나, 100%의 가속상각을 인정하는 경우와 마찬가지 결과를 갖는다. 따라서 소비형 부가가치세의 과세표준은 소비(*C*, 비내구소비)가 된다.

$$C = W + P + D - I$$

부가가치세는 대개 소비형 부가가치세를 지칭한다. 소비형 부가가치세는 소비에만 과세하는 소매매상세와 과세표준이 동일하다. EU(유럽연합)를 비롯한 대부분의 국가에서 채택되고 있는 가장 일반적인 부가가치세의 유형이다.

3) 과세방법

부가가치세의 세액은 기본적으로 공제법과 가산법에 의해 계산되며, 공제법에는 전단계세액공제법과 전단계거래액공제법이 있다.

- 세액계산방법
  - 공제법
    - 전단계세액공제법(前段階稅額控除法)
    - 전단계거래액공제법(前段階去來額控除法)
  - 가산법

(1) 전단계세액공제법(간접적 공제방식)

판매가격에 세율을 곱하여 산출한 세액에서 거래상 전단계로부터의 구입액에 포함되는 세액을 공제하여, 그 단계에서 납부해야 할 세액을 계산하는 방법이다. 투자재(자본재)에 대한 세액도 당연히 공제된다. EU연합과 우리나라의 부가가치세가 채택하고 있는 세액산정방식이다.

납부 또는 환급세액 = 판매가격 × 세율 − 전단계납부세액

(2) 전단계거래액공제법(직접적 공제방식)

판매가격에서 전단계로부터의 구입액을 공제한 차액으로 계산되는 부가가치에 세율을 적용하여 납부해야 할 세액을 산출하는 방법이다. 이 방법은 품목별 복수세율이나 면세제도의 적용이 불가능하다는 단점이 있다.

납부 또는 환급세액 = (판매가격 − 전단계구입액) × 세율

(3) 가산법

가산법은 각 거래단계별로 창출되는 부가가치의 구성요소를 합계하여 당해 사업자의 부가가치를 계산하는 방법을 말한다.

과세기간 동안 사업자가 창출한 부가가치는 임금, 이자, 지대(임대료), 이윤, 특허료 등 모든 요소소득을 가산하여 구하고, 이를 과세표준으로 하여 기업이 납부하여야 할 세액을 산출하는 방법이다. 이 방법을 따르면 부가가치세는 기업과세로서의 성격을 갖는다.

<직접가산법>

납부 또는 환급세액 = $(W + R + I + P + D -$ 총투자액 $) \times t$

<간접가산법>

납부 또는 환급세액 = $tW + tR + tI + tP + tD - t$총투자액

(W : 임금, R : 지대, I : 이자, P : 이윤, D : 감가상각비, t : 세율)

가산법에는 직접가산법과 간접가산법이 있다. 직접가산법은 부가가치의 구성요소를 합산한 금액에서 총투자액을 제외한 금액에 세율을 곱하여 납부세액 또는 환급세액을 결정하는 방식이다. 간접가산법은 각 부가가치의 구성요소에 세율을 곱하여 산출한 금액에서 총투자액에 세율을 곱한 금액을 공제하여 납부세액 또는 환급세액을 결정하는 방식을 말한다.

4) 세율

부가가치세의 세율에는 기본세율, 영세율 등이 있다[55]. 그 가운데 기본세율은 가장 근간을 이루는 세율에 해당하며, 영세율은 수출의 촉진 등을 목적으로 수출상품에 주로 적용된다.

(1) 기본세율

부가가치세 과세대상이 되는 재화와 서비스(용역), 즉 모든 세원에 일반적으로 적용되는 세율로서 우리나라는 10%를 적용하고 있다.

(2) 영세율

영세율은 경감세율의 일종이며, 이것을 적용할 때 전단계세액공제 메커니즘은 그대로 작용한다. 적용 거래단계에 따라 그 효과가 상이하게 나타난다.

세율이 0이므로 매출세액은 0이 되고 전단계세액은 환급된다. 영세율을 최종거래단계에 적용하는 경우 이전에 납부되었던 부가가치세는 모두 환급되므로 비과세효과가 나타난다.

영세율은 대부분 국경세 조정과 연결됨으로써 수출할 경우 세액환급을 위해 수출거래에 적용된다. 하지만 국내거래에 대해서도 예외적으로 적용할 수 있다.

(3) 면세(면제)

면세는 특정 단계에서 부가가치세의 부과를 제외해 주는 조치를 말한다. 따라서 면세의 적용은 영세율처럼 비과세효과를 갖는 것은 아니며, 그 단계의 매출세액이 면세에 의해 0이 될 뿐이고 전단계세액공제는 허용되지 않는다.

중간거래단계에 적용하면 전단계세액공제의 부인 때문에 과세의 누적이 초래되어 면세를 적용하지 않았을 경우와 비교할 때 최종 납부세액 합계는 공제부인액만큼 오히려 증가된다. 최종거래단계에 적용되더라도 전단계세액공제가 허용되지 않으므로 중간거래단계에서의 납부세액이 상쇄되지 않아서 완전한 비과세효과를 발생하지는 않는다. 최종거래 단계에 부담해야 할 부가가치세액만큼만 경감되는 효과를 가질 뿐이다.

밀 재배 농가, 제분회사, 제빵회사에 의해 5,000만원, 8,000만원, 1억원의 매출과 5,000만원, 3,000만원, 2,000만원의 부가가치가 창출되었고, 이에 대해 10% 세율을 적용하여 500만원, 300만원, 200만원의 부가가치세가 부과된 앞의 예를 통해 면세의 효과를 알아보자. 먼저 최종단계에 면세가 적용되는 경우는 제빵회사가 부담해야 할 200만원의 부가가치세만 삭감되므로 각 단계의 부가가치세 합계는 800만원이 된다. 반면 중간단계에 해당하는 제분회사에 면세를 적용하면, 밀 재배 농가의 부가가치세액은 500만원이고, 제분회사의 부가가치세액은 면세이므로 0이며, 제

55) 이하에서 설명되는 부가가치세법상 규정 및 용어의 자세한 내용은 김두형 · 유호림, 『부가가치세법론(제4판)』, 도서출판 정독, 2024를 참조하기 바란다.

빵회사의 부가가치세액은 전단계세액공제가 없기 때문에 1천만원이 되어 각 단계의 부가가치세 합계는 1천 5백만원이다. 따라서 중간단계에 면세가 적용되면 그렇지 않은 경우보다 부가가치세의 최종부담액은 오히려 더 커진다[56].

면세제도는 특정 재화나 서비스 또는 거래단계를 과세대상에서 제외하는 것이므로 부가가치세를 붕괴시킬 우려가 있다. 따라서 가급적 억제되어야 한다. 또한 면세사업자의 존재는 시장의 가격체계를 왜곡시키고, 상품 거래과정을 교란시키는 부작용을 발생시킬 수 있다[57].

▶ 영세율과 면세의 비교

① 면세

면세는 다음과 같은 특징을 갖는다.

첫째, 환급이 허용되지 않는다.

둘째, 중간단계에 면세를 적용하면, 최종적으로 납부해야 할 부가가치세액은 면세를 적용하지 않은 경우보다 커진다.

셋째, 최종단계에 면세를 적용하면, 최종단계에 면세되는 납부세액만큼 부가가치세액을 감소시킨다.

② 영세율

영세율은 다음과 같은 특징을 나타낸다.

첫째, 환급이 인정된다.

둘째, 중간단계에 영세율을 적용하면, 최종적으로 납부해야 할 부가가치세액은 영세율을 적용하지 않은 경우와 같아진다.

셋째, 최종단계에 영세율을 적용하면, 부가가치세액은 0이 된다.

5) 기타 사항

(1) 부가가치 계산법

부가가치는 합산법과 감가법에 의해 계산된다. 합산법(合算法)은 각 단계에서 발생하는 요소소득을 합하여 그 단계의 부가가치를 계산하는 방법을 말한다. 감가법(減價法)은 기업의 총수입에서 그것을 창출하기 위해 쓰인 투입물에 대한 총지급액을 제외하여 부가가치를 산출하는 방법이다. 대부분의 국가는 부가가치 산정의 복잡성 등을 이유로 합산법보다는 감가법에 의해 부

56) 제빵회사의 전 단계인 제분회사에 대해 면세를 적용했기 때문에 제분회사가 부담해야 하는 부가가치세는 0이다. 한편 제빵회사는 매출액 1억원에 대해 10% 세율을 적용하여 산출한 1천만원에서 전단계납부세액(0)을 공제한 나머지를 부가가치세로 납부해야 한다. 따라서 제빵회사의 부가가치세는 그대로 1천만원이 된다.

57) 우리나라의 경우 이에 대한 대책으로 의제매입세액공제제도를 두고 있다.

가가치를 산출하고 있다.

(2) 부가가치세가 각종 선택에 미치는 영향

부가가치세는 일반세이므로 생산요소와 생산방법의 선택에 중립적이다. 또한 저축증대 효과가 있으며, 영세율이 적용될 경우 환급제도 때문에 수출촉진효과를 갖는다.

(3) 부가가치세와 소득세의 비교

부가가치세는 다음과 같은 측면에서 볼 때 소득세보다 우월하다.

첫째, 부가가치세는 조세감면이 작고, 적용되는 세율이 단일의 비례세율이므로 납세자의 조세회피 가능성을 줄일 수 있다.

둘째, 부가가치세는 간접세이기 때문에 상대적으로 지하경제에 의해 야기되는 불공평 문제가 크지 않다.

(4) 부가가치세와 소매단계매상세의 비교

부가가치세는 모든 거래단계에서 과세가 이루어지므로 소매단계에만 과세하는 소매단계매상세의 보편성 결여를 극복할 수 있다. 그리고 자본재(투자재, 생산재)를 과세대상에서 면제(제외)하므로 투자증대효과를 가지며, 전단계세액공제방식을 통해 조세납부에 대한 자기 확인(상호 탈세감시기능)이 자동적으로 이루어진다.

반면 부가가치세는 소매단계매상세보다 구조가 복잡하다. 왜냐하면 소매단계매상세는 소매상만이 납세자로 등록하면 되지만, 부가가치세의 경우는 소매상, 도매상, 생산업자까지 등록이 필요하기 때문이다. 또한 부가가치세는 모든 단계의 유통업자와 생산업자들이 납세자로 등록을 해야 하고, 조세납부에 대한 보고를 해야 하기 때문에 조세행정비, 납세협력비용 등 조세비용이 소매단계매상세보다 크다.

(5) 부가가치세와 다단계거래세(multistage turn-over tax)의 비교

다단계거래세(multistage turn-over tax)는 모든 거래단계에 과세가 이루어지기 때문에 그것을 피하는 수단으로 기업의 수직적 통합을 촉진하며, 물가상승의 초래, 납부세액 계산의 복잡성 등 많은 문제점을 내포하고 있다.

유럽에서 부가가치세가 도입된 것은 이와 같은 다단계거래세가 발생하는 문제점을 제거하고 EC(유럽공통체)[58]의 간접세 체계를 표준화하기 위해서였다.

58) EC는 1967년에 프랑스, 독일 등 서유럽 국가들을 중심으로 공동시장의 개설과 무역확대를 목적으로 출범한 지역경제협의체를 말한다. 이는 1994년 1월 1일부터 거대한 유럽단일시장, 더 나아가 공동국가 발족을 목표로 유럽연합(EU)으로 확대 발전되었다.

6) 우리나라의 부가가치세

(1) 도입 배경

과거의 영업세는 매 거래단계마다 다른 세율로 총매출액에 과세함으로써 세부담의 누적효과, 기업의 수직적 통합, 수출지원의 비효과성, 다양한 세율구조로 인한 중복과세 및 조세행정상 비능률, 빈번한 조세마찰 등의 문제점을 드러내었다. 또한 기타 소비세 역시 자원배분의 왜곡과 세무행정상 문제점을 야기하고 있었다.

이러한 문제점을 개선하기 위해 영업세와 기타 소비세를 통·폐합하여 우리나라는 1977년에 세계 23번째로 부가가치세를 도입하였다.

(2) 과세대상

부가가치세는 재화의 공급, 용역(서비스)의 공급, 재화의 수입거래 등에 과세한다. 반면 수출상품에 대해서는 영세율을 적용함으로써 과세대상에서 실질적으로 제외하고 있으며, 일부 상품은 면세하고 있다.

(3) 납세의무자

독립적으로 재화나 용역을 공급하는 모든 사업자가 부가가치세의 납세의무자이다. 2025년 기준으로 부가가치세의 납세의무자는 연간 매출액이 1억 400만원 이상인 일반과세자와 연간 매출액 4,800만원~1억 400만원 미만의 간이과세자(단, 세금계산서 발급 가능)로 구분되며, 연간 매출액 4,800만원 미만의 영세사업자는 부가가치세 납부가 면제된다.

(4) 세율

현재 부가가치세의 세율은 10%의 단일세율을 적용하는 기본세율과 영세율 등이 있다. 영세율은 수출물품(완전면세, 부가가치세 비과세) 등에 적용된다.

(5) 신고와 납부

법인사업자는 과세기간의 1/2(3개월)에 해당되는 시점에 예정신고·납부를 하고, 6개월을 과세기간으로 하여 그 기간 중 거래실적과 세액을 최종적으로 확정신고·납부하여야 한다. 한편 개인사업자는 과세기간별로 신고·납부하는 것이 원칙이다.

(6) 장·단점

① 장점

부가가치세는 납세자가 세부담을 정확히 인식하지 못하는 비감지적 조세이기 때문에 현대국가가 안고 있는 최대 현안인 재정수입의 부족을 해결할 수 있는 가장 강력한 수단으로 평가받고 있다. 이와 같은 부가가치세는 다음과 같은 장점을 갖는다.

첫째, 간접세이므로 조세저항이 작고, 탈세를 방지할 수 있으며, 낮은 세율로 많은 세수를 얻을 수 있기 때문에 세입원으로 유리하다.

둘째, 일반세이기 때문에 선택의 왜곡을 초래하지 않는 효율적인 조세이다.

셋째, 수출품에 대한 영세율의 적용은 수출품 가격의 인하를 통해 수출경쟁력을 강화함으로써 수출촉진과 국제수지의 개선을 이끌 수 있다. 또한 수입품에 대한 부가가치세 부과는 수입품 가격을 인상시켜 수입(輸入)을 억제함으로써 국제수지를 개선하는 효과를 나타낸다.

넷째, 소비형 부가가치세는 자본재를 과세대상에서 제외하기 때문에 투자를 활성화하고, 자본집약적인 기업을 우대하여 설비의 첨단화를 촉진시킨다.

다섯째, 모든 판매에 대해 송장(送狀, invoice) 작성을 요구하므로 세무행정상 자기보강적 역할을 하여 세무행정을 효율화할 수 있다.

② 단점

부가가치세는 세수확보의 용이, 수출지원, 자본축적의 심화 등 많은 장점을 갖고 있지만 동시에 다음과 같은 문제점을 지적받는다.

첫째, 소비세이므로 세부담의 역진성을 초래한다[59].

둘째, 모든 재화나 서비스(용역)를 과세대상으로 하기 때문에 물가상승을 초래할 수 있다.

셋째, 소비형 부가가치세는 경기변동에 가장 민감한 투자재를 과세대상에서 제외하기 때문에 경기조정기능이 미약하다.

넷째, 화폐경제의 크기, 공업 및 상업부문의 규모, 회계장부 비치의 정도, 과세에 대한 납세자의 태도와 협력, 납세자의 세무행정 신뢰도 등으로 말미암아 세무행정이 원만하지 않는다.

▶ 개별소비세(특별소비세)의 문제점

개별소비세(특별소비세)는 보석류, 고급가구 등 고가물품, 휘발유 · 천연가스(LNG) 등 석유류제품, 승용차, 골프장 · 카지노 · 유흥장소 입장료 등 사치성 재화나 서비스에 고율의 세율을 적용하여 과세를 함으로써 부가가치세의 역진성을 보완하는 역할을 한다.

① 제한된 품목을 대상으로 선별적인 과세를 하고 있기 때문에 소비자의 선택을 교란시킨다.
② 개별소비세의 과세대상인 귀금속류 등에 대한 과징이 제대로 이루어지지 못하고 있다. 이에 따라 개별소비세에 대한 광범위한 포탈이 발생한다.
③ 개별소비세의 과세대상 품목을 선정함에 있어 시대변화를 제대로 반영하지 못하고 있다. 소득수준의 상승, 소비패턴의 변화에 따라 새롭게 만들어진 호화사치성 상품은 과세품목화 하는데 많은 시간이 소요된다.

59) 현재 부가가치세의 역진성을 보완하는 방안으로 개별소비세(특별소비세) 도입, 생활필수품에 대한 면세조치 등의 대책이 활용되고 있다.

5. 인적소비세

1) 의의

인적소비세[60]는 과세기간 동안 이루어진 개인의 총소비액에서 인적 · 비인적 공제를 적용하여 산출한 과표에 대해 초과누진세율로 과세하여 납부세액을 결정하는 종합소비세를 말한다.

인적소비세에 대한 논의는 소비지출을 과세표준으로 하여 과세하는 것이 공평한 조세라고 보았던 홉스(T. Hobbes)에 의해 비롯되었다. 그 후 인적소비세는 밀(J.S. Mill), 피구(A.C. Pigou), 피셔(I. Fisher), 칼도(N. Kaldor), 비커리(W. Vickrey), 펠드스타인(M. Feldstein) 등이 지지하였다. 또한 미국 재무성보고서(1977년)와 영국의 미드(J.E. Meade) 위원회의 보고서에서 그 도입의 필요성과 유용성 등에 대한 종합적 연구가 이루어진 바 있다.

인적소비세는 인도(1957~66년), 스리랑카(1958~63년)에서 칼도(N. Kaldor)의 권고로 실시한 적이 있으나 큰 성과를 이룩하지 못하고 폐지되었다. 따라서 지금은 시행하고 있는 나라가 없는 상황이다.

인적소비세는 각 개인이 일정기간 동안 실행한 모든 소비를 과세대상으로 하기 때문에 기존의 개인소득세를 대체할 수 있는 유용한 수단으로 평가된다. 이와 같은 인적소비세의 주요한 특징으로는 다음과 같은 점을 지적할 수 있다.

첫째, 인적소비세는 인세이며, 직접세이다. 따라서 인적공제가 허용되며, 원칙적으로 세부담의 전가가 발생하지 않는다.

둘째, 소득공제, 누진세율구조, 조세의 환급 등 개인소득세와 유사한 특징을 갖는다. 이런 특징은 납세자(개인)의 능력에 상응하는 세부담을 지우기 위한 것이다.

셋째, 과세표준인 소비액은 정(+)의 저축을 하는 사람에게는 '소득액 – 저축액'과 같은 방식으로 산정되고, 부(–)의 저축을 하는 사람에게는 '소득액 + 부의 저축액'이 된다. 이와 같이 인적소비세는 저축을 과세표준에서 공제해 주고 있다.

2) 장·단점

(1) 장점

인적소비세는 개인이 과세기간 동안 실현한 모든 소비를 과세대상으로 하기 때문에 세원이

---

60) 인적소비세와 지출세, 종합소비세, 개인소비세는 엄격한 구분 없이 혼용되고 있는데, 이들은 다음과 같이 구분될 수 있다. 과세기간 동안 납세자가 비내구소비만을 했다면 소비액(소비)과 지출액(소비지출)이 서로 같게 되므로 인적소비세(종합소비세, 개인소비세)와 지출세의 과표는 동일하다. 하지만 과세기간 동안 납세자가 내구소비와 비내구소비를 함께 했다면 지출액이 소비액보다 크므로 인적소비세와 지출세의 과표는 상이하게 된다. 왜냐하면 내구소비재(냉장고, TV 등)는 수년간에 걸쳐 소비(사용)되기 때문에 내구소비재의 구입한 시점 지출액과 그 해의 소비액은 서로 다르기 때문이다(지출액 > 소비액).

넓어 다액의 세수를 확보할 수 있고, 납세자의 경제적 능력(효용 수준)에 상응하는 세부담을 지울 수 있는 장점을 갖는다. 그 이외 다음과 같은 장점이 있다.

첫째, 소득세보다 공평하다. 왜냐하면 소득세는 기존의 저축에 의해 창출되는 지불능력을 고려하지 않는 차별과세의 문제를 발생시키지만 인적소비세는 이런 점을 극복할 수 있기 때문이다[61]. 그 결과 소득포착이 어려운 고소득층의 사치성 소비행위에 중과(重課)할 수 있다.

둘째, 소비지출을 억제시킴으로써 호황기에 인플레이션을 방지하는 유효한 수단이 된다.

셋째, 저축을 우대한다. 인적소비세는 저축에 과세하지 않으므로 소득세처럼 저축에 대한 이중과세를 발생시키지 않는다. 또한 저축에 대한 우대는 자본형성을 촉진하고, 이를 통해 보다 높은 경제성장을 이룰 수 있는 기반을 구축하는 역할을 한다.

넷째, 소득은 근로, 기타 요인 등에 의해 결정되기 때문에 소득세 부과는 노동공급에 영향을 미친다. 반면 인적소비세는 소비가 과세대상이므로 노동공급에 직접 과세하지는 않는다. 이런 점들을 감안하면 인적소비세가 소득세보다 노동공급(근로의욕)을 더 크게 저해하지는 않을 것으로 추정된다. 하지만, 두 세목간의 차이는 구체적인 상황을 알아야 판단할 수 있을 것이다.

다섯째, 소득세보다 위험자산 선택에 대한 의욕을 작게 감소시킨다(단정은 곤란).

여섯째, 인적소비세는 소비에 대한 과세이므로 배당소득에 대한 이중과세를 발생시키지 않으며, 실현 기준을 따르므로 자본이득 취급의 복잡성을 극복할 수 있다. 또한 소득세처럼 자본소득 부분의 과표를 산정함에 있어 물가에 연동시킬 필요가 없다. 따라서 인적소비세는 소득세보다 세무행정이 단순하다.

(2) 단점

인적소비세는 적절히 시행될 수 있다면 자본축적의 심화, 세수증대 등 여러 가지 장점을 갖는다. 반면 현실적으로 그 시행상 다음과 같은 단점이 나타날 수 있다.

첫째, 과표의 시간적 국면을 고려하기 어렵다. 내구소비재(자동차, 냉장고 등)를 구매하기 원하는 젊은이가 부채를 지게 될 경우, 이것도 소비세의 과세대상이 되는 불합리성을 초래하게 된다. 또한 소비세 부담을 해야 하는 젊은이에게 극심한 유동성의 문제를 야기할 수 있다. 그 결과 자본시장이 불완전할 경우 납부세액은 납세자의 소비삭감으로부터 조달하기 때문에 소비의 시간적 배분을 왜곡시킬 수밖에 없다.

둘째, 내구재를 구입하는 그 해의 해당 소비액 파악이 쉽지 않다. 내구재의 소비서비스를 계상하여 과표로 포착하는 것은 그 측정이 쉽지 않은 문제점이 있다. 예를 들면 자택구입은 자산으로 처리하여 공제할 수 있으나, 거주에 따라 발생하는 귀속서비스 또는 귀속부채의 산정이 현

61) 소득세는 과거에 축적된 부(또는 저축)도 납세자의 경제적 능력(지위)을 나타낼 수 있다는 점을 고려하지 못하는 한계를 갖는다. 반면 인적소비세는 소비가 과거에 축적된 저축에서 이루어지든 현재의 소득에서 이루어지든 구분하지 않고, 모든 소비에 대해 과세하기 때문에 소득세가 초래하는 한계를 드러내지 않을 수 있다.

실적으로 어렵다. 따라서 내구재에 대한 소비액은 구입자의 현금유출 기준(지출액 기준)으로 처리하는 것이 일반적이다.

셋째, 소비지출이 일시에 집중될 경우 납세자의 경제적 능력이 과대평가될 수 있다. 결혼 등으로 소비지출이 갑자기 커질 경우 납세자(결혼당사자)의 경제적 능력이 실제와 달리 과대평가된다. 이때에는 평균과세방법 등을 이용해 적절한 조정을 해주어야 한다.

넷째, 현실적으로 소비의 원천이 되는 소득(세원)에 대한 정확한 포착이 곤란하다. 소비 수준이 높을지라도 그 원천(소득)이 차입에 의한 것이라면 해당 납세자의 경제적 능력이 높다고 할 수 없다. 이와 같이 인적소비세를 운영함에 있어 소비의 원천이 되는 소득의 파악이 매우 중요한 과제이나 그것의 측정이 쉽지 않은 문제점이 있다.

다섯째, 정확한 과표의 산출, 초과누진세율의 적용, 인적공제의 적용 등 현실적으로 세무행정과정에 많은 어려움이 나타난다. 또한 농가 등의 자가소비분 생산물, 소매상의 자기소비용 상품(생산물), 물물교환 상품(생산물), 개인적 소비를 위해 구입한 상품을 기업의 지출항목으로 돌리는 경우 등을 대상으로 할 때는 소비액(지출액)의 파악(산정)이 쉽지 않다.

▶ 소득세와 소비세의 비교

인세로서의 소득세(개인소득세, 종합소득세)와 소비세(인적소비세)는 상호 대체될 수 있는 관계에 있으며, 어느 쪽이 더 우월한가는 여러 가지 측면에서 비교하여 판정되어야 한다.

① 효율성

재화 간 선택(X, Y), 노동과 여가 간 선택(L, l), 현재소비와 미래소비 간 선택(C_p, C_f) 문제에 있어 소득세와 소비세 가운데 어느 것이 더 우월한지는 명확한 비교가 어렵다[62].

반면 소비세는 저축에 비과세하므로 저축에 과세하는 소득세보다 자본축적을 증진시키기 때문에 더 효율적이라고 할 수 있다.

② 공평성(형평성)

칼도(N. Kaldor)는 다음의 두 가지 측면에서 소득세보다 소비세가 더 우월하다는 입장이다.

첫째, 소득은 창출행위이고 소비는 창출된 것을 소모하는 행위이므로 소득에 대한 과세보다 소비에 대한 과세가 더 합리적이고 공평(형평)하다.

둘째, 저축은 개개인의 소비욕구(소비활동)의 억제를 통하여 사회의 자본축적에 기여한다. 따라서 저축은 나머지 사회구성원의 미래 후생에 보탬이 되므로 저축에 비과세하는 소비세가 소득세보다 더 나은 세목이다.

소득세는 단지 1년간의 소득만을 세원으로 한다. 반면에 소비지출에 대한 의사결정은 일생주기를 고려하여 계획적으로 이루어지는 것이 일반적이기 때문에 매년의 소비 수준은 일생주기의 효용을 잘

62) 자세한 내용은 본서의 '제5장 제2절 2. 기본적인 경제선택과 조세' 부분을 참조하기 바란다.

대변할 수 있다. 따라서 소비세가 소득세보다 더 공평하다. 소비에 의해 효용이 결정되기 때문에 일생 동안 소비패턴이 동일한 두 사람은 일생의 효용 수준도 똑같다고 간주하는 것이 합리적이다. 이런 까닭에 그들의 매년 소비지출에 과세할 경우 일생 동안의 조세부담도 동일하게 되며, 이는 수평적 공평(형평)에 부합한다. 뿐만 아니라 소비의 크기가 효용 수준을 나타내므로 높은 소비 수준에 고율의 세금을 부과하는 소비세는 수직적 공평을 담보할 수 있다.

한편 소득세는 저축이 만드는 이자소득에 과세하는 이중과세 문제를 야기함으로써 수평적 공평을 저해하지만, 소비세는 저축을 비과세하기 때문에 이런 문제를 초래하지 않는다. 반면 저축이 많은 고소득층에게 유리한 작용을 한다는 점에서 볼 때, 소비세는 수직적 공평을 저해하는 문제점을 발생시킬 수 있다. 이에 대해서는 소비세가 비과세되는 저축을 나중에 상속·증여세로 환수할 수 있다는 반론이 가능하다.

이와 같이 공평성 측면에서 볼 때 양자 간 뚜렷한 우열비교는 쉽지 않음을 알 수 있다. 이는 소비세와 소득세 가운데 어느 세목이 더 공평한가를 단정할 수 없다는 것이다.

③ 제도운영

소비세는 실현기준을 따르므로 소득세의 부과과정에 발생하는 미실현 자본이득에 대한 적절한 과세방안의 모색을 별도로 고려할 필요가 없다. 그에 따라 조세행정이 간편하다. 또한 실제의 소비액에 대해 과세하기 때문에 물가가 상승할 때 소득세가 직면하는 물가연동 문제는 수반되지 않는다.

그러나 소비세는 소비가 일시적으로 커지는 시기(결혼할 때 나타나는 과도한 지출 등)에 적절한 대응이 곤란하다. 이와 관련하여 소비세 옹호론자들은 소득세제의 운영과정에서도 갑자기 소득이 커지는 해(年)가 존재할 수 있다고 지적한다. 따라서 이 문제에 대해서는 소득세에서처럼 평균과세방법으로 대처할 수 있을 것이다. 한편 소비세는 내구소비재의 과세연도 귀속분 소비액 크기의 산정이 용이하지 않다는 한계를 갖는다. 이런 점들을 고려할 때 제도운영의 측면에서도 소득세와 소비세 간 우열비교는 단정이 곤란하다.

이상에서 살펴보았듯이 효율성, 공평성(형평성) 및 제도적 측면 등을 모두 고려할 경우 소득세와 소비세 간 명확한 우열비교는 어렵다고 하겠다.

01 소득세는 소득을 과세표준으로 하는 국세인데, 과세대상의 원천이 무엇이냐에 따라 개인소득세(개인소득)와 법인소득세(법인소득)로 구분된다.

02 소득의 개념을 설명하는 이론은 소득원천설과 순자산증가설이 대표적이며, 소득의 크기(규모)는 화폐의 흐름으로 측정(소득원천설, 실현주의)하거나 재산의 소유권으로부터 발생하는 수익으로 파악(순자산증가설, 발생주의)한다.

03 우리나라의 소득세는 원칙적으로 소득원천설을 따르며, 소득세법에는 과세대상인 8개 소득이 열거되어 있다(열거주의). 과세대상 소득은 종합과세대상이 되는 종합소득과 분류과세대상인 개별소득으로 대별된다. 종합소득에는 이자소득, 배당소득, 사업소득, 근로소득, 연금소득, 기타소득의 6개 소득이 해당하고, 퇴직소득과 양도소득은 분류과세대상이다.

04 법인세는 법인을 조세주체로 하며, 법인소득을 과세표준으로 하는 국세이다. 이때 법인은 주식회사 등 법인격을 갖춘 기업(법인기업)을 말한다.

05 법인세 부과의 근거학설은 법인기업을 독립된 조세주체로 간주하는 법인실재설과 법인기업을 단순히 개인(주주)들의 집합체에 불과하다고 보는 법인의제설로 나뉜다.

06 배당소득은 법인단계에서 법인세를 부담하고 주주단계에서 배당소득세를 추가 부담해야 하기 때문에 이중과세를 지적받는다. 이에 따라 배당소득에 대한 이중과세는 법인과 주주를 완전히 분리하는 경우, 법인과 주주가 완전히 분리하지 않은 경우로 나누어 그 조정방안이 모색된다. 전자를 따르면 법인과 주주가 별도의 독립된 조세주체이므로 배당소득에 대한 과세는 애초부터 이중과세 조정 대상이 아니다. 후자의 방안은 완전통합방식과 부분통합방식으로 구분되고, 완전통합방식에는 조합방식, 자본이득과세방식이 있다. 부분통합방식은 법인단계에서 조정하거나 또는 주주단계에서의 조정을 따른다. 이때 법인단계에서의 조정은 이단계세율방법, 지불배당공제법이 대표적이며, 주주단계에서의 조정방안으로는 귀속방식, 수취배당공제법, 수취배당세액공제법 등이 있다.

07 우리나라 재산관련 세제는 ① 농어촌특별세, 종합부동산세, 재산세, 지역자원시설세 등 보유과세, ② 양도소득세, 토지 등 양도소득에 대한 법인세, 상속세, 취득세, 등록면허세의 이전과세, ③ 기타(각종 개발부담금, 과밀부담금, 기반시설부담금 등)의 세 분야로 되어 있다.

08 상속세는 상속 또는 유증 행위에 의해 재산이 이전될 때, 그 이전된 재산을 포착하여 과세하는 조세이며, 유산세와 유산취득세(상속세)로 나뉜다.

09 소비세는 물적소비세와 인적소비세로 구분되고, 물적소비세에는 개별소비세와 일반소비세가 있다. 개별소비세에는 개별소비세(특별소비세), 주세, 인지세 등이 해당하고, 일반소비세로서는 소매매상세, 다단계거래세, 부가가치세, 인적소비세 등이 속한다. 인적소비세는 개인이 1년간 소비한 총소비액을 과세대상으로 하고, 종합소비세(지출세)라고도 부른다.

제8장
수익자부담과 공채론

PUBLIC FINANCE

제1절 수익자부담의 개관

1. 수익자부담의 의의

수익자부담(收益者負擔)은 공공부문이 제공한 특정 공공서비스를 통해 직접적으로 편익을 수혜하는 수익자(이용자)에게 해당 서비스의 공급비용을 부담시켜 재원을 조달하는 공공수입원(公共收入源)을 말한다. 이는 사용료, 공공요금, 수수료 혹은 부담금, 때로는 가격 등의 형태를 띤다. 수익자부담을 활용한 공공서비스 공급이 가능할 수 있기 위해서는 혜택의 수혜자를 한정할 수 있어야 하기 때문에 그 공공서비스는 순수공공재가 아닌 준공공재이어야 한다. 따라서 수익자부담은 준공공재 공급을 위한 핵심적인 재원조달 수단이라고 하겠다.

가장 좁은 의미의 수익자부담은 부담금을 의미하고, 광의의 수익자부담에는 사용료, 수수료, 공공요금 이외 목적세가 추가적으로 포함된다.

2. 수익자부담의 유형

1) 부담금

부담금(負擔金)은 특정 공공사업과 특별한 이해관계가 있는 자에게 그 사업에 필요한 비용의 전부 또는 일부를 부담시키기 위하여 부과하는 공과(公課)이다. 부담금은 부담금징수의 근거가 되는 공공사업과의 특별한 관계를 포착하는 방법에 따라 수익자부담금, 원인자부담금, 손괴자부담금, 오염자부담금 등으로 분류된다. 이와 같은 특성을 갖는 부담금을 좁은 의미의 수익자부담이라고 한다.

우리나라에서 시행했거나 시행하고 있는 주요한 부담금에는 환경개선부담금, 개발부담금, 교통유발부담금, 배출부담금(수질오염, 대기오염, 오수분뇨 및 축산폐수), 수질개선부담금, 폐기물비용부담금, 농지전용부담금, 산림전용부담금 등이 있다. 사회 · 경제 환경 변화에 따라 부담금의 유형이 변화하고 있으며, 그 수도 늘어나는 추세이다.

2) 수수료

수수료(手數料)는 정부가 특정인에게 인가, 허가, 등록, 승인, 증명 등과 관련하여 제공하는 서비스에 대한 반대급부로 징수한다. 수수료는 공공부문의 활동에 의하여 개별적인 이익을 얻는 자로부터 그 비용의 일부를 징수하는 수익자부담이다(일종의 비용보전 목적). 수수료에는 오물수거수수료, 제증명수수료, 주민등록관계수수료 등이 있다. 수수료 요율은 국가에 의해 일방적으로 결정되기 때문에 수수료는 반강제적, 반자유적 특징을 나타낸다. 수수료 요율이 지나치게 높으면 국민이 공공서비스를 이용할 수 없게 되므로, 수수료의 요율은 국민의 이용도를 높일 수 있도록 가급적 저렴하게 결정되어야 한다.

3) 사용료

사용료(使用料)는 공공시설 또는 재산의 사용에 대한 반대급부로 징수하는 공과(公課)이다. 사용료는 공공시설을 이용함으로써 편익을 얻는 개인을 대상으로 개별적 보상원칙을 적용하여 강제징수한다. 구체적으로 도로, 하천, 하수도, 공설시장, 도축장, 운동장, 공연장, 공원, 묘지, 복지회관, 시민회관의 사용료를 들 수 있다.

수수료와 사용료는 개별적 보상원칙에 근거한 강제징수라는 공통점을 갖는다. 그러나 수수료는 공공부문의 특별한 활동에 의하여 이익을 얻는 당사자를 대상으로 부과하는 반면, 사용료는 공공시설을 개인이 이용함으로써 이익을 얻는 경우에 부과한다. 따라서 수수료와 사용료는 조세와 시장가격의 성질을 동시에 내포하고 있으나, 수수료가 조세에 보다 가까우며 사용료는 시장가격의 성격이 강하다.

▶ 목적세, 부담금, 수수료, 사용료, 공공요금의 비교

① 목적세와 부담금의 비교

목적세와 부담금은 기본적으로 특정 공공사업의 경비조달을 위한 방법으로 이용된다. 부담금은 특정 이해관계자가 얻는 편익에 비례하여 부담을 지운다. 반면 목적세는 광범위한 개인들을 대상으로 공공사업에서 얻는 혜택수혜의 정도에 따라 과세하며, 소비액이 과세표준이 된다.

② 부담금과 수수료, 사용료의 비교

부담금과 수수료, 사용료는 민간부문이 공공부문으로부터 수혜한 편익의 대가를 지불하는 수단이며, 금전급부의무(金錢給付義務)를 이행하는 방편으로 적용되고 있다.

부담금은 특정 공공사업과 이해관계를 갖는 개인에게 부과한다. 반면 수수료는 공공서비스의 이용자에게 부담지우며, 사용료는 공물(公物, 공공시설)의 사용자가 부과대상이다.

③ 부담금과 공공요금의 비교

부담금과 공공요금은 공공부문으로부터 얻은 편익에 대해 금전급부 의무를 이행하는 방법으로 이용된다. 부담금은 공공사업에 필요한 비용의 일부만 부담시키며, 편익과 부담(비용) 간에 큰 불일치를 나타낸다. 반면 공공요금은 공공서비스 사용(이용)에 대한 대가(代價)이며, 공공서비스로부터의 편익과 그에 대한 부담(납부하는 공공요금)이 거의 일치하는 수준에서 결정된다.

3. 수익자부담의 근거

수익자부담은 그 속성상 시장경제의 가격과 유사한 역할을 한다. 이와 같은 수익자부담이 정당화될 수 있는 이론적 근거로는 다음을 들 수 있다.

1) 효율성

수익자부담 원리를 적용하여 준공공재 공급을 하게 되면 가격기구와 유사한 역할을 함으로써 자원의 효율적 배분을 달성할 수 있는 영역을 공공부문까지 확대시키는 성과를 제공한다. 따라서 수익자부담을 활용한 정부의 자원배분 행위(구체적으로 준공공재 공급행위)는 효율성을 확보할 수 있는 장점을 갖는다.

[그림 8-1]이 보여주는 바와 같이 완전경쟁시장일 때 수요와 공급이 일치하는 E점에서 균형을 이루게 되며, 이때 사회적 잉여(사회후생)가 극대화되는 효율이 실현된다.

균형점 E에서 형성되는 P_X^*의 가격(공공요금)은 X^*의 수요량에서 얻는 편익을 가격으로 환산했을 때 그 만큼의 금액으로 평가됨을 의미한다. 이는 제공된 재화(서비스)로부터 얻는 편익만큼 대가(가격)를 지불하면 효율이 달성됨을 나타낸다.

이런 측면에서 볼 때 수익자부담은 제공된 공공서비스로부터 얻는 편익만큼 부담을 요구하므

그림 8-1 시장균형의 의미

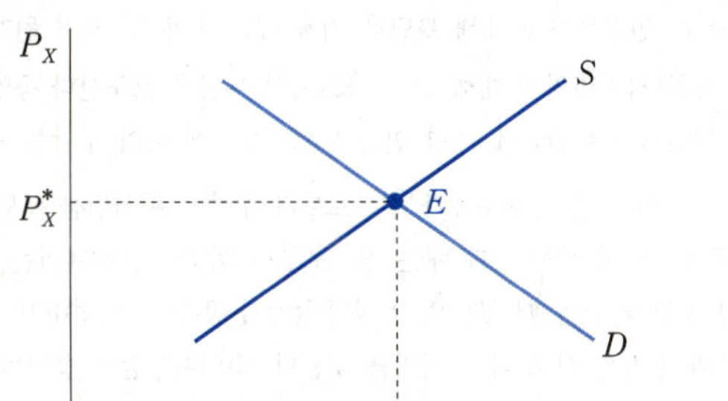

로 효율성을 충족하는 장점을 발휘한다.

2) 공평성(형평성)

수익자부담은 개인에게 특별한 편익을 제공하는 정부의 서비스에 대해서는 마땅히 그 편익에 대한 대가를 지불해야 한다는 논리에 의해 정당화된다. 다시 말해 수익자부담은 응익원칙을 전제로 한 부담요구에 해당한다.

민간의 개별 경제주체가 부담하는 수익자부담액은 정부로부터 제공받는 편익에 따라 결정된다. 따라서 수익자부담의 적용은 응익원칙의 실현을 전제로 하면 부담의 공평(형평)이 이루어진다. 이와 같은 수익자부담은 준공공재로부터 수혜하는 편익만큼 부담을 지운다는 점(응익원칙)에서 공평을 보장한다고 하겠다[1].

3) 재정수입의 확보

공공서비스와 그 수익자의 관계가 명확하고 수입의 사용 용도가 제한(공공서비스 공급 재원)적이라면 수익자부담을 적용하여 공공서비스의 공급을 위한 경비를 조달하는 것이 정당화된다. 이런 경우는 공공서비스의 이용자를 대상으로 수익자부담 방식을 적용하여 부담을 지울 때 협조를 얻기가 용이하다.

이런 관점에서 보면 수익자부담은 부담 당사자의 동의(협조)를 이끌어내기 어렵지 않기 때문에 공공부문의 재정수입 확보를 위한 수단으로 적극 활용될 수 있다.

4. 목적세와 사용자가격의 비교

목적세는 넓은 의미의 수익자부담에 포함되며, 사용자가격(공공요금)을 대체하는 수단으로 징수될 수 있다[2]. 또한 목적세는 혜택 수혜자의 범위가 넓은 준공공재 공급을 위한 재원조달 방법으로 이용된다. 이하에서는 사용자가격과 목적세를 상호 비교하여 그 특성을 알아보도록 하겠다.

---

1) 정부(더 넓게는 공공부문)가 민간부문에 대해 부담을 지울 때는 크게 두 가지 원칙을 따른다고 할 수 있다.

첫째, 정부가 민간에게 제공하는 편익에 대해 그 대가로서의 부담을 요구한다(응익원칙).

둘째, 정부가 제공하는 편익과는 무관하게 개별 민간부문의 능력에 따라 부담을 지운다(응능원칙).

응익원칙을 따를 때는 민간의 개별 경제주체가 정부로부터 수혜한 편익만큼 부담을 했을 때 부담의 공평(응익설적 공평)을 실현하게 되며, 응능원칙을 따를 때는 정부로부터 제공받는 혜택과는 무관하게 민간의 개별 경제주체가 각자의 능력에 따라 부담을 했을 때 부담의 공평(응능설적 공평)을 달성하게 된다. 따라서 응익원칙과 응능원칙을 따를 때 부담배분의 공평은 서로 다른 의미를 갖는다. 수익자부담은 응익원칙을 적용하여 부담을 배분하는 방식을 따르고 있다.

2) 목적세에 관한 자세한 내용은 본서의 '제5장 제1절 6. 조세의 분류' 부분을 참조하기 바란다.

1) 목적세

(1) 목적세 형태로 준공공재 공급을 위한 재원조달을 해야 하는 경우

목적세는 많은 수요자(이용자)를 대상으로 편익을 제공하는 준공공재의 공급을 위한 재원조달 방안으로 활용된다. 구체적으로 다음과 같은 경우는 목적세를 부과하여 준공공재 공급재원을 조달하는 것이 적합하다.

첫째, 준공공재를 추가적으로 생산하는데 필요한 한계비용이 매우 낮거나 혹은 0일 때, 또는 수요의 가격탄력성이 매우 경직적일 때(매우 비탄력적일 때), 둘째, 사용자가격을 적용하면 동 재화의 공급량이 사회적 총수요량에 미달될 때(예 의무교육), 셋째, 사용자가격을 적용하면 높은 행정비용이 발생할 때[예 도로, 인도(人道) 이용에 사용자가격을 부과하는 경우]가 그에 해당한다.

이런 경우는 그 관련 당사자들이 광범위하다. 따라서 목적세를 부과하여 준공공재 공급재원을 조달하는 방식이 적절한 대처라고 하겠다.

(2) 목적세를 통한 준공공재 공급재원 조달방법의 문제점

목적세를 활용한 준공공재 공급재원 조달방법은 당초 도입취지를 완벽하게 달성하지 못하는 경우가 많다. 대표적인 목적세에 해당하는 유류세(油類稅)와 사회보장세는 다음과 같은 한계를 나타낼 수 있다.

① 유류세

유류세(예 교통·에너지·환경세)는 고속도로 이용자에게 그 혜택에 대한 대가로 부담시키는 사용자가격의 대체수단이 된다. 휘발유의 소비는 고속도로의 이용(소비)과 직결되어 있기 때문에, 유류세는 고속도로 사용료를 대신하는 역할을 한다.

그러나 그 성격상 사용자가격의 완벽한 대체수단이 되기는 어렵고, 대략적인 대체수단에 불과하다. 왜냐하면 고속도로 건설이나 보수를 위한 목적세의 세수가 고속도로의 이용 수준에 의해 직접적으로 결정되기보다는 휘발유의 소비량에 따라 좌우되기 때문이다. 그 결과 목적세로서의 유류세는 고속도로의 혼잡 내지 첨두부하(peak-load, 과도한 이용)를 완전히 제거 내지 조정하는 효과를 거두지는 못한다.

② 사회보장세

사회보장제도의 대표적인 유형으로는 공공연금(국민연금), 의료보험(국민건강보험), 실업보험(고용보험), 산재보험 등이 있다. 각국의 공공연금은 통상 기금에 의해 운영되는데, 이 기금의 일차적 재원은 목적세인 사회보장세에 의해 마련된다. 그런데 사회보장세는 혜택의 직접적인 수혜자인 피고용자(근로자)뿐만 아니라 고용자도 어느 정도 분담하도록 되어 있기 때문에 엄밀히 말해 목적세가 갖는 응익성의 원칙을 완전히 충족하지는 못한다.

2) 사용자가격

사용자가격(공공요금)을 적용할 때는 다음과 같은 조건의 고려가 요구된다.

첫째, 각 사용자의 준공공재에 대한 소비량이 얼마인지를 정확히 측정할 수 있어야 한다. 현실적으로 준공공재 사용자들의 개별적 소비량을 측정할 수 있어야만 그에 상응하는 사용자가격을 적절하게 적용할 수 있다.

둘째, 공평성과 효율성 측면을 고려해야 한다. 준공공재에 해당하는 학교급식의 재원을 마련하기 위해 사용자가격을 적용하면 공평성 기준에서는 바람직하지만 효율성 기준에서는 바람직하지 않다[3]. 반면 상하수도, 우편서비스와 같은 준공공재의 공급재원을 사용자가격으로 마련하면 공평성 기준에서는 바람직하지 않지만 효율성 기준에서는 적절하다[4]. 그러므로 준공공재의 성질에 따라 사용자가격을 차별적으로 적용하는 것이 합리적이다.

셋째, 공공시설의 효율적 관리를 위해서는 그 이용과 관련하여 발생하는 혼잡현상의 제거 또는 억제 가능 여부를 감안해야 한다. 사용자가격은 공공시설 이용에서 초래되는 혼잡(과밀현상)을 제거 또는 억제시키는 유용한 수단의 역할을 할 수 있다.

넷째, 조세의 징수비용과 사용자가격의 수금(收金)비용을 비교해야 한다. 준공공재 공급비용을 목적세로 조달할 때의 조세징수비용과 사용자가격으로 확보할 경우의 수금비용을 비교하여 조세징수비용이 수금비용보다 큰 상황에서는 사용자가격의 적용이 합리적이다.

---

3) 학교급식을 이용하는 학생들에게 그 대가를 사용자가격 형태로 부담시키면 시장가격보다 그 금액이 낮기 때문에 저소득층 학생들은 상대적으로 유리해져서 공평성이 제고된다. 반면 사용자가격은 학교급식의 가치를 완전히 반영할 수 없기 때문에 효율성을 담보하지 못한다.

4) 상·하수도, 우편서비스와 같은 준공공재는 그 속성상 순수공공재에 가깝기 때문에 모든 국민이 이용할 수 있도록 낮은 부담을 책정해야 한다. 그런데 일부 저소득층은 사용자가격을 부담할 능력이 없기 때문에 낮은 가격책정에도 불구하고 상·하수도, 우편서비스 등의 이용에서 배제됨으로써 공평성을 저해하는 문제점을 발생시킬 수 있다.

제2절 준공공재의 배분방법과 공공요금의 책정원리

1. 준공공재의 배분방법

공기업(public utilities)에 의해 생산·공급되는 재화 및 서비스는 부분적 분할성 이외에도 공익성을 나타내기 때문에 일반적으로 준공공재에 해당한다. 따라서 이러한 준공공재의 공급 수준은 시장원리와 공공성을 반영하여 다양한 방식으로 결정된다.

준공공재를 공급하는 공기업은 일반적으로 [그림 8-2]와 같은 비용감소산업의 성격을 띤다. 따라서 준공공재의 공급규모는 다음과 같이 다양한 수준을 나타낸다.

1) 시장적 배분

정부가 개입하지 않고 준공공재의 공급을 시장경제원리에 맡기는 경우이다. 준공공재를 공급하는 공기업은 일반적으로 자연독점을 형성한다. 따라서 공기업이 시장경제의 독점기업처럼 이윤극대화를 추구한다고 하면 $MR=MC$가 성립하는 상황(b점)에서 준공공재 공급규모가 결정된다. 이런 경우 준공공재의 공급규모는 [그림 8-2]의 Q_M 수준이다.

그림 8-2 공기업의 준공공재 공급수준

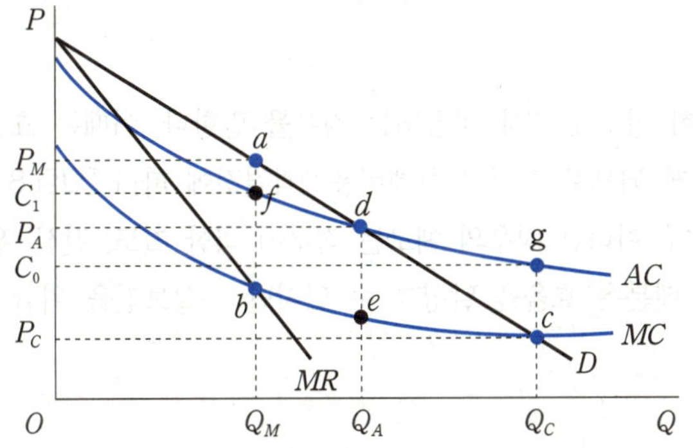

시장적 배분을 따라 준공공재를 공급할 경우 그 공급량이 적정 수준에 미달함으로써 효율을 달성할 수 없지만, 공기업의 이윤은 극대화되는 특징을 나타낸다.

2) 정부규제를 적용한 시장적 배분

정부가 준공공재의 가격, 산출량 및 질(質)에 일정한 규제조치를 취하지만 가격기구(시장)에 맡겨 배분을 하는 경우이다. 이때 준공공재의 공급규모는 평균비용가격결정원리($P=AC$) 또는 원가보상(full-cost)가격결정원리에 따라 [그림 8-2]의 Q_A 수준에서 이루어진다. 정부규제를 따르면서 시장적 배분을 도모하는 경우 공기업은 총수입과 총비용이 일치하는 초과이윤 0(zero)의 상태를 담보하게 된다.

3) 정부보조를 병행한 시장적 배분

일반적으로 준공공재를 생산하는 공기업은 비용감소산업에 속한다. 따라서 효율적 생산점($P=MC$)인 c점에서는 단위당 gc만큼의 손실(잔차비용)이 빚어진다. 이때 정부가 손실액만큼 보조를 하는 경우 공기업은 한계비용가격결정원리($P=MC$)를 따라 [그림 8-2]의 Q_C 수준에서 준공공재를 공급할 수 있게 된다. Q_C의 준공공재 생산량은 사회후생의 극대화를 보장하는 효율적 생산량에 해당한다.

4) 정부규제 및 보조를 결합한 시장적 배분

정부규제와 보조를 병용하면서 시장적 배분의 방법으로 준공공재의 공급규모를 결정한다면 그것은 평균비용가격결정원리($P=AC$)와 한계비용가격결정원리($P=MC$)의 중간적인 방법으로 생산량을 설정하게 된다. 따라서 이 방식을 따를 때, 결정되는 준공공재의 공급규모는 [그림 8-2]에서 Q_A와 Q_C의 중간 수준이다.

5) 공공적 배분

준공공재가 완전히 정부에 의해 공급되는 경우를 말한다. 이때는 효율적 생산량의 확보를 우선적 목표로 설정하게 되므로 자연히 한계비용가격결정에 따라 [그림 8-2]의 Q_C 수준에서 준공공재를 공급하게 된다. 이러한 경우의 예로는 정부에 의한 철도, 전신, 우편, 상수도 등의 공급을 들 수 있다. 공공적 배분은 효율을 달성할 수 있지만 손실보전을 위한 별도의 대책을 마련해야 하는 한계를 갖는다.

2. 공공요금의 책정원리

공기업이 생산하는 준공공재의 사용자가격을 공공요금(public utility charges)이라고 한다. 공기업이 생산하는 재화나 서비스의 가격으로서 공공요금은 원칙적으로 서비스원가주의를 따라야 하는데, 이때 원가는 평균비용 또는 한계비용 등으로 측정할 수 있다.

이러한 공공요금은 자원배분뿐만 아니라 소득재분배와 경제안정(물가)에도 영향을 미친다. 따라서 공공요금은 자원배분, 소득재분배, 경제안정, 기타 요인 등을 고려하여 합리적으로 결정되어야 한다.

1) 평균비용가격결정원리

공공요금(가격)을 평균수입(AR)과 평균비용(AC)이 일치하는 상황에서 결정하는 원칙(full-cost 원리)을 가리킨다. 이는 [그림 8-2]에서 $P = AC$(d점)를 충족하는 P_A 수준의 가격을 책정하는 경우이다. 현실적으로 이 원리를 따르는 공기업이 많다.

평균비용가격결정원리의 근거는 공공요금이 정당한 수익률을 보장할 수 있어야 한다는 것이다. 정당한 수익률은 신규투자를 유발할 수 있는 충분한 이윤율(정상이윤)을 의미하는데, 자본가치의 평가에 따라 이윤율도 달라질 수 있음을 고려해야 한다.

(1) 장·단점

① 장점

평균비용가격결정원리는 규모에 대한 보수증가(규모의 경제, 비용감소사업)를 특징으로 하는 공기업이 선택할 수 있는 현실적인 가격책정 방법에 해당하며, 다음의 장점을 갖는다.

첫째, 평균비용가격결정원리를 따르는 준공공재 생산은 해당 공기업으로 하여금 정상이윤을 얻도록 이끄는 역할을 한다. 따라서 손실을 입지 않기 때문에 해당 공기업은 독립채산제 운영을 실현할 수 있다.

둘째, 그 특성상 자연독점을 형성하는 공기업의 재화 및 서비스를 평균비용과 같은 요금으로 공급하면, 자원배분의 비효율은 초래되지만 독점이윤의 방지가 가능하다.

셋째, 공기업에 대한 평균비용가격결정원리 적용은 현실적으로 비용최소화를 뒷받침하는 유용한 유인의 역할을 할 수 있다. 이는 효율을 실현할 수 없지만 손실을 보지 않는 생산이 이루어지기 때문에 현실을 반영한 공공요금 책정원리이다.

② 단점

평균비용가격결정원리는 공기업의 정상이윤을 보장하고, 실효성 있는 공공요금책정원리의 역할을 한다는 장점을 갖는다. 반면 다음과 같은 단점을 나타낼 수 있다.

첫째, 한계비용가격원리에 비해 자원배분의 효율성이 떨어진다.

둘째, 평균비용가격을 채택하고 있는 공기업이 비용감소산업인 경우, 한계비용가격보다 요금수준이 높아져 소비자 잉여가 작아지게 되므로 저소득자는 불리해진다.

(2) 의의

평균비용가격결정은 정상이윤을 보장하기 때문에 손실을 방지할 수 있지만 후생손실을 초래한다. 따라서 효율성은 충족할 수 없다. 또한 생산의 전 영역에 걸쳐 수요곡선이 평균비용곡선보다 아래에 위치한 경우([그림 8-3])에는 평균비용에 해당하는 가격을 설정해도 손실이 불가피하다. 이런 경우에는 수요곡선과 한계비용곡선이 교차하는 상황($P=MC$)에서의 총편익과 총비용을 비교하여 총편익이 큰 경우에 한하여 생산을 허용할 수 있다.

▶ 수요곡선이 평균비용곡선 아래에 위치할 경우

[그림 8-3]에서와 같이 수요곡선이 평균비용곡선 아래에 위치할 경우 평균비용가격결정원리($P=AC$)를 적용하면 손실이 발생한다. 따라서 수요곡선과 한계비용곡선이 교차하는 d점($P=MC$)에서 총편익($\square aOQ_cd$)이 총비용($\square C_0OQ_cc$)보다 큰 경우에만 한계비용가격결정원리를 적용해야 할 것이다. 물론 이때에도 손실의 발생은 불가피하다.

그림 8-3 수요곡선이 평균비용곡선 아래에 위치할 경우

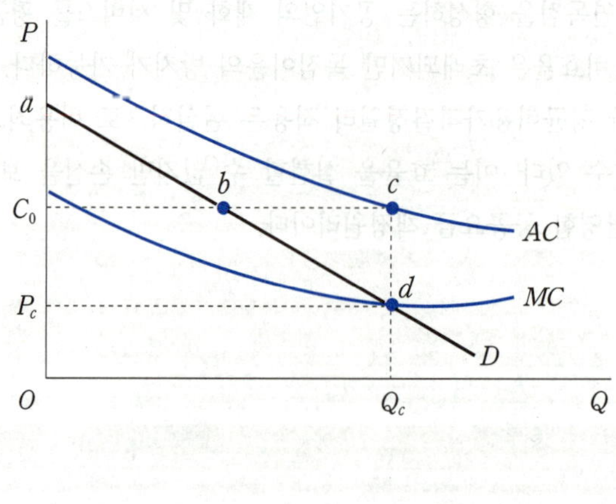

2) 한계비용가격결정원리

생산과 소비의 과정에서 외부성 발생이 없고, 현재의 소득분배는 불공평하지 않으며, 다른 부문들에서 가격과 한계비용[5]이 괴리되지 않는다는 세 가지 조건이 동시에 충족되는 경우, 준공공재의 가격(공공요금)은 한계비용과 일치하게 결정하여야 한다. 이때 형성되는 가격은 자원배분의 효율성을 달성하게 된다.

자원배분의 효율성을 달성하기 위해서는 비용증가 또는 비용불변의 조건을 막론하고 공기업의 재화·서비스(준공공재)의 가격은 한계비용과 평균수입이 일치하는 [그림 8-2]의 c점($P = AR = MC$)에서 형성되는 P_C로 결정되어야 한다.

(1) 한계비용가격결정원리의 적용

비용감소산업에 한계비용가격결정원리($P = MC$)를 적용하면 [그림 8-2]의 c점에서와 같이 손실을 초래하게 된다. 따라서 이 손실에 대해서는 정부가 별도의 보전대책을 강구해야 한다. 한계비용가격결정원리를 적용하면 균형 상태에서 공기업은 손실을 입게 된다. 그러나 그럼에도 불구하고 그 상황에서는 사회후생극대화를 달성하는 효율적인 배분이 이루어진다.

(2) 한계비용가격결정원리의 장·단점

① 장점

한계비용가격결정원리는 사회후생의 극대화를 보장하는 효율적인 공공요금책정원리에 해당한다. 이는 구체적으로 다음과 같은 장점을 갖는다.

첫째, 자원배분의 효율성을 달성한다. $P = MC$를 충족하는 수준에서 가격(공공요금)이 결정되므로 이때의 준공공재 생산량은 사회후생극대화를 이루는 최적규모이다.

둘째, 낮은 가격을 형성하므로 저소득자도 준공공재를 이용할 수 있다.

② 단점

한계비용가격결정원리는 효율을 담보할 수 있는 장점을 갖고 있지만 그 실행과정에 적지 않은 어려움을 나타낸다. 그 단점으로 다음과 같은 점을 지적할 수 있다.

첫째, 기업존립을 위한 최소한의 수입요구 기준(정상이윤의 확보)을 충족시키지 못한다. 그 결과 잔차비용이 발생하여 공기업은 손실을 입게 된다.

둘째, 한계비용가격결정원리를 적용할 경우 준공공재 생산이 이루어질 수 있도록 공기업에 대

---

5) 공기업의 요금책정 과정에서 한계비용은 단기적인 운영비뿐만 아니라 장기적인 시설투자비까지 포함하는 장기 한계비용을 의미한다. 이때의 비용은 기회비용으로 파악되어야 하고, 진정한 비용계산을 위해서는 잠재가격의 고려까지 필요하다. 또한 이미 지출한 매몰비용(sunk cost)은 제외하고, 미래의 장기계획에 따라 발생할 비용을 중점적으로 반영해야 한다.

한 보조금 지급이 뒷받침되어야 한다. 그렇게 되면 정부의 재정적 부담이 증가하는 영향이 발생하게 되며, 이는 비이용자에게도 그 비용을 부담시키게 된다.

▶ 한계비용에 경제적 지대를 더한 공공요금 설정이 필요한 경우

공영수영장과 같이 그 시설규모가 일정한 공공서비스의 공급곡선은 Q^*(주어진 설비규모에서 최대 생산량) 이상의 공급은 불가능하므로 [그림 8-4]의 S와 같은 형태가 된다. 공영수영장에 대한 수요가 D_1, D_2, D_3으로 증대되면 그에 대응하는 한계비용의 상승이 나타난다. D_3을 초과하여 D_4와 같은 수요를 형성하는 경우 공영수영장의 크기가 불변인 상태에서 증가된 수요에 따라 단위당 BA의 불로수입(경제적 지대)이 발생한다. 따라서 D_4와 같은 수요일 때는 MC에 경제적 지대(BA)를 더한 P_0의 가격(공공요금)책정이 요구된다($P = MC+$경제적 지대).

덧붙여 말하면 정부나 공기업이 생산하여 공급하는 서비스가 도로나 문화예술 공간의 경우와 같이 그 시설용량이 한정되어 있을 때는 기존시설의 효율적 이용을 유도하기 위해 한계비용에 경제적 지대를 포함한 가격(공공요금)의 설정이 필요하다는 것이다.

3) 차별가격제

동일한 재화 또는 서비스임에도 불구하고 그것의 소비자, 사용지역 등에 따라 가격을 상이하게 책정하는 가격결정방법을 가리킨다.

(1) 차별가격의 근거

공기업의 재화 또는 서비스(준공공재)에 대해 차별가격제를 실시할 수 있기 위해서는 일정한 요건을 충족해야 한다. 구체적으로 다음과 같은 성과를 기대할 수 있는 경우 차별가격제를 적용할 수 있다.

그림 8-4 공영수영장의 요금책정

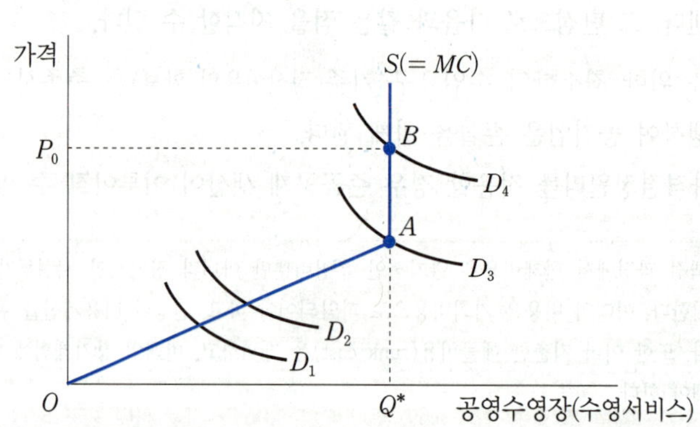

첫째, 한계비용가격결정원리의 적용에 따른 잔차비용(손실)을 해소하는 방안이 되어야 한다. 한계비용가격 설정에 따라 손실을 보는 공기업에 대해 정부가 보조금을 지급하면 준공공재의 이용자에게 부당한 이익을 가져다줌으로써 분배의 불공평을 초래할 수 있다. 이때 차별가격제의 적용은 손실을 보전할 수 있으므로 불공평의 완화가 가능하다.

둘째, 가격차별화는 전체적으로 가격의 인하를 이끌 수 있다.

셋째, 가격차별화는 산출량의 증가를 유도하는 역할을 한다.

넷째, 가격차별화는 생산시설의 가동 수준을 제고시킴으로써 공기업의 손실을 보전케 하는 수단이 될 수 있다.

(2) 차별가격의 유형

① 이부요금제

이부요금제(two-part tariff, 이부가격제)는 소비자로 하여금 일정한 금액을 지불하고 특정한 상품을 사용할 권리를 사게 한 다음, 그것의 구입양에 비례하여 추가적인 가격(금액)을 지불하도록 요구하는 방법을 말한다.

이부요금제는 주로 수도, 전력, 전화, 가스 등의 요금책정에 적용되는데, 비교적 낮은 정액의 기본요금과 소비량에 따른 종량요금으로 구성된다. 이 제도는 저소득층도 준공공재를 이용할 수 있게 한다는 장점을 갖는다.

기본요금은 재화 내지 서비스를 구입하기 위한 권리금과 같은 성격을 띠며, 더불어 종량요금으로 충당할 수 없는 간접비를 모든 이용자에게 부담시키는 분담금의 의미를 갖는다. 종량요금은 직접적 서비스 생산비 또는 가변비를 충당한다.

이부요금제를 시행(채택)하는 방법으로는 공기업(독점적 생산자)이 소비자 잉여의 크기를 미리 예상하여 가입비(entry fee, 기본요금)를 받고, 사용료(usage fee, 종량요금)는 한계비용과 일치시킴으로써 이윤극대화를 도모하는 접근(방식)을 들 수 있다. 이때 소비자 잉여는 독점자에게 모두 흡수되지만, 생산과 소비 수준 자체는 효율적이다.

공공서비스 요금책정에 이 방법을 적용하면, 종량요금(사용료)을 한계비용과 일치시켜 자원배분의 효율성을 달성할 수 있고, 이 과정에서 생기는 손실은 가입비를 징수하여 보전하는 것이 가능하다. 하지만 가입비가 너무 높은 경우에는 소비를 원하는 사람들로 하여금 소비를 포기하게 만들어서 효율적 의사결정을 방해할 여지도 있다.

② 선택적 요금제

선택적 요금제(optional tariff)는 이부요금제의 한 형태로서 각 소비자들이 공공서비스의 사용량에 따라 자신에게 유리한 요금을 선택하는 방식을 따른다. 사용량이 많은 소비자는 기본요금이 높지만 낮은 사용료를 부과하는 요금을 선택하고, 사용량이 적은 소비자는 기본요금이 낮은 반면 사용료가 높은 요금을 선택할 수 있도록 되어 있다. 선택적 요금제가 시행될 경우 각 소비자는 자신에게 유리한 선택을 함으로써 효용의 향상을 도모할 수 있게 된다. 선택적 요금제를 적용할 수 있는 준공공재로는 전력서비스, 가스서비스, 상·하수도서비스 등이 있다.

선택적 요금제는 기본적으로 사용(수요)량에 따라 차별적인 요금을 부과한다. 일정량까지는 평균비용에 따라 요금을 설정하고, 이를 초과하는 양에 대해서는 한계비용 기준으로 요금이 책정된다. 이 방법은 단일요금제와 비교하여 볼 때, 총잉여의 증가와 자원배분상 효율성을 제고할 수 있다는 장점을 갖는다.

상수도요금을 선택적 요금제에 따라 책정하는 경우, 수돗물 사용량이 낮은 구간에서는 비교적 높은 요금요율을 적용하고, 점차 수돗물 사용량이 증가할수록 요금요율을 내려 가장 높은 사용량의 구간에는 한계비용과 일치하는 수준으로 요금요율을 낮추는 방안이 이용된다. 많은 양의 수돗물을 사용하는 사람만을 놓고 보면, 이 가격차별 방식은 사용량에 대한 결정을 교란시키지 않으면서 해당 공기업의 손실도 초래하지 않는 장점이 있다. 반면 적은 수돗물을 사용하는 사람의 경우에는 한계비용보다 높은 요금요율의 구간에서 수돗물의 사용량을 결정하게 되기 때문에 자원배분의 교란을 초래함은 물론 이들이 주로 가난한 사람들이라고 하면 분배적인 측면에서도 문제(불공평)가 발생한다.

이런 문제에 대한 대책으로 상수도요금 구조를 주택의 크기와 연관시켜 결정하는 방법이 있다. 주택 크기와 수돗물이나 전기의 사용량, 그리고 소득의 크기가 비례한다고 하면, 큰 집에 살고 있는 사람에게는 수돗물의 사용량이 상당히 높아질 때까지 계속 높은 요금요율을 적용한다. 반면 작은 집에서 살고 있는 사람에게는 아주 작은 사용량에 대해서만 높은 요금요율을 책정하다가 이것을 넘어서면 바로 한계비용 수준으로 낮아지는 요금요율을 따른다. 이런 방법을 이용하면 앞의 문제점에 대해 보완이 가능하게 된다.

③ 수요의 탄력성을 감안한 차별요금제

재화 및 서비스의 수요자에 따라 요금을 달리 책정하는 가격결정방법이다. 수요의 탄력성이 낮은 이용자층에는 높은 요금을 부과하고, 수요의 탄력성이 높은 이용자층에는 낮은 요금을 부과한다. 예를 들면 전력서비스의 경우, 수요의 탄력성이 낮은 일반용 전력은 고율의 요금을 부과하고, 수요의 탄력성이 높은 산업용 전력은 저율의 요금을 부과한다는 것이다. 또한 공원이나 미술관 관람요금을 성인에게는 높게 책정하고, 청소년에게는 낮게 설정하는 조치도 또 다른 예에 해당한다.

④ 부담력요금제

부담력요금제는 부담능력에 따라 차별적인 요금을 부과하는 방법이다. 예컨대 수요의 가격탄력성이 낮은 고가(高價)의 화물에는 높은 운임을 부과하고, 수요의 가격탄력성이 높은 저가(低價)의 화물에는 낮은 운임을 부과한다. 따라서 부담력요금제를 적용하면 수요의 가격탄력성이 작을 때에는 높은 요금을 부담 지우게 되고, 수요의 가격탄력성이 클 때에는 낮은 요금을 책정하는 셈이 된다.

4) 최대부하가격제(peak-load pricing)

전력과 같이 생산량의 저장이 곤란(비저장성)하며, 수요가 집중되는 시기(여름)와 그렇지 않은 시기(겨울)의 구분이 확연한 경우(週期性), 수요가 많은 시기의 요금을 높게 책정하고, 수요가 적은 시기의 요금은 낮게 설정하여 생산설비의 시기별 이용률 격차를 최소화함으로써 생산설비 이용의 효율을 높이고자 고안된 요금제도에 해당한다.

공기업이 어떤 재화나 서비스를 생산하려고 하는데 시설용량의 제약을 받는 경우, 이 요금제도가 일반적으로 활용된다. 서비스 이용에 있어 최대부하기(peak-load period, 最大負荷期)의 가격과 비최대부하기(off-peak-load period, 非最大負荷期)의 가격을 상이하게 책정하여, 생산설비의 효율적인 운영과 비용손실을 극소화하는 가격결정원리를 따른다. 최대부하가격제의 적용은 전력, 통신서비스 분야에서 볼 수 있다.

정리하면 최대부하가격제는 성수기(최대부하기)의 이용자들이 생산설비에 관련된 일체의 비용과 설비운용비를 부담하도록 성수기가격을 설정하고, 비성수기에는 단지 설비운영에 소요되는 비용만을 부담시키는 가격설정원리라고 하겠다.

▶ 최대부하기와 비최대부하기

① **최대부하기(peak-load period, 최고부하기, 誇負荷期, 성수기, 첨두부하기)**
서비스에 대한 수요가 가장 높아 생산설비를 완전 가동해야 하는 기간

② **비최대부하기(off-peak-load period, 비최고부하기, 輕負荷期, 비성수기, 피첨두부하기)**
서비스에 대한 수요가 작아 생산설비의 이용에 유휴가 있는 기간

5) 램지가격결정원칙(Ramsey pricing rule)

램지가격결정원칙은 효율성의 상실을 극소화하면서 공기업이 필요로 하는 재정수입액을 확보할 수 있는 공공서비스의 가격결정원칙을 말한다.

(1) 가격결정의 원리

공공서비스 수요의 가격탄력성이 클수록 상대적으로 한계비용에 근접하는 수준에서 가격을 결정하고, 반대의 경우는 한계비용과 거리가 먼 수준의 가격을 따른다. 이를 수식으로 표현하면

아래와 같다. 램지가격결정원칙에 따르면 수요의 가격탄력성이 큰 공공서비스라면 가격을 한계비용과 거의 일치시키는 것이 바람직하다[6].

$$\text{램지가격결정원칙 : } \frac{\dfrac{P_x - MC_x}{P_x}}{\dfrac{P_y - MC_y}{P_y}} = \frac{\eta_y}{\eta_x}$$

η_x : x재 수요의 가격탄력성, η_y : y재 수요의 가격탄력성

램지가격결정원칙은 효율성의 측면만 고려한 공공서비스가격결정원칙이기 때문에 분배적인 측면에서 불공평을 발생시킬 소지가 크다.

(2) 램지가격결정원칙의 의의

램지가격결정원칙은 규모의 경제가 현저한 공공서비스를 대상으로 한계비용가격결정원리를 적용할 때 발생할 수 있는 손실을 보전하는 적절한 대안이 될 수 있다.

---

6) 램지가격결정원칙은 다음의 과정을 통해 도출된다. 공공서비스를 제공하는 공기업은 순편익[$B(x, y) - C(x, y)$]의 극대화를 목적으로 하지만, 이윤을 추구하지 않기 때문에 총수입[$R(x, y)$]과 총비용[$C(x, y)$]은 같다[총편익 $= B(x, y)$]. 이것을 라그랑쥐함수(L)로 표시하면 ③이 된다. 이하의 내용은 그 과정을 반드시 숙지할 필요는 없다. 관심 있는 독자가 아니면 읽기를 생략해도 무방할 것이다.

$$Max\ B(x, y) - C(x, y) \ \cdots\cdots \ ①$$

$$s.t.\ R(x, y) = C(x, y) \ \cdots\cdots \ ②$$

①, ②의 관계를 라그랑쥐 함수로 표시한 것이 ③식이다.

$$L = B(x, y) - C(x, y) + \lambda[R(x, y) - C(x, y)] \ \cdots\cdots \ ③$$

$$B(x, y) = P_x \cdot x$$

③식을 x(x를 공급하는 공기업의 생산량)로 미분하는 한편 이하의 과정을 거치면 순편익 극대값이 도출된다.

$$\frac{\partial L}{\partial x} = \frac{B(x, y)}{\partial x} - \frac{C(x, y)}{\partial x} + \lambda\left(\frac{\partial R(x, y)}{\partial x} - \frac{C(x, y)}{\partial x}\right) = 0$$

$$P_x - MC_x = -\lambda(MR_x - MC_x), \quad P_y - MC_y = -\lambda(MR_y - MC_y) \ (\because MB_x = P_x, MB_y = P_y)$$

$$MR_x = \frac{\partial TR}{\partial x} = P_x + \frac{\partial P_x}{\partial x}x = P_x\left(1 + \frac{\partial P_x}{\partial x}\frac{x}{P_x}\right) = P_x\left(1 - \frac{1}{\eta_x}\right), \quad MR_y = P_y\left(1 - \frac{1}{\eta_y}\right), \quad TR = P_x \cdot x$$

$$P_x - MC_x = -\lambda\left(P_x - \frac{P_x}{\eta_x} - MC_x\right) \rightarrow -\frac{\lambda}{\eta_x} = -(\lambda + 1)\frac{(P_x - MC_x)}{P_x} \ (\eta_x : x\text{재 수요의 가격탄력성}) \cdots ④$$

$$P_y - MC_y = -\lambda\left(P_y - \frac{P_y}{\eta_y} - MC_y\right) \rightarrow -\frac{\lambda}{\eta_y} = -(\lambda + 1)\frac{(P_y - MC_y)}{P_y} \ (\eta_y : y\text{재 수요의 가격탄력성}) \cdots ⑤$$

$$\therefore ④/⑤ \rightarrow \frac{\eta_y}{\eta_x} = \frac{\dfrac{(P_x - MC_x)}{P_x}}{\dfrac{(P_y - MC_y)}{P_y}}$$

램지가격결정원칙은 정부부문이 생산·공급하고 있는 여러 가지 재화나 서비스를 모두 한 묶음으로 보고, 이들 간에 존재하는 최적 상대가격구조를 제시해주는 역할을 한다. 따라서 단 한 가지의 공공서비스만을 놓고 이것의 적정가격을 설정하기 위해 무엇인가를 고려하는 경우에는 이 원칙을 적용하기 어렵다.

▶ 잔차비용(residual cost, 殘差費用)의 부담방법

공공서비스 생산과정에 규모의 수익체증(규모의 경제)이 있는 경우, 한계비용가격 설정을 하게 되면 잔차비용($LAC-P$ 또는 $LAC-LMC$)에 해당하는 손실이 초래된다. 여기서 LAC는 장기평균비용을 뜻하고, LMC는 장기한계비용을 가리킨다.

[그림 8-5]에서 $P=MC$(효율적 자원배분 상태)가 성립하는 E점의 경우 LAC(장기평균비용)와 LMC(장기한계비용)의 차이인 BE만큼의 단위당 손실액을 발생하는데, 이것을 잔차비용(residual cost)이라고 한다. 이때 잔차비용을 해소시키는 방법은 다음과 같다.

첫째, 사용자의 지불능력에 따라 잔차비용을 분담시킨다. 열차나 여객기의 1등실과 일반실에 대한 차등요금의 적용이 그에 해당한다.

둘째, 특정 사용자에 의해 발생된 잔차비용 또는 추가적 비용은 그 당사자에게 부담시킨다. 광산지역에 철도의 지선(支線)을 부설할 때, 이에 소요되는 비용을 광산기업에 부담시키는 방법 등이 그 예라고 하겠다.

셋째, 준공공재가 긍정적 외부효과를 초래하는 경우, 간접적인 편익 수혜자에게도 비용의 일부를 부담 지운다.

넷째, 잔차비용을 충당하면서 해당 준공공재의 산출능력을 최대한 이용할 수 있도록 차별가격을 적용한다.

다섯째, 정부가 국민에게 징수한 일반재원(조세수입)을 공기업의 잔차비용 보전에 할애한다.

그림 8-5 잔차비용

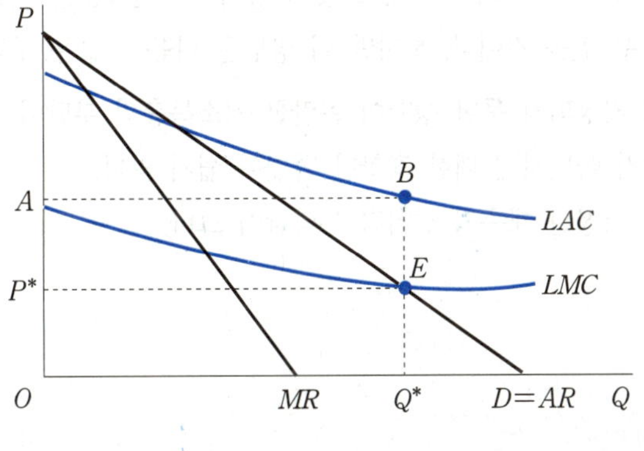

반면 일반재원을 활용한 잔차비용 보전은 다음과 같은 문제를 초래할 수 있다.

첫째, 발생하는 손실을 즉각적으로 일반재원을 통해 보전해야 하기 때문에, 이 부문에 종사하는 사람들이 열의를 갖고 일하려 하지 않는다.

둘째, 손실의 규모가 커지면, 정부가 수행하고 있는 다른 부문에서의 사업과 가용자금을 놓고 다투는 양상이 벌어질 수 있다.

셋째, 손실보전을 위한 일반재원의 조달과정에서 비효율성(사회후생의 상실)이 발생하게 된다.

3. 공공요금 책정의 추가적 고려요인

1) 소득재분배를 고려한 공공요금

공공요금 결정에 있어 공평성(소득재분배)도 중요한 고려사항이 되어야 한다(M. Feldstein). 소득의 사회적 한계효용이 소득증가에 따라 감소한다면, 소득탄력성이 높은 공공서비스에는 높은 가격을 책정하는 방식이 적절할 것이다. 또한 일부 준공공재에 따라서는 저소득자의 이용을 촉진시키기 위해서 공공요금의 인상을 억제해야 한다.

공공요금의 인상을 억제하는 방법으로는 공공요금을 일률적으로 낮은 수준에서 묶고, 그에 따라 발생하는 수입부족액을 세금으로 보전하는 조치가 있다. 그러나 이 방법은 다음과 같은 문제점을 발생한다.

첫째, 낮은 공공요금 책정의 혜택이 당초 의도와 달리 고소득자에게도 돌아갈 수 있다. 이럴 경우 낮은 공공요금 책정은 오히려 공평성을 저해하는 문제를 나타낸다.

둘째, 특정 지방자치단체가 경영하는 공기업의 손실을 다른 지방자치단체의 주민들도 부담하여 보전하는 상황이 발생할 수 있다.

셋째, 거액의 보조금이 소요되므로 다른 정책과의 상충관계(trade-off)를 초래한다.

생활곤란자에게만 공공요금을 감면하는 방법을 시행할 수도 있다. 그 예로는 저소득층에 대한 수도요금 감면, 전화의 기본요금 감면, 쌀값 인상시 그 인상분을 저소득층 생활보조비에 가산하는 방법 등을 들 수 있을 것이다. 하지만 이 방법은 다음과 같은 부작용을 드러낼 수 있다.

첫째, 생활보호자로 지정되지 못한 생활이 곤란한 저소득층의 부담이 커진다.

둘째, 생활보호자인지 아닌지에 대한 정확한 확인이 쉽지 않다.

셋째, 생활보호자로 지정된 계층의 심리적 부담감이 크다.

2) 경제안정을 반영한 공공요금

공공요금을 결정할 때는 거시적 요인으로서 물가 및 경기안정을 고려해야 한다. 왜냐하면 공공요금의 인상은 물가상승과 그에 따른 경기불안의 원인이 될 수 있기 때문이다.

장기적으로 보면 공공요금의 인상은 물가를 상승시켜 소비자들의 총수요를 억제시킨다. 만약 초과수요로 인한 인플레이션이 지속되고 있다면, 공공요금을 인상하는 조치는 총수요억제효과를 통해 인플레이션을 진정시킬 수도 있다.

3) 공공요금 결정의 추가적 고려사항

이상에서 언급한 것처럼 공공요금이 바람직하게 책정되기 위해서는 그것이 자원배분에 미치는 영향(효율성)뿐만 아니라 소득재분배효과(공평성)를 동시에 고려해야 한다. 그 이외 공공요금 결정시 추가적으로 반영해야 할 사항으로 다음을 지적할 수 있다.

첫째, 공공서비스에 대한 정확한 수요 파악이 가능한지의 여부를 고려해야 한다. 정확한 수요를 반영하여 공공서비스의 공급이 이루어져야 효율을 담보할 수 있다.

둘째, 공공서비스를 공급하는데 소요되는 비용을 정확히 파악하여 반영해야 한다. 이는 그 비용만큼 요금을 책정함으로써 공기업의 독립채산제 실현을 위해 요구되는 조건이다.

셋째, 공공요금의 부과목적(효율성, 공평성, 재정수입의 획득 등)을 분명히 해야 한다. 공공요금의 부과목적은 일반적으로 공공서비스 공급에 필요한 재원조달에 있으며, 그 이외 부수적인 목표를 추구하게 된다.

넷째, 행정적으로 시행이 용이한지를 감안해야 한다. 공공요금 책정과 관련하여 행정절차를 간소화하고 소요비용을 최소화하는 조치가 필요하다.

다섯째, 경제의 다른 부문과의 관련성을 고려해야 한다. 공공요금 책정이 다른 부문의 상황을 어렵게 만들지 말아야 하며, 관련 부문 간의 조화를 모색하는 방향 설정이 요구된다.

여섯째, 경제 여건의 변화에 대해 신축성을 가져야 한다. 공공요금은 그 사회의 경제상황 등의 변화를 반영하고, 경제적 약자를 배려하는 방식을 병행해야 할 것이다.

제3절 공채의 기초

1. 공채의 의의와 특성

1) 공채의 의의

넓게 보면 공채는 공공부문의 모든 채무를 의미하지만, 일반적으로는 국가나 지방자치단체가 공공경비 집행에 필요한 재원을 조달하기 위하여 화폐적 신용을 민간부문으로부터 얻을 때 발생하는 채무를 가리킨다.

전통적으로 국가의 재정운영은 균형재정이 이상적이라는 견해가 지배적이었다. 그러나 최근에는 적절한 활용이 전제되면 상황에 따라서는 공채의 발행 등을 통한 적자재정(재정적자)도 허용하는 양상이 늘어나고 있다. 이는 경기불황기(deflation)에 정부가 공채발행을 통해 조달한 재원으로 공공지출(정부지출)을 늘림으로써 경기를 진작시켜 불황을 극복하는 적극적인 재정정책(적자재정)이 긍정적이고 필요하다는 인식이 커지고 있음을 시사한다.

이하에서는 유가증권화된 채권 형태로 정부가 발행하여 활용하고 있는 공채에 한정하여 그 특성, 역할 등에 대해 알아보도록 하겠다[7].

2) 공채의 특성

현대국가는 활동 영역이 날로 커지고 있으며, 그 기능을 실효성 있게 추진할 수 있기 위해서는 충실한 재정기반의 구축이 무엇보다 중요하다. 공채는 조세와 더불어 중앙정부, 지방정부(지방자치단체), 그리고 기타 공공부문의 핵심적인 재원조달 수단으로 활용되고 있으며, 다음과 같은 특성을 갖는다.

첫째, 강제징수를 특징으로 하는 조세와 달리 공채는 민간부문의 자발적 인수를 전제로 한다. 따라서 조세보다 국민의 저항이 작다.

---

7) 특수은행이 정부사업을 추진하기 위해 발행하는 산업금융채권, 농업금융채권, 국민주택채권 등의 장기채권은 정부보증채로서 국채(공채)는 아니지만 국채와 유사한 특징을 갖는다.

둘째, 단기간에 대규모의 재원조달이 가능하다.

셋째, 공채는 상환기가 도래하면 통상 국민들의 납세에 의해 상환이 이루어진다.

넷째, 공채부담은 장기간에 걸쳐 배분할 수 있다. 그러므로 공채는 공공서비스의 재원을 시간적으로 조정할 수 있는 잠정적 공공수입원의 특성을 갖는다.

다섯째, 편익이 장기간에 걸쳐 제공되는 공공시설의 구축을 위한 재원은 공채로 조달하는 것이 부담의 공평상 바람직하다.

3) 공채와 조세의 비교

조세는 공공서비스에 대한 일종의 반대급부로서 납부에 강제성이 수반된다. 반면 공채는 강제성보다는 자발적 교환원리에 따라 민간부문이 인수하는 공공수입원이다. 다만, 강제소화되는 공채의 경우는 예외에 해당한다. 조세는 납세자의 실질소득을 감소시키지만, 공채는 인수한 개인의 실질소득을 반드시 감소시킨다고 할 수 없다.

조세납부는 민간의 소비감축에 의해 이루어지지만, 공채인수 자금은 민간의 저축(투자)축소를 통해 조달된다. 따라서 조세와 공채를 활용한 정부지출이 초래하는 경제적 효과(자원배분에 미치는 영향)는 상이하게 나타난다. 왜냐하면 조세승수효과와 정부지출승수효과가 다르기 때문이다. 하지만 리카르도(D. Ricardo)와 바로(R. Barro) 등은 이를 부정하고, 양자의 영향은 동일하다는 입장이다(Ricardo-Barro equivalence theorem, 리카르도-바로의 등가정리).

소비의 성격이 강한 정부지출 재원은 조세수입 형태로 충당하는 것이 바람직하고, 투자의 성향이 뚜렷한 정부지출 재원은 공채발행을 통한 조달이 보다 합리적이라고 하겠다. 그 근거로는 다음과 같은 점을 들 수 있다.

일반적으로 기술진보와 생산성의 증대로 인해 미래세대에 속하는 사람들은 현재세대보다 한층 풍요로운 생활이 가능할 것이다. 한편 부유한 사람으로부터 가난한 사람에게 소득을 이전해 주거나, 부유한 세대로부터 가난한 세대로 소득을 이전해 주는 조치는 바람직하다고 할 수 있다. 이런 점을 감안할 때 공채상환은 미래세대의 납세를 통해 이루어지기 때문에 미래세대(부유한 세대)로부터 현재세대(가난한 세대)로 소득을 이전시키는 역할을 한다. 따라서 공채에 의한 재원조달이 조세에 의한 재원조달보다 합리적이라는 것이다.

조세수입의 징수과정에서 발생하는 초과부담과 공채가 유발하는 초과부담을 비교하면, 대체로 공채발행에 의한 초과부담이 더 작다. 따라서 효율성 측면에서 공채발행을 통한 재원조달이 조세수입의 경우보다 더 나을 수 있다. 그러나 공채발행이 야기할 수 있는 민간투자의 위축에 기인하는 구축효과(장기적으로 효율성의 저하 초래) 등을 감안하면, 양자 간 효율성 측면에서의 우열비교는 쉽지 않다.

2. 공채의 종류

1) 모집지

국내에서 발행되어 소화되는 공채를 내국채라 하고, 해외에서 발행되어 모집되는 공채를 외국채라고 한다.

2) 발행주체

중앙정부(기획재정부장관)가 발행하는 공채를 국채라고 하며, 지방정부(지방자치단체)에 의해 발행되는 공채는 지방채로 분류된다. 국채는 국가재정법 등을 근거로 하여 발행되며, 용도에 따라 재정자금 조달을 목적으로 하는 국고채권(이전의 국채관리기금채권), 외국환관리를 위한 외국환평형기금채권, 주택건설재원을 마련하기 위한 국민주택채권, 공공용지수용비 지급재원의 조달을 목적으로 하는 공공용지보상채권 등이 있다. 반면 지방채는 지방자치단체가 지방재정법에 근거를 두고 지방재정의 건전한 운영과 공공의 목적을 위해 재정상 필요에 따라 발행하며, 발행기관은 특별시·광역시 등 광역자치단체와 시·군 등 기초자치단체이다.

3) 상환기간

일반적으로 상환기간이 1년 미만인 공채를 단기채라고 하며, 그 이상인 경우를 중·장기채라고 한다. 유통시장에서는 상환기간이 2년 이상인 공채일지라도 만기일까지의 잔존기간이 1년 이하이면 단기채라고 부른다.

장기공채는 그것의 상환재원(償還財源)을 기금 등으로 마련하여 정해진 조건에 따라 원리금을 지급하는 확정공채(確定公債)에 해당하며, 단기공채[8]는 확정된 상환재원을 마련하지 않고 당해 회계연도 내에 상환하는 유동공채(流動公債)이다.

4) 생산성

(1) 생산적 공채

조달된 재원이 생산적 목적에 사용되었던 공채의 예로는 산업부흥국채, 전화채권, 도로국채 등이 있었다. 이런 공채들은 사회의 생산능력과 기반을 직·간접적으로 증대시키는 역할을 하였

8) 단기공채는 장기공채와 비교할 때 유동성(流動性)이 높다. 따라서 경기가 불황일 때 단기공채의 발행은 유효수요를 늘려 가라앉은 경기를 진작시키는 역할을 하며, 반대로 경기가 호황일 때는 장기공채의 발행이 경기과열을 억제시키는 적절한 수단으로 작용하게 된다. 한편 단기공채는 장기공채보다 일반적으로 이자율이 높고 상환기간이 짧으며 차환(借換)도 수시로 요구되기 때문에 관리비용이 많이 드는 특징이 있다.

다. 철도·통신·전매사업 등과 같이 그 수익으로 공채의 원리금을 상환할 수 있는 사업에 투자하는 공채도 생산적 공채에 해당한다.

(2) 비생산적 공채

공채재원이 비생산적인 소비적 목적에 사용되는 공채로서 건국국채, 전시공채 등을 예로 들 수 있다. 이를 사중적 공채(死重的 公債)라고도 한다. 전비(戰費)의 조달을 목적으로 발행되는 전시공채는 파괴 목적의 전쟁수행을 뒷받침한다는 점에서 볼 때 대표적인 비생산적 공채이다.

5) 시장거래 가능성

(1) 매매가능공채(시장성 공채)

자본시장에서 매매될 수 있는 단기국고증권(유동성이 높으므로 유사화폐에 해당)과 장기채권(1·2차 세계대전 때 전비조달 목적으로 발행된 각국의 공채)이 매매가능공채의 예이다. 매매가능공채 보유자에게는 원칙적으로 이자를 지급하지 않는다. 한편 매매가능공채는 원본의 가치를 보장할 수 없으므로 그 거래가격은 위험부담비용을 포함하며, 특히 이자율이 상승할 때 장기채권 보유자는 큰 자본손실을 볼 수 있다. 이는 매매가능공채에 대한 구입의욕을 떨어뜨리는 문제점을 발생시킨다. 이에 따라 위험부담을 극복하기 위한 방안으로 매매불가능공채가 고안되었다.

(2) 매매불가능공채(비시장성 공채)

자본시장에서 매매가 불가능한 공채[9]로서 미국의 저축증권이 이에 해당된다. 매매불가능공채를 만기까지 보유하고 있으면 소정의 이자를 지급받는다. 만약 만기 이전에 현금화하려면 소정의 이자를 제외한 상각을 한다.

6) 강제성 여부

(1) 강제공채

강제공채는 민간부문 개별 경제주체의 의사를 전혀 고려하지 않고, 강제적으로 소화시키는 공채를 가리킨다. 국가가 민간부문의 구매력을 강제적으로 공공부문에 이전시킬 필요가 있을 때(전시, 비상시 등) 발행한다. 그러나 지나치게 많은 강제공채 발행은 국민의 국가의식 내지 정부에 대한 신뢰도의 저하를 초래할 수밖에 없다. 이와 같은 강제공채는 명칭만 공채일 뿐이며, 실질적으로는 조세에 해당한다고 할 수 있다.

---

9) 매매불가능공채와 구분되는 제한시장성 공채는 공채관리상 시장에서 매매가 제한되는 공채를 말한다.

(2) 임의공채

개인의 자발적 의사(결정)에 따라 소화되는 공채로서 정부는 단지 공채발행의 조건만 제시한다. 일반적으로 공채를 말할 때는 임의공채를 가리킨다. 임의공채 발행자와 인수자는 시장경제에서 상품 판매자와 구입자의 관계를 닮았다고 할 수 있다. 따라서 임의공채의 인수(소화) 여부는 전적으로 당사자의 자유로운 선택에 맡겨진다.

7) 발행방법

(1) 공모공채

공채 발행자가 일정한 발행조건을 공시하고 공채 구입자를 모집하는 공채로서 가장 보편적인 발행 방법을 따른다. 이는 공채발행과 관련한 일체의 내용(공채발행 조건)을 일반에게 공시한 후 자발적인 응모에 의해 인수(소화)가 이루어지며, 그 인수방식으로는 시중은행인수, 개인인수 등이 있다.

(2) 교부공채

일정한 자격과 조건을 갖추고 있는 일반인을 대상으로 하여 현금지급 대신 교부하는 공채로서 징발보상증권, 국제금융기구에 통화대용증권으로 출자했던 과거의 출자재정증권 등이 있다. 교부공채는 다른 공채처럼 그 발행 자체가 재정수입으로 직결되지 않기 때문에 예산으로 파악되지 않는다[10].

3. 공채의 기능과 각 학파의 공채관

1) 공채발행의 정당성

(1) 기채의 전제조건

공채의 발행(기채)이 적절하게 이루어질 수 있기 위해서는 정부의 행정능력과 신뢰성 확보, 생산적인 국가활동(국가활동의 생산성), 조세수입의 충분성, 국민의 재정당국에 대한 긍정적 인식과 정부에 대한 지지 등의 조건이 전제되어야 한다.

(2) 공채발행의 인정

전시(戰時), 경제공황 및 기타 비상시에 긴급한 공공지출이 필요할 때, 공공욕구 충족에 필요

10) 그 밖에 공채의 발행방법으로는 중앙은행인수공채, 첨가공채가 있다. 중앙은행인수공채는 긴급한 필요가 있는 경우 정부가 중앙은행에 공채를 인수시켜 자금을 조달하는 것을 말한다. 첨가공채는 특정 시설로부터 편익을 얻는 경제행위에 첨가하여 그 시설비용을 충당하기 위해 발행하는 공채이다.

한 재원을 조달하려 할 때, 상환능력이 충분한 공기업이 재원을 조달하려 할 때에는 공채발행이 정당화된다. 이와 같이 공채발행의 추진은 그것이 행위 전보다 국민후생의 증진을 도모하거나 산업기반의 확충, 불합리한 사회구조의 시정 등 긍정적인 성과를 기대할 수 있어야 한다.

(3) 공채발행의 부정

무분별하고 비생산적인 공채의 남발은 국민부담을 가중시키는 원인이 될 뿐만 아니라 국민경제를 왜곡시키는 부작용을 초래할 수 있다. 따라서 다음과 같은 경우는 공채발행을 허용하지 않는 것이 통례이다.

첫째, 경제성이 없는 공기업에 투자할 때

둘째, 경상적 경비를 조달하려고 할 때

셋째, 민간기업 또는 특수민간단체에 대해 단순히 증여하려고 할 때

넷째, 공채를 통해 조달된 재원으로 마련된 공공시설의 수명보다 공채의 상환기간이 길게 책정되어 있을 때

다섯째, 공채발행이 이자지급액 이외의 비용을 발생시킬 때

여섯째, 공채가 총수요를 줄임으로써 생산활동의 규모를 위축시킬 가능성이 있을 때

일곱째, 공채상환을 전적으로 미래의 조세부담에 의존하면서 공채인수자에게 사실상 하등의 이익도 주지 못할 때

2) 공채의 기능

공채발행을 통해 조달된 재원은 정부지출로 연결되어 국민소득을 증가시키는 역할을 하게 된다. 이는 공채의 단기적 기능으로서 소득창출효과(유효수요증대효과)라고 한다. 한편 공채를 활용한 정부지출은 국민경제 전체적으로 자본축적을 심화시킴으로써 생산기반을 확충(강화)하는 역할을 할 것이다. 이는 공채의 장기적 기능으로서 생산능력증대효과라고 부른다.

케인스(J.M. Keynes)는 공채발행을 통한 정부지출 확대가 총수요 증가로 이어져 국민소득을 증대시키는 공채의 소득창출효과를 강조하였다. 한편 러너(A.P. Lerner)는 자산효과까지 공채의 기능으로 포함시켰다.

러너에 따르면 경기 불황에 대한 대책으로 공채발행을 통한 정부지출의 확대는 총수요 증가와 더불어 공채를 인수한 민간부문의 공채 잔액을 늘리게 된다. 이에 따라 민간부문은 보유 공채의 증가를 자산의 증대로 인식하여 소비지출(총수요)을 확대(자산효과)하기 때문에 국민소득은 더욱 증가한다는 것이다.

해로드(H. Harrod)와 도마(E. Domar)는 공채를 이용한 정부지출(공공투자)은 자본축적을 가져와 장기적으로 생산능력을 제고한다고 하였다(공채의 생산능력증대효과).

3) 각 학파의 공채관

(1) 고전학파

고전학파는 기본적으로 정부의 경제활동은 가능한 작아야 한다는 작은 정부론의 입장이었다. 따라서 공채의 발행과 활용은 정부의 경제활동 영역에 속하므로 공채는 불필요하거나 비생산적인 수단으로 간주하였다. 고전학파는 공채의 발행이 민간자본의 축소와 소비확대를 초래한다는 인식이 컸다. 따라서 공채발행에 대해 대체로 회의적이었다. 다만, 일부 고전학파 학자들은 제한적으로 공채발행을 긍정하였다.

① 스미스의 견해

스미스(A. Smith)는 공채가 민간저축의 축소를 통해 충당되므로 민간투자의 감소를 초래하고, 이에 따라 생산 감소가 발생하기 때문에 국부(國富)를 줄이는 영향을 미친다는 보았다. 또한 국가경제를 비생산적인 소비지출 부문으로 간주하여 공채가 발행되면 생산적인 민간투자 지출을 비생산적인 정부소비 지출이 대치할 뿐이라는 공채해악론을 주장하였다. 이에 더하여 공채의 이자부담자와 공채의 이자수취자가 다르기 때문에 생산성의 감소효과(minus effect)가 초래된다는 점에서 공채발행에 반대를 드러냈다.

② 흄의 견해

흄(D. Hume)은 공채발행이 갖는 긍정적인 효과보다는 부정적인 영향을 강조하였다. 그는 다음과 같은 이유를 들어 공채 발행에 찬성하지 않았다.

첫째, 공채는 상환기에 미래세대의 조세부담을 가중시킨다.

둘째, 전시공채는 공채이자액만큼 전비를 증대시킬 뿐이다.

셋째, 공채는 남용의 우려가 있다.

넷째, 공채의 발행은 국가부채의 증대를 의미하고, 지속적인 공채발행은 종국적으로 국가파산을 초래할 위험이 크다.

③ 밀의 견해

밀(J.S. Mill)은 공채에 대해서 근본적으로는 부정하였지만, 공채가 민간부문에서 활용되고 있지 않는 자금을 흡수하는 경우에는 허용해야 한다는 입장이었다.

④ 공채의 발행을 찬성하는 고전학파 학자들의 주장

스튜어트(J. Steuart)와 해밀톤(A. Hamilton)은 공채발행이 통화공급의 확대를 통해 경제활동을 촉진한다고 하였다. 맬서스(T.R. Malthus)는 공채발행이 시장의 과잉공급 상태를 해소할 수 있는 유력한 수단이 된다고 보았다.

(2) 사회정책학파

독일의 정통파 재정학자(일명 사회정책학파)들은 정부의 경제활동을 긍정적으로 간주하였음은 물론 생산적이라는 인식을 가졌다. 디첼(C. Dietzel)은 공채의 발행이 한정된 가용자원을 비생산적 부문에서 생산적 부문으로 이전시키는 역할을 한다고 하였다. 스트루엔세(C.A. Struensee)는 일국의 부(富)는 내국채와 외국채를 이용한 생산적인 공공투자를 통해 증대된다는 주장을 내세웠다. 바그너(A. Wagner)는 공채가 이자를 지불할 수 있는 공공투자의 재원조달 목적으로 발행된다면 바람직하다고 하였다(단, 공채에 의한 재원조달은 비경상적 지출(임시비)에 국한).

(3) 케인스 학파

케인스 학파(Keynesian)에 따르면 경기불황을 타개하기 위해서는 공채발행으로 조달한 재원을 활용한 정부지출 확대가 중요한 역할을 한다. 그들은 공채가 유효수요 증대를 통해 경제안정을 이룰 수 있는 강력한 수단이 된다는 입장이다.

(4) 신고전학파

신고전학파는 가격기구의 신축적 작동에 의해 장기적으로 경제의 안정적 균형성장이 달성될 수 있다고 보기 때문에 공채의 역할을 크게 인정하지 않는다. 그들은 공채발행이 저축과 투자를 위축시킴으로써 장래의 소득이 감소되는 부정적 영향을 초래한다는 것이다. 마찬가지로 조세 부과의 경우도 저축과 투자를 위축시켜 장래의 소득을 줄인다.

이런 점들을 고려할 때 신고전학파에 따르면 공채와 조세가 장래소득에 미치는 손실의 차이에 의해 양자 간의 우월성이 결정된다고 하겠다.

제4절 공채의 경제적 효과

공채를 활용한 정부지출은 자원배분, 소득재분배, 경제안정 등 전반적인 경제활동에 영향을 미친다. 공채를 이용한 정부지출이 자원배분과 경제안정에 미치는 영향(경제적 효과)은 정부지출 확대가 초래하는 재정효과와 그 이외의 파급효과로 구분할 수 있다. 통상 전자를 공채의 단기효과라고 하며, 후자를 장기효과라고 부른다.

1. 공채의 자원배분효과

공채의 발행은 민간부문과 공공부문 간 자원배분뿐만 아니라 세대 간 자원배분에도 영향을 미친다. 이를 공채의 자원배분효과라고 하며, 이러한 영향은 총수요의 변화를 가져옴으로써 경제안정과 밀접하게 연결되어 있다.

1) 공채의 민간부문과 공공부문 간 자원배분효과

민간인수공채는 자원을 민간부문에서 공공부문으로 이전시킨다. 이는 민간이 사용할 가용자원을 삭감시킴으로써 민간투자를 저해할 수 있다. 그러나 민간저축의 삭감으로 조달된 민간인수공채 재원을 공공자본의 축적에 사용할 경우에는 민간자본과 공공자본의 적정균형을 유도하는 역할을 한다. 따라서 공채의 자원배분효과는 민간부문의 자원이용 수준과 공채인수자가 누구인지의 여부에 따라 달라진다.

(1) 자원이 유휴 상태일 때(불황기)

① 민간인수공채(시중은행인수공채)

민간부문의 자원이 유휴 상태에 있는 불황기일 때 민간인수공채의 발행은 민간자원의 감소를 초래하지 않는다. 오히려 정부지출의 확대를 통해 민간투자를 자극함으로써 총수요를 증가시켜 국민소득을 늘리는 작용(crowding-in effect, 구입효과)을 할 수 있다.

② 중앙은행인수공채

불황기에 중앙은행인수공채의 발행을 활용한 정부지출 증대는 통화량의 증가를 수반하므로 다른 인수방법보다 유효수요증대효과가 더 크다. 이 방법은 정부지출의 증가가 초래하는 유효수요증대에 더하여 통화량의 확대에 따른 유효수요증가가 결합되어 나타나기 때문에 더욱 적극적으로 불황을 극복시킬 수 있는 작용을 하게 된다.

(2) 자원이 완전 이용 상태일 때(호황기)

① 민간인수공채(시중은행인수공채)

호황기에 민간인수공채 발행을 통한 정부지출 확대는 민간의 가용자원 사용을 위축시킴으로써 이자율의 상승을 초래하고, 그에 따라 민간투자를 저해하는 영향(crowding-out effect, 구축효과)을 발생시킨다. 따라서 국민소득의 증대여부는 불투명하며, 민간부문의 경제활동을 위축시키는 부정적인 영향을 초래하게 된다.

② 중앙은행인수공채

호황기에 중앙은행인수공채 발행을 통해 정부지출을 확대하면 통화량의 증가를 초래하고 이에 따라 초과수요 압력으로 물가상승을 유발하며, 더불어 실질소득의 하락을 가져옴으로써 민간소비의 감소를 발생시킨다. 따라서 국민소득은 증대되지 못하고 물가상승에 따른 인플레이션을 유발할 수 있다.

2) 공채의 세대 간 자원배분효과

편익이 장기간에 걸쳐 제공되는 공공시설 공급을 위한 재원조달은 공채를 이용하는 것이 세대 간 자원배분 측면에서 더 바람직(효율적)하다. 왜냐하면 공채로 자금을 조달하면, 공공시설의 내구기간에 걸쳐 그것을 이용하는 후세대 사람들에게까지 비용을 분할하여 부담시킬 수 있기 때문이다(이용시 지불의 원칙). 이런 효과는 지방공공재의 공급재원을 공채(지방채)로 조달하는 경우 더욱 강하게 나타난다.

2. 공채의 소득재분배효과

공채의 발행은 그 부담이 각 사회구성원 또는 소득계층별로 어떻게 분담되느냐와 마련된 재원이 어떤 용도로 사용되느냐에 따라 상이한 소득재분배효과를 발생한다. 공채가 소득재분배에 미치는 영향은 공채부담의 분담방법과 공채수입의 지출용도 등에 의해 결정된다.

1) 공채부담 분담방법과 소득재분배효과

(1) 화폐 형태의 균형적 공채부담

화폐 형태의 균형적 공채부담은 공채원금 상환과 공채이자 지급재원을 모든 사회구성원에게 동액의 조세액을 부과하여 마련한다. 모든 사회구성원에게 똑같은 금액의 세부담을 지우는 방식으로 공채부담이 이루어지기 때문에 이때는 소득재분배효과가 없다.

(2) 실물 형태의 균형적 공채부담

실물 형태의 균형적 공채부담은 공채자금을 재원으로 사용하여 제공되는 공공서비스의 크기가 사회구성원들이 납부한 조세액에 비례해서 결정되고, 공급된 공공서비스를 모든 사회구성원들이 동일하게 소비하는 경우를 말한다. 이는 국방, 치안, 헌법과 같은 순수공공재 공급에 필요한 재원의 마련을 공채발행으로 조달하는 경우로서 이때는 소득재분배효과가 없다.

(3) 화폐 형태의 불균형적 공채부담

화폐 형태의 불균형적 공채부담은 공채원리금 상환 재원을 마련함에 있어 사회구성원이 납부해야 하는 조세액을 상이하게 책정하여 조달하는 경우를 가리킨다. 이때는 사회구성원들의 조세분담액이 서로 상이하므로 소득재분배효과가 나타난다.

(4) 실물 형태의 불균형적 공채부담

실물 형태의 불균형적 공채부담은 공채자금을 재원으로 사용하여 공급되는 공공서비스의 규모가 사회구성원의 조세부담액에 비례하지 않으며, 사회구성원들의 조세부담액과 그들의 공공서비스 소비 수준이 상이하다. 이는 의무교육, 공영주택, 학교급식 등과 같은 준공공재의 공급에 필요한 재원을 공채 발행에 의해 확보하는 경우로서 이때는 소득재분배효과가 나타난다.

2) 공채수입의 지출용도와 소득재분배효과

공채로 조달된 재원을 상대적으로 저소득층에게 더 큰 혜택을 부여하는 공공지출(공공서비스)에 사용할 경우에는 소득재분배효과가 있지만, 상대적으로 고소득층에게 더 큰 혜택을 제공하는 공공지출에 사용한다면 소득분배는 악화된다. 한편 모든 계층에 대해 동일한 혜택을 주는 공공서비스를 공급하기 위해 공채수입을 지출할 때는 소득재분배효과가 없다.

이상에서 살펴보았듯이 공채의 소득재분배효과는 사회구성원 또는 계층을 대상으로 공채부담을 어떻게 분담시키느냐와 공채수입(재원)을 어떤 용도로 사용하느냐를 동시에 반영한 파악이 요구된다. 하지만 현실적으로 이와 관련된 현황(실태)을 정확하게 아는 것이 쉽지 않기 때문에 공채의 구체적인 소득재분배효과는 단정(명확한 판정)이 곤란하다.

3. 공채의 경제안정효과

공채가 자원배분 및 경제안정에 미치는 영향은 크게 단기효과와 장기효과로 나눌 수 있다(J. Tobin). 공채의 단기효과는 공채 재원을 공공지출에 사용했을 때 나타나는 국민경제에 미치는 최초의 영향으로 재정효과(fiscal effect)를 말한다. 다시 말해 이는 공채가 자원배분과 유효수요에 미치는 직접적인 영향이라고 하겠다.

공채의 장기효과는 공채가 존속(공채상환이 이루어지기 이전의 기간)하는 동안 지속적으로 국민경제에 미치는 영향을 가리킨다. 구체적으로 공채가 화폐수요와 이자율에 영향을 미쳐 유효수요를 변화시키는 효과가 그에 해당한다.

1) 공채의 단기효과

[그림 8-6]에 제시되어 있는 것처럼 IS_0과 LM_0이 만나는 E_0점에서 최초의 균형이 이루어졌다. 이때 공채발행을 통해 조달된 재원으로 정부지출을 확대시키면 IS_0이 IS_1로 이동하여 구축효과가 없는 경우(이자율 상승이 없는 경우)는 E_1점에서 새로운 균형을 형성하고, 부분적 구축효과가 초래되는 경우는 E_2점에서 새로운 균형을 이루게 된다. 이와 같이 확대 정부지출이 국민소득(유효수요)에 미치는 영향을 재정효과라고 하며, 이는 공채의 단기효과에 해당한다.

공채의 재정효과는 공채발행을 활용한 정부지출이 총수요(국민소득)에 미치는 1차적 영향이다. 이와 같은 재정효과는 구체적으로 공채의 인수방식이나 공채수입의 지출목적에 따라 총수요에 상이한 영향을 미치게 된다.

그림 8-6 공채의 경제안정효과

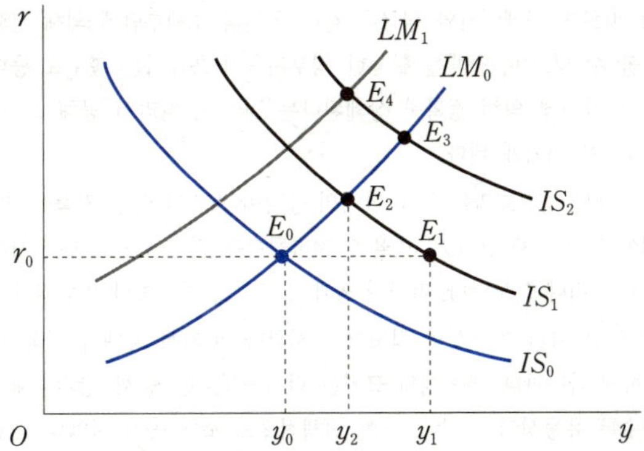

2) 공채의 장기효과

공채보유가 총수요에 미치는 영향을 말하며, 민간보유공채의 장기효과를 가리킨다. 이는 저량(stock)으로서의 공채가 총수요에 미치는 간접적인 효과를 말한다. 공채의 장기효과는 금융효과를 근간으로 하며, 자산효과, 통화량효과(유동성효과), 이자율효과 등으로 구분된다.

(1) 자산효과

공채의 민간인수는 그것을 인수한 민간부문으로 하여금 자산(공채자산)이 증가되었다는 심리적 만족감을 갖게 한다. 따라서 주어진 가처분소득 내에서 소비지출을 늘리도록 하는 자극을 나타낸다. 이는 민간부문이 공채를 자산의 일부분으로 인식하기 때문에 벌어지는 현상이다[11]. 이러한 공채의 영향을 자산효과(wealth effect, Lerner effect)[12]라고 한다(공채발행 → 민간부문의 공채자산(富) 증가 → 소비지출 증가 → 총수요 증가).

[그림 8-6]에서 확대 정부지출에 의해 IS_0이 IS_1로 이동하고, 이것에 추가하여 소비지출이 늘어남으로써 IS_1이 IS_2로 재차 이동하여 새로운 균형이 E_3점에서 형성되도록 작용하는 영향이 자산효과이다.

(2) 통화량효과

공채가 통화량의 크기(규모)에 변화를 발생시킴으로써 유효수요(LM곡선)를 변동시키는 영향을 가리킨다. [그림 8-6]에서 공채의 자산효과에 의해 국민소득이 증가하면 거래적 화폐수요가 늘어남으로써 LM곡선이 LM_0에서 LM_1로 이동하여 E_4에서 새로운 균형을 형성시키는 영향을 공채의 통화량효과(유동성효과, liquidity effect)이다[13]. 이는 LM곡선의 좌측이동을 초래한다.

---

11) 한편 공채의 자산효과를 부정하는 대표적인 견해로는 합리적 기대형성론자인 바로(R. Barro)의 등가정리를 들 수 있다. 등가정리에 따르면 공채이자와 원금은 결국 국민의 조세부담에 의해 상환되기 때문에 공채 증대가 민간자산의 순증가로 볼 수 없으며, 공채를 활용한 정부지출이 초래하는 총수요 증대가 공채상환을 위한 저축 증가로 말미암은 총수요 감소에 의해 정확히 상쇄된다는 것이다. 따라서 공채와 조세를 활용한 정부재원 조달은 자원배분에 동일한 영향을 미치게 된다.

12) 미드(J.E. Meade)는 공채의 자산효과를 공채 잔액의 증감이 소비가 아닌 저축에 미치는 영향으로 파악하였다. 그는 가처분소득에 대한 자산(공채 잔액)의 비율이 저하될수록 저축이 증가하여 자본축적이 심화되고 경제성장에 바람직한 영향을 미치게 된다고 보았다. 따라서 공채의 축소가 증가보다 바람직하다고 주장하였다.

13) 유동성은 공채와 화폐 간 교환 가능성의 정도를 표시한다. 따라서 공채가 어떻게 구성되느냐에 따라 유동성에 미치는 영향은 상이하게 나타난다. 유동성의 크기는 단기공채, 중기공채, 장기공채의 순서로 작아진다. 따라서 단기공채의 비중이 클수록 유동성이 커진다. 사회 전체적으로 보면 공채 잔액의 구성과 사회의 총수요 간에도 일정한 관계가 있기 때문에, 공채 잔액이 변하지 않더라도 그 구성에 있어서 단기공채의 비중이 높으면 유동성이 커지므로 사회의 총수요는 증가하게 된다.

(3) 이자율효과(interest effect)

공채는 민간보유자산 가운데 일부를 구성하기 때문에 소득이나 이자율과 함께 화폐수요에 영향을 미친다. 화폐수요가 자산의 증가함수라고 하면, 공채 잔액(자산)이 늘어날수록 화폐수요가 커지고, 이에 따라 이자율이 높아져 투자지출을 억제시키는 결과가 나타난다. 이를 공채의 이자율효과라고 한다[공채발행 → 민간자금과 경합 → 이자율(r) 상승 → 투자억제효과].

3) 공채의 경제안정효과에 대한 각 학파의 견해

공채발행을 활용한 정부지출(적자재정)의 확대가 국민소득을 늘릴 수 있는가에 대해 각 학파는 다양한 주장을 제시하였다.

(1) 케인스 학파

재정적자를 수반하는 정부지출(공채를 이용한 정부지출)은 총수요의 팽창을 통해 국민소득을 증대시킨다(소득창출효과). 케인스 학파(Keynesian)는 [그림 8-6]에서 최종균형점인 E_4는 최초의 균형점 E_0의 우측에 존재한다고 하였다. 케인스 학파는 공채발행을 통해 조달한 재원을 정부지출에 사용하면 부분적인 구축효과를 수반하지만, 종국적으로는 국민소득을 늘리는 효과를 발생시킨다는 것이다.

(2) 통화론자(신고전학파)

공채의 발행은 필연적으로 구축효과를 발생시킬 수밖에 없다. 따라서 재정적자를 수반하는 정부지출은 단기적으로는 유효성이 있으나, 장기적으로는 국민소득의 증대에 기여하지 못하고 물가의 상승만 초래한다. 통화론자(신고전학파)에 따르면 공채발행을 활용한 정부지출이 장기적으로 100% 구축효과를 발생시키고, 이에 따라 일련의 과정을 거쳐 최종균형점은 [그림 8-6]의 E_4점에서 형성된다. 그런데 E_4의 국민소득 수준은 최초의 균형점 E_0에서와 같기 때문에 국민소득은 불변이다.

(3) 새고전학파

새고전학파(new-classical)의 입장은 리카르도-바로의 등가정리(Ricardo-Barro equilivalence theorem)로 대변된다. 재정적자를 수반하는 정부지출은 장·단기 모두 국민소득에 영향을 미치지 못하며 물가의 상승만 초래한다는 것이다. 새고전학파에 따르면 경제 주체들이 합리적 기대를 갖고 행동하므로 공채를 이용한 확대 정부지출은 [그림 8-6]의 최초균형점 E_0에 전혀 영향을 미칠 수 없다.

4. 리카르도-바로의 등가정리

1) 등가정리의 의의

개개인의 합리적 행동(합리적 기대)과 자본시장의 완전성을 전제하면, 공채를 인수한 현재세대는 미래에 닥칠 공채상환을 위한 조세납부에 대비하여 저축을 증가시킨다. 그리고 공채상환기에 조세부담을 해야 할 미래세대(후손)의 소득감소를 보전해 주기 위해 현재세대는 미래세대에게 유산상속을 하고자 한다. 이와 같이 미래세대의 소득감소를 염려하는 현재세대는 유산액을 조정하여 미래세대의 소득이 일정 수준을 유지하도록 돕는다는 것이다. 이런 까닭에 공채발행에 따라 발생하는 부담은 현재세대에서 미래세대로 전가되지 않으며, 공채를 인수한 현재세대는 저축을 늘리게 된다.

결국 공채를 활용한 정부지출이 초래하는 총수요 증가는 합리적 행동을 하는 민간부문이 미래의 조세납부에 대비하여 저축을 늘리기 때문에 나타나는 총수요 감소에 의해 완전히 상쇄된다는 것이다. 이는 그 크기가 동일하면 공채든 조세든 양자의 현재가치는 같기 때문에 공채와 조세는 경제활동(자원배분)에 똑같은 영향을 미치게 됨을 의미한다. 따라서 재원조달 수단으로서 양자의 경제적 효과에는 차이가 없다. 이를 리카르도-바로의 등가정리(대등정리)라고 한다.

2) 등가정리의 시사점

리카르도-바로의 등가정리가 성립한다면, 공채정책과 조세정책은 자원배분에 동일한 효과를 나타낸다. 다시 말해 정부지출이 조세수입에 의해 충당되든, 공채발행에 의해 마련되든 그 크기(조달된 재원 규모)가 같다면 자원배분에 미치는 영향은 원칙적으로 동일하다는 것이다. 따라서 등가정리에 따르면 애초부터 구축효과와는 무관하게 공채를 통한 정부지출은 총수요에 영향을 미칠 수 없음을 시사한다.

한편 개인의 생애는 유한하기 때문에 공채상환 시점까지 생존하여 조세부담을 한다는 보장이 없으며, 공채의 원리금 상환재원 조달을 위한 과세의 일부는 미래세대에 전가될 수 있다. 또한 현재와 마찬가지로 미래시점에서도 사회 전체적으로 보면 공채의 순자산가치는 동일하므로 등가정리와 현실(실제)은 상당한 거리가 존재할 수밖에 없다.

3) 등가정리에 대한 비판

다음의 요인들을 감안하면 공채발행을 통한 정부지출은 민간저축을 증가시키지 않거나 합리적 기대론자들이 주장하는 수준보다 낮게 민간저축을 증가시키게 된다. 따라서 현실적으로 등가정리는 제한된 상황에서만 성립한다고 할 수 있다.

첫째, 모든 경제 주체들로부터 합리적 행동을 기대하기 어렵다.

둘째, 실제로 자본시장은 불완전하다.

셋째, 자식을 갖지 않은 가계(현재세대)도 실제 적지 않다. 이럴 경우 현실적으로 현재세대와 미래세대 간의 관계에는 단절이 있다.

넷째, 공채인수자들은 공채발행이 미래에 초래할 수 있는 경제적 효과를 완전히 예견하지 못한다. 공채발행을 활용한 정부지출이 미래의 소득기반을 강화해 준다면 공채인수자가 상환에 대비해 저축을 할 필요성이 줄어들게 된다.

다섯째, 최초의 공채인수자와 공채상환을 위해 조세부담을 해야 하는 미래의 납세자가 반드시 동일인은 아니다.

여섯째, 미래의 세법과 조세부담의 분포는 불확실하다.

일곱째, 공채 원리금의 상환은 조세 부과 대신 차입조달로 이루어질 수 있다.

여덟째, 공채 원리금의 상환을 위한 부담은 미래부채를 의미하며, 이는 인플레이션 때문에 그 가치의 축소가 발생한다.

5. 공채발행과 구축효과

1) 의 의

구축효과(crowding-out effect, 축출효과)는 민간부문에서 이용 가능한 자원이 공채발행을 통해 공공부문으로 옮겨감으로써 민간투자를 위축시키는 현상을 가리킨다.

구축효과는 일반적으로 정부지출과 민간지출의 직접적인 대체관계에 의해 초래된다. 하지만 간접적인 경로를 통해서도 발생할 수 있다. 화폐공급량이 일정한 상황에서 공모공채 발행을 통해 조달한 재원으로 정부지출을 늘리게 되면, 이자율이 상승함으로써 민간투자가 위축(crowding-out)된다. 그 결과 정부지출의 확장효과를 약화시키는 구축효과가 나타난다.

2) 구축효과가 발생하는 경우

(1) 정부부문의 투자가 민간부문의 투자를 완전히 대체하는 경우

화폐수요의 이자율탄력성이 0(수직의 *LM*곡선)이거나 투자의 이자율탄력성이 완전탄력적(수평의 *IS*곡선)인 경우 공채발행을 활용한 정부지출은 민간투자를 완전히 대체하는 결과를 초래하게 된다. 이를 완전한 구축효과라고 한다(통화주의자와 신고전학파의 견해). 이럴 경우 공채발행에 의한 정부지출은 국민소득(유효수요)을 늘릴 수 없다.

(2) 정부부문의 투자가 민간부문의 투자를 부분적으로 대체하는 경우

공채발행으로 민간부문의 이자율이 상승하는 경우 민간투자가 위축되는 구축효과가 발생한다. 구축효과의 정도는 화폐수요와 투자의 이자율탄력성에 의해 좌우된다. 만약 화폐수요의 이자율탄력성이 0이 아니고, 투자의 이자율탄력성이 완전탄력적이지 않으면 부분적인 구축효과가 발생한다. 이럴 경우 우하향하는 *IS*곡선과 우상향하는 *LM*곡선을 형성하고, 공채발행을 활용한 정부지출은 부분적인 구축효과를 초래하게 된다. 이때 공채발행을 통한 정부지출은 국민소득을 증진시킨다.

(3) 공채자산(富)의 증가에 따라 자산효과가 발생하는 경우

공채의 자산효과는 *IS*곡선을 더욱 우측으로 이동시키는 영향을 미치며, 동시에 *LM*곡선도 좌측으로 이동시키게 된다. 이때 새롭게 형성되는 국민소득 수준의 크기는 공채자산(富)의 변화가 초래하는 화폐수요와 소비지출의 반응도를 따른다. 동태적 변화까지 고려할 경우, 구축효과의 정도는 확대 정부지출에 대한 물가의 반응도 그리고 물가상승에 따른 소비지출 및 화폐수요의 반응도 등에 의해 결정된다.

3) 구축효과가 발생하지 않는 경우

불황기에는 민간부문의 여유자금이 충분하기 때문에 정부가 민간에 공채를 인수시켜 민간부문의 자금을 공공부문으로 이전시켜도 민간의 자금부족은 빚어지지 않는다. 불황기에는 공채발행이 민간자금의 경색을 수반하여 이자율을 상승시킴으로써 민간투자를 떨어뜨리는 구축효과가 발생하지 않는다. 이는 수평의 *LM*곡선과 수직의 *IS*곡선에 직면한 경제는 공채발행을 통한 정부지출 확대에도 불구하고 구축효과를 초래하지 않음을 의미하며, 이런 상황은 1930년대 대공황기가 대표적인 예라고 할 수 있다.

▶ 공채상환의 경제적 효과

① 정부지출의 규모를 축소시켜 공채를 상환하거나 증세에 의하여 공채를 상환하면, 공채 보유자(고소득층)의 한계소비성향이 일반적으로 낮기 때문에 디플레이션이 발생이 염려된다.

② 공채상환의 가장 큰 목적은 공채누적에 따른 이자부담의 증가와 디플레이션의 우려를 제거하는 데 있다. 따라서 경제가 완전고용 상태에 접근해 있을 때에는 이미 물가 수준이 높아져 공채이자 부담이 작아지고 추가적인 물가상승의 우려도 줄어 공채상환이 반드시 필요한 것은 아니다(현대적 견해).

제5절
공채부담

공채가 초래하는 부담을 그것의 인수자인 현재세대가 지게 되느냐 아니면 공채의 상환시점에 그 상환을 위해 조세부담을 해야 하는 미래세대가 지게 되느냐에 관한 논쟁을 공채부담론이라고 한다. 공채부담론은 현재세대부담설, 미래세대부담설, 세대간균등분담설으로 나눌 수 있다.

1. 공채의 현재세대부담설

고전학파는 일반적으로 공채발행이 비생산적이며, 공채는 미래세대에게 부담을 발생시킨다는 입장이다. 반면 독일의 정통파재정학(사회정책학파)을 계승한 신정통파는 현재세대부담설을 주장한다. 신정통파의 사고는 케인지언(Keynesian)에게 이어졌고, 고전학파의 세계관은 신고전학파 계열에 의해 계승되었다. 따라서 공채의 현재세대부담설은 대체로 케인스(Keynes)계열 학자들의 견해와 일치한다.

1) 기본적 입장

공채의 현재세대부담설은 리카르도(D. Ricardo)에 의해 비롯되었고, 이후 피구(A.C. Pigou), 러너(A.P. Lerner), 사뮤엘슨(P.A. Samuelson) 등으로 계승되었다. 이들은 기본적으로 공채를 현재세대의 채무로 파악하고, 공채는 불건전하지 않는다는 입장이다.

현재세대부담론자들에 따르면 공채를 인수하는 현재세대가 공채의 부담을 지게 된다. 현재세대는 자신들이 사용할 자원을 공채발행 때문에 공공부문으로 이전시키게 됨으로써 이용 가능한 실물자원이 축소되는 희생을 겪는다. 이것을 공채가 초래하는 부담이라고 한다. 다시 말해 현재세대부담론에서의 공채부담은 실물적 부담(현재세대의 가용자원 축소)이며, 현재세대는 전체적 차원의 거시적 부담을 지게 된다.

2) 현재세대부담의 경로

공채의 현재세대부담론에 따르면 공채부담은 현재세대가 이용 가능한 실물자원을 공공부문에 이전함으로써 줄어드는 가용자원량(가용자원의 희생)을 말한다. 따라서 동일한 규모의 정부지출 재원을 공채로 조달하든, 조세로 조달하든 양자의 경제적 효과는 본질적 차이가 없다는 것이다.

한편 예외적으로 공채를 구입한 현재세대가 미래세대를 위한 저축을 축소시킨다면 미래세대에게도 저축감소에 따라 소득이 줄어들어 공채의 실질적 부담이 일부 전가되어 나타나게 된다.

이런 까닭에 현재세대부담론에 따르면 공채는 계속적으로 차환(借換)할 수 있기 때문에 공채를 완전히 소멸시킬 필요가 없다. 다만, 이자지불만 감당하면 된다. 이는 미래세대에게는 공채의 순부담이 발생하지 않고, 상환시점에 납세자로부터 공채 보유자에게로 소득의 재분배만 나타나게 됨을 의미한다.

3) 내국채와 외국채의 부담

공채는 크게 내국채(내부채무)와 외국채(외부채무)로 나뉜다. 내국인에 의해 인수되는 공채가 내국채이고, 외국인에 의해 인수되는 공채가 외국채이다. 공채부담과 관련한 현재세대부담설은 내국채만을 대상으로 한다.

(1) 내국채의 부담

내국채는 현재세대가 사용할 민간부문의 자원을 공공부문으로 이전시키는 영향을 초래하므로 통상 현재세대가 부담한다고 보는 견해가 지배적이다. 공채발행에도 불구하고 미래세대를 위한 저축이 불변일 경우 내국채는 현재세대의 부담만을 초래한다. 반면 미래세대를 위한 저축이 감소한다면 미래세대도 공채의 부담을 지게 된다.

(2) 외국채의 부담

외국채는 대체로 상환시점에 납세를 해야 하는 미래세대가 그 부담을 진다고 할 수 있다. 외국채를 발행해 자금을 조달하고, 이것을 현재세대가 자신들의 소비 수준을 높이는 목적으로 사용했다면, 상환시점의 미래세대가 공채부담을 전적으로 지게 된다. 하지만 정부가 외국채로 조달된 자금을 자본축적(투자행위)을 심화하는 용도로 사용했다면, 미래세대의 공채부담은 경감될 수 있을 것이다.

(3) 외국채의 경제적 효과

외국채의 발행은 해외로부터 국내로 자금의 유입을 가져오므로 국내의 가용자금을 증가시킨다. 특히 외국채의 발행을 통해 외국으로부터 실물자원을 유입할 수 있다면, 국내 화폐가치의 안정에도 기여하게 된다. 또한 외국채로 조달된 재원이 생산 목적(용도)에 사용된다면, 외국채 상환능력을 증가시킬 수 있다.

(4) 외국채와 내국채의 비교

외국채와 내국채는 재원조달 목적 이외 특정 사업의 추진을 뒷받침하기 위한 주요한 수단이라는 특징을 갖는다. 외국채가 내국채와 다른 특징으로 다음과 같은 점을 지적할 수 있다.

첫째, 외국채는 외국에서 발행되어 필요한 자금을 조달하는 방식을 따르기 때문에 현재세대의 지출을 감소시키지 않는다.

둘째, 외국채는 상환시점의 미래세대(외국채 상환을 위해 조세부담을 해야 하는 납세자)에게 상환의무를 지우며, 현재세대의 부담은 없다.

셋째, 외국채 발행은 내국채로 재원을 조달했을 경우 수반되는 자본형성의 감소와 그에 따라 미래세대가 입게 될 자본소득의 손실을 대신할 수 있다.

넷째, 자본에 대한 수익률이 해외보다 국내가 상대적으로 높으면 외국채 발행을 통한 자금조달이 유리하다.

(5) 외국채와 개발도상국의 재정

외국채는 해외로부터 자금을 차입하는 수단이다. 따라서 자금부족으로 경제개발의 추진에 어려움을 겪고 있는 개발도상국은 외국채를 적절히 활용할 경우 매우 유용한 성과를 얻을 수 있다. 외국채는 개발도상국에 다음과 같은 영향을 미친다.

첫째, 외국채를 통한 재정수입의 증가는 개발도상국에 추가적 재원을 공급하게 된다. 외국채를 발행하여 조달한 재원을 정부지출에 사용할 때 낮은 세율과 높은 소비를 병행시키면 경제성장을 지원하는 수단 역할을 할 수 있다.

둘째, 외국채 발행에 따라 현재세대가 지게 되는 부담은 조세를 부과하여 정부재원을 조달하는 경우보다 가볍다.

셋째, 외국채 발행으로 마련된 재원이 적절히 활용됨으로써 미래세대의 소득 수준을 지속적으로 향상시킨다면 미래세대의 후생이 증가될 수 있다.

넷째, 미래세대에게 전가되는 외국채의 상환부담은 내국채보다 높지 않다. 왜냐하면 외국채의 발행은 미래세대의 소득 수준을 증진시키는 역할을 하기 때문이다. 특히 소득 수준의 증가에 따라 한계소비성향이 감소하면 외국채 상환을 위해 소비를 축소해 조세부담을 해야 할 미래세대의 부담은 줄어들게 된다.

2. 공채의 미래세대부담설

공채의 미래세대부담설은 대체로 고전학파 계열 학자들의 견해이다. 미래세대부담설에서는 기본적으로 공채의 부담을 화폐적 부담으로 간주하며, 미시적 측면에서 공채부담을 파악한다. 미래세대부담설에 따르면 공채의 부담은 상환시점에 개개의 납세자가 조세액을 납부하는 과정에서 지게 되는 화폐적 부담이며, 이는 납세자(사회구성원)가 개별적으로 부담하는 미시적 부담일 뿐이다.

1) 뷰캐넌의 자발적 교환설

(1) 현재세대부담설에 대한 반론

뷰캐넌(J.M. Buchanan)은 다음과 같은 이유를 들어 공채는 발행시점의 현재세대가 부담하는 것이 아니라 상환시점의 미래세대가 지게 된다는 주장을 하였다.

첫째, 공채의 구입은 자발적으로 이루어지기 때문에 그것을 구입하는 현재세대는 자신들에게 부담(손해)을 초래하는 선택을 하지 않을 것이다. 따라서 현실적으로 공채의 실질부담은 미래세대에 전가된다.

둘째, 공채와 민간채(사채, 기업 등이 자금조달 목적으로 발행하는 채권)는 본질적으로 유사하다. 따라서 민간채의 부담이 상환시점의 채무자에게 지워지는 것처럼 공채도 상환시점의 미래세대에 의해 부담될 수밖에 없다.

셋째, 외국채와 내국채는 기본적으로 같다. 따라서 외국채가 상환시점의 미래세대에 의해 부담이 지워지는 것처럼 내국채도 마찬가지이다.

(2) 미래세대부담의 형태

뷰캐넌은 공채를 활용한 정부의 재원조달이 납세시기를 미래로 연기하기 때문에 공채부담은 미래세대에 전가된다고 하였다. 공채의 부담은 미래세대가 지게 되고, 그 부담의 형태는 납부해야 할 조세액(화폐적 부담)일 뿐이라는 것이다.

(3) 공체부담 전가의 경로

개인의 공채선택이 자유롭다고 전제하면, 공채의 부담은 오로지 개인적 부담으로만 나타난다. 공채인수를 통해 현재의 구매력을 교환하는 이유는 미래에 공채로부터 이자소득을 원하기 때문이며, 따라서 공채구입으로 인한 실질자산의 감소는 없다(자발적 교환). 다시 말해 공채의 인수(구입) 여부는 현재세대의 자발적 선택에 의해 이루어지므로 현재세대는 공채부담을 하지 않음은 물론이고 오히려 이자소득을 얻는다. 이런 점을 감안하면 공채부담은 상환시점에 조세납부를 해야 할 미래세대에게 전가된다.

(4) 미래세대부담설의 예외 사항

강제로 할당되는 공채나 인플레이션을 유발하게 되는 명목적인 공채발행의 경우에는 미래 전가론이 적용되지 않는다. 이때는 공채부담이 현재세대에게 더 크게 지워진다. 한편 공채발행이 자본축적을 촉진시킴으로써 소득기반을 확충한다면, 공채발행에 따른 미래세대부담은 그만큼 감소하게 된다.

2) 보웬-다비스-코프의 세대간부담전가설

보웬(W.G. Bowen)과 다비스(R.G. Davis) 및 코프(D.H. Kopf)는 제1세대(현재세대)가 공채보유를 통해 얻는 원리금을 자신들의 미래소비에 지출하기 위해 공채를 인수(구입)한다고 하였다. 이들은 제1세대가 자발적으로 구입한 공채를 제2세대(미래세대)에게 상속하지 않는 한 제2세대는 상환을 위한 조세부담을 해야 하기 때문에 공채부담이 제2세대에게 전가된다는 것이다(공채부담의 세대간전가설).

(1) 신정통파 견해와의 차이

신정통파는 제1세대가 현재의 저축률을 감소시키지 않는 한 공채는 제1세대가 부담할 뿐이라는 입장이다. 반면 보웬과 다비스 및 코프 등은 현재의 저축률이 감소하지 않더라도, 공채의 부담이 제2세대에 전가된다고 하였다. 왜냐하면 공채의 원리금 상환을 위해 제2세대(미래세대, 후세대)에게 조세가 부과되고, 그로 인해 제2세대는 조세부담액만큼 자신들의 소비지출 수준을 줄여야 하기 때문이다.

(2) 부담전가의 경로

제1세대(현재세대)에 의한 자발적인 공채구입을 저축으로 간주한다. 이런 인식을 가지므로 제1세대는 공채부담을 하지 않는다는 것이다. 공채발행 이후 제1세대에서 제2세대에게로 다음과 같은 과정을 거쳐 부담이 전가된다.

제1세대는 구입한 공채를 제2세대에게 상속하지 않고, 정년퇴임 이후 소비지출을 위해 제2세대에 판매하며, 그에 따라 제1세대가 보유하고 있는 공채(저축)는 소멸 내지 감소한다. 반면 제2세대는 공채상환을 위해 조세부담을 해야 하므로 제2세대들에게 공채부담이 지워진다. 이에 따라 공채부담은 제2세대에게 전가된다.

3) 샤우프의 공채부담론

샤우프(C.S. Shoup)에 의하면 현재세대는 공채구입의 영향으로 미래세대에게 보다 적은 자본형성과 생산요소를 상속한다. 이에 따라 공채부담은 미래세대가 지게 된다. 그러나 미래세대로의 공채상속이 허용되면, 미래세대의 부담은 가벼워질 것이다.

한편 샤우프는 앞의 주장과 다르게, 뷰캐넌(J.M. Buchanan)의 자발적 교환원리를 미래세대의 행태에 적용하여 현재세대가 공채부담을 지게 될 수 있음을 지적하였다. 현재세대가 공채를 미래세대에게 판매할 때 미래세대는 공채구입을 위해 그의 소비 수준을 감소시켜야 하는데, 이때 미래세대는 자발적 교환원리에 입각해 현재세대로부터 공채를 구입한다고 보면, 미래세대에게는 공채의 실질적 부담이 없다는 것이다.

이와 같이 샤우프는 상황에 따라 공채부담의 현재세대부담설과 미래세대부담설이 모두 타당할 수 있음을 주장하였다.

4) 기타 공채부담론

(1) 모딜리아니와 비커리의 공채부담론

모딜리아니(F. Modigliani)에 의하면 공채발행은 사적 자본재의 감소를 가져옴으로써, 불가피하게 미래세대의 소득 수준을 감소시킨다. 따라서 공채의 부담은 미래세대가 지게 된다는 것이다. 비커리(W. Vickery)는 공채가 미래세대를 위한 자본스톡(capital stock)을 줄이는 영향을 미친다고 하였다. 따라서 공채는 미래세대의 부담이라는 것이다.

이들의 공채부담론은 공채에 의해 조달된 정부지출이 국민소득을 확대시키는 공채의 2차적 효과는 고려하지 못한 한계를 갖는다.

(2) 미샨의 공채부담론

미샨(E. Mishan)에 따르면 공채발행은 1차적 효과와 2차적 효과를 초래한다. 공채의 1차적 효과 내지 부담은 미래세대가 공채상환을 위해 부담하는 화폐적 형태의 조세부담이다. 2차적 효과는 공채에 의해 조달된 자금을 활용한 정부지출이 미래세대에게 실물 형태로 유·무형의 이익을 제공하는 것을 말한다. 미샨은 이때 1차적 효과가 2차적 효과보다 크게 나타나면, 미래세대도 공채부담을 지게 된다.

결론적으로 공채의 1차적 효과와 2차적 효과를 정확하게 알 수 없는 상황에서는 공채부담의 세대 간 전가의 양상을 단정적으로 판단할 수 없다.

3. 공채의 세대간균등분담설

머스그레이브(R.A. Musgrave)는 공채발행이 초래하는 부존자원 혹은 순자산의 삭감 정도를 공채부담 전가의 지표로 삼았다. 그는 공채발행으로 말미암아 미래세대는 현재세대로부터 보다 적은 자산을 양도받으며 그에 따라 적은 소득을 취득하게 되기 때문에 미래세대의 소비수준이 감소됨으로써 공채부담은 미래세대에게로도 전가된다는 입장이다.

머스그레이브는 현재세대로부터 미래세대로의 상속이 없다면 공채부담이 여러 세대에 걸쳐 분담되어 부담이 이루어진다고 주장하였다. 각 세대는 공채재원을 사용하여 공급한 공공재로부터 얻은 편익의 크기에 비례해서 각자 몫의 부담을 하게 된다는 것이다. 이와 같은 부담결정방식을 이용자지불원칙(pay-as-you-use principle, 사용비례지불원칙)이라고 한다. 이용자지불원칙에 따라 각 세대가 공채의 부담을 분담하면 모든 세대는 공채를 통해 얻는 편익만큼 부담을 지게 되므로 세대 간 공채부담의 공평을 실현할 수 있게 된다.

01 수익자부담은 공공부문이 제공한 특정 공공서비스의 편익 수혜자에게 비용을 부담시켜 그 서비스 공급 재원을 조달하는 공공수입원을 가리킨다. 이는 좁게 보면 부담금을 의미하고, 넓게는 사용료, 수수료, 공공요금, 그 이외 목적세를 포괄한다.

02 수익자부담은 공공서비스 공급과 관련되며 효율성 제고, 공평성(형평성) 개선 그리고 공공서비스 공급을 위한 재정수입 확보 등을 위해 부과된다.

03 공기업이 공급하는 준공공재의 사용자가격을 공공요금이라고 하며, 그 가격책정 방법으로는 평균비용가격, 한계비용가격, 차별가격(이부요금, 선택적 요금, 수요의 탄력성을 감안한 차별요금, 부담력요금), 최대부하가격, 램지가격 등이 있다.

04 램지가격결정원칙을 따르면 수요의 가격탄력성이 낮은 공공서비스에는 높은 공공요금을 부과해야 하고, 수요의 가격탄력성이 높으면 반대의 방식을 적용해야 한다. 이 원칙은 자원배분의 효율성 측면만을 고려하여 공공요금을 결정하기 때문에 소득분배의 공평성은 고려되지 않는다.

05 공채는 넓게 보면 공공부문의 모든 채무를 의미하며, 국가나 지방자치단체가 공공경비 집행에 필요한 재원을 조달하기 위하여 화폐적 신용을 민간부문으로부터 얻을 때 발생하는 채무를 가리킨다.

06 공채는 정부지출로 연결되어 국민소득의 증대를 가져온다. 공채의 단기적 기능은 소득창출효과(유효수요증대효과)이고 장기적 기능은 자본축적을 통한 생산기반 확충효과(생산능력증대효과)이다.

07 자원이 유휴 상태일 때(불황기), 민간인수공채(시중은행인수공채)는 정부지출 확대와 민간투자 촉진을 통해 국민소득을 증진시키는 역할(구입효과 : crowding-in effect)을 하고 중앙은행인수공채는 통화량을 늘림으로써 유효수요증가로 이어져 불황을 극복하는 수단이 된다. 반면 자원의 완전 이용 상태일 때(호황기), 민간인수공채(시중은행인수공채)는 이자율 상승으로 이어져 민간투자를 위축(구축효과 : crowding-out effect)시키고 중앙은행인수공채는 초과수요 압력으로 물가상승을 유발하여 민간소비를 위축시킨다.

08 공채부담의 분담 방법에 따라 소득재분배효과가 달라진다. 화폐 형태의 균형적 공채부담과 실물 형태의 균형적 공채부담은 소득재분배효과가 없다. 반면 화폐 형태의 불균형적 공채부담과 실물 형태의 불균형적 공채부담은 사회구성원들의 조세부담이 상이하기 때문에 소득재분배효과를 나타낸다.

09 공채의 경제안정효과는 단기와 장기로 구분되며, 단기의 경우는 구축효과의 크기에 따라 국민소득에 미치는 영향이 상이하다. 공채를 통한 정부지출이 국민소득에 미치는 영향을 재정효과라고 하며, 이는 공채의 단기효과에 해당한다.

10 공채의 장기효과는 민간보유공채가 총수요에 미치는 영향이며, 자산효과, 통화량효과, 이자율효과로 나타난다. 자산효과는 공채의 민간인수로 인한 자산 증가를 통해 민간소비지출을 늘리게 된다. 통화량효과는 자산효과에 의해 국민소득을 증가시키고, 이는 화폐수요를 늘림으로써 민간소비의 감소를 초래한다. 이자율효과는 공채 잔액이 커질수록 화폐수요가 증가하고 이로 인해 이자율이 상승하여 투자지출을 억제시키는 파급효과이다.

11 리카르도-바로의 등가정리에 따르면, 공채정책과 조세정책은 자원배분에 동일한 효과를 나타내며, 구축효과와는 무관하게 공채를 통한 정부지출은 총수요에 영향을 미칠 수 없다.

제9장
재정정책

제1절 재정정책의 개관

1. 거시경제학의 등장

경제학의 창시자로 일컬어지는 아담 스미스(A. Smith)는 무수히 많은 가계와 기업이 시장에서 사익극대화를 달성하면 '보이지 않는 손'의 인도(가격기구의 작동)에 의해 공익(전체 이익)극대화가 자동적으로 이루어진다고 보았다. 따라서 스미스 경제학의 핵심적인 과제는 어떻게 가계와 기업으로 하여금 적절하게 경제활동을 할 수 있도록 유도하느냐에 있었다. 이런 측면에서 보면 스미스에 의해 정립된 초기 경제학은 가계와 기업의 경제활동을 대상으로 하는 미시경제학이었다고 할 수 있다.

현실의 가계(개인)와 기업은 각각 효용극대화와 이윤극대화를 추구한다. 이는 경제 주체들이 자신의 이익을 극대화하는 경제활동을 하고 있다는 것이다. 하지만 자본주의 경제체제에서는 개별 경제주체의 사익극대화 추구 행위가 스미스의 믿음과는 다르게 조정자에 해당하는 보이지 않는 손(가격)의 불완전성으로 말미암아 공익극대화로 연결되지 않는 상황이 빚어진다.

현실 경제는 개별 경제주체의 최적화를 위한 노력에도 불구하고 인플레이션(inflation)이나 디플레이션(deflation)이 발생하는 등 전체적으로 소망스럽지 못한 모습(현상)을 자주 드러낸다. 이와 같이 개별 구성요소는 각자의 영역에서 최적화를 실현하고 있지만, 전체적으로 적절하지 않은 결과가 빚어지는 경우를 구성의 오류(fallacy of composition) 상태라고 한다.

1930년대의 세계경제 대공황은 가계와 기업의 사익극대화 추구가 공익극대화로 연결되지 못하고 전체 경제가 극단적인 위기에 내몰렸던 '구성의 오류' 상황을 보여주는 대표적인 사례라고 하겠다. 당시 경제위기에 대해 스미스 경제학을 계승하고 있던 주류 경제학자들은 시장의 수급조절을 통해 이런 상황이 자연스럽게 치유될 수 있으므로 인내를 갖고 사태를 관망하자는 처방을 제시하였다. 반면 케인스(J.M. Keynes)는 정부의 적극적인 역할을 통해 신속하게 경제 위기를 극복해야 한다는 입장이었다[1].

케인스는 사익극대화가 반드시 공익극대화로 연결되지 않음을 지적하면서 국민경제의 바람직

1) 당시 미국은 케인스의 견해를 받아들여 경제공황을 타개하기 위해 뉴딜정책(Newdeal policy)으로 불리는 경제안정정책을 시행하였다.

한 상황의 구현은 가계와 기업의 사익극대화 달성뿐만 아니라 개별 경제주체의 경제활동이 빚어내는 총체적 결과도 적절할 때 가능하다고 하였다.

개별 경제주체의 행위에 의해 결정되는 경제활동의 총체적 결과는 한 나라 전체의 경제적 실상을 나타낸다. *GDP*(국내총생산), 물가지수, 고용 수준, 실업률, 인플레이션, 국제수지 등과 같은 거시적 집계변수(macroeconomic aggregate variables)는 한 나라의 총체적 경제상황이 어떤 처지인가를 알려주는 지표에 해당한다. 한 나라 경제의 전체적 모습을 보여주는 이와 같은 거시적 집계변수를 연구대상으로 하는 분야가 거시경제학(macroeconomics)이다.

거시경제학이라는 새로운 영역을 개척한 케인스는 스미스에 의해 시작된 전통 경제학을 계승하고 있던 학자 집단을 고전학파(classical school)라고 불렀다. 따라서 스미스는 경제학의 아버지이고, 고전학파의 창시자가 된다.

케인스에 의해 정립된 거시경제학은 이후 독립적인 입지를 확보하면서 발전을 거듭하였다. 현재 거시경제학은 고전학파를 계승한 학자들과 케인스의 주장을 지지하는 학자들이 대립하고 경쟁하면서 학문적 성과를 축적해 나가고 있다. 환언하면 고전학파 계열과 케인스 계열은 거시경제 불균형의 결과로 나타나는 인플레이션, 디플레이션(실업) 등의 원인과 그 대책에 대해 상이한 입장을 드러내면서 학문적 발전을 이루어간다고 하겠다.

2. 거시경제학의 체계

한 나라가 1년 동안 이룩한 경제활동의 전체적 성과는 그 나라에서 만들어진 최종생산물을 집계하면 알 수 있다. 행복 공화국이 2025년에 최종생산물로서 TV 10대, 양복 30벌, 20회에 걸친 의사의 진료를 생산했다. 이때 TV 1대의 가격이 5만원이고, 양복 1벌의 가격이 3만원이며, 의사의 진료비가 1만원이라면, 세 가지 최종생산물의 시장가치는 160만원이 된다. 행복 공화국이 2025년에 생산한 최종생산물의 시장가치인 160만원을 행복 공화국의 2025년 국민총생산(Gross National Product, *GNP*)이다[2].

2) 국민총생산(*GNP*)은 일정기간 동안 한 나라의 국민들과 그 나라 국민들이 소유한 생산요소에 의해 만들어진 최종생산물의 시장가치를 말한다. 따라서 자국 내에서 생산되었을지라도 외국인 또는 외국인 소유의 생산요소로 생산된 최종생산물은 *GNP* 추계에서 제외되며, 외국에서 생산된 것일지라도 자국민 소유의 생산요소로 만든 것은 *GNP* 계산에 합산된다. 또한 *GNP* 추계에는 중간생산물의 가치는 포함시키지 않으며 그 측정기간은 보통 1년이다. *GNP*는 그 성질이 상이한 최종생산물을 시장가격을 매개로 합산한 것이므로 시장거래가 되지 않는 최종생산물은 *GNP* 계상에서 원칙적으로 제외한다. 그러나 예외적으로 농산물 가운데 자가소비분, 자가주택 소유에 따른 귀속임대소득, 도로, 항만, 댐 등 사회간접자본 건설에 소요된 금액, 군수품 등은 시장거래가 이루어지지 않지만 *GNP*에 포함시킨다. 한편 외국인에 의해 생산되었더라도 국내에서 생산된 최종생산물을 시장가치로 추계한 것을 국내총생산(Gross Domestic Product, *GDP*)이라고 한다. 국가들 간의 경제개방이 심화되면서 한 나라의 최종적 경제성과는 *GNP*보다 *GDP*로 파악하는 추세이다. 우리나라의 경우 1995년부터 *GNP* 대신 *GDP*를 경제성장의 중심지표로 삼고 있다.

국민총생산(*GNP*)은 생산, 분배, 지출의 세 측면에서 같게 되는데, 이를 국민총생산 삼면등가의 법칙이라고 한다. 세 가지 최종생산물인 TV, 양복, 의사의 진료는 가계, 기업, 정부의 세 부문의 참여를 통해 생산이 이루어진다(생산측면). 이때 생산과정에 참여한 부문들은 그 역할에 상응하는 몫을 분배받게 되는데, 이를 합산하면 생산된 *GNP*와 일치하는 160만원이 된다(분배측면). 한편 가계, 기업, 정부의 세 부문이 최종생산물을 전부 구입하기 위해 지출하는 금액들을 합계하면, 최종생산물의 시장가치인 160만원과 같게 될 것이다(지출측면). 따라서 생산측면의 *GNP*, 분배측면의 *GNP*(Gross National Income, *GNI*), 지출측면의 *GNP*(Gross National Expenditure, *GNE*)는 그 규모(크기)면에서 볼 때 등가를 성립한다.

분배 및 지출측면의 *GNP*가 갖는 의미를 좀 더 자세히 살펴보면 *GNP*의 생산과정에 가계, 기업, 정부가 참여하지만 본질적으로는 생산요소를 제공하는 가계에 의해서 *GNP*가 생산된다고 할 수 있다. 따라서 생산된 *GNP*는 1차적으로 가계에 모두 분배되는 결과를 낳을 것이다. 이때 가계에 분배된 *GNP*는 궁극적으로 소비 몫(C), 저축 몫(S), 정부에 납세할 몫(T)으로 나뉜다. 이는 $Y(GNP) = C + S + T$의 관계를 성립시킨다. 한편 저축(S)은 성격상 기업의 설비구입에 사용되므로 기업에 분배된 *GNP*로 볼 수 있으며, 조세(T)는 정부에 분배된 *GNP*라고 할 수 있다. 이렇게 보면 생산된 *GNP*(Y)는 $Y = C + S + T$의 형태로 나뉜다.

만들어진 *GNP*는 가계, 기업, 정부의 구입에 의해 처분(사용)될 것이다. 가계, 기업, 정부는 최종생산물의 구입을 위한 지출을 하게 되는데, 각각 소비(C), 투자(I), 정부지출(G)을 목적으로 최종생산물을 구입한다고 할 수 있다. 이때 이들이 지불한 금액을 합하면 *GNP*와 일치하게 되므로 $Y(GNP) = C + I + G$가 성립하게 된다.

이상을 통해 생산된 *GNP*는 그것과 다른 모습인 분배, 지출측면의 *GNP*와 일치하게 됨을 알 수 있다. 이때 분배측면의 *GNP*는 공급의 의미를 가지며, 지출측면의 *GNP*는 수요의 성격을 띤다. 따라서 *GNP*는 수요측면에서 보면 Y^D(수요측 *GNP*) $= C + I + G$의 관계이고, 공급측면에서는 Y^S(공급측 *GNP*) $= C + S + T$가 된다. 이런 체계와 관계를 전제하면 한 나라 전체의 경제적 성과를 보여주는 *GNP*의 수요와 공급 흐름을 반영한 가상의 거시생산물시장이 설정될 수 있으며, 이를 통해 그 나라의 거시경제 실상을 파악하는 접근이 가능하게 된다.

한 나라 전체의 경제적 성과를 나타내는 *GNP*는 거시생산물시장에서 $Y^D = Y^S$를 충족하는 상태(거시적 균형)에서 그 크기가 결정되는 것이 바람직하며, 그렇지 못하면 적절한 조치를 통해 양자를 일치시키는 방안이 모색되어야 한다[3].

일상의 생산물 거래는 화폐를 매개로 하여 이루어진다. 생산물 가격에 해당하는 금액만큼의

---

3) *GNP* 생산이 가계와 기업만에 의해 이루어지는 경우 $Y^D = C + I$, $Y^S = C + S$이고, 거시생산물시장은 $Y^D = Y^S$에서 균형을 이룬다. 이때는 $C + I = C + S(I = S)$가 성립한다. 이와 같이 $I = S$인 상황을 나타내는 궤적인 *IS*곡선은 거시생산물시장의 균형을 나타낸다. 한편 *GNP* 생산과정에 참여하는 부문이 가계, 기업, 정부, 해외부문이면 $Y^D = C + I + G + (X - M)$, $Y^S = C + S + T$로 표시되며, 더 나아가 $C + I + G + (X - M) = C + S + T$에서 거시적 생산물시장의 균형이 이루어진다($X$: 수출, M : 수입).

화폐를 지불(대가의 지불)해야 생산물이 인도된다. 이는 화폐가 생산물의 흐름을 매개하는 역할을 한다는 것이다. 따라서 거시생산물시장에 대한 보다 정확한 이해를 위해서는 화폐시장의 고려(반영)가 필요하다[4].

케인스는 부(wealth, 재산)를 화폐와 채권으로 구분하였다. 그에 따르면 화폐와 채권의 흐름은 밀접한 관계를 맺고 있기 때문에 거시생산물시장에서 이루어지는 *GNP* 결정과정을 완전하게 파악하기 위해서는 화폐시장과 더불어 채권시장에 대한 분석이 요구된다. 그런데 채권가격과 화폐의 가격은 서로 역의 관계이므로 두 시장 가운데 한 시장의 실태를 알면 다른 시장의 상황은 유추할 수 있기 때문에 두 시장 가운데 한 시장만 분석대상으로 삼는다[5].

최종생산물(*GNP*)은 화폐 및 채권과도 서로 연결되어 있다. 이는 최종생산물의 크기가 화폐와 채권에 의해 영향을 받으며, 그 역도 성립한다는 것이다. 이때 최종생산물의 흐름을 보여주는 가상의 시장이 거시생산물시장이고, 화폐와 채권의 움직임을 나타내는 시장이 화폐시장과 채권시장이라고 할 수 있다. 각각의 시장은 수요와 공급을 일치시키는 방향으로 작동하게 된다. 한 나라 전체의 수요 모습은 최종생산물의 흐름에 의해 결정되며, 이는 거시생산물시장, 화폐시장, 채권시장에서 이루어지는 상호작용의 산물이다. 따라서 거시생산물시장과 화폐시장(채권시장 포함)이 동시에 균형을 이루는 상황에서 한 나라의 총체적 수요(총체적 수요곡선 *AD*)가 형성된다[6].

한 나라의 최종생산물(*GNP*) 크기는 생산 기반에 의해 결정된다고 할 수 있다. 케인스(좀 더 엄밀히는 케인스 학파)는 단기론자였기 때문에 *GNP*는 $Y = F(\overline{K}, L)$와 같은 형태의 단기총생산함수를 따른다고 하였다. 단기총생산함수는 가상의 생산함수이며, 이는 기술수준, 고정요소(자본, $\overline{K}$),

---

4) 케인스는 화폐의 특성으로 유동성(liquidity)을 강조하였다. 유동성은 어떤 자산을 그 가치의 손실 없이 얼마나 빨리 교환의 매개수단으로 전환할 수 있는가의 정도를 나타낸다. 유동성이 가장 높은 것은 현금(화폐)이기 때문에 유동성 선호(liquidity preference)는 화폐의 수요(M^d)를 의미한다. 화폐시장의 균형은 유동성 선호(화폐수요)와 화폐공급(money supply)이 일치할 때 이루어지는데, 이런 균형 상태를 나타내는 궤적이 *LM*곡선이다. 따라서 *LM*곡선은 화폐시장의 균형을 보여주는 궤적에 해당한다.

5) 화폐시장에서 화폐의 가격은 이자율(r)이다. 한편 매년 1의 수익률을 보장하는 영구채권이 있다면, 그 채권의 가치(가격) P는 $P = \frac{1}{(1+r)} + \frac{1}{(1+r)^2} + \frac{1}{(1+r)^3} + \cdots\cdots$ 이다. 이는 초항이 $\frac{1}{(1+r)}$이고, 공비가 $\frac{1}{(1+r)}$인 무한등비급수이므로 $P = \frac{1}{r}$가 된다$\left(\text{무한등비급수의 합} = \frac{\text{초항}}{1-\text{공비}}\right)$. 이때 화폐의 가격은 r이고, 채권의 가격이 $\frac{1}{r}$이므로 화폐의 가격인 이자율과 채권의 가격은 서로 역의 관계에 있다.

6) 좀 더 정확히는 거시생산물시장, 화폐시장, 채권시장이 동시에 균형을 이룰 때 한 나라의 총체적 수요가 결정된다고 할 수 있다. 그런데 화폐시장과 채권시장은 표리관계에 있기 때문에 채권시장을 제외하고 거시생산물시장과 화폐시장만을 대상으로 하여도 한 나라의 총체적 수요 파악이 가능하게 된다. 따라서 한 나라의 총체적 수요는 거시생산물시장과 화폐시장이 각각 균형을 실현한 상태를 나타내는 *IS*곡선과 *LM*곡선을 따른다. 반면 총체적 공급은 기타 여건을 불변으로 가정하고 각각의 물가 수준에 대응하는 국민경제의 실질총생산을 나타낸다. 자본스톡(자본량)이 주어진 단기의 경우 국민경제의 실질총생산(총공급)은 노동투입량(노동시장의 수요와 공급이 일치하는 균형노동량)에 의해 확정된다.

가변요소(노동, L)로 구성되어 있다. 이때 GNP는 단기총생산함수의 기술수준과 생산능력(생산설비, $\bar{K}$)이 일정할 때 노동시장에서 이루어진 고용 수준(L)을 투입한 결과물이라고 하겠다. 다시 말해 한 나라의 최종생산물 규모(크기)를 나타내는 총체적 공급(총체적 공급곡선, AS)은 단기총생산함수와 노동시장에서 실현된 고용 수준에 의해 결정된다는 것이다.

[그림 9-1]은 거시경제 흐름의 두 축에 해당하는 총체적 수요(AD)와 총체적 공급(AS)이 어떤 절차를 거쳐 도출되는가를 보여주고 있다[7]. 동 그림에 제시되어 있듯이 거시생산물시장과 화폐시장의 상황이 반영되어 총체적 수요가 만들어지고, 단기총생산함수와 노동시장이 연계되어 총체적 공급의 구체적인 형태를 형성한다. 그리고 궁극적으로 AD와 AS에 의해 그 나라의 $GNP(GDP)$와 물가 수준이 확정된다.

고전학파 경제학과 케인스(또는 케인스 학파) 경제학은 동일한 거시경제 현상의 원인과 대책(처방)을 놓고 서로 다른 접근을 한다. 두 학파는 C(소비), I(투자), S(저축), M^d(화폐수요), M^S(화폐공급), L^D(노동수요), L^S(노동공급) 등의 결정요인에 대해 상이한 견해를 갖고 있으며, 거시적 불균형 현상인 인플레이션, 디플레이션(실업), 국제수지의 불균형의 원인과 그 대책에 대해서도 다른 제안을 하고 있다.

3. 재정정책의 의의와 목표

재정정책은 한 나라의 국민소득(GNP), 실업률, 고용량, 물가 등 거시적 집계변수를 바람직하게 유지 · 지속시키기 위해 정부가 주도적으로 시행하는 모든 정책 또는 제도를 말한다. 이는 국

그림 9-1 거시경제학의 체계

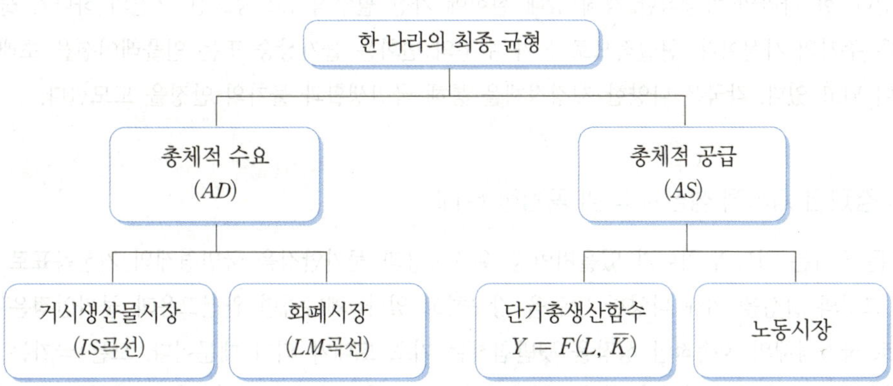

7) 오늘날 거시경제학은 국가 간 경제활동의 증대를 반영하여 거시생산물시장, 화폐시장, 채권시장, 노동시장의 네 가지 시장 유형에 외환시장을 추가함으로써 거시생산물시장, 금융시장(화폐시장+채권시장), 외환시장, 노동시장을 대상으로 하여 거시경제 현상을 설명한다.

민경제의 구조조정, 경기조절, 소득재분배, 사회복지 향상 및 금융질서 확립 등의 제목표를 달성하기 위해 조세, 공공지출 및 공채 등 정부의 수입과 지출을 조작하는 일련의 조치들이다. 세계 2차대전 이후 재정정책은 한 나라 경제의 지속적 성장을 지원하는 핵심적인 수단으로 자리매김하였으며, 그 영역이 더욱 확대되고 있다.

재정학에서 다루는 재정정책은 단순히 정부가 수행하는 정부지출 또는 조세를 조작하는 한정된 행위(거시경제학상 재정정책)를 지칭하는 것이 아니다. 정부가 바람직한 경제상태를 조성하기 위해 시행하는 일체의 조치를 포괄하는 개념이다. 따라서 재정정책은 금융정책, 조세정책 등 거시적 경제정책 전반을 대상으로 한다.

일반적으로 재정정책은 완전고용의 달성, 물가안정, 경제의 지속적인 성장과 부의 공평(형평)한 분배를 기본적인 목표로 하고 있다.

1) 완전고용

완전고용은 노동시장에서 일하기를 원하는 모든 사람이 고용될 수 있는 상태를 말한다. 완전고용의 개념에 관해서는 다양한 견해가 존재하며, 현실적으로 모든 사람이 인정하는 명백한 정의의 도출은 쉽지 않다. 최근에는 자연실업률 개념을 도입하여, 자연실업률을 유지하는 고용 수준을 완전고용으로 정의하는 경향이 있다. 현실의 정부는 이와 같은 완전고용을 달성하기 위해 다양한 재정정책을 시행한다.

2) 물가안정

일반적으로 물가 수준의 안정은 생계비나 그 밖의 물가지수로 표시되는 평균물가의 안정을 가리킨다. 한 나라의 바람직한 경제 상태 실현에 가장 필수적이고 중요한 요건의 하나가 물가안정임은 주지의 사실이다. 현실적으로 물가 수준의 변화는 물가상승 또는 인플레이션을 초래하는 원인이 되고 있다. 각국은 다양한 재정정책을 통해 국민생활과 물가의 안정을 도모한다.

3) 경제의 지속적 성장과 부의 공평한 분배

모든 국가는 정도의 차이가 있을지언정, 완전고용과 물가안정을 국민경제의 기본목표로 설정하여 그것의 달성을 위해 다양한 방안을 강구하고 있다. 왜냐하면 완전고용과 물가안정은 궁극적으로 국가경제의 지속적인 성장을 뒷받침하는 기초 토대가 되기 때문이다. 모든 국가는 경제의 지속적인 성장을 실현하기 위한 기초 여건으로서 물가안정과 완전고용의 달성을 목표로 부단한 노력을 기울이고 있으며, 더불어 성장의 과실로서 소득과 부를 적정하게 분배하는 방안을 모색하고 있다.

제2절 국민소득의 결정

1. 케인스와 고전학파 거시경제학의 기본체계

1) 케인스 거시경제학

케인스가 활동했던 1930년대는 개별 경제주체가 각자 자신의 이익을 극대화하는 최적화 행위를 추구했음에도 불구하고, 경제 전체적으로는 바람직하지 못한 대공황이 빚어졌다. 케인스는 이와 같은 경제 전체의 부조화 상태가 초래된 원인을 규명하고, 그 대책을 제시하는 새로운 경제이론의 영역을 개척하였다. 이에 따라 기존의 경제학에서는 취급하지 않았던 한 나라 경제 전체의 모습(거시경제 현상)을 다루는 거시경제학이 탄생하게 되었다.

케인스(또는 케인스 학파)는 거시경제 현상을 설명하기 위해 거시생산물시장, 화폐시장, 채권시장, 노동시장 등 네 가지 유형의 가상 시장을 이용하였다. 케인스 학파는 거시생산물시장과 화폐시장이 국민경제의 수요측면을 결정한다는 입장이다. 따라서 국민경제의 총체적 수요곡선은 거시생산물시장의 균형을 나타내는 *IS*곡선과 화폐시장의 균형을 나타내는 *LM*곡선을 반영하여 도출하게 된다.

범주적으로 단기론자(短期論者)에 속하는 케인스 학파는 거시경제 현상을 규명함에 있어 변화가 장기적으로 나타나는 자본 또는 자본시장은 분석대상에서 제외하는 방식을 따른다. 이에 따라 한 나라 경제의 공급 수준 내지 생산국민소득은 자본량이 일정한(고정된) 단기의 상황을 전제로 하여 확정되는데, 구체적으로 단기총생산함수와 노동시장의 균형노동량에 의해 생산국민소득이 결정된다. 이는 국민경제의 총체적 공급곡선을 노동시장에서 결정되는 균형노동량과 단기적 총생산함수의 관계를 연계하여 도출한다는 것을 의미한다.

수요중시론자였던 케인스(케인스 학파)는 국민경제의 균형국민소득은 총체적 수요곡선과 총체적 공급곡선이 교차하는 상황에서 결정되지만, 공급보다는 수요가 더 큰 역할을 한다는 입장이다. 이때 거시생산물시장만을 분석대상으로 하여 균형국민소득의 결정과정을 설명하는 접근을 케인스의 단순모형이라 하고, 거시생산물시장과 화폐시장을 동시에 고려한 분석을 케인스의 일반모형(완결모형)이라고 한다.

이상에서 설명한 케인스 거시경제학의 기본체계는 엄밀히 말한다면 케인스의 논리를 바탕으로 케인스 경제학을 신봉(계승)하는 경제학자들의 견해를 결합하여 확대 발전시킨 체계화된 케인스 학파의 경제학을 가리킨다.

2) 고전학파 거시경제학

고전학파 경제학자들은 민간부문(가계+기업, 시장)만에 의한 분권적인 사익추구행위가 보이지 않는 손(신축적인 가격)의 작동에 의해 자연스럽게 경제 전체의 이익극대화로 연결된다는 입장이다. 따라서 고전학파[8]의 가치관에서 보면 한 나라 경제 전체의 실태를 알아보는 거시경제학 분야는 불필요하게 된다. 그러나 현실 경제는 시장(가격기구)의 작동에도 불구하고 바람직하지 못한 경제상황(대표적으로 1930년대의 대공황)을 주기적으로 겪고 있다. 이에 따라 국민경제 전체를 대상으로 적정 관리를 모색하는 새로운 영역인 거시경제학의 출현은 불가피하였다. 고전학파 계열의 경제학자들도 이러한 현실을 받아들여 거시경제학의 필요성을 인정하게 된다. 그 결과 거시경제학은 주요한 경제학 분야로 자리매김하게 되었다[9].

고전학파 거시경제학은 기본적으로 시장기능을 신뢰하는 틀에 바탕을 두고 거시경제 현상을 설명한다. 따라서 정부에 의한 시장개입을 근본적으로 지지하지 않는다. 고전학파는 민간 중심의 경제활동이 시장을 매개로 최적의 상태를 실현할 수 있기 때문에 원칙적으로 정부에 의한 경제상황 조정은 불필요하다는 믿음을 갖고 있다.

2. 케인스 단순모형에서의 국민소득 결정

한 나라의 공급능력은 노동력, 가용자원, 기술 수준 등이 복합적으로 결합되어 결정되며, 이들 요소는 단기적으로 변동이 쉽지 않다. 반면에 수요는 단기적으로도 쉽게 변화될 수 있는 속성을 갖는다. 따라서 국민경제는 단기적으로 고정되어 있는 총공급에 가변적인 총수요를 일치시킴으로써 균형국민소득을 형성하게 된다. 이런 과정을 일컬어, '수요가 공급을 창출한다'라고 한다.

케인스(또는 케인스 학파)는 균형국민소득이 단기적으로 총수요에 의해 결정되며, 이때 형성되는 균형국민소득이 완전고용국민소득과 일치한다는 보장이 없기 때문에 정부에 의한 총수요관리정책이 필요하다는 입장이다. 이러한 총수요관리정책을 유효수요이론이라고 한다.

---

8) 고전학파라는 명칭은 케인스에 의해 처음으로 불리어졌다고 한다. 케인스는 거시경제학을 체계화하면서 자신과 견해를 달리하는 경제학자들을 총칭하여 고전학파(classical school)라고 불렀다. 이에 따라 최초로 경제학을 학문화한 스미스는 고전학파의 개조(開祖)가 되며, 그가 활동했던 시기를 고전학파시대라고 한다.

9) 이와 같은 과정을 거쳐 정립된 고전학파의 거시경제학은 거시생산물시장, 화폐시장, 채권시장, 노동시장 등에 대한 인식에 있어서 케인스 학파와는 크게 다른 입장을 기초하고 있다.

해외부문을 제외하면 거시생산물시장에서 총수요(Y^D)는 다음과 같이 표시된다.

$$Y^D = C + I + G$$

* 단, C : 민간소비(소비수요), I : 민간투자(투자수요), G : 정부지출(정부수요)

위 식에서 $C = a + cY'$[a(기초소비) > 0, $0 < c$(한계소비성향) < 1, Y' : 가처분소득], 이고, 민간투자(투자수요)와 정부지출(정부수요)은 외생적으로 결정된다고 하자($I = I_0$, $G = G_0$).

가처분소득 $Y' = Y$(납세전 소득) $- T$로 표시되며, T(정부의 조세수입) $= T_0 + tY$이다. 세부적으로 T_0는 정액세이며, tY는 비례소득세이고, t는 한계세율을 의미한다. 그러면 총수요(Y^D)는 $Y^D = a + c(Y - T_0 - tY) + I_0 + G_0$와 같이 나타낼 수 있다.

균형국민소득(Y_E)은 총수요와 총공급이 일치하는 상황에서 도출된다. 따라서 Y(총공급) $= a + c(Y - T_0 - tY) + I_0 + G_0$(총수요)에서 이 산식을 Y에 대해 정리하면 다음과 같이 균형국민소득(Y_E)이 산출된다.

$$Y_E = \frac{a - cT_0 + I_0 + G_0}{1 - c(1 - t)}$$

균형국민소득의 결정과정은 [그림 9-2]를 통해 확인할 수 있다. 동 그림에 나타나 있듯이 $Y^S = Y^D$인 E점에서 균형국민소득(Y_E)이 결정된다. 이때 균형국민소득 수준에 대해 고전학파와 케인스 학파는 상이한 견해를 갖는다. 고전학파는 균형국민소득이 항상 완전고용국민소득과 일치한다고 보는 반면, 케인스 학파는 완전고용국민소득과 다를 수 있다는 결론을 제시하였다. 이렇게 고전학파와 케인스학파의 국민소득 수준이 상이하게 결정되는 이유는 시장가격의 신축성과 관련하여 두 학파의 인식이 다르기 때문이다. 고전학파는 가격이 신축적이라고 보지만 케인스 학파는 반대의 주장을 한다.

그림 9-2 균형국민소득의 결정

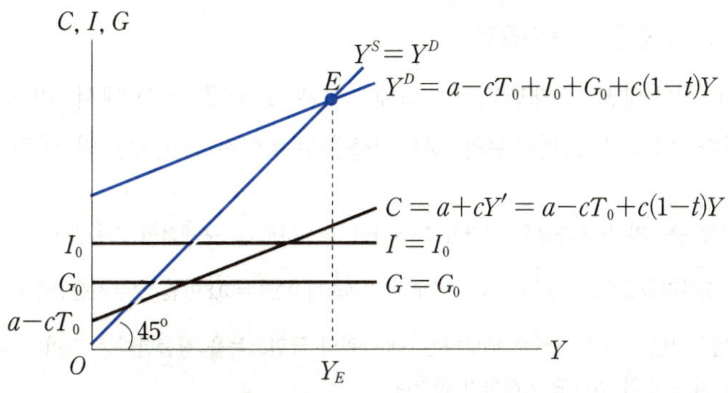

1) 단기 총수요관리정책

고전학파에 따르면 거시생산물시장에서 항상 완전고용국민소득이 달성되므로 정부에 의한 시장개입은 불필요하게 된다. 이는 고전학파 입장을 따르면 원칙적으로 경제정책은 허용(인정)되지 않음을 의미한다. 반면 케인스에 따르면 거시생산물시장에서 형성되는 균형국민소득이 완전고용국민소득과 다를 수 있기 때문에 정부에 의한 시장개입이 필요하다는 것이다.

케인스의 단순모형에서 국민소득은 단기적으로 총공급이 고정되어 있기 때문에 총수요에 의해 확정된다. 단순모형에서 균형국민소득은 거시생산물시장의 총수요와 총공급이 일치하는 상황에서 이루어진다. 이때 균형국민소득은 한 나라 경제의 가용자원이 완전히 고용되어 산출되는 완전고용국민소득과는 상이할 수 있다.

총수요에 의해서 결정되는 단기적 균형국민소득 수준이 완전고용국민소득 수준보다 작다면, 그 경제에 유휴가용자원이 존재[불완전고용 상태 또는 디플레이션 갭(deflationary gap)의 존재]한다는 것을 의미하므로 국민소득을 늘리기 위한 조치로 유효수요 확대의 재정정책(정부지출증대 또는 조세삭감)이 필요하게 된다.

반면 거시생산물시장에서 형성되는 균형국민소득이 완전고용국민소득 수준보다 높아 인플레이션 갭(inflationary gap)이 있다면, 이때는 총수요를 줄이기 위한 유효수요 축소의 재정정책(정부지출축소 또는 조세증대)이 추진되어야 한다.

이상을 정리하면 단기적으로 거시생산물시장에 인플레이션 갭이 존재하면 총수요를 줄이는 재정정책을 강구해야 하고, 디플레이션 갭이 있다면 총수요를 늘리는 재정정책이 시행되어야 거시 경제의 불균형을 바로잡을 수 있다는 것이다.

2) 단기 총수요관리정책의 국민소득창출효과

인플레이션 갭 또는 디플레이션 갭이 있는 경우, 이를 시정하기 위한 총수요 관리측면의 재정정책은 국민소득의 변동을 가져온다. 폐쇄경제일 때 조세 및 정부지출의 변경이 국민소득에 미치는 승수효과[10]를 파악하면 다음과 같다.

(1) 정액세만 고려할 경우의 승수효과

앞의 모형에서 정액세만 존재한다면, 조세수입은 $T = T_0 + tY$에서 비례소득세를 세외한 $T = T_0$로 변경된다. 이때의 조세승수와 정부지출승수(비이전지출승수) 및 이전지출승수는 그 크

10) 이하에서는 각종 승수의 도출과정을 생략하고 결과만 제시하였다. 구체적인 도출과정은 각자 연습하기 바란다. 단순모형에서 정부지출승수는 $\frac{1}{1-c}$이다. 이때 c(한계소비성향) = 0.8이면 정부지출승수는 5가 된다. 이는 정부지출액이 100만원이면, 그것의 5배에 해당하는 500만원의 국민소득을 창출한다는 것이다. 이런 방식으로 이하에 제시되어 있는 각 승수의 의미도 이해하기 바란다.

기가 다음과 같다(단, c : 한계소비성향).

$$조세승수(증세승수) = \frac{-c}{1-c}$$

$$이전지출승수(감세승수) = \frac{c}{1-c}$$

$$정부지출승수(비이전지출승수) = \frac{1}{1-c}$$

따라서 조세승수와 감세승수(減稅乘數) 또는 이전지출승수의 절대적 크기는 동일하다.

(2) 정액세와 소득세가 함께 부과될 경우의 승수효과

조세수입은 $T = T_0 + tY$가 된다. 이때의 조세승수와 정부지출승수(비이전지출승수) 및 이전지출승수의 크기는 다음과 같이 된다.

$$조세승수(증세승수) = \frac{-c}{1-c+ct}$$

$$이전지출승수(감세승수) = \frac{c}{1-c+ct}$$

$$정부지출승수(비이전지출승수) = \frac{1}{1-c+ct}$$

* c : 한계소비성향, t : 한계세율

이때에도 조세승수와 감세승수(減稅乘數) 및 이전지출승수의 절대적 크기는 똑같다.

(3) 균형예산승수

정부지출과 조세의 규모가 동일한 균형예산($G = T$)일 때 다음과 같은 조건을 충족하는 상황에서 그 승수의 크기가 1이 된다.

첫째, 균형예산이 민간투자와 민간저축을 위축시키지 않는다.
둘째, 조세는 정액세 형태로만 부과된다.
셋째, 정부지출은 이전지출 없이 비이전지출만으로 이루어진다.
넷째, 납세자와 수익자(비이전지출로부터의 수익자)의 한계소비성향은 동일하다.
다섯째, 경제는 불완전고용 상태에 있다.

이와 같은 조건이 충족되면 정부지출과 조세의 규모가 일치하는 균형예산의 승수효과는 조세승수(증세승수) $= \frac{-c}{1-c}$(c : 납세자의 한계소비성향)이고, 정부지출승수(비이전지출승수) $= \frac{1}{1-c}$ (c : 비이전지출로부터 수익을 얻는 수익자의 한계소비성향)이기 때문에, 양자를 합하여 도출하는 균형예산승수는 1이 된다.

이런 결과에 따르면 균형예산을 유지하면서 정부지출과 조세를 동시에 한 단위 증가시킬 경우 균형국민소득도 한 단위 증가되는 결과를 낳는다. 이를 하벨모 효과(Haavelmo effect) 또는 균형예산정리라고 한다[11].

3. 케인스 일반모형에서의 국민소득 결정

케인스 일반모형(완결모형)은 국민경제의 수요측면을 나타내는 거시생산물시장과 화폐시장을 동시에 고려해 균형국민소득의 결정 과정을 체계적으로 알려준다. 일반모형은 외생변수로 취급한 단순모형의 투자를 이자율 또는 소득에 의해 결정된다고 가정한다. 한편 화폐시장은 화폐수요(유동성선호)[12]와 화폐공급이 일치할 때 균형을 이루게 된다.

케인스 일반모형에서 균형국민소득 도출은 단순모형의 경우보다 좀 더 현실적이지만 복잡한 과정을 거친다. 거시생산물시장의 균형을 반영한 *IS*곡선과 화폐시장의 균형을 따르는 *LM*곡선이 교차하는 상황에서 두 시장은 동시에 균형을 실현(일반균형)하게 된다[13]. 이때 거시생산물시장과 화폐시장을 포괄하는 균형국민소득과 균형이자율이 만들어진다.

우하향하는 *IS*곡선과 우상향하는 *LM*곡선일 때 정부지출(비이전지출), 이전지출 또는 조세가 초래하는 승수효과는 상이한 결과를 낳는다.

1) 정부지출승수(비이전지출승수) 또는 이전지출승수

분석의 단순화를 위해 통화량이 고정되어 있다고 가정하면, 정부의 비이전지출이나 이전지출을 증가시키면 [그림 9-3]에 제시되어 있듯이 *IS*곡선이 우측으로 이동하고, 이에 따라 균형국민소득은 승수 배만큼 증가하게 된다.

---

11) 정부지출은 승수효과를 통해 균형국민소득을 최초 정부지출액의 몇 배만큼 증가시키는 영향을 유발할 수 있다. 따라서 불완전고용 상태에서 이루어지는 정부지출은 승수효과를 거쳐 완전고용국민소득을 달성할 수 있도록 이끄는데, 이러한 정부지출의 효과를 재정의 지렛대작용(fiscal leverage)이라고 한다.

12) 케인스는 화폐수요를 소득에 의해 결정되는 거래적 화폐수요, 예비적 화폐수요, 그리고 이자율에 의해 결정되는 투기적 화폐수요로 구분하였다. 나아가 이자율은 화폐시장에서 화폐공급과 유동성선호(화폐수요)에 의해 결정된다고 보았다.

13) 각 학파의 *IS*곡선과 *LM*곡선은 다른 논리를 배경으로 하기 때문에 상이한 모습을 띤다. 고전학파의 *IS*곡선은 수평이며, *LM*곡선은 수직이다. 반면 케인스의 *IS*곡선은 수직이고, *LM*곡선은 수평의 형태로 나타난다. 통화주의와 케인스 학파의 *IS*곡선은 우하향하며, *LM*곡선은 우상향한다. 통화주의의 *IS*, *LM*곡선은 고전학파 쪽에 가깝고, 케인스 학파의 *IS*, *LM*곡선은 케인스 쪽에 가깝다. 각 학파의 *IS*, *LM*곡선의 형태에 관한 자세한 내용은 거시경제학 교과서를 참조하기 바란다.

거시생산물시장과 화폐시장을 동시에 고려하면 비이전지출승수와 이전지출승수는 거시생산물시장만을 대상으로 할 때와 비교하여 작아진다. 그 이유는 비이전지출이나 이전지출이 균형국민소득을 증가시키지만, 소득 증대에 따라 거래적 · 예비적 화폐 수요가 늘어나고, 그에 따라 투기적 화폐 수요의 감소를 초래함으로써 이자율을 상승시키기 때문이다. 이때 이자율 상승은 민간의 투자수요를 줄이는 구축효과(crowding-out effect, 축출효과)를 야기한다.

2) 조세승수

증세 또는 감세에 따라 나타나는 민간소비(소비수요)의 변화는 균형국민소득 수준의 변동을 초래하지만, 이 경우에도 구축효과가 야기되어 거시생산물시장과 화폐시장을 동시에 반영한 조세승수는 거시생산물시장만을 대상으로 한 경우에 비해 작아진다. 정부지출과 조세의 조정에 따라 초래되는 균형국민소득의 변동은 [그림 9-3]에서 최초의 균형 e점이 e′점으로 이동되는 것으로 나타난다.

그림 9-3 재정정책의 경제적 효과

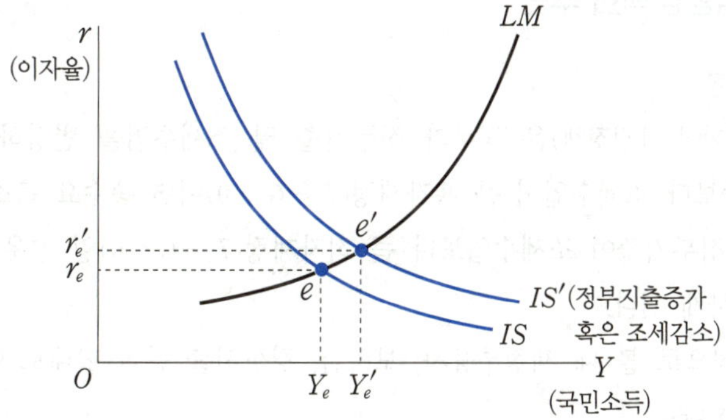

그림 9-4 금융정책의 경제적 효과

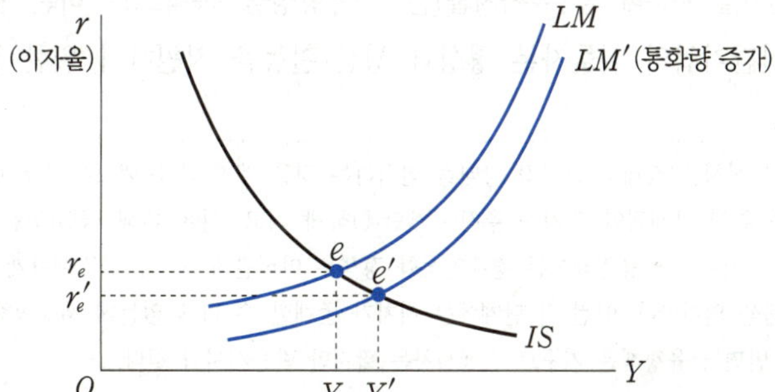

3) 화폐승수

화폐승수(통화승수)는 1단위의 통화량 변화에 따라 나타나는 균형국민소득 수준의 변동 정도를 말한다. 구체적으로 고정되어 있다고 가정했던 통화량이 증가하면 LM곡선의 우측이동을 초래하고, 이에 따라 균형이자율의 하락과 균형국민소득 수준의 상승이 나타난다. 이는 [그림 9-4]에서 최초의 균형 e점이 e'점으로 이동하는 것으로 표시된다.

한편 개방경제에서 해외로부터의 수입수요(輸入需要, import)는 재정정책, 금융정책의 효과를 해외로 누출시키는 영향을 발생한다. 따라서 이때 형성되는 각종 승수의 절대 크기는 폐쇄경제에서의 그것보다 작다.

4. 재정정책과 금융정책의 비교

재정정책과 금융정책은 다양한 수단들을 활용하여 시행되며, 그 상대적 유효성은 다르게 나타난다. 따라서 어느 정책이 더 우월한가는 판정이 곤란하다[14].

1) 재정정책과 금융정책의 수단

(1) 재정정책의 수단

재정정책(거시경제학상 재정정책)은 정부가 정부지출 및 조세수입을 변경하는 조치를 말한다. 일반적으로 정부지출보다 조세수입이 큰 흑자재정($T-G>0$)이면 총수요 축소와 국민소득 감소 효과를 발생시키며, 정부지출이 조세수입보다 큰 적자재정($T-G<0$)일 경우 총수요 확대와 국민소득 증대를 초래하게 된다.

정부지출은 세부적으로 볼 때 재정투융자, 보조금, 경상지출 등의 형태로 이루어지며, 각각의 경제적 효과는 상이하다.

① 재정투융자

재정투융자(비이전지출 가운데 정부투자지출)는 자본형성을 목적으로 하는 정부의 직접투자와 정부가 공기업 및 민간기업의 실물자본 형성과 생산 활동을 지원하기 위한 금융적 융자활동을

14) 정부의 경제안정화 정책은 경제의 불안정 상태를 인식하는 것을 계기(인식단계)로 시작된다고 할 수 있다. 이후 정부는 그 해결을 위해 구체적인 조치를 추진(집행단계)하게 되고, 이에 대해 국민(민간부문)이 반응을 나타낼 것이다. 이는 재정정책이든 금융정책이든 경제안정화 정책은 인식단계 → (정책)집행단계 → (민간부문)반응단계의 순서를 밟게 됨을 의미한다. 이런 각 단계에는 시차가 존재할 수 밖에 없는데 재정정책은 집행시차가 길지만 반응시차는 짧다. 반면 금융정책은 거꾸로 집행시차는 짧지만 반응시차가 길다.

포함한 조치를 말한다. 재정투융자는 과거 우리나라를 비롯하여 사회간접자본(*SOC*)이 취약한 개발도상국의 생산기반 구축을 돕는 주요한 수단의 역할을 해왔다. 그 이외 경기불황을 타개하기 위한 핵심적인 경기회복 수단의 기능을 하고 있다.

② 각종 보조금

시장이 완전경쟁적이고 외부성이 없을 경우 정부에 의한 보조금(이전지출) 지급은 초과부담을 야기하지만, 비효율적인 자원배분 상태에서는 오히려 배분을 효율적으로 개선시키는 수단이 된다. 또한 경제적 약자를 대상으로 하는 정부의 각종 보조금 지급은 사회구성원들 간의 빈부격차를 조정해 주는 소득재분배효과를 갖는다.

③ 경상지출

경상지출(비이전지출 가운데 정부소비지출)은 공공부문이 일상적 공공수요의 충족을 목적으로 시행하는 일반적 지출을 말한다. 경상지출의 변동은 자원배분 및 소득재분배, 경제안정에 적지 않은 영향을 미치게 된다.

④ 조세

증세와 감세는 자원배분 및 소득재분배, 경제안정에 미치는 영향이 크다. 자세한 내용은 본서의 조세론 분야에서 설명하였다.

(2) 금융정책의 수단

각종 금융정책의 수단들은 통화량의 변동을 통해 자원배분, 소득재분배, 경제안정 상황을 달라지게 만든다. 구체적인 금융정책 수단으로는 공개시장조작, 재할인율정책, 지급(지불)준비율정책, 이자율규제, 선별적 금융지원 등이 있다.

① 일반적 금융정책 수단

일반적 금융정책 수단에는 공개시장조작, 지급(지불)준비율정책, 재할인율정책이 해당한다. 공개시장조작은 중앙은행이 경제 전반에 걸쳐 통화량이 부족하면 국공채의 매입을 통해 통화량을 늘리고, 반대의 상황에서는 국공채를 매각함으로써 통화량을 줄이는 조치이다.

지급(지불)준비율정책은 중앙은행이 시중은행으로 하여금 대량 예금인출 사태에 대비하여 보유하도록 요구하는 법정지급준비금의 비율을 낮추거나 높이는 수단을 말한다. 법정지급준비율의 인하는 시중은행의 대출 여력을 확대시키는 영향을 미치기 때문에 경제 전체의 통화량을 늘리는 작용을 하게 된다. 반면 법정지급준비율의 인상은 경제 전체의 통화량을 줄인다.

재할인율정책은 중앙은행이 시중은행에 적용하는 재할인율(대출이자율)[15]을 인상 또는 인하시켜 경제 전체의 통화량을 조정하는 방법을 말한다. 재할인율의 인하는 시중은행의 중앙은행 차입을 증가시켜 경제 전체의 통화량을 확대시키게 된다. 반면 재할인율의 인상은 경제 전체의 통화량을 축소시키는 작용을 한다.

공개시장 매입, 지급(지불)준비율의 인하, 재할인율의 인하는 경제전체의 통화량을 늘리는 영향을 초래하고, 이에 따라 이자율이 하락된다. 그 결과 경기침체(deflation) 상황을 타개하는 효과를 나타낸다. 반대의 조치는 통화량을 감소시킴으로써 이자율의 상승이 발생하고 과열된 경기(inflation)를 가라앉히는 역할을 한다.

공개시장조작, 지급(지불)준비율정책, 재할인율정책은 경제 전반을 대상으로 통화량의 규모를 조정하는 역할을 하기 때문에 일반적 금융정책 수단으로 분류된다.

② 선별적 금융정책 수단

선별적 금융정책 수단으로는 이자율규제, 대출한도제, 선별적 금융지원 등이 있다. 이자율규제는 중앙은행이 직접 시중의 금리(이자율)를 통제함으로써 경제전체의 통화량을 적정 수준으로 조정하기 위한 조치를 가리킨다. 경기침체기에는 시중금리를 인하함으로써 은행대출을 촉진하여 통화량을 확대하고, 지나친 경기과열 상황일 때는 시중금리를 인상함으로써 은행대출을 억제하여 통화량을 축소시키는 방식으로 운영한다.

대출한도제는 국내의 여신, 중앙은행의 자산, 시중(예금)은행의 자산 등에 최고한도를 설정하고 그 한도를 초과하지 못하도록 함으로써 통화량을 조절하는 금융정책이다. 경제 전체의 통화량 수준을 결정하는데 커다란 영향을 미치는 본원통화량은 중앙은행의 자산규모에 의해 좌우된다. 따라서 중앙은행의 자산규모를 제한하는 조치는 경제전체 또는 특정 부문의 통화량 수준을 조절해 주는 역할을 한다. 한편 시중(예금)은행의 예금자산이 늘어나면 동시에 부채인 요구불예금도 늘어나게 된다. 요구불예금 수준의 변동은 통화량에 영향을 미치게 되므로 시중은행을 대상으로 하는 자산규제는 통화량 조절의 수단 기능을 한다.

선별적 금융지원은 금융당국이 특정 산업이나 업종만을 대상으로 자금지원을 시행하는 장치이다. 이는 국가가 특정 산업이나 업종을 집중적으로 육성하고 발전시키고자 할 때 채택되는 금융정책에 해당한다.

2) 재정정책과 금융정책의 상대적 유효성

재정정책과 금융정책의 상대적 유효성은 *IS*, *LM*곡선의 형태에 따라 다르게 나타난다. 구체

15) 재할인율은 시중은행(예금은행)이 고객의 약속어음을 받고 할인을 적용하여 자금을 공급한 그 약속어음을 다시 중앙은행에 담보로 제시하고 재차 할인을 받고 자금을 차입할 때 지불하는 이자율을 말한다. 따라서 재할인율은 시중은행이 중앙은행에 차입(대출)할 때 지불하는 대출이자율의 의미를 갖는다.

적으로 *LM*곡선은 그 위치와 모양을 기준으로 케인스 영역, 중간 영역, 고전학파 영역으로 구분되며, 각 영역에서 재정정책과 금융정책의 유효성은 상이하다.

(1) *IS*곡선의 형태

*IS*곡선은 투자의 이자율에 대한 탄력성 크기에 따라 수직인 경우(투자가 이자율에 완전비탄력적인 경우, 단순 케인스 모형), 수평인 경우(투자가 이자율에 완전탄력적인 경우, 고전학파 모형), 우하향하는 경우(케인스 학파와 통화주의 모형)로 나눌 수 있다.

(2) *LM*곡선의 유형

① 케인스 영역

*LM*곡선이 수평인 경우([그림 9-5]의 *AB*영역, 유동성 함정)이고, 화폐에 대한 수요는 투기적 화폐수요만 존재하며, 이때는 화폐수요가 이자율에 대해 무한 탄력적이 된다. 케인스는 경제 주체들이 나타내는 가장 낮은 이자율 수준에서는 화폐수요가 오로지 투기적 동기에 의해 형성되고, 이때 투기적 화폐수요는 무한대(→∞)의 값을 가진다고 하였다. 이 경우 *LM*곡선은 수평의 형태를 띨 수밖에 없고, 이런 상황을 유동성 함정(liquidity trap) 상태라고 한다[16].

② 고전학파 영역

*LM*곡선이 수직인 경우(*C* 이상의 영역)는 거래적 · 예비적 화폐수요만 있고, 투기적 화폐수요는 존재하지 않는다. *LM*곡선이 수직의 형태를 띠는 이유는 고전학파의 경우 투기적 화폐수요를 인정하지 않기 때문이다. 고전학파에 따르면 화폐수요는 이자율과 무관하고, 단지 소득 수준

그림 9-5 *LM*곡선의 유형

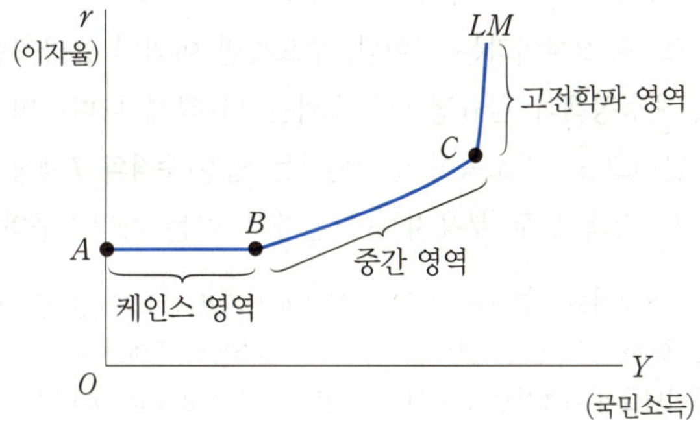

16) 케인스(J.M. Keynes)는 화폐수요의 동기를 크게 거래적 동기, 예비적 동기, 투기적 동기로 구분하였다. 거래적 동기와 예비적 동기의 화폐수요는 소득 수준(크기)과 정비례 관계에 있고, 투기적 동기의 화폐수요는 이자율과 반비례 관계에 있다. 이에 따라 거래적 · 예비적 동기의 화폐수요는 소득 수준이 올라가면(떨어지면) 늘어나는(줄어드는) 반면 투기적 동기의 화폐수요는 이자율이 상승(하락)하면 줄어들게(늘어나게) 된다.

에 의해 그 크기가 결정된다. 이와 같이 투기적 화폐수요가 존재하지 않는 경우 이자율이 변동해도 화폐수요는 불변이기 때문에 수직 형태의 *LM*곡선을 형성한다.

③ 중간 영역

*LM*곡선이 우상향하는 경우(*BC*영역)로서 케인스 영역과 고전학파 영역의 성격이 혼재되어 있는 구간이다. 이 영역에서 재정정책은 부분적인 구축효과[17]만 초래하기 때문에 유효한 총수요 확대수단이 될 수 있다. 중간 영역은 케인스 학파와 통화주의의 *LM*곡선이 그 예이다.

(3) 재정정책과 금융정책의 유효성 비교

*LM*곡선이 수평일 경우(케인스 영역), 통화량을 증가시키는 조치는 이자율을 떨어뜨려 투자가 활성화되도록 유인하는 역할을 하지 못하고, 투기적 화폐수요로 전부 흡수되어 균형국민소득은 불변이 된다. 결국 케인스 영역에서 금융정책은 그 효과를 기대할 수 없으며, 재정정책이 상대적으로 유효한 총수요 증대수단 기능을 한다.

*LM*곡선이 수직일 경우(고전학파 영역), 정부지출을 증가시키면 민간부문의 자금압박과 그것에 기인하는 이자율 상승으로 이어져 민간투자를 완전히 대체하는 구축효과(100% 구축효과)를 초래할 뿐이다. 따라서 고전학파 영역에서는 재정정책이 무용(無用)하며, 금융정책이 가장 유효한 총수요 확대수단의 역할을 하게 된다.

한편 *LM*곡선이 우상향하는 중간영역(케인스 학파와 통화주의의 관점)의 경우는 *IS*곡선이 수직에 가까울수록(또는 *LM*곡선이 수평에 가까울수록) 재정정책이 금융정책보다 더 큰 유효수요 증대효과를 발생한다.

결론적으로 고전학파 계열에 따르면 금융정책이 보다 강력한 효과를 나타내며, 케인스 계열 입장에서는 재정정책이 상대적으로 더 유효한 경제정책 수단이 된다.

그런데 여기서 유의해야 할 점은 이와 같은 주장은 거시경제의 수요측면인 거시생산물시장 및 화폐시장만을 대상으로 한 결론이라는 것이다. 수요측면 이외의 공급측면(단기적 총생산함수와 노동시장)을 고려한다면, 재정정책과 금융정책의 효과는 더 작게 나타나며, 특별히 가격의 신축적인 작동에 의해 항상 완전고용국민소득이 달성된다는 입장(수직의 총체적 공급곡선)인 고전학파에 따르면 재정정책과 금융정책 모두 무용지물이 된다[18]. 이는 가격기구의 신축적인 작동을 신

---

17) 부분적 구축효과일 때는 정부지출의 증가에 의해 민간부문의 투자가 감소되지만 정부지출에 따른 총수요 확대가 민간투자 감소에 의한 총수요 감소보다 커서 최종적으로 국민소득의 증대가 나타난다. 부분적 구축효과가 발생하는 경우를 'Hicks 메커니즘이 작용하는 상황'이라고 한다. 한편 이상의 *IS*−*LM*분석은 일명 힉스−한센(Hicks-Hansen) 모형이라고도 하고, 케인스의 완결모형이라고도 부른다. 그 이유는 케인스의 「일반이론」(1936)에서 시작되어 힉스(J.R. Hicks)가 정식화하고 한센(A.H. Hansen)에 의해 도식화되었기 때문이다.

18) 고전학파에 따르면 물가가 상승하면 실질임금이 하락하고 그에 따라 노동시장에서는 초과수요가 발생하지만 곧바로 명목임금이 인상됨으로써 결국 물가상승 전의 실질임금 수준을 회복하기 때문에 고용 수준(노동량)은 불변이 된다. 다시 말해 고전학파 견해에서는 물가 수준과 관계없이 *GDP*(*GNP*)의 크기가 일정하다는 것이다. 이에

뢰하는 고전학파 관점에 따르면 항상 완전고용국민소득의 달성이 보장되기 때문에 경제정책 또는 재정정책의 시행은 불필요하다는 것이다.

따라 고전학파의 *AS*곡선은 수직 형태를 갖게 된다. 반면 케인스 또는 초기 케인지언(Keynesian)의 수량 조정 모형(고정물가-고정임금 모형)에 따르면 노동수요는 실질임금에 의해 결정되지만 노동공급은 명목임금의 함수이고, 화폐환상(money illusion, 화폐착각)이 존재하며 임금은 하방경직적이다. 또한 실업이 일반적이고 완전고용은 예외적 상황이 된다. 이와 같은 수량 조정 모형(케인스 단순모형)을 가정하면 완전고용에 도달하기 이전의 *GDP* 수준에서는 *AS*곡선이 수평이고, 완전고용일 때 완전비탄력적인 수직 형태를 나타낸다. 이런 모형을 따르면 실업을 해소하기 위한 고용증진정책은 물가를 상승시키지 않고도 총공급을 확대할 수 있다. 한편 변동물가-고정명목임금 모형(케인스의 완결모형)에서는 물가가 상승하면 노동수요가 늘어나고 그에 따라 고용 수준이 증가함으로써 *GDP*(*GNP*)가 커진다. 따라서 케인스의 완결모형에서 *AS*곡선은 우상향하는 형태를 띤다. 이 모형을 따를 때 물가상승에 의한 *GDP* 증가는 기술진보 등 생산성의 향상에 기인한 것이라기보다 근로자의 화폐환상에 의한 것으로 간주된다. 이상을 정리하면 단기총생산함수와 노동시장에 의해 결정되는 총체적 공급(*AS*)곡선은 수평구간(케인스 영역), 수직구간(고전학파 영역), 우상향구간(중간영역, 케인스 학파와 통화주의)으로 나뉜다.

제3절 각 학파의 경제안정정책

고전학파와 케인스(케인스 학파)는 거시경제 불균형의 원인과 그 대책에 대해 상이한 주장을 하면서 때로는 대립하고, 때로는 경쟁하면서 거시경제학을 발전시켜왔다. 이들은 거시경제학의 발전에 따라 더욱 세분화되어 새로운 학파를 형성하게 된다. 고전학파(classical school) 학맥의 정통은 신고전학파(neo-classial school), 통화주의(monetarism), 새 고전학파(new-classical school)의 순서로 계승되었다고 할 수 있다. 반면 케인스 거시경제학은 케인스 학파(Keynesian), 새 케인스 학파(new-Keynesian)의 순서로 발전했다고 하겠다.

오늘날 거시경제학은 새 고전학파와 새 케인스 학파가 두 축을 이루며, 거시경제 문제의 바람직한 해결을 위해 새로운 이론의 정립과 발전을 모색하고 있다.

1. 경제안정정책의 의의와 유형

1) 경제안정정책의 의의

오늘날 자본주의 시장경제체제는 경기변동과 국제수지불균형 등 여러 측면에서 불안정하다. 그러나 가격기구(시장경제)의 자동조절 능력만으로는 이와 같은 불안정 요인을 단기간에 그리고 바람직하게 치유하는데 한계가 있다. 이에 따라 정부가 중심이 되어 현실 경제의 불안정한 요소를 제거하기 위해 일련의 조치를 취하는데 이를 경제안정정책이라고 한다. 정부는 경제안정정책의 수단으로 재정정책, 금융정책, 물가정책, 환율정책 등을 활용하고 있다.

2) 경제안정정책의 유형

경제안정정책은 재정수지의 양상에 따라 균형재정적 경제안정정책, 적자재정적 경제안정정책, 흑자재정적 경제안정정책으로 구분하기도 하고, 재정조치의 발동형식에 따라 자유재량정책과 자동안정정책으로 나눌 수 있다.

(1) 자유재량정책

케인스의 국민소득 결정모형을 그 이론적 근거로 삼고 있는 자유재량정책은 그때그때의 경기변동(상황)에 대응하여 재정지출과 수입(조세)을 재량적으로 조작하여 인위적으로 경제안정을 도모하는 보정적 재정정책을 말한다.

① 인플레이션 대책

수요견인 인플레이션(demand pull inflation)일 때는 정부지출축소, 통화량감축, 이자율인상, 환율인하(원화가치 절상) 등 총수요축소정책이 유용한 수단이 된다. 반면 비용인상 인플레이션(cost push inflation)이 나타나면, 수요에 영향을 주는 재정금융정책은 무력하고, 소득정책이나 구조조정정책 등 비용인상요인을 제거하는 조치가 필요하다.

② 디플레이션 대책

경기침체에 따라 높은 실업률이 나타나는 디플레이션 상황을 타개하기 위해서는 경기부양조치를 시행해야 한다. 이런 상황의 극복을 위한 구체적인 방법으로는 정부지출의 강화(확대), 감세, 민간의 소비 또는 투자를 증가시키는 유인제공, 통화량확대, 이자율인하, 환율인상(원화가치 절하) 등 총수요확장정책이 활용된다.

③ 경제성장 대책

국민경제의 성장능력을 근본적으로 제고하기 위해서는 확장적 정부지출을 통해 소득기반을 강화하는 조치가 이루어져야 한다. 뿐만 아니라 이에 더하여 완전고용 및 물가안정기에는 증대하는 생산능력을 적절히 조정하는 방안으로서 총수요관리정책을 적극적으로 활용하는 경제운영체계의 구축이 필요하다.

④ 자유재량정책의 장·단점

자유재량정책은 강력하고 직접적인 효과를 초래하며 급격한 경기변동에 대한 대책으로 적절하다는 장점을 갖는다. 반면 시차문제(인지의 시차, 정책집행의 시차, 반응의 시차)를 수반하고, 정치적 이유로 채택된 정책은 경제전반에 부정적인 영향을 미치는 등 상황에 따라 상당한 불합리성을 초래하는 단점이 있다.

(2) 자동안정정책(built-in stabilizer)

① 의의

자동안정정책은 경기가 변동할 때 정부에 의한 재량적 조치 없이(간섭 없이) 기존의 재정시스템에 의존하여 경기를 자동적으로 조정하는 경제안정정책을 말한다. 이는 반경기적(反景氣的) 성격을 가지며, 시차문제를 수반하지 않고 자동적으로 경기에 대응하는 특징을 갖는다.

자동안정정책은 호황이나 불황 등 경기의 불안정 상황을 극복함에 있어 별도의 재정조치를 취하지 않고, 현재 운용되고 있는 재정제도 자체의 작동에 맡겨 문제를 해결하는 경제안정정책을 가리킨다.

② 수단

정부가 운용하고 있는 다양한 형태의 재정제도는 그 내용을 살펴보면 정도의 차이는 있지만 대체로 경제상황을 적절하게 조정하는 기능을 한다고 해도 과언이 아니다. 각종 재정제도는 호황일 때 관련된 국민의 부담을 높이고, 불황기에는 그 부담을 낮추는 특성을 갖고 있기 때문에 경기의 자동안정장치 역할을 한다.

자동안정장치의 대표적인 예로는 지출측면의 사회보장제도(특히 고용보험), 수입측면의 누진세제도[19], 각종 공제제도, 원천징수제도, 신고납부제도 등을 들 수 있다.

③ 장·단점

자동안정정책은 경기의 불안정과 그에 대한 정책수립의 필요성을 인식해야 하는 상황일 때, 시차가 발생하지 않으며 별도의 자의적 조치를 취하지 않아도 불안정한 경제상태를 시정할 수 있다는 장점을 갖는다.

반면 단점으로는 긴급하고 급격한 경기변동에 대한 대책으로 미흡하고, 경기회복기에는 총수요를 억제시킴으로써 오히려 경기회복을 지연시킬 수 있으며, 누진세제는 기업의 투자의욕을 감퇴시켜 장기적으로 경제성장을 저해(재정장해의 초래)할 수 있다는 점을 들 수 있다[20].

---

19) 특정 조세가 경기에 대한 자동안정장치 기능을 하기 위해서는 한계조세성향[marginal propensity to taxation, *MPT*, 과표(소득) 1단위 변동에 따른 세수의 반응도]이 1보다 커야 하고, 경기변동에 따른 과표변동도 커야 한다. *MPT*가 1보다 높으면 소득증가보다 세수가 크게 늘어나기 때문에 당해 조세는 누진적 세율구조를 갖는다. 누진적 세율구조는 소득이 증가(호황기)하면 소득보다 세수증가 비율이 높아 수요억제효과가 있고, 소득이 감소(불황기)하면 소득보다 세수감소 비율이 낮아 수요확장효과가 있다. 따라서 경기의 자동안정장치 역할을 하게 된다.

20) 완전고용국민소득 수준 이하에서 국민소득이 형성되는 불황기에 이를 극복하기 위한 방안으로 총수요확대정책을 시행하면 국민소득이 증가한다. 그런데 이때 누진소득세제는 증대된 국민소득을 세수로 거두어들임으로써 경기회복에 부정적인 영향을 미칠 수 있다. 누진소득세제를 시행하고 있는 경제가 불황일 경우 이를 타개하기 위한 총수요확대정책은 국민소득을 증가시키는 효과를 발생할 수 있지만, 이는 자동적으로 조세수입의 증대로 흡수되기 때문에 오히려 총수요를 위축시키며 완전고용이 실현되는 시점에서는 예산잉여($T > G$, 재정흑자, 완전고용흑자)를 초래하는 부작용을 나타낸다. 또한 정부가 예산잉여를 화폐로 보유하면 민간의 통화량이 감소하여 총지출 규모가 줄어듦으로써 국민소득을 더욱 감소시킬 수 있다. 따라서 불황기에 자동안정장치(누진소득세제)는 경제를 안정시키기보다는 불안정한 상태가 지속되도록 작용할 수 있다. 이와 같이 불황기에 자동안정장치가 총수요확대를 통해 경제를 안정시키려는 시도를 방해하는 작용을 재정장애(fiscal drag, 재정장해, 재정적 견인)라고 부른다. 재정장애 현상은 케인스 학파 시각에서 보면 고전학파가 경제안정수단으로 강조하는 자동안정장치가 드러낼 수 있는 문제점을 지적하는 근거에 해당한다.

▶ 재정배당(fiscal dividend)

재정장애(재정장해)를 해결하기 위해서는 세율인하, 재정지출의 확대, 사회복지적 지출의 증대 등을 통해 흑자재정($T > G$)을 균형재정($G = T$)으로 전환시켜 주는 조치가 필요하다. 이와 같은 일련의 조치를 재정배당(財政配當)이라고 한다.

(3) 정식적 신축제도(formula flexibility)

정식적 신축제도는 생산지수, 고용지수, 물가지수 등의 경제지표가 일정한 수준을 초과한 경우 정부가 의회의 승인을 거치지 않은 상황일지라도 미리 정한 방식에 따라 조세, 정부지출 등의 운용이 자동적으로 변경될 수 있도록 인정하는 장치이다.

이 제도의 시행은 다양한 경제지표를 사전적으로 완전하게 정식화(formula)하는 것이 현실적으로 쉽지 않고, 예상하지 못한 경제상황이 발생하면 그에 대한 적절한 대처가 곤란하며, 경제운영 내지 재정운영의 방식을 사전에 규정함으로써 의회의 권한을 침해하는 문제를 초래할 수 있는 단점이 있다.

2. 각 학파의 경제안정정책

1) 고전학파의 경제정책

완전한 가격신축성을 가정하는 고전학파의 경우 실질국민소득 수준은 노동시장에서 형성된 균형노동량(완전고용노동량)이 단기총생산함수와 결합하여 결정된다. 따라서 고전학파의 실질국민소득 수준은 항상 완전고용국민소득 수준과 일치한다. 다시 말해 가격의 신축성과 세이의 법칙(Say's law)[21]을 전제로 하는 고전학파의 총생산량 내지 균형국민소득 수준은 전적으로 공급측 요인(고용량, 생산함수)을 따른다.

고전학파가 상정하는 거시생산물시장은 세이의 법칙에 기초하므로 여기서 형성되는 균형국민소득은 총수요와 총공급이 일치하는 완전고용국민소득을 뜻한다. 이는 거시생산물시장(대부자금시장)에서 투자와 저축은 실질이자율의 함수이기 때문에 실질이자율의 신축적인 작동에 의해 거시생산물시장은 항상 균형을 이룬다는 것이다. 이때 실질이자율은 거시생산물시장의 총수요와 총공급이 일치하는 상황에서 결정된다.

고전학파의 균형국민소득은 늘 완전고용 수준에서 달성되므로 화폐시장은 국민소득의 결정에

21) 세이의 법칙(Say's law)은 프랑스의 경제학자 세이(J. Say)가 체계화한 고전학파 이론의 핵심적 주장을 말한다. 이는 간략하게 말해서 "공급이 스스로 수요를 창출한다"는 것이다. 다시 말해 생산(공급)된 만큼 정확히 분배(소비)되기 때문에 수요는 항상 공급과 일치한다. 세이의 법칙에 따르면 균형국민소득은 총공급에 의해 결정(균형국민소득 = 총공급)된다.

전혀 영향을 미치지 못한다. 따라서 통화량의 변경은 물가 수준만 변동시킬 뿐이며, 실물부문(실질국민소득)에는 영향을 미치지 않는다. 이와 같이 화폐시장과 생산물시장은 서로 단절되어 있으며, 연결되지 않는다는 고전학파의 주장을 고전적 이분성(classical dichotomy)이라고 한다. 이런 상황에서 화폐는 실물부문에 대해 중립적(무영향)이고 베일의 역할을 할 뿐이다[화폐의 중립성, 화폐의 베일(veil)관].

고전학파에 따르면 노동수요와 노동공급은 모두 실질임금에 의해 결정된다. 한편 가격(임금)의 신축성을 전제하기 때문에 노동수요와 노동공급이 일치하는 상황에서 이루어지는 균형노동량은 항상 완전고용 수준이다. 그러므로 고전학파에 따르면 언제나 완전고용이 보장되고, 그에 따라 완전고용국민소득을 실현하게 된다[22].

(1) 재정정책과 금융정책의 유효성 비교

① 재정정책

고전학파는 수직의 *LM*곡선과 수평의 *IS*곡선을 가정한다. 따라서 정부지출 증가는 민간의 가용자금을 압박하여 민간부문의 이자율을 상승시키게 된다. 이자율의 상승에 따라 민간의 투자 소비수요가 감소되며, 이는 국민소득을 줄이는 작용을 한다. 그 결과 정부지출 확대가 초래하는 국민소득 증가를 정확히 상쇄시킨다. 이에 따라 정부지출의 확대는 종국적으로 총수요에 영향을 미치지 않게 된다. 요약하면 고전학파 입장에서 보면 재정정책은 100% 구축효과를 초래하므로 국민소득의 증대를 기대할 수 없기 때문에 정책적 유효성이 없다는 것이다.

② 금융정책

고전학파는 금융정책 역시 재정정책과 똑같이 근본적으로는 정책적 유효성이 없다고 한다. 경제 내의 모든 실질변수의 균형값은 통화량과 관계없이 결정되며, 실물부문(거시생산물시장)과 화폐부문이 완전히 단절되어 있다(고전적 이분성). 따라서 화폐는 단순한 베일(veil)에 불과하며 화폐는 중립적일 뿐이다. 이런 연유로 고전학파에 따르면 통화량의 증가는 실질변수(국민소득)에 영향을 미치지 못하고, 단순히 물가 상승만을 초래하게 된다.

반면 재정정책과 달리 금융정책은 물가 수준에 영향을 미칠 수 있기 때문에 물가안정을 위해서는 안정적인 통화 공급이 유용한 역할을 한다[23].

---

22) 완전고용국민소득(완전고용 *GDP*)은 완전고용 상태에서 달성되는 국민소득 수준을 말한다. 이는 잠재적 *GDP*와 그 의미가 유사하다. 잠재적 *GDP*는 한 나라가 물가를 올리지 않으면서(물가상승 없이) 안정적으로 생산할 수 있는 최대한의 *GDP* 수준을 가리킨다.

23) 각 학파별로 거시경제현상을 인식하는 방식이 다르기 때문에 거시생산물시장과 화폐시장의 결합에 의해 결정되는 총체적 수요곡선(*AD*)과 노동시장 및 단기총생산함수에 의해 결정되는 총체적 공급곡선(*AS*)은 다양한 모양을 나타낸다. 횡축은 국민소득(*GNP*)이고, 종축은 물가 수준(*P*)을 나타내는 평면에 각 학파의 *AD*와 *AS*를 나타내면, 고전학파는 우하향하는 직각쌍곡선형의 *AD*와 수직인 *AS*이다. 단순 케인스 모형(고정물가–고정명목임금의

(2) 케인스 단순모형과 고전학파의 비교

고전학파의 세계에서는 물가와 임금이 항상 신축적으로 작동하기 때문에 노동시장과 거시생산물시장에서의 균형은 완전고용 내지 완전고용국민소득을 나타낸다. 이와 같이 고전학파의 세계에서는 완벽한 가격의 신축성을 전제하기 때문에 거시적 불안정(실업, 인플레이션 등)은 존재할 수 없으므로, 재정정책이든 금융정책이든 경제정책은 불필요하게 된다.

반면 케인스는 물가와 임금이 경직적이기 때문에 거시생산물시장과 노동시장이 항상 완전고용 균형을 보장하지 못한다는 입장이다. 1930년대에 활동했던 케인스는 임금의 하방경직성과 유효수요의 부족으로 말미암아 당시의 노동시장이 만성적인 비자발적 실업을 겪게 되었다는 주장을 하였다. 또한 그는 단순모형을 통해 고정물가－고정임금을 가정하면 균형국민소득은 거시생산물시장의 유효수요 크기에 의해 결정된다(수요에 의한 공급창출)는 결론을 이끌었다. 그러나 이때의 균형국민소득은 단순히 거시생산물시장에서 총수요와 총공급이 일치함으로써 형성되는 수요공급 균형국민소득일 뿐이며, 완전고용국민소득과 다를 수 있다는 것이다.

고전학파는 소비수요와 투자수요 모두 이자율의 함수라고 보았다. 반면 케인스는 소비수요는 소득(절대소득)의 함수라고 규정하였으며, 투자수요는 크기가 고정된 독립투자와 소득에 의해 결정되는 유발투자로 나누었다.

고전학파에 따르면 화폐수요는 소득에 의해 결정되는 거래적 화폐수요만 존재할 뿐이다. 반면 케인스는 화폐수요를 확장하여 이자율에 의해 결정되는 투기적 화폐수요와 소득에 의해 결정되는 거래적 화폐수요 및 예비적 화폐수요의 세 가지 유형으로 구분하였다.

케인스는 단순모형을 통해 이자율은 화폐시장에서 결정[24]되기 때문에 통화량을 증가시키는 확대 금융정책은 이자율만 하락시킬 뿐이라는 입장이다. 케인스 단순모형에 따르면 물가 수준이 일정하고 거시생산물시장에서 형성되는 수요들이 이자율과는 독립적이라면 통화량을 증가시키는 확대 금융정책은 국민소득에 영향을 미칠 수 없다는 것이다. 반면 정부지출 증가(재량적 재정정책)는 민간투자가 이자율과 무관하기 때문에 구축효과 없이 직접 총수요 수준을 증대시키는 유효한 수단의 역할을 하게 된다(국민소득확대효과).

일정한 제약을 전제할 때 케인스 단순모형을 따르면 재정정책은 만성적인 실업을 원만하게 해소할 수 있는 유용한 수단이 될 수 있다. 하지만 케인스의 이론(케인스의 단순모형)은 현실 경

경우)에서는 수직의 *AD*와 수평의 *AS*가 된다. 케인스 학파와 통화주주의 경우 똑같이 *AD*는 우하향, *AS*는 우상향의 모습을 갖는다. 다만, 케인스 학파의 *AD*, *AS*는 케인스 단순모형의 경우에 가깝고, 통화주의의 *AD*, *AS*는 고전학파의 경우에 가깝다. 한편 고전학파가 제안하는 재정정책보다 금융정책이 더 유용하다는 주장은 거시생산물시장과 화폐시장(수요측면)만 고려했을 때의 결론이다. 고전학파의 경우 *AD*가 직각쌍곡선이고 *AS*는 완전고용국민소득 수준에서 수직이므로 *AD*를 상방(우측)으로 이동시키는 수요확대를 목적으로 하는 확대금융정책(통화량 증대), 확대재정정책(정부지출 증대, 감세)은 모두 물가만 상승시킬 뿐이며 국민소득은 증대시킬 수 없다. 이와 같이 고전학파에 따르면 재정정책과 금융정책은 궁극적으로 효과를 발생하지 못한다.

24) 케인스에 의하면 이자율의 크기는 화폐시장의 화폐수요와 화폐공급을 따른다. 반면 고전학파의 경우는 거시생산물시장의 투자와 저축에 의해 이자율이 결정된다.

제를 완전하게 설명하지 못하는 한계를 내포한다. 케인스의 이론은 가격의 경직성과 화폐수요가 이자율의 함수라는 점을 강조하는 방향으로 논리 기반을 강화하였고, 현재는 현실경제에 대한 설명력을 크게 향상시켰다.

한편 고전학파가 주장하는 것처럼 현실의 가격이 완전 신축적이지 않음은 물론이다. 그럼에도 불구하고 고전학파는 기본적으로 가격의 신축성에 대한 믿음을 견지하면서 투자수요가 이자율의 함수라는 점을 부각시키는 방향으로 이론을 강화하였다.

2) 케인스 학파와 통화주의의 경제정책

물가가 안정적이었던 1960년대까지는 케인스 이론의 현실 설명력이 매우 높았다. 하지만 1970년대에 이르러 각국은 국제수지 적자, 석유파동, 변동환율제 채택, 스태그플레이션 등을 경험하면서 케인스 이론의 유효성에 의구심을 나타내었다. 이러한 의문은 프리드만(M. Friedman)으로 대표되는 통화주의자들에 의해 제기되었다.

통화주의는 시장경제(가격기구)의 자유경쟁원리에 대한 확고한 신념을 바탕으로 자본주의 경제는 외적요인에 의해 충격을 받더라도 자체의 자연적 조정력에 의해 스스로 경제상태의 균형을 이룰 수 있다는 입장이다. 이에 따라 정부에 의한 시장개입은 불필요하거나 최소화되어야 한다는 주장을 하였다.

통화주의는 물가 및 명목임금의 신축성을 인정하지만, 완전한 신축성(고전학파의 입장)은 부정한다. 케인스 학파의 경우도 통화주의와 같이 물가와 명목임금이 어느 정도 신축적이라고 인정하지만 상대적으로 통화주의보다 덜 신축적이라는 쪽이다. 따라서 케인스 학파와 통화주의에 따르면 경제정책은 경제변수의 변동을 초래하게 된다.

장·단기의 경제정책이 모두 유효하다고 보는 케인스 학파와 달리 통화주의는 경제정책이 단기적으로만 유효할 뿐이라고 주장한다. 이때 통화주의의 단기는 케인스 학파의 단기보다 기간이 짧다. 통화주의에 따르면 시장경제는 스스로의 힘에 의해 효율적·안정적으로 운영되며, 정부에 의한 적극적·재량적 경제정책은 시차 및 경제상황에 대한 정확한 인식부족으로 불안정을 초래할 우려가 있다. 따라서 재량적 경제안정정책을 주장하는 케인스 학파와 달리 일정한 준칙에 입각한 통화량 중심의 경제안정정책이 바람직하다는 것이다(통화준칙주의).

(1) 경제정책 수단의 유용성에 대한 견해

통화주의는 통화량의 변화가 단기적으로 실질생산(실질국민소득)에 영향을 미치는 것은 사실[우하향하는 단기 필립스(Phillips)곡선]이지만, 장기적으로 통화량이 계속 누적된다면 실질생산의 증가보다는 물가상승에 더 크고 심각한 영향을 미친다고 하였다[25]. 따라서 고전학파처럼 통화량은

---

25) 이와 같이 통화주의는 단기와 달리 장기에 있어서는 인플레이션과 실업 간의 역관계가 존재하지 않는다고 하였다[수직의 장기 필립스(Phillips)곡선].

물가 수준만 결정할 뿐이라는 화폐수량설이 장기적으로는 타당하다는 것이다(신화폐수량설). 케인스 학파에 의하면 정부지출의 확대를 통해 실질생산이 증대될 수 있기 때문에 장·단기 관계없이 불황은 재정정책으로 극복될 수 있다.

통화주의를 따르면 화폐의 유통속도가 안정적이므로 이자율보다는 통화량이 금융정책의 지표로 더 적합하고, 통화량의 변화를 수반하지 않는 재정정책은 구축효과를 야기하기 때문에 국민소득결정에 거의 영향을 미치지 못한다. 반면 케인스 학파의 경우 금융정책의 지표로는 이자율이 더 적합하고, 금융정책보다는 재정정책의 유효성이 크다.

(2) 기대소득에 대한 견해

케인스 학파는 유효수요 부족으로 발생하는 불완전고용 상태는 정부지출증대와 세율인하를 통해 극복될 수 있다는 입장이다. 감세조치는 가처분소득의 증가를 초래하고, 그에 따라 소비(유효수요)가 늘기 때문에 불완전고용은 개선될 수 있다.

반면 통화주의는 감세조치에 의한 가처분소득의 증가가 현실적으로 소비를 늘리게 되는지를 단정하지 않는다. 프리드만(M. Friedman)의 항상소득가설과 모딜리아니(F. Modigliani)의 생애소득가설에 따르면 현재의 소비 수준은 개인의 장래(미래) 기대소득 또는 일생소득에 의해 결정된다. 따라서 감세조치에 의한 단기적이고 일시적인 가처분소득의 증가가 소비 수준의 증대로 이어진다는 보장이 없다는 것이다.

(3) 구축효과(crowding-out effect, 축출효과)에 대한 견해

구축효과는 확대재정정책 또는 적자재정의 영향으로 말미암아 생산적으로 이용될 수 있는 민간부문의 가용자원이 줄어들어 민간투자가 위축되는 현상을 말한다. 구축효과의 크기는 화폐수요의 이자율탄력성에 의해 결정된다. 화폐수요의 이자율탄력성이 작을수록(*LM*곡선이 수직에 가까울수록) 구축효과는 커진다.

케인스 학파(Keynesian)는 가파른 *IS*곡선과 완만한 *LM*곡선을 가정하므로 공채를 통한 정부지출확대(확대재정정책)가 부분적인 구축효과만 야기할 뿐이라는 입장이다. 반면 통화주의를 따르면 완만한 *IS*곡선과 가파른 *LM*곡선을 가정하기 때문에 공채를 통한 정부지출확대(확대재정정책)는 민간투자를 위축시키는 구축효과를 초래하게 된다.

한편 자산효과(wealth effect)를 고려하면, 위의 결과는 달라진다. [그림 8-6]에서 공채발행에 의한 정부지출 증가는 우측으로 *IS*곡선을 이동시킴으로써 균형국민소득을 증가시킨다(1차적 효과). 그런데 민간의 공채구입(보유)은 자산효과를 통해 *IS*곡선을 더욱 우측으로 이동시키고, 국민소득 증가에 따른 거래적 화폐수요 확대는 *LM*곡선의 좌측이동을 초래(최종효과)하게 된다[26]. 따라서 균형국민소득의 규모는 원래 수준보다 더 커질 수도 있고(케인스 학파의 견해, 부분적인 구

26) 자세한 내용은 본서의 '제8장 제4절 3. 공채의 경제안정효과' 부분을 참조하기 바란다.

축효과의 발생), 작아질 수도 있다(통화주의의 견해, 100% 이상의 구축효과 발생).

결론적으로 공채를 이용한 정부지출확대가 초래하는 균형국민소득 수준은 1차효과와 최종효과의 크기에 의해 결정된다. 케인스 학파에 따르면 1차효과가 최종효과보다 크므로(1차효과 > 최종효과) 정부지출은 국민소득을 증가시킨다. 반면 통화주의자에 의하면 1차효과가 최종효과보다 작으므로(1차효과 < 최종효과) 정부지출이 초래하는 구축효과로 인해 오히려 국민소득을 감소시키는 결과를 낳는다.

(4) 합리적 기대에 대한 견해

합리적 기대형성론자(new classical school, 새 고전학파)는 경제 주체들이 이용 가능한 모든 정보를 활용하여 미래의 경제상황에 대해 합리적 기대를 형성한다는 입장이다. 근로자는 물가변동을 즉각적으로 인식하기 때문에 실질임금을 기준으로 노동공급을 하게 된다. 또한 물가상승률과 실업률 간에는 상충(trade-off)관계가 성립하지 않으므로 필립스곡선은 장·단기 모두 자연실업률[27] 수준에서 수직의 형태를 띤다.

통화주의는 경제 주체들이 현재 및 과거의 정보만을 이용하여 미래의 경제상황을 예상하는 적응적 기대(adaptive expectation)를 형성하며, 이것에 기초로 하여 경제활동을 한다는 것이다. 한편 케인스 학파의 필립스 곡선을 따르면 물가상승률과 실업률이 서로 상충관계(trade-off, 상쇄관계)를 형성한다. 반면 통화주의에 따르면 단기에는 물가상승률과 실업률이 상충관계를 가지지만 장기적으로는 적응적 기대에 따라 양자 간에 상충관계가 형성되지 않는다. 이는 장기에 필립스곡선이 자연실업률 수준에서 수직의 형태를 나타내게 됨을 의미한다.

이상은 통화주의의 관점을 따르면 단기와는 다르게 장기적으로 확대재정정책은 물가와 명목임금만 상승(명목변수에만 영향)시킬 뿐이며, 생산량, 고용 수준 등 실질변수에는 영향을 미칠 수 없다는 것이다.

▶ 케인스 학파(Keynesian)와 통화주의의 기본 사고체계

① 통화주의

㉠ 통화공급은 통화당국에 의해 독립적으로 결정되는 외생변수이다.

㉡ 화폐수요는 이자율에 대해 비탄력적이다.

㉢ 투자는 이자율에 대해 탄력적이다.

㉣ 대표적인 통화주의자로는 M. Friedman, K. Brunner, A. Melzer 등이 있다.

---

27) 자연실업률은 경제 내에 존재하는 모든 가용자원들을 활용하여 생산해 낼 수 있는 산출량(잠재적 또는 자연산출량) 수준에서의 실업률을 말한다. 또는 평균적으로 볼 때 전체 노동시장이 균형인 상태에서 형성되는 실업률을 의미한다. 자연실업률 상황에서는 경제 전체의 구인자 수(求人者 數)와 구직자 수(求職者 數)가 일치하게 된다.

② 케인스 학파

㉠ 통화공급은 여러 경제 주체의 행태에 영향을 받으며, 내생적으로 결정된다.
㉡ 화폐수요는 이자율에 대해 탄력적이다.
㉢ 투자는 이자율에 대해 비탄력적이다.
㉣ 대표적인 케인스 학파로는 P.A. Samuelson, J. Tobin, R. Solow, F. Modigliani가 있다.

위와 같이 기본적 사고(생각)가 다르기 때문에 케인스 학파(Keynesian)의 경우 *IS*곡선은 가파르고 *LM*곡선은 완만하여 재정정책이 상대적으로 유효하다. 반면 통화주의자의 경우는 *IS*곡선이 완만하고 *LM*곡선은 가파르므로 금융정책의 효과가 더 크다.

3) 새 고전학파의 경제정책

새 고전학파(new classical school)는 합리적 기대형성론자(rational expectation theorist) 또는 합리적 기대학파를 가리킨다. 대표적인 학자로는 루카스(R. Lucas), 사전트(T. Sargent), 월리스(N. Wallace), 바로(R. Barro) 등이 있다. 이들의 경제상황(경제변수) 인식에 의하면 물가와 명목임금은 평균적으로 완전 신축적이며, 경제 주체들은 합리적 기대[28]를 형성한다. 이에 따라 국민경제는 항상 안정적 균형을 이루게 된다.

새 고전학파에 따르면 장·단기 모두에 걸쳐 물가상승률과 실업률 간에는 상충관계가 성립하지 않기 때문에(수직의 필립스곡선), 장·단기의 경제정책은 그 효과가 무력하다(정책무력성정리). 다만, 민간 경제 주체들이 예상치 못하는 기습적 경제정책(예컨대 국민을 기만하는 통화정책)을 실시하는 경우에는 정책효과를 기대할 수 있지만, 이런 방법은 국민의 정부에 대한 신뢰성 내지 평판을 저해하므로 지속적인 사용이 쉽지 않은 한계가 있다.

한편 새 고전학파는 가격의 신축성에 대해서 고전학파처럼 물가와 명목임금이 완전신축적이지 않지만, 평균적으로 신축적이라는 입장이다. 이와 같이 기본적으로 가격신축성을 가정하기 때문에 그들이 주장하는 총체적 공급곡선(*AS*)은 고전학파의 경우와 마찬가지로 장·단기 모두 수직의 형태를 띠게 된다.

결론적으로 새 고전학파는 정부의 직접적인 시장개입 대신 시장의 자율적 기능과 일관성 있는 정책시행을 통해 국민으로 하여금 정부가 추진하는 경제정책(조치)에 대하여 신뢰성을 갖도록 하는 방식으로 경기불안정을 치유할 것을 제안하고 있다.

28) 합리적 기대는 경제 주체들이 과거, 현재 및 미래의 정부정책과 관련된 변수 및 그 변수에 영향을 미치는 모든 정보를 활용하여 미래의 경제상황을 예측하는 방식을 말한다. 합리적 기대가 이루어지고 있는 상황에서는 특정 변수에 대한 각 경제 주체의 예측을 평균하면 실현되는 값과 일치하게 된다. 따라서 이런 경우 경제 주체들의 미래에 대한 예측은 평균적으로 오차가 없는 정확한 결과를 나타낸다.

4) 새 케인스 학파의 경제정책

새 케인스 학파(new Keynesian)는 논리적 근거가 미약한 상황에서 임금과 물가의 하방경직성을 주장했던 케인스의 한계를 보완하는 한편 임금과 물가의 조정속도가 느리다고 가정한 케인스 학파(Keynesian)와 다른 접근방식을 통해 가격의 경직성을 설명하였다. 그들에 따르면 가격의 경직성은 경제 주체들에 의한 최적화 행동의 결과라는 것이다. 새 케인스 학파는 케인스 내지 케인스 학파가 고심했던 가격경직성에 대한 논리성 부재를 합리적으로 극복할 수 있는 이론적 토대를 모색하였다. 아울러 경제안정화정책의 유효성과 필요성을 정당화할 수 있는 논리를 재정립시켰다고 하겠다.

(1) 새 케인스 학파 경제이론의 의의

새 케인스 학파는 미시경제이론에 기초하여 가격의 경직성이 나타나는 근거를 제시하였으며, 경제안정정책의 필요성에 대한 합리적 논거를 구축하였다. 나아가 자본주의 경제에서 주기적으로 발생하는 경기순환 현상의 원인을 이론과 실제 양 측면에서 찾는 성과를 거두었다.

새 케인스 학파는 새 고전학파의 합리적 기대를 수용하지만, 시장이 가격기구에 의해 항상 균형이 된다는 가정은 받아들이지 않는다. 가격조정이 즉각적으로 이루어지지 못하는 이유로 재고(在庫)투자, 장기임금계약, 불확실성, 메뉴비용(menu cost), 신용할당 등을 들었다.

새 케인스 학파 경제이론은 케인스와 케인스 학파가 안고 있던 가격경직성 주장에 대한 논리성과 설명력 부족을 해소할 수 있는 설득력을 갖춘 토대에 해당한다. 또한 자본주의 경제가 겪는 경기순환의 원인을 합리적으로 설명할 수 있는 논리를 마련하였다. 새 케인스 학파의 등장에 따라 현실에서 나타나는 가격비신축성의 원인을 논리적으로 규명할 수 있게 되었고, 이에 따라 정부에 의한 재정금융정책의 이론적 정당성이 보다 확고해졌다.

(2) 새 케인스 학파가 주장하는 가격경직성의 근거

새 케인스 학파의 대표적 학자들로는 애컬로프(G. Akerlof), 블랑샤드(O. Blanchard), 블라인더(A. Blinder), 피셔(S. Fischer), 테일러(J. Taylor) 등이 있다. 이들이 주장하는 가격경직성의 근거는 다음과 같다.

① 장기임금계약이론

피셔(S. Fischer)와 테일러(J. Taylor)는 현실적으로 노동시장에서 임금계약은 1~2년 단위로 이루어지게 되며, 이 기간 동안은 노동시장의 여건이 변동되어도 당초 책정된 임금이 바뀌지 않기 때문에 임금은 경직적이 된다고 하였다. 이는 임금이 장기고용계약에 의해 결정되기 때문에 계약기간 동안 명목임금은 고정되므로 경직적이라는 것이다.

② 효율성 임금가설(efficiency wage hypothesis)

노동생산성이 실질임금의 수준에 의해 결정된다면 기업은 시장임금보다 더 높은 실질임금(효율성 임금)을 지급함으로써 능력있는 우수한 인력을 확보하고 그를 통해 이윤을 극대화시킬 수 있다. 통상 노동생산성은 단기적으로 변하지 않으므로 효율성 임금도 단기에는 경직적이며, 효율성 임금이 시장임금보다 높기 때문에 실업을 초래하게 된다. 이와 같은 접근(견해)을 애컬로프(G. Akerlof)의 효율성 임금가설이라고 하며, 이는 실질임금이 왜 경직성을 띠는가에 대한 이론적 근거라고 하겠다.

③ 메뉴비용(menu cost)

메뉴비용은 가격을 변경시키는데 드는 비용으로서 가격표시를 바꾸는데 필요한 인쇄비용, 광고비용, 다른 기업과의 가격경쟁을 유발할 위험비용 등을 포함한다. 메뉴비용이 가격변경에 따른 이익보다 크면 가격은 쉽게 조정되지 않으므로 불완전 경쟁시장에서 가격의 경직성이 발생하게 된다. 다시 말해 메뉴비용 때문에 한 번 결정된 상품가격은 그대로 유지되는 경직성을 나타내게 된다는 것이다.

④ 내부자-외부자모형

노동시장이 내부자(현재 고용되어 있는 노동자)와 외부자(직장을 구하고 있는 실업자)로 구분되어 있는 상황이라면, 기업은 노동이동에 따라 수반되는 비용 때문에 내부자를 외부자로 대체하기 쉽지 않다. 따라서 내부자들은 사업주와의 임금협상에서 힘을 가지게 되며, 외부자의 이해와 관계없이 자신들만이 고용될 수 있도록 임금 수준을 결정하게 된다. 따라서 임금 수준은 외부자까지 고려한 경우보다 높고 경직적이므로 실업이 발생한다.

⑤ 신용할당 모형

자금(자본)시장에 불확실성이 존재하면 자금의 초과수요가 나타나더라도 은행은 대출이자율을 인상하여 자금의 수급을 조절하기 보다는 낮은 이자율 수준에서 제한된 신용(총자금액)을 할당하는 조치를 하게 된다. 따라서 불확실성이 있는 상태에서 자금시장의 가격(이자율)은 경직적이다. 그 이유로는 정보의 비대칭성에 따라 높은 이자율로 대출받은 기업들은 고수익-고위험의 투자계획을 실행함으로써 도산할 가능성이 높다는 점(도덕적 해이)과 정보의 비대칭성에 따라 채무불이행의 위험이 높은 불량차입자들이 고이자율을 지불하고라도 대출받기를 원한다는 점(역선택) 등을 지적할 수 있다.

앞에서 제시된 이유들 때문에 현실적으로 임금과 가격이 경직적이라면 케인스(케인스 계열)가 주장하는 것처럼 경제안정정책은 유효하다.

5) 공급중시주의 경제학의 경제정책

공급중시주의 경제학(supply-side economics)을 지지하는 학자들은 1960~70년대에 걸쳐 시행된 케인스 학파의 총수요관리적 재정정책이 인플레이션 발생의 원인이 되었고, 조세제도의 왜곡을 초래함으로써 공급능력을 감퇴시켰다고 지적하였다. 구체적으로 이 기간에 있었던 저축, 기업투자 및 노동의욕의 증대를 수반하지 못한 팽창예산 집행은 경제를 지속적으로 성장시키지 못하고, 스태그플레이션[29]만 초래했을 뿐이라는 것이다. 이는 전통적인 총수요관리정책으로는 스태그플레이션을 치유할 수 없음을 의미한다. 따라서 공급중시주의 경제학자들은 스태그플레이션의 치유를 위해서 기존의 총수요관리정책 대신 공급 분야에 초점을 맞추어 총공급능력을 적정하게 확대시키는 방안을 모색할 것을 제안하였다.

공급중시주의 경제학자는 미국 레이건 행정부 당시 경제정책을 주도했던 래퍼(A. Laffer), 펠드스타인(M. Feldstein), 보스킨(M. Boskin) 등으로 대표되는 일군(一群)의 경제학자를 말한다[30]. 이들의 주장은 거시경제 운영에 적지 않은 영향을 미쳤지만, 학파를 형성하거나 독자적인 학문영역을 확보하는 데는 실패한 것으로 평가된다.

(1) 공급중시주의 경제학의 주요 주장

공급중시주의 경제학은 시장에서 형성되는 상대가격의 역할을 강조한다. 정부에 의한 조세 및 소득이전 등과 관련된 제 정책은 상대가격을 변화시키고, 그에 따라 한 나라의 총공급이 달라진다는 것이다.

래퍼(A. Laffer)로 대표되는 극단적인 공급중시주의 경제학자들은 낮은 세율이 생산을 신속하게 자극해서 때로는 조세수입의 증대를 초래한다고 하였다. 반면 펠드스타인(M. Feldstein), 보스킨(M. Boskin) 등에 의해 대변되는 온건적인 공급중시주의 경제학자들은 한계세율을 인하하면 서서히 공급(생산) 유인효과가 나타난다고 보았다.

(2) 급진적인 공급중시주의 경제학

급진적인 공급중시주의를 대표하는 경제학자인 래퍼는 래퍼곡선(Laffer curve)을 이용하여 세율인하가 실질소득 수준과 임금 수준을 인상시키고, 그에 따라 근로자들이 여가를 노동으로 대체하려는 경향이 증대되며, 또한 저축과 투자가 확대됨으로써 결국 산출량(국민소득)을 증대시키게 된다고 하였다.

---

29) 일반적으로 경제학자들은 스태그플레이션이 필립스곡선의 상방이동에 기인하여 초래된다는 인식을 갖고 있다. 필립스곡선 이동의 원인을 케인스 학파는 공급충격에서 찾고 있으며(비용인상 인플레이션), 통화주의는 반복적인 총수요관리정책에 따라 나타나는 기대인플레이션의 상향조정에서 기인한다는 입장이다(자연실업률 가설).

30) 엄격히 말해서 모든 고전학파 계열의 학자나 그들의 주장은 정도의 차이가 있을지언정 기본적으로 공급중시주의적인 특징을 갖는다고 할 수 있다.

래퍼는 감세정책(세율인하 등)이 공급능력을 제고(저축과 투자의 확대)함으로써 총체적 공급곡선의 우측이동을 가져오고, 이는 물가안정과 국민소득 증대를 동시에 실현하기 때문에 스태그플레이션을 치유하는 유용한 대책이 될 수 있다고 보았다.

① 래퍼곡선

래퍼는 자신이 고안한 래퍼곡선을 이용하여 일정한 세수가 낮은 세율과 높은 세율에 의해 각각 확보될 수 있다고 주장하였다. [그림 9-6]에서 T_0의 세수는 t_1과 t_2세율 모두가 보장할 수 있다는 것이다. 래퍼곡선에 따르면 세율이 증가하면 세수가 증가하다가 세율이 어느 수준(최적세율)을 통과하면 오히려 감소하는 모습을 나타내게 된다.

이와 같은 래퍼곡선이 타당하다면 현재의 세율이 최적세율(t^*) 이상의 수준에서 형성되어 있을 때 세율의 인하조치는 근로의욕과 투자의욕을 증대시키고, 그에 따라 소득 및 소비가 확대됨으로써 세수의 증대에 기여할 수 있다.

② 래퍼곡선에 대한 비판

레이건 행정부에서 경제정책을 이끌었던 레이거노미스트(Reaganomist, 공급중시주의 경제학자)들은 감세정책을 통해 스태그플레이션이 적절히 해결될 수 있다는 주장을 하였다. 이때 감세정책의 실효성을 뒷받침하기 위해 고안된 이론적 틀이 래퍼곡선이라고 할 수 있다. 이와 같은 배경을 갖는 래퍼곡선은 상당한 논리적 기반을 확보하고 있는 것은 사실이지만 동시에 다음과 같은 한계를 갖는다.

첫째, 현실적으로 최적세율 t^*점을 파악하기 어렵다.

둘째, 최적세율 이상으로 세율이 형성되어 있다는 판단에 따라 세율을 인하하게 되면 누진과세 기능이 약화되어 분배의 불공평을 초래할 가능성이 커진다.

셋째, 케인스 학파에 따르면 개인소득세 감세는 가처분소득 증가로 이어지고, 이는 소비확대(수요측 자극)를 통해 인플레이션을 가속화할 우려가 있다.

그림 9-6 래퍼곡선

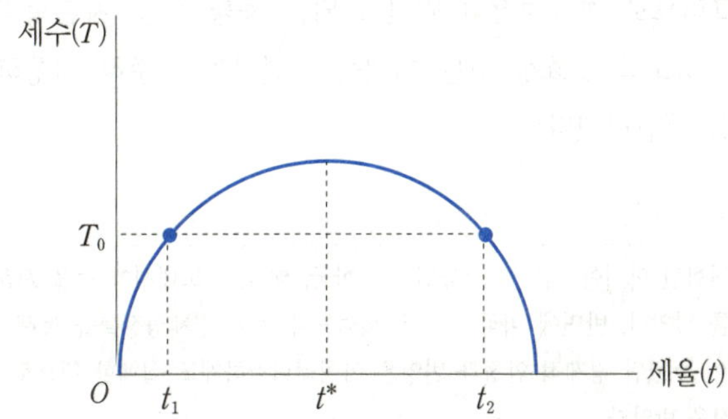

넷째, 래퍼곡선은 장기적으로 성립할지 모르나, 단기에는 성립 가능성이 매우 낮다. 또한 세율 인하는 단기적으로 보면 공급보다는 수요에 더 큰 영향을 미친다.

(3) 온건한 공급중시주의 경제학

온건한 공급중시주의 경제학자에 따르면 투자촉진을 위한 조세상 특혜제공, 노동공급과 수요 증대를 위한 각종 조세감면, 민간저축 촉진조치, 연구개발투자(*R&D*), 직업기술훈련 지원 등은 장기적으로 생산능력을 증대시키는 한편 인플레이션을 억제하는 유용한 수단이다.

보스킨(M. Boskin)은 자본소득세가 자본의 세후수익률을 인하시켜 가계저축률을 떨어뜨리므로 자본소득세를 완화하여 가계저축의 증대를 도모할 것을 제안하였다.

펠드스타인(M. Feldstein)에 따르면 높은 수준의 인플레이션이 진행되고 있는 상황에서는 투자소득에 대한 실효세율이 상승하고 저축자의 실질수익률이 하락된다. 그는 저축의욕 하락의 주된 원인으로 고율의 자본소득세와 인플레이션을 지목하였다. 그러므로 펠드스타인은 저축의욕을 제고시키기 위해서는 자본소득에 대한 감세조치와 이자지급이나 자본이득에 대한 물가연동제(indexation)의 도입이 필요하다는 것이다.

이상의 공급중시경제학의 주장을 레이건 행정부가 실행(레이거노믹스)에 옮겨 본 결과, 당시에는 세율인하가 단기적으로 세수감소를 초래함으로써 래퍼곡선의 타당성을 현실적으로 검증하는 데는 실패하였다[31].

6) 현대 자본주의 경제의 과제

자본주의 경제의 목표는 높은 고용 수준을 유지하면서 물가를 안정시키고, 이를 바탕으로 적정 경제성장을 도모하는데 있다. 1970년대 이후 현대 자본주의는 경기가 침체된 상황에서 물가가 앙등하는 스태그플레이션을 예방하거나 치유하는데 관심을 집중하였다고 해도 과언이 아니다. 최근에는 경기침체의 만성화와 고착화에 따라 전 세계적으로 경제 성장의 동력을 확보해야 하는 공통의 과제를 안고 있다.

고전학파 계열의 경우 스태그플레이션은 생산성을 향상시켜 공급능력을 제고함으로써 치유할 수 있다는 입장이다. 그러므로 경제성장의 원천이 되는 능률 향상, 자본축적, 인적자본 개발, 기술진보 등을 이룩할 수 있도록 실효성 있는 대책을 마련하여 꾸준히 시행하는 방식으로 스태그플레이션을 극복할 것을 제안하였다.

---

31) 1997년 여름부터 본격화된 아시아 지역의 금융위기는 한국, 태국, 인도네시아 등을 *IMF*(국제통화기금) 관리체제에 편입시키는 결과를 낳았다. 반면에 미국은 낮은 실업률과 높은 경제성장률을 통해 엄청난 경제적 번영을 구가하였다. 당시 미국이 누렸던 경제적 안정과 번영은 아이러니컬하게도 실패한 것으로 평가되었던 레이거노믹스의 성과물이라는 지적을 받았다.

케인스 학파는 소득정책을 이용한 스태그플레이션의 해결을 강조한다. 소득정책은 정부가 직접 주요한 가격 및 임금결정과정에 관여하여 가격 및 임금의 과도한 상승을 억제시키는 조치를 말한다. 이는 단기적으로 완전고용과 물가안정을 조화시키고, 장기적으로 국제수지의 개선과 지속적 성장의 달성을 목표로 하고 있다.

소득정책은 총수요관리정책의 핵심 수단인 재정금융정책을 보완하는 것을 목적으로 하며, 구체적으로 다음과 같은 조치를 시행한다.

첫째, 각 개별 산업의 임금 결정은 경제전체(전체 산업)의 평균노동생산성의 증가율보다 낮은 수준을 따른다.

둘째, 기업의 평균노동비용(평균임금)이 상승되었을 때에 한하여 해당 기업의 상품가격을 인상할 수 있도록 허용한다.

한편 소득정책은 현실적으로 시행과정에서 상당한 어려움을 수반할 수 있는데, 그 한계는 다음과 같다.

첫째, 임금인상 수준이 전체 산업의 노동생산성에 맞추어 결정되기 때문에 노동생산성이 높은 산업과 그렇지 않는 산업 간에 소득분배의 불공평이 심화되기 쉽고, 이는 경제성장을 저해하는 원인이 될 수 있다.

둘째, 규제대상이 광범위하기 때문에 효율적인 정책운영을 지원하는 별도의 행정기관이 필요하며, 이에 따라 많은 행정비용을 부담할 수밖에 없다.

셋째, 임금 수준을 통제하는 조치를 시행할 경우 단기적으로는 어느 정도 효력이 있으나, 장기적으로는 큰 효과를 장담하기 어렵다.

01 아담 스미스에 따르면 무수히 많은 가계와 기업이 시장에서 사익극대화를 추구하면, '보이지 않는 손'의 인도에 의해 공익극대화가 자동적으로 이루어진다.

02 생산, 분배, 지출의 세 측면에서 국민총생산은 동일한데, 이를 국민소득삼면등가의 법칙이라고 한다.

03 재정정책은 정부가 정부지출 및 조세수입을 조절하는 조치를 말하며, 정부지출보다 조세수입이 크면 흑자재정, 정부지출이 조세수입보다 크면 적자재정이다. 재정정책의 수단에는 재정투융자, 각종 보조금, 경상지출, 조세 등이 있다.

04 금융정책은 통화량을 조정하여 자원배분, 소득재분배, 경제안정을 통제하는 수단을 말한다. 금융정책의 수단에는 공개시장조작, 재할인율정책, 지급준비율정책(이상 일반적 금융정책), 이자율 규제, 선별적 금융지원(선별적 금융정책) 등이 있다.

05 경제안정정책은 자유재량정책, 자동안정정책, 정식적 신축제도 등으로 구분된다. 그 가운데 자유재량정책에는 인플레이션 대책, 디플레이션 대책, 경제성장 대책이 속한다.

06 완전한 가격신축성을 가정하는 고전학파에 따르면, 실질국민소득 수준은 노동시장에서 형성된 균형노동량이 단기총생산함수와 결합되어 이루어진다. 고전학파의 경우 가격신축성과 세이의 법칙을 전제하기 때문에 균형국민소득은 공급 측면에 의해 결정된다.

07 고전학파의 소비수요와 투자수요는 모두 이자율의 함수인 반면 케인스의 경우 소비수요는 소득의 함수이고 투자수요는 독립된 투자와 소득에 의해 유발된 투자의 합이다. 이런 까닭에 케인스는 통화량을 증가시키는 확대 금융정책이 이자율만 하락시킬 뿐 국민소득에 영향을 미칠 수 없기 때문에 정부지출을 늘려서 국민소득을 증가시킬 것을 주장한다.

08 합리적 기대형성론자 또는 합리적 기대학파를 가리키는 새 고전학파는 정부의 직접적인 시장개입 대신 시장의 자율적 기능과 일관성 있는 정책시행을 통해 경기불안정을 치유할 것을 제안한다.

09 새 케인스 학파는 임금과 물가의 하방경직성을 주장하는 케인스의 한계를 보완했으며, 이러한 가격 경직성의 근거로 장기임금계약이론, 효율성 임금가설, 메뉴비용, 내부자-외부자 모형, 신용할당 모형 등을 제시하였다.

10 래퍼(급진적인 공급중시주의자)는 세율 인하가 실질소득과 임금 수준을 인상시키고 그에 따라 근로자들이 여가를 노동으로 대체하려는 경향이 증대되는 한편 저축과 투자가 확대됨으로써 생산이 늘어난다고 주장하였다. 래퍼곡선에 따르면 세율이 증가하면 세수가 증가하다가 세율이 어느 수준(최적 세율)을 통과하면 오히려 감소하는 양상을 나타낸다.

제10장
사회보장

PUBLIC FINANCE

제1절 소득분배의 개관

1. 분배적 정의

1) 분배적 정의의 개념

사회구성원들이 서로 동의하는 바람직한 소득분배가 이루어졌을 때 분배적 정의(分配的 正義, distributive justice) 또는 공평(형평)이 달성되었다고 한다. 이상적인 분배에 관한 논의의 시작은 일반적으로 고대 그리스의 경제사상에서 연원을 찾는다[1].

플라톤(Plato, 427~347 B.C.)은 「국가론」(Republic)에서 통치자나 지배계층은 오로지 진리와 정의만을 추구하여야 하며, 타락을 방지하기 위해 그들에게는 사유재산을 인정하지 말고 철저한 공유재산제도를 시행해야 한다고 역설하였다. 또한 농·공·상업에 종사하는 생산자계급에게만 이윤과 부의 축적을 위한 경제활동을 허용해야 한다는 입장이었다. 더 나아가 그의 「법률론」에서 토지 등 재산의 사유화는 인정하였으나, 재산의 불평등에서 오는 빈부의 격차를 작게 하기 위해 사회구성원 간 재산의 균등 분배를 강조하였다. 한편 동산(動産)의 사유화는 부동산(不動産)가격의 4배를 한도로 하고 그 이상의 동산은 모두 국유화가 필요하다고 보았다. 결론적으로 플라톤은 특정 계급(계층)의 불균형적 행복보다는 전체의 최대행복을 위한 분배를 지지하였으며, 국가가 그런 역할을 해야 한다고 하였다.

아리스토텔레스(Aristotle, 384~322 B.C.)의 「니코마코스 윤리학」(Nicomachean Ethics)과 「정치학」(Politics)에 따르면 '분배적 정의(分配的 正義, distributive justice)'를 포괄하는 경제적 정의(economic justice)가 이루어져야 이상적인 분배 상황이다. 이 경우 경제적 정의는 분배적 정의와 보정적 정의가 모두 구현된 상태에서 달성된다. 분배적 정의는 사회의 부나 명예를 나누어 갖는 것과 관련해서, 완전히 평등하게 나누어 가짐이 아니라 공로나 생산성에 비례하여 분배할 때를

1) 이하의 내용은 유경문, "조세정의 이념과 재정민주주의", 『납세자』 창간호(2001.6), 한국납세자연합회, pp.8~9를 참조하였다. 한편 바람직한 소득분배가 이루어진 상황에 대해 철학자와 경제학자는 서로 다른 표현을 사용하고 있다. 철학자는 그런 상황을 가리켜 '정의(定義)로운 분배(분배적 정의)'라고 하며, 경제학자는 '공평(형평)한 분배'라고 한다. 그러나 양자는 본질적으로 볼 때 차이가 없다.

가리킨다. 보정적 정의는 분배적 정의를 준수하여 이루어진 분배결과에 기인하여 발생한 불평등을 국가권력이 관여하여 시정했을 때 실현된다[2]. 따라서 통상 적정분배를 말할 때는 분배적 정의를 지칭하지만, 경제적 정의는 이보다 광범위한 개념이라고 할 수 있다.

분배적 정의는 넓은 의미와 좁은 의미가 서로 다르다. 넓은 의미의 분배적 정의(正義)는 사회적으로 의미 있는 모든 편익과 부담이 사회구성원 사이에서 적절하게 분배되는 것과 관련된 정의이며, 좁은 의미는 경제적인 것에 국한하여 편익과 부담의 적정분배와 관련된 정의를 말한다.

2) 분배이론의 역사적 발전

자본주의의 발달은 자유와 효율의 증진을 가져왔다고 할 수 있다. 하지만 동시에 경제의 불안정과 소득분배의 불균등을 초래해 왔음도 주지의 사실이다. 소득분배의 불균등은 재정적 수단 및 비재정적 수단 등을 통해 고소득층에서 저소득층으로 소득을 이전하는 방법으로 교정이 이루어진다. 이와 관련한 이론적 근거를 재분배이론(분배이론)이라고 한다.

분배문제를 체계적으로 인식한 최초의 인물은 고전학파 경제학자인 리카르도(D. Ricardo)였다. 그는 투하노동량에 의해 가치가 결정(노동가치설)되는 생산물이 각 사회계층에 어떻게 분배되는가를 중점적으로 연구하였다. 맑스(K. Marx)는 리카르도의 노동가치설을 계승하여 노동력가치(임금)의 결정과정을 설명하였고, 자본주의 분배체계의 한계를 일목요연하게 드러내었다. 바그너(A. Wagner)는 소득분배의 불균등을 사회적·윤리적인 관점에서 해결하려고 노력하였다. 한편 신고전학파는 각 경제 주체(개인)가 시장에 제공한 요소(자원)의 한계생산력에 입각한 적정분배이론(한계생산력설)을 펼쳤다.

3) 분배적 정의에 대한 철학적 기반

분배적 정의(분배의 공평성)의 실현은 사회구성원들이 경제활동 과정에서 공통적으로 추구하는 핵심적인 관심사가 아닐 수 없다. 이와 관련한 사상적 기초(기반)로는 공리주의 철학과 자유주의 철학이 대표적이다.

(1) 공리주의

공리주의(功利主義, utilitarianism)는 특정 사회에서 제도의 도입이나 선택의 결정은 그곳에서 활동하는 모든 구성원들을 최대로 만족시킬 수 있는 방향으로 이루어질 때 정당성을 부여받을 수 있다는 접근을 말한다. 대표적인 공리주의자인 벤담(J. Bentham)은 '최대다수의 최대행복(the greatest happiness of the greatest number)'이라는 주장을 통해 그 사회의 총체적 후생을 극대화

---

2) 보정적 정의를 구현하기 위한 방안으로는 사유재산제도의 부분적 제한, 고용기회의 확대, 재정·금융정책을 통한 소득불평등의 시정, 사회보장제도의 도입, 교육기회의 확대 등을 들 수 있다.

하는 분배가 적정분배라고 주장하였다. 이는 사회구성원 개개인보다 전체적 입장에서 분배가 결정되어야 한다는 것이다. 공리주의를 따르면 사회적 후생 또는 복지에 기준을 두고 어떤 사회의 분배 상태가 적정한가를 평가하여야 한다. 또한 사회적 후생을 증진시키는 분배는 모두 정당한 행위로 간주된다. 그 결과 공리주의를 충족하는 분배 상태는 지극히 평등적이 될 수도 있고, 극단적으로 불평등하게 될 수도 있다.

공리주의적 사상이 한계효용이론과 결합되면 평등주의 색채를 띠게 된다. 공리주의 철학을 바탕으로 이상적인 분배 상태를 모색한 대표적 학자로는 벤담(J. Bentham), 사뮤엘슨(P.A. Samuelson), 버그손(A. Bergson), 롤즈(J. Rawls) 등이 있다.

(2) 자유주의

각각의 개인은 기본적인 절대적 권리를 가지며, 이는 침해될 수 없다는 논리를 바탕으로 하고 있다. 이는 칸트(I. Kant)의 견해를 적극 수용한 것으로 분배적 정의의 토대를 각자 권리의 불가침에 둔다. 따라서 분배적 정의의 철학적 토대로서 자유주의(libertarianism, 개인주의)는 개개의 사회구성원이 갖고 있는 절대적 권리가 지켜지는 분배를 적정한 분배로 간주하기 때문에 전체보다는 개인의 사정(상황)을 중시한다.

사회구성원 모두가 정당한 방법으로 취득한 재물만을 가지고 있다면, 그 결과로서 나타나는 분배 상태는 적정(공평)하다는 입장이다. 분배의 절차상 정당성에 초점을 두고 있다. 이런 연유로 자유주의적 철학은 재분배 행위를 부정적으로 보는 사람들이 지지하는 경향이 강하다. 공리주의 철학에서 각자의 권리는 절대적인 것이 아니고 오직 사회의 후생에 공헌하는 경우에만 정당화된다는 점과 대비된다.

자유주의 철학을 바탕으로 이상적인 분배 상태를 모색한 대표적 학자로는 노직(R. Nozick)이 있다. 그는 국가의 기능을 강압·절도·사기로부터 개개의 국민을 보호하는 최소한의 수준으로 국한하고 있으며, 국가에 의한 재분배 조치를 반대한다. 따라서 사회구성원들 간에 나타나는 소득의 불평등을 교정하기 위한 소득세, 사회보장제도, 최저임금제, 자유계약의 제약 등은 허용할 수 없다는 입장이다.

2. 소득분배 불평등의 원인

1) 빈부격차 발생의 원인에 관한 학설

(1) 심리설

심리설은 사람들의 성실성, 근면성, 절약성, 진취성, 책임감 등 개인적인 생활가치관과 태도의 차이에 의해 사회구성원들 간 빈부격차가 발생한다는 주장을 말한다. 다시 말해 심리설에 따르면 개인의 경제적 지위는 각자의 능력과 노력에 의해 결정된다. 이에 따르면 게으른 사람은 가난하고, 부지런한 사람은 잘 산다는 것이다.

(2) 환경설

환경설은 각 개인이 처한 주변 환경과 제도를 강조하며 천부적 재능, 부유한 부모, 많은 재산을 상속받는 경우에 잘 산다는 입장이다. 이에 따르면 개인의 노력이나 성실성보다 그가 처한 상황(부자집 자식으로 출생, 천부적 재능 등)에 의해 경제적 지위가 결정되며, 그 결과가 반영되어 사회구성원들 간 빈부격차가 나타나게 된다[3].

2) 소득분배 불평등에 대한 경제학적 분석

(1) 소득의 크기 결정요인

자본주의 경제체제에서 개인의 소득은 기본적으로 다음과 같이 결정된다. 예컨대 10단위의 노동과 5단위의 자본을 보유하고 있는 갑이 이것들을 X재 생산기업에 제공했다고 하자. 이때 노동 1단위의 X재 생산에 있어서 한계생산물(MP_L^X)은 5이고, 이것이 일정하다면 갑은 10단위 노동제공으로 X재를 50개 만드는 역할을 하게 된다. 마찬가지로 자본의 한계생산물(MP_K^X)은 7로 일정하고, 갑이 5단위의 자본을 X재 생산에 제공하면 35개를 만들 수 있다. 이렇게 되면 갑은 자신이 보유하고 있는 생산요소 제공으로 85개의 X재를 만들고, 그 가격(P_X)이 100원이라면 8,500원의 가치를 창출하는 셈이다. 자본주의 경제체제의 경우 갑의 소득은 생산과정에서 기여한 8,500원 또는 그것에 상응하는 수준에서 이루어진다고 하겠다.

결론적으로 자본주의 경제체제에서 각 개인의 소득은 기본적으로 생산요소시장에 제공하는 생산요소의 양(생산요소 보유량), 생산요소의 기술적 가능성(생산요소의 한계생산력), 생산물의 시장가격에 의해 결정된다고 할 수 있다.

(2) 생산요소가 소득에 미치는 영향

개인이 소유하고 있는 생산요소(자원)는 그의 소득 수준을 결정하는 가장 중요한 요소에 해당하며, 아울러 다음과 같은 특성을 갖는다.

첫째, 생산요소의 보유량에 따라 개인소득의 크기가 좌우된다.

둘째, 생산요소의 시장공급은 요소보유자의 의지가 전제되어야 한다. 생산요소를 많이 보유하고 있더라도 그것을 생산과정(생산기업)에 제공하지 않으면 생산물(재화나 서비스)이 만들어지지 않는다. 따라서 소득의 창출을 위해서는 개인이 생산에 참여하는 의욕(의지)이 요구된다.

셋째, 생산요소인 자본과 노동은 생산적이다.

3) 빈부격차는 심리설과 환경설 모두가 원인으로 작용하여 발생하게 된다는 견해를 절충설이라고 한다. 현실적으로 빈부격차의 원인은 절충설에서 찾는 것이 합리적일 수 있다.

개인들의 생산요소 보유량이 상이하고, 생산요소의 한계생산력[4]이 다를 수 있기 때문에 개인들 간 소득분배상 불평등이 초래된다.

3) 경제적 지위 불평등의 발생원인

어느 사회를 막론하고 부유한 계층과 빈곤한 계층이 어우러져 공동생활을 하기 마련이다. 그런데 부유한 계층과 빈곤한 계층은 왜 발생하는가? 사회구성원들 간의 빈부격차는 어떤 원인 때문에 초래되는가? 이런 의문에 대한 명쾌한 원인규명과 적절한 대책의 강구는 각 사회가 풀어야 할 주요한 과제가 아닐 수 없다. 현실적으로 사회구성원 개개인의 경제적 지위는 개인적 요인, 우연성, 사회적 요인이 복합적으로 결합되어 결정된다.

(1) 개인적 요인

각 사회구성원은 서로 다른 개인적 처지에 직면해 있다. 개인적 처지는 이들의 경제적 지위 결정에 커다란 영향을 미치게 된다. 개인적 처지는 유전적인 요인, 교육환경, 경제적 환경, 인지적 능력, 비인지적 능력, 개인적인 특성(성향) 등을 따른다. 이때 유전적 요인, 교육환경, 경제적 환경은 주로 가정(家庭)과 관련되어 형성된다.

개인적 처지를 결정하는 각 요인은 서로 다른 항목으로 구성되며, 그것들의 구체적 내용이 차이를 나타내기 때문에 사회구성원들의 경제적 지위가 달라진다.

- 능력의 차이(인지적·비인지적 능력) : 지능지수(*IQ*), 육체적 특성 등
- 인적투자의 차이(교육환경) : 정규교육, 현장훈련 등
- 노력의 차이 : 노동(근로), 저축 등
- 상속재산의 차이(경제적 환경) : 상속순위, 상속액 등
- 개인적인 특성(성향) : 말하는 방식, 옷 입는 방식, 행동거지 등
- 기타 요인 : 결혼 여부, 부모의 가치관 등

경제적 지위 결정에 있어 개인적 요인은 그것의 기초적 토대이며, 개인적 요인의 구성 항목을 어떻게 발굴 · 개발하느냐에 따라 경제적 지위의 서열과 질이 결정된다고 할 수 있다.

4) 한계생산력설을 따르는 분배는 각자가 생산과정에서 역할을 한 만큼 대가(소득)를 제공받게 되는 소득분배 방식을 말한다. 이 방법의 장점은 다음과 같다.

첫째, 사회 전체적으로 생산물의 양적 극대화를 가능케 한다.

둘째, 공평한 지불과 대가를 받는다.

셋째, 한계생산력설을 따르는 분배는 노력과 보상을 일치시킴으로써 사회적으로 자원배분의 효율을 실현하며, 이를 통해 실질국민소득을 극대화할 수 있다.

넷째, 빈부격차는 개인의 근검과 절약에 의해 결정된다(개인의 자유로운 선택 전제). 하지만 현실의 소득분배상 불평등은 개인의 근검과 절약의 차이만으로 설명할 수는 없다. 개인들은 상속재산 등이 다르며, 이것이 소득결정에 큰 영향을 미치는데 한계생산력설은 이를 간과하고 있다.

(2) 우연성

뜻하지 않은 우연성도 개인의 경제적 지위 결정에 영향을 미칠 수 있다. 이는 거액의 복권당첨, 예상치 못한 증여수혜 등이 개인의 경제적 지위를 바꾸는 역할을 한다는 것이다.

(3) 사회적 요인

각 개인이 생활하는 사회의 특성은 그들의 경제적 지위를 변동시키는 작용을 한다. 개인의 경제적 지위 결정에 영향을 미치는 사회적 요인은 체제 자체의 성격과 체제내적인 요인으로 구분할 수 있다. 체제내적인 요인으로는 그 사회가 설정하고 있는 경제정책의 방향(효율중시정책이냐 공평중시정책이냐)을 지적할 수 있고, 체제 자체의 성격은 그 사회의 경제체제(자본주의, 사회주의)가 무엇이냐를 말한다.

결론적으로 사회구성원들은 개인적 요인, 우연성, 사회적 요인으로부터 각기 상이한 영향을 받게 되고 이에 따라 그들의 경제적 지위는 다르게 결정된다는 것이다[5].

소득분배상 불평등의 여러 원인들 가운데 유전적 요인과 교육적 환경의 차이에서 발생되는 인지적 및 비인지적 능력의 차이, 개인적인 특성의 차이 등은 적절한 조정 내지 개선이 쉽지 않다. 반면 체제내적인 요인에 기인하는 소득분배상 불평등은 비교적 시정이 용이할 것이다.

3. 소득분배 상태의 평가

바람직한 분배가 이루어졌을 때 분배적 정의(分配的 正義) 또는 공평(公平)이 구현된다. 따라서 어느 사회의 분배 상태가 공평성을 실현하고 있는지의 여부를 평가하기 위해서는 사회적 합의에 근거하여 만들어진 공평성 개념을 이용하여 그 실태를 파악해야 한다. 그러나 공평성은 그 의미가 추상적·주관적이어서 명확한 정의가 어렵다. 따라서 현실적으로 소득분배 상태의 적정성은 사회구성원들 간의 소득분배가 균등한지 아닌지의 여부(평등성 또는 불평등성)를 보고 평가하는 것이 일반적이다.

소득분배의 적정성 여부를 판정하는 기준은 엄밀히 말하면 공평성 대신 평등성(균등성)의 개념을 이용한 평가방법이라고 하겠다. 소득 수준의 분포(분배)가 어느 정도 불균등한가를 나타내는 불평등도(불균등도)의 지수(inequality index)로는 로렌츠(Lorenz)곡선, 지니(Gini)계수, 십분위분배율, 앳킨슨(Atkinson)지수, 파레토(Pareto)계수 등이 있다.

5) 고전학파 경제학자와 맑스(K. Marx) 등은 국민소득이 자본가, 노동자 및 지주계급 사이에 어떻게 분배되느냐에 관심을 가지고 있었다. 특히 맑스는 자본가와 노동자의 불평등한 관계가 계급투쟁을 초래한다는 주장을 하였다. 반면 신고전학파 학자들은 생산요소의 한계생산성 차이가 소득격차를 발생시킨다고 보았다.

1) 로렌츠곡선

[그림 10-1]에서 횡축은 누적가계비율을 나타내며, 종축은 누적가처분소득비율을 표시한다. 이때 *OB*의 대각선은 10% 누적가계가 10%의 누적가처분소득을 차지하고, 20% 누적가계가 20%의 누적가처분소득을 점유하는 등 각 가계(계층)의 소득이 동일한 완전균등분배 상태이다.

각 사회의 실제 소득분배 상태는 *OB*의 완전균등분배와는 다른 *OAB*선의 형태를 갖는다. 이와 같이 현실의 소득분배 상황을 보여주는 *OAB*선을 로렌츠(Lorenz)곡선이라고 한다. [그림 10-1]의 로렌츠곡선에 따르면 *a*점은 소득 수준이 낮은 하위 50%까지의 가계가 전체소득의 35%를 차지하고 있다는 것이며, *b*점은 전체 가계의 85%에 해당하는 누적 가계가 전체소득의 65%를 점유하고 있음을 보여준다.

각 사회가 소득분배상 평등성을 어느 정도 실현하고 있는가는 로렌츠(Lorenz)곡선의 형태와 위치에 따라 평가될 수 있다.

(1) 불평등 정도

로렌츠곡선을 이용한 소득분배 평가는 그 결과를 서수적(ordinal)으로 나타낸다. 선분 *OAB*가 완전균등선 *OB*에서 멀어질수록 소득분배는 불평등하고, 가까울수록 평등하다고 판정한다. 따라서 완전균등선에 가까운 로렌츠곡선을 갖는 사회가 그렇지 않는 사회보다 소득분배상 평등(균등)한 것으로 평가된다.

(2) 문제점

로렌츠곡선을 이용한 소득분배 상태의 비교는 대상이 되는 로렌츠곡선들이 서로 교차하는 경

그림 10-1 로렌츠곡선

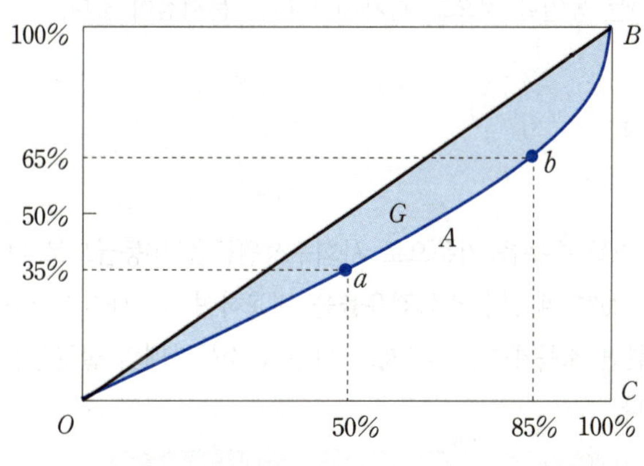

• 횡축 : 누적가계비율, 종축 : 누적가처분소득비율
• *OB* : 소득의 균등분포선(완전평등선)
• 곡선 *OAB* : 로렌츠곡선 혹은 불평등선

우에는 비교 대상들 간의 우열 여부 판정이 불가능하다. 또한 소득분포의 구체적인 실상 파악이 곤란하고, 많은 분배 상태들을 동시에 비교하는 것이 쉽지 않다.

2) 지니계수

(1) 정의

지니계수(지니집중계수, Gini coefficient of concentration)는 로렌츠(Lorenz)곡선으로 나타낸 계층별 소득분배의 불평등도를 기수적(cardinal)으로 표시하는 지수로서 [그림 10-1]을 따를 때 다음과 같이 정의된다.

$$\delta(\text{Gini계수}) = \frac{G}{\triangle OBC}$$

(2) 불평등 정도

δ(Gini계수)는 그 값이 $0 \le \delta \le 1$의 분포를 갖는다. $\delta = 0$(완전균등분배)일 때 그 사회의 소득분배는 완전평등하고, $\delta = 1$(완전불균등분배)일 때 완전불평등하다. 따라서 δ가 작을수록 사회구성원 간 소득분배는 평등해진다.

(3) 문제점

지니계수(지니지수)를 적용한 소득분배 상태의 평가는 균등분배 및 불균등분배에 관한 합리적인 기준의 설정이 쉽지 않다. 예컨대 0.2 이하일 때를 균등분배로 규정할 것인가, 0.3 이하일 때를 균등분배로 규정할 것인가의 기준설정에 대해 견해가 다를 수 있다는 것이다. 또한 소득분포의 구체적인 실상을 알기 어렵다. 뿐만 아니라 A, B사회의 지니계수가 똑같은 경우 두 사회의 소득분배 상태(상황)는 동일한 것으로 평가해야 하는 문제점이 있다.

3) 십분위분배율

(1) 정의

십분위분배율은 소득 수준을 기준으로 사회구성원들을 10등급으로 나누고, 하위 40% 계층의 소득점유율과 상위 20% 계층의 소득점유율을 비교하여 그 사회의 소득분배상 불균등(불평등) 정도를 평가한다. 한편 소득계층을 5단계로 나누어 소득분배의 불균등을 측정하는 방식은 오분위배율이라고 부른다.

$$\text{십분위분배율} = \frac{\text{하위 40\% 계층의 소득점유율}}{\text{상위 20\% 계층의 소득점유율}}$$

(2) 불평등 정도

십분위분배율은 0 ≤ 십분위분배율 ≤ 2의 값을 갖는다. 십분위분배율이 0일 경우 완전불균등 분배 상태를 의미하며, 2일 경우에는 완전균등분배이다. 따라서 십분위분배율이 높을수록 소득분배는 평등해진다.

(3) 문제점

십분위분배율은 지니(Gini)계수와 마찬가지로 소득분포의 구체적인 실상을 파악하기 어렵고, 균등분배 및 불균등분배에 관한 기준의 설정이 쉽지 않다는 한계를 내포하고 있다.

4) 앳킨슨지수

(1) 정의

앳킨슨(A. Atkinson)지수는 앞에서 언급되었던 소득분배 불평등도 지수와는 달리 평가자의 주관적 견해를 가장 잘 반영하는 특징을 갖고 있으며, 구체적으로 다음과 같이 정의된다.

$$\text{A(Atkinson지수)} = 1 - \frac{Y^e}{\overline{Y}}$$

앳킨슨지수에서 $\overline{Y}$는 어느 사회의 1인당 평균소득을 의미하고, Y^e는 그 사회가 나타내는 현재의 사회후생 수준을 보장하는 평가자의 주관적 판단을 따르는 균등분배소득(균등분배 대등소득)을 말한다. 예를 들어 어느 사회의 사회후생이 100이고 구성원들의 평균소득($\overline{Y}$)이 100만원이라고 하자. 그런데 이 사회가 달성하고 있는 100의 사회후생은 사회구성원들의 소득이 80만원(이 금액은 평가자가 주관적으로 판단하여 결정)으로 완전균등한 경우에도 달성된다면, 이때 100의 사회후생수준을 가능케 하는 80만원의 완전균등소득을 균등분배 대등소득(Y^e)이라고 한다.

(2) 특징

앳킨슨지수는 적정 소득분배에 대한 평가자의 가치판단을 명백히 드러내어 소득분배의 불평등도를 측정하는 방법이다. 이 방법을 따르면 평등성에 대한 평가자의 가치판단이 분명하게 반영되며, 소득분배에 대한 평가는 순전히 주관적인 가치판단에 의존하게 된다.

어느 사회의 소득분배상 적정성 여부는 주관적으로 평가될 수밖에 없음을 고려하면 평가자의 주관적인 견해가 그대로 반영되는 앳킨슨지수는 다른 소득분배 측정수단(지표)보다 합리적이라고 할 수 있다[6].

---

6) 좀 더 정확히 말하면 앳킨슨(A. Atkinson)은 그 사회의 가치판단을 반영하고 있는 사회후생함수를 토대로 하여 앳킨슨지수를 고안하였다. 앳킨슨지수에 관한 보다 자세한 내용은 이준구, 『소득분배의 이론과 현실』, 다산출판사, 1989, pp.194~197을 참조하기 바란다.

(3) 불평등 정도

앳킨슨지수는 $0 \le A \le 1$의 값을 갖는다. 현재의 분배 상태가 완전히 균등할 경우에는 $Y = Y^e$이므로 $A = 0$(완전균등분배)이고, 완전히 불균등할 경우에는 $Y^e = 0$이므로 $A = 1$(완전불균등분배)이다. 따라서 앳킨슨지수는 그 값이 작을수록 소득분배는 균등하며, 클수록 소득분배는 불균등하다고 판정한다.

4. 재분배정책의 기초

1) 재분배정책의 의의

우리가 사는 세상은 부자와 빈자가 함께 살아간다. 사회구성원 간 소득격차는 상호 위화감을 불러일으키는 한편 사회의 발전까지 장애하는 원인이 된다.

소득재분배정책은 이러한 상황을 타개하기 위한 대표적인 처방이다. 소득재분배정책(재분배정책)은 정부가 공평하지 못한 현실의 소득분배 상태에 개입하여 왜곡을 교정하고 더 나은 후생수준을 확보하기 위해 시행하는 일체의 조치를 말한다.

(1) 찬성론

재분배정책은 사회구성원 간 빈부의 격차를 해소함으로써 모든 사회구성원이 일정한 정도의 생활수준을 확보할 수 있도록 돕는 것을 목표로 하는 수단이라고 할 수 있으며, 다음과 같은 이유 때문에 지지된다.

첫째, 사회구성원 간에 나타나는 심한 빈부격차는 윤리적으로 바람직하지 않다. 따라서 이를 시정하기 위한 재분배정책이 요구된다(평등주의자의 견해).

둘째, 공평한 분배의 실현은 모든 사회구성원에게 외부경제를 제공하는 공공재와 같은 역할을 한다. 써로우(L. Thurow)는 재분배정책이 외부경제를 창출하는 순수공공재라고 하였다. 따라서 정부에 의한 재분배정책의 추진은 적절한 조치이다.

셋째, 재분배정책은 모든 사회구성원들이 위험에 대해 공동으로 대처하는 사회보험의 성격을 띤다. 따라서 모든 사회구성원을 위한 재분배정책은 이루어져야 한다.

넷째, 권력과 부(富)의 부당한 집중을 방지하는 한편 민주주의 체제를 유지하기 위해 정부가 평등화를 추진해야 할 필요가 있으며, 이를 위한 방안으로 재분배정책이 유용하다(정치적 관점).

(2) 반대론

재분배정책은 사회구성원 사이에 나타나는 빈부격차를 해소하고, 빈곤층의 생활수준을 개선하는 등 실효성 있는 사회안전망(social safety)의 역할을 담당한다. 반면 다음과 같은 점들 때문에 반대의 주장도 제기되고 있다.

첫째, 윤리적 측면에서 볼 때 정부는 강제적 수단을 동원하여 부유한 사람에게 돈을 거두어 저소득층을 지원할 권한이 없다. 재분배정책은 개인의 정당한 권리를 부당하게 침해할 가능성을 내포하고 있다(자유주의자의 견해).

둘째, 정부가 재분배의 과업을 잘 수행할 수 있을지 의문이다. 현실적으로 재분배정책을 시행하는 정치기구는 완전하지 않다(정치기구의 불완전성).

셋째, 불공평한 분배상태를 개선하기 위한 정부개입은 오히려 효율성을 저해할 수 있다. 그 이유는 정부에 의한 재분배정책(복지제도)에 기생하는 사람이 생길 수 있기 때문이다. 실제 재분배정책이 드러내는 가장 큰 문제점은 그 도입취지를 살린 운영을 장애하는 걸림돌(예 사회보장 관련 정부지원의 부정수급 등)이 다수 존재한다는 것이다.

넷째, 정치적으로 재분배정책의 시행은 사회계층 간 긴장과 갈등을 심화시킬 가능성을 안고 있다. 왜냐하면 재분배정책은 본질적으로 중·저소득층이 고소득층에게 양보를 강요하는 성격을 띠기 때문이다.

2) 재분배정책의 구분

대표적인 재분배정책[7]에 해당하는 일반조세제도, 사회보험제도, 공공(공적)부조제도는 재분배 지향성과 수혜자격 측면에서 다음과 같은 차이가 있다.

(1) 재분배 지향성의 정도

대체로 공공(공적)부조제도, 사회보험제도, 일반조세제도[8]의 순서로 높은 재분배(공평) 지향성을 나타낸다. 이때 사회보험제도와 공공(공적)부조제도를 합해서 통상 사회복지제도라고 부르며, 공공(공적)부조제도가 가장 적극적인 재분배정책[9]에 해당한다.

(2) 수혜자격의 차이

각종 사회보험제도는 그 수혜 당사자의 기여(갹출 또는 대가지불 등)를 주요한 특징으로 하고 있다. 반면 일반조세제도와 각종 공공부조제도는 그 수혜자에게 별도의 기여를 요구하지 않는 재분배정책이다.

---

7) 모든 재분배정책의 주목적은 궁극적으로 사회후생의 극대화를 도모하는 데 있다.

8) 일반조세제도(정책)를 통해 추구할 수 있는 재분배기능은 지극히 미약하다. 미국에서 이루어진 몇몇 실증분석 결과에 따르면 미국의 조세제도는 사회계층을 대상으로 비례적인 세부담을 지우고 있다고 한다. 이는 미국의 세제가 빈부격차를 시정하는 뚜렷한 재분배기능을 수행하지 못하고 있다는 것이다. 그러나 재분배를 주목적으로 하는 일부 세목(상속세 등)의 효과는 그렇지 않을 것으로 예상된다.

9) 소극적인 소득재분배정책으로는 가족계획, 아동양육, 노동훈련, 고용촉진프로그램 등이 있다.

3) 빈곤선의 결정

재분배정책을 시행함에 있어 동 조치의 수혜대상자 여부를 가리는 작업은 매우 중요한 과정이 아닐 수 없다. 가난한 자 또는 재분배정책의 수혜대상자 선정을 위해 사용되는 기준에 해당하는 빈곤선은 다음과 같이 결정된다[10].

(1) 절대적이며 객관적인 기준

최저생계비를 산정하여 그 이하의 소득자를 빈곤자로 간주하는 방식을 말한다. 한 달간 생활하는데 식료품비, 주거비 등 최소한 50만원은 있어야 한다면, 50만원 이하의 소득자를 빈곤자로 설정(간주)하는 방법이다. 이때 최소한의 생계비는 합리적인 근거를 바탕으로 확정되고 그 크기가 구체적인 수치로 파악되기 때문에 이런 방법을 절대적이며 객관적인 기준에 의한 빈곤선 책정이라고 한다.

절대적이며 객관적인 기준을 따르는 빈곤선 결정방법으로는 라운트리(S. Rowntree)방식이 대표적이다. 라운트리 방식은 빈곤선(빈곤자 여부의 판정) 책정에 있어 합리적 근거를 바탕으로 하며, 구체적인 절대금액을 제시하여 설정한다. 이 방식을 따르면 생활에 필요한 기본지출 및 금액산정과 관련한 견해가 다양하다. 정부가 공식적으로 발표하는 정책적인 빈곤선은 일반적으로 이 방법에 의해 결정된다.

(2) 상대적이며 객관적인 기준

평균소득이나 중위소득의 일정비율을 빈곤선으로 결정하는 방식을 말한다. 중위소득의 50% 이하를 획득하는 계층을 빈곤계층으로 규정하는 경우가 그 예이다. 그러나 이 방식은 구체적인 비율결정에 있어 관련 당사자 간 이견이 빚어질 가능성이 있다.

소득분포상 하위 몇 %를 빈곤선으로 결정하는 방식도 상대적이며 객관적인 기준을 따르는 이와 같은 범주에 해당한다. 다만, 이 방식은 사회가 아무리 발전해도(또는 어떤 복지정책에서도) 빈곤한 자가 존재하는 한계를 드러낼 수 있다.

(3) 주관적인 기준

주관적인 기준에 의한 빈곤선은 사회구성원들에게 의견을 물어 설정해야 하기 때문에 일반적으로 설문조사의 방법을 이용하여 빈곤선을 산정하게 된다.

설문조사방법에는 제3자적인 소견을 물어 빈곤선을 결정하는 방식과 자신에게 필요한 최소한의 소득을 질문하여 빈곤선을 결정하는 라이덴(Leiden)방식이 있다. 사람들에게 직접 당사자가 아니고 제3자의 입장일 때 서울에서 생활한다면 최소한 얼마의 수입이 필요한가를 물어 대답된 수입액을 기준으로 빈곤선을 규정하는 방법이 전자에 해당한다. 반면 당신 자신이 서울에서 생활하는데 얼마가 필요한가를 물어 그 대답된 금액을 기준으로 빈곤선을 설정하는 방법이 후자

10) 빈곤의 정도를 측정하기 위한 빈곤지수(poverty index)로는 센(A. Sen)의 Sen지수가 대표적이다.

(라이덴 방식)라고 하겠다.

5. 재분배정책의 수단

분배적 균등을 이룩하기 위해서는 저소득층의 사회적, 경제적, 심리적 특성을 충분히 파악하여 그것을 감안한 합리적인 재분배 수단을 선택하여 시행해야 한다. 재분배의 방안으로는 재정수입과 지출의 조정(재정적 수단), 재정 이외의 분야 활용(비재정적 수단), 사회구성원의 선택 기회확대 등을 들 수 있다.

1) 재정적 수단

(1) 정부지출을 활용한 재분배정책

정부지출은 공공투자지출(정부투자지출), 사회서비스의 제공, 사회보장지출 등의 형태로 이루어지며, 그 혜택이 상대적으로 저소득층에 더 많이 제공되는 특징이 있다. 따라서 여러 가지 방식으로 추진되고 있는 각종 정부지출(비이전지출 및 이전지출)은 각각 상당한 정도의 재분배기능을 수행한다.

① 공공투자지출

공공투자지출(정부투자지출)은 취업기회의 제공, 사회간접자본(*SOC*, 댐, 항만, 도로 등)의 확충 등에 기여한다. 따라서 공공투자지출은 저소득층에게 일자리를 마련해 주고, 그들의 소득기반을 강화해 줌으로써 어느 정도 재분배기능을 나타낸다.

② 사회서비스의 제공

의무교육, 의료 및 보건서비스, 공영주택, 노인·부녀자·아동·장애인복지, 고용증대에 기여할 수 있는 정부정책 등 가치욕구 충족을 도모할 목적으로 이루어지는 사회서비스(가치재, 준공공재)의 확대는 상대적으로 저소득층에게 더 큰 혜택을 제공하므로 재분배기능을 맡는다.

③ 사회보장지출

사회보험, 공적(공공)부조 등 사회보장지출은 저소득층을 더 많이 배려하므로 뚜렷한 재분배기능을 담당한다. 사회보험에는 공적연금(국민연금 등), 국민건강보험(의료보험), 산재보험, 고용(실업)보험, 노인장기요양보험 등이 있다. 사회보험은 재원조달을 어떻게 하느냐에 따라 재분배효과가 달라지며, 합리적 운영을 통해 사회구성원 간 수평적 공평을 제고하는 역할을 한다.

공공부조에는 생활보장, 의료보장, 재해보장 등이 있는데, 재원을 직접세로 조달할 것인가 또는 간접세에 의존할 것인가에 따라 재분배효과가 달라지며, 이를 통해 고소득층과 저소득층 간 소득격차를 완화하는 수직적 공평을 도모할 수 있다.

▶ 사회보험제도

① 독일형

프로이센(독일)의 사회보험제도는 급격한 산업화에 따라 빚어진 여러 가지 사회문제, 특히 노동계층의 점증하는 욕구를 기존의 질서 내에서 수용하려는 목적으로 도입되었다. 1883년과 1884년에 시작된 질병보험과 산재보험이 선구적 역할을 했고, 전제국가를 강화하기 위한 수단의 성격이 농후하였다. 독일형 사회보험제도는 가부장적인 접근법에서 출발하였고, 특정한 직장이나 직능집단을 중심으로 한 사회보험이었다. 일명 비스마르크형 사회보험이라고도 한다.

② 영국형

영국의 사회보험제도는 19세기 말 산업화의 부작용으로 초래된 도시빈민의 열악한 생활환경을 개선하기 위한 대책으로 도입되었고, 1897년에 출범한 산재보험이 선도적 역할을 하였다. 영국형 사회보험은 국민 전체에게 최저 수준의 혜택을 보장하는데 주안점을 둔 보편주의의 성향을 띠었다. 민간부문의 자발적인 보험제도가 사회보험으로 이행한 것이고, 베버리지형 사회보험이라고도 한다.

사회보험제도는 원래부터 명백하게 부유층과 빈곤층 사이의 재분배를 지향하기 위한 목적으로 도입된 것은 아니었다. 각국의 사회보험제도는 기본적으로 민간부문 보험과의 상이성을 유지하려고 노력하면서 제한적이나마 직접적인 재분배효과를 지향한다.

▶ 공공부조제도

누진적인 조세제도나 사회보험제도는 특정한 계층(빈곤층, 농촌 및 도시의 영세민)이 처한 상황을 완벽하게 개선할 수 있는 정책적 배려 수단으로서는 한계를 갖는다. 따라서 이에 대한 보완방안으로 고안된 것이 공공부조(공적부조) 프로그램(공공부조제도)이다.

① 공공부조의 유형

㉠ 일반적 공공부조(general public assistance)

일정한 소득 수준 이하의 모든 사람에게 그 혜택을 제공한다.

㉡ 범주적 공공부조(categorical public assistance)

소득 기준뿐만 아니라, 추가적인 기준(부양가족 여부 등)을 마련하여 그 범주에 드는 사람이 혜택을 제공받을 수 있는 대상이다. 대부분의 나라에서 채택하고 있는 공공부조 프로그램은 대개 범주적 공공부조 프로그램에 해당한다.

② 공공부조의 문제점

공공부조는 빈곤층을 대상으로 그들의 경제적 처지를 개선할 수 있는 각종 지원 프로그램을 시행하는 것이기 때문에 가장 뚜렷한 재분배효과를 나타낸다. 반면 그 시행과정에서 부딪치게 되는 다음과 같은 적지 않은 어려움이 있다.

첫째, 혜택의 수혜대상자 선정이 쉽지 않다. 수혜대상자를 선정하는 과정에 빈곤층으로 낙인(stigma) 찍히는 부작용이 나타나면 인권침해의 문제가 유발될 수 있다.

둘째, 제공할 혜택의 절대적 수준 결정이 쉽지 않다.

셋째, 공공부조는 빈곤에 대한 근본적인 치유책이 될 수 없다. 따라서 교육, 상담, 취업알선 등의 추가적인 프로그램을 활용한 보완이 필요하다.

넷째, 공공부조제도의 시행에 소요되는 재원을 쉽게 확보할 방법이 없다.

(2) 정부수입 조달과정에서의 재분배정책

정부는 조세, 공채, 수익자부담, 중앙은행 차입, 해외차관 등 다양한 방법으로 필요한 재원을 조달하고 있다. 일부 정부수입 확보수단들은 그 운영과정에서 재분배기능을 수행한다. 공기업에 의해 제공되는 공공서비스의 요금책정에도 저소득층을 배려하는 재분배적 요소가 가미되고 있다. 정부수입원 가운데 재분배기능이 가장 두드러진 것은 조세이다.

① 소득세

소득세제도가 채택하고 있는 누진세율구조와 각종 공제제도는 재분배기능을 나타낸다. 특히 범주적으로 소득세제에 속하는 부(負)의 소득세제는 재분배기능을 중심적으로 수행한다.

② 법인세

법인세는 그 전가 유무에 따라 재분배효과가 달라진다. 법인세가 전가되지 않고 주주(고소득층)에게만 귀착된다면, 법인세는 어느 정도 재분배효과를 나타낸다. 반면 법인세가 전가되어 상품가격을 인상시킴으로써 그 부담이 경제적 약자인 소비자에게 귀착된다면, 이때는 재분배효과가 미약하다.

③ 상속세, 증여세

원칙적으로 상속세와 증여세는 누진세율구조를 적용함으로써 강력한 재분배효과를 도모하는 세목이다. 두 세목은 부의 집중을 완화시켜 균등분배를 달성하는 것을 목적으로 한다.

④ 소비세(간접세)

소비세는 특성상 역진적이므로 재분배기능이 미약하지만 필수품에 대한 감·면세, 개별소비세(특별소비세)의 도입 등을 통해 재분배기능을 반영할 수 있다.

2) 비재정적 수단

특정 제도나 민간부문(민간기관)이 담당하는 저소득층 지원 프로그램은 정부의 역할과 별도로 재분배기능을 맡는다. 종교단체, 사회사업단체(복지기관)에 의한 빈곤층 지원이 그에 해당하며,

이는 유용한 재분배수단이 된다.

최저임금제, 영세기업 및 농가에 대한 금융지원, 소비자조합 운영, 노동조합의 임금인상을 위한 단체협약, 중산층재산형성 지원 등도 비재정적 재분배수단에 해당한다.

3) 기회균등을 통한 재분배정책

소득분배의 불평등을 초래하는 원인으로 개인의 노동의지, 근면성, 재산 및 자본의 보유수준, 직업의 특성, 성별, 소득창출 능력과 기회의 차이 등을 들 수 있다. 그 중 소득창출 능력과 기회가 가장 중요한 변수에 해당한다. 한편 소득창출 능력의 차이에 따른 빈부격차를 불가피한 것으로 간주한다면, 사회구성원들 간 기회의 불균등을 제거하는 방안은 실효성 있는 재분배수단이며 근본적인 대안이 될 수 있다.

(1) 기회균등을 촉진하는 재분배정책

소득과 부를 축적할 수 있는 기회와 능력을 증대시켜주는 조치는 소득분배상 불평등을 치유할 수 있는 근본적인 수단의 역할이 기대된다.

국비장학금제도의 확충, 장기저리의 학자금융자, 의무교육 연한의 연장 등을 통해 저소득층 자녀에게 교육기회를 균등하게 제공하거나, 실업자들에 대한 재교육 또는 훈련을 확대시켜 주는 처방은 그 예에 해당한다.

(2) 기회균등에 중립적인 재분배정책

이미 축적된 부와 소득을 균등화하는 수단으로는 자선기부금의 제공, 저소득층 대상의 보조금 지원, 저소득층을 위한 감·면세 등이 있다. 이런 수단으로부터는 소극적이고 잠정적인 효과만을 얻을 수 있을 뿐이다.

▶ 부의 소득세(negative income tax)

1. 의의

부의 소득세제는 개인의 소득이 일정 수준(보장소득 수준) 이하로 떨어질 경우, 부(負, －)의 세율을 적용하여 조세를 거두어들이는 것이 아니라, 도리어 보조금을 지급하는 제도를 가리킨다. 이는 보장소득 수준 이하의 저소득계층에게 가족 수와 소득의 정도에 비례하여 보조금(부의 소득세)을 지급하는 사회보장제도에 해당한다.

그 목적은 저소득층에게 실질적인 사회보장의 혜택을 제공하고, 경제적 비효율성과 근로에 대한 저해적인 영향을 줄이면서 복지의 확충과 노동공급을 유인하는 데 있다.

부의 소득세제는 소득세제와 공공부조(공적부조)의 통합적 성격을 띠며, 재분배효과가 확실하다는 특징을 갖는다. 이는 범주적으로 소득세제 내에서 이루어지는 제도이기 때문에 조세를 활용한 소득재분배 조치에 해당한다. 또한 소득수준이 낮은 대상자에게 현금을 지불하는 방식으로 운영되기 때문에 공공부조의 성격을 함께 내포하고 있다.

보장소득 수준 이하의 소득계층이 부의 소득세(보조금)를 수혜하는 것은 일종의 당연한 권리행사라는 입장을 바탕으로 한다. 이러한 특징 때문에 사뮤엘슨(P.A. Samuelson)은 부의 소득세제를 자극이 보장된 소득지원계획이라고 하였다.

공공부조는 최저소득 수준을 밑도는 가계를 대상으로 설정된 최저소득액과 그 가계의 실질소득(실제소득)과의 차이를 현금으로 지급하는 방식으로 운영된다. 따라서 공공부조는 일정한 소득액(설정된 최저소득액)은 무조건 보장해 주기 때문에 근로의욕을 감소시키고, 수혜자의 자존심을 손상시킬 수 있으며, 중간적 빈곤계층의 생활에 대한 배려가 소홀하다는 단점이 있다. 부의 소득세제는 공공부조의 이러한 단점을 보완하는 체계를 지향한다.

2. 부의 소득세의 기본체계

1) 부의 소득세의 산식(算式)

$$S = Y_G - t \cdot Y$$

S : 저소득층에 대한 보조금(부의 소득세)

Y_G : 보장소득(기초수당)

t : 한계세율*

Y : 스스로 벌어들인 소득

* 부의 소득세에서 한계세율은 추가로 번 돈 중에서 세금을 그만큼 더 내야 하는 비율을 뜻하는 것이 아니라, 그 비율로 보조금 지급액이 줄어드는 정도를 나타낸다.

보장소득(Y_G)이 높을수록 재분배효과(공평)는 향상되고, 한계세율(t)이 높을수록 효율은 저해된다. 왜냐하면 한계세율이 높게 책정되어 추가로 돈을 벌수록 정부로부터의 보조금이 줄어든다면, 구태여 더 많이 벌려는 유인은 축소되기 때문이다. 한계세율이 거의 100%에 가깝다면, 개인이 스스로 번 돈이 늘어날 때 이와 거의 비슷한 정도로 정부의 보조금 지급이 줄어든다는 것을 의미한다.

보장소득(Y_G)을 높은 수준에서 유지하고 동시에 한계세율(t)은 아주 낮게 유지하는 것이 가능할 경우, 효율성의 상실을 극소화하면서 상당한 재분배효과를 거둘 수 있다.

2) 그림을 통한 부의 소득세

• 면세점 소득(Y_E)

정(正)의 소득세제에서 과세와 면세의 기준이 되는 소득 수준을 말한다. Y_E 이상은 소득세가 부과되고, 그 이하는 면세된다.

• 보장소득(Y_G)

자체소득이 없는 가계에 지급되는 최대의 이전급부액이다.

• 부의 소득세율(t)

소득 증가에 따른 이전급부액의 감소 비율로 [그림 10-2]에서 $\tan\alpha\left(\frac{Y_G}{Y_W}\right)$가 부의 소득세율($t$)이다.

• 부의 소득세(이전급부) 지급 여부의 분기점 소득(Y_W)

이전급부액이 0이 되는 소득 수준이며, 부의 소득세율(t)과 보장소득(Y_G)을 알면 Y_W를 산출할 수 있다$\left(\because\ Y_W = \frac{1}{t}\cdot Y_G\right)$.

• 소득세 접속점(Y_T)

부의 소득세제를 따를 경우 개인이 납부하는 세액과 정의 소득세제에서 납부하는 세액이 동일할 때의 소득 수준을 말한다. Y_T 이상의 소득에 대해서는 부의 소득세가 적용되지 않는다. Y_T 이상에서는 부의 소득세제와 정의 소득세제가 똑같은 기능을 하게 된다. 따라서 Y_T 이상의 소득에서는 부의 소득세제가 작동하지 않는다.

부의 소득세제에서 각 정책변수는 서로 상충관계를 갖는다. 따라서 정책변수의 상이한 배합은 다음과 같은 결과를 초래할 수 있다.

높은 이전급부액(Y_G), 낮은 세율(t), 낮은 소득분기점(Y_W)

바람직하나 실현이 가능하지 않다.

높은 이전급부액(Y_G), 높은 세율(t), 낮은 소득분기점(Y_W)

이전급부를 저소득가계에만 국한시키며, 높은 부의 소득세율의 영향으로 저소득가계의 근로의욕을 약화시킨다.

높은 이전급부액(Y_G), 낮은 세율(t), 높은 소득분기점(Y_W)

이전급부 대상자를 증가시키지만, 소득분기점을 능가하는 납세자에게 큰 부담을 주기 때문에 납세자의 근로의욕 저하를 초래한다.

그림 10-2 부(負)의 소득세

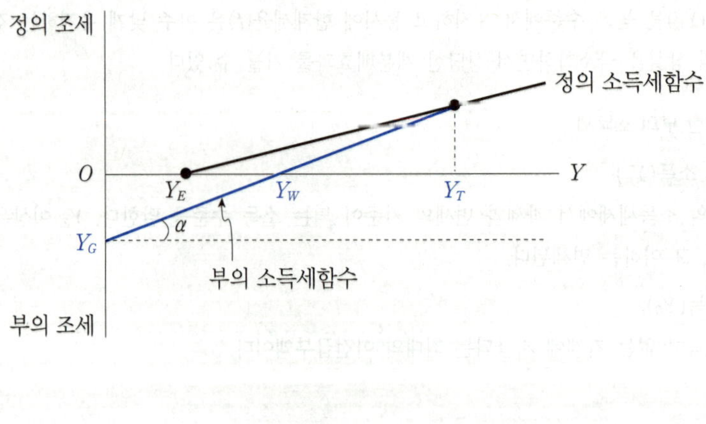

3. 부의 소득세제의 장·단점

1) 장점

부의 소득세제는 공공부조와 비교할 때 근로의욕의 저해효과가 작고, 다수의 공감을 담보할 수 있는 저소득층 지원대책이라고 할 수 있다. 그 이외 다음과 같은 장점을 갖는다.

첫째, 소득세제의 틀 내에서 운영되므로 제도 자체를 이해하기 쉽다.

둘째, 보조가 현금을 지급하는 방식으로 이루어지기 때문에 현물제공의 경우보다 수혜자에게 높은 후생을 보장하며, 효율성 측면에서도 우월하다.

셋째, 일반조세체계 내에서 운영이 가능하기 때문에 그와 관련한 행정절차가 매우 단순하며, 제도 유지를 위한 관리비가 적게 든다.

넷째, 가족 수가 동일하고 소득 수준이 같으면 동일한 보조금을 지급하도록 되어 있으므로 보조금 지급에 평등성이 보장된다.

다섯째, 비교적 광범위한 저소득층을 대상으로 혜택을 제공한다.

여섯째, 공공부조와 같은 기존의 복지제도가 초래하는 비효율성을 완화시킬 수 있다.

일곱째, 일정소득 수준 이하의 저소득층에게 지원되므로 혜택수혜자의 선정을 위해 별도의 사항을 추가적으로 심사하는 조치가 불필요하다.

여덟째, 진보적인 성향의 사람뿐만 아니라 보수적인 성향의 사람도 이 제도를 받아들일 수 있다. 왜냐하면 누구든 뜻하지 않은 사고로 경제적 처지가 곤궁해질 수 있기 때문이다.

2) 단점

부의 소득세제는 행정 편의성, 수혜자 선정의 용이성, 폭넓은 지지 가능성 등 많은 장점이 있는 사회보장제도라고 하겠다. 하지만 그 시행과정에 다음과 같은 어려움이 예상된다.

첫째, 무상의 지원이기 때문에 부의 소득세를 수혜하는 대상자뿐만 아니라, 부의 소득세 지급 여부를 결정하는 기준선보다 약간 높은 소득을 벌고 있는 사람들의 근로의욕마저 떨어뜨릴 가능성이 있다. 그 결과 공공부조보다는 작지만 노동공급을 줄이는 영향을 미친다.

둘째, 빈곤의 원인을 근본적으로 치유하지는 못한다.

셋째, 부의 소득세는 소득 수준을 기준으로 그것이 낮은 계층을 대상으로 지급하도록 되어 있다. 그런데 가득소득이 낮다고 반드시 빈곤층으로 볼 수는 없다. 이는 소득(현금)이 빈곤에 대한 완벽하고 실질적인 대리지표는 아님을 의미한다. 이런 연유로 부의 소득세는 빈곤에 대한 실질적인 대책으로는 한계를 드러낸다.

넷째, 자원의 낭비를 초래할 우려가 있다. 국민소득 수준이 상승함에 따라 부의 소득세율(부의 소득세 지급규모)도 상승할 것이며, 종래의 사회보장제도와 병행할 때 사회적 비용이 지나치게 증대되므로 시행에 막대한 예산이 소요된다.

다섯째, 행정기술 측면에서 볼 때, 시행과정에 적지 않은 어려움이 발생할 수 있다.

여섯째, 일반조세제도의 틀 속에서 통합적으로 운영되기 때문에 빈곤층만을 대상으로 맞춤형 혜택을 부여하는 복지제도가 아니다.

4. 부의 소득세의 경제적 효과

1) 노동공급에 미치는 영향

부의 소득세 시행이 초래하는 소득효과와 대체효과는 똑같이 여가를 늘리도록 영향을 미침으로써 근로의욕을 저해한다(단, 여가는 정상재일 경우). 그러나 공공부조에 비해 노동공급에 대한 저해의 정도는 작다고 평가된다.

2) 공평에 미치는 영향

부의 소득세가 공평(형평)을 증진하는 것은 분명하지만 상황에 따라 제약도 존재한다. 부의 소득세제 운영에 사용할 수 있는 예산의 규모가 주어졌다면, 한계세율을 낮게 유지하기 위해서는 재분배효과가 어느 정도 줄어드는 부작용을 감수할 수밖에 없다. 왜냐하면 한계세율이 낮아지려면 보장소득이 작아질 수밖에 없기 때문이다.

5. 부의 소득세제의 현실 적용

부의 소득세제에 대한 선행 연구로는 1942년 영국의 리즈-윌리암스(J. Rhys-Williams)에 의해 제안된 사회배당제도가 있다. 이는 기본적으로 부의 소득세와 유사한 역할을 하도록 고안되었다. 현재와 같은 부의 소득세제는 스티글러(J. Stigler)가 1946년 논문에서 처음으로 아이디어를 제시하였다. 그 후 프리드만(M. Friedman), 토빈(J. Tobin), 미즈코브스키(P.M. Mieskowski), 페크만(J.A. Pechman), 랄프(E. Rolf) 등 여러 학자들에 의해 다양한 부의 소득세제도가 제안되고 만들어졌다. 1960년대 중반 이후 미국 복지정책의 한 수단으로 널리 활용되기 시작했고, 다른 나라에도 점차 전파되었다. 하지만 현재 전면적으로 부의 소득세를 실시하는 국가는 없으며, 영국의 Family Income Supplement 및 Supplementary Benefit와 미국의 *EITC*(Earned Income Tax Credit)를 원용하는 방식을 따른다.

▶ 근로장려세제

우리나라는 2009년부터 근로소득이 일정 수준에 못 미치는 '차상위소득층'(극빈층 바로 위의 계층)이나 빈곤층을 대상으로 그 부족분을 지원해 주는 근로장려세제(Earned Income Tax Credit, *EITC*)를 시행하고 있다. 이는 일정한 요건(소득, 부양가족, 주택, 재산)에 해당하는 저소득 근로자 가구에 대하여 근로소득에 따라 산정된 근로장려금(현금급여)을 지급하여 근로유인을 제고하고 실질소득을 지원하기 위한 근로연계형 소득지원제도이다.

근로장려세제는 저소득층의 경제적 처지를 개선하는 것을 목표로 한다는 점에서 볼 때 범주적으로 사회보장제도에 해당한다. 동 제도는 미국, 뉴질랜드 등 선진국에서 시행하고 있는데, 최저생계비제도의 한계를 보완하는 장점이 있다. 최저생계비제도(또는 우리나라의 국민기초생활보장제도)는 소득이 적은 가구에 더 많은 보조금을 지원하도록 되어 있지만, 수혜대상자가 극빈층에서 벗어나면 모든 지원이 중단된다. 반면 근로장려세제는 어느 정도 수준까지는 일을 해 돈을 벌수록 정부의 지원금도 함께 늘어나는 방식을 채택하고 있어, 저소득층의 근로의욕을 고취하는 장점이 있다. 근로장려세제는 이와 같은 특징 때문에 그 기본체계가 부의 소득세와 유사하다.

근로장려세제가 온전하게 시행될 수 있기 위해서는 무엇보다도 동 제도의 운영에 필요한 재원을 안정적으로 조달할 수 있어야 한다. 더불어 각 가구의 소득 수준을 알 수 있는 체계적인 소득파악 시스템의 구축이 필요하다. 또한 동 제도 운영에 소요되는 재원 확보는 고소득층의 추가 납세에 의존할 수밖에 없는 현실적 한계로 말미암아 발생할 수 있는 고소득층의 근로의욕 저해효과를 방지하는 대책이 강구되어야 한다[11].

---

11) 우리나라는 저소득자의 근로를 장려하고, 소득을 지원하기 위하여 조세특례제한법에 근거를 두고 근로장려세제를 적용하여 근로장려금을 결정 · 환급한다(동법 제100조의2). 근로장려금은 단독 가구, 홑벌이 가구, 맞벌이 가구의 총소득기준과 재산의 합계액(2025년 기준 2억 4천만원 미만)을 반영하여 결정한다. 2025년 현재 우리나라의 근로장려금(범주적으로 근로장려세제)의 지급 기준은 아래와 같다. 소비자효용극대화 모형을 따를 때, 홑벌이 가구의 근로자는 소득수준이 낮을수록 근로장려금을 지급하면 여가를 줄이고 노동을 증가시킬 것으로 예상된다. 이는 근로장려금 지급의 여파로 빚어지는 여가의 상대가격 상승에 따른 대체효과(여가 감소)가 실질소득 증가로 말미암은 소득효과(여가 증가)보다 크기 때문에 여가가 감소한다는 것이다.

가구원 구성	총급여 기준	근로장려금 지급액
단독 가구	400만원 미만	총급여액 등×400분의 165
	400만원 이상 ~ 900만원 미만	165만원
	900만원 이상 ~ 2,200만원 미만	165만원 – (총급여액 등 – 900만원)×1천 300분의 165
홑벌이 가구	700만원 미만	총급여액 등×700분의 285
	700만원 이상 ~ 1,400만원 미만	285만원
	1,400만원 이상 ~ 3,200만원 미만	285만원 – (총급여액 등 – 1,400만원)×1천 800분의 285
맞벌이 가구	800만원 미만	총급여액 등×800분의 330
	800만원 이상 ~ 1,700만원 미만	330만원
	1,700만원 이상 ~ 4,400만원 미만	330만원 – (총급여액 등 – 1,700만원)×2천 700분의 330

홑벌이 가구의 경우 위 표에 제시되어 있듯이 총급여 기준으로 ① 700만원 미만, ② 700만원 이상~1,400만원 미만, ③ 1,400만원 이상~3,200만원 미만의 세 구간으로 나뉘는데, 소비자효용극대화 모형을 적용했을 때, 근로장려금 지급으로 인한 노동공급감소효과는 ① < ② < ③의 관계를 갖는다. 이 관계에 따르면 근로자의 소득수준이 낮을수록 근로장려금 지급의 노동공급 유인효과가 클 것으로 전망된다. 이는 총급여 700만원 미만의 홑벌이 가구 근로자가 노동시간을 가장 늘린다(여가 축소)는 것이다. 우리나라 근로장려세제에 대한 자세한 내용은 조세특례제한법 〔제10절의2 근로장려를 위한 조세특례〕를 참조하기 바란다.

제2절 최적분배이론

일정한 크기의 총소득이 주어졌을 때, 이것을 사회구성원 간에 어떻게 분배하는 것이 가장 바람직한가라는 질문에 대해서 여러 가지 대안이 제시될 수 있다. 또한 현재의 소득분배 상태를 더 나은 방향으로 개선하는 방안도 다양함은 물론이다. 이와 관련한 견해 내지 이론을 최적분배이론(최적재분배이론)이라고 한다.

1. 분배적 정의의 논의

소득분배가 바람직하게 이루어졌을 때 분배적 정의(정의로운 분배, 공평성)가 달성된다. 그런데 사회의 가치판단에 따라 분배적 정의에 대해서는 다양한 견해와 주장이 존재한다. 본서의 **'제1장 제3절 2. 소득분배에 대한 평가'**에서 언급했듯이 다음의 네 가지 요건이 동시에 달성되면 분배적 정의가 실현된 것으로 볼 수 있다.

- 평등성(equality)을 충족하는 분배
- 정당한 권리(rights)를 침해하지 않는 분배
- 공정한(fairness) 규칙을 준수하는 분배
- 각자의 받을 만한 자격(deserts)에 상응하는 분배

그러나 네 가지 조건을 동시에 충족하는 분배의 실현은 가능하지 않다. 이는 네 가지 조건은 인이저인 설정에 불과하며, 이들 조건은 상충관계에 있기 때문에 동시에 양립(성립) 되지 않는다는 것이다. 현실적으로 네 가지 조건 가운데 어느 것을 더 강조하느냐에 따라 다양한 공평관(公平觀) 또는 분배적 정의관(正義觀)이 형성된다. 이런 까닭에 사회의 가치판단(가치관, 가치규범)에 따라 여러 가지 유형의 공평성(형평성)에 대한 견해가 만들어진다.

1) 자유주의 입장

분배적 정의(正義)가 구현되기 위해 갖추어야 할 여러 가지 요건 가운데 정당한 권리(rights)를 침해하지 않는 분배(자유)를 강조하는 경우이다. 각 사회구성원의 정당한 권리가 침해되지 않는 분배가 이루어졌을 때 분배적 정의가 달성된 것으로 간주한다.

대표적인 자유주의자인 노직(R. Nozick)은 『무정부, 정부, 그리고 유토피아(Anarchy, State, and Utopia)』라는 저서에서 정의로운 분배는 모든 사람이 정당하게 가질 권리가 있는 것만을 소유한 상태라고 하였다. 이는 사람이 단순히 수단으로서 인식되어서는 안 되고 목적 그 자체여야만 한다는 칸트(I. Kant)의 철학을 바탕으로 하고 있다. 자유주의 입장에서는 각자가 보유하고 있는 생산요소(자원)를 시장에 제공하여 그 대가로 받는 소득에 의해 형성된 분배 상태를 적정분배로 인정한다. 따라서 자유주의 입장에서 볼 때 적정분배는 부존자원(賦存資源) 기준을 준수하는 분배라고 하겠다.

부존자원 기준은 생산과정에 제공된 각 생산요소의 역할만큼 그 대가가 주어지고, 그에 따라 생산요소 제공자의 소득 수준이 결정되는 방식을 말한다. 부존자원 기준을 따를 때 적정분배의 실현 상태는 다음과 같이 다양하게 유형화될 수 있다.

- 시장에서 발휘된 각자의 개인적 능력에 따른 분배
- 경쟁시장일 때 가능한 각자의 개인적 능력에 따른 분배
- 근로소득만을 대상으로 그것이 각 개인의 노동량만큼 나누어진 분배
- 최초의 출발점은 동일한 경쟁시장에서 각자의 개인적 능력에 따른 분배

자연법 철학자들(T. Hobbes, J. Locke 등)은 자기 노력의 결실에 대한 인간의 천부적 권리를 존중하기 때문에 경쟁시장에서 발휘된 각자의 개인적 능력에 상응하는 몫만큼 나누어주는 분배가 이루어졌을 때 적정분배가 달성되었다고 한다.

근로소득만을 고려한 분배에서는 근로소득이 결정될 때 노동의 비효용이 반영되지만 자본소득(이자소득)은 그렇지 않기 때문에 근로소득만을 적정분배의 대상으로 삼아야 한다는 것이다. 사회구성원들이 각자의 노동량만큼 소득을 얻는 분배가 적정한 것으로 평가된다.

경쟁시장에서 각자의 개인적 능력에 따른 분배는 좀 더 현대적인 기준이다. 이는 개인의 능력 차이를 받아들이지만 최초 출발점은 모두 같아야 한다는 점을 강조한다. 천부적인 능력, 근면성 등에 의한 소득차이는 인정하지만, 조상으로부터 물려받은 유산, 교육기회의 불균등 및 가족구조에서 발생하는 소득격차는 용납의 대상이 아니다.

이상의 자유주의를 배경으로 하는 여러 가지 견해는 통상 분배적 정의의 실현을 위해 충족되어야 할 요건 가운데 평등성을 위배하는 단점이 있다.

2) 공리주의 입장

공리주의자들이 생각하는 분배적 정의에 관한 주장은 '최대다수의 최대행복(후생)'이라는 벤담(J. Bentham)의 말로 요약될 수 있다. 이들에 따르면 바람직한 분배는 그 사회 전체의 총후생을 극대화할 수 있는 분배 상태를 말한다[12]. 구체적으로 사회구성원들의 소득에 대한 한계효용이 같아지도록 소득분배가 이루어졌을 때 실현된다. 그러므로 사회 전체의 총후생을 극대화하는 것을 목표로 하는 공리주의의 적정분배는 완전균등분배, 완전불균등분배, 중간적 균등분배 등에서 모두 달성될 수 있다.

공리주의 입장을 준수하는 적정분배는 다음과 같은 문제점을 갖는다.

첫째, 실행과정에서 개인의 권리가 침해될 가능성을 내포하고 있다.

둘째, 소득에 대한 한계효용을 측정할 수 있고, 소득 증가에 따라 한계효용이 체감한다고 가정한다. 다시 말해 현실적으로 쉽지 않은 개인 간 효용비교의 가능성을 전제로 한 접근이다.

3) 평등주의 입장

분배적 정의의 실현을 위해 충족해야 할 여러 가지 요건 가운데 평등성(equality)을 강조하는 경우에 해당한다. 평등주의(equalitarianism)를 따르면 분배적 정의는 세부적으로 다음과 같은 상황에서 실현될 수 있다.

- 각 사회구성원에게 가치 있는 모든 대상물을 똑같은 양만큼 나누어 주는 분배
- 모든 사회구성원에게 최소한의 생활수준(minimum standard of living)에 대해서만 동등한 권리를 부여하는 분배
- 모든 사람에게 동등한 기회를 부여하는 분배

평등주의의 적정분배에 관한 이상의 세 가지 견해(접근, 방식) 가운데 각 사회구성원에게 가치 있는 모든 대상물을 똑같은 양만큼 나누어 주는 분배가 가장 극단적인 경우에 해당하며, 모든 사회구성원에게 동등한 기회를 부여하는 분배가 평등주의를 달성할 수 있는 가장 이상적인 분배방식이라고 하겠다.

이와 같은 평등주의 입장을 따르는 적정분배는 사회구성원의 정당한 권리를 침해할 가능성이 크므로 자유주의와 상충되는 단점이 있다.

---

12) 공리주의자 에즈워드(F. Edgeworth)는 좀 더 구체적인 평등주의 색채의 공리주의관을 제안하였다. 그에 따르면 모든 사람의 효용함수가 동일하고 소득의 한계효용이 체감한다면, 공평한 조세부담은 정부가 필요로 하는 조세수입을 전적으로 부유층에 대한 과세로 충당할 때도 이루어질 수 있다. 이는 공평한 조세부담은 동등희생의 원칙을 적용하여 모든 사람이 한계(限界)에서 동일한 크기의 효용을 희생해야 달성된다는 것이다(동등한계희생설). 자세한 내용은 본서의 '제5장 제3절 2. 수직적 공평' 부분을 참조하기 바란다.

4) 롤즈의 최소극대화원칙

롤즈(J. Rawls)에 따르면 원초적 상태[13](original position, 아무런 사회질서도 아직 세워져 있지 않으며, 모든 사람이 무지의 장막에 가려 자신의 장래가 어떻게 될지 모르는 상황)에 직면한 사람들은 공정사회(公正社會)를 만들기 위해 만장일치로 두 가지 원리(원칙)에 합의를 하게 된다. 무지의 장막이 쳐 있는 원초적 상태에서 사람들은 불편부당하고 공정한 태도를 드러내며, 자신들이 속한 사회가 앞으로 어떤 기본질서를 가져야 하는가에 대해 만장일치의 합의를 도출한다는 것이다(사회계약론적 색채).

원초적 상태에서 사회구성원들은 제1의 원리(자유우선의 원칙)와 제2의 원리(차등의 원칙 및 기회의 공정한 균등성)에 대해 만장일치로 합의를 이루게 된다.

제1의 원리(자유우선의 원칙)

모든 사람은 다른 사람의 자유와 양립할 수 있는 한도 내에서 가장 광범위한 자유를 허용 받아야 한다.

제2의 원리[차등(차별)의 원칙과 기회의 공정한 균등성]

사회적·경제적 불평등은 그 불평등성이 모든 사람에게 이득이 될 것으로 기대할 수 있는 경우에 허용된다(차등의 원칙). 이는 모든 사람에게 그 기회가 개방된 직위 및 직책과 결부된 불평등이어야 한다(기회의 공정한 균등성). 차등의 원칙으로부터 최소극대화의 원칙이 파생된다.

롤즈는 두 가지 기본원리 가운데 차별(차등)의 원칙에 근거를 두고, 사회적으로 가장 열위한 형편에 있는 계층의 후생을 극대화하는 분배가 이루어진다면(최소극대화의 원칙), 그 때 정의로운 분배가 실현된다고 하였다. 따라서 롤즈의 최소극대화의 원칙을 따르는 분배적 정의관은 범주적으로 극단적인 평등주의에 속한다고 할 수 있다.

롤즈의 분배적 정의관은 사회주의나 자본주의 경제체제 모두에 적용 가능한 분배방식이며, 평등성의 추구를 가장 강조하는 분배적 정의에 해당한다.

▶ 공평성(형평성)의 개념에 관한 기타 견해

소득과 부(富)의 분배에 관련하여 다음의 세 가지 조건이 동시에 충족될 때 일반적으로 공평성(형평성)이 달성된다고 할 수 있다.

① 보수(報酬)의 공평성(公平性)

사람마다 자기의 노동과 공헌에 상응하는 급부(給付)를 받아야 한다는 조건을 말한다. 이는 각자의 소득이 생산과정에서 기여한 만큼 분배될 때 충족된다.

---

13) 롤즈(J. Rawls)가 말하는 원초적 상태는 가상의 세계일뿐이며, 이것이 왜 설정되어야 하는지에 대한 명확한 논리적 근거는 없다.

② 보장(保障)의 균등성(均等性)

모든 사람은 인간으로서 동등한 취급을 받아야 한다는 조건을 가리킨다. 사회의 구성원으로서 각자는 소득가득 능력에 구애됨이 없이 균등하게 인간의 기본적 권리인 생존권을 보장받을 수 있어야 한다. 따라서 모든 사람은 생활에 필요한 최저한도의 소득을 보장받아야 마땅하다. 이와 같은 보장의 균등성은 사회보장의 주된 목표가 되기도 한다.

③ 비용부담의 공평성

사회는 다수의 구성원으로 이루어진 하나의 공동 집단이다. 따라서 사회의 공통 목적을 달성하기 위해서는 비용(재원)을 필요로 한다. 그 가운데는 최저생활을 보장하기 위한 급부라든가 행정상 제비용도 포함된다. 이와 같은 비용을 각 사회구성원에게 어떻게 부담시키고, 갹출하느냐에 따라 재분배 상태도 달라진다. 따라서 공평성의 제3조건으로 비용부담의 공평성(능력에 따른 부담의 분담)이 요구된다. 공평성의 제3조건으로 비용부담의 공평성 기준이 별도로 충족되어야 하는 이유는 화폐소득의 한계효용이 체감하기 때문이다. 누진적 소득세의 실시와 사회보험의 급부 및 보험료 부담의 차별은 이러한 비용부담의 공평성 조건에 대한 사회구성원의 공감을 반영한 조치에 해당한다.

2. 최적분배이론

1) 공리주의의 최적분배이론

(1) 전통적인 접근

에즈워드(F. Edgeworth)와 피구(A.C. Pigou)는 다음의 다섯 가지 가정을 전제로 하여 사회의 총소득을 각 사회구성원이 똑같은 양만큼 나누어 갖는 균등분배가 실현될 때 사회후생의 극대화가 달성된다고 주장하였다. 그들에 따르면 소득의 균등분배 상태에서 공리주의의 최적분배가 이루어질 수 있다.

① 가정

에즈워드, 피구 등에 의해 체계화된 공리주의의 최적분배이론은 전통적 접근에 해당한다. 이와 같은 전통적 접근은 현실을 극히 단순화한 다음과 같은 가정을 출발점으로 하고 있다.

첫째, 한 사회의 경제적 후생은 각 사회구성원의 효용을 단순 합계하여 도출된다.

둘째, 사회구성원의 효용은 각자의 소득 수준을 따른다.

셋째, 소득의 한계효용은 체감한다.

넷째, 각 사회구성원의 효용이 갖는 사회적 중요도는 균등하다.

다섯째, 사회구성원의 효용함수는 동일하기 때문에 동일한 소득 수준일 때 각 사회구성원이 얻는 한계효용은 똑같다.

② 결론

사회구성원들에게 분배될 그 사회 전체소득의 크기가 일정하다면, 완전균등분배가 이루어질 때 공리주의의 최적분배가 실현된다. 그 이유는 이때 각 개인의 소득에 대한 한계효용이 균등해지고 총후생이 극대화되기 때문이다.

(2) 동등확률 접근

러너(A.P. Lerner)나 센(A.K. Sen)은 다음의 다섯 가지 가정을 전제로 하여 공리주의의 새로운 최적분배이론을 정립하였다. 새로운 접근의 경우도 소득의 균등분배가 이루어질 때 공리주의의 최적분배가 실현된다.

① 가정

공리주의의 새로운 최적분배이론은 기본적으로 전통적인 접근과 동일한 가정을 따르고 있다. 차이가 있다면 새로운 접근은 전통적인 접근과 달리 각 사회구성원이 직면하는 사회후생함수가 서로 상이할 수 있다는 가정을 한다는 것이다.

첫째, 사회구성원들의 효용은 기수적으로 측정 가능하다.

둘째, 사회후생은 각 사회구성원의 효용을 단순 합계한 것이다.

셋째, 소득의 한계효용은 체감한다.

넷째, 효용은 소득 수준에 의해 결정된다.

다섯째, 각 사회구성원은 상이한 효용함수를 가질 수 있으며, 특정한 효용함수가 자신의 효용함수일 확률은 모두에게 동일하다(equal ignorance, 동등확률 가정).

② 결론

새로운 접근의 경우도 전통적 접근과 마찬가지로 사회구성원들의 소득 수준이 완전균등할 때, 공리주의의 최적분배가 실현된다. 한편 새로운 접근은 사회구성원의 효용을 비교할 수 있으며, 그것의 가산(加算)이 가능하다는 가정을 하지 않고서도 소득의 균등분배 상태로부터 이탈은 사회적 손실임을 핵심 내용으로 포함하고 있다.

(3) 문제점

공리주의의 최적분배이론은 사회 전체 차원에서 후생 수준의 극대화를 도모하고, 그것의 달성을 위한 소득분배를 추진하기 때문에 다수의 사회구성원으로부터 동의를 이끌기 쉽다는 장점을 갖는다. 반면 다음과 같은 문제점을 내포하고 있다.

첫째, 현실적으로 사회의 경제적 후생은 단순히 사회구성원들의 효용을 합계하는 방법으로 도출되지 않는다. 각 사회구성원의 효용이 소득수준에 의해 결정될 때, 사회의 경제적 후생은 각 사회구성원들의 효용에 상이한 가중치를 적용하여 합산하는 방식을 따라야 한다. 이때 가중치는 각 사회구성원 효용의 한계사회적 중요도에 의해 결정되며, 이는 $\frac{\partial W}{\partial U}$($W$: 사회후생, U : 개인의 효용)와 같이 표시될 수 있고, 다양한 가치판단을 반영하고 있다.

둘째, 완전균등분배의 결과를 가져오는 조건들이 너무 제약적이다. 사회구성원들이 소득에 대해 상이한 효용을 얻는 것이 현실임에도 불구하고 이를 무시한 채 그들의 효용 합이 극대화될 때 적정분배가 달성된다는 설정은 적절하지 못하다. 또한 동일한 소득에서 반드시 동일한 효용이 발생한다고 보기 어렵다.

셋째, 태어날 때부터 심신장애를 겪고 있는 사람들에게는 동등확률의 가정을 적용할 수 없다. 따라서 모든 사회구성원이 동일한 사회후생함수를 가질 수 있다는 가정은 현실적이지 않다[14).

2) 호치만 - 로저스의 최적재분배이론

(1) 가정

호치만(H.M. Hochman)과 로저스(J.D. Rogers)는 빈부격차를 시정하기 위해서는 부유층이 보유한 소득의 일부를 빈곤층에게 이전하는 조치가 필요하다고 하였다. 이들의 주장에 따르면 부유층으로부터 빈곤층으로의 소득이전은 모든 사회구성원의 효용을 증진시키는 효과를 갖는다. 따라서 호치만과 로저스의 접근은 범주적으로 소득재분배에 관한 연구에 속한다. 호치만과 로저스는 적정 이전소득액 도출을 위해 다음과 같은 가정을 하였다.

첫째, 물가 수준과 이자율이 일정할 때 부유층과 빈곤층이 각자의 소득으로부터 획득하는 한계효용의 크기는 0(zero)보다 크다.

둘째, 사회구성원들의 효용함수(선호)는 상호 의존적이다.

셋째, 빈곤층의 존재는 부유층에게 부(−)의 효용을 초래한다.

넷째, 부유층으로부터 빈곤층으로의 소득재분배는 모든 사회구성원의 효용을 증진시킨다. 따라서 조세 또는 이전지출에 의한 소득재분배는 부유층과 빈곤층 모두의 효용을 증대시키므로 파레토 효율을 달성케 한다.

(2) 구체적인 소득재분배 방법

부유층으로부터 빈곤층으로의 소득이전이 양자의 최초 소득분배 상황을 전도(顚倒)시키는 결과는 허락하지 않는다. 소득이전 이후 부유층이 빈곤층으로 되거나 빈곤층이 부유층으로 되는

---

14) 효용수준을 개인이 자신의 소득(능력)으로 행복을 창출한 결과라고 하면 고소득자가 저소득자보다 절대적 효용수준(행복수준, 총효용)이 높을 것이다. 이때 소득의 한계효용이 체감한다면 똑같은 소득 증가일지라도 고소득자와 저소득자는 직면하는 소득의 한계효용은 다르다. 소득의 한계효용이 체감하기 때문에 소득이 늘어난 후 고소득자가 저소득자보다 직면하는 소득의 한계효용이 낮다. 공리주의의 소득재분배는 사회후생극대화 극대화를 추구한다. 이 경우 고소득자보다 저소득자의 소득을 높여줌으로써 소득재분배 이후 양자가 동일한 소득의 한계효용을 나타내야 사회후생극대화가 실현된다.

역전이 초래돼서는 안 된다. 따라서 소득이전의 한계는 $(Y_A - Y_B)/2$이다. 이때 Y_A는 부유층의 소득이고, Y_B는 빈곤층의 소득을 나타낸다.

① 이전소득의 제약

[그림 10-3]에서 ZZ'는 부유층(A)이 빈곤층(B)에게 이전시킬 수 있는 이전소득의 제약선(예산선)이다. 종축$(Y_A - Y_B)$은 부유층과 빈곤층의 소득격차를 표시하며, 횡축(Y_T)은 부유층에서 빈곤층으로의 소득이전 가능액을 나타낸다. 빈곤층에게 이전되는 소득이전액이 클수록 부유층의 소득 크기가 작아지기 때문에 예산선 ZZ'의 기울기는 -2가 된다.

② 최적소득이전액

I는 부유층의 무차별곡선이며, 이는 부유층과 빈곤층의 소득격차와 부유층에서 빈곤층으로의 소득이전 가능액에 의해 그 위치와 모양이 결정된다. 최적소득이전액은 부유층의 무차별곡선(I)과 이전소득의 제약선(ZZ')이 접하는 상황에서 성립한다. 구체적으로 I와 ZZ'의 접점 e에 대응하는 Y_T^*가 최적소득이전액이다.

③ 이전탄력성

[그림 10-3]에서 TT'는 I와 ZZ' 접점의 궤적이며, 이는 각 제약선에 대응하여 최적소득이전액이 어떻게 달라지는가를 보여준다. TT'곡선이 소득이전액에 대해 갖는 탄력성을 이전탄력성(transfer elasticity)이라고 한다. 이전탄력성(E)은 부유층(A)이 빈곤층(B)에게로의 소득이전을 얼마나 선호하는가의 정도를 나타낸다. 따라서 부유층(A)이 부담해야 할 조세부담률은 이전탄력성(E)에 의해 다음과 같이 결정된다.

> $E = 0$이면, 소득이전액은 일정하고 A는 정액세 부담
> $E = 1$이면, A는 소득격차에 비례하는 비례세 부담
> $E > 1$이면, A는 누진세 부담
> $E < 0$이면, A는 역진세 부담

그림 10-3 적정 이전소득액

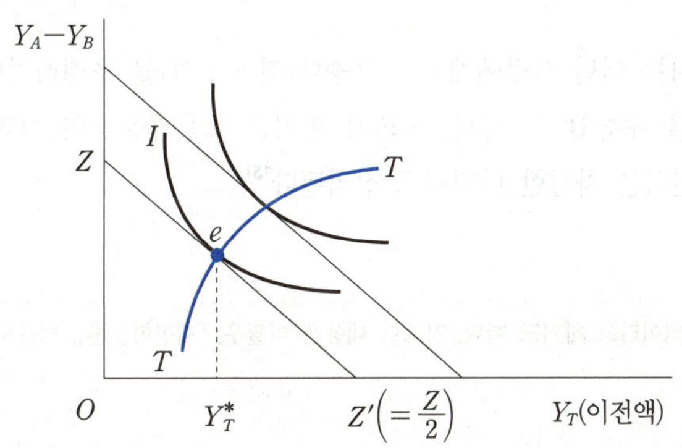

(3) 의의

호치만－로저스의 최적재분배이론은 부유층에서 빈곤층으로의 소득이전이 모든 사회구성원의 효용을 증진시키는 유용한 조치임을 시사한다. 세부적으로 다음과 같은 의의를 갖는다.

첫째, 소득재분배 행위에도 파레토 효율 개념을 적용할 수 있다.

둘째, 부유층에서 빈곤층으로 소득이전 가능성의 근거를 제시하였다.

(4) 한계

호치만－로저스의 최적재분배이론은 빈곤층에 대한 소득이전의 필요성과 그 효과를 잘 설명해 준다. 반면 다음과 같은 한계를 내포하고 있다.

첫째, 소득재분배가 부유층의 이타심(altruism) 또는 자비심에만 의존하여 결정된다.

둘째, 파레토 효율적 재분배가 반드시 공평한 분배 상태를 의미하는 것은 아니다.

셋째, N인의 사회에서 나타날 수 있는 무임승차(free-riders) 문제를 설명할 수 없다.

3) 써로우의 최적재분배이론

(1) 전제

써로우(L. Thurow)는 자발적 교환론을 기초로 하는 파레토 효율적 소득재분배이론을 제시하였다. 그는 균등분배가 이루어진 사회가 그렇지 않은 사회와 비교하면 범죄, 사회적 혼란 및 정치적 불안이 적을 것이라고 보았다. 따라서 균등분배를 도모하는 소득재분배는 모든 사회구성원에게 긍정적 외부성(외부경제)을 발생시키는 순수공공재의 역할을 한다는 것이다.

(2) 최적재분배의 결정

소득재분배에 따라 효용상실에 직면하는 사회구성원들에게 적절한 보상이 이루어지고, 그 재분배가 시행 전보다 사회적 편익(또는 사회적 순편익)을 증진시키는 효과를 갖는다면 소득재분배의 시행은 파레토 효율을 실현하게 된다.

① 사회적 편익

소득재분배의 실시는 어떤 사람에게는 효용증대(정의 편익)를 초래하지만 또 다른 사람에게는 효용상실(부의 편익)을 수반할 수 있다. 사회적 편익은 소득재분배의 결과로 나타나는 정(正)의 편익에서 부(負)의 편익을 차감한 나머지로 정의된다[15].

---

15) 이를 사회적 순편익이라고 하기도 한다. 자세한 내용은 이필우, 『재정학개론』, 법문사, 1990, pp.676~681을 참조하기 바란다.

② 이전지출(시장제약)

이전지출(소득이전)은 사회구성원들에게 외부경제를 창출하는 특정 재분배가 이루어질 수 있도록 부유층이 빈곤층에게 지불하지 않으면 안 되는 최소한의 지출을 말한다.

③ 파레토 효율적 재분배

사회적 편익에서 이전지출(시장제약)을 제외한 사회적 순편익이 극대화되는 상황에서 최적재분배가 달성된다. 균등분배를 위한 한계이전지출이 그것에 의해 창출되는 사회적 한계편익과 일치할 때 최적재분배가 이루어진다. 이는 이런 상황을 초래하는 이전지출에 의해 최적재분배가 실현된다는 것이다.

(3) 한계

써로우의 최적재분배이론은 소득재분배 행위를 모든 사회구성원에게 외부경제를 제공하는 순수공공재라고 간주함으로써 그 시행의 필요성과 유용성을 강조하였다. 반면 현실 적용과정에 다음과 같은 한계를 나타낼 수 있다.

첫째, 현실적으로 균등한 소득재분배가 범죄를 감소시키고, 사회적 혼란과 정치적 불안정을 제거할 수 있을지 단정할 수 없다.

둘째, 파레토 효율적 소득재분배의 실현을 위해서는 지속적으로 재분배 작업이 진행되어야 하는데, 그것이 실제로 용이하지 않다.

셋째, 빈부격차의 시정을 위한 소득재분배는 고소득층의 양보와 협력이 있어야 소기의 성과를 기대할 수 있지만 현실적으로 많은 장애가 존재한다.

4) 보험설적 재분배이론

뷰캐넌(J.M. Buchanan)과 툴록(G. Tullock)은 보험원리를 기초로 하여 재분배이론을 제시하였다. 사회구성원들은 미래의 뜻하지 않은 위험(돌발사고에 의한 신체적 장애나 불구, 우발적 요인에 의한 실직 등)에 대비하고자 하는 욕구를 갖고 있다. 이 문제의 해결을 위해서는 공적·집합적 대응의 성격을 띠는 정부에 의한 보험 시행의 필요성이 크다. 일반적으로 사회구성원들은 사회가 복잡해지고 발전할수록 정부의 재분배정책을 통해 미래에 당면하게 될 자신들의 소득 크기가 평상 수준 이하로 떨어지지 않는다는 보장을 확약 받고 싶어 한다.

이런 측면에서 보면 재분배정책은 보험원리를 바탕으로 개인과 정부 간에 이루어지는 하나의 사회계약 또는 헌법적 계약이라고 할 수 있다. 구체적인 재분배의 내용은 사회적 합의에 의해 도출된다. 보험설적 재분배이론에서는 재분배 행위를 이타심에서 비롯되는 것이 아니라 미래의 자신에게 닥칠지도 모르는 위험회피를 위한 조치로 간주한다. 또한 재분배는 이기심에 바탕을 둔 공적·집합적 행동의 소산이다. 더 나아가 재분배 행위가 이루어지는 근본적인 이유를 사회구성원들이 안전(安全)을 추구하는 동기에서 찾는다.

5) 롤즈의 최적재분배이론

공정한 사회는 원초 상태에서 사회구성원들이 상호 이익을 증진할 수 있는 최소극대화원리(또는 차별의 원리)를 설정하고, 이 원리를 준수할 것을 합의하는 사회를 말한다. 롤즈(J. Rawls)는 이런 가정을 따를 때 사회적으로 가장 열위한 처지에 있는 소득계층의 후생을 극대화하는 분배가 최적재분배라고 하였다.

(1) 원초 상태

원초 상태(original position)는 정부나 국가 또는 헌법이 없는 소위 사회계약의 전(前)단계로서 모든 사회구성원들[16]이 자신의 사회적 신분, 계급, 천부의 재능과 능력에 있어서의 차이, 목표와 관심 등을 알 수 없는 무지의 장막 속에 당면해 있는 상황을 말한다. 원초 상태에서 모든 사회구성원은 동등한 처지에 놓이게 되며, 이들이 그와 같은 난관을 타개하기 위해 지켜야 할 규칙 또는 원리에 대해 합의를 한다면 그것은 만장일치로 이루어지게 된다. 원초 상태에서 사회구성원들은 제1원리(자유우선의 원칙)와 제2원리(차등의 원칙 및 기회의 공정한 균등성)로 이루어진 공정의 2대 원리에 대해 만장일치로 합의를 이끈다. 이와 같은 공정의 2대 원리를 기반으로 형성되는 사회가 공정사회(公正社會)이다.

(2) 공정의 2대 원리

① 제1원리(자유우선의 원칙)

원초 상태에서 모든 사회구성원은 다른 사회구성원에게도 부여되고 있는 기본적 자유를 동등하게 향유할 수 있어야 한다는 데 합의를 하게 된다. 이는 모든 사회구성원이 다른 사회구성원들이 누리는 자유와 양립할 수 있는 한도 내에서 가장 광범위한 자유에 대해 동등한 권리를 가

---

16) 원초 상태에서 사회구성원이 갖는 특성은 다음과 같다.

① 원초 상태에 직면해 있는 모든 사회구성원은 동등한 입장에 있다. 모든 사회구성원에게 똑같은 자유와 권리가 주어진다.

② 원초 상태에 처해 있는 사회구성원은 자기이익을 추구하는 이기심을 갖지만 타인의 이익을 비도덕적으로 박탈 또는 착취하여 자신의 이익을 추구하지는 않는다. 그들은 규칙을 지킬 줄 알고 공정하게 행동하는 질서화된 사회(도의적 사회)의 도의적 인간이다.

③ 원초 상태에서 사회구성원들은 이기적이고 합리적으로 행동하지만 공동이익과 관련된 문제에 대해서는 상호 협력하고 합의한다.

④ 원초 상태의 사회구성원은 무지의 장막 속에 있다.

져야 한다는 것이다.

제1원리는 사회구성원들이 그들이 원하고 추구하는 궁극적인 목표달성에 필요한 개인의 권리, 자유, 평등, 소득 및 부의 소유, 자존심 등이 어떤 형태이어야 하는가에 대한 원칙이고, 기본적 자유와 직결되는 원리라고 할 수 있다[17].

롤즈는 이와 같은 기본적 자유를 주요재(primary goods, 主要財)라고 불렀다. 주요재로서 기본적 자유는 어떠한 것과도 대체될 수 없는 사회구조 형성의 중심적 요인이며, 물량적 요인의 증대에 의해서도 결코 얻어질 수 없는 것이다.

주요재는 주요 사회재(primary social goods, 主要 社會財)와 다른 주요재(자연재, 自然財)로 구분된다. 주요재는 원칙적으로 모든 사회구성원에게 동등하게 분배되어야 한다. 다만, 최악의 조건에 있는 가장 불리한 사회구성원들의 사정을 향상, 개선시키기 위해 주요재의 불균등한 분배가 불가피한 경우에는 예외가 허용된다. 이때의 주요재를 주요 사회재라고 부른다. 다른 주요재는 자연재를 말하며, 이에는 개인의 건강과 정력, 지력, 상상력 등이 속한다. 주요 사회재는 자연재보다 중요하고 우선적이다.

② 제2원리[차등(차별)의 원칙 및 기회의 공정한 균등성]

제2원리는 차등(차별)의 원칙(difference principle) 및 기회의 공정한 균등성(fair equality of opportunity)으로 이루어져 있다. 차등(차별)의 원칙에 따르면 사회구성원들 간에 나타나는 사회적·경제적 불평등(차등)은 그 불평등이 모든 사회구성원에게 이득이 될 것으로 기대할 수 있을 때 허용된다. 기회의 공정한 균등성은 모든 사회구성원들에게 직위와 직책이 공정하게 개방·공개되어야 한다는 것이다. 사회구성원들 간의 사회적·경제적 불평등 상태는 모두에게 이득일 때 허용될 수 있으며, 모든 사회구성원에게 그 기회가 개방된 직위 및 직책과 결부된 불평등이어야 한다. 이는 부유층의 많은 소득 소유는 빈곤층의 생활의욕과 노동의욕을 자극하고 자본축적과 저축을 촉진시키며, 빈곤층의 행운과 복지를 향상시킬 수 있다는 조건을 충족할 수 있는 경우에 허용된다는 것이다.

이런 불평등 상황에서 가장 불리한 입장에 처해 있는 사회구성원들의 후생 수준을 극대화(최소극대화원리)시키는 소득재분배를 바람직한 조치로 인식한다. 따라서 차등의 원칙으로부터 최소극대화의 원리가 파생된다.

롤즈는 제1원리가 제2원리보다 우선되어야 하며, 제2원리 내에서는 기회의 공정한 균등성이 차등의 원칙보다 중요하다고 하였다.

17) 롤즈는 제2원리보다 제1원리를 더 강조하였으며, 제1원리를 인간이 생존하는데 필수적인 기본적 자유와 권리에 직결되는 원리라고 하였다.

(3) 의의

롤즈의 최소극대화원리는 사회구성원들 가운데 형편이 가장 열악한 계층의 경제적 지위를 개선하는 방식으로 최적재분배를 도모하는 특징이 있다. 따라서 최소극대화원리는 다른 재분배정책과 비교할 때 경제적 약자를 배려하는 장점이 뚜렷하다. 그 이외 다음과 같은 의의를 갖는다.

첫째, 원초 상태에 직면해 있는 사회구성원들은 독립적 인격체로서 자유를 향유하며, 공정하게 행동해야 한다는 의무감을 갖고 있다. 이들은 최소극대화원리에 따른 분배를 준수한다. 왜냐하면 원초 상태의 사회구성원은 사회적 정의와 분배적 정의를 중시하는 합리적이고 도의적인 인간이기 때문이다.

둘째, 재분배정책의 구체적 수단에 대해서는 언급이 없고, 단지 분배적 정의(구체적으로 최소극대화원리)를 위한 하나의 원리를 공정사회의 요건으로 제시한다.

셋째, 합리적이고 이기적이며 상호 보완적인 개인을 전제할 때, 그들이 협동행위 또는 집합적 행동을 통해 자기이익은 물론 타인의 이익도 추구할 수 있다면 최소극대화원리에 따른 분배는 파레토 효율 개념과 일치하게 된다.

(4) 한계

롤즈의 최소극대화원리는 사회의 약자 내지 소외계층의 입장을 배려하고 그들의 경제적 지위를 향상시키는데 초점을 맞춘 재분배를 강조하기 때문에 설득력과 실효성이 높다. 하지만 시행과정에서 다음과 같은 상당한 한계가 나타날 수밖에 없다.

첫째, 원초 상태의 가정이 비현실적이다. 특히 원초 상태에서 공정사회를 위해 2대 공정원리에 만장일치의 합의를 이끌 수 있다는 보장이 없다. 따라서 최소극대화원리를 통해 파레토 효율적인 분배적 정의를 실현한다는 것은 사실상 가능하지 않다.

둘째, 현대 민주국가는 대의제(代議制)를 채택하고 있으며, 대의원(代議員, 국회의원)은 자기 자신의 판단에 의해 정책결정을 하는 경향이 농후하기 때문에, 사회구성원들의 진정한 욕구를 정확히 반영한 분배정책의 시행은 매우 어렵다.

셋째, 가장 열악한 처지의 계층만을 대상으로 그들의 경제적 지위를 개선하는 재분배정책은 직접적 당사자에게는 환영 받을 만한 조치일 것이다. 하지만 그 이외의 계층으로부터 동의와 협력을 이끌 수 있다는 보장이 없다.

제3절 사회보장제도

1. 사회보장제도의 개관

1) 사회보장의 개념

(1) 넓은 의미

사회보장은 원칙적으로 국가가 주관하여 모든 국민들의 기본적인 생활수준(기초생활)의 유지를 지원하고, 저소득층(특히 빈곤층)에 대한 온정적 배려를 집중하는 일련의 조치를 말한다. 넓은 의미의 사회보장은 사회보험, 공공부조, 사회복지서비스, 기타 제도(부의 소득세제, 최저임금제 등)를 망라하여 정의된다.

(2) 좁은 의미

좁은 의미의 사회보장은 사회보험과 공공부조를 합한 개념으로 한정하는 경우이다. 사회보험은 그 수혜대상자의 일부 부담을 전제로 하기 때문에 시장경제에서의 거래(교환)행위와 원리 측면에서 유사하다는 특징을 갖는다. 따라서 사회보험은 사회보장제도의 근간이며, 그 역할과 위상이 강화되는 추세에 있다.

공공부조는 사회의 경제적 약자를 선별하여 그들의 경제적 처지를 개선하는데 중점을 두고 있는 사회보장제도이다. 이런 까닭에 사회보장제도는 사회보험과 더불어 공공부조를 핵심 축으로 삼고 있다.

(3) 가장 좁은 의미

사회보장이 단순히 사회보장세(국민연금 보험료)만을 의미하는 경우이다. 사회보장세는 노령 등으로 소득가득 능력이 없는 사회구성원들의 소득보전을 위해 부과되는 조세를 말한다. 사회보장세는 경제활동을 하고 있는 청·장년 세대에게 부과되며, 이를 통해 확보된 재원은 노령세대의 소득보전을 위해 사용된다.

1935년 미국에서 사회보장세가 도입되었을 때는 개인보험의 성격이었으나, 점차 사회보험으로 발전하였다. 사회보장세는 상대적으로 임금소득자에게 불리한 영향을 미치며, 개인보험의 납부방식 또는 적립방식과는 달리 부과방식으로 운영되고 있다. 현재 대부분 국가의 사회보장세제도는 완전한 부과방식과는 거리가 있으며, 적립방식의 특성이 가미된 형태이다.

2) 사회보장제도의 변천

사회보장제도는 노령화에 따른 퇴직, 실업·질병, 그리고 사망으로 말미암은 소득상실로부터 본인과 그 가족을 보호하기 위해 국가가 공공부조 혹은 경제적 원조를 제공함으로써 최저생활을 보장하려는 조치를 말한다. 이러한 사회보장제도는 15세기에 태동한 이래 지속적으로 괄목할 만한 발전을 이룩하여 왔다.

(1) 기원

1601년 영국 엘리자베스 I세(Elizabeth I) 때 시행된 구빈법(救貧法)을 오늘날 사회보장제도의 기원으로 본다. 당시의 구빈법은 특수계층(빈곤층)만을 대상으로 한 연금보험의 성격을 띠고 있었으며, 공동보험의 방식으로 운영되었다.

(2) 발전

독일은 1883년과 1884년에 노동자질병보험법과 산재보험법 등 일련의 관련법 제정을 통해 사회보장제도의 도입을 위한 제도적 장치를 마련하였다. 영국은 1897년에 시행된 산재보험을 계기로 하여 사회보장제도의 기틀을 구축할 수 있었다.

미국은 루즈벨트 대통령의 뉴딜정책이 발표된 1934년 이후 사회보험과 공공부조가 최초로 체계화되었으며, 이후는 현대적 의미의 사회보장제도가 운영되었다.

한편 1941년의 베버리지(W. Beveridge) 보고서(영국)[18]는 사회보장제도 발전에 획기적인 전기를 제공하였다. 베버리지는 현대사회에서 진보를 가로막고 있는 5대 사회문제로 결핍, 질병, 나태, 무지, 불결을 지적하였으며, 사회보장의 궁극적인 목표를 궁핍의 해소로 보았다. 동 보고서 발표 이후 「요람에서 무덤까지」라는 포괄적인 사회보장체계의 구축이 활성화되었고, 그것을 뒷받침하기 위한 사회보장 관련법의 제정이 이어졌다. 이는 현재 각국이 시행하고 있는 사회보장제도의 토대가 되고 있다.

---

18) 베버리지는 포괄적인 사회보험과 균일화된 급여액 체계를 갖춘 의무적 사회보험이 사회보장제도의 중추적인 수단이 되어야 한다고 하였다. 왜냐하면 사회보험은 장기적 대책이며, 미래의 위험에 대한 예방의 성격을 가지기 때문이다.

(3) 최근의 동향

현재 각국의 사회보장제도는 사회보험, 공공부조뿐만 아니라 환경문제(공해문제), 여가문제 등 국민생활 전반에 걸쳐 취급영역을 확대하는 추세이다. 사회보장제도의 확대·강화는 기본적으로 경제성장과 그에 따른 소득 수준의 향상이 이루어졌기 때문에 가능했다. 아울러 경제발전에 따라 부수적으로 수반되는 인간 존엄성의 증대, 자유와 권리의 증진 등도 사회보장제도의 관련 영역을 넓히는 요인으로 작용하고 있다.

3) 사회보장의 범위

모든 국민은 인간다운 생활을 영위할 권리를 갖는다. 따라서 사회보장제도는 기본적으로 국민의 최저생활보장(national minimum)을 기본목표로 추구한다. 그러나 오늘날은 국민들에게 최소한의 물질적 기초를 보장하는 조치를 넘어 인간다운 삶을 강화할 수 있는 다양한 수단들도 사회보장의 대상으로 삼고 있다.

(1) 사회보장의 분야

사회보장의 분야로는 인구 및 고용대책(실업해소), 빈곤구제, 연금, 의료보호(사회보장 수준의 향상에 가장 기본적으로 기여하는 분야), 생활기반적 시설의 확충, 여가증대와 활용, 환경보전과 공해방지, 대도시 혼잡해소, 지역사회정비(개발), 의료보험, 영양, 교육 등이 있다.

(2) 사회보장에 대한 견해

사회보장의 본질은 무엇인가에 대해서는 빈곤으로부터 해방이라는 소극적인 견해와 모든 국민의 윤택한 생활 보장이라는 보다 적극적인 견해가 나뉜다.

① 빈곤의 해소(협의의 사회보장)

사회보장을 법적·제도적 측면에서 강조하는 접근으로서 인간이 존립할 수 있도록 기초적인 물질을 제공하는 것이 사회보장의 근본 목적이라는 입장이다. 따라서 이 경우는 법과 제도를 통한 공공부조, 사회보험, 사회복지서비스, 의료서비스 등이 핵심적인 사회보장 수단의 역할을 하게 된다.

② 국민의 윤택한 생활의 보장(광의의 사회보장)

사회보장을 복지국가론의 일면으로 이해하려는 경향과 일치한다. 이는 복지국가의 확립 내지 유지를 위해서는 사회보장이 필수적인 요건이라는 접근으로서 광범위한 내용을 사회보장의 항목으로 포함시키고 있다. 구체적으로는 협의의 내용에다 공중위생, 공해대책(환경대책), 주택공급, 교육 등도 국민의 윤택한 생활을 위해 보장되어야 한다는 것이다.

4) 사회보장 재원의 조달방법

공공부조와 사회복지서비스를 시행하는데 필요한 비용(재원)은 대체로 보통세를 통해 조달되고 있다. 반면 사회보험은 보험료 또는 목적세의 형태로 재원을 조달하는 것이 일반적이다.

2. 사회보장제도의 유형

현재 각국에서 시행하고 있는 사회보장제도의 종류는 크게 공공부조제도(공적부조제도), 사회보험제도, 사회복지서비스제도, 기타 제도로 나눌 수 있다[19].

1) 공공부조제도

공공부조제도는 소득 및 재산조사에 근거하여 경제적 보호가 필요한 대상자를 선별하여 보충적 급여를 조건 없이 지원하는 사회보장제도이다. 그 재원은 국가의 일반세입에 의해 조달되기 때문에 수혜자의 기여가 없다(수혜자로부터의 무갹출 원칙). 따라서 공공부조제도(공적부조제도)는 수직적 공평의 제고에 이바지한다.

공공부조제도는 사회보험제도와 더불어 정부에 의한 저소득층 지원대책의 주축을 이루고 있으며, 저소득층의 최저생활을 보장하고 그들의 자립과 자활을 지원하는 것을 목적으로 하고 있다. 공공부조제도의 재원은 통상 전액 국가재정으로부터 마련된다. 현재 우리나라에서 시행되고 있는 공공부조제도로는 국민기초생활보장, 의료보호사업, 재해보호사업, 보훈사업 등이 있다.

2) 사회보험제도

사회보험은 공영(公營)보험이며, 공공부문이 사회복지향상 및 국민 삶의 질을 개선하기 위하여 시행하는 정책보험에 해당한다. 통상 법률에 근거를 두고 있으며, 국가나 지방정부(지방자치단체)가 공익법인의 형태를 갖추고 운영하는 것이 일반적이다.

사회보험은 사고(실직, 질병 등)에 직면해 있거나 노령으로 퇴직하여 소득기반을 상실한 당사자들을 대상으로 재난구제와 최저한도의 생활을 보장해 주는 것을 목적으로 하는 대표적인 사회보장제도라고 하겠다. 사회보험은 사회구성원들에게 균등한 최저생활을 보장하는 것을 핵심목표로 한다. 이를 위해 사회보험 가입자 전부가 연대하여 비용을 부담하게 된다. 사회보험이 발전하면 할수록 그 종류는 다양해지며, 수급대상자 역시 일부 국민에서 전체 국민으로 점차 확대되는 경향을 나타낸다.

19) 공공부조제도는 저소득층을 대상으로 하는 반면, 사회복지서비스제도는 그보다 경제적 처지가 더욱 열악한 극빈층을 대상으로 하는 사회보장제도이다.

(1) 종류

우리나라에서 시행되고 있는 대표적인 사회보험으로는 국민연금, 국민건강보험(의료보험), 고용보험(실업보험), 산재보험 등을 들 수 있는데, 이를 소위 4대 사회보험이라고 한다. 이들 4대 사회보험 가운데 국민연금이 근간의 역할을 하고 있다.

(2) 적용의 원칙(근거)

각종 사회보험은 이익원칙(수익자부담 방식)의 실현, 건전재정 확보, 수평적 형평의 제고 등을 목표로 시행된다. 사회보험은 모든 사회구성원을 대상으로 문호가 개방되어 있기 때문에 수평적 형평을 제고하는 기능을 하며, 혜택수혜자의 기여를 전제하므로 이익원칙을 따른다. 또한 소요비용을 관련 당사자들의 부담으로 충당하기 때문에 건전재정의 확보를 추구한다. 이에 더하여 그 혜택이 경제적 약자에게 더 많이 제공되는 방식으로 운영되기 때문에 부수적으로 소득재분배기능(수직적 형평의 제고)을 수행한다.

(3) 갹출금(기여금) 부담방식

사회보험의 기여금은 근로자, 사업주, 국가의 3자가 부담하고 있다. 국가별로 그 부담 양상은 다소 다르며, 사회보험 유형별로도 부담의 방식과 수준이 상이하다.

3) 사회복지서비스제도

사회복지서비스제도는 주로 최저생계비 미만 계층(극빈층)에 속하는 사회구성원들을 대상으로 수용시설과 기타 보호서비스를 제공함으로써 이들의 정서적 안정과 기본생활의 보장을 도모하는 사회보장제도를 말한다. 사회복지서비스제도로는 보육사업, 아동복지사업, 노인복지사업, 부녀자복지사업, 장애인복지사업 등이 있다[20].

3. 우리나라의 사회보장제도

1960년부터 시작된 공무원연금제도가 우리나라 사회보장제도의 효시였다. 그 이후 생활보호법(1961년), 군인연금법(1963년), 산업재해보상보험법(1963년), 사립학교교직원연금법(1973년), 공무원및사립학교교직원의료보험법(1977년, 1999년 국민건강보험법 제정으로 폐지), 국민연금법(1988년)[21], 최저임금법(1986년), 고용보험법(1993년), 국민건강보험법(1999년), 국민기초생활보장법(1999년) 등의 제정을 통해 다양한 종류의 사회보장제도가 도입되어 운용되고 있다.

20) 이상의 공공부조제도, 사회보험제도, 사회복지서비스제도 이외 기타 사회보장제도로서 최저임금제, 부의 소득세제 등이 있다.

21) 이전 국민복지연금법(1973년 제정) 전부 개정을 통해 1988년부터 국민연금법으로 명칭이 바뀌어 시행되고 있다.

1) 공공부조제도

공공부조제도는 저소득층의 최저생활보장, 그리고 자립, 자활을 지원하기 위해 소요경비의 전액을 국가재정으로부터 급부하는 대표적인 사회보장제도이다.

공공부조제도는 1961년의 생활보호법을 시작으로 군사원호보호법(1961년, 이전 명칭 : 전몰군경유자녀보호법), 재해구호법(1962년), 의료보호법(1977년, 현행 의료급여법)이 차례로 제정되면서 좀 더 발전된 모습을 갖춰 나갔다. 그리고 2000년에 이르러 국민기초생활보장법을 시행함으로써 지난 40여 년간 유지해 온 생활보호제도를 대신하여 최저생계비 이하의 모든 가구에 대하여 생계비를 지급하는 국민기초생활보장제도를 시행하고 있다.

공공부조사업은 크게 생활보호사업, 특별보호사업(재해구호사업, 보훈사업 등), 의료급여(의료보호사업) 등으로 구분된다. 공공부조사업은 사회보험제도와 달리 중앙정부의 일반재정과 지방재정에서 재원이 확보되고 있다. 특히 보훈사업(국가보훈사업)의 재원은 중앙정부의 일반회계 세출예산에서 전적으로 충당한다. 다만, 예외적으로 민간의 원호성금(援護誠金)으로 기금을 보충하는 것을 허용하고 있다.

2) 사회복지서비스제도

사회복지서비스제도는 국가·지방자치단체 및 민간부문의 도움을 필요로 하는 어려운 형편의 국민을 대상으로 상담·재활·직업소개 및 지도·사회복지시설 이용 등을 제공하여 정상적인 사회생활이 가능하도록 지원하는 사회보장제도를 말한다.

우리나라의 사회복지서비스사업은 국민기초생활보장법, 아동복지법, 사회복지사업법, 노인복지법, 장애인복지법, 모자보건법 등에 근거를 두고 있으며, 요보호아동, 요보호부녀자, 요보호노인 및 장애인을 대상으로 시행되고 있다. 특히 극빈층의 요보호자를 중점적으로 지원한다.

경제발전과 그에 따른 소득 수준의 향상으로 말미암아 사회복지서비스의 역할이 크게 강화되었다. 최근 국가가 역점을 두고 있는 사회복지서비스 정책의 기본방향은 다음과 같다.

(1) 사회복지서비스 대상계층의 확대·차별화

최근 사회복지서비스제도는 극빈층 보호중심에서 점차 그 대상범위를 확대하고 있다. 최저생계비 미만 계층 가운데 상층에 위치한 계층과 최저생계비 이상 계층 중에서 하층에 위치한 계층(한계계층)을 대상으로 포함하여 차별적 지원을 늘리는 추세이다.

(2) 시설이용 위주의 복지사업으로 전환

사회복지서비스 사업은 극빈층을 대상으로 한 시설수용 위주의 사업에서 탈피하여 저소득층의 노인, 장애인, 아동을 대상으로 다양한 사업프로그램을 제공하는 방식으로 그 내용을 전환·강화하고 있다. 이에 따라 전국적으로 종합사회복지관, 노인복지관, 장애인종합복지관 및 보육시설이 이전보다 확충되었다.

(3) 재가(在家) 한계계층에 대한 복지서비스의 강화

최근 사회복지서비스 사업은 요보호계층을 시설에 수용하는 방식에서 저소득 한계계층까지 포함한 보다 광범위한 계층을 대상으로 지역사회에서 마련한 복지서비스를 제공하는 방식으로 사업의 방향을 전환하고 있다.

3) 국민연금제도

(1) 의의

국민연금제도는 가입자가 노령·장애·사망 등으로 소득원(所得源)을 상실할 경우 본인이나 유족에게 평생토록 연금을 지급하여 안정된 생활을 보장하고자 하는 가장 대표적인 사회보험제도이다. 일부 국가에서는 이를 사회보장제도(social security system)라는 이름으로 부른다.

일반적으로 정부의 재정 프로그램은 재정수입의 확보, 시장실패의 보완, 소득재분배, 온정적 간섭주의(paternalism) 등의 기능을 한다. 국민연금제도는 민간보험이 직면할 수 있는 역선택(adverse selection)이나 도덕적 해이(moral hazard)의 문제를 완화 내지 보완할 수 있고(시장실패 보완기능), 운영과정에서 소득계층별 또는 세대 간 재분배효과를 갖는다(소득재분배기능). 또한 국민연금제도는 정부의 민간에 대한 온정적 간섭주의 성격이 뚜렷하다(온정주의적 배려기능). 반면 국민연금 지급을 위한 재원은 해당 국민(노령층)을 위해 사용하도록 한정하기 때문에 정부수입이 아니다. 따라서 국민연금제도는 재정수입 확보기능과는 거리가 있다.

(2) 기본쟁점

① 연금의 운영방식

노후생계를 굳이 강제적이며 공적인 국민연금제도로 도모해야 하는가? 사적연금제도 대신 공적연금제도를 시행하는 것은 정부가 국민을 배려하는 온정주의 발상이 가장 큰 이유라고 할 수 있다. 강제방식의 공적연금제도 도입은 정부의 민간부문에 대한 온정적 간섭주의를 기반한다. 공적 방식에 의한 연금 운영은 다음과 같은 점에서 지지를 받고 있다.

첫째, 대규모로 운영되는 국민연금제도는 규모의 경제를 실현한다.

둘째, 사적연금제도와 비교하면 역선택의 발생을 줄일 가능성이 더 높다.

셋째, 공적연금제도의 운영에는 민간부문의 보험회사처럼 많은 준비금이 필요하지 않다. 따라서 공적연금의 재원을 수익사업에 적절히 투자하여 높은 수익을 창출할 경우 민간보험보다 더 많은 노령연금의 혜택을 제공하는 것이 가능하다.

넷째, 행정비용의 측면에서 공적인 프로그램이 더 경제적이다.

다섯째, 인플레이션에 대한 적응이라는 측면에서 공적인 프로그램이 더 유리하다.

공적연금의 재원은 일반세(보통세)로 조달할 경우 정부의 비대화를 초래할 수 있다. 이에 대한 정치적 반대의 우려 때문에 통상 목적세 또는 갹출금의 형태로 재원을 마련한다.

② 재원조달방식

국민연금제도의 재원조달은 적립방식(reserve-financed or fully funded method)과 부과방식(pay-as-you-go method) 가운데 어느 것이 바람직한가? 사회보험은 그 특성을 감안할 때 수혜자의 부담을 근간으로 재원을 조달하는 것이 합리적이다. 따라서 원칙적으로 적립방식에 의한 재원조달이 바람직하지만, 국민연금제도 시행 후 시간이 경과할수록 재원이 고갈되기 때문에 현행 적립방식은 부과방식[22]으로 전환될 가능성이 있다. 우리나라의 국민연금제도는 저부담-고급여의 구조로 되어 있기 때문에 멀지 않은 장래에 재원 고갈이 우려된다.

③ 재분배 지향성

국민연금제도는 어느 정도의 재분배 지향성을 갖는 것이 적절한가? 그와 관련해서는 다양한 견해가 존재할 수 있을 것이다. 이론적으로 볼 때 국민연금제도의 재분배 지향성은 사회적 적합성(social adequacy)과 개인적 공평성(individual equity) 간에 적절한 조화가 이루어진 상황에서 결정되어야 한다. 사회적 적합성은 사회가 합의하는 적정재분배 수준을 말하며, 개인적 공평성은 사회구성원 개개인이 생각하는 적정 재분배에 대한 입장(견해)이다. 사회적 적합성이 개인적 공평성보다 강조되면 재분배 지향성은 커지게 된다.

④ 연금급여 수준

국민연금제도의 합리적인 연금급여 수준은 얼마나 되어야 하는가? 연금급여 수혜자는 높은 수준의 연금급여를 선호하는 입장일 것이다. 하지만 그런 상황이 실현되기 위해서는 정부가 커다란 재정압박을 감내해야 하는 문제가 발생할 수 있다. 이러한 현실적인 제약 때문에 국민연금급여의 수준은 생계유지가 가능한 수준이면서 물가와 소득 수준의 변동을 반영하는 방향에서 결정되어야 한다.

▶ 연금재원 조달방식의 경제적 효과

사회보장 수단으로서의 연금은 크게 부과방식과 적립방식을 통해 재원이 조달된다. 두 방식은 상이한 경제적 효과를 나타낸다. 부과방식은 경제활동을 하고 있는 청·장년층에게 부과하여 조달된 재원

22) 부과방식 노령연금의 경우, 청년층은 부담이 수혜보다 무겁고 노년층은 부담보다 수혜가 많다. 이와 같은 현실은 사회구성원들의 저축과 유산규모 결정에 커다란 영향을 미칠 수밖에 없다. 또한 국가 차원에서 재정압박도 크다. 최근 저출산 고령화의 심화에 따라 스웨덴 등 서구국가를 중심으로 기존의 부과방식을 보완하는 일환으로 적립방식 강화의 움직임이 나타나고 있다.

을 노령층에게 지원하므로 재원의 사용자(노령층)와 부담자(청·장년층)가 다르기 때문에 세대 간 재분배효과가 뚜렷하다. 반면 적립방식은 자신이 부담하여 적립한 재원에서 연금이 지급되므로 세대 간 재분배효과가 상대적으로 미약하다.

부과방식의 연금은 납세를 위해 저축을 줄이도록 강요하므로 자본축적을 감소시킬 수 있다. 반면 적립방식의 경우에는 그러한 영향이 없다. 왜냐하면 적립방식의 경우에는 적립금으로 징수된 강제저축분이 기금으로 적립되어 운영되는 과정에 자본축적을 확대시키는 역할을 할 수 있기 때문이다.

한편 연금을 수혜하는 노령층이 후손을 위해 유산을 남기고자 한다면, 부과방식의 노령연금은 사회 전체의 저축 또는 자본축적에 저해효과를 초래하지 않을 수 있다. 그 이유는 청·장년층의 사회보장세 부담에 기인하여 발생하는 저축감소가 후손에게 유산제공을 원하는 노령층의 저축증대에 의해 대체될 수 있기 때문이다.

(3) 법적 근거 및 가입자

① 법적 근거

1973년에 제정된 국민복지연금법은 국민연금제도의 법률적 효시이다. 좀 더 정확히는 1988년 이후의 국민연금법이 법률적 토대가 된다. 동 법률은 경제적·사회적 여건의 변화를 반영하여 여러 차례 개정을 거듭하였고, 2025년 현재 우리나라 모든 국민(1999년 4월 이후)은 물론 외국인에게도 국민연금의 혜택을 제공할 수 있도록 되어 있다[23].

② 가입대상자

국민연금의 가입형태는 사업장과 가입자로 분류되며, 가입자는 사업장가입자, 지역가입자, 임의가입자, 임의계속가입자로 나뉜다. 사업장가입자는 국민연금에 가입된 사업장의 18세 이상 60세 미만의 사용자 및 근로자로서 국민연금에 가입된 자이다. 1인 이상의 근로자를 사용하는 사업장 또는 주한외국기관으로서 1인 이상의 대한민국 국민인 근로자를 사용하는 사업장에서 근무하는 18세 이상 60세 미만의 사용자와 근로자는 당연히 사업장가입자가 된다. 지역가입자가 사업장에 취업하면 자동적으로 사업장가입자가 되고, 지역가입자 자격은 잃는다.

지역가입자는 국내에 거주하는 국민으로서 18세 이상 60세 미만인 자 중 사업장가입자가 아닌 사람이 해당한다. 다만, 퇴직연금 등 수급권자[24], 국민기초생활보장법에 의한 수급자 중 생계급여, 의료급여 또는 보장시설 수급자, 소득활동에 종사하지 않는 국민연금 또는 다른 공적연금의 가입자나 수급권자의 배우자 및 보험료를 납부한 사실이 없고 소득활동에 종사하지 않는 27

23) 현재 시행 중인 연금의 종류로는 국민연금, 공무원연금, 군인연금, 사립학교 교직원연금, 기초연금, 개인연금(민간연금) 등이 있다.

24) 퇴직연금 등 수급권자는 「공무원연금법」, 「공무원 재해보상법」, 「사립학교교직원 연금법」 또는 「별정우체국법」에 따른 퇴직연금, 장해연금 또는 퇴직연금일시금이나 「군인연금법」에 따른 퇴역연금, 퇴역연금일시금, 「군인 재해보상법」에 따른 상이연금을 받을 권리를 얻은 자를 말한다.

세 미만인 자는 제외된다.

임의가입자는 사업장가입자와 지역가입자가 될 수 없는 국민연금 가입자 또는 수급자의 소득 없는 배우자, 퇴직연금 등 수급권자나 그의 소득 없는 배우자, 국민기초생활보장법에 의한 수급자 중 생계급여, 의료급여 또는 보장시설 수급자 및 보험료를 납부한 사실이 없고 소득활동에 종사하지 않는 27세 미만인 자가 60세 이전에 본인의 희망으로 가입신청을 하는 경우를 말한다.

한편 납부한 국민연금 보험료가 있는 가입자 또는 가입자였던 자로서 60세에 도달한 자가 가입기간이 부족하여 연금을 받지 못하거나 가입기간을 연장하여 더 많은 연금을 받기를 원할 경우는 65세에 달할 때까지 신청에 의해 임의계속가입자가 된다.

(4) 운영

① 적립방식에 의한 재원조달

국민연금의 재원은 2025년 현재 사업장가입자의 경우 근로자 기준소득월액의 9%(근로자 4.5%, 사업주 4.5%)에 해당하는 금액을 적립하는 방식으로 조달되고 있다. 지역가입자, 임의가입자 등은 보험료(9%)를 전액 본인이 부담한다. 현재의 적립방식은 향후 수급권자가 늘어남에 따라 재원 고갈의 문제에 직면할 것으로 예상되며, 그에 따라 향후 부과방식으로의 전환 가능성도 제기된다.

② 기여분의 예외

현재 국민연금제도는 가입자가 부담해야 할 연금보험료와 장래의 급여 수준 산정을 위해 실제 소득액을 적용하는 기준소득월액(천원 미만 절사)에 의해 소득월액을 결정한다. 2024년 7월 1일부터 기준소득월액은 최저 39만원에서 최고 617만원까지의 범위를 설정하고 있다. 따라서 가입자의 기준소득월액이 617만원을 초과할 경우, 그 초과분에 대해서는 갹출료(적립금)를 부과하지 않는다. 39만원보다 적은 경우에는 39만원을 기준소득월액으로 한다.

③ 연금급여의 유형과 수준

국민연금의 연금급여(연금의 종류)는 노령연금, 분할연금, 장애연금, 유족연금, 반환일시금, 사망일시금, 외국인에 대한 급여 등으로 나뉜다. 이 가운데 핵심은 노령연금이라고 할 수 있다[25].

노령연금은 가입기간이 10년(특례노령연금은 5년) 이상 되고, 만 60세(지급연령 상향규정 적용: 60~65세, 조기노령연금 및 특수직근로자는 55세, 소득이 없는 경우)가 되면 본인의 청구로 수급사유 발생일 다음 달부터 기본연금액과 부양가족연금액을 합산한 금액이 평생 매월 지급되는 연금을 말하는데, 가입기간이 20년을 초과하면 완전노령연금이라고 한다[26].

25) 각종 연금급여와 그것의 운영방식 등과 관련된 자세한 내용에 대해서는 국민연금법과 동법 시행령의 규정을 참조하기 바란다.

26) 2012년도까지 연금 수급연령이 만 60세이었지만, 2013년부터 5년마다 1년씩 상향 조정되어 2033년에는 65세가 되어야 연금을 지급받게 된다. 2025년 기준으로 1961~1964년생은 만 63세를 넘어야 국민연금을 수급할 수 있다.

기본연금액은 A부분과 B부분으로 구성된다. A부분은 ① 연금 수급 3년 전 연도의 평균소득월액을 연금 수급 3년 전 연도와 대비한 연금 수급 전년도의 전국소비자물가변동률(「통계법」 제3조에 따라 통계청장이 매년 고시하는 전국소비자물가변동률)에 따라 환산한 금액, ② 연금 수급 2년 전 연도의 평균소득월액을 연금 수급 2년 전 연도와 대비한 연금 수급 전년도의 전국소비자물가변동률에 따라 환산한 금액, ③ 연금 수급 전년도의 평균소득월액을 합산하여 3으로 나눈 금액이다. B부분은 가입자 개인의 가입기간 중 매년 기준소득월액을 대통령령으로 정하는 바에 따라 보건복지부장관이 고시하는 연도별 재평가율에 의하여 연금 수급 전년도의 현재가치로 환산한 후 이를 합산한 금액을 총 가입기간으로 나눈 금액을 말한다[27].

기본연금 지급액은 $(A+B)\times\frac{1,290}{1,000}$으로 산정된다. 다만, 가입기간이 20년을 초과하면 그 초과하는 1년(1년 미만이면 매 1개월을 12분의 1년으로 계산)마다 계산한 금액에 1천분의 50을 곱한 금액을 더한다. 더 나아가 이것에 추가하여 이상의 금액을 수급권자에게 적용할 때에는 연금 수급 2년 전 연도와 대비한 전년도의 전국소비자물가변동률을 기준으로 그 변동률에 해당하는 금액을 더하거나 제외해서 기본연금 지급액이 확정된다(조정된 기본연금액).

수급권자에게 지급되는 최종 연금액은 조정된 기본연금액에 부양가족연금액을 합산한 금액이다. 부양가족연금액은 수급권자(유족연금의 경우에는 사망한 가입자 또는 가입자였던 자)를 기준으로 수급권자에 의하여 생계를 유지하고 있는 자에 대하여 지급되는 규정된 금액을 가리킨다. 이는 가급연금(加給年金)으로서 기본연금액에 추가하여 국민연금제도 가입자의 부양가족 상황과 관련해 차등적으로 지급된다. 이때 생계유지에 관한 대상자별 인정기준은 대통령령으로 정한다.

연금수급 전 3년간 전체가입자 평균소득월액의 평균액은 균등부분이라고 부르며, 산업별, 업종별로 평균소득이 상이하기 때문에 어느 정도 재분배효과가 있다. 가입자 개인의 가입기간 중 기준소득월액의 평균액은 소득비례부분으로 하며, 이는 자신의 소득에 의해 산정되므로 재분배효과는 거의 없다.

(5) 급여 수준의 재분배효과

국민연금 급여 수준(연금급여액)이 재분배에 미치는 영향은 소득대체율(replacement ratio, 연금급여액을 은퇴 전 평균소득월액으로 나눈 비율)의 개념으로 파악할 수 있는데, 이에 따르면 우리나라의 국민연금은 어느 정도의 소득재분배효과가 있다. 현행 국민연금제도는 저소득층의 소득대체율이 고소득층의 그것보다 높다. 다시 말해 현재 국민연금의 급여체계는 저소득층에게 더 많은 혜택을 제공하고 있다.

---

27) 이상에 대한 좀 더 자세한 내용은 국민연금법 제51조(기본연금액)를 참조하기 바란다. 한편 평균소득월액은 매년 사업장가입자 및 지역가입자 전원(全員)의 기준소득월액을 평균한 금액이고, 기준소득월액은 연금보험료와 급여를 산정하기 위하여 국민연금가입자의 소득월액을 기준으로 하여 정하는 금액을 말한다.

(6) 인플레이션의 반영

국민연금제도는 가입기간 중의 기준소득월액의 평균액을 산정할 때, 매년의 물가변동률을 감안하여 재평가한 값을 사용함으로써, 이 부분의 실질가치를 그대로 유지시키는 방식을 따른다. 이는 현행 국민연금제도가 인플레이션에 따른 연금수급권자의 실질소득 하락을 보전해 주는 장치를 갖추고 있음을 의미한다.

(7) 경제적 효과

국민연금제도의 시행은 국민경제 전반은 물론 개별 경제주체의 행위에도 상당한 영향을 초래하게 된다.

① 저축

국민경제의 총저축은 민간저축(자발적 저축)과 정부저축(강제저축)의 합으로 이루어진다. 국민연금제도에 의해 마련되는 연금재원은 강제저축(정부저축)의 성격을 띤다.

국민연금제도의 시행은 민간부문과 정부부문 모두에 걸쳐 파급효과를 초래하기 때문에 민간저축 및 정부저축에 미치는 영향을 동시에 파악해야 총저축의 변동을 가늠할 수 있다.

㉠ 민간저축

국민연금제도 실시가 초래하는 자산대체효과는 민간저축을 감소시킨다. 반면 상속효과, 은퇴(퇴직)효과, 목표실현효과, 인식효과는 민간저축을 늘리는 영향을 미친다. 따라서 국민연금이 민간저축에 미치는 영향은 그것을 줄일지 늘릴지 단정할 수 없다.

㉡ 정부저축

국민연금의 기여금은 정부에 의해 강제 적립되어 수급권자에게 줄 재원으로 사용된다. 따라서 국민연금제도의 시행은 정부저축(강제저축, 강제적립금)을 증가시킨다고 할 수 있다.

국민연금이 총저축에 미치는 영향은 민간저축 및 정부저축의 구체적인 변화를 알 수 있을 때 그 방향을 가늠할 수 있을 것이다. 그러나 그것이 현실적으로 쉽지 않기 때문에 국민연금이 총저축에 미치는 영향은 알 수 없다.

② 노동공급

국민연금제도가 노동공급에 미치는 영향은 소득효과와 대체효과의 구체적인 양상을 알 수 있어야 추측이 가능하다. 국민연금제도의 실시는 노년층의 실질소득 수준을 높임으로써 여가를 확대시키고 노동공급을 줄이는 소득효과를 초래한다(단, 여가를 정상재로 간주할 경우).

반면 국민연금제도 실시에 따른 대체효과는 그 방향이 불분명하다. 국민연금제도의 도입은 노동자가 추가로 일해서 얻는 소득에 대해 사회보장세의 부담을 지우게 된다. 따라서 국민연금제도의 시행은 추가노동을 통해 얻게 되는 가처분소득의 크기를 줄임으로써 여가의 기회비용을 하락시키게 된다. 이런 점만을 고려한다면, 대체효과는 노동공급의 축소를 야기한다.

국민연금 지급을 위한 재원조달 수단으로 사회보장세가 이용되고 있는 상황일 때 한 시간을 더 일하여 얻은 추가적인 소득에 대해 세금(사회보장세)으로 낸 것보다 더 큰 연금(연금액)의 혜택을 받게 된다면, 여가의 기회비용은 상승하게 된다. 이런 경우 대체효과는 오히려 노동공급을 늘리도록 영향을 미칠 것이다.

국민연금제도가 초래하는 대체효과의 영향은 이상의 두 가지 가능성을 동시에 고려해서 판단해야 한다. 그렇기 때문에 대체효과가 구체적으로 어느 방향으로 나타날지 단정은 곤란하다.

결론적으로 국민연금제도의 시행은 소득효과 측면에서는 비교적 명백하게 노동공급을 줄이는 결과를 가져온다. 반면 대체효과는 그 방향이나 크기가 명확하지 않다. 따라서 국민연금제도가 노동공급에 미치는 영향은 알 수 없다.

③ 노동수요

국민연금제도의 도입에 따라 노동의 수요자인 기업은 노동자를 고용할 경우 임금 이외 새로운 부담을 해야 하는 상황에 직면하게 된다. 왜냐하면 국민연금제도의 실시는 직접적 당사자인 노동자뿐만 아니라 기업주도 연금급여 재원을 마련하는 과정에서 일정한 부담을 해야 하기 때문이다. 따라서 국민연금제도의 시행은 노동수요의 감소를 초래한다.

④ 금융시장

현재 적립방식으로 운영되고 있는 우리나라의 국민연금제도는 금융저축의 규모, 이자율(금리), 자원배분, 금융시장 등에 적지 않은 영향을 미치고 있다. 그 이유는 연금적립금이 금융저축의 형태로 축적되며 그 규모가 막대하고 장기성 저축이라는 특성을 가지기 때문이다.

국민연금제도를 통한 연금적립금의 누적은 국민경제활동에 필요한 다양한 금융수요를 효과적으로 충족시킬 수 있을 뿐만 아니라 자금배분의 효율성을 제고하는 역할을 할 수 있다. 반면 1988년부터 시행되고 있는 국민연금제도는 적립방식의 한계로 말미암아 벌써 연금재원의 고갈과 방만한 운영으로 적지 않은 문제점을 지적받고 있는 상황이다.

⑤ 소득재분배

연금제도의 시행은 동일세대(연금의 가입시기와 수혜시기가 같은 그룹)와 이세대(異世代, 연금의 가입시기와 수혜시기가 다른 두 그룹) 간에 상이한 소득재분배효과를 초래한다.

㉠ 이세대 간 소득재분배효과

연금지급을 위한 재원이 적립방식으로 조달되면 각 세대(世代)에 걸친 소득재분배효과는 거의 없다. 왜냐하면 적립방식에 의한 연금운용은 자신이 적립한 재원으로부터 스스로 몫의 연금급여가 지급되기 때문이다. 반면에 부과방식의 경우에는 현재 경제활동을 하고 있는 세대(청·장년계층)의 부담으로 노령세대(은퇴계층)를 위한 연금이 지원되므로 세대 간 소득재분배효과가 나타난다.

ⓛ 동일세대 내의 소득재분배효과

적립방식이나 부과방식 모두 동일세대 구성원들에게 미치는 소득재분배효과는 뚜렷하지 않다. 연금재원 조달이 구체적으로 어떤 방식과 체계를 따르고 있느냐에 따라 재분배효과가 평가될 수 있을 것이다.

▶ 국민연금이 민간저축에 미치는 영향

① 자산대체효과

국민연금제도의 실시는 노후생계를 위한 민간의 자발적 저축을 정부에 의한 강제저축(연금수혜를 위해 민간이 감수하는 부담)으로 대체시키는 영향을 미친다.

국민연금제도 실시에 의해 민간의 자발적 저축이 대체되는 영향을 국민연금의 자산대체효과(자산대치효과)라고 한다. 따라서 자산대체효과는 민간의 저축을 감소시키는 영향을 발생하게 된다. 한편 국민연금의 재원이 적립방식으로 확보되면 민간저축의 감소는 정부저축의 증가로 어느 정도 상쇄되지만, 부과방식이라면 민간저축은 당연히 감소하고 정부저축마저 줄어들 개연성이 높다.

② 상속효과

국민연금의 재원이 엄격한 적립방식으로 조달되지 않는 한 국민연금제도는 세대 간에 걸쳐 소득재분배의 역할을 하게 되고, 그 결과 후세의 가처분소득이 감소될 것을 예상하는 부모세대들은 이를 상쇄시켜주기 위해(후세를 위한 상속을 위해) 자발적 저축을 늘리는 행동을 하게 된다. 이를 국민연금제도가 초래하는 상속효과라고 한다.

③ 은퇴효과(퇴직효과)

국민연금제도가 없다면 각 개인은 노후를 위해 나이가 들어서도 일을 계속할 것이다. 하지만 동 제도의 도입으로 말미암아 노후의 생계가 보장될 수 있으므로 퇴직 상태의 기간을 더 길게 가질 수 있기 때문에 개인들이 조기퇴직을 선호하는 현상이 나타날 수 있다. 이럴 경우 퇴직 이후의 생활에 대비해 민간저축을 늘리도록 미치는 영향을 은퇴효과라고 한다(M. Feldstein).

④ 목표실현효과

목표실현효과는 국민연금제도의 시행에 따라 노후생계를 보장받게 된 사람들이 노후의 안정적 소비 수준의 유지 또는 풍요로운 레저 활동 등 특정 목적을 실현하기 위해 민간저축을 증가시키는 반응(행태)을 말한다(G. Katona).

⑤ 인식효과

경제심리학적 입장에서 볼 때 지금껏 저축에 신경을 쓰고 있지 않던 사람들이 국민연금제도의 실시에 자극을 받아 자신의 노후에 대한 대책이 소홀했음을 인식하고, 그에 따라 자발적 저축을 늘리도록 미치는 자극을 인식효과라고 한다(P. Cagan).

4) 국민건강보험제도

(1) 의의

국민건강보험제도(의료보험제도)[28]는 예기치 못한 질병이나 부상 등으로 발생하는 의료비 지출의 위험에 대해 사회차원에서 공동 대처함으로써 위험분산을 통해 사회후생의 증진(주목적)을 도모하고, 부수적으로 소득재분배기능을 수행하는 사회보험이다.

질병의 예방이나 치료행위는 그 자체가 외부경제를 유발하므로 민간의 자율에 맡길 경우 시장실패를 초래할 수 있다. 따라서 정부주도의 전(全) 국민을 대상으로 한 의료보험제도는 질병 예방이나 치료행위에 가격보조·가격통제 등을 담당함으로써 의료행위가 초래하는 외부성을 내부화하는 역할을 한다고 하겠다.

국민건강보험제도는 1963년의 사회보장에 관한 법률과 1977년의 의료보험법을 기초로 1999년에 제정된 국민건강보험법을 그 법률적 근거로 하고 있다[29].

(2) 연혁

1977년부터 정부 주도의 본격적인 의료보험이 시작되었으며, 재원의 한계 및 여건의 미성숙으로 말미암아 일부 국민만을 대상으로 출범하였다. 구체적으로 사업장의 일반근로자를 대상으로 한 1종 의료보험과 지역주민을 대상으로 한 지역의료보험 및 특수직 자영업자를 대상으로 한 직종의료보험으로 이루어진 2종 의료보험으로 첫발을 내딛었다. 또한 각 의료보험 조합별로 상이하게 의료보험료가 결정되는 조합방식을 채택하였다.

1988년부터는 모든 농어촌 주민이 대상으로 포함되었으며, 1989년부터는 도시저소득층과 자영업자가 의료보험 가입대상자가 되면서 전 국민을 대상으로 한 의료보험 체계가 정착되었다.

한편 1998년 10월 이후 의료보험제도는 144개 직장의료보험조합과 국민의료보험관리공단(227개 지역의료보험조합과 공무원·교직원 의료보험공단의 통합조직)으로 이원조직화 하였다. 이어 2000년 7월부터 국민의료보험관리공단(지역의료보험+공무원·교직원의료보험)과 144개 직장의료보험조합을 하나로 묶어 국민건강보험공단이 발족되었다. 이에 따라 이후 의료보험제도는 국민건강보험이라는 이름으로 완전 통합되어 발전을 이루어 오고 있다.

국민건강보험은 최초의 조합방식에서 전국 규모의 단일체계를 따르는 통합방식으로 운영체계를 전환하였다. 그 결과, 국민건강보험은 주로 질병치료에 보험혜택을 주는데 주안점을 두었던 기존의 의료보험과 달리 질병의 치료는 물론 예방, 재활, 건강증진까지 포괄하는 방식으로 보험의 혜택범위를 확대시키고 있다.

---

28) 의료보험은 청년기에는 초과부담(부담>수혜)을 나타내며, 노년기에는 초과수혜(부담<수혜)를 초래한다. 따라서 저축 및 자본축적에 대해 부과방식의 노령연금과 유사한 영향을 미친다.

29) 우리나라의 의료보장제도에는 사회보험방식의 국민건강보험과 공공부조방식의 의료보호가 있다.

(3) 역할

국민건강보험의 가입자는 직장가입자와 지역가입자로 구분되며, 2025년도 현재 직장가입자는 보수월액(월평균보수)의 7.09%(절반은 사용주 부담)를 보험료로 낸다. 반면 지역가입자는 당사자의 소득·재산 그리고 보유 자동차의 실태를 감안하여 보험료가 책정된다. 이와 같은 국민건강보험제도는 다음과 같은 역할을 한다.

첫째, 공적 의료보험은 민간부문의 의료행위가 초래하는 외부경제를 내부화할 수 있다(수요 측면에서의 시장실패 치유기능). 공적 의료보험은 전국의 모든 환자들에게 동일한 의료서비스를 받을 수 있는 길을 열어줌으로써 의료행위가 발생하는 외부경제를 조정하는 기능을 한다.

둘째, 공적 의료보험은 전문의료인이나 진료기관의 지역적 편중에 의한 시장실패에 대해 효과적으로 대처할 수 있다(공급 측면에서의 시장실패 치유기능). 정부주관의 의료보험제도 시행과정에서 특정 지역에 편중된 의료인력과 의료기관을 재배치하는 조치는 의료서비스 공급의 불균형을 시정하는 역할을 한다.

셋째, 공적 의료보험제도는 저소득층의 의료보험료를 낮게 책정함으로써 사회적 공평을 제고할 수 있다(소득재분배기능).

넷째, 공적 의료보험은 상대적으로 민간 의료보험에서 유발되는 도덕적 해이(moral hazard)나 상반된 선택(adverse selection)의 문제를 줄여줌으로써 효율적 자원배분에 기여한다(도덕적 해이와 상반된 선택에 의한 시장실패 치유기능).

5) 고용보험제도

(1) 의의

고용보험제도[30]는 경기변동이나 계절적 요인에 의한 고용감소, 고용주나 고용인의 합당한 개인적 사정에 의하여 불가피하게 일자리를 잃었을 경우 일정기간 동안 종전에 지급받던 급여의 일정분을 보험기금에서 지급하는 제도이다. 이 제도는 사업장의 사업주와 근로자가 부담을 분담하여 근로자의 소득원에 대한 불확실성을 제거하고 사회후생의 극대화를 추구하는데 그 목적이 있다. 따라서 고용보험제도는 사업장의 사업주와 근로자가 동시에 가입(적용)하도록 되어 있으며, 양자 모두의 후생을 증진시키고자 하는 취지를 갖는다.

우리나라의 고용보험법은 고용보험의 시행을 통하여 실업의 예방 고용의 촉진 및 근로자 등의 직업능력의 개발과 향상을 꾀하고, 국가의 직업지도와 직업소개 기능을 강화하며, 근로자 등이 실업한 경우 생활에 필요한 급여를 실시하여 근로자 등의 생활안정과 구직활동을 촉진함으로써 경제·사회 발전에 이바지 하는 것을 목적으로 한다(동법 제1조).

30) 실업보험제도(unemployment insurance)는 임금근로자가 실업으로 인해 겪는 고통을 줄여주고 생활안정을 도모하기 위해 1911년 영국에서 처음으로 도입되었다. 반면 우리나라의 고용보험제도는 실직자의 소득원 감소를 보전해 주는데 주목적을 두고 있는 실업보험제도와 달리 고용안정사업, 실업급여, 육아휴직 급여 및 출산전후휴가 급여, 직업능력개발사업 등 사업범위가 훨씬 광범위하고 적극적인 기능을 수행한다.

(2) 내용

1995년 7월부터 시작된 고용보험제도는 몇 차례의 조정을 거쳐 1998년 10월부터는 다음과 같은 운영체계를 확립하고 있으며, 1999년 10월 1일 이후 고용노동부와 근로복지공단이 함께 동 제도의 운영을 주관하고 있다.

① 적용(가입)대상

㉠ 사업장(사업)

1998년 10월부터 상시근로자 1인 이상인 모든 사업장(또는 사업)은 고용보험에 가입해야 한다. 다만, 2025년 기준 총공사금액이 2천만원 미만인 공사, 연면적이 100제곱미터 이하인 건출물의 건축 또는 연면적이 200제곱미터 이하인 건축물의 대수선에 관한 공사, 가구내 고용활동 및 달리 분류되지 아니한 자가소비생산활동은 적용하지 않는다.

㉡ 근로자

1개월 이상 고용된 근로자, 월간 60시간(주당 소정근로시간이 15시간) 이상을 근로하는 근로자(예술인, 노무제공자 등 포함), 사립학교교원연금법의 적용을 받지 않는 사립학교 교원 등은 고용보험에 의무적으로 가입해야 한다[31].

② 고용보험의 지원사업

㉠ 고용안정 · 직업능력개발 사업

고용안정 · 직업능력개발 사업으로 고용보험의 피보험자(피보험자이었던 자 포함), 그 밖에 취업할 의사를 가진 자에 대한 실업의 예방, 취업의 촉진, 고용기회의 확대, 직업능력개발 · 향상의 기회 제공 및 지원, 그 밖에 고용안정과 사업주에 대한 인력확보 지원 등이 실시되고 있다.

고용안정 · 직업능력개발 사업에 해당하는 세부적인 조치(정책)에는 고용창출의 지원, 고용조정의 지원, 지역 고용의 촉진, 고령자등 고용촉진의 지원, 건설근로자 등의 고용안정 지원, 고용안정 및 취업 촉진, 고용촉진 시설에 대한 지원, 사업주에 대한 직업능력개발 훈련의 지원, 피보험자등에 대한 직업능력개발 지원, 직업능력개발 훈련시설에 대한 지원 등, 직업능력개발의 촉진, 건설근로자 등의 직업능력개발 지원, 고용정보의 제공 및 고용 지원 기반의 구축 등, 지방자치단체 등에 대한 지원 등이 속한다[32].

㉡ 실업급여

실업급여[33]에는 구직급여와 취업촉진수당이 있다. 구직급여는 이직일 이전 18개월을 기준으

31) 1개월간 소정 근로시간이 60시간 미만인 자, 65세 이상 근로자는 고용보험에 가입할 수 없다.

32) 고용안전 · 직업능력개발 사업에 해당하는 개별조치의 자세한 내용은 고용보험법 제3장 제19조에서 제36조까지를 참조하기 바란다.

33) 실업급여에 대한 내용은 고용보험법 제37조에서 제69조의9까지에 걸쳐 규정되어 있다.

로 할 때 180일 이상 고용보험에 가입한 근로자가 경영상의 이유 등으로 이직한 경우에 당사자의 연령과 보험가입기간에 따라 이직(실직) 전 받던 임금의 일부(2025년 기준 구직급여일액: 수급자격자의 기초일액에 100분의 60을 곱한 금액)를 2018년 이후 최대 36개월까지 지급받는다. 근로자가 정당한 이유 없이 직장을 스스로 그만둔 경우나 중대한 자신의 귀착 사유에 의해 해고되는 경우에는 보험사고를 스스로 유발한 것이므로 실업급여 지급대상에서 제외된다. 취업촉진수당(조기재취업 수당)은 수급자격자(외국인 근로자 제외)가 안정된 직업에 재취직하거나 스스로 영리를 목적으로 하는 사업을 영위하는 경우로서 대통령령으로 정하는 기준에 해당하면 지급한다. 그 밖의 취업촉진수당으로 광역구직활동비, 직업능력개발수당, 이주비 등이 있다.[34)]

③ 고용보험의 보험료

고용보험의 보험료는 피보험자인 근로자가 지급받은 임금 총액의 추정액에 사업별 보험료율을 곱해서 산정한다. 2025년도 기준으로 실업급여 보험료율는 1.8%인데, 근로자 0.9%, 사업주 0.9%씩 공동 부담하고, 고용안정·직업능력개발사업의 경우는 사업주(근로자 제외)만 부담하며, 근로자(종업원) 수에 따라 0.25~0.85%의 보험료율을 적용받는다.

(3) 경제적 효과

① 경기의 자동안정조절기능

고용보험제도는 불황으로 대량의 실업자가 발생할 때 적립된 보험기금에서 보험급여를 지급함으로써 생활의 안정과 유효수요 확대를 통해 경기를 진작한다. 반면 호황일 경우에는 고용 수준이 높으므로 근로자들로부터 보다 많은 보험료를 거두어들임으로써 미래의 불황에 의해 발생할 수 있는 실직에 대비케 함은 물론 유효수요를 줄여 과열경기를 완화시킨다.

② 도덕적 해이의 초래

고용보험제도는 불황으로 기업경영에 애로를 겪고 있는 기업으로 하여금 고용보험금을 핑계로 보다 많은 해고를 단행케 하는 빌미가 될 수 있다. 또한 실직으로 고용보험금을 수혜할 수 있는 근로자에게는 실직기간의 의도적 연장과 구직노력을 게을리 하는 작용을 하기도 한다.

③ 노동시장에 미치는 영향

고용보험제도의 실시는 실직에 따른 경제적 곤궁을 완화시켜 줌으로써 잠재적인 노동인구를 노동시장으로 끌어들이는 효과가 있다. 아울러 직업이 불안정한 계층이나 주부, 학생층을 적극적으로 노동시장에 참여하도록 유도하는 기능을 한다. 이런 측면에서 보면 고용보험보험제도는 노동공급을 늘리는 장치라고 하겠다.

34) 그 밖의 고용보험사업으로 육아휴직 급여 및 출산전후휴가 급여 등을 실시하고 있다. 이에 대해서는 고용보험법 제5장 제70조에서 제77조의10까지를 참조하기 바란다.

한편 고용보험료의 요율은 직종별 노동생산성이나 직업의 안정성과는 관계없이 일정률로 책정되기 때문에 직장의 안정성이 높은 계층에는 상대적 손실을 초래하게 된다. 반면 그렇지 못한 계층에는 상대적 이익을 가져와 보험원리에 상반(모든 계층에게 동등한 이익을 주지 않으므로)되는 작용을 한다. 따라서 이런 과정에서 어느 정도 소득재분배효과를 나타낼 수 있다.

고용보험제도는 고용 여건이 불안정한 업종에는 유리한 영향을 미치는 반면, 나머지 업종에는 상대적으로 불리한 작용을 하게 된다. 불안정한 고용의 특성이 강한 업종이 확대되면 노동시장 전반에 걸쳐 불안정성을 증가시킬 수 있고, 전체 실업자를 늘려 고용보험료의 지속적 상승을 가져올 수 있다.

▶ 암묵적 계약이론(implicit contract theory)

암묵적 계약이론은 노동자가 어느 기업과 고용관계를 맺는 경우 외견상 주요한 조건으로 간주되는 임금 수준이나 변형급여(fringe benefit, 부가급부)뿐만 아니라, 그 기업의 해고정책(lay-off policy)까지도 고려하게 된다는 점을 강조하는 노동고용이론을 말한다. 암묵적 계약이론에 따르면 기업이 시행하는 해고정책에 대해 기업주와 노동자가 상호 간에 묵시적으로 동의를 할 때만 고용관계가 체결된다. 이때 해고정책(다른 측면에서 볼 때는 실업정책)은 기업과 노동자 모두에게 유리하도록 결정되며, 구체적으로 노동자의 해직에 대비한 조치로 실업보험을 활용한다. 왜냐하면 실업보험의 도입이 노동자와 기업주 모두에게 보다 높은 후생을 제공할 수 있기 때문이다. 따라서 암묵적 계약이론은 실업보험제도의 이론적 기초가 된다.

6) 최저임금제도

(1) 의의

최저임금제도(minimum wage system)[35]는 저임금 근로자들에게 최소한의 생계비를 보장하여 자립기반의 증진과 안정된 소득의 확보가 가능토록 지원하는 기본적 사회보장제도에 해당한다. 최저임금제도는 범주적으로 최저가격제도(floor price system)에 속하며, 국가가 법적 강제력을 가지고 근로자 임금의 최저한을 설정하여 사용주가 그 이하의 임금으로 근로자를 고용할 수 없도록 관리함으로써 근로자를 보호하는 데 목적을 두고 있다.

그러나 경제적 약자인 근로자를 보호하는 것을 목적으로 하는 최저임금제도의 시행은 그 취지와는 다른 결과를 초래할 우려를 내포한다.

35) 1894년 뉴질랜드의 산업조정중재법을 효시로 출범한 최저임금제도는 현재 전 세계적으로 100여 개 이상의 국가가 채택하고 있는 기본적인 사회보장제도이다. 1928년에는 국제연합(UN) 국제노동기구(International Labor Organization, ILO)도 동 제도를 채택하였다.

(2) 내용

① 법적 기초

우리나라는 1953년 근로기준법의 제정을 통해 최초로 최저임금제도의 법적 기반을 마련하였고, 1986년에 제정된 최저임금법을 토대로 1988년부터 본격적인 시행을 하고 있다. 현재는 모든 사업장에 최저임금제를 의무적으로 적용한다.

② 최저임금의 결정방식

우리나라는 근로자, 사용자 및 정부를 대변하는 인사의 삼자동수(三者同數, 2025년 현재 노·사·공익위원 각 9인 + 특별위원 3인, 총 30인)로 구성된 최저임금심의위원회방식[36]을 통해 최저임금 수준 등 최저임금제도 운영에 관한 기본적 사항을 결정하고 있다. 최저임금 수준은 근로기준법상 1일 8시간 기준인 통상임금을 기초로 최저생계비 수준, 기업의 지불능력, 동일업종의 평균임금 등을 종합적으로 고려하여 매년 결정된다. 매년 책정되는 최저임금 수준은 물가상승율 등을 감안하여 인상되지만, 현실을 완전하게 반영하지는 못하고 있다.

(3) 경제적 효과

최저임금제가 도입되기 전에 완전경쟁 노동시장이 $e(W_o, N_0)$점에서 균형을 이루고 있었다. 이때 W_m의 수준에서 최저임금이 설정되면 근로자가 공급하고자 하는 노동량은 N_2인 반면에 기업이 채용하려는 노동량은 N_1에 불과하다. 이럴 경우 수요자(기업)가 의도하는 수준에서 고용량이 결정될 수밖에 없다. 따라서 최저임금제도의 시행은 $N_1N_2(=ac)$의 실업을 야기하며, 사회 전

그림 10-4 최저임금제

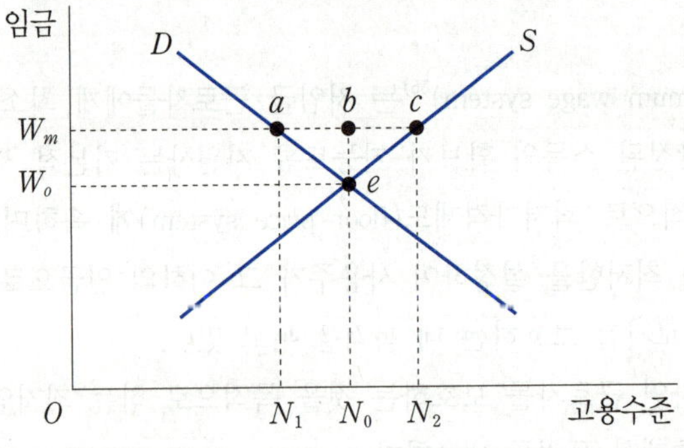

36) 최저임금 결정방식으로는 최저임금심의위원회방식, 법정방식, 단체협약의 효력확장방식, 노동재판소방식이 있다. 최저임금심의위원회방식은 노사대표와 공익을 대변하는 인사 등으로 위원회를 구성하여, 동위원회의 심의로 최저임금 수준을 책정한다. 법정방식은 법률로써 최저임금을 결정하며, 단체협약의 효력확장방식은 노사 간에 단체협약으로 체결된 임금 수준을 협약 당사자 이외의 노사에도 확대하여 적용하는 방법이다. 노동재판소방식은 노사분규의 조정을 담당하는 노동재판소에서 최저임금을 확정한다.

체적으로 최저임금제 시행 전보다 오히려 $N_1N_0(=ab)$만큼의 고용감소를 초래할 수 있다.

최저임금 수준은 시장임금보다 높게 설정되는 것이 통례이기 때문에 기업 입장에서 볼 때 최저임금제의 시행은 비용상승 요인으로 작용한다. 따라서 기업은 늘어난 비용부담을 줄이기 위해 고용을 축소시키는 조치를 단행하게 된다.

문제는 [그림 10-4]에서 $N_1N_0(=ab)$만큼의 고용감소 대상자(실업자)가 청소년, 부녀자, 미숙련 노동자 등 경제적으로 열악한 처지에 있는 계층으로 채워질 가능성이 크다는 데 있다.

① 기업의 경쟁력 제고

최저임금제도는 시행 전보다 임금비용 상승을 초래하기 때문에 이를 상쇄시키기 위해 생산원가(비용) 절감이나 생산성 향상과 경영효율화 노력을 촉진시킴으로써 기업의 경쟁력 제고에 이바지할 수 있다.

② 저임금 근로자의 생활안정

최저임금제도는 저임금 근로자의 최저생계를 보장해 줌으로써 그들에게 최소한의 인간다운 삶을 보장하는 긍정적인 효과를 창출한다. 왜냐하면 최저임금의 수준은 근로자가 일상생활을 영위하는데 필요한 소득을 담보할 수 있도록 결정되는 것이 일반적이기 때문이다.

③ 한계기업의 도산 초래

최저임금제도는 일부 생산성이 낮은 업종이나 겨우 현상을 유지하는 한계기업들에게 원가인상의 요인으로 작용하여 이들 기업의 생산 활동을 중단케 하는 부작용을 야기할 우려가 있다. 최저임금은 현실의 노동시장에서 수요와 공급이 일치할 때 결정되는 균형임금보다 높게 설정되므로 최저임금을 감내할 수 없는 기업은 도산 위기에 직면한다.

④ 실업의 확대 우려

최저임금제도의 도입은 일부 생산성이 낮은 비숙련근로자, 교육 수준이나 경험이 부족한 초보근로자(청소년, 주부, 학생 등), 임시직 종사자 등 경제적 처지가 열악한 계층의 실업을 늘리는 부작용을 유발할 수 있다. 왜냐하면 최저임금제의 시행은 [그림 10-4]에서 보는 바와 같이 N_1N_2만큼의 실업자를 발생시키고, 경제적 약자가 그 대상이 될 가능성이 높기 때문이다. 이러한 현상이 나타난다면 최저임금제도의 근본 취지는 크게 상실될 수 있다.

7) 산재보험

(1) 의의

산업재해보상보험(산재보험)은 사업장에서 업무상 발생하는 산업재해에 대해 사회 전체 차원에서 공동으로 대처하는 사회보험에 해당한다. 업무상 재해발생에 대해 사회보험의 일환으로 산재보험을 도입하는 이유로는 다음과 같은 점을 들 수 있다.

첫째, 업무상 재해발생에 대해서는 원칙적으로 그 책임이 사용자에게 있지만, 사용자가 그것을 보상할 능력이 없는 경우 재해 당사자인 근로자를 구제할 길이 없게 된다. 따라서 산재보험을 통해 재해를 입은 근로자를 보호하는 조치가 필요하다.

둘째, 업무상 재해에 따른 보상의 규모가 큰 경우 개별 사용자에 따라서는 많은 부담을 감당할 수 없는 상황에 직면할 수 있다. 이와 같은 업무상 재해에 따라 발생하는 부담 또는 위험을 분산시키는 수단이 산재보험 이다.

산업재해보상보험제도는 사업장 근로자의 업무상 재해와 직업병을 보상하고 산재병원이나 재활시설을 설치·운영하여 근로자를 보호하는 데 목적을 두고 있다.

(2) 내용

산재보험은 우리나라 최초의 사회보험으로서 1963년 산업재해보상보험법에 근거하여 실시되고 있다. 가입대상은 2000년 7월 이후 근로자, 특수형태근로종사자, 예술인을 사용하는 모든 사업 또는 사업장이다. 다만, 가구내 고용활동과 농업·임업(벌목업 제외)·어업·수렵업 중 법인이 아닌 자의 사업으로서 상시 근로자 수가 5명 미만인 사업 등은 가입대상에서 제외하고 있다.

업무상 재해에 대한 배상책임은 원칙적으로 사용자에게 있으므로 보험금 지급을 위한 재원은 사용자가 단독으로 부담하여 조달된다. 산재보험은 산업재해가 발생했을 때 그것이 비록 사용자의 과실과는 무관할지라도 이에 대해 보상하도록 되어 있다.

우리나라의 산재보험은 거의 전(全) 산업에 적용되고 있으며, 급여 수준이나 내용이 선진국 수준으로 평가받는다.

(3) 문제점

산재보험의 보험료는 매년 6월 30일 현재 과거 3년 동안 근로자에게 지급된 평균임금을 반영한 임금 총액의 추정액에 보험료율을 곱하여 산정한다. 산재보험료율은 보수총액에 대한 보험급여 총액의 비율을 기초로 재해 발생의 위험성에 따라 분류된 업종별 보험료율(사업의 종류별로 상이)을 따른다. 이와 같은 산재보험은 현재 근로복지공단에서 관장하고 있으며 그 동안 괄목할 만한 발전을 거듭해 왔지만 다음과 같은 문제점은 개선이 요구된다[37].

첫째, 적용대상을 거의 모든 사업장으로 확대하였지만 아직도 산업재해를 예상할 수 있는 전체 업종을 완전하게 포괄하고 있지는 못하다.

둘째, 산업재해보상보험제도 도입 후 50년 이상이 경과되었음에도 불구하고 이 제도 전반에 관한 종합적 진단과 평가가 없었다.

37) 배무기, 『노동경제학』, 경문사, 2000, pp.454~455.

셋째, 다른 사회보험이 담당하고 있는 영역에 산재보험도 중복적으로 관여하고 있어 업무의 중복 및 이중수급자를 발생시키고 있다. 따라서 이에 대한 시정이 요구된다. 예를 들면 업무상 질병(산재보험의 영역)과 업무 이외의 질병(건강보험의 영역) 간 합리적 조정이 필요하며, 산재보험이나 국민연금이 동시에 장애(장해, 장해급여) 및 유족연금(유족급여)을 지급하고 있어 해당 당사자들에 대한 이중수급 문제를 지적받는다.

넷째, 산업재해와 직업병의 발생률이 점차적으로 낮아지고 있으나 아직도 선진국보다는 절대적으로 높은 수준이다. 또한 산업재해에 대한 근본적인 예방, 방지대책이 부족하기 때문에 산재보험 지급액이 크게 줄지 않고 있다.

01 분배적 정의와 관련된 대표적인 철학적 기반으로는 공리주의와 자유주의가 있다. 한편 공리주의와 한계효용이론의 결합은 평등주의 색채를 나타낸다.

02 소득분배의 적정성 여부 판정은 통상 평등성 개념을 따르며, 주요 불평등도 지수로는 로렌츠곡선, 지니계수, 십분위분배율(오분위배율), 앳킨슨지수, 파레토계수 등이 있다.

03 재분배정책의 수단은 크게 재정적 수단과 비재정적 수단으로 나뉜다. 이 가운데 재정적 수단은 정부지출을 활용한 재분배정책과 정부수입 조달과정에서의 재분배정책으로 구분된다. 정부지출을 활용한 재분배정책에는 공공투자지출, 사회서비스의 제공, 사회보장지출이 포함되고 정부수입 조달과정에서의 재분배정책으로는 소득세, 법인세, 상속세 및 증여세, 소비세(사치품에 대한 개별소비세)가 대표적이다.

04 부의 소득세제는 개인의 소득이 일정 수준 이하로 떨어질 경우, 부(負, minus)의 세율을 적용하여 보조금을 지급하는 방식으로 운영되며, 이것이 발생되는 소득효과와 대체효과는 똑같이 여가를 늘리고 근로의욕을 저하시키는 작용을 한다. (단, 여가 : 정상재)

05 근로장려세제를 시행할 때, 근로자의 소득수준이 매우 낮은 경우, 여가를 줄이고 노동을 증가시킨다. 이는 여가의 상대가격 변화에 따른 대체효과가 실질소득 증가가 빚는 소득효과보다 커서 노동을 늘리는 영향을 미친다는 것이다. 이때 소득증가는 효용증대로 이어진다.

06 평등성을 충족하는 분배, 정당한 권리를 침해하지 않는 분배, 공정한 규칙을 준수하는 분배, 각자의 받을만한 자격에 상응하는 분배의 네 가지 조건이 동시에 이루어질 경우 분배적 정의가 실현된 것으로 간주한다. 하지만 현실적으로 이러한 네 가지 조건을 동시에 충족하는 분배의 달성은 가능하지 않다.

07 롤즈의 최소극대화원칙은 사회적으로 가장 열위한 처지에 있는 계층의 후생을 극대화하는 방향의 분배를 정의로운 분배로 평가한다.

08 사회보장제도는 공공부조제도, 사회보험제도, 사회복지서비스제도로 구분된다. 우리나라는 4대 사회보험으로 국민연금, 국민건강보험, 고용보험, 산업재해보상보험(산재보험)을 시행하고 있다. 국민연금의 재원은 적립방식 또는 부과방식으로 조달되는데, 우리나라는 적립방식을 따른다.

09 국민연금제도는 자산대체효과에 따라 민간저축을 감소시키고 상속효과, 은퇴효과, 목표실현효과, 인식효과를 통해 민간저축을 증가시킨다. 반면 국민연금 기금의 강제 적립은 정부저축을 늘리는 작용을 한다. 따라서 국민연금제도가 전체저축에 미치는 영향은 민간저축과 정부저축의 변동에 의해 결정된다.

10 고용보험제도는 불황으로 대량의 실업자가 발생할 때 적립된 보험기금에서 보험급여를 지급함으로써 생활의 안정과 유효수요 확대를 통해 침체된 경기를 활성화하는 효과가 있다. 반면 실직으로 고용보험금을 수혜할 수 있는 근로자에게는 실직기간의 의도적 연장과 구직노력을 소홀히 하는 도덕적 해이를 수반하기도 한다.

제11장
지방재정

제1절 지방재정의 개관

1. 중앙정부와 지방정부의 관계

각국의 중앙과 지방정부(지방자치단체)는 여러 가지 방식으로 관계를 맺는다. 중앙과 지방정부 간 관계를 정부조직이라고 하는데, 크게 중앙집권형, 지방분권형, 절충형의 세 가지 유형으로 구분할 수 있다. 어느 국가가 어떤 유형의 정부조직을 갖느냐는 그 나라의 역사, 문화, 인종, 지리 등 다양한 분야로부터 영향을 받는다. 특정 정부조직 유형이 다른 것에 대하여 우월하거나 열등하다고 판정하는 접근은 무의미한 뿐만 아니라 가능하지 않다. 각 정부조직 유형은 서로 다른 특성을 가질 뿐이다.

1) 정부조직의 유형

모든 국가는 중앙정부와 여러 단위의 지방정부로 이루어지며, 각 지방정부들과 중앙정부는 서로 법적·정치적·행정적·재정적 영역에서 관계를 맺고 있다. 이러한 제반관계를 정부 간 관계(政府間關係, intergovernmental relation)라고 한다.

특별히 중앙정부와 지방정부의 관계에 통치의 개념이 포함될 경우 정부조직은 중앙집권형과 지방분권형으로 나뉜다. 전자의 논리가 우세한 국가나 시대에는 수직적 관계에서 중앙정부와 지방정부 간 역할이 구분된다. 반면 후자의 논리가 앞설 때는 수평적 관계에서 중앙정부와 지방정부 간 역할이 배분되는 경향을 보인다.

대부분의 국가들은 양 극단의 중간에 위치한 절충형의 정부조직을 채택하고 있다고 하겠다. 중앙정부가 부분적으로는 자치권(自治權)을 지방정부에 부여하고 있으나 상황에 따라 지방정부의 업무에 직접 개입하여 통제하는 형태를 취한다.

중앙집권형 정부조직과 지방분권형 정부조직은 다음과 같은 특징을 갖는다. 이때 어느 한 정부조직의 장점은 다른 쪽의 단점이 된다.

(1) 중앙집권형 정부조직

중앙집권형 정부조직은 중앙정부가 주도적인 위치에서 행정·재정 및 제도운영을 관장하고, 지방정부는 중앙정부의 하위기관 성격을 갖는다. 이 조직 형태에서는 중앙에 의한 지방정부 통할·간섭이 나타나며, 지방의 독자적이고 자율적인 지위는 보장되지 않는다. 다시 말해 중앙집권형 정부조직에서는 지방정부가 자치권을 갖지 못하고 모든 국가정책이 중앙정부에 의해 결정되며, 지방정부는 중앙정부의 일선기관에 불과하여 중앙정부와 지방정부 간의 재정관계는 지배·종속적이다.

중앙집권형 정부조직이 경제적 측면에서 가질 수 있는 장점은 다음과 같다.

첫째, 경제안정을 위한 정책을 적절히 수행할 수 있다. 경제안정을 위한 조치는 특정지역에만 국한되지 않는 전체 국민경제와 관련된 것이므로 분권화된 정부조직에 의해서는 적절한 수행이 어렵고, 중앙집권화된 형태에서 국가주도로 추진될 때 효율적이다.

둘째, 중앙집권화된 정부조직은 소득재분배정책을 시행하는 데에도 명백한 이점을 드러낼 수 있다. 사회구성원 간에 형성된 빈부격차를 조정하는 소득재분배정책은 국민최저한(national minimum)을 주요한 기준으로 활용해야 하는데, 이는 지역단위로 설정될 수 없는 국가 전체적으로 결정되어야 할 과제이다.

셋째, 중앙집권화된 정부조직은 자원배분 측면에서 우위에 있는 부분과 그렇지 않은 분야를 동시에 내포하고 있다. 예를 들면 ① 국방서비스, 환경보호사업 등 광범위한 외부성을 초래하는 재화나 서비스의 공급, ② 우편서비스, 철도서비스 등 규모의 경제가 현저한 사업, ③ 중앙정부가 지방정부보다 더욱 적절하게 할 수 있는 세목의 세금징수 행위 등의 경우는 중앙집권화된 정부조직이 더 효율적으로 수행할 수 있을 것이다.

(2) 지방분권형 정부조직

지방분권형 정부조직은 국가를 구성하는 지방정부들이 중앙정부와 조화·협력하면서 독자적이고 자율적인 입장에서 지역 중심의 자치를 보장받는 정부조직 형태를 말한다. 지방분권형 정부조직을 채택하고 있는 국가들은 대체로 중앙정부와 지방정부가 재정적으로 상호 독립된 고유의 권한을 가지고 있기 때문에 정부 간 재정관계는 상호 수평적 협력 모습을 띤다.

이와 같은 지방분권형 정부조직은 다음과 같은 장점을 갖는다.

첫째, 지역주민의 선호를 충실히 고려할 수 있다. 지방정부는 각 지역의 특수한 여건 혹은 그 지역주민들의 독특한 선호를 반영한 지방행정서비스의 공급 등에서 중앙집권형보다 낫다.

둘째, 지역에 편익이 한정되는 지역공공사업(지방공공재)의 시행을 위한 재원조달이 용이하다. 지방분권형 정부조직에서는 주민들이 지방정부의 지출 프로그램 시행에 필요한 추가적인 조세부담을 좀 더 명백하게 인식할 수 있다. 따라서 그들의 자발적인 조세부담을 유도할 수 있기 때문에 효율적인 정책 집행이 가능하다.

셋째, 지방분권형의 경우 지방정부 간 합리적인 경쟁을 유도함으로써 국민경제 전체적으로 효율성의 증진을 도모할 수 있다. 여러 지방정부가 독자적인 재정 프로그램을 운영하는 분권화된 체제에서는 지방정부들 사이에 경쟁이 벌어지는 양상이 나타나고, 그 결과 자발적으로 효율성을 추구하려는 유인이 생긴다. 또한 여러 지방정부가 경쟁하고 있는 체제에서는 정부 운영상 기술 혁신이 더욱 자주 일어날 수 있는 이점이 있다. 이렇게 지방정부 간 경쟁을 통해 지역발전을 자극함으로써 효율성의 달성을 이끈다.

(3) 우리나라의 정부조직

현재 우리나라의 정부조직 형태는 외형적으로 지방분권형 정부조직에 해당하지만, 실질적으로 보면 각 지방(지방자치단체)은 중앙정부에 대한 의존성이 높은 상황이다. 우리나라는 1991년 지방자치제도가 부활되면서 형식적으로는 지방분권형 정부조직을 갖추게 되었지만, 아직은 각 지방이 스스로 중심체가 되어 자립해 가는 자치(自治)를 뿌리 내리지 못하고 있다. 이는 우리나라 정부조직 형태가 중앙집권형 요소와 지방분권형 요소가 동시에 내재되어 있는 절충형에 속한다는 것을 의미한다.

우리나라의 경우 대외적으로는 지방분권형 정부조직을 표방하고 있으면서도 여러 가지 원인으로 말미암아 완전한 지방분권의 자리매김을 이룩하지 못하고 있다. 그 대표적인 원인으로는 아직까지 중앙 지향적인 삶의 방식이 엄존하고 있는 현실과 지방재정력(달리는 지역경제력)의 취약성 등이 지적된다.

지방자치 부활 이후 국민의 자치의식이 꾸준히 향상되고 있으며, 지역경제의 활성화를 통해 지역 재정여건을 개선하고자 하는 노력이 활발하게 이루어지고 있다. 지방자치의 구현과 지방(지역)의 역량 강화를 위해서는 중앙과 지방 간 합리적 역할 배분, 지방의 권한 확대, 지역경제력의 확충 등 여러 방면에 걸쳐 실질적인 대책이 강구되어야 한다. 또한 중앙과 지방 간 실효적 협력·보완 관계의 강화가 요구된다.

2) 중앙정부와 지방정부의 역할

(1) 중앙정부의 역할

중앙정부는 전체 국민경제를 통할하고 조정하는 등 다양한 역할을 수행한다. 중앙정부의 역할을 경제적 측면에 한정하여 설명하면 다음과 같다.

첫째, 중앙정부는 자원배분의 조정뿐만 아니라, 소득재분배, 경제안정화의 측면에서 적극적인 역할을 한다. 이와 같이 중앙정부는 포괄적 기능을 맡는다.

둘째, 중앙정부는 국가를 구성하는 많은 지방정부(지방자치단체)들 간의 대립과 갈등을 중재 또는 조정하는 조율사로 행동하며, 지방정부들 간에 선의의 경쟁을 유도함으로써 국가 발전을 증진하는 역할을 한다.

셋째, 중앙정부는 재정여건이 취약한 지역을 지원하는 한편, 낙후된 지역의 경제 활성화를 위해 지방정부와의 상호 협력·보완을 이끈다.

(2) 지방정부의 역할

일정한 지역을 관할하며 국가를 구성하는 핵심적인 요체인 지방정부는 독자성과 중앙의존성이라는 상반된 모습을 동시에 갖고 있다. 이런 연유로 지방정부는 자신의 지역에 관한 일을 통할하며, 지역주민을 지원하고, 중앙정부와 협력하는 일을 한다.

이와 같은 지방정부의 핵심적인 역할은 다음과 같다.

첫째, 지방정부는 지방자치를 주도적으로 실행하며, 지역의 중심체 위치에 있다. 지방정부는 지방재정을 통해 지방자치의 물질적 기초를 확보하고, 풀뿌리 민주주의 실천에 구심체이고 실체적 역할을 하는 존재이다(지방자치의 주도).

둘째, 지방정부는 지역주민의 선호를 반영한 지방공공재(지역공공재)를 공급한다. 지방정부가 공급하는 지방공공재에 의해 주민의 지역에 대한 만족도와 지역의 후생 수준이 결정된다(지방공공재의 공급).

셋째, 지방정부는 지역실정을 반영한 지역사회 개발과 지역경제 활성화를 촉진함으로써 지역의 발전과 지역주민의 복리증진에 기여한다(지역개발 및 지역경제 활성화).

넷째, 한 국가는 많은 지방으로 구성되어 있다. 따라서 지방의 성장·발전은 국가의 발전으로 직결된다. 지방정부는 중앙정부와 지역주민의 중간에 서서 중앙의 의도와 지역의 목표를 적절히 조화·절충함으로써 지역발전을 모색한다. 이런 측면에서 보면 지방정부는 중앙과 지방을 연결하는 교량이라고 할 수 있다(중앙과 지역의 교량).

2. 지방재정의 특징

지방재정은 지방정부(지방자치단체)가 관할지역 내에서 공공욕구를 충족시키는데 필요한 재화나 서비스를 획득·관리·사용하는 경제활동을 가리킨다.

오늘날은 중앙정부가 직접 지방행정을 관장하지 않고, 지방정부로 하여금 자치하도록 하는 것을 원칙으로 한다. 이는 경제적 능률의 저해라는 문제가 있더라도 지방자치가 민주주의의 기초라는 인식을 강조하기 때문에 나타나는 보편적인 현상이라고 할 수 있다. 따라서 지방재정은 각 지역에 민주주의의 실천이 가능하도록 지원하는 토대이며, 지방자치의 물질적 기초이다.

이와 같은 의의를 갖는 지방재정은 공공경제로서의 특징과 중앙재정(국가재정)과 구분되는 특징을 동시에 내포하고 있다.

1) 공공경제로서 지방재정의 특징

지방재정은 공공부문에 해당하는 지방정부(지방자치단체)의 경제활동과 관련되어 있기 때문에 기본적으로 공공경제와 동일한 특징을 가질 수밖에 없다. 이에 따라 공공경제로서 지방재정이 갖는 특징에는 공공성, 강제성, 계획성, 민주성 등이 있다.

첫째, 공공성은 지방재정이 민간부문(시장경제)과 달리 지방(지역)에서 발생하는 공공욕구의 충족을 뒷받침하는 성향을 말한다. 지방재정에 의한 공공욕구 지원행위는 지방공공재 공급으로 구체화된다. 이는 지방재정에 의한 지방공공재 공급이 그 지역주민들의 공공욕구를 충족시키는 역할을 하게 된다는 것이다(공공성).

둘째, 지방재정은 수입의 근간을 강제적으로 징수하는 지방세에 의해 충당하며, 일체의 지출은 정해진 법규(예산)에 따라 집행한다. 다시 말해 지방재정의 수입과 지출에 관련한 사항들은 법규를 따르며, 공권력에 근거하기 때문에 강제성을 수반한다는 것이다(강제성).

셋째, 지방재정은 사전(事前) 계획에 따라 시행하는 방식으로 운영된다. 민간부문과 달리 지방재정에 관련된 사항들은 사전에 계획하여 이루어진다(계획성).

넷째, 지방자치는 지역주민의 자발적이고 민주적인 참여를 전제로 하며, 지방재정은 궁극적으로 지방자치의 구현을 물질적으로 뒷받침하기 위한 것이기 때문에 양자는 기본적으로 민주성을 근간으로 한다. 따라서 지방재정의 조세징수와 지출행위의 결정에는 지역의 주권자인 주민의 민주적인 참여가 필요하다(민주성).

2) 중앙재정과 구분되는 지방재정의 특징

각국은 각 지방을 대변하는 지방정부(지방자치단체)들에 의해 전체적인 모습을 형성하게 된다. 이때 지방정부는 전체의 구성요소이면서 독자적인 입지를 구축한 존재이기 때문에 중앙정부와는 다른 특성을 갖는다. 한편 중앙재정과 지방재정의 관계 역시 중앙정부와 지방정부 간 관계와 동일한 양상을 나타낸다.

중앙재정(국가재정)과 구분되는 지방재정의 특징으로는 다음을 지적할 수 있다.

첫째, 각 지방정부(지방자치단체)는 면적, 인구, 자연 및 지리입지, 산업구조 등이 상이하기 때문에 그것이 반영된 지방재정의 규모와 내용은 다를 수밖에 없다. 2025년 현재 우리나라는 243개의 지방정부들로 구성되어 있으며, 이들 지방정부는 상이한 환경을 배경으로 하고 있기 때문에 지방재정 역시 서로 다른 모습을 나타내고 있다(다양성과 복잡성).

둘째, 지방재정 운용은 국가가 제정한 법규의 범위 내에서 이루어지게 되며, 사전·사후적 통제를 받게 된다. 그 이유는 각 지방재정은 전체 국가재정의 일부인 동시에 그 자치권은 국가차원에서 부여된 것이기 때문이다. 이때 지방재정의 재원이 의존재원 중심으로 조달되고 있다면 국가에 의한 제약성이 더욱 커질 수밖에 없다(국가에 의한 제약성·타율성).

셋째, 지방재정 활동은 각 지방정부가 지방자치 구현을 위해 중앙정부나 다른 지방정부의 간섭 없이 독자적으로 시행함을 원칙으로 한다. 지방자치는 각 지방정부의 분권적 지위를 토대로 하기 때문에 지방정부의 기본적 행정사무는 독자적·자율적으로 이루어진다(자율성).

3. 지방재정의 기능

자본주의 경제체제는 민간 중심의 경제활동을 근간으로 한다. 그러나 민간에 의한 경제활동은 현실적으로 상당한 한계를 드러내는 것이 일반적이다. 이런 상황을 시장실패(Market failure)라고 하며, 이는 정부에 의한 조정을 필요로 하게 된다. 따라서 정부는 시장의 한계를 보완하기 위해 자원배분행위, 소득분배(엄밀히 말하면 이미 이루어진 소득분배를 조정하는 소득재분배)행위, 경제성장행위를 한다. 이를 정부가 담당하는 재정의 세 가지 기능이라고 하며, 이것은 중앙정부나 지방정부 모두 마찬가지라고 하겠다.

1) 자원배분기능

지방정부의 주된 기능은 지방공공재의 공급과 관련된 자원배분기능이다. 특정지역 주민만을 대상으로 소비가 한정되는 지방공공재의 공급은 중앙정부가 담당하는 것이 바람직하지 않다.

한 국가 내에서 필요한 여러 규모의 지방공공재를 소비하는 주민을 고려하여 관할 지방정부가 그 공급을 책임지는 분담이 이루어진 상태를 완전일치의 상태(Perfect correspondence)라고 부른다. 이러한 완전일치의 상태에서는 상이한 크기의 지방공공재가 적절하게 공급될 수 있도록 맞춤형으로 지방정부의 범위가 설정되어야 한다. 상황(여건)을 반영한 여러 규모(크기)의 지방정부가 설치된 재정연방체제에서는 지방공공재의 효율적 공급이 가능해진다.

지방공공재의 혜택(편익)은 지역주민들에게 제공되기 때문에 그 종류 및 규모의 결정은 해당 지역 주민들의 선호를 반영하여 지방정부가 담당하는 것이 바람직하다. 그 이유는 중앙정부보다 지방정부가 그 지역주민들의 선호를 보다 정확히 파악하여 주민들이 원하는 지방공공재를 공급할 수 있기 때문이다.

[그림 11-1]을 통해 중앙정부보다 지방정부(지방자치단체)에 의한 지방공공재 공급이 왜 더 적합한지 알아보도록 하겠다. 지방공공재의 공급 수준은 다음과 같은 과정을 거쳐 결정된다.

지방공공재는 주민들이 함께 사용하는 공동 소비재이므로 한 단위 더 늘어나면 그것으로부터 모든 지역주민이 편익(Benefit)을 얻는다. 이때 편익은 지방공공재를 한 단위 더 추가할 때 발생하는 한계편익(MB, Maginal benefit)을 의미하며, 지역 전체가 얻는 편익의 크기는 개별 주민이 얻은 한계편익을 합계한 $\sum MB$가 된다. 지방공공재를 늘려나갈 때 형성되는 $\sum MB$의 궤적은 그 지역 주민의 선호가 반영된 지방공공재에 대한 수요(수요곡선)[1]를 나타낸다.

한편 지방공공재의 추가적 공급은 그에 따른 비용을 발생시키게 된다. 이때 비용은 지방공공재를 한 단위 더 늘렸기 때문에 초래된 것이므로 한계비용(*MC*, Marginal cost)에 해당한다. 지방공공재를 한 단위씩 늘려나갈 때 형성되는 *MC*의 궤적은 그 성격상 지방공공재에 대한 공급(공급곡선)[2]을 나타낸다.

지방공공재의 적정공급은 그 수요와 공급이 일치할 때 이루어진다. 이는 $\sum MB = MC$가 성립할 때 지방공공재의 적정 공급이 실현된다는 것이다.

[그림 11-1]에 제시되어 있는 것처럼 지방공공재의 공급곡선은 한계비용(*MC*)의 궤적에 해당한다. 한편 *A*, *B* 지방정부만 있다고 상정하면 두 지역의 지방공공재에 대한 수요곡선은 각 지역주민들에게 공급된 지방공공재가 초래하는 한계편익(*MB*, Marginal benefit)을 합하여 도출한 $\sum MB^A$와 $\sum MB^B$이다. 수요와 공급이 일치하는 상황에서 결정되는 *A*, *B* 지방정부의 공공재 규모는 각각 *a*와 *b*점에 대응하는 G_A와 G_B 규모가 된다. 지방정부가 그들 지역의 지방공공재 공급을 담당한다면 주민의 선호를 정확히 반영할 수 있으므로 G_A와 G_B는 최적 규모에 해당한다.

반면 중앙정부가 지방공공재 공급을 담당하게 되면 각 지역주민의 선호를 정확히 알 수 없으므로 *A*, *B* 지방정부의 평균 수준에 해당하는 $\overline{G}$를 공급하게 될 것이다[3]. 이에 따라 *A* 지방정

그림 11-1 지방공공재의 적정공급

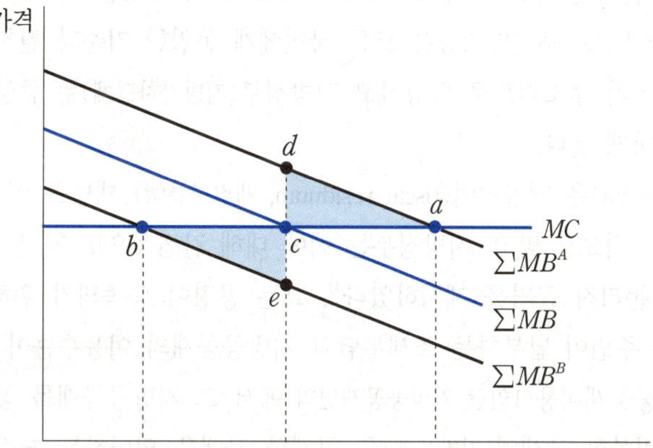

1) 수요는 일정기간 동안 어떤 재화나 서비스를 구입하고자 하는 욕구(욕망)를 말한다. 수요는 그 대상에 대한 선호(preference)에 기초하여 형성되며, 수요자는 수요를 통해 편익(benefit)을 얻게 된다. 따라서 수요 ≒ 선호 ≒ 편익의 관계가 성립한다.

2) 공급은 일정기간 동안 어떤 재화나 서비스를 판매하고자 하는 욕구(욕망)를 말한다. 공급이 이루어지기 위해서는 재화나 서비스의 생산이 전제되어야 하며, 생산은 비용을 수반하게 된다. 따라서 공급 ≒ 생산 ≒ 비용의 관계를 도출할 수 있다.

3) 이때 평균 수준이 아닐 수 있음은 물론이다.

부에는 과소공급이 되며, B 지방정부에는 과잉공급이 초래된다. A 지방정부의 경우 $\overline{G}G_A$의 과소공급에 따른 자원절약의 이득은 $\square caG_A\overline{G}$이며, 편익감소는 $\square daG_A\overline{G}$이다. 따라서 중앙정부에 의한 $\overline{G}$ 규모의 지방공공재 공급으로 $\triangle dac$만큼의 후생(편익)손실을 보게 된다. 한편 B 지방정부의 경우는 $G_B\overline{G}$의 과잉공급에 따라 $\square be\overline{G}G_B$만큼 편익이 증가한다. 반면 $\square bc\overline{G}G_B$에 해당하는 비용이 발생하기 때문에 오히려 $\triangle bce$만큼의 추가비용을 감수해야 할 상황에 직면하게 된다.

결론적으로 지방공공재는 중앙정부보다는 지방정부에 의한 공급이 더 효율적임을 알 수 있다. 이는 지방정부가 자원배분기능(지방공공재 공급)을 적절히 수행할 수 있음을 의미한다.

자원배분의 효율성 측면에서 지방정부의 역할을 강조한 이론으로는 티부(C. Tiebout, 1956)의 '발에 의한 투표(voting with the feet)'와 오우츠(W. Oates, 1972)의 '분권화 정리(decentralization theory)'가 대표적이다. 티부의 발에 의한 투표는 지방정부(지방자치단체)에 불만이 있는 해당 지역 주민은 불만의 표시로 떠나기 때문에 이를 방지하기 위해 지방정부는 자원의 효율적인 배분을 강조할 수밖에 없고, 이에 따라 지방분권이 중앙집권보다 지방공공재를 더 효율적으로 공급한다는 것이다. 오우츠의 분권화 정리에 따르면 중앙정부보다 지방정부가 동일한 비용으로 똑같은 질의 지방공공재를 보다 효율적으로 공급한다.

2) 소득재분배기능

한 나라의 소득재분배는 국민최저한(National minimum)의 보장을 목표로 하여 이루어지는 것이 일반적이다. 따라서 소득재분배기능은 모든 국민에게 동일한 기준과 원칙을 적용하여 시행되어야 하므로 중앙정부가 주도적으로 담당하고 지방정부(지방자차단체)는 중앙정부를 보조하는 방식으로 역할을 분담하게 된다.

뷰캐넌(J.M. Buchanan)은 재정잉여(fiscal residuum, 재정잔류액) 개념을 이용하여 소득재분배기능은 중앙정부가 주도적으로 맡고, 지방정부는 이에 대해 간접적으로 지원하는 역할을 수행하는 것이 바람직하다는 논리적 근거를 제시하였다[4]. 그는 공평이 충족되기 위해서는 서로 다른 지방정부에 살고 있는 주민이 납부하는 조세부담과 지방공공재의 이용수준이 균등해야 할 필요는 없지만, 1인당 지방공공재비용(1인당 지방공공재편익)에서 그 지방공공재를 공급한 지방정부에 거주하는 각 주민이 지불한 조세액(지방세액)을 공제한 잔액을 의미하는 재정잉여(財政剩餘)가 동일해야 한다고 보았다.

재정잉여는 지역주민이 지방공공재 공급으로부터 얻는 순편익을 가리킨다. 재정잉여가 클수록 납부한 세액보다 지방공공재로부터의 편익이 크다는 것이므로 이런 처지에 있는 주민은 자신이 살고 있는 지방정부에서 얻는 순편익이 많을 수밖에 없다.

4) 보다 자세한 내용은 이진순, 『재정학』, 조세통람사, 1989, pp.479~481와 J.M. Buchanan, Federalism and fiscal equity, *American Economic Review*, 40, (1950. 9), pp.583~599를 참조하기 바란다.

[표 11-1]의 단순 모형이 보여주는 바와 같이 지방정부(지방자치단체)에 의한 소득재분배기능은 한계를 드러낼 수 있으며, 이럴 경우 중앙정부의 관여(간섭)가 필요하게 된다. 지방정부 A와 B의 주민 1인당 조세지불액은 그들 소득의 10%이다. 또한 각 지방정부의 주민들이 납부한 조세지불액의 합계가 그 지방정부의 세수 총액이며, 이것은 지방공공재 공급을 위한 재원으로 사용된다. 각 지방정부의 주민들은 제공된 지방공공재로부터 동일한 편익을 수혜하므로 각 주민이 지방공공재로부터 얻는 편익은 세수 총액을 주민수로 나눈 것으로 표시할 수 있다. [표 11-1]은 지방정부 A와 B의 주민구성, 1인당 소득, 세수 총액, 1인당 지방공공재로부터의 편익(1인당 지방공공재비용), 그리고 그에 따른 재정잉여의 양상을 보여준다.

[표 11-1]에 따르면 각 지방정부에 의해 징수된 세수로 지방공공재를 공급할 경우 A, B 두 지역 모두 저소득층에게 더 큰 순편익(재정잉여)이 제공되기 때문에 소득재분배효과가 있다. 이는 각 지방정부에 의해서도 소득재분배기능이 적절하게 수행될 수 있음을 시사한다.

하지만 이때 주목해야 할 점은 동일한 소득을 가진 주민일지라도 어느 지방정부에 사느냐에 따라 그의 재정잉여가 다음과 같이 상이하게 나타날 수 있다는 것이다.

(1) 1,000의 소득을 가진 주민 간 재정잉여 비교

지방정부 A의 경우 1,000의 소득을 가진 A_1, A_2의 재정잉여는 −30이고, 지방정부 B의 경우 1,000의 소득을 가진 B_1의 재정잉여는 −60이다. 이는 지방정부 A에 거주하는 1,000의 소득자가 지방정부 B의 1,000 소득자보다 재정잉여가 크다는 것이다. 따라서 1,000의 소득을 가진 주민들의 경우 지방정부 A에 사는 것이 상대적으로 더 유리하다.

(2) 100의 소득을 가진 주민 간 재정잉여 비교

지방정부 A의 경우 100의 소득을 가진 A_3의 재정잉여는 60이고, 지방정부 B의 경우 100의 소득을 가진 B_2, B_3의 재정잉여는 30이다. 이는 100의 소득자들을 비교하면 지방정부 A의 거주자가 지방정부 B에 거주하는 자보다 큰 재정잉여를 얻고 있음을 의미한다. 따라서 100의 소득을 가진 주민들의 경우 지방정부 A에 사는 것이 상대적으로 더 유리하다.

표 11-1 지방정부의 재정잉여

단체	주민	1인당 소득	1인당 세액 및 세수 총액		1인당 지방공공재비용 (1인당 지방공공재편익)	재정잉여
A	A_1	1,000	100	210	70	−30
	A_2	1,000	100		70	−30
	A_3	100	10		70	60
B	B_1	1,000	100	120	40	−60
	B_2	100	10		40	30
	B_3	100	10		40	30

앞의 예에 따르면, 동일한 소득을 가진 주민일지라도 어느 지방정부에서 사느냐에 따라 재정잉여가 상이하게 나타나고 있다. 동일한 소득을 가진 사람들은 어느 지역에서나 동일한 지방세를 납부하고 있지만, 각 지방정부 주민구성의 차이로 인해 그들은 상이한 순편익(재정잉여)을 얻게 된다. 이에 따라 사람들은 B 지방정부로부터 A 지방정부로 이주하려는 유인을 갖는다.

결과적으로 각 지방정부가 주도하는 소득재분배는 지역 간 수평적 공평을 저해[5]하게 되며, 이런 문제를 시정하기 위해서는 중앙정부에 의한 재정잉여의 균등화가 요구된다. 중앙정부는 다음과 같은 방법을 통해 재정잉여의 균등화를 도모할 수 있다.

첫째, 지역에 따라 상이한 세율로 국세를 부과하되, 부유한 지방정부의 주민들에게 중과한다. 예를 들면 A 지방정부에 1인당 30씩 중과하는 경우이다. 그러나 국세를 지역마다 차별 과세하는 것은 어렵기 때문에 현실적으로 이 방법의 적용은 쉽지 않다.

둘째, 부유한 지방정부 세수의 일부를 중앙정부가 흡수한다. 그 방법으로 A 지방정부에서의 세수 90을 중앙정부가 흡수하는 조치를 들 수 있을 것이다. 이는 부유한 지방정부의 징세의욕을 저해하는 결과를 초래할 수 있다.

셋째, 중앙정부가 빈곤한 지방정부를 대상으로 무조건부보조금을 교부한다. 이와 관련한 조치로는 중앙정부가 B 지방정부에 1인당 30의 무조건부보조금(일반보조금, 총 90)을 지원하는 등의 방안을 들 수 있다. 가장 현실적이며, 실효성이 있는 보편적인 조치이다.

넷째, 부유한 지방정부가 세수의 일부를 빈곤한 지방정부에 양여(일반보조금 지원)한다. A 지방정부가 B 지방정부에 45를 양여하는 경우이다. 하지만 현실적으로 빈곤한 지방정부에 제공하는 보조금액의 결정이 쉽지 않다.

폴리(M.V. Pauly)는 일정 상황에서 지방정부가 중앙정부보다 소득재분배기능을 더 적절히 수행할 수 있다고 하였다. 그에 따르면 각 지역의 주민들은 자신들이 속한 지방정부가 어떤 조세 및 소득이전정책을 채택해도 그 지역을 떠나지 않으며(주민의 낮은 지역이동성), 각 지역의 소득재분배정책은 그 지역에만 편익을 제공하고(소득재분배에 대한 선호가 지역적으로 상이), 소득재분배정책이 시행 전보다 지역후생을 증진시키는 파레토 개선을 가져온다면 지방정부가 담당하는 지방분권적인 소득재분배가 바람직하다는 것이다[6].

---

5) 지역 간 재정공평성(財政公平性)의 개념은 수평적 공평(Equal treatment for equals)의 원칙을 지리적 위치를 달리하고 있는 지방정부들 간의 관계에 적용한 것이다. 이는 같은 지위(소득 수준)에 있는 주민이라면 어느 지역에 살든지 그가 받는 재정적 대우는 동일해야 함을 의미한다. 뷰캐넌은 지역 간 경제력 격차가 존재할 때는 동일한 지위에 있는 주민들이 어느 지역에 거주하느냐에 따라 그 재정적 대우의 차이가 발생하기 때문에 주민들의 지역이동이 나타난다고 하였다.

6) 자세한 내용은 M.V. Pauly, Income redistribution as a local public good, *Journal of Public Economics*, 2, (1973. 2), pp.35~58를 참조하기 바란다.

3) 경제안정화기능

현실적으로 소득재분배기능과 마찬가지로 경제안정화기능도 중앙정부가 주도적으로 담당하며, 지방정부는 보조적인 역할을 수행한다고 하겠다. 그 이유는 경제안정화조치는 특정지역에만 국한하지 않고 국민경제 전체를 대상으로 경기의 불안정(인플레이션 및 디플레이션)을 교정하는 방식으로 이루어지기 때문이다. 이런 특성 때문에 지방정부 차원보다는 중앙정부가 주관하여 추진하는 경제안정화정책(기능)이 합리적이고 실효성이 높다.

경제안정정책은 정부가 각종 재정 및 금융정책을 활용하여 고용과 가격안정 그리고 경제성장을 도모하는 조치를 말한다. 지방정부는 그 성격상 발권(發券, 은행권 등을 발행하는 조치)권한을 갖고 있지 않기 때문에 금융정책을 적절히 담당할 수 없고, 재정정책 역시 그 효과가 다른 지역에 파급되므로 특정지역에만 효과가 한정되는 지방정부 주도의 정책이 될 수 없다[7].

우리나라는 중앙정부 주도로 1962년부터 1996년까지 35년 간 5년 단위로 7차에 걸쳐 경제개발 5개년 계획(1982년에 시작된 제5차부터는 경제사회개발 5개년 계획으로 명칭 변경)을 시행하였다. 이와 같이 7차에 걸쳐 진행된 경제개발계획의 성공적인 수행으로 부존자원(賦存資源)과 자본이 부족했던 우리나라는 중진공업국가 단계를 넘어 선진국 수준으로 진입하는 괄목할만한 경제발전을 이룩하였다.

경제개발계획의 핵심 내용에 해당하는 국토건설사업이나 국토보전사업은 전체 국가 및 지역발전을 동시에 도모하는 역할을 한다. 한편 경제개발계획 과정에서 조성된 울산, 여수, 광양, 당진 등의 대규모 지방공업단지는 국가 전체 경제성장의 엔진 역할을 하면서 지역발전에 기여하고 있다. 이는 앞에서도 언급했듯이 경제성장 및 안정화기능은 중앙정부가 주도하고 지역이 협력하는 방향으로 진행됨을 의미한다.

▶ 지방분여세 또는 지방양여세(地方分與稅 또는 地方讓與稅)

지방분여세 또는 지방양여세는 지방재정의 조정과 지방세의 균형적 부담을 위해 국가가 부과 · 징수한 세수의 일부 또는 전부를 지방자치단체에 교부하는 제도인데 환부세(還付稅)와 배부세(配付稅)로 나뉜다. 환부세는 국가가 징수한 조세의 전액을 지방자치단체에 교부하되 배분금액은 각 지방자치단체에서 거둔 징수액과 동일액으로 한다. 배부세는 국가가 징수한 조세의 일부 또는 전부를 지방자치단체에 교부하되 징수지와 징수액에 관계없이 지방재정의 조정을 위해 배분하는데 우리나라의 경우 지방교부세와 지방교육재정교부금의 재원인 내국세를 이 방식에 따라 배분하고 있다.

7) 강인재 외, 『지방재정론』, 대영문화사, 1993, pp.9～10.

제2절 지방공공재의 적정규모

지방공공재 공급의 확대는 지역발전을 이끄는 동시에 지역주민의 후생을 제고하는 역할을 한다. 특정 지역의 상황을 감안하여 그 지역이 갖추어야 할 지방공공재가 적절히 공급된다면 지역 구성원이 소망하는 지역상(地域像)의 달성이 앞당겨질 수 있기 때문에 지방공공재의 적정공급은 지방자치 성공의 핵심요건이 된다.

본 절에서는 지방공공재의 적정공급 수준이 어떻게 결정되는가를 티부모형과 머스그레이브 모형을 중심으로 알아보도록 하겠다.

1. 티부의 지방공공재 최적공급모형

1) 티부모형의 개관

티부(C. Tiebout)의 지방공공재 최적공급모형은 지방공공재의 규모(적정 지방재정 규모) 결정과정을 설명하는 가장 대표적인 이론이다. 이 모형에 따르면 지방공공재는 부분적 비경합성을 나타내므로 준시장적 방법(발에 의한 투표, voting with the feet)에 의해 효율적인 적정공급을 달성할 수 있다는 것이다. 구체적으로 사람들이 각자의 취향(선호)에 따라 자신이 살기를 원하는 지역으로 자유롭게 이주하여 그 지역의 주민이 된다면, 각 지역은 그곳을 선호하는 사람들로 주민을 구성할 수 있게 되고, 이런 상황에서 공급되는 지방공공재 규모는 효율적 수준이 된다. 이때 개인들이 원하는 지역으로 자유롭게 이주하여 그 지역의 주민이 되는 것은 시장경제에서 경제주체가 소비대상물이나 생산품목을 자율적으로 선택할 수 있는 것과 유사하다는 점에서 이런 행태를 준시장적 의사결정이라고 한다. 자유로운 이주에 의해 거주를 원하는 곳의 지역주민이 되는 준시장적 방법(메커니즘)을 은유적으로 발에 의한 투표라고도 부른다. 이와 같이 발에 의한 투표를 통해 지방공공재의 효율적 공급이 실현되는 과정을 티부효과(Tiebout effect)라고 한다.

발에 의한 투표라는 개념은 허쉬만(A. Hirschman)에 의해 처음 소개되었다. 허쉬만은 조직 구성원이 조직에 대한 불만을 해결하는 수단으로 두 가지 방법을 제시하였다. 구체적으로 불만의 토로(voice option)와 퇴장(exit option)을 통해 조직에 대한 불만을 표시할 수 있다는 것이다. 티부모형에서 지방공공재의 적정공급을 유인하는 역할을 하는 발에 의한 투표(voting with the feet)는 그 중 퇴장의 한 유형에 해당한다.

티부모형에 따르면 지방공공재의 공급과정은 다음과 같은 절차를 거치게 된다. 먼저 각 지방정부는 지역실정에 적합한 공공재 프로그램을 주민들에게 제시한다. 이를 보고, 각 주민은 발에 의한 투표(이주)를 통해서 자신이 선호하는 지역으로 옮겨가게 된다. 이런 이동이 종료된 상황에서 형성되는 지방정부는 그 지역의 특색을 반영한 지방공공재를 적정한 크기로 공급하는 역할을 한다. 그리고 이때 공급되는 지방공공재 규모는 파레토 효율적 수준이다.

티부모형은 티부에 의해 1956년에 제안되었으며, 지방자치제도의 당위성을 이론적으로 뒷받침해 주는 토대라고 할 수 있다. 또한 이 모형은 지방공공재의 효율적 공급방안을 최초로 체계화한 업적으로 평가받는다.

2) 티부모형의 성립을 위한 조건

티부모형의 결론에 따르면 각 개인(주민)은 스스로의 선택에 의해 자신이 원하는 곳에서 살 수 있고, 이때 그 지역의 지방공공재 규모는 효율적이라는 것이다. 이와 같은 티부모형이 현실적으로도 유효하기 위해서는 많은 제약이 따른다. 티부모형이 타당성을 갖기 위해서는 다음과 같은 조건이 충족되어야 한다.

첫째, 각 개인은 그가 선호하는 지역으로 자유롭게 이동하여 그곳의 지역주민이 되는데 제약을 받지 않는다. 개인들은 취업기회의 차이 등에서 오는 지역 이동의 제약성이 없이 원하는 지역을 마음대로 선택할 수 있어야 한다. 이는 주민들이 발에 의한 투표를 할 수 있게 자유로운 이동이 가능해야 하며, 이를 통해 주민들은 원하는 지역을 자발적으로 선택할 수 있어야 한다는 것이다. 이런 상황은 시장경제에서 경제 주체가 자발적으로 경제활동을 전개하는 것과 그 성격이 동일하다(완전한 이동가능성).

둘째, 지역주민들은 각 지방정부에서 제공하는 재정 프로그램(지방공공재)의 내용에 대한 완전한 정보를 갖고 있다. 각 개인은 완전한 정보를 바탕으로 자신이 원하는 지역으로 이주할 수 있어야 그 지역에서의 생활을 통해 만족을 얻게 될 것이다. 또한 이주를 통해 특정 지역의 주민이 된 개인들은 그 지역에 대해 똑같은 선호를 갖게 됨으로써 지역발전에 서로 협력하게 될 것으로 예상된다(완전한 정보).

셋째, 지방정부의 선택 폭이 넓어야 한다. 극단적으로는 독특한 선호를 가진 1인만을 위한 지방정부도 존재할 수 있다. 이는 개인들의 상이한 선호를 충족시킬 수 있도록 다양한 지역공공재를 갖춘 다수의 지방정부가 존재함으로써 각 개인이 자신의 취향(선호)에 맞는 지역을 선택할 수 있어야 한다는 것이다(다수의 지방정부 존재).

넷째, 지방공공재(지역공공재)를 생산하는데 소요되는 단위당 비용은 일정하다. 지방공공재를 늘려 나아가는데 필요한 비용이 일정하다는 것은 규모에 대한 수익(수확)이 불변이라는 의미이며, 이는 모형을 단순화하기 위한 가정일 뿐이다(규모에 대한 수익불변의 생산기술).

다섯째, 지방공공재의 지방정부 간 외부효과는 없다. 특정지역에 제공되는 지방공공재는 그 지역에만 편익을 제공할 뿐이다. 지방공공재가 관할지역 밖으로 편익을 유출(spill-over)시키게 되면, 특정지역에 공급되는 지방공공재 자체가 갖는 편익과 그로부터 지역주민들이 얻는 편익은 다르게 된다. 지방공공재의 편익이 다른 지역으로 유출되는 외부효과가 발생하면 지역주민들은 지방공공재 자체가 갖는 편익보다 적은 편익을 얻는다. 따라서 이와 같은 외부효과가 있게 되면 지방공공재는 적정공급을 실현할 수 없게 된다(외부효과의 미발생).

여섯째, 각 지방정부는 공공재의 1인당 평균비용이 최저일 때의 최적인구 규모를 알 수 있다. 이에 따라 지방정부는 인구가 최적규모에 미달하면 인구증가정책을 쓰고, 초과하면 인구억제정책을 사용한다. 이는 각 지방정부의 공공재는 적정규모의 주민들에 의해 이용됨을 가정하는 것이다(지방정부별 최적인구 규모).

일곱째, 각 지방정부의 공공재 공급을 위한 재원은 그 지역주민들에게 비례적 재산세를 부과하여 조달하는 방식을 따른다. 지방공공재 공급 재원 마련은 재산세를 통해 이루어지는 것이 바람직하며 그 세율구조는 비례세율이어야 한다. 이는 지역주민이 보유하고 있는 보편적인 부(富)가 부동산과 같은 재산이고, 각 주민은 그 지역에 대해 같은 선호를 갖고 있기 때문에 비례세율 구조의 재산세를 통해 지방공공재 공급재원을 조달하는 방식이 적절하다는 것이다(비례적 재산세를 통한 지방공공재 공급 재원조달).

여덟째, 특정 지역에 거주하는 지역주민의 주택규모는 일정한 크기 이상이 되어야 한다. 이와 같은 가정이 설정되는 이유는 다음과 같다. 특정 지방공공재를 선호하는 주민들이 모여 지방정부가 형성되었는데, 그 구성원들이 고소득자로 이루어졌다고 하자. 이때 주민들이 지방공공재 공급을 위해 부담해야 할 재산세의 세율은 그들의 재산 수준이 높으므로 낮게 책정될 것이다. 이런 상황을 알고 낮은 재산세율에 매력을 느껴 자신의 선호와 관계없이 다른 지역의 주민들이 이 지역으로 이주해 온다면 티부모형은 붕괴된다. 따라서 지역생활에 이용되는 주택규모는 최소한의 크기에 제한을 두어야 한다. 이것은 티부모형의 안정성을 확보하기 위한 조건이다. 이런 예는 현실적으로 선진국의 배타적 지역–지구제도(exclusionary zoning regulations)[8]를 통해 확인할 수 있다(최소한의 주택크기 제한).

8) 배타적 지역–지구제도는 지방정부가 어떤 지역의 용도를 특정하게 규제하는 것을 말한다. 이 제도는 특정 지역의 주택규모 및 생활수준을 암묵적으로 제한하는 역할을 함으로써 그와 같은 요건을 충족할 수 없는 주민의 거주를 불가능하게 만든다. 특정 지역의 주민이 되기 위해서는 일정한 규모의 재산과 직업을 갖고 있어야 한다고 제약하는 것이 배타적 지역–지구제도의 예가 된다.

3) 티부모형의 시사점과 한계

티부모형은 제한된 조건을 따를 때 개인들의 자유로운 이주(발에 의한 투표)를 통해 지방공공재의 적정 공급을 실현할 수 있음을 시사한다. 이는 티부모형의 가정이 충족되는 상황이라면, 각 지방정부가 독자적으로 조세를 징수하고, 지방공공재의 공급에 관한 의사결정을 내리는 분권화된 체제에서도 효율적인 자원배분[9]이 달성된다는 것이다. 다시 말해 지역주민들이 그들의 선호에 따라 다양한 지방정부를 선택하고, 그에 따라서 공급되는 지방공공재의 규모는 적정 수준이 되며 효율적임을 의미한다. 이와 같은 티부모형의 타당성 여부를 실증 분석한 결과에 따르면 이 접근이 의외로 현실을 잘 설명하고 있음을 보여준다.

특정 지역 주민들의 성향을 조사해 보면 선호의 유사성이 나타나는 경우가 적지 않다. 이런 점에서 볼 때 티부모형은 현실 설명력이 높다고 할 수 있다. 반면 일정한 가정을 전제로 한다는 점에서 다음과 같은 한계를 내포한다.

첫째, 선호가 동일한 주민들이 모여 지방정부를 형성하는 과정에서 부유한 사람들만이 사는 지방정부나 가난한 사람들만이 사는 지방정부가 만들어질 수 있다. 이런 주민구성은 지역 간 위화감을 조장하고 궁극적으로 국가발전을 저해하게 된다.

둘째, 개인의 선호가 다양할 때, 그것의 충족을 위한 지방정부의 수가 많아진다. 극단적인 경우에는 주민의 수만큼 지방정부가 생길 수도 있다. 이는 1인을 위한 지방정부도 만들어져야 한다는 것인데 현실적으로 가능하지 않음은 물론이다.

셋째, 지방세(재산세)의 변화 가능성을 명시적으로 포함하지 못하고 있다. 티부모형은 지방공공재 공급을 위한 재원을 비례적 재산세의 부과를 통해 조달하는 방식을 따른다. 반면 재산세와 관련된 환경이 달라졌을 경우에 대한 대책은 없다.

넷째, 가정이 비현실적이다. 티부모형의 가정은 완전경쟁시장 성립을 위한 요건과 상당히 유사하다. 따라서 이 모형이 설정하고 있는 상황(가정)은 현실의 지방재정과는 간극을 나타낸다.

다섯째, 티부모형의 균형은 효율성 측면에서는 만족할만한 결과를 나타낼지 모르지만, 공평성 측면에서는 적절하지 않을 수 있다. 티부모형의 내용처럼 발에 의한 투표라는 준시장적 의사결정 방법을 통해 지방공공재의 효율적인 공급을 실현했다고 할지라도 그것이 공평성까지 보장하는 것은 아니다. 이는 티부모형에 따라 공급된 지방공공재로부터 개별 지역주민이 얻는 편익이 공평한가는 단정하기 어렵다는 것이다.

---

9) 지방공공재의 효율적 공급을 위한 구체적인 조건은 다음과 같다.

첫째, 지방공공재는 그 지역 주민의 선호를 반영해야 한다.

둘째, 지방공공재의 편익은 특정 지역에만 한정된다.

셋째, 지방공공재 공급이 초래하는 규모의 경제성이 전국적이지 않으면 지방정부에 공급을 일임시킨다.

넷째, 지방공공재 공급을 위한 경제적 자원의 지방정부 간 배분은 각 지방공공재의 한계가치(한계편익)가 같아지는 상황에서 결정되어야 한다.

2. 지방공공재 공급 최적화 모형

1) 모형의 개관

지방공공재의 최적화는 특정 지역에서 필요로 하는 지방공공재가 적정 공급된 경우를 말한다. 이를 위해서는 지방공공재를 이용할 주민의 수와 그에 상응하는 지방공공재 규모간에 적절한 연계가 요구된다. 일정규모의 지방공공재를 지역에 거주하는 적정한 수의 주민들이 이용하거나, 지역의 일정한 주민수를 대상으로 그에 적합한 규모의 지방공공재가 공급되었을 때 지방공공재의 적정공급(지방공공재의 최적화)이 실현된다. 따라서 지방공공재의 적정공급은 최적 주민수와 지방공공재의 최적규모가 동시에 충족된 경우에 이루어진다.

뷰캐넌(J.M. Buchanan)의 지방공공재 최적화 모형에서는 주민들의 지방공공재에 대한 선호가 동일할 때 지방공공재 공급에 따른 혼잡비용, 생산비용 등을 동시에 고려하여 지방공공재의 최적 규모와 최적 주민수(또는 최적 지역규모)가 어떻게 결정되는가를 제시하고 있다.

뷰캐넌 모형은 다음과 같은 절차를 따른다. 먼저 지방공공재에 대한 주민 1인당 공급비용과 혼잡비용을 이용하여 비용최소화를 보장하는 지방공공재 규모와 지역 주민수(지역규모) 간의 최적관계를 도출한다. 다음으로 지역주민의 선호와 지방공공재의 생산비용을 반영하여 수요와 공급의 균형을 보장하는 지방공공재 규모와 지역 주민수 간의 최적관계를 찾는다. 마지막으로 비용최소화를 보장하는 지방공공재 규모와 지역 주민수 간의 최적관계 그리고 수요·공급의 균형을 보장하는 지방공공재 규모와 지역 주민수 간의 최적관계를 결합하여 최종적으로 최적 주민수(최적 지역규모)와 지방공공재의 최적규모를 결정한다.

이하에서는 먼저 비용최소화를 보장하는 지방공공재 규모와 지역 주민수 간의 최적관계에 대해 살펴보고, 다음으로 수요와 공급의 균형을 보장하는 지방공공재 규모와 지역 주민수 간의 최적관계를 알아보도록 하겠다.

2) 비용최소화를 보장하는 지방공공재 공급 수준

지방공공재를 공급했을 때, 그에 따라 발생하는 편익이 그 지역에만 귀착되고, 주민들의 기호, 소득수준 및 선호는 동일하다고 가정한다.

이런 상황에서는 지방공공재의 규모가 일정한 경우 주민수의 변화에 따라 초래되는 비용의 변동을 감안하여 최적 주민수를 결정하게 된다. 규모가 일정한 지방공공재가 공급되었을 때, 지역 주민수의 증가는 그 지방공공재에 대한 1인당 지불비용을 감소시킨다. 반면 일정한 크기의 지방공공재를 이용할 주민이 많아짐으로써 혼잡이 심해지고, 이에 따라 주민 1인당 혼잡비용은 증가한다. 따라서 일정한 지방공공재 규모를 전제할 경우 최적 주민수(최적 지역규모)는 1인당 한계공급비용(한계지불비용)과 1인당 한계혼잡비용의 합이 최소인 상태에서 결정된다.

(1) 1인당 한계공급비용과 한계혼잡비용

지방공공재의 규모가 주어지면 그 공급을 위한 총비용은 일정할 것이다. 이때 지방공공재를 이용하고자 하는 주민수가 한 명 더 증가함에 따른 개별 주민의 부담액을 그 지방공공재에 대한 주민 1인당 한계공급비용(한계지불비용)이라고 한다. 이는 총비용을 지역 주민수로 나누어 산출하며, 일정한 총비용에 대해 지역 주민수가 늘어나면 줄어든다. 따라서 지방공공재에 대한 주민 1인당 한계공급비용은 지역 주민수와 부(負, −)의 관계를 갖는다. 주민수가 증가함에 따라 지방공공재에 대한 주민 1인당 한계공급비용은 감소하게 된다.

지방공공재의 규모가 일정한 상태에서 지방공공재를 이용하고자 하는 주민이 한 사람 더 증가할 때 초래되는 기존 이용자들의 편익 감소를 지방공공재에 대한 주민 1인당 한계혼잡비용이라고 한다. 일정한 크기의 지방공공재에 대해 그것을 이용하는 주민수가 늘어나면 혼잡이 심해짐으로써 그에 따른 편익 감소를 의미하는 혼잡비용은 증가할 수밖에 없다. 따라서 지방공공재에 대한 주민 1인당 한계혼잡비용은 지역 주민수와 정(正, +)의 관계를 나타낸다. 이는 지방공공재에 대한 주민 1인당 한계혼잡비용은 주민수가 커질수록 증가한다는 것이다.

(2) 비용을 최소화하는 지방공공재와 지역(주민)의 규모

일정한 규모의 지방공공재가 공급되어 있는 상황에서 지역 주민수가 변동하면, 그에 따라 주민 1인당 한계공급비용과 한계혼잡비용의 변화가 발생한다. 지역 주민수가 증가하면 주민 1인당 한계공급비용은 줄어들고, 주민 1인당 한계혼잡비용은 늘어난다. 한편 일정하다고 가정했던 지방공공재의 규모가 커질 경우 지역주민의 수가 불변(동일한 지역 주민수)이라면 개별 주민이 부담해야 할 1인당 한계공급(지불)비용은 증가한다. 반면 1인당 한계혼잡비용은 줄어든다.

일정한 크기의 지방공공재에 대한 최적 주민수의 도출은 주민의 수가 변동할 때 발생하는 한계공급비용과 한계혼합비용의 변화를 반영하여 결정되어야 한다. 지방공공재의 규모와 관련해

그림 11-2 비용최소화 주민수

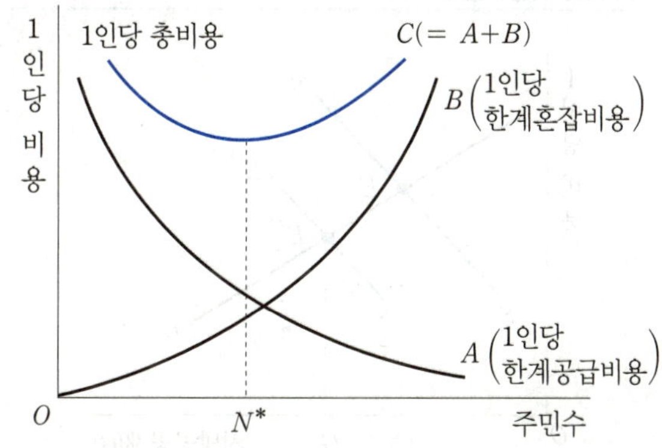

주민 1인당 부담해야 할 총비용은 1인당 한계공급비용과 1인당 한계혼잡비용의 합이다. 따라서 일정규모의 지방공공재에 대한 최적 주민수는 주민 1인당 총비용이 최소가 되는 [그림 11-2]의 N^*가 된다.

지역의 주민수가 늘어나면 해당지역의 규모가 커진다. 지역규모가 확대되면 그에 합당한 지방공공재의 크기도 커질 수밖에 없다. 이는 [그림 11-3]이 보여주는 것처럼 지역규모(지역 주민수)와 그에 상응하는 지방공공재 크기 사이에는 비례관계가 성립함을 의미한다.

3) 수급균형을 보장하는 지방공공재 공급 수준

지방공공재의 최적 공급 수준은 주민수가 고정되어 있다고 가정하면 그 수요와 공급이 일치하는 상황에서 결정된다. 지방공공재에 대한 수요곡선은 [그림 11-4]에 제시되어 있는 것처럼 우하향하는 모습을 띤다. 한편 주민 1인당 부담비용은 지방공공재의 총공급비용을 주민수로 나눈 값이므로 주민수가 늘어나면 줄어들게 된다. [그림 11-4]에서와 같이 주민수가 늘어나면 그에 상

그림 11-3 비용최소화 지방공공재와 지역규모

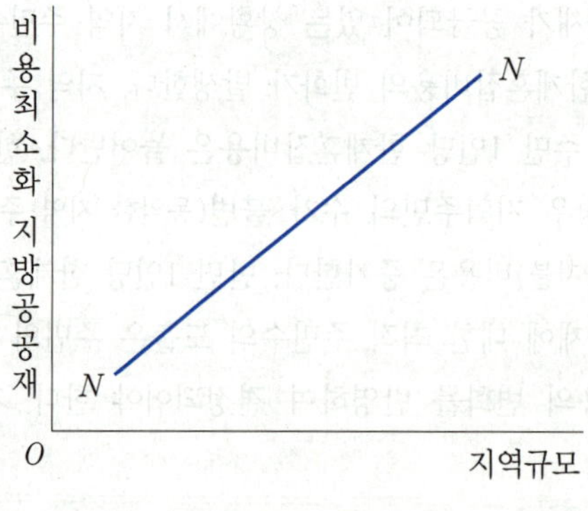

그림 11-4 주민수 증가에 따른 지방공공재 규모

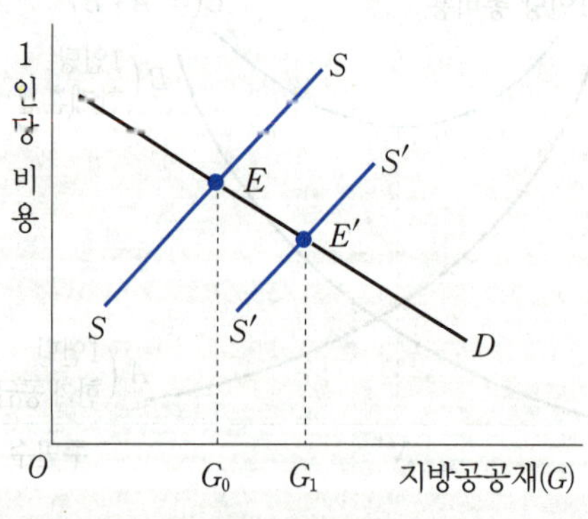

응하도록 지방공공재의 크기도 증가해야 하므로 지방공공재의 공급곡선은 우측으로 이동을 나타낸다($S \rightarrow S'$). 이에 따라 주민수의 증가는 수급균형 지방공공재 수준을 G_0에서 G_1으로 증가시키는 영향을 미친다.

한편 수급균형 지방공공재 수준과 지역규모와의 관계는 [그림 11-5]에서처럼 지역규모(지역 주민수)가 커질 때 그에 맞추어 지방공공재의 크기도 늘어나야 하므로 양자는 비례관계를 갖는다. 따라서 수급균형 지방공공재 수준과 지역규모의 관계는 우상향하는 모습을 형성한다.

4) 지방공공재의 최적 수준과 최적 지역규모

지방공공재의 최적화를 실현하는 지방공공재의 최적규모와 최적 주민수는 [그림 11-6]의 E점에서 결정된다.

[그림 11-3]과 [그림 11-5]에 제시된 비용최소화 지방공공재 수준과 수급균형 지방공공재 수준을 결합하면 [그림 11-6]의 E점에서 비용최소화와 수급균형을 동시에 충족하는 최적 지방공공재

그림 11-5 수급균형 지방공공재 수준과 지역규모

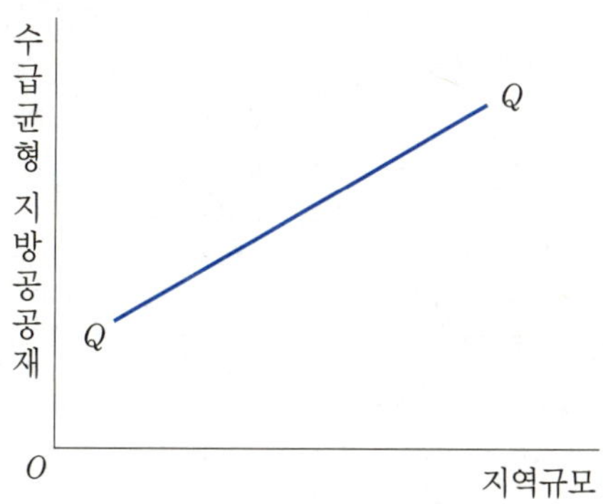

그림 11-6 지방공공재의 최적 수준과 최적 지역규모

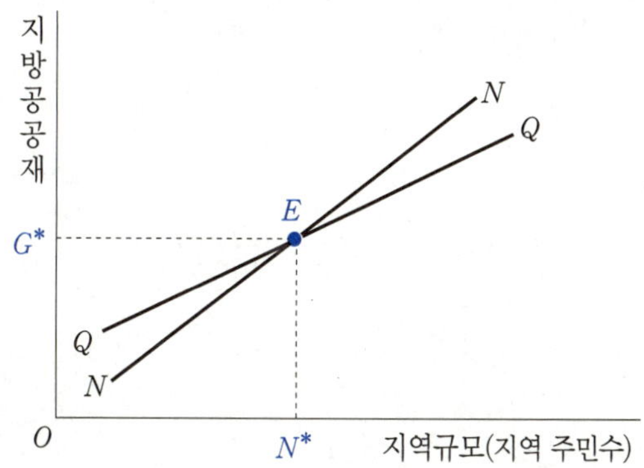

규모와 최적 지역규모(주민)가 이루어진다. 이때 지방공공재의 최적화가 실현된다.

[그림 11-6]의 E점에서 G^*와 N^*가 지방공공재의 최적규모와 최적 지역(주민)규모에 해당한다. 다시 말해 G^*의 지방공공재 규모에 대한 최적 주민수는 N^*이고, 이와 같은 N^*의 주민수에 상응하는 지방공공재의 최적 규모는 G^*가 된다는 것이다.

이상의 뷰캐넌 모형은 지방공공재의 수요곡선, 주민수 증가에 따른 혼잡비용 등을 정확히 파악할 수 없다는 약점 때문에 현실 적용에는 한계가 있다.

제3절 지방재정보조금이론

1. 지방재정조정의 의의와 필요성

1) 지방재정조정의 의의

우리나라의 지방자치단체(지방정부)들은 지역 간 심한 경제력 격차와 전반적으로 낮고 불균등한 재정력 수준을 나타내고 있다. 지방의 경제적 기반이 열악하고 재정력이 취약하기 때문에 지방자치단체의 자체적인 노력만으로는 실효성 있는 지방자치 구현이 어려운 것이 현실이다.

중앙정부는 지방자치단체의 경제적 기반을 확충·강화해 줌으로써 지방자치단체로 하여금 스스로의 자립을 위한 재정적 토대를 구축할 수 있도록 여러 가지 방법으로 뒷받침을 하고 있다. 또한 상위지방자치단체는 재정적으로 취약한 관할 하위지방자치단체를 지원한다. 뿐만 아니라 동급 지방자치단체들 사이에서도 재정적으로 우위에 있는 단체가 그렇지 않은 단체를 지원하는 경우가 있다. 이와 같이 지역 간 경제력 격차의 시정, 기초공공서비스의 확충 등을 목적으로 하여 중앙정부가 지방자치단체를 재정지원하거나 상위지방자치단체가 하위지방자치단체를 돕는 일련의 조치를 지방재정조정이라고 한다.

어느 국가나 그것을 구성하는 각 지역이 처한 상황이 서로 다르기 때문에 이를 보완하기 위한 지방재정조정은 필수적이라고 할 수 있다. 지방재정조정은 중앙정부와 지방자치단체 사이에 이루어지는 조치일 뿐만 아니라 상위자치단체와 하위자치단체, 동급 지방자치단체들 사이에 맺어지는 재정협력까지 포함하는 개념이다.

지방재정조정은 임시방편으로 지방자치단체의 부족재원을 보충하는 역할로 끝나서는 안 되고, 장차 그것이 발판이 되어 궁극적으로 지방행정에 필요한 재원을 지방자치단체가 지역 주민이나 지역사업을 통해 자발적으로 확보할 수 있는 기반을 제공해 주는 기능을 할 수 있어야 한다. 그렇지 못할 경우 지방재정조정은 오히려 지방자치단체의 중앙정부 의존을 심화시킴으로써 지방자치의 걸림돌이 될 수 있다.

현재 우리나라는 지방교부세제도, 국고보조금제도, 재정보전금제도, 조정교부금제도 등 여러 가지 지방재정조정제도를 통해 지방자치단체의 재정을 지원한다.

2) 지방재정조정의 필요성

중앙정부와 지방정부(지방자치단체) 간 또는 지방정부들 간의 재정관계가 아래와 같은 상황에 놓이면, 중앙정부를 포함한 상위정부로부터 하위정부로의 보조금 지원이 필요하게 된다.

첫째, 일부 지방공공재는 그 혜택이 다른 지역으로 유출되는 외부성(외부효과)을 초래하기도 한다. 이런 지방공공재는 어느 한 지방정부가 전담하여 공급하는 것이 쉽지 않다. 따라서 이와 같은 특징을 나타내는 지방공공재는 중앙정부와 지방정부가 비용을 분담하는 방식으로 공급하는 것이 합리적이다. 이때는 중앙정부에 의한 지방정부 보조가 요구된다.

둘째, 중앙정부는 주민생활에 기본이 되는 기초공공서비스에 대해서는 모든 지방정부가 일정한 수준을 확보할 수 있도록 관심을 기울인다. 그런데 현실적으로 각 지방정부의 재정력은 상이하기 때문에 재정상태(여건)가 취약한 지방정부는 중앙정부의 지원을 요청하게 된다.

셋째, 재정연방제도의 취지는 하위단계 지방정부의 재정수지가 어느 정도 균형 상태를 유지할 수 있도록 하는 데 있다. 따라서 재정적자가 심한 지방정부에 대해서는 중앙정부의 지원을 통한 보완이 이루어져야 한다.

넷째, 지방재정 운영에 소요되는 재원을 스스로 조달할 수 있는 지방정부가 있는가 하면, 인건비조차 확보하지 못하는 지방정부도 다수 존재하는 것이 현실이다. 지방정부들 간 재정력 격차는 국가 전체적으로 비효율과 불공평을 유발하고, 국가발전에도 부정적인 영향을 미친다. 중앙정부는 이와 같은 지방정부들 간 재정력 격차를 시정하기 위해 보조금 지급 등 여러 가지 방법을 통해 개입하게 된다.

다섯째, 중앙정부의 사무를 지방정부로 위임하는 경우, 사무수행에 필요한 비용은 중앙정부가 부담해야 하는 것이 원칙이다. 이와 같이 중앙정부 위임사무를 수행하는 지방정부에 대해서는 중앙정부에 의한 보조금 지원이 필요하다.

2. 지방재정보조금의 유형

중앙정부에 의한 지방정부 보조금은 크게 조건부보조금(범주적보조금, 특정보조금)과 무조건부

그림 11-7 지방재정보조금의 유형

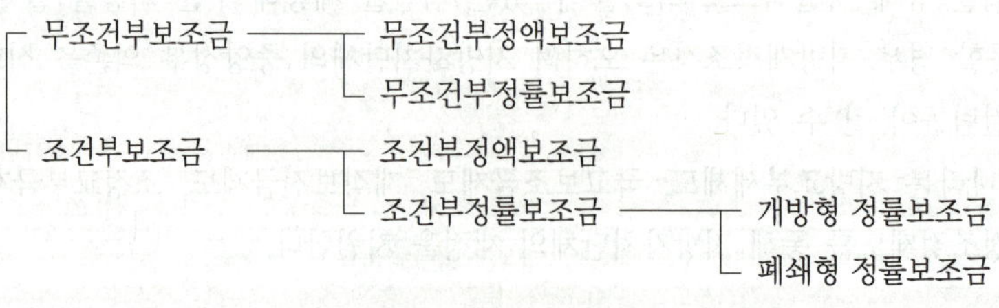

보조금(일반보조금)으로 대별되고, 보조금의 지급형식과 관련해서는 정률보조금(가격보조의 역할)과 정액보조금(소득보조의 역할)으로 구분된다.

[그림 11-7]은 중앙정부가 지원하는 지방재정보조금의 제 유형을 정리하여 보여주고 있는데, 무조건부보조금과 조건부보조금은 각각 정률 및 정액보조 방식으로 운영될 수 있다.

1) 무조건부보조금

(1) 의의

현실적으로 각 지방정부는 인구밀도, 지리적 조건, 산업기반 등이 상이하다. 이에 따라 세수조달 능력의 차이가 초래되어 지방정부들 간에 재정력의 격차가 발생한다. 지방정부 간 경제력 및 재정력 차이는 모든 지역이 필수적으로 갖추어야 할 기초적인 지방공공서비스 공급에도 차질을 가져올 수 있다. 따라서 지방정부들 간 재정력 격차를 해소하기 위해 중앙정부 지원이 요구된다. 이런 목적으로 사용되는 중앙정부 지원이 무조건부보조금(unconditional grant, block grant, non-selective grant)이다. 무조건부보조금을 수령한 지방정부는 그것을 용도의 제약 없이 자유롭게 쓸 수 있다.

다시 말해 무조건부보조금은 지방정부들 간 재정력 격차의 해소를 통한 재정균등화[10]를 주목적으로 상급정부에서 하급정부로 지원되며, 보조금의 사용 용도에 제한을 두지 않는다. 따라서 이를 일반보조금(general grant) 또는 재량보조금이라고도 한다. 무조건부보조금은 정률보조보다 정액보조방식을 적용하는 것이 일반적이다.

무조건부보조금의 예로는 우리나라의 지방교부세(보통교부세), 과거 미국의 일반세입분여(general revenue sharing plan, 세입배분계획, 일반수입배당), 영국의 포괄보조금, 대만의 주요 세수배분제도 등을 들 수 있다.

(2) 특징

지방정부들 간의 재정력 격차를 완화시키는 역할을 담당하는 재량재원(일반재원)에 해당하는 무조건부보조금은 다음과 같은 특징을 갖는다.

첫째, 지급된 자금의 배분권은 지방정부의 재량에 맡겨지므로 지방정부 세입(수입)의 추가적 증가와 같은 역할을 하게 된다.

둘째, 자금의 지출책임을 지방정부에 일임하므로 회계책임의 원칙 측면에서 볼 때 지방자치의 취지(원리)를 따른다.

10) 재정균등화는 지방정부 간 실제 행정서비스 수준의 균등화, 지방정부의 공통적인 행정서비스 수준의 확보, 소요되는 재원확보를 위한 조세확보 노력과 공공서비스 공급비용의 균등화, 지방정부 간 소득과 부의 격차 때문에 생겨나는 행정서비스 수준 차이의 제거 등을 의미한다.

셋째, 지방정부는 법률적 지출의무를 이행하지 않음으로써 행정서비스 수준의 저하를 초래할 경우 경고를 받거나 상황에 따라서는 보조금액의 일부 또는 전부를 반환해야 한다.

(3) 효과

무조건부보조금이 지방정부(지방자치단체)에 지급된 경우 그것이 미치는 효과는 [그림 11-8]을 통해 알 수 있다. 지방정부의 보조금 수혜 전 제약선은 AB이고, 최초의 균형점은 E점이다. 이때 $BD(=AC)$에 해당하는 정액보조금이 무조건부보조금으로 지급되면 보조금 지급 후의 균형은 E'점에서 이루어진다.

[그림 11-8]이 보여주는 바와 같이 무조건부보조금을 수혜한 지방정부의 제약선은 AB에서 CD로 상방 평행이동하고, 후생 수준은 U에서 U'로 상승하게 된다. 이와 같이 무조건부보조금은 그것을 수혜한 지역의 후생 수준을 높이는 작용을 한다. 또한 지방공공재의 규모를 늘리는 영향(예 $G_1 \rightarrow G_2$)을 미치게 된다.

정액보조금(non-matching grant)은 지방정부가 자체적인 재원조달 노력을 기울이지 않아도 중앙정부에 의해 일정금액이 책정되어 지급되는 보조금이다. 이렇게 정액보조금은 그것을 수혜 받는 지방정부의 별다른 노력이 수반되지 않기 때문에 비대응(무대응)보조금으로도 불린다[11).

2) 조건부보조금

(1) 의의

피구(A.C. Pigou)는 일부 지방공공서비스의 공급은 소비의 외부성을 초래한다고 하였다. 그 지

그림 11-8 무조건부 정액보조금

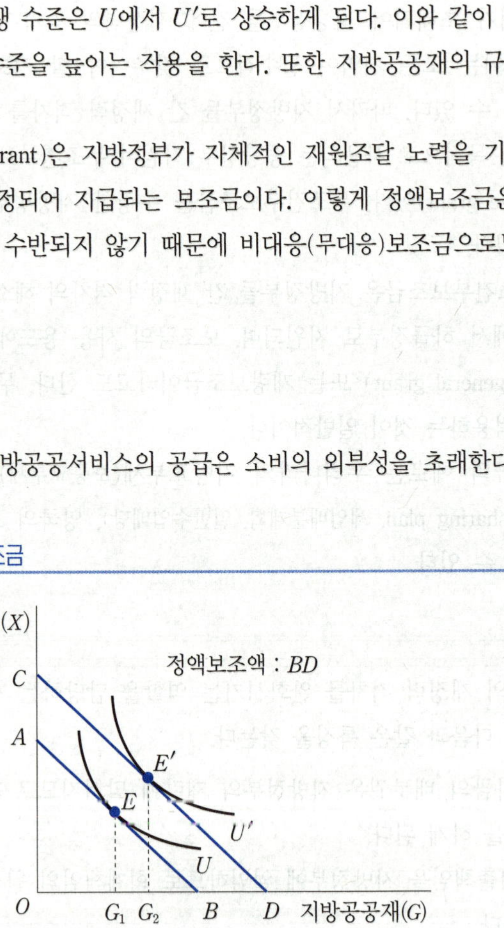

11) 정액보조금은 무조건부정액보조금과 조건부정액보조금으로 구분된다. 무조건부정액보조금은 상급정부가 하급정부에 일정한 금액의 보조금을 지급하되 보조금의 사용 용도를 제한하지 않는 경우를 말한다. 조건부정액보조금은 일정 금액의 보조금을 하급정부의 특정한 사업계획에 사용하도록 지정하여 상급정부로부터 하급정부로 이전하는 경우이다.

역을 벗어나 다른 지역으로 유출되는 지방공공서비스의 편익(외부성)에 대해서는 지방정부가 그 대가를 중앙정부로부터 보조금 형태로 지원받는 것이 합리적일 수 있다.

외부성을 띠는 지방공공서비스를 중앙정부로부터 보조금을 지원받아 적정 수준으로 공급하면, 중앙정부의 보조금이 사회후생을 증진시키는 데 기여하게 된다. 이때의 보조금은 외부성을 유발하는 지방공공서비스 공급을 위한 재원으로 사용되도록 용도가 제약되기 때문에 조건부보조금(restricted or categorical grant, conditional grant, selective grant)이라고 한다.

조건부보조금은 중앙정부로부터 지방정부에 교부되는 시점에서부터 이미 그 용도가 특정되어 있는 보조금이라고 하겠다. 따라서 조건부보조금은 특정보조금이라고 하며, 보조방식으로는 정액보조방식보다 정률보조방식이 폭넓게 활용된다.

조건부보조금은 일정한 행정서비스 수준의 유지, 국가위임사무 및 특수행정 수요에 대응하기 위해 지방정부에 지원되는 보조금의 성격을 띤다.

일반적으로 조건부보조금은 폐쇄형 정률보조의 형식을 따른다. 이와 같은 조건부 정률보조금(특정대응보조금)으로는 피구형 보조금(Pigouvian subsidy)이 대표적이며, 이는 대체로 이로운 외부효과(외부경제효과)를 만들어 내는 부문(또는 사람)에 유인을 제공하기 위해 지급하는 보조금의 성격을 갖는다.

조건부보조금의 예로는 우리나라의 국고보조금, 미국의 특별보조금, 영국의 특별보조금 또는 보충보조금 등이 있다.

(2) 특징

수혜 받은 지방정부는 지정된 용도에만 자금을 사용하도록 제약을 받기 때문에 특정보조금에 해당하는 조건부보조금은 다음과 같은 특징을 갖는다.

첫째, 조건부보조금은 그 재원의 사용 용도가 제한적이다.

둘째, 조건부보조금은 정액 및 정률방식의 보조가 가능한데, 정률보조가 더 많이 적용된다. 정률 형태로 보조가 이루어지면 소득효과와 대체효과를 모두 수반하지만, 정액보조의 경우는 소득효과만 초래한다.

셋째, 조건부보조금은 외부성을 유발하는 지방공공서비스의 공급을 확대하거나 그것의 이용 수준을 높이는데 유용하다.

넷째, 정률보조 형태의 조건부보조금은 지방정부의 세수확대 노력을 유인할 수 있다. 이는 대개 정률보조가 매칭(matching) 방식으로 지원되기 때문이다.

(3) 효과

조건부보조금은 정액보조 또는 정률보조의 방식으로 지급된다. 조건부보조금이 정액보조의 방식(조건부 대응 교부금)으로 지방정부에 지급되었을 때 나타나는 영향은 [그림 11-9]를 통해 알 수 있다. 지방정부의 보조금 수혜 전 제약선은 AB이고, 균형은 E점에서 이루어지고 있다고 하자. 이때 $AF(=BD)$에 해당하는 크기의 조건부 정액보조금이 지급되면 보조금 지급 후의 균형은 E'점에서 형성된다.

조건부 정액보조금을 수혜한 지방정부의 제약선은 AB에서 AFD로 달라지며, 후생 수준은 U에서 U'로 상승한다. 이는 조건부 정액보조금이 지방공공서비스의 수준($G_1 \rightarrow G_2$)을 높이는 동시에 지역의 후생을 제고시키는 역할을 한다는 것이다. [그림 11-9]에서 CFA영역은 보조금을 특정용도(지방공공재량의 증대)에만 사용하도록 제한하고 있기 때문에 지방정부가 도달할 수 없다.

지방정부가 중앙정부로부터 정률보조금을 지원받기 위해서는 필요로 하는 총재원의 일정비율에 해당하는 금액을 마련하고 있어야 한다. 따라서 정률보조금(matching grant) 수혜를 위해서는 지방정부 스스로 자체재원의 확보 노력이 필요하기 때문에, 이를 대응보조금이라고도 부른다. 예를 들면 50% 정률보조일 때, 지방정부가 중앙정부로부터 1억원의 보조금을 지원받고 싶다면 스스로 5천만(1억의 50%)의 재원을 조달하고 있어야 한다. 이런 특징 때문에 정률보조는 보조금 수혜를 원하는 지방정부로 하여금 자체재원(조세)을 확대하도록 유인하는 효과를 갖는다.

그림 11-9 조건부 정액보조금

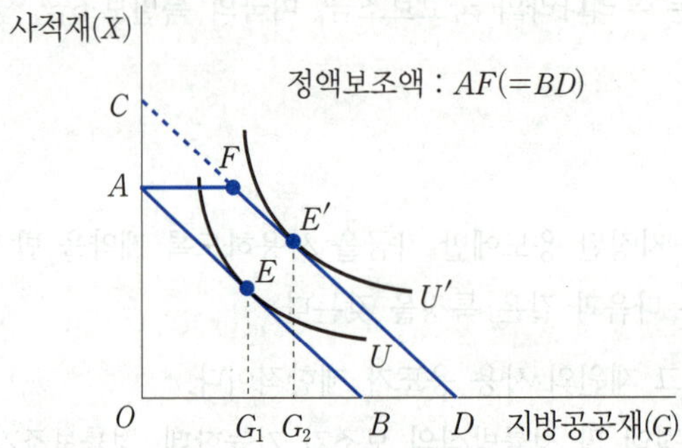

그림 11-10 조건부 정률보조금

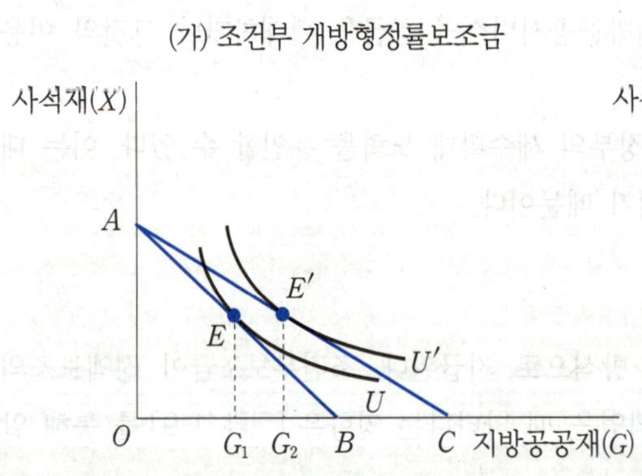

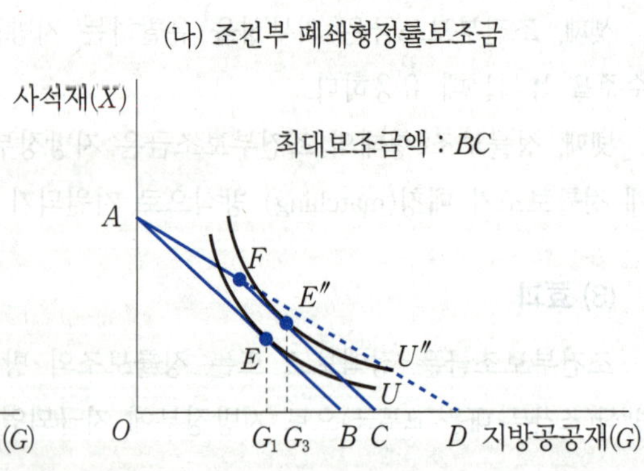

조건부 정률보조금(조건부 대응 교부금)의 경우 보조금의 수혜를 원하는 지방정부의 재정여건이 양호하면 자체적으로 많은 재원을 조달하여 큰 보조금을 수혜하는 상황이 연출될 수 있다. 따라서 보조금액의 크기에 제한을 두는 것이 일반적이다. 보조금 크기의 제한 여부에 따라 비제한적인 개방형 정률보조금[12]과 제한적인 폐쇄형 정률보조금으로 구분된다.

[그림 11-10]은 조건부 정률보조금이 개방형 또는 폐쇄형 방식으로 지방정부에 지급되었을 때 나타나는 효과를 나타내고 있다. [그림 11-10] (가)에서처럼 조건부 개방형정률보조금이 지급되면 지방정부의 제약선은 AB에서 AC로 달라지고, 균형점은 E점에서 E'점으로 이동함으로써 지역의 후생 수준이 U에서 U'로 상승하게 된다. 이때 정률보조금이 개방형 방식으로 지급되기 때문에 지방정부는 보조금액의 한도를 제약받지 않으며, 지방공공재의 공급량(예 $G_1 \rightarrow G_2$)을 늘릴 수 있게 된다.

한편 [그림 11-10] (나)에 따르면 조건부 폐쇄형정률보조금의 최대보조금액을 BC만큼으로 제한하여 지급하면 지방정부의 제약선은 AB에서 AFC로 변경되고, 균형점은 E점에서 E''점으로 이동하여 지역의 후생 수준은 U에서 U''로 상승함을 알 수 있다. 이 경우 정률보조금이 폐쇄형이기 때문에 지방정부가 받을 금액은 BC만큼으로 제한된다. 따라서 점선으로 표시된 FDC영역은 도달할 수 없으며, 지방공공재의 공급량이 증가(예 $G_1 \rightarrow G_3$)하는데 개방형정률보조금의 경우보다 낮은 수준($G_3 < G_2$)을 나타낼 것이다.

[그림 11-10]을 통해 조건부 정률보조금은 그 용도가 지방공공재의 양을 늘리는데 사용하도록 되어 있기 때문에 지방공공재 수준(공급규모)을 제고하지만 폐쇄형보다 개방형의 효과가 더 크다는 것을 알 수 있다.

3. 지방재정보조금의 경제적 효과

중앙정부가 지방정부에 교부하는 각종 지방재정보조금은 자원배분과 소득재분배 및 경제성장 등 경제활동에 다양한 영향을 초래하게 된다.

1) 자원배분에 미치는 영향

무조건부보조금과 조건부보조금 모두 지방재정보조금이기 때문에 그것을 수혜한 지방정부의 재원(자원)을 늘려주는 역할을 한다. 이는 사회 전체적으로 공공부문의 자원량을 확대시켜 주는 기능을 하게 되며, 지방공공재의 공급을 증가시킨다. 지방공공재(지방공공서비스)의 공급(소비)이

12) 개방형 정률보조금은 상급지방정부가 하급지방정부의 지방공공서비스 공급에 필요한 비용의 일정비율을 지원하는 경우를 말한다. 개방형 정률보조금의 지급은 지방공공서비스 가격의 인하효과를 나타내며, 보조금액의 크기가 비제한적이다.

확대된다는 것은 지방공공재 생산에 더 많은 자원이 배분됨을 의미한다. 보조금 가운데 지방공공재의 공급 확대와 직접적인 관련을 갖는 것은 무조건부보조금보다 조건부보조금이다. 따라서 무조건부보조금보다는 조건부보조금이 상대적으로 더 크게 자원을 공공부문(지방정부)으로 이전시키는 효과를 나타낸다고 할 수 있다.

조건부보조금의 제공이 지방공공재의 외부효과를 시정하는 것을 목적으로 한다면, 보조금의 규모에 제한이 없는 개방형(무제한적) 정률보조 형태가 바람직하다. 이때 개방형 정률보조금은 지방공공재의 가격인하효과를 초래하여 주민에게 감세혜택을 제공하는 역할을 한다. 따라서 지방공공재의 소비 수준을 크게 늘리는 영향을 미친다.

한편 조건부보조금이 그 규모의 상한을 설정하고 있는 폐쇄형(제한적) 정률보조 형태로 제공되면, 개방형(무제한적) 정률보조금의 경우와 비교할 때 지역주민의 해당 지방공공재에 대한 소비 수준은 작게 나타난다[13].

조건부 정률보조금(특정대응보조금) 대신 동액의 무조건부 정액보조금(일반비대응보조금)을 지원하면 정(正, +)의 소득효과만 초래되고, 지원되는 보조금의 일부만 지방공공재의 소비 확대에 사용된다. 이때 지방정부는 조건부 정률보조금보다 무조건부 정액보조금으로부터 더 큰 만족(후생)을 얻게 되므로 무조건부 정액보조금을 더 선호하는 경향을 보인다.

반면 보조대상 지방공공재의 공급을 증가시키기 위해서는 무조건부 정액보조금보다는 조건부 정률보조금이 더 유리하다.

2) 소득재분배에 미치는 영향

지방재정보조금의 지급은 중앙정부에 집중된 재원을 지방정부에 나누어 주는 것이기 때문에 소득재분배기능을 갖는다. 구체적으로 지방재정보조금은 중앙과 지방(지역) 간 경제력(재정력) 격차를 시정해 줌으로써 수직적 공평을 제고하는 기능을 하게 된다. 또한 상급지방정부보다 하급지방정부에 더 많은 보조금이 배정되거나 부유한 지방정부보다 빈곤한 지방정부에 더 많은 보조금이 지급되면 지방재정보조금은 지방 간 재정력 격차를 줄여 줌으로써 수직적 공평을 제고하는 기능을 한다.

한편 지방재정보조금이 동급 지방정부들을 대상으로 지급되는 경우 빈곤한 지방정부에 더 많은 보조금이 지원된다면, 이때는 지방재정보조금이 지방정부 간 재정균등화를 도모함으로써 수평적 공평을 향상시키는 역할을 하게 된다. 따라서 지방재정보조금은 소득재분배기능을 통해 수평적·수직적 공평을 제고하는 효과를 유발한다고 할 수 있다.

13) 조건부보조금의 폐쇄형(제한적) 정률보조와 개방형(무제한적) 정률보조는 다음과 같이 구분된다. 폐쇄형(제한적) 정률보조금은 소득효과만 초래한다. 반면 개방형(무제한적) 정률보조금은 대체효과와 소득효과를 모두 발생시킨다(예산선의 기울기 변화).

지방정부 간 재정력 격차를 완화시키는 데 가장 유용한 보조금은 정액보조 형태의 무조건부 보조금이다. 따라서 무조건부 정액보조금은 지방정부 간 재정력 격차를 시정하는 재분배효과가 가장 강하며, 이런 측면에서 이것을 형평(衡平)보조금이라고도 부른다.

지방공공서비스의 외부성을 시정하기 위해서는 조건부 개방형정률보조금이 가장 유리하지만, 지방정부들 간 수직적·수평적 불공평과 실질소득분포 왜곡의 교정을 위해서는 무조건부 정액보조금이 더 유리하다고 할 수 있다.

▶ 끈끈이 효과(flypaper effect)

이론적으로 중앙정부가 지방정부에 대해 일정한 금액의 보조금을 소득보조의 형식으로 지급하면 지역주민의 소득 수준이 그만큼 증가된 것과 동일한 결과를 초래한다. 따라서 무조건부보조금(또는 비대응보조금)의 형태로 지급된 1원이 지방공공서비스 양(量)에 미치는 영향과 주민소득이 1원 증가했을 때 지방공공서비스 양에 미치는 영향은 같아야 할 것이다. 그러나 실증분석은 다른 결과를 보여주고 있다. 지방정부가 중앙정부로부터 무조건부보조금(또는 비대응보조금)의 형태로 얻은 재원 가운데 지방공공서비스의 추가적인 생산에 사용하는 부분의 비율은 주민소득의 증가분 가운데 지방공공서비스의 추가적 생산에 투입되는 부분의 비율보다 일반적으로 더 높게 나타난다. 이와 같이 무조건부보조금이 지역주민들의 세부담을 감소시키는데 사용되는 것이 아니라 그 지방정부의 수중에 그대로 남아있는 현상을 끈끈이 효과라고 한다.

끈끈이 효과가 사실이라면 이론과 달리 무조건부보조금은 주민의 세부담을 경감시키는 효과를 갖기보다는 조건부보조금과 마찬가지로 지방공공서비스(지방공공재) 생산에 주로 사용된다는 것이다. 끈끈이 효과는 지방정부 관료들의 행태와 지방정부에 제공된 보조금이 주민들의 주머니로 다시 들어가는 것을 원치 않는 중앙정부의 태도 때문에 발생한다.

3) 경제성장에 미치는 영향

지방재정보조금은 그 사용 용도의 제약 여부에 따라 제약이 없는 무조건부보조금과 그렇지 않은 조건부보조금으로 구분되며, 이것들은 지역 간 재정력 격차를 조정(소득재분배기능)하거나 특정 지방공공재의 공급(자원배분기능)을 늘리는데 사용된다. 이와 더불어 경제성장을 지원하는 역할을 수행하기도 한다.

사용 용도가 제한되어 있는 조건부보조금은 지역의 도로, 교량, 기타 기반시설 등을 확충하는 데 활용되기 때문에 지역의 사회간접자본(*SOC*)을 늘려줌으로써 지역경제를 활성화하고 지역주민의 소득을 증진시키는 효과가 있다. 이처럼 지역경제의 발전은 궁극적으로 국가의 경제성장으로 연결되기 때문에 조건부보조금은 경제성장기능을 수행한다고 할 수 있다.

무조건부보조금을 수혜한 지방정부는 그것을 지역의 산업기반을 강화하거나 지역특성화를 실현하는데 필요한 재원으로 투입하기도 할 것이다. 이때 그것이 소기의 성과를 얻게 되면 지역경제의 발전을 통해 국가경제 성장으로 이어질 수 있다. 이는 무조건부보조금 역시 경제성장기능을 담당할 수 있음을 시사한다.

이런 측면에서 보면 지방재정보조금은 그 유형별로 정도의 차이가 있지만, 간접적으로 경제성장을 지원하는 역할을 담당한다고 할 수 있다.

제4절 우리나라의 지방재정

1. 지방자치의 연혁과 지방자치단체의 구성

1) 지방자치의 연혁

지방자치는 지방자치단체(지방정부)가 주도하고 지역주민, 지역기업(지방기업), 지역의 공공기관 등이 합심·협력하여 해당 지역을 그 구성원들의 선호를 반영해 도출한 이상상(理想像)으로 정립해 나아가는 과정을 말한다. 지방자치는 지역을 구성하는 모든 부문의 능동적이고 적극적인 참여를 바탕으로 지역 전체가 소망하는 지역상(地域像)의 구현을 위해 노력하는 여정(旅程)이며, 이는 민주주의 의식의 제고와 지역발전을 이끄는 수단이 된다.

지방자치는 풀뿌리 민주주의의 기초이며, 주민복리 증진을 위한 필수요건 가운데 하나라고 할 수 있다. 각국은 이와 같은 의의를 갖는 지방자치의 정착과 발전을 위해 자국의 실정을 감안한 실효성 있는 대책의 마련과 추진에 정성을 기울인다.

우리나라 지방자치의 역사 역시 적지 않은 곡절과 험로를 겪었음은 물론이다. 1948년에 제정된 제헌헌법부터 지방자치의 실시를 명문화하였고, 1949년 7월에 지방자치법의 제정·공포가 이루어지면서 그 법적 기반이 구축되었다. 그러나 지방자치법이 제정되었음에도 불구하고 국내 정치의 불안을 이유로 지방의회의원 선거는 계속 지연되었고, 6·25전쟁의 와중에 있던 1952년 4월과 5월에 처음 지방의회를 구성할 수 있었다. 이후 1956년 8월에 2대 지방의회의원 선거가 있었고, 4·19혁명 이후 제2공화국 체제 아래서 1960년 12월에 제3대 지방의회의원 선거가 치러졌는데, 이때는 서울특별시장과 도지사뿐만 아니라 시·읍·면장까지 주민이 직접 선출하였다. 이와 같은 과정을 겪었던 지방자치는 1961년 5·16군사정변으로 중단되었고, 여러 가지 이유로 30여 년간 유보의 시기를 거쳤다.

사회경제 환경변화에 따라 1991년 지방선거를 통해 지방의회만을 구성하는 방식으로 지방자치가 부활되었다. 나아가 1995년에 주민 직선(直選)으로 지방자치단체의 장을 선출하여 민선자치 1기를 출범시킴으로써 본격적인 지방자치 시대를 열었다. 이후 1998년(민선자치 2기), 2002년(민선자치 3기), 2006년(민선자치 4기), 2010년(민선자치 5기), 2014년(민선자치 6기), 2018년(민선차지

7기)에 지방선거가 있었고, 2022년 7월부터 민선자치 8기를 시행하고 있다.

2) 지방자치단체의 구성

지방자치단체는 크게 일반적인 성격의 보통지방자치단체와 특수 목적을 위해 조성되는 특별지방자치단체로 나뉜다. 보통(일반)지방자치단체는 광역자치단체인 특별시·광역시·도와 기초자치단체인 시·군·자치구의 두 종류로 구분할 수 있는데, 이들은 해당 지역 안에서 종합적인 자치기능을 담당하는 1차적인 자치기관을 말한다.

2025년 현재 보통지방자치단체는 서울특별시, 제주특별자치도, 세종특별자치시, 강원특별자치도, 전북특별자치도, 6개 도, 6대 광역시(부산, 인천, 대구, 광주, 대전, 울산) 등 17개의 광역지방자치단체와 75개 시, 82개 군, 25개 서울시 자치구, 44개 광역시 자치구 등 226개의 기초지방자치단체를 합쳐 전체 243개로 구성되어 있다.

특별지방자치단체는 자치행정상 특정한 목적이나 특수한 자치사무를 수행하기 위하여 설치되는 2차적인 자치기관으로 부수적인 지방자치단체가 이에 해당한다. 특별지방자치단체는 지방자치단체의 구역을 넘는 문제를 해결하기 위해 두 개 이상의 지방자치단체가 특정 사무의 전부 또는 일부를 공동으로 처리하기 위하여 설립될 수 있다[14].

2. 지방자치단체의 세입구조

지방자치단체는 다양한 방법으로 세입확보에 노력한다[15]. 지방자치단체는 자체재원(자체수입), 이전재원(의존재원) 및 지방채수입에 의해 세입을 조달하는데, 이때 자체재원은 지방세와 지방세외수입의 합이다. 이전재원에는 지방교부세, 보조금 등이 속한다.

지방세입은 사용 용도의 제약 여부에 따라 자유롭게 사용할 수 있는 재량재원(자주재원)과 사용 용도가 정해져 있는 특정재원(비자주재원)으로 나뉜다. 재량재원에는 자체재원과 지방교부세가 포함되고, 특정재원으로는 보조금, 지방채수입 등이 있다.

1) 지방세수입

지방세는 지방자치단체의 자체재원(자체수입)[16]이며, 지방행정서비스 제공에 대한 반대급부로

14) 그 밖의 지방자치단체 조합 등에 대한 내용은 지방자치법의 관련 규정을 참조하기 바란다.

15) 정부의 수입과 지출을 회계연도 기준으로 파악할 때는 수입·지출이라는 명칭 대신 세입·세출이라고 한다. 이하에서는 세입·세출 개념을 사용하여 우리나라 지방재정의 실태와 특성을 설명하도록 하겠다.

16) 지방자치단체의 자체재원(자체수입)과 자주재원은 그 구성이 다르다. 자체재원은 지방세[보통세+목적세(지방교육세 제외)+과년도 수입] + 지방세외수입(경상적세외수입+임시적세외수입)의 합을 말하며, 자주재원은 지방교부세+

서 그 필요경비를 조달할 목적으로 징수하는 금전과 실물자원을 말한다. 지방세는 지방자치단체가 민간부문으로부터 강제적으로 동원(drafting)하는 수입원이다. 이때 강제적 동원의 의미는 정부가 주민들로부터 비자발적 거래를 통해서나 또는 시장가격보다 낮은 보상을 지불하고 재원(자원)을 조달한다는 것이다.

(1) 지방세의 원칙

이상적인 지방세제가 되기 위해서는 효율성, 공평성(형평성) 등 조세의 일반원칙을 충족해야 한다. 또한 지방재정의 특수성 때문에 국세와 구분되는 독자적인 지방세의 원칙에 부합하는 체계의 구축이 요구된다. 지방세가 합리적이기 위해 갖추어야 할 원칙은 다음과 같다.

첫째, 지방세의 조세객체(과세물건)는 각 지역에 골고루 분포되어 있어 지역적 편차가 적어야 한다(조세객체 분포의 지역적 보편성 원칙).

둘째, 지방세는 세수의 안정성을 담보할 수 있는 세원을 대상으로 과세해야 하며, 세수의 신장성을 이끌 수 있는 틀을 갖추어야 한다(세수의 안정성과 신장성 원칙).

셋째, 조세객체는 지방세 부과의 영향으로 그 지역에서 다른 지역으로 쉽게 이동되지 말아야 한다(조세객체의 정착성 원칙).

넷째, 모든 지역주민에게 지방세부담을 지게 하는 것이 바람직하다. 이럴 때 지방세를 부담하는 주민은 지역구성원으로서의 자부심을 갖게 된다(부담의 분임성 원칙).

다섯째, 개별 주민이 지방공공서비스로부터 얻는 편익을 용이하게 파악할 수 있어야 한다. 이 조건이 충족될 때 지방공공서비스로부터의 편익을 기준으로 하여 지방세 부담을 배분하는 것이 가능하게 된다(응익성 원칙).

여섯째, 특정지역 관할의 조세객체는 다른 지방자치단체의 그것과 중복되지 않고 완전히 분할될 수 있어야 한다. 이는 징세기술상 납세자의 조세회피를 극소화하기 위해 필요한 요건이다(조세객체의 분할성 원칙).

(2) 지방세의 체계

우리나라는 그간 취득세, 등록세, 재산세, 면허세, 담배소비세, 레저세, 도축세, 농업소득세, 주민세, 주행세, 자동차세, 지방교육세, 도시계획세, 공동시설세, 지역개발세, 사업소세의 16개 세목으로 구성된 지방세제 편제를 갖추고 있었다. 그러나 2009년 말 지방세법 개정을 통해 2010년부터 소득할 주민세와 종업원할 사업소세를 묶어 지방소득세를 신설하였고, 균등할 주민세와 재산

조정교부금으로 정의된다. 이때 자체재원을 자주재원에 포함하기도 한다. 이런 접근을 따르면 자주재원이 자체재원보다 그 범위가 넓은 개념이 된다. 지방세입의 기본체계와 관련하여 지방자치단체의 자체재원인 지방세와 지방세외수입을 지방세입의 근간으로 삼아야 한다는 견해를 '자체재원주의'라고 한다. 반면 자체재원에 그 재원을 사용함에 있어 지방자치단체가 재량을 행사할 수 있는 자주재원(지방교부세+조정교부금)을 추가한 일반재원(재량재원)의 확충과 그 중요성을 강조하는 경우를 '일반재원주의'라고 부른다.

할 사업소세를 통합하여 주민세로 조정하였다. 이에 따라 2010년 이후 사업소세는 폐지되었고, 주민세는 주민세 균등분(관할구역 안에 주소를 둔 개인과 법인에 대하여 규정에 따라 정해진 금액을 부과하는 주민세)과 주민세 재산분(사업소 연면적을 과세표준으로 하여 부과하는 주민세)으로 구분하여 과세하는 방식으로 개편되었다. 한편 지방소득세는 소득분(과거 소득할 주민세)과 종업원분(과거 종업원할 사업소세)의 두 부분으로 구성하였는데, 이때 전자는 지방소득세 소득분이고 후자는 지방소득세 종업원분이다. 주민세(균등분+재산분)와 지방소득세(소득분+종업원분) 도입은 자치구세인 사업소세의 폐지를 초래함으로써 자치구는 세수 결손을 겪을 수밖에 없는 상황이었다. 이 문제를 해소하기 위해 주민세와 지방소득세로 통합된 종전의 사업소세분 세수는 그대로 광역시의 자치구세로 하였다. 이에 더하여 2010년부터 지방소비세를 도입하였고, 기존의 농업소득세는 영세농가 지원 및 농업분야의 국가경쟁력 강화를 위하여 폐지의 수순을 밟았다.

2011년부터는 단일의 지방세법을 지방세기본법, 지방세법, 지방세특례제한법으로 분법화하는 개혁과 더불어 16개의 지방세목을 대폭 간소화하여 11개의 세목으로 정비하였다. 구체적으로 동일세원에 대한 중복과세 문제를 지적받고 있던 취득세와 취득 관련 등록세를 '취득세'로 통합시켰다. 재산세와 도시계획세는 '재산세'로 통·폐합하였다. 저당권, 전세권, 상호등기, 법인설립등기 등 취득과 무관한 등록세와 면허세는 '등록면허세'로 개편되었고, 공동시설세와 지역개발세는 '지역자원시설세'로 바꾸었다. 자동차세와 주행세는 '자동차세'로 통합하였다. 도축세는 농·축산업의 경쟁력 강화와 세수의 영세성 등을 이유로 하여 폐지되었다. 그 이외 주민세(균등분, 재산분), 담배소비세, 레저세, 지방소비세, 지방소득세(소득분, 종업원분), 지방교육세는 그대로 유지하도록 하였다. 한편 2013년 말에 지방세법 개정을 단행하여 2014년부터 지방소득세를 독립세화하였고, 종업원분 지방소득세는 주민세로 이관되었다.

2025년 현재 우리나라의 지방세제는 취득세, 등록면허세(등록분, 면허분), 주민세(개인분, 사업소분, 종업원분), 재산세(도시지역분 포함), 자동차세(소유분, 주행분), 담배소비세, 레저세, 지방소득세(개인분, 법인분), 지방소비세, 지역자원시설세(특정자원분, 특정시설분, 소방분), 지방교육세 등 11가지 세목으로 구성되어 있다. 11개 세목 가운데 지역자원시설세, 지방교육세는 목적세에 속하고, 나머지 9개 세목은 보통세에 해당한다.

지방세는 도세와 시·군세 체계 및 특별시·광역시세와 자치구세 체계로 이원화되어 있다. [그림 11-11]은 2025년 현재 우리나라 지방세제의 체계를 보여준다.

지방세는 목적세와 보통세로 구성되며, 행정구역을 기준으로 특별시·광역시세(세종특별자치시 제외), 도세(제주특별자치도 제외), 시·군세, 자치구세 등으로 구분된다. 도세에는 보통세로 취득세, 등록면허세, 레저세, 지방소비세의 4종이 있고, 목적세로 지역자원시설세, 지방교육세의 2종이 있다. 시·군세는 총 5개의 세목으로 구성되어 있는데, 보통세로 주민세, 재산세, 자동차세, 지방소득세, 담배소비세 등 5가지이고, 목적세는 없다.

특별시세와 광역시세는 그 세목 구성이 다소 상이하다. 마찬가지로 특별시와 광역시 자치구의 세목 구성도 다르다. 특별시세는 취득세, 담배소비세, 레저세, 자동차세, 주민세(개인분, 사업소분, 종업원분), 지방소득세, 지방소비세(이상 보통세), 지역자원시설세, 지방교육세(이상 목적세)로 구성되어 있고, 자치구세는 재산세(도시지역분 제외)와 등록면허세로 되어 있다. 한편 광역시세는 취득세, 담비소비세, 레저세, 자동차세, 주민세(균등분), 지방소득세, 지방소비세(이상 보통세), 지역자원시설세, 지방교육세(이상 목적세)로 되어 있고, 자치구세는 재산세(도시지역분 포함), 등록면허세, 주민세(사업소분, 종업원분)이다.

우리나라의 지방세는 재산과세(재산보유 및 거래과세), 소비과세, 소득과세의 세 가지 유형에

그림 11-11 지방세제의 편제(2025년 기준)

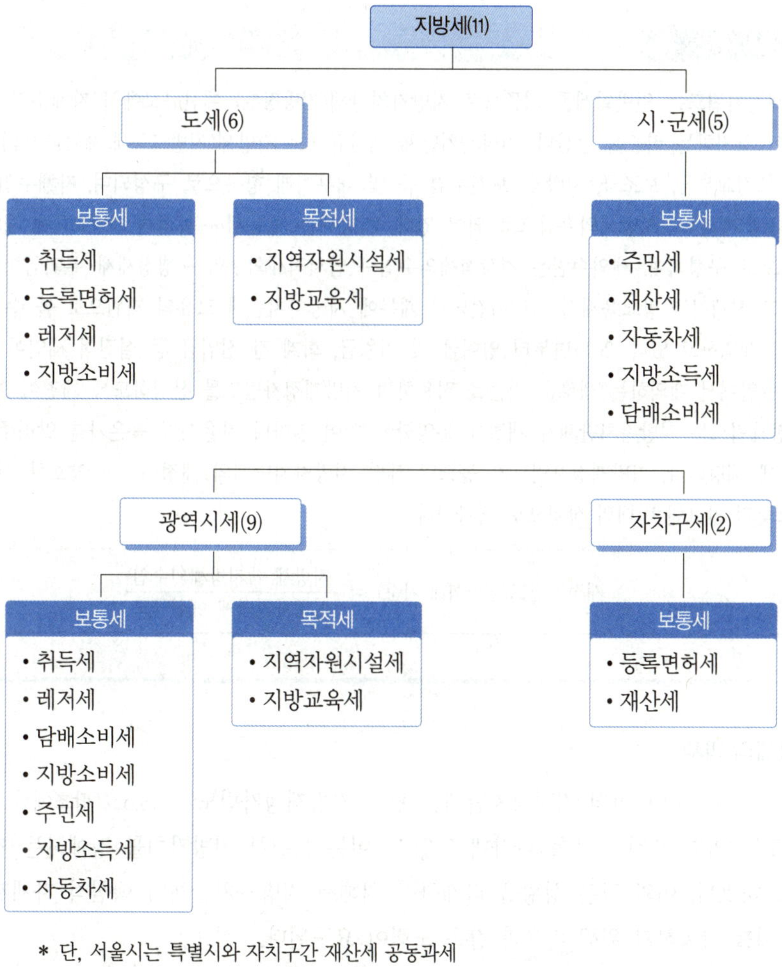

* 단, 서울시는 특별시와 자치구간 재산세 공동과세

자료 : 행정안전부(2025), 2025년도 지방자치단체 예산 및 기금 개요(상)

골고루 분포되어 있지만, 최근 수년간의 징수실적 평균을 분석해 보면 재산과세의 비중이 40% 안팎으로 가장 높다. 지방세 수입의 근간을 이루는 재산과세는 재산의 소유권이 유통·거래되는 과정에 과세하는 세목으로 부동산 거래와 밀접하게 연결되어 있다. 이 분야의 세수가 컸던 이유는 우리나라의 경우 주택과 토지에 대한 소유의식이 다른 나라 국민보다 강하고 최근까지 부동산 경기가 활성화된 바에 힘입었다고 하겠다. 그러나 이와 같은 유통과세 중심의 지방세제 편성으로 말미암아 부동산 경기가 침체되는 경우 세수확보가 어렵고, 그에 따른 세수의 불안정이 문제점으로 지적받는다. 대부분의 선진 국가는 담세능력에 비례하는 소득과세와 재산보유과세의 구성비가 높은 지방세제를 형성하고 있다. 우리나라는 2005년부터 부동산보유세제의 개편을 단행하여 국세인 종합부동산세와 지방세인 재산세로 이원화되었고, 이에 따라 재산보유과세의 비중이 크게 증가되었다[17].

▶ 지방재정자립도

지방재정자립도는 일반회계를 기준으로 지방자치단체(지방정부) 예산규모에서 자체수입(지방세+세외수입)이 차지하는 비중을 말한다. 지방자치단체 예산규모는 지방세(지방교육세 제외), 세외수입, 지방교부세, 조정교부금, 보조금, 지방채, 보전수입 등 및 내부거래 항목으로 구성되며, 자체수입은 지방세(지방교육세 제외)와 지방세외수입으로 되어 있다. 지방세는 보통세 + 목적세(지방교육세 제외) + 과년도 수입으로 구성되며, 세외수입은 경상적세외수입 + 임시적세외수입 + 행정제재·부과금이다. 지방교육세는 그 전액이 지방교육재정으로 이전되기 때문에 지방자치단체 고유의 재원으로 볼 수 없어 지방세수에서 제외하고 있다. 2014년부터 잉여금 및 이월금, 회계 간 전입금 등 실질적 세입이 아닌 재원을 세외수입에서 제외하는 새로운 기준을 적용하여 지방재정자립도를 산정하도록 개편이 이루어졌다. 지방재정자립도는 지방자치단체가 재정을 운영함에 있어 얼마나 자율성이 높은가를 알려주는 대표적인 지표에 해당한다. 지방재정자립도가 높으면 해당 지방자치단체의 재정여건이 양호한 것으로 평가되며, 그렇지 않으면 반대의 상황으로 평가된다.

$$\text{재정자립도(일반회계 기준)} = \frac{\text{지방세} + \text{지방세외수입}}{\text{지방자치단체 예산규모}}$$

(3) 지방세의 과제

2025년도 현재 우리나라의 지방자치단체는 평균 지방재정자립도가 48.6%(당초예산 기준)에 불과할 정도로 열악한 재정 상태를 나타내고 있다. 이는 온전한 지방자치를 장애하는 가장 큰 걸림돌이라고 하겠다. 이와 같은 상황을 타개하기 위해서 지방자치단체의 핵심적 자체재원(자체수입)인 지방세를 강화하기 위해 다음과 같은 노력이 요구된다.

17) 이와 관련한 자세한 내용은 본서의 '제7장 제3절 4. 각종 자산세' 부분을 참조하기 바란다.

첫째, 지방자치단체의 과세자주권이 확충되어야 한다. 이는 지방세제 운영 전반에 걸쳐 지방자치단체의 자율성 신장이 필요하다는 것이다.

둘째, 지방세목화하는 것이 합리적인 국세는 과감하게 지방세로 전환시킴으로써 지방자치단체의 자체재원을 확대시키는 실효성 있는 대책이 강구되어야 한다.

셋째, 지역의 실정을 반영한 신세원의 개발과 과세가 필요하다. 이런 노력은 재정력이 취약한 지방자치단체의 자체재원을 늘려주는 수단이 됨은 물론 지역특성화를 자극하는 촉매제의 역할을 할 수 있을 것으로 기대된다.

넷째, 경제발전은 통상 소득증대와 그에 따른 소비확대로 이어진다. 소득과세와 소비과세는 세수 신장성이 높은 반면 재산과세는 그렇지 못한 한계를 갖고 있다. 따라서 재산과세 중심의 현행 지방세제는 세수 신장성의 제고를 위해 소득과세와 소비과세를 더욱 강화하는 조치를 꾸준히 추진해야 할 것이다.

다섯째, 방만하고 불합리한 지방세 비과세·감면의 정비와 체계적인 운영이 요구된다. 아울러 국가 정책목적의 지방세 비과세·감면에 대해서는 적정한 보전 대책이 마련 되어야 한다.

2) 세외수입

(1) 세외수입의 의의 및 분류

지방세수입과 더불어 자체재원의 또 다른 한 축을 형성하고 있는 세외수입(지방세외수입)은

그림 11-12 지방세외수입의 분류(2024년 현재)

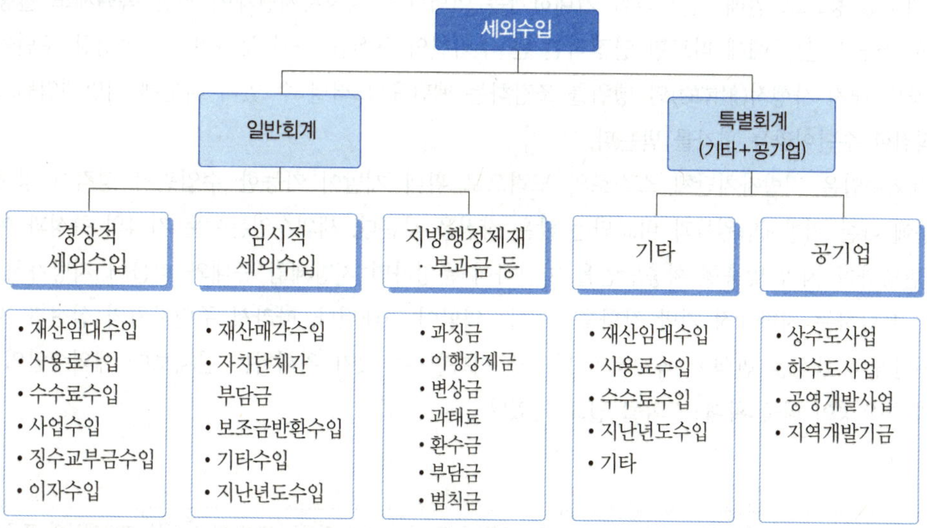

자료 : 행정안전부·한국지방세연구원(2024), 지방세외수입 업무해설집, p. 4.

다양한 종류로 구성되어 있으며, 그 역할과 중요성이 커지는 추세에 있다. 세외수입은 일반회계와 특별회계(기타 특별회계+공기업 특별회계)로 관리된다. 일반회계 세외수입은 경상적 세외수입, 임시적 세외수입, 지방행정제재·부과금 등을 말한다. 경상적 세외수입에는 재산임대수입, 사용료수입, 수수료수입, 사업수입, 징수교부금수입, 이자수입이 포함되고, 임시적 세외수입으로는 재산매각수입, 자치단체간 부담금, 보조금반환수입, 기타수입, 지난연도수입이 있다.

기타 특별회계를 구성하는 항목은 재산임대수입, 사용료수입, 수수료수입, 지난연도수입, 기타수입이며, 공기업 특별회계에는 상수도사업, 하수도사업, 공영개발사업, 지역개발기금이 속한다.

한편 일반회계를 구성하는 지방행정제재·부과금 등에는 과징금, 이행강제금, 변상금, 과태료, 환수금, 부담금이 해당되며, 공기업특별회계의 지역개발사업은 개편된 세외수입 체계에서는 지역개발기금으로 명칭이 변경되었다.

(2) 세외수입의 중요성

지방자치의 성패는 지역경제의 발전과 지방자치단체의 안정적이고 효율적인 재정운영에 달려 있다고 해도 과언이 아니다. 특히 각 지방자치단체가 주민들의 다양한 욕구를 충족시키는데 필수적인 자체재원의 확보는 지역주민 복리증진의 토대가 된다.

지방자치단체의 자체재원을 늘리는 방안으로는 지방세기능의 강화와 세수 증대, 세외수입의 확충, 복권제도 도입 등이 있다. 이들 자체재원 확충방안들은 나름대로의 한계를 내포하고 있는데, 지방세수입의 증대는 주민의 직접적인 부담을 높여 저항과 마찰을 발생하기 쉽다. 한편 지방세법에 규정되어 있는 탄력세율제도를 활용하여 지방자치단체의 자주재원을 확충하는 방안도 제시되고 있지만, 세율을 높여 세수증진을 도모할 경우 주민들에 의한 불만의 제기, 세원의 이동 가능성 등으로 인해 큰 성과를 기대하기는 어렵다[18]. 지방자치단체에 의한 복권제도 활용은 다른 나라의 운영 예에 따르면 안정적인 큰 수입원의 구실을 하지 못하며, 그 속성상 주민들에게 도박 내지 사행적(射倖的)인 행위를 조장하는 폐단을 드러낼 수 있기 때문에 지방세입원으로 부적절한 수단이라는 평가를 받는다.

세외수입은 지방자치단체 스스로의 노력으로 확대·개발이 가능한 수입원의 성격이 강하기 때문에 다른 지방세입원들과 비교되는 많은 장점을 갖는다. 세외수입분야는 지역의 특성과 여건을 반영하여 지역 맞춤형 확충방안을 마련하여 운영하면 지방세입 증대와 더불어 지방자치 원리에 부합하는 지방재정 기반 강화를 이끄는 역할이 기대된다. 따라서 주민자치의 실현과 시방자치단체의 특성을 반영한 독자적인 발전을 이룩할 수 있기 위해서는 현재보다 세외수입의 역할과 중요성이 더욱 확대·강화될 필요가 있다.

---

18) 탄력세율제도는 지방자치단체의 장(시장, 군수, 구청장 등)이 조례가 정하는 바에 따라 일부 지방세목의 표준세율에 대해 일정한 한도(통상 50%) 내에서 세율을 증감할 수 있는 조치를 말한다.

3) 지방채

(1) 의의

지방채는 지방자치단체가 재정수입의 부족을 보충하기 위하여 과세권을 담보로 하여 채무 형태로 자금을 조달하는 공공수입원이다. 지방채는 그 이행에 한 회계연도 이상이 소요되므로 증서차입 또는 증권발행의 형식을 취하게 된다.

지방채는 광의의 지방채와 협의의 지방채로 나뉜다. 광의의 지방채는 협의의 지방채와 차입금을 모두 포함하며, 이는 지방예산과목상 차입금, 지방채, 차관으로 구분되고 있다. 통상 지방채는 협의의 지방채를 가리킨다. 그러므로 지방채는 지방공공단체(지방자치단체 포함)가 지역발전을 위한 지역개발사업, 주민복리후생 증진을 위한 사업, 기타 수익사업 등에 소요되는 재원조달을 목적으로 발행하는 채권을 말한다.

지방채는 지방자치단체장이 그 지방자치단체의 항구적인 이익이 되거나 또는 지방재해복구 등의 필요가 발생한 경우 행정안전부장관의 승인을 얻은 범위 내에서 지방의회의 의결을 거쳐 발행하도록 되어 있다.

지방채는 자금원에 따라 정부자금채, 지방공공자금채, 민간자금채, 차관 등으로 구분된다. 정부자금채는 정부관리특별회계와 기금에서 자금을 조달하며, 지방공공자금채는 지역개발기금과 청사기금 등에서 자금을 조달한다. 민간자금채는 은행 및 기타 금융기관과 융자금 등에서 자금을 조달하고, 차관은 외국의 공공차관 도입과 지방자치단체의 전대방식(轉貸方式, 빌린 것을 다시 남에게 꾸어주는 방식)을 활용한 기채(起債)를 통해 자금을 마련하고 있다.

(2) 특징

지방채는 원칙적으로 지방공기업의 경비조달, 지방자치단체의 출자금 및 대부금의 상환, 차환비의 마련[19], 재해복구사업 등을 위한 재원조달 목적으로 발행된다. 최근에는 점차 지역발전을 위한 지역투자사업비 조달을 위한 목적으로 지방채가 발행되는 사례가 늘고 있다. 이상의 지방채는 다음과 같은 특징을 갖는다.

첫째, 지방자치단체(지방정부)의 다른 재원과 달리 계약에 의해 장래에 원리금 지급의무가 발생한다. 또한 지방채의 부담과정에서 세대 간 부담의 공평화를 도모할 수 있다(부담의 공평화).

둘째, 부과와 징수에 강제성을 수반하는 지방세수입과 달리 지방채는 재원조달 과정에 지역주민의 저항감이 작다(재원조달의 용이성).

셋째, 지방채 조달은 강제적 과징이 아니라 그 인수자가 자율적으로 선택하는 자발성을 원칙으로 한다(자발적 재원조달 방안).

19) 차환(借換)은 만기가 도래한 기존 공채(지방채)의 원리금을 다른 공채를 발행하여 마련한 수입으로 상환하는 조치를 말한다.

넷째, 지방채수입은 그 지방자치단체의 지역주민에게 인수되어 조달되기보다는 다른 지역, 그 이외 공공기관 등에 의존하여 조달되는 것이 일반적이다. 따라서 지방채는 외국채와 유사한 효과를 갖는다(외부조달).

다섯째, 일시적으로 대규모의 자금이 필요한 지방공공사업과 예기치 않은 재해복구를 위한 재원조달 목적으로 유용하게 활용될 수 있다(대규모 재원조달 수단).

여섯째, 거대한 산업도시의 위상을 구축하고 있는 지방자치단체가 발행하는 지방채는 지역차원을 넘어 국민경제의 활성화 수단이 된다(경기조정기능).

일곱째, 지방채는 내구연수가 긴 투자적 경비의 재원 및 지방공기업의 사업 확장을 위한 자금조달 방법으로 적합하다(투자적 재원 및 지방공기업 지원의 역할).

4) 지방재정조정제도

(1) 지방재정조정제도의 개념

우리나라의 지방자치단체(지방정부)들은 지역 간 경제력 차이가 클 뿐만 아니라 그것에서 기인하는 재정력 격차로 말미암아 독자적인 재정운영에 상당한 어려움을 겪고 있다. 이에 대한 대책으로 중앙정부(또는 상위지방자치단체)는 지방재정조정제도를 통해 지방자치단체의 재정기반을 확충·강화해 주는 보완과 더불어 지방자치단체가 스스로 자립할 수 있는 재정 토대를 마련할 수 있도록 지원하고 있다.

지방재정조정제도는 중앙정부가 지방자치단체를 지원하는 경우와 상위지방자치단체가 관할의 하위지방자치단체를 지원하는 경우로 구분된다. 전자의 예로는 지방교부세제도와 국고보조금제도 등이 있고, 후자의 예로는 시·도보조금제도, 조정교부금제도 등이 있다.

(2) 지방교부세제도

① 의의

지방교부세는 모든 지방자치단체가 일정한 수준의 행정서비스를 유지할 수 있도록 표준의 기본적 행정 수행경비를 산출하고, 그것의 실현에 필요한 재원 가운데 지방세 등 해당 지방자치단체의 자체재원 수입으로 충당할 수 없는 부족분을 보전하는 역할을 하는 일반재원을 말한다.

2025년 현재 지방교부세의 종류는 보통교부세, 특별교부세, 부동산교부세, 소방안전교부세로 구성되어 있다(지방교부세법 제3조). 부동산교부세는 국세인 종합부동산세수 전액을 재원으로 한다. 보통교부세는 그 규모와 역할에 있어 핵심에 해당하며, 일정한 공식에 의해 배분되고 재원의 사용 용도가 정해지지 않은 일반재원이다. 따라서 보통교부세와 부동산교부세는 범주적으로는 무조건부보조금(일반보조금)에 해당한다.

지방교부세제도는 경제의 불균형 발전에 따른 지역 간 세원의 편재를 시정하여 지방자치단체 간 재정력 균등화를 도모하는 한편, 지방자치단체의 행정운영에 필요한 재원을 보장하는 재원보장기능을 중심적으로 수행하는 근간의 지방재정조정제도이다.

② 교부세의 재원과 종류

2025년도 기준 지방교부세 재원(보통교부세와 특별교부세 합계)은 당해 연도의 내국세(목적세 및 종합부동산세와 다른 법률에 의하여 특별회계의 재원으로 사용되는 세목의 당해 금액 등 제외) 총액의 19.24%에 해당하는 금액과 전전연도 지방교부세액의 정산액(내국세의 예산액과 결산액과의 차이 발생으로 인한 교부세의 차액을 가감한 금액)의 합계이다[20]. 이런 까닭에 보통교부세와 특별교부세를 법정분 지방교부세 또는 정률분 지방교부세라고 부르기도 한다. 세부적으로 보통교부세의 재원은 법정분 지방교부세 총액(내국세 총액의 19.24%)의 100분의 97에 해당하는 금액이고, 특별교부세의 재원은 그 나머지인 100분의 3에 해당하는 금액이다.

부동산교부세의 재원은 종합부동산세 총액과 전전연도 종합부동산세액의 정산액(종합부동산세 예산액과 결산액과의 차이로 인한 교부세의 차액을 가감한 금액)을 합한 금액이고, 소방안전교부세는 개별소비세법에 따라 담배에 부과하는 개별소비세 총액의 100분의 45에 해당하는 금액과 전전연도 개별소비세의 정산액(개별소비세 예산액과 결산액과의 차이로 인한 교부세의 차액을 가감한 금액)을 합한 금액으로 되어 있다.

㉠ 보통교부세

지방자치단체의 일반재원을 보전해 주는 재원으로 사용된다. 매년 기준재정수입을 초과하는 기준재정수요를 보전하기 위해 자치구를 제외한 재원이 부족한 모든 지방자치단체에 공평하고 객관적인 기준에 따라 배분한다.

㉡ 특별교부세

특별교부세는 **첫째**, 기준재정수요액의 산정방법으로는 파악할 수 없는 지역 현안에 대한 재정수요가 있는 경우(지역현안수요), **둘째**, 보통교부세의 산정기일 후에 발생한 재난을 복구하거나 재난 및 안전관리를 위한 특별한 재정수요가 생기거나 재정수입이 감소하는 경우(재난안전수요), **셋째**, 국가적 장려사업, 국가와 지방자치단체 간에 시급한 협력이 필요한 사업, 지역 역점 시책 또는 지방행정 및 재정운용 실적이 우수한 지방자치단체 재정 지원 등 특별한 재정수요가 있을 경우(국가지방협력수요)에 교부하도록 되어 있다. 이에 따라 특별교부세는 지역현안수요 40%, 재난안전수요 50%, 국가지방협력수요(구 시책수요) 10%을 배분한다.

---

20) 2025년 현재 지방교부세 재원인 내국세에 포함되지 않는 항목은 ① 목적세, ② 다른 법률에 의하여 특별회계의 재원으로 사용되는 세목(주세 등)의 금액, ③ 담배에 부과하는 개별소비세 총액의 45%에 해당하는 금액(소방안전교부세 재원), ④ 종합부동산세로 되어 있다.

ⓒ 부동산교부세

부동산교부세는 국세인 종합부동산세 도입에 따라 발생한 지방자치단체의 재원 감소분(재산세수 감소분)을 보전하고, 국가 균형 발전 뒷받침을 위해 2005년 신설되었다. 부동산교부세는 종합부동산세수 전액을 재원으로 하며, 세종특별차지시와 제주특별자치도, 시, 군, 자치구에 교부된다. 제주특별자치도에 대해서는 부동산교부세 총액의 1천분의 18에 해당하는 금액을 우선 배분하고, 나머지 1천분의 982에 해당하는 금액을 세종특별자치시, 시, 군, 자치구에 배분하고 있다. 배분은 2025년 기준으로 재정여건 100분의 50, 사회복지 100분의 35, 지역교육 100분의 10, 부동산 보유세 규모 100분의 5를 반영하는 방식을 따른다.

ⓔ 소방안전교부세

소방안전교부세는 2015년 담배 가격 인상에 따라 국세인 개별소비세 담배분이 신설되면서 화재의 원인인 담배에 부과되는 개별소비세 총액의 20%를 재원으로 도입되었고, 2025년 현재는 45%이다. 소방안전교부세는 지방자치단체의 소방 인력 운용, 소방 및 안전시설 확충, 안전관리 강화 등을 위하여 지방자치단체에 교부된다.

소방안전교부세 재원 가운데 최초 도입분(개별소비세 총액의 100분의 20)을 초과하는 부분은 소방 인력의 인건비로 우선 충당하고, 나머지 부분은 지방자치단체의 소방 및 안전시설 현황, 소방 및 안전시설 투자 소요, 재난예방 및 안전강화 노력, 재정 여건 등을 고려하여 특별시, 광역시, 세종특별자치시, 제주특별자치도, 도에 배분하고 있다.

③ 보통교부세의 배분방법

보통교부세는 현재 운영되고 있는 지방재정조정제도 가운데 지방자치단체의 일반재원을 보전해 주는 핵심적인 재원이다. 매년 자치구를 제외한 기준재정수요액이 기준재정수입액을 상회하는 모든 지방자치단체에 대하여 교부된다.

ⓖ 기준재정수요액

기준재정수요액은 각 지방자치단체의 재정수요를 합리적 기준에 따라 지방자치단체별로 산정한 표준적인 재정소요액을 말한다. 지방자치단체가 필요로 하는 여러 가지 측정항목의 측정단위 수치[21]에 단위비용 및 보정계수[22]를 곱하여 산출한 기초수요액과 법령에 의하여 필수적으로 지출되어야 할 경비인 보정수요액[23], 자구노력의 합신으로 구성된다.

21) 보통교부세의 기준재정수요액 산정에 반영되는 측정항목, 측정단위 등과 관련된 자세한 내용은 지방교부세법과 동시행령 및 시행규칙을 참조하기 바란다.

22) 보정계수는 기준재정수요액의 산정시 단위비용의 획일적인 적용 등으로 인하여 각 지방자치단체의 기준재정수요액이 표준적인 행정수요액보다 과소·과다 산정되는 불합리한 상황을 보완하기 위해 측정단위 수치에 수정을 가하는 지수를 말한다.

23) 보정수요액은 단위비용의 획일적 적용 또는 그 밖의 사유로 각 지방자치단체의 기준재정수요액이 매우 불합리하게 책정된 경우 이를 고려하여 기준재정수요액에 가산해 주는 방식을 따른다(지방교부세법 제7조제3항).

㉡ 기준재정수입액

기준재정수입액은 기준재정수요액에 대응하는 개념으로 실제 수입 실적이 아니라 표준 수준의 일반재원 수입액으로 산정된다. 이러한 기준재정수입액은 80%만을 반영하고, 나머지 20%는 유보재원으로 기준재정수요 산정 시 포착되지 않는 상황을 감안하는 기능을 한다[24). 지방교부세 법령에서 기준재정수입액은 기초수입액, 보정수입액, 자체노력으로 구성된다. 이 중에서 기초수입액은 지방세법 상 표준세율로 산정한 보통세 수입액의 80%에 해당하는 금액이다. 보통세 대상 세목으로는 도세인 취득세, 등록면허세, 레저세, 지방소비세, 시군세인 주민세, 재산세, 자동차

그림 11-13 보통교부세액의 산정(2025년 현재)

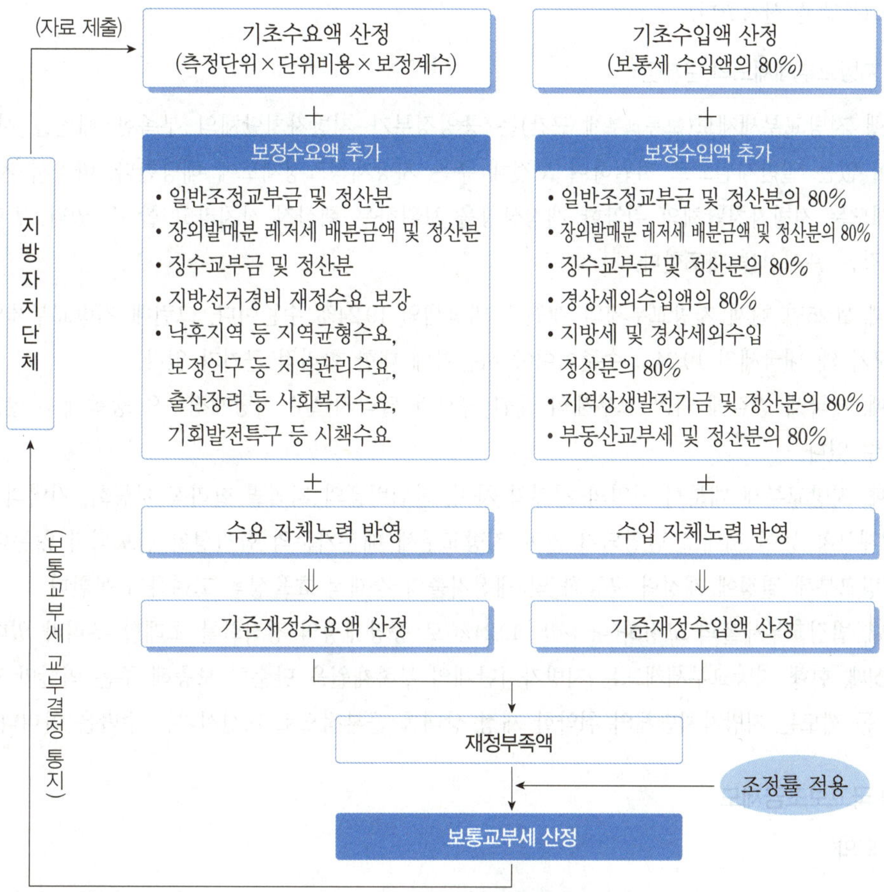

자료 : 행정안전부(2025), 2025년 지방교부세 산정해설, p. 22.

24) 지방자치단체의 법정 보통세수입의 일부만을 산정하는 것은 완전한 지방재정조정이 불가능하고, 기준재정수입 책정에 신축성을 부여하기 위해서이다. 한편, 기준재정수입액의 보정은 지방교부세법에 의한 기준재정수입액 이외의 지방세수입 및 행정안전부령이 정하는 세외수입 등으로 한다.

세, 담배소비세, 지방소득세가 있다. 보정수입액 산정에는 목적세 및 경상세외수입, 지방세 결산액 정산분, 시군 조정교부금, 시·도세 징수교부금, 부동산교부세, 지역상생발전기금 등을 포함한다. 또한 기준재정수입과 관련된 자체노력은 지방세 징수율 제고, 지방세 체납액 축소, 경상세외수입 확충, 세외수입 체납액 축소, 적극적 세원 발굴 및 관리, 지방세 감면액 축소 등 6개 항목으로 구성되어 있다.

ⓒ 보통교부세액

기준재정수요액과 기준재정수입액의 차이를 재정부족액으로 계산하고, 재정부족이 발생한 지방자치단체의 재정부족액을 합산한 후 보통교부세 총액과 재정부족액 총액이 합치될 수 있도록 조정률을 구한 다음 각 지방자치단체의 재정부족액에 조정률을 곱하여 지방자치단체별 보통교부세 교부액을 산정한다.

④ 지방교부세제도의 문제점

현행 지방교부세제도(보통교부세 근간)는 중앙정부가 지방자치단체의 부족한 재원을 사용에 제약이 없는 일반재원으로 지원하여 보전해 주는 지방재정조정제도에 해당한다. 따라서 지방교부세제도는 지방자치단체의 취약한 재정상황을 보완하는 핵심적 장치라고 할 수 있다. 반면 다음과 같은 문제점을 내포한다.

첫째, 2025년 현재 지방교부세의 재원은 내국세의 19.24% 수준이다. 그런데 지방교부세의 재원규모가 왜 내국세의 19.24% 수준이어야 하는가에 대한 합리적 근거가 없다.

둘째, 내국세 증감에 따라 교부세의 재원 규모가 달라지므로 지방재정수요 충족에 차질을 초래할 수 있다.

셋째, 지방교부세 배분시 지역의 경제력 차이, 단위비용의 지역별 합리적 차등화, 지역의 특수한 경제상황 등이 제대로 반영되지 않아 지방교부세 배분기준의 합리성이 담보되지 않는다. 또한 지방교부세 결정에 재정력 균등화 및 재정지출의 경제적 효율성을 고려하지 못한다.

넷째, 법정교부세율의 고정화(내국세의 19.24%)로 중앙재정의 경직화를 초래할 우려가 있다.

다섯째, 현행 지방교부세제도는 지방자치단체의 부족재원을 단순히 보충해 주는 역할만 할 뿐이다. 동 제도는 지방자치단체의 취약한 재정 상태를 근본적으로 개선시키는 수단은 아니다.

(3) 국고보조금제도

① 의의

국고보조금제도는 지방자치법, 지방재정법, 보조금의 관리에 관한 법률 및 동 시행령, 각 시·도의 보조금 관리 조례에 따라 운영되고 있다. 국고보조금제도는 국가가 정책적 필요에 따라 지방자치단체의 사업을 지원하거나 국가위임사무를 수행하는 지방자치단체를 대상으로 그에 소요되는 비용의 일부 또는 전부를 지원하는 지방재정조정제도를 말한다. 따라서 국고보조금은 사용 용도가 제약되어 있는 조건부보조금(특정보조금)에 해당하며, 이는 일정 지방행정서비스 수준의 유지와 특정 사업의 장려가 주목적이라고 하겠다[25].

② 국고보조금의 교부요건

국고보조금은 원칙적으로 중앙정부가 수행해야 할 사업을 지방자치단체가 대신 맡은 경우에 지원된다. 이때 중앙정부는 그 사업에 소요되는 비용의 전부 또는 일부를 지방자치단체에 지원한다. 세부적으로 다음과 같은 경우 국고보조금의 지원대상이다.

첫째, 국가의 고유업무가 지방자치단체에 의해 대행될 경우

둘째, 국가가 지역의 특정 사업을 장려하려고 할 경우

셋째, 지방자치단체의 재정상 필요하다고 인정될 경우

넷째, 중앙과 지방 간 이해관계가 있는 사업을 지방자치단체가 수행할 경우

③ 국고보조금의 형태

국고보조금은 그 기능, 목적 등에 따라 다양한 유형으로 나눌 수 있다. 교부금, 국고부담금, 협의의 국고보조금, 지방교육재정교부금 등을 포괄한다[26].

㉠ 교부금

국가가 스스로 집행해야 할 사업을 국민의 편리, 경비집행의 효율성 등을 이유로 지방자치단체 또는 그 기관에 위임하여 수행하는 경우에 지급되는 지원금을 가리킨다. 교부금의 지급대상으로는 국민투표, 대통령 또는 국회의원의 선거, 외국인등록, 징병사업 등이 있다.

㉡ 국고부담금

지방자치단체 또는 그 기관이 법령에 의하여 실시하여야 할 사업이지만, 국가와 지방자치단체 상호 간에 이해관계가 있는 경우 국가가 경비의 전부 또는 일부를 부담하는 지원금을 말한다. 이때 국가의 부담이 부담금이다. 부담금이 지급되는 대상사업으로는 생활보호, 의료보호, 전염병예방, 직업안정, 재해복구 등이 있다.

㉢ 협의의 국고보조금

국가가 시책상 필요하다고 인정하여 특정 행정사무의 집행을 장려하거나 또는 지방자치단체의 재정사정상 특히 필요하다고 인정될 때 교부하는 경비를 말한다. 보통 전자를 장려적 보조금

25) 국고보조금은 보조방식에 따라 정률보조금, 정액보조금, 차등보조금으로 구분할 수 있는데, 현재 시행되고 있는 국고보조금은 대부분 정률보조금 방식에 의해 지원되고 있다.

26) 보조금 관리에 관한 법률 제2조(정의) 이 법에서 사용하는 용어의 뜻은 다음과 같다. '보조금'이란 국가 외의 자가 수행하는 사무 또는 사업에 대하여 국가(「국가재정법」 별표 2에 규정된 법률에 따라 설치된 기금을 관리·운용하는 자 포함)가 이를 조성하거나 재정상의 원조를 하기 위하여 교부하는 보조금(지방자치단체에 교부하는 것과 그 밖에 법인·단체 또는 개인의 시설자금이나 운영자금으로 교부하는 것만 해당), 부담금(국제조약에 따른 부담금은 제외), 그 밖에 상당한 반대급부를 받지 아니하고 교부하는 급부금으로서 대통령령으로 정하는 것을 말한다.

이라고 하며, 후자를 지방재정보조금이라고 부른다.

㉣ 지방교육재정교부금

의무교육 및 기타 공립학교 경비의 일부를 충당하기 위한 목적으로 교육부 예산에서 지방교육비 특별회계에 교부되는 재원을 말한다. 지방교육재정교부금은 2025년 현재 내국세(목적세, 종합부동산세 및 다른 법률에 의하여 특별회계의 재원으로 사용되는 세목의 당해 금액 등 제외)의 20.79%를 재원으로 하며, 보통교부금(재원의 100분의 97)과 특별교부금(재원의 100분의 3)으로 구분하여 운영되고 있다.

④ 국고보조금제도의 문제점

국고보조금제도는 지역사업을 중앙정부가 지원하는 기능뿐만 아니라 국가와 해당 지방자치단체가 공동으로 국가사업을 시행함으로써 중앙과 지역 간 연계를 강화하는 효과를 발생시키고, 더 나아가 국가발전을 뒷받침하는 유용한 수단이 된다. 반면 다음과 같은 문제점을 갖는다.

첫째, 국고보조금의 존재는 중앙정부에 의한 지방자치단체 간섭을 초래한다.

둘째, 현행 국고보조금제도는 중복보조, 보조규모의 영세성, 지출목적의 지나친 세분화, 부적합한 사업보조 등의 문제점을 지적받고 있다. 이에 따라 보조금 배분의 효율이 저하되고 있으며, 지방자치단체 간 재정력 격차만 확대되는 양상을 나타낸다.

셋째, 보조금 지원율의 결정에 있어 합리적인 산출 기준이 결여되어 있다.

넷째, 중앙정부가 수행해야 할 사업을 지방자치단체 사업으로 전가시켜서 지방자치단체의 부담을 가중시키는 경우가 적지 않게 발생한다.

다섯째, 지역적 성격이 강한 사업에 대한 보조율이 너무 낮다.

⑤ 국고보조금제도의 개선방안

현행 국고보조금제도는 적지 않은 문제점을 안고 있지만, 그 역할이 크다. 따라서 국고보조금제도의 문제점을 보완하고 개선함으로써 그 성과를 향상시키는 노력이 필요하다. 국고보조금제도의 개선방안으로는 다음과 같은 조치를 제안할 수 있다.

첫째, 배분의 효율성 제고를 위해 불필요하거나 유사한 보조금은 통합·정리한다.

둘째, 보조율 결정의 합리적 기준 마련이 요구된다.

셋째, 재정력이 취약한 지방자치단체에 대해서는 차등보조율을 적용하여 보다 많은 보조금이 지원될 수 있도록 배려한다.

넷째, 중앙정부가 수행해야 할 사업을 지방자치단체 사업으로 전가시키는 상황을 방지하기 위해서 국가사무와 지방사무를 명확하게 구분하는 기준의 설정이 필요하다.

(4) 기타 지방재정조정제도

지방교부세제도와 국고보조금제도는 중앙정부가 지방자치단체를 대상으로 재원을 지원하는 지방재정조정제도이다[27]. 반면 조정교부금제도, 시·도비보조금제도, 징수교부금제도는 상위지방자치단체가 관할 하위지방자치단체를 지원하는 지방재정조정제도에 속한다.

① 자치구 조정교부금제도

자치구 조정교부금제도는 특별·광역시가 관할 자치구를 대상으로 운영하는 지방재정조정제도로서 1988년 4월 6일「지방자치법」전면개정을 통해 그 근거가 마련되었다. 이 제도는 특별·광역시의 관할 자치구 간 재정불균형을 해소하고, 각 자치구로 하여금 기본적인 지방행정서비스에 대해서는 일정 수준을 유지할 수 있도록 지원하기 위해 특별시 및 광역시 보통세 세수의 일정분을 정해진 기준에 따라 자치구에 교부하는 제도이다. 따라서 자치구 조정교부금제도는 지방교부세와 마찬가지로 자치구 간 재정력의 형평화(자치구 간 재정력 격차 조정)와 자치구에 대한 재원보장을 주목적으로 한다[28].

자치구 조정교부금의 재원은 특별·광역시 보통세 세수의 일정률로 책정되는데, 그 비율은 각 특별·광역시의 조례로 정하도록 하고 있다. 조정교부금은 그 사용용도가 비제약적인 일반조정교부금(90%)과 사용용도가 지정된 특별조정교부금(10%)으로 나뉜다. 조정교부금 산정의 기준이 되는 기준재정수요충족도(재정력지수)는 기준재정수요액 대비 기준재정수입액의 비율을 말한다. 이때 기준재정수요액은 각 광역자치단체마다 서로 다른 개수의 측정항목과 세부항목을 설정하고 있다. 또한 기준재정수입액의 산정에는 일반적으로 자치구세, 경상세외수입 등을 고려한다.

서울시를 제외한 6대 광역시의 조정교부금 재원은 관할 자치구의 재정부족액의 합계보다 적기 때문에, 각 광역시는 자치구의 재정부족액에 조정률(자치구 재정부족액 총액 대비 보통교부금 총액의 비율)을 적용하여 조정교부금을 교부하고 있다. 또한 자치구의 기준재정수요액과 기준재정수입액을 산정할 때 건전재정운영을 위한 자체노력을 반영한다[29].

② 시·군 조정교부금제도

시·군 조정교부금제도는 기존 재정보전금제도를 계승하여 2014년 11월부터 시행되고 있다.

---

27) 지방자치분권 및 지역균형발전에 관한 특별법(지방분권균형발전법)에 근거를 두고 있는 지역균형발전특별회계는 기존의 국고보조금 등을 활용한 국가주도 사업이 나타내는 경직성 문제를 해결하고자 지방분권 차원에서 도입된 지방재정조정제도라고 하겠다. 지역균형발전특별회계는 범주적으로 국고보조금에 속하며, 그 설치목적은 지역별 특성과 비교우위에 따른 지역의 특화 발전을 지원하고, 지역 주민의 삶의 질 향상 및 지역경쟁력 강화를 위한 사업을 효율적으로 추진하는 것을 돕기 위한 것이다. 2025년 현재 지역균형발전특별회계는 지역자율계정, 지역지원계정, 제주특별자치도계정 및 세종특별자치시계정으로 구성되어 있다. 자세한 내용은 지방분권균형발전법을 참고하기 바란다.

28) 특별시장 및 광역시장은「지방세법 시행령」제57조 제1항제4호가목의 장외발매소(경륜 등의 사업장과 함께 있는 장외발매소는 제외)에서 발매한 승자투표권 등에 대하여 자치구에서 징수한 레저세의 100분의 20에 해당하는 금액을 그 장외발매소가 있는 자치구에 각각 배분하여야 한다. 이 경우 레저세(자치구에서 징수한 레저세의 100분의 20에 해당하는 금액)는 자치구 조정교부금에 해당한다. 이는 도와 시·군의 관계에서도 마찬가지이다.

29) 자치구 조정교부금의 교부율·산정방법 및 교부시기 등에 관한 사항은 특별·광역시의 조례로 정한다.

이 제도의 최초 유래는 도세징수교부금제도이다. 도세징수교부금이라는 명칭은 기초자치단체인 시·군이 도세를 징수하는 과정에 부담하는 비용을 지원하는 제도의 의미이지만 실제는 시·군의 재정을 보전하는 역할을 하였다. 이에 따라 실질에 부합하는 제도 운영을 위해 도세징수교부금의 명칭을 재정보전금으로 조정시켰다. 재정보전금은 징세비보전 과다, 시·군 간 부익부·빈익빈 현상의 발생, 지방교부세의 정책효과 훼손 등을 개선하는 목적으로 2014년부터 또 다시 조정교부금으로 개칭되어 현재에 이르고 있다[30].

시·군 조정교부금은 기초지방자치단체에서 징수하는 광역시·도세(화력발전·원자력발전에 대한 지역자원시설세, 소방분 지역자원시설세 및 지방교육세 제외)의 27%(인구 50만명 이상의 시와 자치구가 아닌 구가 설치되어 있는 시의 경우에는 47%)에 해당하는 금액을 재원으로 하고 있으며, 인구, 징수실적, 당해 시·군의 재정사정 등에 따라 해당 광역시(특별시 제외)·도의 관할 구역 내 시·군에 배분되는 체계를 따른다.

시·군 조정교부금은 시·군의 행정운영에 필요한 재원을 보전하는 등 일반적 재정수요에 충당하기 위한 일반재정보전금(90%)과 시·군의 지역개발사업 등 시책을 추진하는 등 특정한 재정수요에 충당하기 위한 특별조정교부금(10%)으로 나뉜다[31].

③ 시·도비보조금제도

시·도비보조금제도는 광역지방자치단체가 관할 기초지방자치단체의 균형적인 발전 및 특정사업 시행의 지원을 목적으로 하는 지방재정조정제도이다. 이 제도는 중앙과 지방간 국고보조금제도와 유사한 역할을 한다. 시·도비보조금은 광역자치단체가 시책상 필요하다고 인정할 때 또는 기초자치단체(시·군 및 자치구)의 재정상 특히 필요하다고 인정할 때 지원하고 있으며, 그 재원은 광역자치단체의 일반회계 또는 특별회계, 기금에서 충당하고 있다[32].

---

30) 1976년 지방세법 제53조 개정을 통해 도세징수교부금제도가 도입되었다. 동 제도는 2000년 1월부터는 지방재정법에 근거를 두고 시·군의 재정을 보전하는 재정보전금제도로 명칭을 바꾸었다. 이후 2014년 5월 지방재정법 제29조 개정으로 재정보전금이라는 이름이 조정교부금으로 변경되었고, 2014년 11월부터 그 명칭이 사용되고 있다. 이렇게 되면서 특별·광역시(자치구 조정교부금)와 도(시·군 조정교부금)는 똑같은 이름(조정교부금)의 제도를 운영하고 있는 셈이다.

31) 일반조정교부금을 배분할 때에는 일반조정교부금 총액의 100분의 50에 해당하는 금액은 해당 시·군의 인구수에 따라 배분하고, 100분의 20에 해당하는 금액은 해당 시·군의 광역시세·도세 징수실적에 따라 배분하며, 100분의 30에 해당하는 금액은 재정력지수(「지방교부세법」에 따라 산정한 매년도 기준재정수입액을 기준재정수요액으로 나눈 값)가 1 미만인 시·군을 대상으로 1에서 해당 시·군의 재정력지수를 뺀 값을 기준으로 배분한다.

32) 징수교부금은 기초자치단체가 광역자치단체의 수입(시·도세 수입과 사용료수입 등 세외수입)을 대신 부과·징수하여 납입할 때에 광역자치단체가 수수료의 위임처리에 대한 대가로 교부하고 있다. 현재 시·도세와 세외수입을 징수한 기초자치단체에 대해 징수액의 3%를 이에 소요되는 비용으로 교부한다. 따라서 징수교부금은 그 성격상 상위지방자치단체가 관할 하위지방자치단체(기초자치단체)를 지원하는 지방재정조정제도의 성격을 어느 정도 내포하고 있다.

광역자치단체가 관할 기초자치단체인 시·군 또는 자치구에 지원하는 보조금의 40% 이상이 시·도비보조금이다. 이는 현재 광역자치단체에 의한 기초자치단체 재정지원의 핵심적 수단이 시·도비보조금제도임을 의미한다.

지방재정법에 근거를 두고 있는 시·도비보조금제도는 보조금 사용의 용도를 지정하여 지방자치단체의 특정 행정에 대한 광역적인 일정 수준의 유지, 광역종합계획 내지 시책의 실시, 신규사업의 보급 장려, 주민편리를 위한 사무위탁 등의 순기능을 수행하는 장치라고 하겠다. 반면 다음과 같은 문제점을 내포하고 있다.

첫째, 시·도비보조금제도는 함께 운영되고 있는 시·도 조정교부금제도와 상호 연계가 되지 않기 때문에 시·도와 관할 시·군(자치구 포함) 간의 수직적 재정조정효과를 제약할 뿐만 아니라 기초자치단체 재정운영의 효율성을 떨어뜨린다는 지적을 받는다.

둘째, 실효성 없는 영세보조금에 대한 합리적 개선이 요구된다.

셋째, 현행 시·도비보조금제도는 시·도의 시책과 다른 사업으로 운영되기도 하며, 지역적 특성을 반영하지 못하고, 일률적인 보조율을 적용함으로써 시·군(자치구 포함)의 재정계획 및 사업운영상 비효율을 초래한다.

3. 지방자치단체의 세출구조

1) 지방세출의 특징

지방세출은 지방자치단체의 공공수요를 충족시키기 위한 일체의 지출을 말한다. 지방세출은 다양성, 한계성, 높은 경직성, 중앙의존성의 특징을 갖는다.

우리나라의 243개 지방자치단체들은 각기 자연적, 사회적, 경제적 여건이 상이하다. 따라서 각 지방자치단체의 세출 항목은 매우 다양한 모습을 띠게 된다(지방세출의 다양성). 그리고 국가세출이 전국적인 성격을 지니는 것과 달리 지방자치단체의 세출은 그 지역의 주민생활과 직결되는 것이 일반적이므로 지역적 한계성을 갖는다(지역적 한계성). 또한 국가재정상 세출이 매우 경직적인 것과 마찬가지로 지방재정상 세출도 경직적인 성향을 나타낸다(지방세출의 높은 경직성). 한편 지방세출의 상당한 부분이 그 규모나 구조 측면에서 중앙정부의 영향을 크게 받고 있어 중앙정부 의존성이 높다(지방세출의 중앙의존성).

2) 지방세출의 유형

다양성, 높은 경직성 등의 특징을 갖는 지방세출은 회계별, 기능별(목적별), 성질별(품목별)로 유형화할 수 있다. 각 유형별 지방세출의 항목과 그 내용은 다음과 같다.

(1) 회계별 지방세출

회계별 지방세출은 일반회계, 특별회계, 기금상 세출로 구분된다. 특별회계의 세출은 다시 공기업 특별회계와 기타 특별회계상 세출로 나뉜다. 일반회계상 지방세출에는 상시적이고 규칙적인 지출이 계리(計理)되며, 특별회계상 지방세출에는 특정 목적을 위해 법률 또는 지방자치단체의 조례에 의해 설치된 지출이 관리된다.

모든 광역지방자치단체와 기초지방자치단체의 세출을 회계별로 구분하면 일반회계와 특별회계로 대별되며, 각 회계별 구성 항목은 대체로 일치한다. 다만, 지역의 특성이 감안되는 특별회계의 경우는 지방자치단체별로 다소 구성 항목의 차이가 있다.

특별회계는 공영기업이나 특정한 목적의 사업을 운영할 때, 특별한 자금을 보유하여 운영할 때, 기타 특정한 세입을 특정한 세출에 충당함으로써 일반회계의 세입·세출과 구분하여 계리할 필요가 있을 때 설치된다. 동일한 사업일지라도 일반회계에 계리하는 지방자치단체가 있는가 하면 조례에 의해 특별회계로 처리하는 지방자치단체도 있다.

공기업 특별회계는 지방자치단체의 지방직영기업을 위한 특별회계로서 상수도사업, 하수도사업, 지역개발기금, 공영개발, 지하철운수사업, 주택건설사업 등을 대상으로 한다. 기타 특별회계는 지방자치단체의 조례에 의거하여 설치·운영되는 사업을 위한 회계이며, 지방자치단체별로 다양한 사업으로 구성되어 있다.

2025년 당초예산 순계기준으로 총세출 규모(일반회계+특별회계+기금회계)에서 일반회계 세출 74.0%, 특별회계 세출 15.1%, 기금회계 세출 10.9%의 관계로 일반회계 세출의 비중이 가장 높다. 공기업 특별회계상 세출은 기타 특별회계상 세출의 절반 수준의 양상을 보인다.

(2) 기능별(목적별) 지방세출

기능별 지방세출 분류는 지방자치단체의 중점시책의 소재를 파악하기 위한 세출 분류방식에 해당한다. 지방세출의 기능별 분류는 지방자치단체가 얼마만큼의 경비를 어떤 기능과 목적을 위해 지출하는가를 알려주기 때문에 대내적으로 사업의 성과측정, 지방재정계획과 예산의 연계 등을 파악할 수 있는 유용한 자료를 제공해 준다. 아울러 대외적으로는 지방자치단체가 집행한 재원의 사용 내역을 지역주민이나 국가에 공개하는 역할을 한다.

기능별 분류는 지방자치단체의 세출예산 및 결산의 과목인 장, 관, 항, 세항을 나눌 때 그 기준으로 사용된다. 지방자치단체의 지방세출을 먼저 기능별로 대분류하면 2025년 현재 일반공공행정, 공공질서 및 안전, 교육, 문화 및 관광, 환경, 사회복지, 보건, 농림해양수산, 산업·중소기업 및 에너지, 교통 및 물류, 국토 및 지역개발, 과학기술, 예비비, 기타의 14개 분야로 나뉘고, 이것은 다시 중·소분류로서 관, 항, 세항별 경비로 구분된다.

일반공공행정 분야는 입법 및 선거관리, 지방행정·재정지원, 재정·금융, 일반행정으로 이루어져 있다. 공공질서 및 안전 분야는 경찰, 재난방재·민방위, 소방의 세 항목으로 구성된다. 교육 분야는 유아 및 초중등교육, 고등교육, 평생·직업교육으로 되어 있다. 문화 및 관광 분야의 구성 항목은 문화예술, 관광, 체육, 문화재, 문화 및 관광일반이다. 환경 분야는 상하수도·수질, 폐기물, 대기, 자연, 해양, 환경보호일반의 세부 항목으로 구성되어 있다.

사회복지 분야는 기초생활보장, 취약계층지원, 보육·가족 및 여성, 노인·청소년, 노동, 보훈, 주택, 사회복지일반으로 세부 항목이 가장 많다. 보건 분야는 보건의료, 식품의약안전으로 되어 있고, 농림해양수산 분야는 농업·농촌, 임업·산촌, 해양수산·어촌으로 되어 있다.

산업·중소기업 및 에너지 분야는 산업금융지원, 산업기술지원, 무역 및 투자유치, 산업진흥·고도화, 에너지 및 자원개발, 산업·중소기업일반이 세부 항목이다. 교통 및 물류 분야는 도로, 도시철도, 해운·항만, 항공·공항, 대중교통·물류 등 기타를 구성 항목으로 한다. 국토 및 지역개발 분야의 세부 항목은 수자원, 지역 및 도시, 산업단지이고, 과학기술 분야의 세부 항목은 기술개발, 과학기술연구지원, 과학기술일반으로 되어 있다. 예비비 분야는 세부 항목이 설정되어 있지 않다. 기타 분야는 인력운영비, 기본경비 등으로 구성되어 있다.

기능별 세출예산의 분야·항목별 규모를 2025년도 당초예산 순계기준으로 살펴보면 사회복지(1위, 110조 1,592억원), 기타, 환경, 교통 및 물류, 농림해양수산, 일반공공행정, 교육, 국토 및 지역개발 등의 순서로 그 비중이 높게 나타난다.

(3) 성질별(품목별) 지방세출

지방자치단체는 지역주민과 중앙정부로부터 확보한 재원을 재화와 서비스의 구입, 고정자본형성, 이전지출, 융자 등의 형식으로 사용하여 민간부문에 환류시킴으로써 국가와 지역발전을 도모한다. 이와 같은 지방자치단체의 재정활동이 어떤 형태로 환류되는가를 보여주는 세출분류가 성질별 지방세출 분류이다. 지방세출의 성질별(품목별) 분류는 지방자치단체의 재정지출이 어떤 형태로 이루어지는가를 알 수 있게 하는 한편, 상이한 경제적 기능을 위해 얼마만큼의 경비가 지출되고 있는가를 나타내는 특징을 갖는다.

지방자치단체의 성질별 세출은 2025년 현재 인건비, 물건비, 경상이전, 자본지출, 융자 및 출자, 보전재원, 내부거래, 예비비 및 기타 등의 8개 항목으로 나누어진다.

성질별 세출예산의 항목별 예산액이 전체에서 차지하는 비중을 2025년도 총계 기준으로 보면 경상이전(1위, 167조 4,343억원), 자본지출, 인건비, 내부거래, 물건비, 보전재원, 예비비 및 기타, 융자 및 출자의 순서를 나타낸다.

3) 지방세출의 중요성에 대한 재인식

중앙재정이나 지방재정 모두 세출보다는 세입을 강조하는 전통이 이어져 왔다고 할 수 있다. 그러나 엄밀히 말해서 세입의 확보는 세출을 위한 전제에 불과하다는 점을 고려하면 중앙정부나 지방자치단체 모두 세출에 대한 중요성을 재인식해야 함은 물론이고, 합리적인 세출을 위해 보다 많은 노력을 경주해야 한다.

지역주민의 부담을 통해 조달된 재원이 생산적으로 활용되어 지역경제의 활성화와 지역주민의 소득기반을 확충시키는 역할을 한다면, 지역주민은 높은 부담에 대해 그렇게 큰 저항이나 불만을 나타내지 않을 것이다. 이런 관점에서 보면 중앙정부나 지방자치단체에 의한 부담요구를 무조건 최소한으로 줄이려는 행태보다는 조달된 재원이 제대로 사용되어 지원(투입)된 분야의 생산성과 복리후생 증진에 얼마나 기여하는가를 주목하고 감시하는 방향으로 지방재정에 대한 인식이 전환되어야 한다.

더 나아가 지역주민이 원하는 지방자치의 구현을 위해 지방세출이 적정하게 관리되는지 지역 구성원들의 지속적인 관심과 평가가 요구된다.

▶ 우리나라 지방재정의 문제점

현재 우리나라의 지방재정은 지방자치를 온전하게 뒷받침할 수 있는 기능을 하지 못하고 있다는 평가를 듣는다. 지방재정이 안고 있는 문제점으로 다음과 같은 점을 지적할 수 있다.

첫째, 재원(세원)이 중앙에 집중되어 있어 지방재정력이 취약하다.

둘째, 지방세제가 거래(유통)과세 중심으로 이루어져 있어 지방세수입의 안정성이 떨어진다.

셋째, 국세와 지방세 간 합리적인 세원배분을 통한 조화가 이루어지지 않고 있다.

넷째, 현행 지방재정조정제도는 개선해야 할 불합리한 요소가 적지 않다.

다섯째, 중앙정부와 지방자치단체의 적절한 기능분담이 이루어지지 못하고 있다.

여섯째, 지방이전재정과 기타 재정정책수단 간 연계가 긴밀하지 못해 지방재정정책이 낭비적이고 중복적으로 진행되는 사례가 많이 발생한다.

일곱째, 지방재정 관련 통계가 미흡하고 불확실하기 때문에 실효성 있는 지방재정정책 수립에 걸림돌이 되고 있다.

01 중앙과 지방은 자원배분, 소득재분배, 경제안정화의 기능(재정의 3대 기능)을 한다. 지방정부에 의한 지방공공재 공급은 중앙정부가 하는 경우보다 적은 비용이 들기 때문에 자원배분 측면에서 효율적이다. 이와 관련하여 오우츠의 분권화 정리, 티부의 발에 의한 투표에서는 지방정부에 의한 지방공공재의 효율적 공급을 강조한다.

02 뷰캐넌은 중앙정부가 소득재분배를 주도적으로 담당하고, 지방정부는 간접 지원하는 방식이 바람직하다는 논리적 근거를 제시하였다. 반면 폴리는 각 지역의 소득재분배정책이 그 지역에만 편익을 제공하고 소득재분배정책이 시행 전보다 지역 후생을 증진시키는 파레토 개선을 실현한다면 중앙보다 지방에 의한 소득재분배가 적절하다는 입장이다.

03 경제안정화기능은 전국적 파급효과를 갖기 때문에 중앙정부가 주도하고, 지방정부는 보조적인 역할을 수행하는 것이 일반적이다.

04 지방재정조정제도는 중앙과 지방, 그리고 지방간 수직적 및 수평적 재정 불균형을 해소하는 대책에 해당한다. 이러한 지방재정조정제도에는 지방교부세제도, 국고보조금제도, 시·도비보조금제도, 조정교부금제도 등이 있다.

05 보조금은 무조건부 보조금과 조건부 보조금으로 나눌 수 있으며, 조건부 보조금은 조건부 정액보조금과 조건부 정률보조금으로 구분된다. 현행 우리나라의 지방교부세는 무조건부 보조금에 해당되고, 국고보조금은 조건부 보조금에 속한다.

06 중앙정부의 지방정부에 대한 보조금 지급은 주민의 효용 수준과 지방공공재의 소비량을 늘리는 영향을 미친다. 무조건부 정액보조금은 소득효과만 발생하고, 주민의 소득 증가를 통해 지역의 후생을 증진시킨다. 조건부 정액보조금과 조건부 정률보조금은 똑같이 지방공공재 공급을 증가시키지만 전자보다 후자의 효과가 더 강력하다. 이때 조건부 정액보조금은 소득효과만 초래하지만 조건부 정률보조금은 지역 주민의 지방공공재에 대한 가격을 하락시키기 때문에 소득효과와 대체효과를 모두 발생한다.

07 지방공공서비스의 외부성을 시정하기 위해서는 조건부 개방형정률보조금이 가장 유리하지만, 지방정부들 간 수직적·수평적 불공평과 실질소득분포 왜곡의 교정을 위해서는 무조건부 정액보조금이 더 유리하다고 할 수 있다.

08 조건부보조금이 그 규모의 상한을 설정하고 있는 폐쇄형(제한적) 정률보조 형태로 제공되면, 개방형(무제한적) 정률보조금의 경우와 비교할 때 지역주민의 해당 지방공공재에 대한 소비 수준은 작게 나타난다.

09 지방세의 원칙으로는 세수의 안정성, 조세객체의 지역적 보편성, 조세객체의 정착성, 세부담의 분임성, 응익성(편익원칙), 조세객체의 분할성 등이 있다.

10 지방세입은 지방세, 지방세외수입, 지방교부세, 보조금(국고보조금+시·도비보조금), 지방채 등으로 구성된다. 이 가운데 지방세와 지방세외수입을 합하여 자체재원(자체수입)이라고 하며, 지방교부세, 보조금, 지방채 등은 의존재원(이전재원, 의존수입)에 해당한다. 자체재원(지방세와 지방세외수입)과 지방이 제약없이 사용할 수 있는 재량적 이전재원인 지방교부세와 조정교부금을 합한 것을 자주재원으로 정의할 수 있으며, 이때 자주재원은 재량재원의 성격을 갖는다. 보조금(국고보조금+시·도비보조금)은 사용의 용도가 지정되어 있기 때문에 특정재원이며, 비자주재원이라고 할 수 있다.

참고문헌

강인재 외, 『지방재정론』, 대영문화사, 1993.

김동건, 『비용 · 편익분석』, 박영사, 1997.

김두형 · 유호림, 『부가가치세법론』, 도서출판 정독, 2024.

김완순, 『재정학원론』, 다산출판사, 1988.

김완석 · 정지선, 『소득세법론』, 삼일인포마인, 2025.

박정식, 『현대재무관리』, 다산출판사, 2000.

배무기, 『노동경제학』, 경문사, 2000.

유경문, "조세정의 이념과 재정민주주의", 『납세자』(창간호), 한국납세자연합회, 2001.6.

유한성, 『재정학』, 박영사, 1987.

유한성 · 유태현, "지방환경세 도입방향에 관한 연구", 『재정정책논집』, 제3집, 한국재정정책학회, 2001.2.

이만우, 『공공경제학』, 태진출판사, 1993.

이만우, 『후생경제학』, 법문사, 1987.

이진순, 『재정학』, 조세통람사, 1989.

이준구, 『재정학』, 다산출판사, 1997.

이준구, 『소득분배의 이론과 현실』, 다산출판사, 1989.

이준구 · 이창용, 『경제학원론 Ⅰ』, 법문사, 1997.

이준구 · 이창용, 『경제학 들어가기』, 법문사, 2003.

이필상 · 강호진, 『관리경제학』, 법문사, 1999.

이필우, 『재정학개론』, 법문사, 1990.

임상엽 · 정정운, 『2025 세법개론』, 상경사, 2025.

차병권, 『재정학개론』, 박영사, 1992.

최명근, 『세무학의 이해』, 세학사, 1998.

황윤원, 『재무행정론』, 법문사, 1998.

기획재정부, 『2025 나라살림 예산개요』, 2025.2.
행정안전부, 『2025년도 지방자치단체 예산 및 기금 개요(상)』, 2025.6.
행정안전부, 『2025년 지방교부세 산정해설』, 2025.3.
행정안전부 · 한국지방세연구원, 『2024년 지방세외수입 업무해설집』, 2024.6.

松野賢吾, 『改訂財政學原理』, 東京 : 千倉書房, 1979.
Administration Review, Summer 1944, pp.181~188
Bowen, H.R. (1943),"The Interpretation of Voting in the Allocation of Economic Resources", *Quarterly Journal of Economics*(Nov.,1943).
Buchanan, J.M. (1950. 9), Federalism and fiscal equity, *American Economic Review*, 40.
Dales, J.H. (1968), *Pollution, Property and Price*, Toronto: University of Toronto Press
Feldstein, M. (1976),"On the Theory of Tax Reform", *Journal of Public Economics*, Vol.6, 1976.
Mirrlees, J. (1971),"An Exploration in the Theory of Optimum Income Taxation", *Review of Economic Studies*, Vol.38, 1971.
Musgrave, R.A. and P.B. Musgrave (1980), Public Finance in Theory and Practice, 3rd ed.(New York : McGraw-Hill, 1980).
Pauly, M.V. (1973. 2), Income redistribution as a local public good, *Journal of Public Economics*, 2.
Ramsey, F. P. (1927),"A Contribution to the Theory of Taxation", *Economic Journal*, Vol.37.
Stern, N.H. (1976),"On the Specification of Models of Optimum Income Taxation", *Journal of Public Economics*, Vol.6.

부록

재정학을 위한 기초경제이론

제1절 경제순환과 가격기구

1. 경제순환

현실 경제는 가계와 기업이 두 주축을 이루면서 시장을 무대로 하여 끊임없이 경제적 관계를 맺어가는 순환을 한다. 이와 같은 경제순환은 「생산 → 소비 → 생산 → 소비」의 반복적인 과정으로 나타난다. 우리가 살고 있는 자본주의 경제체제에서는 생산과 소비를 각각 생산요소시장과 생산물시장을 통해 실행하고 있으며, 두 시장은 서로 밀접하게 연결되어 있다.

1) 경제활동

경제활동은 우리가 삶을 살아가는데 필요한 대상물을 만들고(좁은 의미의 생산활동), 만든 대상물을 필요로 하는 부문에 전달하는 과정에 해당하는 운송, 보관(저장), 출하시기 조정, 포장(디자인), 보험(넓은 의미의 생산활동) 등과 종국적으로 소비를 포괄하는 일체의 활동을 말한다. 따라서 경제활동은 생산활동과 소비활동을 두 축으로 한다고 할 수 있다(경제활동 ≒ 생산활동 + 소비활동). 경제활동을 연구대상으로 하는 학문분야가 경제학이다. 한편 경제체제는 그 사회 나름의 생산과 소비에 관한 총체적 질서이며, 두 활동을 전개하는 방식을 가리킨다. 따라서 경제체제는

그림 1 경제순환

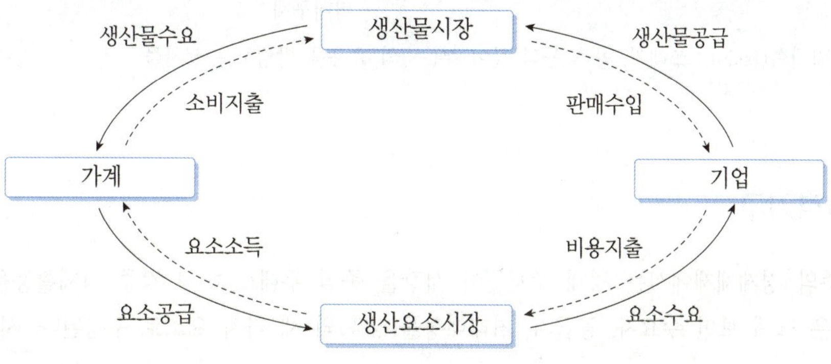

세상에 존재하는 사회의 수만큼 많지만 크게 자본주의, 사회주의, 혼합경제체제로 구분된다.

2) 경제 주체

경제 주체는 생산활동과 소비활동을 직접 수행하는 부문으로서 가계, 기업, 정부, 해외부문이 그에 해당한다. 이들은 생산물시장과 생산요소시장에서 서로 다른 입장을 가지며, 각자의 이익 실현을 위해 행동하는 존재이다.

> 가 계 : 생산물수요자 및 생산요소공급자
> 기 업 : 생산물공급자 및 생산요소수요자
> 정 부 : 생산물수요자, 생산물공급자, 생산요소수요자 및 생산요소공급자
> 해외부문 : 생산물수요자, 생산물공급자, 생산요소수요자 및 생산요소공급자

3) 경제 객체

경제 객체는 경제활동의 대상물을 말하는데, 생산활동의 대상물인 생산요소(production factor, 자원)와 소비활동의 대상물인 생산물(product)로 나뉜다. 일반적으로 경제 객체는 소비활동에 사용되는 생산물을 지칭하는 경향이 있다. 생산물은 상거래의 대상이 되면 별도의 명칭을 사용하여 상품(commodity)이라고 부른다.

통상 상품의 획득을 위해서는 대가(가격)지불이 요구되며, 상품은 일정한 형태(유형, tangible)를 가진 재화(goods)와 그렇지 못한(intangible, 무형) 서비스(service, 용역)로 구분된다. 의사의 진료, 연극관람, 교수의 강의, 축구경기 등과 같이 형태가 없는 상품을 서비스(service, 무형의 재화, 용역)라고 하며, 구두, TV, 책, 냉장고 등과 같이 일정한 형태를 갖는 상품을 재화(goods)라고 한다. 따라서 우리는 재화와 서비스를 소비함으로써 생존을 이어간다고 할 수 있다.

- 생산물(product)
  - 자유재(free goods) : 대가지불 없이 획득할 수 있는 희소성이 없는 재화
  - 경제재(상품, commodity)
    - 내구재
    - 비내구재
- 비재화(bads) : 쓰레기, 공해 등과 같이 부( )의 효용을 발생하는 생산물

2. 가격기구

자본주의 경제체제에서는 경제 주체들이 시장을 중심 무대로 하여 각종 경제활동을 전개한다. 시장은 크게 보면 수요자, 공급자, 거래대상물(상품)의 세 가지 요소로 구성된다. 시장에서는

수요자와 공급자가 원하는 수요량과 공급량이 가격(가격기구)을 매개로 조정 과정을 거쳐 균형(거래의 성립)을 형성한다.

1) 가격

가격은 시장의 수요와 공급이 일치하는 상황에서 결정되며, 크게 화폐가격과 상대가격으로 나눌 수 있다. 화폐가격(money price)은 상품 한 단위와 교환되는 화폐량으로 측정되는 가격으로서 절대가격(absolute price)이라고도 한다.

예 짜장면 1그릇 = 9,000원

상대가격(relative price)은 상품들 간의 교환비율을 나타내며, 이는 실물로 표시한 상품의 가격으로서 자원배분(선택)에 있어 기준이 된다.

예 배 1개 = 3,000원, 사과 = 1,500원일 때, 배 1개의 가격을 사과로 나타내는 경우이다.
배 1개 = 사과 2개

2) 가격의 기능

수요와 공급에 의하여 결정되는 시장가격은 그 사회의 기본적인 경제문제(과제)에 해당하는 생산물의 구성(What and How much), 생산방법의 선택(How), 생산물의 분배(For whom)를 해결하는 역할을 한다. 이와 같은 작용을 하는 가격의 체계를 가격기구(price mechanism)라고 한다.

3. 수요함수와 공급함수

1) 수요함수

(1) 수요

수요는 구매력이 뒷받침된 상태에서 일정기간 동안 소비자가 구입하려고 의도하는 특정상품의 양을 가리킨다. 따라서 수요는 유효수요(effective demand), 유량(flow), 사전적(ex-ante) 의미를 동시에 내포하는 개념이다.

(2) 수요함수

수요함수는 수요를 결정하는 요인들과 수요량 간의 관계를 나타낸다.

개별수요함수 : $X^D = f(P_X, P_Y, I, T, E, A, \cdots\cdots)$

시장수요함수 : $D = \sum X^D = F(P_X, P_Y, Y, N, E, A, \cdots\cdots)$

* 단, I : 소비자의 소득, T : 소비자의 기호, Y : 소득분포, N : 인구, E : 미래에 대한 예상, A : 광고

그 재화(X재) 가격(P_X) 이외의 수요결정 요인이 일정하다면, 수요함수는 $X^D=f(P_X, \overline{P_Y}, \overline{I}, \overline{T}, \overline{E}, \cdots\cdots)=f(P_X)$와 같이 간결하게 표시될 수 있으며, 이것을 가격(종축)과 상품량(횡축)을 나타내는 평면으로 옮겨 그리면 수요곡선이 된다. 수요곡선은 그 높이가 상품의 가격이기 때문에 다르게는 평균수입곡선의 의미를 갖는다.

(3) 수요법칙

다른 조건이 일정할 때, 상품의 가격이 하락(상승)하면 그 상품의 수요량이 증가(감소)하는 현상(규칙적 양상)을 말한다($P_X\downarrow \Rightarrow X\uparrow$). 이와 같은 수요법칙을 반영하여 그리는 수요곡선은 우하향하는 형태를 띠게 된다.

(4) 수요량의 변화와 수요의 변화

수요는 각각의 가격과 그에 대응하는 구매량 간에 형성되는 일련의 관계를 일컫는다. 반면 수요량은 어느 하나의 가격에 대응하는 구매량을 뜻한다.

① 수요량의 변화

수요량의 변화는 수요함수 $X^D=f(P_X, P_Y, I, T, \cdots\cdots)$에서 P_X의 변동에 의한 X^D의 반응이다. 수요량의 변화는 수요곡선상에서의 이동으로 나타난다.

② 수요의 변화

수요의 변화는 수요함수 $X^D=f(P_X, P_Y, I, T, \cdots\cdots)$에서 P_X(그 재화의 가격) 이외의 수요결정 요인인 P_Y, I, T 등의 변동에 따라 X^D가 어떻게 달라지는지를 말한다. 수요의 변화는 수요곡선 자체의 이동으로 나타난다.

그림 2 수요량의 변화와 수요의 변화

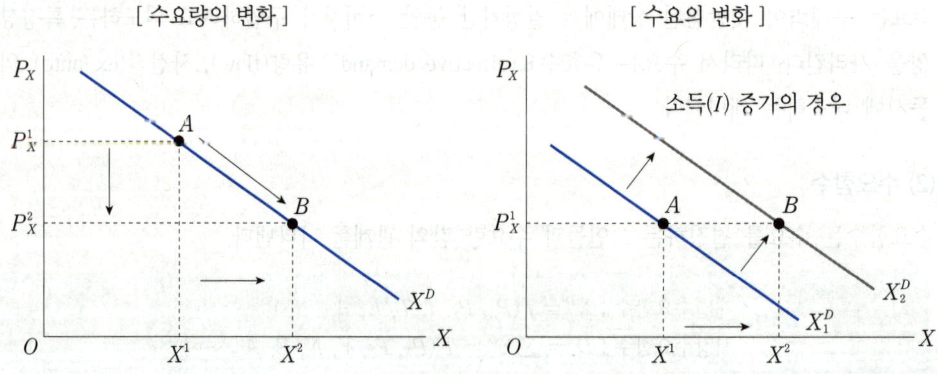

2) 공급함수

(1) 공급

공급은 생산자가 실제로 대처(시행, 추진)하는 것이 가능한 상황에서 일정기간 동안 판매하려고 의도하는 상품량을 말한다. 따라서 공급은 기본적으로 유효공급(effective supply), 유량(flow), 사전적(ex-ante) 의미를 갖는다.

(2) 공급함수

공급함수는 공급을 결정하는 요인들과 공급량 간의 관계를 나타낸다.

> 개별공급함수 : $X^S = g(P_X, P_Y, w, r, t, E, \cdots\cdots)$
> 시장공급함수 : $S = \sum X^S = G(P_X, P_Y, w, r, t, n, E, \cdots\cdots)$
> * 단, n : 기업수, t : 기술 수준, w : 임금, r : 이자, E : 미래에 대한 예상(전망)

그 재화(X재) 가격(P_X) 이외의 공급결정 요인이 일정하다면, 공급함수는 $X^S = g(P_X, \overline{P_Y}, \overline{w}, \overline{r}, \overline{t}, \overline{E}, \cdots\cdots) = g(P_X)$와 같이 간결하게 표시될 수 있으며, 이것을 종축은 가격을 나타내고, 횡축은 상품량을 나타내는 평면으로 옮겨 그린 것이 공급곡선이다.

(3) 공급법칙

다른 조건이 일정할 때, 상품의 가격이 상승하면 그 상품의 공급량이 증가하고, 반대로 가격이 하락하면 공급량이 감소하는 현상(일관성 있는 양태)을 말한다($P_X \uparrow \Rightarrow X \uparrow$). 공급법칙을 따르면 일반적으로 공급곡선은 우상향하는 형태를 띠게 된다.

그림 3 공급량의 변화와 공급의 변화

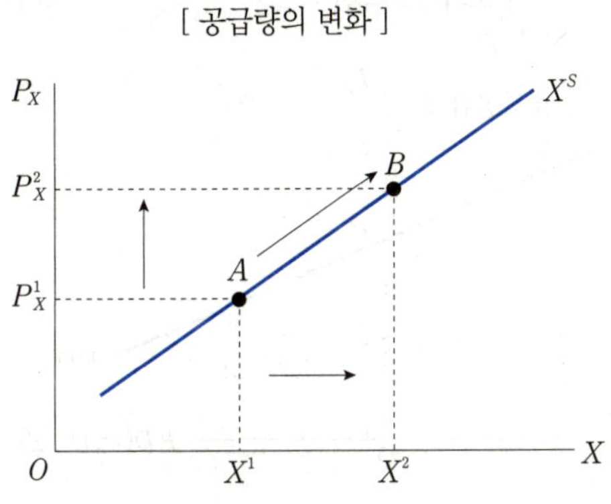

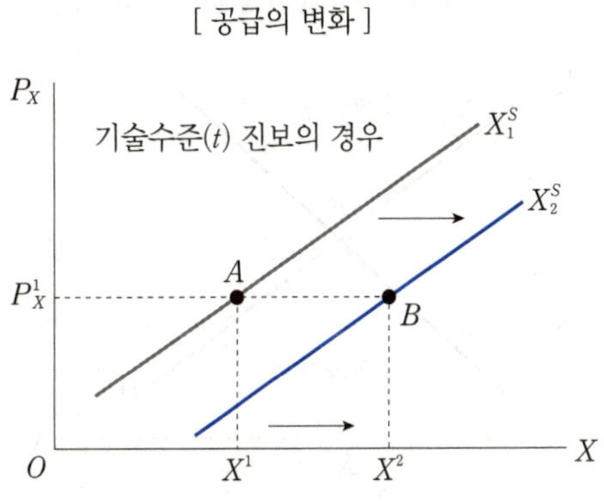

(4) 공급량의 변화와 공급의 변화

공급은 각각의 가격과 그에 대응하는 판매량 간에 이루어지는 일련의 관계를 말한다. 반면 공급량은 어느 하나의 가격에 대응하는 판매량이다.

① 공급량의 변화

공급량의 변화는 공급함수 $X^S = g(P_X, P_Y, w, r, t, E, \cdots\cdots)$에서 P_X의 변동에 의해 발생하는 X^S의 반응을 말한다. 공급량의 변화는 공급곡선상에서의 이동으로 나타난다.

② 공급의 변화

공급의 변화는 공급함수 $X^S = g(P_X, P_Y, w, r, t, E, \cdots\cdots)$에서 P_X 이외의 공급결정 요인인 w, r, t 등의 변동에 따라 X^S가 어떻게 달라지는지를 가리킨다. 따라서 공급의 변화는 공급곡선 자체의 이동으로 나타난다.

4. 가격결정

1) 균형가격의 결정

수요와 공급이 일치하는 상태(E점)에서 균형가격(P^*)이 결정된다([그림 4]). 초과수요(ED)가 0(zero)인 점(P^*)에서 시장의 균형이 성립한다. 균형상태일 때 수요자와 공급자는 거래(교환)를 통해 최적의 만족을 얻게 되므로 시장경제는 균형을 추구하게 된다.

그림 4 시장균형

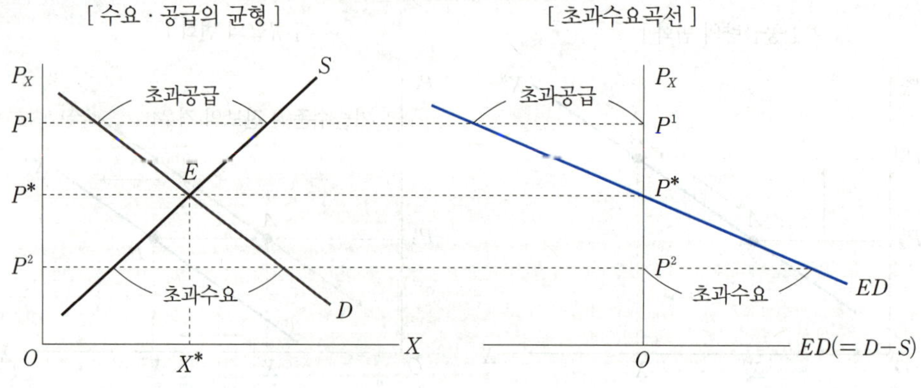

2) 균형가격의 변화

수요의 변화와 공급의 변화는 수요곡선과 공급곡선의 이동을 초래한다. 이에 따라 균형점이 변화하고, 균형가격과 균형량도 달라지게 된다.

소비자의 소득 수준이 증가하면 [그림 5]의 좌측에서와 같이 수요가 증가하여 수요곡선이 우측으로 이동한다($D_1 \rightarrow D_2$). 따라서 균형점은 E_1에서 E_2로 달라지고, 균형가격은 P_1에서 P_2로 상승하며, 균형량은 X_1에서 X_2로 늘어난다(소득 수준 변동에 따른 수요의 변화).

생산요소의 가격이 상승하면 [그림 5]의 우측에서와 같이 공급이 감소하여 공급곡선이 상방으로 이동한다($S_1 \rightarrow S_2$). 따라서 균형점은 E_1에서 E_2로 달라지고, 균형가격은 P_1에서 P_2로 상승하며, 균형량은 X_1에서 X_2로 줄어든다(생산요소가격 변동에서 기인한 공급의 변화).

▶ 자본과 토지의 공급

자본의 공급 : 자본은 엄밀히 말하면 자본재(기계나 설비)를 일정 기간 동안 사용함으로써 얻을 수 있는 자본서비스(capital service)를 의미한다. 따라서 자본의 가격은 자본재 자체의 가격이 아니라 자본 서비스 제공대가(임대료)를 가리키는 것이 일반적이다.

토지의 공급 : 토지의 공급은 정확히 말하면 토지서비스의 제공을 뜻한다. 생산과정에 이용되는 것은 토지 자체가 아니라 그것을 사용함으로써 얻는 서비스이다. 이런 까닭에 토지의 가격은 토지서비스 제공대가에 해당하는 임대료(지대, rent)라고 할 수 있다.

그림 5 시장균형의 변화

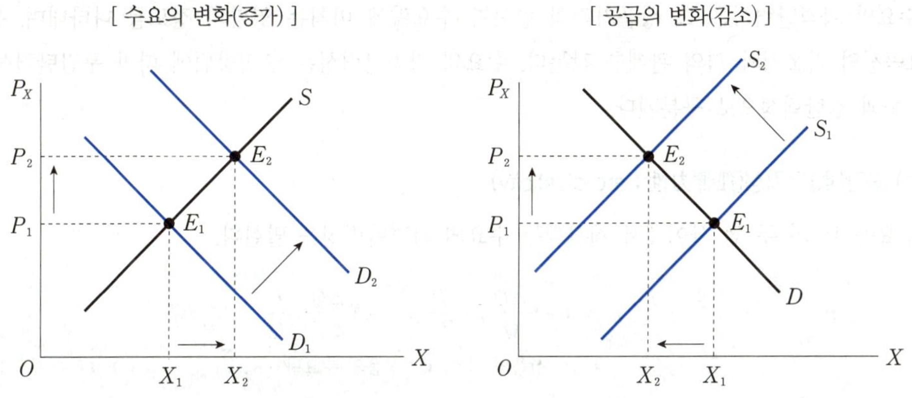

제2절
수요·공급의 탄력성

수요와 공급은 여러 가지 요인에 의해 결정된다. 수요는 그 상품의 가격(P_X), 다른 상품의 가격(P_Y), 소득 수준(I), 소비자의 기호(T) 등에 의해 달라진다. 수요를 결정하는 특정 요인이 변화되었을 때 수요가 보이는 반응의 정도를 수요의 탄력성이라고 한다. 따라서 수요의 탄력성에는 그 상품의 가격(P_X) 변화가 수요에 미치는 영향을 나타내는 수요의 가격탄력성, 다른 상품의 가격(P_Y) 변화가 수요에 미치는 영향을 보여주는 수요의 교차탄력성, 소비자의 소득 수준(I) 변화가 수요에 미치는 영향을 보여주는 수요의 소득탄력성 등이 있다.

마찬가지로 공급의 탄력성 역시 세부적으로는 공급의 가격탄력성, 공급의 요소가격 탄력성, 공급의 기술탄력성 등으로 구분된다.

일반적으로 수요의 가격탄력성과 공급의 가격탄력성을 줄여서 각각 수요의 탄력성과 공급의 탄력성이라고 한다.

1. 수요의 가격탄력성

1) 개념

수요의 가격탄력성은 그 상품가격의 변화가 수요량에 미치는 영향의 정도를 나타내며, 통상 수요곡선의 기울기와 역의 관계를 갖는다. 수요의 가격탄력성은 측정방법에 따라 구간탄력성(호탄력성)과 점탄력성으로 구분된다.

(1) 구간(호)탄력성(孤彈力性 : arc elasticity)

수요곡선상의 두 점 사이에서 계산되는 수요의 가격탄력성을 말한다.

$$\eta = (-)\frac{\triangle Q}{Q} / \frac{\triangle P}{P} = (-)\frac{\triangle Q}{\triangle P} \cdot \frac{P}{Q}$$

* P : 상품의 가격, Q : 상품의 수요량

구간탄력성은 기준 가격과 수요량을 어떻게 설정하느냐에 따라 그 결과가 다르게 나타날 수 있다. [그림 6]의 A점에서 B점으로 이동하는 경우는 $\eta=\frac{5}{4}$이고, B점에서 A점으로 이동하는 경우는 $\eta=\frac{1}{2}$로 서로 상이하다. 이러한 문제점을 해소하기 위해서는 평균가격과 평균거래량을 이용한 수요의 가격탄력성 정의를 사용해야 한다[1].

(2) 점탄력성(point elasticity)

수요곡선상의 한 점에서 측정되는 수요의 가격탄력성이다.

$$\eta = (-)\frac{dQ}{Q} / \frac{dP}{P} = (-)\frac{dQ}{dP}\cdot\frac{P}{Q}$$

2) 탄력성의 범위

수요의 가격탄력성(η)은 0에서 ∞의 광범위한 값을 가진다($0 \le \eta < \infty$).

[그림 7]의 e점($\eta=1$)에서 기업의 수입(revenue, 수익)이 최대이며, ae구간($1<\eta<\infty$)에서는 가격을 인하(박리다매)할 때 기업의 수입이 커진다. 반면 eb구간($0<\eta<1$)에서는 가격을 인상(고가전략)해야 기업의 수입이 늘어난다.

그림 6 구간탄력성

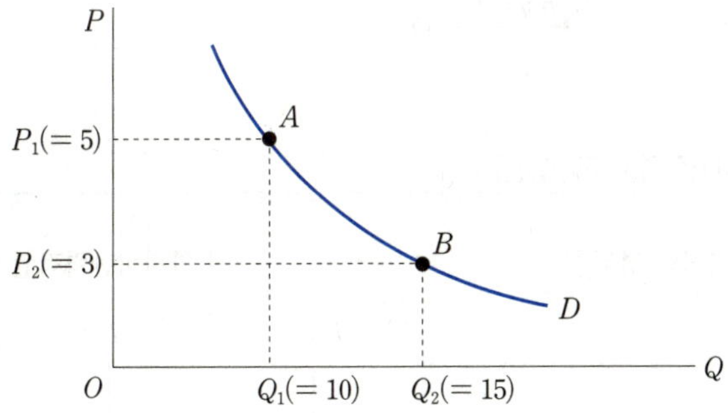

1) 평균가격과 평균거래량을 이용한 수요의 가격탄력성은 $\eta^* = (-)\frac{\left[\frac{\Delta Q}{\left(\frac{Q_1+Q_2}{2}\right)}\right]}{\left[\frac{\Delta P}{\left(\frac{P_1+P_2}{2}\right)}\right]} = (-)\frac{\Delta Q}{\Delta P}\cdot\frac{(P_1+P_2)}{(Q_1+Q_2)}$와 같이 정의된다. 따라서 이런 경우 $\eta^*=\frac{4}{5}$이다.

3) 수요의 가격탄력성 결정요인

다음의 요인을 감안하느냐 않느냐의 여부에 따라 수요의 가격탄력성은 달라진다.

(1) 대체재의 존재여부와 그 범위

대체재가 존재하고, 그 수가 많을수록 수요의 가격탄력성은 커진다.

(2) 상품가격이 소득에서 차지하는 비중

상품에 대한 지출액(구입액)이 소비자(수요자)의 소득에서 차지하는 비중이 높을수록 수요의 가격탄력성은 커지는 경향을 나타낸다.

(3) 상품의 중요도

일상생활에서 중요도가 높은 상품(필수품)일수록 수요의 가격탄력성은 작아진다.

그림 7 수요곡선상 탄력성의 크기

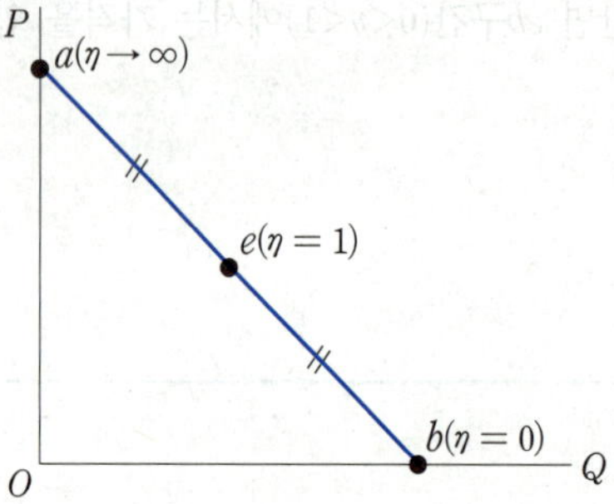

a점 : $\eta \to \infty$(완전탄력적, perfect elastic)
ae구간 : $1 < \eta < \infty$(탄력적, elastic)
e점 : $\eta = 1$(단위탄력적, unit elastic)
eb구간 : $0 < \eta < 1$(비탄력적, inelastic)
b점 : $\eta = 0$(완전비탄력적, perfect inelastic)

그림 8 수요의 가격탄력성 고정(일정) 사례

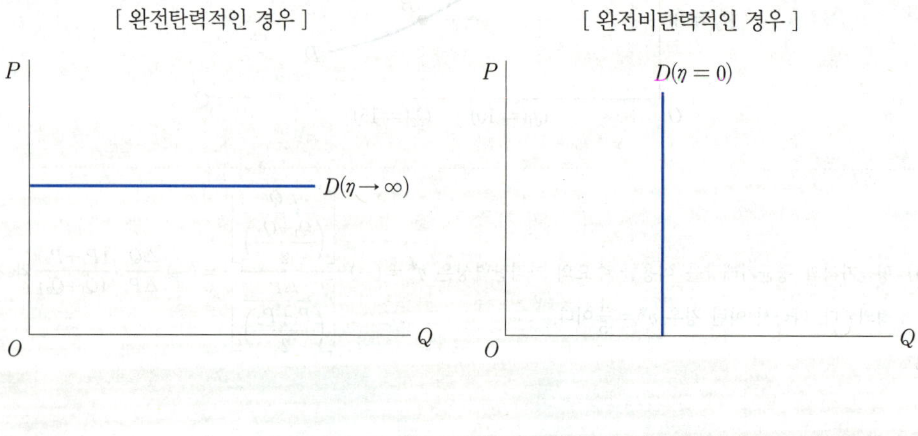

(4) 기간의 장단

장기일수록 수요의 가격탄력성은 커진다. 예컨대 대체재 개발이 용이한 장기에는 대체재가 많이 생산될 수 있으므로 수요의 가격탄력성이 단기보다 크다.

2. 수요의 교차탄력성(cross elasticity)

다른 상품의 가격변화에 의해 초래되는 특정상품 수요량 변동의 정도를 말한다.

$$\eta_{XY} = \frac{\triangle Q_X}{Q_X} / \frac{\triangle P_Y}{P_Y} = \frac{\triangle Q_X}{\triangle P_Y} \cdot \frac{P_Y}{Q_X}$$

* P_Y : 다른 상품(Y재)의 가격, Q_X : 상품(X재)의 수요량

$\eta_{XY} > 0$의 경우 : X재와 Y재 대체관계(커피와 홍차)

$\eta_{XY} < 0$의 경우 : X재와 Y재 보완관계(야구공과 글러브)

$\eta_{XY} = 0$의 경우 : X재와 Y재 독립관계(설탕과 다이아몬드)

3. 수요의 소득탄력성(income elasticity)

소득의 변화가 어떤 상품의 수요량에 미치는 영향의 정도를 나타낸다.

$$\eta_I = \frac{\triangle Q}{Q} / \frac{\triangle I}{I} = \frac{\triangle Q}{\triangle I} \cdot \frac{I}{Q}$$

* Q : 상품의 수요량, I : 소득 수준

$\eta_I > 0$의 경우 : 보통재(정상재, normal goods)

$\eta_I < 0$의 경우 : 열등재(inferior goods)

$0 < \eta_I < 1$의 경우 : 필수재(엥겔재)

$\eta_I = 1$의 경우 : 동조재(homothetic goods)

$\eta_I > 1$의 경우 : 사치재(우등재, superior goods)

$\eta_I = 0$의 경우 : 중립재(중간재, neutral goods 예 소금, 간장)

▶ 엥겔법칙

소득이 일정 수준 이상인 경우 소득증가율에 대한 식료품 수요(소비)의 증가율은 0보다 크지만 1보다 작다. 이는 소득의 증가속도보다 식료품비 증가속도가 낮다는 것이다. 이런 현상을 엥겔법칙이라고

하며, 소득에 대한 식료품비의 비중을 엥겔(E. Engel)지수라고 한다. 통상 엥겔지수가 높은 집단(계층)을 저소득층으로 분류하게 된다. 이는 저소득층의 경우 소득 수준이 낮아 생활에 필요한 식료품 구입을 위해 소득의 대부분을 사용하게 되고, 그에 따라 소득에서 식료품비가 차지하는 비율이 높다는 것이다. 하지만 오늘날은 중산층 이상의 계층도 식생활에 많은 지출을 하고 있기 때문에 엥겔법칙의 현실 설명력은 이전보다 약화되었다는 지적을 듣는다.

4. 공급의 가격탄력성

1) 개념

상품가격의 변화가 공급에 미치는 영향의 정도를 말하며, 일반적으로 공급곡선의 기울기와 역의 관계를 갖는다. 수요의 가격탄력성처럼 공급의 가격탄력성도 구간(호)탄력성과 점탄력성으로 구분되며, 그 각각에 대한 정의는 수요의 가격탄력성과 유사한 방식을 따른다.

$$\varepsilon(\text{구간탄력성}) = \frac{\Delta Q}{Q} / \frac{\Delta P}{P} = \frac{\Delta Q}{\Delta P} \cdot \frac{P}{Q}$$

$$\varepsilon(\text{점탄력성}) = \frac{dQ}{Q} / \frac{dP}{P} = \frac{dQ}{dP} \cdot \frac{P}{Q}$$

* P : 상품의 가격, Q : 상품의 공급량

구간(호)탄력성은 공급곡선상 두 점을 대상으로 측정하며, 기준점을 어떻게 설정하느냐에 따라 그 결과가 달라진다. 점탄력성은 공급곡선상의 한 점에서 측정된다.

2) 범위

공급곡선이 직선일 때는 공급곡선의 절편이 어디에 위치하느냐에 따라 공급의 가격탄력성(ε)은 상이한 값을 나타낸다.

[그림 9]에서 S_1의 경우는 $\varepsilon > 1$, S_2의 경우는 $\varepsilon = 1$, S_3의 경우는 $0 < \varepsilon < 1$이 된다.

3) 공급의 가격탄력성 결정요인

다음의 요인을 고려하느냐 않느냐의 여부에 따라 공급의 가격탄력성은 달라진다.

(1) 생산요소가격의 변화

생산량이 증대함에 따라 그에 사용되는 생산요소의 가격이 상승(하락)하면, 공급의 가격탄력성은 감소(증가)한다. 왜냐하면 상품가격 상승(인상)에 따라 생산량을 늘리려고 하는 경우 생산요소가격이 올라가면 그렇지 않을 때 보다 생산량의 증가폭이 작아지므로 공급은 비탄력적이 되기 때문이다(생산요소가격의 상승은 재료비가 비싸졌다는 의미이므로 생산량의 감소 초래).

(2) 기간의 장단

장기일수록 상황변화에 대한 대처 능력이 커지므로 공급의 가격탄력성은 커진다.

(3) 비축가능성

비축할 수 있는 상품은 가격이 상승하더라도 이미 비축된 것을 방출하면 된다. 따라서 뜻하지 않게 수요가 증가하더라도 당장 그에 대응하여 공급량을 늘릴 수 있다. 반면 비축할 수 없는 상품의 경우는 그렇지 못하다. 이런 까닭에 비축가능성이 큰 상품은 그렇지 않은 상품에 비해 공급의 가격탄력성이 크다.

그림 9 공급의 가격탄력성 범위

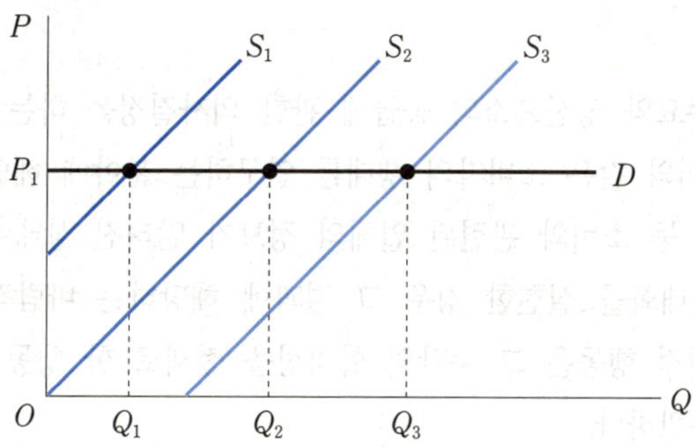

그림 10 공급의 가격탄력성 일정(고정) 사례

[완전탄력적인 경우]

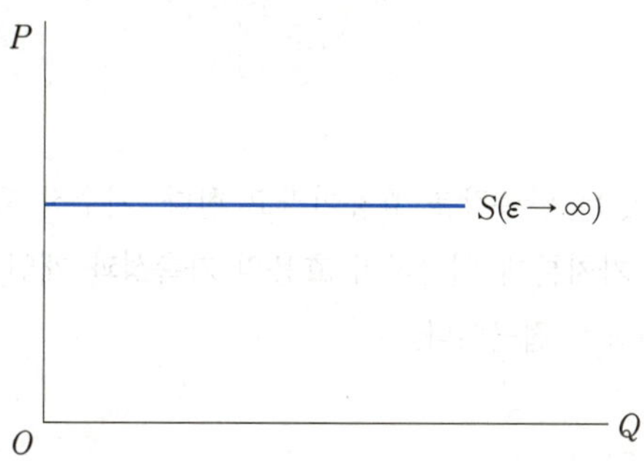

[완전비탄력적인 경우]

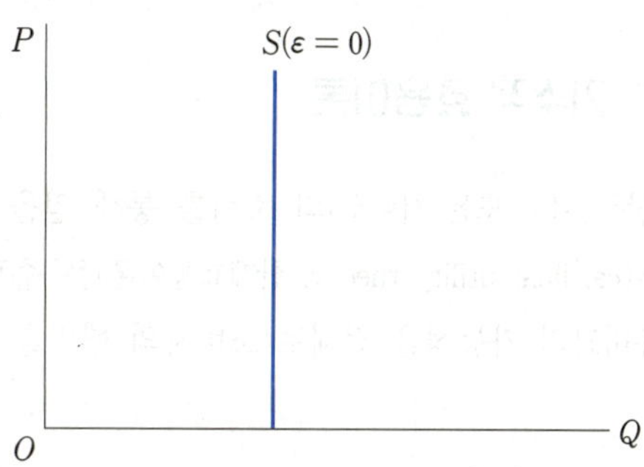

제3절 소비자이론

가계는 생산물시장에서 수요자로 행동하며 소비자라고 불린다. 소비자이론은 소비자가 어떻게 소비활동을 수행하는지를 보여준다. 소비자가 생산물시장에서 나타내는 합리적인 소비행태를 집약한 것이 수요곡선(수요함수)이다. 따라서 소비자이론은 궁극적으로 수요곡선이 어떻게 도출되는가를 규명하는 경제이론이라고 할 수 있다.

1. 소비자

소비자는 생산물의 수요와 생산요소의 공급에 관한 의사결정을 하는 경제 주체이다. 소비자이론(소비자행동이론)은 이와 같은 소비자의 행태를 연구하는 분야에 해당한다. 상품의 가격, 소비자의 선호, 소득 수준 등 소비와 관련된 일체의 정보가 알려진 상태에서 소비자가 합리적인 행동을 통해 자기이익극대화를 실현한 경우 그 결과에 해당하는 바람직한 소비행위의 궤적이 수요곡선이다. 이때 합리적 행동은 그 수단의 합리성을 전제로 한 행동을 의미하며, 목표의 합리성(또는 윤리성)과는 무관하다.

시장에서 이루어지는 소비자의 행동을 설명하는 소비자이론의 유형으로는 기수적 효용이론, 서수적 효용이론, 현시선호이론 등이 있다. 이하에서는 기수적 효용이론과 서수적 효용이론에 대해 알아보도록 하겠다.

2. 기수적 효용이론

상품(재화 또는 서비스)의 소비를 통해 얻을 수 있는 만족감을 효용이라고 한다. 기수적 효용이론(cardinal utility theory, 한계효용이론)은 주관적 가치론에 입각하여 효용의 가측성과 개인 간 효용비교의 가능성을 전제로 소비자의 행위를 설명하는 접근이다.

1) 가정

① 상품소비에서 얻는 효용의 측정이 가능하다(기수적 효용함수).

② 한계효용체감의 법칙이 성립한다.

③ 소비자의 소득 수준은 주어져 있다(일정한 소득 수준).

④ 화폐의 한계효용은 일정하다.

③ 상품시장은 완전경쟁시장이다.

2) 한계효용체감의 법칙

(1) 효용, 한계효용

재화나 서비스를 소비했을 때 얻는 만족감을 효용이라고 한다. 효용함수는 효용의 결정요인과 효용수준 간의 관계를 나타낸다. 한계효용(*MU*, marginal utility)은 재화나 서비스의 소비량이 한 단위 증가할 때 변화하는 (총)효용의 증가분을 말한다.

효용함수가 $U = U(X)$일 때, 한계효용(*MU*, marginal utility)은 $\frac{dU}{dX}$로 표시된다.

그림 11 총효용과 한계효용

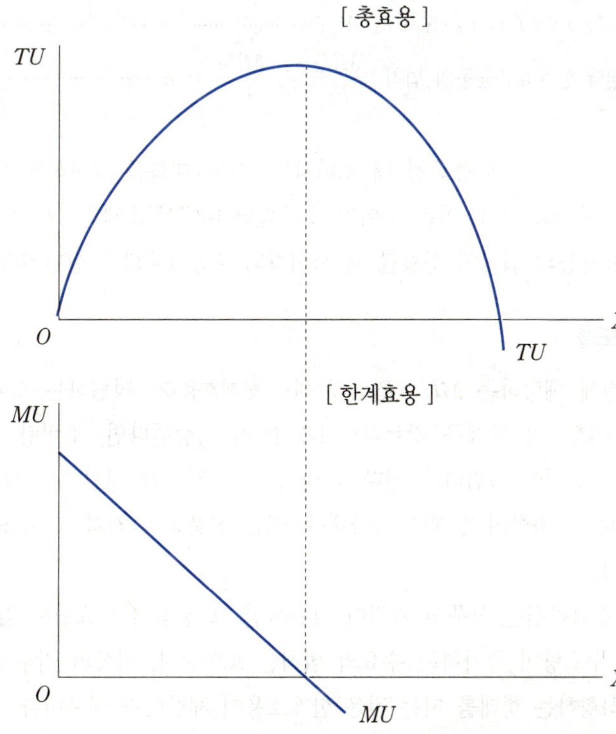

(2) 한계효용체감의 법칙

다른 조건이 일정할 때, 특정 상품의 소비량이 증가할수록 추가되는 상품으로부터 얻는 한계효용이 점차 감소되는 현상을 한계효용체감의 법칙이라고 한다.

3) 소비자 균형

소비자는 생산물시장에서 소비활동을 하는 경제 주체로서 주어진 소득 수준 범위를 지키면서 자신의 효용이 극대화되는 소비점을 찾는다. 이때 효용극대화를 실현한 소비선택 상태를 소비자 균형이라고 한다.

(1) 소비자 선택문제

소비자의 제약조건(예산제약)과 그에 따른 목적함수는 다음과 같다.

$$\text{목적함수} : \max U(X, Y)$$
$$\text{제약조건} : s.t.\ I = P_X \cdot X + P_Y \cdot Y$$

(2) 소비자 균형조건

$$\text{소득제약} : I = P_X \cdot X + P_Y \cdot Y \quad \cdots\cdots ①$$
$$\text{원당 한계효용균등의 법칙} : \frac{MU_X}{P_X} = \frac{MU_Y}{P_Y} = k \quad \cdots\cdots ②$$

위 두 조건(①, ②)이 동시에 충족될 때 소비자는 효용극대화를 실현하게 된다. 따라서 ①, ②를 소비자 균형조건이라고 한다. 이는 주어진 소득범위 내에서 X재와 Y재의 구매(구입)를 결정하되 원당 한계효용균등의 법칙이 성립할 때 소비자의 효용극대화가 실현된다는 것이다.

(3) 수요곡선의 도출

소비자 균형조건에 해당하는 $MU_X/P_X = k$(원당 한계효용)가 성립하는 상황에서 k가 일정하다면, $P_X = (1/\bar{k}) \cdot MU_X$의 관계를 갖는다. 이때 P_X가 상승한다면, 소비량 X가 감소함으로써 MU_X가 증가하여야 등식이 성립하게 된다. 따라서 이런 관계가 성립하는 상황에서 수요법칙이 충족되며 수요곡선은 우하향의 형태를 나타낸다. 이는 상품의 가격과 그 수요량은 역의 관계를 갖게 됨을 의미한다.

덧붙어 말하면 수요곡선은 상품의 가격이 상승하면 그 상품의 수요량이 감소하고, 가격이 하락하면 그 상품의 수요량이 증가하는 수요의 법칙을 보여준다. 이상의 기수적 효용이론을 따를 때 수요곡선이 우하향하는 형태를 띠는 것은 한계효용이 체감하기 때문이다.

3. 서수적 효용이론

서수적 효용이론(ordinal utility theory, 무차별곡선이론)은 기수적 효용이론에서 가정하는 효용의 가측성을 배제하고, 만족도의 우열을 구분하여 그 순서를 정할 수 있을 뿐이라는 보다 현실적인 상황을 설정하여 소비자행동을 설명한다. 서수적 효용이론에 따르면 효용의 절대적 크기는 수요곡선 도출에 도움이 되지 않는다고 보고, 상이한 상품묶음의 소비에서 얻는 효용크기의 우선순위에 관심을 둔다.

1) 소비자의 선호체계에 대한 가정

(1) 완전성(completeness)

두 선택대상 $A(X_0, Y_0)$, $B(X_1, Y_1)$에 대한 소비자의 선호는 $A \sim B$(A와 B에 대한 선호 무차별) 또는 $A > B$(A를 B보다 선호) 또는 $A < B$(B를 A보다 선호)의 세 가지 경우 가운데 하나로 표현될 수 있어야 한다.

(2) 이행성(transitivity)

선택대상 $A(X_0, Y_0)$, $B(X_1, Y_1)$, $C(X_2, Y_2)$에 대하여 $A > B$, $B > C$가 성립하면 $A > C$의 관계가 된다.

(3) 단조성(monotonicity)

More is better(다다익선의 원칙). 이는 상품(선택대상)의 소비량이 많을수록 그로부터 얻는 효용수준은 높아야 한다는 것이다.

이상의 조건이 동시에 성립하면 그 선호체계는 효용함수로 표현될 수 있다. 예컨대 위의 3가지 조건이 성립하는 상황에서 $A > B$이면, 이는 $U(A) > U(B)$로 표시할 수 있게 된다. 여기서

그림 12 수요곡선의 도출(기수적 효용이론)

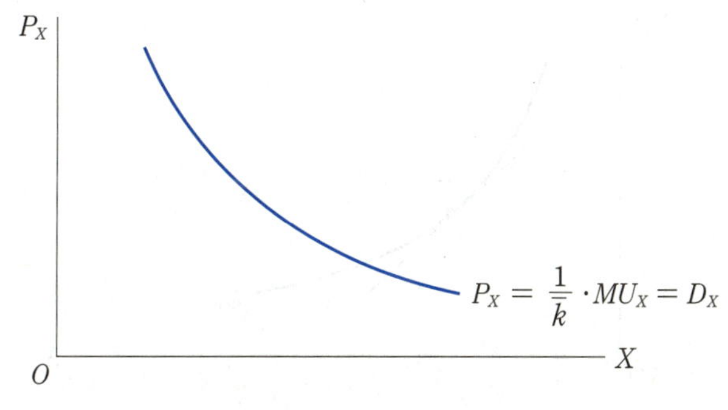

$U(A)$, $U(B)$는 각각 $A(X_0, Y_0)$와 $B(X_1, Y_1)$를 선택했을 때 얻을 수 있는 효용 수준을 나타낸다.

2) 무차별곡선 및 지도(Indifference curve and map)

(1) 개념

무차별곡선은 동일한 효용 수준을 나타내는 상이한 상품조합의 궤적을 말하며, 무차별지도는 여러 무차별곡선의 집합을 표현한 것이다. 무차별곡선은 일반적으로 원점에 대해 볼록한(convex to the origin) 곡선의 모습을 띤다. 무차별곡선은 그 곡선을 따라 오른쪽으로 이동해 가면 기울기(MRS)가 점차 완만해지는 특징을 나타낸다.

(2) 무차별곡선의 성격

① 우하향한다(단조성).
② 서로 교차하지 않는다(이행성).
③ 원점에 대해 볼록하다(선호의 볼록성, 한계대체율체감의 법칙).
④ 무차별지도를 나타낼 수 있다(완전성).
⑤ 원점에서 멀리 위치할수록 효용 수준이 높다(단조성).

▶ 한계대체율(MRS_{XY} : Marginal rate of substitution between X and Y)

한계대체율(MRS_{XY} : Marginal rate of substitution between X and Y)은 일정한 효용 수준(U_0)을 유지하면서 한 단위의 X재 소비를 증가시킬 때 포기해야 하는 Y재의 양을 말한다. 이는 Y재를 X재로 대체할 때의 교환비율($-dY/dX$)이며, 무차별곡선상의 한 점(E점)에서의 접선의 기울기라고 하겠다 ($MRS_{XY} = -dY/dX = MU_X/MU_Y$).

그림 13 한계대체율

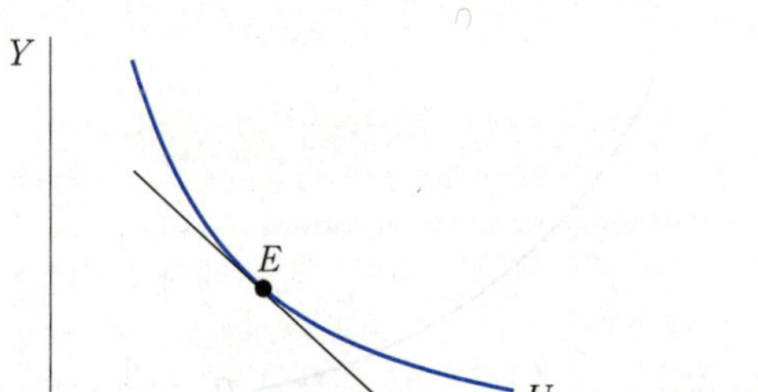

▶ 한계대체율체감의 법칙

일정한 효용 수준을 유지하면서 어떤 재화(또는 서비스)의 수량을 상대적으로 증가시키면 효용에 대한 단위당 기여도가 감소함으로써 그 재화의 수량이 증가할 때 포기해야 하는 다른 재화의 수량(*MRS*)은 점차 감소하는 경향을 나타내게 된다. 이런 경향을 한계대체율체감의 법칙이라고 하며, 이는 무차별곡선이 원점에 대해 볼록한 형태를 갖게 하는 원인으로 작용한다.

(3) 무차별곡선의 형태

무차별곡선은 선택대상이 되는 두 재화(또는 서비스)의 성격과 상호관계가 어떻게 형성되어 있느냐에 따라 다양한 형태를 나타낸다.

3) 가격선(price line : 예산선, budget line)

소비자는 $I \geq P_X \cdot X + P_Y \cdot Y$로 표시되는 자신의 선택영역([그림 15]의 음영부분, 예산집합) 범위 내에서 적정선택을 함으로써 효용극대화를 추구한다.

그림 14 무차별곡선의 유형

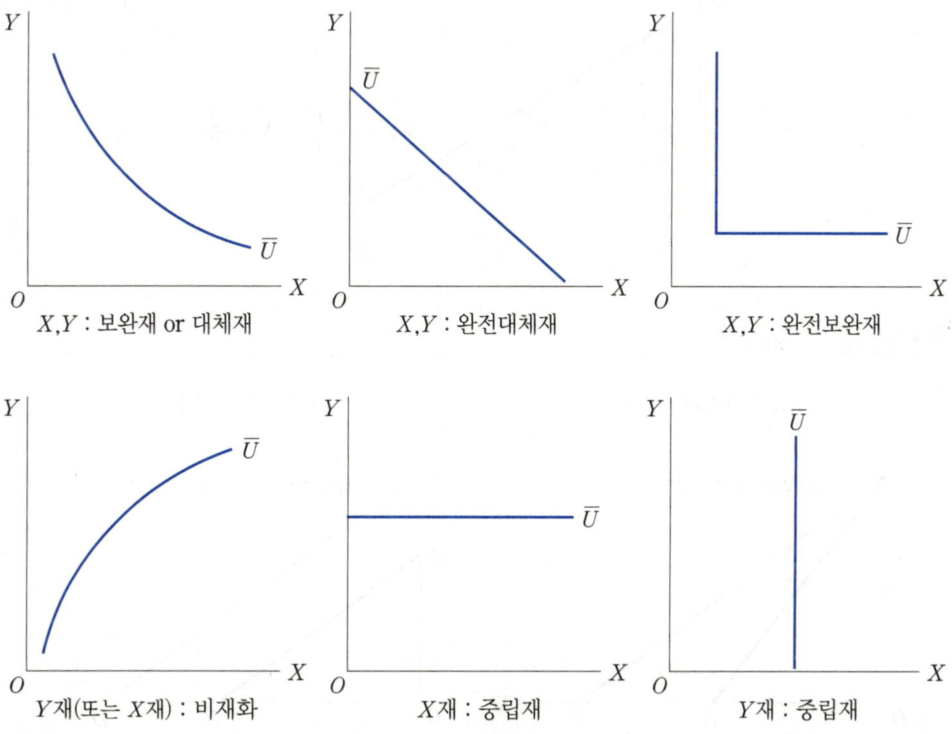

소비자는 효용극대화를 추구하기 때문에 $Y = -\frac{P_X}{P_Y}\cdot X + \frac{I}{P_Y}$로 표시되는 가격선(예산선)상의 상품조합을 선택하는 것이 일반적이다. 가격선의 기울기(P_X/P_Y, X재와 Y재 간 상대가격)는 두 상품의 교환비율($-\Delta Y/\Delta X$)을 나타낸다.

$$I = P_X \cdot X + P_Y \cdot Y, \quad Y = -\frac{P_X}{P_Y}\cdot X + \frac{I}{P_Y}$$

4) 소비자 균형

(1) 가정

① 소비자는 무차별지도로 표시되는 선호체계를 갖는다.

② 소비자의 소득 수준은 주어져 있다(예산제약조건).

③ 상품시장은 완전경쟁시장이다.

그림 15 예산집합

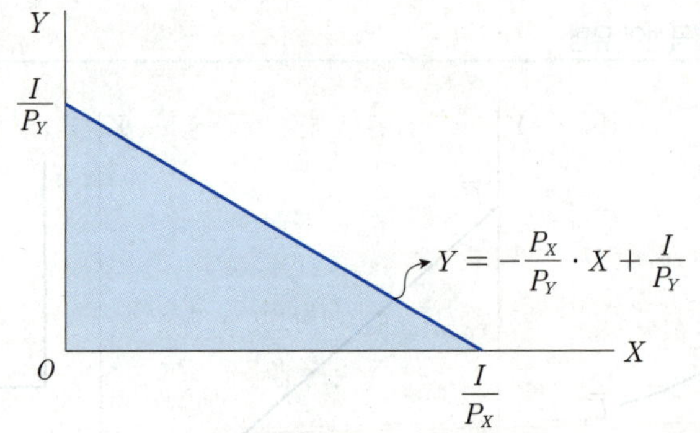

그림 16 가격선의 이동

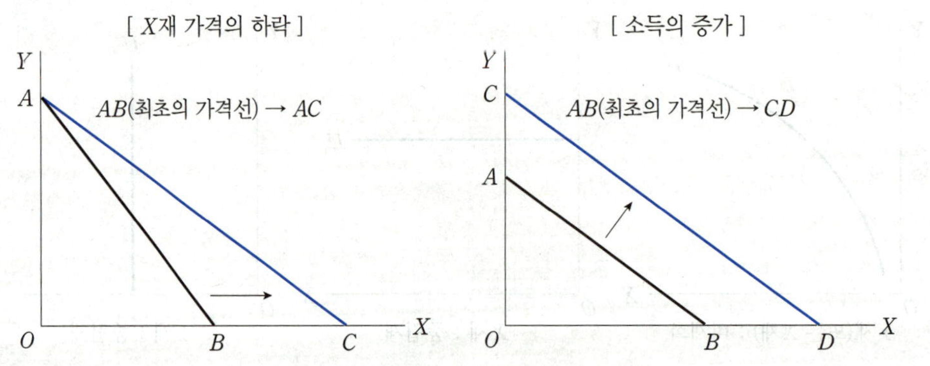

(2) 소비자의 선택문제

소비자는 제약조건(예산제약)하에 목적함수(효용함수)를 극대화하는 선택을 한다.

$$\text{목적함수} : \max U = U(X, Y)$$
$$\text{제약조건} : s.t.\ I = P_X \cdot X + P_Y \cdot Y$$

(3) 균형조건

가격선과 무차별곡선이 접하는 E점에 대응하는 상품조합(X^*, Y^*)을 선택할 때 소비자는 효용을 극대화하게 된다([그림 17]). 소비자의 효용극대화를 보장하는 E점이 소비자균형점이며, 선택된 (X^*, Y^*)는 최적의 상품조합이다. 균형인 E점에서는 무차별곡선상 접선의 기울기와 가격선의 기울기가 일치하게 된다. 다시 말해 $MRS_{XY} = P_X/P_Y$가 성립한다. 이 경우 X재 1단위 선택에 따른 주관적인 대체율과 기회비용이 같게 된다.

(4) 균형의 의미

균형일 때 시장에서 결정된 X재와 Y재의 객관적 교환비율인 상대가격(P_X/P_Y)과 소비자의 선호에 따라 결정되는 X재와 Y재의 주관적 교환비율인 한계대체율(MRS_{XY})이 일치한다. 반면 불균형점에 해당하는 C점에서는 $MRS_{XY} > P_X/P_Y$이고, D점에서는 $MRS_{XY} < P_X/P_Y$이다.

5) 수요곡선의 도출

[그림 18] (가)에서 가격선(AB)과 무차별곡선(U_0)이 접하는 E_0점은 최초의 소비자균형점에 해당한다. 이때 가격선(AB)의 기울기는 $-P_X^0/P_Y^0$이다. 다른 조건은 불변인 상태에서 X재의 가격이 P_X^0에서 P_X^1로 하락($P_X^0 > P_X^1$)하면 가격선은 AB에서 AC로 변화된다. 그 결과 가격선의 기울기는 $-P_X^0/P_Y^0$에서 $-P_X^1/P_Y^0$으로 달라지며, 소비자균형점은 E_0에서 E_1로 이동한다. 가격의 변

그림 17 소비자 균형

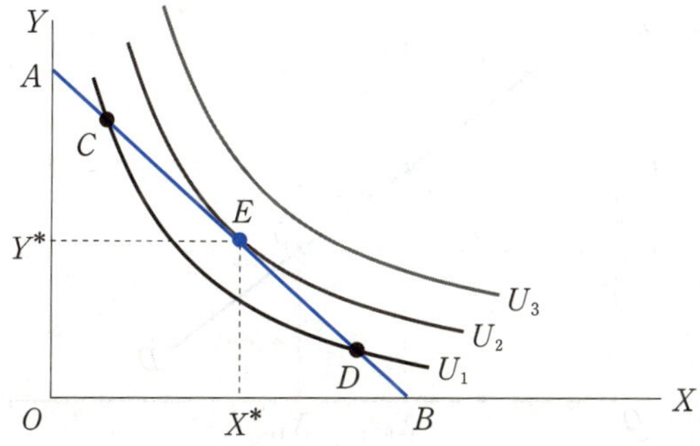

화에 대응하는 소비자균형점들(E_0, E_1, ……)의 궤적을 가격소비곡선(price consumption curve)이라고 부른다.

한편 E_0과 E_1에 대응하는 X재의 선택을 종축은 가격을 나타내고, 횡축은 수요량을 나타내는 평면에 표시하면 그림 (나)의 a점(P_X^0, X_0)과 b점(P_X^1, X_1)이 된다. 이때 a와 b점을 연결하여 수요곡선을 도출한다. 결론적으로 소비자균형점에 대응하는 X재의 가격과 수요량으로 이루어진 조합들의 궤적이 수요곡선(통상적인 수요곡선, ordinary demand curve)이 된다.

▶ 소비자이론의 문제점

한계효용이론, 무차별곡선이론, 현시선호이론 등으로 대표되는 소비자이론은 수요곡선의 도출을 궁극적인 목표로 한다. 현실적으로 소비자이론은 다음과 같은 한계 때문에 이들 이론을 기초로 한 수요곡선은 현실의 소비(수요)행위를 완벽하게 설명할 수 없다.

① 소비자이론은 베블렌효과(Veblen effect), 편승효과(band-wagon effect), 백로효과(snob effect), 기펜재의 모순(Giffens paradox) 등 소비의 외부성을 무시하고 있다.

② 가수요(假需要)를 고려하지 않고 있으며, 장래에 대한 기대(미래에 대한 전망)를 반영하지 못한다.

③ 소비자이론은 비교정태분석을 기초로 하고 있다.

그림 18 수요곡선의 도출(서수적 효용이론)

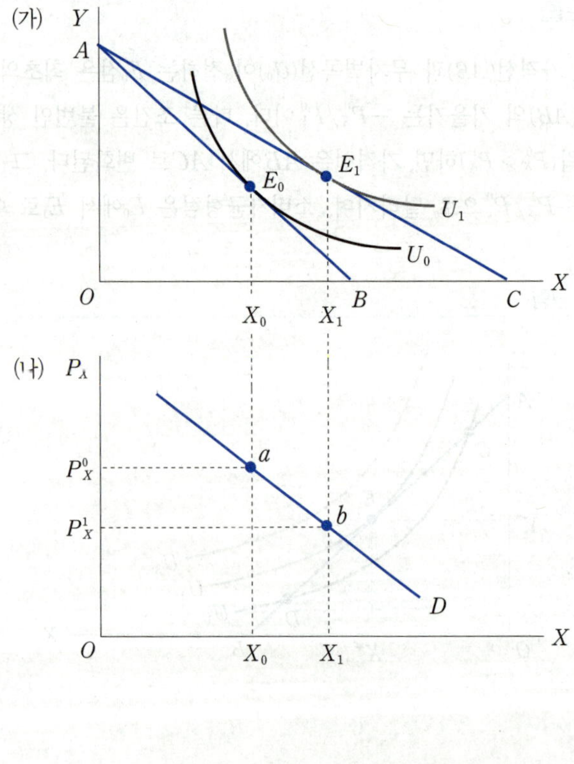

▶ 베블렌효과, 편승효과, 백로효과

① 베블렌효과(Veblen effect)

허영심이 많은 소비자들이 돋보이고 싶거나 남을 의식해서 상품 가격이 상승했음에도 불구하고 여전히 소비(수요)를 유지하는 현상을 말한다(과시적 소비행태).

② 편승효과[band-wagon effect, 악대차(樂隊車)효과]

필요로 하는 상품이 아님에도 불구하고, 유행상품이라는 이유로 다른 사람의 구매행위를 모방하여 소비(수요)하는 현상을 가리킨다. 이는 소비(수요)의 쏠림현상을 가리키며, 편승효과는 수요곡선을 더욱 완만하게 만드는 영향을 발생하게 된다.

③ 백로효과(snob effect, 위신효과, 속물효과)

다른 사람과 격(格)이 다르다는 것을 과시하기 위해 유행상품의 소비(수요)를 줄이거나 중단하는 행태로 나타난다. 백로효과는 수요곡선을 더욱 가파르게 만드는 영향을 미친다.

4. 비교정태분석

소비자의 상품선택에 중요한 영향을 미치는 요인인 P_X, P_Y, I 등이 변화했을 때 균형점이 어떻게 반응하는지를 파악하는 분석기법을 말한다.

1) 소득소비곡선

소득소비곡선(ICC : income-consumption curve)은 소득(I)의 변화에 대응하여 이루어지는 소비자 균형점들의 궤적으로 나타낸다. 횡축은 소득 수준에 해당하고, 종축은 상품량을 나타내는 평면에 소득소비곡선을 옮겨 표현하면 엥겔곡선이 된다.

소득소비곡선은 소득변동에 따른 소비(수요)의 반응을 나타내는데, 소비에 영향을 미치는 다른 요인들은 고정(불변)시킨 상태에서 소득과 소비 간의 관계를 파악한다.

2) 가격소비곡선

가격소비곡선(PCC : price-consumption curve)은 특정 상품의 가격(P_X)이 변화했을 때, 그에 따라 형성되는 소비자 균형점들의 궤적이다. 무차별곡선이론(서수적 효용이론)에 따르면 이와 같은 가격소비곡선에 근거하여 특정 상품에 대한 수요곡선이 도출된다.

가격소비곡선은 상품 소비를 결정하는 요인들 가운데 그 상품 가격에 초점을 맞추어 그 상품 가격과 소비(수요) 간의 모습을 도출한다(다른 소비결정요인 고정).

3) 가격효과

(1) 개념

가격효과는 특정 상품의 가격변화가 초래하는 그 상품 수요량의 변화를 말하며, 구체적으로 대체효과와 소득효과로 이루어진다. 대체효과는 상대가격의 변화에 따른 수요량의 변동이고, 소득효과는 실질소득의 변화가 발생시키는 수요량의 변동이다.

(2) 대체효과와 소득효과의 구분

최초의 균형 E점에서 다른 조건은 불변인 상태에서 X재 가격이 하락하면, 예산선이 AB에서 AB'로 변화하고 균형점은 E에서 E'로 달라진다. 이때 균형점의 변화는 소비자의 선택영역이 $\triangle OAB$에서 $\triangle OAB'$로 변동된 것에서 기인한다. 다시 말해 예산선의 기울기가 변화하고(상대가격의 변화에 따른 대체효과), 실질소득 수준이 달라짐으로써(실질소득의 변화에 따른 소득효과) 새로운 균형점 E'가 형성된 것이다.

X재의 가격이 하락하면 X재의 수요량은 X_1에서 X_3으로 증가하는데, 이런 변화를 가격효과라고 한다. 가격효과는 대체효과와 소득효과의 복합적인 영향의 결과이다. 가격효과에서 대체효과와 소득효과를 분리하려면, 먼저 X재 가격변화후 예산선를 최초 무차별곡선과 접하도록 평행이동시켜 접점 E''를 도출한다. 이때 E점과 E''점은 동일한 효용 수준을 나타내며 각각이 직면하는 상대가격만 다를 뿐이다. 따라서 E점에 대응하는 선택(X_1)과 E''점에 대응하는 선택(X_2)이 상이한 것은 대체효과에 기인한 결과라고 할 수 있다. 한편 E'점과 E''점은 동일한 상대가격에 직면해 있지만 각각에 대응하는 (실질)소득 수준은 상이하다. 따라서 E'점에 대응하는 선택(X_3)과 E''에 대응하는 선택(X_2)이 다른 것은 소득효과의 영향이라고 할 수 있다. 결과적으로 대체효과는 X_1X_2이고, 소득효과는 X_2X_3이다. 이상을 정리하면 가격효과(X_1X_3) = 대체효과(X_1X_2) + 소득효과(X_2X_3)의 관계가 성립한다.

그림 19 가격효과

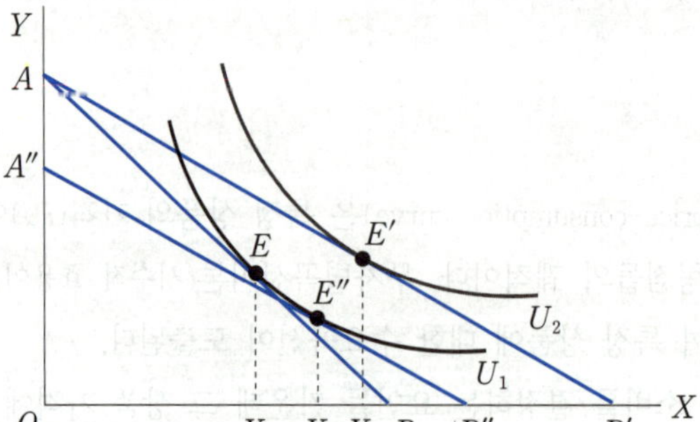

(3) 상품유형별 가격효과

X재 가격(P_X)이 하락하는 경우, 상품유형별 가격효과는 다음과 같이 나타난다.

상품유형	효과	결과
정상재	소득효과 : 실질소득↑ ⇒ X재 수요↑ 대체효과 : 상대가격↓ ⇒ X재 수요↑	⇒ X재 수요↑
열등재	소득효과 : 실질소득↑ ⇒ X재 수요↓ 대체효과 : 상대가격↓ ⇒ X재 수요↑	⇒ X재 수요↑(∵ 대체효과 > 소득효과)
기펜재	소득효과 : 실질소득↑ ⇒ X재 수요↓ 대체효과 : 상대가격↓ ⇒ X재 수요↑	⇒ X재 수요↓(∵ 대체효과 < 소득효과)

4) 보통수요곡선과 보상수요곡선 및 동등수요곡선

(1) 보통수요곡선(ordinary demand curve)

명목소득이 일정할 때 상품가격의 변화에 기인하는 수요량의 변동을 반영한 수요곡선을 말한다. 이는 소득효과와 대체효과 모두를 포함한 가격효과를 반영한 수요곡선이며, 마샬(A. Marshall)의 수요곡선이라고도 부른다.

[그림 18] (가)에서 E_0점과 E_1점을 연결하면 가격소비곡선이 된다. E_0점과 E_1점은 [그림 18] (나)의 a점과 b점에 대응시켜 표시할 수 있는데, 이때 ab선은 소득효과와 대체효과를 모두 반영(포함)한 겨격효과를 따르는 보통수요곡선이다.

(2) 보상수요곡선과 동등수요곡선

실질소득이 일정할 때 상품가격의 변화에 따라 나타나는 수요량의 변화를 반영한 수요곡선이다. 보상수요곡선과 동등수요곡선은 모두 소득효과를 제외하고 대체효과만 반영한 수요곡선이며, 힉스(J.R. Hicks)의 수요곡선이라고 한다.

① 보상수요곡선(compensated demand curve)

보상수요곡선의 도출을 위해서는 먼저 상품가격의 변화에 따라 새롭게 형성된 예산선을 최초 무차별곡선과 접하도록 이동시켜 소득효과를 제거하는 조치가 필요하다. 이어서 그런 과정을 통해 얻어진 대체효과만 반영한 가격소비곡선을 이용하여 보상수요곡선을 도출한다.

② 동등수요곡선(equivalent demand curve)

동등수요곡선의 도출을 위해서는 우선 최초 예산선을 상품가격 변화의 영향으로 형성된 새로운 무차별곡선과 접하도록 이동시켜 소득효과를 제외시킨다. 다음으로 그런 과정을 거쳐 유도된 대체효과만 포함하고 있는 가격소비곡선을 이용하여 동등수요곡선을 도출한다.

5. 소비자 잉여

1) 소비자 잉여의 측정

소비자 잉여(consumer's surplus)는 소비자가 일정 상품량을 구입했을 때 지불하고자 하는 금액에서 실제로 지불한 금액을 뺀 나머지를 말한다. 이는 후생변화를 파악할 때 매우 중요한 역할을 하지만 현실적으로 정확한 측정이 쉽지 않다.

(1) 수요곡선에 의한 측정

[그림 20]에서 P_1의 가격일 때 X_1을 구입하는 소비자가 얻는 효용의 화폐환산액(소비자의 지불의도액)은 $\square BAX_1O$인 반면, 소비자의 실제지불액은 $\square P_1AX_1O$이므로 양자 간 차이인 $\triangle P_1AB$가 소비자잉여이다.

(2) 무차별곡선에 의한 측정

소비자가 OS의 소득 수준에서 선택여하에 따라 U_1과 U_2의 효용을 얻을 수 있다고 하자([그

그림 20 소비자 잉여 Ⅰ (부분균형접근)

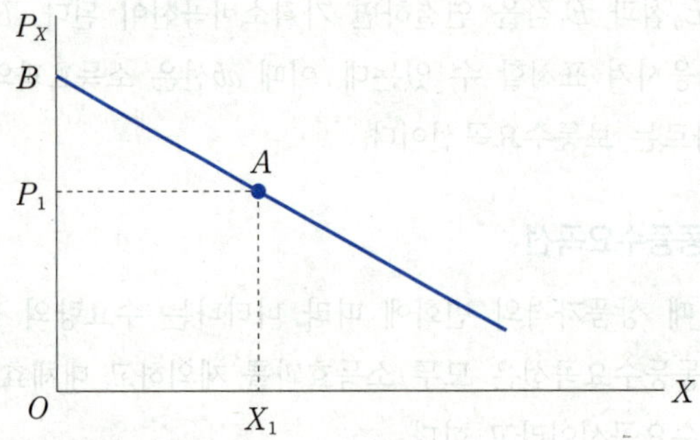

그림 21 소비자 잉여 Ⅱ (일반균형접근)

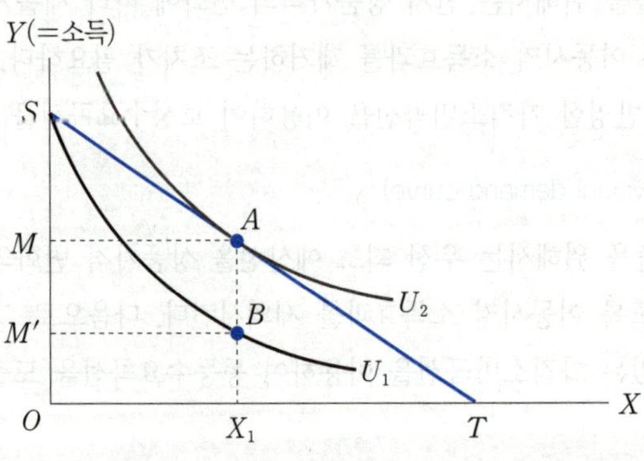

림 21]). 소비자가 U_2의 효용을 나타내는 A점을 선택했다면, OX_1의 구입을 위해 소비자는 SM을 지불하게 된다. 한편 U_1은 X재를 전혀 구입하지 않았을 때(S점)의 효용과 무차별한 점들의 궤적이다. 이때 U_1의 효용 수준에서 OX_1을 구입하려면 SM'를 지불해야 한다. 이는 OX_1 구입을 위해 소비자는 SM'만큼의 지불을 할 의향이 있으나 SM의 지불로도 목적을 달성할 수 있다는 것이다. 따라서 OX_1 구입에 따른 소비자 잉여는 $AB = MM'$가 된다. 그러나 이와 같은 접근은 수요곡선에 의한 소비자 잉여 측정보다 현실 적용이 더 어렵다.

2) 보상수요곡선과 동등수요곡선을 이용한 소비자 잉여 측정

(1) 보상수요곡선을 이용한 소비자 잉여 측정

P_1에서 P_2로 가격이 변화하는 경우 보상수요곡선(D_C)에 의한 소비자 잉여는 $\square P_1abP_2$로 측정된다. 반면 보통수요곡선(D_0)에 의한 소비자 잉여는 $\square P_1acP_2$이다. 따라서 보통수요곡선에 의한 소비자 잉여는 보상수요곡선의 경우보다 과대평가되는 경향이 있다([그림 22]).

상품 X가 정상재여서 정(+)의 소득효과를 나타내면 D_0는 D_c보다 완만하고, X재가 열등재라면 그 반대의 관계를 형성한다. 소득효과가 없으면 D_0와 D_c는 똑같게 된다.

▶ 보상변화(compensating variation)

소비자의 효용을 가격변화가 일어나기 이전의 수준으로 되돌려 놓기 위해 필요한 소득의 변화를 말한다. 다시 말해 보상변화는 변화 전의 효용수준을 유지하기 위해 부담해야 할 소득액이다.

(2) 동등수요곡선을 이용한 소비자 잉여 측정

P_1에서 P_2로 가격이 변화하는 경우, 동등수요곡선(D_e)에 의한 소비자 잉여는 $\square P_1cbP_2$로 측정된다. 반면 보통수요곡선(D_0)에 의한 소비자 잉여는 $\square P_1abP_2$이다. 따라서 보통수요곡선에 의

그림 22 보통수요곡선과 보상수요곡선의 소비자 잉여 비교

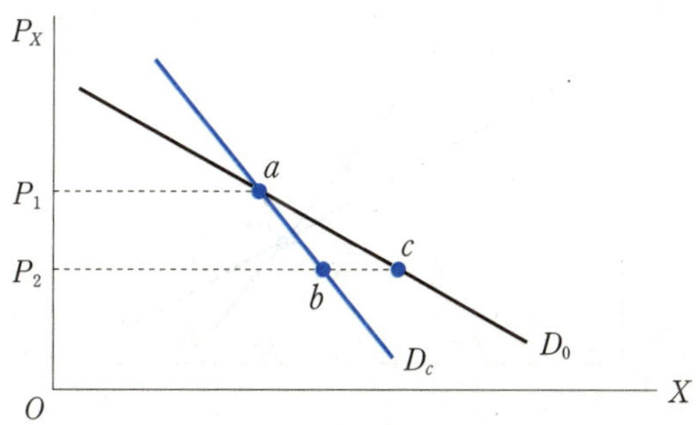

한 소비자 잉여는 동등수요곡선의 경우보다 과소평가되는 경향이 있다([그림 23]).

▶ 동등변화(equivalent variation)

가격변화 후의 효용수준과 일치되는 상황을 만들기 위해 필요한 소득액을 말한다. 이는 가격변화에 따른 효용수준 변동을 소득으로 표시한 것이다. 동등변화는 변화된 효용수준 유지를 위해 변화 전의 소득에 더해 주어야 할 소득액을 의미한다.

6. 위험과 불확실성이 존재할 때 소비자 선택행위

1) 의의

시장이론에서는 경제 주체들이 상품의 가격이나 질 등 상품에 대하여 완전한 정보를 갖고 있으며, 소비로부터 얻는 만족 수준(효용)을 정확히 알고 있다고 가정한다. 반면 현실 시장에서는 상품 자체의 속성상 소비결과를 확실히 알 수 없는 상품(보험, 증권, 복권 등)의 거래가 빈발하며, 가격이나 질에 대한 정보가 불완전하거나 정보획득비용이 많이 소요되는 등 소비행위에 위험과 불확실성이 수반되는 경우가 흔하다. 이때 위험은 어떤 일(사건)이 일어날지 잘 모르지만 그 확률정도는 알고 있는 경우를 말하며, 불확실성은 확률조차 모르는 경우에 해당한다(F. Knight). 이런 위험과 불확실성이 존재할 때 소비자 행동을 설명하는 대표적인 이론이 기대효용가설이다.

2) 기대효용가설

기대효용가설에 따르면 시장에 불확실성이 존재할 경우 소비자의 의사결정은 기대소득에 의존하지 않고 기대효용에 의해 좌우된다. 이는 소비자가 기대효용을 극대화하는 소비선택을 한다

그림 23 보통수요곡선과 동등수요곡선의 소비자 잉여 비교

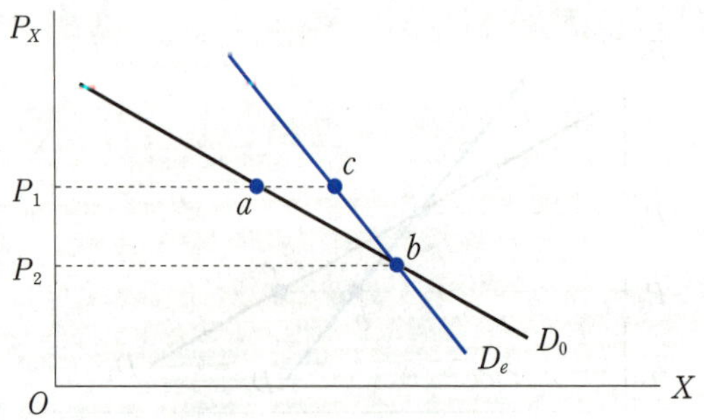

는 것이다.

일반적으로 기대효용은 $E[U(X)] = \sum \pi_i U(X_i)$와 같은 형태로 표시된다. 단, π_i는 X_i가 발생할 확률이다. 기대효용가설은 17C의 베르누이 확률론을 1940년대에 노이만(J. von Neumann)과 모겐스턴(O. Morgenstern)이 경제학에 응용해서 만들어졌다.

3) 위험기피, 위험애호, 위험중립

(1) 위험기피(risk aversion)

불확실성이 존재하면 소득으로부터 얻는 한계효용(MU_I)이 체감하는 위험기피적인 소비자의 경우는 위험이 있는 선택보다 안전한 선택을 선호하게 된다. 왜냐하면 위험기피자는 위험자산을 선택했을 때 그것으로부터 얻는 이득에 대한 기대효용보다 손실에 의한 기대비효용을 더 크게 인식하는 행태를 특징으로 갖기 때문이다.

만약 어떤 사람이 기대(예상)되는 상황이 유리하다고 판단하면 노름에 응하고 불리하다고 판단하면 응하지 않을 경우, 우리는 그가 위험에 대해 중립적(risk neutral, 中立的)인 태도를 갖고 있다고 한다. 그런데 유리할 것으로 예상하지만 그 유리한 정도가 얼마되지 않는다고 판단하여 노름에 응하지 않는 사람은 위험에 대해 기피적(risk averse, 忌避的)인 성향을 갖는 경우이다. 반면에 불리한 노름으로 예상하지만 큰 이득을 위해 불리한 노름에 선뜻 응하는 사람을 위험에 대해 호의적(risk loving, 好意的)이라고 한다.

위험이 없는(안전한) 선택을 할 확률은 π_1이고, 이때 얻을 수 있는 소득은 I_1이다. 위험이 있는 선택을 할 확률은 π_2이고, 이 선택이 성공했을 때 얻을 수 있는 소득은 I_2로 나타낸다. 이런 상황에 있는 소비자의 기대소득은 $\bar{I} = \pi_1 \cdot I_1 + \pi_2 \cdot I_2$이며, 소득의 기대효용은 $E[U(\bar{I})] = \pi_1 \cdot U(I_1) + \pi_2 \cdot U(I_2)$이고, 기대소득의 효용은 $U(\bar{I})$가 된다. 소득의 기대효용 $E[U(\bar{I})]$가 기대소득의 효용 $U(\bar{I})$보다 작은 사람을 위험기피자라고 한다.

그림 24 기대효용

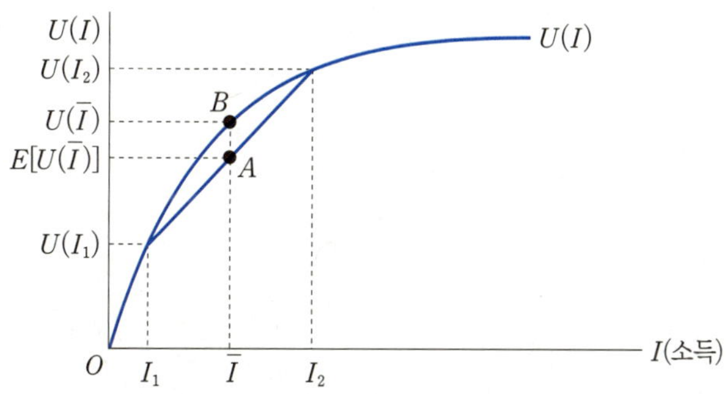

위험기피자의 효용함수는 [그림 24]와 같이 오목한 형태이며, 위험기피자는 $U(\bar{I}) > \pi_1 \cdot U(I_1) + \pi_2 \cdot U(I_2)$의 상황에 직면하므로 위험이 없는(안전한) 선택을 하게 된다.

(2) 위험애호(risk loving)

위험애호자의 경우는 위험기피자와 상반된 형태의 효용함수를 갖는다. 그러므로 위험애호자의 효용함수는 볼록한 형태이며, 위험이 있는 선택을 하게 된다.

(3) 위험중립(risk neutral)

위험중립자의 효용함수는 우상향하는 직선의 형태를 띤다. 따라서 위험이 없는(안전한) 선택과 위험이 있는 선택에 대해 중립적(무차별)이다.

* 일반적으로 소득이 낮은 상태에서는 소득의 한계효용이 체증하다가 소득이 어느 정도 이상이 되면 소득의 한계효용이 체감하는 양상을 나타낸다. 따라서 저소득층은 위험애호적이고, 고소득층은 위험기피적일 수 있다.

제4절 생산자이론

1. 생산자

기업 또는 생산자는 생산물의 공급(생산)과 생산요소의 수요에 관한 의사결정을 하는 경제 주체이며, 시장에서 합리적으로 행동하고 통상 이윤극대화를 추구한다.

▶ 이윤극대화

이윤은 $\pi = TR - TC = PQ - (r \cdot K + w \cdot L)$로 표시된다. 총수입($TR$)이 일정한 경우에는 총비용($TC$)이 최소일 때 이윤이 극대화되며, 총비용($TC$)이 일정한 경우에는 총수입($TR$)이 최대일 때 이윤의 극대화가 이루어진다. 따라서 총수입(TR) 극대화에 관한 생산이론과 총비용(TC) 극소화에 관한 비용이론은 쌍대관계(duality relation)를 갖는다.

기업은 이윤극대화 이외 매출액극대화(총이익극대화), 시장점유율의 극대화, 기업가치의 극대화(주가의 극대화), 장기생존, 경영자 개인적 목적의 실현 등을 목표로 추구하기도 한다.

2. 생산이론

1) 생산함수

생산함수는 일정기간 동안(유량개념)을 대상으로 투입한 생산요소들의 다양한 결합과 그로부터 얻을 수 있는 최대 생산량과의 기술적 관계를 나타낸다. 다시 말해 일정 생산량과 그 생산을 가능케 하는 다양한 요소배합들 중 최소의 비용을 나타내는 요소배합과 생산량의 관계만을 분

그림 25 생산공정

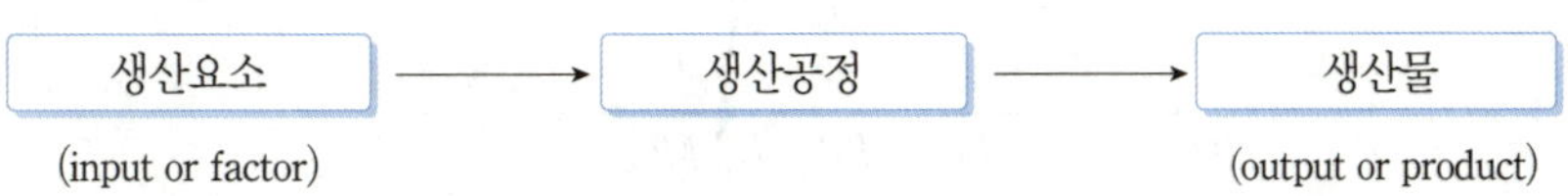

리하여 체계화한 틀을 가리킨다.

생산함수는 생산기술에 의해 그 형태가 결정되는데, 일반적으로 $Q=f(L, K)$와 같이 간결한 꼴로 표시된다. 여기서 f는 생산기술을 의미한다. 생산기술은 생산과정에서 나타나는 학습효과(learning by doing)와 연구개발투자(*R&D*)에 의해 변화(진보)하게 된다. 학습효과는 실제의 생산 경험을 통해 생산성이 향상되는 현상을 말한다.

(1) 단기와 장기의 구분

경제학에서의 장·단기 개념은 관념적으로 설정하는 단위기간의 차이일 뿐이다. 고정생산요소가 존재하면 단기이고, 모든 생산요소가 가변적이면 장기에 해당한다. 기술 수준까지 가변적이면 최장기이다. 고정요소(fixed input)는 시장여건이 변화했을 때 단위기간 내에 그 투입량을 변화시킬 수 없는 생산요소를 말한다. 반면 가변요소(variable input)는 시장여건이 달라졌을 때 단위기간 내에 그 투입량의 조정이 가능한 생산요소라고 하겠다.

(2) 단기생산함수

단기에는 고정요소($K=\overline{K}$)가 존재하며, 단기생산함수는 $Q=f(L, \overline{K})$와 같이 표시된다. 이때 L은 노동(가변요소)이고, K는 자본(고정요소)를 의미한다.

그림 26 단기생산함수(단기총생산곡선)

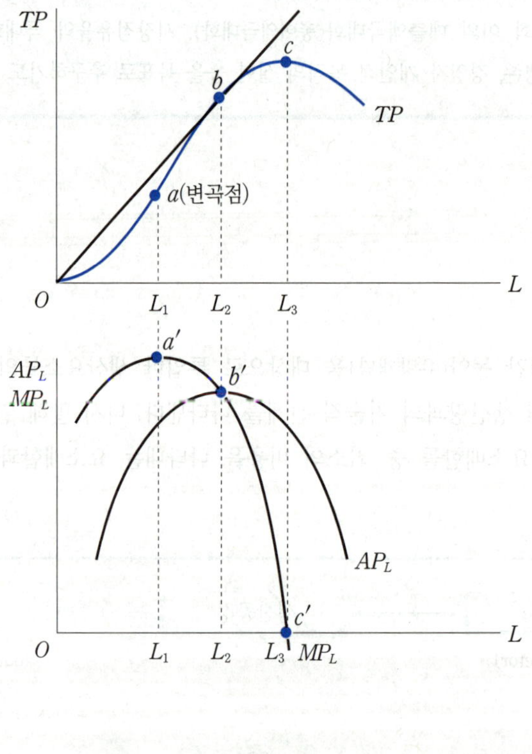

[그림 26]에서 TP는 총생산물이고, AP_L은 노동의 평균생산물(TP/L)이며, MP_L은 노동의 한계생산물(dTP/dL)을 나타낸다. AP_L은 원점과 TP선상의 점을 연결한 직선의 기울기이고, MP_L은 TP선상의 각 점에서의 접선의 기울기이다. 한편 그림에서 OL_2구간은 단기에 있어 생산의 1단계라고 하며, L_2L_3구간은 2단계이고, L_3 이후는 3단계라고 한다. 일반적으로 단기에는 생산의 2단계에서 노동투입량이 결정되고, 그에 따른 생산(생산규모의 선택)이 이루어진다.

▶ 한계생산물체감의 법칙

$K=\overline{K}$(자본, 고정요소)일 때, L(노동, 가변요소)의 투입량이 일정 수준을 넘어서면 추가적인 투입으로 얻어지는 생산물이 감소하는 현상을 말한다.

(3) 장기생산함수

생산요소(L, K)가 모두 가변적일 때 투입과 산출의 관계를 나타내는 생산함수로서 $Q=f(L, K)$와 같이 표시된다. 이와 같이 정의되는 장기생산함수를 종축은 자본(K)을 나타내고, 횡축은 노동(L)을 표시하는 요소평면으로 옮기면 등량곡선이 된다. 따라서 등량곡선은 장기생산함수에 해당한다고 할 수 있다.

2) 등량곡선

(1) 가정

① 생산요소(L, K) 간에 대체가 가능하다.
② 생산요소는 가분성(divisibility, 분할성)을 띤다.
③ 생산요소시장은 완전경쟁시장이다.
④ 생산요소의 양은 일정하고, 기술 수준도 고정되어 있다.

(2) 등량곡선의 정의

생산요소 L, K의 평면에서 $\overline{Q}=f(L, K)$를 만족하는 모든 L, K 조합의 궤적을 등량곡선(isoquant curve)이라고 한다. 다시 말해 기술 수준이 일정한 상황에서 동일한 생산량을 보장하는 다양한 요소배합점들의 궤적이 등량곡선이다. 따라서 등량곡선은 장기생산함수를 요소공간에 옮겨 그린 것이라고 할 수 있다.

(3) 특징

① 우하향한다(단조성).
② 원점에서 멀리 위치할수록 높은 생산량을 나타낸다(단조성).

③ 서로 교차하지 않는다(이행성).

④ 원점에 대해 볼록하다(한계기술대체율체감의 법칙, 생산기술의 볼록성).

③ 등량지도(iso-quant map)를 나타낼 수 있다(완전성).

▶ 한계기술대체율($MRTS_{LK}$: marginal rate of technical substitution between L and K)

기술 수준이 고정되어 있을 때, 일정한 생산 수준($\overline{Q}$)을 유지하면서 노동(L)을 한 단위 더 고용할 때 포기해야 하는 자본(K)의 양을 한계기술대체율이라고 부른다([그림 27]). 한계기술대체율은 일정한 생산량($\overline{Q}$)을 유지하는 상황에서 노동과 자본의 교환비율($-dK/dL$)이며, 등량곡선상 각 점(E점)에서의 접선 기울기를 의미한다($MRTS_{LK} = -dK/dL = MP_L/MP_K$).

▶ 한계기술대체율체감의 법칙

일정 생산량($\overline{Q}$)을 유지하면서 노동(L) 혹은 자본(K)을 상대적으로 증가시키면, 생산에 대한 단위당 기여도가 떨어져 그 요소의 양을 증가시킬 때 포기해야 하는 다른 요소의 양($MRTS$)이 점차 감소하는 현상을 가리킨다. 한계기술대체율체감의 법칙은 등량곡선이 원점에 대해 볼록한 형태를 갖게 하는 원인으로 작용한다.

▶ 생산가능곡선(Production possibility curve, PPC)

생산가능곡선(변환곡선)은 기술수준과 요소부존량(보유량)이 일정할 때 사회후생극대화를 실현하는 X재와 Y재 생산 배합의 궤적을 말한다. 일반적으로 원점에 대해 오목한(concave to the origin) 곡선의 모습을 나타내며, 그 곡선을 따라 오른쪽으로 이동함에 따라 기울기가 점차 급해지는 특징이 있다. 이는 생산가능곡선의 기울기를 의미하는 한계전환율(Marginal rate of transformation between X and

그림 27 한계기술대체율

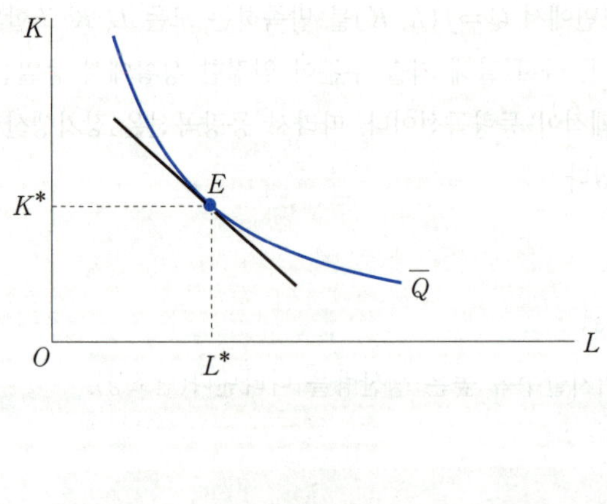

Y, MRT_{XY}, 한계변환율)이 체증함을 의미한다. 이때 한계전환율은 X재 1단위 생산을 증가시키기 위해 줄여야 하는 Y재의 양으로 표시되는 기회비용이다.

3) 생산자 균형

(1) 등비용선

$C_0 = w \cdot L + r \cdot K$를 만족하는 모든 L, K 조합의 궤적을 등비용선이라고 한다. 등비용선(iso-cost curve)은 생산자가 구입(선택)할 수 있는 요소의 영역(범위)을 나타낸다. [그림 29]에서 종축의 $\frac{C_0}{r}$는 생산자(기업)가 주어진 생산비(C_0)를 전부 자본구입에 사용했을 경우 구입할 수 있는 최대한의 자본량을 의미한다. $\frac{C_0}{w}$는 주어진 생산비(C_0)를 모두 노동구입에 사용했을 경우 얻어지는 최대한의 노동량이다.

그림 28 생산가능곡선

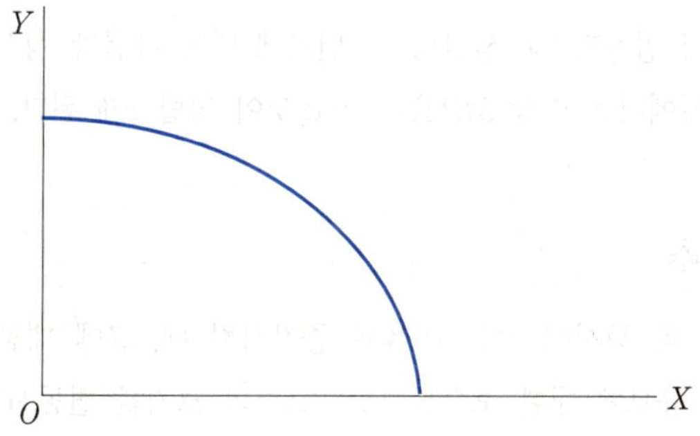

그림 29 등비용선

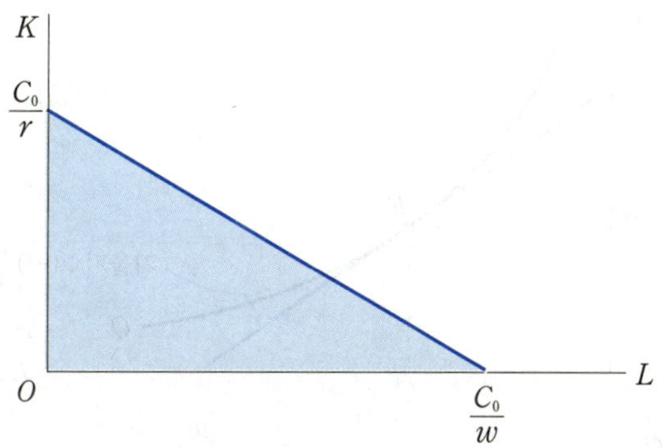

(2) 생산자 선택문제 및 균형조건

생산자는 제약조건을 지키면서 목적함수(총수입함수)를 극대화하는 선택을 한다. 이는 주어진 비용조건을 준수하면서 총수입(TR)을 극대화하는 이윤극대화를 추구한다는 것이다. 이런 생산자 균형은 아래의 두 조건을 동시에 충족할 때 달성된다.

$$\max TR = P \cdot Q = P \cdot f(L, K)$$
$$s.t.\ C_0 = w \cdot L + r \cdot K$$

생산자 균형은 등량곡선과 등비용곡선이 접하는 E점에서 이루어지며, 이때 형성되는 (L^*, K^*)는 최적요소배합에 해당한다([그림 30]).

생산자 균형을 나타내는 E점에서는 등량곡선상 접선의 기울기와 등비용곡선의 기울기가 똑같다. 따라서 이때 한계기술대체율과 요소 간 상대가격은 동일하게 된다.

$$MRTS_{LK} = -\frac{dK}{dL} = \frac{MP_L}{MP_K} = \frac{w}{r}$$

(3) 확장선(EP : Expansion Path)

생산요소가격(r, w)이 일정할 때, 생산비(C) 변화에 따라 새롭게 형성되는 생산자 균형점들의 궤적을 말한다. EP 선상에서는 항상 $MPTS_{LK} = w/r$이 성립하게 된다.

4) 규모에 대한 보수

모든 생산요소(L, K)를 동시에 같은 비율로 증가시킬 때, 그에 대응하여 나타나는 생산량의 증가 정도를 가리킨다. 규모에 대한 보수는 모든 요소의 크기를 변동시키는 장기적 현상의 결과

그림 30 생산자 균형

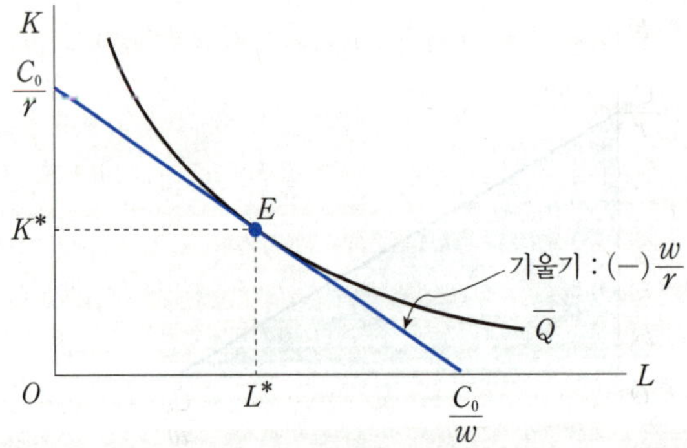

를 파악(분석)하는 틀이다.

> 규모에 대한 보수불변(*CRS* : constant returns to scale, 장기평균비용 불변)
> : 요소투입증가율만큼 생산량이 증가하는 경우
> 규모에 대한 보수증가(*IRS* : increasing returns to scale, 장기평균비용 감소)
> : 요소투입증가율보다 더 크게 생산량이 증가하는 경우
> 규모에 대한 보수감소(*DRS* : decreasing returns to scale, 장기평균비용 증가)
> : 요소투입증가율보다 더 적게 생산량이 증가하는 경우

* 한 기업이 여러 상품을 동시에 생산함으로써 비용절감 등의 이점을 얻는 경우를 범위의 경제(economies of scope)라고 한다.

5) 특수한 생산함수

(1) 동차 생산함수(homogeneous production function)

생산함수 $Q=f(L, K)$에서 $f(tL, tK)=t^r \cdot f(L, K)=t^r \cdot Q$의 관계라면 , 이 생산함수를 r차 동차 생산함수라고 부른다($t>0$). 이때 $r=1$이면 1차동차 생산함수이며, 이런 경우는 규모에 대한 보수불변을 특징으로 한다. $r>1$이면 규모에 대한 보수증가이고, $0<r<1$이면 규모에 대한 보수감소를 특징으로 나타낸다.

(2) 컵-더글러스 생산함수

컵－더글러스(C.W. Cobb-P.H. Douglas) 생산함수(Cobb-Douglas production function)는 $Q=AL^aK^b$와 같은 형태로 표시된다. A는 생산기술을 반영하는 계수이고, a와 b는 각각 노동과 자본에 대한 분배율을 의미한다.

컵－더글러스 생산함수는 가장 폭넓게 활용되는 생산함수 유형에 해당하며, $(a+b)$차동차 생산함수이다. 그런데 통상 $a+b=1$이므로 컵－더글러스 생산함수는 대표적인 1차동차 생산함수의 예가 된다.

(3) 레온티에프 생산함수(Leontief production function)

레온티에프(Leontief) 생산함수는 $Q=\min(L/a,\ K/b)$와 같이 표시한다. 여기서 a, b는 각각 노동과 자본의 투입계수이다([그림 31]).

레온티에프 생산함수는 생산요소 간의 대체가 불가능한 대표적인 고정투입계수(*CES*)의 생산함수에 해당한다.

* *CES*(Constant elasticity of substitution) 생산함수 : 노동과 자본 간의 대체탄력성이 일정한 생산함수를 말하며, 그 대표적인 사례가 레온티에프 생산함수이다.

6) 요소의 대체탄력성

생산요소인 노동과 자본의 상대가격이 어느 수준이냐에 따라 기업의 요소구입 양태는 달라진다. 예컨대 노동의 가격(임금률)이 자본의 가격(이자율)보다 상대적으로 낮아진다면, 기업은 비용절감 등을 목적으로 자본보다는 노동구입을 늘리게 된다. 반대인 상황에서는 노동보다 자본구입을 늘리는 행태를 나타낼 것이다.

요소의 대체탄력성(σ)은 요소의 상대가격이 변화하였을 때 요소의 배합이 어떻게 조정되느냐를 나타낸다. 다시 말해 요소의 상대가격(w/r) 변화가 요소의 배합비율(요소집약도, K/L)에 미치는 영향의 정도를 말한다.

$$\sigma = -\frac{d(K/L)}{K/L} \Big/ \frac{d(w/r)}{w/r}$$

등량곡선(생산함수)의 형태에 따라 곡선상의 각 점이 나타내는 요소의 대체탄력성(σ)은 서로 다르다. 반면 일부 특수한 등량곡선은 그 곡선상의 모든 점에서 요소의 대체탄력성이 일정하고 동일하다.

그림 31 레온티에프 생산함수

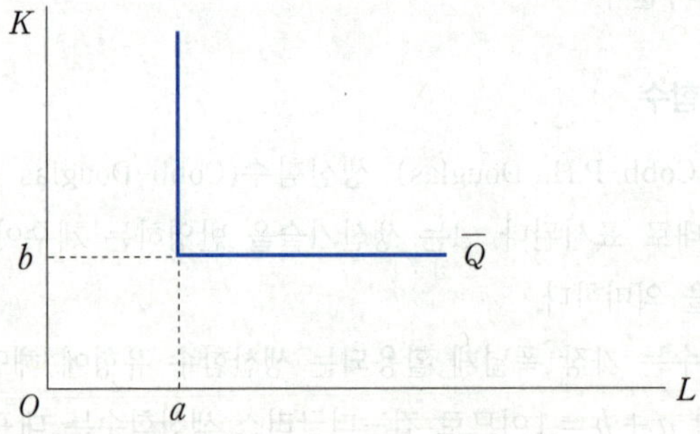

그림 32 등량곡선의 유형

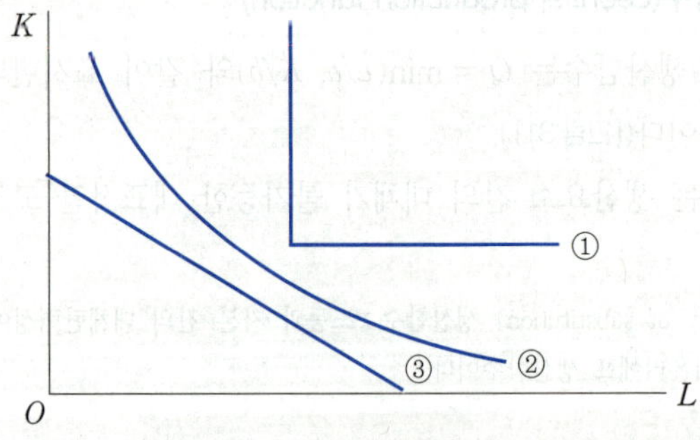

①과 같은 등량곡선(레온티에프형 생산함수)의 경우는 $\sigma = 0$(요소 간 대체불가능, 고정요소투입비율)이고, ③과 같은 등량곡선은 $\sigma \rightarrow \infty$(요소 간 완전대체 가능)가 된다. 반면 ①과 ③의 중간 위치에 있는 ②와 같은 등량곡선의 경우는 곡선상 각 점에서의 σ가 상이하게 나타난다($0 < \sigma < \infty$). 한편 컵-더글라스 생산함수는 $\sigma = 1$이다.

3. 비용이론

1) 생산비의 구성

① 생산요소의 구입대가(요소가격) : 임금, 이자, 지대

② 자본의 감가상각액

③ 기업가(기업가적 역량)에 대한 정상적 보수 : 정상이윤

④ 특허권 사용료 등

* 기업의 생산비는 그 기업이 속한 시장상황(완전경쟁, 독점, 과점 등), 생산하는 상품의 종류, 생산요소의 유형 등에 따라 그 구성이 다를 뿐만아니라 성격도 상이하다.

2) 생산비의 종류

(1) 직접비용과 간접비용

직접비용은 일정한 양의 생산을 위해 직접 지출하는 비용(노동임금, 원료비)이다. 간접비용은 일정한 양의 생산을 위해 부담해야 하는 직접비용 이외의 비용(고정설비비용, 경영비용)을 말한다.

(2) 고정비용과 가변비용

고정비용은 기계·건물의 감가상각비 및 유지비, 지대, 이자, 임대료 등 생산량과 관계 없이 그 크기가 일정한 비용이다.

가변비용은 생산량 수준에 따라 변동하며, 원료비, 임금 등이 그에 해당된다.

* 매몰비용(sunk cost)은 일단 한 번 지출되면 다시 회수할 수 없는 비용을 말한다. 고정비용 항목 가운데 매몰비용에 해당하는 사례가 적지 않다. 그렇다고 고정비용과 매몰비용이 동일한 의미를 갖는 것은 아니다.

(3) 요소비용과 사용자비용

요소비용은 노동, 자본, 토지, 기업가적 역량 등 생산요소의 사용 대가로 지불하는 비용이며 직접적으로 국민소득을 형성한다. 특히 기업가적 역량(기업경영)은 최근 중요성이 증대되고 있는 생산요소로서 그 제공 대가를 정상이윤이라고 부른다.

사용자비용(user cost)은 자본재 구입에 대한 이자비용과 감가상각비 등으로 구성된다.

(4) 기회비용과 실질비용

기회비용(opportunity cost)은 한 재화의 생산으로 말미암아 희생된 다른 재화의 생산 가능량(또는 가치)으로 표시한 비용이다. 어떤 행위를 시행함으로 말미암아 포기해야 했던 행위들 가운데 가장 가치가 큰 행위(행위의 가치)를 그 어떤 행위의 기회비용이라고 한다. 기회비용은 실제 지불한 비용뿐만 아니라 지불하지 않았더라도 비용의 성격을 내포하는 것을 모두 포함하여 산출하기 때문에 포괄적 개념이다.

실질비용(real cost)은 한 재화의 생산을 위해 직접적으로 희생한 생산요소의 양(또는 가치) 자체를 말한다.

* 자신이 소유하고 있는 자산을 사용할 때도 기회비용이 발생하며, 이때의 기회비용은 귀속비용(imputed cost)이라고 하겠다.

(5) 사적 비용과 사회적 비용

사적 비용(private cost)은 경제 주체가 개인적으로 부담하는 비용이다.

사회적 비용(social cost)은 사회적 평가를 반영하는 비용을 가리킨다.

(6) 회계학적 비용과 경제학적 비용

회계학적 비용(accounting cost or business cost)은 기업회계에 의해 산정되는 비용(명시적 비용, explicit cost)으로 생산요소의 구입비, 감가상각비 및 기타 비용으로 이루어진다.

경제학적 비용(economic cost)은 경제실태를 분석하는데 이용되는 비용개념(기회비용)으로 회계학적 비용에 암묵적 비용(implicit cost, 묵시적 비용)을 더한 것이다.

예를 들면 갑이 직장을 다니면 월 250만원의 월급을 받을 수 있는데 그것을 포기하고, 떡집을 차렸다고 하자. 갑은 한 달 동안 떡집을 운영하여 재료비, 인건비 등으로 300만원을 지불하고 270만원을 벌었다. 그 결과 떡집의 매출액은 570만원(비용지출 300만원 + 수입 270만원)이다. 이때 재료비, 인건비 등으로 지불한 300만원을 회계학적 비용(명시적 비용)이라고 한다.

한편 떡집 운영결과로 얻은 270만원 가운데 250만원은 갑이 직장을 다녔으면 벌 수 있었던 것이므로 암묵적 비용이라고 할 수 있다. 따라서 갑이 떡집 운영을 위해 부담한 진정한 비용(경제학적 비용)은 명시적 비용(회계학적 비용) 300만원에 암묵적 비용 250만원을 합한 550만원으로 계산된다. 이런 비용 산정을 따를 때 270만원에서 250만원(암묵적 비용)을 제외한 나머지 20만원을 경제적 이윤(초과이윤)이라고 한다.

(7) 정상이윤과 초과이윤

정상이윤(normal profit)은 현재의 균형 상태에서 계속적인 조업기회가 부여되고 신규기업 진입의 유인이 없는 정도의 이윤 수준이라고 하겠다. 다시 말해 생산요소로서 기업가적 역량에 대한 정당한 대가가 정상이윤이다. 따라서 정상이윤 역시 임금, 이자, 지대와 같은 비용에 해당한다. 한편 초과이윤(excess profit)은 정상이윤을 제외하고 남는 이윤을 말하며, 다르게는 경제적 이윤(economic profit)을 가리킨다. 경제적 이윤은 순수이윤(pure profit)이라고도 부른다.

경제학적 비용, 기회비용, 경제적 이윤은 다음과 같은 관계를 갖는다.

경제학적 비용	= 임금 + 이자 + 지대 + 정상이윤 = 총기회비용
	= 명시적 비용 + 묵시적 비용
경제적 이윤	= 총수입 − 경제학적 비용

3) 단기비용분석

(1) 단기총비용(*STC* : short-run total cost)

단기생산함수가 $Q = f(L, \overline{K})$와 같은 형태일 때 단기총비용은 $STC = w \cdot L + r \cdot \overline{K}$와 같이 유도된다. 이때 $w \cdot L$은 가변비용이고, $r \cdot \overline{K}$는 고정비용에 해당한다(L : 노동, K : 자본, w : 임금률, r : 이자율). 따라서 단기총비용은 단기고정비용(*SFC* : short-run fixed cost)과 단기가변비용(*SVC* : short-run variable cost)의 합으로 이루어진다.

(2) 단기평균비용과 한계비용

[그림 34]에 제시되어 있듯이 단기평균비용(*SAC* : short-run average cost)은 단기평균고정비용(*SAFC* : short-run average fixed cost)과 단기평균가변비용(*SAVC* : short-run average variable cost)의 합이다($SAC = SAFC + SAVC$).

단기한계비용(*SMC* : short-run marginal cost)은 한 단위 추가적인 상품생산에 들어간 비용으로써 단기총비용을 생산량으로 미분한 값으로 나타낸다($SMC = dSTC/dQ$).

그림 33 단기총비용곡선

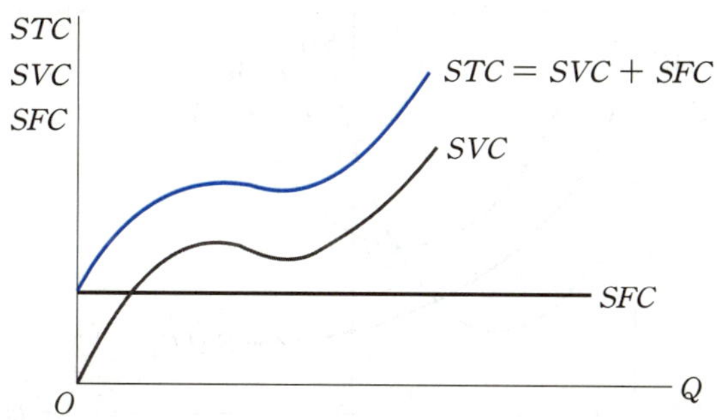

(3) *SAC*와 *SMC*의 관계

*SAC*가 하락하는 경우에는 *SMC*가 *SAC*보다 작고, *SAC*가 상승할 때는 *SMC*가 *SAC*보다 크며, *SAC*가 일정한 경우(b'점)에는 *SAC*와 *SMC*가 똑같다. 이와 같은 관계는 평균과 한계에 관한 모든 경우에 성립한다.

단기한계비용(*SMC*)은 단기평균비용(*SAC*)과 단기평균가변비용(*SAVC*)의 최저점을 지난다. *SMC*의 최저점은 *SAC*의 최저점보다 왼쪽에 위치한다.

4) 장기비용분석

(1) 장기총비용

장기에는 모든 생산요소가 가변적이며, 그에 따라 고정비용은 존재하지 않는다. 장기총비용곡선의 전체적 모습은 기본적으로 단기총비용곡선과 동일한 형태를 띤다. 다만, 모든 비용이 가변비용이므로 원점을 출발점으로 한다.

[그림 35] a점에서는 *LAC*(long-run average cost, 장기평균비용)와 *LMC*(long-run marginal cost, 장기한계비용)가 일치하게 된다. 이때 a점을 기준으로 생산 영역을 구분하면 OQ_1^*의 구간은 비용(장기평균비용)감소영역(*IRS*)이고, Q_1^*점 자체는 비용일정(불변)영역(*CRS*)에 해당한다. 그리고 Q_1^*

그림 34 단기비용의 제 유형

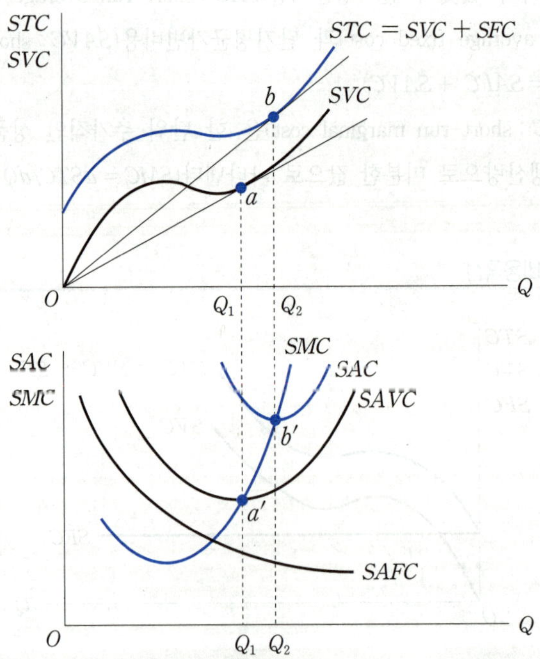

이후의 구간은 비용증가영역(DRS)이라고 부른다.

(2) 장기평균비용과 장기한계비용의 관계

생산설비의 규모가 K_0, K_1, K_2로 변동할 때 단기평균비용과 단기한계비용은 각각 SAC_0, SAC_1, SAC_2와 SMC_0, SMC_1, SMC_2가 된다고 하자.

장기에 있어 Q_0, Q_1^*, Q_2를 생산하는데 가장 평균비용이 낮은 경우는 A, E, B점이고, 이때 대응되는 생산설비 규모에서 평균비용은 SAC_0, SAC_1, SAC_2가 된다. 따라서 A, E, B를 연결한 선이 장기평균비용(LAC)이 된다. 다시 말해 장기평균비용곡선(LAC)은 단기평균비용곡선(SAC)의 포락선(envelope curve)이다.

그림 35 장기총비용곡선

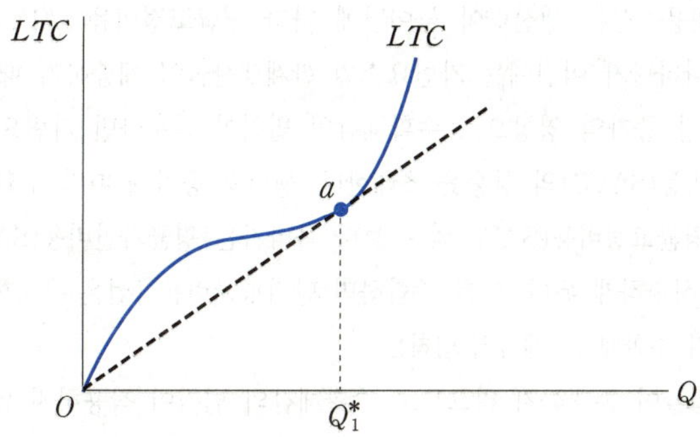

그림 36 장기비용과 단기비용의 관계

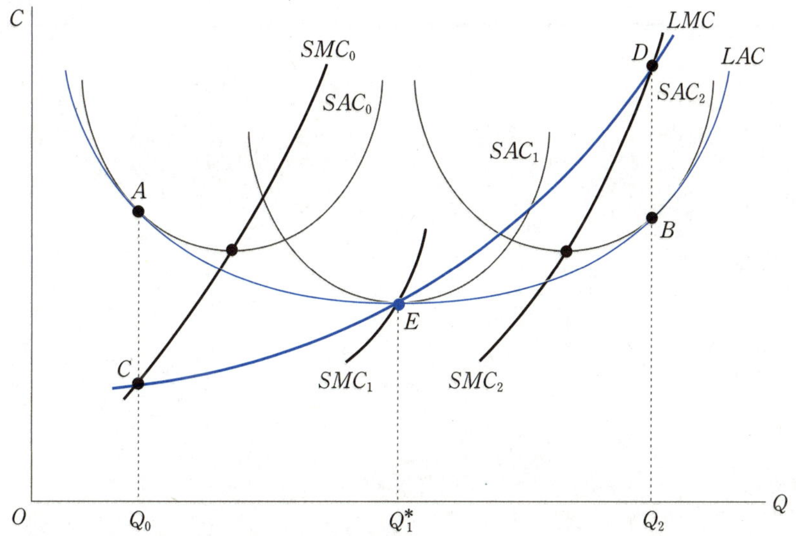

한편 A, E, B점에 대응하는 해당 단기한계비용은 각각 C, E, D점이고, 이것들을 연결하면 장기한계비용곡선이 도출된다. 한편 LAC가 최저인 점에서는 장기한계비용(LMC)과 LAC가 일치하는 관계를 나타낸다.

LAC가 감소하면 규모에 대한 보수증가(IRS)이고, LAC가 일정하면 규모에 대한 보수불변(CRS)이며, LAC가 증가하면 규모에 대한 보수감소(DRS)라고 한다.

장기적으로 E점에서 Q_1^*의 최적생산이 이루어지며, 이때 $SAC = SMC = LAC = LMC$(LAC의 최저점)의 관계가 된다. 따라서 Q_1^*의 최적생산을 달성하는 생산설비 규모 K_1을 최적설비 규모(most efficient scale)라고 한다.

▶ 단기평균비용(SAC) 곡선과 장기평균비용(LAC) 곡선의 비교

단기평균비용(SAC) 곡선과 장기평균비용(LAC) 곡선은 똑같이 U자형의 모습을 띠는데 그 이유는 상이하다. 단기평균비용곡선은 생산량이 늘어남에 따라 평균고정비용(SAFC)이 감소할 뿐만 아니라 수확체감의 법칙이 나타나기 이전에는 가변요소의 한계생산물이 체증하기 때문에 우하향하는 형태를 갖는다. 하지만 생산량 증가의 영향으로 수확체감의 법칙이 작용하면 가변요소의 한계생산물이 체감하게 되어 평균가변비용(SAVC)의 상승을 초래한다. 생산량 증가에 따라 수확체감의 법칙이 나타나는 구간에서 감소하는 평균고정비용(SAFC)의 폭보다 올라가는 평균가변비용(SAVC)의 폭이 더 커서 단기평균비용곡선은 우상향하게 된다. 이를 종합하면 단기평균비용곡선은 우하향하다가 우상향하는 U자형의 모습을 형성한다(수확체증 · 체감의 법칙).

장기에는 고정투입물이 존재하지 않으므로 수확체감의 법칙이 작용하지 않는다. 장기평균비용곡선이 U자형의 모양을 갖는 것은 일반적으로 처음에는 생산량이 늘어남에 따라 규모의 경제가 작용하여 장기평균비용곡선이 우하향 하지만, 일정한 단계를 지나 생산량이 많아지면 관리역량의 한계 등에 따라 규모의 비경제가 나타나서 장기평균비용곡선이 우상향하기 때문이다(규모의 경제 · 비경제).

제5절 시장이론

우리의 일상생활을 위해 필요한 쌀, 가전제품, 서적, 음식료품, 신발, 가방 등 소비대상물은 시장을 통해 사고 팔리는 거래(매매)가 이루어진다.

현실의 시장은 시장참여자의 수, 상품의 동질성 여부, 정보의 수준(정도), 시장 진입·탈퇴의 제약성 여부 등을 기준으로 하여 완전경쟁시장, 독점시장, 과점시장, 독점적 시장으로 구분된다.

시장은 수요와 공급, 그리고 양자의 상호관계에 의해 결정되는 균형의 결과를 알아 보아야 그 특성을 파악할 수 있다. 따라서 시장분석(파악)의 목표는 수요곡선, 공급곡선, 그리고 균형의 결과를 이해하는데 있다고 하겠다.

1. 완전경쟁시장

1) 성립조건

① 다수 기업과 다수 소비자의 존재(price-taker, 가격수용자, 가격순응자)

② 동질적인 상품

③ 완전한 정보

④ 시장으로의 자유로운 진입과 이탈(생산요소의 자유로운 가동성)

이상의 네 가지 조건이 동시에 충족되는 시장을 완전경쟁시장(perfect competitive market)이라고 한다. 그러나 현실적으로 이와 같은 완전경쟁시장은 존재하지 않으며, 농산물시장, 증권시장이 이와 유사한 시장유형일 뿐이다.

이하에서는 완전경쟁시장에서 활동하는 개별기업의 수요와 공급곡선 및 균형, 그리고 전체시장(산업)의 수요와 공급곡선 및 균형에 대해 알아보도록 하겠다.

2) 개별기업의 경우

(1) 수요곡선

총수입 TR(total revenue) $= P \cdot Q$에서 P(가격) $= TR/Q = AR$(average revenue, 평균수입), MR(marginal revenue, 한계수입) $= dTR/dQ = P$이므로 완전경쟁시장에서는 $P = AR = MR$의 관계가 성립한다. 완전경쟁시장에 참여하는 개별기업은 주어진 가격에서 얼마든지 상품의 판매가 가능하기 때문에 개별기업이 직면하는 수요곡선은 수평의 모습을 띠게 된다. 따라서 완전경쟁시장에서 개별기업은 가격수용자(price-taker, 가격순응자)로서 행동한다(P 일정).

다시 말해 완전경쟁시장에 참여하는 개별기업의 수요곡선은 단기와 장기 모두 수평한 형태를 나타낸다는 것이다. 여기서 단기는 고정요소가 존재하는 경우를 말하며, 장기는 모든 요소가 가변적인 경우를 말한다.

(2) 공급곡선

완전경쟁시장에 참여하는 개별기업은 단기의 경우 시장가격이 [그림 38] (가)에서처럼 평균비용(SAC) 최하 수준 이상(a점에 대응하는 P_1가격 이상)으로 형성되면 초과이윤을 창출하지만, P_1이면 총수입과 총비용이 일치하여 정상이윤만 얻는다(a점 손익분기점).

한편 P_2(평균가변비용이 최하 수준인 경우) 이상의 가격이 형성되면 고정비용의 일부를 회수할 수 있으므로 기업의 생산활동은 가능하게 된다. 왜냐하면 단기에 생산을 중단하면 고정비용 전부가 사장되기 때문이다. 따라서 b점을 조업중단점이라고 하며, b점 이상의 MC궤적이 단기에 있어 개별기업의 공급곡선이 된다.

반면 [그림 38] (나)에서처럼 장기에 있어서는 모든 비용이 가변적이므로 장기평균비용(LAC) 최하점(c점) 위쪽에 해당하는 LMC가 공급곡선이 된다.

(3) 균형

완전경쟁시장에서 활동하는 개별기업은 이윤극대화를 추구하며, 단기에 있어 이윤은 $\pi = TR$

그림 37 완전경쟁시장 개별기업의 수요곡선

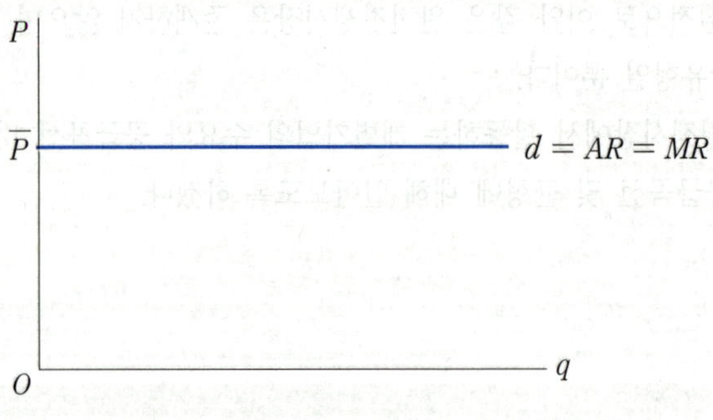

(총수입) $-$ STC(총비용)이다.

이윤극대화 생산량은 π를 q(생산량)에 대해 1차 미분한 결과가 0(zero)인 [그림 39] (가)의 C와 E점에 대응하는 q_1, q_3이 대상이 될 수 있다(q_1, q_3의 생산량에서는 $MR = MC$가 성립). 그런데 q_1일 때에는 $STC > TR$이므로 손실이 발생하고, q_2일 때에는 $STC = TR$이므로 $\pi = 0$이다. 반

그림 38 완전경쟁시장 개별기업의 단기와 장기에 있어 공급곡선

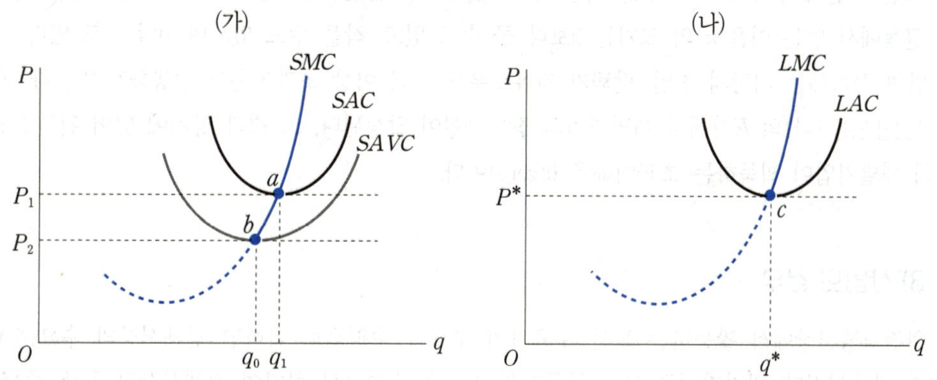

그림 39 완전경쟁시장 개별기업의 단기와 장기 균형

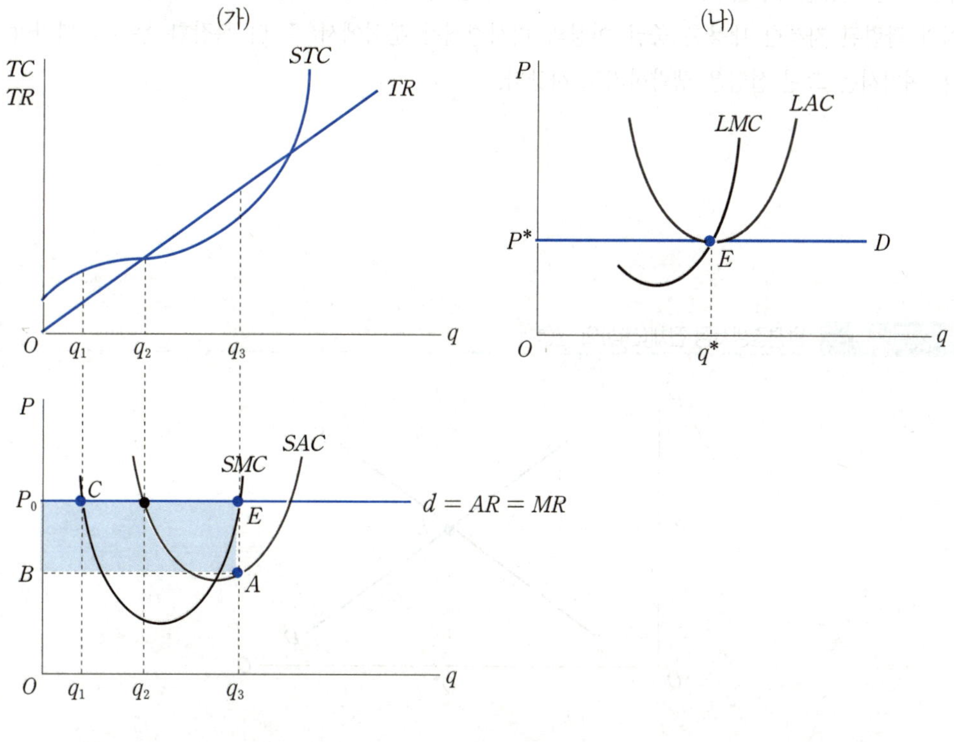

면 q_3일 때에는 $STC < TR$이고, 이때 이윤이 극대화된다.

완전경쟁시장에서 개별기업의 이윤극대화는 MR(한계수입) $= MC$(한계비용)를 충족하면서 MC 곡선의 기울기가 MR곡선의 그것보다 큰 생산량에서 이루어진다. 이런 상황에서 개별기업의 시장균형이 실현된다.

[그림 39] (가)에서처럼 개별기업이 직면하는 수요곡선이 P_0의 가격에서 수평한 형태이면 □P_0EAB 만큼의 초과이윤이 발생한다(E점에서 균형). 그러나 수요곡선이 P_0의 가격보다 높거나 낮은 수준에서 수평한 모습을 가질 수도 있으므로 완전경쟁시장의 단기에 있어서 개별기업이 균형에서 얻는 이윤(π)의 크기는 0보다 클 수도 있고, 작을 수도 있으며, 0일 수도 있다.

반면 장기에는 시장의 진입·탈퇴가 자유로우므로 더 이상 초과이윤이 발생하지 않는다. 따라서 [그림 39] (나)의 E점에서 개별기업의 장기균형이 달성된다. 그 결과 장기에 있어 완전경쟁시장의 개별기업이 획득하는 초과이윤은 0(zero)이다.

3) 산업의 경우

완전경쟁시장에서 활동하는 모든 수요자의 수요를 수평으로 합하면 전체시장의 수요(수요곡선)가 만들어진다. 마찬가지로 모든 공급자의 공급을 수평으로 합하여 전체시장의 공급, 즉 산업의 공급(공급곡선)을 도출한다. 수요법칙과 공급법칙을 따를 때 장기와 단기에 있어 전체시장의 수요곡선과 공급곡선은 대체로 [그림 40]과 같은 형태가 되며 E점에서 시장균형을 이룬다. 단, 이와 관련된 자세한 내용은 중급 이상의 미시경제학 분석에서 좀 더 복잡한 논의를 따라야 한다. 여기서는 그런 설명은 생략하기로 하겠다.

그림 40 완전경쟁시장 전체(산업)의 균형

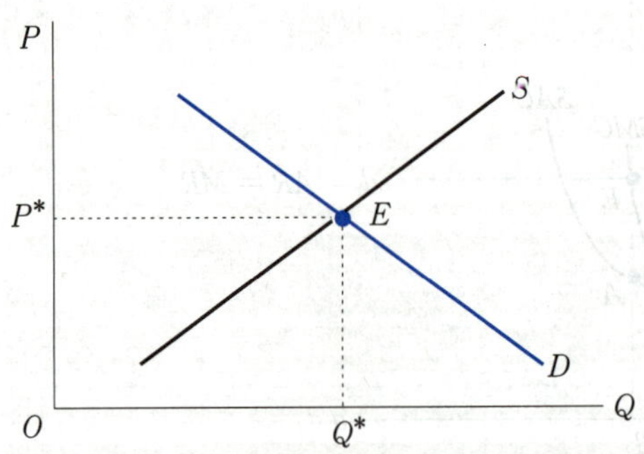

2. 독점시장

1) 특성

독점시장(monopoly market)에는 하나의 기업만이 존재하므로 시장 전체에 대한 수요와 기업이 직면하는 개별수요는 같게 된다. 또한 기업이 독점력을 행사하기 때문에 독점기업의 수요곡선은 우하향하는 형태를 나타낸다. 현실적으로 한국전력공사, 과거의 한국담배인삼공사(KT&G) 등이 독점기업의 예가 될 수 있다.

한편 독점기업의 경우 시장에서 독점력을 행사하는 가격설정자(price-maker)이므로 독점기업의 공급곡선은 존재하지 않고 공급점만 있을 뿐이다.

2) 균형

독점기업의 장기와 단기균형은 $MR = MC$가 성립할 때 이루어진다($P \neq MC$, $P > MC$). 이때 균형가격과 수량은 각각 P_1, Q_1이다. 한편 독점기업의 단기균형에서는 $\pi = 0$, $\pi < 0$, $\pi > 0$이 모

그림 41 독점기업의 수요곡선

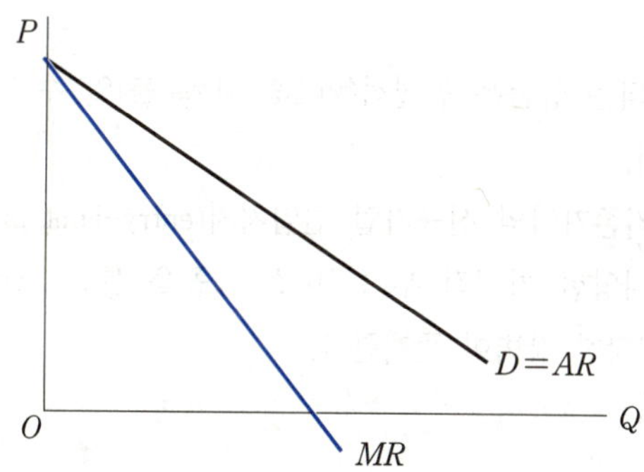

그림 42 독점기업의 균형

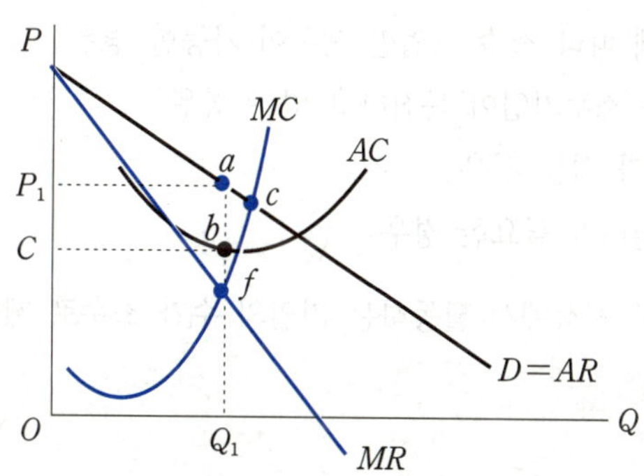

두 가능하지만, 장기균형에서는 $\pi > 0$만이 성립한다.

3. 과점시장

과점시장(oligopoly market)은 소수의 공급자들(2~5개)에 의해 공급이 이루어지며, 공급자들은 상호의존성을 나타낸다. 시장에 참여하는 각 기업은 다른 기업의 행태에 따라 상이한 대응을 하므로 과점시장의 상황을 보여주는 수요곡선과 공급곡선은 도출될 수 없다. 다만, 과점시장의 특성을 부분적으로 설명해 주는 다양한 이론이 있을 뿐이다. 현실의 과점시장으로는 가전제품시장, 승용차시장, 시멘트시장 등이 있다.

1) 특징

① 과점기업들은 상호의존적이며, 필요에 따라 협조적이어서 카르텔(cartel, 기업연합)을 형성할 가능성이 높다.

② 가격경쟁은 과점시장의 모든 기업의 이윤감소를 초래할 수 있으므로 광고, 상품 차별화 등의 비가격경쟁을 하려는 경향이 강하다. 따라서 일반적으로 과점시장의 가격은 경직적인 양상을 나타낸다.

③ 과점시장에서 거래되는 상품은 동질적(예 설탕, 시멘트 등)일 수도 있고, 이질적(예 가전제품, 승용차 등)일 수도 있다.

④ 규모경제의 존재, 기존기업의 신규기업 진입저지(entry-limit pricing), 기존상표의 높은 인지도, 기존기업의 다양한 차별적 부가서비스 제공을 통한 소비자기호 충족 등으로 인해 과점시장 진입에 상당한 장벽이 존재한다.

2) 성립원인

① 시장이 협소하여 여러 기업이 참여할 수 없는 경우
② 규모의 경제 작용에 따라 소수 기업만 생존이 가능한 경우
③ 특허권, 특수기술을 소수기업이 독점하고 있는 경우
④ 고의적인 진입저지가 있는 경우
③ 초기에 대규모의 설비가 필요한 경우

이와 같은 원인에 의해 시장에서 활동하는 기업의 수가 소수로 제한되는 상황이 발생하면 과점시장이 형성된다.

3) 과점기업의 목표

(1) 이윤극대화

이윤극대화는 $MR=MC$인 생산량 q_1에서 달성되며, 이때 이윤은 π_1이다.

(2) 수입극대화 또는 매출액극대화(W. Baumol)

과점기업은 시장점유율 확보를 위하여 수입극대화 또는 매출액극대화를 추구한다.

① 매출액극대화

매출액이 극대화되는 생산량 q_3에서 이윤은 π_3이고, 이때 기업은 시장점유율의 확대를 통한 장기적 안정을 도모하기 위해 단기이윤($\pi_1-\pi_3$)을 포기하게 된다.

② 제한된 이윤확보를 목표로 하는 매출액극대화

매출액극대화를 추구하지만 기업이 장기발전을 위해 필요한 최저이윤 π_2를 확보하려는 경우이다. 이때 생산량은 q_2이고, 이윤은 π_2가 된다.

4) 과점기업의 가격결정방식

과점기업은 일반적으로 가산법에 의해 가격을 결정한다(full-cost pricing, "주먹구구식" 가격결정). 가산법 가격설정방식은 $P=(1+a)\cdot AC$에 따라 가격을 결정하는 경우를 말하며, 개별 상품마다 a(가산율, mark-up rate)를 달리하거나 시기(성수기와 비수기)에 따라 서로 다른 a를 적용함으로써 이윤극대화에 접근하는 가격을 책정하게 된다. a는 주로 경험에서 얻는 지식(주먹구구식)에 의해 결정되는 경향이 있다.

그림 43 과점기업의 생산 결정

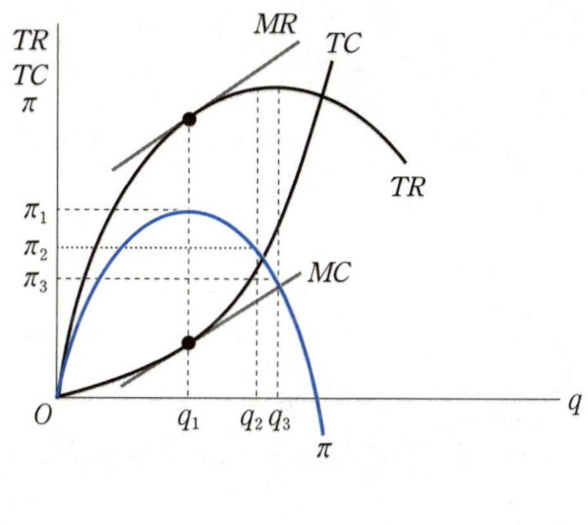

과점기업의 행태

1. 독자적 행동 모형

과점시장에서 담합(collution)이 일어나지 않으며, 각 기업은 독자적으로 행동한다. 독자적 행동은 상대방이 어떤 반응을 보일지를 추측하고, 그것에 따라 결정된다.

1) 꾸르노 모형(Cournot model)

상대방이 현재의 생산수준을 그대로 유지한다고 추측하면서 자신의 행동을 결정한다.

2) 베르뜨랑 모형(Bertrand model)

상대방이 현재의 가격을 그대로 유지한다고 예상하면서 자신의 행동을 드러낸다.

3) 굴절수요곡선의 모형(Kinky demand model, 屈折需要曲線)

가격을 올릴 때와 내릴 때 상대방의 반응이 서로 다르리라고 전망하고, 이에 맞추어 시장에 대처한다. 가격을 내리면 상대방도 따라서 내리지만, 가격을 올리면 현재의 가격을 그대로 유지할 것으로 예측하는 행태가 나타난다.

2. 암묵적 담합 모형

과점시장 참여 기업들은 가격선도기업(price leadership firm)의 가격결정 행태를 그대로 수용하는 방식으로 행동한다.

3. 카르텔 모형

과점시장 참여 기업들이 담합하여 카르텔(Cartel)을 형성함으로써 하나의 거대한 독점기업처럼 행동하면서 전체의 이윤극대화를 이룩하는 가격과 생산량을 결정하게 된다.

4. 독점적 경쟁시장

1) 특징

독점적 경쟁시장(monopolistic competition market)은 완전경쟁시장과 독점시장의 성격을 모두 내포하고 있으며, 시장으로의 진입·탈퇴가 비교적 자유롭다. 다수의 시장참여자(공급자)가 존재하며, 광고, 부가서비스의 제공 등 치열한 비가격경쟁이 나타난다. 현실적으로 목욕탕, 이발소, 수퍼마켓, 레스토랑 등이 독점적 경쟁의 예이며, 거래되는 상품이 이질적이므로 전체시장의 상황을 설명하는 이론의 도출은 어렵다.

2) 단기균형

독점적 경쟁시장에서 개별기업들은 서로 차별성을 갖는 상품을 생산한다. 이에 따라 독점적 경쟁시장에 참여하는 개별기업들은 독점력을 발휘할 수 있으므로 우하향하는 수요곡선을 갖는다(독점기업보다는 훨씬 탄력적인 수요곡선).

독점적 경쟁기업이 이윤극대화를 추구할 경우 [그림 44]에서 MR(한계수입) $= SMC$(한계비용)가 성립하는 e점에서 균형을 형성하게 된다. 이때 균형에서 독점적 경쟁기업의 이윤은 $\pi > 0$, $\pi = 0$, $\pi < 0$ 모두 가능하며, 독점력의 작동으로 말미암아 공급점만 있을 뿐 참여기업의 공급곡선은 존재하지 않는다.

독점적 경쟁시장에 참여하는 기업들은 그 수가 많기 때문에 서로 치열한 경쟁을 하게 되며, 그에 따라 도태되는 기업이 생긴다. 이렇게 독점적 경쟁기업들 가운데 일부가 경쟁을 극복하지 못하고 시장에서 퇴출되면 독점적 경쟁시장은 참여기업 수가 줄어듦으로써 과점시장으로 전환

그림 44 독점적 경쟁기업의 단기균형

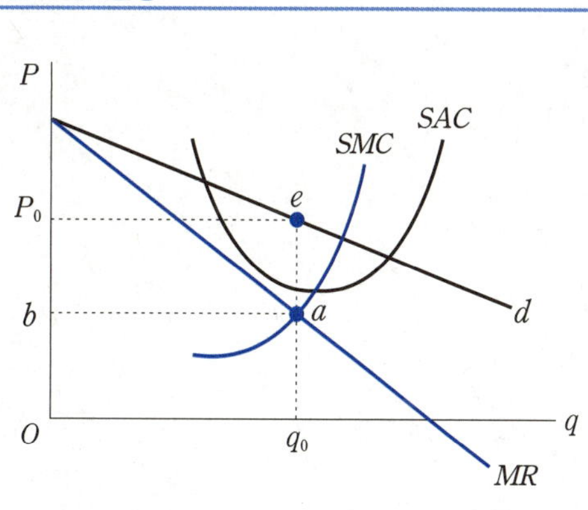

되는 상황이 빚어질 수 있다. 예를 들면 유행에 따라 우후죽순으로 생겼다가 없어지는 일부 업종이 그런 사례에 해당한다.

3) 장기균형

독점적 경쟁시장의 장기에는 시장의 진입·탈퇴가 자유롭다. 따라서 장기균형은 더 이상 시장에서 이윤을 얻을 수 없는 [그림 45]의 e점에서 실현된다. e점에 대응하는 q_0의 생산량에서는 $MR = LMC = SMC$가 성립하며, 이때 $\pi = 0$이다.

그림 45 독점적 경쟁기업의 장기균형

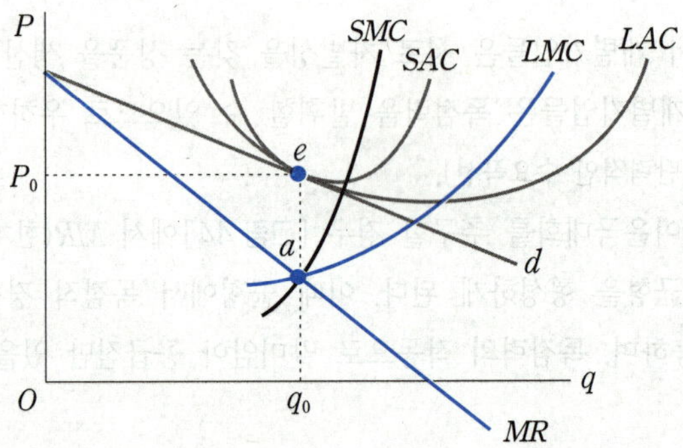

찾아보기

ㄱ

ㄴ

ㅋ

ㅌ

ㅍ

ㅎ

MEMO

MEMO

MEMO

MEMO

MEMO

MEMO